A Lúa

Celanova, fuente plaza Mayor

DEMOGRAFÍA, FAMILIA Y REPRODUCCIÓN SOCIAL EN TIERRAS DE CELANOVA DURANTE EL ANTIGUO RÉGIMEN

DELFINA RODRÍGUEZ FERNÁNDEZ

DEPUTACIÓN
OURENSE

DIPUTACIÓN PROVINCIAL DE OURENSE

PRESIDENTE
Luis Menor Pérez

© De la primera edición
Diputación Provincial de Ourense

© Del texto
Delfina Rodríguez Fernández

© Fotografías:
Fundación Curros Enríquez

© Producción editorial:
Eslogan Publicidad

© Diseño gráfico y cubierta:
Miguel Chaler Publicidad

Impresión:
Imprenta Jadfel

ISBN: **978-84-16643-70-7**

Depósito legal: **OU 95-2025**

[Obra aprobada en concurso
para selección de obras para
edición o coedición por
la Diputación Provincial de
Ourense correspondiente
al ejercicio 2024]

Me gustaría reconocer y dar las gracias a todas aquellas personas que hicieron posible llevar adelante esta investigación. En primer lugar, a mi director de Tesis, el profesor José Manuel Pérez García, por su constante apoyo y orientación, sin los cuales este proyecto no habría sido posible.

Quiero destacar el apoyo brindado por la profesora María López Díaz, que tras la jubilación del profesor Pérez García tuvo la amabilidad de convertirse en codirectora de la Tesis. Igualmente agradezco las orientaciones de los miembros del tribunal encargados de su evaluación: la profesora María José Vilalta y los profesores Pegerto Saavedrra y David S. Reher.

Deseo manifestar mi más sincera gratitud a todos los párrocos de la comarca de Celanova que desde un comienzo me abrieron las puertas de los archivos parroquiales y me ofrecieron todo tipo de facilidades para la consulta de la documentación.

Gracias también a mis compañeros de investigación con los que compartí largas jornadas de trabajo y también momentos de diversión inolvidables.

Vaya todo mi agradecimiento para mi familia que siempre me alentó para que siguiera adelante. A mi madre que no pudo verlo concluido y muy especialmente a mi hija Lúa.

Por último, quiero dar las gracias a la Excma. Diputación Provincial de Ourense que ha facilitado la publicación de esta obra.

La Diputación de Ourense pone en sus manos esta Tesis Doctoral defendida en la Facultad de Historia de la Universidad de Vigo, que fue elegida, entre las obras que se presentaron al Concurso de Publicaciones del año 2024, para ser publicada por esta institución.

La investigación de Delfina Rodríguez nos lleva a las tierras de Celanova en un periodo comprendido entre finales del siglo XVI y hasta mediados del siglo XIX. Analiza las estructuras demográficas, la dinámica evolutiva de la población y la organización familiar de esta comarca ourensana, una de las más pobladas de la Galicia interior a mediados del siglo XIX.

El riguroso trabajo profundiza en el conocimiento de la historia de este territorio y le damos la enhorabuena a su autora por analizar con precisión una etapa interesante para Celanova y sus gentes y en definitiva para nuestra provincia.

Luis Menor Pérez
Presidente de la Diputación de Ourense

Celanova, plaza Mayor

ÍNDICE

Celanova, plaza de José Zorrilla y cárcel

I. TERRITORIO Y POBLACIÓN

ESTRUCTURA DEMOGRÁFICA Y DINÁMICA EVOLUTIVA DE LA POBLACIÓN CELANOVESA A LO LARGO DE LOS TIEMPOS MODERNOS

Celanova, calle de San Roque

I.1. El medio físico

La comarca de Celanova se incluye en el ámbito de la Galicia Interior, más concretamente en el sector suroeste de la provincia ourensana, formando parte de los llamados rebordes de la depresión de Ourense (Mª. P. Torres Luna, 1986 v. III: 462)[1]. La extensión territorial delimitada se encuentra ubicada entre los 4º 23' y los 4º 10' de longitud oeste y los 42º 06' y los 42º 13' de latitud norte, constituyendo un espacio natural bien individualizado que se asienta sobre la plataforma sur que bordea el curso medio-bajo del río Arnoia.

Se trata de un marco geográfico de reducidas dimensiones, (116,1 Km²)[2], con una altitud media que ronda los 550-600 metros y con unos límites territoriales muy precisos: al Norte el río Arnoia, que lo separa de las plataformas ubicadas en su margen derecha, de menor altitud (400-420 metros); al Oeste Serra da Moura y Silvaescura, estribaciones de Peñagache y la sierra del Leboreiro, que ejercen de barrera con respecto al valle del Deva muy próximo ya a las tierras de monocultivo vitícola del Ribeiro del Avia; en el Sur Casadaneve y Castromao, montes de menor altura que conforman una serie de elevaciones montañosas que delimitan los dos valles que conforman el marco de nuestra investigación, el valle del Sorga más amplio, y el valle del Tuño, más estrecho y estrangulado; al Este, el Monte del Furriolo, puerta de acceso a las tierras de A Limia, que en la Serra de Monte Calvo, juntamente con el Monte de San Cibrao, terminan por configurar las delimitaciones de la zona de estudio.

Una importante presencia de cursos fluviales modela la morfología del territorio comarcal. El río Arnoia juntamente con sus dos afluentes, el Sorga (también denominado río Orille) y el Tuño, estructuran el espacio en los dos valles arriba señalados, el valle del Sorga y el valle del Tuño[3]. En ambos predomina una organización doble del terrazgo de cultivo, en terrazas y agras, coincidiendo con una importantísima difusión de las prácticas de riego[4]. Esta extraordinaria presencia de los terrenos irrigados se remonta ya al marco cronológico en el que se desenvuelve esta investigación, constituyendo una característica básica de las estructuras agrarias celanovesas y su dinámica evolutiva a lo largo de los tiempos modernos.

El conocimiento de la estructura de los suelos y su potencialidad para el cultivo agrícola también resultan factores de especial importancia de cara al estudio de la agricultura celanovesa. Siguiendo a Guitián Ojea (1982:29), el área

---

[1] Véase apéndice estadístico, mapa I. 1, en el que se indica la situación de la comarca seleccionada dentro de la provincia ourensana.

[2] Extensión resultante de la aplicación de los datos de extensión parroquial que ofrece Mª. P. Torres Luna (1989).

[3] Véase apéndice estadístico, mapa I. 3.

[4] Bouhier señaló la estrecha relación que se daba en el viejo complejo agrario gallego entre la organización doble del espacio en terrazas y agras y la fuerte presencia del regadío. Sin embargo, en nuestra área de estudio el paso de una organización del espacio de estas características a la cultura ordinaria en agras no se produciría con la brusquedad que se observa en otras áreas, caso de la Baja Limia, donde implica la total desaparición del regadío en parroquias colindantes (entre Maus de Salas y Calvos de Randín). En la comarca celanovense el límite se situaría en la parroquia de San Munio de Veiga, en el valle del Sorga, sin embargo al este de esta parroquia, en los términos de Santa Eulalia o San Miguel de Berredo, el regadío todavía seguía manteniendo su trascendencia (A. Bouhier, 1979:420).

investigada se encuentra dentro del predominio de las tierras pardas, que unidas a los suelos rankeriformes ocupan el 89% de la superficie de la provincia de Ourense. Utilizando como factor diferenciador de los suelos el nivel de agua, tierra parda como ranker y podsol se incluyen en el grupo de suelos bien drenados. De granulación arenosa o areno-limosa, su estructura es poco desarrollada y en la estación seca veraniega son áridos y pulverulentos. Esta constituye una característica fundamental de los suelos de la provincia que condiciona sus rendimientos agrícolas a la posibilidad del regadío estival, de ahí la trascendencia que adquiere la importante presencia del agua en el ámbito de esta investigación.

Dentro de las variedades de tierra parda, siempre caracterizada por su horizonte (B) que le aporta un color entre pardo oscuro y ocre cuero dependiendo del contenido y constitución de los óxidos de hierro, la comarca de Celanova se encuentra comprendida entre las variedades eutrófica y mesotrófica. La primera destaca por la pesadez del suelo, ligada a materiales de partida menos ácidos como esquistos arcillosos, filitas y sedimentos recientes. Las tierras pardas mesotróficas se desarrollan sobre granitos o esquistos metamórficos de color rojizo, arenosos o areno-limosos, sueltos y sin estructura. En general se trata de suelos de profundidad media, cultivables en grandes extensiones y con fertilidad aceptable, bien drenados y nunca encharcados.

Se deduce de manera inequívoca de las informaciones de F. Guitián Ojea (1982), que la rentabilidad agrícola de los suelos ourensanos está en estricta dependencia de las disponibilidades de agua existentes en la estación estival. De ahí que resultaría de especial relevancia para el acercamiento a la dinámica agraria de las tierras celanovesas durante los tiempos modernos, un estudio en profundidad del clima en ese mismo contexto cronológico, algo que como es bien sabido escapa a nuestras posibilidades reales. Para la época actual hacemos uso de la estadística sobre temperaturas y precipitaciones que ofrece desde el año 2006 la estación meteorológica de A Gandarela, ubicada en el municipio de Celanova[5].

La temperatura media anual es de 12,4ºC, con una mínima situada en el mes de enero (6,4ºC) y una máxima de 18,8ºC en el mes de agosto, lo que vendría a indicar la presencia de inviernos moderados y veranos suaves. La oscilación térmica anual alcanza los 12,3ºC como consecuencia de la lejanía del mar y el grado de continentalidad propio de la provincia ourensana. En el gráfico resulta fácilmente perceptible el rápido ascenso de las temperaturas primaverales, en concordancia con el descenso de las precipitaciones. En la estación de A Gandarela se recoge una media de 747,7 Mm. de precipitación anuales, un valor escaso y con una distribución anual claramente irregular. Las escasas lluvias caídas en la estación veraniega conllevan la presencia de una acusada aridez estival, que comienza a percibirse ya en el mes de junio y se prolonga de forma clara durante los meses de julio, agosto y septiembre, con los problemas que ello supone para el crecimiento de algunas plantas que precisan un aporte regular de agua, caso del maíz. De ahí la importancia que adquieren las prácticas de riego en el desarrollo de la cultura agraria celanovesa y su papel clave en el proceso de difusión del maíz durante la Edad Moderna.

Sin embargo, no debemos hacer extensibles las características climáticas actuales al período de estudio. El descenso de las temperaturas, como también la mayor abundancia y frecuencia de las precipitaciones caracterizaron el clima de Galicia durante el período que transcurre desde fines del siglo XVI hasta comienzos del siglo XVIII. A juicio de C. Fernández Cortizo, la enorme variabilidad del tiempo en dicho período se confirma con el análisis que lleva a cabo sobre las ceremonias de rogativa en la ciudad de Pontevedra[6]

---

[5] Véase apéndice estadístico, gráfico I. 1.

[6] En el período en el que lleva a cabo su análisis, entre 1586 y 1783, las procesiones se acumulaban sobre todo en los meses de primavera y verano. En primavera por exceso de precipitaciones o tempestades, granizo, etc., y en verano por sequía, de modo que en el mes de mayo se concentra el 20% de las rogativas, siguiéndole por orden de importancia junio y abril (2005:266).

No obstante, pese a los posibles condicionantes naturales –edafológicos, climáticos, etc. –, que hayan debido sortear en el pasado los campesinos celanoveses y antes de emprender cualquier acercamiento en profundidad a las fuentes disponibles para la etapa moderna, autores como R. Otero Pedrayo, P. González de Ulloa y hasta geógrafos como F. Carreras Candi o A. Bouhier ya nos habían advertido sobre la importante riqueza demográfica y agrícola de estas tierras.

Así, Don Ramón Otero Pedrayo (1962:125-126) afirma que Celanova "os 500 metros –ou pouco máis- preside unha das comarcas de meirande fartura de pobos e parroquias", y describe a los valles de Celanova y Ramirás en los siguientes términos: "de mestas nabeiras de millo…vales de milleirás e lameiros". P. González de Ulloa (1950:227) en su visita y descripción de los estados de la Casa de Monterrey, cuenta al respecto de la parroquia de Castromao, que está situada en un alto cerro desde donde se divisa el valle de Celanova "tan fértil que en su corto radio se perciben más de 50.000 ducados de renta eclesiástica"[7]. F. Carreras Candi afirma la bonanza y la productividad del terreno de la zona haciendo sobre todo hincapié en el valle del Ramirás, cuya riqueza agrícola estaría íntimamente ligada a las "levadas" del río Tuño[8]. Finalmente, A. Bouhier (1979:1453) relaciona la alta densidad demográfica de la comarca con la importancia del regadío y el predominio de una doble organización del espacio agrícola, en terrazas-bancales y en agras.

I.2. La estructuración del territorio en la comarca celanovesa a lo largo de los tiempos modernos

A juicio de I. Dubert, las monografías comarcales plantean el espacio como el soporte de un complejo sistema de relaciones e interrelaciones que lo convierten automáticamente en algo construido, simbólico y cambiante. Se trata por lo tanto de un elemento dotado de historicidad que puede estudiarse como un aspecto más de los que integran la construcción histórica (I. Dubert, 1993:140). Al margen de las necesarias pinceladas que acabamos de ofrecer sobre la geografía de la comarca seleccionada, es desde este punto de vista como queremos plantear nuestro acercamiento a la estructuración del territorio celanovés durante los tiempos modernos. Los asentamientos rurales que poblaron las tierras celanovesas a lo largo de la Época Moderna se convertirán así en el elemento clave de la estructuración del espacio y su progresiva humanización.

Como ya afirmó P. Saavedra en su análisis sobre el hábitat del noroeste peninsular, dicha cuestión no constituyó en el ámbito de los estudios gallegos una temática de atención preferencial por parte de los historiadores del Antiguo Régimen. Pese a que en este período existe un mayor número de fuentes a partir de las cuales podría abordarse el tema con relación a la Época Medieval, son en cambio los historiadores medievalistas gallegos quienes han realizado mayores aportaciones en este sentido[9]. Salvo contadas excepciones entre las que habrían de incluirse el interesante estudio que C. Fernández Cortizo desarrolló sobre los asentamientos rurales del Arzobispado de Santiago (1994),

---

[7] Dentro del ámbito geográfico de esta investigación, pertenecen al Señorío del Conde de Monterrey los territorios integrados en el antiguo Concejo de Vilanova dos Infantes, es decir las feligresías de Vilanova dos Infantes, Castromaso, Viveiro y una parte de Freixo.

[8] El autor las define como una magnífica obra de riego que emprendieran los monjes benedictinos del Monasterio de San Salvador de Celanova, que tomaban el agua del río en el término de Milmanda y la conducían por dos canales de un metro de ancho a uno y otro lado del río (1980 V. XI:521).

[9] En opinión de P. Saavedra, el análisis del hábitat apenas ocupó la atención de los historiadores de la Época Moderna en comparación con las atenciones prestadas a otro tipo de problemáticas, caso de las estructuras agrarias, la evolución demográfica o los cambios en los tipos de cultivo y ello pese a que las cuestiones relativas al hábitat se encuentran íntimamente relacionadas con todos esos asuntos (1997:173).

así como el trabajo anteriormente referido de P. Saavedra (1997), y su posterior acercamiento al tema en épocas más recientes en trabajos de carácter individual (2013) y colectivo (2013); fueron los historiadores medievalistas y por supuesto también los geógrafos quienes más han incidido en el análisis del hábitat y poblamiento gallegos, aun cuando sus intereses no siempre se centraron sobre asuntos coincidentes[10].

En el momento de abordar este capítulo de nuestro trabajo las disquisiciones que en buena medida fomentaran el debate en torno a la especificidad del hábitat y poblamiento gallegos parecían superadas, centrándose la totalidad de los autores anteriormente citados en la defensa de un hábitat de tipo concentrado en múltiples entidades de población en el marco de un sistema de poblamiento disperso[11], y en la preeminencia de la aldea como unidad básica del hábitat[12]. Sin embargo, en la práctica dichas controversias se encontraban bastante lejos de nuestro punto de mira, centrado básicamente en el análisis del proceso de humanización del territorio celanovés a lo largo de los tiempos modernos.

I.2.1. Fuentes y problemática

Un primer encuadre de carácter general sobre la evolución histórica del poblamiento gallego surge a partir de la lectura de los trabajos de X. M. Souto en base a la fusión que realiza de las informaciones que aportan los especialistas que abordaron dicha temática en las diferentes etapas de la historia de Galicia. A su juicio, si bien a raíz de las noticias que transmiten los hallazgos arqueológicos de la cultura megalítica en el noroeste peninsular, habría que datar el nacimiento del hábitat en la fase del megalítico-neolítico, las bases en las que se fundamenta el hábitat y poblamiento gallego se desarrollaron en la Epoca Medieval[13].

---

[10] Entre los historiadores medievalistas y sin ánimos de exhaustividad merece ser destacada la importancia que ya concedió en su día E. Portela (1976) al proceso de conformación de los núcleos de poblamiento en el Obispado de Tuy durante los siglos XII al XV, así como las páginas que M. C. Pallares y E. Portela (1985) dedican en el volumen II de la Historia de Galicia al proceso de humanización del territorio del Noroeste Peninsular en los siglos centrales de la Edad Media. Igualmente, desde el ámbito de la geografía es justo acreedor de un puesto privilegiado entre los estudiosos del hábitat y poblamiento gallegos A. Bouhier por su magna obra dedicada al análisis del viejo complejo agrario (1979), en la que intenta desentrañar las relaciones del hábitat con el sistema de organización agrario vigente en las distintas áreas en las que estructura el solar galaico. Por otra parte, un número nada despreciable de trabajos ha prestado especial atención a diversas temáticas de cariz geográfico objeto de prolongado debate entre los especialistas, centrándose en cuestiones tales como la defensa de una dispersión o por el contrario la afirmación de la concentración en la distribución de los asentamientos humanos en el territorio gallego, el establecimiento de una diferenciación tajante entre los conceptos de hábitat y poblamiento, así como la búsqueda de las células básicas de estructuración del territorio gallego. Véanse sino al respecto la obra de J. Fariña Tojo sobre los asentamientos rurales donde se establece la diferenciación entre poblamiento diseminado y disperso (1980), los trabajos de X. M. Souto Fernández centrados tanto en la diferenciación de los términos habitat y poblamiento como en el establecimiento de las posibles líneas que marcaron su evolución histórica (1982), (1995), la obra colectiva dirigida por Mª. P. Torres Luna sobre la Geografía de Galicia (1986), o las investigaciones de A. J. Pazo Labrador (1989) sobre los Nomenclátores de 1887 y 1981, entre otros.

[11] Véase al respecto sobre las diferencias entre los términos hábitat y poblamiento los trabajos anteriormente citados de A. J. Pazo Labrador (1989:150-153) y de X. M. Souto González (1982:7-13), (1995:13-17).

[12] La parroquia constituye una unidad de organización social de la colectividad que en el ámbito gallego se convirtió en un elemento clave en la estructuración del territorio. Desde este punto de vista la parroquia es una célula fundamental del poblamiento gallego, pero no representa la célula básica del hábitat (X. M. Souto González, 1982:17-18).

[13] El autor defiende la presencia de un hábitat concentrado en pequeñas aglomeraciones que se adecuaban a las condiciones favorables del medio en el período megalítico-neolítico. En la etapa castrexa, las razones defensivas juntamente con la búsqueda de las mejores tierras para la cultura agraria propiciarían un proceso de reagrupamiento y consolidación de un tipo de hábitat concentrado en el marco de un poblamiento disperso, puesto que en esta etapa ya se observa la presencia de unas relaciones colectivas con el medio como consecuencia de una actividad eminentemente guerrera. La dominación romana no provocaría cambios sustanciales en el sistema de asentamientos castrexos, aunque la continuidad del poblamiento en los castros mejor situados dentro de la organización espacial romana iría también acompañada en el mundo rural por el surgimiento de nuevas instalaciones, caso de las villas o mansiones, vinculadas a la construcción de las vías de comunicación. El proceso evolutivo no se rompería en la Edad Media puesto que a los señores les interesaba una concentración de los vasallos en las mejores tierras en el marco de las "villae", núcleos de hábitat concentrado dentro de un sistema de poblamiento disperso que podrían equipararse al término "aldea" desde el siglo X, constituyendo desde entonces los núcleos característicos del poblamiento gallego (1995:20-28).

M. C. Pallares y E. Portela afirman la paulatina presencia del término "villa" en las fuentes históricas del siglo X como sinónimo de aldea, convirtiéndose así desde ese momento en el núcleo clave a partir del que se organiza un tipo de hábitat concentrado en el Noroeste Peninsular. Los citados autores sitúan en el marco de la etapa expansiva que vivió el territorio gallego desde fines del siglo XI al XIII un proceso de redistribución poblacional, que generaría las bases de un poblamiento que permaneció prácticamente inalterable hasta épocas muy recientes[14].

El estudio llevado a cabo por J. M. Andrade Cernadas sobre el caso concreto de las villae celanovesas de Bobadela y Rabal en las décadas finales del siglo X y comienzos del siglo XI, muestra la presencia en el área de influencia celanovesa de entidades territoriales con espacios geográficos ya definidos en ese momento, que iniciaban un proceso de identificación con un Iglesiario y su correspondiente advocación, orientándose así hacia el modelo parroquial[15]. En ambos casos, el autor afirma el predominio de un hábitat de tipo disperso en el que las casas aparecen en los documentos del período intercaladas entre las diferentes tierras de labor y huertas, sin embargo, en base a tres documentos fechados entre 1030 y 1044 también se observaría la construcción en la villa de Bobadela de al menos cuatro casas a modo de hábitat concentrado, agrupadas en torno a la Iglesia de Santa Marina, actual advocación parroquial (1996:282).

La distribución geográfica de las parroquias gallegas se presenta muy estable en el tiempo de la larga duración y la mayoría de las fuentes eclesiásticas surgidas durante el Antiguo Régimen adoptaron a la parroquia como marco espacial de referencia[16]. De ahí que la elaboración del mapa parroquial de la comarca celanovense durante los tiempos modernos no presenta graves dificultades[17], siendo en realidad escasas las variaciones constatadas en las 30 entidades parroquiales que conformaban el marco de esta investigación con respecto al mapa parroquial actual[18].

---

[14] En Galicia las primeras manifestaciones del proceso expansivo que caracterizó al Occidente Cristiano en los siglos centrales de la Edad Media se observarían desde fines del siglo XI. Según los citados autores, el manejo de las fuentes del período aporta frecuentes indicios sobre el crecimiento ininterrumpido que experimentaría la población gallega en los siglos XI al XIII visibles en la observación toponímica, en el registro de menciones de Iglesias y parroquias, en el surgimiento de villas y ciudades, en el aumento de la superficie cultivada en los contratos agrarios y en la fragmentación de la propiedad rural y urbana. En el marco de este contexto expansivo, los autores afirman un proceso de redistribución de la población caracterizado por el afianzamiento de los centros urbanos y por el surgimiento en el medio rural de lugares de nueva ocupación, consecuencia de desplazamientos colectivos impulsados por las instituciones señoriales o bien como resultado de iniciativas familiares individuales, de modo que en los siglos centrales del Medievo gallego juntamente con la consolidación de un tipo de hábitat concentrado en torno a las "villas" o aldeas medievales se constata el surgimiento de un hábitat disperso en torno a estos núcleos de nueva creación, los "casais" y "vilares" (1985:140-162).

[15] Según nos indica el citado autor, en la documentación del Tumbo de Celanova de comienzos del siglo XI en la que se hace referencia a la villa de Bobadela, ésta se encuadra en el territorio "rivulo Sorice" (río Sorga), limitando con "Fexias" (Fechas), Orga, Sorga y Leporini (Leborín). El primer documento en el que dicha villa se define como villa-iglesia data del año 1010, aunque no todos los diplomas que a partir de ese momento hacen referencia al citado término definen al enclave de esa manera. De idéntica forma, un documento del año 1013 en el que Donino vende al monje de Celanova Gundulfo su heredad "in villa quod vocitant Ravanal territorio Arnogia vocabulo ecclesie Sancti Martini", identifica por primera vez a la villa de Rabal ubicada en el territorio del río Arnoya con la Iglesia de San Martín, aunque también en esta ocasión no se produce esta identificación en todos los diplomas del siglo XI concernientes a Rabal, prueba a juicio del autor de que nos encontramos en una fase de transición entre dos estadios (J. M. Andrade Cernadas, 1996: 279-281).

[16] A juicio de P. Saavedra, si bien la división parroquial no vivió cambios de importancia durante la Edad Moderna, la función de la parroquia como ámbito administrativo y comunitario no dejó de afianzarse y robustecerse desde mediados del siglo XVI. Resulta muy significativo que hasta el siglo XVIII las demarcaciones de las que se servía el poder real para hacer sus averiguaciones de carácter demográfico y fiscal eran los partidos correspondientes a servicios y alcabalas, sin embargo, para la elaboración del Catastro de Ensenada o el Censo de Floridablanca, las parroquias constituyeron el marco preferente y por encima de ellas las jurisdicciones (2013: 37-38).

[17] Véase apéndice estadístico, mapa I. 2.

[18] Las transformaciones introducidas en período reciente sobre este mapa parroquial han sido mínimas. Únicamente han surgido dos nuevas parroquias, San Martín de Berredo y Santa María de Grixó, que constituyeron en sus inicios los anejos respectivos de dos "grandes" feligresías, Santa Eulalia de Berredo y Santa María de Freás de Eiras. Además, en la actualidad desde el punto de vista administrativo la feligresía de Casardeita se encuentra dividida entre los municipios de Celanova y Ramirás, aún constituyendo una misma entidad parroquial. A juicio de P. Saavedra, la estabilidad de la red parroquial gallega puede considerarse un hecho casi extraordinario dado que entre 1500 y 1800 la población se multiplicó por más de cinco, mientras que el número de parroquias

Sin embargo, resulta a todas luces evidente la problemática que presentan las fuentes del Antiguo Régimen a la hora de plantear un análisis detallado sobre la evolución de los asentamientos rurales en un determinado marco espacial.

Como ya adelantó el profesor P. Saavedra (1997:174-175), fuentes de naturaleza eclesiástica como las Visitas Pastorales que en la diócesis ourensana podrían ofrecernos una interesante panorámica sobre el hábitat y el poblamiento rural desde fines del siglo XV, adoptan un marco de referencia exclusivamente parroquial invalidando por lo tanto su utilización en este sentido. Además, a diferencia de lo que ocurre en otras áreas geográficas del territorio gallego, el Catastro de Ensenada en sus Libros Personales tampoco aporta para la comarca celanovesa información a cerca de las entidades de población en las que se estructuraba el espacio. Sólo escapan a esta norma dos casos excepcionales: el Coto de San Munio de Veiga y la parroquia de Santiago de Rubiás[19].

Hemos contado sin embargo con mayor fortuna al localizar entre las fuentes emanadas de la administración real, y custodiadas en el Archivo General de Simancas, un vecindario para la averiguación de los vasallos monásticos de San Rosendo de Celanova y San Paio de Antealtares en el Obispado de Ourense[20]. Dicho vecindario está fechado en el mes de octubre de 1582 y adopta invariablemente como marco de referencia para el recuento del número de vecinos, los "lugares" que conformaban cada una de las parroquias dependientes de las citadas entidades monásticas. Los monasterios de San Salvador de Celanova y San Paio de Antealtares de Santiago ejercen su señorío jurisdiccional sobre veintiuna de las treinta parroquias que conforman el marco de nuestra investigación, de modo que en el citado vecindario se encuentra representada una proporción importante del espacio investigado[21].

Dada la correspondencia exacta que se constata entre la fecha y sistema de elaboración con el Vecindario del Arzobispado de Santiago que en su día puso en conocimiento J. E. Gelabert, entendemos que muy probablemente se trate de la misma fuente. A su juicio, dado que su elaboración se produce tras la concesión de la Bula de 1574 que autorizó a Felipe II a la desmembración de lugares de vasallos pertenecientes a la Iglesia, probablemente obedeciera al deseo del monarca de recabar informaciones sobre los lugares de vasallos episcopales y monásticos en previsión de su política de desmembración o venta de jurisdicciones (J. E. Gelabert, 1982:45)[22]. Los datos poblacionales que aporta para el Arzobispado de Santiago son objeto de mejores críticas que los derivados del censo de 1591, y en

---

apenas se modificó. En realidad, en la actualidad la estructura de las parroquias en la Galicia rural coincide básicamente con la estructura de las parroquias en la Baja Edad Media (2013: 38).

[19] Como se desprende del estudio que realizó C. Fernández Cortizo sobre los asentamientos rurales del Arzobispado de Santiago, el Catastro de Ensenada ofrece información generalizada sobre las entidades de población en las que se estructuraba el territorio en las Jurisdicciones de la Lanzada y Tierra de Montes (1994:215).

[20] Archivo General de Simancas, Expedientes de Hacienda, leg. 341.

[21] En el marco geográfico en el que se desenvuelve esta investigación, el monasterio celanovés extiende su poder jurisdiccional sobre dos grandes circunscripciones territoriales, la Jurisdicción de Celanova y la Jurisdicción de Paizás. Pertenecen a la primera las parroquias de: Amoroce, Ansemil, Santa Eulalia de Berredo, Barxa, Bobadela, Cañón, Celanova, Fechas, Mourillós, Orga, Rabal, Soutomel y San Paio de Veiga. De todas ellas tenemos cumplida información en el expresado vecindario. Forman parte de la Jurisdicción de Paizás las parroquias de Paizás, Casardeita, Freás de Eiras, gran parte de Freixo –la restante depende del Conde de Monterrey- y una parte de San Andrés de Penosiños –la restante depende del Marqués de Malpica, Conde de Gondomar-. En este caso no se incluyen en el vecindario de 1582 ni Freás de Eiras ni San Andrés de Penosiños. Además, por razones que desconocemos, se incluye entre las parroquias dependientes del señorío jurisdiccional de Celanova a la feligresía de Castromao, que como bien se indica en la misma fuente "esta es tierra del Conde de Monterrey". La jurisdicción de Ramirás depende del monasterio santiagués de San Paio. Forman parte de esta las parroquias de Vilameá, Rubiás y Mosteiro, y las tres se incluyen en el vecindario de 1582. En total, 20 de las 30 parroquias que conforman el espacio investigado se incluyen en la citada fuente. El Conde de Monterrey, el Marqués de Malpica, la Orden Militar de Santiago y algunos individuos a título particular se disputan el control jurisdiccional del resto del territorio investigado. Para obtener información detallada sobre los cotos y/o jurisdicciones que se encuentran bajo su control jurisdiccional puede consultarse la obra publicada por O. Gallego en el año 1988 sobre la organización administrativa territorial de la Antigua provincia de Orense a mediados del siglo XVIII. En opinión de Mª. López Díaz, un rasgo característico de la cartografía jurisdiccional gallega del A. Régimen es su antigüedad ya que se trata de un mapa configurado en sus líneas fundamentales antes del 1500, que no sufrió grandes cambios a lo largo de la Edad Moderna (1998:218).

[22] Véase al respecto Mª. López Díaz, 1991:559-588 y C. Fernández Cortizo, 1998b:379-408.

nuestro caso se convertirá en el obligado punto de partida para el estudio de la evolución del poblamiento en la comarca de Celanova a lo largo de los tiempos modernos.

Las fuentes disponibles también condicionaron el punto de llegada ubicado en la segunda mitad de la centuria decimonónica, período en el que se inicia la elaboración de Nomenclátores tras la reciente creación en el año 1857 de la Comisión Estadística General del Reino y la ejecución de los primeros Censos Generales sobre la población española (D. S. Reher, A. Valero Lobo, 1995:29-40). Concretamente, centramos nuestra consulta en el Nomenclátor publicado en el año 1863, correspondiente al Censo de 1860, y en el publicado en 1893 relativo al año 1888[23]. Su utilización para los fines convenidos y el establecimiento de comparaciones con el vecindario de 1582 no está exenta de problemas, obviamente derivados de los diferentes criterios utilizados para la confección de los datos en cada una de las fuentes aludidas.

Así, debemos resaltar en primer lugar la problemática derivada de la terminología aplicada en la definición de las entidades de población, dado que, si bien en la segunda mitad del siglo XVI todos los núcleos poblacionales incluidos en el vecindario merecían el calificativo de "lugar", en la segunda mitad del siglo XIX se amplía la terminología. Como bien se señala en las advertencias que figuran al comienzo de ambas fuentes: "en esta provincia no existe diferencia alguna entre los calificativos de Lugar y Aldea, y aun Caserío, empleándose por los naturales indistintamente por no tener marcada su categoría. Por esta razón se considera en este Nomenclátor, en concepto de Caserío, al grupo de población de una a nueve casas, en el de Aldea, al de diez a diecinueve, y en el de Lugar a los demás pueblos que excedan de este número y no gocen de la categoría de Villa o Ciudad"[24]. Puesto que no es nuestra intención entrar en valoraciones sobre la mayor o menor adecuación del uso de estos términos éste en realidad constituye un asunto de escasa relevancia para el desarrollo de nuestras investigaciones.

En cambio, sí resulta necesario tener en cuenta que en el Nomenclátor de 1863 no sólo se incluyen entre las entidades de población que conformaban cada parroquia los anteriormente citados lugares, aldeas y caseríos sino también "molinos harineros", "ermitas" y "casas de labor", núcleos de los que hemos prescindido en el cómputo global de núcleos poblacionales puesto que en base a los criterios clasificatorios de la citada fuente, entrarían en el grupo de edificios sólo temporalmente habitados o deshabitados. Según se nos advierte al comienzo del Nomenclátor de 1888, en esa ocasión las citadas construcciones entrarían dentro de la catalogación de "edificios diseminados": "los edificios que constituyen grupo, pero que por el uso a que se destinan excluyen el concepto de habitación, tales como pajares, bodegas, cobertizos, colmenares, etc., van comprendidos entre los diseminados". Efectivamente, las ermitas y molinos harineros desaparecen completamente como categorías independientes entre las entidades de población reseñadas en el citado Nomenclátor, mientras que se observa en muchas parroquias la presencia de un grupo denominado "edificios diseminados" que mantiene en blanco su casilla correspondiente a la población de hecho y de derecho a fecha del 1 de enero de 1888.

---

[23] Ambas fuentes se conservan en el Instituto Nacional de Estadística en la ciudad Ourensana.

[24] Geógrafos como Mª. P. Torres Luna resaltan la problemática inherente a la terminología estadística del Nomenclator de 1860 puesto que, si bien en las provincias de Lugo y A Coruña aldea y lugar se identifican, en la provincia de Pontevedra como en la ourensana se establecen unos criterios rígidos de separación que por otra parte no son estrictamente coincidentes en ambos casos (en la provincia pontevedresa los caseríos se identifican con grupos de 1 a 5 casas, las aldeas de 6 a 10 y los lugares de más de 10). En opinión de la citada autora tanto en la mentalidad y en la expresión de un campesino como en la de un geógrafo, un caserío se corresponde con una vivienda aislada, el nivel más elemental en la escala de asentamientos (Mª. P. Torres Luna, 1986:197-199). J. Fariña Tojo por su parte sostiene un criterio de estructuración del territorio parroquial que entra en clara contradicción con el empleado por el Instituto Nacional de Estadística en las dos provincias del sur gallego, puesto que afirma la conformación del territorio parroquial a través de aldeas, que en algunos casos pueden organizarse en lugares. A su juicio, el criterio erróneo utilizado por la citada institución procedía seguramente de la definición dada por el Diccionario Español de la Lengua en algunas de sus ediciones en las que define el lugar como una población pequeña, menor que la villa y mayor que la aldea (J. Fariña Tojo, 1980:35).

El término "casa de labor" constituye sin embargo una fuente innegable de problemas en el Nomenclátor de 1888 dado que contraviniendo lo indicando en las advertencias iniciales, dicha expresión se emplea tanto para la catalogación de entidades que a juzgar por el número de casas establecido y la población de hecho referenciada entrarían dentro de la categoría de "caserío", como para designar a un tipo específico de asentamientos, las "Rectorales", a las que en ningún caso se les asigna población de hecho ni de derecho, cuando en el Nomenclátor de 1863 se integraban en el grupo de los caseríos con edificios constantemente habitados. De tal modo que, dadas las diferencias constatadas en los criterios clasificatorios empleados en ambas fuentes, si bien las casas de labor que figuraban en 1863 y cuyos nombres por otra parte no se mantienen en 1888, fueron excluidas del cómputo de entidades de población, sí se incluyeron en el recuento realizado en 1888 las entidades clasificadas con el susodicho término, aunque ciertamente desconocemos las razones por las que los núcleos así referenciados no se integraron en la categoría de caseríos y aún más, por qué en el caso de las Rectorales no se les atribuye población alguna pese a que hasta épocas muy recientes sabemos de su funcionalidad como casas de habitación de los párrocos rurales y sus familiares allegados[25].

No obstante, son en realidad los datos estrictamente demográficos los que nos plantean serios problemas de cara a su utilización comparativa en las tres fuentes señaladas. Siguiendo un esquema rígido, el vecindario de 1582 nos ofrece información detallada sobre el número de vecinos residentes en cada uno de los 163 lugares en los que se estructuraban las 20 parroquias integradas en el área de estudio y dependientes de las dos entidades monásticas aludidas. A nuestro juicio, la fuente presenta una extraordinaria validez puesto que establece un cómputo diferenciado para cada lugar de vecinos y viudas, constatándose por lo tanto de manera fehaciente la "correcta" inclusión de este último grupo. El Nomenclátor de 1863 en cambio no presenta datos estrictamente demográficos a escala local y parroquial, sino que en realidad únicamente incluye el número de edificaciones diferenciando las que se encuentran constantemente habitadas de las que sólo lo están temporalmente y de aquellas otras deshabitadas[26].

Atendiendo al carácter unifamiliar que habitualmente presentan las viviendas en el medio rural, pese a que no se establecen diferencias entre edificios y viviendas, entendemos que se podría presuponer una correspondencia entre ambos términos equiparando por lo tanto el número de edificios constantemente habitados al número de viviendas-vecinos por lugar, sin embargo, en la práctica observamos que dicha correlación no es perfecta (Ver tabla 1).

---

[25] El análisis de la parroquia de Santiago de Amoroce utilizado a modo de ejemplo resulta a nuestro juicio suficientemente clarificador de la problemática expuesta y de nuestro modo de proceder. Integrada en el municipio de Celanova, en función del vecindario de 1582 la citada feligresía se componía de los lugares de Amoroce, Barreiros, Campelo, Carballeira, Casal, Casbasco, Goterre, Granxa, Mociños, Outeiro, Rial y Sampil. En el Nomenclátor de 1863 los doce núcleos anteriormente referidos seguían formando parte de la red de asentamientos parroquiales, tres de ellos catalogados como lugares, seis como aldeas y otros tres como caseríos, pero además se incluían tres nuevas entidades constantemente habitadas (Quintairos, Casiña y la Rectoral) y una más "inhabitada", Salloás. Quintairos se incluye en la clase de aldeas y Casiña y Rectoral en la de caseríos, de manera que en la citada fecha la parroquia de Amoroce se componía de 15 entidades de población puesto que Salloás se excluyó del cómputo al estar comprendido en la clase de "molinos harineros". En el Nomenclátor de 1887 se mantiene la presencia de esos 15 asentamientos poblacionales mientras desaparece cualquier referencia a los molinos de Salloás, suponemos ahora integrados en la fuente en el grupo de "edificios diseminados" que se añade al recuento de entidades que conformaban la citada parroquia, sin ninguna cifra de población vinculada al mismo. Sin embargo, desconocemos las razones que llevaron a los realizadores del citado Nomenclátor a incluir el núcleo de O Campelo compuesto por 2 edificaciones de una sola altura y habitado por 5 individuos en la tipología de "casa de labor" y lo mismo ocurre con la Rectoral, que en ésta como en el resto de parroquias en la que se observa su presencia, también se integra en la citada categoría pero sin asignación poblaciónal alguna, cuando en el Nomenclátor anterior ambos núcleos se definían como caseríos. En la parroquia de Amoroce como en las restantes ocasiones en las que se aprecian situaciones de estas características, optamos por incluir de nuevo a los asentamientos así referenciados de manera que en este caso concreto siguen contándose los 15 núcleos de población aludidos.

[26] Como bien señalan D. S. Reher y A. Valero Lobo en su trabajo de presentación de las fuentes de información demográfica en España, el Nomenclátor no presenta un carácter eminentemente demográfico sino que su naturaleza es básicamente espacial al referirse a la distribución de la población en el territorio, determinando en la medida de lo posible las entidades de población que conformaban cada municipio y el número de edificios y albergues, convirtiéndose así en una fuente geográfica de gran interés (1995:71).

TABLA 1 • CONTRASTE ENTRE VECINOS CENSALES Y EDIFICIOS CONSTANTEMENTE HABITADOS				
	CENSO 1860		NOMENCLÁTOR 1863	
MUNICIPIOS	VECINOS	HABITANTES	EDIFICIOS CONST. HAB.	HABITANTES
A BOLA	965	3876	1039	3876
CELANOVA	1210	4679	1345	4679
FREÁS DE EIRAS	690	2898	698	2898
VILAMEÁ	712	2657	738	2657
TOTAL	3577	14110	3820	14110

Se observa una diferencia sustancial entre el número de vecinos censales y el número de edificios catalogados en la categoría de "constantemente habitados", sobre todo en las parroquias que integran los municipios de A Bola y Celanova, además dicha diferencia se produce en sentido inverso al que cabría esperar en función de la posible cohabitación de más de un vecino en los edificios de varias alturas reseñados en los núcleos de población de cierta entidad, caso de la villa de Celanova. Desconocemos por lo tanto las razones de fondo en las que se amparan las desavenencias constatadas entre ambas fuentes aunque podemos suponer que son debidas a los criterios empleados de facto por los agentes censales para el registro de la tipología de los edificios; en cualquier caso dado que la diferencia cercana a un 7% nos parece demasiado abultada hemos utilizado con extrema cautela los datos demográficos que podrían derivarse del Nomenclátor de 1863.

El Nomenclátor de 1888 por su parte ya no establece distingos entre edificios constantemente habitados o deshabitados y pese a que la fuente incluye una casilla dedicada a albergues, barracas, etc., un simple cálculo del índice de conversión entre el número de habitantes y la cantidad de edificios asignados por término municipal, ya nos advierte de manera inequívoca sobre la imposible utilización de este dato como equivalente del número de viviendas vecinales por cada entidad poblacional[27]. Este Nomenclátor en cambio sí nos ofrece datos sobre los habitantes de hecho y derecho por entidades de población, de modo que cualquier análisis comparativo que se pretenda sobre el tamaño de los asentamientos vecinales a fines del siglo XVI y en la segunda mitad del XIX plantea el problema de la utilización de índices de conversión.

Con fecha del mes de agosto de 1790 se conservan en el Archivo Diocesano de Ourense las respuestas que enviaron trece párrocos responsables de otras tantas feligresías de la comarca celanovesa a una supuesta "Carta vereda espedida por su I. Persona el Obispo de Orense"[28], incluyéndose en cada una de ellas salvo en la correspondiente a la parroquia de Vilanova, información relativa al número de vecinos residentes en cada una de las entidades de población que configuraba la red parroquial.

---

[27] En el municipio de Celanova se recogen 1750 edificios excluidos los albergues y 4838 habitantes de hecho, lo que arrojaría un índice de conversión de 2,76, que unicamente ascendería a 2,78 si contabilizamos los 4872 habitantes de derecho establecidos en la citada fuente. En Freas de Eiras las cifras todavía son inferiores, 2,49 y 2,57 respectivamente, y en el municipio de Vilameá el descenso resulta incluso superior puesto que en el citado término si integramos todos los edificios mencionados en la categoría de viviendas familiares, se obtendría un índice de conversión de 2,42 habitantes de hecho por vivienda que asciende a 2,55 con la población de derecho. Si bien el municipio de A Bola arroja cifras más creibles (3,62 y 3,70 respectivamente), resulta evidente la imposible utilización del recuento del número de edificios en el sentido arriba expresado. Nos sorprende por ello el uso que en este sentido realiza del mismo A. J. Pazo Labrador en su estudio sobre los asentamientos rurales en Galicia, estableciendo incluso una cartografía para el territorio gallego del promedio municipal de casas por entidad de población (1989:160-167).

[28] Archivo Histórico Diocesano Ourense, sig. 7.5.16.

A pesar del limitado número de paroquias para las que contamos con información, este vecindario constituye una fuente de especial interés para el estudio del hábitat y poblamiento de las tierras celanovesas dada su datación cronológica coincidente con el inicio de la segunda gran etapa expansiva de la demografía comarcal (D. Rodríguez Fernández,1999:102-107). No obstante, y de cara a la valoración de las cifras demográficas que puedan extraerse de su estudio, es preciso tener en cuenta la generalizada tendencia a la ocultación que traduce la comparación de los datos vecinales a nivel parroquial con los resultantes de los Libros Personales del Catastro de Ensenada, ocultación que adquiere un carácter ciertamente relevante en las paroquias de Sorga, Mourillós y Paizás.

El vecindario de 1755, conservado en el Archivo Histórico Provincial de Ourense, también debe añadirse a las fuentes anteriormente citadas[29]. Según se indica al comienzo del expresado vecindario, su elaboración se basó en los informes que enviaron al corregidor de Orense los jueces y justicias ordinarias sobre: "los lugares de los que se compone cada término, además del número de vecinos". En la práctica, el vecindario de 1755 nos aporta una relación detallada de lugares a escala parroquial, que cubre prácticamente el conjunto del territorio analizado -de las 30 parroquias que conforman el marco espacial de esta investigación, solo faltan los datos referidos a Podentes y San Andrés de Penosiños-. Sin embargo, la información relativa al número de vecinos no viene desglosada por lugares, sino que se adecua al marco parroquial, imposibilitando así cualquier tipo de comparación sobre el tamaño de los asentamientos con el vecindario de 1582. A la postre, acabamos por prescindir de las cifras vecinales que nos ofrecía este vecindario dada la práctica coincidencia cronológica con la elaboración de los Libros Personales del Catastro de Ensenada, y la evidente tendencia a la ocultación que resulta de la comparación de ambas fuentes. Una ocultación que afecta a un 12,82% del vecindario registrado en los Libros Personales del Catastro, como bien puede apreciarse en la tabla 2.

TABLA 2 • % OCULTACIÓN VECINDARIO DE 1755 CON RESPECTO AL CATASTRO			
PARROQUIAS	VECINDARIO 1755	CAT. DE ENSENADA	% OCUL. VEC. 1755
AMOROCE	73	91	19,78
ANSEMIL	71	77	7,79
BARXA	98	102	3,92
BERREDO, SAN MIGUEL	49	45	–
BERREDO, S. EULALIA	168	238	29,41
BOBADELA	41	54	24,07
CAÑÓN	36	39	7,69
CASARDEITA	122	123	0,81
CASTROMAO	47	48	2,08
CELANOVA	220	222	0,90

[29] AHPOU, Sección ayuntamientos. Padrones de la provincia, cajas 3-4. En el Archivo Histórico Provincial de Ourense, en la sección de Ayuntamientos se conserva un número significativo de cajas con vecindarios y padrones de la provincia elaborados en los siglos XVIII y XIX. Sin embargo, su utilización en la mayoría de los casos plantea importantes problemas derivados de su escasa representatividad geográfica. De hecho, en el siglo XVIII y para el marco en el que se desarrolla esta investigación, sólo alcanzan una representación geográfica aceptable el expresado vecindario de 1755 y en menor medida el vecindario de 1717 (ofrece información para 13 de las 30 parroquias que conforman el área de estudio). Además, estos vecindarios no escapan a la problemática general que plantean las fuentes demográficas del Antiguo Régimen a la hora de abordar un análisis de interrelaciones entre territorio y población. Lamentablemente, su marco espacial de referencia es el término parroquial, constituyendo auténticas excepciones los casos en los que se incluye información sistemática sobre el conjunto de los asentamientos rurales que la conforman. El vecindario de 1755 constituye una de esas honrosas excepciones, no ampliable a ninguno de los abundantes padrones militares del siglo XIX confeccionados para el reemplazo en el ejército (1801, 1818, 1825, 1827, 1830, 1831, etc.).

TABLA 2 • % OCULTACIÓN VECINDARIO DE 1755 CON RESPECTO AL CATASTRO			
FECHAS	42	58	27,59
FREÁS DE EIRAS	151	131	–
FREIXO	75	79	5,06
MOURILLÓS	55	79	30,38
ORGA	49	62	20,97
PAIZÁS	217	271	19,93
RABAL	68	74	8,11
SOUTOMEL	60	99	39,39
VEIGA, SAN MUNIO	117	142	17,61
VEIGA, SAN PAIO	44	55	20,00
VILANOVA DOS INFANTES	150	157	4,46
VIVEIRO	60	63	4,76
TOTAL	2013	2309	12,82

I.2.2. Aldeas y parroquias. La evolución de los asentamientos vecinales en tierras de Celanova durante la Edad Moderna

En el siglo XX R. Otero Pedrayo describió a Celanova en su Historia de Galiza como "unha das comarcas de meirande fartura de pobos e parroquias" (1962:125)[30]. A lo largo de los tiempos modernos las tierras celanovesas vivieron un intenso proceso humanizador, sin embargo, a la luz de las informaciones de las que disponemos en la actualidad, la apreciación de Don Ramón Otero Pedrayo bien podría retrotraerse a los años finales del siglo XVI. La tabla 3 permite el establecimiento de comparaciones con los datos que se conocen para otras áreas geográficas del territorio gallego. En ella se retoman las cifras que aporta C. Fernández Cortizo a partir del vecindario de 1582 para una importante muestra de parroquias divididas por sectores y repartidas en las actuales provincias de A Coruña y Pontevedra, (1994:217), al tiempo que se reflejan los resultados alcanzados para esa misma fecha en la comarca celanovesa.

TABLA 3 • PARROQUIAS, ASENTAMIENTOS RURALES Y OCUPACIÓN HUMANA EN GALICIA, 1582						
COMARCAS	NÚMERO PARROQUIAS	EXTENSIÓN MEDIA Km²	ALDEAS PARROQUIA	VECINOS ALDEA	ALDEAS Km²	VECINOS Km²
RIAS SEPT.	55	8,08	8,44	5,56	0,93	5,16
ULLA	39	6,00	7,77	4,16	1,30	5,38
RIAS BAIXAS	58	6,75	8,31	5,39	1,23	6,63
TRANSICIÓN	62	8,88	7,24	5,54	0,81	4,50
MESETA OC.	81	9,92	7,58	4,67	0,76	3,56
CELANOVA	20	3,83	8,15	5,45	2,13	11,60

---

[30] Véase en el apéndice estadístico, el mapa I. 4. En él se recogen todas las parroquias y núcleos de población cartografiados en el mapa topográfico nacional que elaboró la Dirección General del Instituto Geográfico Catastral. Una simple visualización del mismo otorga validez a la apreciación que en su día realizara Don Ramón Otero Pedrayo.

Llama la atención la distancia que separa el tamaño medio de las parroquias celanovesas con respecto al conjunto de los sectores analizados del Arzobispado de Santiago. En el ámbito geográfico de dicho Arzobispado se observa una mayor extensión parroquial en las zonas de transición e interior, sin embargo, ni siquiera en las comarcas más occidentales de las Rías Baixas o el Valle del Ulla se obtienen cifras parejas a las de la comarca ourensana. Obviamente, desconocemos las razones de base que originaron el surgimiento en los años centrales de la Época Medieval de esta densa red parroquial, pero sabemos que no se trata de una situación exclusivamente característica del área que nos ocupa, sino que es extensible a otras comarcas de la provincia, caso de la tierra de Cea o el Ribeiro[31].

Sin embargo, esta apreciable diferencia en la extensión media parroquial no constituye la única nota característica del poblamiento celanovés. Como bien puede apreciarse en el cuadro anterior, pese al reducidísimo tamaño medio parroquial, el número de aldeas por parroquia, 8,15, no presenta diferencias con los datos que aporta C. Fernández Cortizo para el Arzobispado de Santiago, situándose incluso al nivel de las comarcas más occidentales. En la práctica, en las tierras del curso medio del Arnoia a fines del siglo XVI se localizaban ya 2,13 aldeas por Km², mientras que en las áreas del Arzobispado de Santiago donde se observa una mayor ocupación humana, La Ulla y las Rías Baixas, las cifras resultantes serían 1,30 y 1,23, respectivamente[32].

A juicio del citado autor, los cálculos efectuados para el conocimiento de la ocupación humana del espacio en el Arzobispado de Santiago a fines del siglo XVI -número de aldeas/ Km² y media vecinos/ Km²-, son más elevados en los sectores de la costa occidental. Sin embargo, en términos generales se plantea una imagen de cierto equilibrio concomitante con la equilibrada distribución que presentaba la población gallega a nivel provincial en estas mismas fechas (C. Fernández Cortizo, 1994:218).

En nuestra opinión, aun sin cuestionar esa imagen general de equilibrio demográfico que traducen las cifras provinciales de fines del siglo XVI y que adquieren un carácter evidente en comparación con periodos posteriores, tampoco se debe perder de vista la temprana presencia de determinadas áreas geográficas caracterizadas por una fuerte ocupación del espacio, que matizan en gran medida esa imagen inicial. En estas áreas no sólo se incluiría el suroeste litoral y miñoto, las Mariñas de Betanzos o los Ribeiros vitícolas ourensanos, sino también la comarca interior celanovesa[33].

Así pues, constatamos para fines del siglo XVI el predominio de un sistema de poblamiento de tipo disperso en la comarca celanovesa conformado por la presencia de un crecido número de "lugares", que constituyen el marco de referencia de una elevada ocupación del espacio, claramente visible a partir de la cifra media de más de 11 vecinos

---

[31] La extensión media parroquial en tierras del Ribeiro se sitúa en 3,4 Km², mientras que en la comarca de Cea asciende a 5,5 Km² (Mª. J. López Álvarez y otros, 1997:238). Sin embargo, en el conjunto de la diócesis de Ourense el tamaño medio de las parroquias a mediados del siglo XVIII era de 7,8 Km², coincidiendo con la media global que se obtiene para el conjunto del territorio gallego. Como apuntan P. Saavedra, H. Sobrado y A. Presedo, autores de esta investigación, en cada obispado se daban diferencias muy importantes entre unos y otros arciprestazgos, de hecho, en la provincia de Ourense se localiza la parroquia más extensa de Galicia –Castro de Laza-, que con sus 75,3 Km² de extensión no guarda relación alguna con las dimensiones de las feligresías celanovesas (2013:100-101).

[32] En Tierra de Montes para el año 1582 se obtiene una media de 0,55 aldeas/Km² con una media de 6 vecinos por aldea (C. Fernández Cortizo, 2002: 258).

[33] De hecho, A. Bouhier a partir del cartografiado que realiza de las densidades de población de los municipios gallegos a fines del siglo XVI utilizando las informaciones que ofrecen el Censo de Obispos de 1587 y el Censo de 1591, afirma la posible localización en este periodo temprano de la Edad Moderna de las grandes líneas de reparto de la población gallega (1979:1443). En base al empleo de un índice de conversión 5, difícilmente admisible en la actualidad, el citado autor incluye en un primer sector de fuerte densidad poblacional al suroeste litoral y miñoto (densidad media superior a 37 hab/ Km² superando incluso los 60 hab/Km en muchas parroquias del Valle Miñor y Tierras de Fragoso), a las Mariñas de Betanzos (entre los 25 y los 62 hbs/Km²) y a los Ribeiros vitícolas (37 y 62 hbs/Km²), situándose en un segundo nivel un grupo de sectores también muy fuertemente poblados, con densidades entre 27 y 37 y hasta 50 hab./Km², que aparecen rodeando las zonas anteriores o completamente aislados, y entre los que se incluirían además de las zonas comprendidas entre la dorsal galaica y el fondo de las rías de Pontevedra y Vigo, las plataformas del medio y Bajo Arnoya que abarcan las tierras de Celanova, una parte de la Alta Limia, la ribeira del Sil y del Miño, etc. (A. Bouhier, 1979:1141-1142).

por Km². El promedio de 5,45 vecinos por aldea también nos informa sobre el reducido tamaño que poseían los núcleos de hábitat en estas tierras, en clara concordancia con los datos ofrecidos por C. Fernández Cortizo para el Arzobispado de Santiago[34]. Veamos en la tabla 4 la distribución del número de vecinos en los 163 "lugares" que menciona el Vecindario de 1582 para las veinte parroquias localizadas del área de estudio:

TABLA 4 • DISTRIBUCIÓN DE ALDEAS POR NÚMERO DE VECINOS, 1582				
VECINOS / ALDEA	NÚMERO ALDEAS	% ALDEAS	NÚMERO VECINOS	% VECINOS
1	31	19,02	31	3,49
2	34	20,86	68	7,66
3	20	12,27	60	6,76
4	16	9,82	64	7,21
5	14	8,59	70	7,88
6	7	4,29	42	4,73
7	8	4,91	56	6,31
8	5	3,07	40	4,50
9	3	1,84	27	3,04
10	6	3,68	60	6,76
11 a 15	12	7,36	141	15,88
16 a 20	4	2,45	66	7,43
21 a 25	1	0,61	23	2,59
más de 25	2	1,23	140	15,77
TOTAL	163	100,00	888	100,00

La presencia de caseríos aislados a fines del siglo XVI en tierras celanovesas aglutina prácticamente a la quinta parte de los núcleos de poblamiento mencionados en la fuente. En estos caseríos aislados se alojan un total de 888 vecinos, un porcentaje prácticamente idéntico al obtenido por C. Fernández Cortizo en los sectores litorales del Arzobispado de Santiago[35]. En esta comarca del suroeste ourensano como en los valles de la Galicia más occidental, los asentamientos humanos que se encontraban por debajo de la media comarcal y en los que convivían de uno a cuatro vecinos, comprendían a más de un 60% de las entidades vecinales del momento.

En estos decenios finales del siglo XVI predominaba por lo tanto un paisaje caracterizado por el dominio de un hábitat disperso, aunque en el caso celanovés la evolución hacia una tipología de hábitat concentrado

---

[34] Según nos indica R. Miralbés Bedera, la fórmula propuesta por Bernard para medir el grado de dispersión-concentración se adapta mejor que las de Demangeon o Colas para el estudio del poblamiento gallego (1984:92). Utilizada sobre los datos celanoveses de 1582, la obtención de un índice de dispersión que solo alcanza un coeficiente de 2,56 nos permite afirmar la extrema dispersión del poblamiento que genera una cifra inferior incluso a las obtenidas por C. Fernández Cortizo en el arzobispado de Santiago, fluctuantes entre 3,21 y 6,8 en los cinco sectores establecidos (1994:223).

[35] Más de un 18% de los asentamientos poblacionales en el sector de las Rías Septentrionales se incluían en esta tipología de caseríos, su porcentaje se sitúa en torno al 15% en la comarca de las Rías Baixas pero en la Cuenca del Ulla representa a más del 21% del total. Su proporción desciende en cambio en los sectores más interiores del Arzobispado de Santiago aglutinando entre un 8 y un 12% del total de los asentamientos rurales (C. Fernández Cortizo, 1994:222-223).

parecía encontrarse plenamente en marcha. Prueba evidente de ello es que un tercio del vecindario ya se asentaba en aldeas de mediano tamaño (entre cinco y diez vecinos), alojándose incluso un 41,6% del total en núcleos integrados por más de 10 casas[36]. Aun suprimiendo de los cálculos a la villa de Celanova, más de un 11% de los lugares de la comarca celanovesa contaban en 1582 con más de 10 vecinos mientras que en la cuenca del Ulla dicha proporción no alcanzaba el 5% del total, situándose en torno al 8% en los sectores litorales (C. Fernández Cortizo, 1994:223).

Aunque esta evolución hacia un hábitat concentrado parece ya en marcha a fines del siglo XVI, no cabe duda de que el paisaje descrito hasta el momento presenta enormes diferencias con el cuadro que nos describe A. Bouhier a partir de sus observaciones sobre el terreno realizadas en los años 60 y 70 del siglo XX. Para estos años, se afirma la presencia casi exclusiva en estas tierras de aldeas muy concentradas en las que se disponían de manera apretada de 20 a 50 casas, superándose incluso en algunas ocasiones dicho límite (1979:414).

Una primera precisión de importancia se impone a raíz de la distribución de los núcleos de hábitat celanoveses a fines del siglo XVI. En estas fechas relativamente tempranas de la Edad Moderna, la organización espacial de estas tierras muy similar a la descrita por C. Fernández Cortizo para los sectores litorales del Arzobispado de Santiago, en nada se asemeja a la de las comarcas de la Galicia interior investigadas por P. Saavedra. En función de sus datos, sólo un 9,9% de las aldeas del municipio de Samos podían catalogarse en 1590 en el grupo de los caseríos mientras que casi un 30% del total contaban con 10 o más vecinos. En la Tierra de Cervantes, en 1561 los caseríos reducían su representación en torno a un 3% del total y en O Courel y O Bolo, donde el número medio de vecinos por asentamiento en la segunda mitad del siglo XVI se situaba en 19,8 y 31, respectivamente, ni siquiera se advierte su presencia[37].

Como ya indicamos con anterioridad, el Catastro de Ensenada y el vecindario de 1755 no nos aportan la información necesaria para el estudio de la estructuración del espacio celanovés a mediados del siglo XVIII, de manera que en su defecto contrastaremos los datos de 1582 con los que nos ofrece el vecindario de origen eclesiástico fechado en 1790, anteriormente señalado. A nuestro juicio, sus cifras no alcanzan el grado de fiabilidad que en principio nos merece el vecindario de 1582, puesto que una simple comparación de la media de vecinos/Km² que se obtiene de la consulta de la citada fuente con los datos del Catastro de Ensenada, nos advierte sobre una ligera tendencia a la ocultación en el número de vecinos[38]. No obstante, entendemos que dicha ocultación no invalida su utilización de cara al estudio de los cambios que afectaron al poblamiento de las tierras celanovesas en los dos siglos transcurridos desde el anterior análisis. Veamos los resultados en la tabla 5.

---

[36] Es preciso señalar que en el grupo de más de 25 vecinos de la tabla precedente, además del lugar de Paizás que contaba en aquel momento con 28 casas abiertas, se incluye también la población de Celanova compuesta según la citada fuente por 112 vecinos. Su exclusión de los cálculos convierte a las aldeas de 5 a 10 vecinos en el grupo en el que se cobija una proporción mayoritaria del vecindario de la comarca, un 38,01% del total, los núcleos de más de 10 vecinos incluyen a un 33,25% mientras que el 28,74% restante sigue vinculado a entidades de muy pequeño tamaño.

[37] Bien es verdad, que en el año 1590 en el municipio de Sarria los caseríos alcanzaban una importancia indudable, más del 23% del total, situándose la proporción de asentamientos de menos de 5 vecinos en valores idénticos o incluso superiores a los localizados en la Galicia Occidental y en la comarca de Celanova, 65,9%. Sin embargo, la evolución de su hábitat en el transcurso de la Edad Moderna se aparta radicalmente de las transformaciones características de la Galicia Occidental y como veremos, también de la comarca celanovesa, confirmando así la tesis de P. Saavedra sobre la permanencia de las estructuras del hábitat rural en la Galicia Inteiror desde los siglos centrales de la Edad Media hasta la segunda mitad del siglo XX (1997:183-185).

[38] Las doce parroquias para las que disponemos de información en el vecindario de 1790 arrojan una media de 25,26 vecinos/Km², una cifra claramente inferior a la que se obtiene de la consulta de las mismas feligresías en el Catastro de Ensenada: 27,94 vecinos/Km². Dado que la comparación del número de habitantes entre 1752 y el Censo de Floridablanca refleja un mantenimiento de los efectivos poblacionales de la comarca entre ambas fechas, y atendiendo a la nueva fase alcista que transmiten los archivos parroquiales a partir de los años 80 (D. Rodríguez Fernández, 1999:98-107), resulta claramente sospechoso un descenso del 9,5% en el vecindario parroquial entre 1752 y 1790.

TABLA 5 • DISTRIBUCIÓN DE ALDEAS POR NÚMERO DE VECINOS, 1790				
VECINOS / ALDEA	NÚMERO ALDEAS	% ALDEAS	NÚMERO VECINOS	% VECINOS
1	1	1,02	1	0,09
2	7	7,14	14	1,32
3	5	5,10	15	1,41
4	8	8,16	32	3,01
5	8	8,16	40	3,77
6	11	11,22	66	6,21
7	6	6,12	42	3,95
8	6	6,12	48	4,52
9	6	6,12	54	5,08
10	3	3,06	30	2,82
11 a 15	17	17,35	220	20,72
16 a 20	8	8,16	141	13,28
21 a 25	6	6,12	140	13,18
26 a 30	2	2,04	58	5,46
31 a 40	2	2,04	69	6,50
41 a 50	2	2,04	92	8,66
TOTAL	98	100,00	1062	100,00

Dos siglos después y en base a un número menor de entidades parroquiales, observamos una distribución de los núcleos de hábitat que en nada se parece a la anteriormente expuesta. A fines del siglo XVI casi una quinta parte de los lugares mencionados en el vecindario se correspondían en realidad con caseríos aislados, su proporción ahora es tan insignificante (1%) que podemos afirmar su práctica desaparición de la comarca. También se extinguió con el tiempo el viejo predominio de los pequeños núcleos de población conformados por menos de cinco vecinos; éstos descendieron su representación de más del 60% del total a un 21,42%. En definitiva, teniendo en cuenta los problemas de ocultación de la citada fuente, la duplicación de la cifra media de vecinos por entidad poblacional que se produjo en este período cronológico significó cambios fundamentales en el paisaje celanovés.

En la práctica, los cambios se saldaron con la desaparición de los caseríos, la notable reducción operada en las aldeas con menos de cinco casas abiertas y el importante incremento de las aldeas de más de 10 vecinos, que representaban a fines del siglo XVIII a más de un 37% de los asentamientos poblacionales de la comarca. Obviamente, dada la importancia de los cambios acaecidos en la estructuración del territorio celanovés, éstos llevaron implícito un proceso de redistribución vecinal también fácilmente apreciable a partir de comparación entre las dos tablas precedentes. Así, mientras que las entidades de 1 a 4 vecinos albergaban a fines del siglo XVI a más de un 28% del vecindario, dos siglos después sus muros únicamente cobijaban a un 5,83% del total, situándose en el polo opuesto las aldeas de más de 10 vecinos que pasaron de alojar a un tercio del vecindario en el año 1582 a aglutinar a más del doble en 1790, un 67,8%.

Estas comparaciones se apoyan sobre un espacio geográfico que no es plenamente coincidente en una y otra fecha. Sin embargo, la tabla 6 en la que se incluyen exclusivamente las nueve parroquias que repiten presencia en ambos vecindarios, demuestra la plena validez de las afirmaciones realizadas sobre una muestra parroquial de mayores dimensiones, confirmándose así la totalidad de los datos anteriormente expuestos. La tabla además de confirmar las afirmaciones anteriormente realizadas sobre los cambios en la estructura interna de los asentamientos celanoveses, también nos muestra la estabilidad de los núcleos de hábitat.

TABLA 6	DISTRIBUCIÓN ALDEAS, 1582				DISTRIBUCIÓN ALDEAS, 1790			
VECINOS ALDEA	NÚMERO ALDEAS	% ALDEAS	NÚMERO VECINOS	% VECINOS	NÚMERO ALDEAS	% ALDEAS	NÚMERO VECINOS	% VECINOS
1	17	22,97	17	4,82	1	1,25	1	0,11
2	14	18,92	28	7,93	7	8,75	14	1,60
3	9	12,16	27	7,65	4	5,00	12	1,37
4	5	6,76	20	5,67	5	6,25	20	2,28
5	7	9,46	35	9,92	6	7,50	30	3,42
6	3	4,05	18	5,10	9	11,25	54	6,16
7	4	5,41	28	7,93	6	7,50	42	4,79
8	4	5,41	32	9,07	5	6,25	40	4,56
9	1	1,35	9	2,55	3	3,75	27	3,08
10	3	4,05	30	8,50	2	2,50	20	2,28
11 a 15	4	5,41	48	13,60	16	20,00	209	23,83
16 a 20	2	2,70	33	9,35	6	7,50	107	12,20
21 a 25	0	–	–	–	5	6,25	116	13,23
26 a 30	1	1,35	28	7,93	2	2,50	58	6,61
31 a 40	0	–	–	–	1	1,25	35	3,99
41 a 50	0	–	–	–	2	2,50	92	10,49
TOTAL	74	100,00	353	100,00	80	100,00	877	100,00

La comparación efectuada para las 20 parroquias que repiten presencia en el vecindario de 1582 y en el de 1755 da buena muestra de ello[39]. Los 163 lugares mencionados en la primera fecha se han transformado en 182 a mediados del siglo XVIII. En conjunto, en el transcurso de 174 años se plantea un crecimiento en el número de estos del 11,6%, resultado de la aparición de 34 nuevos núcleos y de la desaparición de otros 15[40].

Así pues, la predominante estabilidad en la larga duración de los asentamientos vecinales, combinada con un importante proceso de reestructuración interna de los mismos que provocó a la postre la "desaparición" de los caseríos aislados y la concentración vecinal en los núcleos de más de diez casas, constituyen sin lugar a duda las

---

[39] Véase al respecto la tabla 7.

[40] Dicho cálculo efectuado sobre un espacio más restringido –el que conforman las 9 parroquias que repiten presencia en 1582 y 1791-, arroja incluso un porcentaje de crecimiento inferior, del orden del 8,1%.

características definidoras del comportamiento del hábitat y poblamiento celanoveses durante el período cronológico analizado. Características que, una vez más, acercan el proceso de humanización vivido en esta comarca del suroeste ourensano al comportamiento detectado por C. Fernández Cortizo para otras áreas de la Galicia Occidental, caso de las Jurisdicciones de la Lanzada y Tierra de Montes[41].

En opinión de P. Saavedra, los cambios observables entre fines del siglo XVI y mediados del XVIII en el hábitat de la Galicia occidental –ámbito territorial con cuyo comportamiento se identifica la comarca celanovesa a raíz de los resultados obtenidos-, presentarían una mayor radicalidad si el análisis pudiera iniciarse en torno a 1480-1500[42]. Pese a ello, las transformaciones detectadas para estas tierras a lo largo de la Edad Moderna contrastarían con la mayor moderación propia de las áreas de interior, donde podría retrotraerse el origen de las estructuras del hábitat a los siglos XII y XIII, constatándose su permanencia sin apenas modificaciones hasta la segunda mitad del siglo XX (1997:185). Las tesis del citado autor inciden en la relación directa que se establece entre la amplitud de los cambios vividos en los asentamientos poblacionales y las transformaciones demográficas que afectaron al incremento del número de vecinos. En este sentido, el comportamiento de la comarca celanovesa ratifica plenamente la importancia de dicha correlación, como podemos comprobar en la tabla 7.

TABLA 7 • CAMBIOS EN EL HÁBITAT Y POBLAMIENTO DE LA COMARCA CELANOVESA				
	1582	1755	1863	1888
Nº PARROQUIAS	20	20	20	20
EXT. MEDIA PAROQUIAL	3,83	3,83	3,83	3,83
NÚMERO ALDEAS	163	182	210	209
ALDEAS/PARROQUIA	8,15	9,10	10,50	10,45
VECINOS/ALDEA	5,44	12,09	–	12,75
ALDEAS/Km²	2,13	2,38	2,74	2,73
VECINOS/Km²	11,60	28,78	–	34,83
HABITANTES/Km²	47,82	117,2	–	137,58

Su elaboración se desarrolló a partir del conjunto de parroquias para las que disponemos de información en las cuatro fechas indicadas[43], aunque como bien puede apreciarse no se cubrieron los datos de carácter demográfico relativos al Nomenclátor de 1863 puesto que dicha fuente no nos permite obtener información a escala parroquial. Por otra parte, la cifra de vecinos en el Nomenclátor de 1888 se calculó a partir de la utilización del índice de

---

[41] En la Jurisdicción de la Lanzada como en Tierra de Montes, la humanización del territorio llevada a cabo entre 1582 y 1752 no se apoyó en la creación de nuevos asentamientos como bien se observa a partir de un crecimiento porcentual de los mismos entre una y otra fecha del 4,1 y 11,5%, respectivamente. Dicha humanización se basó en la concentración de un creciente número de vecinos en los núcleos preexistentes, lo que provocó una reducción de los caseríos aislados de uno o dos vecinos, sobre todo en la comarca litoral donde pasan de representar a más de la mitad de los núcleos de hábitat en 1582 a suponer un 2,6% del total a mediados del siglo XVIII, y un apreciable aumento de las aldeas de 20 o más vecinos (C. Fernández Cortizo, 1994:220-224).

[42] A su juicio, a finales del siglo XV y comienzos del XVI, cuando se inicia la fase de restauración agrícola y demográfica probablemente todavía no existían muchos de los caseríos después presentes en las fuentes de las décadas finales del siglo XVI, que acabaron evolucionando hacia entidades de población de mayor tamaño (P. Saavedra, 1997:185).

[43] Concretamente se trata de las feligresías de Amoroce, Ansemil, Barxa, Berredo (Santa Eulalia), Bobadela, Cañón, Casardeita, Castromao, Celanova, Fechas, Freixo, Mourillós, Mosteiro, Orga, Paizás, Rabal, Rubiás, Soutomel, Veiga (San Paio) y Vilameá.

conversión que se obtiene a nivel comarcal en el Censo de 1860 (3,95) y a la inversa, las cifras de habitantes de 1582 surgen de la aplicación del índice 4,12 resultante de los Libros Personales del Catastro de Ensenada, cuyos datos demográficos se emplearon en sustitución de los del vecindario de 1755.

En el marco de un territorio estructurado a través de entidades parroquiales de tamaño muy reducido, la comarca celanovesa se presenta a fines del demográfica y económicamente expansivo siglo XVI como un espacio ya muy humanizado. Un espacio caracterizado por la presencia de una densa red de asentamientos poblacionales, cuyo vecindario en una proporción mayoritaria de los casos se conformaba a partir de un número muy reducido de familias –media inferior a 5-, detentando un peso específico muy importante los caseríos aislados. Con una densidad poblacional que muy probablemente superase con creces los 40 hab./Km^2, el hábitat y el poblamiento de estas tierras se caracterizaba por la dispersión.

En la segunda mitad del siglo XVIII, las estructuras definidoras del hábitat y poblamiento celanoveses muestran importantes transformaciones que nos permiten afirmar para este largo periodo cronológico el paso de un hábitat disperso dentro de un poblamiento disperso a un hábitat de tipo concentrado en el marco de un poblamiento disperso. Dicha transformación obedece sin lugar a duda al fortísimo crecimiento demográfico vivido en este período y a la consecuente multiplicación del número de vecinos. Al igual que ocurrió en otras áreas ya investigadas de la Galicia Occidental, el crecimiento demográfico se saldó con la concentración vecinal en los viejos asentamientos rurales, la subsiguiente conversión de los antiguos caseríos en aldeas de tamaño mediano, la desaparición de algunos de estos viejos caseríos y la escasa incidencia del surgimiento de nuevos núcleos de hábitat.

El Nomenclátor elaborado a partir del Censo de 1860 nos ofrece nuevamente información sobre el hábitat celanovés. Ahora, en el transcurso de un período cronológico de poco más de un siglo, asistimos al surgimiento de un número razonablemente importante de nuevos asentamientos. Probablemente el incremento de los núcleos de hábitat no fue tan acusado como parecen testimoniar los datos de la tabla precedente que lo cifran en más de un 15%, puesto que entre los nuevos asentamientos reseñados en la fuente se encuentran las nueve "Rectorales" que se incluyen como caseríos en otras tantas parroquias de la muestra y cuya creación en este período nos sugiere serias dudas, además de los términos de Rubiás de Arriba y Rubiás de Abaixo que juntamente con Santiago de Rubiás establecen una división interna en el núcleo preexistente de Rubiás.

No obstante, aún teniendo en cuenta la problemática que se deriva de la comparación de los núcleos de hábitat entre fuentes de origen diverso en las que probablemente se usaron diferentes criterios de recogida de información, entendemos que en la práctica el número creciente de asentamientos es ciertamente indicativo de una tendencia de renovado interés entre las familias celanovesas hacia la creación de nuevos asentamientos.

Como ya se ha indicado anteriormente, el Nomenclátor de 1863 no aporta información de carácter demográfico a escala parroquial, sin embargo, el análisis de los datos demográficos que nos ofrece el Censo de 1860 para el conjunto de las 27 parroquias que conformaban los municipios de A Bola, Celanova, Freás de Eiras y Vilameá, nos permite afirmar un nuevo avance del vecindario comarcal. En esta fecha se obtendrían en torno a 33 vecinos/Km^2, una cifra muy similar a la que resulta a partir de la consulta del Nomenclátor de 1887. No parece extraño entonces que, ante este nuevo esfuerzo demográfico realizado sobre la base de un espacio ya muy fuertemente humanizado, algunas familias quizás se vieran obligadas a la búsqueda de nuevos solares para lograr su asentamiento.

Las 20 parroquias para las que disponemos de información en el Vecindario de 1582 sumaban un total de 163 núcleos de hábitat, casi tres siglos después en el Nomenclátor de 1863 suman 210 núcleos. Como venimos afirmando, probablemente el crecimiento real experimentado por los núcleos de hábitat celanoveses a lo largo de los tiempos modernos fue sensiblemente inferior al resultante de la comparación de estas cifras (28,83%). En la tabla 8 se incluyen los resultados obtenidos del estricto cotejo de las dos fuentes manejadas.

TABLA 8 • EVOLUCIÓN NÚCLEOS DE HÁBITAT EN TIERRAS DE CELANOVA, 1582–1863		
	1582	**1860**
NÚMERO PARROQUIAS MUESTRA	20	20
TOTAL NÚCLEOS HÁBITAT	163	210
NÚCLEOS QUE DESAPARECEN	-	16
NÚCLEOS QUE SE DIVIDEN	-	2
TOTAL NÚCLEOS QUE SE CREAN	-	60
NÚCLEOS CREADOS CATALOGADOS COMO CASERÍOS	-	38
NÚCLEOS CREADOS CATALOGADOS COMO ALDEAS	-	11
NÚCLEOS CREADOS CATALOGADOS COMO LUGARES	-	11

Durante este largo periodo de tiempo se constata la posible desaparición de 16 entidades de población y el desgajamiento de otras, sin embargo, deseamos centrar nuestra atención en el proceso de surgimiento de nuevos asentamientos. Más de un 60% de los núcleos de hábitat de nueva creación que se incluyen en el Nomenclátor de 1860 son catalogados por los agentes censales en la categoría de caseríos, incluyéndose en este grupo nueve Rectorales. Tal como indicamos en su momento, desconocemos exactamente las razones que justifican la diferencia constatada en esta fuente entre el número de edificios constantemente habitados y el número de vecinos referenciados a escala municipal en el Censo de 1860, pero aún así la media de 2,53 edificios habitados por caserío que se obtiene en este grupo de 38 entidades de población –asciende a 3 si se excluyen del cálculo las nueve Rectorales-, nos parece bastante indicativa de un posible origen no demasiado distante en el tiempo y muy probablemente vinculado en un buen número de casos a esa segunda etapa expansiva de la demografía celanovesa. En cualquier caso, este conjunto de entidades de poblamiento representaba en 1860 en torno a un 18% del total de los núcleos de hábitat recogidos por la citada fuente, una proporción bastante significativa si se tiene en cuenta que en función de los datos que nos aportaba el Vecindario de 1790, los núcleos conformados por uno o dos vecinos únicamente representaban en esa fecha el 8,16% del total[44].

En definitiva, las informaciones que conseguimos reunir sobre la evolución de hábitat y poblamiento de la comarca de Celanova desde fines del siglo XVI hasta la segunda mitad del siglo XIX son indicativas de las importantes transformaciones que vivió el paisaje comarcal como consecuencia de la triplicación de la ya inicialmente elevada media de vecinos por Km^2[45]. El proceso de humanización de estas tierras durante la Edad Moderna se desarrollaría en

---

[44] J. Urrutikoetxea también analizó el proceso de ocupación del espacio en el término municipal de Irún desde 1766 a 1845. Su trabajo difiere del nuestro dado que se centra exclusivamente en el estudio de caseríos, es decir viviendas rurales dispersas individualizadas y dotadas de una denominación propia. Aun así, el autor también afirma la importancia del surgimiento de nuevos caseríos en la primera mitad del XIX, coincidiendo con la nueva etapa expansiva que atraviesa el territorio. En este caso, el proceso de ocupación de nuevas tierras concuerda con la construcción de caseríos por encima de los 100 metros de altitud, barrera por debajo de la cual se situaban a mediados del siglo XVIII más del 96% de los caseríos existentes (1992:298).

[45] En realidad, los cambios no solo afectaban al paisaje comarcal. Como afirma P. Saavedra, aunque las parroquias vistas desde fuera parecen inmutables en el tiempo porque apenas se produjeron modificaciones en su número y en sus demarcaciones geográficas, en su interior a lo largo de los tiempos modernos se había producido una intensificación de la vida comunitaria. Las relaciones entre las familias de una parroquia no podían ser las mismas cuando esta tenía 15 vecinos que en el momento en el que se habían convertido en 100 o 200 (2013: 40).

un primer momento a través de la concentración de los nuevos vecinos en los numerosos asentamientos de reducido tamaño que salpicaban el paisaje comarcal a fines del siglo XVI, pero el surgimiento de nuevos núcleos también parece cobrar auge durante la segunda etapa expansiva de la demografía comarcal, reapareciendo nuevamente con cierta frecuencia en el Nomenclátor de 1860 la presencia de entidades de población conformadas por un estrecho vecindario[46].

I.2.3. La parroquia de Veiga. Un análisis a nivel micro

La parroquia de San Munio de Veiga se encuentra ubicada en el valle del río Sorga cuyas aguas bañan su reducido territorio de 2,5 Km^2 de extensión. Sus lindes prácticamente se superponían en el antiguo mapa jurisdiccional a los del Coto del mismo nombre, de señorío espiritual y temporal del Real Convento de Canónigos de San Marcos de León, quien se encargaba de proveer cura prior en el Coto. Sin embargo la coincidencia no era absoluta puesto que la aldea de Folgoso aunque dependía espiritualmente de la parroquia de Veiga, en el terreno jurisdiccional formaba parte del vecino Coto de Sorga, mientras que los vecinos de la aldea de San Simón dependientes del Coto de Veiga, en el plano espiritual eran feligreses de la parroquia de Sorga[47].

En función de los datos que nos aporta el Padrón de 2013[48], en la actualidad el poblamiento de la parroquia de Veiga se estructura a partir de 12 núcleos de hábitat diferentes: Cacabelos, Campo de Veiga, Cerdal, Cirós, Folgoso, Moreiriñas, Outeiro, Rairigo, San Fiz, Seara, Tourille y Veiga, si bien en la práctica el número real de entidades de población se eleva a trece aunque los agentes censales optaran por aglutinar en el término de Cerdal a dos aldeas completamente diferenciadas, Cerdal de Arriba y Cerdal de Abaixo. San Munio de Veiga no se incluye entre las entidades parroquiales para las que disponemos de información en el vecindario de 1582, sin embargo podemos seguir la evolución de su poblamiento desde el año 1625 cuando se inicia la anotación en el libro de Actas Sacramentales de las primeras partidas de bautismo, puesto que ya desde este primer momento y a lo largo de los tiempos modernos, los párrocos de San Munio incluirán de manera sistemática en cada uno de los actos registrados la aldea de residencia de los padres del recién nacido.

La comparación efectuada entre los núcleos de hábitat referenciados en el Censo de 1991 y las aldeas de procedencia de las parejas que bautizan hijos en la Iglesia Parroquial de Veiga en el segundo cuarto del siglo XVII, nos permite afirmar la inexistencia en este periodo de arranque del archivo parroquial de cuatro de las trece entidades arriba señaladas así como la presencia de otro lugar al que después no se alude en el siglo XX.

En 1675 se anota en el Libro Parroquial de bautismos la primera referencia documental a la aldea de Tourille, en 1707 también comienzan a bautizarse niños cuyos padres residían en A Seara y en 1743 se menciona por primera vez el término de Moreiriñas. La parroquia de Veiga constituye una de las contadas excepciones a nivel comarcal para las que contamos con información estructurada por núcleos de poblamiento en los Libros Personales del Catastro de Ensenada, pero ni Tourille ni A Seara ni Moreiriñas se incluyen entre las aldeas recogidas en la citada fuente. La localización en el Archivo Histórico Provincial de Ourense de un mapa de los asentamientos poblacionales del

---

[46] En opinión de P. Saavedra existen sin embargo importantes diferencias entre los caseríos aislados propios de la Galicia Occidental de fines del siglo XVI y los surgidos a fines del Antiguo Régimen. En el primer caso los campesinos que se encontraban en esa situación mayoritariamente se habrían establecido en ese territorio con el permiso de un señor, y la fragmentación de sus explotaciones como consecuencia de los repartos hereditarios y las nuevas cavas acabaron convirtiendo a esos caseríos en verdaderas aldeas. Por el contrario, los campesinos que en la quiebra del Antiguo Régimen cercaron montes y levantaron sus viviendas alejadas de los viejos núcleos eran "cadets de espíritu valente", capaces de desafiar los controles familares y comunitarios (1997:191).

[47] Interrogatorio del Coto de San Munio de Veiga, Archivo Histórico Provincial de Ourense, Sección Catastro, sig. 1365.

[48] *Población del padrón contínuo por unidad poblacional del año 2013*. INE.

Coto de Veiga que, aunque carece de cualquier referencia cronológica[49], a juzgar por las informaciones que contiene parece datarse entre los años 40 y 50 del siglo XVIII, nos arroja las primeras luces al respecto[50].

Como puede apreciarse en el apéndice estadístico, la representación gráfica de los tres núcleos anteriormente mencionados en los respectivos círculos de Rairigo, Veiga y Cacabelos parece indicarnos que a mediados del siglo XVIII todavía no poseían la consideración de asentamientos poblacionales independientes. De hecho, cuando en el mes de julio de 1752 se elabora la documentación catastral del coto de Veiga, se incluye entre la vecindad de la aldea de Rairigo a la única unidad residencial que en función de la reconstrucción genealógica realizada se encontraría asentada en ese momento cronológico en el núcleo de Tourille. Las dos familias que conformaban el núcleo de A Seara se integran en el vecindario de la aldea de Veiga y las otras dos que constituirían el reciente asentamiento de Moreiriñas figuran entre los hogares residentes en la aldea de Cacabelos. Un siglo después, aunque A Seara sigue sin figurar entre las entidades de población referidas en el Nomenclátor de 1860, Moreiriñas y Tourille sí aparecen recogidas en la categoría de caseríos, percibiéndose nuevamente la ausencia del núcleo de O Campo de Veiga mencionado por primera vez en los libros sacramentales de la parroquia en el año 1825.

¿En qué medida podemos acercarnos a los procesos de surgimiento y desaparición de estos núcleos de población en la parroquia de Veiga como vía para profundizar en el estudio sobre la evolución del hábitat en tierras de Celanova a lo largo de la Época Moderna?

Las informaciones que estamos en condiciones de reunir a partir de la reconstrucción genealógica llevada a cabo sobre la parroquia de Veiga nos permiten afirmar que los núcleos de Tourille, A Seara, Moreiriñas e incluso O Campo de Veiga compartieron un proceso de formación idéntico. En todos los casos, su nacimiento se debió a la instalación de jóvenes parejas surgidas a raíz de los enlaces matrimoniales de descendientes de algunas unidades familiares establecidas en los núcleos de población con cuya representación gráfica se vinculaba en el mapa anteriormente señalado la presencia de nuevas entidades, y en cuyo vecindario se englobaron en 1752 los vecinos de estos nuevos asentamientos[51]. Así pues, según se advierte a partir de la información contenida en las partidas bautismales, estas jóvenes parejas dieron origen a la formación de las nuevas entidades de poblamiento tras la convivencia durante un número de años, variable según los casos, en las aldeas de procedencia de sus familias de origen. Después, la progresiva instalación de sus descendientes fue la base sobre la que se estableció la continuidad de estos núcleos de hábitat.

La detallada exposición a modo de ejemplo del proceso de surgimiento y posterior desarrollo de la aldea de Tourille, aportará claridad al proceso arriba descrito. Tourille es el primer núcleo de poblamiento conformado en la parroquia de Veiga durante la Época Moderna del que tenemos constancia, mencionándose por primera vez su presencia en el registro parroquial el día 27 de marzo de 1675 con ocasión del bautizo del tercer descendiente de una pareja anteriormente establecida en la aldea de Rairigo. Desde esta fecha hasta la finalización de nuestras anotaciones en el año 1850, asistimos al bautismo de 93 niños cuyos padres residían supuestamente en el expresado núcleo de

---

[49] AHPOU, Colección Cartográfica, carpeta 1.

[50] Véase apéndice estadístico, mapa I. 5. Las informaciones que contiene inciden en su posible ubicación cronológica entre los años 40 y 50 del siglo XVIII dado que incluye una mención expresa a los términos de Tourille, Seara y Moreiriñas, este último núcleo como sabemos probablemente conformado en los años 40 del siglo. También se incluye en la relación de asentamientos el término de "A Lama", presente en los libros sacramentales de Veiga desde su surgimiento en el segundo cuarto del siglo XVII hasta los años 50 del siglo XVIII, momento en el que se constata su desaparición.

[51] En el caso particular de O Campo de Veiga, pese a que su aparición en los Libros Sacramentales de la parroquia no se constata hasta el año 1825, su origen también se basó en la instalación de jóvenes parejas en las que se incluían cónyuges naturales de la aldea de Veiga, que ya había actuado un siglo atrás como núcleo originario a partir del cual se conformó el asentamiento de A Seara.

Tourille, remitiéndonos así a las veinte parejas que en función de la documentación parroquial mantuvieron una residencia estable en dicha localidad.

Dominga Corbillón contrajo nupcias el día 11 de junio de 1668 con un joven originario de la parroquia limítrofe de Sorga. Dominga era la primera descendiente que subió al altar de un matrimonio campesino perteneciente a las capas medias de la sociedad y residente en la aldea de Rairigo, núcleo residencial que compartió la joven pareja durante sus primeros años de vida según nos indican las partidas bautismales de sus dos primeros vástagos, hasta su posterior instalación desde el mes de marzo de 1675 en el término de Tourille. María Quintairos fue la única descendiente de esta unidad matrimonial que en función de nuestras informaciones contrajo nupcias. Su matrimonio celebrado en el mes de octubre de 1697 con un hombre originario de la parroquia de Sorga dio origen a la segunda pareja establecida en el citado término de Tourille. De sus cinco hijos que acceden al matrimonio, el primogénito de nombre Francisco Muñoz fue el único que mantuvo la residencia paterna tras su celebración matrimonial en el mes de enero de 1728, de modo que más de 50 años después de la constatación de la presencia de poblamiento estable en el término de Tourille, únicamente tenemos constancia de la convivencia de dos unidades familiares, la presidida por María Quintairos ya viuda en compañía de sus hijos solteros y la constituida por su hijo Francisco Muñoz tras su reciente matrimonio.

En el año 1752, en el Libro Personal de Legos del Coto de San Munio de Veiga observamos la inscripción en la vecindad de Rairigo de la unidad familiar que presidía la viuda de Francisco Muñoz en compañía de su segundo esposo y los descendientes habidos de su primer matrimonio. La consulta del Libro Real de Legos nos permite confirmar que a mediados del siglo XVIII su casa de habitación de un alto era la única presente en esa fecha en el término de Tourille. Francisco Muñoz y su esposa colocaron en el mercado matrimonial a la totalidad de los descendientes habidos de su matrimonio, tres varones y una mujer, permaneciendo en la residencia paterna de Tourille dos hijos varones. En realidad, el matrimonio de uno de ellos de nombre Benito Muñoz tuvo una duración extremadamente corta al producirse su fallecimiento antes de cumplirse el segundo aniversario de la boda, pese a ello su viuda Bernarda Casal mantuvo la continuidad familiar en la residencia de Tourille tras su segundo matrimonio con un joven originario de la parroquia de Sorga. Incluso se afianzaron más los lazos con la familia de su primer marido a través del matrimonio que contrajeron en febrero de 1786 un descendiente de su segundo matrimonio con una hija de su cuñado también residente en el mismo término. Así pues, de las sucesivas uniones que protagonizaron los descendientes de estas dos ramas familiares surgirán los 14 nuevos matrimonios establecidos en la aldea de Tourille en las décadas finales del siglo XVIII y a lo largo de la primera mitad del siglo XIX, sin excepción alguna.

El proceso formativo del núcleo de Tourille a partir de la progresiva instalación de los descendientes de una única unidad familiar coincide en sus características básicas con el desarrollo de los restantes asentamientos de la parroquia de Veiga surgidos a lo largo de la Época Moderna y cuya descripción omitimos para evitar prolijidad. En cualquier caso, las bases sobre las que se asienta dicho proceso formativo constituyen la causa explicativa fundamental que permite comprender la inexistencia de endogamia de aldea en las uniones matrimoniales que conciernen a los jóvenes naturales de estos núcleos de población de reciente creación. De hecho, en los 62 enlaces en los que se vieron implicados sólo en dos ocasiones se formaliza el matrimonio a partir de la unión de dos jóvenes originarios de la misma localidad[52].

---

[52] El matrimonio en los límites de la afinidad anteriormente referido entre dos jóvenes originarios de Tourille y la unión celebrada el 24 de octubre de 1825 entre Domingo Corbillón y Benita González, ambos también procedentes de Tourille y parientes consanguíneos en cuarto grado, constituyen las dos únicas excepciones localizadas.

En la situación contraria se encuentra la aldea de A Lama que se incluía entre los núcleos de población que conformaban el poblamiento de la parroquia de Veiga en las décadas iniciales del siglo XVII. Los Libros Sacramentales nos ofrecen información continuada sobre su pervivencia en el tiempo hasta comienzos de los años 60 del siglo XVIII, fecha en la que desaparece cualquier referencia documental sobre la citada entidad. En 1752 el Libro Personal de Legos del Coto de Veiga no hace mención alguna sobre su presencia, sin embargo, la inscripción en el Libro Real de Legos de cuatro unidades familiares cuya casa de habitación se levantaba en el citado término de A Lama, constituye la prueba evidente de su existencia, confirmando así las informaciones registradas en los Libros Sacramentales[53].

Dos mujeres viudas al frente de ridículas explotaciones cuya extensión ni siquiera alcanzaba 10 áreas, una madre soltera que disponía únicamente de 3 áreas de tierra y un matrimonio cuya hacienda no superaba las 2 áreas y que entraría de lleno en la categoría de las familias móviles, constituían el vecindario del núcleo de A Lama pocos años antes de su desmembración definitiva. Catalina Barrio era una de las mujeres viudas residentes en la citada localidad; última descendiente de un tronco familiar asentado en dicho término, en 1752 convivía en compañía de sus hijos solteros Agustín e Isabel. Catalina al igual que su marido lo había hecho en el año 1752, se enterró como pobre de solemnidad en el mes de octubre de 1760 de modo que al año siguiente cuando se elaboran las Revisiones del Catastro, su hija Isabel que se mantuvo en estado de soltera hasta su defunción, aparece al frente de un hogar unipersonal en el que no se menciona la presencia de su hermano a quien perdemos la pista en este período de tiempo.

María Río, también viuda tras el fallecimiento de su marido en 1741 y descendiente de otro tronco familiar asentado en dicho término, figura en la documentación catastral residiendo en su casa terrena de A Lama en compañía de sus dos hijos solteros, anotándose como únicas posesiones de la unidad residencial una huerta de 1 área de extensión y 3 ovejas. Tras su defunción y posterior enterramiento como pobre de solemnidad en el mes de enero de 1756, cuando se elaboran las Revisiones en el año 1761 ya no se realiza mención alguna sobre este agregado doméstico, de hecho, conseguimos recuperar los matrimonios de sus dos hijos en la parroquia limítrofe de Santa Eulalia de Berredo donde debieron fijar su residencia definitiva.

La familia de Silbestre Bispo y Dominga García integra el reducido grupo de familias móviles localizadas en la parroquia de Veiga a lo largo de los tiempos modernos. Tenemos constancia de su instalación en el núcleo de A Lama desde el mes de agosto de 1750 cuando se registra el bautismo de su primer hijo controlado. En el año 1752 aparecen residiendo en una casa terrena de la citada entidad citándose como única posesión de la pareja una huerta de 2 áreas de extensión. En 1761 localizamos de nuevo a la familia de Silbestre en su casa de habitación, aunque su pequeño huerto ya había pasado a manos de una importante casa campesina de la aldea de Cerdal de Abaixo como resultado de una operación de compraventa. A partir del mes de febrero del año 1763 cuando se produce el bautismo del último descendiente de la pareja del que tenemos constancia, cesan todas las informaciones sobre este núcleo familiar que obviamente debió mudar su residencia fuera del marco parroquial.

Francisca Suárez preside el último núcleo familiar registrado en el término de A Lama en la documentación catastral. Moza soltera y descendiente de una familia de pequeños campesinos asentados en la aldea de Cerdal de Abaixo que había dado a luz varios hijos ilegítimos, en 1752 también aparece residiendo en una casa terrena

[53] En idéntica forma a lo señalado para los vecinos de Tourille, Moreiriñas y Seara, que en el Libro Personal de Legos se integraron entre las familias residentes en los respectivos núcleos a partir de los cuales se originó su poblamiento y en cuya representación gráfica ya se encontraban abarcados en el mapa del Coto de Veiga localizado para mediados del siglo XVIII, los vecinos de A Lama también se incluyeron en el Libro Personal de Legos en el vecindario de Cerdal de Abaixo en cuyo círculo representativo se inscribía el citado término en el mapa. Véase apéndice estadístico, Mapa I.5. AHPOU, Sección Catastro, Libro Personal de Legos, sig. 1367, Libro Real Legos T. I, sig. 130, T. II., sig. 131; Colección Cartográfica, Carpeta I.

sita en A Lama en compañía de un hijo, probablemente fallecido entre esta fecha y 1761, puesto que en el nuevo vecindario parroquial únicamente tenemos constancia de la presencia de Francisca quien fallece posteriormente en estado de soltera.

En base a los datos de los que disponemos, la desmembración de los troncos familiares instalados en el término de A Lama parece convertirse en la principal causa explicativa de su desaparición como núcleo independiente a partir de mediados del siglo XVIII. En este sentido, las informaciones que hemos podido reunir sobre el proceso de ocupación humana de la parroquia de Veiga a lo largo de los tiempos modernos, confirman para tierras celanovesas la estrecha vinculación entre lugares y moradores en la que incide A. S. Volpi Scott en sus investigaciones sobre la parroquia miñota de Ronfe, pese a que el poblamiento disperso de la parroquia de Veiga estructurado a través de un número "limitado" de núcleos de hábitat (4 aldeas por Km² en el segundo cuarto del siglo XVII), en poco se asemeja a la dispersión territorial que describe la citada autora para la parroquia portuguesa[54].

I.3. Estructura demográfica y dinámica evolutiva de la población celanovesa a lo largo de los tiempos modernos

I.3.1. Las fuentes demográficas. Una mirada crítica

I.3.1.1. Libros Sacramentales

Los libros de bautizados, casados y difuntos constituyen sin duda una fuente básica para el estudio de la población celanovesa en los tiempos modernos.

Para la elaboración de nuestra Tesis de Licenciatura se realizó un vaciado agregativo de los libros sacramentales de ocho de las treinta parroquias que conformaban el marco de nuestra investigación. Se trata de los registros parroquiales de Bobadela, Rubiás, Vilanova dos Infantes, Sorga, Soutomel, San Munio de Veiga, Celanova, Mourillós, San Miguel de Berredo, Podentes y Mosteiro[55]. A mediados del siglo XVIII, partiendo de las informaciones contenidas en los Libros Personales del Catastro de Ensenada, sumaban un total de 4970 habitantes, el 37% de la población del área de estudio (D. Rodríguez Fernández, 1999:17). A nuestro juicio y a falta de archivos parroquiales solventes

---

[54] En palabras de A. S. Volpi Scott en la parroquia de Ronfe de 9 Km² cada parcela de territorio por pequeña que fuera era merecedora de una designación particular, dándose incluso una mayor o menor división interna en función de las fuentes empleadas. De hecho, en el registro parroquial se hece referencia a 125 lugares diferentes mientras que en los Rois de Confesados las menciones se reducen a 72, siendo únicamente cuatro los que mantienen una presencia constante en los listados de confesados analizados desde 1740 a 1900 (1999:151-163).

[55] De los archivos parroquiales consultados, únicamente en el caso de la pequeña parroquia de Bobadela -54 vecinos en 1752-, sus registros se remontan a finales del siglo XVI, datándose el inicio de las series en el año 1572 (Archivo Diocesano de Ourense, caja 13.7). A lo largo de la primera mitad del siglo XVII se van incorporando paulatinamente a la base de datos otras cuatro series parroquiales: Rubiás (1608), Vilanova (1623), Sorga (1635) y San Munio de Veiga (1646). Las restantes lo hacen en la segunda mitad del s. XVII o incluso a comienzos del siglo XVIII. Para la consulta de las actas sacramentales recogidas anualmente en cada una de las parroquias indicadas véase D. Rodríguez Fernández, 1996: apéndice estadístico tablas IV.26, IV.27 y IV.28). La parroquia de Bobadela constituye una excepcionalidad en el ámbito comarcal, donde el tardío arranque de los registros es la nota dominante. De hecho, de las treinta entidades parroquiales que componen el área de estudio, únicamente para Bobadela, San Miguel de Berredo (Archivo Histórico Diocesano caja 13.5), Castromao (caja 13.9) y San Paio de Veiga (caja 13.20) se conservan actas sacramentales de la segunda mitad del XVI. Y salvo en Bobadela, en los tres casos restantes -parroquias también muy pequeñas cuyo vaciado no se ha completado-, hay importantes lagunas en la documentación que invalidan la posible utilización de sus libros. En el caso de Bobadela, su tamaño muy reducido y el irregular registro de los actos sacramentales tampoco permiten la obtención de conclusiones para las décadas finales del siglo XVI y comienzos del XVII.

que nos permitan analizar el tránsito del siglo XVI al XVII, a partir de los años 30 del siglo XVII constituyen una muestra suficientemente representativa que ya en su día nos permitió extraer conclusiones sólidas sobre la dinámica evolutiva de la población comarcal[56]. Al no introducir modificaciones en dicha muestra, nos reafirmamos en la crítica externa y la crítica interna de estos registros en su día elaborada (D. Rodríguez Fernández, 1999:17-22).

El análisis llevado a cabo sobre la labor de los visitadores parroquiales permitió establecer una periodicidad media de siete años en sus visitas, si bien en la primera mitad del siglo XIX se produjo una caída importante en su número. Sus inspecciones periódicas jugaron un papel relevante de cara a la mejora progresiva de la calidad de los registros, aunque sin duda estos también son un reflejo de la personalidad de los distintos curas encargados de su elaboración y de su custodia. Las omisiones fortuitas, selectivas y sistemáticas de actas sacramentales, de las que nos habla L. Henry (1983:62), no son ajenas a la documentación celanovesa (D. Rodríguez Fernández 1999:18).

En cuanto a la crítica interna de los registros, las distintas pruebas aplicadas nos permitieron corroborar que, de modo general, se ajustan a los parámetros considerados como válidos, aunque se detectan problemas importantes en sus inicios a fines del XVI y en las décadas iniciales del siglo XVII. En el caso de los libros de bautizados[57], la relación de masculinidad obtenida, 105,1, niños por cada 100 niñas, no refleja la existencia de una tendencia generalizada a la ocultación de niñas, si bien resulta evidente que en las décadas de 1630-39, 1640-49 e incluso entre 1670 y 1679, se produjo un claro subregistro. Por otra parte, el comportamiento anómalo de las décadas comprendidas entre 1570 y 1609 no hace sino reflejar las deficiencias del registro de actos sacramentales que se llevó a cabo en la pequeña parroquia de Bobadela, el único disponible para estas fechas.

La inferior calidad en el registro de bautizados durante la primera mitad del siglo XVII también queda de manifiesto en el porcentaje que representan los bautismos de urgencia con respecto al total de celebraciones bautismales. La tabla 9 refleja de manera inequívoca la clara mejoría en la calidad de las anotaciones a partir del siglo XVIII.

TABLA 9 • % DE BAUTISMOS DE URGENCIA SOBRE EL TOTAL	
PERIODOS	% BAUTISMOS DE URGENCIA
1ª MITAD S. XVII	0,63
2ª MITAD S. XVII	1,38
SIGLO XVIII	4,00
PRIMERA MITAD S. XIX	3,00

Por lo que respecta a los libros de matrimonios, la relación nacimientos/matrimonios, también avala su uso, tal y como se aprecia en la tabla 10, pese al funcionamiento anómalo de la década de 1630-39, cuando también se constata una ocultación de nacimientos[58].

---

[56] Siguiendo la metodología ya utilizada por el profesor J. M. Pérez García en su Tesis Doctoral, en su momento agrupamos las parroquias en función de la fecha en la que daba comienzo el registro lo que nos permitió elaborar varias curvas de medias móviles tanto para bautizados, como para casados y difuntos. El método nos permitió observar separadamente la trayectoria marcada por los registros parroquiales más antiguos y su adecuación a la tendencia general de la población celanovesa marcada por el agrupamiento de un número mayor de series (D. Rodríguez Fernández, 1999:167-169).

[57] Véase apéndice estadístico, tabla I.1.

[58] En esta época están comenzando su andadura los registros parroquiales de Sorga y Vilanova. La incorporación de nuevos registros, y el carácter más o menos fluctuante de sus inicios condiciona el comportamiento de la base de datos.

TABLA 10 • RELACIÓN ENTRE BAUTISMOS LEGÍTIMOS Y MATRIMONIOS			
DECENIOS	B. LEGÍTIMOS	MATRIMONIOS	RELACIÓN
1610/19	73	12	6,1
1620/29	157	31	5,1
1630/39	107	24	4,5
1640/49	169	25	6,8
1650/59	259	58	4,5
1660/69	584	155	3,8
1670/79	777	138	5,6
1680/89	889	178	5,0
1690/99	843	157	5,4
1700/09	872	218	4,0
1710/19	1031	248	4,2
1720/29	1296	317	4,1
1730/39	1281	294	4,4
1740/49	1376	314	4,4
1750/59	1410	309	4,6
1760/69	1429	362	3,9
1770/79	1354	349	3,9
1780/89	1489	303	4,9
1790/99	1575	395	4,0
1800/09	1656	371	4,5
1810/19	1722	376	4,6
1820/29	1843	407	4,5
1830/39	1819	402	4,5
1840/49	1635	359	4,6
MEDIA	25646	5802	4,4

Las anotaciones de las defunciones constituyen sin duda el registro más problemático de los tres actos sacramentales. En cuanto a la inscripción de la mortalidad adulta, el análisis de las relaciones de masculinidad refleja un componente migratorio masculino que implica la salida de observación de una parte de la población masculina de la comarca, tal y como se aprecia en la tabla 11.

TABLA 11 • RELACIÓN DE MASCULINIDAD EN DEFUNCIONES			
DECENIOS	HOMBRES	MUJERES	MASCULINIDAD
1620/29	11	12	91,67
1630/39	10	14	71,43
1640/49	50	61	81,97
1650/59	88	100	88,00
1660/69	173	184	94,02
1670/79	112	159	70,44
1680/89	173	215	80,47
1690/99	224	255	87,84
1700/09	214	250	85,60
1710/19	240	349	68,77
1720/29	287	395	72,66
1730/39	298	385	77,40
1740/49	390	464	84,05
1750/59	393	532	73,87
1760/69	386	510	75,69
1770/79	366	437	83,75
1780/89	377	426	88,50
1790/99	431	530	81,32
1800/09	464	533	87,05
1810/19	408	496	82,26
1820/29	431	495	87,07
1830/39	495	538	92,01
1840/49	495	546	90,66
MEDIA	6516	7886	82,63

El registro de la mortalidad de párvulos supone un serio problema en los libros de finados de la comarca, que al igual que en la mayoría de las series parroquiales gallegas de la época, presentan un registro muy deficiente de la misma. Dada la problemática específica que plantea este tema, el análisis crítico de las fuentes se abordará en profundidad en el apartado específico que dedicamos al estudio de la mortalidad a temprana edad en el capítulo II.

La consulta de la documentación parroquial nos permitió acercarnos al interesante comportamiento demográfico que presenta la comarca celanovesa a partir de mediados del siglo XVII hasta mediados del siglo XIX (D. Rodríguez Fernández, 1999:71-126). Para profundizar en su conocimiento hemos desarrollado un trabajo de reconstrucción familiar centrado en la parroquia de San Munio de Veiga, cuyos resultados incluimos en el capítulo II. Será al comienzo de ese capítulo cuando analizaremos de manera pormenorizada el registro de actos sacramentales llevado a cabo en la citada parroquia.

I.3.1.2. Fuentes censales y recuentos de población

El arranque tardío de los registros parroquiales deja a merced de otro tipo de fuentes el análisis de la demografía comarcal durante el siglo XVI. Con ocasión de nuestra Memoria de licenciatura, ya hicimos uso de cuatro importantes Visitas Pastorales conservadas en el Archivo Catedralicio Ourensano que nos aportaron información sobre el número de vecinos a escala parroquial en fechas para las cuales apenas si disponemos de registros parroquiales. Se trata de las Visitas Pastorales de 1487, 1566-69, 1582 y 1654-59 y como ya indicamos en la crítica en su día realizada, se constata en las mismas un predominio de números acabados en 0 o en 5, señal inequívoca de una clara tendencia al redondeo en las cifras de vecinos que aportan (D. Rodríguez Fernández, 1999:22)[59].

Para completar o enmendar las cifras de población que nos ofrecieron las Visitas Pastorales para estas fechas tempranas de la Edad Moderna recurrimos a la consulta de los Expedientes de Hacienda conservados en el Archivo General de Simancas, con el objetivo de localizar la posible presencia de padrones o censos de población entre la documentación emanada de la administración real. Se incluyeron así entre las fuentes de información demográfica disponibles para el siglo XVI sendos padrones elaborados para los años 1582 y 1583 que ahora pasamos a analizar.

En el año 1583 el juez Ginés Galindo elaboró ante escribano padrón de "todos los vecinos y moradores de la villa de Celanova y de las demás feligresías de su juzgado y valle, cuya jurisdicción civil y criminal pertenece al abad y a los monjes del Monasterio de San Salvador de Celanova[60]. Según consta en el citado expediente, el procedimiento fue el mismo en todas las feligresías. El juez llevó consigo a un grupo de vecinos a los que se les tomó juramento de que "bien y firmemente mostrarán todos los vecinos y moradores de la dicha feligresía andando de casa en casa a calle hita". En base a este procedimiento, el padrón incluye un listado nominal de los vecinos moradores de siete parroquias de nuestro ámbito de estudio. Al tratarse de una fuente nominal, podemos comprobar la correcta inclusión de los hogares dirigidos por mujeres, ya que estos suponen un porcentaje importante del total de vecinos en todas las parroquias.

Lamentablemente, los padrones no son válidos para conocer el número de miembros por hogar, porque en el caso de los cabezas de familia varones, desconocemos su estado civil, así como el número de personas corresidentes, salvo si se trata de hijos provenientes de una unión anterior. En cambio, en el caso de los hogares regentados por mujeres, en todas las parroquias y de manera sistemática se registra su estado civil, así como su posible descendencia.

---

[59] Ver apéndice estadístico, tabla I.2.

[60] Archivo General de Simancas. Expedientes de Hacienda. Legajo 376.

Resulta una información valiosa por cuanto nos permite conocer los porcentajes de mujeres solteras o viudas que dirigían hogares a fines del siglo XVI, e incluso detectar la presencia de mujeres solteras con hijos.

Aunque solo disponemos de información para un número reducido de entidades parroquiales, siete en total, el recuento del número de vecinos arroja datos de interés, susceptibles de ser contrastados con las informaciones que aporta la Visita Pastoral realizada en el año 1582 y con los incluidos en la Averiguación de vasallos del Monasterio de Celanova y de San Paio de Santiago también fechada en el año 1582 y ya anteriormente presentada, en el apartado dedicado al estudio del poblamiento[61].

En las averiguaciones de 1582 el procedimiento que se describe en la fuente es prácticamente idéntico al mencionado en el Expediente de 1583. En cada feligresía se toma juramento a un grupo de vecinos en forma de decir verdad sobre el número de vecinos moradores en la misma. Sin embargo, en este caso no se recoge un recuento nominal, sino que se incluye un listado de los diferentes lugares que componen cada entidad parroquial con indicación del número de vecinos y el número de viudas residentes por lugar.

Planteamos un análisis comparativo de las cifras vecinales que arrojan las distintas fuentes que hemos podido reunir para el siglo XVI con el objetivo de medir su grado de coherencia[62]. En realidad, al margen de la crítica externa que acabamos de realizar, constituye la única prueba de validez que estamos en condiciones de llevar a cabo a falta de archivos parroquiales. En la tabla se presentan los datos demográficos tomados de las Visitas Pastorales anteriormente mencionadas de 1566 y 1582, los padrones localizados en los Expedientes de Hacienda de 1582 y 1583, así como las cifras de vecinos que arrojan el vecindario de 1571 para el reparto de moriscos[63], y el denominado censo de Obispos de 1587, cuyas cifras tomamos de la obra de Tomás González[64].

A la luz de los datos expuestos en la tabla varias cuestiones parecen claras. Como ya indicamos en su día, aceptamos los datos de partida que aporta la Visita de 1487 (1999:99)[65]. Compartimos la opinión del profesor P. Saavedra, para quien las cifras bajas que aporta pueden ser el resultado de ocultaciones de población, pero también reflejan la situación de despoblamiento por la que atravesaban las tierras gallegas en la crisis de finales de la Edad Media (1991:57-58). El Censo de 1571 elaborado tras la sublevación de las Alpujarras y en cumplimiento de la orden real para la averiguación del número de vecinos del reino, previa al posterior reparto de moriscos, debe ser descartado[66]. Sus datos reflejan una clara ocultación del número de moradores y no encajan en la tendencia alcista que dibujan la mayoría de las fuentes disponibles para la segunda mitad del siglo XVI. Tal y como se aprecia en la tabla, las cifras que arroja no son asumibles por cuanto supondrían un importante descenso de población con

---

[61] Archivo General de Simancas. Expedientes de Hacienda. Legajo 341.

[62] Véase apéndice estadístico, tabla I. 2. Las cifras de vecinos tomadas del Expediente de 1582 resultan de la suma del número de vecinos y el número de viudas, ambos recogidos de manera independiente en la citada fuente.

[63] Hacemos uso de las cifras que ofrece Mª C. González Muñoz en su obra (1982:222-223).

[64] Según consta en la obra de Tomás González, se trata de las relaciones de vecindad remitidas por los obispos de la Corona de Castilla en el año 1587. Estos documentos que el mismo catalogó figuran en su "inventario de los papeles de la Secretaría del Real Patronato Eclesiástico que se hallan en el Archivo de Simancas hasta el año 1700" (1982:28).

[65] La Visita de 1487 se publicó en el año 1916 en el *Boletín de la Comisión Provincial de monumentos históricos y artístico de Orense*, t. V, pero en nuestro caso se han manejado los datos de primera mano conservados en el TUMBO B del Archivo Catedralicio Ourensano., sig. C-30.

[66] Mª del Carmen González Muñoz refleja en su obra el procedimiento llevado a cabo para la elaboración del censo. Recibida la orden real por parte de las justicias locales, estas convocaban a los testigos necesarios y encargaban al escribano la redacción del documento, que en Galicia se remitía a la Audiencia Real de A Coruña, encargada a su vez de enviar toda la documentación al monarca. En el caso de la respuesta correspondiente a la provincia de Ourense, elaborada por el escribano Juan Soto, contiene una relación muy detallada de pueblos y vecindarios, pero no se acompañan de detalles económicos (1982:31-35).

respecto a la Visita de 1566-69[67]. Se pasaría de una densidad media de 8,77 vecinos/Km² a 7,45 vecinos/Km², descenso que no se ve corroborado en los Expedientes de Hacienda de comienzos de los años 80, ni en el Censo de Obispos de 1587.

La visita de 1582 tampoco encaja bien en la dinámica de la población comarcal de la segunda mitad del siglo XVI. Se ha realizado un análisis comparativo entre la cifra de vecinos aportada por esta fuente y la recogida en el vecindario datado en esa misma fecha y localizado en el Archivo General de Simancas. La cifra de 7,99 vecinos/Km² resultante de los datos de la Visita, es claramente inferior a los 11,61 vecinos/Km² que se obtienen de la consulta del citado vecindario. De utilizar el mismo número de parroquias que repiten presencia en ambas fuentes los resultados serían de 7,81 v./Km² visita frente a 11,4 v./Km² vecindario. En definitiva, convendría prescindir también de los datos de esta visita ya que, tratándose el vecindario de una fuente elaborada con una posible finalidad fiscal, no cabe sospechar una sobrevaloración del número de vecinos, más bien todo lo contrario.

Llama poderosamente la atención la cifra de 17,23 vecinos/Km² que resulta de la consulta del vecindario de 1583 localizado en Simancas. Evidentemente, es una cifra muy superior a los ya referidos 11,61 vec./Km² que se obtienen de la anterior fuente, fechada solo un año atrás y partiendo de un origen común en la serie de Expedientes de Hacienda. Como ya se indicó anteriormente, el vecindario de 1583 solo cubre una parte de las parroquias que conforman el área de estudio, sin embargo, aun comparando un número idéntico de entidades de poblamiento que repiten presencia en los dos vecindarios, la diferencia sigue siendo muy amplia (17,23 frente a 12,4 hab./Km²).

De aceptar esta cifra, estaríamos planteando una densidad de en torno a 70 hab./Km² para la comarca investigada a fines del siglo XVI haciendo uso del índice de conversión de 4,12 habitantes/hogar obtenido a partir de la consulta de los Libros Personales del Catastro de Ensenada (D. Rodríguez Fernández, 1999:217). Se trataría por lo tanto de una densidad elevadísima, aunque no debemos perder de vista que tanto el Censo de Obispos de 1587 como el vecindario ya citado de 1582 abundan en torno a los 12 vecinos/Km², lo que se traduciría en unos nada desdeñables 50 hab./Km².

En realidad, el vecindario de 1583 es la única fuente de carácter nominativo que logramos reunir para el siglo XVI. Como ya se indicó anteriormente, en cada parroquia se relacionan de manera explícita los nombres de todos los cabezas de familia varones, así como los de todas las mujeres, explicitando en este caso si se trata de mujeres viudas o solteras e incluso sus descendientes ilegítimos. El vecindario de 1582 aporta el dato relativo al número de vecinos y al número de viudas cabezas de familia y residentes en cada uno de los lugares en los que se estructuran las parroquias celanovesas. En la tabla 12 se presentan los datos desagregados.

TABLA 12 • ANÁLISIS COMPARATIVO VECINDARIOS DE 1582 Y 1583					
	VECINDARIO 1582		VECINDARIO 1583		
PARROQUIAS	C. F. HOMBRE	M. VIUDAS	C. F. HOMBRE	M. VIUDAS	M. SOLTERAS
CELANOVA	119	24	147	39	22
CAÑÓN	20	6	26	7	8

---

[67] Los datos de esta Visita forman parte del "Libro de Visitas de los beneficios de este Obispado de Ourense, año de 1566 a 1569 en que era Obispo el Sr. D. Fernando Tricio de Arenzana", conservado en el Archivo Catedralicio Ourensano, sin catalogar.

TABLA 12 • ANÁLISIS COMPARATIVO VECINDARIOS DE 1582 Y 1583					
MOURILLÓS	22	4	25	9	8
AMOROCE	23	5	30	4	2
ANSEMIL	15	8	27	11	3
VEIGA, S. Paio	27	13	30	1	1
BERREDO, S. E.	63	20	86	15	23
TOTAL	289	80	371	86	67

Las mujeres al frente de hogares no constituían una rareza en la sociedad celanovesa de fines del siglo XVI. En el recuento de 1583 representaban al 29,19% del vecindario, de las cuales un 16,41% eran mujeres viudas y el 12,78% restante estaba formado por mujeres solteras. Si tomamos como referencia el documento de 1582, las mujeres representaban el 21,68% de los hogares de esta muestra de siete parroquias (20,61% sobre el conjunto de las 20 parroquias). En este caso se trataría exclusivamente de mujeres viudas, puesto que en esta fuente no se menciona la presencia de mujeres solteras al frente de hogares.[68] Su inclusión en el vecindario de 1583 explica en parte las diferencias constatadas en la cifra de vecinos/Km² entre ambas fuentes, pero como se puede apreciar en la tabla superior, el dato relativo al número de cabezas de familia varones también presenta importantes discordancias.

De ser correctos los datos de 1583, los testigos que el año anterior se encargaron de hacer el recuento de los cabezas de familia masculinos en cada una de las parroquias de la comarca dependientes de los Monasterios de Celanova y San Paio de Santiago, ocultaron nada menos que al 22% del total. Desconocemos si es una ocultación intencionada o simplemente se trata del resultado de la aplicación de criterios diferentes en la elaboración del padrón.

Si aceptamos como válidas las cifras que aporta el vecindario de 1583, debemos descartar el resto de las fuentes disponibles para el siglo XVI, desde la Visita de 1566-69 hasta el Censo de Obispos de 1587, que abarca la práctica totalidad del territorio investigado e incide nuevamente en esa cifra en torno a los 12 vecinos/Km² para los años ochenta del siglo XVI[69]. Aunque en el expresado Censo de los Obispos resulta inequívoca la tendencia al redondeo reflejada en una amplia mayoría de cifras terminadas en 0[70], la concordancia que se aprecia con los resultados obtenidos en las distintas fuentes consultadas nos obliga a tratar con mucha cautela las informaciones contenidas en

---

[68] Si obviamos al grupo de mujeres solteras en el recuento de 1583, el porcentaje de mujeres viudas al frente de hogares es bastante similar en ambas fuentes (21,68% en 1582 y 18,81% en 1583).

[69] Tomamos los datos de la publicación que realizó el INE en el año 1982, reeditando la obra de Tomás González del año 1829 que llevaba por título *Censo de Población de las Provincias y Partidos de la Corona de Castilla en el siglo XVI*. Como señala A. Molinie Bertrand en sus comentarios iniciales a la obra publicada por el INE en el año 1985 bajo el título de *Censo de la Corona de Castilla de 1591, Vecindarios*, este censo fue realizado por los obispos en cada diócesis entre 1587 y 1589 y después transcrito por Tomás González. Los obispos procedieron al recuento de población de cada diócesis por parroquias. Se trataba de reflejar la población de vecinos "feligreses", incluyendo por lo tanto a las viudas, aunque en algunos casos se contabilizaron como medios vecinos (1985:12).

[70] Pese a algunos errores también detectados para la provincia de Mondoñedo, P. Saavedra hace uso de sus datos, otorgándole un mayor grado de fiabilidad que a los del Censo de 1591 (1985:51-53). J. M. Pérez García, también hace uso de esta fuente para el estudio evolutivo de la población del Bajo Miño (2006:68). Sin embargo, J. E. Gelabert lo rechaza de plano para la tierra de Santiago (1982:38-50), E. Martínez Rodríguez a partir del contraste de los datos que ofrece dicha fuente para el Arzobispado de Santiago con los incluidos en la visita del Cardenal Jerónimo del Hoyo en el año 1607, deduce una "fortísima ocultación" que le lleva a tachar el Censo de 1587 de "absolutamente inservible, al menos en lo que concierne al arzobispado de Santiago" (1998:446).

el vecindario de 1583. Ahora bien, el análisis de los datos de 1583 genera serias sospechas sobre la posible ausencia de, cuando menos, un sector de los hogares encabezados por mujeres solteras en las restantes fuentes consultadas del siglo XVI.

En realidad, en la tabla que presentamos en el apéndice estadístico no se incluyeron todas las informaciones de carácter demográfico que hemos podido reunir para el siglo XVI. Faltan los datos referidos al Censo de Pecheros de 1528 y al Censo de la Corona de Castilla de 1591[71], precisamente las dos grandes obras estadísticas elaboradas a lo largo del siglo durante los reinados de Carlos I y Felipe II respectivamente. Su ausencia se justifica por la dificultad a la hora de contrastar sus cifras con el resto de las fuentes disponibles ya que en este caso los datos se presentan por partidos y no por parroquias, resultando prácticamente imposible realizar un acomodo entre ambas demarcaciones geográficas[72].

Resta únicamente la posibilidad de plantear un estudio comparativo entre ambos censos, no sin algunas dificultades derivadas de la tipología de las informaciones contenidas en los mismos, y analizar los resultados. Véase la tabla 13

TABLA 13 • COMPARATIVA ENTRE EL CENSO DE PECHEROS DE 1528 Y EL DE 1591					
PARTIDOS	**CENSO 1528**	**CENSO DE 1591**			
TIP. VECINOS	**PECHEROS**	**PECHEROS**	**CLÉRIGOS**	**HIDALGOS**	**TOTAL VEC.**
P. DE VEIGA SORGA Y BERREDO	74	148	4	3	155
PARTIDO DE CELANOVA	1206	3480	68	72	3620
PARTIDO DE VILANOVA	33	130	4	12	146
PARTIDO DE RAMIRÁS	49	203	2	–	205
TOTAL	**1362**	**3961**	**78**	**87**	**4126**

El Censo de 1591 elaborado para el repartimiento de los ocho millones de ducados ha sido considerado por A. Molinie Bertrand en su comentario inicial a la publicación del INE como "el primer y único vecindario completo para Castilla efectuado por la administración de Felipe II" (1985:12). Como se comprueba en la tabla y a diferencia del Censo de 1528, en el mismo se inscribe no solo a la población pechera, sino también a hidalgos y a clérigos[73]. En los partidos en los que se encuentra comprendida el área de estudio, estos grupos sumaban el 3,99% de la población total, porcentaje que aplicaremos a los datos de 1528 para el cálculo de las tasas de crecimiento poblacional entre ambos censos.

---

[71] Los datos del Censo de Pecheros de 1528 fueron publicados en el año 2008 por el INE. La obra titulada *Censo de Pecheros. Carlos I, 1528* es una transcripción revisada y ordenada del legajo nº 768 que se conserva en el Archivo General de Simancas en la sección de Contadurías Generales. Los datos del Censo de 1591 también fueron publicados por el INE en el año 1985 en una obra que lleva por título *Censo de la Corona de Castilla de 1591, Vecindarios.*

[72] En la primera mitad del Quinientos, la provincia funcionaba como una circunscripción fiscal, organizándose en partidos, "término impreciso que no se corresponde siempre con una demarcación definida" (Mª. López Díaz, 2000:507). Según expresa la citada autora, en los repartimientos de la primera mitad del siglo XVI, e incluso en los realizados en la segunda mitad del siglo, los partidos solían equipararse a los cotos y jurisdicciones, pero se desconoce su extensión no pudiendo identificarse en sentido estricto con las jurisdicciones del siglo XVIII.

[73] El Censo de 1528 se realizó en tiempos del Emperador Carlos I con el objetivo de revisar los padrones de pecheros. Por ello los datos demográficos se reducen al número de pecheros, sin contar ni a la iglesia ni a la nobleza, pero incluyendo a viudas, menores y pobres, aunque se desconoce como se han sumado estos grupos. Generalmente viudas y menores solían contar como medio pechero y los pobres no "pechaban", pero en el Censo no figuran fracciones, por lo que podría pensarse que todos fueron considerados igual, como un vecino (2008:13).

Para el contraste entre ambos censos, partimos del convencimiento de que estamos comparando demarcaciones territoriales idénticas en ambas fuentes puesto que no se produce ninguna variación en la nomenclatura, aunque en la práctica desconocemos a ciencia cierta la extensión geográfica abarcada[74]. De ser válida nuestra hipótesis, en poco más de 60 años la población prácticamente se triplicaría con un crecimiento espectacular del orden del 190%. Se trata de un crecimiento excesivo, probablemente resultado de una infravaloración en la población de partida[75], pero no muy alejado de una tasa de crecimiento porcentual del 196% entre las Visitas de 1487 y 1566-69 (D. Rodríguez Fernández, 1999:193). En el siguiente apartado dedicado a la evolución de la población, analizaremos estos datos en detalle.

La Visita Pastoral de 1654-59 es el único recuento de población que incluimos en la tabla para todo el siglo XVII[76] y, aparentemente sus cifras no constituyen una nota discordante en el análisis evolutivo de la población celanovesa en los tiempos modernos. Como ya pusimos de manifiesto en su momento, la atenuación del crecimiento en el número de vecinos con respecto a las fuentes de fines del siglo XVI encaja bien con el comportamiento de la población gallega para esas fechas.[77] Sin embargo, el cálculo de las tasas de natalidad en las cuatro entidades parroquiales para las cuales ya se dispone de archivos parroquiales, revela carencias significativas de la fuente a escala parroquial.

Cono se puede observar en la tabla 14, las tasas de natalidad que se obtienen para las parroquias de Soutomel y Rubiás traducen una más que probable ocultación de la población en esta fuente, si bien las tasas aberrantes que resultan para las otras dos parroquias analizadas no son imputables a la Visita, sino que probablemente son el resultado de la deficiente anotación de las actas bautismales en algunos registros parroquiales en la primera mitad del siglo XVII.

TABLA 14 • CÁLCULO TASAS NATALIDAD A PARTIR DE LA VISITA DE 1654–59			
PARROQUIAS	Nº BAUTIZADOS 1649/59	NÚMERO HABITANTES	TASA NATAL. ‰
BOBADELA	27	165	14,87
RUBIÁS	60	123	44,34
SOUTOMEL**	52	123	38,43
VILANOVA	57	494	10,48

---

[74] Aunque desconocemos la extensión abarcada, las cifras de población recogidas indican sin lugar a duda que se trata de una extensión geográfica que excede los límites de nuestra área de estudio. De hecho, los encargados de la elaboración del Censo de 1528 ya indicaron en su momento que el partido de Celanova constituía el término con mayor número de pecheros de toda la intendencia ourensana, añadiendo además que "el reparto de los impuestos que han de pagar los vasallos del Monasterio lo hacen entre el Abad y un juez que ponen y llaman pertiguero, los cuales parece ser que incrementan lo que han de pagar" (2008:224).

[75] Tiende a considerarse al Censo de 1528 más defectuoso que el de 1591, al que también se le achacan deficiencias muy claras, sobre todo en la provincia de Santiago (E. Martínez Rodríguez, 1998:443-449).

[76] Al igual que las anteriores, se encuentra custodiada en el Archivo Catedralicio Ourensano y en el momento en le que accedimos a su consulta se encontraba sin catalogar.

[77] Véase al respecto A. Eiras Roel (1986:20), P. Saavedra (1991:148-149) o más recientemente H. Sobrado Correa (2007:48).

Asumimos por lo tanto con mucha cautela los datos que aporta la Visita de 1654-59 a falta de otras fuentes disponibles para el siglo XVII, aunque disponemos de indicios claros sobre una más que probable ocultación del vecindario a escala parroquial[78].

Al igual que ocurría con los Censos de 1528 y 1591, no incluimos en el apéndice estadístico las cifras relativas a los Censos de 1631 y 1651. En realidad, su utilidad para conocer la evolución de los efectivos humanos de la comarca de Celanova es prácticamente nula porque es casi imposible plantear cualquier posible comparación con las fuentes censales de fines del siglo XVI y obviamente tampoco con las Visitas Pastorales[79]. Las demarcaciones territoriales que se utilizaron para la elaboración de estos dos recuentos no se corresponden con las que figuran en los Censos del siglo XVI, al menos no en todos los casos, dificultando la obtención de conclusiones claras sobre la evolución del vecindario entre ambas fechas. La tabla 15 con los datos del Censo de 1631 permite clarificar mejor estas afirmaciones.

TABLA 15 • CENSO DE 1631		CENSO DE 1591	% CREC.
D. TERRITORIALES	Nº VECINOS	Nº VECINOS	
PARTIDO DE BERREDO	34	–	
P. DE VEIGA DE CELANOVA	81	–	
P. DE SORGA	77	–	
P. DE BERREDO, VEIGA Y SORGA	192	155	23,87
P. DE VILANOVA	263	146	80,14
P. DE RAMIRÁS	296	205	44,39
P. DE CELANOVA	1194	3620	–67,01

Pensamos que la supuesta hecatombe demográfica del partido de Celanova no es real. La caída es tan brutal que no puede explicarse solo en base a la posible ocultación poblacional propia de una fuente fiscal. A nuestro juicio el supuesto descenso de un 67% del vecindario no es sino el resultado de comparar espacios geográficos diferentes; es decir, aunque en esta fuente se sigue haciendo referencia al partido de Celanova, este no tiene correspondencia geográfica con la demarcación territorial que ostentaba el mismo nombre en los censos del XVI. De hecho, en el Censo de 1631 se hace referencia explícita al partido de Rabal y Bobadela en el capítulo de "partidos que quedan por acopiar" (C. Fernández Cortizo, 1990:122), cuando tal partido no figuraba en la documentación de 1528 y 1591[80]. En sentido inverso, el crecimiento del Partido de Vilanova sigue siendo igualmente muy sospechoso. Por todo ello descartamos esta fuente para el estudio de la población celanovesa en el siglo XVII.

---

[78] El número de habitantes resulta de la aplicación del índice de conversión de 4,12 que se obtiene de la consulta del Catastro de Ensenada a las cifras de vecinos que aporta la Visita. En el caso de la parroquia de Soutomel dado que el registro de bautizados se inicia en el año 1652, la cifra de bautizados se corresponde con los bautismos celebrados de 1652 a 1662.

[79] Hacemos uso de los datos que recoge C. Fernández Cortizo en su trabajo de presentación de ambas fuentes (1990:115-130).

[80] San Salvador de Rabal y Santa María de Bobadela son dos feligresías sitas en el valle de Celanova y muy probablemente en las fuentes del siglo XVI formaban parte del partido de Celanova. Obviamente por si solas no explican el descenso del vecindario que se constata entre ambas fechas, pero si nos advierten sobre la posible desmembración del que fuera el partido con el mayor número de pecheros de toda la provincia ourensana. Por otra parte, la división del antiguo partido de Veiga, Sorga y Berredo en tres entidades diferentes, viene a ratificar nuestras sospechas.

En opinión de C. Fernández Cortizo, el vecindario de 1651 presenta un elevado grado de ocultación y una escasa fiabilidad para el análisis demográfico del período (1990:113-114). En el caso de la comarca de Celanova, los datos son tan exiguos que imposibilitan cualquier planteamiento comparativo[81].

Para el siglo XVIII, añadimos a las cifras del número de vecinos que nos aportan los Libros Personales del Catastro de Ensenada[82], el Vecindario de 1759 y las informaciones incluidas en dos vecindarios fechados en la segunda mitad del siglo, en los años 1769 y 1790 respectivamente, ambos localizados en el Archivo Diocesano Ourensano.

En cuanto al vecindario de Ensenada de 1759/60, su control a partir del cálculo de tasas de natalidad presenta resultados discordantes a nivel parroquial. Véase tabla 16 (el número de habitantes se obtiene multiplicando el número de vecinos por el coeficiente vecinos/habitantes que resulta para cada parroquia en 1753).

TABLA 16 • CÁLCULO DE TASAS DE NATALIDAD A PARTIR DEL VECINDARIO 1759			
PARROQUIAS	Nº BAUT. 1754/64	Nº HABITANTES*	TASA DE NATALIDAD %0
BOBADELA	56	257	19,80
RUBIÁS	173	708	22,21
VILANOVA	209	666	28,52
SORGA	114	358	28,95
SOUTOMEL	174	399	39,64
VEIGA	222	730	27,65
MOURILLÓS	129	348	33,70
CELANOVA	343	1087	28,68
BERREDO	83	207	36,45
MOSTEIRO	69	304	20,63
TOTAL	1572	5064	28,22

Como se aprecia en la tabla, de las diez parroquias analizadas, en cuatro de ellas –Bobadela, Rubiás, Veiga y Mosteiro-, hay sospechas más que fundadas sobre el inflamiento de su vecindario, resultando unas tasas de natalidad inadmisibles[83]. En base a las cifras que arroja y haciendo uso del mismo número de parroquias en una y otra fecha, entre 1753 y 1759 el vecindario de las 28 parroquias analizadas pasaría de 3100 a 3409 vecinos, lo que implicaría un crecimiento de cerca del 10% -9,97%- en este corto período de tiempo. Dicho crecimiento no se

[81] En el Vecindario de 1651 se hace referencia a los siguientes términos: Villa de Celanova: 480 vecinos; Fruime y Villaverde: 19 vecinos; Rabal y Bobadela: -; Borredo (Berredo?): 14 vecinos; Vergas de Celanova (Veiga?): 34; Vilanova: 117 vecinos; Ramirás: 66 vecinos (C. Fernández Cortizo, 1990: 126-127).

[82] El alto grado de fiabilidad de sus datos demográficos ya fue puesto de manifiesto tras la crítica realizada en nuestra Tesis de Licenciatura, pese al comportamiento discordante de la parroquia de Soutomel en el cálculo de tasas de natalidad (1999:23).

[83] El profesor J. M. Pérez García, también obtiene tasas aberrantes en parroquias de la comarca del Bajo Miño como consecuencia de un posible inflamiento de la población comarcal entre un 10 y un 15% (2006:61)

encuentra avalado por el comportamiento de los archivos parroquiales, cuyos datos traducen una situación de claro estancamiento poblacional desde mediados de siglo hasta los años 80[84], ni tampoco resulta sostenible en base a la consulta del Vecindario de 1769 que ahora pasamos a comentar. Dado que las cifras de 1769 abundan nuevamente en la situación de estancamiento, habríamos de considerar la evolución de la población en el corto período de tiempo transcurrido entre 1753 y 1769 como en una montaña rusa, con ganancias del 10% en los años 50 y pérdidas de la misma cuantía en la década de los 60. Dadas las dificultades que entraña el uso de esta fuente para acercarnos a la dinámica evolutiva de la comarca en la segunda mitad del siglo XVIII, hemos decidido prescindir de su uso.

El vecindario de 1769 responde a una circular enviada a las parroquias en fecha del 15 de julio de ese año en la que se les pide que a la mayor brevedad posible envíen una declaración jurada del número de vecinos, en cumplimiento de una "especial disposición del Rey"[85]. En nuestra opinión esta documentación podría estar relacionada con el Censo de Aranda atendiendo a su elaboración en cumplimiento de una orden real "con acuerdo de los ministros del Supremo Consejo de la Cámara de Castilla", y dada la masiva respuesta de las parroquias a la expresada circular –disponemos de información para 26 de las 30 parroquias que conforman el área de estudio-.

Por otra parte, hay datos importantes que no encajan con las informaciones de las que disponemos sobre el proceso de elaboración del Censo del Conde de Aranda[86], ni tampoco se corresponden las respuestas parroquiales relativas al número de vecinos, con la unidad de estudio básica en el censo, que por primera vez ya no es el vecino sino el habitante[87]. Para sembrar más dudas sobre este asunto, solo falta añadir que en la actualidad no se dispone de los datos del Censo de Aranda para la diócesis de Ourense puesto que no constaban en la copia que mandó realizar la Real Academia de la Historia en el año 1773. Esta copia es la que sirvió de base para la publicación del INE, una vez que los datos originales del Censo del Conde de Aranda se perdieron.

Sea cual fuere su origen, se aplicaron una serie de pruebas para conocer el grado de fiabilidad de los datos demográficos que aporta. En la tabla 17 presentamos el cálculo de tasas de natalidad[88].

---

[84] Véase apéndice estadístico, tabla I.5.

[85] Reproducimos textualmente el contenido de la carta circular enviada a las parroquias en fecha del 15 de julio de 1769: "Por especial disposición del Rey con acuerdo de los ministros del Supremo Consejo de la Cámara de Castilla, ordenan a los vicarios generales de la Diócesis que a la mayor brevedad de dediquen a formar cada uno, una relación jurada de el curato que sirve, vicaría o tenencia, con enumeración de el vecindario que la compone, beneficios o capellanías simples o residenciales comprehendidos en ella y expresión de el patronato de todas y cada una de estas piezas, emolumentos y cargas, y de hecho nos las remitan en el correo ordinario siempre que no se les proporcione conducta de persona segura; y de luego a luego nos devolverán esta misma con el visto, fecha y firma de cada uno para nuestro gobierno. Este asunto, que es de los más graves por su naturaleza y respira por todas partes la pública utilidad merece una particular atención a nuestro muy benigno soberano como también a aquel augusto primer tribunal de la nación, y exige por lo mismo nuestra pronta obediencia y la más seria aplicación al puntual desempeño de los particulares que comprende en la parte que a cada uno toque". Archivo Diocesano Ourensano, Libro 7.5.3.

[86] La circular que transcribimos está fechada a mediados del mes de julio de 1769, en cambio, según se recoge en la publicación que realizó el INE del Censo de Aranda, Tomo I, la carta-orden que dictó el Conde dirigida a los Obispos está fechada el 1/09/1768. Estos debían encomendar a los párrocos la elaboración del censo, de modo que en enero de 1769 la información remitida por los obispos ya se encontraba en poder de la Secretaría del Consejo de Castilla (2001:7). Por lo tanto, aunque la carta circular dirigida a los curas ourensanos se refiere a una Orden Real, con acuerdo del Consejo de Castilla, no se corresponde exactamente en el tiempo con las fechas en las que se llevaron a cabo las operaciones censales.

[87] Cuando el INE publica en el año 2001 los datos del Censo de Aranda, lo considera el primer censo moderno realizado en España. Sus datos representan una ruptura con los censos del pasado dado que la unidad de estudio ya no es el vecino sino el habitante. Cada parroquia debía remitir una clasificación de los feligreses en seis grupos de edad, por sexo y estado civil (2001:15).

[88] Las cifras de población resultan de la aplicación del índice de conversión resultante del Catastro (4,12 personas/hogar), al número de vecinos registrados en el vecindario

TABLA 17 • CÁLCULO TASAS DE NATALIDAD A PARTIR DEL VECINDARIO DE 1769			
PARROQUIAS	BAUTIZOS 1764/1774	POBLACION	TASA DE NATALIDAD %0
BOBADELA	52	185	25,51
RUBIÁS	144	618	21,18
VILANOVA	227	577	35,77
SORGA	151	371	36,98
SOUTOMEL	174	482	32,82
MOURILLÓS	120	371	29,41
CELANOVA	374	1030	33,01
PODENTES	112	325	31,35
BERREDO	56	210	24,23
MOSTEIRO	43	272	14,37
TOTAL	1453	4441	29,74

La tasa global (29,74‰) encaja bien con el comportamiento de la natalidad en la comarca de estudio, aunque a escala parroquial se detectan algunos problemas. Si prescindimos de las dos parroquias cuyos datos resultan claramente inadmisibles por defecto (Mosteiro y Rubiás), y las dos sospechosas por exceso (Vilanova y Sorga)[89], el porcentaje resultante de 31,01‰ estaría muy próximo al obtenido a partir del Censo de Floridablanca (31,8 ‰) (D. Rodríguez Fernández, 1999:188).

Por otra parte, los datos recogidos en la fuente son plenamente concordantes con la evolución del índice medio de bautizados, que refleja un estancamiento poblacional para las décadas de 1750-59 a 1760-69 (D. Rodríguez Fernández, 1999:212)[90]. Por todo ello y pese a los innegables problemas que presentan las cifras de vecinos en algunas parroquias, valoramos positivamente esta fuente para el estudio de la población de la comarca en la segunda mitad del siglo XVIII.

Con fecha del 28/08/1790 se remiten al Obispo de Ourense las respuestas de 13 parroquias con relación a la "Carta vereda expedida por su I. persona el obispo de Orense con relación de la del EXCMO. Señor Conde de Floridablanca"[91]. En este caso, desconocemos el contenido de la carta en la que el Obispo solicita a los responsables parroquiales el envío de información, así como el número de los destinatarios, conservándose únicamente las respuestas remitidas por los responsables de trece de las parroquias que conforman el área de estudio. En cualquier caso, llama la atención la mención expresa al Conde de Floridablanca, cuando las respuestas están fechadas en el mes de agosto de 1790 y una vez más nos informan sobre el número de vecinos y no sobre habitantes. La tabla 18 tiene como objetivo medir su grado de fiabilidad a partir del control de las tasas de natalidad[92].

---

[89] En el caso de Vilanova parece evidente una ocultación del vecindario en comparación con las cifras de 1753.

[90] Las cifras expuestas en la tabla I.2 del apéndice estadístico resultan engañosas ya que reflejarían un hipotético descenso en el número de vecinos en relación con los datos del Catastro. En realidad, si se compara el mismo número de parroquias en ambas fuentes -25 en total que suman 96,5 Km²-, se pasaría de una media de 25,61 vecinos/Km² en 1752 a 25,47 vecinos/Km² en 1769.

[91] Archivo Diocesano Ourensano, sig. 7.5.16. Esta fuente ya se ha presentado con anterioridad en el capítulo dedicado al poblamiento, puesto que, para doce de las trece parroquias abarcadas, aporta información sobre el número de vecinos por lugares.

[92] Las cifras de población reflejadas en la tabla son el resultado de la aplicación del índice de conversión obtenido en el Catastro (4,12 habitantes/hogar) al

TABLA 18 • CÁLCULO TASAS NATALIDAD A PARTIR DEL VECINDARIO DE 1790			
PARROQUIAS	**BAUTIZOS 1785/1795**	**HABITANTES 1790**	**TASA DE NATALIDAD ‰**
RUBIÁS	141	758	16,91
VILANOVA	249	709	31,93
SORGA	147	206	64,90
SOUTOMEL	205	445	41,88
MOURILLÓS	100	177	51,35
PODENTES	120	202	54,01
MOSTEIRO	60	268	20,33
TOTAL	**1022**	**2765**	**33,60**

En páginas anteriores se hizo uso de esta fuente para analizar los cambios que afectaron al poblamiento de las tierras celanovesas en los dos siglos transcurridos desde la elaboración del vecindario de 1582, localizado en el Archivo General de Simancas. Ambas fuentes constituyen una excepción entre el conjunto de informaciones demográficas que hemos podido reunir puesto que detallan el número de vecinos por lugares. Ya en su momento advertimos sobre la generalizada tendencia a la ocultación de sus datos vecinales con respecto a los resultantes de los Libros Personales del Catastro.

Tal como se recoge en los datos de la tabla 18, el cálculo de las tasas de natalidad es suficientemente revelador de la magnitud que adquiere dicha ocultación a escala parroquial. De las siete parroquias analizadas, únicamente en el caso de Vilanova se obtiene una cifra coherente, de modo que la tasa global resultante de 33,60 ‰ no es más que el resultado de las compensaciones operadas entre valores absolutamente inadmisibles. Así en las parroquias de Sorga, Soutomel, Mourillós y Podentes debió producirse una ocultación de población mientras que en el caso de Rubiás sus cifras pudieron haberse inflado. La cifra resultante para la pequeña parroquia de Mosteiro quizás pueda deberse a un deficiente funcionamiento de sus archivos parroquiales[93].

A la luz de estos datos, el vecindario nos facilitó un acercamiento a los cambios vividos en la organización del poblamiento comarcal durante más de 200 años, siendo en realidad la única fuente disponible para tal fin. No resulta en cambio una fuente del todo fiable para el estudio de la evolución del número de vecinos a escala parroquial, cuando disponemos de fuentes más seguras en fechas muy próximas[94].

Como se puede apreciar en el apéndice estadístico, cierran la tabla I.2 las informaciones relativas a tres fuentes fechadas en el siglo XIX. Por lo que respecta a los datos demográficos tomados de los Diccionarios Geográficos de S. Miñano y P. Madoz, ya indicamos en su día la cautela con la que debían ser interpretados, a raíz de los graves problemas que también plantea en ambos casos el cálculo de tasas de natalidad. Se hizo uso de ambos en

número de vecinos registrado en el vecindario de 1790.

[93] Para las parroquias de Mosteiro y Rubiás se obtienen unas tasas de natalidad también bajas a partir de los datos recogidos en los Libros Personales del Catastro -22‰ y 25,1‰ respectivamente- y también a partir del Censo de Floridablanca -21,7‰ y 25,5‰, respectivamente-, si bien no tan alarmantemente bajas como las que figuran en el cuadro superior (D. Rodríguez Fernández, 1999:187-188).

[94] Parece prudente tomar con mucha cautela sus cifras vecinales, si bien los valores en habitantes que aporta el Censo de Floridablanca para el año 1787, tampoco están exentos de problemas. De hecho, ya en su momento expusimos las deficiencias puntuales detectadas a escala parroquial –feligresías de Bobadela y Soutomel-, que por supuesto no invalidan el general buen funcionamiento de la fuente (1999:23).

nuestra Memoria de Licenciatura a falta de fuentes de mayor fiabilidad y teniendo en cuenta que las informaciones contenidas en los Censos de 1857 y 1860 se refieren exclusivamente al ámbito municipal (D. Rodríguez Fernández, 1999:82-83).

Por todo ello, resultó de gran interés la localización en el Archivo Diocesano Ourensano de un vecindario fechado en el mes de abril de 1852 que abarca la práctica totalidad de las parroquias del área de estudio, cerrando el marco cronológico de nuestra investigación[95]. En el *Boletín Eclesiástico del Obispado y Provincia de Orense*, con fecha del sábado 3 de abril de 1852 se recoge la circular que envió el Vicario Capitular a los curas párrocos de la diócesis con la orden para la elaboración del citado vecindario[96]. En la tabla 19 pretendemos comprobar la coherencia de la fuente a partir del cálculo de tasas de natalidad, aunque para ello debemos manejar las cifras de bautizados de 1841 a 1850, cuando concluyó la recogida de actas sacramentales[97].

TABLA 19 • CÁLCULO TASAS NATALIDAD A PARTIR DEL VECINDARIO DE 1852			
PARROQUIAS	**BAUTIZOS 1841-1850**	**HABITANTES 1852**	**TASA DE NATALIDAD ‰**
BOBADELA	38	150	25,33
RUBIÁS	147	608	24,18
VILANOVA	317	920	34,45
SORGA	119	403	29,53
VEIGA, S. MUNIO	187	802	23,32
MOURILLÓS	89	450	19,78
CELANOVA	481	1564	30,75
PODENTES	149	458	32,53
BERREDO	82	316	25,95
MOSTEIRO	38	280	13,57
TOTAL	**1647**	**5951**	**27,67**

[95] En el momento en el que se abordó la consulta de esta fuente en el Archivo Diocesano Ourensano, se encontraba sin catalogar. Como se aprecia en la tabla I.2 del apéndice estadístico, solamente faltan las informaciones relativas a las parroquias de Soutomel y Viveiro.

[96] Incluimos textualmente la circular: "Sres. Abades, Ecónomos, Coadjutores y más eclesiásticos de esta Diócesis. Muy señores míos: por el Ministerio de Gracia y Justicia se me ha comunicado con fecha 11 del próximo pasado la Real Orden siguiente: "La Reina (q. D. g.) se ha dignado mandar que teniendo V. S. presente lo dispuesto en el artículo 33 del Concordato, en el 1º del Real Decreto de 24 de noviembre último, por el cual se determinó que parroquias deben considerarse rurales, y sus diferentes clases, y conforme a lo dispuesto en la Ley de Organización y atribuciones de los Ayuntamientos de 8 de enero de 1845, remita a la mayor brevedad posible un estado que comprenda todas las parroquias de esa Diócesis, con expresión de las que están en cada caso". Deseoso de cumplimentar con acierto esta soberana disposición, he creído necesario adquirir datos auténticos y lo mas seguros para emprender una operación de tanta gravedad y trascendencia. Con este objeto me dirijo a W. para que forme cada uno el estado de su respectiva parroquia conforme al modelo que acompaña, teniendo a la vista dicha Real Orden y Decreto de 21 de noviembre inserto en el Boletín oficial de 8 de enero, y en el eclesiástico de 27 de diciembre últimos, remitiéndole a la Secretaría de este Gobierno Eclesiástico a la mayor brevedad posible. La ilustración que a w. distingue me escusa recomendarles la exactitud y pureza que exige asunto de esta clase, confiado en que no omitirán ninguna de las circunstancias dichas para que tengan cumplido efecto los deseos de S. M. en cuanto se sirve prevenirme. Dios guarde a W. muchos años. Orense marzo 31 de 1852. El Vicario Capitular: Dr. D. Manuel Nobo."

[97] Las cifras de población reflejadas en la tabla son el resultado de la aplicación del índice de conversión obtenido en el Censo de 1860 (3,95 habitantes/ hogar) al número de vecinos registrado en el vecindario de 1852. El cálculo de habitantes/hogar en el Censo de 1860 se realizó a partir de los datos relativos a los municipios de A Bola, Celanova, Freás de Eiras, Vilameá de Ramirás y Vilanova, en los que se encuadran las parroquias que integran nuestro ámbito de investigación. (D. Rodríguez Fernández, 1999:218).

En esta ocasión las tasas de natalidad obtenidas a escala parroquial resultan bastante coherentes, aunque constatamos el comportamiento anómalo de Veiga, Mosteiro y Mourillós. Sus tasas de natalidad tan anormalmente bajas no pueden justificarse solo por el hecho de que las cifras de bautizados se correspondan con el período 1841-1850. En los casos de Mourillós y Veiga, las cifras de vecinos registradas en el recuento implicarían un crecimiento por encima de la media comarcal para el período comprendido entre mediados del siglo XVIII y la elaboración del citado vecindario, contradiciendo así la marcha de sus respectivos registros parroquiales, por lo que suponemos una sobrevaloración del número de vecinos en este recuento[98]. Las cifras vecinales de Mosteiro, a la baja con respecto a mediados del siglo XVIII no parecen pecar por exceso, sino que podría tratarse de un subregistro de actas bautismales en la pequeña parroquia de Mosteiro.

Si exceptuamos estas tres feligresías, la tasa resultante de 30,1‰ confirma a este vecindario como un interesante punto de llegada para conocer la dinámica evolutiva de la población celanovesa a lo largo de los tiempos modernos. Sin embargo, no queremos dejar de mencionar la sospecha fundada sobre la sobrevaloración del vecindario en algunas parroquias.

El cómputo del número de vecinos en esta fuente y su comparación con los datos que arroja el Catastro en las 27 parroquias que repiten presencia en ambas fuentes arroja una tasa de crecimiento porcentual del 30,63%, -29,61% si se excluyen del cálculo las parroquias de Mourillós y Veiga-, muy superior al 18,80% que resulta de comparar el número de vecinos registrados en el Catastro con las cédulas inscritas en el Censo de 1860 (18,80%) (D. Rodríguez Fernández, 1999:199). No obstante, a la hora de hacer valoraciones al respecto, deben tenerse muy en cuenta los problemas que plantea el análisis comparativo entre los datos catastrales y los derivados del Censo de 1860.

Los censos de 1857 y 1860 que inauguran la nueva era estadística, usan como término de referencia geográfica el municipio, de modo que las 30 parroquias que integran el área de estudio quedaron comprendidas en cinco municipios: A Bola, Celanova, Vilanova dos Infantes, Freás de Eiras y Vilameá. Como ya indicamos en su momento, en el cálculo de la tasa de crecimiento poblacional entre el Catastro y 1857-1860 no se incluyeron las parroquias que pasaron a formar parte del municipio de Vilanova dos Infantes porque desconocemos las informaciones relativas al conjunto de su territorio[99]. Además, ya se detectaron en su día comportamientos muy dispares dentro del espacio analizado, donde conviven parroquias cuyo vecindario en 1860 es incluso ligeramente inferior al de mediados del siglo XVIII (Municipio de Vilameá de Ramirás, crecimiento del -0,56%), con otras en las que el número de vecinos vivió un importante avance entre esas mismas fechas (municipios de Celanova y a Bola, con un crecimiento del 32,53 y del 23,40% respectivamente)[100].

Por otra parte, la cifra que presentamos en la tabla de 36,51 vecinos/Km² de media para 1852 no está muy lejos de los 33,12 vecinos/Km² que arroja la consulta del Censo de 1860. Si utilizamos el índice de conversión que resulta del expresado censo -3,95 vecinos/hogar-, obtendríamos una densidad de 144,2 Hab./Km² para 1852, frente a los 135,42 Hab./Km² para 1857 y los 134,24 Hab./Km² para 1860 (D. Rodríguez Fernández, 1999:179). Aunque desconocemos el comportamiento de las series de bautizados en el decenio de 1850-59, autores como P. Saavedra han definido este período como "desastroso para la población" (1994b:108), justificando así en mayor medida la

---

[98] Véase al respecto tabla I.3 del apéndice estadístico sobre crecimiento intercensal entre 1753-1852 y tabla I.5. sobre la evolución del índice medio ponderado de bautizados.

[99] Prescindimos por lo tanto de cuatro parroquias: Castromao, Freixo, Vilanova dos Infantes y Viveiro.

[100] Como ya se indicó en nuestra Tesis de Licenciatura, no debemos olvidar que las parroquias sitas en el valle del Tuño e integradas en el municipio de Vilameá de Ramirás difícilmente pudieron asumir un incremento en su vecindario entre mediados del siglo XVIII y mediados del XIX, cuando en algunos casos partían de una densidad poblacional por encima de los 150 habitantes/km² en tiempos del Catastro. (D. Rodríguez Fernández, 1999:101-102).

diferencia que resulta de utilizar el vecindario de 1852 a emplear los Censos de 1857-60. De hecho, en 1860 la densidad de población es inferior a la que se obtiene a partir del Censo de 1857.

Así pues, tras el cálculo de tasas de natalidad y el análisis comparativo efectuado con otras fuentes del mismo período, aunque albergamos la sospecha de una sobrevaloración del número de hogares en algunas parroquias –Veiga y Mourillós-, aceptamos como válidas las cifras que resultan de la consulta de este vecindario para marcar el punto de llegada de la población celanovesa a mediados del siglo XIX.

I.3.1.3. Una fuente para el estudio de la emigración: las certificaciones de libertad

En el Archivo Diocesano Ourensano, la serie "libertades" constituye un interesantísimo fondo compuesto por más de 20 cajas en las que se conservan, clasificadas por orden cronológico, certificaciones de libertad demandadas en la diócesis ourensana desde comienzos del siglo XVIII hasta mediados del siglo XIX. En esta investigación se consultó dicho fondo para vaciar todas las escrituras concernientes a vecinos de la comarca celanovesa, obteniendo interesantes informaciones sobre sus comportamientos migratorios. Dado su carácter relativamente novedoso pasamos a presentar esta fuente[101].

En todos los casos consultados, las certificaciones de libertad presentan una estructura idéntica, cargada de formulismos que se repiten una y otra vez, lo que facilitó la recogida de la información contenida en las mismas y su posterior tratamiento. El documento se inicia siempre con el mismo formulismo. El solicitante de la certificación de libertad declara que, habiéndose publicado para casarse, el párroco no puede asistirle al matrimonio porque "no le consta mi libertad durante el tiempo que estuve ausente". El demandante afirma "haberse conservado siempre libre, soltero, sin que hiciese voto de castidad ni religión, ni diese palabra de casamiento, ni contrajese esponsales con mujer alguna, lo mismo que consta a todos mis convecinos y a muchos que me acompañaron convivieron y trataron en aquella ausencia y a quienes no podría ocultársele lo contrario si hubiese sucedido por el frecuente trato y comunicación". Por eso, solicita del Vicario General del Obispado el decreto que iniciará las averiguaciones sobre su libertad, a fin de que el párroco de su feligresía le asista en matrimonio. Se inicia así el proceso.

Por mandato del vicario general del obispado, el párroco con asistencia de un escribano toma declaración jurada al solicitante en la casa parroquial. En esta declaración bajo juramento debe constar: "cuando salió de su patria, cuando regresó a ella, en que parajes anduvo, cuanto tiempo en cada uno y si durante ese tiempo ha hecho voto de castidad o de religión, dio palabra de casamiento o contrajo esponsales con mujer alguna".

Una vez transcrita por el escribano la declaración jurada del solicitante, se inician las averiguaciones con los tres testigos que presenta. Los tres también hacen juramento ante el cura párroco y tras leérseles el decreto y la declaración del solicitante "a uno por uno separadamente con las advertencias precisas para que en razón de todo ello con toda realidad declaren cuanto les conste".

Después de la declaración de los testigos se incluye el informe final del párroco de la feligresía. En todos los casos consultados, el párroco afirma no haber nada en contra del solicitante, señala asimismo la ausencia de discrepancias entre los testigos, "conocidos y de buena conducta", por cuanto afirma que, no concurriendo otros impedimentos tras la publicación de las amonestaciones, puede celebrarse el matrimonio.

---

[101] Ya se hizo uso de esta fuente en sendos trabajos sobre la emigración en la provincia lucense. Véase al respecto P. L. Gasalla Regueiro 1989:77-105 y M. Fernández Méndez, 1992:133-151. En fechas más recientes también fueron analizados por el profesor J. M. Pérez García para la comarca del Bajo Miño (2011:241-242).

El proceso termina con el informe del provisor y vicario general del Obispado que "declara justificada la libertad", de modo que no habiendo otro impedimento tras las amonestaciones se celebre el matrimonio.

Por la riqueza de sus informaciones, las certificaciones de libertad constituyen una fuente privilegiada para el estudio de los movimientos migratorios en el pasado, aunque como cualquier fuente histórica, no están exentas de problemas.

Desde el punto de vista cronológico, el fondo que se conserva en el archivo diocesano abarca desde comienzos del siglo XVIII (1704) hasta mediados del XIX (1853), pero en la práctica el grueso de la documentación se concentra en los años finales del siglo XVIII y sobre todo en la primera mitad del XIX[102]. De hecho, las 113 escrituras que afectan a vecinos de la comarca celanovesa se encuadran en el período comprendido entre 1772 y 1852, concretándose por lo tanto en ese marco cronológico las conclusiones obtenidas tras el tratamiento de la muestra. Obviamente, desconocemos si dichas conclusiones pudieran aplicarse a épocas anteriores puesto que ignoramos las razones que explican la ausencia de documentación para esas fechas, si bien disponemos de datos que corroboran la presencia de una emigración de carácter temporal en la comarca con anterioridad a las décadas finales del siglo XVIII[103].

Las características del propio documento condicionan su uso exclusivo para el estudio de la emigración de carácter temporal, ya que lógicamente es el retorno del emigrado y su voluntad de contraer matrimonio lo que da pie al inicio de las averiguaciones sobre su soltería durante su ausencia. Así pues, las certificaciones de soltería o libertad no pueden utilizarse como fuente única para el estudio de los movimientos migratorios puesto que sus informaciones se refieren a desplazamientos temporales, al margen de la posible presencia de manera simultánea de movimientos de carácter estacional o corrientes migratorias de carácter definitivo que no quedarán recogidas en esta fuente[104].

Pese a ello, las certificaciones de soltería presentan un indudable interés como fuente histórica por la riqueza de las informaciones que contienen, a las que difícilmente podríamos acceder de otro modo. Se recogen así al detalle los lugares de destino de los emigrados, los tiempos de permanencia, sus ocupaciones en el lugar de destino, los tramos de edad en los que se concentra el fenómeno migratorio, las causas que motivaron la salida e incluso en algunos casos, los tiempos invertidos en el viaje.

Al margen de este conjunto de informaciones, ya de por si valiosas, a nuestro juicio la fuente es de una extraordinaria valía por cuanto es capaz de mostrarnos la presencia de verdaderas líneas migratorias, los circuitos e itinerarios en los que se entretejían los contactos entre emigrantes, los "sentiers invisibles" de los que nos habla J. P. Poussou (2002:27).

En el caso de la comarca celanovesa, además, esta fuente nos aporta una imagen distinta sobre el comportamiento de la población, muy mediatizada por la visión de estabilidad y enraizamiento familiar que aportan la reconstrucción

---

[102] La caja 10.1.0 contiene certificaciones solicitadas entre los años 1704 y 1747. La caja 10.1.1 abarca el período comprendido entre 1748 y 1785. En la siguiente caja, la 10.1.2 se incluye la documentación elaborada entre 1785 y 1804, siendo necesarias las 18 cajas restantes para acoger las certificaciones correspondientes al período comprendido entre 1804 y 1853. Archivo Diocesano Ourensano. Fondo de libertades.

[103] El cálculo de la relación de masculinidad por grupos de edad a partir de los Libros Personales de San Salvador de Penosiños, Soutomel, Casardeita y Freás de Eiras mostró la ausencia de un sector importante de los varones comprendidos en el tramo de edad de 30 a 39 años –relación masculinidad del 69,08- . La recuperación de la relación de masculinidad a partir de los 40 años es asimismo un claro indicio sobre el carácter temporal de dicho fenómeno migratorio a mediados del siglo XVIII. (D. Rodríguez Fernández, 1999:76)

[104] En la comarca de estudio entre 1710 y 1769 se obtiene una relación de 75,67 hombres por cada 100 mujeres a partir de las actas de defunción, lo que implicaría en la práctica la pérdida de casi un 25% de los varones celanoveses. A partir de esta fecha el ascenso de la relación de masculinidad -86, 65 hombres por cada 100 mujeres- rebaja la incidencia de una emigración de carácter definitivo sobre la población de la comarca (D. Rodríguez Fernández, 1999:112).

de familias y la posterior elaboración de genealogías familiares. Este enraizamiento familiar no fue incompatible con una importante movilidad individual, no sólo motivada por cuestiones económicas, sino también de índole política. Las certificaciones de soltería derivadas de las obligatorias incorporaciones al ejército y las temporadas de ausencia que esto implicaba constituyen una prueba evidente de esta movilidad por razones políticas, no siempre fácil de detectar.

No obstante, pese a sus bondades, las certificaciones de libertad no nos van a permitir dar respuesta a todas las cuestiones que se plantean al respecto de las migraciones estacionales. En particular no nos permiten responder a una pregunta importante relativa al volumen que alcanzó este fenómeno migratorio. Evidentemente, no podemos inferir ningún porcentaje a partir de las certificaciones de libertad analizadas, por más que en las mismas el solicitante siempre lleva como testigos a convecinos para corroborar su soltería, de modo que cada certificación de soltería nos aporta información no sobre uno sino sobre cuatro individuos.

I.3.2. Dinámica demográfica de la comarca de Celanova durante el Antiguo Régimen

El estudio de la dinámica evolutiva de la población tanto a partir de censos como en función de los registros parroquiales ya fue abordado en nuestra Tesis de Licenciatura (1999:98-107). De ahí que sobre esta cuestión nos limitaremos a presentar las conclusiones entonces alcanzadas, concretando en mayor medida las cifras poblacionales gracias al manejo de los recuentos vecinales de procedencia diversa que venimos de presentar.

I.3.2.1. La evolución de la población a partir de las fuentes censales

En el padrón de habitantes del año 2013, las 30 parroquias que conforman el marco de estudio arrojan una densidad de 69,72 habt./Km^2 . Esta cifra se vería reducida hasta los 40,89 habt./Km^2 si nos centramos exclusivamente en el medio rural excluyendo del cómputo a los 3449 habitantes que viven en la villa de Celanova, que ha venido actuando desde mediados del siglo XX como un pequeño centro de atracción de la población comarcal[105]. De modo que deberíamos remontarnos a la segunda mitad del siglo XVI para localizar cifras de densidad poblacional similares a las que presenta en la actualidad el área específicamente rural.

El actual desplome demográfico de la comarca casi hace parecer inverosímiles las elevadas densidades de población alcanzadas en los tiempos modernos. En el gráfico I.2 del apéndice se recoge la evolución de la población comarcal desde finales del siglo XV hasta mediados del siglo XIX a partir del número de vecinos/Km^2 reflejado en los diferentes recuentos que hemos venido analizando en el apartado dedicado a la crítica de fuentes[106].

El dinamismo demográfico de la comarca en los tiempos modernos resulta evidente a tenor de la evolución del número de vecinos/Km^2 que nos muestra el gráfico. Los 3,19 vecinos/Km^2 a fines del siglo XV en el punto de partida y los más de 36 vecinos/Km^2 a mediados del siglo XIX, en el punto de llegada, no dejan ninguna duda al respecto, pese a las probables deficiencias de las cifras de partida ya anteriormente planteadas (D. Rodríguez Fernández, 1999:99). Las tres fuentes datadas en la segunda mitad del siglo XVI, la Visita de 1566-69, el Expediente de 1582 y el Censo de 1587 subrayan el fuerte incremento de la población celanovesa a lo largo de dicha centuria[107]. En función de la tasa de crecimiento resultante entre la Visita de 1487 y el Censo de Obispos de 1587, el número

[105] Los datos proceden de l *Nomenclátor. Población del Padrón continuo por unidad poblacional* del año 2013 y se encuentran publicados en la página del INE. Véase apéndice estadístico, tabla I.4.

[106] Véase al respecto tabla I.2 del apéndice estadístico.

[107] Pueden consultarse las tasas de crecimiento intercensal en el apéndice estadístico, tablas I.3.

de vecinos de la comarca se habría multiplicado por cuatro. Es preciso tener en cuenta que las cifras de partida marcan el fondo de la crisis Bajomedieval, además la presencia de medios vecinos alerta sobre el modo en el que se incluyeron en la fuente las mujeres cabeza de familia. Aunque carecemos de archivos parroquiales para plantear un análisis comparativo, a la luz de las fuentes disponibles el siglo XVI se presenta como el período en el se produjo un crecimiento más intenso del vecindario comarcal, partiendo de una situación de casi vacío demográfico[108]. Cabe recordar al respecto que el análisis comparativo efectuado en páginas anteriores entre los Censos de 1528 y 1591 también arrojaba un fuerte crecimiento del vecindario comarcal, del orden del 190%, por encima de la media provincial que A. Molinie Bertrand sitúa en torno al 149,04%[109].

Por otra parte, el incremento paulatino del número de vecinos desde la Visita de 1566-69 al Censo de Obispos de 1587 –entre ambas fechas se pasa de 8,77 vecinos/Km² a 12,08 vecinos/Km² -, parece indicarnos la limitada incidencia que debieron tener en estas tierras los continuos problemas de hambre y peste que en las décadas de 1570 y 1580 afectaron a algunas zonas de Galicia[110]. Del conjunto de fuentes que manejamos para este periodo, solo el Censo de 1571 y la Visita de 1582 reflejan una leve disminución del vecindario con respecto a la anterior visita de 1566-69[111], pero entendemos que sus cifras son difícilmente encajables con la tendencia que dibujan para la década de los ochenta tanto los Expedientes de Hacienda como el Censo de Obispos[112].

Como ya indicamos en su día, la cifra de vecinos que aporta la Visita Pastoral de 1654-59 señala una fuerte ralentización del crecimiento poblacional[113]. De hecho, entre 1587 y 1654-59 prácticamente en la mitad de las

---

[108] P. Saavedra ya señaló en su momento la intensidad que alcanzó el crecimiento demográfico del siglo XVI en la Antigua Provincia Ourensana, muy superior a la media del Reino de Galicia. El autor resalta el caso del arcedianazgo de Celanova con un crecimiento del 191% entre la Visita de 1487 y el Censo de Moriscos, que nosotros descartamos (1991:55-56). Las investigaciones llevadas a cabo sobre las Tierras de Cea o Monterrei, confirman la importancia de ese crecimiento. En las tierras de Cea se constata un incremento del 137,8% entre la Visita de fines del siglo XV y la Visita de 1566-69 (Mª. J. López Álvarez, 2007: 157). En el caso de la comarca de Monterrei el crecimiento entre ambas fechas alcanzaría un 214% (I. C. González Abellás, 2010:111-112).

[109] La autora en este caso también subraya la fuerza que alcanzó el crecimiento de la provincia ourensana en el siglo XVI con respecto a la media del conjunto de Galicia (83,6%). La distancia que separa su comportamiento de la segunda provincia que más crece, la de Santiago-Tuy, con un alza del 88,13% es más que evidente (1985:72-101).

[110] O. Gallego en base a la consulta de los libros de Autos municipales de la ciudad de Ourense, completada con el recurso a la documentación notarial constata la presencia de la peste en la ciudad en el mes de abril del año 1573. Desde esta fecha y hasta el mes de enero de 1574 se produjo "una de las más grandes pestes que tuvo que soportar la ciudad a lo largo de la historia", viéndose afectados otros pueblos de la provincia, entre ellos Vilanova dos Infantes. Tras la peste, el año de 1574 se caracterizó por el hambre que asoló la ciudad, debiendo acudir en su remedio el obispo Tricio de Arenzana adelantando 1000 ducados para aprovisionar de pan la ciudad. En 1575 y 1579 se repite nuevamente la presencia de la peste en algunos puntos de la provincia –Xinzo, Bentraces, Pontedeva, etc.- (1973:17-30). En opinión del profesor J. M. Pérez García en la comarca del Bajo Miño la moderada inversión de la población debió producirse en fechas próximas a 1576/77 (2006:67-69), en concordancia con la evolución demográfica de la comarca de Santiago donde se iniciaría la inversión hacia 1582 (J. E. Gelabert, 1982:49-50). C. Fernández Cortizo realizó un extenso glosario de las dificultades que atravesó la población gallega de la segunda mitad del siglo XVI aludiendo entre otras a la crisis de subsistencia de 1563, los ciclos de malas cosechas de 1573-75 y 1583-86, los brotes pestíferos documentados tanto en el litoral atlántico como en tierras de Santiago que castigan a la población en el último cuarto de siglo (1567-70, 1576-79 y 1598-99 (1991:540). En opinión del profesor A. Eiras Roel, las tres últimas décadas del siglo XVI constituyeron en Galicia la fase más aguda de la crisis del siglo XVII anticipado (1986: 20). Véase también al respecto los trabajos de P. Saavedra (1991:57-58), E. Martínez Rodríguez (1998:455-466), o más recientemente la síntesis de H. Sobrado Correa (2007:36-40).

[111] Véase apéndice estadístico, tabla I.2.

[112] La tendencia alcista que marcan las fuentes de fines del siglo XVI para la comarca de Celanova coincide con las cifras positivas que también se obtienen para esas mismas fechas en otras áreas investigadas de la provincia ourensana, caso del Ribeiro o las tierras de Monterrei. Tanto en el Ribeiro como en la comarca de Monterrei los años transcurridos entre la Visita de 1566-69 y el Censo de Obispos de 1587 se saldaron con un crecimiento del 17% (J. M. Rodríguez Rodríguez, 1999:122) (I. C. González Abellás, 2010: 112). En el caso de Cea, al igual que ocurría en Celanova, al efectuarse la comparación con la Visita de 1582, se aprecia una caída poblacional que en su momento también interpretamos en relación con las dificultades de la época finisecular (Mª. J. López Álvarez, 2007: 158).

[113] Véase apéndice estadístico, tablas I. 3.

parroquias analizadas (44,4%), el número de vecinos permanece estancado o incluso disminuye, síntoma inequívoco de las dificultades que debe estar pasando la comarca, aun admitiendo una posible tendencia a la ocultación en la Visita[114]. Ahora bien, las cifras globales que reflejan un incremento del 13% del vecindario comarcal vienen a señalar el esfuerzo demográfico de estas tierras que pese a todo siguen manteniendo su ritmo ascendente, al igual que ocurre en el Ribeiro –crecimiento del 8,2% entre 1587 y 1654- (J. M. Rodríguez Rodríguez, 1999:123), en la comarca de Cea –crecimiento del 41,2% entre 1566-69 y 1654- (Mª. J. López Alvarez, 2007:160) o en las tierras del Bajo Miño –crecimiento del 32% entre 1576/77 y el Censo de la Sal- (J. M. Pérez García, 2006:69)[115].

La uniformidad del crecimiento demográfico de la provincia ourensana en el siglo XVI que parecen corroborar las investigaciones llevadas a cabo, se rompería a comienzos del siglo XVII, cuando en las tierras más orientales de la provincia, en el Valle de Monterrei, se constata una importante caída de más del 25,5% del vecindario entre el Censo de Obispos de 1587 y el Censo de la Sal de 1631. I. C. González Abellás señala la presencia detectada de la peste en la Villa de Verín en el año 1599 (1999:29). A su juicio, esta caída no debe explicarse únicamente en función de la peste finisecular, sino que, a semejanza del modelo demográfico castellano del interior, la comarca se sumerge en un profundo período de crisis después de una etapa fuertemente expansiva hasta fines del XVI (2010:112)[116].

Como se observa en el gráfico I.2, el segundo gran salto en el número de vecinos se produjo entre mediados del siglo XVII y mediados del siglo XVIII, de modo que entre la Visita Pastoral de 1654-59 y el Catastro de Ensenada, asistimos a una duplicación del vecindario, alcanzándose en torno a los 28 vecinos/Km². Nos encontramos sin duda ante la segunda gran fase expansiva que vive la población celanovesa a lo largo de los tiempos modernos, aunque no la última[117]. El punto de llegada situado en 36,5 vecinos/Km² a mediados del siglo XIX demuestra el elevado

---

[114] La ausencia de archivos parroquiales dificulta cualquier posible valoración sobre la incidencia que tuvo en tierras celanovesas la grave crisis finisecular vinculada al brote de peste de 1598-99. A juicio de algunos autores, este brote que se cebó con las tierras atlánticas llegó a alcanzar con seguridad casi a la totalidad del territorio gallego (H. Sobrado Correa, 2007:41-43). Para la provincia ourensana O. Gallego localizó las primeras menciones sobre este brote en los autos municipales del mes de abril de 1598, cuando se toman las primeras medidas para tratar de evitar el contagio de la ciudad. Ante las noticias de que la peste "anda muy aguda en Betanzos y Coruña", se manda guardar convenientemente las puertas de la ciudad y que "personas de calidad se encarguen de hacer barrer todos los días, limpiar y hacer lumbres cada uno a su puerta". En el mes de junio la peste ya se encontraba en las cercanías de la ciudad ourensana, en tierras de Cudeiro, Gustei y Vilamarín por lo que se toman nuevas medidas para que las personas que vivían "allende la puente se recojan y metan dentro de la ciudad", se secuestren los barcos y barca del Miño, etc. Pese a los intentos de prevenir el contagio, en el verano de 1598 la peste vuelve a entrar dentro de la ciudad. La expresada autora localiza abundante información en la documentación notarial sobre la presencia de la peste en diferentes puntos de la provincia: Allariz y su comarca, Montederramo, Jurisdicción de Caldelas, etc. Entre octubre y noviembre de 1598 varias personas fallecen a causa de la enfermedad en la parroquia de Santa Cristina de Freixo. Al comienzo del folio uno del protocolo de 1599, el escribano Francisco Rodríguez afirma que "en este año ubo tres cosas notables, grandísima hambre, muchísima peste, más ladrones" (O. Gallego Domínguez, 1973:30-45).

[115] El crecimiento demográfico de estas comarcas entre fines del siglo XVI y los años 30 del siglo XVII no es sino un reflejo a escala local del comportamiento que de manera general se ha detectado para las provincias de Tui, Mondoñedo, Ourense, Santiago y Coruña. Dicho crecimiento fue posible gracias a la diversificación agraria regional propiciada sobre todo por la difusión del cultivo del mijo, por la previa expansión del viñedo y por la dedicación ganadera, de manera que la crisis del tránsito del siglo XVI al XVII no adquirió en el territorio gallego ni la duración ni la intensidad que alcanzó en las tierras del interior de Castilla. Véase al respecto C. Fernández Cortizo, 1990: 103-130 y también del mismo autor 1998:348. La idea de un cierto retroceso demográfico para el conjunto del solar gallego, quizás una ralentización en el ritmo del crecimiento, pero no su detención, es compartida también por otros autores. Véase al respecto J. M. Pérez García, 1988:300 o P. Saavedra, 1991:151-152.

[116] Las investigaciones de Mª. José Pérez Alvarez sobre la montaña noroccidental leonesa señalan una caída de la población del orden del 33,5% entre el Censo de 1591 y el Censo de la Sal, no alcanzándose ya en ningún momento durante la Edad Moderna los niveles de fines del siglo XVI (1996:318-322). De manera muy similar, en las tierras de la Bañeza también se constata una caída de más del 35% entre 1587 y el recuento de 1635 situado en el fondo de la cubeta, de modo que solo a mediados del siglo XVIII la población se encontraría al límite del censo de fines del siglo XVI (L. M. Rubio Pérez, 1987:75-76). En realidad, los trabajos sobre el interior peninsular que resaltan la importancia de la caída poblacional que se inicia a fines del siglo XVI son muy numerosos, una caída de la que solo en algunos casos se recuperan a lo largo del siglo XVIII. Véase al respecto entre otros F. Brumont, 1993 :220-225, D. S. Reher, 1991:22, A. García-Sanz Marcótegui, 1985:185-186.

[117] Seguramente el crecimiento real fue inferior a la tasa que se recoge en el apéndice estadístico (107,2%), porque las cifras de la Visita de 1654 como ya tuvimos ocasión de comprobar pecan por defecto.

dinamismo de la comarca, que partiendo de unos niveles de poblamiento muy elevados ya a mediados del siglo XVIII, fue capaz de soportar un nuevo esfuerzo demográfico, con un avance del 30,6% de su vecindario, a tenor del recuento de 1852[118]. Ahora bien, como ya se señaló con anterioridad, el conjunto de las fuentes consultadas para este período coincide en señalar dos hechos muy destacables:

-El crecimiento de los efectivos poblacionales no se puede hacer extensivo al conjunto de las parroquias que conforman el área de estudio. Las feligresías situadas en el valle del Tuño con la excepción de Freás de Eiras, apenas sufren modificaciones en su vecindario que pasa de 1185 casas abiertas a mediados del siglo XVIII a 1257 hogares abiertos un siglo después[119]. La elevada densidad de población que se alcanza en algunas de estas parroquias en la fecha de partida imposibilitaría un nuevo esfuerzo demográfico (D. Rodríguez Fernández, 1999:177), aunque también debemos tener en cuenta en otros casos -Escudeiros o Casardeita- sus características orográficas que debieron obstaculizar la apertura de una nueva fase expansiva.

- En realidad el incremento del vecindario comarcal se ampara en el ascenso que experimentan las parroquias situadas en el sector más oriental del área de estudio, en el valle del río Sorga. No obstante, en esta área tampoco se da un comportamiento idéntico en el conjunto de las parroquias, detectándose la presencia de ritmos de crecimiento muy dispares en parroquias limítrofes.

A juzgar por las cifras recogidas en el recuento de 1769 este último ciclo demográfico expansivo debió producirse con posterioridad a dicha fecha. De hecho, los datos expuestos parecen indicar una ligera caída del vecindario entre 1753 y 1769, si bien la comparación efectuada entre parroquias que repiten presencia en ambas fuentes revela más bien una etapa de estancamiento poblacional, más acorde con las informaciones derivadas de los registros parroquiales[120].

El gráfico I.3 del apéndice estadístico refleja la posible evolución de las densidades de población comarcales desde fines del siglo XV hasta la fecha. Para su elaboración, aplicamos el índice de conversión de 4,1 vecinos/ habitantes que resulta de la consulta de los Libros Personales del Catastro a los recuentos anteriores (1487, 1566-69, 1582 y 1654-59), al tiempo que se empleó el índice de conversión obtenido a partir del Censo de 1860 (3,95), al recuento de 1852. Veamos los resultados.

El punto de partida a fines del siglo XV sería una densidad de 13,1 hab./Km², que entendemos debe ser corregida al alza. Tras la primera fase de fuerte dinamismo demográfico del siglo XVI, hacia 1587 en el momento de la elaboración del Censo de Obispos, se rozarían los 50 hab./Km² (49,7 hab./Km²)[121], no constatándose apenas

---

[118] Véase apéndice estadístico, tablas I.3.

[119] Se incluyen en el cómputo las parroquias de Casardeita, Escudeiros, Mosteiro, Paizás, San Andrés de Penosiños, San Salvador de Penosiños, Rubiás y Vilameá. Véase apéndice estadístico, mapa de límites parroquiales.

[120] Véase apéndice estadístico, tablas I.2.

[121] Se trata sin lugar a duda de una elevada densidad de población para estas fechas, probablemente solo superada en el ámbito de la Galicia Interior por los más de 70 habitantes/Km² que, según las estimaciones de María López Díaz a partir de las cifras ofrecidas por J. M. Rodríguez Rodríguez, poblaban la comarca vitícola del Ribeiro de Avia (2000:515). Muy lejos ya de los 20 hab./Km² de la comarca de Monterrei (I. C. González Abellás, 2010:112) o los 21,48 hab./Km² de las tierras de Cea (Mª. J. López Alvarez, 2007:158). En la tierra de Santiago también se constata un nivel de ocupación claramente inferior, en torno a 30 hab./Km². De hecho, J. E. Gelabert califica como auténticos hervideros humanos del antiguo arzobispado de Santiago las zonas situadas entre el Ulla y el Sar (6,87 vec./Km²), el Ulla Medio (6,23 vec./Km²) y a título excepcional alguna parroquia de la vega de Padrón que superaba incluso los 8 vec./Km², es decir unos 36 hab./Km² con un coeficiente generoso de 4,5 (J. E. Gelabert, 1982:52-53) . Ni siquiera en la comarca del Bajo Miño, en la antigua provincia tudense se localizan densidades tan elevadas -43,7 hab./Km² en la Visitade 1576/77 antes del inicio de la inversión demográfica que rebaja las cifras hasta los 37,8 hab./Km² del Censo de Obispos- (J. M. Pérez García, 2006;68). En su síntesis sobre la población de Galicia, C. Fernández Cortizo establece para la Galicia de fines del siglo XVI un nivel de ocupación humana en torno a los 22 hab./Km² (1991:538), aunque en algunas comarcas analizadas se constatan niveles de ocupación bastante más bajos. Es el caso de la Jurisdicción de Montes que según el Censo de 1591 presentaba una densidad de tan solo 6 hab./Km² (C. Fernández Cortizo, 1979:75), o las zonas montañosas de la comarca de Monterrei con una densidad en torno a los 12 hab./Km² (I. C. González Abellás 2010:112).

variaciones a mediados del siglo XVII (54,5 hab./Km²). Durante la segunda fase expansiva el intenso crecimiento demográfico permitió superar los más de 110 hab./Km² a mediados del siglo XVIII[122], manteniéndose los efectivos poblacionales sin grandes cambios en el año 1787 (112,9 hab./Km²)[123].

Un nuevo salto hacia adelante fue posible, cuando menos en una parte de las parroquias que integran el área de estudio, alcanzándose en el año 1852 los 144,2 hab./Km². Este sería el momento en el que se se dio un mayor índice de ocupación en la comarca investigada hasta la actualidad, superior al registrado en los Censos de 1857 y 1860. Con el inicio de la era estadística, desde los Censos de 1857 y 1860 y hasta el Censo de 1950, las densidades de población oscilan entre los 134,24 hab./Km² de 1860 y los 142,06 hab./Km² de 1950[124]. A partir de esa fecha, el declive demográfico de estas tierras nos llevaría a los 69,7 hab./Km² del año 2013, o los ya comentados 40,89 hab./Km² que resultan para el entorno específicamente rural tras la eliminación de la parroquia de Celanova[125].

En la tabla 20 se recogen las tasas de crecimiento anual acumulativo que resultan de la comparación efectuada entre los distintos recuentos aplicando los índices de conversión ya mencionados anteriormente.

TABLA 20 • TASAS CRECIMIENTO ANUAL ACUMULATIVO 1487–1860	
PERIODOS	CRECIMIENTO ANUAL ACUMULATIVO ‰
1487–1587	(14,2)–11,51
1587–1654/59	1,78
1654/59–1753	7,63
1753–1787	0,28
1753–1852	2,13

[122] Utilizando los datos recogidos en los Libros Personales de 29 de las 30 parroquias analizadas -faltan en el caso de la parroquia de Sorga-, se obtiene una densidad de 117,6 hab./Km2. Si nos ceñimos exclusivamente a las feligresías que repiten presencia en el Censo de Floridablanca -22 en total-, la densidad sería de 111,8 hab./Km2 (D. Rodríguez Fernández, 1999:177-178). A la hora de efectuar un análisis comparativo con el Censo de Floridablanca, la segunda cifra es más acorde con la evolución poblacional que se obtiene a partir de los archivos parroquiales. Estos reflejan una fase de estancamiento demográfico entre ambas fuentes, no un período de caída de la población.

[123] El dato es bien conocido y también su excepcionalidad en el ámbito de la Galicia Interior. En la provincia ourensana la cifra únicamente es comparable con los 118,4 hab./Km² que se repartían el espacio en la superpoblada comarca vitícola del Ribeiro en tiempos del Catastro, llegando a alcanzar los 136,5 hab./Km² en 1787 (J.M. Rodríguez Rodríguez, 1999:105). Si bien, otros sectores analizados del oeste de la provincia ourensana arrojan también elevados índices de ocupación para mediados del siglo XVIII – caso de las tierras de Ambía y Baños de Molgas : 72,8 hab./Km² (C. Taín, manuscrito inédito) o la comarca de Cea con 61,3 hab./Km² (Mª. José López Alvarez, 2007:74). El resto de las densidades conocidas de la provincia ourensana para estas fechas: los 34,48 hab./Km² que Rosa Ferreiro aporta para las tierras de la Alta Limia (manuscrito inédito: tabla I-0) y los 25,18 hab./Km² que obtiene C. I. González Abellás de media para la comarca de Monterrei (2010:89) encajan mejor con los datos de otras comarcas investigadas de la provincia lucense: 33,3 hab./Km² en Castroverde (H. Sobrado Correa, 1992:39) , 19,7 en Narla (O. Pedrouzo Vizcaino, 1981:40) o 18,3 en el concejo de Burón (P. Saavedra, 1979:14). Solo en el ámbito de las tierras más occidentales de Galicia, se encuentran densidades de población equiparables a las de Celanova y del Riberio o incluso ligeramente inferiores. Es el caso del fértil valle del Ulla con sus 121,6 hab./Km² (O. Rey Castelao, 1981:31), los más de 104 hab./Km² de la comarca del Bajo Miño (J. M. Pérez García, 2006:68), los 88,8 hab./Km² del Salnés (J. M. Pérez García, 1979:66) o los 99,2 del Morrazo en 1787 (H. M. Rodríguez Ferreiro, 1995:1995). En zonas de transición, caso del Caldevergazo o Tierra de Montes, los datos son ya notablemente inferiores: 72,5 hab./Km² y 50,2 hab./Km² respectivamente. Véase al respecto E. Bugallo Vidal, 1979:77 y C. Fernández Cortizo, 1979:76. Igualmente presentaban densidades notablemente inferiores la comarca de Xallas -31,4 hab./Km² – (B. Barreiro Mallón, 1973:50) o la antigua provincia de Mondoñedo con 44,1 hab./Km² (P. Saavedra, 1985:59).

[124] No se reproducen aquí de nuevo las tablas con el cálculo de la densidad de población desglosada parroquia a parroquia, que ya fueron presentadas en nuestra Tesis de Licenciatura. Para su consulta véase apéndice estadístico, desde la Tabla IV. 2 a la tabla IV.10 (1999:177-185).

[125] Véase apéndice estadístico, tabla I. 4.

TABLA 20 • TASAS CRECIMIENTO ANUAL ACUMULATIVO 1487-1860	
1787–1852	3,63
1753–1857	1,34
1753–1860	1,21

En la tabla se reflejan los tres períodos de elevado crecimiento demográfico que vive la demografía comarcal a lo largo de los tiempos modernos. El fuertemente expansivo siglo XVI queda de relieve en la comparación entre 1487 y 1587, el intenso crecimiento del período comprendido entre la Visita de 1654/59 y el Catastro de Ensenada y finalmente, el último gran impulso de la población comarcal entre 1787 y 1852.

Entendemos que la tasa de crecimiento anual de 14,2‰ obtenida entre la Visita de 1487 y el Censo de Obispos es excesiva y resultado de las ocultaciones que pudieron darse en la población de partida, por ello ensayamos una posible corrección acrecentando el vecindario de 1487 en un 20%, lo que implicaría elevar también la densidad de partida a unos 16 hab./Km². La inclusión de datos con decimales es una señal inequívoca del subregistro de un sector del vecindario, probablemente los hogares encabezados por mujeres; por ello aplicamos una corrección del 20% haciendo uso del porcentaje de mujeres viudas al frente de hogares que resulta de la consulta del Expediente de 1582[126]. El resultado sería una tasa de crecimiento anual acumulativa del 11,51‰ que debe valorarse en cualquier caso como simple indicador de referencia de la fortísima expansión demográfica de la comarca de Celanova en el siglo XVI.

Igualmente pensamos que la tasa resultante para el período transcurrido entre la Visita de 1654-59 y 1753 de 7,63‰, peca por exceso por los problemas de ocultación ya mencionados en la Visita, si bien en este caso no planteamos su posible corrección. Por último, no queremos dejar de destacar una vez más la relevancia de una tasa de crecimiento anual acumulativo del 3,63‰ para el período comprendido entre 1787 y 1852, vistas las elevadas densidades de partida, aunque en la práctica sabemos que no podemos hacerla efectiva al conjunto de la comarca, sino que afectó en mayor medida al sector oriental de la misma, relativamente menos poblado[127].

En el momento de la elaboración de nuestra Tesis de Licenciatura y a medida que iban saliendo a la luz los datos sobre densidad de población, nos planteamos incluso la necesidad de revisar el proceso de recogida y tratamiento de la información para descartar cualquier error que justificara la obtención de densidades de población por encima de los 100 hab./Km² para mediados del siglo XVIII.

---

[126] En realidad, como ya se indicó anteriormente en el Expediente de 1582 tampoco se incluyen las mujeres solteras cabeza de familia, que elevan la presencia de mujeres al frente de hogares al 29,1% del vecindario en el Expediente de 1583. Creemos que una corrección del 20% resulta más ajustada porque desconocemos como se contabilizaron las viudas en la Visita de 1487 y tenemos serias dudas sobre la inclusión de solteras al frente de hogares en el Censo de Obispos de 1587.

[127] El profesor A. Eiras Roel, una vez corregidas las cifras del Censo e Floridablanca calcula para la provincia de Ourense un crecimiento del 2,7‰ entre 1752 y 1787 y del 3,3‰ entre 1787 y 1860. Cifras muy alejadas de los datos que se recogen en la tabla precedente. El propio autor ya señala el carácter excepcional del comportamiento del partido de Celanova juntamente con los de Ribadavia y Bande en el marco provincial. En el caso del partido de Celanova –más amplio que el territorio de esta investigación-, establece un crecimiento de 1,75‰ entre 1787 y 1860. En su opinión, a juzgar por los crecimientos intercensales de estas comarcas, próximos a 0, su sistema agrario "parecía haber tocado techo, haciendo imposibles otros crecimientos" (1996:323). En nuestro caso, la comparativa efectuada entre el Catastro y los Censos de 1857-60 aun arroja valores más bajos, del 1,34 y 1,21‰ respectivamente, sin embargo, la cifra que resulta para el período 1787-1852 de 3,63‰ es la señal del último gran esfuerzo demográfico de la comarca, o al menos de un sector de esta, también corroborado en los registros parroquiales. Nótese además las similitudes entre nuestros datos y los que obtiene el profesor A. Eiras Roel para las antiguas provincias de Tuy o Santiago –Tuy, 0‰ entre Catastro y Floridablanca y 3,2‰ entre 1787 y 1860, y 0,3 y 2,1‰ respectivamente en el caso de Santiago-. (1996:73).

A. Bouhier en su magna obra publicada a finales de los años 70 ya había registrado la presencia de un foco de altas densidades en torno a las terrazas del curso medio del Arnoia, tanto a partir del Censo de 1591 como a mediados del siglo XVIII. A juicio del autor, a fines del siglo XVI las plataformas del medio y bajo Arnoia, al igual que otras zonas de la provincia ourensana –una parte de la Alta Limia o las Ribeiras del Sil y del Miño- quedarían integradas en el segundo nivel de poblamiento, juntamente con otros territorios situados en la Galicia Occidental, entre la dorsal galaica y el fondo de las rías de Pontevedra y Vigo. Se trataría de sectores muy fuertemente poblados con densidades que irían de los 27 a los 37 hab./Km^2, alcanzándose incluso en algunos puntos los 50 hab./Km^2, solo superados por las tierras del suroeste litoral y miñoto, las Mariñas y los Ribeiros vitícolas ourensanos (A. Bouhier, 1979:1441-1442).

A mediados del siglo XVIII, tras el cartografiado de densidades a partir de la documentación del Catastro, A. Bouhier ya sitúa el ámbito de nuestra investigación, las terrazas del Medio Arnoia, en el primer grupo de áreas muy fuertemente pobladas del territorio gallego, con densidades que irían de los 50 a los 125 hab./Km^2 (1979:1452-1453).

Posteriormente, en el año 1996 cuando se publica la síntesis del profesor A. Eiras Roel sobre la evolución de la población de Galicia de 1700 a 1860, se incide nuevamente en las elevadas densidades de población que se obtienen en el partido de Celanova ya desde mediados del siglo XVIII. Tras el cartografiado de las densidades de población a partir de los censos de 1787 y 1860, el autor muestra su asombro por la inclusión del partido celanovés en el cuarto nivel de poblamiento -representativo de la provincia pontevedresa-, al tiempo que plantea las posibles causas que "expliquen este asombroso desarrollo de la población" (1996:170)[128].

El acercamiento a la estructura económica de la comarca a partir de la consulta del Catastro de Ensenada arrojó en su momento las primeras claves explicativas para comprender la evolución de la población celanovesa a lo largo de los tiempos modernos (D. Rodríguez Fernández, 1999:37-61); una visión que esperamos completar en el presente trabajo con la inclusión de otras fuentes, fundamentalmente de naturaleza notarial.

En las siguientes páginas presentamos muy sintéticamente la evolución de la población celanovesa a partir de la consulta de los archivos parroquiales puesto que las conclusiones ya fueron expuestas en nuestra Memoria de Licenciatura (1999:102-107). Se trata únicamente de marcar con mayor exactitud las fechas de inicio y de remate de las distintas fases de crecimiento-estancamiento de la población comarcal desde mediados del siglo XVII a mediados del XIX.

I.3.2.2. La evolución de la población vista a través de los registros parroquiales

Como ya se indicó anteriormente, el tardío arranque de los registros parroquiales celanoveses invalida su uso para el período transcurrido entre fines del siglo XVI y los primeros decenios del siglo XVII, limitándose nuestro conocimiento de la época a la imagen que refleja la comparativa planteada entre el Censo de Obispos de 1587 y la Visita Pastoral de mediados del XVII.

Para el estudio de la dinámica evolutiva de la población celanovesa aplicamos nuevamente la metodología utilizada en nuestra Memoria de Licenciatura. En su momento, la creación de un índice medio comarcal se basó en

---

[128] El autor alude hasta cuatro posibles causas explicativas. En primer lugar, resalta las noticias recogidas por A. Bouhier a cerca de la presencia a mediados del siglo XVIII de un sistema agrario intensivo de carácter bienal que alternaría el cultivo del cereal tradicional bien con el mijo, bien con el maíz. En segundo lugar, plantea una posible vinculación entre estas elevadas densidades y la producción de vino de secundaria calidad en las tierras de Arnoya y Milmanda. La tercera explicación afirma podría ser con toda probabilidad una temprana introducción de la patata, llegada desde Portugal. Por último, alude a la posible producción de lienzos para el mercado (A. Eiras Roel, 1996:171).

el cálculo de los índices decenales para cada una de las parroquias de la muestra, facilitando así su incorporación al índice medio comarcal a medida que daban comienzo sus registros. El gráfico I. 4 del apéndice estadístico refleja la evolución de los índices medios de bautismos, matrimonios y defunciones en todas las parroquias de la muestra[129]. Veamos los resultados.

Fueron eliminadas de la representación gráfica las décadas iniciales de cada serie cuyo índice medio dependía exclusivamente de las fluctuantes informaciones de la parroquia de Bobadela. En virtud de las anotaciones parroquiales de Bobadela, Rubiás y Vilanova, podríamos suponer un mantenimiento de los efectivos poblacionales de fines del siglo XVI hasta las décadas iniciales del siglo XVII concentrándose las dificultades demográficas en las décadas de 1630 a 1650. Ahora bien, una valoración conjunta de las informaciones disponibles para el período nos hace dudar de la intensidad de la caída que revela el gráfico anterior para los referidos decenios[130].

Con una base documental mucho más sólida constatamos el inicio a partir de los años 60 de una etapa de fuerte dinamismo demográfico que no hace sino confirmar las elevadas tasas de crecimiento intercensal que se dieron entre mediados del siglo XVII y mediados del siglo XVIII. A partir de la década de 1730-39 asistimos al comienzo de un período de estancamiento demográfico, también corroborado a partir del análisis comparativo de los recuentos de población, manteniéndose la curva de bautizados en torno al índice 100 hasta la década de 1770-79.

Los registros parroquiales confirman también el crecimiento intercensal detectado a partir del análisis comparativo entre el Catastro de Ensenada y el recuento de 1852. El estudio de las fuentes parroquiales revela que dicho auge debió iniciarse en los años 80 del siglo XVIII tocando techo en las décadas de 1820-29 y 1830-39, cuando se alcanzan las cuotas máximas de celebraciones bautismales y matrimonios en la comarca. Ahora bien, un análisis detallado del índice medio ponderado de bautizados[131], revela comportamientos diferenciados a escala parroquial que quedan diluidos en las cifras globales. En efecto, parroquias como Vilanova, Sorga, Celanova, Podentes o Berredo experimentan un alza muy considerable en los índices correspondientes a las décadas finales del siglo XVIII y los años 20-30 del siglo XIX, sin embargo, en Bobadela, Rubiás, Soutomel, Veiga o Mourillós-, dicho crecimiento fue más débil –caso de Veiga o Mourillós-, o incluso nunca llegan a superarse los niveles del siglo XVIII –caso de Bobadela, Rubiás o Soutomel-. Dadas las elevadísimas densidades que se alcanzan en la comarca a mediados del siglo XVIII, es lógico pensar que en algunas parroquias se había alcanzado ya el nivel de saturación demográfica en ese siglo imposibilitando una nueva fase prolongada de crecimiento[132].

Por último, en el decenio de 1840-49 con el que concluimos el estudio de las series sacramentales, se constata ya con claridad el comienzo de una etapa negativa en la que nacimientos y matrimonios operan a la baja mientras

---

[129] En este caso se realizó una ponderación de los índices medios asignándole a cada parroquia un coeficiente en virtud del peso que representaba con respecto al conjunto de las series parroquiales estudiadas. A modo de ejemplo, en las series de bautizados se sumaron las actas sacramentales de cada parroquia a partir de 1721 coincidiendo con la fecha de incorporación del último registro, el de Mosteiro y se elaboró el respectivo coeficiente parroquial. Así a Bobadela se le aplicó un coeficiente del 2,97%, a Rubiás del 8,89, a Vilanova del 14,91, a Sorga del 7,69, a Soutomel del 9,08, a Veiga del 11,71, a Mourillós del 6,59, a Celanova del 23,04, a Podentes del 7,16, a Berredo del 4,66 y a Mosteiro del 3,29%. Con las series restantes de matrimonios y defunciones el procedimiento fue idéntico. Véase apéndice estadístico, tablas I. 5 y gráfico I. 4.

[130] No debemos olvidar que el cálculo de tasas de natalidad a partir de la Visita de 1654-59 reveló un subregistro claro de actas sacramentales en Bobadela y Vilanova. A ello hay que añadirle el leve ascenso demográfico ya constatado entre el Censo de Obispos de 1587 y la Visita Pastoral de mediados del siglo XVII.

[131] Véase apéndice estadístico, tabla I.5.

[132] La parroquia de San Munio de Veiga, sobre cuyos registros se llevó a cabo el proceso de reconstrucción demográfica, alcanzaba a mediados del siglo XVIII una increíble densidad de más de 240 hab./Km² (D. Rodríguez Fernández, 1999:177). Pese a su situación privilegiada en la fértil vega del río Sorga, es difícil presuponer el mantenimiento de fases prolongadas de crecimiento en base a una economía tradicional de base agraria. Su comportamiento no difiere del de un número importante de parroquias situadas en el valle del Tuño cuyo vecindario en 1852 apenas había aumentado con respecto al de 1753 o mostraba incluso valores negativos de crecimiento. Véase apéndice estadístico, tablas I.3.

que la mortalidad adulta parece en ascenso. El inferior crecimiento demográfico detectado entre la documentación catastral y los primeros Censos de la nueva era estadística es una prueba evidente de ello.

En la síntesis sobre el comportamiento de la población gallega en el A. Régimen que elaboró H. Sobrado Correa (2007:54), la evolución del índice de bautizados de la comarca de Celanova se superpone a la curva propuesta por el profesor P. Saavedra (1992: 225) como representativa del comportamiento de la Galicia Interior, mostrando así el dinamismo demográfico de las comarcas situadas en el sector occidental de la provincia ourensana que escapan de esa imagen del estancamiento plurisecular de la Galicia Interior del que solo resurge a fines del siglo XVIII (Mª J. López Alvarez y otros, 1996:91-110) [133].

La elaboración de diferentes curvas de medias móviles a partir del reagrupamiento de las series parroquiales de bautismos, matrimonios y defunciones en función de la fecha en la que inician su andadura puede consultarse en D. Rodríguez Fernández, 1999:167-169. Aquí únicamente reproducimos la curva elaborada a partir de un número importante de parroquias[134].

Al reducir la escala de análisis comprobamos la lenta y progresiva recuperación del número de bautizados ya desde los años finales de la década de los años 40 del siglo XVII, aunque es a partir de mediados de la década de los años 70 cuando se constata la rápida elevación de su número. Su progresión ascendente solo ser verá frenada en la última década del siglo, y aunque los años 20 quizá marquen el inicio de un crecimiento más lento este no alcanzó su culmen hasta la década de 1740-49. Es a partir de este momento cuando asistimos al estancamiento de la población del que únicamente se saldrá a comienzos de los años 80 iniciándose de nuevo una etapa de alza con algunas interrupciones –primera década del siglo XIX e inicios del decenio de 1820-29-, que lleva a alcanzar el valor más alto de toda la serie temporal en el año 1836. Tras esta fase de despegue, desde los niveles máximos de bautismos en los años centrales de la década de 1830-39, cada nuevo valor significa una caída respecto al anterior (D. Rodríguez Fernández, 1999:105).

Las sinuosidades que siguen presentando las curvas de medias móviles de matrimonios impiden ver con tanta claridad como en el caso de los bautismos la tendencia seguida a lo largo del período de investigación. Sin embargo, si se aprecia la fase alcista que abarca desde los años 80 del siglo XVII hasta los años 30 del XVIII, asi como su posterior elevación a partir de los años 90 del siglo XVIII. Con respecto a las sinuosidades propias de la curva de la mortalidad de adultos, al margen del estudio de las crisis de mortalidad, que se acometerá en páginas sucesivas, simplemente queremos resaltar el nivel alcanzado por la mortalidad adulta en los períodos de dificultades de la demografía comarcal, tanto en los años centrales del siglo XVIII cuando la población ya dio muestras de agotamiento como en los últimos años de la primera mitad del siglo XIX[135].

---

[133] En realidad, el profesor P. Saavedra ya señaló en su momento la diversidad que en demografía e historia agraria podía ofrecer al historiador la provincia ourensana señalando la posible coexistencia de hasta tres tendencias en la evolución del número de bautizados a lo largo de los tiempos modernos. Así, junto a la tendencia arriba descrita, propia de las tierras que apenas habían sufrido modificaciones en su sistema agrario a mediados del siglo XVIII, convivían la tendencia propia de las tierras de monocultivo vitícola y una última tendencia característica de aquellas zonas que conocieron primero la expansión del mijo y después la del maíz (1994:101-102). Las comarcas de Cea y Celanova se encuadran sin duda en esta última tendencia, a diferencia de las tierras de la Alta Limia estudiada por R. Ferreiro (1981) o la comarca de Monterrei (I. C. González Abellás, 1999:110-117), que pese a sus particularismos encajan mejor con la tendencia descrita para el conjunto de la Galicia Interior.

[134] Véase gráfico I. 5 del apéndice estadístico. Se incluyen en la representación los datos de Rubiás, Vilanova, Sorga, Soutomel, Veiga, Mourillós y Celanova. Se trata de medias móviles de diez términos (5,1,4) cuyos valores numéricos pueden consultarse en el apéndice estadístico de la publicación arriba mencionada (D. Rodríguez Fernández: 1999).

[135] Un análisis más detallado de cada una de las variables demográficas puede consultarse en D. Rodríguez Fernández, 1999: 104-107.

I.3.2.3. La incidencia de las crisis de mortalidad

Las continuas fluctuaciones que afectan a las defunciones de cualquier comunidad en el Antiguo Régimen constituyen el rasgo más evidente del comportamiento de la mortalidad en el pasado y uno de los elementos que mejor definen un régimen demográfico de tipo antiguo, caracterizado por la presencia periódica de las crisis de mortalidad que provocaba la desaparición de los miembros más débiles de la sociedad[136].

La presencia indudable de la mortalidad catastrófica en las poblaciones históricas concentró en el pasado los esfuerzos de un nutrido grupo de historiadores y demógrafos que dejaron constancia de su metodología a la hora de identificarlas, analizar su intensidad y su extensión, interpretar su causalidad, etc.[137]. Los indudables avances en el conocimiento de la demografía histórica que fueron posibles gracias a sus múltiples contribuciones permitieron comprender también la rapidez con la que generalmente se producía la recuperación tras el período de crisis, gracias al descenso de la mortalidad en los años siguientes a la misma y sobre todo gracias al aumento de las celebraciones matrimoniales seguidas después de los bautismos (W. M. Flinn, 1987:37).

En opinión del profesor J. M. Pérez García, la nupcialidad fue el gran mecanismo regulador de la población europea en los siglos XVII y XVIII, aun reconociendo el papel que pudo jugar la mortalidad en algunas áreas o incluso la importancia de la fecundidad en zonas muy avanzadas[138]. Sin embargo, a su juicio, aunque se haya devaluado el papel de las crisis de mortalidad como claves explicativas de la evolución demográfica, no debemos olvidarnos de las connotaciones que estas tuvieron sobre la población (J. M. Pérez García, 1986:61)[139].

El profesor A. Eiras Roel estima que en Galicia una vez pasada la peste de 1598 y hasta el cólera de 1854, las crisis demográficas presentan un "origen telúrico", una etiología de base agraria vinculada a las oscilaciones cíclicas de las cosechas y en último término al cambio climático. En su estudio, en base a medio centenar de parroquias ubicadas en la Galicia Occidental y analizadas desde 1600 y hasta 1860, se cuentan hasta 24 puntas de mortalidad, algunas de ellas abarcando varios años, sin embargo, salvo las de 1709-10 y 1768-69, que adoptaron un carácter más o menos generalizado y a las que otorga el calificativo de graves, estas crisis se caracterizaron por su influencia de carácter local (1996:87-88)[140].

I. Dubert en su trabajo sobre la mortalidad en Galicia entre 1600 y 1850, también concluye la reducida extensión geográfica y la moderada intensidad de las crisis durante el período de análisis. En su caso, en base a la metodología puesta a punto por L. Del Planta y M. Livi Bacci, identifica hasta 29 crisis de mortalidad de adultos entre 1600 y 1850, sin embargo, solo tres merecen el calificativo de crisis mayores, como consecuencia de una elevación de la

---

[136] En opinión de V. Pérez Moreda, la crisis representaba en el pasado el accidente con relación a la norma. La norma coincidía con los niveles normales de mortalidad sobre los que periódicamente incidían factores accidentales que agravaban su tendencia habitual (1980:56-57).

[137] Las grandes propuestas metodológicas de T. Hollingsworth, J. Dupaquier, M. Livi Bacci o L. Del Planta en el Coloquio Internacional de Demografía Histórica celebrado en Montreal en 1975 fueron posteriormente publicadas en CHARBONNEAU, H. y LAROSE, A. (Eds.), *Les grandes mortalites. Etude methodologique des crises demographiques du passé*, Lieja, 1979. Un resumen de estas puede consultarse en V. Pérez Moreda, 1980:95-106.

[138] A su juicio, en el caso gallego, la mortalidad jugó un papel relativo como mecanismo autorregulador de la población (1986:65). Véase también del mismo autor (1990d:129-131). En cualquier caso, desde su punto de vista, los factores reguladores no fueron constantes a lo largo del tiempo, sino que obedecieron a la bonanza o escasez de los tiempos, con importantes variaciones motivadas también por las diferentes estrategias empleadas por los distintos grupos sociales para acomodarse a la coyuntura (1993:17).

[139] En este sentido, J. S. Bernat i Marti, considera que el interés del análisis de las crisis de mortalidad no solo se reduce a la óptica demográfica, sino que entra a formar parte de la historia global por cuanto estas marcaron profundamente la vida social (1990:335).

[140] En opinión de I. Dubert, la debilidad de las crisis de mortalidad en Galicia puede deberse a múltiples razones: de tipo climático, geográficas, por su fachada costera que facilita las importaciones de grano en caso de necesidad, gracias a un régimen alimentario variado, basado en la presencia de maíz, centeno, castañas, legumbres, cerdo y más tardíamente también patatas (1996:237-238).

mortalidad de más del 50% que afectó cuando menos a la mitad de las parroquias analizadas. Únicamente cumplen dichas condiciones las crisis de 1710-11, 1769-70 y 1809, siendo esta última la de mayor intensidad triplicándose la cifra media de defunciones (1996:231-241)

En nuestra Memoria de Licenciatura abordamos el análisis de las crisis de mortalidad de la comarca de Celanova a partir de la metodología desarrollada por S. Bernat i Martí en su Tesis Doctoral sobre la población valenciana[141]. En los 200 años que abarca el estudio desde mediados del siglo XVII hasta 1850 se detectaron 24 puntas de mortalidad, una media de una crisis cada 8 años, con una clara reducción de su incidencia a lo largo del tiempo, ya que, si bien en la segunda mitad del s. XVII localizamos una crisis cada 7,1 años, en el siglo XVIII su aparición se produciría cada 9 años de media y en la primera mitad del siglo XIX cada 10 años[142]. Ahora bien, el análisis combinado de la intensidad y extensión registradas para cada una de las crisis nos llevó a determinar que en la práctica solo siete de las 24 fluctuaciones tuvieron en realidad cierto alcance a escala local.

Se trataría de los años 1666 y 1681 para la segunda mitad del siglo XVII; las crisis de 1710-11, 1749-50 y 1791 para el siglo XVIII si bien esta última ya afecta a un número de parroquias inferior a las anteriores, y la de 1809-10 para la primera mitad del siglo XIX. Esta última de 1809-10 fue la que alcanzó una mayor extensión, afectando a un 75% de las parroquias analizadas, si bien su intensidad fue inferior a la de las sacudidas destacadas para los dos siglos anteriores[143]. Un análisis combinado de intensidad y extensión nos llevaría a determinar que la crisis de 1666, la de 1710-11 y la de 1809-10 fueron sin duda los períodos de mortalidad catastrófica de mayor incidencia sobre la población celanovesa.

La utilización de una metodología idéntica en las investigaciones llevadas a cabo sobre las tierras ourensanas de Cea y Monterrei, facilita en gran medida la obtención de conclusiones interesantes. Al margen del carácter específicamente local que presenta un buen número de las crisis de mortalidad detectadas, también se aprecia la presencia de períodos de sobremortalidad que afectaron de manera conjunta a las tres áreas, aunque con diferente grado de intensidad y extensión.

En la segunda mitad del siglo XVII, en el contexto de guerra con Portugal, tanto en la comarca de Celanova como en las tierras de Monterrei se localiza una de las crisis de mayor intensidad de todo el período analizado, si bien en tierras de Celanova los niveles de sobremortalidad que se constatan para el año 1666 (intensidad de 157,2) no se acercan ni de lejos a los registrados en la zona de Monterrei en los años 1666 o 1667 (intensidad 293,3) cuando casi llegó a multiplicarse por cuatro la mortalidad ordinaria (I.C. González Abellás, 2010:120-122)[144]. La

---

[141] Véase al respecto, S. BERNAT I MARTI, 1990, "Crecimiento de la población y crisis demográficas en el País Valencia (S. XVII-XIX)". Tesis Doctoral Inédita, Universidad de Valencia.

[142] Para una explicación pormenorizada de la metodología utilizada, así como para la visualización de todas las puntas de mortalidad detectadas, su intensidad y extensión véase D. Rodríguez Fernández, 1999:107-111. Una de las conclusiones del estudio que llevó a cabo I. Dubert sobre las crisis de mortalidad en Galicia incide también en una clara tendencia a su desaparición entre 1600 y 1850. Así, las crisis larvadas de baja intensidad que afectan a un 25% de su muestra, si bien presentan una periodicidad de 5,5 años en la primera mitad del siglo XVII, esta se incrementa hasta los 10 años ya en la segunda mitad de siglo, retrasándose su visita cada 16,6 años en la primera mitad del XVIII y ya cada 25 años en la segunda mitad del siglo (1996:238)

[143] En opinión de V. Pérez Moreda, las crisis ocurridas en los primeros años del siglo XIX, "por su naturaleza compleja e intensidad, pueden contemplarse sin duda como la mejor muestra del final de un ciclo multisecular en que la naturaleza y los mecanismos de la crisis de mortalidad se vinieron repitiendo con desigual gravedad, pero con características similares" (1980:375-376).

[144] La elevada intensidad que alcanza esta crisis en las tierras de Monterrei guarda una estrecha relación con el papel que jugó la villa de Verín como villa fronteriza de refugio de militares durante la contienda con Portugal. A juicio de I. C. González Abellás, la demografía general de la comarca se vio muy influenciada por el gran peso que en la misma tiene la villa de Verín y, por lo tanto, los entierros de militares que en ella se contabilizan. De eliminarse este factor, así como los refugiados también fallecidos en la villa, la dureza de la crisis disminuye notablemente (2006:20-23). En la comarca del Bajo Miño, también se detectaron puntas de sobremortalidad coincidiendo con las incursiones portuguesas en 1644, 1657 y en el período comprendido entre 1661-64,

presencia de dificultades a mediados de la década de los 60 también está atestiguada para otras zonas de Galicia, caso de la provincia de Mondoñedo (P. Saavedra, 1985:104), Tierra de Montes (C. Fernández Corizo, 1979:142) o el interior de la provincia lucense donde se constata una clara elevación de la mortalidad en el año de 1664 relacionada con problemas de malas cosechas y ascensos en el precio de los cereales (H. Sobrado Correa, 2001:333)[145].

En 1681, una crisis de intensidad moderada alcanzó una importante extensión en las comarcas de Monterrei y Celanova, afectando también a un número más reducido de parroquias en la tierra de Cea (Mª. J. López Álvarez, 2007:177-181)[146]. La fecha coincide con una de las 24 puntas de crisis que localiza el profesor A. Eiras Roel en las series parroquiales de la Galicia Occidental (1996:122).

A comienzos del siglo XVIII, entre 1707 y 1711, las tres comarcas pasaron sin duda tiempos difíciles, coincidiendo el año 1710 con el momento de máxima expansión territorial de las puntas de mortalidad[147]. Las graves dificultades que atravesó la población gallega después de la mala cosecha de 1709 y del "gran invierno de 1710" son bien conocidas. La escasez se dejó sentir en plena cosecha de 1709 y fue agudizándose a lo largo del invierno, para alcanzar los perfiles más dramáticos en la primavera de 1710. En la ciudad de Santiago los artículos de primera necesidad experimentaron alzas de precios superiores al 200 por 100, siendo especialmente gravosa el alza en el precio de los cereales –caso del centeno que pasó de 4 reales/ferrado en 1708 hasta los 18 reales/ferrado en los meses de soldadura de 1710-. En el mes de marzo de 1710 multitudes de campesinos hambrientos del contorno se desbordan sobre la ciudad y al hambre se le suma la presencia de la peste a partir del mes de mayo de 1710 (A. Eiras Roel, 1965:250-252)[148]. La presencia de pobres durante el invierno de 1710 en la ciudad de Mondoñedo y el agravamiento de la crisis de mortalidad como consecuencia de un brote pestífero también fue objeto de estudio por el profesor P. Saavedra (1985:105). En tierras de Lugo, donde no se produjo un aumento espectacular de las muertes, también se constata un fuerte incremento de los precios del centeno e incluso un aumento en el índice de ventas de tierra (H. Sobrado Correa, 2001:335)[149].

---

siendo menores las pérdidas en los últimos envites del conflicto a partir de 1666, aunque en este caso la percepción se ve alterada por la interrupción de algunos registros parroquiales (J. M. Pérez García, 2006b:40-42).

[145] En territorio portugués, en la zona de Guimaraes y Tras OS Montes, N. Amorim también localizó un período de importantes dificultades desde mediados de la década de los 50 hasta mediados de los años 60, alcanzando su culmen en 1665. No obstante, a juicio de la autora, la última gran mortalidad catastrófica de la zona coincidió también con la peste de 1599 (1987:296).

[146] En la comarca de Monterrei al igual que en tierras de Celanova, esta crisis tuvo una gran extensión -78,57-, si bien su intensidad fue muy inferior al envite de 1667 (I. C. González Abellás, 2010:120-121). O. Gallego Domínguez constató la falta de grano y verduras que se dio en la provincia y la gran afluencia de pobres a la ciudad a partir del mes de marzo, lo que obligó al corregidor a salir por la provincia para embargar los granos que tuviesen eclesiásticos y seglares. A su juicio, el hambre endémica por esta época en Galicia se vio agravada en nuestra provincia por la Guerra contra Portugal, al "recaer sobre ella no sólo el sostenimiento de tropas, sino las razias fronterizas y penetraciones enemigas con quemas, talas, robos, etc. (1973:48).

[147] En tierras de Celanova también fue ese año cuando se alcanzó una intensidad más alta, mientras que en las otras dos comarcas la sobremortalidad alcanzó picos más altos en 1707. En el ámbito de nuestra investigación, es a partir de los últimos meses de 1710 cuando se registra un ascenso considerable de las defunciones, manteniéndose en valores muy elevados hasta el mes de abril del año 1711.

[148] El día 9 de junio se manda poner guardias en la "Puente Mayor" y en las demás puertas de entrada a la ciudad de Ourense para que no permitan la entrada de gentes procedentes de la ciudad de Santiago sin antes comprobar su estado sanitario. El hambre arrecia con la peste ya que a fines del mes de junio la fanega de trigo llegó a valer 115 reales y la de centeno 75 (O. Gallego Domínguez, 1973:49).

[149] Las dificultades salpican el conjunto del territorio gallego. En la península del Salnés las adversidades darían comienzo ya a partir de 1705 (J. M. Pérez García, 1979:143). En el Morrazo se advierte ya el incremento del precio del maíz desde el año 1702, concretándose la mortalidad de crisis entre 1710 y 1711 (H. M. Rodríguez Ferreiro, 1995:37). Su presencia también parece clara en las tierras ourensanas de la Alta Limia (R. Ferreiro Pérez, 1981:78). En la comarca del Bajo Miño también se detecta su presencia, sin embargo, en este caso su incidencia fue muy escasa (J. M. Pérez García, 2006:77). En los primeros años del siglo XVIII hasta 1708, C. Fernández Cortizo constata una serie casi ininterrumpida de rogativas "pro serenitate" en la ciudad de Pontevedra al igual que en Santiago –celebraciones en 1702, 1706 y 1707-. Esta abundancia de rogativas coincide con el incremento del precio de los cereales en la Lanzada o en la

A mediados del siglo XVIII, se detecta de nuevo un repunte de la mortalidad en la comarca celanovesa que en el año 1749 afecta a más del 65% del territorio parroquial analizado, no detectándose una concordancia tan clara en el comportamiento de las comarcas de Cea y Monterrei. En el caso de Cea no se registra en ese momento ninguna punta de mortalidad (Mª. J. López Alvarez, 2007:177-178), mientras que en la comarca de Monterrei su incidencia se retrasa a los años 1750/51 afectando a una extensión territorial más bien reducida (I. C. González Abellás, 2010:120)[150].

La crisis del bienio 1768-69, que en opinión del profesor A. Eiras Roel fue la más grave de las crisis gallegas desde 1600[151], no dejó sentirse con fuerza en las curvas de mortalidad de ninguna de las comarcas investigadas de la provincia ourensana. Según las informaciones de A. Meijide Pardo, la ruina del labradío en la provincia ourensana causó un importante impacto económico y social, hasta el punto de que el cabildo catedralicio de la ciudad encareció a todas las comunidades eclesiásticas que vendiesen el grano sobrante al pueblo a precios equitativos (1965:49)[152]. Pese a la misiva del cabildo, de manera excepcional al lado de las partidas de defunción del año 1769 de la parroquia de Rubiás figura una nota en la que se indica: "este año llegó a valer el ferrado de maíz a cincuenta y cinco reales"[153].

A fines del siglo XVIII, en 1791 también se aprecia la presencia conjunta de dificultades en algunas parroquias de Celanova, Cea y Monterrei, pero en las tres comarcas su extensión fue bastante inferior a la de las sobremortalidades de la segunda mitad del XVII y de comienzos del XVIII, alcanzando una moderada intensidad en algunas parroquias celanovesas.

A comienzos del siglo XIX en el contexto de la Guerra de la Independencia, se registra un acusado repunte de la mortalidad adulta en las tres áreas en el año 1809, de manera que un 75% de las parroquias de la comarca de Celanova, un 83% de las parroquias de la comarca de Monterrei y un 71% de las parroquias de la tierra de Cea

---

Jurisdicción del Morrazo desde 1702, como anticipo del hambre de 1710-11. (2005:278-279). En Francia la crisis se vincula al "Gran Invierno" de 1709, que según las descripciones de los contemporáneos se inicia con un golpe de frío siberiano la noche del 5 al 6 de enero que se prolongó hasta final de mes, provocando la congelación de los cereales de invierno sembrados en otoño. Se podría esperar una hecatombe, sin embargo, los labradores en el mes de mayo sembraron cebada allí donde las condiciones lo permitían reduciendo así el impacto del hambre. En opinión de G. Cabourdin, J. N. Biraben y A. Blum la crisis de 1709 fue en realidad la última crisis fuerte que marcó el movimiento natural de la población francesa (1988: 211). El precio de los cereales se cuadruplicó entre enero y julio de 1709 y los precios todavía seguirán subiendo hasta el verano de 1710. A juicio de F. Lebrun, los esfuerzos de las autoridades por paliar la falta de grano evitaron que la crisis demográfica alcanzase la dureza propia de las crisis de mortalidad del siglo XVII. En su opinión, la crisis de mortalidad solo se dejó sentir con fuerza allí donde la carestía se vio acompañada por las epidemias, de modo que, en Angers, Lyon o en el Languedoc no se puede hablar de sobremortalidad generalizada en estos años (1980:221-222).

[150] Existen también abundantes noticias sobre las fuertes pulsaciones de la mortalidad vividas en la Galicia Occidental en los años centrales del siglo XVIII relacionadas con crisis de subsistencias. En la Península del Morrazo la crisis de 1747 fue la más grave de todas las vividas en los siglos XVII y XVIII (H. M. Rodríguez Ferreiro, 1995:35). En la Ulla, en el Salnés o en la comarca de Xallas también se constata la presencia de dificultades para este período. Véase al respecto: O. Rey Castelao, 1981:58, J. M. Pérez García, 1979:143 y B. Barreiro Mallón, 1973:223.

[151] En las 54 series parroquiales que analiza para la Galicia Occidental, de media en el año 1769 se produce una triplicación de la mortalidad ordinaria, si bien en algunas zonas las defunciones llegan a multiplicarse por siete, mientras que en localidades como Vimianzo o Palmeira, prácticamente pasó inadvertida (1996:89). En Tierra de Montes la crisis de 1769 fue la más trágica de todo el periodo, afectando a la totalidad de las parroquias de la Jurisdicción donde la mortalidad casi se triplicó (C. Fernández Cortizo, 2002: 262).

[152] Desde el punto de vista de un escritor contemporáneo, F. Argenti Leys, los problemas de hambre en Galicia en 1768-69 no solo obedecieron a las malas cosechas, sino también a los problemas de abastecimiento derivados del acopio de granos por parte del reino de Portugal, ya que "de los lugares de la Raya, llevan no solo los ganados, sino también los granos como sucedió aquel año que será para Galicia de perpetua memoria" (1777:207).

[153] Libro 2º de difuntos de Santiago de Rubiás. F. 107. Archivo Diocesano de Ourense, sig. 36.17.2. En opinión del profesor J. M. Pérez García, una buena política de aprovisionamiento de cereal explicaría también la escasísima incidencia demográfica de esta crisis sobre la población de la comarca del Bajo Miño (2006:77). Igualmente, en tierras lucenses donde sus efectos también fueron desde el punto de vista denográfico muy moderados, H. Sobrado Correa se hace eco de las órdenes emanadas desde el consistorio de la ciudad de Lugo ordenando la circulación de grano de unos pueblos a otros de la provincia (2001:338).

están pasando por dificultades, si bien este envite se dejó sentir con mayor intensidad en Cea y Monterrei que en el entorno celanovés. En el caso de Monterrei, nuevamente la mortalidad ordinaria casi llega a multiplicarse por cuatro, alcanzando esta crisis como la de 1666 una intensidad, que ni de lejos en ningún momento se constata en las otras dos comarcas analizadas[154].

Por último, las crisis detectadas a comienzos de los años treinta, probablemente relacionadas con brotes de cólera, revisten una escasa intensidad y una limitada extensión en las tres comarcas ourensanas.

En opinión de I. Dubert, las crisis de baja intensidad o crisis larvadas constituyen una característica intrínseca del modelo demográfico gallego asociadas a la relativa modernidad de un régimen de mortalidad, que guarda bastantes similitudes con otras regiones del norte de España. A su juicio, los picos de mortalidad de 1710, 1769 y 1809 fueron en realidad hechos excepcionales en la demografía gallega de los siglos XVII y XVIII, aunque eso no debe hacernos olvidar la continua presencia de las crisis de baja intensidad, que si bien no provocaron fuertes subidas de las defunciones si influyeron a medio y largo plazo sobre la evolución de la población (1996:237).

Es difícil plantear un análisis sobre la causalidad de las crisis[155]. En la comarca de Celanova de los tres momentos de mayores dificultades que detectamos a lo largo del período de estudio (1666, 1710-11 y 1809-10), tanto en 1666 como en 1810-11 las puntas de mortalidad debieron estar relacionadas directa o indirectamente con la inestabilidad política del momento –Guerra con Portugal y Guerra de Independencia-, mientras que la de 1710-11 se enmarca en un contexto claro de caída de la producción agrícola, bien conocido para algunas comarcas de la Galicia Occidental[156]. Pese a que la vinculación entre crisis agraria y crisis demográfica no resulta tan clara como de antemano podríamos suponer, planteamos un análisis sobre el fenómeno de la pobreza y la evolución del número de pobres en la comarca de Celanova en busca de posibles coincidencias con la cronología de las crisis demográficas.

---

[154] La población de la Alta Limia también atravesó graves dificultades entre 1806-11. Las defunciones se triplicaron superando de manera clara a los nacimientos (R. Ferreiro Pérez, 1981:79). Los efectos de las malas cosechas y los derivados de la Guerra de la Independencia también provocaron un elevado incremento de las defunciones en el año 1809 tanto en las tierras del interior lucense como en la capital, con un crecimiento del 174% (H. Sobrado Correa, 2001:340). En la comarca del Bajo Miño, el repunte de la mortalidad responde a la presencia francesa en la comarca, alcanzando sus máximos entre abril y agosto (J. M. Pérez García, 2006:76-77). La crisis afectó a un 56% de las series parroquiales analizadas por I. Dubert para el conjunto de Galicia alcanzando la máxima intensidad de todo el período analizado (1996:248).

[155] El análisis que lleva a cabo F. Lebrun sobre las crisis de mortalidad en Francia muestra de manera clara la dificultad a la hora de establecer sus causas reales. En Francia se dieron crisis de mortalidad relacionadas con enfermedades epidémicas, localizadas sobre todo en los dos primeros tercios del siglo XVII. También se constata la presencia de otras vinculadas a crisis de subsistencia de manera pura, aunque generalmente con un carácter más local. En la mayoría de los casos, en su opinión las crisis demográficas de tipo antiguo resultan de la conjunción del hambre y las epidemias, a las que en no pocas ocasiones se les unían las consecuencias de la guerra, de modo que las grandes crisis a escala regional o nacional presentan una gran complejidad (1980:208).

[156] Como afirma C. Fernández Cortizo, el estudio paralelo de las crisis demográficas y las curvas de producción de algunas comarcas de la Galicia Occidental viene a demostrar que solo en una reducida proporción de casos se da una coincidencia entre las caídas de las curvas de producción y los años de crisis demográficas, porque en realidad son las enfermedades las que matan. De hecho, en la Lanzada dicha coincidencia solo se constata tras la caída de la producción de los años 1672, 1708-09, 1768 y 1781. Tampoco está clara la relación entre las fluctuaciones climáticas, en su caso investigadas a través de las rogativas de la ciudad de Pontevedra, y las crisis de mortalidad (2005:285). En opinión de F. Lebrun, las crisis demográficas derivadas de crisis de subsistencias atacaban sobre todo a las regiones cuya población se alimentaba casi exclusivamente de la producción cerealera. Allí donde la alimentación era más contrastada, como es el caso de Galicia, las crisis cerealeras raramente degeneraban en crisis demográficas graves (1980:213). En la misma línea J. Cabourdin, J. N. Biraben y A. Blum sostienen que la gravedad de las crisis en el Antiguo Régimen dependía en gran medida del sistema agrícola y ganadero predominante, de manera que los riesgos de carestía disminuían allí donde predominaba una mayor diversificación de las actividades económicas. En regiones de monocultivo cerealero como es el caso de las llanuras parisinas, los campesinos tenían pocas posibilidades de recurrir a alimentos complementarios, sin embargo, incluso en estas circunstancias, otros alimentos de apoyo poco o nada visibles a partir de la documentación conservada, intervenían para permitir la supervivencia de la población. A su juicio la falta de alimentos continuada provocada por las malas cosechas puede provocar la muerte como ocurrió en el Macizo Central Francés en 1693-1694 y 1695 tras cinco años seguidos de malas cosechas, sin embargo, esto no era la norma (1988: 182).

Tal como afirma P. Saavedra, el término de pobre en el Antiguo Régimen tenía múltiples acepciones y hacía referencia a un conjunto social numeroso y cuyas fronteras eran difíciles de delimitar[157]. En las actas de defunción de la parroquia de San Munio de Veiga, aparece con frecuencia el calificativo de pobre para referirse a los feligreses que no pueden permitirse el pago de las honras fúnebres[158]. En la tabla 21 se refleja su evolución en el tiempo.

TABLA 21 • EVOLUCIÓN % DE POBRES SOBRE TOTAL DEFUNCIONES. VEIGA					
AÑOS	HOMBRES POBRES	MUJERES POBRES	TOTAL POBRES	TOTAL DEFUNCIONES	%
1650–59	1	–	1	34	2,94
1660–69	–	3	3	46	6,52
1670–79	4	1	5	49	10,20
1680–89	2	3	5	59	8,47
1690–99	2	6	8	85	9,41
1700–09	3	6	9	57	15,79
1710–19	5	5	10	71	14,08
1720–29	2	2	4	63	6,35
1730–39	5	5	10	89	11,24
1740–49	3	4	7	95	7,37
1750–59	5	3	8	105	7,62
1760–69	4	2	6	100	6,00
1770–79	9	3	12	104	11,54
1780–89	2	3	5	100	5,00
1790–99	4	5	9	137	6,57
1800–09	1	1	2	136	1,47

[157] Los ilustrados del siglo XVIII como el Padre Feijoo o Pedro Antonio Sánchez usaban la expresión de pobres labradores para referirse en sus escritos a los desvalidos campesinos; el término pobre también podía servir para autocalificarse los propios labradores y así conseguir una exención fiscal o bien podía ser utilizado como apelativo de personas que carecían de bienes y vivían de pedir limosna. Puesto que las fuentes que contabilizan a los pobres obedecen a unos objetivos concretos y diversos, su cómputo depende de la acepción empleada (1985:606).

[158] Es el caso de Francisca Alvarez vecina del Campo de Veiga, que murió en el mes de mayo de 1848. Como era pobre solo se enterró con un responso de limosna. Igualmente es calificado como pobre Pedro Pungín de la aldea de Folgoso que falleció el día 9 de enero de 1749. En su caso lo funeran tres sacerdotes de limosna. Francisca y Pedro son vecinos de Veiga, pero en algunos casos -5 sobre un total de 157-, se indica claramente que se trataba de personas ambulantes que andaban pidiendo por la parroquia cuando sobrevino su muerte. Así se especifica en el caso de Félix, un hombre de 45 años originario de la parroquia de Mourillós que falleció el 15/07/1845.

TABLA 21 • EVOLUCIÓN % DE POBRES SOBRE TOTAL DEFUNCIONES. VEIGA					
1810–19	7	9	16	126	12,70
1820–29	7	6	13	123	10,57
1830–39	7	7	14	141	9,93
1840–49	9	11	20	145	13,79
TOTAL	82	85	167	1865	8,95

La pobreza constituyó un rasgo estructural de la población de la comarca a lo largo de los tiempos modernos. A lo largo de todo el período analizado casi un 9% de la población adulta residente en la parroquia de Veiga no dispone de los bienes necesarios para sufragar su entierro.

La cara más cruda de la pobreza asoma a través de algunas de estas partidas. Es el caso del acta de defunción de Marina Rodríguez, una mujer viuda residente en Cacabelos y fallecida con fecha del 06/07/1700. Según consta en la misma, Marina declaró que su marido en su memoria oral le había dejado 19 ducados en herencia, pero sus herederos nunca se los entregaron. Los únicos bienes de los que disponía eran un arca y las maderas de un lecho que se vendieron por 12 reales. Una vez enterrada de limosna, los 12 reales le permiten sufragar dos misas (Libro 2º de difuntos de San Munio de Veiga, folio 2v.). En otras partidas, el encargado del registro simplemente anota "no hizo testamento" o "no dispuso" "por no tener de que"[159].

Ahora bien, aunque la presencia de la pobreza debió ser una constante en la población de la comarca, a la luz de los datos que nos aporta el cuadro, es posible establecer una relación entre la incidencia de la pobreza y las puntas de sobremortalidad en ocasiones vinculadas a crisis de subsistencia[160].

En la segunda mitad del siglo XVII no se aprecian fuertes elevaciones en el número de pobres en ninguna de las décadas analizadas, siendo probable un registro deficiente en las primeras décadas. No se constata por tanto una correlación positiva entre la punta máxima de sobremortalidad del período, el año 1666, con un aumento del fenómeno de la pobreza, aunque si se registra una mayor incidencia de esta en los años 70 coincidiendo con puntas de mortalidad de menor intensidad en los años 1675, 1677 y 1678[161].

La demografía comarcal atraviesa por uno de sus periodos más críticos desde 1706 hasta 1711, con una inusitada frecuencia de puntas de sobremortalidad que alcanzan su máxima extensión e intensidad en los años de 1710-11. Coincidiendo con estas dificultades, en las dos primeras décadas del siglo XVIII la presencia de pobres en las actas de defunción de la parroquia de Veiga se dispara, situándose en torno al 15%, un nivel de pobreza que no volvió a alcanzarse a lo largo de los tiempos modernos. Pese a las frecuentes oscilaciones entre decenios derivadas del volumen de datos manejado, podemos concluir que, una vez superadas las décadas iniciales durante el resto de la centuria la incidencia de la pobreza se situó en niveles claramente inferiores.

---

[159] Es el caso de Jacinto Rodríguez, vecino de Rairigo y fallecido el día 17/09/1756. Libro 2º de defunciones de San Munio de Veiga.

[160] Como ya detectó P. Saavedra para la provincia de Mondoñedo, las hambres agudizaban las diferencias sociales ya existentes. El aumento de las personas que pedían limosna en los años de grandes carestías provocaba la aparición de masas de errantes compuestas por pequeños campesinos o semijornaleros que solo eran capaces de mantenerse los años normales (1985:607).

[161] La causa probablemente se encuentre en la inferior calidad del registro en los primeros tiempos de su andadura, lo que explicaría la escasa presencia de feligreses declarados como pobres en las dos primeras décadas analizadas.

Con el inicio del siglo XIX, las puntas de mortalidad del período de 1809-10 que afectaron a buena parte de las parroquias analizadas, se ven reflejadas en un claro repunte de la incidencia de la pobreza en la década de 1810-19. Aunque no se alcanzan los valores de comienzos del XVIII, casi un 13 % de los enterramientos se corresponden con el fallecimiento de personas pobres incapaces de sufragar sus funerales. Como se aprecia en la tabla, en los años 20 y 30 del siglo XIX asistimos a un ligero descenso en el registro de pobres, constatándose nuevamente su elevadísima presencia en el decenio de 1840-49, cuando suponen un 13,79% del total de defunciones registradas. El ascenso de la pobreza en la década de los cuarenta del siglo XIX si bien no está relacionado con episodios concretos de sobremortalidad, si tiene una correlación clara con las gravísimas dificultades que está atravesando un modelo demográfico que como ya hemos visto en páginas anteriores, llegó al tope máximo de su desarrollo.

De hecho, al tiempo que detectamos una clara vinculación entre las puntas de sobremortalidad de comienzos del XVIII y comienzos del XIX y el ascenso del nivel de pobreza en dichas décadas, también constatamos un paulatino ascenso a lo largo de los tiempos modernos, al compás del fuerte ascenso de la densidad de población y la subsiguiente saturación demográfica de la comarca. El paso de un índice de pobreza, medido a través de los registros parroquiales de un 8,05% en el siglo XVII, a un 8,68% en el siglo XVIII, para desembocar en un 11,77% de 1810 a 1849, es una prueba de ello.

En opinión de B. Barreiro Mallón y O. Rey Castelao, cuando se elaboró el Castastro de Ensenada la administración fiscal entendió como pobres sólo a quienes carecían de bienes raíces o de trabajo o no estaban en condiciones de desempeñarlo. Es decir los pobres que vivían de las limosnas y en ocasiones, aunque no de un modo sistemático, las viudas, si bien como aclaran los autores estas consideraciones no fueron homogéneas (1998:11-12). Se trata pues de un criterio de clasificación completamente diferente al que prima en la documentación parroquial lo que explica la obtención de unos porcentajes de pobreza poco verosímiles para el conjunto del territorio gallego, afectando al 1,1% de los hogares registrados y con una distribución muy desigual a escala provincial oscilando entre el 4,9% de la antigua provincia de Coruña y el 0,3% de Ourense (1998:11).

En el Coto de San Munio de Veiga, con toda probabilidad se incluyó también en el grupo de los pobres a las mujeres solteras con escasos bienes dado que, durante las comprobaciones efectuadas a comienzos de la década de los años 60, los vecinos respondieron a la pregunta nº 36 del Interrogatorio afirmando que en el término vivían 12 pobres de solemnidad -un 8% del vecindario-[162], una cifra por lo tanto plenamente concordante con los resultados obtenidos a partir de la documentación parroquial[163].

Llama la atención esta elevada presencia de celanoveses calificados como pobres tanto en el registro de actos fúnebres de la parroquia de Veiga como a través de la documentación catastral. En el caso de los actos fúnebres, es obvio que ese calificativo derivaba de la apreciación del encargado del registro, si bien en la práctica en los libros de defunciones dicho término se aplicaba comúnmente a las personas que no podían sufragar los gastos de un entierro, al igual que ocurría en los registros parroquiales de la provincia de Mondoñedo o del interior de la provincia lucense. Partiendo de un criterio común y pese a las posibles discrepancias que se hayan podido producir entre diferentes párrocos, los índices de pobreza parecen muy superiores en la comarca de Celanova con respecto a los cálculos efectuados por H. Sobrado Correa para las tierras del interior lucense. En su caso, también se constata un incremento de la pobreza vinculado a los periodos de dificultades, pero los niveles máximos que localiza entre

---

[162] Libro de Respuestas Generales de San Munio de Veiga, Archivo General de Simancas. D. G. R. 1, legajo 1139.

[163] En términos comparativos, se trata de un porcentaje bastante elevado, aunque lógicamente inferior a los obtenidos para las ciudades gallegas donde se concentraba un importante número de instituciones y particulares rentistas que atraían a quienes vivían de la caridad. Es el caso de Santiago donde fue declarado como pobre de solemnidad un 20,7% del vecindario, Betanzos -21,6%- o Noia -20,8%- (B. Barreiro Mallón, O. Rey Castelao, 1998: 15).

1720 y 1739 no superan el 6% del total[164]. Por otro lado, la vinculación de la pobreza con la condición femenina en la provincia lucense no se corresponde con la imagen que se obtiene de los libros de defunciones de la parroquia de Veiga donde el fenómeno de la pobreza atañe por igual a hombres y a mujeres[165].

Una realidad diferente se desprende en cambio de los registros de un núcleo urbano como la ciudad de Mondoñedo, donde según las actas de defunción de la parroquia de Santiago de Mondoñedo, en los años centrales del siglo XVII más de un tercio de los hombres y un 45% de las mujeres fueron calificados como pobres. Dichos porcentajes, al contrario de lo que ocurrió en la parroquia de Veiga, fueron reduciéndose a lo largo de los tiempos modernos, pero aún representaban el 15,2% de las defunciones de hombres y el 21,6% de las mujeres en las dos primeras décadas del siglo XIX. La capacidad de atracción de los núcleos urbanos con instituciones eclesiásticas fuertes e hidalgos ricos, como puede ser el caso de la ciudad de Mondoñedo, favorecía la llegada de errantes y explica los elevados porcentajes de pobreza allí localizados[166]

En definitiva, este primer acercamiento al mundo de la pobreza vinculado a las crisis de mortalidad vino a demostrar que, si bien en el área de estudio estas adquirieron desde el punto de vista demográfico un carácter de crisis larvadas, no llegándose en ningún caso a triplicar la mortalidad ordinaria, sí tuvieron graves implicaciones sociales.

I.3.3. Estructura y caracteres de la población

I.3.3.1. La población celanovesa a la luz de los censos de la segunda mitad del XVIII y de mediados del XIX. Indicadores de natalidad, mortalidad, nupcialidad y emigración

Las fuentes disponibles solo nos permiten acercarnos a la estructura poblacional de la comarca en momentos muy concretos de su devenir histórico: a mediados del siglo XVIII a partir de algunas informaciones puntuales contenidas en el Catastro de Ensenada, a fines de siglo en base al Censo de Floridablanca y a mediados del siglo XIX en virtud de los datos recogidos en los Censos de 1857 y 1860. En nuestra Memoria de Licenciatura pueden consultarse las pirámides de población elaboradas a partir de cada una de las fuentes y el análisis llevado a cabo sobre las mismas (1999:76-81).

A mediados del siglo XVIII el Catastro solo nos informa de la edad de todos los componentes de los agregados domésticos en cuatro parroquias que suman un total de 2159 personas[167]. Utilizamos sus informaciones para conocer la distribución de la población por tramos de edad y sexo adaptándonos a los condicionantes que impone la fuente. Elaboramos indicadores para facilitar las comparaciones con los datos de fines del siglo XVIII y con los de mediados del XIX[168]. Véase tabla 22.

---

[164] Los cálculos llevados a cabo a partir de los datos que incluye H. Sobrado Correa en el apéndice estadístico confirman que, en las tierras del interior lucense, solo el 3,09% de las defunciones registradas entre 1670 y 1849 merecieron el calificativo de pobre, alcanzando su máxima vigencia en la primera mitad del siglo XVIII -4,2%- y la mínima en la primera mitad del siglo XIX -2%- (H. Sobrado Correa, 2001:690).

[165] En las parroquias del interior lucense las mujeres aglutinan más del 60% de los casos de declaraciones de pobreza. En opinión del autor, se trataría de mujeres viudas que ven comprometida su subsistencia tras el fallecimiento del marido y de mujeres solteras que vivían solas en "bodegos" (H. Sobrado Correa, 2001:345-346).

[166] En palabras de P. Saavedra, en las ciudades y villas se avecindaban la mayor riqueza y pobreza (1985:610-613).

[167] Se trata de los Libros Personales de Legos y Eclesiásticos de San Salvador de Penosiños, sig. 2976 y 2977, Santa Leocadia de Soutomel, sig. 1362 y 1363, Santiago de Casardeita, sig. 2947 y 2948 y Santa María de Freás de Eiras, sig. 2955. Archivo Histórico Provincial de Ourense.

[168] Adecuamos los indicadores que elaboró el profesor Antonio Eiras Roel para trabajar con los Censos de 1787 y 1860 a los diferentes grupos de edad que

TABLA 22 • INDICADORES DEMOGRÁFICOS 1753	
POBLACIÓN DE 0 A 18 AÑOS ‰	380,02
POBLACIÓN DE 19 A 49 AÑOS ‰	426,58
POBLACIÓN DE 50 AÑOS O MAS ‰	193,10
POBLACIÓN DE 50 O MAS/POB. 0-18	0,51
TASA BRUTA DE NATALIDAD ‰	29,96
TASA BRUTA DE NUPCIALIDAD ‰	5,9
TASA BRUTA DE MORT. ADULTA ‰	18,5
POB. DE 40 A 49/POB. 50 O MAS	0,61
POBLACIÓN DE -29/POB. +DE 29	1,31
MUJERES/HOMBRES 19-29 AÑOS	1,09
MUJERES/HOMBRES 30/39 AÑOS	1,45
HOMBRES DE 19 A 39 ‰	138,49
MUJERES DE 19 A 39 ‰	168,59

Como apunta el profesor A. Eiras Roel, la interacción entre la mortalidad, la natalidad y la movilidad espacial de la población condiciona la estructura de edad de una población (1996:225). A mediados del siglo XVIII la estructura por edades de la población celanovesa llama la atención por dos razones, la elevada presencia de efectivos en el primer tramo de la pirámide y la importante presencia de individuos con 50 años o más. Si hacemos uso del índice de envejecimiento establecido (población mayor de 50/población de 0 a 18), el valor obtenido de 0,51 nos informa de que, pese a la elevada proporción de efectivos jóvenes, esta población presentaba claros signos de envejecimiento[169].

La tasa de natalidad obtenida del 29,96 ‰, claramente inferior a los valores medios de entre 35 y 40 ‰ establecidos para la Europa Occidental en los siglos XVII y XVIII (L. Henry, 1983:247), encaja perfectamente en los parámetros entre los que se mueven las cifras resultantes de las investigaciones llevadas a cabo sobre el solar gallego, no facilitándonos ningún dato de especial relevancia al respecto[170].

---

nos permite establecer esta fuente (1996:235-241). Al carecer de datos sobre el estado civil del conjunto de la población faltan en la tabla los indicadores de nupcialidad, al margen de la tasa bruta calculada al igual que las tasas de natalidad y mortalidad a partir de los nacimientos, matrimonios y defunciones celebradas en 10 parroquias entre 1748 y 1758. En el caso de la tasa de natalidad se eliminó la parroquia de Soutomel con una tasa muy discordante. Los datos a escala parroquial pueden consultarse en D. Rodríguez Fernández, 1999:187-188.

[169] Según los parámetros establecidos por el profesor A. Eiras Roel se consideran poblaciones jóvenes las que muestran valores inferiores a 0,40, poblaciones con signos de vejez con valores de 0,40 a 0,50 y poblaciones viejas las que muestran un índice de envejecimiento superior a 0,50 (1996:224-225). En nuestro caso se obtiene un valor de 0,51, pero debemos tener en cuenta que en el denominador incluimos un grupo de edad más amplio que el que figura en el cálculo original elaborado sobre el grupo de 0 a 15, no de 0 a 18.

[170] En las comarcas ourensanas de Cea, Monterrei y la Alta Limia las tasas resultantes, una vez corregidas son las siguientes: 32,09, 31,30 y 27,74 ‰ respectivamente. Véase al respecto Mª. José López Alvarez, 2007:128, I. C. González Abellás, 2010:98, R. Ferreiro, 1981:34 y J. M. Rodríguez Rodríguez, 1996:44. Los datos de la provincia lucense oscilan igualmente entre el 28,2 ‰ de Narla (O. Pedrouzo Vizcaino, 1981:61) y el 30 ‰ del concejo de Burón (P. Saavedra, 1979:29) o Castroverde (H. Sobrado Correa, 1992:71). Los valores de la Galicia Occidental, caso de la comarca del Salnés -30 ‰ – (J. M. Pérez García, 1979:87), la jurisdicción del Morrazo -30,2 ‰ (H. M. Rodríguez Ferreiro, 2003:132), la comarca del Bajo Miño -28,48 ‰ – (J. M. Pérez García, 2006:117), o áreas de transición como Tierra de Montes -28,06 ‰ – arrojan valores muy similares, constatándose los valores más elevados para la Galicia de

La tasa bruta de nupcialidad es el único indicador sobre la nupcialidad que podemos calcular para mediados del siglo XVIII. Sin embargo, el valor resultante de 5,9‰ es claramente indicativo de una nupcialidad muy controlada. Incluso comparándola con las tasas gallegas, solo en el interior de la provincia lucense (5,3‰) o en la Antigua Jurisdicción del Caldevergazo (5,7‰), en la Galicia Occidental, se dan porcentajes similares o incluso inferiores[171].

La tasa bruta de mortalidad adulta en cambio presenta un valor elevado en el contexto de los estudios gallegos, en sintonía con las cifras obtenidas en las restantes comarcas ourensanas investigadas, que coinciden al señalar valores entre el 17 y el 18,5 ‰ salvo en el caso de Cea que tras las correcciones se queda en el 15,2 ‰[172] Esta elevada tasa de mortalidad adulta encaja mal con el elevado índice de envejecimiento obtenido, así como con el otro indicador de mortalidad adulta calculado, el cociente entre la población de 40 a 49 años y los efectivos de 50 o más años, que arroja un valor moderado. Es probable que la tasa de mortalidad resultante para mediados del siglo XVIII esté inflada dado que en el cálculo de las defunciones medias anuales se incluyen los óbitos contabilizados durante el período de sobremortalidad de los años 1749 y 1750.

Los indicadores de emigración masculina a mediados del siglo XVIII nos alertan sobre la marcha de una proporción no desdeñable de efectivos varones en edad adulta. A buen seguro la estimación de las edades en la fuente no fue todo lo precisa que debiera, lo que podría explicar en una muestra pequeña las diferencias resultantes para los dos grupos de población examinados por separado –grupos de 19 a 29 y de 30 a 39 años-. Ahora bien, analizados de manera conjunta, la diferencia constatada entre las proporciones de los brazos masculino y femenino de 19 a 39 años es más que notable, superior al 17%, señal inequívoca de la marcha de un sector de la población[173].

De la combinación del conjunto de indicadores analizados para mediados del siglo XVIII, resulta una población caracterizada por la destacada presencia de efectivos jóvenes, que aseguraría una elevada tasa de reemplazo, pero con un elevado control de la nupcialidad y afectada por una emigración masculina en los tramos de población adulta. En cuanto a los niveles de mortalidad, la imagen es bastante contradictoria puesto que se observa un importante mantenimiento de los efectivos poblacionales en los brazos superiores de la pirámide que no encaja bien con

---

mediados del siglo XVIII en la comarca ourensana del Ribeiro -35,05‰, (J. M. Rodríguez Rodríguez, 1996:44), en la feraz comarca del Ulla -34,04 ‰- O. Rey Castelao, 1981:95) y en la antigua provincia de Mondoñedo -33,5‰- (P. Saavedra, 1985:95). En cualquier caso, salta a la vista el bajo índice de natalidad de la Galicia de la segunda mitad del XVIII en comparación con los valores obtenidos en las tierras de la España Interior. Sirva de ejemplo la tasa de 38,5 ‰ que obtiene para la misma fecha Mª. José Pérez Alvarez en la montaña noroccidental leonesa (1996:279), siendo idéntico el valor resultante para la zona vitícola del Bierzo en el año 1787 (J. M. Bartolomé Bartolomé, 1996:281).

[171] Véase al respecto H. Sobrado Correa, 1992:71 y E. Bugallo Vidal, 1981:104. En las restantes áreas, las cifras se mueven entre los valores todavía bajos del Burón: 6,7‰ (P. Saavedra, 1979:30), la Ulla: 6,95‰ (O. Rey Castelao, 1981:45), el Morrazo: 6,75‰ (H. M. Rodríguez Ferreiro, 2003:130) o Narla: 7,3‰ (O. Pedrouzo Vizcaino, 1981:70), y los más elevados de las tierras ourensanas de Cea, el Ribeiro o la provincia de Mondoñedo con cifras por encima del 8‰. Véase al respecto Mª.J. López Alvarez, 2007:137, J. M. Rodríguez Rodríguez, 1996: tabla IV, 9 y P. Saavedra, 1985:95.

[172] Véase al respecto R. Ferreiro, 1981:87, J. M. Rodríguez Rodríguez, 1996:53, Mª. J. López Alvarez, 2007:145, I. C. González Abellás, 2010:106. En el marco de los estudios gallegos, solo en el caso de la antigua jurisdicción del Morrazo y en tierra de Xallas se obtienen valores más elevados -19,6 y 19,5‰ respectivamente- (H. M. Rodíguez Ferreiro, 2003:134 y B. Barreiro, 1973:104), siendo frecuentes tasas en torno al 15‰ en la Galicia Occidental o en la provincia lucense, donde en algunos casos, como en el concejo de Burón, no se llega a superar el 11‰ Véase al respecto entre otros J. M. Pérez García, 1979:87, O. Rey Castelao, 1981:49, O. Pedrouzo Vizcaino, 1981:82 o P. Saavedra, 1979:31, P. Saavedra, 1985:97.

[173] Según las estimaciones del profesor A. Eiras Roel, en las comarcas caracterizadas por una emigración fuerte, el número de varones en edad 16-40 es inferior en más de un cuarto al de mujeres de la misma edad. En localidades o comarcas caracterizadas por una emigración menos fuerte, el número de varones en edad 16-40 es inferior en menos de un cuarto al de mujeres. En comarcas sin emigración masculina permanente o con emigración irrelevante en términos demográficos, la diferencia entre varones y mujeres en edad 16-40 no es superior al 10% (1996:239). En nuestro caso, a mediados de siglo XVIII nos encontraríamos en el segundo grupo. En consonancia con este dato, recordamos al respecto que la relación de masculinidad en defunciones en la década de 1750/59 es del 73,87.

una tasa bruta de mortalidad adulta moderadamente alta, aunque probablemente condicionada por las puntas de sobremortalidad del periodo.

Solo 34 años después, el Censo de Floridablanca nos ofrece una clasificación de los efectivos poblacionales por sexo, grupos de edad y estado civil, facilitando la obtención de un número mayor de indicadores sobre la estructura y caracteres de la población celanovesa. Con base en esta fuente el profesor A. Eiras Roel ha llevado a cabo una reconstrucción de la estructura del conjunto de la población gallega proponiendo a partir de la misma su división en siete modelos de comportamiento demográfico diferentes formados por grandes agregados territoriales que coexistían en el territorio regional a finales del Antiguo Régimen. Sus conclusiones, a partir del análisis de los originales del Censo de Floridablanca le llevan a identificar hasta tres modelos de comportamiento demográfico diferentes en el marco de los poco más de 116 Km² que abarca esta investigación: las parroquias actualmente integradas en el municipio de Ramirás forman parte del modelo 4 (Samos), las correspondientes al actual municipio de Celanova se incluyen en el modelo 5 (Portomarín) y por último las del municipio de A Bola entran en el modelo 7 (Valdeorras) (1996:219-288).

Así, en el término de Ramirás nos encontraríamos con una población con signos de envejecimiento, que compensaba su elevada fecundidad con un fuerte control de la nupcialidad -retraso de la edad de acceso al matrimonio y altas tasas de soltería-, y una moderada emigración de varones. La elevada fecundidad combinada con una moderada mortalidad y el elevado celibato definitivo darían lugar a una familia de carácter extenso. En el municipio de Celanova la elevada fecundidad daría lugar a un modelo de baja regulación al actuar como único freno el control de la nupcialidad por medio del celibato y el matrimonio tardío. La familia extensa seguía siendo el modelo familiar imperante en el modelo 5. Por último, en el territorio de A Bola nos encontraríamos a fines del siglo XVIII con el modelo de más baja regulación y el de mayor crecimiento de Galicia, con una fecundidad muy elevada solo controlada en parte por el retraso de la edad al matrimonio y por una elevada mortalidad, la más alta de Galicia. Dado que el celibato es reducido y la mortalidad a temprana edad compensa la fecundidad, el tamaño de la familia en este caso es reducido (A. Eiras Roel, 1996:267-275).

Se trata de unos resultados difícilmente asumibles en el marco de una investigación de carácter comarcal como la que nos ocupa, cuyo objetivo es la búsqueda de las regularidades que definen el comportamiento en materia demográfica, económica o social de una unidad territorial bien delimitada desde el punto de vista geográfico, y su interpretación en base a los paradigmas establecidos por la historiografía modernista. Lo cierto es que a lo largo del período de tiempo en el que se desarrolla esta investigación, ni en el ámbito específico de la demografía, ni en el campo de la familia, ni en el devenir económico o en el terreno de la organización social, encontramos diferencias sustanciales en el interior del espacio geográfico analizado, que sustenten la teoría de tres modelos demográficos diferentes conviviendo en el tiempo en un marco espacial tan reducido. De ahí que optamos por reelaborar los cálculos utilizando los indicadores propuestos en su trabajo aplicándolos al conjunto de las parroquias que conforman el área de estudio[174].

---

[174] Véase apéndice estadístico, tabla I.6. Se notará la ausencia de algunos parámetros que no han sido incluidos en la tabla en la columna relativa al Censo de 1787 o en la del Censo de 1860 porque su cálculo es imposible a partir de los datos censales. En el caso concreto del tamaño de la familia renunciamos a incluir los resultados de su evaluación a partir del Censo de 1787 con la metodología descrita por el profesor A. Eiras Roel porque nos parecen erróneos (1996:241). La estimación del número de hogares a partir del número de mujeres casadas, incrementado con un 75% del número de viudos y viudas, arroja para la comarca de estudio una media de 4,56 personas/hogar. Teniendo en cuenta que a mediados del siglo XVIII la media es de 4,12 y en 1860 esta se ha reducido hasta los 3,95 miembros/hogar, parece poco creíble una elevación de la media entre ambas fechas. La destacada presencia de personas solteras al frente de hogares y el reducido porcentaje de hogares complejos a mediados del siglo XVIII explican la desviación del cálculo estimativo (D. Rodríguez Fernández, 1999:219).

De la lectura de los datos de la tabla se desprende un cambio importante en la estructura por edades de la comarca con respecto a mediados del siglo[175]. Los brazos inferiores de la pirámide siguen denotando la importante presencia de efectivos demográficos entre los 0 y los 15 años. La cifra alcanzada (361‰), es superior a la media gallega e incluso también a la media española (351 y 359 ‰ respectivamente). La estructura por edades se completa con un porcentaje de individuos por encima de los 50 años claramente inferior a la media gallega (148,23 ‰ frente a 161 ‰) y notablemente inferior al obtenido para mediados del siglo. A tenor de los datos, a finales de los años 80 del siglo XVIII nos encontramos ante una población joven, cuyo índice de envejecimiento ha experimentado un claro descenso con respecto a mediados de siglo y con un elevado índice de reemplazo.

En consonancia con una estructura por edades reflejo de una población joven, los indicadores de fecundidad y natalidad registran unos valores elevados. La tasa de natalidad una vez corregida (33 ‰) ha experimentado un ascenso con respecto a mediados de siglo[176].

Los indicadores utilizados para el estudio de la mortalidad no arrojan valores llamativos. El indicador de mortalidad juvenil (pob. 0-7/pob. 8-15) se encuentra por debajo de la media gallega (1,08) y sobre todo muy por debajo del valor de referencia que establece el profesor A. Eiras Roel para el modelo 7 (1,17). El indicador de la mortalidad adulta supera ligeramente la media gallega, pero no se aprecian grandes desviaciones (0,81 frente a 0,77). La tasa bruta de mortalidad, del 16,5‰ ha registrado un claro descenso con respecto a mediados del siglo XVIII, situándose en valores muy similares a los obtenidos para otras comarcas investigadas del solar gallego[177]. Deducimos entonces que el ligero ascenso de la mortalidad adulta es la base del descenso de los efectivos mayores de 50 años con respecto a 1753.

En cuanto a los indicadores de nupcialidad, todos ellos siguen apuntando al igual que ocurría a mediados del siglo XVIII hacia un modelo de alto control. El porcentaje de mujeres solteras alcanza un valor muy elevado (306,5 ‰), por encima de la media gallega (294 ‰), y se complementa con una reducida presencia de mujeres casadas. El celibato definitivo de la mujer (13,75) se aleja notablemente de los valores de referencia propios de los modelos 6 y 7 (7,79 y 8,38 respectivamente), aunque no alcanza los niveles del modelo 4 (20,4). La edad de acceso al matrimonio, a partir de la fórmula de John Hajnal es tardía, 26,77 años para los hombres y 25,79 años para las mujeres[178]. Por ultimo, la tasa bruta de nupcialidad describe un comportamiento similar al de la tasa de natalidad

---

[175] Para su análisis a efectos comparativos haremos uso en todo momento de los valores expuestos en el trabajo del profesor A. Eiras Roel anteriormente citado.

[176] Como ya se indicó en su momento, el ascenso de las tasas de natalidad con respecto al Catastro también se constata en todas las monografías gallegas que utilizamos a efectos comparativos, salvo en la zona de la Ulla, cuya demografía no da nuevos signos de vitalidad en este periodo. Véase al respecto D. Rodríguez Fernández, 1999:82

[177] Así J. M. Pérez García encuentra una tasa muy similar a la nuestra en la comarca del Salnés -16,9 ‰- (1979: tabla 3-19), siendo también del 16 ‰ en las tierras ourensanas de Monterrei (I. C. González Abellás, 2010:106). En la provincia de Mondoñedo, la tasa rondaría el 15 ‰ (P. Saavedra, 1985:96), localizándose valores ligeramente más elevados en la comarca de Xallas -17,7 ‰- (B. Barreiro, 1978:112) y en el Morrazo -18,65 ‰- (H. M. Ródriguez Ferrerio,2003:134). En las comarcas ourensanas de O Ribeiro y Cea se constatan valores inferiores, en este último caso seguramente con relación al favorable ciclo demográfico que está viviendo la comarca (14,85 ‰ y 13,9 ‰ respectivamente). Véase al respecto J. M. Rodríguez Rodríguez, 1996:53 y Mª. J. López Alvarez, 2007:146. No queremos dejar de constatar el valor aberrante superior al 30 ‰ que obtiene R. Ferreiro Pérez para las tierras de la Alta Limia, resultado de las notorias deficiencias que presenta el Censo de Floridablanca en esta zona (1981:53). Obsérvese en cualquier caso la distancia que separa las tasas de mortalidad adulta gallegas de las que se obtienen para las geográficamente cercanas tierras de la montaña noroccidental leonesa, donde se alcanza una proporción del 20,8 ‰ (Mª. J. Pérez Alvarez, 1996:294).

[178] Para consultar la fórmula empleada véase al respecto L. Henry, 1983:57.

registrando un valor ligeramente más alto que el de mediados del siglo (6,4 ‰), en sintonía con la nueva fase de crecimiento que está experimentando la población de la comarca[179].

Por otra parte, todos los indicadores de emigración apuntan hacia un claro descenso de las tendencias migratorias constatadas a mediados del siglo. En base a los parámetros establecidos por el profesor A. Eiras Roel, la diferencia en torno a un 11% entre el porcentaje de mujeres de 16 a 40 años con respecto a los hombres situados en ese mismo tramo de edad es el reflejo de una débil corriente migratoria. Recuérdese que, en el año 1753, la intensidad del flujo de salida generaba un desequilibrio entre sexos mucho más abultado, situándose dicha diferencia por encima del 17%.

En definitiva, a fines del siglo XVIII nos encontramos ante una población joven caracterizada por una alta tasa de fecundidad que le asegura un elevado índice de reemplazo, en consonancia con la nueva fase expansiva que está viviendo la población de la comarca. Pese a ello, no se han desactivado los mecanismos de control y la nupcialidad sigue revelándose como un factor regulador clave, tanto a través del retraso de la edad al matrimonio como a partir de las elevadas tasas de soltería, aunque si se aprecia una atenuación de la tendencia migratoria detectada a mediados del siglo. En cuanto a la mortalidad, la lectura de los indicadores utilizados no arroja una conclusión clara: la tasa bruta de mortalidad y el indicador de mortalidad juvenil tienen un comportamiento positivo, pero ha descendido la presencia de personas mayores de 50 años con respecto a los valores de 1753 y el indicador de mortalidad adulta se encuentra ligeramente por encima de la media gallega. Así pues, aun cuando falta por precisar el papel de la mortalidad, la estructura de la población celanovesa a fines del siglo XVIII cobra sentido analizada a la luz de la dinámica evolutiva que dibujan tanto las fuentes censales como los archivos parroquiales.

A mediados del siglo XIX se inicia la nueva era estadística con la elaboración de los Censos de 1857 y 1860 por la recientemente creada "Comisión Estadística General del Reino"[180]. El profesor A. Eiras Roel llevó a cabo un análisis sistemático de sus datos para el conjunto del territorio gallego en base a la misma metodología que puso en práctica para la explotación del Censo de Floridablanca, estableciendo nuevamente siete modelos demográficos que convivían en el tiempo y establecían una suerte de jerarquía en la población gallega del momento, desde el modelo más evolucionado y de máxima regulación (Modelo 1. Ames), hasta el modelo más arcaico y alejado de las metas de la futura transición demográfica (Modelo 7. Valdeorras) (1996:425-426). Al igual que ocurría con el Censo de 1787, el área de estudio queda compartimentada en tres modelos diferentes. Veamos.

---

[179] A pesar del ligero ascenso experimentado con respecto a mediados de siglo, sigue tratándose de un valor bajo incluso en el contexto de la demografía gallega – Xallas: 8,5 ‰ (B. Barreiro, 1978:112), provincia de Mondoñedo: 7,4 ‰, 7‰ corregida (P. Saavedra, 1985:95), Salnés: 6,8 ‰ (J. M. Pérez García, 1979: tabla 3-19), Morrazo: 6,78 ‰ (H. M. Rodríguez Ferreiro, 2003:130) -, e inferior a las tasas obtenidas en las restantes comarcas de la provincia ourensana estudiadas (7,3 ‰ en Monterrei, 7,73 ‰ en Cea, 7,25 ‰ en O Ribeiro, 8,2 ‰ en la Alta Limia). Véase al respecto, I. C. González Abellás, 2010:103, Mª J. López Alvarez, 2007:137, J. M. Rodríguez Rodríguez, 1996: tabla IV.9 y R. Ferreiro Pérez, 1981:42. La tasa de nupcialidad obtenida en la comarca de estudio tanto a mediados del siglo como como a partir del Censo de 1787 son muy similares a las que aporta J. Urrutikoetxea Lizarraga para las comunidades de Irún o Azcoitia en la segunda mitad del siglo XVIII -6,4 Y 5,8 ‰ respectivamente- (1992: 178). En opinión del profesor A. Eiras Roel, en la Galicia de fines del siglo XVIII la nupcialidad más elevada se registraba en las provincias de Coruña y Betanzos mientras que la nupcialidad más restringida se localizaba en las provincias de Mondoñedo y Lugo, no estableciéndose una vinculación clara entre los niveles de emigración masculina y las restricciones de la nupcialidad (A. Eiras Roel, 1996:211). Nótese no obstante la diferencia entre los patrones de comportamiento gallegos y los detectados en otras áreas de la península para esas mismas fechas: 10,3 ‰ en la montaña noroccidental leonesa (Mª. J. Pérez Alvarez, 1996:256).

[180] Los responsables de la elaboración del Censo de 1857 alertaron sobre los problemas de fiabilidad de las cifras obtenidas recomendando la elaboración de un nuevo censo, que se llevó a cabo en el año 1860 (D. S. Reher, A. Valero Lobo, 1995:29).

El Censo de 1860 aporta datos a escala municipal de manera que las treinta parroquias que abarca el marco de esta investigación se encuentran comprendidas en cinco municipios diferentes: A Bola, Celanova, Vilanova dos Infantes, Freás De Eiras y Vilameá[181]. Los municipios de Celanova y Vilameá se incluyen ahora en el modelo 2 (Cambados), un modelo de población vieja de nupcialidad relajada regulado fundamentalmente por la fecundidad y en menor medida por la emigración, con una mortalidad moderada y poco crecimiento. El municipio de Vilanova dos Infantes se integra en el modelo 4 (Triacastela) caracterizado por la presencia de una población con signos de envejecimiento, con una fecundidad alta, regulado por una nupcialidad muy controlada y alguna emigración y también caracterizado por una mortalidad moderada y poco crecimiento. Por último, los municipios de A Bola y Freás de Eiras forman parte del modelo 7 (Valdeorras), un modelo de población joven, con alta fecundidad, elevado crecimiento y regulado exclusivamente por la mortalidad (1996:437-447). Para una mejor comprensión de estos datos, en la tabla 23 se sintetizan los cambios con respecto al Censo de 1787.

TABLA 23 • CENSO DE 1787		CENSO DE 1860	
MUNICIPIOS	MODELO	MUNICIPIOS	MODELO
CELANOVA	5	VILANOVA	4
		CELANOVA	2
RAMIRÁS	4	VILAMEÁ	2
		FREÁS D. EIRAS	7
A BOLA	7	A BOLA	7

En definitiva, una parte de las parroquias actualmente integradas en el municipio de Celanova habrían pasado en 1860 del modelo 5 al modelo 4, mientras que otra parte se encuadrarían ya en el modelo 2. Las parroquias que en la actualidad conforman el municipio de A Bola, que además no sufrió cambios desde el punto de vista de la organización administrativa, se mantendrían en el modelo 7 en las dos fechas analizadas. Por último, las feligresías que en la actualidad forman parte del municipio de Ramirás, que en 1787 se integraban en el modelo 4, a alturas de 1860 mostraban un comportamiento tan dispar que una parte de estas se incluían en el modelo 2 mientras que otro grupo retrocedería hasta el modelo 7. Así pues, en este orden de cosas y en base a los mismos razonamientos utilizados para el año 1787, procedimos a agrupar en una misma tabla los datos censales correspondientes a los 5 antiguos municipios y reelaboramos los cálculos[182].

La estructura por edades refleja cambios significativos con respecto a 1787. La pirámide poblacional se ha ensanchado por el centro como consecuencia del fuerte descenso operado en los grupos de 0 a 15 años y más de 50 años. Este cambio no es exclusivo del área de estudio, sino que en realidad traduce un comportamiento generalizado que se reproduce en todos los modelos y a juicio del profesor A. Eiras Roel se explica en base al descenso de las tasas de natalidad en Galicia entre 1787 y 1860 y también como consecuencia del reducido tamaño de las generaciones nacidas en los primeros años del siglo XIX, cuyos supervivientes son los que ahora integran los brazos superiores

---

[181] Esta geografía administrativa se mantendrá sin variaciones hasta el siglo XX, cuando en la década de los años 20 Celanova absorbió a Vilanova y los términos de Freás de Eiras y Vilameá se fusionaron en el municipio de Ramirás.

[182] Véase apéndice estadístico, tabla I.6.

de la pirámide[183]. En el plano sincrónico, los porcentajes resultantes tanto para el grupo de 0 a 15 como para los mayores de 50 años se alejan bastante de los valores de referencia de los modelos menos regulados, encuadrándose en la zona intermedia de la tabla, particularmente en el modelo 4 Triacastela cuyos valores de referencia son 317 y 147 ‰ respectivamente. Los cambios en la estructura por edades tienen un claro reflejo en el índice de envejecimiento que ha ascendido de 0,41 a 0,46 y en el índice de reemplazo, que ha pasado de 1,11 a 0,98[184].

El análisis diacrónico de los indicadores de fecundidad y natalidad plantea un importante problema porque en el Censo de 1860 no se mantienen los grupos de edad establecidos en los censos anteriores, de modo que en los brazos inferiores de la pirámide el único agrupamiento posible va de 0 a 5 años y de 6 a 15 años, dificultando las comparaciones con el Censo de 1787. Con esta importante salvedad a tener en cuenta, los indicadores de natalidad, así como los indicadores de fecundidad muestran efectivamente una caída entre ambas fechas. Para evaluar adecuadamente su magnitud hacemos uso del marcador de fecundidad que mide la relación entre los efectivos de 0 y 15 años con respecto a las mujeres casadas. Dicho marcador pasó de situarse en 2,17 en 1787 a 1,96 en 1860[185]. El análisis comparativo efectuado entre la tasa bruta de natalidad resultante para 1787 y la que se obtiene a partir del Vecindario de 1852 es claramente indicativo de su tendencia a la baja (33 ‰ y 30,1 ‰ respectivamente).

Los niveles de mortalidad han descendido con respecto a las anteriores mediciones; el indicador de mortalidad juvenil se sitúa ahora en cuotas muy bajas mientras que el de mortalidad adulta si bien ha experimentado una importante reducción sigue situándose ligeramente por encima de la media gallega (0,78 frente a 0,74), en niveles similares a los que presentan los modelos 4 o 6. La tasa bruta de mortalidad adulta que resulta del Vecindario de 1852 (16,23 ‰) no muestra variaciones con respecto a fines del siglo XVIII (16,5 ‰). A tenor de los datos y al igual que ocurría a fines del siglo XVIII, el comportamiento de la mortalidad en la comarca sigue presentando luces y sombras.

Todos los indicadores de emigración señalan un incremento del desequilibrio entre sexos con relación a los datos de 1787. Sin embargo, en el análisis sincrónico su intensidad se revela baja en comparación con los fuertes desequilibrios que se generan en los modelos caracterizados por una emigración muy intensa, aunque sus efectos sobre la población no nos parecen desdeñables[186].

La restricción de la nupcialidad es a juicio del profesor A. Eiras Roel el hecho demográfico fundamental de la Galicia del siglo XIX (1996:423), lo que implicó un considerable aumento de la presencia de mujeres solteras y una clara disminución del porcentaje que representaban las casadas[187]. En tierras de Celanova se constata dicho proceso, si bien la disminución en el grupo de mujeres casadas no alcanzó grandes proporciones porque ya se partía de un

---

[183] Esta última razón genera además problemas de cara a la interpretación del índice de envejecimiento en el plano temporal (1996:420).

[184] Los índices de reemplazo por debajo de la unidad son característicos exclusivamente de los modelos situados en la parte superior de la tabla caracterizados por una alta regulación y un reducido crecimiento (Modelo 1 Ames:0,85, Modelo 2 Cambados:0.92 y Modelo 3 Alfoz:0,99), si bien todos los modelos muestran una tendencia a la reducción del crecimiento con respecto a fines del siglo XVIII (A. Eiras Roel, 1996:421).

[185] Solamente en los modelos 1 y 2 se obtienen valores inferiores a 2 (Modelo 1. Ames:1,80 y Modelo 2. Cambados:1,81). Los restantes modelos oscilan entre el 2,06 del Modelo 7. Valdeorras y el 2,24 del modelo 5. Portomarín (A. Eiras Roel, 1996:419).

[186] Una diferencia del 22,2% entre los brazos masculino y femenino de la pirámide entre los 26 y los 40 años, es un hecho a tener en cuenta. En la comarca de Celanova al igual que ocurre en el conjunto de Galicia se obtienen valores superiores de emigración en la población joven (mujeres/hombres 16-25: 1,32), que en la población adulta (mujeres/hombres 26-40:1,16) si bien como apunta el profesor A. Eiras Roel eso se debe en parte a la nueva legislación laboral sobre quintas (1996:422).

[187] El descenso en los niveles de nupcialidad de la Galicia de mediados del siglo XIX también se constata para otras regiones del norte peninsular como es el caso de Asturias, sin embargo, este comportamiento contrasta con la tendencia generalizada a la disminución de la soltería definitiva y al incremento de la intensidad matrimonial en la mayor parte del territorio español (R. Rowland, 1988:100).

régimen de nupcialidad muy controlada a fines del XVIII[188]. Por ello, la tasa bruta de nupcialidad calculada a partir del Vecindario de 1852 no muestra variaciones con respecto a 1787 (6,40 ‰ a fines del siglo XVIII frente a 6,30 ‰ a mediados del XIX). Como se aprecia en el cuadro, entre ambas fechas se produce un importante incremento en la proporción de mujeres viudas, una característica común de la demografía gallega del XIX. En la comarca de estudio se obtiene un porcentaje ligeramente superior a la media gallega y muy similar al valor de referencia de los modelos caracterizados por una mayor regulación[189].

Se incluyen también en la tabla algunos indicadores sobre estructura familiar. El tamaño medio del grupo doméstico es sin duda muy reducido, por debajo de los 4 miembros por unidad familiar, muy lejos de la familia amplia característica de los modelos 4 y 7. El segundo indicador, la razón entre los hombres de más de 25 años y el número de hogares, arroja también un valor muy bajo, por debajo de la unidad, en consonancia con las cifras que se obtienen en los modelos de alta regulación[190]. El resultado del otro indicador -mujeres de más de 25 años/n° hogares-, es igualmente reducido (1,08), claramente inferior a la media gallega (1,27). Así pues, los tres parámetros parecen incidir en el mantenimiento o incluso la acentuación de algunas de las características específicas que ya presentaban los hogares celanoveses a mediados del siglo XVIII: elevada presencia de hogares solitarios y sin estructura (16%) y reducido porcentaje de hogares complejos (16,73%), que nos alejaban claramente del universo de la familia troncal (D. Rodríguez Fernández, 1999:219).

La lectura agrupada de los datos que arroja el Censo de 1860 para los cinco municipios en los que se dividía entonces el área de estudio revela un panorama notablemente distinto al de 1787. Ya no nos encontramos ante una población joven, sino ante una población madura con algunos signos de envejecimiento y sobre todo con un reducido margen para el crecimiento. La nupcialidad sigue ejerciendo su papel como principal variable controladora, pero se encuentra apoyada por la caída de la natalidad y por una no despreciable, aunque todavía reducida emigración masculina. En cuanto a la mortalidad adulta, no se aprecian cambios de importancia con respecto a fines del siglo XVIII, en términos comparativos su intensidad parece moderada y dado que se complementa con una reducción en la mortalidad juvenil, no creemos que jugara un papel destacado como variable controladora de la población de la comarca a mediados del XIX.

A partir de la documentación parroquial establecimos el final de la última etapa de crecimiento demográfico de la comarca en la década de los años 30. A partir de esa fecha, el descenso de los bautismos y de las celebraciones matrimoniales nos alertaba sobre el inicio de una fase de declive, que suponemos se prolongó durante los años cincuenta de la centuria decimonónica. El análisis conjunto de los datos del Censo de 1860 no desafía la lógica, sino que muestra una demografía a la defensiva, en sintonía con la fase de declive que atraviesa la población celanovesa: mantiene en pie el férreo control de la nupcialidad establecido cuando menos ya desde mediados del siglo XVIII, activa una pequeña vía de escape a través de la emigración y se reducen los niveles de natalidad.

El análisis de los datos censales no nos permite ir más allá en el estudio de los comportamientos demográficos. Para seguir avanzando en su comprensión, en el siguiente capítulo abordaremos los resultados obtenidos a partir de la reconstrucción de la parroquia de San Munio de Veiga.

---

[188] La proporción que alcanzan las mujeres casadas en la comarca de estudio a mediados del siglo XIX (160,6‰), es idéntica a la que ocupan en el modelo 1 Ames, si bien el porcentaje de mujeres solteras es claramente inferior al obtenido en dicho modelo (321‰ en la comarca de Celanova frente a 361‰ modelo 1) (A. Eiras Roel, 1996:422).

[189] 51‰ en Celanova; 53‰ en el modelo 2 Cambados; 52‰ en el modelo 3 Alfoz, frente al 44‰ del modelo 7 Valdeorras (A. Eiras Roel, 1996:422).

[190] Este marcador guarda relación tanto con la estructura de los agregados domésticos, como con los niveles de emigración (A. Eiras Roel, 1996:424). Con unos niveles de emigración claramente inferiores a los de los modelos de alta regulación, el bajo coeficiente que se obtiene en la comarca de estudio está estrechamente vinculado con el modelo de organización familiar vigente.

I.3.3.2. Una aproximación al estudio de la emigración

El IV Coloquio de Metodología Histórica Aplicada celebrado en Poio en el año 1989 marcó un punto de inflexión en el estudio de la emigración gallega durante la Época Moderna[191]. A partir de su celebración, fueron saliendo a la luz diferentes trabajos en los que la reflexión y el planteamiento de nuevos acercamientos metodológicos abrieron nuevas vías para el estudio de los fenómenos migratorios en el pasado[192]. La posterior celebración de un importante número de congresos y coloquios sobre el tema es la consecuencia evidente del renovado interés que suscita hasta nuestros días en la historiografía modernista gallega[193], tanto es así, que en la actualidad es difícil abarcar todo el volumen de publicaciones existentes al respecto.

Esta importancia concedida al estudio de las migraciones históricas implicó en la práctica un cambio de óptica con respecto al estudio de las poblaciones en el pasado. El sedentarismo mayoritario de la población rural en la época moderna, premisa en la que se basan los estudios de reconstrucción de familias como el que nosotros abordamos en el siguiente capítulo, convivía con la importante presencia de una movilidad individual de carácter estacional o temporal, sin cuya concurrencia no se hubieran podido mantener las comunidades campesinas. Tal como afirma J. Dupaquier las migraciones estacionales o de carácter temporal no son argumentos en contra del modelo sedentario, sino que contribuyen a reforzarlo, porque le permitían a una buena parte de los campesinos pobres la búsqueda de los complementos indispensables para que sus familias pudieran mantenerse en los pueblos de origen (2002:102)[194].

I.3.3.2.1. La intensidad del fenómeno migratorio en la comarca de estudio

Como se ha indicado en páginas anteriores, en la comarca de estudio la consulta de las fuentes censales nos ha revelado la presencia de una corriente migratoria protagonizada por hombres que alcanzó cierta intensidad a mediados del siglo XVIII, su atenuación hasta niveles poco relevantes desde el punto de vista demográfico a fines de dicha centuria y nuevamente su reactivación en los años centrales del siglo XIX[195]. Haciendo uso de una metodología

---

[191] Con anterioridad a esa fecha, solo el trabajo de A. Meijide Pardo y las valiosas incursiones en el tema llevadas a cabo en las Tesis de historia rural del Departamento de Historia Moderna de la Universidad de Santiago, habían abordado el tema (D. L. González Lopo, 2003:167). El profesor A. Eiras Roel realizó un balance de las comunicaciones presentadas en Poio en su ponencia a la I Reunión Científica de la Asociación de Historia Moderna celebrada ese mismo año (1991:17-39).

[192] Pueden consultarse los distintos trabajos presentados en los números IV, V VI y VII de la *Revista da Comisión Galega do Quinto Centenario*. En el nº IV entre otros salieron a la luz los de J. M. Pérez García, 1989:57-94, A. Eiras Roel, 1989:157-175 y O. Rey Castelao y R. Turnes Mejuto, 1989:177-222 ; en el nº VI pueden consultarse los de M. A. Fernández Rodríguez, 1989:51-73 y D. L. González Lopo, 1989:137-169 en el nº 7 entre otros se publicaron los de H. M. Rodríguez Ferreiro, 1990:53-89 y de C. Fernández Cortizo, 1990b:167-183. .

[193] Merecen sin duda una mención especial la celebración de la I Conferencia de la Comisión Internacional de Demografía Histórica en Santiago en el año 1993, así como los diferentes coloquios que han venido organizándose a partir de la creación de la Cátedra Unesco 226 sobre migraciones en la Universidad de Santiago de Compostela, particularmente los desarrollados en los años 2000, 2001 o 2006.

[194] En base a los cálculos de D. Blanchet y D. Kessler sobre la encuesta de las 3000 familias, en la Francia del siglo XIX un 57% de los hombres y un 66,7% de las mujeres nacían y vivían en la misma localidad después su matrimonio, si bien los porcentajes fueron reduciéndose a lo largo del siglo (J. Dupâquier, 2002:102). En opinión de J. P. Poussou la idea de un sedentarismo mayoritario entre la población rural francesa de los tiempos modernos no entra en contradicción con los fenómenos de micromovilidad o con la presencia de parroquias donde las migraciones constituían un verdadero modo de vida (2002:15-23).

[195] El profesor A. Eiras Roel llevó a cabo un buen número de trabajos centrados de manera preferente en el análisis del fenómeno migratorio en base a las fuentes censales. Véase al respecto entre otros (1989:157-175), (1990b:51-72), (1992:7-32) o (1994: 37-83). En base a los indicadores migratorios utilizados, en el Censo de 1877 la comarca de estudio se incluiría de manera mayoritaria en las zonas de emigración débil dentro de la provincia ourensana, si bien los municipios de A Bola y Freás de Eiras apenas reflejaban desajustes de población entre ambos sexos (A. Eiras Roel, 1992:27-29).

llevada a cabo en un amplio número de trabajos, acudimos a la documentación parroquial para complementar la información de las fuentes censales[196]. En la tabla 24 pueden verse los resultados:

	TABLA 24 • RELACIÓN DE MASCULINIDAD EN DEFUNCIONES Y ANOTACIONES DE ACTOS FUNEBRES					
PERIODOS	DEFUNCIONES HOMBRES (A)	ACTOS FÚNEBRES (B)	% B SOBRE A	REL. MASC. DEFUNCIONES	IDEM CON ACTOS	% HOMBRES NO CONTROL.
1660–89	458	10	2,18	82,07	83,87	16,13
1690–1719	678	23	3,39	79,39	82,08	17,91
1720–49	975	13	1,33	78,37	79,42	20,58
1750–79	1145	17	1,48	77,42	78,57	21,43
1780–1809	1272	26	2,04	85,43	87,17	12,83
1810–49	1829	7	0,38	88,14	88,48	11,52
TOTAL	6357	96	1,51	82,57	83,81	16,19

El análisis de los datos recogidos en la tabla nos informa sobre varias cuestiones. En primer lugar, la relación de masculinidad en defunciones facilita una aproximación al ritmo e intensidad de la corriente migratoria en la comarca de estudio[197]. La relación de masculinidad que se obtiene para todo el período de análisis denota la persistencia de una débil corriente migratoria que se mantuvo en el tiempo, alcanzando una intensidad nada desdeñable en las décadas centrales del siglo XVIII. Se constata una progresiva reducción de las relaciones de masculinidad desde la segunda mitad del siglo XVII hasta alcanzar los valores más bajos de la serie en la década de 1750-59 (73,87), cuando la pérdida de varones fue superior al 25% del total[198]. La relación de masculinidad se mantiene en niveles bajos en las décadas centrales del siglo observándose un ascenso notorio a partir de la década de los 80. Desde ese momento y hasta el final del período de análisis, las salidas de observación se reducen de manera notable, afectando a una proporción inferior de celanoveses, si bien en la última década analizada el desequilibrio entre ambos sexos vuelve a incrementarse.

---

[196] La utilización de las fuentes parroquiales para el estudio de los fenómenos migratorios fue propuesta por el profesor J. M. Pérez García en su comunicación al Coloquio celebrado en Poio. En su trabajo sobre la comarca del Salnés analiza la calidad de los registros de defunciones a partir de las anotaciones de actos fúnebres por fallecidos en el exterior, demostrando en este caso un registro insuficiente en la mayoría de las parroquias que solo le permite recuperar una parte reducida de los hombres fallecidos en el exterior (1989:59). Dicha metodología también se utilizó en el municipio de A Cañiza, donde pese a que los actos fúnebres por fallecidos en el exterior representan un porcentaje muy importante de las defunciones registradas –hasta el 19,8% en algunos decenios-, solo se consigue recuperar una parte de las salidas (O. Rey Castelao y F. Pérez Rodríguez, 1992:44). Sin embargo en la comarca del Bajo Miño los actos fúnebres representan casi el 30% de las partidas de defunción entre 1600 y 1850 y su uso permite reducir las pérdidas de hombres fallecidos en el exterior, casi un tercio, a un 10,5 % del total (J. M. Pérez García, 2011: 235-236).

[197] Puede consultarse la evolución decenal de la relación de masculinidad en D. Rodríguez Fernández, 1999:113.

[198] No obstante, es en la década de 1710-19 cuando se da la relación de masculinidad más baja de toda la serie (68,77), coincidiendo con la crisis de mortalidad más intensa que afectó a la población de la comarca entre 1710 y 1711 y con los niveles máximos de pobreza, en torno al 15%- detectados en las actas de defunción de la parroquia de Veiga.

Estos datos vienen a confirmar el comportamiento de los indicadores de emigración en el Catastro de Ensenada y en el Censo de Floridablanca, si bien no estamos en condiciones de contrastar de manera precisa el incremento de la intensidad migratoria que registra el Censo de 1860 al no disponer de información sobre las actas de defunción a partir de l850. Por otra parte, obsérvese el paralelismo que se da entre el progresivo crecimiento de la población entre los años 70 del siglo XVII y mediados del XVIII y el paulatino deterioro de la relación de masculinidad, que se mantiene en los niveles más bajos de la serie coincidiendo con el período de dificultades que atraviesa la demografía comarcal hasta los años 80 del siglo. Superada dicha fase, la recuperación de la relación de masculinidad coincide con el nuevo ciclo de crecimiento, vislumbrándose ya el aumento de las salidas en la última década de estudio, cuando nuevamente se había alcanzado un techo demográfico -144 hab./Km²-, difícil de mantener e imposible de superar hasta la actualidad.

En cuanto a la calidad del registro de actos fúnebres, la tabla muestra el carácter meramente testimonial que representan en los libros de finados de las parroquias analizadas, muy lejos del registro casi perfecto de la comarca del Bajo Miño (J. M. Pérez García, 2011:236). Obviamente, su inclusión en los cálculos no nos permite controlar a esa proporción de hombres fallecidos lejos de sus parroquias de referencia, limitándose su uso a la anotación de los lugares en los que se produjeron sus fallecimientos, que posteriormente pasaremos a analizar.

El uso de la documentación notarial, fundamentalmente de los testamentos, constituye a juicio del profesor A. Eiras Roel una fuente laboriosa, pero insustituible para acercarse al fenómeno migratorio, sobre todo para momentos tempranos (1991:19)[199]. En nuestro caso, tratamos de completar la limitada información obtenida a través de los registros parroquiales a partir de la consulta de cerca de 600 escrituras de testamentos redactados a lo largo de los siglos XVII, XVIII y XIX. Véase tabla 25.

TABLA 25 • LA EMIGRACIÓN A TRAVES DE LAS ESCRITURAS DE TESTAMENTO				
CRONOLOGÍA	S. XVII (1647–1680)	S. XVIII (1745–1762)	S. XIX (1830–1850)	S. XVII–XIX (1647–1850)
NÚMERO ESCRITURAS	154	205	219	578
ESCRITURAS SIN DESCEND.	38	58	103	199
ESCRITURAS CON DESCEND.	116	147	116	379
TOTAL HIJOS	475	563	429	1467
NÚMERO E. MENCIONAN AUSENTES	6	10	14	30
NÚMERO DE HIJOS AUSENTES	5	13	13	31
NÚMERO DE MARIDOS AUSENTES	1	1	–	2
NÚMERO DE HERMANOS AUSENTES	–	1	2	3

[199] D. L. González Lopo se basó en esta fuente para el estudio del fenómeno migratorio en las ciudades de Santiago y Tui y sus respectivos entornos rurales entre mediados del siglo XVII y comienzos del XIX (1989:138-148). B. Barreiro Mallón utilizó las fuentes notariales para desentrañar las condiciones familiares de los emigrantes asturianos embarcados hacia América entre 1700 y 1850 (1991:50). H. Sobrado Correa también analizó la evolución de la emigración polianual y definitiva en la provincia lucense a partir de las menciones de ausentes en las escrituras testamentarias (2001:369). Mª. J. Pascua Sánchez los utilizó para conocer las características y los comportamientos de los gallegos emigrados a Cádiz en los siglos XVII y XVIII (2002: 55-78). J. M. Pérez García se basó en los inventarios post-mortem para analizar la intensa movilidad de la comarca del Bajo Miño entre 1641 y 1850 (2011:239-240).

TABLA 25 • LA EMIGRACIÓN A TRAVES DE LAS ESCRITURAS DE TESTAMENTO				
DESTINO CASTILLA	4	–	–	4
DESTINO PORTUGAL	–	8	11	19
DESTINO ULTRAMAR	–	–	2	2
DESTINO DESCONOCIDO	2	7	–	9
HOMBRES SOLTEROS	2	5	10	17
HOMBRES CASADOS	2	3	2	7
ESTADO CIVIL DESCONOCIDO	1	7	3	11

Como se deduce de los datos expuestos, a lo largo de todo el período de análisis solo en un 5,19% de las escrituras consultadas se menciona a familiares ausentes, todos ellos de sexo masculino, apreciándose únicamente un ligero incremento en el tiempo desde la segunda mitad del siglo XVII -3,89%- hasta el siglo XIX -6,39%-[200]. Se trata de una proporción muy reducida de casos, inferior incluso a la obtenida por H. Sobrado Correa para el interior de la provincia lucense -9,3% de media entre el siglo XVII y el XIX- [201](2001:370), inferior también al número de individuos ausentes que baraja D. L. González Lopo para las ciudades de Santiago y Tui y sus respectivos entornos[202] y claramente inferior a las cifras que obtiene el profesor J. M. Pérez García para la comarca del Bajo Miño -34,4% de hijos ausentes en inventarios entre 1641 y 1850- (2011:239).

La primera conclusión al respecto parece clara. Las escasas menciones a personas ausentes en los testamentos celanoveses denotan al igual que los censos de población de 1787 y 1860 la limitada incidencia de la emigración de carácter temporal, y sobre todo definitiva, con respecto a otras áreas del territorio gallego, caso del interior de la provincia lucense, la comarca del Bajo Miño o las ciudades de Tui y Santiago y sus áreas circundantes[203].

Ahora bien, también deben tenerse en cuenta las limitaciones de la fuente a la hora de utilizarla como un medidor adecuado de los niveles de emigración. Existe un acuerdo a nivel interpretativo a la hora de focalizar las explicaciones sobre el fenómeno migratorio en los desajustes entre población y recursos[204]. Ahora bien, desde el

---

[200] Ni la muestra de testamentos analizada, ni la consulta de las certificaciones de soltería correspondientes a la comarca de estudio, revelan la presencia de mujeres en los desplazamientos migratorios. En las honras fúnebres, solo de manera testimonial en la parroquia de Veiga se incluye la partida de Lucía Ortega el 14/12/1700, una mujer soltera de la aldea de Cirós que "hace 22 años se ausentó para el Reino de Castilla y no hubo más noticia de ella pero se sabe que muere en Rioseco". Libro de Difuntos de San Munio de Veiga. Archivo Diocesano de Ourense.

[201] En tierras de Lugo se produce además un incremento más acusado a lo largo de los tiempos modernos, desde el 4,6% de la primera mitad del siglo XVII hasta el 11,1% en la primera mitad del XIX, alcanzando el 18,8% ya en la segunda mitad de este siglo (2001:370).

[202] En realidad, en este caso el autor no hace referencia al porcentaje que representan los testamentos que mencionan a ausentes con respecto al total de escrituras vaciadas, aunque entendemos que son bastante numerosos puesto que en total estos suman un total de 357 documentos para las dos áreas de estudio (1989:139).

[203] El profesor A. Eiras Roel estima que en el Censo de Floridablanca faltaban en el conjunto de Galicia un 13% de los hombres menores de 40 años. Los municipios de la actual provincia Pontevedra eran los de mayor intensidad emigratoria, allí faltaba el 20% de los hombres menores de 40 años, mientras en el lado opuesto se sitúa la provincia ourensana, que tanto en 1787 como en 1860 se perfila como la de menor intensidad emigratoria en el conjunto gallego, no detectándose una emigración intensa de carácter temporal o definitiva en ningún partido (1996:136).

[204] En opinión del profesor A. Eiras Roel, la emigración gallega debe entenderse como un elemento necesario dentro de un conjunto cuya finalidad es la de mantener la homeostasia de la población y el equilibrio del sistema, actuando como pivote central del mismo la restricción de la nupcialidad (1996:490). Para R. Lanzá García, en las regiones de partida la emigración respondía fundamentalmente a los imperativos de una elevada densidad demográfica y al exceso de

punto de vista interno no todos los miembros de las comunidades campesinas padecían por igual los efectos de dicho desajuste, siendo estos más gravosos para los peor posicionados en la escala social[205].

En la parroquia de San Munio de Veiga entre mediados del siglo XVII y mediados del XIX solo un 22,67% de los adultos acudieron al notario antes de su fallecimiento para dejar constancia de sus últimas voluntades. Casi un tercio de la población, 31,15%, recurría a una memoria oral ante testigos de su vecindad para solucionar los asuntos concernientes a su vida terrenal y eterna y en un 39% de los casos, la muerte sobrevino sin haber dejado ninguna disposición. En algunos casos suponemos por falta de tiempo o de ocasión y en otros –un 22,1%-, simplemente porque no tenían bien alguno sobre el que disponer[206]. Si extrapolamos el comportamiento de los vecinos de la parroquia de Veiga al conjunto del área de estudio, es lógico pensar que los sectores más desfavorecidos del campesinado celanovés, quizás los más afectados por el fenómeno migratorio, no se encuentran bien representados en la muestra de escrituras testamentarias analizada, de ahí que los índices de movilidad sean claramente inferiores a los obtenidos a partir de las relaciones de masculinidad en defunciones.

Con este hándicap que no queríamos dejar pasar por alto y a pesar del reducido número de observaciones, de los datos expuestos en la tabla anterior también se deducen algunas conclusiones en cuanto al destino y estado civil de los emigrados. En cuanto al destino, en el siglo XVII las escasas menciones a individuos ausentes nos sitúan en el contexto de una emigración estacional a Castilla, que por diferentes imponderables de la vida acabó viéndose reflejada en las escrituras testamentarias. Nos cruzamos así con las vivencias de Ángela García, vecina de Vilanova, una mujer casada con cuatro hijos que acude ante notario el día 15/9/1678 porque se encuentra enferma y su marido está ausente en las siegas en Castilla[207], o con las de Dominga Cau, una mujer viuda vecina de Ansemil que también decide hacer testamento porque se encuentra enferma. Dominga tiene 5 hijos, tres de ellos solteros conviviendo con ella y su reparto es prácticamente igualitario, pero le lega un soto a uno de sus hijos solteros "por justas causas": porque desde la muerte del padre "asistió conmigo y me sirvió desde entonces hasta ahora y fue a Castilla de donde traxo los dineros que ganó a las siegas y los gastó en pagar mis deudas y rentas y mis

---

población respecto a una tierra poco productiva, escasa o mal explotada, donde la miseria definía la vida cotidiana de los campesinos y las dificultades de mejora económica y social eran enormes (1991b:97). A juicio de R. Domínguez Martín, es difícil determinar la jerarquía de los determinantes de los movimientos migratorios, aunque la insuficiencia de la mayor parte de los campesinos y la estacionalidad de las labores agrícolas fueron los de mayor incidencia, por eso el máximo auge de las migraciones campesinas en el norte de España coincidió con el deterioro máximo de los términos de intercambio de las explotaciones agrícolas en la segunda mitad del siglo XVIII (1994:588-589). A. Collomp también relacionó los movimientos migratorios que afectaban a los pueblos de la Haute Provence en los últimos siglos del Antiguo Régimen con el mantenimiento de un equilibrio ecodemográfico (1983:217) F. Brandao y R. Rowland se preguntan en cambio si el fenómeno de la emigración puede entenderse solo como una reacción ante el desequilibrio entre población y recursos en la comunidad de origen, o bien hay que interpretarlo como una estrategia inter-generaciones de reproducción del equilibrio familiar (1980:206). En este sentido, J. P. Poussou se pregunta también por qué de algunas parroquias de montaña salían emigrantes y de otras no si en todas ellas se daban unas similares condiciones de partida que invitaban a emigrar. A su juicio, la diferencia entre unas parroquias y otras, en apariencia iguales, se encontraba en lo que él denominó "los caminos de la emigración", vinculados al papel de los descubridores o pioneros que iniciaban el movimiento y las condiciones objetivas que después permiten que este se extienda (1994:2-3).

[205] De hecho, en la Galicia Sudoccidental, en las jurisdicciones de Caldevergazo, Cotobade, Montes y Peñaflor, los labradores-canteros que integraban las cuadrillas de emigrantes estacionales en el siglo XVIII, disponían de explotaciones agrícolas de menor tamaño con respecto al resto de labradores de su comunidad, de lo que parece deducirse que eran los miembros de las familias más desfavorecidas los que se veían obligados a emigrar. En realidad, gracias a su éxodo estacional reducían el nivel de consumo dentro de sus familias al tiempo que reunían un peculio para afrontar el pago de dotes, la compra de ganado o tierras, etc., por lo que también podemos deducir que el tamaño de sus explotaciones no era la causa, sino la consecuencia de sus desplazamientos (C. Fernández Cortizo, 1997:266-267). Véase también del mismo autor (1994b:436-437).

[206] A partir de los años 40 del siglo XVII, casi con el inicio del registro de defunciones, en la parroquia de San Munio de Veiga en las partidas de difuntos se lleva a cabo una anotación sistemática sobre esta materia. Entre 1640 y 1850 solo un 7,17% de las partidas carecen de indicaciones al respecto, incluyéndose también desde comienzos del siglo XVIII, en caso de testamento escrito, el nombre del notario correspondiente.

[207] Notario Bernardo Arias, caja 1206, año 1678, s. f., AHPOU.

tributos"[208]. Al margen de la presencia confirmada para mediados del siglo XVII de una emigración de carácter estacional dirigida a las siegas en Castilla en la que participaban tanto hombres solteros como casados[209], poco más podemos deducir de la muestra documental analizada[210]. En la muestra de escrituras analizadas para el siglo XVIII desaparecen este tipo de menciones relacionadas con la emigración estacional al tiempo que se aprecia la clara preferencia que muestran los emigrantes celanoveses por el destino portugués[211]. Si exceptuamos las dos únicas alusiones a la emigración ultramarina localizadas en los años centrales del siglo XIX[212], el resto de los ausentes mencionados en los testamentos de los siglos XVIII y XIX cuyos destinos trascienden, se encontraban en el Reino de Portugal[213]. La existencia de esta corriente migratoria de carácter temporal, e incluso en algunos casos de carácter definitivo, que afectaba sobre todo a hombres solteros, aunque no exclusivamente y que estaba dirigida al reino de Portugal, no debió implicar el abandono de la emigración estacional ligada a las siegas en Castilla, como pudiera

---

[208] Testamento de Dominga Cau, Notario Alonso Pérez, 13/11/1652, f. 225-226. En el momento de la consulta la documentación del notario Alonso Pérez se custodiaba en el Archivo Parroquial de San Munio de Veiga, siendo posteriormente trasladada al Archivo Histórico Provincial de Ourense. En el año 1654 este mismo notario registra el testamento de Cristina Rodríguez, otra mujer viuda de la parroquia de San Paio de Veiga que también trae a colación a la hora de efectuar el reparto entre sus hijos que "su hijo Juan hace seis compró una juvenca con el dinero que va a ganar a Castilla. La juvenca parió cuatro crías, una deberá gastarse en las honras por la otorgante, pero las otras tres le corresponden a su hijo por ser suyas y haberlas ganado por su sudor". Juan también compró una heredad y la testante afirma igualmente que nadie "le vaya contra ella". Testamento de Cristina Rodríguez, Notario Alonso Pérez, año 1654, f. 160-160v.

[209] En la provincia de Mondoñedo también se localizan frecuentes alusiones a hombres ausentes en Castilla, y muy en particular en Madrid desde comienzos del siglo XVII (P. Saavedra, 1985:116). La emigración estacional de los canteros de Tierra de Montes está atestiguada ya en las escrituras notariales y en las fuentes fiscales del siglo XVI (C. Fernández Cortizo, 1992:46). En las parroquias situadas en el sector centro-este de la actual provincia de Pontevedra, la meta principal de los que salían en la segunda mitad del siglo XVII también se encontraba en Castilla, concentrándose en ese destino el 37,8% de los fallecidos en el exterior y registrados en los libros parroquiales (D. L. González Lopo, 1993:376). En la comarca del Bajo Miño, entre 1641 y 1690 la mayoría de los hombres casados que se registran como ausentes en los inventarios post-mortem se concentran en Castilla (J. M. Pérez García, 2011:240).

[210] Únicamente en el caso del testamento que realiza Bartolomé González de Freás de Eiras el 22/03/1677 se puede presuponer la existencia de individuos que realizan ausencias más prolongadas que aquellas a las que se refiere la marcha a las siegas en Castilla. Bartolomé es un hombre viudo padre de tres hijos y "por cuanto dicho Domingo mi hijo es ausente no se adonde quiero y es mi voluntad que la parte de herencia que le tocare…que cuando veniere lleve su quiñón como cada uno de los demás herederos". Notario Bartolomé Santamaría, Caja 1398, año 1677, f. 6-7v. AHPOU.

[211] En las honras fúnebres registradas en el siglo XVII en los libros parroquiales del sector centro-este de la actual provincia de Pontevedra, Portugal solo aparece mencionado en una ocasión. A juicio de D. L. González Lopo, la falta de atracción que ejerció el destino portugués en este siglo se debió sin duda a los amplios períodos de enfrentamiento que viven ambas coronas desde 1640, reanudados a principios del siglo XVIII con motivo de la Guerra de Sucesión. Por ello es sobre todo a partir de los años 20 del siglo XVIII cuando empieza a ser numerosa la presencia de gallegos en el Reino de Portugal. De hecho, en esta área de la actual provincia de Pontevedra, entre 1701 y 1750 las honras fúnebres por los fallecidos en Portugal constituyen ya el capítulo más importante sumando el 32,7% del total, un porcentaje que irá creciendo durante la segunda mitad del siglo y a lo largo de los 50 primeros años del siglo XIX, cuando representaron el 66,1% del total (1993:376-377). El registro de ingresos del Hospital de S. Marcos de Braga analizado por C. Fernández Cortizo dibuja un panorama coincidente. Presencia muy modesta de gallegos a comienzos del siglo XVII que va decayendo hasta verse completamente interrumpida durante la etapa del conflicto e incluso tras la firma de la paz en 1668. A partir de 1689 se registra nuevamente la presencia de gallegos entre los ingresos, pero en número muy modesto, lo que confirma que en el período que media entre la paz de 1668 y la Guerra de Sucesión Española, Portugal es un destino poco atractivo para los emigrantes frente a Castilla o Andalucía, en el caso de algunas comarcas del litoral (2007:23-26).

[212] El 29/10/1844 localizamos la primera referencia a la emigración ultramarina en el área de estudio. En esa fecha Ramón Domínguez, un hombre viudo y enfermo vecino de la parroquia de Santa Eulalia de Berredo acudió ante notario para dejar constancia de sus últimas voluntades. Su descendencia la formaban cuatro hijos, tres de ellos casados, el cuarto "se marchó a Ultramar de 16 años y hace cuarenta que no saben de su paradero". Notario José María Currós, caja 1135, año 1844, f.122-125. Archivo Histórico Provincial de Ourense.

[213] Presentamos solo a modo de ejemplo los testamentos que realizaron dos vecinos de la comarca a mediados del siglo XVIII. El 20/07/1755 Salvador Vázquez vecino de Orga y casado en segundas nupcias y padre de cinco hijos, acude ante notario para hacer testamento. Salvador afirma textualmente: "por verme solo y de crecida hedad y sin tener en mi compañía quien me ayudase al trabajo y cultivo de mis bienes por avérenseme ausentado todos mis hijos y a fin de que se viniese para mi compañía y asistencia Santiago Vázquez mi hijo, le ofrecí ciertos bienes de que le fize escritura de donación y fallado a lo contratado luego que hice dicha escritura se ausentó para el Reyno de Portugal donde antes residía sen que después volviese al pays". Testamento de Salvador Pérez, Notario Blas Araujo. Caja 1198, año 1755 f. 28. Francisca Férnandez es una mujer viuda de la parroquia de Vilameá que hizo testamento ante el notario Antonio Domínguez en el año 1754 (Caja 1253. f. 12-13 AHPOU). Francisca afirma encontrarse enferma y nombra como heredero universal de todos sus bienes al párroco de Vilameá porque su marido hace un año que falleció en Portugal, en la ciudad de Lisboa.

hacernos creer el análisis de los testamentos. Si retomamos la información que nos ofrecen las honras fúnebres sobre los lugares en los que se produjo el óbito de los parroquianos fallecidos en el exterior, comprobamos que un buen número de ellos, sobre todo en el siglo XVIII, encontró la muerte en tierras de Castilla. Véase tabla 26.

TABLA 26 • DESTINOS DE LOS EMIGRANTES A PARTIR DE HONRAS FÚNEBRES (1700–1850)		
DESTINOS	Nº CASOS	%
CASTILLA	70	72,92
PORTUGAL	25	26,04
CÁDIZ	1	1,04
TOTAL	96	100,00

I.3.3.2.2. Desplazamientos estacionales y emigración de carácter temporal. La atracción de los focos castellano y portugués

A. Meijide Pardo, en su trabajo pionero sobre la emigración en Galicia en el siglo XVIII analizó los factores que a su juicio auspiciaron el fenómeno migratorio: la carencia de la propiedad de la tierra por parte de los campesinos, la pesada carga de los tributos y las levas para el servicio de armas, que crearon un estado de cansancio y de profundo malestar en el ámbito rural (1960:465). En estas condiciones, la provincia de Ourense se convertiría en la primera proveedora de emigrantes estacionales con destino a ambas Castillas. Emigrantes que abandonaban su tierra solo por un corto período de tiempo, el requerido para las faenas de la siega u otras faenas relacionadas con la cultura vinícola, en las que ganaban algún dinero para el sustento de la economía familiar (1960:525-528)[214].

Conviviendo con esta emigración estacional a los campos de Castilla, A. Meijide Pardo también señaló la presencia de otra importante corriente migratoria encaminada hacia Portugal que presentaba tres formas de permanencia diferentes: las cuadrillas de labradores que se desplazaban con carácter estacional para las faenas agrícolas en las regiones del norte, los emigrantes que se dirigían a los núcleos urbanos para la realización de trabajos asalariados por un cierto número de años y por último la emigración definitiva en cuya modalidad se integrarían entre otros grupos, los numerosos jóvenes que pasaban clandestinamente la frontera en época de levas. En el caso de la emigración a Portugal, a su juicio serían las provincias de Tui y Ourense las que aportaban los contingentes más nutridos (1960:545-553)[215].

---

[214] La emigración a Castilla constituye uno de los siete sistemas principales de emigración temporal de trabajadores que estableció J. Lucassen para el oeste y el sur de Europa durante el paso del siglo XVIII al XIX. El funcionamiento paralelo de estos siete sistemas de emigración temporal implicaba la movilidad anual de unos 300.000 trabajadores. (K. J. Bade, 2003:23-36). En la obra de K. J. Bade se recoge la cifra de 30.000 trabajadores anuales desplazados a Castilla, cifra que aporta L. Labrada en su descripción del Reino de Galicia (1971:189). El mayor W. Dlrymple en su diario fechado en el año 1774 dobla su número a 60.000, cifrando en 30.000 los desplazamientos anuales a la vendimia en la región del Douro (J. García Mercadal, 1999, tomo V:200-206)

[215] El profesor A. Eiras Roel a comienzos de los años 90 fijó la zona de máxima atracción de la emigración a Portugal en la segunda mitad del siglo XVIII en el occidente de la provincia ourensana y en el interior de la antigua provincia de Tui, en el área de montaña de la actual provincia de Pontevedra - A Cañiza, Greve y el Caldevergazo- (1994:59). D. L. González Lopo analizó la procedencia geográfica de los enfermos gallegos registrados en el Hospital de Todos-Os-Santos de Lisboa en los años 1745-46. Los resultados de su trabajo dibujan cuatro focos de importancia, dos en la provincia de Pontevedra y dos en la provincia de Ourense. En la provincia de Pontevedra uno de los focos se articula en torno a la ciudad de Pontevedra y otro al sur de la provincia englobando las comarcas do Condado e A Paradanta a las que habría que añadir los municipios de Pazos de Borbén y Fornelos de Montes al norte y Porriño y Tui al oeste. En la provincia ourensana destacan los municipios del sur de la comarca de Carballiño, el área central de las tierras de Celanova y en especial la Baixa Limia. (2007:64-66). En la antigua jurisdicción del Caldevergazo en la primera mitad del siglo XVIII los fallecidos en Portugal representaban el 21,5% de los actos fúnebres, pero en la segunda mitad de siglo suponían ya el 41,5%, ascendiendo hasta el 79,66% del total en la primera mitad del siglo XIX (D. L. González Lopo, 1989:150-151).

El análisis de las certificaciones de soltería localizadas en el Archivo Diocesano de Ourense para las décadas finales del siglo XVIII y primera mitad del XIX va a permitirnos un acercamiento más directo a las características que presentaban estos movimientos migratorios en la comarca de estudio. En la tabla 27 se reflejan las características de sus solicitantes. Como se aprecia en el cuadro los solicitantes son varones, lógicamente en su mayor parte solteros[216], de edad comprendida entre los 25 y 34 años, que se ausentaron por dos razones fundamentales, bien para "ganarse la vida" (54,8%) o por su incorporación al ejército (41,6%), restando un número muy reducido de casos que catalogamos en la categoría de otras causas[217].

TABLA 27 • CARACTERÍSTICAS DE LOS SOLICITANTES DE CERTIFICACIONES DE SOLTERÍA (1772–1852)						
EDAD	Nº CASOS	E. CIVIL		CAUSA DE LA EMIGRACIÓN		
		S	V	GANARSE LA VIDA	SUERTE DE SOLDADO	OTRAS
NO CONSTA	44	42	2	17	26	1
20–24	9	9		7	2	
25–29	31	31		18	10	3
30–34	22	22		15	7	
35–39	3	2	1	2	1	
40 O MÁS	4	3	1	3	1	
TOTAL	113	109	4	62	47	4

En la comarca de Cea, en el occidente de la provincia ourensana, los fallecimientos en el reino de Portugal también representaban la partida más abultada entre los fallecidos en el exterior y posteriormente registrados en los libros de defunciones -34,06%- (Mª. J. López Alvarez, 2007:186). Sin embargo, su atracción fue muy inferior en zonas fronterizas como es el caso de la ciudad de Tui y su entorno (D. L. González Lopo, 1989:143-144), o en la comarca de Monterrei donde apenas representaban un 6,78% del total frente a la preeminencia de Andalucía (30,05%) o Castilla (28,19%) (I. C. González Abellás, 2010:125). En la comarca del Bajo Miño su peso también fue bastante modesto, 8,1% entre 1691 y 1780 y 12,3% entre 1781 y 1850 (J. M. Pérez García, 2011:238).

[216] La presencia de hombres viudos que se ausentaron para ganarse la vida y precisan la certificación de soltería para casarse de nuevo nos alerta sobre la presencia de hombres de avanzada edad entre los emigrantes temporales celanoveses, prueba de un comportamiento que se mantuvo en el tiempo para subvenir las necesidades familiares, y seguramente con independencia del estado civil, aunque ello no quede convenientemente reflejado en esta fuente. Disponemos de un único testimonio que corrobora la participación de hombres casados a partir de la certificación de soltería de Andrea Feijoo, vecina de Sorga. Andrea es viuda de Fernando Rodríguez, quien para "subvenir las necesidades de su familia se ausentó para la ciudad de Lisboa". Allí sufrió una grave enfermedad y murió según le confesaron sus convecinos. Ella quiere casarse de nuevo así que es necesario corroborar el fallecimiento de su marido para contraer segundas nupcias. Año 1837, Caja 10.1.12. Archivo Diocesano de Ourense.

[217] Se incluyen en este apartado desde un joven de Celanova que reside en Madrid desde 1834 a 1839 para realizar estudios de cirugía (Certificación de soltería de Don Benito Antonio Estévez, año 1841, caja 10.1.14 Archivo Diocesano de Ourense), hasta un prófugo político, Don Francisco Antonio Hierro, que escapa el 17/01/1820 a Lisboa perseguido por el Gobierno Constitucional hasta diciembre de 1822, tras ser declarado libre por amnistía (Certificación de soltería de Don Francisco Antonio Hierro, año 1824, caja 10.1.7. Archivo Diocesano de Ourense).

En la tabla 28 se recogen las características básicas de los desplazamientos que llevaban a cabo los solicitantes de certificaciones de libertad celanoveses de fines del XVIII y de la primera mitad del XIX.

TABLA 28 • MOVIMIENTOS DE POBLACIÓN A PARTIR DE SOLICITANTES DE LIBERTADES				
CAUSAS	**CAUSAS ECONÓMICAS**		**SUERTE DE SOLDADO**	**MIXTA**
LUGAR DE DESTINO	**DESTINO ÚNICO**	**ESTANCIAS EN VARIOS LUG.**	**MOVIMIENTO DE TROPAS**	**MIXTA**
Nº CASOS	55	7	42	5
TIEMPO DE PERMANENCIA (MESES)	70,83 (53 casos)	*	80,12 (41 casos)	143
Nº CASOS REALIZA VIAJES A CASA	6	7	1	1
Nº MEDIO VIAJES	1,8	*	1	1
TIEMPO PERMANENCIA CASA (MESES)	16,2	*	1	–

La mayoría de los solicitantes que se han desplazado por razones económicas permanecen durante una media de aproximadamente 6 años en un mismo lugar antes de regresar a su tierra (88,7% de los casos), siendo mucho más reducido el número de los que se traslada de un lugar a otro antes de su retorno definitivo. Aquellos que establecen una residencia fija, solo en un porcentaje muy reducido de casos -10,9%- realizan viajes a su lugar de origen, permaneciendo durante poco más de un año en sus parroquias de referencia. Cono se deduce de los datos expuestos, son las emigraciones de carácter temporal las que quedan reflejadas en esta fuente ya que probablemente los desplazamientos de carácter estacional de duración inferior a seis meses no motivaron la petición de certificaciones de soltería por parte de los párrocos.

A nuestro juicio, ese 11,2% de solicitantes que relata estancias alternativas en varios lugares constituye el punto de unión entre los desplazamientos de carácter estacional y las emigraciones de carácter temporal, dado que en este grupo se incluyen los solicitantes que van concatenando sucesivas estancias de carácter estacional, alternándose con algunos viajes a las parroquias de referencia[218].

Los desplazamientos de jóvenes derivados de la implantación del servicio de levas obligatorio constituían un capítulo importante de los movimientos de población. Llama poderosamente la atención la prolongada ausencia,

---

[218] La historia de Pedro Carrera de Soutomel y sus testigos Domingo Suárez, Manuel Cid y Pedro Recarei vecinos de Podentes sirve para ejemplificar el comportamiento mayoritario de este grupo. Según consta en su declaración Pedro Carrera y sus testigos salieron en el año 1806 para trabajar en las vendimias en Galafura –Vila Real-, en invierno se trasladaban a la provincia de Salamanca, localidad de Cepeda para trabajar a jornal y en verano acudían a las siegas a Zamora. Una vez terminada la temporada de siegas regresaban a Vila Real, aunque algunos años "al regresar de Castilla asistían en casa unos días" antes de pasar de nuevo a Vila Real. Este comportamiento se repitió desde el año 1806 hasta el año 1822 en el que regresan a casa en el mes de octubre, estando fechada su declaración el 23/11/1822. Caja 10.1.6. Archivo Diocesano Ourense. El resto de integrantes de este reducido grupo traduce un comportamiento semejante, aunque con variaciones en cuanto a los lugares de destino, si bien ese no es el caso de la certificación de soltería de Vicente Estévez fechada el 23/10/1850. Este utilizó su estancia en Lisboa desde el mes de septiembre de 1833 hasta el año 1836 como lanzadera para su viaje a Brasil donde residió hasta el año 1845. Desde allí regresó a casa donde se mantuvo hasta el año 1846, cuando se instaló nuevamente en Lisboa hasta su regreso definitivo en septiembre de 1849. Caja 10.1.19. Archivo Diocesano.

más de 6 años y medio, que ocasionaban este tipo de desplazamientos no constatándose en este caso viajes a las parroquias de origen[219]. Sus certificaciones de soltería constituyen una fuente riquísima en informaciones sobre la agitada vida político-militar del momento. Dentro del grupo no faltan las quejas por el llamamiento a levas[220], y abundan las noticias relacionadas con la Guerra contra los franceses[221]. En algunas ocasiones además la llamada a filas y la posterior incorporación al ejército se encadenaban con las emigraciones de carácter temporal o estacional, por eso establecimos una columna en la tabla para las "causas mixtas", que implicaban largas ausencias de las parroquias de origen –casi 12 años de media-[222], algunas seguramente sin retorno.

En todo caso el retorno a los lugares de origen debió ser la nota dominante en los movimientos migratorios protagonizados por los celanoveses durante el período de estudio. Nuestras pesquisas se centrarán en el grupo de los solicitantes de certificaciones de soltería que alegan causas económicas, por cuanto sus desplazamientos se basan en decisiones voluntarias. Como ya indicamos anteriormente, sus ausencias se prolongaron durante unos seis años de media. El análisis conjunto de los tiempos de permanencia indicados no solo por los solicitantes, sino también por sus testigos sigue corroborando dicha información (Véase tabla 29).

TABLA 29 • TIEMPO PERMANENCIA EN LUGARES DESTINO. SOLICITANTES Y TESTIGOS			
TIEMPO ESTANCIA	**NÚMERO DE CASOS**	**%**	**% ACUM.**
HASTA 1 AÑO	3	2,68	2,68
DE 1 A 2 AÑOS	5	4,46	7,14
DE 2 A 3 AÑOS	14	12,50	19,64

[219] Vistos estos datos no sorprende la afluencia a Portugal a partir de los años 30 del siglo XIX de mozos en edad de quintas que trataban de eludir el servicio militar, incluso desde comarcas con escasa tradición migratoria hacia este destino. Es el caso del municipio coruñés de Vimianzo, del que están ausentes en Portugal en el año 1836 el 34,8% de los mozos útiles (C. Fernández Cortizo, 2007:40).

[220] Es el caso de Antonio Suárez, vecino de Podentes que solicita un certificado de soltería el 23/11/1831. En su declaración afirma que le tocó la suerte de soldado en el año 1811 pese a estar casado. Después su vida militar le llevó hasta Méjico con el regimiento de la Mora hasta el año 1816 en el que lo licencian. Se queda trabajando en ese país y solo regresa a su parroquia en 1830 cuando su mujer ya estaba muerta. Solicita certificado de soltería para volver a casarse. Caja 10.1.10. Archivo Diocesano de Ourense.

[221] Dentro de este grupo se incluyen las peticiones de soltería de ocho mozos que afirman que en febrero de 1809 "le obliga la justicia a concurrir a la Junta de la Boullosa como lo hicieron varios vecinos para tomar armas". Véase entre otras la certificación de soltería de Francisco González, 14/01/1819. Caja 10.1.5. Archivo Diocesano de Ourense. Las tropas francesas entraron en Galicia a comienzos de 1809 bastándoles quince días para ocupar todo el territorio tras la rápida caída de las principales ciudades. A partir de ahí, las primeras noticias de la resistencia se documentan ya el 17 de enero de 1809 entre Galicia y el Bierzo (X. R. Barreiro Fernández, 2007:49-61). Dentro de la historia de la resistencia contra los franceses se encuentra la batalla "da ponte de Xinzo" ocurrida el 23 de febrero de 1809 que culminó con la entrada de los franceses en la villa. Según consta en la obra de E. Martínez Carracedo, la junta de la Boullosa pidió hombres para ayudar a los paisanos de Xinzo en la defensa de dicho puente (2012:113).

[222] La escritura de soltería de Ramón Sampedro de Barxa se integra en este grupo. En su declaración fechada el 05/02/1825 alega que tras corresponderle la suerte de soldado en el año 1813 y su posterior incorporación al regimiento Guadalajara, consigue fugarse y pasar a Portugal, parroquia de Vila Seca. Allí permanece trabajando en labores agrícolas hasta el año 1823 en que regresa a casa. Su primer testigo es Tomás Sampedro de la misma parroquia, que también se fugó del ejército y hace el mismo recorrido que el solicitante. Su segundo testigo es Benito Cougil de la misma vecindad, un hombre que se desplaza anualmente a la parroquia de Vila Seca, coincidiendo con sus vecinos durante sus desplazamientos estacionales desde 1819 hasta 1823, año en el que regresan a casa junto con el tercer testigo -Domingo Cougil-, también su convecino de la parroquia de San Tomé de Barxa. Caja 10.1.8. Archivo Diocesano de Ourense.

TABLA 29 • TIEMPO PERMANENCIA EN LUGARES DESTINO. SOLICITANTES Y TESTIGOS			
DE 3 A 4 AÑOS	14	12,50	32,14
DE 4 A 5 AÑOS	16	14,29	46,43
DE 5 A 6 AÑOS	13	11,61	58,04
DE 6 A 7 AÑOS	9	8,04	66,07
DE 7 A 8 AÑOS	8	7,14	73,21
DE 8 A 9 AÑOS	7	6,25	79,46
DE 9 A 10 AÑOS	5	4,46	83,93
DE 10 A 12 AÑOS	12	10,71	94,64
MÁS DE 12 AÑOS	6	5,36	100,00
TOTAL	112	100,00	100,00
T. MEDIO ESTANCIA	6,36		

Generalmente, cada certificación de soltería incluye la declaración del solicitante y de los tres testigos que presenta para corroborar sus afirmaciones en base al procedimiento ya indicado en el apartado de crítica de fuentes. El análisis conjunto de los datos que aportan sobre la duración de la estancia nos permite elaborar la tabla precedente[223].

Es en los tramos intermedios de la tabla donde se concentra un mayor número de casos, de manera que un 50% de los mozos permanecían lejos de sus parroquias entre dos y seis años, el tiempo necesario para ganar un capital que les permitiera a su retorno casarse y establecer una familia. Dos terceras partes habían regresado a su tierra después de siete años de ausencia, aunque en un tercio de las ocasiones se describen estancias más prolongadas, superiores a siete años. La prolongación de las ausencias por un período de tiempo nada despreciable explica la premura por contraer nupcias de los recién retornados. En la tabla 30 se exponen los meses transcurridos entre la fecha de retorno de los solicitantes y sus respectivas declaraciones.

---

[223] De las 62 escrituras en la que se alega causas económicas, en dos casos sus solicitantes presentan una certificación de soltería de la parroquia en la que residieron no siendo necesario en este caso la declaración de testigos. En otros dos expedientes declaran solo dos testigos. En resumen, los 62 expedientes teóricamente nos aportan información sobre un total de 236 individuos, sin embargo, el análisis detallado de los mismos vino a demostrar la participación de algunos testigos en varios expedientes, de modo que una vez analizadas las informaciones, las 62 escrituras referidas nos documentan las vivencias de 211 individuos diferentes. Como se aprecia en la tabla, solo en 112 casos se indica de forma concreta el tiempo de permanencia en los lugares de destino (53% del total), predominando indicaciones muy vagas al respecto en las declaraciones de un buen número de testigos.

TABLA 30 • **TIEMPO TRANCURRIDO ENTRE EL RETORNO Y LA FECHA DE DECLARACIÓN**		
TIEMPO TRANSCURRIDO	**N° CASOS**	**%**
DE 1 A 3 MESES	20	32,78
HASTA 6 MESES	12	19,67
DE 7 MESES A 1 AÑO	4	6,56
DE 1 A 2 AÑOS	12	19,67
DE 2 A 3 AÑOS	5	8,20
MAS DE 3 AÑOS	8	13,11
TIEMPO MEDIO (MESES)	**16,57**	**–**

Más de la mitad de los solicitantes que alegan causas económicas inician los trámites para contraer matrimonio en un plazo muy breve, cuando solo habían pasado unos meses desde su regreso, de manera que, en el primer año de estancia en sus parroquias de origen, el 60% de los mismos habría formalizado una familia. En la siguiente tabla buscamos un acercamiento a la edad media a la que contraen nupcias los emigrantes temporales retornados celanoveses, obteniendo igualmente información indirecta sobre los grupos de edades de los que formaban parte durante el tiempo de su ausencia, dado el reducido lapso de tiempo que mediaba entre su retorno y el inicio de la tramitación del expediente matrimonial.

Las informaciones relativas a las edades no son todo lo concretas que hubiéramos deseado, indicándose solo en un número muy reducido de casos la edad del solicitante y de sus testigos (30,33%) (Véase tabla 31).

TABLA 31 • **DISTRIBUCIÓN POR GRUPOS DE EDADES DE LOS SOLICITANTES Y TESTIGOS**			
GRUPOS DE EDAD	**NÚMERO CASOS EDAD APROX.**	**NÚMERO CASOS E. EXACTA**	**TOTAL**
<20 AÑOS	1	–	1
DE 20 A 29	35	29	64
DE 30 A 39	40	23	63
DE 40 A 49	13	9	22
DE 50 A 59	8	3	11
TOTAL	**97**	**64**	**161**
NO CONSTA	–	–	50
EDAD MEDIA SOLIC. Y TESTIGOS	–	64	31,48
EDAD MEDIA SOLICITANTE	–	21	29,48

En un 23,69% de las ocasiones no se hace alusión alguna a la edad y lo más habitual es el empleo de afirmaciones imprecisas del tipo: "mayor de …"[224]. Teniendo en cuenta todas sus limitaciones, en la tabla se aprecia un claro predominio de hombres jóvenes, de entre 20 y 39 años (78,8%), lo que hace que la edad media del grupo ronde los 30 años. En base a la reconstrucción de familias, en la parroquia de Veiga entre 1770 y 1809, los hombres accedían al primer matrimonio con una edad media de 28,98 años ascendiendo hasta los 30,26 años entre 1810 y 1870, de ahí que, a juzgar por los datos de la tabla precedente, la práctica de una emigración de carácter temporal no implicaba un retraso de la edad de acceso al matrimonio con respecto al conjunto de la sociedad[225].

En cuanto a los lugares de destino a los que se dirigían, en la tabla 32 se incluyen las informaciones recogidas en las declaraciones de los 211 individuos cuyas vidas se asoman a las certificaciones de soltería analizadas. Los datos de la tabla no dejan margen de dudas sobre la atracción que ejercía el destino portugués y muy especialmente la ciudad portuaria de Lisboa en las décadas finales del siglo XVIII y durante la primera mitad del siglo XIX[226]. A Ribeira do Douro constituye el segundo foco de atracción importante en el país, aunque a mucha distancia ya de la ciudad de Lisboa[227].

TABLA 32 • LUGARES DE DESTINO DE LOS SOLICITANTES Y DE SUS TESTIGOS		
LUGARES DE DESTINO	NÚMERO DE CASOS	%
BARCCO DE ÁVILA (ÁVILA)	1	0,43
BÉJAR (SALAMANCA)	4	1,72
CEPEDA (SALAMANCA)	4	1,72
TORO (ZAMORA)	14	6,01
MADRID	15	6,43
TOTAL CASTILLA	38	16,31

[224] En la tabla se agruparon todos los casos en los que se indicaba la edad con el formulismo "mayor de …" en su grupo decenal correspondiente, estableciendo una columna independiente para los escasos individuos que referían en su declaración una edad determinada. Si se analizan las dos columnas de forma independiente, no se observan discrepancias relevantes entre una y otra, de ahí que establecemos las conclusiones sobre la columna de totales que agrupa a las dos anteriores.

[225] En palabras de D. L. González Lopo, la ciudad de Lisboa era una devoradora de hombres por eso los más viejos ya no acudían allí, predominando en el grupo de emigrantes gallegos una población joven y vigorosa, hasta el punto de que un 6% de los solteros registrados en el hospital de Todos-Os-Santos en los años de 1745-46 son declarados menores (2007:69-70)

[226] En el libro de defunciones de la parroquia de San Munio de Veiga, el nueve de octubre de 1749 se registra la primera anotación de una honra fúnebre por un hombre fallecido en el Reino de Portugal, pero la presencia documentada de vecinos de la comarca en el país vecino y más concretamente en la ciudad de Lisboa es anterior. D. L. González Lopo a partir del trabajo llevado a cabo sobre los registros de enfermos del Hospital de Todos-os-Santos de Lisboa durante los años 1745 y 1746 localiza la presencia de enfermos procedentes de los tres municipios que actualmente forman parte de nuestra área de estudio, alcanzando una presencia destacada el municipio de Celanova, que se incluye en el grupo de los que aportan más de diez vecinos ingresados en el Hospital (2007: 65-66). En base a ello podemos suponer que la marcha de celanoveses al reino de Portugal contaba ya con cierta tradición en la comarca a mediados del siglo XVIII.

[227] En el sector centro-este de la actual parroquia de Pontevedra, en las parroquias de Fornelos de Montes, Calvos o Moscoso, Lisboa era también sin duda el destino preferido por los emigrantes fallecidos en el Reino de Portugal, a mucha distancia de la ciudad de Porto, Setúbal o la región del Duero (D. L. González Lopo, 1993:380). La distribución espacial de los extranjeros españoles según el Censo de 1890 revela la continuidad en el tiempo de estas corrientes migratorias tradicionales y el mantenimiento de su importancia relativa dentro del país. Así, a fines del siglo XIX el foco de atracción lisboeta reunía a la mitad de los 27.207 españoles presentes en el país. Sumados a los 3408 residentes en Porto, en total ambas ciudades acaparaban a más del 62% de la colonia española, manteniéndose también la preferencia por los concejos vitícolas de la región del Duero (J. Fernandes Alves, 2002:123-124).

TABLA 32 • LUGARES DE DESTINO DE LOS SOLICITANTES Y DE SUS TESTIGOS		
LISBOA	149	63,95
PORTO	9	3,86
RAIA PORTUGUESA	1	0,43
RIBEIRA DO DOURO	27	11,59
SETÚBAL	3	1,29
TOTAL PORTUGAL	189	81,12
SANTIAGO DE COMPOSTELA	3	1,29
PERNAMBUCO (BRASIL)	3	1,29
TOTAL	**233**	**100,00**

Ambos destinos representan además dos movimientos migratorios de carácter temporal netamente diferenciados. En el caso de Lisboa se trata de un destino único, al que se dirigían emigrantes celanoveses que permanecían allí trabajando durante un período de tiempo más o menos prolongado para regresar después a sus parroquias de origen[228]. Mientras, la Ribeira do Douro aparece vinculada a los circuitos migratorios de cuadrillas de campesinos que se desplazaban desde los campos cerealeros de Castilla hasta esta región vinícola del norte portugués en aquellas épocas del año en las que las labores de cava, siega o vendimia incrementaban las necesidades de mano de obra, describiendo así auténticos circuitos migratorios entre ambas áreas, solo interrumpidos de cuando en vez por pequeñas estancias en las parroquias de origen. El tiempo de permanencia fuera de casa los convierte en emigrantes temporales, si bien como ya indicamos anteriormente, su comportamiento está a medio camino entre emigración estacional y emigración temporal.

Es también en virtud de este tipo de desplazamiento que cobran sentido los destinos castellanos, en particular el entorno de Toro en la provincia de Zamora y el de Cepeda en Salamanca, a donde se dirigían estas cuadrillas de jornaleros agrícolas a realizar labores de cava –Cepeda- o de siega –Toro-.

El desplazamiento estacional de cuadrillas de trabajadores deja un rastro muy difuso en esta fuente porque sus protagonistas no figuran entre los peticionarios de certificaciones de soltería, seguramente porque sus ausencias se prolongaron por un corto espacio de tiempo. Solamente a partir de las declaraciones de algunos testigos se asoman a la documentación consultada estos emigrantes estacionales que durante los meses de verano realizaban la siega en los campos castellanos y después regresaban a sus hogares o que hacían lo propio para acudir a las vendimias de la Ribeira do Douro[229]. A partir de sus testimonios comprobamos la continuidad de una práctica, que en el caso de las siegas en tierras de Castilla, ya fue documentada a partir de los testamentos para mediados del siglo XVII, y que

---

[228] Es el caso de Manuel Rodríguez, un hombre mayor de 37 años, vecino de Orga que va para Lisboa "para agenciar algunas ganancias para la manutención de su casa". Año 1783. Caja 10.1.1. Archivo Diocesano de Ourense. Su declaración define el comportamiento de los emigrantes celanoveses que acudían al país vecino para ganar un peculio y después regresaban para establecerse en su tierra, pero también representaba la actitud de la inmensa mayoría de los emigrantes gallegos en Portugal a mediados del siglo XIX, según se desprende de las afirmaciones del cónsul español en Lisboa: "la inmensa mayoría de los emigrantes no se naturaliza, no se fija, no se casa, no se arraiga aquí; trabaja, economiza, regresa, y se establece en su país natal" (J. Fernándes Alves, 2002:122).

[229] Benito Torre, Diego Pérez y Antonio Rodríguez tienen entre 23 y 24 años y son vecinos de la parroquia de Santa Eulalia de Berredo. En fecha de 19/12/1790 acuden a declarar en calidad de testigos de su también convecino Bernardo González, que se ausentó durante seis años de la parroquia residiendo en el área de Vila Real. Los tres declaran haber estado con él durante este tiempo porque anualmente acudían a las vendimias en la Ribeira do Douro y allí

convivió en el tiempo a fines del siglo XVIII y durante la primera mitad del XIX con esa emigración de carácter temporal dirigida fundamentalmente a la ciudad de Lisboa y en menor medida orientada a través de auténticos circuitos migratorios entre Castilla y el norte de Portugal.

Ni los testimonios aislados de algunos testigos en las certificaciones de soltería, ni el limitado registro de honras fúnebres por vecinos fallecidos lejos, nos permiten valorar en que medida afectaron a la población celanovesa estos desplazamientos estacionales a Castilla y a la Ribeira do Douro, así como la mayor o menor importancia que pudieron jugar en el tiempo los dos destinos. Únicamente podemos sacar algunas conclusiones al respecto a partir del análisis de la estacionalidad de los matrimonios y de las concepciones.

El análisis del movimiento estacional de los matrimonios revela algunas conclusiones importantes al respecto. En la parroquia de Veiga, entre 1634 y 1889 en el mes de julio solo se celebraron un 2,58% de las uniones matrimoniales registradas. El mes de agosto era el segundo mes menos propicio para este tipo de celebraciones, ambos meses solo suman el 6,5% del total de matrimonios. Según consta en las declaraciones de algunos testigos, las cuadrillas salían para Castilla en el mes de junio y regresaban a finales de agosto, de modo que el mes de julio es por antonomasia el mes de las siegas[230]. A juzgar por los datos expuestos, un elevado porcentaje de los mozos solteros de la comarca participaba de dicha actividad.

En el mes de septiembre el número de celebraciones matrimoniales sigue siendo bajo -5,5% del total-, aunque se aprecia un ligero ascenso con respecto a los dos meses anteriores. La temporada de la vendimia en la Ribeira do Douro tiene una duración temporal inferior a la de la siega en Castilla, a caballo entre las últimas semanas de septiembre y comienzos del mes de octubre. Quizás por ello su incidencia sobre la curva de las celebraciones matrimoniales es menor que en el caso de las siegas, aunque también puede ser debido a que afectaba a un porcentaje menor de jóvenes.

Si avanzamos en el análisis por períodos, aparecen nuevos datos que nos aportan más información al respecto. En el siglo XVII, desde que se conservan los registros parroquiales de San Munio de Veiga, solo dos parejas contrajeron matrimonio en el mes de julio, un 1,42% del total, mientras que en el mes de septiembre el volumen de las

---

coincidían con su convecino. Certificación de Soltería de Bernardo González, año 1790. Caja 10.1.2. Archivo Diocesano de Ourense. Jose Rivero también declara en calidad de testigo de Pedro Benito López de San Salvador de Penosiños, que vivió alejado de su casa entre el mes de mayo de 1817 y el mes de noviembre de 1820, durante el tiempo que permaneció de manera alternativa en el pueblo de Tagarabuena (Toro) y en la parroquia de Ribalonga (municipio portugués de Alijó). José Rivero declara que, desde hace 10 años, cada año se desplaza a las siegas a Tagarabuena, marcha en el mes de junio y regresa en agosto, coincidiendo allí desde 1817 hasta 1820 con su vecino. Certificación de soltería de Pedro Benito López, año 1823. Caja 10.1.6. Archivo Diocesano de Ourense. Ramón Rodríguez, vecino de Santa Eulalia de Berredo, solicita su certificación de soltería en el año 1839 tras haber permanecido en el ejército durante unos años. En su declaración afirma que una vez vuelto a casa, allí se mantuvo de manera definitiva salvo "un mes que va a vendimias a Portugal como otros muchos vecinos". Caja 10.1.13. Archivo Diocesano de Ourense.

[230] De los estudios llevados a cabo por antropólogos, se deduce que en el siglo XX las fechas de salida y regreso de las cuadrillas variaban de una comarca a otra en función de la localización de los lugares de origen y también de los destinos, siendo abundantes los casos que afirmaban salir de sus aldeas en la primera quincena de junio, situándose simbólicamente el 15 de agosto, día de la Virgen, como fecha de su regreso a casa (J. A. Fidalgo Santamariña, 2002: 29). Las anotaciones incluidas en el diario que escribió el Mayor W. Dalrymple en el año 1774 durante su viaje por España y Portugal confirmarían el regreso de las cuadrillas a mediados del mes de agosto. Así el día 13 de agosto a su llegada a Benavente afirma encontrarse con muchos gallegos que volvían a sus casas después de haber hecho la recolección. "Estando esta ciudad en el camino de Galicia, pasan por ella a centenares los gallegos, que hacen allí noche al volver a sus casas". El día 14 de agosto, ya en Ponferrada afirma encontrarse nuevamente con un gran número de gallegos que volvían a sus casas. "Entré en conversación con uno de ellos, que me dijo que su número era de 60.000, que me costó mucho creerlo, pero me fue luego confirmado por una autoridad más importante" (J. García Mercadal, 1999:200-204). A. Meijide Pardo afirma que el viaje duraba entre 15 y 20 días en función de los puntos de destino, estableciéndose cinco itinerarios esenciales, tres de ellos con su recorrido a través de la provincia ourensana. Los naturales de Celanova, Bande, Verín, Xinzo, así como los procedentes de la antigua provincia de Tui frecuentaban la ruta Sur, que seguía un recorrido muy próximo a la frontera portuguesa hasta el valle de Monterrei, desde donde se dirigían hasta la Gudiña. Allí convergían con las cuadrillas procedentes de otros lugares de Galicia, iniciándose a partir de aquí un camino accidentado hasta las tierras de Zamora. Utilizaban el valle del Tera entre Puebla de Sanabria y Benavente, que funcionaba como punto terminal de irradiación de la fuerza de trabajo hacia la meseta castellana (1960: 540-541)

celebraciones asciende al 7,25%. Si analizamos los datos del siglo XVIII, la incidencia de la temporada de siegas en Castilla sigue siendo muy acusada tanto en el mes de julio (1,91%), como en la suma de julio y agosto (5,66% del total), constatándose una notable reducción en el número de las celebraciones del mes de septiembre, que ahora solo suponen el 4,41 %. Durante la primera mitad del siglo XIX, las uniones matrimoniales del mes de septiembre siguen representando un porcentaje muy similar al del siglo anterior (4,5%), apreciándose ahora un ligero ascenso en el número de matrimonios celebrados en el mes de julio (3,91%)[231].

En consecuencia, la incidencia de la emigración estacional a Castilla sobre la curva de matrimonios es claramente visible a lo largo de todo el período de estudio, mientras que las consecuencias demográficas derivadas de los desplazamientos a la Ribeira do Douro, se empiezan a notar con fuerza en el siglo XVIII, manteniéndose en valores casi idénticos en la primera mitad del XIX[232]. A juzgar por los datos, en el siglo XVII Castilla actuaba como foco de atracción casi único para los jóvenes celanoveses; en el siglo XVIII la atracción castellana no disminuyó, pero al tiempo se abrió una segunda vía de escape hacia el norte de Portugal, manteniéndose ambas válvulas de escape en pleno funcionamiento durante la primera mitad del XIX[233].

Si se incluyen los matrimonios celebrados entre 1850 y 1889 en el cómputo del siglo XIX, ambos destinos empiezan a perder fuelle –julio y agosto suman el 7,5% y septiembre el 6,08%-, seguramente en relación con la progresiva incorporación de la comarca a la emigración a ultramar.

En las fuentes consultadas, tanto en los testamentos como en las certificaciones de soltería, también se localizaron algunos testimonios sobre la presencia de hombres casados en Castilla y en Portugal, pero desconocemos si se trataba de casos aislados o formaban parte habitual de las cuadrillas de trabajadores estacionales. Veamos si el movimiento estacional de los nacimientos puede aportarnos alguna luz al respecto.

Los nacimientos describen una curva más regular que los matrimonios a lo largo de los meses del año. Toda la estación veraniega, desde julio a septiembre coincide con un claro descenso en el número de concepciones que se prolonga de manera acusada durante el mes de octubre, siendo este el mes que registra un menor número de concepciones de todo el período de estudio[234]. Las razones probablemente haya que buscarlas en relación con las

[231] En la comarca del Bajo Miño o en Tierra de Montes, donde también predominaba una emigración de tipo estacional, los desplazamientos a la España Interior en las décadas centrales del siglo XVIII condicionan también de manera muy notoria la estacionalidad de los matrimonios. En el Bajo Miño, los meses de enero y febrero concentran más de la mitad de las celebraciones anuales y juntamente con los de diciembre representan los dos tercios del total, mientras que las celebraciones de abril a octubre solo suponen el 20,5% del total. Sin embargo, en el caso del Salnés, el predominio de una emigración no ya de tipo estacional sino de carácter plurianual deriva en una curva marcada por las escasas variaciones mensuales (J. M. Pérez García, 2011:245-249).

[232] En el siglo XVIII el fuerte despoblamiento del norte portugués propiciado por el éxodo a Brasil en relación con la fiebre del oro y la revitalización de la región vitivinícola del Duero, son los dos factores que explican la indudable atracción que ejerce la región sobre los emigrantes gallegos (D. L. González Lopo, 1993:379). El aumento de la disponibilidad de medios de pago gracias al flujo del oro brasileño, y la mayor capacidad de presión de los emigrantes gallegos con respecto a la mano de obra local, generaron ventajas salariales y mayores oportunidades de empleo gracias al inicio de una etapa de expansión económica una vez concluida la Guerra de Sucesión Española. Véase al respecto C. Fernández Cortizo, 2007:27-33.

[233] Pese a la inestabilidad política, a los conflictos militares y a la crítica coyuntura económica del reino portugués durante la primera mitad del siglo XIX, la emigración de gallegos a Portugal siguió presentando un elevado dinamismo durante este período en aquellas comarcas con tradición migratoria hacia este destino. De los gallegos ingresados en el Hospital da Santa Casa da Misericordia de Vila Real durante la primera mitad del XIX el contingente más numeroso estaba formado por los originarios del Obispado de Ourense, en concreto de los municipios de Coles, Ourense, San Cibrao das Viñas, Taboadela, Allariz, Celanova y Gomesende. La región vitivinícola do Douro seguía siendo en la primera mitad del siglo XIX el principal destino de los emigrantes gallegos instalados en el ámbito rural portugués, aunque a decir de C. Fernández Cortizo las oportunidades de empleo y las ventajas salariales ya no eran las de tiempos anteriores. Véase al respecto C. Fernández Cortizo, 2007:38-49.

[234] En la comarca del Bajo Miño la curva estacional de las concepciones también presenta unas oscilaciones menos acusadas que en el caso de los matrimonios, aunque comparadas con el caso celanovés dichas oscilaciones continúan siendo mucho más perceptibles, concentrándose en los meses de diciembre, enero y febrero el 46,5% del total (J. M. Pérez García, 2011:245). La evolución que describe el análisis de las concepciones en la comarca de estudio parece guardar más similitudes con la zona de la Cañiza, caracterizada también por el descenso de las oscilaciones estacionales en el tránsito del siglo XVIII al XIX y por

obligaciones que impone el calendario agrícola, vinculadas en este caso a la recogida de la cosecha de maíz en octubre.

En el siglo XVII la caída de las concepciones en los meses de julio y agosto fue más pronunciada que en los dos siglos posteriores y al igual que ocurría con la curva de los matrimonios, en el mes de septiembre no se constata un descenso de las mismas derivado de la posible marcha a la vendimia. A partir del siglo XVIII, la caída de los meses de julio y agosto se fue reduciendo progresivamente (suman un 10% de las concepciones en el siglo XVII, un 15,88% en el XVIII y un 17,05% en el XIX), constatándose un ligero descenso en las concepciones del mes de septiembre. En el siglo XIX el reparto a lo largo del año se presenta bastante regular con algunas oscilaciones motivadas bien por razones religiosas –marzo- o bien por el calendario agrícola -octubre-.

El análisis del movimiento estacional de los nacimientos no resulta especialmente clarificador. La concentración de las faenas de la vendimia en unas pocas semanas repartidas entre dos meses dificulta cualquier posible valoración acerca de sus efectos demográficos sobre las concepciones. Por otra parte, si se atribuye el descenso en el número de concepciones en los meses de julio y agosto al desplazamiento estacional de hombres casados, esta práctica iría reduciéndose de forma paulatina a lo largo de los tiempos modernos hasta resultar prácticamente imperceptible en el siglo XIX. Dado el nivel de saturación demográfica que presenta la comarca a mediados de siglo, quizás la única explicación plausible radique en un cambio de preferencias o si se prefiere, en una modificación de las estrategias, que pasaría por un aumento de la emigración temporal con destino al país vecino en los años previos al matrimonio y por una reducción del componente de hombres casados en las partidas estacionales que se dirigían a Castilla.

I.3.3.2.3. Ocupaciones en los lugares de destino. El caso específico de los celanoveses emigrados a Lisboa

Los solicitantes de certificaciones de soltería que alegan causas económicas y sus testigos, en un buen número de casos, hacen referencia al trabajo desempeñado en los lugares de destino. En base a sus declaraciones confeccionamos la tabla 33.

TABLA 33 • OCUPACIONES EN LOS LUGARES DE DESTINO		
OCUPACIONES	N° CASOS	%
AGUADOR	48	31,58
JORNALERO	50	32,89
CRIADO DE SERVICIO	28	18,42
PANADERO	8	5,26

la desaparición del bache veraniego, lo que implicaría también la posible desaparición de la emigración a Castilla (O. Rey Castelao y F. Pérez Rodríguez, 1992:37-38).

TABLA 33 • OCUPACIONES EN LOS LUGARES DE DESTINO		
ZAPATERO	6	3,94
ESTUDIANTE	1	0,66
CANTERO	3	1,97
CARPINTERO	1	0,66
GUARNICIONERO	2	1,32
HERRERO	2	1,32
HILANDERO	1	0,66
SOLDADO	2	1,32
NO CONSTA	59	–
TOTAL	211	100,00

Casi un tercio de los individuos declaran haber trabajado como jornaleros durante su ausencia. En esta categoría se incluyen los grupos de mozos que encadenaban sus destinos estacionales en tierras de Castilla y en el Norte de Portugal, pero también una parte de los emigrados a Madrid o a las ciudades portuguesas de Lisboa y Porto. En el primer caso, el término jornalero equivale claramente a un jornalero agrícola, pero en los entornos urbanos de Lisboa, Madrid o Porto, es un concepto ambiguo que hace referencia al trabajo a jornal, sin especificar su tipología. Solo un 15,1% de los declarantes refieren un trabajo como artesanos y un 65,22% de los mismos se concentran en la ciudad de Lisboa en calidad de panaderos, zapateros o guarnicioneros.

En realidad, los resultados de la tabla están muy condicionados por la importancia que adquiere el destino lisboeta en el conjunto de las certificaciones de soltería. De hecho, algunas de las ocupaciones se refieren exclusivamente al numeroso grupo de emigrantes desplazados a esa ciudad como es el caso de los panaderos, zapateros o guarnicioneros que acabamos de mencionar. Pero si hay una profesión relacionada con el trabajo de los celanoveses en la ciudad de Lisboa esta es la de aguador y en menor medida criado de servicio[235]. En la tabla 34 se recogen de manera específica los trabajos desempeñados por los emigrantes en Lisboa.

---

[235] Como afirma D. L. González Lopo, en Lisboa la dedicación laboral era múltiple, pero con la característica común de ser trabajos muy duros. En esta ciudad el oficio de aguador estuvo acaparado por los gallegos, dando lugar a una figura típica y tópica del mundo lisboeta. El de aguador era un oficio pesado pero sin duda lucrativo, porque el agua era cara en Lisboa (1993:380).

TABLA 34 • OCUPACIONES DESEMPEÑADAS POR LOS EMIGRANTES EN LISBOA		
OCUPACIONES	NÚMERO CASOS	%
AGUADORES	48	49,49
CRIADOS DE SERVICIO	21	21,65
JORNALEROS	13	13,40
PANADEROS	8	8,25
ZAPATEROS	6	6,18
GUARNICIONEROS	1	1,03
NO CONSTA	52	–
TOTAL	149	100,00

Las ocupaciones vinculadas al sector terciario eran mayoritarias, el sector secundario tenía una representación escasa en el conjunto, en torno a un 15,46 % del total, y el sector primario apenas si debía estar presente porque un buen número de los que declaraban trabajar como jornaleros, en la práctica debían ser criados[236]. Los resultados son muy similares a los obtenidos por D. L. González Lopo a partir del análisis de los ingresados en el hospital lisboeta de Todos-Os-Santos entre 1745-46, constatándose también en este caso un claro predominio de las ocupaciones vinculadas con el sector terciario -85,3%-. Sin embargo, sí se aprecia una evolución en cuanto a los oficios desempeñados por los gallegos a mediados del siglo XVIII y los que refieren los celanoveses que acudieron en las últimas décadas del siglo XVIII y primera mitad del XIX.

Casi la mitad de los desplazados desde la comarca de Celanova trabajaron como aguadores, constituyendo la ocupación mayoritaria. El segundo colectivo por orden de importancia lo componen los criados de servicio, que probablemente representaban en torno a un tercio del total con la inclusión de los jornaleros[237]. Ambos grupos

---

[236] José Castillo de Rubiás declara trabajar como criado de servicio, ocupándose del servicio doméstico de algunos vecinos. Certificación de soltería de Manuel Prado, 06/07/1825. Caja 10.1.9 Archivo Diocesano de Ourense. Pedro Feijoo de Vilanova afirma en cambio que fue a trabajar como jornalero. En su declaración del día 23/12/1826 indica que fue a servir al mismo amo que Manuel Rodríguez, el solicitante de la certificación que también afirma ser jornalero. Ambos vivieron en la parroquia lisboeta de Santa Catarina. Caja 10.1.9. Archivo Diocesano de Ourense. Probablemente los tres realizaron el mismo tipo de labores, aunque en sus declaraciones figuran ocupaciones diferentes.

[237] La reducida presencia del sector secundario y la tendencia a la monopolización de algunas actividades que suponían mucho esfuerzo físico y mala remuneración parecen características comunes que definen bien las actividades desempeñadas por los emigrantes gallegos residentes en núcleos urbanos. Así, entre los emigrantes de la comarca de la Ulla ubicados en Madrid o en Cádiz en la segunda mitad del XIX, un 65,3% se declaraba sirvientes y el 24,5% aguadores, dispersándose el resto en otras dedicaciones. En la misma época, de los procedentes de la comarca de Ribadavia solo un 15% realizaba trabajos artesanales, predominando los servidores domésticos y los dependientes de comercio. Los datos de la ciudad de Porto en 1888 evidenciarían una distribución laboral similar ya que el 75% de los gallegos trabajaba como sirvientes y las actividades secundarias solo concernían a un 8,9% del total (O. Rey Castelao, 1994:106-107).

apenas están presentes todavía en la Lisboa de los años 40, donde un 89,3% de los gallegos se definen como mozos de cordel. A juicio de D. L. González Lopo, la imprecisión que se desprende de estos datos describe a un grupo humano que aun esta comenzando a introducirse en el mercado de la capital y carece todavía de la especialización que se irá produciendo con el paso del tiempo (2007:73-74)[238].

En el marco de esa especialización destacan sin duda los trabajos que desempeñaban los criados de servicio y muy particularmente los aguadores. En palabras de M. Rúas Gil Costa, Portugal en el siglo XVIII era un país próspero, porque los descubrimientos geográficos favorecieron la llegada de oro y especias, pero no trajeran agua. Lisboa era una ciudad sucia y carecía de una red de abastecimiento de agua y el trabajo no era un valor social en alza entre la nobleza lisboeta, que incluso no veía con buenos ojos que sus criados tuvieran que desplazarse para ir a buscar agua.

Las condiciones de la ciudad y su estructura social facilitaron la llegada de los emigrantes gallegos (M. Ruas Gil Costa, 2008:46). Como ha ocurrido en otras muchas ocasiones, lejos de su tierra los emigrantes gallegos pusieron en práctica su espíritu productivo, creando un nuevo servicio que ayudó al desarrollo de la ciudad[239]. El trabajo de los aguadores consistía en acarrear un barril de agua de 35 litros que iban vendiendo casa por casa. Para ello, unos 3000 aguadores estaban divididos entre los 29 chafarices con los que contaba la ciudad y desde allí distribuían el agua bajo la dirección de los capataces, garantizando así su llegada a todos los puntos de la ciudad (M. Rúas Gil Costa, 2008:48)[240].

Dado que en algunas declaraciones de celanoveses emigrados a Lisboa en la primera mitad del siglo XIX se indica de forma concreta el nombre de la calle en la que estaban afincados, reunimos dichas informaciones con el objetivo de localizar su presencia en la Lisboa de entonces. Conociendo además sus parroquias de origen, tratamos de averiguar la posible reagrupación de los emigrados atendiendo a razones de vecindad (Véase tabla 35).

TABLA 35 • PRESENCIA EMIGRANTES CELANOVESES POR CALLES Y PARROQUIAS– LISBOA ½ S. XIX		
CALLE	PARROQUIA	N° EMIGRADOS
MAE DE AGUA	SAO JOSE	4
RÚA DA ALEGRIA	SAO JOSE	21
POÇO DOS MOUROS	SANTA CATARINA	7
SAO FRANCISCO	SAO JULIAO	4

---

[238] El informe de Campomanes que trataba de atajar el mal de la emigración en Galicia aborda las causas de la emigración gallega al Reino de Portugal. A su juicio la clave de dicho éxodo, tan pernicioso para el país, se encontraba en la facilidad con la que encontraban trabajo los gallegos en Lisboa, por el gran comercio de aquel puerto, lo que les permitía ganar un jornal mayor que en Galicia. "Esta ganancia o ventaja de utilidad es la que los llama a Portugal" (M. Castro, 1958:247).

[239] En palabras de D. L. González Lopo, los gallegos fueron la gran solución para Portugal y Portugal fue la gran solución para los gallegos (2008:40).

[240] Según nos informa M. Rúas Gil Costa su red de distribución era tan amplia y organizada, que asumieron poco a poco nuevas responsabilidades. Entre ellas, la de ser los primeros responsables de combatir los incendios en la ciudad (2008:48). A este respecto S. Miñano argumenta lo siguiente: "como las casas en general están construidas en madera, son muy frecuentes los fuegos, pero hay un reglamento sabio y todos los socorros establecidos…y es muy general el apagarlos luego. Hay 15 bombas, 7000 aguadores organizados en compañías, con sus capataces que le pasan lista…y todo esto y la tropa de policía se presenta lo más pronto posible a cualquier distancia que se verifique fuego" (TOMO V, p.233).

TABLA 35 • PRESENCIA EMIGRANTES CELANOVESES POR CALLES Y PARROQUIAS– LISBOA ½ S. XIX		
RÚA DA OLIVEIRA AO CARMO	MADALENA	4
SAO JOAO DA MATA	Nº Sº DE LAPA	3
RÚA DA ESPERANÇA	SANTOS–O–VELHO	2
MONTE OLIVETE	SAO MAMEDE	1
RÚA DOS GALEGOS?	SACRAMENTO	1
TOTAL		47

Se trata de una muestra muy reducida, pero de su análisis se pueden obtener algunos datos de interés. En base a las informaciones de A. Vieira da Silva, Lisboa contaba a mediados del siglo XIX con 38 feligresías, tras los reducidos cambios introducidos en la división parroquial establecida en el año 1780[241]. Como se puede observar en la tabla, un 68,08% de los casos controlados se concentra tan solo en dos parroquias, Sao José y Santa Catarina, en el Bairro Alto y en la zona de A Baixa[242]. Concretamente en la primera de ellas residen poco más de la mitad de los casos registrados, la mayoría de ellos afincados en la Rúa da Alegría, lo que a nuestro juicio denota una clara vocación de agrupamiento por parte de los inmigrantes celanoveses[243].

Los testimonios sobre el trato frecuente entre vecinos e incluso sobre su cohabitación durante el tiempo de permanencia en la capital, son muy abundantes en la documentación y reflejan de manera clara la solidaridad de grupo[244].

[241] La orden del 22 de enero de 1780 establece la nueva distribución de las feligresías lisboetas modificando la estructura parroquial de la ciudad previa al terremoto de 1755 (A. Vieira Da Silva, 1943).

[242] A mediados de los años 40, más de la mitad de los efectivos gallegos atendidos en el Hospital de Lisboa también se concentraban en el área de Alfama, A Baixa/Ribeira y o Bairro Alto (D. L. González Lopo, 2007:79).

[243] Mª. José Vilalta también sostiene para un contexto cronológico difrente –segunda mitad del siglo XVI– y en un ámbito geográfico distinto, la ciudad de Lleida, el agrupamiento de los inmigrantes en el espacio urbano. Durante el periodo expansivo que vive esta ciudad en la segunda mitad del siglo XVI la intensa llegada de inmigrantes provocó su agrupamiento en los barrios más humildes, donde los nombres de las calles y las plazas provenían de los topónimos de los lugares de procedencia, reservándose los lugares de privilegio y de preeminencia para los leridanos antiguos. En este caso los inmigrantes franceses, aragoneses o del entorno rural leridano se agrupaban en las parroquias periféricas si disponían de unas mínimas posibilidades de acceder a una vivienda, o bien malvivían en cobertizos en los terrenos colindantes con la huerta en los exteriores de la muralla (1999: 292-293). Así, las parroquias más periféricas como la de Sant Llorenç y la de Santa María Magdalena, experimentaron una creciente ocupación en la segunda mitad del siglo XVI vinculada a la búsqueda de nuevos espacios para habitar, al encarecimiento de las viviendas en el centro y a la ubicación de las nuevas actividades laborales de los inmigrantes en zonas alejadas de la estricta actividad municipal (1997: 152).

[244] José Vázquez de Celanova residió en Lisboa en la Rúa da Alegría y trabajó de aguador. Sus tres testigos son naturales de la misma parroquia y residieron también en la misma calle donde trabajaban como aguadores. Además, los cuatro realizaron los viajes de ida en 1795 y de regreso en 1804 de manera conjunta. Declaración de José Vázquez, 01/06/1807. Caja 10.1.3. En la misma circunstancia se encuentra Rafael Rodríguez de Amoroce y sus tres testigos. Todos realizan el viaje de ida y regreso juntos y viven en la misma calle que los anteriores donde "casi diariamente se hablaban y trataban con fecuencia sabiendo mui bien unos la vida y costumbres de los otros". Declaración del 27/01/1818. Caja 10.1.4.

Celanova, plaza del Maíz: Crucero

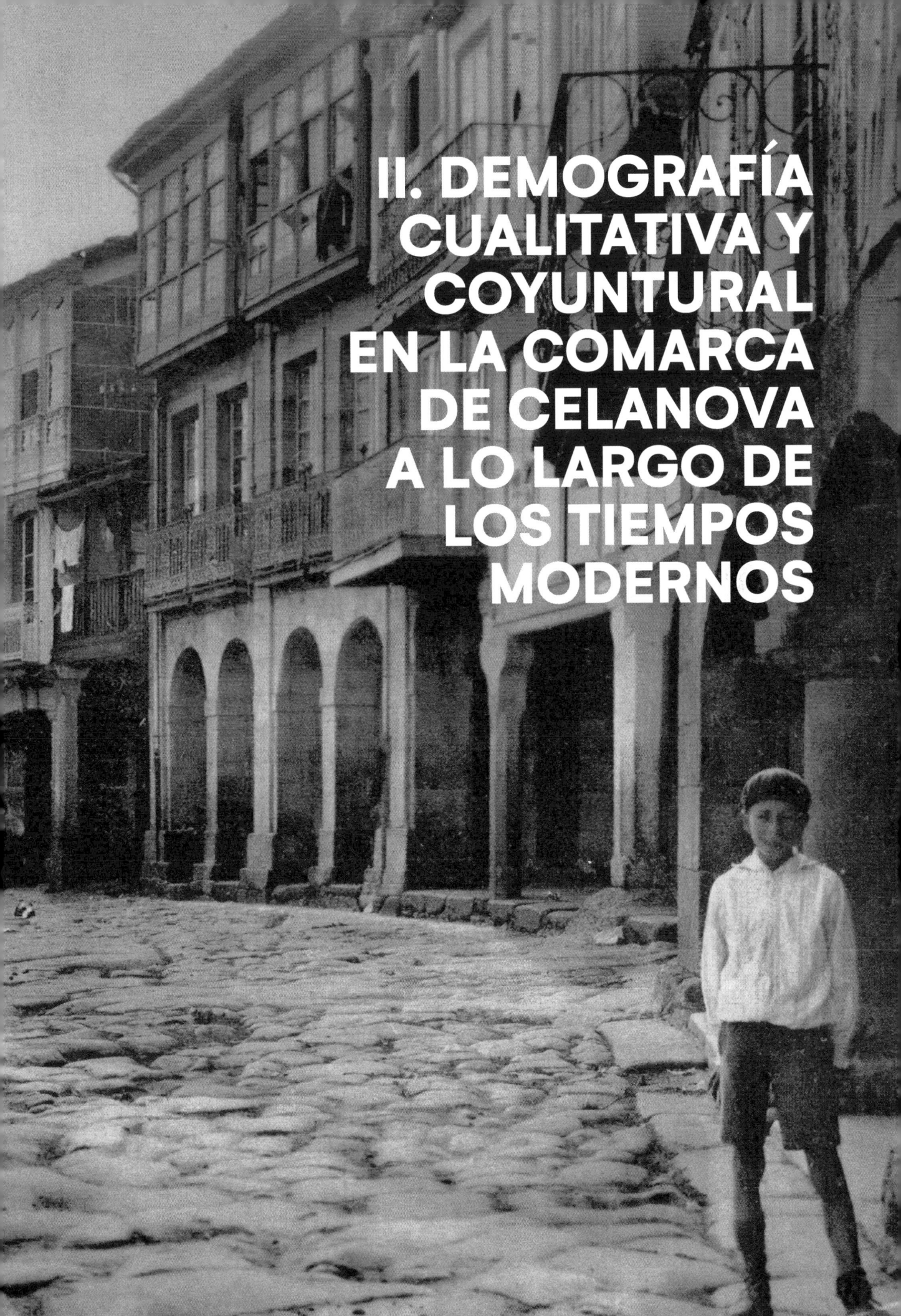

II. DEMOGRAFÍA CUALITATIVA Y COYUNTURAL EN LA COMARCA DE CELANOVA A LO LARGO DE LOS TIEMPOS MODERNOS

II.1. San Munio de Veiga, un proyecto entre la reconstrucción de familias y la reconstrucción de parroquias. Fuentes y metodología

II.1.1 El registro parroquial de San Munio de Veiga

El vaciado con carácter agregativo de los once registros parroquiales en base a los cuales se desarrollaron buena parte de los resultados presentados en el capítulo anterior nos llevó en su día a determinar la idoneidad de San Munio de Veiga para llevar a cabo la metodología de reconstrucción de familias. Esta metodología cumple una doble finalidad en nuestro proyecto de trabajo, por un lado permite profundizar en el análisis demográfico de la comarca de estudio, pero además es el nexo de unión que vincula dicho análisis demográfico con el estudio de la familia, en palabras de R. Rowland, con la esfera más inmediata de la existencia social de un individuo (1995:32).

El registro de Veiga dista mucho de ser perfecto, pero atendiendo a su tamaño en el marco del minifundismo parroquial reinante en la zona de estudio y en base a la calidad de sus anotaciones y el estado de conservación en el que se encuentran sus libros, nos pareció el más apropiado[245]. Sin embargo su elección condicionará los resultados de los cálculos demográficos, algo que debemos tener en cuenta a la hora de plantear el análisis de los mismos.

La parroquia de Veiga, actualmente integrada en el municipio de A Bola, ocupa 2,5 Km^2 de extensión en la vega del río Sorga, una tierra sin duda muy fértil que permitía la supervivencia a mediados del siglo XVIII a más de 600 personas, con una densidad en torno a los 245 habitantes/Km^2 (D. Rodríguez Fernández, 1999:177). La cifra de 253 vecinos que aporta el Vecindario de 1852 es sin duda inasumible tal como ya indicamos en el capítulo anterior, a raíz del cálculo de las tasas de natalidad. En realidad, entre los años 80 del siglo XVIII y los años 30 del siglo XIX, sus datos no reflejan el dinamismo demográfico que recoge el índice medio de bautismos elaborado para la comarca[246]. Su comportamiento es análogo al que registran las parroquias de Paizás, San Salvador de Penosiños, Amoroce, Ansemil o Fechas, en base a la comparación efectuada entre el Catastro de Ensenada y el Vecindario de 1852. Entre ambas fechas sus tasas de crecimiento son inferiores a la media comarcal, aunque superan con creces el

---

[245] Dada la reducida extensión geográfica de las parroquias en el área de estudio, a mediados del siglo XVIII, solo ocho entidades parroquiales superaban el umbral de 140 vecinos. Véase apéndice estadístico, tabla I. 2. Cuatro de esas parroquias se incluían en nuestro análisis agregativo –Celanova, Vilanova, San Munio de Veiga y Rubiás– y las cuatro restantes ya habían sido descartadas previamente por los graves problemas de conservación que afectan a sus registros. En la espléndida parroquia de Santa Eulalia de Berredo un incendio arrasó con los libros anteriores a 1716, en Paizás, cuyo registro de bautizados se inicia en 1654, no se conservan los libros de casados y difuntos hasta comienzos del siglo XVIII (1705), en San Salvador de Penosiños faltan todos los libros de bautizados desde 1699 en adelante y en Vilameá de Ramirás entre otras carencias no se conservan los libros de actas matrimoniales hasta 1796. Véase al respecto E. Bande Rodríguez y C. Taín Carril, 2000. De las cuatro parroquias vaciadas, Celanova fue descartada por tratarse de un núcleo semiurbano, no apropiado para un estudio de historia rural, en Vilanova se tuvo en cuenta además la ausencia de anotaciones desde 1659 hasta 1674. La calidad del registro de Veiga, claramente superior al de Rubiás, la convirtió sin duda en nuestra mejor y casi única elección posible.

[246] Véase apéndice estadístico, tabla I. 5.

estancamiento o incluso el retroceso demográfico que traducen los datos de algunas parroquias situadas en el sector más occidental del área de estudio, en el valle del Tuño[247]. Además, los valores máximos de bautismos se alcanzan ya en la primera década del siglo XIX, adelantándose en el tiempo la caída que se produce en el índice medio comarcal a partir de los años treinta. Esto nos obliga a hacer un reajuste en la periodización de las fases cronológicas[248].

En la parroquia de Veiga el registro sistemático de actas de bautismo se inicia en el año 1646 cuando da comienzo el Libro 1º de bautizados, casados y difuntos. Con anterioridad, desde 1625 se conservan algunas anotaciones realizadas en el llamado "Libro Viejo", cuyas hojas se cosieron al libro primero, pero es imposible su uso dado su estado de conservación.

En los libros parroquiales de Veiga se observan los mismos problemas que en la mayoría de las parroquias gallegas investigadas. En el terreno de las omisiones fortuitas la presencia de partidas que no respetan la secuencia cronológica se constata tanto al inicio del registro como a mediados del siglo XIX, en el momento en el que concluye esta investigación[249]. No es de extrañar que en la Visita realizada en el mes de junio de 1824 el visitador siga llamando la atención sobre la necesidad de inscribir las partidas de bautismo en el día en que se celebran para evitar problemas como los detectados en años anteriores, que ya fueran objeto de amonestación en la Visita de 1815[250]. El retraso en la inscripción de las partidas nunca debió corregirse del todo porque en el año 1848 nuevamente nos encontramos con una partida bautismal que debía ser inscrita en el mes de mayo (13/05/1848), pero que en realidad figura después de las celebradas en el mes de septiembre. También se aprecia la posible pérdida de registros derivada del fallecimiento y enfermedad de un párroco hasta la toma de posesión del nuevo encargado[251].

Aunque algunos errores de registro nunca consiguieron enmendarse del todo, la calidad de las anotaciones fue mejorando progresivamente en el tiempo como consecuencia del celo de los visitadores, aunque el mayor o menor cuidado de los encargados de turno dejó una clara impronta en la calidad del registro.

La parroquia de San Munio de Veiga era un Priorato del Convento de San Marcos de León, de manera que el encargado de realizar las Visitas Pastorales era el Vicario y Visitador General de la Orden de Santiago. Su presencia fue constante en la parroquia en los siglos XVII y XVIII, sin embargo, al igual que ocurre en el resto de las parroquias analizadas, esta práctica cayó claramente en desuso a lo largo del siglo XIX[252]. Aun así, para todo el período de análisis se obtiene una periodicidad de una visita cada 4,76 años, con una frecuencia muy superior a la media comarcal -7 años- (Véase tabla 1).

---

[247] Es el caso de la parroquia de Rubiás cuyo vecindario registra un descenso del 5,52% entre 1753 y 1852. Su falta de dinamismo resulta patente también a través de la evolución del índice medio de bautizados. Véase apéndice estadístico, tabla I. 5.

[248] Dado que el índice máximo de bautizados se alcanza en la primera década del siglo XIX, acotamos el marco cronológico de la fase de crecimiento al periodo comprendido entre 1770 y 1809, estableciendo una última etapa entre 1810 y 1850, cuando concluye el estudio.

[249] La partida de bautismo de Marcos Corbillón datada el 30/04/1652 se anotó en el libro después de los bautizados en el mes de septiembre de ese año. En ocasiones el tiempo transcurrido entre la fecha del bautizo y la inscripción en el libro es todavía mayor. Es el caso de la partida bautismal de Tomás Del Río que se inscribió en el año 1775 aunque la celebración se realizó el 15/03/1773, según confiesa el propio responsable del registro, D. Adrián Cid "por olvido natural". Libro 3º bautizados. F. 74v.

[250] En el año 1811 consta la certificación de un bautismo celebrado el 19/08/1791 por D. Manuel Josep de Orre y no incluido en su momento en el registro. La misma circunstancia se repite en el año 1815 con el acta bautismal de Gertrudis Fernández que debía haber sido inscrita por el mismo responsable en el mes de mayo de 1786.

[251] Don Antonio Fernández Del Casal anota la última partida el 17 de mayo de 1716, pero su sucesor en el cargo D. Josep de Basalo y Otero no comienza sus inscripciones hasta el 14 de octubre de ese mismo año.

[252] Después de la Visita de 1824 se produce un vacío de más de 50 años hasta que en año 1879 el Obispo de Ourense firma su visita, anotando al pie de la misma que los libros no habían sido visitados desde el año 1815, lo que no era del todo falso porque en la Visita de 1824 el visitador solo firmó en el Libro de Bautizados, pero no así en los de casados y difuntos.

TABLA 1 • PERIODICIDAD DE LAS VISITAS PASTORALES EN LA PARROQUIA DE VEIGA (1650–1850)						
VISITAS 2/2 S. XVII		VISITAS S. XVIII				VISITAS ½ S. XIX
1656	1686	1703	1722	1746	1774	1806
1662	1690	1705	1726	1750	1778	1815
1664	1693	1707	1728	1753	1784	1824
1673	1696	1711	1732	1760	1788	
1676		1714	1736	1763	1792	
1680		1718	1740	1766	1795	
1681		1719	1743	1770	1799	
MEDIA	4,54	3,57				16,66

Algunas de estas visitas merecen ser reseñadas. Es el caso de la realizada el 14/01/1680 en la que se anota por primera vez el formato que debieran presentar las partidas de bautismo:

"Yo fulano Prior o Capellán deste priorato de San Munio de Vega (…) bauticé un niño hijo de fulano y fulana vecinos de tal parte, púsele por nombre fulano. Fueron sus padrinos fulano y fulana vecinos de tal parte y advertiles el parentesco" Libro 1º Bautizados, Casados y Difuntos. Visita de 1680.

En el año 1681 el visitador revisa nuevamente los libros parroquiales para comprobar si el formato exigido es el que se está empleando y pocos años después en la visita de 1693 ordena lo siguiente:

"Manda su Mrd. Que este libro se guarde en el Archivo que está al lado del altar mayor y del no salga y que el prior compre tres libros diferentes, uno para baptizados, otro para velados y casados y el tercero para difuntos y confirmados, de suerte que evite la confusión e inordenación que en este se conoce, y asimismo que en cada uno se ponga por cabeza esta visita firmada del Prior". Libro 1º de B., C. y D., f. 144.

En el mes de noviembre de 1705 nuevamente se incluyen en la visita mandatos claros dirigidos a los responsables del registro para que los libros parroquiales, tres diferentes como mandaba la Visita de 1693, se custodien debidamente en la Iglesia parroquial donde "debe haber un arca o caixon con su llave, de donde por ningún accidente salga fuera de la iglesia jamás". En esta visita también se ordena por primera vez que se asiente la partida del bautizado el mismo día del bautismo y se amplían las informaciones que deben incluirse en la misma:

"Poniendo en ella los nombres y apellidos de sus padres y abuelos con toda distinción, poniéndole a cada uno de donde es natural y vecino, así a los que son de lexítimo matrimonio, como a los que son naturales de soltero y soltera, y a los que no hubieren una destas calidades les pondrá de padre incognito" Libro 2º de bautizados. Visita de 1705, f. 25-25v.

Como se desprende de los anteriores parágrafos, los mandatos del Visitador quedaron reflejados con absoluta claridad al final de cada visita en los libros parroquiales. Libros en los que también se aprecia el retraso, cuando no el evidente incumplimiento de estos. Es el caso concreto de la información relativa a los abuelos del bautizado, que en realidad no se incluirá de manera sistemática en las partidas hasta los años 60 del siglo XVIII, más de 50 años después de la Visita de 1705. En el año 1766, en los tiempos en que D. Adrián Cid era el encargado del registro se inició dicha anotación de manera sistemática; desde esta fecha en adelante figurarán los nombres y apellidos de los abuelos y sus lugares de residencia, incluyéndose también con carácter mayoritario el dato relativo a su posible fallecimiento.

La evidente mejoría de los libros de bautizados como fuente de información demográfica resulta patente a tenor de las informaciones anteriores. El análisis del tiempo transcurrido entre la fecha de nacimiento y la celebración del bautismo no hace sino confirmar dicha afirmación, al tiempo que nos introduce en el campo de las omisiones selectivas (L. Henry, 1983:62).

Lamentablemente, hasta comienzos del siglo XVIII no se incluye en las partidas bautismales el dato relativo a la fecha de nacimiento, por lo que carecemos de referencias sobre el tiempo transcurrido entre bautismo y nacimiento para fechas anteriores. A partir de 1701 empieza a aparecer la fecha de nacimiento en algunas partidas, pero con carácter sistemático su anotación solo se lleva a cabo durante cortos períodos de tiempo – entre 1701 y 1705 y entre 1716 y 1724–, por lo que debemos esperar hasta el año 1754, cuando se estrena el libro nuevo –Libro 3º bautizados 1754-1796–, para que de comienzo su registro de manera sistemática y continuada en el tiempo. En base a las informaciones disponibles elaboramos la tabla 2 sobre el tiempo transcurrido entre una y otra fecha.

TABLA 2 • EVOLUCIÓN TIEMPO TRANSCURRIDO ENTRE NACIMIENTO Y BAUTISMO. PARROQUIA DE VEIGA			
PERIODOS	N° OBSERVACIONES	MEDIA DÍAS ENTRE NAC. Y BAUT.	% BAT. MISMO DÍA NAC. O SIGUIENTE
1/2 S.XVIII	140	7,95	2,14
2/2 S.XVIII	867	4,18	12,68
1/2 S. XIX	1005	2,21	31,74

Aunque para la primera mitad del siglo XVIII se dispone de un número más reducido de observaciones, los datos muestran una progresiva reducción del tiempo transcurrido entre nacimiento y bautismo, acompañada de un claro incremento en el porcentaje de los que recibían las aguas bautismales en el mismo día de su nacimiento o el día siguiente al mismo. De hecho, en la primera mitad del siglo XVIII ningún recién nacido fue bautizado el mismo día de su nacimiento, siendo muy escasos los que lo hicieron al día siguiente (2,14%), sin embargo en la primera mitad del siglo XIX, casi un tercio de los bautizados se encontraban en ese grupo.

La reducción del tiempo transcurrido entre nacimiento y bautismo redunda en una clara mejoría de los libros de bautizados como fuente de información demográfica, puesto que implica una disminución en el probable subregistro de niños fallecidos antes de recibir las aguas bautismales. Este dato se complementa además con una adecuada proporción de bautismos de socorro con respecto al total de actas bautismales registradas, claramente por encima de la media comarcal como se puede apreciar en la tabla 3[253].

---

[253] En opinión de L. Henry cifras en torno al 3% son indicio de una calidad aceptable en las anotaciones, de ahí que el porcentaje de bautismos de socorro localizado Veiga es un indicador positivo de la calidad del registro, sin embargo no se alcanzan aquí las tasas cercanas al 8% que obtiene el profesor J. M. Pérez García en la parroquia de San Martín de Caldelas ya para el siglo XVII (2009:85) o las superiores al 10% que localiza I. C. González Abellás en la parroquia de Vilaza, en la comarca de Monterrei (I. C. González Abellás, 2010: 27).

TABLA 3 • PRESENCIA BAUTISMOS DE SOCORRO EN LA DOCUMENTACIÓN CELANOVESA		
PERIODOS	**% BATUTISMO SOCORRO VEIGA**	**% BATUTISMO SOCORRO COMARCA**
2/2 S. XVII	4,05	1,38
S. XVIII	5,25	3,98
S. XIX	4,83	3,00
TOTAL	4,97	2,98

Los nacimientos de partos múltiples recibieron prácticamente en su totalidad un bautismo de socorro con carácter previo al bautismo solemne celebrado en la iglesia parroquial. Desde mediados del siglo XVII a mediados del XIX los bautismos de gemelos representan el 0,70% del total de bautismos registrados, un porcentaje también claramente superior al que se obtiene para el conjunto de la comarca -0,54%- aunque alejado de las cifras que se alcanzan en la comarca del Salnés -1,21%- (J. M. Pérez García, 1979: 110), en las tierras de la Ulla -1,18%- (O. Rey Castelao, 1981: 43) o en la Jurisdicción del Morrazo -0,91%- (H. M. Rodríguez Ferreiro, 2003: 244). Su evolución positiva en el tiempo -0,42% en la segunda mitad del siglo XVII, 0,67% para el siglo XVIII y 0,88% en la primera mitad del XIX, es un indicio más de la progresiva mejoría en la calidad del registro[254].

En cuanto a las actas matrimoniales, las anotaciones comienzan en el llamado "Libro Viejo" en el año 1634, pero en la mayoría de los casos no se menciona el estado civil de los contrayentes ni los nombres de sus padres, siendo imposible determinar si se incluyen en una misma partida a casados y velados. Es a partir de 1646, con el inicio del libro 1º de bautizados, casados y difuntos, cuando mejora la calidad del registro aunque al comienzo del mismo siguen constatándose importantes deficiencias, en ocasiones sigue faltando el dato relativo al estado civil de los contrayentes y solo se incluye el nombre de los padres cuando son originarios y residentes en la parroquia de Veiga. Con el paso del tiempo se van corrigiendo estas deficiencias iniciales en las partidas y se incorporan algunas informaciones de interés:

-A partir del año 1656 se inicia la anotación sistemática de las aldeas de procedencia en el caso de los contrayentes originarios de la parroquia de Veiga, una información que nos resultará de gran ayuda de cara a la identificación de los contrayentes.

-Desde los años 70 del siglo XVII las partidas también incluyen frecuentemente información relativa a la posible defunción de los padres con anterioridad a la fecha de la boda.

---

[254] El valor medio resultante para todo el periodo -0,70% sobre el total de bautizados-, es claramente superior al que se obtiene en algunas comarcas gallegas como es el caso de Xallas -0,4%- (B. Barreiro Mallón, 1973:178), o Monterrei -0,46%- (I. C. González Abellás: 2010: 102), localizándose porcentajes muy similares en las tierras ourensanas de Cea -0,6- (Mª.J. López Álvarez, 2007: 135) o la Alta Limia -0,67%- (R. Ferreiro Pérez, 1981:37).

Entre los mandatos recogidos en las Visitas Pastorales destacamos el incluido en la Visita de 1664, cuando el visitador ordena de manera tajante que "en lo adelante no asista a matrimonio alguno sin que se casen y velen juntamente, así lo pronuncio". Libro 1º de bautizados, casados y difuntos, f. 73.

Por lo demás, los libros de casados apenas incorporaron nuevas referencias al margen de los datos anteriormente referidos. De hecho, la edad de los contrayentes no figura en las partidas hasta los años 60 del siglo XIX y ni siquiera a partir de esa fecha su anotación presenta un carácter sistemático.

Los libros de defunciones son sin duda los que presentan una mayor problemática, al igual que ocurre en las restantes parroquias gallegas analizadas. En el año 1646, cuando se inicia el registro de defunciones en el libro 1º de bautizados, casados y difuntos, las partidas solo incluyen el nombre y apellido del difunto y su aldea de procedencia. Hasta los años 70 del siglo XVII no abundan informaciones sobre el estado civil del difunto, empezando a incluirse también a partir de ese momento referencias al padre o marido de la difunta, según se trate de una mujer soltera o casada, respectivamente. En cualquier caso, estos datos no se introducen con carácter sistemático en todas las partidas hasta fechas más tardías[255].

De las 1785 actas de defunción registradas en la parroquia entre 1670 y 1849, el 50% de las mismas no contiene información alguna sobre el estado civil del difunto y solo a partir de 1850 se puede hablar de un carácter sistemático en este tipo de anotaciones. Hasta esta fecha la frecuencia de su aparición únicamente nos remite al diferente celo con el que llevaban a cabo su trabajo los encargados del archivo parroquial, tal como puede observarse en la tabla 4.

TABLA 4 • ANOTACIÓN ESTADO CIVIL DEL DIFUNTO EN LIBROS DE DEFUNCIONES DE VEIGA			
PERIODOS	Nº ACTAS	Nº REGISTRAN E. C.	%
1670–1699	193	95	49,22
1700–1749	375	120	32,00
1750–1799	546	174	46,74
1800–1849	671	500	74,51
1850–1934	618	598	96,76
1670–1934	2403	1487	61,88

La información sobre la edad de defunción únicamente se incluye a partir de una fecha muy tardía, desde los años 30 del siglo XIX cuando inicia las anotaciones D. Miguel Saavedra. Además, en un buen número de casos de una manera muy vaga, es decir, abundan informaciones del tipo "mayor de…años". En lo relativo a la causa de muerte, hasta el año 1842 no se recoge este dato con carácter generalizado, si bien su nivel de concreción desaparece a partir de los años 80 del siglo, cuando empieza a incluirse como causa mayoritaria de muerte, muerte natural.

---

[255] En realidad, los familiares del difunto solo aparecen sistemáticamente registrados en los libros de finados de la parroquia a partir de los años 80 del siglo XVIII.

En las sucesivas visitas a los Libros de Finados quedan patentes las preocupaciones económicas que sin lugar a duda marcaron las anotaciones de los encargados del registro, de ahí el interés de los visitadores por el cumplimiento de los mandatos de los difuntos. Así en la Visita de 1705 ordena al cura "cumpla todas las mandas de los difuntos que tocan al alma dentro de un mes después de su muerte". Libro 2º de difuntos, f. 24-24v. En realidad, desde el comienzo de las anotaciones en el libro 1º de bautizados, casados y difuntos, se aprecia un especial interés de los responsables del registro por conocer si el difunto dejó constancia de sus últimas voluntades, tanto por escrito ante notario o bien mediante testimonio oral ante testigos. De hecho, de las 1887 actas de defunción registradas entre 1646 y 1850, solamente en 132 casos, el 6,99% de los mismos, desconocemos dicha información. Para cerrar las fichas de familia y conocer incluso el destino de los hijos nacidos en las últimas décadas de estudio, introducimos actas de defunción desde 1850 hasta los años 30 del siglo XIX, haciendo uso del dato relativo a la edad del difunto expresada en la partida. Las 603 anotaciones incluidas en este grupo muestran la progresiva pérdida de interés de los encargados del registro por consignar dicha información, de modo que el 27,3% de las mismas ya no incluyen ninguna referencia al respecto.

Desde el comienzo del registro disponemos también de información de carácter sistemático sobre el número de misas que deben celebrarse por el alma del finado, si bien desde los años 40 del siglo XIX esta anotación comienza a desaparecer de las actas. Desconocemos si se trata de un problema de subregistro, o si la progresiva desaparición de esta práctica desde los años centrales del siglo XIX es la causa de fondo que explica la pérdida de interés de los párrocos de Veiga por registrar la realización de testamentos escritos o memorias orales por parte de sus feligreses. El número de sacerdotes asistentes a los funerales también quedó sistemáticamente reflejado en las actas, aunque su anotación es más tardía y data del año 1699, cuando da inicio el libro 2º de difuntos. Durante el siglo XVIII y a lo largo de la primera mitad del siglo XIX disponemos de dicha información para el 95,6% de los feligreses cuyo óbito quedó registrado en los libros parroquiales. Ambas informaciones, número de misas y número de sacerdotes, jugaron un papel importante a la hora de establecer una clasificación social de los hogares a falta de otras fuentes.

Igualmente abundan en los libros de finados de la parroquia, datos sobre el precio del enterramiento en los diferentes espacios de la Iglesia[256]. Lamentablemente, las partidas de defunción no incluían información relativa al lugar de enterramiento del difunto.

En cualquier caso, los libros de difuntos de la parroquia de Veiga durante el período de estudio recogen casi exclusivamente el registro de la mortalidad de adultos, siendo muy esporádicas las anotaciones de partidas de párvulos. Para el estudio de este componente de la mortalidad debemos hacer uso de las notas que figuran al margen de las partidas en los libros de bautizados y de las informaciones contenidas en las listas de confirmados.

En los libros de bautizados, desde el año 1754 aparece la palabra "murió" al margen de algunas partidas, una costumbre que se mantendrá hasta el final del período de estudio[257]. Con el inicio del siglo XIX, concretamente a

---

[256] En el año 1719 Joseph Basalo afirma lo siguiente: "habiendo visto un auto procedido por D. Pedro de Robles Villafane, prior que ha sido de este priorato, su fecha en 6 de enero de 1706, en que mandaba se cobren de allí adelante las sepulturas que hay desde el arco de la capilla maior hasta los colaterales de la Santa Cruz y Nuestra Sra. se cobrasen a 30 R. y reconociendo parece excesivo el precio y ser cortos los medios de los feligreses, y asi mismo aver cerca de doze años que ninguno se mandó enterrar en ellas, lo que es en perjuicio de la Yglesia. Por tanto manda su m. que desde hoy en adelante se paguen a 16 R. dichas sepulturas. Libro 2º de difuntos, f. 58.

[257] De las 1942 partidas registradas en los libros de bautizados entre 1754 y 1850, un 16,1% de las mismas indican al margen "murió". Una vez realizada la reconstrucción, sabemos que en 21 ocasiones los bautizados que incluían dicha anotación en realidad fallecieron a la edad adulta, aunque ninguno de ellos había accedido al matrimonio.

partir del año 1802, empieza a registrarse también de manera esporádica la fecha de defunción, produciéndose una anotación sistemática de la misma entre 1824 y 1842 durante el tiempo en el que Don Miguel Saavedra se encargó del registro parroquial, perdiendo dicha práctica su carácter sistemático tras el acceso al cargo de Don José Benito Rodríguez De Lugo.

Entre mediados del siglo XVII y mediados del XIX se inscribieron en los libros parroquiales de bautismos y defunciones ocho listas de confirmados, aunque muy desigualmente repartidas en el tiempo. Cuatro de ellas se realizaron en la segunda mitad del siglo XVII (04/05/1654-22/05/1661-05/06/1675 y 18/11/1695), dos son relativas a la segunda mitad del XVIII (octubre 1765 y 27/06/1799), y dos se corresponden con la primera mitad del siglo XIX (julio 1824 y 01/09/1848). Lamentablemente, la primera mitad del siglo XVIII queda huérfana de este tipo de fuentes.

Las cuatro últimas presentan una calidad muy superior a las llevadas a cabo en la segunda mitad del siglo XVII, en particular las listas de 1799 y de 1848 que adquieren prácticamente el carácter de auténticos censos de población dado que incluyen los nombres de los confirmados agrupados por aldeas y dentro de cada aldea por hogares[258]. En cuanto a las listas elaboradas en la segunda mitad del siglo XVII, apenas se pudo hacer uso de las dos primeras que refieren un listado de nombres sin ningún tipo de filiación, de ahí que nuestros esfuerzos se centraron en las listas de 1675 y 1695, pese al claro subregistro de niñas que presenta esta última, como después veremos.

La utilización de esta fuente no está exenta de problemas. En primer lugar, hay que tener en cuenta la disparidad de las edades de los confirmados ya que reciben el sacramento niños que aún no han cumplido su primer año de vida juntamente con jóvenes de 20 años o más. Esta característica se mantuvo además a lo largo del tiempo. De hecho, creemos que las listas conservadas desde mediados del siglo XVII se corresponden exactamente con las ceremonias de confirmación celebradas en la parroquia a lo largo de los tiempos modernos, de manera que la edad de los confirmados dependía única y exclusivamente del tiempo transcurrido entre confirmación y confirmación. Al tratarse de períodos largos, se pierde el grado de concreción sobre los destinos de los bautizados no confirmados.

Además, no todos los bautizados vivos residentes en la parroquia en el momento de la celebración recibían la confirmación. Desconocemos las razones que motivaban este comportamiento, si bien en el caso concreto de la ceremonia realizada el 18/11/1695, resulta patente la diferencia entre géneros dado que ese año recibieron la confirmación en Veiga el 55,8% de los niños bautizados en los últimos 20 años en la parroquia, sin embargo, prácticamente ninguna niña se confirmó (4,69%), o al menos sus nombres no fueron registrados por el cura párroco[259].

Con todas las carencias que presentan las listas de confirmados, jugaron un papel clave durante el proceso de reconstrucción de familias en la medida en que ayudaron a concretar el destino de los descendientes y permitieron fijar una fecha de salida de observación en la base de datos de individuos, sobre todo a partir de mediados del siglo XVIII. Por otra parte, fueron la fuente básica sobre la que se elaboraron los cálculos sobre mortalidad de párvulos, con el apoyo de las anotaciones al margen en las partidas de bautismo.

---

[258] En las cuatro listas de confirmados elaboradas en los siglos XVIII y XIX figura el nombre y apellidos de los padres, la aldea de residencia y el nombre de los hijos que confirman. En los listados de 1799 y 1848 el registro se ordena por aldeas, es decir primero aparecen todos los confirmados cuyas familias residen en Cacabelos, después los referidos a Cerdal de Arriba, etc. Como veremos en el apartado correspondiente, para el cálculo de la mortalidad de párvulos se contrastaron las listas de confirmados con los datos acumulados en las fichas de familia.

[259] De las 68 niñas bautizadas en la parroquia en los diez años anteriores a la confirmación, solo una se confirmó.

II.1.2. Una metodología entre la reconstrucción de familias y la reconstrucción de parroquias[260]

Este trabajo de investigación en su conjunto se asienta en un enfoque micro. En el campo de la demografía histórica dicho enfoque fue objeto de importantes críticas que afectaban a aspectos básicos del método de reconstrucción de familias y que no debemos pasar por alto[261]. Dichas críticas ponían en solfa los niveles de representatividad que se obtenían en este tipo de estudios, al tiempo que resaltaban la paradoja que sin duda representaba desarrollar primero un minucioso trabajo sobre individuos y familias para desembocar al final en un conjunto de estadísticas anónimas que resultaban del tratamiento de las fichas como elementos anónimos e independientes unos de otros (J. Dupâquier, 1984:120)[262].

Haciéndose eco de estas críticas, la profesora N. Amorim introdujo una nueva orientación en sus trabajos de reconstrucción de familias que entiende encaminados "a organizaçao sistemática de genealogías afectando toda uma populaçao cujos actos de nascimento, casamento e óbito se enquadram dentro de un periodo histórico determinado. Cada familia conjugal, formando uma unidade de exploraçao, é encadeada com os respectivos ascendentes e descendentes e relacionada com os dados dos registros que permiten a sua classificaçao en determinada tipologia profissional ou social" (1987: 8). La posibilidad de saltar gracias a la ayuda de la informática desde un fichero de familias a un fichero de individuos nos pareció un avance incuestionable, tanto por las posibilidades que ofrecía para el cruzamiento de fuentes, como por la superación que implicaba con respecto al método Henry al subsanar uno de los problemas que J. Dupâquier había puesto en evidencia.

La elaboración de genealogías y su aplicación al análisis de la reproducción generacional o a la búsqueda de comportamientos identificadores entre padres e hijos sobre varias generaciones, son ejes claves de investigación en demografía histórica (Guy Brunet, 1998: 12). En nuestro proyecto de trabajo un análisis intergeneracional no solo resultaba especialmente importante desde el punto de vista demográfico, sin duda representaba también la óptica adecuada para observar el funcionamiento de las familias desde un punto de vista longitudinal y apreciar la presencia de movilidad social.

Las posibilidades de análisis que ofrecía el método de reconstrucción de parroquias ideado por la profesora N. Amorim y la prueba evidente de que su aplicación no implicaba ninguna pérdida de fiabilidad y calidad en la reconstrucción (A. S. Volpi Scott, 1995: 89-100), nos encaminaron por esa vía. Una cuestión no menos importante residía en el ahorro de tiempo que se obtenía en la fase de recogida de documentación al desarrollar un cruzamiento de las informaciones en una ficha de familia, sin una previa recogida individualizada de las actas de bautismo, matrimonio y defunción[263]. En este sentido y aunque con ciertas diferencias, el profesor J. M. Pérez

---

[260] El planteamiento metodológico en el que se apoyó el proceso de reconstrucción de la parroquia de Veiga fue expuesto en la comunicación presentada a la Sesión Plenaria sobre "Reconstituiçao de familias e estatégias sociais", en el marco del VI Congreso de la Asociación de Demografía Histórica celebrado en Castelo Branco en el año 2001. Véase al respecto D. Rodríguez Fernández, 2004: 67-82. Este apartado sigue básicamente el texto de dicha comunicación con la inclusión de algunas tablas nuevas en las que se concretan en mayor medida los resultados del trabajo de recuperación de bautismos perdidos, ampliándose también las referencias en las notas a pie de página.

[261] Véase al respecto entre otros, G. Leti, 1979:92, J. Dupâquier, 1984:105-120, E. A. Wrigley, 1985: 4-31 o D. Reher, 1995:18 y del mismo autor 2000: 32-36.

[262] Dicho tratamiento independiente llevaba incluso a no tomar en consideración la continuidad familiar de las segundas o terceras nupcias, así como los matrimonios de sucesivas generaciones (J. Dupâquier, 1984:120).

[263] Para un conocimiento amplio de los diferentes pasos que se llevan a cabo en la metodología de reconstrucción de parroquias véase entre otros el artículo de N. Amorim en el boletín del ADEH (1991: 7-25).

García también incluía entre sus aportaciones al sistema Henry la necesidad de realizar la reconstrucción sobre la ficha familiar para no ralentizar la rentabilidad del método[264].

Una vez que decantamos nuestra elección por la metodología de reconstrucción de parroquias realizamos diferentes estancias en la Universidade do Minho, en el Núcleo de Estudos de Populaçâo e Sociedade que dirige la profesora Norberta Amorim para familiarizarnos in situ con el método y el sistema de trabajo[265].

La metodología de trabajo que se aplica en el NEPS está obviamente pensada en función de las características propias de los registros portugueses, que permiten una adecuada identificación de los cabezas de familia en el momento del bautismo de los hijos, un claro reconocimiento de la filiación de los cónyuges en el acta matrimonial y que presentan una importante problemática de cara a la identificación de individuos en el momento de la muerte por falta de referencias familiares (N. Amorim, 1992: 22). Estas cualidades pueden aplicarse sin ningún tipo de matizaciones a la mayoría de registros gallegos, particularmente a los registros parroquiales de San Munio de Veiga. Nuestras fuentes de trabajo no diferían en absoluto y la metodología podía ser aplicada sin ningún tipo de modificación, sin embargo consideramos que en función de nuestros particulares objetivos algunos cambios en la metodología podían adecuarla en mayor medida a nuestros intereses.

Los cambios afectaron en primer lugar al proceso de recogida documental pese a que tanto renovadores de la metodología clásica como impulsores de un nuevo método, parecían coincidir en la necesidad de desarrollar una reconstrucción directa sobre la ficha familiar. En nuestra opinión, cuando el objetivo final del investigador no concluye con el proceso de reconstrucción de familias, los libros sacramentales pueden aportar informaciones importantes al margen de las recogidas en la ficha familiar:

-En cada una de las actas de bautismo registradas en la parroquia de Veiga se informa sobre el lugar de residencia de los padres del bautizado[266], disponer de esta información nos permite conocer la incidencia de la movilidad familiar en la población en estudio.

- Desde los años 40 del siglo XVIII se recoge sistemáticamente la identidad de los abuelos de los bautizados, núcleo de residencia y posible defunción con anterioridad al bautismo en cuestión. El dato referido a la parroquia de origen de los abuelos constituyó una pista clave que utilizamos para la búsqueda de celebraciones matrimoniales e incluso de fechas de nacimiento en familias de tipo EC. La información referente a una previa defunción constituyó un importante punto de apoyo a los libros de defunciones.

- Una vez identificada la posición económica de la familia en el entramado social, la referencia al nombre y apellidos de los padrinos en las actas de bautismo permite conocer el sistema de funcionamiento de la red de parentesco espiritual[267].

---

[264] Las innovaciones propuestas por el profesor Pérez García en el sistema clásico no solo buscaban un ahorro de tiempo sino también la superación de los problemas puestos de manifiesto por J. Dupâquier. De ahí que, en sus trabajos enfocados desde la óptica del estudio de la familia, los matrimonios sucesivos de los cónyuges supervivientes se integran en la misma ficha para no romper la dinámica familiar. Además, se concede más importancia a saber con certeza el fin de la vida en común –cerrar las fichas-, que controlar la edad al matrimonio de la mujer para proceder a los depurados cálculos de fecundidad (J. M. Pérez García, 1995: 146).

[265] Queremos dejar constancia desde aquí de nuestra gratitud por la inmejorable acogida que recibimos en el NEPS, en primer lugar y muy personalmente a la profesora Norberta Amorim por poner todos sus medios de trabajo a nuestra disposición, pero también a todo el personal administrativo y a los técnicos informáticos que desde un principio nos prestaron todo su apoyo a medida que nuestro proyecto personal iba fraguando, particularmente a Dario Scott.

[266] En este caso concreto, pese a la extensión parroquial de no más de 2,5 Km², 14 son los posibles núcleos de hábitat familiar.

[267] En la actualidad el fichero automático de familias que se utiliza en la metodología de reconstrucción de parroquias también incluye la información referente a los padrinos del bautizado.

• Las actas de defunción, a menudo escuetas y carentes de información de tipo demográfico, son especialmente ricas en aportaciones de carácter social. Posible realización de testamento escrito y en su caso notario seleccionado, número de sacerdotes que oficiaron el acto y cantidad de misas encargadas figuran sistemáticamente, salvo en periodos concretos, en los libros de difuntos de la parroquia de Veiga.

La reflexión acerca de la importancia de estas informaciones y la pérdida de tiempo que supondría desarrollar primero una recogida manual de todas las actas, proceder después al cruzamiento de los datos siguiendo las pautas del sistema de reconstrucción de parroquias y finalmente realizar su transcripción al fichero de familias informatizado sobre el que se elaboran las estadísticas en el NEPS, nos llevó a considerar la posibilidad de plantear una "reconstrucción automática" partiendo de una previa recogida informatizada de todas las actas[268].

Para el inicial proceso de recogida documental se diseñaron tres modelos de fichas (bautizados, casados y difuntos), aprovechando las posibilidades de trabajo que ofrecen las bases de datos del programa Access y particularmente sus formularios. En cada uno de los formularios se incluyeron los campos necesarios para integrar todas las informaciones que consideramos pertinentes. A modo de ejemplo, en las fichas de bautismo se incluían las siguientes entradas de información: fecha nacimiento, fecha bautismo, nombre bautizado, sexo, carácter legítimo o ilegítimo, nombre del padre, apellido del padre, nombre de la madre, apellido de la madre, lugar de residencia, anotación de muerte como párvulo, fecha de muerte, nombre del padrino, apellido del padrino, nombre de la madrina, apellido de la madrina, lugar procedencia padrino, lugar procedencia madrina, residencia conjunta en caso de tratarse de un matrimonio, nombre y apellido abuelo paterno procedencia y posible defunción, nombre y apellido abuela paterna procedencia y posible defunción, nombre y apellido abuelo materno procedencia y posible defunción, nombre y apellido abuela materna procedencia y posible defunción, observaciones[269].

Concluida esta fase de vaciado de fuentes, se inició un proceso de diálogo y colaboración con el técnico informático del NEPS que derivó en la creación de los pequeños programas que permitieron el cruzamiento automático de una proporción importante de toda la información recogida. Siguiendo la metodología de reconstrucción de parroquias, en esta fase del trabajo las fichas familiares se establecen partiendo de la información contenida en la tabla de bautismos; el ordenador agrupa todos los bautizados en los que los campos correspondientes al padre y la madre son absolutamente coincidentes e introduce los datos en el fichero de familias, rellenando al mismo tiempo los campos identificadores insertos en la tabla de bautismos. El montaje de las fichas familiares partiendo de la lista de bautizados otorga preeminencia al análisis familiar sobre el análisis de carácter demográfico al integrar el conjunto de individuos nacidos en la comunidad y periodo de estudio en sus respectivas fichas familiares, independientemente de la catalogación final de las mismas.

Cada una de las operaciones desarrollada por el ordenador implicó a posteriori un proceso de comprobación exhaustiva de carácter manual puesto que a pesar del trabajo de "padronización" llevado a cabo sobre los nombres, ciertos problemas no pueden ser evitados[270]. Concluido el reagrupamiento automático de los bautismos, en

---

[268] En la metodología de reconstrucción de parroquias si bien la creación de la base de individuos y la elaboración de estadísticas se realiza sobre un fichero informatizado de familias, el trabajo previo de reconstrucción familiar se desarrolla manualmente partiendo de la información contenida en los libros de bautizados. Atendiendo a las características inherentes al sistema de transmisión de apellidos vigente en aquel país resulta lógica la preferencia de la profesora N. Amorim por los ficheros manuales en esta primera fase de trabajo (1992: 23).

[269] El formulario descrito se corresponde con su versión definitiva, una vez corregidos los fallos de diseño por parte de Dario Scott.

[270] Los nombres compuestos masculinos o femeninos constituyen una fuente permanente de problemas dados los cambios de orden que se producen entre los dos términos, la posible asimilación de uno por el otro, etc. A modo de ejemplo, el ordenador nunca establecerá en la misma familia los hijos de María Antonia y Antonia María, tampoco los de María Ana y Mariana. Algunos apellidos, aunque en menor medida, tampoco se vieron exentos de complicaciones, es el caso

nuestro fichero de familias se generaron 1127 familias, entre las que se incluyen las madres de hijos ilegítimos; una vez finalizadas las comprobaciones manuales se mantienen 924 fichas dado que un 18% de las fichas iniciales se correspondían con familias fantasmas resultado de desdoblamientos injustificados[271]. Este dato refleja con claridad la importancia de desarrollar un seguimiento exhaustivo de las operaciones a fin de no caer en resultados completamente erróneos, por ello consideramos que una reconstrucción de familias difícilmente puede realizarse de modo absolutamente automático y en nuestro caso particular si bien la informática jugó un notable papel, la comprobación manual fue de una importancia incuestionable.

Una vez solventados todos los problemas detectados en la base de familias se procedió al cruzamiento de las actas matrimoniales. En este caso el programa elaborado al efecto busca en primer lugar la presencia de los novios entre los cabezas de familia recogidos en las fichas y en caso afirmativo rellena los campos referidos al lugar de casamiento, siempre coincidente con el nombre de la parroquia en cuestión, fecha de matrimonio y naturalidad de los contrayentes. Seguidamente rastrea las fichas de familia y busca la presencia de los contrayentes como hijos de familia, en caso de coincidencia exacta entre las filiaciones paterna y materna presentes en las actas de matrimonio y los cabezas de familia recogidos en nuestro fichero de familias, la fecha de matrimonio queda recogida en el campo correspondiente al hijo o hija en cuestión.

Una vez más, el proceso de comprobaciones sobre los resultados de las operaciones realizadas jugó un papel fundamental y en esta ocasión, además de constatar la validez de los cruzamientos realizados, se trabajó sobre listados de los matrimonios no localizados como cabezas de familia y de los novios/as naturales de la parroquia cuya fecha de nacimiento no había sido encontrada, utilizando campos de identificación de la tabla de matrimonios. Para valorar de manera adecuada la importancia de estas operaciones baste señalar que la proporción de actas matrimoniales cruzadas automáticamente con los cabezas de familia generados a partir de los bautismos abarcaba al 70% del total de celebraciones, finalmente tras las comprobaciones esta proporción se elevó hasta alcanzar casi el 80% del total. En la tabla 5 pueden verse los resultados por periodos.

TABLA 5 • CONTROL FECHA DE NACIMIENTO EN LOS MATRIMONIOS DE VEIGA					
	MATRIMONIOS	FECHA NACIMIENTO LOC. HOMBRE		FECHA NACIMIENTO LOC. MUJER	
PERIODOS	N°	N°	%	N°	%
1655/1700	103	28	27,18	58	56,31
1/2 S.XVIII	165	68	41,21	127	76,97
2/2 S.XVIII	197	127	64,47	158	80,20
S.XIX	298	154	51,68	254	85,23
TOTAL	763	377	49,41	597	78,24

concreto de Basalo-Balado que se confunden a lo largo del tiempo en nuestros registros.

[271] Todos los trabajos de corrección realizados se desarrollaron sobre los bancos de datos, no sobre el fichero de familias, para mantener en todo momento la vinculación entre las tablas iniciales y el resultado final de la reconstrucción a través de los campos identificadores. Consecuentemente los programas de cruzamiento se pasaron en repetidas ocasiones.

De las 763 celebraciones registradas en la tabla de matrimonios desde el momento en el que iniciamos el trabajo de reconstrucción en el año 1655 y hasta 1889, en un 54,26% de los casos el novio es natural de la parroquia elevándose dicha proporción a un 85,19% entre las novias[272]. Finalizado este trabajo, identificamos la fecha de nacimiento de un 91% de los novios/novias originarios de la parroquia[273].

En este caso, además las comprobaciones manuales fueron imprescindibles para detectar la presencia de nacimientos perdidos y efectuar las correcciones necesarias en las fichas de familia. En la tabla 6 pueden observarse los resultados de la aplicación del método Henry para la evaluación de bautismos perdidos a partir de las actas matrimoniales.

FECHA MATRIMONIOS	Nº PAREJAS	BAUT. REG.	MATRIMONIOS HIJOS REG.	MATRIMONIOS HIJOS PERDIDOS	TOTAL BAT. PERDIDOS	% OCULT.
1655–69	20	104	41	5	12,68	12,20
1670–89	39	163	60	3	8,15	5,00
1690–1709	45	180	62	5	14,52	8,06
1710–29	59	288	103	8	22,37	7,77
1730–49	65	314	116	3	8,12	2,59
1750–69	83	383	142	5	13,49	3,52
1770–89	81	390	131	1	2,98	0,76
1790–1809	84	430	119	9	32,52	7,56
1810–29	63	296	64	3	13,88	4,69
1830–49	68	213	46	1	4,63	2,17
TOTAL	607	2761	884	43	134,30	4,86

TABLA 6 • NACIMIENTOS PERDIDOS A PARTIR DE ACTAS MATRIMONIALES EN FICHAS RECONSTRUIDAS (F. MC+EC)

La tabla acoge al conjunto de familias estables que registran hijos en la parroquia de Veiga entre 1655 y 1849, tanto las originadas a partir de un matrimonio celebrado en esa misma parroquia, como las derivadas de un matrimonio ocurrido en una parroquia del entorno y después instaladas de manera estable en Veiga durante todo su ciclo vital[274]. Los datos presentados traducen importantes deficiencias en la anotación de bautismos al comienzo del registro que se fueron corrigiendo con el paso del tiempo, si bien el número de bautismos perdidos se incrementó nuevamente en las dos décadas iniciales y en la década final del siglo XVIII.

---

[272] En el apéndice estadístico, tablas II.3 pueden consultarse los datos relativos a la procedencia geográfica de los cónyuges en las celebraciones matrimoniales registradas en la parroquia.

[273] Para la segunda mitad del siglo XVII conseguimos localizar la fecha de nacimiento de un 58,3% de los novios originarios de la parroquia y de un 65,17% de las novias. A partir de ahí el nivel de control de la fecha de nacimiento, tanto para hombres como para mujeres originarias de Veiga, se encuentra siempre por encima del 90%, alcanzándose prácticamente el 100% de éxito en la segunda mitad del siglo XVIII (98,4% para los hombres y 97,5% para las mujeres).

[274] En este caso, para su inclusión en el cálculo se estableció una fecha de matrimonio ficticia aplicando el intervalo protogenésico resultante para las familias MC.

La recuperación de bautismos perdidos no solo se realizó con el concurso de las actas matrimoniales. Las seis listas de confirmados que conservamos para el periodo reconstruido también jugaron un papel fundamental en esta tarea. En la tabla 7 se incluye el número de bautismos recuperado a partir de su uso.

TABLA 7 • CONTROL BAUTIZADOS A PARTIR LISTAS CONFIRMADOS (1675,1695, 1765, 1799, 1824 Y 1848), MATRIMONIOS Y DEFUNCIONES.								
TIPOLOG. FAMILIAS	NÚMERO FAM.	BAT. HASTA CONFIRMACIÓN	CONF.	CONF. NO BAT.	REC. MATR.	REC. DEF.	REC. DOBLE FUENTE	TOTAL RECUP.
F. ESTAB. CON HIJOS	579	1995	970	26	15	2	11	43
F. INEST. CON HIJOS	80	147	71	30	8	2	11	40
MADRES SOLT. C. HIJOS	85	105	36	0	0	1	0	1
TOTAL	744	2247	1077	56	23	5	22	84

El número total de familias que confirman hijos en las seis fechas indicadas se distribuyó en tres categorías: familias estables con hijos, familias inestables con hijos y madres solteras con hijos[275]. Como se aprecia en la tabla, el 53,57% de los bautismos recuperados a partir de las listas de confirmados nos remite al grupo de las familias inestables o móviles, por lo que desconocemos si se produjeron en la parroquia de Veiga o en realidad se registraron en las parroquias vecinas donde estas familias tuvieron fijada su residencia por algún tiempo. Los 26 casos relativos a familias estables sí se corresponden efectivamente con bautismos recuperados, suponiendo un 2,68% del total de hijos confirmados. La combinación de las listas de confirmados, actas matrimoniales y partidas de defunción resulta clave para recuperar un número significativo de bautismos perdidos, ya que, si bien estos representan poco más del 2% del total, en las fechas iniciales en las que empieza su andadura el registro alcanzan proporciones considerables. En la tabla 8 se registra la evolución en el tiempo del conjunto de partidas recuperadas en las distintas fuentes

TABLA 8 • CONTROL DE NACIMIENTOS PERDIDOS				
PERIODOS	BAUT. REG. EN FICHAS RECONST.	BAUT. REC. EN REGISTRO	BAT. RECUP. POR RECONSTR.	%
1655–69	24	–	6	25,00
1670–89	157	–	10	6,37
1690–1709	206	–	3	1,46
1710–29	195	–	8	4,10
1730–49	365	–	4	1,10

---

[275] En el apéndice estadístico, tablas II.1 pueden consultarse de forma individualizada los datos relativos a cada una de las listas de confirmados.

TABLA 8 • CONTROL DE NACIMIENTOS PERDIDOS				
1750–69	367	-	3	0,82
1770–89	353	1	4	1,42
1790–09	402	1	10	2,73
1810–29	361	-	12	3,32
1830–49	331	-	3	0,91
TOTAL	2761	2	63	2,35

Una vez concluidas estas operaciones manuales y antes de continuar con el cruzamiento automático aun fue necesaria una intervención más. Los matrimonios celebrados en la parroquia que no generaron descendencia no se incluyeron automáticamente en el fichero de familias, de ahí que realizadas las comprobaciones y descartada la presencia de descendencia entre las familias registradas, procedimos a su introducción manual en el fichero familiar.

El último cruzamiento por efectuar para concluir el montaje de las familias se centró en la utilización de los libros de difuntos. Sin duda su uso era el que generaba una mayor problemática dada la presencia de un importante volumen de actas carentes de cualquier información relativa a los familiares del fallecido. Dejar en manos del ordenador la identificación de individuos teniendo en cuenta los consabidos problemas de homonimia era un riesgo imposible de asumir, por ello en este caso la reconstrucción automática se circunscribió al 46% del total de defunciones, aquellas en las que se recogía la relación de parentesco del difunto con otra persona (padres, madres, maridos, esposas e hijos en la práctica totalidad de los casos)[276]. Puesto que en el proceso de vaciado documental indicamos con claridad en una de las entradas de información cual era el parentesco concreto que unía al fallecido con el familiar mencionado, la proporción de éxito en el cruzamiento fue muy elevada y en un 90% de los casos el ordenador reconoce e inserta la fecha del fallecimiento en el campo correspondiente.

Comprobados los datos insertados y revisados los no localizados, un 95% de los difuntos con referencias familiares fueron identificados, un 43,7% del total de defunciones registradas. Una importante tarea faltaba por concluir en este terreno donde fue necesario trabajar sobre más de la mitad de las defunciones parroquiales. Familia a familia se fueron analizando uno a uno los individuos de los que carecíamos de fecha de defunción: se utilizaron todas las informaciones colaterales recogidas con ocasión del matrimonio de los hijos o del bautizo de los nietos y se realizaron las consultas pertinentes en Access acerca de las personas fallecidas con el nombre y apellido rastreado, entre las fechas consideradas probables, y cuyo estado civil y residencia al morir coincidiera con los del individuo investigado. Finalmente, la proporción de personas identificadas se eleva a un 88% del total, pero en buena medida el éxito alcanzado en los cruzamientos manuales se debe a la presencia de un registro informatizado del conjunto de defunciones donde consta en el 98,6% de los casos el dato referido a la aldea de procedencia del individuo en cuestión.

---

[276] Las 1160 partidas que se incluyen en esta categoría no se reparten de manera idéntica a lo largo de todo el periodo analizado concentrándose el 84,57% de las mismas desde los años setenta del siglo XVIII.

Una vez concluido el montaje de las familias, en la última fase de la "reconstrucción automática" se integraron en el fichero resultante del programa de reconstrucción de Parroquias las informaciones recogidas en la tabla de bautismos, relativas a los padrinos de los bautizados.

A partir de una metodología que combina reconstrucción automática y tratamiento individual de la información y en la que se respetó el orden de las tareas desarrolladas en una reconstrucción manual integrada en el sistema de reconstrucción de parroquias, nuestro punto de llegada es el mismo, un fichero de familias a partir del cual se genera el fichero de individuos resultado del cruzamiento automático entre fichas de familia. El planteamiento inicial de un estudio de carácter demográfico pero vinculado al análisis familiar y a la esfera de las relaciones sociales nos llevó sin embargo a la introducción de nuevas informaciones en el fichero familiar antes de proceder a la creación del fichero de individuos.

Las familias se clasificaron siguiendo la metodología propuesta por la profesora N. Amorim (1992:35) para la elaboración de las estadísticas demográficas. Una vez concluida la clasificación de las familias, concentramos nuestros esfuerzos en las de tipo 5 y 6, es decir las familias de tipo EC en la terminología de L. Henry (1983: 112-113). En la mayoría de los casos las familias EC se constituyen tras un matrimonio celebrado en el exterior de la comunidad de estudio por un integrante de la misma, mayoritariamente de sexo masculino, que una vez celebrada la ceremonia fija la residencia en la comunidad de origen.

En el periodo en el que se lleva a cabo la reconstrucción (1655-1850), 227 de las 893 parejas legítimas que viven en la parroquia de Veiga, un 25,4% del total, se constituye a partir de matrimonios celebrados en el exterior. La posible conversión de estas familias tipo EC en familias tipo MC para apoyar sobre un mayor número de casos las estadísticas de fecundidad fue un factor que alentó las búsquedas desarrolladas sobre los libros de casados y bautizados de otras parroquias cercanas, pero sobre todo estas se vieron estimuladas por el objetivo de concretar en la medida de lo posible los destinos individuales y por ende familiares. De hecho, en los libros consultados de las nueve parroquias analizadas al efecto no solo se recuperaron las fechas de matrimonio de 87 de las 227 familias, un 38 % del total, sino que además se recogieron todas las actas matrimoniales concernientes a individuos de nuestra comunidad pese a que con posterioridad fijaran su residencia en el exterior[277].

Posteriormente se rellenaron los dos campos integrados en el fichero familiar que hacen referencia a la clasificación social de la familia utilizando para ello las informaciones contenidas en los Libros Reales del Catastro de Ensenada y las informaciones de carácter social recogidas en las partidas de defunción[278].

Concluidas estas operaciones, nuestro trabajo se desarrolló siguiendo los cauces que marca la metodología de reconstrucción de parroquias en las dos fases restantes (N. Amorim, 1992: 23); en primer lugar se generó automáticamente la base de individuos donde se organiza en fichas individuales la información sobre actos vitales de las personas naturales del área de estudio y finalmente en la última fase del proceso de reconstrucción parroquial se desarrolló un trabajo sistemático sobre las fichas individuales para incluir los inmigrantes, marcar una fecha de inicio y fin de observación en aquellas personas para las que no disponemos de fecha de bautismo o de fecha de

---

[277] Los archivos parroquiales en los que se centró la búsqueda apoyándose en la información que aporta el registro de los abuelos en las actas de bautismo son: Ansemil, Cañón, Martín do Mes, Orga, Pitelos, San Paio de Veiga, Sanguñedo, Santa Baia Berredo y Sorga.

[278] La consulta de los Libros Reales del Catastro de Ensenada no se concentró únicamente en la documentación concerniente a la parroquia de Veiga, que analizamos en su totalidad. Para reconstruir las explotaciones agrícolas de los vecinos de Veiga, se rastrearon las parcelas de tierra de las que disponían en las cuatro comunidades que circundan a la parroquia. Somos conscientes de que la clasificación social de las familias desarrollada a partir de esta fuente ofrece una garantía de fiabilidad difícilmente comparable con la información proveniente del número de misas encomendadas y los sacerdotes presentes en el funeral. Pero compartimos la opinión del profesor J. M. Pérez García que afirma al respecto "el tipo de obligaciones cumplimentadas por el alma de los difuntos traduce de manera aceptable el escalón social de los individuos" (1995: 158).

defunción, e introducir las informaciones de carácter social, provenientes del catastro de Ensenada y de los libros de defunción, disponibles en cada caso[279].

Tener una parroquia completamente reconstruida implica, siguiendo las apreciaciones de N. Amorim, que para cada uno de los residentes se dispone de una ficha cerrada con un inicio y fin de observación marcado de forma exacta o aproximadamente (1992: 33). 3961 individuos constituyen la población nacida o incorporada desde el exterior a la parroquia de Veiga desde el año 1670 hasta 1850, en un 12,7% del total de casos desconocemos su destino, pero el nivel de reconstrucción alcanzado difiere en las distintas etapas analizadas y si bien en el primer periodo entre1670-1729, las personas de final desconocido suponen el 21,3%, en la fase 1730-1769 estas suponen el 11,9%, esta proporción se reduce en el periodo 1770-1829 al 6% para elevarse nuevamente en las décadas finales entre1830 y 1850 al 15,5%.

La elaboración de las estadísticas demográficas sobre fecundidad, nupcialidad y mortalidad de la parroquia de Veiga se realizó también a partir del programa de reconstrucción de parroquias. El programa para el análisis demográfico de familias (ADF) del profesor Manuel Ardit era la otra posibilidad de la que disponíamos, pero finalmente nos decantamos por el método portugués pese a la indudable mayor facilidad de manejo y rapidez en la obtención de resultados que se logra con la utilización del segundo programa. El programa del profesor Manuel Ardit está pensado para la elaboración de datos sobre los archivos del país valenciano, sin duda de mayor calidad que la mayoría de archivos gallegos, por ello su utilización en la parroquia de Veiga implicaba más que problemas, inconvenientes y pérdidas en el número de observaciones con respecto a la metodología portuguesa.

Finalizado el proceso de reconstrucción parroquial y a partir del sistema "Albero", de autoría de Dario Scott, se elaboraron las genealogías familiares correspondientes a los hogares registrados en 1752 en la parroquia de Veiga. Una característica a destacar de las genealogías descendentes resultantes de la aplicación de este programa es su continuidad por vía masculina y femenina. Algunos de los trabajos realizados sobre construcciones genealógicas resaltan sin embargo la conveniencia de adoptar una línea, bien patrilineal o matrilineal en el seguimiento familiar, es el caso de J. L. Rallu que en su estudio de carácter demográfico sobre las islas Marquesas afirma la necesidad de aplicar una delimitación unilineal si se pretende realizar el seguimiento de la población de una determinada comunidad[280] (1992: 46-48). E. Pelaquier en su monografía sobre Saint Victor de la Coste sigue los patronímicos familiares de heredero en heredero, analiza después las ramas colaterales surgidas de los hijos excluidos de la herencia y por último integra a las hijas casadas en las familias de sus esposos salvo en el caso excepcional de convertirse en herederas por falta de hermanos varones (1996: 162). J. Dupâquier en la encuesta de las 3000 familias, después de plantearse interesantes cuestiones a cerca de la metodología más adecuada para abordar los problemas de movilidad

---

[279] Para el marcado de los inicios y fin de observación, se siguieron las normas establecidas al efecto en la metodología portuguesa; las personas foráneas que se incorporan a la comunidad después de un matrimonio tienen como inicio de observación lógica dicho matrimonio, en los naturales del área de estudio que salen de observación inmediatamente después de celebrado éste, la fecha de matrimonio representa el fin de observación, en el caso de familias móviles que abandonan la comunidad se utiliza una fecha fin de observación común a todos los miembros y coincidente con el último acto vital registrado. De todos es conocida la problemática que presentan la mayoría de los registros gallegos a la hora de plantear un estudio de la mortalidad de párvulos, San Munio de Veiga como ya vimos en páginas anteriores no constituye ninguna excepción al respecto. La utilización de las listas de confirmados no está exenta de problemas ya que si bien nos informan de manera indirecta sobre los bautizados muertos, no nos permiten conocer la distribución interna de esa mortalidad en los primeros años de vida. Debemos tener en cuenta que las normas establecidas para el marcado del fin de la observación individual y familiar en la metodología de reconstrucción de parroquias se insertarían dentro de lo que A. Blum y A. Bringé denominan la fecha "minimal". Su uso en los cálculos de esperanza de vida, tal y como se desprende de los análisis que realizan, no implica diferencias significativas con respecto a los cálculos realizados sobre una fecha "maximal" (1992: 13-14).

[280] El autor explica sus afirmaciones a partir del caso hipotético de una comunidad de tipo patrilineal en la que una parte de las mujeres casa en el exterior donde también fija su residencia, en este caso su descendencia quedaría al margen de la población analizada y del interés del investigador. La proporción de mujeres que casa dentro de los límites de la comunidad tampoco contaría en sus familias de origen al quedar integradas en la familia de los esposos.

social o geográfica, no integra en el estudio la descendencia por vía femenina puesto que sigue los patronímicos de TRA (1995: 299-301).

La organización de las genealogías resultantes del encadenamiento familiar en la comunidad de Veiga tampoco está exenta de problemas. Partiendo de la información contenida en las partidas de defunción y restringiendo el análisis al sector poblacional que nos interesa, los individuos casados, tan solo un 21,9% de los cabezas de familia fallecidos en la parroquia realiza un testamento escrito a la hora de transmitir sus últimas voluntades, el porcentaje se eleva a un 24% de los hombres y supone un 20% entre las mujeres. Obviamente, las informaciones testamentales no pueden ayudarnos de manera sistemática en la organización de las líneas genealógicas. La referencia continuada al núcleo de poblamiento en el que se instalan los matrimonios de la siguiente generación también podría aportarnos alguna luz acerca de la línea de descendencia preferencial. En este sentido la única conclusión obtenida es la imposibilidad de plantear un estudio social de la información genealógica de la parroquia de Veiga partiendo del establecimiento de una regla de sucesión de carácter unívoco, al menos eso se desprende de los datos que a continuación se presentan. Un 60,7% de las hijas de familias cerradas, una vez celebradas sus nupcias establecen su lugar de residencia en el mismo lugar de poblamiento en el que residen sus padres, pero un 54,6% de los hijos varones comparte la misma situación.

La inexistencia de una línea de descendencia preferencial que obviamente no se sustenta en el mantenimiento de un patronímico se confirma a nuestro juicio con un análisis concreto centrado en el sector superior del campesinado. Las 21 familias que a tenor de la información catastral representan a mediados del siglo XVIII las capas superiores del campesinado casan en la primera generación descendente un total de 65 hijos, un 60% de las mujeres casadas comparte la aldea de residencia con la generación ascendente, porcentaje que se eleva al 65% de los varones.

Todos los datos analizados nos corroboran por el momento lo acertado de un planteamiento que no solo persigue la descendencia generacional por vía masculina y femenina, sino que también nos permite elaborar genealogías ascendentes remontándose en el tiempo a través de los ancestros de los dos miembros que componen la pareja conyugal.

A fin de valorar adecuadamente el nivel de rendimientos obtenido en la reconstrucción parroquial de San Munio de Veiga y el grado de representatividad que traducen los porcentajes de individuos reconstruidos que hemos aportado, presentamos en la tabla 9 la clasificación de las familias legítimas siguiendo los postulados de L. Henry (1983: 112-114).

TABLA 9 • CLASIFICACIÓN DE FAMILIAS									
1655–1729					1730–1769				
	C	A	TOTAL	% REPR.		C	A	TOTAL	% REPR.
M	131	65	196	66,98	M	136	29	165	82,42
E	39	43	82		E	22	10	32	
TOTAL	170	108	278	61,15	TOTAL	158	39	197	80,20
1770–1809					1810–1850				
	C	A	TOTAL	% REPR.		C	A	TOTAL	% REPR.
M	161	38	199	80,90	M	147*	38	185	79,46
E	13	5	18		E	6	10	16	
TOTAL	174	43	217	80,18	TOTAL	153	48	201	76,12

TABLA 9 • CLASIFICACIÓN DE FAMILIAS				
1655–1850				
	C	**A**	**TOTAL**	**% REPR.**
M	575	170	745	77,18
E	80	68	148	
TOTAL	655	238	893	73,34

Salvo en el primer periodo reconstruido, el nivel de rendimiento calculado a partir de la proporción de familias MC con respecto al total de matrimonios se acerca al 80% y la proporción de familias cerradas con respecto al total de uniones que en algún momento de su ciclo familiar se asientan en la comunidad analizada es de un 73%[281]. De las 170 familias tipo MA incluidas en la tabla general, 119 se corresponden con parejas que, tras la celebración de sus nupcias, inmediatamente o cuando menos antes del nacimiento de su primer hijo, establecen la residencia fuera de los límites de la parroquia de San Munio de Veiga. Podemos concluir entonces que entre un 10 y un 13% de las familias analizadas se integrarían en la categoría de familias móviles[282].

TABLA 10 • REPRESENTATIVIDAD MUESTRA BAUTISMOS MANEJADA			
PERIODOS	**TOTAL BAUTISMOS**	**BAUTISMOS EN FICHAS RECONSTRUIDAS**	**%**
1660–1669	63	24	38,10
1670–1679	94	66	70,21
1680–1689	111	91	81,98
1690–1699	127	94	74,02
1700–1709	139	112	80,58
1710–1719	120	98	81,67
1720–1729	124	97	78,23
1730–1739	190	171	90,00
1740–1749	213	194	91,08
1750–1759	193	175	90,67

[281] Entre 1810 y 1850 de las 147 fichas MC de las que disponemos, 24 no podrán ser utilizadas en los cálculos de fecundidad porque su posible descendencia se prolonga más allá del año 1849, cuando concluyó la recogida de actas de bautismo.

[282] Establecemos un umbral máximo de familias móviles situado en torno al 13% del total de familias. Es un porcentaje ligeramente superior al que habíamos calculado en nuestra comunicación al VI Congreso de la ADEH (10%), porque preferimos englobar en esta categoría a 21 fichas cuyos intervalos nos planteaban serias dudas. La mayor parte, 15 en total, se sitúan en el primer período analizado, más concretamente en la segunda mitad del XVII coincidiendo con la etapa de mayor incidencia del subregistro de actas bautismales. Es probable por lo tanto que se trate más bien de familias estables que se han visto afectadas por un problema de subregistro que de verdaderas familias móviles, pese a que más de la mitad proceden de un matrimonio celebrado en el exterior. Ante las dudas y dado que no era viable su utilización en los cálculos de fecundidad, optamos por incluirlas en esa categoría de familias móviles provocando así una ligera disminución del nivel de representatividad de las familias estables en ese período.

TABLA 10 • REPRESENTATIVIDAD MUESTRA BAUTISMOS MANEJADA			
1760–1769	205	192	93,66
1770–1779	177	161	90,96
1780–1789	201	192	95,52
1790–1799	208	192	92,31
1800–1809	228	210	92,11
1810–1819	210	194	92,38
1820–1829	195	167	85,64
1830–1839	196	162	82,65
1840–1850	205	169	82,44
TOTAL	**3199**	**2761**	**86,31**

La tabla 10 refleja la proporción de bautismos registrados en la comunidad de estudio cuyo nacimiento tiene lugar en el seno de una familia de tipo estable y cerrada. Los matrimonios de tipo MC y EC acogen a más del 85% de los bautizados en la parroquia de Veiga a lo largo de todo el periodo analizado, apreciándose en los decenios iniciales la lógica y esperada tendencia ascendente. Nuestros resultados no son excepcionales en el ámbito de los estudios gallegos, el profesor José Manuel Pérez García en su reconstrucción familiar desarrollada sobre los archivos de Villalonga-Gondar, Dena y Samieira consigue cerrar un 84,9% de las parejas resultantes de los esponsales celebrados en el periodo 1750-1825 y en sus fichas se integra el 86,4% de los niños registrados entre 1760 y 1829 (1995: 148). En sus trabajos sobre la comarca del Bajo Miño a través de la parroquia de San Martín de Caldelas logra incluir en sus fichas a un 88,7% de los bautismos registrados entre 1616 y 1645, elevándose dicha proporción hasta un 93,2% del total entre 1646 y 1670 (2009: 88-89).

A tenor de los datos presentados concordamos plenamente con las conclusiones del citado autor a cerca de la representatividad y el carácter hegemónico que adquieren en algunos marcos rurales las familias estables, con independencia de la movilidad individual de sus miembros. Todos los análisis desarrollados sobre las familias celanovesas refuerzan esa imagen de estabilidad familiar. Véase sino la permanencia familiar que se registra si comparamos las casas abiertas en el coto de Veiga en 1752, año en el que se realiza el Libro Personal del Catastro de Ensenada, con las presentes en 1762 en el momento de elaboración de las Comprobaciones. Un 81,30% de los casales registrados en la segunda fecha formaban parte también del padrón vecinal realizado 10 años atrás. Incluso ciñéndonos en la comparación a los cabezas de familia, un 68,3% de los existentes en 1762 llevaban cuando menos 10 años al frente de sus respectivos hogares. Si hacemos uso de las genealogías ascendentes de los casales localizados en el recuento de 1752, los ascendientes de un 55% de los mismos se remonta por vía paterna, materna o por doble vía, a los años 50 del siglo XVII.

Los datos sobre estabilidad familiar presentados y relativos a la feligresía de Veiga o a las parroquias analizadas por el profesor Pérez García para la Galicia Costera no admiten una posible comparación con los cálculos realizados por M. Segalen en la comunidad de Saint Jean Trolimon, donde a partir del estudio de los recuentos nominativos del siglo XIX la autora concluye la renovación de más de un tercio de los hogares comunitarios en el espacio de

5 años[283]. M. Segalen partiendo del recuento censal de 1841 solamente logra seguir a través de 3 generaciones descendentes a un 27,9% de las parejas registradas (1985: 22), ese mismo cálculo aplicado a la parroquia de Veiga nos permite obtener información sobre un 56,2% de los hogares, excluidos los encabezados por personas en estado de soltería que murieron en la misma condición.

En suma, seguir manteniendo con carácter general la falta de representatividad de las familias estables en los estudios de reconstrucción familiar sin antes realizar comprobaciones fehacientes sobre su importancia real en la comunidad, no nos parece del todo adecuado[284].

Las críticas al sistema de reconstrucción de familias no solo incluyen los posibles problemas derivados de la falta de representatividad geográfica y de la escasa proporción que representan las familias estables con respecto al conjunto de la comunidad, la falta de representatividad social constituye en opinión de diversos autores un handicap importante en los estudios de estas características, (J. Dupâquier, 1984: 109), (D. Reher, 1995: 18).

J. Dupâquier plantea el problema desde un doble punto de vista, en primer lugar, la falta de representatividad social de las familias estables que no incluirían en el caso de las monografías rurales francesas a las capas superiores de la sociedad, los ricos "fermiers", tendentes a casarse fuera de la comunidad y generar fichas de tipo EC o MA, en segundo lugar el autor resalta la incapacidad de estos estudios para acercarse a la movilidad social. En su opinión, la movilidad de carácter social está fuertemente unida a la movilidad geográfica, por ello para abordar un estudio sobre cambios sociales es necesario renunciar al cuadro territorial de las monografías parroquiales y seguir las familias en función de sus migraciones introduciendo las técnicas propias de los genealogistas (1995: 297).

Obviamente la posibilidad de continuar el análisis generacional de los descendientes de parroquianos de Veiga en las diferentes comunidades en las que se instalan nos permitiría disponer de un campo de observación más amplio a la hora de definir los comportamientos familiares. Tal y como planteamos el estudio genealógico, en base a la utilización de los hijos casados residentes en la parroquia analizada, estas ramas familiares escapan completamente de nuestro objetivo focal. Desconocemos pues el sentido de las alianzas entabladas en el exterior y la utilización que después pueda hacerse de las mismas en las generaciones sucesivas. La única razón que explica nuestro planteamiento es de carácter práctico y se basa en la imposibilidad real en términos de tiempo de llevar a cabo un estudio de estas características en el marco de un proyecto ya de por si bastante amplio.

Sin embargo, una vez admitidas las limitaciones reales del estudio, entendemos que importantes cuestiones pueden analizarse en función de los datos disponibles. La distribución social de los hogares abiertos en 1752 merced a la utilización de los datos económicos del Catastro de Ensenada nos transmite la siguiente imagen: un 73,2% de las familias reconstruidas de campesinos inferiores son de tipo MC, entre las capas medias de la sociedad el porcentaje se reduce a un 67,8%, representando en las cotas superiores del campesinado al 77,2% del total. En los tres grupos sociales establecidos la proporción de familias estables, MC y EC supera el 90%, un 90,9% entre los mas acomodados que alcanza al 94,6% de los más desfavorecidos. Si utilizamos la clasificación social resultante de las actas de defunción, los resultados son completamente coincidentes. Los datos presentados no traducen a nuestro juicio un carácter sesgado de los cálculos demográficos realizados a partir de las familias de tipo estable, aunque

---

[283] A juicio de la autora, el sistema de apropiación del suelo, el modo de transmisión de bienes y la estructura del ciclo doméstico son las causas de la movilidad de la población campesina. De ahí la importancia de vincular el estudio de carácter demográfico de una comunidad con en el entramado relaciones económicas, sociales y familiares que se da en la misma.

[284] J. P. Poussou defiende la idea de un enraizamiento local mayoritario en una sociedad francesa predominantemente rural hasta el siglo XX. En su opinión, dicha estabilidad no contradice la existencia de una movilidad ligada a los intercambios matrimoniales, interpretada como un aspecto relevante de la micromovilidad y de los intercambios entre comunidades, y tampoco niega la existencia de regiones o parroquias en las que las migraciones temporales y estacionales constituyen un auténtico sistema de vida. (2002: 8).

el análisis de la edad al matrimonio y las tasas de fecundidad confirman la existencia de una demografía social diferenciada, ya constatada también en otras investigaciones.

La observación de las genealogías descendentes no traduce en absoluto una idea de estabilidad social, difícilmente compatible con el sistema de transmisión hereditaria vigente en esta área geográfica. Retomando una vez más y a modo de ejemplo la primera generación descendente de los 21 casales de ricos campesinos abiertos en 1752, disponemos de datos para 60 de sus 65 hijos casados. Los 5 casos restantes se corresponden con los matrimonios de 5 hijas que instalan su residencia más allá de las "fronteras" comunitarias alejándose por lo tanto de nuestro punto de mira. Únicamente en un 18,3% de las ocasiones las familias generadas por esos 60 hijos se mantienen en la misma escala social de la generación precedente, aunque el porcentaje se elevaría hasta un tercio de los mismos si nos centráramos exclusivamente en sus condiciones de muerte y no incluyéramos las de sus respectivos/as cónyuges. De aceptar como válidas las informaciones contenidas en los libros de difuntos, este grupo solamente consigue el supuesto ideal de estabilidad social para un reducido número de sus miembros que se mantiene en los límites del espacio comunitario[285]. La persistencia en el tiempo de este sector social implica por lo tanto también la existencia de una movilidad en sentido ascendente, de lo contrario en varias generaciones se produciría su desaparición.

En definitiva, el proceso de reconstrucción llevado a cabo en la parroquia de Veiga combinó fases de tratamiento manual con otras en las que el ordenador jugó un papel importante por su capacidad de procesamiento y organización-reorganización de los datos. Su utilidad es indiscutible en este sentido, pero concordamos plenamente con el profesor D. Reher para quien las hipótesis de búsqueda, las ideas y los interrogantes del investigador estarán siempre por encima del papel que puedan jugar las máquinas.

II.2. La nupcialidad. Componentes estructurales e impacto de la coyuntura

El matrimonio se entiende como una suerte de articulación entre la esfera íntima del individuo y la sociedad, en la medida en que garantiza el deseo de supervivencia del grupo y su continuidad sociocultural y económica. De ahí que en los procesos matrimoniales intervienen una multitud de determinantes (C. Sauvain-Dugerdil, Ph. Richard, 1998:28). El análisis de los elementos caracterizadores del régimen matrimonial en la comarca de Celanova revela en algunos casos un elevado nivel de estabilidad a lo largo del período de estudio, otros en cambio reflejan cambios importantes en el tiempo, como un claro reflejo de la multiplicidad de factores que intervienen en la tipificación de los sistemas matrimoniales. Establecer la mayor o menor preeminencia de los factores culturales de índole estructural, o de los factores económicos y demográficos de carácter más coyuntural, constituye un asunto harto difícil[286].

---

[285] No debe perderse de vista que dada su ubicación en la pirámide social, este grupo es el que presenta unas mayores posibilidades de movilidad descendente.

[286] R. Rowland defiende la estabilidad de la configuración regional de los regímenes matrimoniales en la Península Ibérica durante la Edad Moderna, definidos en función de la edad femenina de acceso al matrimonio. A su juicio son los factores culturales y no tanto los de carácter económico o demográfico los que explican la edad de las mujeres al matrimonio. Las bajas edades de acceso al matrimonio que se localizan al sur de la línea que va de Lisboa a Logroño y que atraviesa la parte meridional de Aragón y Cataluña ponen en tela de juicio la teoría de J. Hajnal, además su estabilidad en el tiempo tampoco encaja con el posterior desarrollo de dicha teoría por parte de P. Chaunu quien colocó al régimen matrimonial de la Europa occidental y su mecanismo homeostático, como la gran variable reguladora de un sistema propio de la cristiandad latina surgido en Inglaterra en los siglos finales de la Edad Media (R. Rowland, 1988:72-128).

II.2.1. El movimiento estacional de los matrimonios

Ya tuvimos ocasión de ver el movimiento estacional de los matrimonios y su vinculación con los condicionamientos demográficos que impone la emigración masculina de carácter estacional. Retomamos de nuevo su análisis para valorar en su conjunto la incidencia de los factores demográficos, los relacionados con el calendario agrícola, así como la vigencia de las prohibiciones religiosas[287]. En el apéndice estadístico, gráfico II.1, se presentan los datos agrupados por periodos seculares.

La concentración de las celebraciones matrimoniales en el mes de febrero constituye un rasgo estructural que define el comportamiento de la población rural del Occidente Europeo durante la Edad Moderna. Un buen número de investigaciones llevadas a cabo en Galicia o en otras regiones del Norte Peninsular, las acometidas en tierras del interior castellano, las de la fachada levantina, los trabajos portugueses o los que resultan de las monografías francesas traducen esa preferencia de las poblaciones históricas por el mes de febrero para la celebración de las bodas, aunque sus estadísticas sugieren matices diferentes en cuanto a la intensidad de dicha concentración[288]. Como argumenta C. Fernández Cortizo (1979: 140), la inactividad que marca el calendario agrícola en la época invernal, la carne de cerdo en sazón y el posterior parón obligado de la cuaresma justifican en buena medida su elección. En la comarca de estudio entre 1634 y 1889, en los meses de enero y febrero se concentra el 36,25% del total de celebraciones matrimoniales no constatándose apenas variaciones en el tiempo.

Por el contrario, el análisis de los mínimos anuales nos remite en primer lugar a los condicionantes demográficos y en menor medida al respeto por el calendario sagrado. Como ya vimos en el capítulo anterior los meses de julio y agosto solo suman el 6,5% del total de celebraciones matrimoniales del período dada la ausencia de un sector – suponemos importante- de la población masculina en las siegas en Castilla. La presencia de trabajadores temporeros en las vendimias de la región portuguesa do Douro en el siglo XVIII y en la primera mitad del siglo XIX también queda reflejada en el reducido volumen de bodas concertadas durante el mes de septiembre entre ambas fechas (en torno al 4,5% del total).

En los tiempos de Adviento y Cuaresma se observa un desigual seguimiento de las prohibiciones que marcaba el calendario religioso. El mínimo subsidiario de celebraciones matrimoniales en el mes de marzo, 5% del total a lo largo de todo el período, denota la importancia de las prohibiciones en el tiempo de Cuaresma, constatándose además un reforzamiento en el siglo XIX cuando solo un 1,33% de las celebraciones matrimoniales se producen en este mes. La efectividad de las restricciones en el siglo XIX nos remite a una sociedad profundamente respetuosa con los tiempos sagrados, sin embargo esta actitud no se ve corroborada con los datos del mes de diciembre que reflejan una indudable mayor laxitud con el tiempo de Adviento[289].

---

[287] Véase apéndice estadístico, tablas II.2.

[288] Véase al respecto entre otros C. Fernández Cortizo, 1979: 140, H.M. Rodríguez Ferrreiro, 2003:146, J. M. Pérez García, 2011:245, A. García-Sanz Marcótegui, 1985:230, L. M. Rubio Pérez, 1987:115, M. Ardit, 1995: 176-177, E. Garrido Arce, 1995b:196, Mª. N. Amorim, 1987: 65, I. Martins de Faria, 1998: 67-68, J. C. Sangoi, 1985: 100-101, E. Pelaquier, 1996: 164, F. Lebrun y A. Fauve-Chamoux, 1988: 297.

[289] En la zona norte de Portugal en la parroquia de Ronfe también se aprecia una mayor incidencia de las restricciones en tiempos de Cuaresma. Además, en el siglo XIX la caída de las uniones matrimoniales en el mes de marzo se mantiene con fuerza en el conjunto de grupos sociales que forman la comunidad mientras que la prohibición de Adviento cada vez es menos perceptible entre los diferentes sectores de la sociedad minhota, particularmente entre los novios relacionados con el sector agrícola que acumulan incluso más uniones matrimoniales en diciembre que en el mes de febrero (A. S. Volpi Scott, 1999:185-187). En Galicia en la comarca del Salnés el mes de diciembre tampoco se vio afectado por las prohibiciones eclesiásticas acumulando juntamente con enero los máximos anuales (J. M. Pérez García, 1979: 109).

Una vez superadas las restricciones de la Cuaresma y hasta la segunda quincena del mes de junio cuando se iniciaba la marcha de los temporeros a Castilla, localizamos el máximo secundario de celebraciones anuales, muy vinculado también a los ritmos vitales.

En definitiva tal y como se observa en el gráfico, el movimiento estacional de los matrimonios refleja un trazado bastante clásico con máximos en enero y febrero, parón cuaresmal, máximo secundario en los meses primaverales hasta la marcha de los temporeros en el mes de junio, parón veraniego, lenta recuperación en los meses de octubre y noviembre y ligera observancia religiosa en el mes de diciembre.

II.2.2. Clasificación de los matrimonios según el estado civil de los contrayentes

El vaciado agregativo de los once archivos parroquiales incluidos en nuestra Memoria de Licenciatura ya nos había permitido constatar la presencia mayoritaria de contrayentes solteros en la comarca de estudio, tal como se aprecia en la tabla 11.

TABLA 11 • PORCENTAJE MATRIMONIOS EN SEGUNDAS NUPCIAS RESPECTO TOTAL DE MATRIMONIOS										
PERIODOS	TOTAL	SOLTERA VIUDO		VIUDA SOLTERO		AMBOS VIUDOS		TOTAL VIUDOS	
	Nº	Nº	%	Nº	%	Nº	%	Nº	%
1600–49	171	3	1,75	1	0,58	1	0,58	5	2,92
1650–99	737	8	1,09	27	3,66	12	1,63	47	6,38
1700–49	1461	74	5,07	43	2,94	10	0,68	127	8,69
1750–99	1737	131	7,54	52	2,99	18	1,04	201	11,57
1800–49	1914	188	9,82	57	2,98	34	1,78	279	14,58
TOTAL	6020	404	6,71	180	2,99	75	1,25	659	10,95
1700–1849*	5112	393	7,69	152	2,97	62	1,21	607	11,87

Sin embargo, el fuerte incremento del porcentaje de segundas nupcias a partir del siglo XVIII ya se había relacionado en su momento con las posibles deficiencias en el registro de actas matrimoniales en el siglo XVII (1999:121). En este período el problema deriva de la falta de concreción en las partidas dado que en muchas ocasiones el párroco no declara de forma explícita si se trata de contrayentes solteros, pero tampoco incorpora información alguna sobre anteriores uniones. El análisis exhaustivo llevado a cabo sobre el registro parroquial de San Munio de Veiga vino a confirmar nuestras sospechas, de manera que la proporción de segundas nupcias obtenida entre 1700 y 1850 (11,87%), o incluso la del período comprendido entre 1750 y 1850 (13,15%), nos parecen más cercanas a la realidad que el 10,95% resultante para todo el período de estudio.

TABLA 12 • PARROQUIA DE VEIGA. PORCENTAJE MATRIMONIOS EN SEGUNDAS NUPCIAS										
PERIODOS	TOTAL	SOLTERA VIUDO			VIUDA SOLTERO		AMBOS VIUDOS		TOTAL VIUDOS	
	N°	N°	%	N°	%	N°	%	N°	%
S. XVII	138	8	5,80	9	6,52	3	2,17	20	14,49
1/2 S. XVIII	165	17	10,30	17	10,30	3	1,82	0	22,42
2/2 S. XVIII	197	17	8,63	11	5,58	4	2,03	32	16,24
1/2 S. XIX	201	29	14,43	5	2,49	4	1,99	38	18,91
S. XVII–XIX	701	71	10,13	42	5,99	14	1,99	127	18,11

Como se aprecia en la tabla 12, la presencia de contrayentes solteros sigue siendo mayoritaria en la parroquia de Veiga, sin embargo un registro más cuidadoso de las actas matrimoniales por parte de los responsables parroquiales complementado con las informaciones disponibles tras el proceso de reconstrucción de familias, elevan el porcentaje de segundas nupcias hasta el 18,11% del total de las celebraciones matrimoniales[290].

Los reducidos porcentajes de segundas nupcias propios de la Galicia costera se han interpretado en función de unas bajas tasas de mortalidad adulta y por consiguiente de una larga duración de la vida matrimonial (J. M. Pérez García, 1995: 154). El fenómeno de las segundas nupcias no solo se ha relacionado con las pautas de mortalidad adulta, sino que también se ha puesto en relación con los sistemas de organización familiar y las prácticas hereditarias dominantes. A juicio del profesor P. Saavedra, el predominio de la ideología de casa y un sistema hereditario rígido como el que imperaba en la provincia lucense implica una menor frecuencia de los segundos matrimonios (1994: 173)[291], aunque en la práctica los datos concretos no permiten establecer con tanta claridad una geografía de las

[290] En el ámbito de los estudios gallegos, los porcentajes resultantes para la parroquia de Veiga son similares a los aportados por O. Rey Castelao para la comarca de la Ulla, donde se superaba el 18,3% en la segunda mitad del siglo XVII, ascendiendo hasta el 23,7% en la primera mitad del siglo XVIII, un 16,7% en la segunda mitad del siglo y un porcentaje ya claramente inferior, en torno al 11,7%, para la primera mitad del XIX (1981:45). En San Martín de Caldelas en la comarca del Bajo Miño, se localizan igualmente porcentajes bastante elevados, 16,7% de media para el siglo XVII y 18,7% en el siglo XVIII, superándose el 23% entre 1724 y 1754. Véase al respecto J. M. Pérez García, 2009:86 y 2013: 17. También se obtienen cifras similares o incluso superiores en la tierra de Xallas, donde se alcanza el 21,9% en el siglo XVIII (B. Barreiro Mallón, 1973:170), o en la comarca ourensana de Monterrei con una tasa global del 16,47% entre 1600 y 1849 (I. C. González Abellás, 2010:104). No obstante, se trata de unos porcentajes superiores a los que se obtienen en las investigaciones llevadas a cabo sobre la Galicia costera, caso del Salnés desde mediados del siglo XVIII a mediados del XIX (11,1%), el Morrazo (en torno al 12,5% en los siglos XVII y XVIII), o incluso en algunas áreas de transición –Tierra de Montes: 8,86% para el siglo XVIII. Véase al respecto: J. M. Pérez García, 1995:154, H. M. Rodríguez Ferreiro, 2003: 148- 216, C. Fernández Cortizo, 1979: 167. En la provincia ourensana los datos de Cea -8,42% entre 1640 y 1849- (Mª. J. López Alvarez, 2007:141), la Alta Limia -7,52% de 1700 a 1749, 10,38% entre 1750-1799 y 12,4% para la primera mitad del XIX- (R. Ferreiro Pérez, 1981: 46) y el Ribeiro -10%- (J. M. Rodríguez Rodríguez, 1996:51) también arrojan porcentajes claramente inferiores a los de la comarca de Celanova. En cualquier caso, como se deduce de las proporciones aportadas, la presencia de porcentajes muy reducidos de segundas nupcias no es extrapolable al conjunto del territorio gallego.

[291] En opinión de H. Sobrado Correa, la escasa importancia de las segundas nupcias en tierras lucenses, debe interpretarse como un mecanismo incluido dentro de las estrategias matrimoniales de la "casa" destinado a evitar la dispersión del patrimonio, aunque a veces la necesidad requería la celebración de un nuevo matrimonio (1997:219). Estas razones explicarían los bajos porcentajes de segundas nupcias que obtiene para el siglo XVIII en una muestra de parroquias del

segundas nupcias basada en la oposición entre áreas de familia nuclear y reparto igualitario, frente a áreas de familia extensa y prácticas hereditarias tendentes a la indivisión patrimonial[292].

En la comarca de Celanova ambos factores debieron incidir en la relativa proliferación de las segundas nupcias. La flexibilidad que caracteriza tanto a su sistema sucesorio como a sus prácticas hereditarias favoreció la celebración de los segundos y posteriores matrimonios, pero una tasa de mortalidad adulta superior a la de la Galicia más occidental y la subsiguiente menor duración de la vida matrimonial también debió contribuir a ello, sin desestimar la importancia que pudieron jugar factores de carácter cultural difícilmente precisables[293]. Asimismo, queda patente el influjo coyuntural de la mortalidad de crisis sobre el fenómeno de las segundas nupcias, puesto que es en la primera mitad del siglo XVIII, después de las dificultades del período 1707-1711 y también en la primera mitad del siglo XIX, una vez superados los difíciles años de 1809-1810, cuando estas celebraciones alcanzaron sus niveles máximos[294]. De hecho, como se puede observar en el cuadro, en la primera mitad del siglo XVIII el mercado matrimonial de solteros incluso parece accesible para las mujeres viudas, que de manera excepcional igualan en número a las uniones entre viudos-solteras[295].

---

interior lucense, donde el 90,9% de los matrimonios se celebraban entre dos personas solteras, restando solo el 8,9% de los casos para los enlaces en los que se incluía una o dos personas viudas (2001:149).

[292] En la provincia de Lugo, en tierras de Castroverde el porcentaje de segundas nupcias no superaba el 8,2% del total en el siglo XVIII (H. Sobrado Correa, 1992: 73), pero los datos del Arciprestazgo de Narla elevan esa cifra hasta el 12,4% en el siglo XVIII y el 12,9% en el siglo XIX, un porcentaje muy similar a los de las comarcas de la Galicia costera anteriormente reseñadas y no integradas en el ámbito de la familia troncal (O. Pedrouzo Vizcaino, 1981:71). El análisis comparado de la participación de mujeres viudas en segundas y posteriores nupcias entre dos comunidades muy diferenciadas de la región francesa de Borgoña, una de ellas caracterizada por el predominio de una familia troncal y la trasmisión indivisa del patrimonio –Morvan- y la otra marcada por la residencia neolocal y el reparto igualitario, mostró una mayor participación de las mujeres viudas en el mercado matrimonial en el área de familia troncal que en la zona de prácticas igualitarias (11,8% frente a 8,9% del total de uniones entre 1728 y 1790). (F. Rolley, 1998: 257). En la comunidad de Izurza, en el área norte del País Vasco caracterizada por el predominio de la familia troncal, se obtienen efectivamente porcentajes de participación de los viudos/as en el mercado matrimonial muy reducidos -7,2% en la primera mitad del siglo XVIII y 8,7% en la segunda- (A. R. Ortega Berruguete, 1989: 58), sin embargo en la Barranca de Navarra, un área también de predominio de la familia troncal, entre 1760 y 1860 la proporción de segundas nupcias se situaba entre el 23,9% de Olazagutía y el 17,8% de Lacunza (A. García-Sanz marcótegui, 1985:259). En la comunidad somontana de Cirauqui, en la Merindad de Estella dicho porcentaje asciende hasta el 27,3% del total de uniones entre 1790 y 1819, reduciéndose hasta el 25,4% entre 1820 y 1849 (A. Floristán Imízcoz, 1982: 105). Los datos que aporta al respecto J. Urrutikoetxea Lizarraga para tierras irunesas son muy reveladores; en estas tierras marcadas por la escasez de los caseríos y el predominio de la familia troncal, en condiciones normales las segundas nupcias eran casi excepcionales -4,7% entre 1765 y 1790-, sin embargo en el marco de la coyuntura belicista que atraviesa la demografía irunesa en la primera mitad del siglo XIX, su porcentaje se eleva hasta el 17,9% del total de las celebraciones matrimoniales, mostrándose como un mecanismo clave para la reconstrucción de las parejas rotas (1992: 212).

[293] No obstante, los porcentajes alcanzados en nuestra área de estudio son claramente inferiores a los obtenidos en las investigaciones llevadas a cabo sobre las tierras del interior castellano marcadas por un mayor impacto de la mortalidad. Así en el área de la Bañeza antes de mediados del siglo XVIII la proporción de segundas nupcias se situaba en torno al 23-26% del total de uniones, incrementándose hasta el 25-27% desde mediados del siglo XVIII a mediados del XIX (L. M. Rubio Pérez, 1987: 120). En la zona de la montaña noroccidental leonesa, su proporción se elevaría desde el 11,9% de la primera mitad del XVIII hasta el 22% de la segunda mitad del siglo (Mª. J. López Alvarez, 1996: 272). En el Bierzo, en la zona urbana de Ponferrada el porcentaje de matrimonios en segundas nupcias afecta a más del 30% de las celebraciones ocurridas en el siglo XVIII, si bien en la zona rural de los Barrios de Salas su proporción es menor a lo largo de todo el siglo, superando ligeramente el 15% del total (J. M. Bartolomé Bartolomé, 1996: 275). En Mocejón, entre 1660 y 1719, en un 29,8% de los matrimonios por lo menos uno de los dos cónyuges era viudo (A. Gómez-Cabrero Ortiz, Mª. J. Fernández de la Iglesia, 1991: 73) y en la villa de Los Molinos dicha proporción se elevó hasta el 36,3% entre 1638 y 1729 (J. Soler Serratosa, 1985: 149). En la región francesa de la Baja Bretaña, en la antigua provincia Bigouden la fuerte mortalidad también hacía de la viudez y de las segundas y posteriores nupcias un trazo específico de la sociedad dado que hasta 1860 entre un 20 y un 30% de los matrimonios encajaban en esta tipología. La sucesión de segundas y posteriores nupcias entre viudos y viudas que se casaban entre si multiplicaba la presencia en el seno de la familia de hijos de diferentes lechos (M. Segalen, 1985: 69).

[294] El incremento de las segundas nupcias tras las sacudidas de las crisis de mortalidad ya fue puesto de manifiesto en anteriores investigaciones como es el caso de la Barranca de Navarra tras la epidemia de cólera de 1834 (A. García-Sanz Marcótegui, 1985: 263).

[295] Al incremento de las segundas nupcias hay que añadirle además el repunte de los niveles de pobreza y el descenso de las relaciones de masculinidad, ya anteriormente señalados. En los años críticos de comienzos del XVIII y de comienzos XIX la elevación de los niveles normales de mortalidad no alcanzó cifras catastróficas en la comarca, sin embargo, los efectos colaterales de la crisis se dejaron sentir con fuerza en diferentes indicadores demográficos. A nuestro juicio

II.2.3. Edad de los cónyuges al primer matrimonio

Como ya indicamos, con la fórmula de J. Hajnal en Floridablanca se obtiene una edad media de acceso al matrimonio de 26,7 años para los hombres y 25,7 años para las mujeres. La fórmula del SMAM es un método de análisis transversal que presupone la estabilidad de los patrones de nupcialidad ya que en realidad refleja la edad media de acceso al primer matrimonio a lo largo del período comprendido entre 1737 y 1787[296] . En la tabla 13 se aprecian los resultados a partir de la reconstrucción de familias.

TABLA 13 • EDAD MEDIA AL PRIMER MATRIMONIO POR PERIODOS EN VEIGA										
	HOMBRES					MUJERES				
PERIODOS	N°	MEDIA	MEDIANA	MAX.	MIN.	N°	MEDIA	MEDIANA	MAX.	MIN.
1655–1729	59	28,23	28	42	19	120	26,37	26	43	12
1730–1769	107	28,20	28	45	16	114	26,77	26	48	16
1770–1809	137	28,68	28	52	17	168	26,02	25	42	14
1810–1850	107	29,77	29	53	18	161	29,11	28	57	17
1850–1889	46	34,17	32,5	53	24	77	30,43	29	53	19
1655–1850	410	28,78	28	53	16	563	26,95	26	57	12

En la tabla se presentan los datos disponibles sobre edad de acceso al primer matrimonio para hombres y mujeres agrupados en las cuatro etapas establecidas. La media resultante para todo el período de análisis traduce un matrimonio tardío, casi rondando los 29 años para los hombres y en torno a los 27 años para las mujeres[297].

---

la razón estriba en las elevadísimas densidades de población que registra la comarca ya a comienzos del siglo XVIII que convierten a la demografía de la zona en un sistema demográfico en precario equilibrio, susceptible de ser roto por cualquier ligera variación de alguno de sus componentes.

[296] El método presupone la ausencia de diferentes comportamientos migratorios entre solteros, casados y viudos. De ahí que la emigración de un soltero, no compensada por la emigración de un casado o de un viudo del mismo grupo de edad, tiene un efecto análogo al de un matrimonio sobre la proporción de solteros en ese mismo grupo de edades. Por lo tanto, la edad media al matrimonio calculada con este método será más baja o elevada que la real según exista una tendencia migratoria por parte de solteros en edades anteriores o posteriores a la edad media real al matrimonio (R. Rowland, 1984:27).

[297] Incluso en el contexto de los estudios gallegos, se trata de una edad tardía de acceso al matrimonio para ambos sexos, solo equiparable a los datos que se obtienen para la comarca del Bajo Miño en el siglo XVIII -26,5 años de media para mujeres y 28,1 para los hombres- (J. M. Pérez García, 2013: 17). En Tierra de Montes para esas mismas fechas las cifras resultantes se sitúan entre los 26,7 y 27,2 años para los hombres y entre los 25,6 y los 26,1 en el caso de las mujeres, pero con una tendencia clara por parte de ambos sexos hacia su progresivo adelanto a lo largo del siglo (C. Fernández Cortizo, 1979: 170). En el Morrazo, en el siglo XVIII las mujeres también contraían matrimonio a una edad tardía, a los 26,6 años de media, pero los hombres se casaban a una edad muy inferior a la de sus vecinos celanoveses -25,9 años de media- incluyéndose en los cálculos matrimonios en primeras y segundas nupcias (H. M. Rodríguez Ferreiro, 2003: 219). En la Ulla a comienzos del siglo XVIII las mujeres también casaban a una edad tardía -26,9 años-, pero esta se fue reduciendo a lo largo del siglo -25,89 entre 1780 y 1815-, mientras que en el caso de los hombres accedían al matrimonio a una edad también muy inferior a la de la comarca de estudio, pese a su paralelo incremento a lo largo del siglo XVIII -24,9 años a comienzos de siglo y 26,48 años entre 1780 y 1815- (O. Rey Castelao, 1981: 73). Los datos relativos a Xallas – entre 1680 y 1750, 22,6 años para los hombres y 24,3 para las mujeres- (B. Barreiro Mallón, 1973: 162-163), o al Salnés –entre 1750 y 1825, 21,2 años para los hombres y 23,4 para las mujeres- (J. M. Pérez García, 1995: 152), responden ya a un patrón matrimonial más precoz. Ni siquiera en las tierras del interior lucense, donde el espíritu de salvaguarda de la casa imponía un modelo de matrimonio tardío, se localiza un matrimonio femenino tan tardío como el celanovés. La comparativa llevada a cabo por H. Sobrado Correa entre actas de bautismo y actas de matrimonio, arroja una edad media de 25,7 años para las mujeres en la segunda mitad del siglo XVIII (2001: 140). En el norte de Portugal se encuentran cifras similares a la nuestra en la parroquia de Calvao, en el Alto Támega -en el siglo XVIII 28,9 años de media para los hombres y 28,2 en el caso de las mujeres, aunque con tendencia al descenso en el caso femenino a lo largo del siglo- (J. A. Paulo Faustino, 1998: 87-88), en Santo Andre de Barcelinhos, con una media de 27,8 años para los

Desde mediados del siglo XVII hasta comienzos del XIX parece imponerse un patrón de comportamiento que implica el acceso al primer matrimonio a los 26 años para las mujeres y a los 28 años para los hombres[298]. Durante ese período de tiempo, en las tres etapas en las que se estructura el estudio solamente se constatan variaciones muy tenues de dicho patrón, inferiores al año en los valores medios por etapa. A partir de la segunda década del siglo XIX, el retraso de la edad de acceso al matrimonio es evidente para los dos sexos. En el caso de las mujeres, la primera mitad del siglo XIX se saldó con un retraso de hasta 3 años lo que a la postre implicó la notable reducción de la distancia de entre 1,5 y 2 años que las separaba de la edad media de acceso al matrimonio masculina. A juzgar por los datos de los que disponemos, esta distancia volvió a incrementarse en la segunda mitad del siglo tras elevarse hasta los 34 y 30 años las medias respectivas de hombres y mujeres.

El patrón del matrimonio tardío está asentado con fuerza en la comarca de estudio tal como se aprecia en la tabla 14 sobre la distribución por grupos de edad al primer matrimonio.

TABLA 14 • REPARTO POR GRUPOS DE EDAD AL 1º MATRIMONIO (1655-1850)				
	HOMBRES		MUJERES	
GRUPOS E.	Nº	%	Nº	%
12-14	0	0,0	3	0,5
15-19	13	3,2	64	11,4
20-24	108	26,3	153	27,2
25-29	135	32,9	168	29,8
30-34	81	19,8	105	18,7

hombres y 26 para las mujeres entre 1730 y 1819 (I. Martins de Faria, 1998: 71), o en Ronfe donde las mujeres casaban en el siglo XVIII a una media de 27 años muy similar a la masculina, que osciló entre 27,4 años de la primera mitad de siglo y los 28,3 de la segunda parte del mismo (A. S. Volpi Scott, 1999: 200-201). En la parroquia miñota de S. Pedro Alvito la edad al primer matrimonio era incluso más elevada que en nuestra comarca de estudio, dado que las mujeres casaban a los 29,9 años de media en el siglo XVII y a los 31 años de media en el siglo XVIII y primera mitad del XIX, mientras que en el caso de los hombres en el siglo XVII contraían su primer matrimonio a los 27,8 años de media y a los 26,4 años de media en el siglo XVIII, elevándose hasta los 30,2 años en la primera mitad del siglo XIX (F. Antonio Miranda, 1995: 21). En el área rural de Guimaraes o en la parroquia de Santa Tecla de Basto, en el distrito de Braga, aunque también predominaba un patrón de matrimonio tardío, se localizan ya medias sensiblemente inferiores para los hombres –en Guimaraes entre 1730 y 1819 la media es de 26,7 años para las mujeres y 26,5 en el caso de los hombres, mientras que en Santa Tecla en el siglo XVIII los datos oscilarían entre los 27,2 años de media de los hombres y los 26,3 años de media de las mujeres. Véase al respecto, respectivamente (Mª. N. Amorim, 1987: 104) y (E. M. Carvalho, 1999: 45). El trabajo de reconstrucción llevado a cabo sobre varias localidades situadas en el sector oriental de la provincia de Vizcaya, también refleja la presencia de un patrón tardío de acceso al matrimonio con una edad media de 28,4 años para los hombres en el siglo XVIII y 26,9 años de media en el caso de las mujeres en un contexto de matrimonio escaso y tardío, si bien en este caso a diferencia de lo que ocurre en la comarca de estudio, se observa el predominio de un matrimonio más precoz en el siglo XIX -27,6 años hombres y 24,8 años mujeres- en relación con las nuevas oportunidades que genera el desarrollo protoindustrial y los avatares políticos del momento (A. R. Ortega Berruguete, 1989: 54). La monografía de J. Urrutikoetxea Lizarraga sobre tierras irunesas recoge también un patrón de matrimonio tardío para ambos sexos dado que los agricultores iruneses se casaban de media a los 29,29 años entre 1765 y 1845 mientras que sus mujeres lo hacían con 26,42 años de media. (1992: 201).

[298] El SMAM femenino se acerca mucho al cálculo efectuado a partir de la reconstrucción, pero el SMAM masculino arroja una edad notablemente más baja, lo que siguiendo las apreciaciones de R. Rowland implica la presencia de emigración de solteros en las edades previas al matrimonio. Una realidad que por otra parte ya hemos constatado en el capítulo anterior.

TABLA 14 • REPARTO POR GRUPOS DE EDAD AL 1° MATRIMONIO (1655–1850)				
35–39	47	11,5	44	7,8
40–44	16	3,9	22	3,9
45–49	6	1,5	2	0,4
50 +	4	1,0	2	0,4
TOTAL	410	100,0	563	100,0

Fueron muy pocos los jóvenes que contrajeron nupcias con menos de veinte años a lo largo de los casi dos siglos que abarca este estudio (11,9% de mujeres y 3,2% de hombres). En realidad solo el 29,8% de los hombres el 39,1% de las mujeres se casaba antes de los 25 años. Entre los 25 y los 29 años accedía al matrimonio casi un tercio de los hombres y en torno a un 30% de las mujeres, pero un 37,7% de los hombres y casi un tercio de las mujeres contrajo nupcias con más de 30 años[299].

Como se observa en la tabla 15, en el caso de los hombres se fue incrementando de forma progresiva a lo largo de los tiempos modernos la proporción de los que accedían al matrimonio a una edad muy madura, por encima de los treinta años. En la primera etapa, entre 1655 y 1729, un tercio de los hombres se encontraba en esta situación, siendo mayoritario el grupo que contraía nupcias entre los 25 y los 29 años, en los años centrales del siglo XVIII ambos grupos se encuentran igualados representando cada uno en torno al 35% del total, pero a partir de los años setenta, los novios de más de 30 años constituyen ya sin duda el grupo de edad más numeroso -37,3% entre 1770 y 1809 y 42,2% de 1810 a 1850-. Los datos de los que disponemos para la segunda mitad del siglo XIX -46 casos-, relativos a los hijos de los matrimonios concertados entre los años veinte y los años cuarenta del siglo, refuerzan dicha tendencia. Su boda se produjo cuando ya habían cumplido los 30 años en un porcentaje aplastante de los casos — el 73,9%-, antes de los 25 años solo había accedido el 10,86% del total y entre los 25 y los 29 años solo consiguieron casarse el 15,2% de los mismos.

---

[299] Solo a título comparativo, nótese la distancia que separa a estos porcentajes de los ofrecidos por A. García Sanz Marcótegui para la Barranca de Navarra. En Olazagutía entre 1760 y 1860 la edad media masculina era de 25 años y la de la mujer de 25,4, mientras que en Lacunza las medias se situarían en los 23,2 años para los hombres y 23,6 para las mujeres. En la primera localidad antes de los 25 años un 58,7% de los jóvenes ya había pasado por el altar, ascendiendo dicha proporción hasta el 73,7% en la segunda. En el caso de las mujeres los datos serían respectivamente 51,2 y 67,4% (A. García Sanz Marcotegui, 1985: 237-238). En las tierras navarras de la Merindad de Estella entre 1640 y 1819 la edad media de acceso al primer matrimonio era de 24,7 años para los hombres y 22,5 años para las mujeres. Solo un 11,4% de los hombres contraía nupcias por primera vez con 30 años o más años, reduciéndose dicho porcentaje hasta el 4,5% de las mujeres (A. Floristán Imizcoz, 1982: 100). En las tierras leonesas de la comarca de la Bañeza a comienzos del siglo XVIII un 69% de las mujeres casaba antes de los 25 años, pero a partir de los años 30 del siglo, dicho grupo representa al 89% del total (L. M. Rubio Pérez, 1987: 106). En las tierras vitícolas del Bierzo, en la primera mitad del siglo XVIII también pasaban por el altar antes de los 25 años un 65% de las mujeres, reduciéndose ligeramente dicha proporción en la segunda mitad del siglo (J. M. Bartolomé Bartolomé: 1996: 272). En la montaña noroccidental leonesa aunque se obtiene una edad más tardía de acceso al matrimonio, 26,5 años para los hombres y 25,9 para las mujeres, el análisis de los porcentajes también refleja un patrón de comportamiento claramente diferente al nuestro dado que un 45% de los hombres y un 47% de las mujeres casaba antes de los 25 años (Mª. J. Pérez Alvarez, 1996: 259). El predominio en las tierras del interior castellano de un modelo matrimonial situado en las antípodas del nuestro queda de manifiesto en las edades medias al primer matrimonio que se obtienen en Mocejón -23,7 años de media para los hombres y 21,7 para las mujeres entre 1660 y 1719- (A. Gómez-Cabrero Ortiz y Mª. J. Fernández de la Iglesia, 1991: 72) o en la localidad madrileña de Los Molinos -26,3 años de media para los hombres y 21,8 en el caso de las mujeres entre 1638 y 1729- (J. Soler Serratosa, 1985: 150).

Con la excepción del período comprendido entre 1770 y 1809, los novios menores de 25 años constituyeron siempre el grupo más minoritario. En esta etapa de crecimiento demográfico, casi un tercio de los novios -32,1%- accedió al matrimonio con menos de 25 años. Como veremos en el capítulo dedicado al análisis económico, probablemente la simplificación de las rotaciones y el incremento de los rendimientos cerealeros fueron las bases en las que se apoyó el crecimiento demográfico de esta etapa, sin embargo, la mejora de las expectativas económicas no debió afectar por igual al conjunto de la sociedad ya que las cifras del período no hacen sino constatar una polarización de los comportamientos sociales. En este caso, en la edad masculina de acceso al matrimonio se observa el paralelo engrosamiento de los dos grupos extremos, los menores de 25 y los mayores de 30 años acompañado de la reducción del grupo intermedio, los novios de 25 a 29 años –pasan de suponer el 35,5% en la etapa anterior a representar el 30,7% del total-.

TABLA 15 • REPARTO POR GRUPOS DE EDAD AL PRIMER MATRIMONIO. VEIGA 1655-1850																
	1655–1729				1730–1769				1770–1809				1810–1850			
	M		F		M		F		M		F		M		F	
G. E.	N°	%	N°	%	N°	%	N°	%	N°	%	N°	%	N°	%	N°	%
12–14	0		2	1,7	0		0		0		1	0,6	0		0	
15–19	1	1,7	13	10,8	4	3,7	12	10,5	4	2,9	28	16,7	4	3,7	11	6,8
20–24	15	25,4	35	29,2	27	25,2	35	30,7	40	29,2	49	29,2	26	24,3	34	21,1
25–29	23	38,9	37	30,8	38	35,5	31	27,2	42	30,7	56	33,3	32	29,9	44	27,3
30–34	13	22,0	20	16,7	22	20,6	23	20,2	30	21,9	19	11,3	16	15,0	43	26,7
35–39	5	8,5	10	8,3	11	10,3	9	7,9	12	8,8	10	6,0	19	17,8	15	9,3
40–44	2	3,4	3	2,5	3	2,8	3	2,6	5	3,6	5	3,0	6	5,6	11	6,8
45–49	0		0		2	1,9	1	0,9	2	1,5			2	1,9	1	0,6
50 +	0		0						2	1,5			2	1,9	2	1,2
TOTAL	59		120		107		114		137		168		107		161	

En cuanto a las mujeres, la distribución por grupos de edad al primer matrimonio traduce una mayor flexibilidad y por lo tanto un mayor grado de adaptabilidad a la coyuntura que en el caso de los hombres[300]. Entre mediados

---

[300] No se trata de un hecho novedoso puesto que ya en un buen número de investigaciones se ha señalado esta característica en la edad al matrimonio de la mujer, más sensible a la coyuntura que en el caso de los hombres. La mayor variabilidad de la edad femenina de acceso al matrimonio se ha señalado entre

del siglo XVII y comienzos del siglo XIX la edad media se mantiene estable en torno a los 26 años, sin embargo, en este período de tiempo se observan cambios importantes en la distribución por grupos de edades. En las décadas finales del siglo XVIII un 46,5% de las mujeres acceden al matrimonio antes de los 25 años, constatándose un claro incremento con respecto a los dos períodos anteriores (41,7 y 41,2% respectivamente), pero además en esta etapa solo un 22,3% se casa en primeras nupcias con más de 30 años, más de 10 puntos menos que en el período de estancamiento demográfico que vive la comarca en los años centrales del siglo. Ahora bien, las expectativas de la etapa se cerraron muy pronto y de manera muy drástica, de manera que partir de 1810 se invierten claramente las cifras. Entre 1810 y 1850 las novias maduras de 30 años o más suman ya el 44,6% y las menores de 25 años han descendido su representación hasta el 27,9% del total. Sus hijas casadas en la segunda mitad del siglo -77 casos-, refuerzan aún más este comportamiento. Las menores de 25 años solo suman el 19,48% del total y en el extremo opuesto las que habían cumplido la treintena representaban el 46,75% del grupo. Recuérdese al respecto que, en los años centrales del siglo XIX, esta comarca había alcanzado una densidad de más de 144 Hab./Km², un tope difícilmente asumible en el marco de un modelo agrario de subsistencia y nunca superado hasta la fecha.

En definitiva, más allá de las cifras medias, la distribución por grupos de edad al primer matrimonio refleja importantes oscilaciones en los siglos XVIII y XIX estrechamente relacionadas con la dinámica demográfica de la comarca. Sin embargo, en base a los datos expuestos la edad media al primer matrimonio no parece haber jugado un papel relevante en el crecimiento demográfico de la segunda mitad del siglo XVII, dado que no se observan diferencias relevantes entre la primera etapa (1655-1729) y los años centrales del siglo XVIII, marcados por el estancamiento de la población comarcal. Se trata sin duda de una imagen equivocada, resultado de la inclusión de las décadas iniciales del siglo XVIII dentro del primer periodo de análisis, y nos remite de nuevo al sombrío panorama que dibujan los frecuentes años de crisis detectados entre 1706 y 1711. Al aumento de las segundas nupcias, al descenso de las relaciones de masculinidad en las defunciones y al incremento de los niveles de pobreza, debemos sumar ahora la elevación de la edad de acceso al matrimonio.

En el caso de las mujeres, en el período comprendido entre 1655 y 1700 la edad media de acceso al matrimonio se sitúa en 25,5 años y la mediana en 25, ascendiendo a 27,09 años –mediana en 27- entre 1701 y 1729. A pesar del reducido número de observaciones disponibles[301], los hombres reflejan un comportamiento similar, elevándose su edad media de acceso al matrimonio desde los 27,64 años de la segunda mitad del siglo XVII –mediana en 26- hasta los 29,05 de las tres primeras décadas del XVIII –mediana en 28-. No obstante, los datos relativos a la segunda mitad del siglo XVII también muestran con claridad el predominio de un modelo de matrimonio tendencialmente tardío, que parece estar ya plenamente asentado en la comarca en esta época, sin que podamos precisar su origen en el tiempo[302].

En la tabla 16 presentamos la evolución de la edad de acceso al primer matrimonio por generaciones.

---

otros autores por J. C. Sangoi en sus estudios sobre la antigua provincia francesa de Quercy (1982: 109-110), J. M. Pérez García en sus trabajos sobre el Salnés (1995: 152-153), L. M. Rubio Pérez para la Bañeza (1987: 106), etc.

[301] El número de observaciones disponibles para las mujeres es de 55 para la segunda mitad del XVII y 65 entre 1701 y 1729. En el caso de los hombres, las cifras son inferiores, 25 para la primera etapa y 34 para la segunda.

[302] En la parroquia de San Martín de Caldelas, en el Bajo Miño la presencia de un modelo de matrimonio tendencialmente maduro se constata desde comienzos del siglo XVII, si bien en el caso de los hombres se obtiene una edad media de acceso al matrimonio bastante inferior a la nuestra (24,7 años de media entre 1584 y 1670). Entre 1647 y 1670 los hombres de la comarca del Bajo Miño se casaban a una media de 24,9 años y las mujeres a los 25,6 años, frente a los 27,64 años a los que contraían nupcias los hombres celanoveses de la segunda mitad del XVII y los 25,5 años de las mujeres (J. M. Pérez García, 2009:86). En las tierras del Morrazo, los datos del siglo XVII también inciden en la presencia de un matrimonio tardío para las mujeres -26,6 años de media en Bueu y 25,7 en Hío-, pero más precoz en los hombres -25,46 de media en Bueu y 23,79 en Hío- (H. M. Rodríguez Ferreiro, 2003:149).

	MUJERES		HOMBRES	
TABLA 16 • EDAD MEDIA DE ACCESO A PRIMERAS NUPCIAS POR GENERACIONES				
GENERACIONES	**N° CASOS**	**E. MEDIA**	**N° CASOS**	**E. MEDIA**
1650–1675	45	25,47	25	28,52
1676–1700	59	28,69	33	29,03
1701–1725	50	26,34	55	29,01
1726–1750	88	26,17	80	28,25
1751–1775	111	26,01	88	28,90
1776–1800	120	27,83	70	29,76
1801–1825	88	28,32	68	29,37
1826–1850	64	29,60	34	31,91

Como se desprende de los datos de la tabla, el retraso de la edad de acceso al matrimonio en las primeras décadas del siglo XVIII fue un problema de carácter generacional que afectó fundamentalmente a las mujeres nacidas en las últimas décadas del siglo XVII. Ellas accedieron al matrimonio tres años más tarde que sus predecesoras nacidas en los años centrales del siglo XVII. Las puntas de mortalidad asoman de manera recurrente en los libros de finados de la comarca desde 1706 hasta 1711, alcanzando los valores máximos de todo el período investigado en el año 1710, pero las dificultades económicas sin duda debieron prolongarse en el tiempo. El fuerte incremento de los niveles de pobreza en las décadas de 1700/09 y 1710/19 y el descenso de las relaciones de masculinidad entre 1710/19 y 1720/29 dan testimonio de ello.

Una vez superadas las dificultades de las décadas iniciales del siglo, la edad media de acceso al matrimonio femenino se sitúa en torno a los 26 años, por encima de los valores del siglo XVII, en un contexto de estancamiento demográfico. Las mujeres nacidas en los años centrales del siglo fueron las más beneficiadas por la nueva coyuntura alcista que arranca a partir de los años 70 de dicha centuria. A partir de aquí, las mujeres nacidas en las décadas finales del siglo son las primeras en retrasar su paso por el altar, una práctica que se irá acentuando en las siguientes generaciones, confirmando el paso de un patrón de matrimonio tendencialmente maduro a un matrimonio maduro.

Desde el momento en el que se dispone de informaciones, los hombres acceden al matrimonio a una edad tardía. Su alargamiento en las generaciones nacidas a partir del último cuarto del siglo XVIII probablemente sea la consecuencia derivada de la emigración de carácter temporal que protagonizaron por estas fechas muchos jóvenes de la comarca, con el objetivo de ganar un pequeño patrimonio que le permitiera su instalación en un espacio demográficamente saturado, tal como observamos a partir de las certificaciones de soltería.

Para finalizar este apartado presentamos la tabla 17 en la que se presenta la edad combinada de los novios al primer matrimonio.

	GRUPOS EDAD MUJER							
G. EDAD MARIDO	**15-19**	**20-24**	**25-29**	**30-34**	**35-39**	**40-44**	**TOTAL**	**%**
15-19	2	1	4	0	0	0	7	2,29
20-24	18	28	14	9	2	1	72	23,53
25-29	10	31	28	24	8	4	105	34,31
30-34	5	15	18	12	14	4	68	22,22
35-39	1	6	15	9	3	0	34	11,11
40-44	0	2	4	5	0	0	11	3,59
45-49	0	1	1	1	3	0	6	1,96
50+	0	0	0	0	2	1	3	0,98
TOTAL	36	84	84	60	32	10	306	100,00
PORCENTAJE	11,76	27,45	27,45	19,61	10,46	3,27	100,00	

TABLA 17 • EDAD COMBINADA DE LOS ESPOSOS AL PRIMER MATRIMONIO. 1655-1850

Los hombres, sea cual sea su edad, muestran una clara preferencia por mujeres más jóvenes a la hora de contraer nupcias (48,4%) o en su defecto se casan con mujeres de su misma edad. Ambos grupos suman el 72,2% del total de casos contabilizados, lo que implica que en la práctica solo en un 27,8% de los matrimonios la mujer es más mayor que el hombre.

El comportamiento de las mujeres varía en cambio en función de su edad de acceso al matrimonio. Las novias menores de 30 años contraen nupcias de manera preferente con hombres de su mismo grupo etario (33,3%) o bien del grupo inmediatamente superior; cumplen esta característica un 62,46% de las uniones en las que la novia se encontraba en la veintena. Si se trata de novias maduras, que ya han cumplido los treinta años, en un 64,7% de los casos contraen nupcias con mozos más jóvenes, de manera que solo en un 20,6% de las ocasiones el elegido es de un grupo de edad superior al suyo. En un mercado matrimonial tan competitivo, estas mujeres que ya habían alcanzado la treintena y que pasan por el altar acompañadas de novios más jóvenes, debían reunir sin duda importantes cualidades que las convertían en un buen partido a la hora de contraer matrimonio.

II.2.4. La geografía del mercado matrimonial. Procedencia de los cónyuges

La metodología de la reconstrucción de familias se ve favorecida por la presencia de una elevada endogamia de carácter geográfico (J. M. Pérez García, 1995: 147), sin embargo, en la parroquia de Veiga los niveles de endogamia geográfica obtenidos son muy inferiores a los aportados para otras áreas investigadas de Galicia. En la tabla 18 pueden consultarse los resultados obtenidos para el conjunto del periodo investigado.

TABLA 18 • PROCEDENCIA GEOGRÁFICA DE LOS NOVIOS EN VEIGA. 1655-1889								
	MUJERES							
HOMBRES	PARROQUIA		FORÁNEAS		O. DESC.		TOTAL	
ORIGEN	N°	%	N°	%	N°	%	N°	%
PARROQUIA	327	42,86	85	11,14	2	0,26	414	54,26
FORÁNEOS	316	41,42	22	2,88	0	0,00	338	44,30
ORIGEN DESCONOCIDO	7	0,917	0	0,00	4	0,52	11	1,44
TOTAL	650	85,19	107	14,02	6	0,79	763	100,00

Evidentemente el aislamiento geográfico y la presencia de un mayor volumen poblacional favorecen los matrimonios de carácter endogámico (C. Fernández Cortizo, 1979: 129-130). En el apartado I.2.2 dedicado al estudio de los asentamientos vecinales y su evolución a lo largo de la Edad Moderna ya se presentó una tabla comparativa en la que se exponían las reducidas dimensiones de las parroquias celanovesas (3,8 Km²) con respecto a un importante número de parroquias de las provincias de Pontevedra y A Coruña, cuyos datos se incluyen en el trabajo de C. Fernández Cortizo sobre la evolución de los asentamientos en la Galicia Occidental (1994: 217). En el caso de Veiga, sus dimensiones son incluso inferiores a la media comarcal (2,5 Km²), compartimentándose dicho espacio a lo largo de los tiempos modernos hasta en 13 núcleos de hábitat diferentes, los mismos que se enumeran en el Nomenclátor del año 2013. Así pues, en la comarca de Celanova la estrechez del marco parroquial actuó como un fuerte condicionante de cara a la celebración de matrimonios de carácter endogámico desde el punto de vista geográfico, de ahí que este tipo de uniones representaban solo el 42,8% de los matrimonios registrados.

Pero este dato debe ponerse también en relación con los moderados porcentajes obtenidos para otras comarcas investigadas del occidente de la provincia ourensana como es el caso de la Alta Limia -56,4%-, en el marco de parroquias más extensas (R. Ferreiro, 1981: 45), el Ribeiro del Avia -57,3% entre 1600 y 1850- o las tierras de Cea -45,2% a mediados del siglo XVIII en base a escrituras notariales- [303]. Los porcentajes obtenidos para la provincia ourensana se encuentran muy lejos de las cifras superiores al 70% que se localizan en el Salnés (71,9%) (J. M. Pérez García, 1995:147), en Tierra de Montes –hasta un 82,4% en la parroquia de Cerdedo- (C. Fernández Cortizo, 1979: 129)[304], o en el Morrazo, en torno al 72% en los siglos XVII y XVIII (H. M. Rodríguez Ferreiro, 2003: 151-227), situándose ligeramente por encima de los niveles de endogamia geográfica del interior de la provincia lucense -34,8% para el siglo XVIII-, como consecuencia en este caso de la baja densidad de población y del predominio de una mejora larga que estimulaba el proceso de selección dentro del mercado matrimonial (H. Sobrado Correa,

---

[303] En el caso del Ribeiro del Avia, el tamaño medio de las parroquias es incluso inferior al obtenido para nuestro marco de investigación, 3,4 Km², si bien en las tierras de Cea su extensión es claramente superior -5,5 Km²- (Mª. J. López Alvarez y otros, 1997: 238-241).

[304] En Tierra de Montes los intercambios matrimoniales con otras localidades eran minoritarios y además tendieron a decrecer a lo largo del siglo XVIII. A principios de siglo suponían 1/3 del total, reduciéndose su proporción hasta un cuarto del total al final de la centuria (C. Fernández Cortizo, 2004:83).

1997: 199)[305]. En este sentido, O. Rey Castelao ya señaló en su momento que en la Galicia del Antiguo Régimen se daba una tendencia a una superior endogamia geográfica en aquellas comarcas en las que preponderaba un sistema de herencia igualitario o marcado por el predominio de una mejora débil frente a las áreas en las que regía la mejora amplia (1990: 249).

Resulta un hecho relevante la celebración de más de un 10% de las uniones matrimoniales de la parroquia de Veiga entre cónyuges de la misma aldea, dado el reducido tamaño de las parroquias celanovesas y la elevada presencia de núcleos de hábitat por parroquia[306]. Este tipo de uniones representaron en torno a un 25% de los matrimonios concertados entre cónyuges de la misma parroquia y en la segunda mitad del siglo XVIII llegaron a suponer un 13,7% del total, una proporción muy superior a la que obtiene H. Sobrado Correa para el interior de la provincia lucense[307]. Se trata sin embargo de un porcentaje claramente inferior al que obtiene C. Fernández Cortizo en las parroquias de Tierra de Montes. Es el caso de Figueroa o Quireza donde se obtienen porcentajes que van del 39 al 61% entre comienzos del siglo XVIII y comienzos del XIX[308]. P. Saavedra también obtiene valores muy superiores a los nuestros en algunas parroquias del Caurel, caso de Seara y Seoane, con porcentajes en torno al 30-40% del total, estrechamente relacionados con el importante tamaño que alcanzaban aquí los núcleos vecinales (1988:119-120).

En el caso de Celanova, dado el escaso tamaño de las aldeas y el elevado número de las mismas, creemos que un porcentaje de endogamia de aldea de más del 10% del total podría incluirse entre el conjunto de estrategias puestas en marcha por las familias para paliar los efectos de un sistema de transmisión hereditaria de los bienes, cuyo referente ideológico era la búsqueda de la igualdad entre herederos en un marco geográfico caracterizado por una elevadísima densidad de población.

Como era práctica habitual en los tiempos modernos, los novios foráneos aportaban el componente mayoritario de los matrimonios exogámicos. En Celanova formaban parte de hasta un 45% de las celebraciones concertadas a lo largo del período de estudio, mientras que las novias foráneas representaron en torno a un 15% del total. Aunque la presencia de mujeres llegadas del "exterior" en las celebraciones matrimoniales de Veiga era muy inferior a la de los hombres, un porcentaje en torno al 15% de mujeres foráneas supera con creces las cifras insignificantes que se han aportado en las investigaciones llevadas a cabo sobre el solar gallego[309], con excepción de los trabajos desarrollados

[305] En tierras de Xallas la presencia de esposos foráneos también alcanzó proporciones más elevadas que en el caso de Celanova, hasta el punto de que solo el 33,6% de los mismos eran originarios de la misma feligresía, quizás como consecuencia de los reducidos niveles de población y de la importancia del oficio de la arriería que obligaba al desplazamiento de los mozos fuera del término parroquial (B. Barreiro Mallón, 1973:173). La estrecha relación existente entre los niveles de poblamiento y la proporción de matrimonios endogámicos ya fue puesta de manifiesto entre otros por A. García-Sanz Marcótegui para la Barranca de Navarra, donde en función del tamaño de la localidad la presencia de cónyuges foráneos aumentaba o disminuía de manera proporcional. Así en Olazagutía en un 39% de las uniones uno o los dos cónyuges eran foráneos, su proporción se reduce en Lacunza, una localidad de mayor tamaño, hasta el 26,3%, aumentando hasta el 96% en Izurzum, una localidad de pequeñísimo tamaño (1985: 265). De idéntica manera, C. Fernández Cortizo comprueba el crecimiento de las tasas de endogamia geográfica en Tierra de Montes durante el siglo XVIII en función del tamaño de las parroquias. Las parroquias de menos de 150 vecinos presentaban una tasa de endogamia geográfica del 52,7% frente a las parroquias de más de 250 vecinos en las que dicha tasa supera el 80% (2004:85).

[306] Como ya se indicó en el capítulo anterior, en la comarca de Celanova a fines del siglo XVI en base al vecindario de 1582 se obtiene una media de 8,15 aldeas/parroquia -2,13 aldeas/Km^2 -. En el caso concreto de la feligresía de Veiga a lo largo de los tiempos modernos 13 aldeas salpicaban los 2,5 Km^2 de superficie parroquial, lo que implica una media de más de 5 aldeas por Km^2 .

[307] El autor establece un 3,4% del total de celebraciones (1997: 198).

[308] A juicio del autor, el sedentarismo matrimonial además de reforzar los lazos de vecindad y solidaridad permitía seguir viviendo en la misma aldea a las sucesivas generaciones de una familia aun cuando el matrimonio conllevase el establecimiento en un hogar diferente al paterno (2004:89).

[309] En el siglo XVIII en Tierra de Montes los matrimonios entre vecinos y "forasteras" solo sumaban el 2,9% del total (C. Fernández Cortizo, 2004: 84). En las tierras del interior de Lugo solo un 34,8% de los matrimonios celebrados unían a cónyuges de la misma feligresía, sin embargo, la presencia de mujeres foráneas se reducía a un exiguo 2,6% del total (H. Sobrado Correa, 1997:199). En la montaña noroccidental leonesa donde los matrimonios endogámicos

sobre el occidente de la provincia ourensana donde se alcanzan cifras cercanas a las nuestras, aunque ligeramente más bajas[310].

En cuanto a la procedencia de los cónyuges foráneos, los datos expuestos en la tabla 19 subrayan, al igual que en la mayoría de las investigaciones, la estrechez del mercado matrimonial sobre todo en el caso de los hombres. Más de un 50% de los contrayentes masculinos foráneos eran originarios de las parroquias limítrofes, lo que implica que sus aldeas de procedencia no distaban más de 5 Km de la parroquia en la que contraían nupcias; en total, casi un 70% de los novios foráneos residían en la comarca de estudio, restando un porcentaje muy reducido de contrayentes procedentes del exterior[311].

TABLA 19 • PROCEDENCIA CÓNYUGES FORÁNEOS (1655–1889)				
	HOMBRES		MUJERES	
	N°	%	N°	%
PARROQUIAS LIMÍTROFES	191	56,51	34	31,78
RESTO COMARCA	40	11,83	15	14,02
PROVINCIA OURENSE	89	26,33	50	46,73
RESTO GALICIA	10	2,96	5	4,67
P. IBÉRICA	8	2,37	3	2,80
TOTAL	338	100,00	107	100,00

Las mujeres foráneas que contrajeron nupcias en la parroquia de Veiga a lo largo de los tiempos modernos constituyen un grupo minoritario, pero su movilidad se desarrolla sobre un área geográfica más extensa que en el caso de los hombres. Al igual que ocurre en las tierras del Ribeiro del Avia (Mª. J. López y otros, 1997: 233-234), una importante proporción -más del 54% del total-, proviene de ámbitos geográficos situados más allá del territorio comarcal analizado, sin que podamos precisar las razones que justifican este comportamiento diferencial.

---

representan el 51,4% del total se alcanzan porcentajes de exogamia femeninos similares a los celanoveses -14%- (Mª. J. Pérez Alvarez, 1996: 268), al igual que en la localidad de Olazagutía, en la Barranca de Navarra -14,2%- (A. García-Sanz Marcótegui, 1985: 265) En el norte de Portugal, en la parroquia de Ronfe en la segunda mitad del siglo XVII dicho porcentaje se situaba en torno al 12%, pero su número creció hasta el 35% en la segunda mitad del siglo XVIII debido a la atracción económica que jugaba la feligresía sobre el entorno (A. S. Volpi Scott, 1999: 210). En la región de Quercy, en la segunda mitad del siglo XVIII la endogamia parroquial se circunscribía al 34,7% de los matrimonios, localizándose un importante porcentaje de mujeres foráneas del 16,4% (J. C. Sangoi, 1982: 118).

[310] Es el caso del Ribeiro del Avia (Mª. J. López Alvarez y otros, 1997: 238), o las tierras de la Alta Limia, donde se alcanzan cifras cercanas a las nuestras, aunque ligeramente más bajas -6,3% en la segunda mitad del XVIII y 13,4% en la primera mitad del XIX- (R. Ferreiro Pérez, 1981: 45).

[311] En Tierra de Montes, en el siglo XVIII más del 80% de los cónyuges foráneos vivían a menos de 10 Kms. de distancia de la parroquia en la que contraían nupcias (C. Fernández Cortizo, 2004: 91). H. Sobrado Correa también resaltó la estrechez del mercado matrimonial lucense. A su juicio esta estrechez se explica en función de los ámbitos locales en los que se desarrollaba la sociabilidad de los mozos, en base a las malas redes de comunicación que dificultaban los desplazamientos y también por el afán de los petrucios lucenses por conocer de antemano las características de la familia con la que se ha proyectado la alianza (1997:201).

Las características del mercado matrimonial en la parroquia de Veiga definen un patrón de comportamiento que se mantiene desde mediados del siglo XVII a mediados del siglo XIX sin variaciones de interés[312]. Pero más allá de la localidad en la que se celebran las nupcias resulta de especial interés conocer las reglas por las que se rige o las regularidades que definen el posterior asentamiento del nuevo matrimonio (Véase tabla 20)[313].

TABLA 20 • PAREJAS ESTABLECIDAS EN VEIGA DE 1655 A 1850								
PROCEDENCIA CÓNYUGES		BODA EN VEIGA	BODA FUERA	TIPO DE ASENTAMIENTO				
NOVIO	NOVIA	Nº CASOS	Nº CASOS	1-2	5-6	%	3-4	7	%
VEIGA	VEIGA	283	2	268	1	30,12	13	3	1,79
FORÁNEO	VEIGA	278	17	159	10	18,92	119	7	14,11
VEIGA	FORÁNEA	72	147	133	48	20,26	25	13	4,26
FORÁNEO	FORÁNEA	21	9	10	2	1,34	10	8	2,02
DESCONOC.	VEIGA	7	–	5	–	0,56	2	–	0,22
DESCONOCIDO	DESCONOCIDA	1	56	–	19	2,13	1	37	4,14
TOTAL		662	231	575	80	73,35	170	68	26,65

De los 893 núcleos conyugales establecidos en la parroquia de Veiga entre 1655 y 1850, un 31,9% se corresponde con parejas formadas por dos cónyuges originarios de la parroquia. Como es lógico, prácticamente la totalidad de las bodas concertadas entre dos personas originarias de Veiga se celebraron en la iglesia parroquial y también en la práctica totalidad de los casos (95,05%), fijaron su residencia de forma estable en su comunidad de origen.

Las uniones entre mujeres nacidas en Veiga y hombres foráneos constituyen un porcentaje importante de los matrimonios registrados en el archivo parroquial de Veiga, ya que como manda la tradición la ceremonia nupcial se celebraba habitualmente en la parroquia de la novia. De hecho, solo un 5,76% de las parejas que cumplen esta característica proceden de un matrimonio celebrado en el exterior. Tras la celebración matrimonial, solo un 57,29% de los casos se establece de manera permanente en la parroquia de Veiga. Un 40,33 de estas parejas abandonó la parroquia o bien inmediatamente después del matrimonio y antes del nacimiento de su primer hijo (31,9%), o bien pocos años después del mismo, restando un porcentaje reducido con ausencias temporales más o menos prolongadas –2,37% tipo 7-.

---

[312] Véanse al respecto en el apéndice estadístico la procedencia de los contrayentes desglosada por grandes periodos. Apéndice estadístico, tablas II.3.

[313] En la clasificación de los tipos de asentamiento, los tipos 1-2 y 5-6 se refieren a familias estables y cerradas. En los tipos 1 y 2 conocemos su fecha de matrimonio mientras que los tipos 5-6 se corresponden en su totalidad con las parejas establecidas en Veiga tras un matrimonio celebrado en el exterior y no localizado. En los tipos 1 y 5 disponemos además de la fecha de nacimiento de la mujer. Los tipos 3-4 se corresponden con las parejas que ya inmediatamente después del matrimonio y antes del nacimiento de su primer hijo, o tras pasar algunos años en la parroquia abandonan definitivamente el espacio de estudio. En las de tipo 3 conocemos la fecha de nacimiento de la mujer, en las de tipo 4 no. Por último el tipo 7 incluye a familias "móviles", con intervalos irregulares entre los nacimientos o con presencia de un importante número de nacimientos "perdidos", probablemente derivados de ausencias temporales, en algunos casos se conocen las fechas de defunción de los cónyuges, pero en otros no.

Como se aprecia en la tabla, las bodas entre mujeres naturales de Veiga y hombres foráneos aportaron el contingente mayoritario de las parejas salidas de observación, sumando el 70% del total. De las 170 parejas incluidas en este grupo, un 70% de las mismas salió del campo de observación antes ya del nacimiento de su primer hijo, un comportamiento que se repite independientemente del origen de los contrayentes, tanto si se trata de matrimonios formados por una mujer originaria de Veiga y un hombre foráneo como si se dan otras circunstancias. La desaparición de cualquier rastro posterior a la boda nos induce a pensar que su residencia se estableció de manera permanente en la parroquia del cónyuge foráneo, razón por la cual no creemos que formen parte de la categoría de familias móviles.

Las parejas constituidas por un hombre originario de Veiga y una mujer foránea proceden en su mayor parte de un matrimonio celebrado en el exterior -67,12%-, de ahí la importancia de abordar el proceso de reconstrucción a partir de las fichas de bautizados y no en base al registro de matrimonios. Este grupo suma un porcentaje muy pequeño de las celebraciones matrimoniales registradas en la parroquia, pero en cambio representa a un grupo muy numeroso de las parejas establecidas en suelo parroquial, especialmente de las parejas estables ya que supone un 27,6% de las mismas, superando al conjunto formado por las mujeres de Veiga casadas con hombres foráneos -25,8%-[314].

El conjunto de los datos expuestos viene a señalar la inexistencia de una regla única, universalmente respetada por el conjunto de la sociedad, que marque de manera estricta el futuro local de asentamiento de los nuevos matrimonios. En un escenario caracterizado por una mayor libertad de elección, las familias muestran una tendencia preferente por el asentamiento de los hijos casados en su parroquia de origen, frente a la mayor movilidad del grupo de hijas casadas, que en un 43% de los casos debe trasladar su residencia a la parroquia de la que es originario su cónyuge[315].

II.2.5. El proceso de recomposición matrimonial. Duración de las uniones, viudez y segundas nupcias

Un 18,11% de los matrimonios celebrados en Veiga entre 1655 y 1850 estaban formados por al menos un cónyuge viudo -18,42% si incluimos también el registro de matrimonios entre 1850 y 1889-.

Múltiples factores pueden intervenir a la hora de explicar la proporción de segundas y posteriores nupcias con respecto al total de matrimonios. La práctica hereditaria y el sistema sucesorial vigente y en general el marco cultural dominante pueden favorecer o coartar su celebración, pero su número también puede incrementarse o reducirse como consecuencia de la coyuntura económica o de la propia coyuntura demográfica. En este apartado planteamos un acercamiento al fenómeno de las segundas nupcias vinculado a los procesos de recomposición matrimonial y por lo tanto muy relacionado con los niveles de mortalidad adulta y su impacto sobre la duración de la vida matrimonial. (Véase tabla 21).

Los cálculos se desarrollaron sobre el conjunto de parejas estables afincadas en Veiga entre 1655 y 1850. Su vida conyugal se prolongó de media por espacio de 24 años, en un 50,9% de los casos la ruptura se debió al

---

[314] De las 278 bodas registradas en los libros parroquiales entre una mujer originaria de Veiga y un hombre foráneo solo 157, un 56,4% del total, generaron una familia afincada de manera estable en la comunidad de estudio, mientras que las 72 bodas entre parroquianos y foráneas generaron 53 parejas estables, el 73,6% del total, a las que se unieron 128 parejas más cuyo matrimonio se había producido en el exterior.

[315] Se trata de un comportamiento netamente diferenciado del que describe J. de Pina Cabral para las Tierras del Alto Minho, donde en opinión del autor, las mujeres están más ligadas a la tierra y a la casa que los hombres, lo que provoca que la mayoría de los novios establezca su residencia en casa de los padres de la novia (1984: 102-103).

fallecimiento de la mujer y en el 49,1% restante por la muerte del marido, lo que implica que no se produjo un impacto diferenciado de la mortalidad adulta sobre ninguno de los dos sexos. Un 18,2% de estos matrimonios en primeras nupcias fueron recompuestos tras el fallecimiento de uno de los dos cónyuges, si bien como ya sabemos de antemano, los viudos participaron mucho más activamente en el mercado matrimonial que las viudas: un 25% de los viudos contrajo nuevamente nupcias mientras que solo lo hizo un 11,1% de las viudas.

TABLA 21 • PROCESOS DE RECOMPOSICIÓN MATRIMONIAL EN VEIGA (1655–1850)				
	PAREJAS COMPLETAS	PAREJAS INCOMPLETAS	RESTO UNIONES (DESC.)	TOTAL
N° CASOS	251	140	143	534
DURACIÓN MTR. (AÑOS)	32,02	10,84	23,84	24,28
SUPERVIV. VIUDOS	116	87	69	272
VIUDOS CASAN SEGUNDAS NUP.	12	38	18	68
SUPERVIV. VIUDAS	135	53	74	262
VIUDAS CASAN SEGUNDAS NUP.	0	24	5	29
TOTAL PAREJAS RECONSTRUIDAS	12	62	23	97

En un 47% de las ocasiones el fin de la unión se produjo tras haber cumplido la mujer los 45 años, en un 26,2% del total se trata de parejas incompletas, restando un 26,8% de los casos en los que desconocemos la edad de la mujer en el momento de la ruptura. A edades jóvenes, los matrimonios se rompían en una proporción mayoritaria de los casos -60%- por el fallecimiento de la esposa, mientras que en las parejas completas la presencia de viudas supera claramente a la de viudos. Sin embargo, el hecho que más llama la atención de los datos expuestos en la tabla anterior es la extraordinaria capacidad de recomposición matrimonial que demuestran tanto hombres como mujeres viudas en las parejas incompletas. Hasta un 44,3% de las mismas fue reconstruido tras un nuevo matrimonio del hombre (61,3%) o de la mujer (38,7%), lo que contrasta con las escasísimas segundas nupcias protagonizadas por los supervivientes del grupo de parejas completas (4,78%)[316]. En el grupo formado por el resto de las uniones no clasificadas, el porcentaje resultante, un 16,1%, traduce un comportamiento parejo al de las cifras globales, consecuencia sin duda de la presencia de parejas completas e incompletas entre sus miembros, en proporción análoga a los casos catalogados.

La clasificación de los datos por periodos nos permite analizar los posibles caracteres estructurales que definen el comportamiento de la población comarcal ante las segundas nupcias, así como el influjo de la coyuntura[317].

---

[316] En la Península del Salnés los procesos de recomposición matrimonial afectaban aproximadamente a una tercera parte de las familias incompletas (J. M. Pérez García, 1979: 123).

[317] Véase apéndice estadístico, tablas II.4.

Como se desprende de los datos recogidos en las tablas del apéndice estadístico, los procesos de recomposición matrimonial no funcionaron con la misma intensidad a lo largo de todo el periodo de estudio, activándose con fuerza en las etapas de expansión demográfica, con un mercado matrimonial más abierto que facilitaba la entrada en el mismo de los viudos. Los porcentajes de segundas nupcias resultantes para los ciclos expansivos de 1655-1729 y 1770-1809 son buena prueba de ello -24,1% y 18,4% respectivamente-. El impacto de la recuperación tras las dificultades de los años 1706-1711 puede haber influido sobre los datos del primer periodo[318], pero la distancia que separa a los anteriores porcentajes de los obtenidos para las fases de 1730-69 y 1810-1850 -15,4 y 13,8% respectivamente-, no deja margen de dudas al respecto.

Los procesos de recomposición matrimonial referidos a los matrimonios incompletos se vieron notablemente alterados por la marcha de la coyuntura, ya que un 54,3% de estas parejas se reorganizó entre 1655 y 1729, pero dicho porcentaje se redujo al 36,4% entre 1810 y 1850, sin embargo, este no fue el único elemento afectado. La participación de las mujeres viudas en el mercado matrimonial también sufrió variaciones considerables a la luz de los datos expuestos, a diferencia del comportamiento de los viudos, que se revela más estable en el tiempo. Si exceptuamos el primer periodo en el que un 29,3% de los viudos vuelve a contraer nupcias, desde los años treinta del siglo XVIII hasta mediados del siglo XIX, la proporción de viudos vueltos a casar se sitúa en un porcentaje estable en torno al 23% del total. Las mujeres viudas son las auténticas responsables del descenso de los procesos de recomposición matrimonial en las etapas de estancamiento demográfico. Entre 1655 y 1729 un 16,98% de las viudas contrajo nuevamente nupcias, su porcentaje se redujo al 10,4% en los años centrales del siglo XVIII, durante la fase de expansión demográfica de fines del siglo XVIII se elevó ligeramente hasta el 11,3%, descendiendo hasta el 6,3% en el último periodo analizado, coincidiendo con la fuerte elevación de la edad media de acceso al matrimonio en primeras nupcias[319].

Así pues, en la comarca de estudio los matrimonios en segundas y posteriores nupcias se revelan como un mecanismo favorecedor del crecimiento demográfico dado que permitieron la recomposición de los matrimonios rotos a una edad temprana por el impacto de la mortalidad, activándose con fuerza en las etapas expansivas[320].

La significativa presencia de matrimonios de estas características nos obliga además a plantear un análisis paralelo sobre la duración de la vida matrimonial en la comarca de estudio y así concretar en la medida de lo posible la relación existente entre ambas variables demográficas. Entre 1655 y 1850 la duración media de los matrimonios era de 24,3 años, incluyéndose en los cálculos familias completas, familias incompletas y el resto de las uniones no catalogadas. Como se observa en la tabla 22, un 50% de los matrimonios celebra sus bodas de plata, de ellos un 37,8% supera el umbral de los 30 años y solo un 7,3% se acerca a la celebración de las bodas de oro.

---

[318] La reactivación del mercado matrimonial constituye uno de los mecanismos de recuperación más importantes tras los periodos de crisis demográficas que perturbaban y desorganizaban las estructuras familiares. El mercado matrimonial absorbe a un importante número de viudos y viudas que buscaban reestructurar sus hogares e incluso a los solteros que en tiempos normales no hubieran encontrado cónyuge (G. Cabourdin, J. N. Biraben y A. Blum, 1988: 188-190).

[319] En la comunidad castellana de Mocejón entre 1660 y 1719 se alcanzó un porcentaje de segundas nupcias del 29,8% sobre el total de celebraciones matrimoniales. En ese periodo un 42,6% de los viudos y hasta un 41,6% de las viudas contrajeron nuevamente nupcias (A. Gómez-Cabrero Ortiz, A., Mª. J. Fernández de la Iglesia, 1991: 74).

[320] En las tierras navarras de la Merindad de Estella, también se observa una reactivación de la presencia de viudos/as en el mercado matrimonial en la segunda mitad del siglo XVIII como consecuencia del desarrollo y la mejoría económica que abren nuevas perspectivas de futuro para la comarca. En el caso de los viudos, si bien un 41,2% de los mismos se casan de nuevo en la segunda mitad del siglo XVII, su porcentaje asciende hasta el 48,7% entre 1760 y 1789, mientras que en el caso de las viudas se pasa del 16,2% al 23,6% (A. Floristán Imízcoz, 1982: 105).

TABLA 22 • DURACIÓN MATRIMONIAL. PARROQUIA VEIGA (1655-1850)											
AÑOS	Nº	%	COMP.	%	INC.	%	DESC.	%	MUERE HOMBRE	MUERE MUJER	%
0 A 4	42	7,86	0	–	30	71,43	12	28,57	18	24	60,00
5 A 9	49	9,18	3	6,12	35	71,43	11	22,45	21	28	55,56
10 A 14	59	11,05	6	10,17	33	55,93	20	33,90	20	39	65,96
15 A 19	67	12,55	19	28,36	28	41,80	20	29,85	30	37	51,79
20 A 24	53	9,92	27	50,94	11	20,75	15	28,30	26	27	54,55
25 A 29	62	11,61	46	74,19	3	4,84	13	20,97	34	28	44,83
30 A 34	70	13,11	54	77,14	0	–	16	22,86	39	31	44,26
35 A 39	51	9,55	36	70,59	0	–	15	29,41	26	25	51,16
40 A 44	42	7,86	31	73,81	0	–	11	26,19	27	15	35,14
45 O MÁS	39	7,30	29	74,36	0	–	10	25,64	21	18	45,71
TOTAL	534	100,00	251	47,00	140	26,22	143	26,78	262	272	50,86

Durante los 14 primeros años de vida en común, es decir hasta el cumplimiento del cuarenta aniversario de las mujeres casadas a una media de 26,9 años, la ruptura de las uniones se debía en más de un 60% de los casos al fallecimiento de la mujer, lo que nos remite a los problemas relacionados con el parto y la maternidad. A partir de los 15 años de vida en común los porcentajes se van igualando entre ambos sexos, pero una vez cumplido el umbral de las bodas de plata, el fallecimiento de los hombres es el causante de un mayor número de rupturas matrimoniales.

Los datos expuestos sobre duración de las primeras nupcias son claramente inferiores a los que se obtienen para algunas áreas de la Galicia Costera, caso del Salnés o el Morrazo donde la media superaba el umbral de los 30 años de vida en común (J. M. Pérez García, 1995:154) (H. M. Rodríguez Ferreiro, 2003:154-239), lo que sin duda sugiere unos mayores niveles de mortalidad adulta en la comarca de estudio. Sin embargo a la hora de valorar estas cifras, la mortalidad no es el único factor explicativo, también debe tenerse en cuenta el posible efecto compensatorio que jugaba la tardía edad de acceso al matrimonio en la comarca de Celanova[321], si bien en otras áreas del territorio gallego y con edades más cercanas a las nuestras se obtienen valores más altos de duración matrimonial[322], al igual

---

[321] En la comarca del Salnés, entre 1770 y 1840 cuando se alcanzan los 31 años de vida matrimonial, los hombres se casan en primeras nupcias a una media de 22,7 años y las mujeres a los 23,6 años (J. M. Pérez García, 1993:8). A finales del XVIII en la comarca de Celanova la edad media de acceso al matrimonio era de 28,6 años para los hombres y 26,02 para las mujeres, ascendiendo en la primera mitad del siglo XIX hasta los 29,7 y 29,1 respectivamente. En la primera mitad del siglo XIX en el caso de los hombres la diferencia era de hasta siete años y en el caso de las mujeres de 5,5 años. En la jurisdicción del Morrazo se obtienen edades más elevadas que en el caso del Salnés, 25,7 años de media para los hombres y 26,6 años de media para las mujeres en el siglo XVIII, pero en este caso es más difícil realizar valoraciones dado que no se trata de edades al primer matrimonio, sino que también se incluyeron en los cálculos los cónyuges casados en segundas nupcias (H. M. Rodríguez Ferreiro, 2003: 218-219). En tierras irunesas, con un patrón matrimonial muy tardío que aporta medias similares a las celanovesas -29,29 años de media para los hombres y 26,42 para las mujeres entre 1765 y 1845-, la duración media del matrimonio se rebaja hasta los 20,86 años -22,74 años de media entre 1765 y 1790 antes de la coyuntura belicista de la primera mitad del XIX- (J. Urrutikoetxea Lizarraga, 1992: 211).

[322] En la comarca del Bajo Miño en el siglo XVIII la edad media al primer matrimonio era de 26,3 años para los hombres y 26,5 para las mujeres, elevándose hasta los 28,1 años la duración matrimonial (J. M. Pérez García, 2013: 17).

que ocurre en el norte de Portugal, en las parroquias de Ronfe -área de Guimaraes- y Santa Tecla de Basto –distrito de Braga-, o en la Barranca de Navarra aunque en este caso la edad de acceso al matrimonio ya es sensiblemente inferior a la nuestra[323].

El dato relativo a la duración de las uniones en la comarca de Celanova guarda más similitudes con otras áreas geográficas del norte peninsular, caso de Santo Andre de Barcelinhos en el norte de Portugal donde también se obtiene una duración media matrimonial de 24,1 años (I. Martins de Faria, 1998: 111) o en la parroquia de Calvao, en el Alto Támega, 25,2 años para el periodo 1670-1799 y 20,5 años entre 1800 y 1865 (J. A. Paulo Faustino, 1998: 138), situándose a medio camino entre las espléndidas cifras que se obtienen para algunas localidades del norte donde el impacto de la mortalidad adulta sin duda fue más benigno y las cifras más mediocres del interior castellano castigadas por unos mayores niveles de mortalidad[324]. Dicha posición explica, desde el punto de vista demográfico, el significativo nivel de segundas nupcias localizado en Celanova en el contexto de los estudios gallegos. Ahora bien, como se aprecia en las tablas II. 4 del apéndice estadístico, sus variaciones en el tiempo no tuvieron incidencia alguna sobre el nivel de segundas nupcias registrado para cada uno de los periodos analizados. En realidad, como ya se indicó en páginas anteriores, la evolución del porcentaje de segundas nupcias estuvo estrechamente vinculada con la marcha de la coyuntura demográfica-económica de la comarca.

La tardía edad de acceso al matrimonio en la comarca de estudio no compensa la diferencia constatada en cuanto a la duración de las uniones con otras áreas investigadas del norte peninsular, sin embargo sus variaciones en el tiempo si se encuentran estrechamente relacionadas con la evolución de la duración de la vida matrimonial. Así, a fines del siglo XVIII, la sensible reducción de la edad de acceso al matrimonio femenina pudo favorecer un ligero incremento en la duración de las uniones, que pasó de 24,5 a 25,7 años, pero cuando se observa con más claridad dicha relación es en el último periodo analizado. Entre 1810 y 1850 los hombres retrasaron su edad de acceso al matrimonio hasta los 29,77 años -28,68 en la etapa anterior- mientras que las mujeres elevaron la suya hasta los 29,11 años -26,02 en la etapa anterior-; este significativo retraso de la edad de acceso al matrimonio provocó una reducción de hasta tres años en la duración de las primeras nupcias, de manera que en la comarca de estudio no se aprecia para esta fase una mejora de las expectativas de vida en común similar a la registrada en la mayoría de las investigaciones. Dicho comportamiento es también un indicador indirecto que viene a subrayar que en la primera mitad del siglo XIX no se produjeron modificaciones de interés en el comportamiento de la mortalidad adulta, capaces de compensar el efecto derivado del retraso de la edad nupcial.

En cuanto a la edad de acceso a las segundas y posteriores nupcias, controlamos la edad de acceso para un 65,5% de las mujeres y un 64,42% de los hombres registrados. (Véase tabla 23)

---

[323] En la parroquia de Ronfe, en el área de Guimaraes, las mujeres nacidas a comienzos del siglo XVIII contraían nupcias a una edad media de 28,6 años, y los hombres a los 28,2 años, reduciéndose esta hasta los 26,6 años para las generaciones de mujeres nacidas entre 1740 y 1789 y 28,3 en el caso de los hombres, sin embargo ello no fue óbice para que un 49% de los matrimonios alcanzasen durante este periodo el umbral de los 30 años de vida en común, una proporción sin duda más elevada que la nuestra (Mª. N. Amorim, 1993: 52-58). En la parroquia de Santa Tecla de Basto, entre 1623 y 1799 los hombres casaban de media a los 27,2 años y las mujeres a los 26,3 años, con una duración media matrimonial de 27,9 años (E. M. Gonçalves Rodrigues de Carvalho, 1999: 69). En Olazagutía en la Barranca de Navarra, entre 1760 y 1860 la edad de acceso al matrimonio era de 25 años para la mujer y 25,4 años para el hombre, sin duda inferiores a las que se obtienen en el área de estudio para fechas similares. Esa diferencia de edades no compensa los más de ocho años de distancia que separan su espléndida duración matrimonial -33 años- de la que se obtiene para la comarca de estudio (A. García Sanz Marcótegui, 1985: 259).

[324] En la zona del Bierzo, en la primera mitad del siglo XVIII casi un 70% de los matrimonios no alcanza los 25 años de vida en común en la primera mitad del siglo XVII, si bien su porcentaje asciende hasta el 60% en la segunda mitad del siglo (J. M. Bartolomé Bartolomé, 1996: 275). En la montaña Noroccidental leonesa la duración matrimonial media es de 23,7 años y en el 55,9% de los casos las uniones se rompen antes de cumplirse las bodas de plata (Mª. J. Pérez Alvarez, 1996: 267). En la Bañeza, en la parroquia de Destriana a comienzos del XVIII la duración de la vida matrimonial era de 22,8 años y en San Román de 23,1, mejorando en ambos casos de manera evidente en la primera mitad del XIX, 24,9 y 25,4 respectivamente (L. M. Rubio Pérez, 1987: 112).

TABLA 23 • EDAD MEDIA A LAS SEGUNDAS Y POSTERIORES NUPCIAS. VEIGA 1655–1889						
	MATRIMONIOS DE VIUDAS			MATRIMONIOS DE VIUDOS		
PERIODOS	NÚMERO CASOS	N° CASOS CON EDAD	EDAD MEDIA	NÚMERO CASOS	N° CASOS CON EDAD	EDAD MEDIA
S. XVII	12	3	38,33*	11	2	32,5*
S. XVIII	35	27	36,78	41	36	41,31
S. XIX	11	8	35,5	52	29	41,59
TOTAL	58	38	36,66	104	67	41,16

Para el siglo XVII apenas contamos con informaciones. Los datos disponibles para los siglos XVIII y XIX nos informan de una edad media a las segundas o posteriores nupcias que en el caso de las mujeres sobrepasaría los 36 años y en los hombres rondaría los 41. El reducido tamaño de la muestra impide hacer cualquier otro tipo de valoraciones, pero no se aprecian variaciones de interés en cuanto a la edad de acceso a estos matrimonios, cuando menos en los siglos XVIII y XIX.

Como ya se ha comprobado en anteriores investigaciones, las posibilidades de contraer nuevamente nupcias estaban estrechamente relacionadas con la edad de viudez. En la comarca de Celanova las informaciones disponibles dan buena prueba de ello.

TABLA 24 • SEGUNDAS NUPCIAS EN FUNCIÓN EDAD VIUDEZ CÓNYUGE SUPERVIVIENTE (1655–1850)						
	VIUDAS	RECASADAS		VIUDOS	RECASADOS	
EDAD VIUDEZ	N° CASOS	N° CASOS	%	N° CASOS	N° CASOS	%
<30	11	10	90,91	12	10	83,33
30–39	21	9	42,86	27	12	44,44
40–49	38	5	13,16	44	18	40,91
50–59	56	0	0,00	52	6	11,54
60–69	47	0	0,00	35	0	0,00
70 O MAS	17	0	0,00	21	0	0,00
E. DESCONOC.	72	5	6,94	81	22	27,16
TOTAL	262	29	11,07	272	68	25,00
E. MEDIA VIUDEZ	52,77			52,60		

Los cálculos de la tabla 24 se llevan a cabo sobre las 534 uniones de carácter estable afincadas en Veiga entre 1655 y 1850. Partiendo de los casos de los que disponemos de la edad exacta a la que enviudaron, observamos la progresiva reducción de los niveles de segundas nupcias en proporción inversa al aumento de la edad de viudez, apreciándose matices diferenciadores en el comportamiento de hombres y mujeres.

En la comarca de estudio las mujeres enviudaban a una edad media de 52,7 años y casi dos tercios de las mismas (63,1%) perdían a su cónyuge tras haber cumplido la cincuentena. Como ya hemos indicado, solo en torno a un 11,1% de las mujeres viudas contrajeron nuevamente nupcias, pero a lo largo de todo el periodo de estudio ninguna lo logró una vez cumplidos los 50 años. Dada la tardía edad de acceso al matrimonio, pocas mujeres enviudaban antes de los 30 años (5,79%), sin embargo las que se encontraban en esta situación prácticamente en su totalidad rehacían su vida en pareja. A partir de los 30 años las posibilidades de encontrar un nuevo marido eran ya mucho más reducidas, un 42,86% de las viudas de 30 a 39 años contrajo nuevamente nupcias, reduciéndose dicha proporción hasta el 13,6% entre los 40 y los 49 años.

En el caso de los hombres la edad media de viudez se situaba también en torno a los 52 años, y un 56,54% de los mismos ya había cumplido la cincuentena cuando perdieron a su cónyuge. Del conjunto de casos computados, el porcentaje de los que contrajeron nuevamente nupcias se eleva hasta un 25% del total. A partir de los 50 años, la presencia de viudos en el altar adquiere un carácter reducido, aunque no despreciable, y antes de los 30 años, al igual que ocurría con las mujeres, la mayoría también rehace su vida en pareja. Donde en realidad se aprecian diferencias importantes con el comportamiento femenino es en los tramos de edad comprendidos entre los 30 y los 49 años, cuando un 42,25% de los viudos rehace su vida matrimonial frente a un 23,7% de las viudas[325].

La clasificación de las informaciones disponibles por periodos nos permite identificar los rasgos de carácter estructural que definen el comportamiento de hombres y mujeres ante las segundas y posteriores nupcias, y favorece la posible identificación de los cambios derivados del impacto de la coyuntura[326]. El análisis de los datos expuestos en el apéndice estadístico aporta datos concluyentes al respecto.

Como se observa en las tablas, de mediados del siglo XVII a mediados del siglo XIX asistimos al hundimiento de la proporción de viudas "recasadas". Estas llegaron a suponer un 16,9% de las viudas registradas entre mediados del siglo XVII y comienzos del XVIII, dicho porcentaje se redujo ya ostensiblemente en el siglo XVIII (10,39 y 11,29% respectivamente en el segundo y el tercer periodo establecido), hasta situarse en el 6,25% en la primera mitad del siglo XIX. La clave de su hundimiento se encuentra en el comportamiento que describe el grupo de mujeres que enviudan entre los 30 y los 49 años. En la segunda mitad del siglo XVII y primeras décadas del XVIII, casi dos tercios de las mimas contrajo de nuevo nupcias (63,6%), en la etapa de estancamiento de los años centrales del siglo XVIII su proporción se contrajo hasta el 15,4%, esta experimentó un leve incremento en la etapa expansiva de fines de siglo -21,4%-, cayendo definitivamente hasta el 9,5% entre 1810 y 1850. Se trataba de mujeres todavía jóvenes que ya se habían establecido en un espacio saturado tanto demográfica como económicamente, sin embargo no resultaron atractivas en un mercado matrimonial muy controlado y con abundancia de jóvenes solteras de sus mismos grupos de edad.

---

[325] En tierras navarras de la Merindad de Estella, al igual que en Celanova la edad a la que enviudaban hombres y mujeres era un factor clave a la hora de valorar las posibilidades de un nuevo matrimonio. Antes de los 30 años, viudos y viudas casan de nuevo de forma mayoritaria, entre los 30 y los 39 años un 75% de los viudos vuelven a casar reduciéndose el porcentaje entre las viudas a un 50% del total. Entre los 40 y los 49 años más de un tercio de los hombres se incorpora de nuevo al mercado matrimonial, pero solo un 13,1% de las mujeres lo logra (A. Floristán Imízcoz, 1982: 106). Las conclusiones del trabajo de F. Lebrun y A. Fave-Chamoux para el conjunto del territorio francés aportan los siguientes datos: un 80% de los hombres que enviudan en el grupo de 20 a 29 años vuelven a casar de nuevo, un 72% en el tramo de edades de 30 a 39 años y un 52% entre los viudos de 40 a 49 años. En el caso de las mujeres viudas y para los mismos grupos de edades los porcentajes serían: 67%, 46% y 20% respectivamente (1988: 316).

[326] Véase el apéndice estadístico, tablas II.5.

Más allá de las cifras concretas que se obtienen de la muestra analizada, los datos revelan de nuevo el progresivo cierre del mercado matrimonial para las mujeres viudas entre mediados del siglo XVII y mediados del XIX. Este hecho no se reproduce, o por lo menos no con la misma intensidad, en el caso de los hombres viudos. En los dos siglos analizados también se aprecia una disminución en el porcentaje de viudos que rehacen su vida matrimonial dado que su porcentaje descendió desde el 29,3% en el siglo XVII hasta el 23,1% en el siglo XIX, pero su descenso no es en absoluto comparable con el hundimiento que reflejan los porcentajes obtenidos para el género femenino – en la segunda mitad del XVII 47,1% de viudos recasados en el grupo 30-49 años frente a 36% en la primera mitad del XIX-.

Del conjunto de variables analizadas se deduce que el comportamiento ante las segundas nupcias presenta algunos rasgos de carácter estructural que sufrieron escasas modificaciones a lo largo del periodo de estudio, como es la presencia testimonial en el altar de viudos una vez cumplidos los 50 años o la elevada frecuencia de las segundas nupcias entre los más jóvenes. En cambio, los caracteres que definen el comportamiento del grupo ante las segundas y posteriores nupcias fueron modificándose en el tiempo al compás de los cambios en la coyuntura demográfica y económica de la comarca, sobre todo y de manera muy particular en el caso de las mujeres.

El intervalo de tiempo transcurrido entre la viudez y la celebración del nuevo matrimonio también sufrió importantes modificaciones a lo largo del periodo de estudio, como puede comprobarse en la tabla 25.

TABLA 25 • INTERVALO DE TIEMPO ENTRE VIUDEZ Y NUEVO MATRIMONIO						
	HOMBRES			MUJERES		
PERIODO	N° CASOS	TIEMPO MESES	% INFERIOR A 1 AÑO	N° CASOS	TIEMPO MESES	% INFERIOR A 1 AÑO
S. XVII	7	10,57	57,14	3	6,67	100,00
S. XVIII	33	33,06	48,48	22	32,05	54,55
S. XIX	28	41,7	28,57	8	33,08	12,50
TOTAL	68	34,3	41,18	33	30,18	48,48

Como ya se ha indicado, a lo largo del período de estudio la presencia de mujeres viudas en el altar se circunscribe al 7,27% del total de celebraciones matrimoniales registradas, mientras que los hombres incrementan su participación hasta el 12,33% del total. Resulta llamativo que en el caso de las mujeres viudas vueltas a casar, el intervalo medio de tiempo transcurrido tras el fallecimiento del anterior marido, fue en todos los periodos abarcados inferior al de los viudos "recasados", con una media global para el período de 34,3 meses para los hombres y 30,18 meses para las mujeres[327].

---

[327] No se trata de un hecho frecuente, ya que en la mayoría de las investigaciones se constata un intervalo de tiempo más amplio para las mujeres. Véase al respecto entre otros, A. Floristán Imízcoz, 1982: 106, L.M. Rubio Pérez, 1987: 120, Mª. J. Pérez Alvarez, 1996: 277, I. Martins de Faria, 1998: 83, Mª. N. Amrorim, 1987: 137-138, J. C. Sangoi, 1982: 124, C. Fernández Cortizo, 1979: 184, J. M. Pérez García, 1979: 118.

Pese al reducido tamaño de la muestra, se verifica para ambos sexos un alargamiento progresivo de dicho intervalo, que se traduce en una reducción paulatina del número de casos que acceden nuevamente al matrimonio antes de transcurrido un año desde el fallecimiento de su cónyuge. A juzgar por los datos expuestos en la tabla, por norma en el siglo XVII tanto hombres como mujeres celebraron sus segundas nupcias antes de haber transcurrido un año desde la anterior ruptura matrimonial. Un siglo después el intervalo medio ya superaba los dos años y medio para ambos sexos. En el siglo XVIII todavía un 48% de los hombres y poco más de la mitad de las mujeres contrajo nupcias antes del cumplimiento del primer aniversario del fallecimiento de sus respectivos cónyuges. En el siglo XIX se confirma el alargamiento del intervalo, en particular en el caso de los hombres, que aguardan ahora una media de tres años y medio hasta la siguiente celebración matrimonial, reduciéndose además de manera notable para ambos sexos el porcentaje de los que pasan de nuevo por el altar antes del transcurso de un año desde la anterior ruptura matrimonial -28,5% de hombres y 12,5% de mujeres-[328]. Es una prueba más que viene a confirmar las dificultades de los celanoveses para contraer nupcias en el controlado mercado matrimonial de la primera mitad del siglo XIX.

II.2.6. La soltería definitiva

La identificación de un porcentaje elevado de actas de defunción durante el proceso de reconstrucción nos ha permitido plantear el cálculo del celibato definitivo a partir del porcentaje de individuos solteros entre los fallecidos con 50 o más años de edad. Dicho planteamiento sería desde todo punto de vista imposible sin un proceso de reconstrucción previo puesto que como ya indicamos al comienzo de este capítulo, ni el estado civil ni mucho menos la edad de los finados, fueron sistemáticamente recogidos en las actas de defunción de Veiga. En las tablas 26 y 27 se presentan los resultados obtenidos por periodos.

TABLA 26 • CELIBATO FEMENINO DEFINITIVO. % A PARTIR DEFUNCIONES DE 50 AÑOS O MÁS					
PERIODOS	**1660–1729**	**1730–1769**	**1770–1809**	**1810–1850**	**1851–1900**
TOTAL ÓBITOS	241	208	269	293	265
ÓBITOS IDENTIFC. RECONSTRUC.	191	181	251	276	230
ÓBITOS EDAD CONOCIDA	148	178	247	280	253
ÓBITOS EDAD DESCONOCIDA	93	30	22	13	12
FALLECIDAS 50 O MÁS AÑOS	69	103	131	127	198
SOLTERAS 50 O MÁS AÑOS	7	14	29	34	69
% SOLTERÍA DEFINITIVA	10,14	13,59	22,13	26,77	34,84

---

[328] En la antigua provincia francesa de Quercy también se constata un alargamiento de los intervalos entre los siglos XVIII y XIX. Así, en la segunda mitad del siglo XVIII los hombres esperaban de media 18 meses y las mujeres unos 29,4 meses antes de contraer nupcias, mientras que en la primera mitad del XIX los plazos se situaban ya en 29,9 meses para los hombres y 36,7 meses para las mujeres (J. C. Sangoi, 1982: 124).

TABLA 27 • CELIBATO MASCULINO DEFINITIVO. % A PARTIR DEFUNCIONES DE 50 AÑOS O MÁS					
PERIODOS	**1660-1729**	**1730-1769**	**1770-1809**	**1810-1850**	**1851-1900**
TOTAL ÓBITOS	189	181	208	257	214
ÓBITOS IDENTIFC. RECONSTRUC.	154	159	204	240	188
ÓBITOS EDAD CONOCIDA	125	153	197	243	204
ÓBITOS EDAD DESCONOCIDA	64	28	11	14	10
FALLECIDOS 50 O MÁS AÑOS	60	85	134	158	150
SOLTEROS 50 O MÁS AÑOS	3	8	14	21	33
% SOLTERÍA DEFINITIVA	5,00	9,41	10,44	13,29	22,00

En las tablas se incluyen todas las actas de defunción registradas en los libros de difuntos entre 1660 y 1850. A partir de 1850 se recogieron las actas referidas a los parroquianos incluidos en las fichas de familia haciendo uso de las indicaciones sobre la edad de defunción que se ofrecen en la fuente[329]. En la primera etapa, entre 1660 y 1729 solo logramos identificar a un 79,2% de los fallecidos pero a partir de 1730 el porcentaje de éxito alcanzando en el proceso de reconstrucción otorga bastante solidez a los cálculos dado que entre 1730 y1850 casi un 92% de los óbitos registrados fueron incluidos en las fichas de reconstrucción. Gracias a ello logramos controlar la edad de fallecimiento de un porcentaje amplio de las defunciones, en muchos casos de manera precisa y en otros de forma aproximada, tal como se indica a continuación.

Una vez insertadas en las fichas de familia las partidas de defunción identificadas, en los casos en los que se disponía de la fecha de nacimiento del individuo se procedió al cálculo automático de la edad de defunción. Por este método, a partir de 1730 conocemos la edad exacta a la que fallecieron un 83,2% de las mujeres correctamente identificadas en el proceso de reconstrucción y un porcentaje idéntico en el caso de los hombres. Sin embargo, para afianzar los resultados sobre el mayor número de observaciones posibles, completamos este cálculo con un trabajo manual sobre los restantes casos identificados para los que no disponemos de fecha de nacimiento. En la mayoría de las ocasiones, cuando se trataba de individuos casados, la combinación de la fecha de matrimonio y la fecha de defunción nos permitió discernir si su fallecimiento se produjo antes o después de la celebración de su 50 cumpleaños. De este modo se le otorgó una "edad aproximada" –antes de los 50 o una vez cumplidos los 50- a un 15,9% de las mujeres identificadas y a una proporción muy similar en el caso de los hombres -14,79%-[330].

---

[329] Como ya indicamos al comienzo de este capítulo este dato solo se empieza a incluir de forma sistemática en las partidas a partir de los años 30 del siglo XIX.

[330] Presentamos a modo de ejemplo algunos casos. Identificamos la partida de defunción de Margarita Bazán fechada el 15/01/1754; Margarita es la viuda de Agustín Suárez, ambos contrajeron nupcias el 22/04/1700 pero desconocemos la fecha de su nacimiento porque no es una mujer originaria de la parroquia de Veiga. Aunque desconocemos la edad exacta a la que murió no cabe ninguna duda que contaba con más de 50 años. En el caso de María Conde, viuda de Alberto Sieiro, también identificamos su partida de defunción el 03/04/1755. Esta pareja residía de forma estable en la aldea de Cirós, cuando menos desde el 01/11/1713 fecha en la que se registra el bautizo de su primer hijo y aunque en este caso desconocemos la fecha de su matrimonio celebrado en el exterior, los 42 años transcurridos desde este primer nacimiento también indican con claridad que la difunta contaba con más de 50 años en el momento de su fallecimiento. Antonio Crego, un hombre foráneo casado con Antonia Quintairos, el 15/04/1776 fallece el día 12/11/1779. Desconocemos su fecha de

A partir de 1830, también hicimos uso de las anotaciones de edad que se recogen en la fuente, tanto para los óbitos identificados en el proceso de reconstrucción para los que no disponíamos de fecha de nacimiento, como en el caso de las partidas no identificadas, de ahí que en las tablas anteriores entre 1810 y 1850 y entre 1851 y 1900 el número de casos de edad conocida supere al número de óbitos correctamente identificados.

Una vez concluido dicho proceso, los resultados obtenidos nos permiten apoyar los cálculos sobre un porcentaje muy elevado de las defunciones registradas: en torno a un 85% de las mismas tanto para hombres como para mujeres fallecidos entre 1730 y 1769, y un 95% del total a partir de los años setenta del siglo XVIII. Las conclusiones referidas al periodo comprendido entre 1660 y 1729 presentan menor solidez desde el punto de vista estadístico dado que se sustentan sobre el 66,1% de las actas de defunción en el caso de los hombres y sobre el 61,4% para las mujeres.

Las tablas muestran unos resultados muy coherentes. Los niveles de soltería definitiva describen una evolución clara marcada por su paulatino incremento a lo largo de todo el periodo de estudio hasta alcanzar cuotas elevadísimas a lo largo del siglo XIX, que afectaron de manera muy particular a las mujeres. Sospechamos además que su crecimiento pudo ser incluso algo superior al que traducen las tablas, ya que los porcentajes obtenidos tanto para hombres como para mujeres entre 1660 y 1729 podrían están sobrevalorados[331]. La presencia creciente de mujeres solteras entre el número de fallecidas con 50 o más años -22,13% entre 1770 y 1809 sobre el 92% de las defunciones del periodo y el 26,7% entre 1810 y 1850 sobre el 95% del total-, es claramente indicativa de la puesta en marcha de otro poderoso mecanismo de control demográfico a través de la variable nupcial que se suma al retraso en la edad de acceso al matrimonio femenina y al cierre del mercado matrimonial para las mujeres viudas, ya anteriormente expuestos.

El dinamismo demográfico del periodo 1770-1809 se vio favorecido por el ligero descenso en la edad media de acceso al matrimonio femenina y el consiguiente incremento del porcentaje de mujeres que contrajo nupcias con menos de 25 años, e incluso por una ligera reactivación del mercado matrimonial para las mujeres viudas, sin embargo los datos arriba expuestos sobre soltería definitiva muestran las dificultades con las que se topaban los jóvenes celanoveses de fines del siglo XVIII a la hora de establecerse y formar un nuevo hogar en un espacio superpoblado. Dichas dificultades fueron creciendo al compás que aumentaba la densidad de población de la comarca, abocando a más de un cuarto de las mujeres y a un 13% de los hombres a permanecer solteros hasta el momento de su defunción en la primera mitad del siglo XIX[332]. Una vez cerrada la fase de crecimiento que se

nacimiento, pero su mujer era muy joven en el momento de contraer nupcias -21 años- y el 28/01/1779 registraron a su segundo hijo, por ello determinamos que se trataba de un hombre menor de 50 años. En aquellos casos en los que se planteaba alguna duda, preferimos situar estos óbitos de hombres o mujeres casadas en el grupo de más de 50 años, para no mermar el monto total del grupo sobre el que se efectúa el cálculo del celibato definitivo. José da Pía, natural de la parroquia de Orille, falleció el 27/01/1806 casi 31 años después de haber contraído nupcias el 05/04/1775 con María Feijoo, natural de Veiga. Teniendo en cuenta la tardía edad media de acceso al matrimonio, suponemos que tenía más de 50 años en el momento de su fallecimiento, en cuyo grupo lo incluimos.

[331] En el caso de las mujeres, resta un elevado número de defunciones cuya edad desconocemos -93 en total-, entre las que se incluye una importante presencia de mujeres casadas -40 en total- para quienes no podemos precisar la edad en el momento de su fallecimiento. La inclusión de una parte de estas en el grupo de fallecidas con 50 años o más reduciría significativamente el porcentaje de soltería definitiva, si bien todavía resta un porcentaje superior al 20% de casos desconocidos -21,9%-.

[332] Esta importante presencia de hombres solteros y sobre todo de mujeres solteras con carácter definitivo se ve reflejada en la elevada proporción que alcanzan según la tipología de P. Laslett los hogares "solitarios" o los "sin estructura" entre los grupos domésticos celanoveses. A mediados del siglo XVIII sobre una muestra de 1765 hogares registrados en los Libros Personales de 13 parroquias, un 14,22% del total estaba encabezado por personas solteras, en la mayoría de los casos de género femenino –casi un 10% del total- (D. Rodríguez Fernández, 1999:219). Este numeroso grupo de mujeres solteras al frente de sus respectivos hogares no está en consonancia con los valores religiosos y políticos de la época, según los cuales la mujer estaba obligada a vivir tutelada por su padre, su esposo, hermano, etc (P. Saavedra, 1994: 254), sin embargo, los condicionantes demográficos, económicos, sociales, etc., que explican su existencia también debieron favorecer en la práctica su aceptación dentro del sistema y hasta su normalización.

inició en los años 70 del siglo XVIII, a partir de la segunda década del siglo XIX el retraso de la edad de acceso al matrimonio fue acompañado de la explosión de los niveles de soltería definitiva, según se desprende de los porcentajes de solteros mayores de 50 años recogidos en la segunda mitad de la centuria.

La proporción que alcanzan los hombres y mujeres solteros entre los fallecidos con 50 o más años difiere de manera evidente de los porcentajes de soltería definitiva calculados a partir del Censo de Floridablanca -7,4% para los hombres y 13,74% para las mujeres-. De hecho, los porcentajes de soltería definitiva obtenidos en relación a los sobrevivientes al 50 aniversario en Veiga se encuentran muy por encima de las cifras que maneja H. Sobrado Correa para el interior de la provincia lucense a partir de la consulta de actas de defunción datadas tanto a comienzos del siglo XVIII como en la segunda mitad de la centuria –a comienzos del siglo XVIII obtiene un porcentaje de soltería definitiva del 10,7% para los hombres y el 11,4% para las mujeres elevándose hasta el 14% y el 15,3%, respectivamente, entre 1760 y 1789-(2001: 144)[333].

En la antigua Jurisdicción del Morrazo los niveles de soltería definitiva femenina también experimentan un fuerte crecimiento entre los siglos XVII y XVIII, resultando unos porcentajes no muy alejados de nuestros cálculos -12,79% para el siglo XVII y 21,7% de media para el siglo XVIII-. En el caso de los hombres en cambio se aprecia una evolución claramente diferenciada tendente a su reducción en el tiempo -11,97% en el siglo XVII frente a un 7,66% en el siglo XVIII- (H. M. Rodríguez Ferreiro, 2003: 177-260)[334].

[333] Las elevadas tasas de soltería definitiva se presentan como una característica representativa de la demografía lucense, dominando en la mayor parte de la provincia una nupcialidad muy controlada (A. Eiras Roel, 1996: 204) y estrechamente vinculada con un sistema hereditario de carácter rígido que privilegiaba al heredero único a través de la mejora larga (P. Saavedra, 1994: 244-246). En opinión de H. Sobrado Correa el celibato de algunos hermanos del mejorado permite el matrimonio de otros al tiempo que impide la división patrimonial (H. Sobrado Correa, 2001: 146). En Irún también se obtienen unas tasas elevadas de celibato definitivo para finales del siglo XVIII a partir de los 40 años: 12,72% de los hombres y 17,22% de las mujeres, igualmente relacionadas en este caso con la presencia de la familia troncal, la escasez de tierras y caseríos y las particularidades del sistema de transmisión de bienes dominante (J. Urrutikoetxea Lizarraga, 1992: 187). No obstante, M. Arbaiza Vilallonga en su trabajo sobre el papel de la mujer en la formación del agregado doméstico en la sociedad preindustrial vasca, pone en entredicho que el matrimonio restringido y tardío propio del País Vasco esté sustentado exclusivamente en un sistema familiar de tipo troncal y en un sistema de herencia indiviso. A su juicio, el predominio en las villas vascas de un modelo clásico de familia nuclear y la localización en las zonas rurales de porcentajes de complejidad del 31,4% son las dos caras de la misma moneda. Modelo troncal y modelo nuclear no son algo diferenciado en el País Vasco porque "la estabilidad de los miembros de las familias que permanecen en el campo en un régimen troncal se produce a costa de la inestabilidad de los que van al marco urbano a uno nuclear" (1997: 302-303). En realidad, altas tasas de celibato y herencia indivisible no siempre figuran como aliados en las investigaciones llevadas a cabo sobre el mundo rural de la Europa Moderna. Así, J. Schlumbohm en su trabajo sobre la parroquia alemana de Belm situada en una región donde también se practicaba una herencia de tipo indivisible, localiza porcentajes bajísimos de celibato definitivo -3,5% de los hombres y 3,2% de las mujeres mayores de 45 años- a partir de un censo fechado en 1812. A juicio del autor, dichos porcentajes fueron posibles gracias a las posibilidades económicas que abrió la protoindustrialización de la región y al sistema de arrendamiento de explotaciones (1998:128). En el caso contrario, en la comarca de Celanova se localizan porcentajes muy elevados de soltería definitiva en el marco de un sistema hereditario amparado en la búsqueda de la igualdad entre los herederos, lo que a la postre provocó una extrema división de las explotaciones agrarias y la imposible colocación en el mercado matrimonial de una parte de los descendientes.

[334] En la comarca del Morrazo el cálculo se lleva a cabo a partir de la relación entre el número de solteras a los 50 años con respecto al número de solteras a los 15 años, sin embargo la ausencia de indicaciones sistemáticas sobre la edad y estado civil de los finados en los registros gallegos dificulta los cálculos sobre niveles de celibato definitivo en la mayoría de las investigaciones, planteándose una situación similar con los registros portugueses, lo que limita enormemente los análisis comparativos. Los elevados porcentajes de soltería definitiva de la comarca celanovesa contrastan con el carácter universal que presentaba el matrimonio en las tierras del interior peninsular: en la Merindad de Estella entre 1790 y 1819 solo un 6% de las mujeres fallecidas con 50 años o más se encuentran solteras (A. Floristán Imízcoz, 1982: 99), en el área rural de la Bañeza se localiza solo un 1,1% de mujeres célibes entre las fallecidas con 50 o más años entre 1690 y 1712, y un 2,5 % entre 1797 y 1850 (L. M. Rubio Pérez, 1987: 117-118), en los Molinos entre 1638 y 1729 los porcentajes de soltería definitiva eran del 3,8% para los hombres y 1,8% para las mujeres (J. Soler Serratosa, 1985: 132) y en Mocejón entre 1660 y 1719, calculado sobre las actas de defunción de los fallecidos con 45 años o más, era del 3,7% para las mujeres y 5,3% para los hombres (A. Gómez-Cabrero Ortiz, Mª. J. Fernández de la Iglesia, 1991: 71). Los datos de Cuenca a partir en este caso del Censo de 1787 también muestran el carácter universal del matrimonio en la provincia, reduciéndose el celibato definitivo a un 5% (D. S. Reher, 1988: 78). En el territorio valenciano, los datos de Llombai sobre celibato definitivo femenino -9% sobre el total de difuntas con 50 años o más- (M. Ardit, 1995: 173) o los de Benimaclet -6% - (J. M. Pérez García, 1988b: 415), son también claramente inferiores a las cifras que aportan las investigaciones llevadas a cabo sobre tierras gallegas.

Como ya se indicó anteriormente, el profesor A. Eiras Roel catalogó al municipio de A Bola del que forma parte la parroquia de Veiga en el modelo 7 –Valdeorras-, el de más baja regulación de toda Galicia, dado que a partir del conjunto de indicadores de nupcialidad que aplica a los censos de 1787 y 1860 concluye que "no existe una regulación apreciable de la nupcialidad", operando fundamentalmente la mortalidad como único freno al crecimiento (1996: 272-447). Una vez analizados todos los parámetros sobre nupcialidad que resultan del proceso de reconstrucción de familias llevado a cabo sobre San Munio de Veiga, dicha afirmación es difícilmente sostenible por lo que entendemos que los datos censales relativos a la comarca de estudio plantean serios problemas de veracidad que afectan a los resultados de los cálculos, desafiando en ocasiones la lógica como el propio autor del estudio reconoce en no pocas ocasiones.

II.3. Natalidad y fecundidad

II.3.1. El movimiento estacional de nacimientos y concepciones

En el apartado dedicado al estudio de la emigración ya tuvimos ocasión de analizar el movimiento estacional de los nacimientos y su posible vinculación con el desplazamiento de carácter estacional de cuadrillas de segadores y vendimiadores a las tierras cerealeras castellanas y a la región vitícola del Douro. Siguiendo el mismo planteamiento que llevamos a cabo con la curva de las celebraciones matrimoniales, retomamos de nuevo el análisis del movimiento estacional de los nacimientos/concepciones para valorar en su conjunto la incidencia de los factores demográficos, los relacionados con el calendario agrícola así como la vigencia de las prohibiciones religiosas[335].

La distribución anual de las concepciones describe una curva más regular que en el caso de los matrimonios. A lo largo de todo el periodo de estudio el mes de octubre marca el mínimo anual (5,75%), aunque en realidad dicho mes representa el final de una etapa de bajas concepciones que arranca en el mes de julio, cuando se contabiliza el mínimo secundario anual. A partir del mes de noviembre se produce un claro incremento de las mismas hasta alcanzar sus valores máximos en los meses primaverales de abril, mayo y junio. La concentración de en torno a un 30% de las concepciones en estos tres meses está estrechamente relacionada con los ritmos vitales y se trata de una constante que se repite en un buen número de las investigaciones llevadas a cabo sobre la época Moderna[336]. Sin embargo, el progresivo incremento de las concepciones entre noviembre y junio se ve interrumpido en los meses de diciembre y marzo, en los que se produce un ligero descenso derivado de las imposiciones del calendario religioso[337].

---

[335] Véase apéndice estadístico, tablas II. 6.

[336] Las conclusiones de C. Fernández Cortizo sobre Tierra de Montes en el siglo XVIII (1979: 136-137), las informaciones de Mª. N. Amorim sobre Guimaraes y Tras-os-Montes (1987: 147-155) y los datos relativos a Santo André de Barcelinhos (I. Martins de Faria, 1998: 100) también subrayan la importancia de los ritmos vitales a la hora de explicar los niveles máximos de concepciones en los meses primaverales. Un comportamiento que se repite en tierras valencianas (M. Ardit, 1995: 178) (E. Garrido Arce, 1995: 200) o en el interior castellano (J. M. Bartolomé Bartolomé, 1996: 289) (L. M. Rubio Pérez, 1987: 172). Pese a que se trata de un comportamiento bastante común no constituye una ley de cumplimiento universal, y en algunas áreas las poblaciones debieron ajustar sus ritmos vitales con los condicionamientos que imponía el medio y las actividades económicas. Es el caso de los habitantes de las montañas del área noroccidental leonesa que registran niveles mínimos de concepciones en los meses de febrero, marzo y abril debido a la práctica de la trashumancia y a "las precauciones de los padres para no alumbrar a sus hijos en los máximos rigores del invierno" (Mª. J. Pérez Alvarez, 1996: 289).

[337] Muchas investigaciones subrayan la incidencia de las prescripciones religiosas en el periodo de Cuaresma, resultando mucho menos efectivas en la época del Adviento. Véase al respecto entre otros J. M. Pérez García, 1979: 108, C. Fernández Cortizo, 1979: 137, Mª. J. Pérez Alvarez, 1996: 289, A. García Sanz Marcótegui, 1985: 268, J. M. Bartolomé Bartolomé, 1996: 289. Dicho comportamiento también se constata en las investigaciones llevadas a cabo sobre el norte de Portugal (Mª. N. Amorim, 1987: 147), o en los trabajos franceses (J. C. Sangoi, 1982: 166-167) (E. Pelaquier, 1996: 165).

En el caso del mes de marzo, su comportamiento a la baja quizás no se deba solo a la incidencia del periodo cuaresmal ya que también es en este mes cuando se concentra el trabajo agrícola de cava y acondicionamiento de las parcelas para la siembra del cereal de primavera, después del parón invernal.

Como ya se indicó en páginas anteriores, el mínimo de concepciones veraniegas está relacionado con la emigración de carácter estacional que practican los hombres de la comarca, aunque dicha causa no justifica del todo el mínimo del mes de octubre. La temporada de las vendimias en la región del Douro debía situarse a caballo entre septiembre y octubre, y las concepciones del mes de septiembre superan con creces a las del mes de octubre; de ahí que quizá sea una combinación de factores demográficos –ausencia en la vendimia de una parte de hombres casados- y económicos –importante actividad agraria vinculada con la recolección de la cosecha de maíz-, la que explique el mínimo que marca dicho mes.

En el apéndice estadístico, gráfico II.2 se representa la distribución anual de las concepciones para los siglos XVII, XVIII y XIX con el objetivo de analizar las permanencias y los posibles cambios ocurridos en el comportamiento arriba descrito a lo largo del periodo de estudio.

La evolución secular muestra algunos datos de interés ya puestos de relieve en el apartado dedicado al análisis de la emigración. Observamos como se va diluyendo en el tiempo el descenso de las concepciones en los meses estivales de julio y agosto ya que estas pasaron de suponer el 10% en el siglo XVII hasta representar el 17% del total en la primera mitad del siglo XIX. En realidad el cambio de comportamiento se consolidó en la segunda mitad del siglo XVIII, puesto que en los primeros cincuenta años suponían el 13,4% del total, ascendiendo hasta el 17% en la segunda mitad del siglo. Además, el progresivo incremento de las concepciones estivales va acompañado de un descenso paralelo, aunque de inferiores proporciones, en los datos relativos al mes de septiembre, probablemente relacionado con la apertura de la emigración estacional a la región portuguesa del Douro.

En el siglo XIX la desaparición progresiva del descenso estival genera una distribución bastante regular a lo largo del año, en la que se mantienen los mínimos de octubre y marzo. Al igual que ocurría con la curva de las celebraciones matrimoniales, en el siglo XIX desaparecen los condicionantes religiosos relacionados con el Adviento pero parecen reforzarse las prohibiciones de la Cuaresma[338].

II. 3. 2. El estudio de la fecundidad. Tasas de fecundidad y fin de la fecundidad femenina

Los padres de la escuela francesa de demografía histórica, en particular L. Henry, buscando una base de referencia para medir el declive de la fecundidad en Francia en el siglo XIX, idearon el método de reconstrucción de familias. De ahí que en un principio los estudios de reconstrucción se centraron fundamentalmente en el análisis de cómo utilizaban las mujeres casadas en la Europa de la Edad Moderna su periodo de fecundidad relativamente corto a partir del cálculo de las tasas de fecundidad y los intervalos entre matrimonio y primer nacimiento y entre nacimientos[339].

---

[338] Como ya se indicó en su momento es una evolución muy pareja a la que describen O. Rey Castelao y F. Pérez Rodríguez para la zona de la Cañiza en el tránsito del siglo XVIII al XIX (1992:37-38).

[339] Louis Henry habiendo constatado que las estadísticas antiguas apenas eran utilizables y que las fuentes disponibles no permitían efectuar los cálculos clásicos en demografía, inventó el método de la reconstrucción de familias. Como las fichas de familia no permitían el cálculo de índices clásicos –tasas de natalidad, mortalidad, etc.-, los sustituyó por nuevas técnicas, caso del análisis de la fecundidad de las mujeres en función de la edad de acceso al matrimonio, cálculo de la edad al último parto, análisis de intervalos entre matrimonio y primer nacimiento y entre nacimientos, etc. (J. Dupâquier, 1988: 31-32).

La fecundidad marital por grupos de edades intenta averiguar para cada unidad geográfica estudiada y para las mujeres casadas en un determinado periodo, cuantos hijos nacían por cada mil mujeres-años en cada uno de los siete grupos de edades del periodo reproductivo (M. W. Flinn, 1989: 50)[340]. En la tabla 28 se muestran los resultados obtenidos para la comarca de estudio[341].

TABLA 28 • TASAS DE FECUNDIDAD POR GRUPOS DE EDAD. VEIGA 1655–1850.									
		TASAS DE FECUNDIDAD POR GRUPOS DE EDAD (‰)							
PERIODO	Nº CASOS	15–19	20–24	25–29	30–34	35–39	40–44	45–49
1655–1729	90	229	372	406	350	315	165	16
1730–1769	98	85	390	393	363	289	174	3
1770–1809	140	371	432	404	338	295	157	13
1810–1850	113	154	441	428	364	284	139	17
1655–1850	441	262	402	401	354	295	158	13

Las cifras expuestas sobre nacimientos por cada 1000 mujeres-año en cada grupo de edad no traducen cambios de importancia en el comportamiento de las parejas celanovesas a lo largo del periodo de estudio. En los cuatro periodos analizados los datos describen una típica curva convexa resultado de una fecundidad creciente que alcanza sus valores máximos entre los 20 y los 29 años, registrando a partir de ahí un progresivo descenso hasta alcanzar valores próximos a 0 en el grupo de 45 a 49 años.

El indicador de la descendencia teórica o la ratio de fecundidad legítima total que se obtiene para cada uno de los periodos revela el carácter limitado de los cambios en dicho comportamiento a lo largo del tiempo[342], ya que las cifras resultantes son: 8,12 para el primer periodo, 8,06 en el segundo, 8,19 en el tercero y 8,36 en el último. En definitiva, las mujeres celanovesas que contrajeron matrimonio entre 1655 y 1850, de haber permanecido casadas entre los 20 y los 44 años de edad hubieran alcanzado una descendencia teórica en torno a los 8 hijos. Entre 1655 y 1809 las variaciones son prácticamente despreciables; en cuanto al último periodo de estudio, las cifras expuestas denotan la inexistencia de prácticas de control de la fecundidad que impliquen un descenso de la misma con respecto a los siglos anteriores. De hecho, el ligero incremento observado o bien podría vincularse con una ligera elevación de la fecundidad en respuesta al notorio incremento de la edad de acceso al matrimonio que se produce en este periodo, o quizá haya que interpretarlo en función de un posible incremento en las tasas de mortalidad infantil y la subsiguiente reducción del periodo de lactancia materna, lo que provocaría una reducción de los intervalos intergenésicos.

---

[340] La tasa de fecundidad se calcula dividiendo un número de nacimientos dado por cierto número de años. El número de nacimientos se refiere al de los niños nacidos de mujeres pertenecientes al grupo de edades consideradas; el número de años es la suma de los tiempos pasados por estas mujeres en estos grupos de edades. Se le llama número de mujeres-años para señalar que depende tanto del número de mujeres, como del número de años que cada una de ellas pasa en un grupo de edades (L. Henry, 1983: 115).

[341] Para su cálculo utilizamos las fichas de tipo 1 –fecha nacimiento mujer, fecha matrimonio y fecha fallecimiento del primer cónyuge conocidas-, incluyendo tanto a las parejas completas como a las incompletas.

[342] El indicador de la descendencia teórica o la ratio de fecundidad legítima total es el número medio de hijos que habrían alcanzado las mujeres casadas si se hubiesen mantenido en unidad conyugal de los 20 a los 49 años. Véase entre otros trabajos de la profesora Mª. N. Amorim (1992:120).

La adopción universal del sistema de cálculo arriba expuesto por parte de los historiadores proporciona una medición valiosa que permite comparaciones interregionales e intertemporales (M. W. Flinn, 1989: 50). Por ello, a fin de valorar adecuadamente las cifras resultantes para la comarca de estudio, presentamos en un cuadro comparativo los resultados obtenidos a partir de un buen número de reconstrucciones desarrolladas sobre territorio gallego y sobre el norte de Portugal, (Véase tabla 29)[343].

TABLA 29 • TASAS FECUNDIDAD LEGÍTIMA POR GRUPOS DE EDAD (GALICIA Y NORTE PORTUGAL) ‰								
LOCALIDAD	PERIODO	15–19	20–24	25–29	30–34	35–39	40–44	45–49
CELANOVA	1655–1850	262	402	401	354	295	158	13
MORRAZO	S. XVII	368	400	401	349	279	234	43
MORRAZO	S. XVIII	296	428	415	377	320	175	21
ULLA	S. XVIII	225	377	441	358	294	132	15
GROVE	1728–1756	296	320	369	377	292	127	15
XALLAS	S. XVIII	181	365	377	301	302	155	23
RONFE	1680–1789		399	411	372	306	167	20
GUIMARAES	1620–1749	300	456	422	412	318	187	19
BARCELINHOS	1660–1859	427	389	372	350	285	161	23
BASTO, S. TECLA	1623–1799	286	361	358	334	291	172	
POIARES	1650–1823	279	394	396	352	292	139	13
REBORDAOS	1610–1750	319	397	378	356	292	122	13
CARDANHA	1600–1795	321	388	362	348	224	127	15
CALVAO	1670–1865	330	335	395	345	317	185	12

En la mayoría de las investigaciones llevadas a cabo tanto en Galicia como en el norte portugués se obtienen ratios de fecundidad legítima inferiores a 8, como es el caso de Xallas (7,5 de 20 a 44 años), el Salnés (7,4) o las parroquias portuguesas del área de Tras-os-Montes –en Cardanha se registra el valor más bajo de los recogidos en la tabla (7,2)-. De ahí que las tasas de fecundidad obtenidas para la comarca de Celanova pueden considerarse elevadas en un contexto geográfico caracterizado por el predominio de una débil fecundidad, si bien los valores alcanzados en el área rural de de Guimaraes arrojan una ratio de fecundidad legítima de 20 a 44 años claramente superior a la celanovesa -8,97-, obteniéndose también valores elevados en el análisis conjunto de las parroquias de Ronfe y

[343] Fuentes para Galicia: Morrazo (H. M. Rodríguez Ferreiro, 2003: 182-270), Ulla (O. Rey Castelao, 1981: 230), Grove (J. M. Pérez García, 1979: tabla 4-19), Xallas (B. Barreiro Mallón, 1973: 193). Norte Portugal: Ronfe (Mª. N. Amorim, 1993: 55), Guimaraes área rural (Mª. N. Amorim, 1987: 158) Barcelinhos (I. Martins de Faria, 1998: 104), Basto Santa Tecla (E. M. Gonçalves de Carvalho, 1999: 61), Poiares, Rebordaos y Cardanha (Mª. N. Amorim, 1987: 158), Calvao (J. A. Paulo Faustino, 1998: 118).

Ruivaes -8,6 de media antes de 1750- (Mª. Norberta Amorim, 1998: 67) al igual que ocurre en la jurisdicción del Morrazo en los siglos XVII y XVIII –ratio de 8,3 y 8,5 respectivamente-. Ahora bien si examinamos la fecundidad de las mujeres celanovesas a la luz de las cifras medias que calcula M. W. Flinn, esta resulta bastante inferior a la de la media de las mujeres francesas o belgas casadas antes de 1750.

En la tabla 30 se exponen las tasas de fecundidad a partir de la edad de la madre al matrimonio.

TABLA 30 •TASAS FECUNDIDAD POR GRUPOS DE EDAD A PARTIR DE LA EDAD DE LA MADRE AL MATRIMONIO (1655-1850)								
		TASAS DE FECUNDIDAD POR GRUPOS DE EDAD ‰						
G. DE EDAD AL M.	Nº CASOS	15-19	20-24	25-29	30-34	35-39	40-44	45-49
15-19	48	262	392	419	306	252	125	21
20-24	116		413	405	332	286	148	16
25-29	126			377	376	310	146	11
30-34	79				392	288	16	16
35-39	43					360	203	12
40-44	24						381	–
45-49	5							–

Resulta evidente que la edad al matrimonio jugó una importancia relevante sobre las tasas de fecundidad en los diferentes grupos de edad analizados. La tasa más elevada coincide en la práctica totalidad de los casos con el grupo de edades en el que la mujer contrae matrimonio. La única excepción a este comportamiento se produce entre el grupo de mujeres casadas antes de los 20 años, un número muy limitado de casos en la comarca de estudio, que alcanza su punta máxima de fecundidad entre los 25 y los 29 años. La incidencia de la edad al matrimonio sobre las tasas de fecundidad y el comportamiento divergente de las mujeres más jóvenes que alcanzan su madurez reproductiva a una edad más avanzada es una característica bastante frecuente entre las poblaciones históricas de la Edad Moderna, ya puesta de manifiesto en anteriores investigaciones[344]. En opinión de Mª. N. Amorim entra dentro de la lógica que las mujeres alcancen sus tasas máximas de fecundidad coincidiendo con el grupo de edades en el que acceden al matrimonio, en la medida en que el intervalo entre el matrimonio y el primer nacimiento es naturalmente más corto que los intervalos entre nacimientos (1992: 131).

Ahora bien, el estudio de la fecundidad en función de la edad de la mujer al matrimonio es un método simple comúnmente empleado en demografía histórica para verificar si existe o no malthusianismo. Si la diferencia de fecundidad en la misma edad de la mujer varía considerablemente en función de la edad de acceso al matrimonio puede considerarse una prueba de malthusianismo, si las diferencias son pequeñas pueden considerarse como consecuencia de la disminución natural de la fecundidad (H. M. Rodríguez Ferreiro, 2003: 272). A tenor de los datos expuestos en la anterior tabla, en la comarca de estudio en los grupos de edades comprendidos entre los 30

---

[344] Véase al respecto entre otros: J. M. Pérez García, 1979: 121, O. Rey Castelao, 1981: 77, H. M. Rodríguez Ferreiro, 2003: 273, Mª. N. Amorim, 1992:131, J. A. Paulo Faustino, 1998: 124.

y los 44 años de la mujer se producen diferencias apreciables entre los niveles de fecundidad de las mujeres casadas en ese mismo grupo de edad y las mujeres casadas a edades más jóvenes, lo que podría ser indicio de un control voluntario de los nacimientos por parte de estas parejas que ya habían consumido una parte de sus años de vida conyugal.

En realidad es bastante difícil sacar conclusiones al respecto puesto que las variaciones detectadas no presentan la magnitud suficiente para convertirse en pruebas concluyentes, por ello nos pareció de gran ayuda plantear el análisis de las tasas de fecundidad en función de la edad de acceso al matrimonio de la mujer por periodos, para comprobar si este comportamiento se intensifica a partir de un determinado momento cronológico, coincidiendo por ejemplo con las dificultades por las que atraviesa este sistema demográfico para adecuarse a los recursos disponibles en la primera mitad del siglo XIX[345].

El análisis por periodos muestra con claridad que no se trata de un comportamiento generalizado entre la población de Veiga a partir de un momento determinado, sino que en las cuatro etapas establecidas se detecta la presencia esporádica de variaciones en las tasas de fecundidad, favorables a las mujeres casadas en un determinado grupo de edades con respecto al resto de las mujeres que ya habían contraído nupcias a edades anteriores. De hecho, la presencia de este tipo de conductas incluso afecta en mayor medida a las mujeres casadas entre mediados del siglo XVII y los años 60 del siglo XVIII que a las generaciones que acceden al matrimonio a partir de los años 70 del siglo XVIII[346].

Podríamos suponer que las ratios de fecundidad legítima alcanzadas en las dos primeras etapas, sensiblemente inferiores a las de las dos últimas – 8,12 y 8,06 frente a 8,19 y 8,36 respectivamente-, son una consecuencia derivada de este fenómeno, pero creemos que en todas las etapas analizadas el comportamiento de los grupos de edades en los que no se detecta esta práctica compensa con creces sus posibles efectos sobre la ratio de fecundidad legítima. El carácter esporádico de estas variaciones y su distribución a lo largo de todo el período de estudio nos lleva a concluir que no responden a un "malthusianismo consciente", reafirmándonos en la idea de que las modificaciones de la fecundidad no jugaron un papel destacado a la hora de explicar la evolución demográfica de la comarca[347].

El dato relativo a la edad media de la madre al último parto marca con claridad el fin del periodo de fecundidad femenina. Su cálculo a partir del grupo de familias completas confirma la ausencia de un control consciente de la fecundidad, que se alarga de manera natural hasta el límite biológico de las mujeres celanovesas[348]. Las mujeres celanovesas tenían su último hijo a una edad media muy elevada que se situaba en torno a los 40 años, ascendiendo

---

[345] Véase apéndice estadístico, tablas II.7.

[346] Es el caso de las mujeres que accedieron al matrimonio entre los 30 y los 34 años y entre los 40 y los 44 años durante el primer periodo de estudio. Sus niveles de fecundidad son superiores a los alcanzados en esos mismos grupos de edades por las mujeres casadas a edades más jóvenes, pero su comportamiento no se repite en el grupo de mujeres casadas entre los 35 y los 39 años. En el siguiente periodo dichas variaciones se aprecian en el grupo de mujeres que contrajo nupcias entre los 30 y los 39 años, mientras que en las últimas dos etapas analizadas, dichas variaciones solo se detectan en el caso de las mujeres casadas en el grupo de 35-39 años entre 1770 y 1809 y en el grupo de 40 a 44 años entre 1810-1850.

[347] Las conclusiones son en cambio diferentes para la Jurisdicción del Morrazo en los siglos XVIII y XIX. En el Morrazo los casos en los que la tasa de fecundidad es mayor en las mujeres que casan más tarde (60% del total), se concentran sobre todo en las etapas de crecimiento demográfico. A juicio de H. M. Rodríguez Ferreiro, se trataría de una "acomodación espontánea" de la población a los recursos de la zona, derivada del equilibrio sorprendente que se daba en esas poblaciones del pasado entre natalidad, fecundidad y mortalidad. Así cuando la mortalidad ejercía efectos reguladores, la natalidad y la fecundidad aumentaban, mientras que en los periodos de largo crecimiento demográfico aparecían frenos moderadores de la fecundidad de tipo malthusiano (2003:277).

[348] Obsérvese la distancia que separa estos datos de los presentados por J. C. Sangoi para la antigua provincia francesa de Quercy en el periodo en el que se inicia el control efectivo y consciente de la fcundidad. En esta área las mujeres que contrajeron matrimonio con menos de 25 años en la segunda mitad del siglo XVIII tuvieron su último hijo a los 37,1 años, pero las que lo hicieron a esa edad entre 1816 y 1841 adelantaron su último parto a los 34 años, y entre 1842 y 1872 a los 32,7 años (1982: 178).

hasta los 41 de media entre 1655 y 1729. Entre mediados del siglo XVII y mediados del siglo XVIII más de un 67% vivió su última maternidad cuando ya había cumplido los 40 años y casi un 20% del total contaba al menos con 44 años de vida[349], siendo prácticamente testimonial el porcentaje de madres que alcanzó su última maternidad antes de los 35 años -5,4%-[350]. Esta elevada presencia de mujeres que dan a luz a sus hijos con más de 40 años está estrechamente vinculada con la tardía edad de acceso al matrimonio característica de la comarca. Como se aprecia en la tabla 31, se da una relación perfecta entre la edad de acceso al matrimonio y la edad al último parto.

TABLA 31 • EDAD DE ACCESO AL MATRIMONIO Y EDAD AL ÚLTIMO PARTO. CELANOVA 1655–1850		
GRUPO EDAD ACCESO MATRIMONIO	NÚMERO DE CASOS	EDAD ÚLTIMO PARTO
15–19	22	39,45
20–24	65	40,38
25–29	70	40,01
30–34	59	40,68
35–39	31	41,55
40–44	9	43,22
TOTAL	256	40,51

Las mujeres que accedieron al matrimonio con menos de 20 años también vieron prematuramente cerrado su periodo fecundo antes de haber cumplido los 40, aquellas que contrajeron nupcias entre los 20 y los 34 años tuvieron su último parto a una edad media coincidente con la media comarcal, mientras que las mujeres casadas

[349] En la etapa de crecimiento demográfico vivida entre 1655 y 1729 es cuando se alcanzan las cifras más positivas: 72,3% de mujeres que dan a luz su último hijo con 40 años cumplidos y 21,3% que superan los 44 años. A partir de esta fecha se observa un claro retroceso que supone que entre 1770 y 1809 el porcentaje de mujeres que alumbran a su último hijo con más de 40 años ha descendido hasta el 63,6%, ascendiendo hasta el 67% en la última etapa analizada, probablemente como consecuencia del retroceso de la edad de la mujer al matrimonio. El porcentaje de mujeres que tienen a su último hijo con 44 años cumplidos también retrocedió a lo largo del periodo de estudio, desde el 21,2% de la etapa inicial hasta el 14,5% que resulta de la última fase.

[350] Son datos muy similares a los que aporta H. M. Rodríguez Ferreiro para el Morrazo, donde la edad al último parto era de 41 años en el siglo XVII -75% de mujeres con al menos los 40 años cumplidos- y de 40,4 años en el siglo XVIII -69,8% de mujeres con al menos 40 años cumplidos- (2003: 175-259). Las cifras son también muy elevadas en la comarca del Bajo Miño, con una media por encima de los 42 años en el siglo XVII (J. M. Pérez García, 2009: 86) y de 40,7 años en el XVIII (J. M. Pérez García, 2013: 17). En el norte de Portugal, en el área rural de Guimaraes la media también supera los 40 años a lo largo del periodo de estudio (Mª. N. Amorim, 1987: 178), situándose por encima de los 41 años en las parroquias minhotas de Ronfe y Ruivaes antes de 1750 (Mª. N. Amorim, 1998: 67). En la Tierra de Montes, la mayoría de las mujeres también tenía a su último hijo tras haber cumplido los 40 años (C. Fernández Cortizo, 1979: 208). En el caso del Salnés los datos son inferiores, seguramente en relación con la mayor precocidad en el acceso al matrinonio de las mujeres; así entre 1695 y 1727 la edad media al último parto se situaba entre los 38,7 y los 39,5 años. En esta etapa un 47,9% de las mujeres tuvieron su último hijo una vez cumplidos los 40 años, dicho porcentaje asciende hasta el 56,7% en los años centrales del siglo XVIII para situarse en un 42,6% del total en la segunda mitad del siglo XVIII con una edad media al último parto entre los 37,4 y los 39,6 años (J. M. Pérez García, 1979: tabla 4-36). Más alla de los casos citados referidos al territorio gallego y del norte de Portugal, obsérvese la distancia que separa el comportamiento de las mujeres celanovesas con respecto a las del interior castellano o del área navarra. En las tierras leonesas de la Bañeza entre 1680 y 1840 la edad de la madre al último parto oscilaba entre los 37,5 y los 38,5 años, pero la proporción de mujeres que accedía a su última maternidad con los 40 años cumplidos es muy inferior. En la etapa más positiva -entre 1721 y 1760- se sitúa en este grupo el 40% de mujeres, decayendo esta proporción hasta el 27% en la primera mitad del siglo XIX (L. M. Rubio Pérez, 1987: 147). En las montañas noroccidentales de esta provincia la edad media al último parto tampoco alcanzaba la barrera de los 40 años, situándose en torno a los 37 años (Mª. J. Pérez Alvarez, 1996: 288). En la Barranca de Navarra en el siglo XVIII la edad media también era de 38 años para las familias completas, limitándose al 36% del total las mujeres que tenían a su último hijo una vez cumplidos los 40 (A. García-Sanz Marcótegui, 1985: 277).

con más de 35 años vieron retrasado el fin de su periodo fecundo con respecto a la media. Es un comportamiento ya constatado en anteriores investigaciones y probablemente relacionado con el agotamiento natural de su potencial reproductivo (J. M. Pérez García, 1979:131)[351].

La combinación del dato relativo a la edad femenina de acceso al matrimonio y la edad al último parto nos permite conocer los "años efectivos de fecundidad" (J. M. Pérez García, 2009: 87) de las parejas celanovesas. En la tabla 32 se presentan los resultados por periodos.

TABLA 32 • AÑOS EFECTIVOS DE FECUNDIDAD DE LAS PAREJAS COMPLETAS			
PERIODO	EDAD AL MAT. MUJER	EDAD FIN FERTILIDAD	AÑOS FERTILIDAD
1655–1729	26,37	41,28	14,91
1730–1769	26,77	40,08	13,31
1770–1809	26,02	40,26	14,24
1810–1850	29,11	40,69	11,58
TOTAL	26,95	40,51	13,56

El periodo efectivo de fecundidad de las parejas completas fue de 13,5 años de media a lo largo de todo el periodo de estudio alcanzando valores máximos por encima de 14 años en las dos etapas de crecimiento demográfico y reduciéndose a casi 12 años en la primera mitad del XIX. Su evolución en el tiempo estuvo muy condicionada por las variaciones en la edad de acceso al matrimonio femenino, beneficiándose también en la primera etapa de la tardía edad media al último parto[352].

II.3.3. Análisis de los intervalos. El espaciamiento de los nacimientos

El estudio de los intervalos en la parroquia de Veiga no presenta diferencias relevantes con los resultados ya conocidos para el territorio gallego. Todos coinciden en señalar su gran amplitud, tanto en el caso del intervalo protogenésico como en los intervalos intergenésicos. En la tabla 33 se presenta el análisis del intervalo protogenésico por periodos a partir de las familias estables de tipo 1 y tipo 2, es decir a partir de las familias estables para las que disponemos del registro de la fecha de matrimonio.

---

[351] En opinión de M. W. Flinn en la Europa de la Edad Moderna tendía a existir una relación entre la edad de acceso al matrimonio y la edad en el momento del alumbramiento del último hijo; cuanto antes contraía matrimonio la mujer, antes tenía a su último hijo. A su juicio se trata de un fenómeno que nunca se ha conseguido explicar de una manera adecuada (1989: 122).

[352] En la comarca del Bajo Miño, el retraso de la edad de la mujer al matrimonio también implicó la reducción del periodo efectivo de fecundidad desde los 14,4 años de media del siglo XVII –máximo de 15,6 años entre 1616 y 1645-, hasta los 12,9 del siglo XVIII (J. M. Pérez García, 2009: 86) y 2013: 17). En la antigua Jurisdicción del Morrazo en las parroquias de Bueu o Hío también se constata un claro retroceso entre ambas fechas –en Bueu media de 14,59/14,69 durante el siglo XVII y media de 13,8 años para el siglo XVIII, en Hío las cifras serían respectivamente 15,8/16,03 y 13,26-, también sobre matrimonios completos (H. M. Rodríguez Ferreiro, 2003; 177-259).

TABLA 33 • ANÁLISIS DE INTERVALOS PROTOGENÉSICOS. FAMILIAS TIPO 1-2								
	TOTAL INTERVALOS		INTERVALOS DE 8 MESES O MÁS				CONCEPCIONES PRENUPCIALES	
PERIODOS	NÚMERO CASOS	MEDIA MESES	NÚMERO CASOS	MEDIA MESES	MEDIANA	MODA	NÚMERO CASOS	MEDIA MESES
1655-1729	109	18,92	102	19,97	14	10	7	5,43
1730-1769	125	17,81	114	19,5	13	10	11	4,27
1770-1809	148	16,15	136	17,22	13	10	12	4,00
1810-1850	100	19,3	91	20,91	14	11	9	3,00
1655-1850	482	18,1	443	19,33	14	10	39	4,10

Desde mediados del siglo XVII se observa una reducida proporción de concepciones prenupciales, cuya presencia disminuye progresivamente a lo largo de los tiempos modernos. El porcentaje global del 4,1% es bastante inferior a los datos que aportan tanto las investigaciones llevadas a cabo sobre Galicia como las referidas a otras áreas peninsulares, en las que predominan porcentajes situados entre el 6 y el 10% del total de los primeros nacimientos legítimos[353]. La similitud de comportamientos con el norte portugués se rompe en este caso de una manera evidente, dadas las elevadas tasas de concepciones prenupciales que refieren los estudios portugueses, sin duda muy relacionadas con la también altísima presencia de nacimientos ilegítimos que se daba en aquellas tierras[354]. De hecho, el reducido porcentaje de concepciones prenupciales localizado en la parroquia de Veiga se vincula también con la limitada presencia de nacimientos ilegítimos en sus libros de bautizados–5,5% del total-, un porcentaje idéntico a la media que resulta para el conjunto de la comarca -5,56%- (D. Rodríguez Fernández, 1999: 85)[355]. El descenso de las concepciones prenupciales en el área de estudio contradice además la tendencia generalizada a su incremento a lo largo del siglo XVIII (M. W. Flinn, 1989: 121), claramente constatada en la mayoría de los estudios portugueses anteriormente citados[356].

[353] En el caso gallego, en las comarcas de la Ulla, el Salnés o Xallas, los porcentajes oscilan entre el 8 y el 10%, resultando ligeramente inferiores en el caso del Morrazo (6,7% para el siglo XVII y 5,62% para el siglo XVIII). Cifras no muy distantes de las gallegas se recogen también en los trabajos desarrollados sobre el interior peninsular. L. M. Rubio Pérez establece un porcentaje entre el 6 y el 10% para las tierras leonesas de la Bañeza (1987: 150), en la Barranca de Navarra la tasa era de un 5,1%- (A. García-Sanz Marcotegui, 1985: 280), en Mocejón el porcentaje ascendía al 9,2% entre 1660 y 1719 (A. Gómez-Cabrero Ortiz, Mª. J. Fernández del La Iglesia, 1991: 79). En Irún el número de concepciones prenupciales alcanzó un valor muy elevado entre mediados del siglo XVIII y mediados del XIX, representando un 15,25% de los primeros nacimientos en las familias completas (J. Urrutikoetxea Lizarraga, 1992: 228). En la Merindad de Estella entre 1640 y 1819 la media global de las concepciones prenupciales se sitúa en el 9,95%, si bien durante la segunda mitad del siglo XVII y hasta los años 60 del siglo XVIII se alcanzaron valores superiores al 13% del total (A. Floristán Imízcoz, 1982: 123).

[354] Antes de 1740 en el área rural de Guimaraes las concepciones prenupciales representaban el 16% de los primeros nacimientos legítimos, ascendiendo hasta el 17,5% en la segunda mitad del siglo XVIII (Mª. N. Amorim, 1987: 227). En la parroquia de Ronfe su tasa ascendía hasta el 18% del total (A. S. Volpi Scott, 1999: 233) y en Sta. Tecla de Basto entre 1623 y 1799 suponían el 15,6% de los primeros nacimientos (E. M. Gonçalves Rodrigues de Carvalho, 1999: 71). En Barcelinhos su porcentaje se redujo hasta el 10,2% antes de 1800 pero a partir de ese momento representaban el 28,4% del total (I. Martins de Faria, 1998: 113). Tan solo en la parroquia de Calvao, en el área de Tras-os-Montes se localizan porcentajes inferiores al 10% antes de 1800, ascendiendo hasta el 16% entre 1800 y 1865 (J. A. Paulo Faustino, 1998:149).

[355] Resulta llamativo el elevado porcentaje de concepciones prenupciales que obtiene J. Soler Serratosa para la localidad de los Molinos -16,4% entre 1638 y 1729-, en un contexto en el que la proporción de los nacimientos ilegítimos no alcanzaba el 1% del total de los nacimientos -0,9%- (1985: 176).

[356] En Hío, en el Morrazo a partir de 1810 también se observa un progresivo incremento del número de concepciones prenupciales. Entre 1810 y 1840 representan ya el 10,4% del total, ascendiendo hasta el 22,2% entre 1841 y 1868 (H. M. Rodríguez Ferreiro, 2003: 262).

Una vez excluidas las concepciones prenupciales, el análisis de los intervalos superiores a 8 meses aporta unas cifras notablemente elevadas para todo el periodo de estudio, con una media por encima de los 19 meses, que únicamente registra un ligero descenso entre 1770 y 1809, coincidiendo con una etapa de crecimiento demográfico. Incluso si se eliminan los intervalos superiores a 60 meses, la cifra media resultante para el periodo de estudio sigue siendo elevada, 17,5 meses, constatándose nuevamente un ligero descenso entre 1770 y 1809 -16 meses de media-.

Los intervalos celanoveses no constituyen un hecho excepcional en el contexto de los estudios gallegos, registrándose incluso intervalos protogenésicos más amplios en diferentes localidades[357]; sin embargo no deja de resultar sorprendente la amplitud de los mismos teniendo en cuenta la tardía edad de acceso al matrimonio de la comarca de estudio. Quizá por ello parecen más razonables los valores que recogen la mediana y la moda : 14 meses y 10 meses respectivamente para el periodo comprendido entre 1655 y 1850. Ahora bien, dichos valores no deben ocultarnos que a lo largo de todo el periodo de análisis solo un 41,9% de los primeros nacimientos se situaron entre el octavo y el décimo segundo mes después del matrimonio[358].

TABLA 34 • INTERVALO PROTOGENÉSICO EN FUNCIÓN DE EDAD ACCESO AL MATRIMONIO FEMENINA. 1655–1850.		
GRUPOS EDAD	NÚMERO DE CASOS	MEDIA MESES
15–19	22	21,36
20–24	58	18,31
25–29	65	15,86
30–34	55	16,39
35–39	27	20,33
40–44	8	13,50
TOTAL	235	17,54

*Intervalos de 8 o más meses

La tabla 34 muestra la relación que se establece entre la edad de acceso al matrimonio y la amplitud del intervalo protogenésico. Como se aprecia en la tabla, los factores de carácter biológico relacionados con la edad de la mujer en el momento de contraer nupcias jugaron un papel importante a la hora de determinar la amplitud del intervalo protogenésico. Con carácter general podemos afirmar que la duración del mismo se va reduciendo progresivamente a medida que las mujeres contraen matrimonio a una edad más tardía, de manera que fueron las novias menores de 20 años las que más tardaron en alumbrar a su primer hijo frente a las novias maduras de más de 40 años, que acuciadas por el tiempo, rebajaron la media hasta los 13,5 meses. No obstante, es necesario realizar algunas matizaciones en la anterior afirmación dado que no se aprecian diferencias para las mujeres casadas entre los 25-29

---

[357] En la comarca del Salnés la media resultante para el periodo 1727-1759, una vez excluidos los intervalos de más de 60 meses fue de 19,3 meses, ascendiendo hasta los 22,3 meses en la segunda mitad del siglo (J. M. Pérez García, 1979: tabla 4-27). En Tierra de Montes en el siglo XVIII la media se situaba en 20,4 meses y la mediana en 17 meses (C. Fernández Cortizo, 1979: 202-203). Los datos de la Ulla son muy similares a los de la comarca de estudio: 17 meses de media de 1700 a 1779, una vez excluidos los intervalos de más de 60 meses y 16,3 meses entre 1780 y 1815 (O. Rey Castelao, 1981: 81-82).

[358] Dicho porcentaje se fue incrementando paulatinamente a lo largo del periodo de estudio. En la primera etapa entre 1655 y 1729 suponían el 31,4%, ascendiendo hasta el 42,9% en la segunda etapa, a partir de aquí en los dos últimos periodos se estabilizan en un 46% del total. Un porcentaje muy similar se obtiene en la comarca del Morrazo: 45,8% durante el siglo XVII y 44,8% en el siglo XVIII (H. M. Rodríguez Ferreiro, 2003: 203-261).

años y los 30-34 años de edad, estabilizándose la duración del intervalo en torno a los 16 meses. Dada la tardía edad de acceso al matrimonio, en estos dos grupos de edades se incluye a la mayoría de las novias celanovesas. Por otra parte, el exceso de madurez de las mujeres casadas entre los 35 y los 39 años de edad probablemente jugó en su contra ampliándose hasta los 20 meses su intervalo protogenésico, casi cuatro meses más que el grupo precedente, rompiendo así la regla general.

TABLA 35 • ANÁLISIS INTERVALOS INTERGENÉSICOS. MEDIA EN MESES. FAMILIAS COMPLETAS DE 5 O MÁS NACIMIENTOS								
PERIODOS	Nº CASOS	1°–2°	2°–3°	3°–4°	ÚLTIMO	PENULT.	ANT.	MEDIA
1655–1729	36	23,64	26,72	30,42	39,92	36,67	28,72	31,02
1730–1769	46	23,28	31,26	32,50	41,96	34,8	32,45	32,71
1770–1809	65	25,89	29,00	31,69	39,37	34	33,69	32,27
1810–1850	27	25,52	27,59	27,85	40,48	30,44	29,00	30,15
1655–1850	174	24,68	28,91	31,05	40,13	34,21	31,6	31,76

El análisis de los intervalos intergenésicos que se presenta en la tabla 35 se apoya sobre un total de 174 familias completas con 5 o más nacimientos registrados, siguiendo las recomendaciones metodológicas expuestas en la mayoría de los estudios demográficos[359]. El intervalo intergenésico medio para todo el periodo de estudio es de 31,7 meses, no descendiendo en ninguna de las etapas establecidas por debajo de los 2,5 años de duración, en la tónica de los estudios llevados a cabo sobre otras comarcas de nuestro entorno[360]. De hecho, en la etapa de estancamiento demográfico que vive la comarca en los años centrales del siglo XVIII el tiempo medio entre los nacimientos llegó a alcanzar los 2,72 años de media, apreciándose una reducción del mismo entre 1810 y 1850 -2,5 años de media-, coincidiendo con la ligera elevación de la ratio de fecundidad que se registra en esta etapa. Dado que dicha reducción no se observa en el intervalo protogenésico medio –media por encima de los 20 meses, mediana 14 meses-, es probable que obedezca a un incremento en los niveles de mortalidad infantil del periodo, que generaría un acortamiento del periodo de lactancia y en consecuencia un adelantamiento de la siguiente maternidad.

El análisis de los intervalos sucesivos revela matices claramente diferenciadores en el comportamiento del área de estudio con respecto a otras áreas investigadas del noroeste de la península, tal como se aprecia en la tabla 36[361].

---

[359] Se trata de 153 familias tipo 1 –familias estables, cerradas con fecha de nacimiento de la madre registrada que suman cinco o más nacimientos-, más 21 familias tipo 2 –familias estables y cerradas de las que desconocemos la fecha de nacimiento de la madre, pero merecen calificativo de completas porque la duración matrimonial supera los 30 años, registrando también 5 o más nacimientos.

[360] En el ámbito de los estudios gallegos todas las investigaciones coinciden en señalar un intervalo intergenésico medio de 2,5 años de duración con escasas variaciones de carácter local. En el Salnés entre 1695 y 1727 se situaba en 29,08 meses, en los años centrales del siglo XVIII rondaba los 30 meses y en la segunda mitad de siglo ascendió hasta los 31,9 meses (J. M. Pérez García, 1979: 126). En el Bajo Miño en el siglo XVII era de 30,4 meses alcanzando los 32,2 meses en el siglo XVIII (J. M. Pérez García, 2009: 86) y (2013: 17). En el Morrazo la media del siglo XVII era de 29,57 meses, colocándose en torno a los 31 meses en el siglo XVIII (H.M. Rodríguez Ferreiro, 2003: 179-261). En Xallas en el siglo XVIII la media estaba en los 30,2 meses (B. Barreiro Mallón, 1973: 203). Cifras muy similares pueden consultarse en C. Fernández Cortizo, 1979:202-203 o en O. Rey Castelao, 1981: 81-82.

[361] Los datos de las comarcas gallegas y del área rural de Guimaraes se tomaron de las monografías ya citadas en notas anteriores. La media para Francia se tomó de la síntesis de M. W. Flinn (1989: 54) en la que se recogen en este caso los datos de 20 estudios de reconstrucción.

TABLA 36 • ANÁLISIS COMPARATIVO INTERVALOS INTERGENÉSICOS. MEDIA EN MESES. FAMILIAS COMPLETAS								
LOCALIDAD	**PERIODO**	**1°-2°**	**2°-3°**	**3°-4°**	**ÚLTIMO**	**PENULT.**	**ANT.**	**MEDIA**
CELANOVA	1655-1850	24,68	28,91	31,05	40,13	34,21	31,6	31,76
MORRAZO	S. XVII	24,5	31,6	29,7	38,8	34,9	29,12	29,57
XALLAS	S. XVIII	26,4	31,4	31,4	34,6	32,3	30,9	30,21
SALNÉS	1695-1759	28,77	29,76	30,76	33,68	32,34	30,88	30,06
ULLA	S. XVIII	27,7	30,2	32,2	37,7	32,2	31,5	31,6
GUIMARAES rural	ANTES 1740	24,4	25,6	26,7	41,8	30,9	–	29,00
MEDIA FRANCIA	ANTES 1750	22,9	26,2	–	35,4	30,3	–	

Los dos primeros intervalos presentan una duración claramente inferior en el área de estudio con respecto a las restantes comarcas gallegas analizadas en la tabla. Dos años separaban de media el primer nacimiento del segundo y menos de dos años y medio el segundo del tercero; en total sumamos dos nacimientos en cuatro años y medio de matrimonio lo que sin duda se refleja en las tasas de fecundidad ligeramente superiores al 400%₀ que se obtienen para los grupos de edades comprendidos entre los 20 y los 29 años[362]. En el Salnés la media era de 2 nacimientos en un periodo cercano a los cinco años (4,87), al igual que en Xallas (4,81) o en la Ulla (4,82), siendo ligeramente inferiores los datos del Morrazo (4,67). Durante el siglo XVIII en la localidad vizcaína de Izurza, en el País Vasco Húmedo, se obtienen incluso intervalos más amplios que los registrados en las investigaciones gallegas anteriormente indicadas: la media del primer intervalo intergenésico era de 28,2 meses y 31,3 meses en el caso del segundo, sumando en total 4,95 años de media (A. R. Ortega Berruguete, 1989: 65). En la Merindad de Estella, las bajas tasas de fecundidad legítima también remiten a unos intervalos anormalmente prolongados, superándose incluso los 5 años de media entre el primero y el tercer nacimiento en la segunda mitad del siglo XVII, 4,94 años de media entre 1700 y 1769 y 4,79 años de media entre 1770 y 1819 (A. Floristán Imízcoz, 1982: 132). En el caso contrario se encuentra la villa de los Molinos, en tierras del interior peninsular, donde se localizan intervalos inferiores a los dos años en el tránsito del siglo XVII al XVIII, en relación con una alta fecundidad y una elevada mortalidad infantil (J. Soler Serratosa, 1985: 170)[363].

A partir del tercer nacimiento las cifras son muy similares a las que nos ofrecen las restantes áreas gallegas, siendo la duración media del intervalo entre el tercer y el cuarto nacimiento de dos años y medio. El último intervalo de las parejas celanovesas presenta una gran amplitud, superior a la de las restantes áreas gallegas investigadas, lo que hace que la media global sea muy similar en el conjunto de las comarcas analizadas. Del análisis de los intervalos parece

---

[362] Entre 1655 y 1729 se registra el intervalo más corto -2 nacimientos en 4,1 años de matrimonio-, situándose en torno a los cuatro años y medio a partir de ese momento -4,5 entre 1730 y 1809 y 4,4 entre 1810 y 1850-.

[363] La comarca de Celanova parece situarse a medio camino entre las restantes áreas gallegas analizadas, con una fecundidad ligeramente inferior a la nuestra, y el caso de Guimaraes o la media calculada por M. W. Flinn para el territorio francés, donde se obtienen unas tasas de fecundidad más elevadas que se ven reflejadas en intervalos medios de dos años entre el primer y el tercer nacimiento al igual que ocurre en las tierras del interior peninsular.

deducirse un comportamiento con ciertos rasgos malthusianos[364], basado en un acortamiento de los mismos entre los primeros nacimientos y un alargamiento del último un poco por encima de los límites razonables que impone el progresivo agotamiento físico de la mujer[365].

Partiendo de una edad media femenina al matrimonio de 26,95 años y teniendo en cuenta la duración de los intervalos descrita y la edad al último parto, en la práctica la descendencia real de las parejas distaba mucho de las ratios teóricas de fecundidad anteriormente presentadas. Los 13,5 años de media que duraba el periodo real fértil de las mujeres celanovesas no debió permitir a la mayoría de las parejas completas alcanzar una descendencia superior a los 5 hijos por matrimonio ente 1655 y 1809.Una realidad difícilmente alcanzable para las parejas incompletas, como veremos en el siguiente apartado. Mención especial merece el periodo comprendido entre 1810 y 1850, dado que la ligera subida de los niveles de fecundidad legítima que se registra para esos años no pudo haber compensado el descenso del periodo de fertilidad, situado ahora en 11,58 años, como consecuencia del incremento de la edad de acceso al matrimonio femenina.

II.3.4. Descendencia media familiar. Número hijos/matrimonio versus número hijos/familia

El cociente bautismos/matrimonios constituye un primer indicador aproximado de la descendencia media familiar. En nuestra Memoria de Licenciatura expusimos los resultados de dicho cociente para el conjunto de series agregativas vaciadas a escala comarcal (D. Rodríguez Fernández, 1999: 83-84). Su evolución por periodos de cincuenta años puede observarse en la tabla 37.

TABLA 37 • COCIENTE BAUTISMOS/MATRIMONIOS EN COMARCA DE CELANOVA			
PERIODOS	Nº BAUTIZADOS	Nº MATRIMONIOS	COCIENTE
1650–1699	3534	686	5,1
1700–1749	6248	1391	4,5
1750–1799	7625	1718	4,4
1800–1849	9216	1915	4,8
1650–1849	26623	5710	4,7

Pese a las deficiencias que plantea este sistema de cálculo, la media global de 4,7 hijos/matrimonio se revela ahora bastante acorde con la posible descendencia real que se deriva de la combinación del periodo de fecundidad de las mujeres celanovesas y la duración de los intervalos, tal como acabamos de exponer. Planteamos ahora su estudio a partir de las fichas de familia de la parroquia de Veiga, no sin antes analizar algunas cuestiones de método al respecto.

---

[364] Nótese la distancia que separa los datos celanoveses de los que se registran en la región de Quercy en la etapa en la que se inicia el control de la fecundidad. En esta área se produce una ampliación del intervalo entre el primer y el segundo nacimiento de los 28,6 meses del periodo entre 1751 y 1771 a los 34,1 meses de la segunda mitad del XIX (J. C. Sangoi, 1982: 295).

[365] Con independencia del número de nacimientos, en la Europa de la Edad Moderna era común el incremento de los intervalos entre los nacimientos, de manera que los últimos intervalos observados eran bastante más largos que los intervalos anteriores (M. W. Flinn, 1989: 54).

En los trabajos desarrollados con la metodología de reconstrucción de familias, o en el caso de la bibliografía procedente del norte de Portugal, mediante el método de reconstrucción de parroquias; el cálculo de la descendencia media familiar es el resultado de dividir el número de nacimientos registrados en las fichas de familia de tipo MF por el número total de matrimonios. Coincidimos con el profesor J. M. Pérez García quien entiende que este sistema clásico de cálculo no traduce realmente la descendencia media familiar sino la descendencia de la pareja conyugal, al no tener en cuenta los procesos de recomposición matrimonial que se producían tras el posible fallecimiento de uno de los dos cónyuges. Un comportamiento que afectaba de manera muy particular a las parejas incompletas, como hemos tenido ocasión de comprobar en el caso celanovés.

De ahí que si el objetivo de la investigación se centra en el estudio de la familia como célula básica de reproducción social, entonces es necesario integrar los matrimonios sucesivos de los cónyuges supervivientes en los cálculos para no romper la dinámica familiar, privilegiando en el caso de matrimonios entre viudos la línea femenina (J. M. Pérez García, 1995: 146).

El empleo de uno u otro método arroja resultados netamente diferenciados por cuanto en la práctica se están analizando dos variables diferentes: media hijos/pareja frente a media hijos/familia. En la tabla 38 se incluyen los resultados del cálculo de la media de hijos por pareja.

TABLA 38 • MEDIA HIJOS/ PAREJA (1655/1830)						
	UNIONES COMPLETAS		UNIONES INCOMPLETAS		TOT. UNIONES (1-2-5-6)	
N° HIJOS	N° CASOS	% ACUM.	N° CASOS	% ACUM.	N° CASOS	% ACUM.
0	28	10,81	9	6,47	60	10,36
1	21	18,92	20	20,86	62	21,07
2	20	26,64	20	35,25	54	30,40
3	18	33,59	24	52,52	59	40,59
4	24	42,86	17	64,75	66	51,99
5	35	56,37	15	75,54	74	64,77
6	29	67,57	12	84,17	59	74,96
7	34	80,69	11	92,09	62	85,66
8	16	86,87	5	95,68	30	90,85
9	14	92,28	3	97,84	23	94,82
10	13	97,30	1	98,56	18	97,93
11	2	98,07	0	98,56	3	98,45
12	3	99,23	2	100,00	7	99,65
13	2	100,00	0		2	100,00
TOTAL	259		139		579	
MEDIA	4,89		3,78		4,39	

En la tabla precedente se incluyen todas las parejas estables y cerradas afincadas en Veiga durante el periodo de análisis[366]. Se suman a las 398 parejas con fecha de nacimiento de la madre y fecha de matrimonio conocida, 181 parejas más que tras una celebración matrimonial realizada en el exterior, se instalan definitivamente en el área de estudio, donde permanecen hasta su disolución[367]. La media global de 4,39 hijos/pareja constituye un valor bajo como cabría esperar a partir de la combinación de las variables descritas hasta el momento, mediatizada además por la presencia de un porcentaje bastante elevado de familias estériles -10,3%-[368].

Como se aprecia en las tablas incluidas en el apéndice estadístico, solamente las parejas completas afincadas en Veiga entre 1770 y 1809 lograron alcanzar la media de cinco hijos -5,4-. Entre 1655 y 1769 el comportamiento tanto de las parejas completas como de las incompletas resulta prácticamente idéntico. La ligera variación que se observa en las cifras medias resultantes para los periodos 1655-1729 -4,22- y 1730-69 -4,42-, se debe únicamente a la diferente proporción que alcanzan en cada etapa las parejas completas sobre el total de uniones -60% de los casos conocidos en la primera etapa frente a 66,3% en la segunda-.

A partir de 1810 la elevación de la edad media de acceso al matrimonio implicó una fuerte caída de la descendencia media (3,9 hijos/matrimonio), pese a que las parejas completas suponen el 65,7% de los casos conocidos. Esta caída se debe en parte a la altísima presencia de uniones estériles que llegan a suponer casi el 20% de las parejas completas. Esta elevada proporción de parejas estériles se encuentra estrechamente vinculada con la tardía edad de acceso al matrimonio, hasta el punto que podríamos considerarla una consecuencia derivada de dicho retraso como se aprecia en la tabla 39.

---

[366] Se incluyen en los cálculos las parejas constituidas hasta el 31/12/1830 a fin de no introducir desviaciones en el cómputo del último periodo ya que una parte de las parejas completas formalizadas en las dos últimas décadas de análisis podrían quedar fuera de la muestra al prolongarse los nacimientos más allá de 1850, cuando concluyó el vaciado de actas de bautismo. Véase en el apéndice estadístico, tablas II. 8, los datos agrupados por periodos.

[367] Como ya se indicó anteriormente, para su inclusión en los cálculos se le adjudicó a cada ficha una fecha de matrimonio ficticia aplicándole el intervalo protogenésico medio resultante para el área de estudio.

[368] Los 4,89 hijos de media por pareja completa constituyen un valor bastante reducido en el contexto de las investigaciones llevadas a cabo sobre territorio gallego, superándose en la práctica totalidad de los estudios los cinco hijos de media. Véase al respecto J. M. Pérez García, 1979: tablas 4-23 y 4-24, B. Barreiro Mallón, 1973: 184, H. M. Rodríguez Ferreiro, 2003: 170-254 o C. Fernández Cortizo, 1979: 198. Es precisamente en el trabajo de C. Fernández Cortizo sobre Tierra de Montes en el siglo XVIII donde se localizan los valores más elevados -6,2 hijos de media en las parejas completas en la parroquia de Millerada-. Solo en el caso de la Ulla a comienzos y finales del siglo XVIII se localizan valores inferiores a 5 para este tipo de parejas -4,84 y 4,86 respectivamente-, un hecho que la autora también pone en relación con la tardía edad media de acceso al matrimonio por parte de las mujeres y un incipiente control de la natalidad (O. Rey Castelao, 1981: 79). En el noroeste de Portugal, en el área rural de Guimaraes -4,53 hijos/pareja para el conjunto de uniones antes de 1770-, o en la parroquia de Ronfe -5,5 hijos por pareja completa y 4,94 para conjunto de uniones- también se localizan valores similares a los citados para el suelo gallego. Véase al respecto Mª. N. Amorim, 1987: 202 y de la misma autora 1993: 56-57. En la zona noreste del país, en la región de Tras-os-Montes se localizan valores más bajos, en relación quizás con una fecundidad más débil: en Poiares la media de hijos por pareja completa para el periodo comprendido entre 1680 y 1789 es de 4,58 (Mª. N. Amorrim, 1993: 56-57), en Calvao la media es incluso inferior -3,9 hijos/pareja entre 1670 y 1799- (J. A. Paulo Faustino, 1998: 141). Contrastan con estos valores las cifras que ofrecen las investigaciones llevadas a cabo sobre la población valenciana en el siglo XVII, donde gracias a la precocidad en el acceso al matrimonio femenino se alcanzan los 6,7 hijos por unión completa en Llombai o los 5,8 de Meliana en este caso entre 1680 y 1740. Véase al respecto, M. Ardit, 1995: 182 y E. Garrido Arce, 1995: 199 respectivamente. El fuerte crecimiento de la población leonesa de la Bañeza a partir de la segunda mitad del siglo XVIII tampoco podría explicarse sin la elevada media de hijos por matrimonio completo que resulta para los periodos comprendidos entre 1761 y 1810 -5,78 hijos/pareja completa- y sobre todo entre 1811 y 1840 cuando se alcanza la cifra de 6,8 hijos/paeja completa (L. M. Rubio Pérez, 1987: 141).

TABLA 39 • PAREJAS ESTÉRILES EN FUNCIÓN DE LA EDAD DE LA MUJER AL MATRIMONIO

	1655–1729	1730–1769	1770–1809	1810–1830	1655–1830
15–19	0	0	0	0	0
20–24	2	1	2	0	5
25–29	1	0	1	0	2
30–34	0	2	1	3	6
35–39	1	1	1	4	7
40–44	4	3	2	3	12
45–49	0	1	1	1	3
50 O MÁS	0	0	1	1	2
TOTAL	8	8	9	12	37
E. MEDIA	35,2	36,7	35,1	39,83	37,23

La edad media de acceso al matrimonio de las mujeres casadas a partir de 1810 que no tuvieron hijos es de 39,8 años, muy por encima de la media resultante para las etapas anteriores, lo que viene a demostrar que el progresivo retraso de la edad de acceso al matrimonio de la mujer también acabó provocando un notable incremento en la proporción de parejas estériles. De hecho, un 32% de las parejas incluidas en las tres etapas anteriores constituían en realidad matrimonios en segundas nupcias, mientras que en la última etapa de estudio, las uniones en segundas nupcias solo explican un 8,33% del total –un único caso-.

Ahora bien, el incremento en el número de parejas sin hijos no es el único responsable de la caída en la media de hijos/matrimonio de la última etapa. Si planteamos los cálculos solo sobre el grupo de parejas fecundas, siguen apreciándose diferencias importantes con respecto a las etapas anteriores -5,5 hijos de media para la primera etapa, 5,3 entre 1730 y 1769, 5,8 para la tercera etapa y 4,76 a partir de 1810. La pérdida de un hijo en la descendencia media de las parejas establecidas en Veiga entre 1810 y 1830 es la consecuencia lógica del retraso de la edad media de acceso al matrimonio de las mujeres, que pasa de 26,02 años entre 1770 y 1809 a 29,1 años entre 1810 y 1850[369].

En este sentido, en el contexto de una demografía "natural", no constituye ninguna novedad señalar la estrecha relación existente entre la edad de acceso al matrimonio de la mujer y el número medio de hijos alcanzado durante el matrimonio.

TABLA 40 • NÚMERO MEDIO DE HIJOS/PAREJA EN FUNCIÓN DE LA EDAD AL MATRIMONIO DE LA MUJER. MATRIMONIOS COMPLETOS

GUPO DE EDAD	1655–1729	1730–1769	1770–1809	1810–1830	1655–1830
15–19	9,00	8,50	8,38	8,5	8,5
20–24	7,92	6,56	6,76	7,63	6,95

[369] Recuérdese que entre 1770 y 1809 un 20% de las mujeres contrajo primeras nupcias con 30 años cumplidos, pero dicho porcentaje se elevó hasta el 44,6% entre 1810 y 1850.

TABLA 40 • NÚMERO MEDIO DE HIJOS/PAREJA EN FUNCIÓN DE LA EDAD AL MATRIMONIO DE LA MUJER. MATRIMONIOS COMPLETOS					
25-29	4,87	4,73	5,63	5,28	5,19
30-34	4,04	4,33	3,93	3,23	4,13
35-39	2,2	2,63	2,33	1,38	2,41
40-44	0,63	0,50	0,50	0,00	0,52
45 O MAS	0,00	0,00	0,00	0,00	0,00
TOTAL	4,74	4,78	5,4	4,15	4,89

Como se aprecia en la tabla 40, a medida que aumenta la edad media de la mujer al matrimonio se produce una reducción progresiva de la descendencia familiar. Una regla que se cumple incluso en el caso de las mujeres más jóvenes, pese a que como vimos anteriormente, estas no lograban su madurez reproductiva hasta una edad más avanzada. Dado que entre 1810 y 1850 un 44,6% de las mujeres contrajo nupcias cuando ya había cumplido los 30 años, más del doble de la etapa anterior -20,3%-, no resulta sorprendente localizar una media de hijos por pareja tan baja, pese al ligero incremento en las tasas de fecundidad que pudo haberse producido en estas fechas.

Una vez presentados los resultados que se derivan del cálculo del número de hijos por pareja, planteamos ahora el estudio del número de hijos por familia, puesto que como ya hemos tenido ocasión de comprobar en páginas anteriores, en la práctica más de un 44% de las parejas incompletas registradas, vivieron un proceso de recomposición tras el posterior matrimonio del cónyuge superviviente[370]. Veamos los resultados en la tabla 41.

---

[370] En esas circunstancias se encuentra la trayectoria vital de Diego Sieiro que presentamos a modo de ejemplo. Diego es originario de la parroquia de Veiga, su nacimiento se registró en la aldea de Cirós donde residían sus padres. Contrajo primeras nupcias el 9/04/1725 con Maria Rego, una moza originaria de la parroquia de Orille, que fallece al poco tiempo después de la celebración matrimonial -6/06/1727-. En el libro parroquial de bautizados no se registra ningún nacimiento de esta pareja. Tras el fallecimiento de su primera mujer Diego casa nuevamente el 25/12/1727 con María Basalo, cuyo origen desconocemos. El matrimonio afincado en la aldea de Cirós registra seis hijos en los libros parroquiales hasta el fallecimiento de esta segunda mujer el 25/06/1740. Diego contaba entonces con 42 años. En el mes de febrero de 1743 este hombre vuelve a figurar como padre de una niña cuyos abuelos maternos residen en la parroquia de Santa Eulalia. Efectivamente en el registro parroquial de Santa Eulalia de Berredo localizamos el tercer matrimonio de Diego con Marta Rodríguez, celebrado el día 4/04/1742. De su tercera unión nacen tres hijos, igualmente inscritos en la aldea de Cirós de donde era originario su padre, quien falleció a la edad de 74 años. Su tercera mujer falleció unos años más tarde que su marido. En el Libro Personal de Legos del Catastro de Ensenada, Diego figura a mediados del siglo XVIII casado con su tercera esposa, residiendo en Cirós con sus tres hijos del tercer matrimonio y los cuatro supervivientes del primero. Serafina González una mujer originaria de la aldea de San Fiz en la parroquia de Veiga, fue paisana de Diego Sieiro. Serafina contrajo nupcias por primera vez el 07/12/1733 con un mozo soltero originario de la aldea de Cerdal de Arriba, también en la misma parroquia. Tras el matrimonio la pareja fijó su residencia en la aldea de la novia, San Fiz, donde nacieron sus cuatro hijos, pero el matrimonio se rompió el 18/11/1742 tras el fallecimiento de Manuel Rodríguez con 38 años. Serafina era una viuda joven y de nuevo la vemos celebrando sus segundas nupcias el 08/03/1745 con un mozo soltero originario de la parroquia de Santa Eulalia de Berredo. En este segundo matrimonio Serafina y su segundo marido, Clemente, registran a dos hijos en su residencia de San Fiz hasta el fallecimiento de ambos en los años 80 del siglo XVIII. En el Catastro de Ensenada la familia aparece presidida por el segundo marido, con sus dos hijos menores más los tres hijos supervivientes del primer matrimonio, uno de ellos de 18 años. Los ejemplos de Diego y Serafina muestran el valor de los procesos de recomposición matrimonial y la diferencia entre el cálculo de la media de hijos/pareja y la media de hijos/familia. Como señala A. Collomp, en el norte de Francia donde predominaban las estructuras nucleares, las segundas nupcias de los viudos permitían la coexistencia de los hijos de diferentes matrimonios. En estos hogares reconstruidos, la madrasta estaba lejos de ser la malvada figura descrita en los cuentos infantiles. Escogida entre la vecindad o incluso entre la parentela, en realidad formaba parte de las cadenas de la solidaridad vecinal (1992:17).

	1655–1729		1730–1769		1770–1809		1810–1830		1655–1830	
TABLA 41 • MEDIA HIJOS/FAMILIA. AGRUPAMIENTO DE LA DESCENDENCIA DE LOS SUCESIVOS ENLACES DEL CÓNYUGE SUPERVIVIENTE (1655–1830)										
Nº HIJOS	Nº FAM.	% ACUM.	Nº FAM.	% ACUM.	Nº FAM.	% ACUM.	Nº FAM.	% ACUM.	Nº FAM	% ACUM.
0	10	6,94	5	3,70	5	3,33	7	11,11	27	5,49
1	10	13,89	10	11,11	9	9,33	5	19,05	34	12,40
2	10	20,83	7	16,30	11	16,67	4	25,40	32	18,90
3	12	29,17	13	25,93	6	20,67	4	31,75	35	26,02
4	15	39,58	19	40,00	17	32,00	6	41,27	57	37,60
5	20	53,47	20	54,81	27	50,00	8	53,97	75	52,85
6	19	66,67	20	69,63	19	62,67	9	68,25	67	66,46
7	15	77,08	18	82,96	23	78,00	8	80,95	64	79,47
8	12	85,42	6	87,41	11	85,33	7	92,06	36	86,79
9	7	90,28	8	93,33	10	92,00	2	95,24	27	92,28
10	9	96,53	4	96,30	6	96,00	0	95,24	19	96,14
11	1	97,22	4	99,26	1	96,67	2	98,41	8	97,76
12	2	98,61	1	100,00	2	98,00	1	100,00	6	98,98
13	2	100,00	0	100,00	2	99,33	0	100,00	4	99,80
14	0	100,00	0	100,00	1	100,00	0	100,00	1	100,00
TOTAL	**144**		**135**		**150**		**63**		**492**	
MEDIA	**5,24**		**5,19**		**5,6**		**4,87**		**5,29**	

Entre 1655 y 1810 la descendencia media familiar se sitúa por encima de los cinco hijos, cayendo por debajo de esta cifra en el último periodo analizado. Los procesos de recomposición matrimonial posibilitan la elevación de las cifras medias en casi una unidad[371]. Igualmente constatamos un claro descenso en el número de familias sin hijos, pese a que se siguen alcanzando cifras elevadas, superiores al 11%, entre 1810 y 1830[372].

Durante el periodo de estudio, en ningún momento se alcanza en este modelo demográfico la elevada descendencia media que resulta para la comarca del Bajo Miño en el siglo XVII, cuando se llega a contabilizar una descendencia media de hasta 6,36 hijo/familia -7,19 entre 1616 y 1645 en el momento de máximo esplendor- como resultado de la combinación de una edad más temprana de la mujer al matrimonio, una elevada tasa media de fecundidad por encima del 400‰ y una mayor duración de las uniones (J. M. Pérez García, 2009: 86).

No obstante, las cifras de descendencia media familiar anteriormente expuestas para la comarca celanovesa, en particular las que se obtienen para los periodos de 1655-1729 y 1770-1809, son bastante respetables si consideramos que en la fase de máxima euforia demográfica de la comarca del Salnés, entre 1640 y 1710, se alcanza una media global de 5,4 hijos/familia, reduciéndose hasta los 4,95 hijos/familia entre 1770 y 1810 en una etapa de crecimiento más contenido (J. M. Pérez García, 1993: 8)[373]. Buena prueba de ello son los porcentajes de familias celanovesas con descendencias superiores a seis hijos que se obtienen para estas dos fases de crecimiento demográfico, entre un tercio y un 37% del total, una proporción que desciende de manera considerable en los años centrales del siglo XVIII y entre 1810-1830 cuando solo representan en torno al 30% del total de casos computados.

El análisis de la variable nupcial vino a demostrar que a partir de 1810 en San Munio de Veiga se impuso un sistema demográfico en el que se intensificaron los frenos reguladores vinculados a esta variable, que ya venían aplicándose en las etapas precedentes. El importante retroceso de la edad media de acceso al matrimonio para ambos sexos provocó una seria reducción del periodo fértil de la pareja que no se pudo compensar con un ligero aumento de la fecundidad y una reducción en los intervalos intergenésicos. En consecuencia a partir de esta fecha se constata una caída de la descendencia media familiar acompañada además del incremento del celibato definitivo y del número de parejas sin hijos. Veamos ahora en qué medida contribuyó la mortalidad a definir el régimen demográfico de la comarca de estudio.

II.4. La mortalidad

Una vez planteado en el primer capítulo el estudio de las crisis de mortalidad y su incidencia sobre la marcha evolutiva de la población celanovesa, cobra especial relevancia concretar ahora en la medida de lo posible el papel que desempeñaron los niveles normales de mortalidad como factor regulador del crecimiento demográfico, tanto en lo relativo a la mortalidad a edades tempranas como por lo que respecta a la mortalidad adulta.

---

[371] Probablemente el subregistro de bautizados que detectamos en las décadas iniciales del estudio condiciona los resultados obtenidos para la primera etapa.

[372] El porcentaje próximo al 7% que resulta para el periodo 1655-1729 es bastante sospechoso si lo comparamos con los datos obtenidos para las dos fases posteriores. El subregistro de bautizados e incluso la celebración de matrimonios en los que no se indica de manera precisa el estado civil de los contrayentes, deben encontrarse detrás de su funcionamiento anómalo.

[373] Cifras muy alejadas de la media superior a 7 hijos por familia -7,3- que obtiene el mismo autor en la comunidad valenciana de Benimaclet en un contexto de fuerte crecimiento demográfico (1988b: 407).

En cuanto a la mortalidad de párvulos, a falta de un registro sistemático en los libros de finados, el trabajo desarrollado a partir de las seis listas de confirmados ya anteriormente mencionadas permitió la obtención de interesantes conclusiones sobre el funcionamiento de este componente de la mortalidad en la segunda mitad del siglo XVII, durante la segunda mitad del siglo XVIII y también para el último periodo de análisis, la primera mitad del siglo XIX. Por lo que respecta al análisis de la mortalidad adulta, los procesos de micromovilidad derivados del mercado matrimonial y los propios condicionamientos que imponen las fuentes disponibles, solo nos permiten plantear un cálculo certero sobre esperanza de vida al nacer para el periodo 1770-1829, cuando el elevado éxito del proceso de reconstrucción limitó al mínimo el impacto de las salidas de observación, reduciéndose hasta un 14% el porcentaje de individuos nacidos durante este periodo que abandonan nuestro campo de observación.

II.4.1. El movimiento estacional de la mortalidad de adultos

El calendario anual de la mortalidad adulta no revela datos de interés que modifiquen las conclusiones ya establecidas al respecto a partir de anteriores investigaciones[374]. En los meses invernales, entre noviembre y febrero se constata un claro incremento de las defunciones vinculado a los rigores climáticos que favorecen el desarrollo de las enfermedades respiratorias; la mejoría de las condiciones ambientales permite el descenso de las defunciones en el mes de marzo si bien en el mes de abril se registra un ligero incremento probablemente derivado de la falta de reservas alimenticias. A partir del mes de mayo y hasta el mes de agosto la benignidad del clima y la mayor abundancia de alimentos redundan de forma clara en un descenso de los óbitos, que comenzarán su ascenso de forma moderada a partir de los meses de septiembre y octubre.

Se trata de un cuadro bien conocido que denota la escasa incidencia de las epidemias veraniegas[375], y que además no sufrió modificaciones de interés a lo largo del periodo de estudio, como se aprecia en los datos recogidos en el apéndice estadístico[376].

II.4.2. El impacto de la mortalidad en los primeros años de vida. Niveles de mortalidad hasta los 10 años

En nuestra Memoria de Licenciatura planteamos un primer acercamiento a la mortalidad de párvulos haciendo uso de los registros más cuidadosos que localizamos en los Libros Sacramentales de Bobadela, Rubiás, Vilanova, Podentes, Celanova y Veiga (1999: 92-98). Como ya indicamos en su momento, se combinaron las anotaciones recogidas al margen en los libros de bautizados con las partidas inscritas en los libros de difuntos desechando aquellas décadas con tasas excesivamente bajas o con relaciones de masculinidad aberrantes[377], que hacían sospechar

---

[374] Véase apéndice estadístico tablas II. 9.

[375] Véase al respecto entre otros J. M. Pérez García, 1979: 110, C. Fernández Cortizo, 1979: 138, O. Rey Castelao, 1981: 50, H.M. Rodríguez Ferreiro, 2003: 193-194, Mª. N. Amorim, 1987:32, Mª. J. Pérez Alvarez, 1996: 299, J. M. Bartolomé Bartolomé, 1996: 297, A. García-Sanz Marcótegui, 1985: 308, A. Floristán Imízcoz, 1982: 158). En Francia, correlación entre la distribución anual de las defunciones y el movimiento de las temperaturas también es evidente. A escala nacional, entre 1740 y 1789 todos los índices de los meses cálidos –de mayo a agosto-, son inferiores a 96 y todos los meses fríos arrojan índices superiores a 98 (A. Bideau, y otros, 1988:239).

[376] Llama la atención el comportamiento del mes de enero en la tabla que registra el movimiento estacional de la mortalidad adulta durante el siglo XVII. La caída de las defunciones durante este mes rompe con la tendencia alcista de los meses anteriores y posteriores de forma poco comprensible, por lo que entendemos que únicamente responde a las deficiencias del registro en los años iniciales del mismo.

[377] En las parroquias de Rubiás y Veiga la totalidad de las anotaciones proceden de las partidas inscritas en los libros de difuntos. En las restantes parroquias o

un claro subregistro de niñas fallecidas[378]. Los resultados obtenidos mediante este procedimiento pueden observarse en la tabla 42 en la que se reagruparon los datos por periodos de cincuenta años[379].

TABLA 42 • EVOLUCIÓN MORTALIDAD DE PÁRVULOS EN CELANOVA				
PERIODOS	**N° BAUTIZADOS**	**N° MUERTOS**	**TASAS ‰**	**T. CORREGIDAS ‰**
1700–1749	332	115	346,39	365,42
1750–1799	1113	330	296,50	316,99
1800–1850	5161	1692	327,84	347,42
MEDIA	**6606**	**2137**	**323,49**	**343,20**

Corresponde ahora plantear un cálculo más preciso de este parámetro a partir de la reconstrucción de familias para confirmar o desmentir la tesis en su momento planteada sobre la benignidad de la muerte a temprana edad en la comarca de estudio. La ausencia de un registro sistemático de partidas de párvulos en los libros de difuntos otorga un valor fundamental a las seis listas de confirmados elaboradas en la parroquia a partir de los años 70 del siglo XVII. Pese a la problemática que sin duda plantea su uso, el cruzamiento de las informaciones con las fichas de familia nos permite obtener conclusiones de interés no solo para la segunda mitad del siglo XVIII y para la primera mitad del XIX, sino también para la segunda mitad del siglo XVII, periodo para el cual carecíamos de informaciones[380]. Como ya se indicó en páginas anteriores, la ausencia de listas en la primera mitad del siglo XVIII impide la obtención de resultados para esta etapa.

Como se aprecia en la tabla 43, salvo para los confirmados en el mes de junio de 1675, en las restantes listas logramos identificar a más de un 90% de los jóvenes registrados. En las cuatro últimas prácticamente la totalidad de los casos fueron correctamente identificados, obteniéndose porcentajes de éxito en torno al 95% o incluso superiores. Se incluyen en este grupo los bautismos recuperados integrados en familias estables a quienes fue posible atribuirle una fecha de nacimiento supuesta a partir del análisis de intervalos[381]. En la lista del 16 de junio de 1675

---

bien se complementaron las anotaciones al margen de los libros de bautizados con el registro efectuado en los libros de difuntos –caso de Bobadela y Celanova-, o bien se apoyaron únicamente en las referencias al margen incluidas en los libros de bautizados –caso de Veiga y Podentes-.

[378] Como ya apuntamos en su momento, la selección de los archivos y más concretamente de los periodos cronológicos sujetos a análisis, obedeció a criterios de carácter discrecional. En palabras de P. Saavedra, fue la familiaridad adquirida con cada archivo y el conocimiento de los hábitos de cada rector, el criterio básico que nos fue guiando a la hora de confirmar o desmentir la veracidad de los libros en base a los cuales apoyamos el trabajo (92c:79-95).

[379] Siguiendo los consejos de L. Henry (1983: 98-99) y dada la probable ausencia en el registro de los niños muertos con el bautismo de necesidad, corregimos las tasas estimando un porcentaje de fallecidos con agua de socorro del 3% de los nacimientos.

[380] En la fuente no se indica la fecha concreta en la que se celebraron las ceremonias de confirmación de 1765 y 1824. En ambos casos se marcó una fecha de referencia a partir de la fecha de nacimiento del confirmado más joven.

[381] Presentamos a modo de ejemplo la casuística relativa a la confirmación celebrada en el mes de septiembre de 1848. El 01/09/1848 se confirmaron en la iglesia parroquial de Veiga 231 personas, de las cuales 225 fueron correctamente identificadas en el fichero de familias. Entre los "no identificados" se incluyen dos categorías, los individuos foráneos y los bautismos recuperados incluidos en familias "móviles", tipo 7 para quienes no fue posible atribuir una fecha de nacimiento plausible. En el primer caso se encuentra Sabina Vidal, criada de Jacinta Feijoo de Veiga y originaria de la parroquia de Sorga, Mª Benita Pérez, natural del Picouto y casada con Antonio Rodríguez, vecinos de Veiga que recibe el sacramento de la confirmación junto con sus hijos José María, Encarnación y Manuel así como José Yañez, hijo de Benito Yañez e Isabel de Castro, una pareja de la que no tenemos ninguna otra mención al respecto. En el grupo de los bautismos recuperados en el seno de familias móviles se incluye a Agustina Alvarez hija de Francisco Alvarez y Benita Martínez, vecinos de Outeiro, Rafael Pérez hijo de José Pérez y Manuela Nieto de San Fiz y José Fernández, hijo de Pedro Fernández y Manuela Blanco del Campo de Veiga no siendo posible en ninguno de los tres casos establecer una fecha probable de nacimiento.

en realidad logramos identificar las familias de procedencia de 39 de los 54 jóvenes mencionados, pero solo en 31 casos disponemos de su fecha de nacimiento. La elevada presencia de bautismos recuperados en las décadas iniciales del registro a los que no fue posible atribuirle una fecha de nacimiento y la concurrencia de jóvenes mayores de 20 años entre los confirmados[382], explican que en este caso el porcentaje de individuos correctamente identificados se reduzca al 57,4% del total. En base a estos datos, en las tablas 44 y 45 presentamos los resultados obtenidos a partir de las dos listas fechadas en la segunda mitad del siglo XVII.

TABLA 43 • CONTROL DE CONFIRMADOS EN LA PARROQUIA DE VEIGA (1675–1848)							
	N° CONFIRMADOS			IDENTIFICADOS RECONSTRUC.	EDAD DE CONFIRMACIÓN		
FECHA	M	F	TOT.		>20 AÑOS	11–20 A.	10 O MENOS
05/06/1675	31	23	54	31	1	4	26
18/11/1695	77	8	85	78	10	35	33
23/10/1765*	98	77	175	169	19	84	66
27/06/1799	140	202	342	330	77	107	146
29/07/1824*	138	154	292	276	43	117	116
01/09/1848	117	114	231	225	17	80	128

TABLA 44 • MORTALIDAD HASTA 10 AÑOS. LISTA DE CONFIRMADOS DE 1675												
	N° BAUTIZADOS			N° CONFIRMADOS			% CONF. SOBRE BAUT.			SUPERV. NO CONF.		% MORT.
AÑO	M	F	TOT.	M	F	TOT.	% M	% F	TOT.	M	F	TOTAL
1665	3	3	6	2	1	3	66,67	33,33	50,00	1	2	0,00
1666	2	2	4	2	1	3	100,00	50,00	75,00		1	0,00
1667	2	2	4	1	0	1	50,00	0,00	25,00			75,00
1668	6	5	11	2	3	5	33,33	60,00	45,45	2	1	27,27
1669	6	4	10	2	1	3	33,33	25,00	30,00	1	1	50,00
1670	8	1	9	3	0	3	37,50	0,00	33,33	4	0	22,22
1671	4	7	11	0	2	2	0,00	28,57	18,18	3	2	36,36
1672	2	8	10	0	4	4	0,00	50,00	40,00		4	20,00
1673	3	4	7	1	0	1	33,33	0,00	14,29		4	28,57
1674	4	3	7	1	0	1	25,00	0,00	14,29	1	2	42,86
1675	4	4	8	0	0	0	0,00	0,00	0,00	3	2	37,50
TOTAL	44	43	87	14	12	26	31,82	27,91	29,89	15	19	31,03

---

[382] Entre 1695 y 1848, más de un 15% de los confirmados en la parroquia de Veiga ya había cumplido los 20 años en el momento de la confirmación.

TABLA 45 • MORTALIDAD HASTA 10 AÑOS. LISTA DE CONFIRMADOS DE 1695												
	N° BAUTIZADOS			N° CONFIRMADOS			% CONF. SOBRE BAUT.			SUPERV. NO CONF.		% MORT.
AÑO	M	F	TOT.	M	F	TOT.	% M	% F	TOT.	M	F	TOTAL
1685	4	5	9	2	0	2	50,00	0,00	22,22	1	3	33,33
1686	5	6	11	3	0	3	60,00	0,00	27,27		4	36,36
1687	7	8	15	6	0	6	85,71	0,00	40,00		4	33,33
1688	4	4	8	1	0	1	25,00	0,00	12,50	2	3	25,00
1689	4	6	10	2	0	2	50,00	0,00	20,00	1	5	20,00
1690	8	6	14	4	0	4	50,00	0,00	28,57	2	3	35,71
1691	4	7	11	1	0	1	25,00	0,00	9,09		5	45,45
1692	7	8	15	2	1	3	28,57	12,50	20,00	2	4	40,00
1693	7	9	16	3	0	3	42,86	0,00	18,75	1	5	43,75
1694	6	4	10	5	0	5	83,33	0,00	50,00		3	20,00
1695	7	5	12	3	0	3	42,86	0,00	25,00	1	4	33,33
TOTAL	63	68	131	32	1	33	50,79	1,47	25,19	10	43	34,35

El proceso de identificación de los jóvenes inscritos en las listas de confirmados se acompañó de un trabajo complementario de identificación de jóvenes que aun estando con vida en el momento de la confirmación no recibieron dicho sacramento, o bien porque lo hicieron en fechas posteriores o simplemente porque nunca fueron registrados. En realidad desconocemos si se trata de un error del párroco que olvidó su anotación o simplemente no fueron confirmados, pero sin su cómputo las dos listas de confirmados de la segunda mitad del siglo XVII, la realizada en 1765 y la de 1824, serían absolutamente inservibles para nuestro propósito. De hecho, incluso en las listas de confirmados de 1799 y 1848 cuya calidad les otorga prácticamente el valor de auténticos censos de población, se revela de gran importancia para no caer en resultados erróneos[383].

En el listado de 1695 es obvio que se produce una omisión sistemática de las niñas confirmadas que se suma al subregistro de niños vivos en el momento de la confirmación. Como puede observarse en la tabla anterior el análisis llevado a cabo sobre las fichas de familia permitió localizar a 10 niños y a 43 niñas que debieran haber figurado en

---

[383] Exponemos simplemente a modo de ejemplo el destino de los niños bautizados en el año 1671. Como se observa en la tabla ese año se celebraron en la parroquia de Veiga 11 bautizos correspondientes a 7 niñas y 4 niños, de los cuales solamente dos niñas, Mariana y Lucía, aparecen inscritas en la lista de

dicho listado y sin cuyo cómputo sería imposible abordar ningún tipo de cálculo. Una vez concluido el trabajo sobre las listas de confirmados y operando sobre la totalidad de los nacimientos registrados en la parroquia –ilegítimos y expósitos incluidos-, se obtienen unas tasas de mortalidad para los nacidos en los 10 años anteriores a la fecha de confirmación del 31,03% y del 34,35% respectivamente. Aunque en la parroquia de Veiga el registro de bautismos de necesidad alcanzó valores bastante aceptables -4,05% en la segunda mitad del siglo XVII-, habría que suponer un subregistro de bautizados muertos con agua de socorro, sin embargo su proporción debió compensarse con la contabilización en el grupo de los niños muertos de individuos que escapan a nuestro control.

Se trata de valores muy bajos, prácticamente impensables para estas fechas, pero similares a los que se ofrecen en las restantes investigaciones llevadas a cabo sobre territorio gallego, aunque todas ellas centradas en la Galicia Occidental o en el área de la Mariña Lucense. Así, H. M. Rodríguez Ferreiro, mediante un procedimiento idéntico al nuestro obtiene una tasa del 37,45% para la parroquia de Hío a partir de la lista de confirmados de 1676 (2003: 191), los datos de P. Saavedra sobre cuatro parroquias de la zona de la Mariña también arrojan tasas en torno al 350‰ para la segunda mitad del siglo XVII (1992c: 87), J. M. Pérez García en el área del Salnés establece una tasa del 32,3% para la última década del siglo a partir del registro de Armenteira (1979: tabla 4-41) y en la comarca del Bajo Miño, en base a la parroquia de San Martín de Caldelas y para el periodo comprendido entre 1643 y 1683, calcula una mortalidad de 0 a 9 años del 305,1‰ (2009: 99). Para la Galicia Interior, los datos de C. I. González Abellás sobre la comarca ourensana de Monterrei también arrojan una tasa media inferior al 400‰ para la segunda mitad del siglo XVII -389,77‰ -, si bien en este caso las parroquias de valle donde el peso de la viticultura es notable, superan con creces esa media con valores que oscilan entre el 418,99‰ de Vilaza y el 524,31‰ de Albarellos (2010: 109). En opinión del profesor P. Saavedra, las características de la alimentación infantil en los primeros años de vida explicaría la presencia de tasas superiores incluso al 500‰ en las parroquias de monocultivo vitícola como es el caso de San Clodio de Ribas de Sil o Pombeiro, donde se alcanzan tasas por encima del 600‰ en la década de 1660-69 (1992c: 90)[384]. En las cercanas tierras de Cea, los datos extraídos de los archivos parroquiales de Cea y Oseira sitúan la tasa de mortalidad de párvulos en torno al 400‰ (Mª. J. López Alvarez, 2007: 152). Las dificultades que entraña la obtención de este tipo de cálculos a partir de los registros parroquiales gallegos del siglo XVII limita el análisis comparativo de los mismos, sin embargo los datos de San Munio de Veiga reflejan con claridad un régimen de mortalidad de párvulos benigno ya instalado en la segunda mitad del siglo XVII[385].

confirmados de 1675. Sin embargo el análisis llevado a cabo sobre las once familias restantes revela los siguientes resultados: José hijo de Benito Conde y María González bautizado el 28/10/1671 contrajo nupcias el 17/01/1700, Juan hijo de Gabriel Fernández e Isabel do Val bautizado el 15/05/1671 casó el 01/04/1694, Josefa hija de Juan Alvarez y Angela Noboa bautizada el 08/12/1671 contrajo nupcias el 16/03/1699, Santiago hijo de Miguel González e Isabel Quintairos bautizado el 03/08/1671 se confirmó en el año 1695 momento a partir del cual carecemos de noticias sobre su futuro al igual que María hija de Torcado Cal y María González bautizada el 04/03/1671 y confirmada en el año 1695 tras haber contraído matrimonio el 01/10/1694. En definitiva, de los once bautizados, solamente en cuatro casos carecemos de informaciones que prueben su supervivencia con posterioridad a la fecha de la confirmación, un 36,36% del total. Es probable que dicho porcentaje supere en la práctica al número real de fallecidos antes de la fecha de confirmación tanto por la presencia de familias móviles como por la posible celebración de matrimonios en el exterior y la posterior instalación más allá de los límites parroquiales de los hijos varones. De hecho, de los cuatro niños bautizados en 1671 que pasan a engrosar el cómputo de la mortalidad en la lista de 1675, en el caso de María hija de José Fernández y de Catalina Alvarez, bautizada el 06/08/1671 no existe ninguna certeza sobre su fallecimiento dado que su familia debió abandonar el marco parroquial una vez celebrado el bautizo, careciendo de cualquier información sobre las trayectorias vitales de sus miembros a partir de dicha fecha.

[384] Este planteamiento sin embargo no se ve corroborado a partir del análisis llevado a cabo por J. M. Rodríguez Rodríguez sobre las parroquias vitícolas del Ribeiro del Avia, donde una vez corregido el doble registro de párvulos que detecta en las fuentes parroquiales, en ninguna década del siglo XVIII se alcanza una tasa de mortalidad de párvulos del 400‰ (2002:155-156).

[385] Obsérvese la distancia que separa el comportamiento de la mortalidad a temprana edad en la comarca de estudio y en general en el conjunto de localidades gallegas señaladas con respecto a la villa madrileña de los Molinos, donde más de un 50% de los niños nacidos entre 1620 y 1729 no lograban superar los 9 años de vida, oscilando la tasa de mortalidad a 9 años entre un 544 y un 581‰ (J. Soler Serratosa, 1985: 186).

En las tablas 46 y 47 se exponen los resultados obtenidos a partir de las listas de confirmados de 1765 y 1799.

				TABLA 46 • MORTALIDAD HASTA 10 AÑOS. LISTA DE CONFIRMADOS DE 1765								
	NÚMERO BAUTIZADOS			NÚMERO CONFIRMADOS			% CONF. SOBRE BAUT.			SUPERV. NO CONF.		% MORT.
AÑO	M	F	TOT.	M	F	TOT.	% M	% F	TOT.	M	F	TOTAL
1755	7	8	15	4	5	9	57,14	62,50	60,00	1	2	20,00
1756	8	10	18	1	5	6	12,50	50,00	33,33	3	2	38,89
1757	13	7	20	6	2	8	46,15	28,57	40,00		1	55,00
1758	12	7	19	3	3	6	25,00	42,86	31,58	1	3	47,37
1759	12	11	23	4	4	8	33,33	36,36	34,78	2	4	39,13
1760	9	14	23	1	2	3	11,11	14,29	13,04	1	4	65,22
1761	9	6	15	4	1	5	44,44	16,67	33,33	1	2	46,67
1762	9	8	17	3	2	5	33,33	25,00	29,41	2		58,82
1763	10	12	22	4	4	8	40,00	33,33	36,36	2	5	31,82
1764	9	9	18	2	2	4	22,22	22,22	22,22	1	4	50,00
1765	8	9	17	2	2	4	25,00	22,22	23,53	5	3	29,41
TOTAL	106	101	207	34	32	66	32,08	31,68	31,88	19	30	44,44

				TABLA 47 • MORTALIDAD HASTA 10 AÑOS. LISTA DE CONFIRMADOS DE 1799								
	NÚMERO BAUTIZADOS			NÚMERO CONFIRMADOS			% CONF. SOBRE BAUT.			SUPERV. NO CONF.		% MORT.
AÑO	M	F	TOT.	M	F	TOT.	% M	% F	TOT.	M	F	TOTAL
1789	13	14	27	6	4	10	46,15	28,57	37,04		1	59,26
1790	6	16	22	3	12	15	50,00	75,00	68,18			31,82
1791	5	6	11	3	3	6	60,00	50,00	54,55		2	27,27
1792	12	10	22	8	5	13	66,67	50,00	59,09			40,91
1793	12	9	21	7	8	15	58,33	88,89	71,43			28,57
1794	9	10	19	4	7	11	44,44	70,00	57,89			42,11
1795	11	11	22	8	9	17	72,73	81,82	77,27			22,73
1796	7	12	19	4	9	13	57,14	75,00	68,42	1	1	21,05
1797	15	10	25	8	9	17	53,33	90,00	68,00		1	28,00
1798	12	10	22	10	8	18	83,33	80,00	81,82			18,18
1799	5	6	11	5	6	11	100,00	100,00	100,00			0,00
TOTAL	107	114	221	66	80	146	61,68	70,18	66,06	1	5	31,22

En la ceremonia celebrada en el año 1765 reciben la confirmación jóvenes nacidos hasta el día 22 de octubre de ese mismo año, por eso establecimos una fecha supuesta para el día 23/10/1765. Al igual que ocurría con las listas elaboradas en la segunda mitad del siglo XVII, en este caso si nos limitamos a valorar el porcentaje que representan los menores de 11 años confirmados sobre el total de nacimientos nos encontraríamos ante unas tasas de mortalidad completamente inasumibles y cercanas al 70%. Una vez más, el análisis llevado a cabo a partir de las fichas de familia permitió localizar a 49 niños supervivientes en el momento de la confirmación y no incluidos en la lista de confirmados. El resultado es un porcentaje de mortalidad entre los niños nacidos en los 10 años anteriores del 44,44%, notablemente más elevado que los obtenidos para el periodo anterior.

La hipótesis de una elevación de la mortalidad en este periodo nos parece bastante plausible, de hecho la tabla anteriormente presentada sobre la evolución de la mortalidad de párvulos en la comarca de estudio arroja una tasa notablemente más alta para la primera mitad del siglo XVIII -365,42‰- con respecto a la segunda -316,99‰-, superando también la tasa alcanzada en la primera mitad del siglo XIX 347,42‰-, ahora bien entendemos que la tasa resultante a partir de esta lista de 1765 está artificialmente elevada por el cómputo de jóvenes varones que salen del campo de observación en el grupo de niños fallecidos. Prueba de ello es que si nos centramos en el comportamiento del grupo de niñas nacidas desde 1755, de un total de 101, conseguimos recuperar 30 supervivientes no registradas en el momento de la confirmación, de manera que la tasa de mortalidad del grupo es del 38,6%, un valor que consideramos bastante más próximo a la realidad que el anteriormente expuesto, resultado de un escaso control de supervivientes varones no confirmados que elevan artificialmente la mortalidad del grupo hasta el 50% del total.

El listado de confirmados del año 1799 ofrece unas elevadas garantías de fiabilidad reduciéndose al mínimo la presencia de supervivientes que no figuran inscritos en la fuente. Una vez contabilizados todos los casos, nuevamente se obtienen valores muy similares a los de la segunda mitad del siglo XVII, con una tasa de mortalidad del 31,2% para los nacidos en los diez años anteriores al recuento[386], prácticamente idéntica a la tasa anteriormente expuesta para la segunda mitad del siglo XVIII -316,99‰- calculada en este caso a partir del cociente decenal entre bautismos y párvulos[387].

---

[386] Es un valor reducido, aunque se sitúa de nuevo en la línea que dibujan la mayoría de las investigaciones llevadas a cabo sobre el solar gallego que coinciden en señalar el predominio de una mortalidad de párvulos de carácter "benigno" en las décadas finales del siglo XVIII. Así para la Galicia Occidental J. M. Pérez García a partir de la parroquia de Armenteira estima una tasa de mortalidad hasta los 8 años del 33,9% entre 1760 y 1793 (1979: tabla 4-41). En la comarca del Bajo Miño entre 1730 y 1860 la mortalidad acumulada hasta los 9 años se situaba en valores casi impensables para la época afectando únicamente al 269‰ de los nacidos lo que reducía hasta el 311‰ el porcentaje de desaparecidos hasta los 20 años (J. M. Pérez García, 2013: 24-26). En la antigua jurisdicción del Morrazo el análisis de diferentes listas de confirmados de mediados del siglo XVIII para las parroquias de Hío, Bueu y Tirán aporta tasas de mortalidad hasta los 10 años muy similares a las del siglo XVII, en torno al 35 o el 36,5% del total, ascendiendo en el caso de Tirán hasta el 41,9% en la lista de 1778 (H. M. Rodríguez Ferreiro, 2003: 282). En la parroquia de Quireza, en Tierra de Montes, el porcentaje de mortalidad de párvulos en el siglo XVIII se sitúa en el 31,5% (C. Fernández Cortizo, 1979: 31). En San Mamed de Rivadulla, en la Ulla, la lista de confirmados de 1748 arroja una tasa del 36,3%, que ascendería hasta el 40,5% en la lista de confirmados de 1786 (O. Rey Castelao, 1981: 54). P. Saavedra no encuentra tasas superiores al 400‰ ni en las parroquias de la Mariña Lucense ni en las del interior de las antiguas provincias de Lugo y Mondoñedo que analiza (1992c: 88). Para la provincia ourensana, las investigaciones de Mª. J. López Alvarez sobre las cercanas tierras de Cea concluyen una tasa de mortalidad del 319,3‰ durante la segunda mitad del siglo (2007: 152), I. C. González Abellás obtiene una tasa del 350,29‰ para esa misma fecha, si bien en algunas parroquias de valle de Monterrei de vocación vitícola se alcanzan valores superiores al 400‰ (2010: 109), el trabajo de R. Ferreiro sobre la Alta Limia aporta un porcentaje del 31,17% en este caso para la primera mitad del XIX (1981: 61). Ni siquiera en las parroquias de monocultivo vitícola del Ribeiro del Avia se localizan en la segunda mitad del siglo XVIII porcentajes que una vez corregidos, alcancen el 400‰ (J. M. Rodríguez Rodríguez, 2002: 156). En realidad, únicamente las investigaciones llevadas a cabo sobre el medio urbano gallego rebasan dicha barrera. Así, en el trabajo E. Martínez Rodríguez sobre la ciudad de Santiago entre 1730 y 1810 se obtiene una tasa de mortalidad hasta los 15 años del 469‰ (1992: 278) y en la ciudad de Mondoñedo P. Saavedra obtiene tasas próximas al 500‰ entre 1716 y 1769 (1992c: 88), alcanzándose también valores muy elevados entre los niños expósitos acogidos en el Hospital de San Pablo de Mondoñedo entre 1770 y 1850, con un nivel medio de mortalidad superior incluso al 60% (I. Dubert, 1988: 206).

[387] Otras investigaciones llevadas a cabo sobre el norte peninsular refuerzan también la idea de una mortalidad de párvulos de carácter benigno que contrasta con el mayor impacto de la muerte en las tierras del interior peninsular o de la fachada levantina. Así, N. Amorim en la parroquia de Urgeses, en el área

El elevado rendimiento de la reconstrucción de familias en las décadas finales del siglo XVIII nos lleva a plantear un cálculo de la mortalidad de párvulos para el periodo comprendido entre 1770 y 1800 a partir del conjunto de informaciones recogidas en el fichero de individuos. Los resultados pueden consultarse en la tabla 48.

TABLA 48 • CÁLCULO MORTALIDAD DE PÁRVULOS. PERIODO 1770/1800		
PARROQUIA SAN MUNIO VEIGA	**Nº**	**%**
NACIMIENTOS REGISTRADOS ENTRE 1770–1800	609	100
FALLECIDOS PARROQUIA CON MÁS DE 8 AÑOS	314	51,56
FIN OBSERVACIÓN CONOCIDO CON MÁS DE 8 AÑOS	75	12,32
MUERTOS REGISTRADOS HASTA 8 AÑOS "PÁRVULOS"	175	28,74
SALIDA DE OBSERVACIÓN CON 8 AÑOS O MENOS	12	1,97
DESTINO DESCONOCIDO	33	5,42

La lectura de la tabla es simple. Un 51,56% de los niños nacidos en Veiga entre 1770 y 1800 falleció en la parroquia una vez cumplidos los 8 años de vida; a ellos debemos sumarle un 12,32% de jóvenes que abandonaron la parroquia cuando ya habían cumplido los 8 años, en su inmensa mayoría tras la celebración de su matrimonio. Ambos grupos suman el 63,88% del total.

Un 28,4% de los nacidos fue registrado como párvulo dado que al margen de su partida de bautismo figura el término "murió", si le sumamos el 5,42% de los casos para los que carecemos de cualquier anotación con posterioridad a la fecha de su bautismo, la cifra de muertos hasta los 8 años podría elevarse hasta el 34,16% del total. El 1,97% restante se refiere a un número muy reducido de individuos que escapan a nuestro control tras haber celebrado su confirmación con una edad inferior a los 8 años; nueve de los 12 niños incluidos en este grupo en realidad forman parte de familias móviles tipo 7 que debieron trasladar su residencia fuera de la parroquia en

de Guimaraes también aporta para fines del siglo XVIII y principios del XIX una proporción de fallecidos antes de alcanzar los siete años del 326%₀ muy similar a los datos que se extraen de las monografías gallegas anteriormente citadas (1987: 278). En la parroquia minhota de Ginzo F. A. Miranda establece un porcentaje mortalidad acumulado hasta los 7 años para el periodo comprendido entre de 1738 y 1821 del 203‰ (1995:25). En la Barranca de Navarra a mediados del siglo XIX la proporción de niños desaparecidos durante los diez primeros años de vida rondaba el 40% del total (A. García Sanz Marcótegui, 1985: 293) y en la Merindad de Estella el control llevado a cabo a partir de los censos de población de fines del siglo XVIII y los libros sacramentales arroja una tasa de mortalidad para los menores de 16 años del 38-40% (A. Floristán Imízcoz, 1982: 139). Estos datos contrastan con los resultados obtenidos en las investigaciones llevadas a cabo sobre tierras leonesas, donde se alcanzan porcentajes muy superiores a los arriba indicados. Así en la zona vitícola del Bierzo a lo largo del siglo XVIII las tasas no bajan nunca del 400‰, con decenios en los que se alcanza el 500‰ e incluso el 600‰ En la primera mitad del siglo XIX en esta zona rural solo sobrevivían a los siete años el 54,3% de los niños nacidos (J. M. Bartolomé Bartolomé, 1996: 291). En la comarca de la Bañeza, a principios del siglo XIX la mortalidad acumulada hasta la edad de 11 años también afecta a un 44,1% de los niños nacidos (L.M. Rubio Pérez, 1987: 177). Si nos situamos en los pueblos del interior castellano en la primera mitad del siglo XIX, menos de un 50% de los niños nacidos alcanzan la edad de los 15 años (V. Pérez Moreda, 1980: 158) y solo un 526‰ de los conquenses celebraban su décimo aniversario entre 1860 y 1869 (D. S. Reher, 1988: 101). Las investigaciones llevadas a cabo sobre tierras valencianas también muestran un comportamiento menos avanzado de la mortalidad infantil-juvenil con respecto a las tierras del norte peninsular como se desprende del análisis comparativo llevado a cabo por el profesor J. M. Pérez García entre la parroquia gallega de Armenteira y la localidad huertana de Benimaclet donde a partir del método de reconstrucción de familias se obtiene para el siglo XVIII una mortalidad acumulada a los 9 años del 44,25‰ frente al 366,2‰ que resulta para la parroquia del Salnés ‰ (1991: 147). También pueden consultarse al respecto las cifras que ofrece J. S. Bernat i Marti, 1990. Las conclusiones del trabajo llevado a cabo entre otros por A. Bideau y J. Dupâquier se centran en la idea de que en la Francia de la segunda mitad del siglo XVIII fallecían de media la mitad de los niños nacidos antes de cumplir los 11 años de vida, si bien el número de supervivientes a los 10 años fue incrementándose a lo largo del siglo -479‰ entre 1690 y 1719, 504‰ entre 1720-1749 y 556‰ entre 1750 y 1779-, con una enorme variabilidad de tasas en el conjunto del país, localizándose las tasas de mortalidad más benignas en el área noroeste (A. Bideau y otros, 1988: 223-225)

fechas posteriores a la confirmación de 1799 dado que no disponemos de información alguna para el conjunto de sus miembros. Por eso en un principio no los incluimos en el cómputo de la mortalidad de párvulos, pero incluso suponiendo que su fallecimiento también se produjo antes de los 8 años, el nivel máximo que pudo alcanzar la mortalidad de párvulos a fines del siglo XVIII fue de un 36,13%, operando sobre el conjunto de actas bautismales registradas en la parroquia entre 1770 y 1800 –ilegítimos y expósitos incluidos-, y suponiendo que el 100% de los casos no controlados falleció antes de la celebración de su noveno aniversario.

La tabla 42 sobre la evolución de la mortalidad de párvulos en la comarca de estudio, refleja una ligera elevación durante la primera mitad del siglo XIX. Como ya indicamos en su momento no sabemos si se debe a un empeoramiento de las condiciones de vida o en realidad es el resultado de una mejoría en la calidad del registro (D. Rodríguez Fernández, 1999:96). Veamos los resultados obtenidos a partir de las listas de confirmados de 1824 y 1848. Véanse tablas 49 y 50.

TABLA 49 • MORTALIDAD HASTA 10 AÑOS. LISTA DE CONFIRMADOS DE 1824												
	NÚMERO BAUTIZADOS			NÚMERO CONFIRMADOS			% CONF. SOBRE BAUT.			SUPERV. NO CONF.		% MORT.
AÑO	M	F	TOT.	M	F	TOT.	% M	% F	TOT.	M	F	TOTAL
1814	13	18	31	5	9	14	38,46	50,00	45,16	1	3	41,93
1815	6	11	17	3	7	10	50,00	63,64	58,82		1	35,29
1816	10	8	18	6	4	10	60,00	50,00	55,56	1		38,89
1817	5	10	15	3	4	7	60,00	40,00	46,67	1	2	33,33
1818	9	6	15	4	4	8	44,44	66,67	53,33		1	40,00
1819	9	8	17	6	5	11	66,67	62,50	64,71			35,29
1820	20	11	31	9	7	16	45,00	63,64	51,61	3	2	32,26
1821	8	7	15	5	4	9	62,50	57,14	60,00	1		33,33
1822	12	13	25	4	10	14	33,33	76,92	56,00	1		40,00
1823	11	8	19	3	5	8	27,27	62,50	42,11	1		52,63
1824	9	3	12	6	3	9	66,67	100,00	75,00		1	16,67
TOTAL	112	103	215	54	62	116	48,21	60,19	53,95	9	10	37,20

TABLA 50 • MORTALIDAD HASTA 10 AÑOS. LISTA DE CONFIRMADOS DE 1848												
	NÚMERO BAUTIZADOS			NÚMERO CONFIRMADOS			% CONF. SOBRE BAUT.			SUPERV. NO CONF.		% MORT.
AÑO	M	F	TOT.	M	F	TOT.	% M	% F	TOT.	M	F	TOTAL
1838	11	11	22	5	7	12	45,45	63,64	54,55		1	40,91
1839	5	14	19	4	4	8	80,00	28,57	42,11		1	52,63
1840	7	10	17	3	6	9	42,86	60,00	52,94		1	41,18

TABLA 50 • MORTALIDAD HASTA 10 AÑOS. LISTA DE CONFIRMADOS DE 1848												
1841	6	15	21	3	8	11	50,00	53,33	52,38		1	42,86
1842	10	9	19	7	5	12	70,00	55,56	63,16		2	26,32
1843	8	15	23	5	10	15	62,50	66,67	65,22	3		21,74
1844	8	8	16	7	6	13	87,50	75,00	81,25			18,75
1845	8	11	19	5	7	12	62,50	63,64	63,16		1	31,58
1846	14	12	26	9	10	19	64,29	83,33	73,08		1	23,08
1847	7	8	15	6	5	11	85,71	62,50	73,33			26,67
1848	4	3	7	3	3	6	75,00	100,00	85,71			14,29
TOTAL	**88**	**116**	**204**	**57**	**71**	**128**	**64,77**	**61,21**	**62,75**	**5**	**6**	**31,86**

Pese a tratarse de un registro aparentemente muy ordenado, la calidad de la lista de confirmados de 1824 como fuente demográfica para el estudio de la mortalidad a temprana edad es inferior a la que presentan los listados elaborados en 1799 y 1848[388]. Como se aprecia en la tabla, en esta ocasión se constata un nuevo incremento en la presencia de supervivientes vivos no registrados. Una vez corregidos los casos que logramos recuperar, el resultado final del análisis es una mortalidad acumulada del 37,2% para los nacidos entre 1814 y 1824, lo que efectivamente sugiere un claro incremento con respecto al anterior análisis de fines del siglo XVIII. Sin embargo dicha elevación no se mantiene en la lista de 1848, resultando nuevamente un porcentaje de mortalidad acumulada hasta los 10 años en el periodo comprendido entre 1838 y 1848 del 31,86[389]. De ahí que no podemos presuponer un incremento sostenido de la mortalidad de párvulos para la primera mitad del siglo XIX, aunque si una elevación puntual de la misma relacionada quizás con el impacto de las crisis de mortalidad del periodo 1808-1813[390].

Todo ello nos lleva a concluir que en la comarca de estudio cuando menos desde los años 70 del siglo XVII y hasta mediados del siglo XIX, estaba establecido un patrón de mortalidad que provocaba el fallecimiento de

---

[388] Dado que en la misma aparecen confirmándose los niños nacidos hasta el 28 de julio de 1824, establecimos como fecha supuesta para la ceremonia el día 29/07/1824.

[389] En la Jurisdicción del Morrazo, las listas de confirmados de 1827 y 1844 también reflejan unos porcentajes de mortalidad para los menores de 10 años muy similares a los obtenidos para el siglo XVIII -37,39% y 34,64% respectivamente-. El análisis llevado a cabo a partir del registro de Hío desde los años 60 del siglo XIX revela los profundos cambios que afectaron al comportamiento de esta variable en el transcurso de un siglo, registrándose su rápida y progresiva disminución a partir de 1910 (H. M. Rodríguez Ferreiro, 2003: 283-284). En Tierra de Montes, en la fase inicial del siglo XIX la mortalidad de párvulos sobrepasó el tope del 350‰, incrementándose de forma clara con respecto a la segunda mitad del siglo XVIII (C. Fernández Cortizo, 2002: 261). A diferencia de lo que ocurre en el Morrazo, en Tierra de Montes o en la comarca de estudio, en la península del Salnés se observa una clara reducción de la mortalidad infantil-juvenil en la primera mitad del siglo XIX, registrándose un porcentaje de fallecidos hasta el 9º aniversario del 295,03‰ frente a una tasa del 366,2‰ para el siglo XVIII (J. M. Pérez García, 1991: 148). Dicha reducción también constatada para la comunidad valenciana de Benimaclet en esas mismas fechas se enmarcaría dentro de una tendencia clara a la reducción de los niveles de mortalidad infantil-juvenil en países como Francia o Inglaterra, donde según se desprende de los datos aportados por M. W. Flinn a partir de un buen número de reconstrucciones, se asiste a un importante incremento de las tasas de supervivencia a partir de los años 80 del siglo XVIII. En Francia por ejemplo se produjo un ascenso progresivo de la tasa de supervivencia a 10 años que pasó del 516‰ antes de 1750 al 574‰ entre 1740-1790 alcanzándose una tasa de supervivencia del 652‰ en el periodo comprendido entre 1780 y 1820 (1989: 136).

[390] Obsérvese como en las parroquias de San Clodio y Berán, en el Ribeiro del Avia también se registra un fuerte incremento de la mortalidad de párvulos en algunas décadas de la primera mitad del siglo XIX, ascendiendo en este caso por encima del 500‰ entre 1800-09 y entre 1820 y 1829 (J. M. Rodríguez Rodríguez, 2002: 156).

entre un 31 y un 34% de los niños bautizados en el tramo de edades comprendido entre su nacimiento y el cumplimiento de su décimo aniversario, produciéndose elevaciones puntuales de la mortalidad como las que se registran a mediados del siglo XVIII -38,6% de niñas desaparecidas hasta los 10 años-, o el detectado a partir de la lista de confirmados de 1824, cuando se constata el probable fallecimiento del 37,2% de los niños inscritos entre 1814 y 1824. En cualquier caso, en el tramo de edades analizado dichas elevaciones puntuales no llegaron a situar por encima del 400%$_0$ los niveles normales de mortalidad.

Los datos de los que disponemos no nos permiten llevar a cabo ningún tipo de cálculo sobre la distribución por edades de las defunciones. Como ya se indicó anteriormente, desde el mes de junio de 1824 al mes de marzo de 1842 al margen de las partidas de bautismo que incorporan el término murió se registra de manera sistemática la fecha de defunción. Se trata de un reducido número de partidas a partir de las cuales no es posible el cálculo de tasas. Los resultados pueden consultarse en la tabla 51.

TABLA 51 • DISTRIBUCIÓN POR EDADES DE PÁRVULOS. LIBRO BAUTIZADOS VEIGA (1824 – 1842)		
EDAD DEFUNCIÓN AÑOS CUMPLIDOS	N° CASOS	%
0	38	48,10
1	13	16,46
2	11	13,92
3	3	3,80
4	4	5,06
5	4	5,06
6	4	5,06
7	2	2,53
TOTAL	79	100,00

En nuestra Memoria de Licenciatura se presentó un análisis similar a partir de una muestra de 393 casos extraídos de las anotaciones al margen del libro de Bautizados de la parroquia de Celanova desde 1808 a 1835 dado que en esa época los responsables del registro también consignaron al margen de cada partida de bautismo señalada con el término murió, la fecha de la defunción. En la parroquia de Celanova el número de casos controlados supera con creces a los registrados en San Munio de Veiga, resultando un porcentaje de fallecidos con menos de un año con respecto al total de párvulos de en torno al 40%, suponiendo un 3% de niños fallecidos tras la aplicación de un bautismo de necesidad y no incluidos en el registro (D. Rodríguez Fernández, 1999:97). Finalmente hicimos uso de la distribución de los "párvulos" muertos que resulta de estos datos para elaborar la tabla de esperanza de vida que se ofrece en el siguiente apartado.

II.4.3. Esperanza de vida de los celanoveses a fines del Antiguo Régimen (1770–1829)

Presentamos a modo de ensayo un cálculo sobre la esperanza de vida de los celanoveses que vivieron a caballo entre fines del siglo XVIII y principios del XIX, cuando dio sus máximos frutos el método de reconstrucción de familias y logramos un control más que aceptable de la mortalidad a temprana edad gracias al manejo de las listas de confirmados de 1799 y 1824.

Como se aprecia en la tabla 52, de los 1292 individuos nacidos en la parroquia de Veiga entre 1770 y 1829 salen de nuestro campo de observación a escala parroquial 190 personas. En la mayoría de los casos (149), perdemos su pista tras haber cumplido su décimo aniversario por lo que en realidad no interfieren en el cálculo de la mortalidad a temprana edad. Para el cálculo de los cocientes de mortalidad y para la estimación del porcentaje de supervivientes computamos estas salidas de observación en base a las indicaciones de L. Henry (1983:202-207).

\# TABLA 52 • TABLA DE ESPERANZA DE VIDA EN CELANOVA (1770–1829)							
GRUPO EDAD	SUPERV.	SALID. OBS.	MUERTOS	SUPERVIV. %0	COCIENT. MORTAL%0	ACUMULADOS	E. VIDA
0	1292	17	163	1000,0	127,0	10251	36,4
1– 4	1112	14	136	873,0	123,1	8959	41,2
5 – 9	962	10	101	765,6	105,5	7847	38,3
10–14	851	13	27	684,8	32,0	6885	38,0
15–19	811	17	37	662,9	46,1	6034	34,7
20–24	757	31	34	632,3	45,8	5223	32,0
25–29	692	35	25	603,3	37,0	4466	29,8
30–34	632	22	46	581,0	74,1	3774	27,4
35–39	564	13	41	538,0	73,5	3142	25,4
40–44	510	8	40	498,4	79,0	2578	22,8
45–49	462	4	42	459,0	91,3	2068	19,9
50–54	416	0	50	417,1	120,2	1606	16,8
55–59	366	4	66	367,0	181,3	1190	13,8
60–64	296	1	67	300,4	226,7	824	11,4
65–69	228	1	66	232,3	290,1	528	9,1
70–74	161	0	79	164,9	490,7	300	6,8
75–79	82	0	39	84,0	475,6	139	6,0
80–84	43	0	31	44,0	720,9	57	4,1
85–89	12	0	10	12,3	833,3	14	3,3
90–94	2	0	2	2,0	1000,0	2	2,5
95–99	0	0		0		0	

Haciendo un uso combinado de las informaciones contenidas al margen de las partidas de bautismo y de las dos listas de confirmados anteriormente presentadas, sabemos de la desaparición de 400 niños antes del cumplimiento de su décimo aniversario. Su distribución en los tres tramos de edad establecidos –menos de un año, de uno a cuatro años y de cinco a nueve años-, se realizó respetando los resultados obtenidos a partir de la distribución por edades de los párvulos anotados al margen de las partidas de bautismo en las parroquias de Veiga y Celanova, como ya indicamos en el apartado anterior.

El resultado es una esperanza de vida al nacer de 36,4 años, que superaba los 41 años al cumplimiento del primer aniversario y que aun permitía la supervivencia de un 367‰ de los nacidos en el umbral de los sesenta años[391]. En definitiva, unas expectativas de vida bastante elevadas para la época y en la tónica de otros valores ya conocidos para el noroeste peninsular, que permiten presuponer una esperanza de vida al nacer de en torno a 35 años en la Galicia de fines del Antiguo Régimen (I. Dubert, 1996: 230), (Dopico, F., Reher, D. S., 1999: 41-43) (I. Dubert, 2008: 97)[392].

Los datos gallegos reflejan obviamente un comportamiento muy positivo en comparación con los 29 años de media que resultan para el conjunto del estado español a partir del manejo del Censo de 1860[393]. Sin embargo, resultados tan dispares no deben extrañarnos dadas las profundas diferencias que presentaban a escala regional los modelos de mortalidad en la Europa tradicional, tanto en lo relativo a la esperanza de vida como en la medición de la mortalidad a temprana edad (R. S. Schofield, D. S. Reher, 1994: 14).

Dado que solo podemos plantear el cálculo de la esperanza de vida para este periodo concreto, desconocemos si los resultados obtenidos son el reflejo de una posible mejoría de las expectativas de vida, similar a la que se produjo en otros contextos geográficos a partir de la segunda mitad del siglo XVIII. En realidad, incluso podría suponerse que el incremento de los niveles de mortalidad a temprana edad que se constata a partir de la lista de confirmados de 1824 muestra un descenso de la esperanza de vida de los celanoveses nacidos a comienzos del XIX[394].

---

[391] A principios del siglo XIX en Francia más de un tercio de los hombres y mujeres alcanzaban también el umbral de los 60 años entrando así en la "edad de la vejez" (P. Bourdelais, 1997: 37).

[392] En la comarca ourensana del Ribeiro del Avia en la segunda mitad del siglo XIX la esperanza de vida al nacer era de 34,2 años (J. M. Rodríguez Rodríguez, 2002: 169). En la Galicia costera, en el área del Salnés ya se alcanzaban los 35,9 años en el siglo XVIII, pero el descenso de la mortalidad infantil-juvenil permitió alcanzar el umbral de los 40 años en la primera mitad del XIX J. M. Pérez García, 1991:150). También en la Galicia Occidental, en la parroquia de Hío, comarca del Morrazo, H. M. Rodríguez Ferreiro obtiene una esperanza de vida al nacer de 37,3 años para el siglo XVIII, ascendiendo hasta los 39 años en las cuatro primeras décadas del siglo XIX (2003: 288). En la parroquia de San Martín de Caldelas, en el Bajo Miño, se pasa de los espléndidos 36,5 años de media ya para el siglo XVII a los sorprendentes 43 años en el tránsito del XVIII al XIX (J. M. Pérez García, 2013: 26). N. Amorim también obtiene porcentajes de supervivencia muy elevados para el norte portugués que elevan la esperanza de vida por encima de los 40 años –entre 40 y 43 años- (1999: 19-20). En realidad los datos que conocemos para las comarcas gallegas investigadas para finales del siglo XVIII y principios del XIX, no difieren de los niveles de esperanza de vida que se obtienen para Inglaterra en esas mismas fechas. En este país el comportamiento positivo de la mortalidad entre 1740 y 1820 permitió pasar de una esperanza de vida al nacer de 31,7 años a 39,2 años (R. S. Schofield y D. S. Reher, 1994: 14).

[393] Se trata de una cifra muy modesta, pero similar a los valores próximos a los 30 años que se localizan para mediados del siglo XIX en los países del sur de Europa (R. S. Schofield, D. S. Reher, 1994: 14).

[394] Los trabajos de J. Vallin (1989) y de R. S. Schofield y D. S. Reher (1994) sobre el descenso de la mortalidad en Europa vienen a señalar que la bajada de la tasa de mortalidad no constituyó un proceso continuado y progresivo en el tiempo. En el caso de Francia, según se desprende de los datos expuestos por J. Vallin asistimos a una caída de la tasa bruta de mortalidad que se prolongó desde 1750 a 1845, sin embargo a partir de esta fecha y durante 40 años las tasas permanecieron estancadas, reiniciando nuevamente el movimiento descendente a partir de los años 80 del siglo XIX. Como consecuencia del retroceso de los niveles de mortalidad, en Francia la esperanza de vida al nacer pasó de los 23,8 años para los hombres y los 25,7 años para las mujeres a mediados del siglo XVIII a 38,3 años en el caso de los hombres y 39,3 para las mujeres en los años 20 del siglo XIX (1989: 50). En opinión de R. S. Schofield y D. S. Reher, la interrupción a mediados del siglo XIX del descenso de la mortalidad y el posterior descenso secular parecen haber sido experiencias compartidas por varios países (1994: 14).

III. EL MARCO ECONÓMICO

LAS TIERRAS DE CELANOVA EN EL CONTEXTO DEL CATASTRO DE ENSENADA Y POSIBLES CLAVES DE SU DESARROLLO EVOLUTIVO A LO LARGO DE LOS TIEMPOS MODERNOS

La filosofía que desde un primer momento presidió la elaboración de este capítulo parte de su planteamiento como una temática de especial relevancia para la comprensión de las dinámicas demográfica y familiar, objetivos centrales de nuestra investigación. Así pues, aunque las cuestiones de índole estrictamente económica no constituyeron el objetivo prioritario de esta investigación, no hemos descuidado su atención por cuanto entendemos que no sólo cumplen una importante función contextualizadora, sino que también ejercen como variable explicativa de los fenómenos demográficos, al tiempo que representan un elemento clave a la hora de dotar de contenido social el estudio de la familia.

Como no podría ser de otra manera, el Catastro de Ensenada constituyó la fuente básica de información que nos permitió obtener una panorámica de las tierras celanovesas a mediados del siglo XVIII. Con tal finalidad, se analizaron el conjunto de los Libros de Respuestas Generales correspondientes a las parroquias que conforman nuestra área de trabajo y la totalidad de Estados D y H conservados, desarrollando al mismo tiempo un vaciado exhaustivo sobre los Libros Reales de Legos y Eclesiásticos pertenecientes a las parroquias de San Munio de Veiga y Rubiás, elevadas a la categoría de modelos ejemplificadores del comportamiento comarcal[395]. No obstante, la utilización de la documentación catastral se complementó con el recurso a otras fuentes de origen notarial o eclesiástico, caso de los inventarios post-mortem, partijas y escrituras de patrimonios eclesiásticos, que amén de fomentar el espíritu crítico sobre los datos catastrales, también posibilitaron un primer acercamiento a las claves de la dinámica económica celanovesa durante los tiempos modernos.

La consulta del importante volumen de protocolos notariales conservados en el AHPOU correspondientes a la totalidad de los escribanos afincados en tierras celanovesas desde principios del siglo XVII hasta mediados del siglo XIX -64 en total-, juntamente con el manejo de las escrituras conservadas en el Archivo Parroquial de San Munio de Veiga pertenecientes a varios notarios del siglo XVII, nos ha aportado un número relativamente modesto de inventarios post-mortem susceptibles de ser utilizados, 188 en total. Pese a que la redacción de este tipo de escrituras constituía una práctica poco frecuente en tierras celanovesas, el trabajo desarrollado sobre los casos localizados nos aporta conclusiones importantes sobre la dinámica evolutiva de la economía campesina a partir del análisis de las despensas familiares o las declaraciones de bienes raíces[396].

Las escrituras de patrimonios eclesiásticos constituyen una fuente de especial relevancia en el marco de un estudio económico de base agraria sobre el Antiguo Régimen. En opinión del profesor J. M. Pérez García que ya ha hecho uso de ellas en varias ocasiones, éstas constituyen una de las escasas fuentes disponibles para el Antiguo Régimen

---

[395] Se consultaron en el AHPOU los 29 Libros de Respuestas Generales conservados correspondientes a nuestra área de trabajo, juntamente con las copias microfilmadas de Simancas relativas a la villa y feligresía de Celanova y la Jurisdicción de Ramirás, que comprende las parroquias de Mosteiro, Rubiás y Vilameá, (rollos I y II respectivamente). Se analizaron igualmente los Estados D (riqueza agrícola) y H (riqueza ganadera) conservados para 12 parroquias del entorno y se vaciaron exhaustivamente los Libros Reales pertenecientes a las parroquias de San Munio de Veiga (sig. 130-131 y 1366) y Rubiás (747 y 2979). Véase al respecto el trabajo de catalogación de O. Gallego sobre el Catastro de Ensenada en la provincia de Ourense (1988).

[396] Véase al respecto sobre la topografía de los inventarios post-mortem en tierras de Celanova (D. Rodríguez Fernández, 1999b:201-203).

que permiten el cálculo de estimaciones sobre los rendimientos agrarios (1999:224)[397]. En nuestro caso, tras la consulta del inventario de capellanías patrimoniales del Archivo Diocesano de Ourense[398], albergamos fundadas esperanzas sobre las posibilidades que en este sentido se abrían para las tierras de Celanova al localizar cerca de 90 escrituras redactadas entre 1660 y 1850, para la dotación patrimonial de los futuros sacerdotes de la comarca. Sin embargo, a la postre el vaciado minucioso de las mismas redujo enormemente nuestro optimismo inicial dado que en la mayoría de los casos (más del 80%), al ofrecer estimaciones monetarias en valor de renta quedaba invalidada su utilización con los fines previstos, restando únicamente 15 escrituras utilizables.

Pese a su reducido número y la problemática que sin lugar a dudas entraña su uso, tras el tratamiento crítico al que las hemos sometido y que más adelante tendremos ocasión de comprobar, entendemos que sus informaciones sobre rendimientos son de gran valía como fuente alternativa al Catastro de Ensenada, que plantea importantes problemas para nuestra área de trabajo, al tiempo que nos aproximan al trazado de una posible tendencia evolutiva de los rendimientos del cultivo del maíz desde los años 30 del siglo XVIII hasta mediados del siglo XIX.

III.1. Las estructuras agrarias y su dinámica evolutiva

III.1.1. La ocupación del espacio agrario a mediados del siglo XVIII. Niveles de ocultación en el Catastro de Ensenada

Como hemos tenido ocasión de comprobar en el capítulo precedente, las fuentes ya nos informaban sobre una fuerte ocupación humana del espacio celanovés para fechas relativamente tempranas de la Edad Moderna (más de 11 vecinos/Km^2 a fines del siglo XVI); la incidencia del crecimiento demográfico sobre esos elevadísimos valores poblacionales de partida permite explicar las altas densidades de población localizadas en estas tierras a mediados del siglo XVIII (más de 100 Hab./ Km^2)[399], que traducen un nivel de poblamiento ciertamente impensable hasta hace no muchos años para un área de la Galicia Interior, salvando claro está las consabidas excepciones que se atribuían a los ribeiros vitícolas ourensanos[400]. A tenor de las fuentes consultadas y ya expuestas, la progresiva ocupación del espacio en este período cronológico se desarrollaría mayoritariamente en el marco de los asentamientos vecinales preexistentes (más de dos aldeas/ Km^2 a fines del siglo XVI), sin apenas fomentar la aparición de nuevos núcleos.

Así pues, estamos en condiciones de afirmar la existencia a mediados del siglo XVIII de una densa red de asentamientos vecinales de origen antiguo que conformaban un sistema de hábitat de tipo concentrado (más de 10 vecinos de media por aldea en 1790), en el marco de un poblamiento disperso. ¿En qué medida estamos en condiciones de completar esta visión del paisaje celanovés de mediados del XVIII con informaciones relativas al grado de ocupación del espacio agrario, a partir de la consulta del Catastro de Ensenada?

---

[397] Desde su empleo por primera vez en el marco de su Tesis Doctoral sobre la Península del Salnés (1979:196-197), el trabajo sistemático sobre cientos de escrituras patrimoniales concentradas geográficamente en el marco de la Galicia Occidental y en los últimos tiempos más concretamente en el espacio de la antigua provincia tudense, le han permitido obtener interesantes conclusiones sobre los rendimientos de la Galicia Occidental durante el Antiguo Régimen. Véanse al respecto, (1983:63-98); (1984:415-450); (1999:221-245).

[398] Inventario de Capellanías Patrimoniales (1660-1855). Cajas 7.10.0 a 7.10.60. Archivo Diocesano de Ourense.

[399] Véase (D. Rodríguez Fernández, 1999:73-75).

[400] El profesor A. Eiras Roel en su síntesis sobre la población de Galicia de 1700 a 1860 alude a estas tierras refiriéndose a ellas con el apelativo de "un insólito foco central de policultivo intensivo que tiene su epicentro de altas densidades en el partido de Celanova y valle del Arnoya" (1996:73).

Los Libros de Respuestas Generales elaborados en la comarca de estudio sólo permiten el cómputo de extensiones territoriales a partir de la contestación a la pregunta tercera del Interrogatorio y su cálculo presenta un carácter meramente aproximativo dada la escasa elaboración de las informaciones recogidas en la fuente[401]. Aun sin perder de vista dicho carácter, la tabla 1 plantea las primeras dudas a cerca de la sinceridad de los datos catastrales.

TABLA 1 • EXTENSIÓN PARROQUIAL. PORCENTAJE DE OCULTACIÓN TERRITORIAL DE LA PREGUNTA 3ª DE LAS RESPUESTAS GENERALES CON RESPECTO A MEDICIONES ACTUALES (Km²)			
PARROQUIAS	EXT. PREGUNTA 3ª	EXT. TORRES LUNA, P.	EXT. SITGA
AMOROCE	2,91	3,8	5,38
ANSEMIL	0,97	2,5	1,84
BARXA	1,94	3,8	4,53
BERREDO, SAN MIGUEL	1,38	2,6	2,86
BERREDO, SANTA EULALIA	11,64	12,7	11,03
BOBADELA	2,47	2,4	2,43
CASARDEITA	2,47	4,9	4,52
CASTROMAO	1,94	1,8	2,31
FECHAS	0,32	1,9	1,93
MOSTEIRO	0,97	1,2	1,15
PENOSIÑOS, SAN Andrés	1,94	1,8	1,67
PODENTES	1,94	3,4	3,64
RABAL	1,94	5,2	4,98
RUBIÁS	7,76	6,2	5,19
SORGA	1,12	3,9	5,69
SOUTOMEL	1,38	3,8	4,2
VEIGA, SAN MUNIO	1,39	2,5	3,7
VEIGA, SAN PAIO	0,48	2,5	1,8
VILAMEÁ	3,88	3,2	3,2
VILANOVA	1,46	3,2	2,91
VIVEIRO	2,47	2,4	2,07
TOTAL	52,77	75,7	77,03
% OCULTACIÓN CATASTRAL	–	30,29	31,49

---

[401] Se optó por calcular la superficie parroquial en círculo y en rectángulo manteniendo el valor más próximo a los datos de extensiones parroquiales actuales.

La comparativa entre los datos catastrales y las mediciones actuales incluye un doble control de las extensiones parroquiales a partir de las verificaciones de Mª. P. Torres Luna (1989), y también en función del *Mapa de parroquias de Galicia* (2001) elaborado en el marco de formación del Sistema de Información Territorial de Galicia (SITGA). Las diferencias observables a escala parroquial entre las dos fuentes actuales se contrarrestan en gran medida, como bien refleja el sumatorio global de las 21 parroquias para las que disponemos de información a mediados del siglo XVIII, contabilizándose una diferencia inferior a 2 Km² entre ambas. Dicho resultado avala la decisión adoptada de seguir utilizando en lo sucesivo las extensiones parroquiales ofrecidas por la geógrafa Mª. P. Torres Luna, a fin de no introducir modificaciones insignificantes en cálculos demográficos anteriormente realizados y publicados sobre la comarca celanovesa.

A partir de las mediciones de la citada geógrafa, las parroquias sometidas a control suman una superficie de 75,7 Km² representando el 65,2% de nuestra área de estudio de poco más de 116 Km² de extensión. Ahora bien, a raíz de las informaciones contenidas en los Libros de Respuestas Generales su superficie aproximada era de 53 Km², ocultándose en consecuencia más de un 30% de su extensión real. Dado el carácter meramente aproximativo de este cálculo y a fin de concretar en mayor medida el nivel de fraude que presentan las declaraciones de la comarca celanovesa, planteamos una nueva aproximación a las superficies parroquiales recogidas en las informaciones catastrales, en base a las extensiones de tierra de aprovechamiento individual que figuran en los Estados D de las escasas entidades parroquiales para las que se conserva dicha documentación[402]. Véase tabla 2.

TABLA 2 • OCULTACIÓN SUPERFICIE TERRITORIAL EN CATASTRO CON RESPECTO A MEDICIONES ACTUALES (km²)						
	TIERRA PRP. INDIV.(Est. D.)	SUP. COMUNAL	SUP. ESTIMADA CASAS Y CAMINOS	SUP. TOTAL	EXT. TORRES LUNA, P	% OCULT.
BOBADELA	0,92	–	0,05	0,97	2,4	59,57
CASARDEITA	1,35	0,03	0,07	1,45	4,9	70,41
ESCUDEIROS	0,46	0,06	0,03	0,56	3,5	84,09
FECHAS	0,55	–	0,03	0,57	1,9	69,82
MOSTEIRO	0,53	0,01	0,03	0,56	1,2	53,19
MOURILLÓS	1,10	–	0,05	1,15	2,5	54,00
RUBIÁS	0,80	0,04	0,04	0,89	6,2	85,67
VILANOVA	1,12	0,04	0,06	1,22	3,2	61,93
TOTAL	6,83	0,19	0,36	7,37	25,8	71,43

[402] Al margen de las parroquias que figuran en la tabla, en el AHPOU también se conservan los Libros de Estados D correspondientes a las feligresías de Barxa, Orga y San Salvador de Penosiños, pero su carácter incompleto impide su utilización para la finalidad que pretendemos (o bien faltan las tierras de legos o bien son las de origen eclesiástico las que han desaparecido). Por otra parte, tampoco resultan utilizables los datos relativos a pequeñas entidades jurisdiccionales como es el caso de los Cotos de Vilaverde y Vilariños, dada la imposibilidad de efectuar análisis comparativos sobre sus medidas de superficie.

Las superficies parroquiales comparadas en esta ocasión resultan del sumatorio de las extensiones de tierra de propiedad individual declaradas en los Estados D, con los espacios de monte comunal reseñados en los Libros de Respuestas Generales y con la posterior adición del porcentaje hipotético de tierra que representarían casas y caminos a nivel comarcal[403]. Tal y como se aprecia en el cuadro anterior, las deficiencias que se intuían a partir del análisis comparativo de las respuestas a la pregunta tercera del Interrogatorio se confirman y aún se acentúan en función del cálculo precedente, resultando un porcentaje medio de ocultación territorial de más del 70% que nos induce a tratar con suma cautela los datos catastrales conservados para tierras celanovesas, cuando menos los referidos a extensiones territoriales.

El profesor J. M. Pérez García es, a nuestro juicio, quien más ha incidido sobre estos problemas de ocultación que afectan a las extensiones territoriales declaradas en el Catastro de Ensenada desarrollando una indudable labor crítica sobre esta, pese a todo, valiosísima fuente para el estudio del marco económico de la corona castellana a mediados de la centuria ilustrada. Desde sus primeras investigaciones centradas en el Salnés hasta sus trabajos más recientes sobre la antigua provincia de Tuy pasando por su etapa dedicada al análisis del valle del Esla en tierras leonesas, somos conocedores del diferente grado de veracidad que caracterizó a las declaraciones catastrales en los distintos territorios analizados[404]. Así pues, el porcentaje de ocultación territorial detectado en tierras celanovesas no constituye ninguna excepción, resultando de hecho una cifra casi idéntica a la ofrecida para la antigua provincia de Tuy, un espacio geográfico con el que, como tendremos ocasión de comprobar, guardaba ciertas concomitancias a mediados del siglo XVIII.

Este elevadísimo nivel de ocultación superior incluso al 70% del territorio analizado, no resulta sin embargo patrimonio exclusivo de la comarca del Bajo Miño o las tierras celanovesas, espacios dominados a mediados del siglo XVIII por el predominio de una cultura agraria de carácter intensivo centrada en el cultivo del maíz[405]. A juicio de O. Pedrouzo Vizcaino, las tierras declaradas de uso individual en el Arciprestazgo de Narla, claro representante de un importante sector del solar galaico marcado por la presencia absoluta del centeno en régimen de año y vez, únicamente significaban el 9,3% de la superficie parroquial (1981:108). Por su parte, R. López Pardo en sus investigaciones sobre la comarca vitícola ourensana del Ribeiro del Avia también cifra la ocultación en porcentajes superiores al 60%, en base a las informaciones contenidas en la pregunta décima de las Respuestas Generales (1999:138).

Bien es verdad, que tampoco nos encontramos en condiciones de afirmar que los elevados niveles de ocultación del terrazgo detectados en las áreas anteriormente citadas, constituyan una constante en la documentación del Catastro de Ensenada, dado que en un importante volumen de investigaciones en las que se utiliza dicha fuente como medio fundamental para el estudio de la estructura económica en el Antiguo Régimen, esta es merecedora

---

[403] Contamos con información relativa a la superficie ocupada por casas y caminos para seis de las treinta parroquias que conforman nuestra área de estudio (San Miguel de Berredo, Celanova, Escudeiros, Sorga, Soutomel y San Munio de Veiga). Aunque se aprecia una cierta variabilidad a escala parroquial, los núcleos de hábitat y las sendas por las que transcurrían las vidas de los celanoveses a mediados del siglo XVIII representaban el 4,76% de las extensiones parroquiales declaradas en la pregunta tercera del Interrogatorio.

[404] En la península del Salnés un 38% del espacio salía fuera de control antes de las correcciones introducidas por el expresado autor (J. M. Pérez García, 1979:tabla 5-1), un porcentaje no muy diferente del obtenido para el valle del Esla en función de los datos extraídos de los Resúmenes Generales, un 40,65% (1992:169), ascendiendo dicho valor hasta alcanzar el 71,9% del territorio en la comarca del Bajo Miño en base a las extensiones declaradas en la pregunta nº nueve de las Respuestas Generales (1999:180).

[405] El porcentaje de ocultación anteriormente expuesto que localiza J. M. Pérez García en la Península del Salnés, o las cifras que se barajan para la comarca de la Ulla, oscilantes entre el 14% de ocultación de la parroquia de Santa Cruz y el 32% de Ribeira (O. Rey Castelao, 1981:95), constituyen una muestra evidente del diferente grado de veracidad que caracteriza a las declaraciones catastrales analizadas para el sector occidental de la geografía galaica.

de opiniones favorables[406], o como ocurre en un número mayoritario de ocasiones, la ausencia de un análisis crítico sobre los datos aportados redunda de manera implícita en la valoración positiva de los mismos[407].

A nuestro juicio, el elevado grado de ocultación territorial detectado en la comarca celanovesa, encuentra una primera vía explicativa a partir del análisis de las superficies declaradas de monte abierto de naturaleza comunal. En este sentido, O. Rey Castelao ya expuso en su día las dificultades que plantea el estudio del monte a través de la documentación catastral en la provincia ourensana[408], y sus deficiencias resultan claramente evidentes en el espacio geográfico en el que se enmarcan nuestras investigaciones. En la tabla 3 se incluyen las informaciones de las que disponemos para estas tierras del curso medio del Arnoia.

TABLA 3 • PROPORCIÓN MONTE ABIERTO DECLARADO RESPECTO A PREGUNTA 3ª. Y MEDICIONES ACTUALES					
PARROQUIAS	Ha. Monte Abierto	EXT. Km² (Torres Luna, P.)	%	Ext. Km² (P. 3ª.)	%
AMOROCE	32,76	3,8	8,62	2,91	11,26
BERREDO, SAN MIGUEL	5,285	2,6	2,03	1,38	3,83
CAÑÓN	24,876	3,9	6,38	-	-
CASARDEITA	3,176	4,9	0,65	2,47	1,29
CELANOVA	0,305	2,5	0,12	-	-
ESCUDEIROS	6,069	3,5	1,73	-	-
FREÁS DE EIRAS	12,705	8,8	1,44	-	-
FREIXO	1,541	3,2	0,48	-	-
MOSTEIRO	0,629	1,2	0,52	0,97	0,65
PAIZÁS	1,069	6,5	0,16	-	-

[406] A juicio de L. M. Rubio Pérez en su estudio sobre la comarca leonesa de la Bañeza, el Catastro de Ensenada merece una total confianza dada su estructura y forma de realización, localizándose únicamente para estas tierras una desviación del 5 al 10% con respecto a los mapas 1:50.000 (1987:185). Por su parte, J. M. Donézar cifra la posible ocultación de extensión territorial para la antigua provincia de Toledo en un 23,3%, achacándola únicamente a la desigual precisión de los datos globales contenidos en los libros de Respuestas Generales con respecto a las declaraciones individuales. En su opinión, dada la falta de verificación de las respuestas al Interrogatorio, "se derivaba una constante indefinición de los lindes de los términos municipales que se hacía mas relevante en los terrenos montuosos, y la aparición inmediata de baldíos" (1996:26-27).

[407] Así, si bien Mª. J. Pérez Álvarez alude en sus investigaciones sobre las geográficamente cercanas tierras de la montaña noroccidental leonesa a la problemática que plantea el Catastro como fuente de índole fiscal y, de hecho utiliza los inventarios post-mortem como recurso alternativo para el conocimiento de la distribución interna del terrazgo cultivado; a la postre no incluye referencia alguna a cerca de la proporción que representa el espacio declarado y clasificado según su uso con respecto a la superficie actual (1996:114-125). En términos semejantes podemos referirnos al estudio de J. P. Díaz López sobre el valle del Andarax, dado que al no incluirse en la citada obra ninguna alusión concreta al respecto, entendemos que no se han constatado desviaciones significativas en los datos del Catastro con respecto a las mediciones actuales (1996:45-55). En realidad, dicha conclusión también resulta aplicable al trabajo de F. García González sobre la Sierra de Alcaraz (1998:251-255).

[408] En su opinión, el predominio de los montes de tipo vecinal o concejil explicaría las deficientes respuestas de los pueblos a los Interrogatorios calificándolos unas veces como bienes de propios, otras como comunes y en la mayoría de las ocasiones negando su existencia o no respondiendo. En definitiva, sólo en un 43,6% de los 917 Interrogatorios con los que trabaja la citada autora, se ofrece información sobre las superficies de aprovechamiento comunal resultando una media de 60,4 Ha. por comunidad, una cifra sumamente baja que a su juicio resulta difícilmente aceptable dada la presencia de más de un 18,8% de pueblos con extensiones de menos de 3 Ha. (1995:82).

TABLA 3 • PROPORCIÓN MONTE ABIERTO DECLARADO RESPECTO A PREGUNTA 3ª. Y MEDICIONES ACTUALES					
PENOSIÑOS, SAN ANDRÉS	3,711	1,8	2,06	1,94	1,91
PENOSIÑOS, SAN SALV.	15,72	7,5	2,10	–	–
RUBIÁS	4,28	6,2	0,69	7,76	0,55
SORGA	28,39	3,9	7,28	1,12	25,35
SOUTOMEL	1,541	3,8	0,41	1,38	1,12
VILAMEÁ	31,45	3,2	9,83	3,88	8,11
VILANOVA	4,46	3,2	1,39	1,46	3,06
TOTAL	177,96	70,5	2,52	25,27	4,58

Solamente se observa la presencia de superficies de monte abierto de naturaleza comunal en 17 de las 30 parroquias integradas en el área de estudio, un 56,66% del total, constatándose además la frecuente aparición de espacios de monte comunal de menos de 4 Ha. de extensión que generan una media de 10,4 Ha. por parroquia. Ciertamente, coincidimos con O. Rey Castelao que se trata de unas cifras difícilmente asumibles y cuya aceptación implicaría reconocer la casi inexistencia de espacios comunales en la comarca de estudio a mediados del siglo XVIII, dado que las superficies declaradas apenas representan poco más del 2% de la superficie actual sometida a control, elevándose a un 4,58% en comparación con el espacio declarado en su momento. Dichas cifras todavía resultan más irrisorias si tenemos en cuenta que en el contexto de su elaboración, las parroquias integradas en el cuadro precedente sumaban nada menos que 2121 vecinos, correspondiéndole por lo tanto teóricamente a cada uno de ellos no más de 8,39 áreas de monte abierto[409].

Todas las cuestiones expuestas nos conducen pues a concluir una evidente ocultación del espacio de aprovechamiento comunal en la comarca investigada, visible tanto a partir de la importante proporción de parroquias que no declaran superficie alguna (43,34%), como en función de las medidas expresadas en los términos restantes. Con respecto a las tierras de propiedad individual, no disponemos de pruebas tan evidentes como las manejadas por el profesor J. M. Pérez García para calcular un porcentaje concreto de ocultación territorial[410]. Pero disponemos de algunos indicios que nos hacen pensar sobre su existencia. En la tabla 4 se analiza la posible variabilidad en el tamaño de la explotación media campesina en función del grado de ocultación de la superficie parroquial, tomando como referencia los datos relativos a las ocho parroquias anteriormente reflejadas cuyos Estados D se conservan para el área de estudio.

---

[409] Los montes del común de naturaleza vecinal o concejil predominaban en el Sur de Galicia y de manera particular en la provincia de Ourense, pudiendo pertenecer a una aldea, a una parroquia o a una jurisdicción. Su tipicidad con respecto a los montes de voces o varas, más característicos de la Galicia Septentrional, radica en que el derecho a su aprovechamiento, aunque éste no fuera gratuito, se adquiría por el mero hecho de ser vecino y se regulaba en los concejos que funcionaban a diferentes niveles (P. Saavedra, 1982:188-190).

[410] En la Península del Salnés el porcentaje de ocultación del espacio útil ascendería al 30% a partir de los controles efectuados por el citado autor (1979: tabla 5-1 apéndice). El trabajo sobre un importante volumen documental correspondiente a la antigua provincia de Tuy también le permite constatar el encubrimiento de tierras que se produjo en los municipios del Rosal y La Guardia, donde se cobijaba casi un tercio de la población comarcal a mediados del

TABLA 4 • EXPLOTACIONES MEDIAS EN FUNCIÓN DEL PORCENTAJE DE OCULTACIÓN TERRITORIAL.				
% OCULTACIÓN TERRITORIAL	Nº PARROQUIAS	TIERRA PROP. IND. (Ha.)	VECINOS 1752	EXPL. MEDIA
Menos del 60%	3	255,75	205	1,24
Entre el 60 y el 70%	3	301,08	338	0,89
Más del 80%	2	126,84	238	0,53
Total	8	683,67	781	0,88

A tenor de los resultados obtenidos resulta evidente la relación existente entre las dos variables analizadas, de modo que la ampliación del porcentaje de fraude a escala parroquial conlleva un descenso significativo en el tamaño de la explotación media. De hecho, en la parroquia de Rubiás donde se localiza un encubrimiento de más del 85% de la superficie parroquial, las explotaciones no alcanzan la media de 0,5 Ha. de tierra (0,49), mientras que en la feligresía de Mourillós donde se pierde un 54% de extensión, dicha cifra se elevaría a 1,4 Ha[411]. Al margen de las posibles variaciones a escala parroquial que podrían derivarse en mayor o menor medida de la orografía del terreno, las diferencias apreciadas inciden en la existencia de claras desviaciones en la propiedad declarada de uso individual, que contribuyen a explicar esa elevada ocultación detectada en las extensiones parroquiales estimadas en el Catastro con respecto a las mediciones actuales.

Algunas escrituras protocolizadas en la documentación notarial, particularmente partijas e inventarios post-mortem, constituyen otra importante vía de investigación de cara a detectar posibles fraudes en las extensiones declaradas en el Catastro de Ensenada. No obstante, su utilización para la comarca de Celanova plantea algunos problemas derivados de su limitación numérica, ya que en ambos casos presentan una escasa frecuencia de aparición en los protocolos de los notarios locales, no siendo tampoco raras las ocasiones en las que su elaboración y contenidos resultan insatisfactorios para los fines deseados, debiendo prescindir de su uso[412]. Su limitado número eleva al primer plano la espinosa cuestión de la representatividad social de la fuente, y aunque en nuestro trabajo sobre los niveles de vida de la comarca creemos haber expuesto adecuadamente las importantes diferencias internas que se percibían en la comunidad campesina a partir de su utilización (1999b:193-231), también entendemos que puedan plantearse problemas en este sentido de cara al establecimiento de comparaciones con los datos catastrales, dada la necesaria realización de diferentes cortes cronológicos y la eliminación de más de un 38% de los casos que sólo incluyen bienes muebles.

Disponemos en total de 32 escrituras con presencia de bienes raíces para el período comprendido entre 1730 y 1779. La inclusión entre un número tan limitado de casos de explotaciones de más de 9 Ha. de tierra como la que

---

siglo XVIII. De hacer caso al Catastro un tercio de la población provincial únicamente disponía del 16,4% de los campos labrados y del 13,4% de las viñas cultivadas a escala provincial (1999b:156-157).

[411] Las declaraciones de tierra de uso individual a escala parroquial no sólo incluyen las posesiones de los vecinos moradores en las respectivas feligresías sino también a "los forasteros", como se les denomina en la documentación catastral. En esta ocasión incluimos sus posibles pertenencias para el cálculo de la explotación media familiar de los vecinos moradores, dado que en contrapartida también desconocemos las tierras que disfrutan dichas unidades familiares como "forasteros" de las parroquias colindantes.

[412] Como ya indicamos anteriormente, disponemos de una base de 188 inventarios post-mortem redactados entre el segundo tercio del siglo XVII y mediados del siglo XIX que arrojan una media de poco más de 5 escrituras válidas por notario, aunque en la práctica su aparición se circunscribió a poco más del 54% de los 66 notarios consultados. Para los fines previstos en esta ocasión sólo 116 resultan utilizables ya que, en los restantes casos, los recuentos únicamente incluyen bienes muebles. Véase al respecto (D. Rodríguez Fernández 1999b:201-202). A estas 116 escrituras debemos añadir además 22 partijas.

detentaban en 1764 Don Pedro de Noboa y su mujer, residentes en la parroquia de Mourillós, o la del labrador Juan Antonio Rodríguez vecino de la parroquia de Paizás que en 1758 superaba las 12 Ha.[413], elevan artificialmente la media del período hasta las 2,87 Ha. dificultando cualquier posible comparación con los datos catastrales. Sin embargo, el recurso a otro tipo de medidas más adecuadas a la hora de analizar muestras de estas características, como es el caso de la mediana, nos aporta una cifra de 1,5 Ha. por explotación; un valor que curiosamente no se aleja demasiado del tamaño de la explotación media en las parroquias que presentan un índice menor de ocultación territorial en el Catastro, 1,25 Ha.

A nuestro juicio, el reducido volumen de escrituras notariales utilizado aconseja plantear con suma cautela la posible presentación de un índice concreto como medida de corrección del fraude en la tierra declarada de uso individual, aunque esta última comprobación efectuada constituye nuevamente un claro indicio sobre su existencia en la comarca de estudio. Así pues, finalmente optamos por ofrecer todos los datos de extensiones sin aplicar corrección alguna a la fuente, pero sin perder de vista en ningún momento la problemática que plantean los cálculos realizados sobre las superficies de tierra declaradas, tal y como hemos pretendido reflejar a lo largo de estas páginas[414]. Bien es verdad, que un volumen mayoritario de nuestras operaciones, particularmente todas las relacionadas con el estudio social de la comunidad campesina, se apoyó sobre el trabajo de vaciado exhaustivo de los Libros Reales de Legos y Eclesiásticos de las parroquias de Rubiás y San Munio de Veiga, y como bien afirma el profesor J. M. Pérez García, con frecuencia se observa la aparición de discordancias entre los resultados deducibles de los asientos particulares y los sumatorios contenidos en los resúmenes generales (1992:168-169). Sin embargo, en este caso concreto, el contraste efectuado con los datos de la parroquia de Rubiás muestra la total concordancia entre ambos: 77,21 Ha. suman las extensiones declaradas en las respuestas particulares frente a 80,35 Ha. que resultan de la consulta de los Estados D[415].

III.1.2. La distribución del espacio agrario en base a las extensiones de tierra declaradas en el Catastro de Ensenada

A. Bouhier catalogó las plataformas del curso medio del Arnoya, donde se enmarca nuestro trabajo, en el dominio de los terrenos en los que predominaba una doble organización del espacio agrario, en agras y en bancales y terrazas[416]. A su juicio, en estas plataformas del Arnoya el espacio agrícola alcanzaba una importante extensión en el marco de una red de valles menos rígidos, más densos y ramificados que los que se localizan en los territorios de la vertiente occidental de la dorsal gallega, en los que también regía dicha organización del espacio agrario (1979:412). En estas tierras, el predominio de esta doble organización imponía un funcionamiento simultáneo del sistema agrario en dos niveles, el de los bancales y terrazas, y el de las agras. En el marco del bancal o terraza se regulaban esencialmente los

---

[413] AHPOU. Fondo de protocolos notariales. Partija de bienes raíces de Don Pedro Noboa y mujer, año 1764. Notario Benito Suárez, caja 1399, f. 30-33v. Inventario de bienes muebles y raíces de Juan Antonio Rodríguez, año 1758. Notario Benito Rebollo, caja 1362, f. 63-66.

[414] El tamaño de la muestra de escrituras notariales no constituyó el único factor que incidió en contra de la aplicación de un índice corrector sobre los datos de extensiones territoriales obtenidos tras la consulta del Catastro de Ensenada. Nuestro absoluto desconocimiento del grado de incidencia que poseía esa tendencia al fraude detectada sobre los distintos grupos que conformaban la desigualitaria comunidad campesina, representó un importante elemento de fuerza en contra de su aplicación.

[415] Dicho cálculo no puede efectuarse para el Coto de San Munio de Veiga puesto que se han perdido sus Estados D.

[416] Dicho autor definió las agras, la forma de organización agraria más extendida por la geografía gallega, como agrupaciones de parcelas abiertas, cerradas exteriormente por un cierre conjunto (1979:242). El término bancal se aplicaría en cambio a las superficies planas o de débil pendiente limitadas por un reborde o un talud de tierra de fuerte pendiente, mientras que el vocablo terraza aludiría a las superficies planas que se apoyan sobre un muro de sostén o un amparo realizado en tierra y piedra (1979:101).

problemas de circulación y paso, dado que cada "socalco" disponía de una entrada particular que daba acceso a las parcelas que lo componían. Por el contrario, en el nivel más elevado del agra se tomaban las decisiones de rotaciones y de cierre de las entradas, de hecho, cuando el cultivo del maíz acabó por sucederse a si mismo sin interrupción, en la práctica desapareció la noción de rotación, aunque en muchos casos se mantuvo la decisión de cerrar el agra[417].

En opinión de A. Bouhier, la importancia que adquiere el regadío en los territorios en los que predominaba una doble organización del espacio agrario, constituye el factor explicativo clave para comprender el desarrollo de las técnicas de abancalamiento, de modo que el proceso de irrigación habría sido un poderoso elemento de incitación para la organización del espacio agrícola en gradas. Sin embargo, a la postre dichas técnicas de abancalamiento generalizadas al inicio del regadío habrían terminado por superarlo extendiéndose hacia tierras periféricas, en las que si bien el regadío no alcanzaba la misma fuerza, todavía se mantenía una elevada ocupación humana del espacio[418].

En las Terrazas del Arnoya el paso de esta organización doble del espacio agrario al predominio absoluto de la agras no se produciría de forma brusca, tal y como acontecía en las cercanas tierras de la Baja Limia, donde el citado autor constata una clara línea divisoria entre las parroquias de Maus de Salas y Calvos que coincidía con la drástica desaparición del regadío. En el caso que nos ocupa, los lindes no serían tan claros puesto que la organización en terrazas no desaparece de manera brusca y las practicas de irrigación superaban el territorio caracterizado por la presencia de terrazas y bancales. Aún así, el límite que separaba ambas formas de organización agraria se situaría en las parroquias de San Munio y San Paio de Veiga, predominando la organización del terrazgo en agras al Este de estas (1979:420). Así pues, A. Bouhier, observa una disminución progresiva del regadío de oeste a este en nuestra área de estudio, de modo que el terreno irrigado representaba del 43 al 48% del espacio agrario en la zona de Ramirás mientras que dicha proporción descendía hasta suponer entre un 20 y un 28% en la zona de Celanova y A Bola[419].

Las apreciaciones de A. Bouhier son el resultado de una concienzuda investigación llevada a cabo durante los años 60 y 70 del siglo XX, y presentan un indudable interés como privilegiada fuente de información sobre el terreno, elaborada en una época en la que el viejo complejo agrario gallego todavía se mantenía vigente en gran medida. Desde el contexto de elaboración de su obra, el autor resalta la importancia que alcanzaba en esta comarca celanovesa el terreno irrigado, en el marco de un predominio absoluto de las tierras de labradío. Esta característica extensiva al conjunto de territorios en los que prevalecía una doble organización del espacio agrario relegaba a las extensiones dedicadas a prado a un porcentaje mínimo de la superficie agrícola, generalmente inferior al 10% del total (1979:640). Veamos en qué medida sus observaciones pueden retrotraerse hasta mediados del siglo XVIII en función de las informaciones que nos aporta el Catastro de Ensenada.

En el marco de nuestra Tesis de Licenciatura, iniciamos una primera aproximación a la distribución del espacio agrario de la comarca celanovesa a mediados del siglo XVIII a través de un muestreo aleatorio sistemático desarrollado sobre los Libros de Respuestas Particulares de las parroquias de Rubiás y San Munio de Veiga, que sirvió de base para la elaboración de los primeros resultados sobre la distribución del área de aprovechamiento directo[420]. La selección

---

[417] A raíz de sus observaciones sobre el terreno realizadas en los años 60-70 del siglo XX, las agras en las que se sucedía el cultivo del maíz un año tras otro eran largamente dominantes en las plataformas del medio Arnoya, al igual que sucedía en otros territorios del solar galaico donde también predominaba esta organización doble del espacio agrario, caso de la Baja Limia ourensana o los valles del Tea y el Deva (A. Bouhier, 1979:416-417).

[418] Ello explicaría a su juicio el mantenimiento de esa doble organización del espacio entre el río Lérez y la Ría de Corcubión, pese a la disminución progresiva del regadío que se constata en dicho territorio (1979:421).

[419] A. Bouhier defendió la tesis del avance de las prácticas de irrigación desde el Minho portugués en sentido suroeste-noroeste y oeste-este (1979:677).

[420] Manteniendo la terminología utilizada por J. M. Pérez García, se entiende como área de aprovechamiento directo el conjunto que conforman dentro de la

de dichas unidades parroquiales respondió en gran medida a la búsqueda de posibles modelos ejemplificadores sobre el comportamiento de los dos valles en los que se distribuye el territorio analizado[421], confirmándose ya en su momento el carácter estructural que presentaban algunas de las características a las que aludía A. Bouhier para definir el espacio comarcal en los años 60-70 del siglo XX. Destacábamos así la importancia que alcanzaba el labradío en las parroquias seleccionadas, puesto que representaba una proporción muy considerable del área de aprovechamiento directo cercana al 50%, al tiempo que se confirmaba la disminución de las prácticas de riego en el sector oriental de la comarca, dado que mientras que en la parroquia de Rubiás el terreno irrigado suponía prácticamente el 50% de las tierras de labradío, dicho porcentaje descendía hasta el 38% en el término de Veiga (1999:39-42).

Esa base de datos inicial se ha ampliado a partir del vaciado exhaustivo llevado a cabo sobre los Libros Reales correspondientes a las dos parroquias anteriormente aludidas y también en base a la recopilación de las informaciones contenidas en los Estados D de otras cuatro feligresías de la comarca[422]. La tabla 5 refleja la distribución del terrazgo declarado en las siete parroquias analizadas, que en función de los cálculos llevados a cabo por Mª. P. Torres Luna, en la actualidad suman una superficie de 20,9 Km² .

TABLA 5 • DISTRIBUCIÓN TERRAZGO DECLARADO EN COMARCA CELANOVA (MUESTRA 7 PARR.)			
CALIDADES	HAS. SUP.	%	% ACUM.
LABRADÍO REGADÍO	126,54	19,46	19,46
LABRADÍO SECANO	145,43	22,37	41,83
HUERTA	9,66	1,48	43,31
PRADO	33,27	5,12	48,43
VIÑA–PARRAL	52,81	8,12	56,55
SOTOS	80,31	12,35	68,90
DEHESAS	33,44	5,14	74,04

explotación campesina las superficies cultivadas y los espacios dedicados a monte, que juegan un papel fundamental de cara a la conservación de la fertilidad de los suelos arables (1979:158).

[421] El término de Rubiás se encuadra en el valle del Tuño en la vertiente occidental del área de estudio mientras que la parroquia de San Munio de Veiga conforma una de las vegas del río Sorga, en el sector más oriental, actuando a juicio de A. Bouhier a modo de límite entre la doble organización del espacio agrario y el dominio absoluto de las agras.

[422] Se han utilizado los datos relativos a Bobadela, Fechas, Mosteiro y Vilanova, entidades en las que no se producen coincidencias de importancia en las estimaciones monetarias sobre el valor del producto declarado en las distintas especies y calidades de tierra, solventando las pequeñas contingencias que se producían en este sentido en base a las proporciones obtenidas en las parroquias que fueron objeto de un vaciado íntegro o en las entidades adyacentes. Presentamos a modo de ejemplo el caso de la parroquia de Fechas; allí el ferrado de viña de primera calidad coincide exactamente en su valoración con el ferrado de parral de segunda calidad (16,5 reales), y lo mismo ocurre con la viña de segunda calidad y el parral de tercera (11 reales), dándose una última concomitancia entre el ferrado de labradío secano de tercera calidad y el soto de segunda (6 reales). Con respecto a las superficies dedicadas a viña y parral, prescindimos de realizar separación alguna entre ambas, y en el caso del labradío secano y los sotos de castaños, aplicamos la proporción obtenida en la colindante parroquia de Barxa, cuya información no utilizamos en la tabla porque presenta un carácter incompleto —no se han conservado los datos relativos a la distribución de la tierra en manos eclesiásticas-. Además de estas cuatro entidades, también se ha ampliado la base de datos inicial con la información correspondiente a la parroquia de Escudeiros, puesto que al comienzo de su correspondiente Libro Real de Legos se incluye la tabla "resumen general de todas medidas de tierras que se verifican haber en el término y feligresías de Escudeiros". AHPOU, Sección Catastro, Libro sig. 738

TABLA 5 • DISTRIBUCIÓN TERRAZGO DECLARADO EN COMARCA CELANOVA (MUESTRA 7 PARR.)			
MONTE BAJO INDV.	113,49	17,46	91,50
MONTE COMÚN	15,43	2,37	93,87
CASAS–CAMINOS	39,77	6,12	100,00
TOTAL	**650,14**	**100,00**	

No nos cabe la menor duda sobre la existencia de una tendencia generalizada a la ocultación de las superficies de aprovechamiento comunal en los Libros de Respuestas Generales de la comarca de Celanova, resultando ciertamente inadmisibles los porcentajes de representación resultantes. Si bien es verdad que, la elevada densidad demográfica que se registra a mediados del siglo XVIII para la comarca celanovesa, más de 111 hab./Km², (D. Rodríguez Fernández, 1999:75), también nos induce a pensar sobre la posible existencia de un proceso previo al Catastro de apropiación de los montes abiertos, de condiciones similares a los ya detectados para otros territorios del solar galaico igualmente caracterizados por una elevada presión demográfica[423]. De hecho, el Memorial del pleito que presentaron el día 11 de mayo de 1629 "los concejos del valle de Celanova" ante la Real Chancillería de Valladolid contra el Monasterio celanovés, constituye un testimonio evidente sobre la importancia de dicho proceso[424].

A este respecto, A. Bouhier ya señaló en su día la larga conflictividad generada en torno a los montes entre la citada entidad monástica y los vecinos del valle de Celanova, afirmando el carácter solariego de los mismos que obligaba a los moradores del valle a solicitar formalmente ante el Abad del Monasterio permisos para realizar sus "estivadas"[425]. En el Memorial del pleito ante la Chancillería Vallisoletana, el cruce de acusaciones que se produce entre ambos litigantes constituye una fuente privilegiada de información, que nos aporta sustanciosas referencias sobre el proceso de apropiación del monte que estaba siendo llevado a cabo en estas primeras décadas del siglo XVII, tanto por parte de la citada entidad rentista como por parte de los campesinos celanoveses.

En este amplio documento, los concejos del valle de Celanova[426] se remontan a una sentencia arbitraria que disponía que el Monasterio celanovense no podía llevar más de la doceava parte de los frutos recogidos en las

---

[423] En opinión de J. M. Pérez García, en el primer cuarto del siglo XVIII los usos comunitarios no debieron suponer un freno insalvable para las iniciativas particulares de los vecinos del Salnés, sin perder de vista tampoco la posible actuación señorial en este sentido. En cualquier caso, en las tierras del Salnés el fenómeno de apropiación de los espacios comunales "a mediados del siglo XVIII estaba plenamente consolidado" (1979:162-163). Investigaciones más recientes del citado autor sobre la comarca del Bajo Miño, en la que obtiene para mediados del siglo XVIII un porcentaje de representación de los montes abiertos del 32% del espacio declarado, confirman a su juicio ese precoz asalto a los comunales que diferenciaría a estas áreas superpobladas del sudoeste galaico con respecto a otras demarcaciones territorialmente dominantes (2000:82). El profesor P. Saavedra también coincide en afirmar la importancia de las roturaciones llevadas a cabo en el siglo XVII en las comarcas del litoral gallego y valles que vivieron las consecuencias de la implantación del cultivo del maíz. Dicha fiebre roturadora particularmente visible en el último tercio del siglo XVII y principios del XVIII, estaba frecuentemente asociada a la apropiación individual del monte y vinculaba a campesinos y rentistas tal como se aprecia en los ejemplos que introduce el autor para la Galicia Cantábrica (1982:204-205).

[424] AHPOU, Sección Clero, Libro 224.

[425] Efectivamente, dicho autor alude a un registro de autorizaciones para la realización de artigas que abarca desde el año 1571 a 1587, en el que los beneficiarios recibían el derecho a cavar y sembrar porciones de monte de entre 3 y 5 fanegas de extensión. Una prueba evidente de la conflictividad que dicha situación generaba entre las partes es la firma de una Concordia en el año 1600, que mantiene el control de las "estivadas" por parte del Monasterio y que obliga a los beneficiarios de los permisos a abrir de nuevo las extensiones de monte roturadas, una vez recogida la cosecha. Sin embargo, como bien afirma A. Bouhier, dicha entente no puso fin al conflicto puesto que, en el año 1629, los concejos del valle demandan al Monasterio Celanovense ante la Real Chancillería de Valladolid (1979:1386).

[426] Según consta en el expresado Memorial, "el valle de Celanova y arrabal que litiga tiene 22 feligresías y la una de ellas que es de Santa Baya de Berredo tiene (¡) 400 vecinos y San Pedro de Orille tiene más de 250, y todas las demás una con otra a 150 (!) AHPOU, Sección Clero, Libro 224, f. 67v.

estivadas realizadas en los montes del común, obligando así a la citada entidad a cobrar exclusivamente esa porción del producto recogido por los territorios aforados en términos comunales[427]. La parte presenta como testigos a diferentes vecinos de las parroquias de Orga, Soutomel, Mourillós, Bobadela, Barxa, Rabal, e incluso de Gontán o San Martín Domez, ya fuera de nuestro marco de investigación, cuyos testimonios siempre coincidentes inciden en el proceso de aforamiento que se está llevando a cabo sobre los montes comunales y el cobro de rentas indebidas por los mismos[428]. Además, los concejos acusan al Monasterio de contravenir dicha sentencia arbitraria realizando en los últimos treinta años seis "cotadas" en los términos del valle, encerrando en ellas los montes de mejor calidad y gran parte del río, privando así a los vecinos del aprovechamiento del pasto, leña, caza y pesca, al tiempo que debían pagar las penas que les imponía el Monasterio cuando sus ganados entraban en ellas[429].

Por su parte, el Monasterio afirma que debiendo pagarle los vecinos del valle la doceava parte del fruto que se labra en los montes, "los dichos vecinos de algunos años a esta parte ban ocupando mucho término y pedazos de montes con sotos de castaños que han plantado, que cogen mucho fruto de castañas sin pagar la docena dellos ni renta alguna" en perjuicio del monasterio porque con los sotos "agropándolos pasi" "ympiden se abren y rompan los dichos montes y coja frutos dellos de que se deba pagar la dozena"[430].

Así pues, aunque carecemos de cifras concretas capaces de medir las dimensiones exactas que alcanzó el fenómeno de apropiación de las superficies de aprovechamiento comunal en el período anterior a la redacción del Catastro de Ensenada, disponemos de indicios que atestiguan la importancia de dicho proceso en la comarca analizada. Ahora bien, aun admitiendo la progresiva reducción de los montes abiertos que se derivaría de esta doble actividad apropiadora por parte de la entidad rentista y del campesinado celanovés, los porcentajes de representación obtenidos en el Catastro de Ensenada resultan de todo punto inadmisibles, por cuanto atentan contra las bases mismas sobre las que se asienta el modelo agrario gallego, el equilibrio entre tierras de labor/espacio inculto[431]. De hecho, los espacios comunales señalados en el Catastro de Ensenada en territorios de la Galicia Occidental para los que se ha constatado un temprano proceso de apropiación del monte, no descienden en ningún caso del 20% de la

[427] Como ya afirmó en su día el profesor P. Saavedra, al pretender los señores el reconocimiento del directo dominio de todo el territorio de sus jurisdicciones, incluidos los montes, y al percibir en ellos cuantiosas rentas que en muchas ocasiones quedaron estipuladas en foros colectivos; esto daba pie a la contestación de los concejos, molestos por la fiscalización de los aprovechamientos comunales. El conflicto aquí descrito forma parte de la larga trayectoria de conflictividad de los campesinos celanoveses y ourensanos, sin duda los más litigiosos de la Galicia del Antiguo Régimen (2003:107).

[428] Véase a modo de ejemplo la declaración de Francisco de Portela, vecino de Orga, que afirma lo siguiente: "en quanto a las estibadas de la dicha feligresia sabe que el monte do Terrado que será de cuatro fanegas en sembradura, siendo monte común lo aforó el Monasterio a Pedro de Soto el cual le paga la renta" y "otros pedazos de monte público en la dicha feligresía de Orga que no debiendo más de la docena parte al convento cobra la renta de los foros". AHPOU, Sección Clero, Libro 224, f. 23.

[429] Tanto en el capítulo sexto del Memorial en el que se aborda la problemática de las "cotadas", como en los dos anteriores centrados en cuestiones relativas a estivadas y cortas de árboles, los concejos litigantes reclaman la titularidad de los montes del valle de Celanova. Así, podemos leer en el capítulo cuarto de este amplio documento: "Agraviase el valle de Celanoba de que estando en quieta y pazífica possession de tiempo ynmemorial a esta parte de romper los montes y campos que les parece para coger pan por aber abundancia de terminos y pastos y no pudiendo el conbento cobrar fuero ni tributo alguno por racon de los dichos rompimientos por bia de tributo e ymposicion cobran de doce anegas una y demas de esto el quinto y sesto de lo que dellos procede" f. 33. En este sentido, la sentencia de la Chancillería en este pleito ratifica nuevamente el derecho del Monasterio a cobrar la doceava parte del fruto recogido en las estivadas, si bien obliga a la citada entidad a no realizar cotos en los montes y a no cortar árboles en los sotos de castaños contra la voluntad vecinal, sin concertar de antermano el precio de la madera.

[430] El Monasterio cita al respecto de esta práctica montes sitos en las parroquias de Santa Eulalia de Berredo, San Paio de Veiga y Rabal. AHPOU, Sección Clero, Libro 224, f. 28.

[431] A este respecto, X. Balboa describió de manera pormenorizada la importancia que adquirían los usos del monte en la cultura agraria gallega -aprovechamiento agrícola a través de las "estivadas", papel clave en la producción de abono y manutención de la cabaña ganadera-, subrayando su caracterización como un espacio profundamente agrario, cuyo objetivo básico se centraba en lograr la reproducción de las explotaciones campesinas. A su juicio, las estrategias comunales en la explotación del monte resultaban imprescindibles para la reproducción individual (X. Balboa, 1990:23-48)

superficie declarada, representando ya dicha cifra una notable reducción con respecto a las media que se establece como indicativa del solar galaico para mediados del siglo XVIII, y que según las estimaciones de P. Saavedra se situaría en torno al 75-80% del territorio[432].

Pero, además de esa evidente ocultación de los montes abiertos, las fuentes catastrales también nos informan sobre la importancia que presentaba la superficie forestal de propiedad individual en la Celanova de mediados del siglo XVIII. Como puede apreciarse en la tabla anteriormente expuesta, casi un 35% de la tierra declarada entraba dentro de esta categoría, distribuyéndose a partes iguales entre montes bajos de utilización individual y áreas boscosas mayoritariamente pobladas de castaños y en menor medida de robles, suponiendo en la práctica un 10,87% de la superficie total de dichas entidades parroquiales. Porcentajes que concuerdan casi exactamente con los referidos por la profesora O. Rey Castelao para la comarca de la Ulla (33,6% y 10%, respectivamente) (1981:100-101), superando incluso las cifras propuestas para la antigua provincia tudense, ya que allí el monte privatizado alcanzaba el 17,3% de la superficie declarada (J. M. Pérez García, 2000:81-82), abarcando según nuestros cálculos y a tenor de los datos expuestos, un 5,16% del espacio total investigado. Un valor muy similar al que propone B. Barreiro para la cubeta de Xallas, (5,09%) (1977:267)[433].

Si nos centramos en el análisis del espacio cultivado, los datos de la tabla precedente confirman su especial relevancia dentro del área de aprovechamiento directo, representando en la práctica un 56,5% de la tierra declarada[434]. Ahora bien, si ponemos en relación los resultados obtenidos con la superficie real de las parroquias analizadas, el nivel de ocupación del suelo resultante para tierras celanovesas, un 17,59%, se situaría en torno a la media que ofrece P. Saavedra para el conjunto del territorio gallego[435]. En cualquier caso, las cifras que se barajan para el solar

---

[432] En la comarca de la Ulla, según se deduce de las informaciones ofrecidas para las parroquias de Vega y Ribeira, el monte común representaba en torno a un 20% de la superficie declarada en el Catastro (O. Rey, 1981:95-101). Una cifra prácticamente idéntica a la obtenida para la Península del Salnés tras la corrección de 1/3 de la superficie por ocultación (20,9%) (J. M. Pérez García, 1979: apéndice tabla 5-1). Como ya se ha indicado anteriormente, dicho porcentaje se elevaba al 32% en la superpoblada provincia tudense (J. M. Pérez García, 2000:81-82).

[433] En realidad, resulta bastante difícil realizar un análisis comparativo sobre la importancia porcentual del monte de apropiación individual en la Galicia de mediados del siglo XVIII, puesto que nos encontramos de bruces con la problemática que genera la existencia de diferentes niveles de ocultación en las declaraciones catastrales. Ahora bien, si nos apoyamos en las cifras recogidas en los estudios comarcales en los que se aporta el porcentaje que alcanzaban dichas tierras con respecto a las extensiones declaradas, y la proporción que a su vez suponían éstas en relación a la superficie "real" investigada; lo cierto es que no se aprecian diferencias tan significativas como cabría esperar entre los porcentajes de representación anteriormente aludidos para comarcas de la Galicia Occidental, y los obtenidos en algunas áreas representativas de la denominada Galicia Interior. Así, según se deduce de los datos que presenta H. Sobrado Correa, el monte particular abarcaba un 30,6% del espacio declarado en las tierras del interior lucense, alcanzando por lo tanto en función de nuestros cálculos un 8,10% del territorio real (2001:196-197). Aunque dicha proporción desciende considerablemente en el Arciprestazgo de Narla, donde supone el 19,89% de la tierra declarada y un mísero 1,84% de la superficie total (las tierras declaradas únicamente representan el 9,3% de la superficie parroquial) (O. Pedrouzo Vizcaino, 1981:108).

[434] El espacio cultivado representaba el 59,5% del área de aprovechamiento directo en las parroquias de Rubiás y Veiga, según se desprende de la muestra de declaraciones individuales de las citadas entidades que utilizamos en nuestra Tesis de Licenciatura (1999:40-41). Un elevado porcentaje, que entonces poníamos en relación con otras áreas de la Galicia Occidental, caso de la comarca de la Ulla (O. Rey Castelao, 1981:94-95), o con algunos sectores litorales de la provincia mindoniense, como las tierras situadas entre la Ría de Foz y la del Eo, que presentaban un alto grado de ocupación del suelo, un 48,9% de la tierra declarada, en contra de lo que ocurría en las tierras de "montaña", que cubrían un 23% de la superficie provincial y donde la superficie cultivada no representaba más del 19,3% de la declarada (P. Saavedra, 1985:146-149). Las cifras de la comarca celanovesa también presentaban un claro contraste con los resultados obtenidos por H. Sobrado Correa para las tierras de Castroverde, ya que allí el espacio cultivado suponía el 34,82% del declarado (1992:129); pudiendo ampliarse actualmente dicho porcentaje hasta el 43,9%, según se desprende de las informaciones que nos aporta el citado autor para una muestra de 17 parroquias ubicadas en el interior de la provincia lucense (2001:196-197).

[435] El citado autor situó en un principio el porcentaje de superficie cultivada en Galicia a mediados del siglo XVIII en torno al 25% del territorio (1982:183), superando así las apreciaciones que realizara Lucas Labrada a comienzos del siglo XIX, al rebajar dicha proporción hasta la sexta parte del territorio (1971:182). En fechas más recientes, P. Saavedra ha reducido ostensiblemente dicho porcentaje hasta situarlo por debajo del 20%. En el caso concreto de la provincia ourensana, a mediados del siglo XVIII la media rondaría el 14,2% (1999:69).

galaico constituyen el testimonio más evidente sobre la importancia que adquiría el monte en la reproducción de la economía tradicional campesina, convirtiéndose así en un claro elemento diferenciador del régimen agrario gallego con respecto a la cultura agraria vigente en gran parte del territorio peninsular[436].

A nivel gallego, el porcentaje de ocupación del suelo que se registra en la comarca de Celanova constituye un valor intermedio entre los elevados índices alcanzados en algunas comarcas occidentales y las reducidas cifras características de determinadas áreas del interior lucense[437]. Sin embargo, no debemos perder de vista los elevados niveles de ocultación del terrazgo detectados en la comarca de Celanova a la hora de realizar una adecuada valoración del porcentaje resultante. De hecho, al margen de las diferencias que puedan derivarse de la orografía del terreno, entendemos que la distancia que separa los distintos niveles de ocupación del espacio obtenidos a escala comarcal únicamente puede explicarse a partir de la deliberada ocultación del terrazgo cultivado que se produjo en determinadas localidades. Véase la tabla 6.

TABLA 6 • % ESPACIO CULTIVADO EN FUNCIÓN DEL NIVEL DE OCULTACIÓN PARROQUIAL		
% OCULTACIÓN TERRITORIAL	Nº PARROQUIAS	ESPACIO CULTIVADO CON RESPECTO A EXTENSIÓN REAL (%)
MENOS DEL 30%	1	37,84
ENTRE EL 50 Y EL 70%	2	23,17
ENTRE EL 60 Y EL 70%	2	22,58
MÁS DEL 80%	2	7,67
TOTAL	7	17,59

[436] De hecho, nada tienen que ver nuestros datos sobre superficie cultivada con la elevadísima ocupación del espacio agrario que se registra en el interior peninsular. Para muestra las cercanas tierras leonesas donde a tenor de las investigaciones realizadas, el terreno labradío ocupaba más del 70% del territorio en las tierras de vega -71,08% del espacio en la comarca de la Bañeza en función de los cálculos realizados a partir de los datos que aporta L. M. Rubio Pérez (1987:187-188), y 80% en las tierras del Bierzo (J. M. Bartolomé Bartolomé, 1996:76)-, alcanzando incluso un 41,5% de la superficie en la comarca de la Maragatería donde se localiza un mayor peso del monte (L. M. Rubio Pérez, 1995:28). Evidentemente, el modelo agrario gallego no constituye una singularidad dentro del territorio peninsular, localizándose porcentajes similares de ocupación del espacio en el sector noroccidental de la Península. Es el caso del municipio irunés, donde pese al inicio de una política roturadora en el año 1764, a comienzos del siglo XIX el terreno cultivado no superaba el 21,3% del territorio (J. Urrutikoetxea Lizarraga, 1992:348). En la Merindad de Estella, en territorio navarro, a principios del siglo XVII dicho porcentaje era del 18,57%, ascendiendo hasta el 29,23% a comienzos del XIX como resultado de la solución extensiva (A. Floristán Imízcoz, 1982:186).

[437] En función de las investigaciones comarcales realizadas para el territorio gallego y a tenor de los datos de los que disponemos, la superficie cultivada representaba e incluso superaba el 30% del territorio analizado en determinadas áreas de la Galicia Occidental que compartían unas las elevadas densidades de población a mediados de la centuria ilustrada. Así, en la comarca de la Ulla suponía el 30% (O. Rey Castelao, 1981:94), elevándose también dicha proporción por encima del 31% en la Península del Salnés (J. M. Pérez García, 1979:157), hasta alcanzar el valor más elevado en el municipio de Tuy, 35,4%, según se deduce de los datos presentados en la tabla 4 del apéndice estadístico, en la que también se aprecia la importante ocultación territorial que afecta a determinados sectores de la antigua provincia tudense, caso de los ayuntamientos de Tomiño, Rosal y La Guardia (J. M. Pérez García, 1999b:184). Las tierras comprendidas en la orla costera de la provincia de Mondoñedo también presentaban un elevado grado de ocupación del suelo, del orden del 26,8% del territorio (P. Saavedra, 1985:149), observándose ya una notable reducción de dicho porcentaje en determinadas comarcas del interior lucense: 11,63% según se deduce de la muestra de 16 parroquias que utiliza H. Sobrado Correa (2001: 196-197), y 6,98% en el Arciprestazgo de Narla (1981:108); valores muy similares a los que aporta B. Barreiro para la cubeta de Xallas, 10,7% (1977:267). Bien es verdad, que no todas las comarcas analizadas de la denominada Galicia Interior muestran unos niveles de ocupación del espacio tan reducidos como los anteriormente aludidos para el interior lucense. En la provincia ourensana la orografía del terreno en las chairas de Cea posibilitaba un alto grado de ocupación del suelo agrario, del orden del 50% según se deduce de los datos expuestos por Mª. J. López Alvarez para la parroquia de San Cristobo de Cea (1998:29). En el caso contrario se encuentra la superpoblada Jurisdicción del Morrazo, en la Galicia más occidental, cuya superficie cultivada supone el 12,31% del suelo parroquial (H. M. Rodríguez Ferreiro, 2003 V II:21).

Las extensiones declaradas en los Libros Reales de la parroquia de San Munio de Veiga presentan un nivel de ocultación relativamente bajo en comparación con el resto de las localidades analizadas, un 29,1%, y es precisamente en su término donde se obtiene el índice de ocupación del espacio más elevado a escala comarcal. La parroquia de Veiga como su propio nombre indica se encuentra en la vega del Río Sorga, pudiéndose admitir por lo tanto una mayor disponibilidad de suelo agrícola derivada de su privilegiada situación geográfica con respecto a los términos situados en el otro extremo de la tabla, Escudeiros y Rubiás. Ambas parroquias están geográficamente ubicadas en el estrecho valle que dibuja el río Tuño, a los pies de la Sierra da Moura y Silvaoscura, y su orografía de mayores pendientes debió condicionar sus posibilidades agrícolas. Sin embargo, tampoco parece un hecho casual que coincidan en esta ocasión los niveles máximos de ocultación territorial, en torno al 85%, con los índices mínimos de ocupación del espacio (7,67%).

En realidad, difícilmente podría explicarse la elevada densidad poblacional de más de 100 Hab./Km² que se registra en la feligresía de Rubiás a mediados del siglo XVIII y los destacados rendimientos que producen sus tierras (rendimiento medio ponderado de 21,34 Hl./Ha.), en función de la descripción parroquial realizada con ocasión de las nuevas operaciones catastrales de 1762:

"Tierra sumamente fragosa y quebrada que padece escased de agua por lo general, pues solo por ttiempo humedo tienen las heredades de regadio alguna y no en tiempo de verano. E incluso los veranos humedos si hay agua, al ser las tierras tan fragosas, regadas por la mañana a mediodia ya estan secas. Se añade a esto que la feligresía está a la falda de una sierra muy alta llamada de Silva Oscura, de la que quando ay terremotos o granizos vajan crecidos arroios de agua y llevan los frutos los más de los años, dejando ademas las tierras destruidas para muchos años y algunas para siempre, máxime por la falta de estrumen para el abono, siendo preciso carrearlo a distancia de más de legua. Aunque haiga en la feligresía algunos pedazitos de monte alcanzan muy poco y solo sirven para diversión de ganados"[438].

Curiosamente, esa misma aspereza de la tierra unida a su sequedad y el problema de los terrenos en pendiente también se pone de manifiesto en la contestación a la pregunta tercera del Interrogatorio de la parroquia de San Juan de Escudeiros[439], cuando en ambas localidades se atestigua una clara preponderancia del terreno irrigado sobre el conjunto de las tierras de labor declaradas[440].

Tal como afirmara en su día A. Bouhier y como ya habíamos tenido ocasión de comprobar en la muestra de declaraciones individuales correspondientes a las parroquias de Rubiás y San Munio de Veiga, las prácticas de riego alcanzan una especial relevancia en la cultura agraria de la comarca de Celanova. A nuestro juicio, se trata de un elemento clave a la hora de comprender la extraordinaria difusión que alcanzó el cultivo de los cereales de primavera, primero el mijo y posteriormente el maíz, en estas tierras del interior gallego, cuya altitud en torno a los 550-600 metros supondría en principio un claro hándicap de cara a su adecuación climática. En la tabla 7 se presenta el porcentaje de representación que alcanza sobre el conjunto del espacio cultivado, en base a las informaciones recogidas en las siete entidades parroquiales que conforman nuestra actual base de datos.

---

[438] Libro de Respuestas Generales de Santiago de Rubiás, pregunta nº 12. AGS, Dirección General de Rentas 1, Legajo 1130.

[439] Libro de Respuestas Generales de San Juan de Escudeiros, pregunta nº 3. AHPOU, Sección Catastro, sign. 2950.

[440] En la parroquia de Escudeiros las prácticas de irrigación afectaban a un 72,83% del espacio cultivado declarado (labradío, huertas y prados), mientras que en el término de Rubiás el territorio irrigado representaba el 48,71% de las tierras declaradas, distribuyéndose la proporción restante de la siguiente manera: un 46,4% de heredades de secano (labradío, huertas y prados), y el 4,89% remanente dedicado al cultivo de la vid en parrales.

TABLA 7 • DISTRIBUCIÓN ESPACIO CULTIVADO EN COMARCA CELANOVA		
TIPO OCUPACIÓN	Has. Cultivadas	%
LABRADÍO REGADÍO	126,54	34,41
LABRADÍO SECANO	145,43	39,55
HUERTA	9,65	2,62
PRADO	33,27	9,05
VIÑA–PARRAL	52,80	14,36
TOTAL	367,69	100,00

Como puede apreciarse en el cuadro, las tierras de labradío regadío representan más de un tercio del espacio cultivado declarado en el marco de una cultura agraria dominada por la mayoritaria presencia de heredades labradías, cerca de un 74% del total. Tampoco debe desdeñarse el papel que ha jugado el cultivo de la vid en el sistema agrario celanovés, cuando viñas y parrales cubrían más de un 14% del terrazgo cultivado a mediados del siglo XVIII a tenor de la tabla precedente[441]. Dicho porcentaje se sitúa en la tónica de la media que establece el profesor P. Saavedra para el conjunto de la provincia ourensana a partir también de los datos catastrales[442]. Sin embargo, dicho porcentaje medio oculta tras de si notorias diferencias a escala comarcal, de modo que en la centuria ilustrada al igual que ocurre en la actualidad, en la comarca de Celanova el cultivo de la vid se concentraba de manera mayoritaria en determinadas parroquias del valle del Río Sorga, siendo prácticamente inexistente en el resto del territorio analizado, donde únicamente se aprecia la presencia de algunos parrales.

En dos de las parroquias analizadas en el valle del Sorga, en los términos de Fechas y Vilanova, los viñedos cubrían más de un 30% del terrazgo cultivado declarado, descendiendo ya notablemente su presencia en la parroquia de Bobadela (16,93%). Esta elevada presencia de la vid no debe hacerse extensiva al conjunto de entidades parroquiales que conforman este valle si tenemos en cuenta que, en el término de San Munio de Veiga, como ya habíamos tenido ocasión de comprobar en nuestra Tesis de Licenciatura (1999:40), el cultivo de la vid resulta prácticamente inexistente, ocupando un 0,37% del terrazgo cultivado declarado. En el valle del Tuño, en parroquias como Escudeiros no se registra ni una sola área plantada de viñas o parrales, contabilizándose extensiones también reducidas en los términos de Rubiás (4,89%) o Mosteiro (10,67%)[443].

En realidad, no sólo las superficies a viñedo marcan notables diferencias en la distribución del espacio agrario dentro de la comarca analizada. Como ya comentamos anteriormente, y en consonancia con las apreciaciones de A. Bouhier para un período cronológico más reciente, las técnicas de irrigación tampoco presentan un grado de difusión similar en el marco geográfico investigado. En la tabla 8 se concretan las diferencias entre los dos valles que conforman el marco de la investigación:

---

[441] Se trata de un porcentaje sensiblemente inferior, aunque no demasiado alejado de las cifras aportadas para otras comarcas investigadas del suelo galaico en las que el vino alcanzó una atestiguada importancia. Así, en tierras del Bajo Miño el viñedo suponía un 18,5% del espacio cultivado declarado (J. M. Pérez García, 1999b:156), ascendiendo hasta el 23,9% en la comarca de la Ulla (O. Rey Castelao, 1981:97).

[442] En la provincia ourensana se concentraba el 55,7% de la superficie dedicada a este cultivo en el marco del Antiguo Reino de Galicia. En los Ribeiros ourensanos había parroquias en las que únicamente se cosechaba vino, una situación excepcional que no compartían el resto de las comarcas vitícolas gallegas (P. Saavedra, 1992:115-116). Concretamente, en el Ribeiro de Avia viñedo y parras sumaban el 80% de la superficie cultivada (R. López Pardo, 1999:138).

[443] El caso de la parroquia de Escudeiros merece ser mencionado con cierto detenimiento. En el Libro de Respuestas Generales de Escudeiros se incluye el vino

TABLA 8 • DISTRIBUCIÓN ESPACIO CULTIVADO EN COMARCA CELANOVA				
	VALLE DEL SORGA		VALLE DEL TUÑO	
TIPO OCUPACIÓN	Has. Cult.	%	Has. Cult.	%
LABRADÍO REGADÍO	77,01	29,46	49,53	46,61
LABRADÍO SECANO	108,26	41,41	37,17	34,97
HUERTA	6,77	2,59	2,88	2,71
PRADO	22,39	8,56	–	–
PRADO REGADÍO	–	–	9,90	9,31
PRADO SECANO	–	–	0,98	0,93
VIÑA–PARRAL	46,99	17,98	5,81	5,47
TOTAL	261,42	100,00	106,27	100,00

Como se observa en el cuadro, las cifras medias anteriormente apuntadas para la comarca celanovesa esconden considerables discrepancias internas entre las dos áreas analizadas. Así, mientras que en el valle por el que discurre el Río Sorga, el labradío regadío no alcanza por término medio un tercio del terrazgo cultivado declarado, constatándose una importantísima presencia de las superficies dedicadas al cultivo de la vid que abarcan casi un 18% del área de ocupación humana; en el valle del Tuño, en el sector más occidental de la comarca de estudio, el labradío regadío juntamente con las praderías de regadío suman más de la mitad del espacio cultivado (55,62%), viéndose claramente mermada la importancia de la vid que reduce su presencia a un 5,47% del total. En el valle del Sorga, el agua de riega alcanza para un 41,56% de las tierras de labradío declaradas, mientras que en las parroquias situadas en el valle del Tuño, dicho porcentaje se eleva hasta el 57,13% del terrazgo declarado.

Se confirman así las apreciaciones de A. Bouhier sobre el mayor grado de organización de las técnicas de regadío en el sector más occidental de las plataformas del Arnoya, constatándose incluso su extensión a la práctica totalidad de las praderías declaradas a diferencia de lo que ocurre en las parroquias que conforman el valle del río Sorga[444]. De cara a una adecuada valoración sobre la importancia del regadío en la comarca celanovesa, baste decir a título comparativo que, en las las tierras del Bajo Miño, en el municipio de Salceda, donde se registraron los mejores porcentajes de regadío en la Galicia del Antiguo Régimen, las tierras irrigadas representan un 65,69% del terrazgo

---

entre las especies de frutos que se recogen en el término (AHPOU, Sección Catastro, Interrogatorio sig. 2950, f. 4). Sin embargo, no se registra ni una sola área dedicada al cultivo de la vid en la tabla resumen que figura al comienzo del Libro de Respuestas Particulare. De ahí la cautela con la que han de tomarse los mapas realizados por A. Bouhier sobre la extensión de la cultura del vino en Galicia, particularmente el realizado a partir de la respuesta a la pregunta nº 11 del Interrogatorio. En este mapa los municipios de A Bola y Celanova se situarían en el grupo de entidades en el que entre un 75 y un 99% de parroquias declaran poseer vino y en Ramirás dicho porcentaje se elevaría al 100% (1979:620).

[444] Si exceptuamos el caso de la parroquia de San Munio de Veiga, en cuyas declaraciones individuales se realiza una clara distinción entre los prados de regadío y secano, en las restantes parroquias analizadas –Fechas, Bobadela y Vilanova–, no se establece diferenciación alguna en las superficies de praderío. Sin embargo, no estamos en condiciones de afirmar que se trate de espacios no irrigados, dado que como tendremos ocasión de comprobar en el análisis de rendimientos, a los de primera y segunda calidad se les atribuye la producción de hierba seca y posteriormente pasto para manutención de los ganados tras su corte, en idéntica manera a lo que ocurre con las praderías de regadío ubicadas en el valle del Tuño.

labradío declarado[445]. También se daba una importante presencia de tierras regadías en la Jurisdicción del Morrazo, más del 50% del terrazgo labradío (H. M. Rodríguez Ferreiro, 2003 v. II:28). Las restantes informaciones de las que disponemos para la Galicia Occidental arrojan porcentajes claramente inferiores al obtenido para tierras celanovesas. Un 31,9% de la superficie labradía en la comarca de la Ulla (O. Rey Castelao, 1981:99), y un porcentaje muy similar para la Península del Salnés, en torno al 33% del total (J. m. Pérez García, 1979:tabla 5-1B apéndice estadístico).

Como ya apuntó en su día J. M. Pérez García con respecto a las tierras del Bajo Miño, en términos relativos la extensión alcanzada por las prácticas de regadío en algunas comarcas de la Galicia del Antiguo Régimen no quedaba muy distante de los logros obtenidos en las llanuras litorales levantinas. Los sistemas de riego puestos en práctica eran sin lugar a dudas mucho más sencillos que los grandes macrosistemas que funcionaban en el área levantina (2003:40-41)[446], sin embargo, su importancia resulta incuestionable puesto que, como tendremos ocasión de comprobar, la diferencia entre regar y no regar se plasmaba directamente sobre los rendimientos.

En la península del Morrazo el agua se "empozaba" en el período de lluvias para fertilizar los campos en los meses de sequía veraniega (H. M. Rodríguez Ferreiro, 2003 v. II:59). En la comarca del Bajo Miño, en los municipios de Rosal y A Guardia predominaba el riego por canales o "levadas" que derivaban las aguas de pequeños arroyos y ríos procedentes de las montañas, mientras que en los municipios de Salceda y Tuy predominaban las pozas abiertas al pie de los manantiales de aguas subterráneas (J. M. Pérez García, 2003:46-49). En tierras de Celanova, las fuentes disponibles también inciden en la simplicidad de las técnicas de riego utilizadas[447].

En el valle del Tuño, donde alcanza mayor extensión la superficie irrigada, las "levadas" del río Tuño debieron jugar un papel sin duda preponderante[448]. En el valle del Sorga las "levadas" no debieron alcanzar la misma importancia. De hecho, P. Madoz afirma la utilización de las aguas del citado río en algunas parroquias (Ansemil, Barxa, Orga y Mourillós), pero también hace frecuente alusión al uso de aguas subterráneas "que sacan de minas y manantiales"[449].

III.1.3. Rotaciones y rendimientos. Los datos catastrales, inevitable punto de partida para su estudio y el contraste con otras fuentes

Las contestaciones ofrecidas a la pregunta nº 12 en los Libros de Respuestas Generales elaborados para la comarca de Celanova, nos aportaron en su momento importantes claves explicativas de cara a la comprensión de las fuertes densidades de población que se registraban a mediados del siglo XVIII en esta área del interior ourensano (D. Rodríguez Fernández, 1999:42-47). La presencia incontestable del cultivo del maíz en las rotaciones practicadas en

---

[445] En realidad, la media comarcal desciende hasta el 43,44% del total, dada la presumible ocultación que se produce en los municipios de Tomiño, Rosal y La Guardia (J. M. Pérez García, 2003:40).

[446] Véase al respecto sobre la división entre macrosistemas y mesosistemas de riego en el área levantina y sobre su complejo funcionamiento (M. Ardit, 1993 v. II:11-35) y (M. Ardit, 2004:314-315).

[447] Como afirman A. Sánchez Regueiro y L. Fernández Prieto (1999:340), aunque los sistemas de drenaje y riego gallegos carecen de cualquier sofisticación, deben considerarse muy perfeccionados dado que están perfectamente adecuados a las necesidades productivas de la agricultura: controlan el exceso de lluvias en los períodos de máximas precipitaciones y regulan su aprovechamiento en los períodos de estiaje.

[448] Carreras Candi afirma que el valle de Ramirás debió en gran parte su fertilidad a las levadas del río Tuño, una magnífica obra de riego que emprendieron los frailes benedictinos del poderoso monasterio celanovense. Las levadas tomaban el agua del río en Milmanda y la conducían por dos canales de un metro de ancho a uno y otro lado del río, regando los términos de Rubiás, Paizás, Vilameá, y Freás de Eiras, entre otros (1980 V. XI:521).

[449] Dicha práctica se menciona para un número importante de parroquias como es el caso de Amoroce (1989 T. II:251), Ansemil (1989 T. II:324), Casardeita (1989 T. VI:38) o Castromao (1989 T. VI:229).

la comarca, analizadas a partir de las parroquias de Santiago de Rubiás y San Munio de Veiga, constituía una evidente razón de peso avalada por la experiencia histórica sobre la que fundamentar el notable crecimiento demográfico previo a la elaboración del Catastro, en el que coincidían todas las fuentes consultadas[450]. El Catastro de Ensenada representa nuestra inevitable fuente de partida para el análisis de las rotaciones y rendimientos en la cultura agraria celanovesa de los tiempos modernos.

Según se desprende de las declaraciones catastrales, la notable presencia del regadío en estas tierras marcaba una importante línea de fractura entre las rotaciones practicadas en el terrazgo declarado regadío y los dominios del secano[451]. En la tabla 9 se ofrece una primera visión simplificada sobre las complejas rotaciones de cultivos que nos ofrece el Catastro de Ensenada para tierras de Celanova[452].

TABLA 9 • ROTACIONES COMARCA CELANOVA MEDIADOS S. XVIII, SEGÚN CATASTRO DE ENSENADA												
DOMINIOS	**LABRADÍO REGADÍO (41–57%)**						**LABRADÍO SECANO (43–59%)**					
CALIDADES	**1ª CAL.**		**2ª CAL.**		**3ª CAL.**		**1ª CAL.**		**2ª CAL.**		**3ª CAL.**	
Nº PARRQ. Y %	Nº	%	Nº	%	Nº	%	Nº	%	Nº	%	Nº	%
AUSENCIA ROT.					20	74,1					4	13,3
BIENAL	12	40,0	12	40,0	7	25,9	23	76,7	27	90,0	24	80,0
TRIENAL	17	56,7	17	56,7			7	23,3	3	10,0	2	6,7
CUATRIENAL	1	3,3	1	3,3								
TOTAL	30	100,0	30	100,0	27	100,0	30	100,0	30	100,0	30	100,0

Pese a la variabilidad de las situaciones descritas en este cuadro resumen, algunas conclusiones pueden extraerse a cerca de las líneas maestras que dibuja la cultura agraria celanovense a mediados del siglo XVIII a partir de la consulta del Catastro de Ensenada[453]:

• En primer lugar, en el dominio del regadío y en consonancia con los datos que aporta A. Bouhier para el sector occidental del solar galaico, se establece una clara distinción entre el comportamiento de las mejores tierras y las de tercera calidad.

• En las tierras regadías de peor calidad la presencia ininterrumpida del maíz que se sucedía a si mismo sin descanso se observa en las veinte parroquias incluidas en el capítulo de ausencia de rotaciones, representando así a un porcentaje mayoritario de las entidades parroquiales integradas en el marco de estudio -un 74,1%-. En la práctica totalidad de las ocasiones en las que se registra una rotación bienal el maíz se hace presente –6

[450] El papel decisivo que jugó el maíz en la evolución demográfica del conjunto de la España Atlántica constituye un hecho incontestable a la luz de los conocimientos actuales (J. M. Pérez García, 1990:90-93).

[451] En opinión de A. Bouhier, dicha fractura en la cultura agraria constituye un claro contraste con la sensación de continuidad que transmiten las rotaciones declaradas para las tierras de regadío y secano en el sector occidental del dominio del regadío al oeste de la dorsal Suido-Avión (1979:766-770).

[452] En este sentido, A. Bouhier ya había advertido sobre la variabilidad y la complejidad de las rotaciones practicadas en el sector oriental del dominio del regadío, con cambios culturales extremadamente rápidos entre parroquias colindantes que impiden una imagen lógica de conjunto en la medida en que ésta puede obtenerse en el área occidental del solar galaico (1979:766).

[453] Véase en apéndice estadístico tablas III.1 y III.2 en las que se recogen íntegramente el conjunto de rotaciones descritas en Catastro.

sobre 7-, alternándose su cultivo o bien con un año de habas o bien con el mijo, que circunscribe a estos casos su aparición testimonial en el marco del espacio irrigado. Exceptuando el caso excepcional de la parroquia de Escudeiros en la que se registra una rotación bienal trigo-centeno, este último cereal no figura en ningún caso entre los productos sembrados en las tierras de regadío de la comarca celanovense.

- En las declaraciones catastrales referentes al terrazgo irrigado de mejor calidad no se constata un comportamiento tan uniforme como el arriba descrito para las peores tierras. En términos proporcionales y como bien puede observarse en la tabla, las rotaciones trienales alcanzarían una mayor presencia que las bienales, aunque su peso no resulta aplastante en la comarca –en torno al 56% de las parroquias-[454]. Por otra parte, las 12 parroquias que declaran una rotación bienal se adscriben a un modelo único que supone la recolección de tres cosechas en dos años –maíz frecuentemente acompañado de habas el primer año y lino seguido de una posterior colecta de nabos y ferraña en el segundo-, mientras que las rotaciones trienales admiten una doble variante[455].

- En un número mayoritario de casos que aglutina al 43,3% de las parroquias investigadas, se produciría una rotación del tipo R3 descrito por A. Bouhier para la Galicia Occidental (1979:761-764); un modelo tremendamente complejo en el que maíz, lino y trigo se alternaban como cultivos principales, mayoritariamente acompañados por el cultivo secundario de los nabos y ferraña, permitiendo así la recolección de 5 cosechas en tres años, o incluso 6 en un 46,15% de las casuísticas descritas. Aunque de manera minoritaria, en un 13,3% de las parroquias analizadas de la comarca también se localiza el modelo R2 descrito por A. Bouhier, con menor sofisticación que el anterior, pero con mayor presencia del maíz, que se siembra durante 2 años consecutivos sobre un mismo terreno, siendo sustituido el tercer año por el cultivo del lino[456].

- Como ya indicamos con anterioridad, las declaraciones catastrales dibujan una cultura agraria netamente diferente para el terrazgo secano de la comarca celanovesa[457]. En primer lugar, es en el ámbito de las tierras más pobres del 80% de las parroquias analizadas, donde se hace efectiva por primera vez la presencia del barbecho

---

[454] Véase apéndice estadístico, tabla III.1.

[455] Nótese como en la comarca del Bajo Miño en las tierras de la antigua provincia de Tuy, las declaraciones catastrales marcan un claro predominio de las rotaciones bienales frente a las trienales, siendo la variante más extendida la combinación de tres cosechas en dos años –primer año trigo seguido de mijo y segundo año maíz- (J. M. Pérez García, 1999b:159). Dichas rotaciones bienales también resultaban claramente hegemónicas en la margen sur del río Ulla, aunque para la márgen norte de dicho río se describen rotaciones más complejas desarrolladas sobre ciclos de cuatro años en las tierras de regadío de mejor calidad (O. Rey Castelao, 1981:103-104). La presencia de diferentes modelos de rotación también se observa en Tierra de Montes, donde conviven composiciones bienales del tipo de la parroquia de Cerdedo (en tierras de mejor calidad primer año maíz, segundo año linaza y de segunda cosecha nabos), con combinaciones de carácter trienal (maíz, lino y centeno en primera calidad) (C. Fernández Cortizo, 1979:11) y lo mismo cabría decir de la península del Morrazo (H. M. Rodríguez Ferreiro, 2003 v. II:53). La convivencia de rotaciones distintas sobre espacios geográficos más bien reducidos resulta por lo tanto una situación bastante frecuente en el ámbito del solar galaico. De hecho, P. Saavedra al hacer frente al análisis de la cultura agraria en el marco evidentemente más amplio de la antigua provincia mindoniense, pone de énfasis las enormes variantes localizadas sobre el terreno, de manera que a mediados del siglo XVIII una parte mayoritaria del territorio provincial únicamente compartiría una rotación ternaria marcada por la alternancia de un cereal de invierno, nabos y maíz (1985:145-159).

[456] En opinión de A. Bouhier, las rotaciones del tipo R2 que permitían la obtención de unos mayores rendimientos gracias a la importancia concedida al cultivo del maíz, constituían en la práctica una evolución a partir del modelo R3, como expresión del progreso experimentado por la cultura del maíz. A su juicio, en un estadio evolutivo superior los modelos R1 y R2 acabarían desembocando en una cultura ininterrumpida del maíz a la que se accedería a partir de la progresiva sustitución del lino y del cereal de invierno, que cada vez espaciarían más su presencia efectiva en el terrazgo –caso de la parroquia de San Salvador de Penosiños en la que se declara la cosecha sucesiva de 3 años de maíz tras la siembra como cabeza de rotación del lino-. (1979:763-764).

[457] Véase apéndice estadístico, tabla III.2. Es en este punto donde se marcan por primera vez y de una manera evidente las diferencias que separan la cultura agraria celanovesa de la practicada en las tierras más occidentales del solar galaico, caso de la Jurisdicción de La Lanzada o la antigua provincia de Tuy, caracterizadas por la uniformidad de comportamiento entre el espacio regadío y el secano. Así, en la antigua Jurisdicción de La Lanzada la presencia de rotaciones trienales del tipo R1 o R2 descrito por A. Bouhier se hacía extensiva al terrazgo labradío de primera y segunda calidad, al margen de su carácter regadío o secano (J. M. Pérez García, 1979:166-167). Conclusiones similares extrae el mismo autor con respecto a la antigua provincia tudense (1999b:159).

ya que, a juicio de las declaraciones emitidas, las parcelas de labradío secano de tercera calidad (poco más de un 22% del espacio arable comarcal), únicamente soportaban una rotación bienal centrada en el cultivo del centeno en régimen de año y vez[458].

- En las mejores tierras de secano el dominio de las rotaciones bienales no ofrece duda alguna, aglutinando al 76,6% de las parroquias en la primera calidad y al 90% en la segunda. El cultivo del maíz no se encuentra ausente de estas rotaciones, incluyéndose todavía en un 60% de las parroquias en las parcelas de secano de primera calidad y aún en un 30% en las de segunda. Su presencia decreciente en función de la bondad de la tierra abre paso a la progresiva importancia de los cereales de invierno, particularmente el centeno, que impone su evidente dominio sobre las parcelas de mediana calidad[459]. La preponderancia del centeno además se encuentra profundamente ligada a la trascendencia que todavía adquiría en estas tierras el cultivo del mijo, que a juzgar por las declaraciones catastrales, formaba parte de las rotaciones practicadas en el terrazgo de mediana calidad nada menos que en el 56,66% de las parroquias consultadas[460].

- La línea de ruptura que marcan las combinaciones descritas con las comarcas analizadas de la Galicia más Occidental es evidente, sin embargo, tampoco es menor la fractura que las separa de la mayoría de los espacios estudiados en el ámbito de la denominada Galicia Interior. Así, en las tierras de la montaña lucense en el concejo de Burón, únicamente un 23,6% de las tierras labradías soportaban una cosecha anual de centeno, imperando en el resto su cultivo con un año de intermisión[461]. En el interior de la provincia lucense, en Castroverde, la cultura del barbecho largo afectaba incluso a un porcentaje mayor del terrazgo cultivado, un 90,23% del total según los cálculos expuestos por H. Sobrado Correa (1992:131). A juicio del citado autor, en realidad dicha situación podía hacerse extensiva para un amplio sector de la provincia lucense (municipios de Castro de Rey, Castroverde, Corgo, Friol, Guntín, Lugo, Otero de Rey y Pol), en el que apenas se percibe la presencia del mijo, trigo o maíz[462]. Incluso tratándose de ámbitos geográficos muy próximos a la comarca de estudio como es el caso de la Alta Limia, la hegemonía del centeno y del barbecho largo no ofrece duda alguna en base a la consulta de la documentación catastral[463].

---

[458] En un número muy reducido de parroquias, todas ellas comprendidas en el valle del Tuño, se observa una ausencia absoluta de esta práctica, sustituida por el cultivo del mijo sin intermisión o en combinación con un cereal de invierno. A este respecto, A. Bouhier ya señalara en su día la presencia residual de la cultura del mijo en las tierras de secano de muchas parroquias concernientes a los actuales municipios de Cartelle, Ramirás, Gomesende, Cortegada, Padrenda, Quintela de Leirado o incluso Muíños, reforzando así a su juicio la hipótesis de una generalización del cultivo del maíz a partir de la substitución del mijo en las rotaciones de ritmo bienal, pero también en función de su suplantación en una cultura continuada del mijo en las tierras de peor calidad (1979:770-771).

[459] En base a las respuestas catastrales el maíz formaba parte de las rotaciones bienales desplegadas sobre los terrenos de primera calidad, alternándose su cultivo con el de los cereales de invierno en un 40% de las parroquias del área de estudio, además su presencia también se encuentra atestiguada en otro 20% del conjunto de entidades parroquiales en las que aparece vinculado a la práctica minoritaria de una cultura agraria trienal. En las parcelas de mediana calidad la frecuencia de su aparición se reduce notablemente, circunscribiéndose al ámbito de un 26,6% de las parroquias en el marco de rotaciones bienales con los cereales de invierno, porcentaje al que se le añade un 3,33% de presencia en rotaciones de carácter trienal. Véase apéndice estadístico, tabla III.2.

[460] La rotación centeno-mijo ocuparía las tierras secanas de mediana calidad del 50% de las parroquias que conforman nuestra área de estudio. A este porcentaje se le suma además el 6,66% de presencia vinculada a rotaciones de carácter trienal del tipo de las descritas para la parroquia de Escudeiros, que incluía dos años consecutivos de centeno seguidos de un tercer año de mijo. Véase apéndice estadístico, tabla III.2.

[461] En realidad, P. Saavedra parece incluso reticente a admitir la presencia de tierras capaces de producir una cosecha anual de centeno, dados los posibles riesgos de agotamiento (1979:36-37).

[462] El mijo circunscribía su presencia a las tierras de primera calidad de algunas parroquias de la Jurisdicción de Friol y Montecubeiro, al tiempo que se planteaba una reducidísima expansión del maíz en los municipios de Castro de Rey y Pol, donde también rotaba en las tierras más sustanciosas con el trigo (H. Sobrado Correa, 2001:198-199).

[463] R. Ferreiro Pérez únicamente detecta la presencia de rotaciones de cultivos que reflejan un uso intensivo de la tierra en las "nabarizas", mientras que en las mayoritarias tierras centeneras independientemente de su calidad sólo se produce una cosecha cada dos años (1981:92).

- En realidad, en función de los datos de los que disponemos hasta el presente para el ámbito de la Galicia Interior, solamente las rotaciones practicadas en las tierras de secano de las parroquias de la Jurisdicción de Oseira, en la parte occidental de la provincia ourensana, guardan ciertas concomitancias con el caso celanovés[464], escapando así al dominio del cultivo extensivo del centeno, que apenas sin variaciones reproduce la imagen de la cultura agraria de las tierras del interior castellano sobre un sector del solar galaico[465].

A la vista de la documentación catastral, la cultura agraria celanovesa de mediados del siglo XVIII se caracterizaría por una evidente complejidad, en gran medida derivada de la clara línea divisoria que imponía la práctica del regadío sobre una porción importante del terrazgo cultivado. En este sentido y a fin de definir con precisión el porcentaje de representación que alcanzaban los distintos cereales con presencia en la comarca en la cosecha anual campesina, se han realizado estimaciones sobre la producción a escala parroquial en función de las calidades de tierra, rotaciones y rendimientos declarados en el Catastro de Ensenada. Para ello contamos con los datos sobre distribución del terrazgo declarado que nos aporta el vaciado de los Libros Reales de Santiago de Rubiás y San Munio de Veiga, así como las informaciones contenidas en los Estados D de un total de seis parroquias[466]. Véase tabla 10.

TABLA 10 • COSECHA SEGÚN CALIDADES DE TIERRA, ROTACIONES Y RENDIMIENTOS EN CATASTRO							
		MAÍZ	HABAS	TRIGO	CENTENO	MIJO	TOTAL
MOSTEIRO	HL.	239,11	30,25	10,35	59,91	40,92	380,53
	%	62,84	7,95	2,72	15,74	10,75	100,00
ESCUDEIROS	HL.	112,52	33,58	10,79	38,44	22,56	217,89
	%	51,64	15,41	4,95	17,64	10,35	100,00
RUBIÁS	HL.	343,43	40,63	19,51	89,25	230,50	723,32
	%	47,48	5,62	2,70	12,34	31,87	100,00
FECHAS	HL.	90,78	0,51	17,46	106,67	–	215,42
	%	42,14	0,23	8,11	49,52	–	100,00
BOBADELA	HL.	188,57	5,51	30,41	225,55	–	450,04
	%	41,90	1,22	6,76	50,12	–	100,00

[464] Si bien Mª. J. López Álvarez establece la presencia de dos áreas claramente delimitadas en el marco de su investigación sobre las tierras de Cea, las rotaciones practicadas sobre las heredades de secano de primera y segunda calidad en la expresada Jurisdicción de Oseira muestran una importante complejidad derivada de la sucesión de cuatro cosechas diferentes sobre un mismo terreno en el espacio de cuatro años (primer año centeno, segundo maíz, tercero habas y por último en el cuarto año mijo) (1998:36-37).

[465] Véase sino a modo de ejemplo la agricultura extensiva de la montaña noroccidental leonesa, caracterizada por el predominio absoluto del cultivo del centeno en régimen de año y vez. El cereal de invierno únicamente se encontraba ausente de la escasa zona irrigada –menos del 5% del espacio agrario–, ocupada mayoritariamente por los linares (Mª. J. Pérez Álvarez, 1996:119-121). De igual manera pueden extraerse conclusiones similares a partir de las investigaciones llevadas a cabo por L. M. Rubio Pérez para la Bañeza y su tierra (1987:192-197).

[466] En la tabla 10 se ha añadido el caso de Freixo a las cinco entidades parroquiales sobre cuyos datos de distribución del terrazgo venimos trabajando hasta el presente. La inclusión de un asterisco se debe a que las informaciones son incompletas, restando las tierras pertenecientes a la Jurisdicción de Vilanova en la citada parroquia Freixo.

TABLA 10 • COSECHA SEGÚN CALIDADES DE TIERRA, ROTACIONES Y RENDIMIENTOS EN CATASTRO							
		MAÍZ	HABAS	TRIGO	CENTENO	MIJO	TOTAL
VILANOVA	HL.	514,95	18,66	119,88	40,55	–	694,04
	%	74,20	2,69	17,27	5,84	–	100,00
FREIXO*	HL.	134,11	2,71	7,54	149,04	70,34	363,75
	%	36,87	0,75	2,07	40,97	19,34	100,00
VEIGA	HL.	614,37	13,39	72,91	115,06	–	815,73
	%	75,315	1,64	8,94	14,11	–	100,00
TOTAL	HL.	2237,84	145,23	288,85	824,47	364,32	3860,71
	%	57,96	3,76	7,48	21,36	9,44	100,00

En base de los datos expuestos en la tabla, maíz y habas representaban una parte mayoritaria de la producción cerealera en tierras de Celanova a mediados del siglo XVIII, suponiendo en la práctica casi un 62% de la cosecha anual. Su importancia no ofrece dudas, pero centeno, mijo y en menor medida trigo, alcanzaban todavía un porcentaje destacado en la composición del producto bruto agrario. De hecho, el centeno claramente vinculado a las tierras de secano aporta más de un quinto de la producción total. Además, la presentación de los datos a nivel parroquial resulta enormemente sugestiva por cuanto permite observar las supuestas diferencias que se planteaban entre parroquias prácticamente colindantes; así, en el Valle del Sorga se aprecia la presencia de feligresías como Vilanova o San Munio de Veiga en las que la cosecha de maíz superaba las tres cuartas partes del total, conviviendo con otras como Bobadela o Freixo en las que la producción de centeno se revela aún como la proporción más destacada del conjunto (50,12% y 40,97% respectivamente).

La extensión que alcanza el terrazgo irrigado en las distintas entidades parroquiales y el reparto de la superficie labradía entre las tres calidades de tierra establecidas, constituyen las razones de fondo que explican la presencia de comportamientos tan dispares como los arriba señalados. La comparación de los casos extremos nos permitirá entender adecuadamente lo expuesto; en la parroquia de Vilanova el maíz supone más del 74% de la producción anual de cereales mientras que el centeno únicamente representa el 5,84% del total. Consecuencia evidente del dominio de las tierras regables que significan el 59,28% del terrazgo y debido a la escasa presencia de parcelas de secano de tercera calidad dedicadas al cultivo del cereal de invierno (un 11,6% del conjunto del terrazgo). Por el contrario, en Santa María de Bobadela sólo un 23,69% de la tierra arable se declara regadía y un 41,94% del espacio labradío se incluye entre las tierras de secano de peor calidad, de ahí que en esta feligresía como en el caso de Freixo, la producción de centeno adquiera un papel tan destacado a tenor de las declaraciones catastrales[467].

El Catastro de Ensenada constituye una privilegiada fuente de información sobre la cultura agraria de mediados del siglo XVIII, sin embargo, ello no es óbice para tratar con suma cautela los datos que puedan derivarse de su

[467] En el caso de la parroquia de Freixo, el espacio irrigado se circunscribe a un 30,58% del total mientras que el labradío secano de tercera calidad incluye a un 41,94% de las tierras arables de la feligresía dependientes de la Jurisdicción de Paizás. No debemos olvidar que en esta ocasión no disponemos de informaciones sobre la porción de la feligresía dependiente de la Jurisdicción de Vilanova, no obstante, parece evidente que algunas parroquias incrementaron fraudulentamente las tierras de peor calidad, reduciendo así el producto bruto agrario resultante.

consulta, planteando siempre en la medida de lo posible un trabajo de crítica sobre los mismos. En este sentido, puede establecerse un primer "test de veracidad" sobre las cifras anteriormente expuestas relativas a la composición de la cosecha cerealera, comparando las proporciones resultantes con los porcentajes de representación que obtienen los distintos productos a través de las informaciones diezmales o a partir de la composición de la despensa campesina que traducen las escrituras de inventarios post-mortem. Véanse tablas 11 y 12.

TABLA 11 • PAGOS DIEZMALES RECOGIDOS EN CATASTRO (DATOS 5 PARROQUIAS)			
	PRODUCTOS	HL.	%
DIEZMO CEREALERO	MAÍZ	523,74	92,38
	CENTENO	27,70	4,89
	MIJO	10,79	1,90
	TRIGO	4,71	0,83
	TOTAL	566,94	100,00
DIEZMO NO CEREALERO	HABAS	33,57	
	CASTAÑAS	37,13	
	LINO (Haces)	123	
	VINO	24,12	

TABLA 12 • COMPOSICION DESPENSA SEGÚN INVENTARIOS PERIODO 1730–1779 (35 CASOS)			
	PRODUCTOS	Hl.	%
PRODUCTOS CEREALEROS	MAÍZ	355,85	91,78
	CENTENO	10,16	2,62
	MIJO	7,59	1,96
	TRIGO	14,11	3,64
	TOTAL	387,70	100,00
PRODUCTOS NO CEREALEROS	HABAS	18,06	
	CASTAÑAS	29,33	
	PRESENCIA TEXTILES (%)	57,14	
	VINO	352,62	

No abundan las noticias acerca de la cuantía de los diezmos impuestos sobre las tierras de la comarca de Celanova en la documentación catastral consultada. La respuesta mayoritaria a la pregunta número 16 del Interrogatorio es similar a la que figura en el Libro de Respuestas Generales de la feligresía de San Miguel de Berredo: "No saben responder por percibirlos el abad"[468]. No obstante, a la vista de los datos aportados en los términos de Escudeiros,

---

[468] AHPOU, Sección Catastro de Ensenada, sig. 1337.

Mosteiro, Rubiás, Vilameá y San Munio de Veiga, se dibuja un panorama netamente diferenciado del anteriormente expuesto a partir de las rotaciones y rendimientos catastrales. El predominio absoluto de los diezmos cobrados en maíz (más del 90%), relega al resto de los cereales mencionados a un papel absolutamente testimonial en la cultura agraria celanovesa de mediados del siglo XVIII.

Pese al reducido número de parroquias disponible, los porcentajes son absolutamente coincidentes con los obtenidos a partir del vaciado de las escrituras de inventarios post-mortem redactadas en la comarca en el período 1730-1779. La concordancia plena que se constata entre ambas fuentes, de naturaleza bien distinta, hace que planee una clara sospecha de fraude sobre las declaraciones catastrales. La comparación efectuada entre la producción anual estimada para tres entidades parroquiales (Mosteiro, Escudeiros y Rubiás) y la proporción que representan los pagos diezmales, constituye sin lugar a duda la prueba evidente de dicho fraude[469]. Véase la comparación en la tabla 13.

TABLA 13 • PRODUCCIÓN ANUAL ESTIMADA Y PROPORCIÓN QUE REPRESENTAN LOS PAGOS DIEZMALES					
	PROD. ANUAL		PAGOS DIEZMO		
	FERRADOS	HL.	FERRADOS	HL.	%
MAÍZ	3027	695,06	981,50	225,35	32,42
HABAS	454,98	104,46	58,00	13,32	12,75
NABOS/FERRAÑA (REALES)	2456,79	–	–	–	–
LINO (HACES)	1228,39	–	70,00	–	5,70
LINAZA	405,84	56,82	–	–	–
TRIGO	290,3	40,64	11,00	1,54	3,79
CENTENO	1340,03	187,60	69,00	9,66	5,15
MIJO	1280,39	293,98	33,00	7,58	2,58
VINO (MOIOS)	82,38	143,70	7,22	12,59	8,76
CASTAÑAS VERDES	2643,84	370,14	200,00	28,00	7,56

[469] Las feligresías de Mosteiro, Escudeiros y Rubiás son las únicas que admiten un cálculo de estas características dada la falta de información sobre los pagos diezmales que se produce en la mayoría de los casos; falta de información a la que se suma además la presencia de casuísticas concretas como la que se genera en torno a San Munio de Veiga, que a nuestro juicio desaconseja el ejercicio comparativo. En el libro de Respuestas Generales perteneciente al coto de Veiga se nos informa adecuadamente sobre el cobro de los diezmos en la citada entidad jurisdiccional por parte del Prior de la misma, advirtiéndonos no obstante que en el caso de los vecinos de las aldeas de San Fiz, Cerdal de Arriba y San Simón los percibe íntegramente el Abad de la colindante parroquia de Sorga (AHPOU, Sección Catastro, sig. 1365). En estas condiciones parece arriesgado intentar un cálculo similar al que se plantea para las tres entidades parroquiales anteriormente aludidas.

La comparativa efectuada entre ambas variables arroja unos resultados completamente inadmisibles, por cuanto implicaría que en la práctica casi un tercio de la producción anual de maíz acababa en manos de las instituciones eclesiásticas a través del impuesto diezmal mientras que otros cereales como el trigo, el centeno o el mijo apenas si soportaban dicho gravamen.

Los datos anteriores constituyen la prueba concluyente sobre la existencia de claras desviaciones en las declaraciones catastrales, que de manera evidente tendían a disminuir la presencia del maíz en la cultura agraria de la comarca otorgándole en cambio un peso por encima del real al resto de los cereales aludidos.

Además, no sólo se observa una sobrevaloración de cereales como el centeno, el mijo o el trigo, sino que el cultivo del lino en las mejores tierras de regadío tampoco parece responder en la práctica a los usos descritos –los haces de lino diezmados únicamente supondrían el 5,7% de su producción hipotética -. A nuestro juicio, las rotaciones descritas probablemente respondieran a una tradición cultural otrora imperante en estas tierras, aunque dicha costumbre ya no hacía justicia a los usos de los campesinos celanovenses en los tiempos en los que se elaboró la documentación catastral, tal como hemos podido constatar a partir de las comparaciones efectuadas[470].

A. Bouhier describió en su día la posible evolución desde las rotaciones de ritmo ternario de tipo R2 o R1 hasta el triunfo del cultivo continuado del maíz, aunque a su juicio a mediados del siglo XVIII salvo en un reducido número de parroquias de la antigua provincia de Tuy, dicho estadio todavía no se había alcanzado (1979:764-765). A la vista de los resultados obtenidos para la comarca de Celanova en los tiempos del Catastro, nosotros debemos admitir el triunfo de una cultura de estas características si queremos lograr un acercamiento razonable a los datos de producción campesina. De ahí que en lo sucesivo prescindiremos de las rotaciones descritas en la documentación catastral aplicando en su lugar los porcentajes de presencia de los distintos cereales que se derivan tanto de los datos diezmales como de la composición de la despensa campesina que traducen los inventarios post-mortem del período 1730-1779, ambos como vimos absolutamente coincidentes[471].

Sin embargo, la falta de correlación observada entre la producción anual estimada para las parroquias de Escudeiros, Mosteiro y Rubiás y los pagos diezmales percibidos por las instituciones eclesiásticas, no solo obedece al carácter teórico de las rotaciones descritas en el Catastro. En este sentido, los rendimientos declarados para las distintas especies y calidades de tierra condicionan de manera evidente los cálculos sobre producción, planteándose por lo tanto la necesidad de un análisis en profundidad sobre los mismos[472].

Un interesante punto de acercamiento al estudio de los rendimientos de la agricultura celanovesa de mediados del siglo XVIII se obtiene a partir de la exposición detallada de las declaraciones contenidas en los Libros de Respuestas Generales que conforman el marco geográfico abarcado en esta investigación. Véanse los resultados en la tabla 14.

---

[470] El profesor J. M. Pérez García también llegó a conclusiones similares en sus investigaciones llevadas a cabo en la comarca del Bajo Miño. En su caso la producción real de maíz deducida de los diezmos oscilaba entre el 81,7% propio de la mayoría de las parroquias del municipio tudense y el 95,4% del valle del Rosal, reflejo más de "un casi monopolio del maíz que (de) unas teóricas rotaciones cerealeras que en la práctica no se cumplían" (1999b:160).

[471] En el apéndice estadístico, tabla III.3 puede observarse una última comparación entre la valoración monetaria de la producción agrícola declarada en las tres parroquias mencionadas y el porcentaje que sobre ella representaban los pagos diezmales. Incluso con la "compensación" a la baja que suponen los pagos diezmales sobre la teórica producción de trigo, centeno, mijo y lino, el diezmo "cerealero" supondría una proporción inadmisible sobre la valoración monetaria de la cosecha anual, representando en la práctica un porcentaje igualmente exagerado sobre el conjunto del producto bruto agrario, pese a los datos ciertamente razonables que se obtienen para la producción vitícola y de castañas.

[472] En opinión del profesor J. M. Pérez García "el estudio de los rendimientos, con ser esencial, compone uno de los capítulos más polémicos de la historia rural. El agudo problema de la variabilidad espacial de las medidas de superficie y capacidad, la escasez de fuentes disponibles y la discutible representatividad de las existentes, lo vuelven difícil en extremo" (1984:416).

CALIDADES	LABR. REG	LABR. SEC	LABR. REG.	LABR. SEC.
PARROQUIAS	**FERR./F**	**FERR./F**	**HL/Ha.**	**HL./Ha.**
AMOROCE	6,12	3,62	30,30	14,82
ANSEMIL	4,35	2,83	21,42	12,07
BARXA	6,82	4,13	33,96	16,20
BERREDO, SAN MIGUEL	5,27	3,83	23,21	13,94
BERREDO, SANTA EULALIA	4,21	3,08	18,49	12,19
BOBADELA	4,13	3,84	21,33	16,57
CAÑÓN	5,47	3	19,89	8,11
CASARDEITA	4,84	3,83	15,90	10,45
CASTROMAO	4,38	2,7	21,28	11,41
CELANOVA	5,35	3,25	26,71	14,31
ESCUDEIROS	5,63	3,61	18,68	9,73
FECHAS	4,71	3,84	23,51	16,38
FREÁS DE EIRAS	4,74	3,83	15,57	9,95
FREIXO, X. PAIZÁS	4,74	3,66	17,23	10,01
MOSTEIRO	6,49	6,05	23,69	18,93
MOURILLÓS	4,84	3,16	25,34	13,44
ORGA	6,12	3,62	30,30	14,82
PAIZÁS	4,7	3,25	15,44	8,43
PENOSIÑOS, SAN ANDRÉS	4,74	3,83	15,57	9,95
PENOSIÑOS, SAN SALVADOR	7,18	4,66	26,21	12,29
PODENTES	4,38	3,08	14,13	8,33
RABAL	4,58	2,5	23,98	10,64
RUBIÁS	6,49	6,05	23,69	18,93
SORGA	6,78	4,06	29,88	15,84
SOUTOMEL	5,08	3,66	16,39	9,88
VEIGA, SAN MUNIO	5,95	2,29	27,64	9,26
VEIGA, SAN PAIO	4,42	2,7	21,77	11,41
VILAMEÁ	6,49	6,05	23,69	18,93
VILANOVA	7,07	4,5	32,13	17,35
VIVEIRO, FREIXO, X. VILANOVA	6,39	3,88	31,73	15,65
VALLE DEL SORGA	5,27	3,41	23,93	12,87
VALLE DEL TUÑO	5,81	4,67	20,32	13,39
MEDIA	**5,42**	**3,75**	**22,97**	**13,01**

TABLA 14 • RENDIMIENTOS MEDIOS NO PONDERADOS POR PARROQUIAS

Como se indica en el encabezado de la tabla, se trata de medias simples elaboradas a partir de las tres calidades de tierra disponibles para las dos especies analizadas, labradío regadío y labradío secano. En el caso específico del terrazgo regadío, debemos tener presente que los cálculos incluyen los rendimientos derivados del cultivo del lino en las tierras de primera y segunda calidad, así como las valoraciones monetarias que se indican para nabos y "ferraña"[473]. Señalar por último la inclusión en la tabla de dos tipos de cómputo diferente; uno de ellos mide los rendimientos en ferrados de grano por ferrados de superficie respetando así la fuente original, el otro los expresa en hectolitros por Ha., de cara a facilitar el establecimiento de comparaciones con otros espacios investigados e incluso entre las treinta entidades aquí analizadas, dadas las variaciones en las medidas de superficie y capacidad detectadas en el espacio analizado[474].

A nuestro juicio, la extrema diversidad de rendimientos apreciable en el cuadro precedente resta cualquier viso de certeza a los datos catastrales, de lo contrario habrían de admitirse diferencias en el producto agrario entre las parroquias investigadas que irían del simple al doble tanto para el terrazgo regadío como para las parcelas de secano. ¿Cómo justificar sino que en los términos de San Andrés de Penosiños y Vilanova das Infantas con idéntica cultura agraria sobre las tierras de regadío, se estimara una producción de 15,57 y 32,13 Hl. de grano por Ha., respectivamente? Evidentemente, en estas condiciones resulta muy arriesgado sino imposible la obtención de conclusiones que deriven en una adecuada comprensión del comportamiento comarcal. De hecho, en la actualidad carecemos de datos suficientemente significativos que nos permitan probar una mayor productividad en el valle del Tuño, tal y como sugerimos en nuestra Tesis de Licenciatura a partir del análisis de las parroquias de Rubiás y San Munio de Veiga, erigidas en su día en modelos ejemplificadores de ambas vaguadas (D. Rodríguez Fernández, 1999:45-47).

Las limitaciones de la tabla 14 elaborada a partir del cálculo de medias simples, desaconsejan incluso la obtención de una única cifra capaz de resumir el montante global de los rendimientos declarados a escala parroquial. En la tabla 15 se recogen cifras ponderadas a partir de las extensiones y calidades de tierra declaradas -para aquellas entidades en las que dicha operación fue posible-.

TABLA 15 • RENDIMIENTOS MEDIOS PONDERADOS A PARTIR DE ESTADOS D Y LIBROS REALES, 1752						
	LAB. REG.	LABR. SEC.	MEDIA	LAB. REG.	LAB. SEC.	MEDIA
PARROQUIAS	FERR./F.	FERR./F	FERR./F.	HL./HA.	HL./HA.	HL./HA
BARXA*	6,24	3,74	4,40	29,38	15,52	19,19
BOBADELA	4,05	3,37	3,55	19,50	13,93	14,28
ESCUDEIROS	5,47	3,33	4,81	19,05	9,43	16,08

[473] En el apéndice estadístico puede consultarse la tabla III. 4. En ella no se han incluido los rendimientos del lino traducidos a ferrados de grano. Su visualización permite comprobar pese a todo la escasa variación que se observa en los resultados globales en función de la opción de trabajo adoptada.

[474] Conviven en este reducido marco espacial ferrados de 4,37 áreas de superficie con otros de 6,29 áreas. En cuanto a las medidas de capacidad, la variabilidad pasa por la existencia de ferrados que equivalen a 20,29 litros, 20,66, 22,87 y hasta 22,96 litros de maíz, con parecidas variaciones entre los 14 litros y los 15,68 en el caso del centeno. A este respecto, se utilizaron las respuestas a la pregunta novena del Interrogatorio para los cálculos de superficie mientras que para las medidas de capacidad se siguió la obra de Mª. I. Fernández Justo (1986).

TABLA 15 • RENDIMIENTOS MEDIOS PONDERADOS A PARTIR DE ESTADOS D Y LIBROS REALES, 1752						
FECHAS	4,59	3,36	3,69	22,05	13,89	16,09
FREIXO*	4,33	2,66	3,19	15,75	7,47	10,07
MOSTEIRO	6,18	5,53	5,93	22,56	15,64	19,91
RUBIÁS LIBROS REALES	6,53	6,07	6,29	23,84	19,03	21,34
VEIGA, LIBROS REALES	4,34	2,14	3,15	20,14	8,66	13,93
VILANOVA	6,23	4,23	5,43	28,3	16,34	23,56
MEDIA	**5,33**	**3,83**	**4,49**	**22,29**	**13,32**	**17,16**

En base a las declaraciones recogidas en el Catastro de Ensenada, el rendimiento medio de los cereales cultivados en la comarca de Celanova a mediados del siglo XVIII era elevado, en torno a 17,16 Hl./Ha., su utilidad superaba los 22 Hl por Ha. en las tierras de regadío descendiendo hasta los 13,32 Hl. en el caso del terrazgo secano. Una diferencia del 65,2% entre regadío y secano que resulta claramente superior a la que se obtiene con el mismo procedimiento para la comarca del Bajo Miño (50%) (J. M. Pérez García, 2003:44)[475]. Como afirmó en su día el profesor Pérez García, las diferencias no resultan tan espectaculares como en el mundo mediterráneo, pero no son en absoluto despreciables[476].

Evidentemente, los datos expuestos denotan la fertilidad de las heredades celanovesas y la bondad de esta cultura agraria intensiva que permitía la obtención de unos rendimientos difícilmente comparables con los aportados en las investigaciones llevadas a cabo en el marco de la España Interior. Baste recordar al respecto los resultados obtenidos en los abundantes estudios llevados a cabo para las cercanas tierras leonesas en base también a la consulta del Catastro de Ensenada. Así, J. M. Bartolomé Bartolomé señala unos rendimientos cerealeros situados entre 8,7 y 9,7 Hl./Ha en la comarca del Bierzo (1996:98); en la montaña noroccidental leonesa las cifras oscilarían entre los 9,5 y los 11 Hl/Ha. propios de las tierras de mejor calidad en las zonas más bajas (Mª. J. Pérez Álvarez, 1996:130); en la Vega Baja del Esla los resultados no superaban los 6,56 Hl./Ha. de media (J. M. Pérez García, 1992:176-177); incluso en la comarca de la Bañeza donde se alcanzaban unos considerables rendimientos para el trigal regadío (20,16 Hl./Ha.) y nada despreciables en el caso del trigal y centenal secano (12,9 y 10,8 Hl./Ha. respectivamente), la media ponderada elaborada a partir de los datos que aporta el autor fluctuaría entre los 11,4 y los 11,9 Hl/Ha. (L. M. Rubio Pérez, 1987:248-249). Ni siquiera la cercana tierra de Cea, con unos resultados por otra parte muy similares a los expuestos para la provincia leonesa, 10,64 Hl./Ha., resiste la comparación con la comarca investigada (Mª. J. López Álvarez, 1998:43).

---

[475] La aridez estival en el interior de la provincia ourensana condicionaba en mayor medida los cultivos que en las tierras costeras del Bajo Miño.

[476] Con los datos que nos ofrece M. Ardit para el País Valenciano, en las tierras de regadío podían incluso triplicarse los rendimientos del secano (1993 v. II:39-44). En palabras de F. Brumont, en el área mediterránea el regadío lo es todo transformando una llanura estéril en un jardín de abundancia (A. Antoine, J. M. Boehler, F. Brumont, 2000:164).

Sólo los rendimientos anuales característicos de las comarcas investigadas en la Galicia Occidental aportan cifras similares a las expuestas para el caso celanovés[477]. En la Península del Salnés las informaciones catastrales también reflejan importantes oscilaciones, desde los 12,57 Hl./Ha. de la Jurisdicción de la Lanzada hasta los 19,02 declarados en la parroquia de Simes[478]. En la comarca del Bajo Miño, en la antigua provincia tudense, se alcanzaban los 21 Hl./Ha. de media, resultado de la supuesta coexistencia de parroquias en las que se alcanzaban los 30 Hl./Ha., con otras en las que las cifras caían hasta los 13,1 Hl./Ha. (J. M. Pérez García, 1999b:161-162). Lo cierto es que las medias globales ofrecidas para la comarca celanovesa, son también el producto final de las compensaciones operadas a escala interparroquial entre entidades apenas distantes entre si a escala geográfica, aunque supuestamente separadas por diferencias insalvables en su cultura agraria.

A. Bouhier ya advirtiera en su momento sobre la existencia de una "infraevaluación espontánea" en las declaraciones catastrales que podría alcanzar 1/3 del producto y en algunos casos incluso la mitad (1979:1177)[479]. Por lo que respecta a la comarca de Celanova, coincidimos con el profesor J. M. Pérez García acerca de la complejidad de dicha ocultación catastral, mayor de lo que el referido geógrafo parece indicar con carácter general a partir del simple contraste de las Respuestas Generales (1984:418). En este sentido, la búsqueda de fuentes alternativas que nos permitieran contrastar las declaraciones catastrales se convirtió casi en una necesidad, vista la variabilidad de los rendimientos obtenidos sobre las teóricas rotaciones señaladas.

Como ya hemos indicado anteriormente, nuestros esfuerzos se concentraron en las escrituras de patrimonios eclesiásticos una vez comprobados los interesantes resultados obtenidos en otras investigaciones a partir de su utilización[480]. En esta ocasión, la fortuna no acompañó nuestra búsqueda y la necesaria eliminación de más del 80% de las 90 escrituras de patrimonios eclesiásticos localizadas para el período 1660-1850, redujo enormemente las posibilidades de dicha fuente[481]. Su utilización para los fines previstos resultó imposible en la mayoría de las ocasiones al ofrecer estimaciones monetarias en valor de renta, pese a ello, entendemos que las informaciones que nos aportan las 15 escrituras restantes son de gran valía como fuente alternativa al Catastro de Ensenada, dadas las comprobadas deficiencias que éste último presenta en el área de estudio.

En el Concilio de Trento se había establecido que todo aspirante a órdenes mayores debía disponer a título personal de unas rentas suficientes que garantizasen su manutención hasta obtener un beneficio eclesiástico con renta adecuada. Tal y como nos indica J. M. Pérez García, dicha norma constituye el trasfondo de este tipo de

---

[477] Prescindimos de establecer comparaciones con un importante número de estudios llevados a cabo sobre diferentes comarcas de la geografía gallega, por cuanto la presentación exclusiva de los resultados en ferrados de capacidad por ferrados de superficie dificulta sobremanera la obtención de conclusiones certeras. No obstante, si se desea hacer uso efectivo de sus datos, en su día incluimos un buen número de ellos en nuestra Tesis de Licenciatura (D. Rodríguez Fernández, 1999:47).

[478] El autor también sostuvo en su día la absoluta inviabilidad de tales diferencias en un mismo marco geográfico por lo que a su juicio, en la práctica las declaraciones catastrales miden diferentes grados de sinceridad, juzgados en este caso a partir de las cifras de la parroquia de Simes (J. M. Pérez García, 1979:195 y tabla 5-13).

[479] Plantear un porcentaje medio de ocultación para la documentación catastral gallega resulta una tarea dificultosa y arriesgada. Los rendimientos medios calculados para la comarca del Morrazo constituyen una prueba evidente de ello puesto que allí se constata una coincidencia absoluta entre las declaraciones catastrales y otras fuentes de control –patrimonios eclesiásticos del período 1722-1758-. Ambas fuentes arrojan unos rendimientos medios de más de 25 Hl. de grano por Ha. cultivada (H. M. Rodríguez Ferreiro, 2003 v. II:114).

[480] Véase al respecto (J. M. Pérez García, 1979:196-197) y muy especialmente del mismo autor (1983:63-98); (1984:415-450); (1999:221-245).

[481] Nuestra búsqueda se centró en el fondo de Capellanías Patrimoniales del Archivo Diocesano de Ourense que incluye escrituras clasificadas por orden cronológico desde el año 1660 hasta 1855. ADOU, Fondo Capellanías Patrimoniales, cajas 7.10.0 a 7.10.60.

escrituras, cuyos amplios expedientes generalmente se han conservado en los Archivos Dicocesanos[482]. El proceso de su elaboración se iniciaba con la presentación de una escritura patrimonial al obispo o arzobispo por parte del aspirante a presbítero; a partir de aquí se emprendían las averiguaciones en las que varios testigos respondían con sus propios bienes de los testimonios emitidos, ofreciendo sus valoraciones sobre las extensiones de los bienes raíces incluidos en el memorial y su producción estimada. Cuando dichas estimaciones hacen referencia a un valor monetario como expresión de la posible renta a obtener por una heredad en caso de aforamiento, no resultan de utilidad alguna para los fines previstos tal y como ocurre en la mayoría de las escrituras elaboradas en la comarca celanovense, siendo únicamente válidas en el caso de ofrecer datos concretos sobre producción[483].

Entendemos que el esfuerzo crítico llevado a cabo por el profesor J. M. Pérez García para mostrar la validez de esta fuente de cara al estudio de los rendimientos agrícolas en la Galicia del Antiguo Régimen, debiera haber eliminado las sospechas sobre una posible tendencia al fraude en sentido contrario al detectado en la documentación catastral. Sin embargo, no renunciamos a plantear nuestra propia valoración crítica sobre las escrituras de patrimonios eclesiásticos, pese al escaso volumen de la base de datos reunida, que en ocasiones dificulta la obtención de resultados con carácter concluyente[484]. La tabla 16 sirve a modo de presentación de las escrituras manejadas.

TABLA 16 • ESCRITURAS PATRIMONIOS ECLESIÁSTICOS COMARCA DE CELANOVA (1667-1835)

PERIODOS	n° casos	Total Ha. esp. Cult.	Total Ha. Esp. Inc.	Total Ha.	Media Esp. Cult.	Med. Esp. Inc.	Media global
1667-1729	4	12,56	4,82	17,38	3,14	1,20	4,34
1730-1793	7	12,34	8,51	20,84	1,76	1,22	2,98
1800-1835	4	8,63	6,93	15,56	2,16	1,73	3,89
TOTAL	15	33,62	20,26	53,78	2,23	1,35	3,59

De la misma manera que ocurre en la Galicia Occidental (J. M. Pérez García, 1984:422), nos encontramos ante explotaciones agrarias de gran tamaño, que superan ampliamente la media fijada a mediados del siglo XVIII para la comarca de estudio. Evidentemente, dado el reducido número de casos de los que se dispone, los patrimonios eclesiásticos tampoco se revelan como una fuente adecuada para la obtención de conclusiones sobre la evolución del tamaño de las explotaciones en el tiempo, no obstante si nos centramos en el análisis del período cronológico

---

[482] Estamos siguiendo sobre este punto la exhaustiva descripción del proceso de elaboración de los expedientes sobre patrimonios eclesiásticos que nos ofrece el citado autor en uno de sus trabajos sobre la expresada fuente. Véase al respecto (J. M. Pérez García, 1984:419-420)

[483] Es el caso del memorial de bienes redactado en 1785 a favor de José Vázquez, vecino de la parroquia de Rubiás que incluye entre otras parcelas la hereda da "Eira" en el término de Vilameá de 2 ferrados en simiente. Todos los testigos fijan su valoración en 100 ducados, por ser capaz de producir 20 ferrados de maíz al año, estipulando su producto libre en 10 ferrados. AHDOU , Fondo Capellanías Patrimoniales, caja 7.10.53. Como bien indica el profesor J. M. Pérez García, en algunas ocasiones únicamente se hace referencia al "producto libre", por lo que es necesario multiplicar las cantidades ofrecidas por 2, dado que tal como se expresa repetidamente en la documentación, se rebajaba la mitad de la producción para el cálculo del producto libre:"revajando de esta produccion su metad segun practica y estilo del país por respecto de su labranza, cultivo, herramientas y mas gastos anexos a aquella". AHDOU, Escritura a favor de D. Ramón Fernández de la feligresía de San Andrés de Penosiños, año 1819, caja 7.10.56.

[484] Partiendo de una base documental bastante amplia, el citado autor ha llevado a cabo un importante trabajo de crítica interna que le ha permitido demostrar la inexistencia de correlación alguna entre la escala de tasaciones y el nivel de rendimientos declarados en las escrituras patrimoniales. Evidentemente, se trataba de mostrar la validez de la fuente ante la posibilidad de un inflamiento en los rendimientos declarados en los patrimonios más débiles, con el fin de alcanzar la congrua mínima exigida por las autoridades eclesiásticas. Véase al respecto (J. M. Pérez García, 1984:421-425) y también del mismo autor (1999b:170-171).

central, la media de espacio cultivado por explotación resulta equivalente a la referencia indicada para el área de la Galicia Litoral (1,7 Ha.), mostrándose una vez más las diferencias que separan la cultura agraria de esta comarca de un buen sector de la Galicia Interior[485].

La labor de los testigos de parte y oficio también se presenta de manera muy coordinada en la documentación manejada. Salvo en un 33,3% de las ocasiones, sus testimonios son absolutamente coincidentes y las diferencias suponen correcciones mínimas sobre la valoración patrimonial tanto en sentido positivo como negativo (+2,56 y −2,53% respectivamente), lo que redunda en la validez de la fuente. Una última prueba sobre su coherencia interna puede observarse en la tabla 17, atendiendo a las declaraciones de rendimientos.

TABLA 17 • CATEGORÍAS PATRIMONIALES Y RENDIMIENTOS DECLARADOS			
PERIODO 1667–1729			
CATG. PATRIMONIAL (DUC.)	Nº CASOS	EXT. CEREAL (HA.)	REND. CEREALEROS (HL/HA.)
Hasta 1000	2	2,71	13,20
> 1000 y <=1500	2	7,51	12,72
Media	4	10,23	12,85
PERIODO 1730–1793			
CATG. PATRIMONIAL (DUC.)	Nº CASOS	EXT. CEREAL (HA.)	REND. CEREALEROS (HL/HA.)
>1500 y <=2000	2	2,33	31,52
>2000 y <=3000	2	3,38	30,28
>3000	3	3,40	25,69
Media	7	9,11	28,89
PERIODO 1800–1835			
CATG. PATRIMONIAL (DUC.)	Nº CASOS	EXT. CEREAL (HA.)	REND. CEREALEROS (HL/HA.)
>2500 y <=3000	2	1,85	32,85
>3000	2	2,32	33,60
Media	4	4,17	33,27

Se hacen necesarias algunas aclaraciones de cara a la comprensión de las cifras expuestas en el cuadro precedente. En primer lugar, el reagrupamiento de las escrituras por períodos cronológicos pretende hacer justicia a la lógica del comportamiento evolutivo de las tierras celanovesas, pero sin perder de vista las reducidas dimensiones de la base de datos que también impone sus propios criterios clasificatorios. Así, la naturaleza de las informaciones sobre rendimientos que se incluyen en las declaraciones patrimoniales marca un primer corte cronológico a partir de los años 30 del siglo XVIII, dado que hasta esa fecha todas las estimaciones de producción cerealera hacen referencia al cultivo de cereales de invierno (centeno o trigo), mientras que a partir de dicho momento es el maíz

---

[485] J. M. Pérez García ofrece una media de 4 Ha. de espacio cultivado por explotación para el área de transición a la Galicia Interior, como consecuencia evidente de la menor rentabilidad de las tierras que debía ser compensada con aumentos en la superficie cedida (1984:422).

la base de la práctica totalidad de las utilidades descritas[486]. Evidentemente, de cara al uso de esta fuente para los fines pretendidos se impone una nueva delimitación cronológica que establecemos a partir de los años 90 del siglo XVIII, a fin de no desvirtuar el contraste con las cifras contenidas en el Catastro de Ensenada[487]. Por otra parte, y como bien puede apreciarse en la tabla, la propia evolución de las tasaciones patrimoniales también incide sobre la necesidad de los cortes establecidos.

En cualquier caso, en esta ocasión el carácter reducido de la muestra genera dificultades evidentes a la hora de obtener datos concluyentes sobre el posible influjo del nivel de tasación patrimonial en los rendimientos declarados. De hecho, si bien en los períodos 1667-1729 y 1800-1835 no se constatan relaciones positivas entre ambas variables, en la etapa central de esta investigación sí se observa una disminución clara en la rentabilidad de la tierra conforme aumenta la valoración patrimonial. Dado que se trata de un problema puntual que afecta únicamente y de una manera nítida a esta fase cronológica, es difícil concluir si se trata de una consecuencia derivada del limitado número de informaciones disponibles o bien si es el fiel reflejo de un posible inflamiento en los rendimientos de los patrimonios menores a fin de alcanzar la congrua exigida por las autoridades eclesiásticas. No obstante, ese carácter puntual al que antes nos referíamos y el buen comportamiento que demostró la fuente en anteriores investigaciones realizadas sobre bases de datos más amplias, avalan a nuestro juicio la sensatez de la primera hipótesis, confirmando así la validez de los rendimientos declarados [488].

La tabla 18 constituye la primera comparativa efectuada entre los datos catastrales y las declaraciones patrimoniales, una vez aclaradas todas las cuestiones de carácter preliminar anteriormente expuestas.

TABLA 18 • RENDIMIENTOS MEDIOS CEREALEROS EN CATASTRO Y PATRIMONIOS ECLESIASTICOS				
CEREALES	Has. CONTROLADAS EN PATRIMONIOS	PRODUC. EN HL	MEDIA Hl./Ha.	RENDIMIENTO MEDIO PONDERADO EN CATASTRO (Hl./Ha.)
MAÍZ (1730-93)	9,11	263,24	28,89	19,59
CENTENO(1670-1729)	7,2	97,13	13,49	10,38
TRIGO (1670-1719)	3,94	54,88	13,93	13,02

[486] Como tendremos ocasión de comprobar en páginas sucesivas, el cálculo de estimaciones sobre la producción cerealera hasta los años 30 del siglo XVIII basándose exclusivamente en el cultivo de cereales de invierno no responde en modo alguno a la evolución real de la presencia de los distintos cereales en la cultura agraria celanovesa tal y como se desprende de la consulta de los protocolos notariales. Más bien parece tratarse de una convención modificada con carácter general a partir de la fecha indicada, que evidentemente impide cualquier posible comparación entre los rendimientos señalados para las fases comprendidas entre 1667-1729 y 1733-93.

[487] Una base de datos más amplia hubiera permitido el establecimiento de períodos cronológicos de menor duración, sin lugar a dudas mucho más efectivos de cara al análisis coyuntural, no obstante, las etapas marcadas no contradicen en términos generales la dinámica evolutiva de las tierras de Celanova.

[488] Incluso ante la posibilidad de un aumento deliberado de los rendimientos en los patrimonios más bajos, el cálculo de la media global para el período siempre otorga mayor peso dentro del conjunto a los patrimonios más ricos, coincidentes en términos generales con la presencia de mayores extensiones de tierra cultivable.

Analizados a título individual los tres cereales que obtienen presencia en la documentación patrimonial, y al contraste con los rendimientos medios ponderados recogidos en el Catastro de Ensenada, se observa un comportamiento netamente diferenciado para cada uno de ellos[489]. En el caso del maíz, una distancia insalvable separa las estimaciones de los testigos en los patrimonios eclesiásticos (28,89 Hl./Ha.) de las mediciones efectuadas a partir de la documentación catastral (19,59 Hl./Ha.), planteándose por lo tanto un nivel de ocultación en los rendimientos declarados de casi un tercio (32,19%). En este caso, el análisis a escala parroquial de los rendimientos medios ponderados del maíz declarados en el Catastro de Ensenada resulta ciertamente interesante [490], por cuanto permite comprobar la existencia de entidades parroquiales como es el caso de San Tomé de Barxa, que arrojan cifras incluso superiores a la media obtenida a partir de las escrituras patrimoniales. Habida cuenta de la difícil admisión de un inflamiento de rendimientos en una fuente de carácter fiscal, los 32 Hl./Ha. de maíz que se obtenían de media a mediados del siglo XVIII en la parroquia de Barxa suponen una prueba de carácter concluyente que confirma la validez de los datos extraídos de los patrimonios eclesiásticos[491].

Las diferencias entre ambas fuentes se reducen notablemente en el análisis de los rendimientos expresados para el cultivo del centeno (23,05%) y muy especialmente en el caso del trigo (6,33%), constatándose también en esta ocasión la presencia de entidades parroquiales en cuyos Libros de Respuestas Generales se declaran niveles de rentabilidad netamente superiores a los referidos en los patrimonios eclesiásticos[492]. No obstante, bien es verdad que en esta ocasión tampoco debemos olvidar que las cosechas estimadas en esta última fuente se refieren a un período cronológico previo a la elaboración de la documentación catastral.

En la tabla 19 se expone el cálculo definitivo sobre la ocultación media de los rendimientos declarados en el Catastro de Ensenada, atendiendo a las informaciones recogidas hasta el presente sobre el capítulo de rotaciones y rendimientos en la expresada fuente y en base a las conclusiones extraídas a partir de la consulta de otras fuentes alternativas -diezmos, inventarios post-mortem y escrituras de patrimonios eclesiásticos-.

TABLA 19 • % OCULTACIÓN RENDIMIENTOS EN CATASTRO CON RESPECTO A PATRIMONIOS ECLESIÁSTICOS	
	HL. /Ha.
RENDIMIENTO MEDIO PONDERADO EN CATASTRO (9 PARROQUIAS)	17,16
RNEDIMIENTO MEDIO PATRIMONIOS PONDERADO SEGÚN DIEZMOS	27,72
REND. MED. PATR. PONDERADO A PARTIR DESPENSA INVENTARIOS	27,64
% OCULTACIÓN CATASTRO EN BASE A DISTRIBUCIÓN DIEZMAL (%)	38,10
% OCULTACIÓN CATASTRO EN BASE A DISTRIBUCIÓN DESPENSA (%)	37,96

[489] Véase apéndice estadístico, tablas III.5, III.6 y III.7, relativas al cálculo de rendimientos simples y ponderados para cada uno de los cereales mencionados en la comarca de Celanova a partir de la documentación del Catastro de Ensenada.

[490] Véase apéndice estadístico, tabla III.5.b.

[491] Nuestros cálculos coinciden en gran medida con las apreciaciones del profesor A. Eiras Roel. A su juicio, los rendimientos del maíz declarados en el Catastro de Ensenada inferiores a 22 Hl./Ha. deben considerarse infravalorados, constituyendo dicha cifra un mínimo, reflejo de unos resultados "mediocres o muy mediocres". Dicho autor sitúa la norma en torno a 25 Hl./Ha., obteniéndose incluso en esta fuente no sospechosa de magnificación rendimientos de hasta 30 Hl./Ha (A. Eiras Roel, 1998:48).

[492] Véase apéndice estadístico, tablas III.6 y III.7.

Un 38% de los rendimientos cerealeros escaparían a nuestro control de utilizar exclusivamente las informaciones contenidas en el Catastro de Ensenada[493]. Las razones de facto que explican este elevado porcentaje de fraude creemos haberlas detallado adecuadamente en las páginas precedentes: la descripción de unas teóricas rotaciones bastante distantes de la práctica agraria que traducen los diezmos e inventarios post-mortem, y la evidente ocultación en las cifras sobre rendimientos declarados en la mayoría de las parroquias consultadas. A la vista de estas conclusiones, evidentemente no nos cabe mejor opción que remitirnos a las afirmaciones del profesor J. M. Pérez García una vez comprobada una ocultación media de más del 50% de los rendimientos en las parroquias más pobladas del valle del Rosal, en la comarca del Bajo Miño: "estos vecinos entendieron que la mejor forma de escaparse fiscalmente era reducir sus producciones"[494].

Los campesinos celanoveses de mediados del siglo XVIII redujeron deliberadamente sus cifras de producción agraria para abaratar sus cuotas fiscales. De ahí que, si la productividad por superficie medida a partir del Catastro de Ensenada ya presentaba unos valores notoriamente elevados, a la luz de las cifras recogidas en el cuadro precedente, los más de 27 Hectolitros de grano recogidos por Ha. sembrada de cereales nos sitúan juntamente con las tierras del Bajo Miño (27,8 Hl./Ha.) entre los ámbitos más productivos de la agricultura europea de Antiguo Régimen[495].

Además del análisis llevado a cabo sobre los rendimientos cerealeros, se impone la necesidad de efectuar otro tipo de cálculos de cara a un mayor acercamiento a la rentabilidad global de este modelo agrario. No debe olvidarse que a mediados del siglo XVIII la estructura de la agricultura celanovesa estaba marcada por la notable existencia de importantes superficies forestales entre las tierras de uso individual[496], y por la notoria presencia del cultivo de la vid en algunas de las parroquias que conformaban el marco investigado –más de un 30% del terrazgo cultivado declarado en los términos de Fechas y Vilanova-.

En la tabla 20 se plantea de nuevo un contraste entre la documentación del Catastro de Ensenada y los patrimonios eclesiásticos para el examen de los rendimientos no cerealeros.

---

[493] Como ya se ha señalado anteriormente, diezmos e inventarios post-mortem presentan una concordancia plena con respecto a la composición de la cosecha cerealera en tierras de Celanova a mediados del siglo XVIII. Ello explica la inexistencia de variaciones en el cálculo de rendimientos de utilizar una u otra fuente.

[494] El contraste que realiza el citado autor entre los datos obtenidos del Catastro y los resultados de la consulta de un importante volumen de patrimonios eclesiásticos arroja un porcentaje medio de ocultación para la comarca del Bajo Miño del orden del 25% de los rendimientos. También resulta interesante constatar el diferente grado de sinceridad que caracterizó a las declaraciones campesinas en el marco de un espacio geográfico "reducido". En las tierras más orientales de la comarca miñota las desviaciones entre ambas fuentes son mínimas, mientras que, en las parroquias más occidentales del valle del Rosal, la ocultación en el Catastro supera el 50% (J. M . Pérez García, 1999b:173-174).

[495] Existían rasgos profundamente diferenciadores entre las agriculturas flamenca y alsaciana de A. Régimen y el caso gallego (importante proceso urbanizador, elevado grado de desarrollo del mercado a partir de una red perfeccionada de rutas terrestres y vías fluviales –sobre todo en el área de los Países Bajos-). Sin embargo, resulta extraordinariamente cercana a la experiencia de nuestros antepasados la "revolución sin máquinas" (J. M. Boehler, 1995:85) centrada en el incansable trabajo sobre la tierra de los paisanos flamencos y alsacianos. Este incansable trabajo sobre la tierra, el arte de la jardinería trasladado a los campos y la creciente diversificación de su cultura agraria convirtió a estas áreas en territorios altamente productivos dentro del contexto europeo. En Alsacia el cultivo del trigo rendía una media de 15-20 Hl./Ha. y el centeno 20-25 Hl./Ha. (A. Antoine, J. M. Boehler, F. Brumont, 2000:392). En Flandes, considerado el jardín de Europa, en suelos de calidad no excepcional con una densidad de siembra de 1 a 1,5 Hl./Ha. se obtenían de 15 a 20 Hl. cereales panificables (C. Bruneel, F. Daelemans, M. Dorban, C. Vandenbroeke, 1987:307). Pese a los matices claramente diferenciadores, las culturas agrarias gallega, flamenca y alsaciana de A. R. comparten una elevada rentabilidad por superficie lograda en el marco de la pequeña explotación, tan anatemizada por los fisiócratas ilustrados, defensores de la gran propiedad como única vía de progreso. Aunque las comparaciones no resultan del todo adecuadas puesto que se trata de culturas agrarias netamente diferenciadas, es de justicia incluir también en el dominio de los altos rendimientos las tierras de regadío de la España Mediterránea, capaces de proporcionar hasta 24 Hl./Ha. por cosecha de grano –media entre 16 y 20 Hl./Ha.-, que podían incrementarse considerablemente cuando era posible obtener dos cosechas en un mismo año, como atestigua Cavanilles para varias localidades valencianas (M. Ardit, 1993 v. II:39-40).

[496] Como tuvimos ocasión de comprobar en el capítulo dedicado al análisis del espacio agrario, sotos de castaños, montes bajos y dehesas de robles sumaban un 35% del espacio declarado a escala comarcal.

TABLA 20 • ANÁLISIS COMPARATIVO RENDIMIENTOS MEDIOS EN CATASTRO Y PATRIMONIOS							
	PATRIMONIOS ECLESIÁSTICOS			CATASTRO			
	HAS. CONTROLADAS	PRODUCTO	MEDIA POR HA.	1ª C.	2ª C.	3ª C.	MEDIA POND.
VIÑEDO (HL. VINO)	4,77	130,30	27,32	27,62	19,33	12,78	23,02
PRADOS (CARROS HIERBA)	3,15	49,7	15,79	22,10	15,25	–	19,00
SOTOS (HL. CASTAÑAS)	1,88	48,05	25,5	23,30	16,76	11,35	16,91
MONTE (CARROS TOJO)	12,14	224,81	18,52	13,22	7,97	6,15	8,23
DEHESAS (CARROS LEÑA)	1,14	13,7	12,05	9,06	6,34	4,59	8,41

La tendencia al fraude en el Catastro de Ensenada no es únicamente privativa de las declaraciones sobre rendimientos en el caso de los cereales. Partiendo de la cautela que merecen los datos expuestos en el cuadro anterior debido a las reducidas extensiones de tierra controladas a través de patrimonios eclesiásticos, los campesinos celanoveses parecen haber omitido también en sus informes una parte sustancial de las cosechas de vino y castañas, así como de la producción anual estimada de tojo y leña[497]. Así, gracias a la ocultación de rendimientos, un 15,74% de la producción vitícola eludiría el control fiscal, un 33,69% de las castañas recogidas, más de un 44% de los carros de tojo cortados anualmente en los montes de uso individual y un 30,21% de los carros de leña desbastados en las dehesas de la comarca. En términos generales y exceptuando la producción de tojo, el fraude en los rendimientos declarados aparenta haber alcanzado menores dimensiones que el detectado en el caso de los cereales, quizá por el hecho de tratarse de productos de carácter secundario en la economía comarcal –caso del vino-, aunque tampoco debe descartarse la posibilidad de que el campesino los juzgara de menor importancia para el cómputo fiscal -castañas, carros de hierba, etc.,- .

A la luz de las informaciones transmitidas por el Catastro de Ensenada y ya anteriormente reseñadas, a mediados del siglo XVIII el cultivo de la vid debió adquirir cierta importancia en algunas entidades parroquiales ubicadas en el valle del Sorga. En parroquias como Fechas o Bobadela ocupaba un porcentaje destacado del espacio cultivable declarado (en torno a un 30%). Los rendimientos medios del viñedo celanovés establecidos a través del Catastro en 23 Hl./Ha. [498], no parecen desentonar e incluso quedarían en buen lugar comparados con las cifras de rentabilidad que se extraen a partir de esa misma fuente para conocidas comarcas vitícolas gallegas[499]. Sin embargo, la rentabilidad

---

[497] En el apéndice estadístico, tablas III.8, III.9, III.10, III.11 y III.12, puede consultarse el cálculo de rendimientos a escala parroquial en función de las informaciones contenidas en el Catastro de Ensenada para el conjunto de los productos incluidos en el cuadro anterior: vino, hierba, castañas, leña y tojo, respectivamente.

[498] Dicha media incluye también la producción de la vid a través del sistema de parras en los términos en los que se indica su presencia. Como puede apreciarse en el cuadro III.8 del apéndice estadístico, las parroquias de Barxa, Bobadela y Fechas incluyen un asterisco en la casilla correspondiente al cálculo de la media ponderada, dado que al desconocer la proporción que realmente alcanzaban viñedos y parrales entre las parcelas destinadas a la producción vitícola, optamos por realizar una estimación de rendimientos para cada calidad de tierra en base a la media aritmética del producto declarado en ambas dedicaciones.

[499] A partir de la documentación catastral, A. Huetz de Lemps (1967:814), P. Saavedra (1992:123) y R. López Pardo (1999:140) coinciden en la cifra en torno a 20 Hl./Ha. para los viñedos del Ribeiro del Avia. Un dato similar, -21 Hl./Ha.- resultaría para la comarca tudense del Bajo Miño. En el sur de la provincia de Lugo, aunque para los municipios de Carballedo y Chantada se documentan rendimientos elevados en las fuentes catastrales (37,5 Hl./Ha.), en tierras de la actual denominación de origen "Ribeira Sacra" estos descenderían hasta 25,4 (Pantón), 19 (Sober), 12,4 (Saviñao), e incluso 8,94 (Monforte) (P. Saavedra, 1992:123).

media de la producción celanovesa corregida a partir de la consulta de las escrituras de patrimonios eclesiásticos (27,3 Hl./Ha.), dista mucho de alcanzar las cifras que se barajan para otras comarcas gallegas con una decidida vocación vitícola. Dichas cifras parecen confirmar los términos en los que se refiere P. Gonzalez de Ulloa al valle de Celanova, del que afirma que es tan fértil que en su corto radio se perciben más de 50.000 ducados de renta eclesiástica, produciendo de todos frutos, aunque el vino es de inferior calidad (1950:224-227)[500].

Baste señalar a título comparativo los 51,6 hectolitros de vino por Ha. que se obtienen en el Salnés a través de las escrituras de patrimonios eclesiásticos, sin duda muy superiores a las cifras resultantes de la consulta del Catastro de Ensenada (15,4 Hl./Ha) (J. M. Pérez García, 1979:197 y tabla 5-13), mostrándose igualmente relevantes los casi 38 Hl./Ha. de la comarca del Bajo Miño, que traducen una ocultación de rendimientos en el Catastro del orden del 45,7% (J. M. Pérez García, 1999b:192)[501]. Aunque no en todas las investigaciones llevadas a cabo sobre el solar galaico con manejo de fuentes alternativas al Catastro de Ensenada se logran resultados tan brillantes como los arriba señalados. De hecho, la productividad del vino del Ribeiro a mediados del XVIII corregida a partir de patrimonios eclesiásticos se quedaba en 27,1 Hl./Ha., una cifra prácticamente idéntica a la arriba señalada para la comarca de Celanova (R. López Pardo,1999:144)[502].

No obstante, los expresados 27,3 Hl./Ha. reflejan un elevado nivel de rentabilidad por superficie si se comparan con las cifras sobre producción manejadas para los viñedos del interior peninsular: 7,96 Hl./Ha. en función de la consulta de protocolos notariales del siglo XVIII en el Valle del Esla (J. M. Pérez García, 1992:177), entre 10,3 y 11,3 Hl./Ha. en el Bierzo a partir del Catastro (J. M. Bartolomé Bartolomé, 1996:98-99)[503], 10 Hl./Ha. en Fuentes de Nava según estimaciones de F. Brumont para el siglo XVII a partir de inventarios, una cifra prácticamente idéntica a la que se obtiene en estas tierras castellanas para mediados del XVIII, 12 Hl./Ha. (1993: 99-100). Pese a las elevadísimas estimaciones de Cavanilles, 122 Hl./Ha., tampoco los viñedos valencianos ofrecían niveles de rentabilidad por unidad de superficie superiores a los gallegos. Al menos así lo sugieren los 14-22 Hl./Ha. que obtiene J. M. Pérez García en la Horta, los 9 Hl/Ha. de las viñas de secano alicantinas o los 19 Hl./Ha. de las regadías que sugiere E. Giménez (M. Ardit, 1993 v. II:46).

Por su parte, las praderías representan en el área de estudio entre el 8,5% del espacio cultivado declarado (valle del Sorga) y el 10,2% (valle del Tuño). En términos porcentuales la diferencia entre ambos valles no parece muy significativa, pero parece agrandarse a través del análisis de su tipología puesto que en el primer caso desconocemos si se trata de superficies irrigadas o de secano, mientras que en el valle del Tuño la práctica totalidad recibía regularmente las aguas de riego, según se desprende de las informaciones recogidas en el Catastro de Ensenada[504].

---

[500] En el marco geográfico en el que se desenvuelve esta investigación pertenecen al Señorío del Conde de Monterrey los territorios integrados en el antiguo concejo de Vilanova das Infantas, es decir las parroquias de Vilanova, Castromao, Viveiro y una parte de Freixo.

[501] A juicio del citado autor, los rendimientos del cultivo de la vid a mediados del siglo XVIII en el sector occidental del solar gallego alcanzaban de media los 43-44 Hl. por Ha., convirtiéndose así en el producto más rentable de las explotaciones agrícolas (1984:440).

[502] Resulta difícil el establecimiento de contrastes con otros espacios investigados de la geografía gallega como es el caso del Valle del Ulla donde a falta de cifras sobre fuentes alternativas, la variabilidad de rendimientos declarados en el Catastro de Ensenada va desde los 30,7 a los 5,1Hl./Ha. (O. Rey Castelao, 1981:109).

[503] En este caso, el autor no puede ofrecernos datos sobre rendimientos en protocolos notariales, no obstante, ensaya cálculos alternativos comparando las extensiones dedicadas a viñedo con las capacidades de almacenaje de los recipientes descritos, que darían rendimientos muy elevados de 40,3 Hl./Ha., netamente superiores a los celanoveses.

[504] A. Bouhier ya señaló en su día la existencia de municipios para los que el Catastro no distingue adecuadamente las superficies dedicadas a prados de regadío y prados de secano. No obstante, el citado autor incluye a las plataformas del medio y bajo Arroya en un segundo bloque de territorios dentro del solar galaico caracterizado por la elevada presencia de prados irrigados, que representaban entre el 6 y el 12% de la superficie agrícola declarada (1979:650-651).

A nuestro juicio, dada la utilidad declarada en carros de hierba seca para los de primera y segunda calidad, nos inclinamos a pensar que se trataba también en su mayoría de espacios irrigados. La razón de fondo es la distinción que se establece en las parroquias del valle de Ramirás entre prados de riega y prados de secano, siendo sólo los primeros los únicos capaces de producir heno para el almacenamiento campesino[505].

En el Catastro de Ensenada se regula una producción media de 19 carros de hierba seca por Ha. de superficie, resultando por lo tanto una rentabilidad superior a la que se obtiene a partir de los testimonios de los testigos en las escrituras patrimoniales consultadas, 15,79 carros/Ha[506]. Probablemente dicha situación derive de la escasa extensión de las praderías controladas a través de esta fuente (3,15 Ha.), pero tampoco podemos descartar en esta ocasión una mayor sinceridad en las declaraciones catastrales, sobre todo si tenemos en cuenta la elevada productividad por superficie que traducen las cifras anteriores al contraste con los escasos datos disponibles al respecto[507].

La importancia que presentaba este producto en la cultura agraria de la comarca se desprende de su valoración en términos monetarios, ya que un carro de hierba seca alcanzaba a mediados del siglo XVIII los 15,79 reales de vellón de media, muy distantes de los 3,5 reales que atribuyen las declaraciones campesinas para un carro de tojo.

Los cultivos y rendimientos anteriormente descritos para el terrazgo cultivado de la comarca de Celanova se asemejaban más a las prácticas dominantes en la cultura agraria de la Galicia Occidental que a los supuestos caracteres definidores del comportamiento de las tierras del interior lucense y ourensano. Sin embargo, el duro trabajo estival vinculado a la siega del heno y su posterior almacenamiento de cara a garantizar alguna reserva alimenticia para el ganado en el período invernal, y la notable presencia de sotos de castaños que representaban a mediados del siglo XVIII un 35,34% del monte declarado de uso individual, marcan claramente las diferencias que separaban la cultura agraria practicada en la comarca con las tierras de la Galicia más occidental.

A. Bouhier dibujó en su día las líneas directrices de la geografía del castaño en la Galicia de mediados del siglo XVIII. La progresiva disminución de los sotos en el suroeste litoral y miñoto con una clara tendencia a la progresión de este fenómeno desde el sur de la geografía gallega hacia el norte, su mantenimiento en vastas zonas de la meseta lucense y una importante presencia en las Montañas Orientales y en general en el extremo sureste del solar galaico. En definitiva, una geografía de grandes trazos que definía la imagen de un reparto bipartito del castaño, con representación mínima en el espacio agrícola de la Galicia Occidental y con una extraordinaria importancia en la mitad oriental. Una visión que a su juicio se confirmaba para mediados del siglo XIX en el diccionario de P. Madoz (1979:631).

---

[505] Una vez más, el regadío marca su diferencia en la comarca celanovesa. En las parroquias que conformaban la antigua Jurisdicción de Ramirás: Mosteiro, Rubiás y Vilameá, se declara de utilidad 2 carros de hierba seca para el ferrado de prado regadío de primera calidad y 1,33 carros para la segunda calidad, no constatándose la existencia de prados regadíos de tercera calidad. Se afirma igualmente que los prados secanos no producen hierba seca, solo pasto, regulando su utilidad en 16 reales para los de mejor calidad, 10 reales los de segunda y 8 reales los de tercera. Libro de Respuestas generales de la Jurisdicción de Ramirás, pregunta nº 12. Copia microfilmada. AHPOU. Como puede observarse en el apéndice estadístico, tabla III.9, en la comarca de Celanova los prados de inferior calidad no se segaban, dedicándose exclusivamente a la producción de pasto para el ganado.

[506] Como bien indica A. Bouhier a partir de la observación directa, la utilidad de los prados regadíos no se reduce a la producción de hierba seca para la alimentación del ganado en los períodos invernales. Al fin del invierno las praderías reverdecen rápido con las aguas de riego permitiendo uno o dos cortes de hierba verde o bien el pasto del ganado durante 4 o 5 semanas, posteriormente los prados se reservan para permitir el crecimiento de la hierba que únicamente será cortada cuando las gramíneas alcancen su punto óptimo de maduración (finales del mes de junio o principios de julio). Una vez segados los pastos, se reanudan de nuevo los riegos si el agua disponible lo permite, de lo contrario su utilización se reserva para las parcelas sembradas de maíz, de manera que a mediados del mes de septiembre el color verde vuelve a inundar estos terrenos, aptos de nuevo para el corte y consumo estabulado de hierba verde o bien para el pasto directo del ganado hasta que la climatología lo permita (1979:653-654).

[507] Los cálculos realizados a partir de los datos que ofrece A. Bouhier para los cotos de Damil y Felmil ubicados en el actual municipio de Begonte, arrojan una producción de 12 carros de hierba seca por Ha. en prados regadíos de primera calidad, 8 carros para las praderías irrigadas de segunda, y 6 carros en el caso de las superficies irrigadas de inferior calidad. (1979:654).

Estudios más específicos realizados a posteriori han venido a confirmar las apreciaciones de A. Bouhier. Así, J. M. Pérez García ha podido constatar la progresiva implantación del pinar a partir de los años 60-80 del siglo XIX en la comarca del Bajo Miño en claro detrimento de las dos especies arbóreas autóctonas, robles, y castaños[508]. P. Saavedra por su parte también ha destacado para mediados del siglo XVIII la importante presencia de los sotos de castaños en las tierras del Concejo de Viveiro, que cubrían el 13,5% de la superficie de aprovechamiento directo (1985:153).

En base a los datos del Catastro, los castaños ocupaban un lugar claramente destacado en el paisaje boscoso de la comarca de Celanova a mediados del siglo XVIII. Los sotos cubrían un 35% del monte declarado de utilización individual, si a ello sumamos una notable presencia de monte bajo (49,95% del total), en realidad las dehesas de robles únicamente representaban una parte mínima del espacio declarado a monte, en torno a un 15,05%. Es decir, en términos de superficie de dedicación específicamente arbórea, el castaño poblaba más de un 70% del total. Además, estos porcentajes de representación se ven confirmados a través de la consulta de otras fuentes alternativas al Catastro de Ensenada como puede apreciarse en la tabla 21.

TABLA 21 • DISTRIBUCIÓN ESPACIO INCULTO DE USO INDIVIDUAL EN COMARCA DE CELANOVA						
	CATASTRO DE ENSENADA (muestra 7 parr.)		PATRIMONIOS ECLESIÁSTICOS (1718–1790) (10 casos.)		INVENTARIOS Y PARTIJAS (32 casos) (1730–1779)	
	HA.	%	HA.	%	HA.	%
MONTE BAJO	113,49	49,94	7,50	56,32	16,60	69,57
SOTOS CASTAÑOS	80,31	36,34	4,22	31,70	6,12	25,67
DEHESAS ROBLES	33,442	14,72	1,60	12,01	1,13	4,743
PARCELAS DED. MIXTA *	–		–		30,12	

En el Catastro de Ensenada y en las escrituras de patrimonios eclesiásticos se han delimitado convenientemente las extensiones correspondientes a cada dedicación en las parcelas de tipo mixto, sin embargo en la documentación notarial resta un importante volumen de Has. de tierra controlada de las que se desconoce su dedicación concreta[509]. La presencia de esa significativa bolsa de parcelas de utilidad mixta en inventarios y partijas limita su uso para el

---

[508] Según se desprende de los datos que presenta el citado autor, a mediados del siglo XVIII el castaño todavía jugaba un papel relevante en el paisaje miñoto. Los castaños ocupaban en torno a un 25% de las parcelas de dedicación arbórea controladas en las escrituras de patrimonios eclesiásticos entre 1736-84, bien como utilidad exclusiva o en aprovechamiento mixto con los robledales. Los robledales eran la especie protagonista del momento copando más del 76% de las parcelas analizadas. Un siglo después, su presencia se reduciría al 10% de las parcelas por la evidente pujanza del pino que acabó desbancado al castaño en las de tipo mixto y al roble en las de dedicación exclusiva (J. M. Pérez García, 2000:93-95).

[509] Sirva únicamente a modo de ejemplo la declaración de bienes raíces que consta en el inventario de Don Domingo da Cal de la parroquia de Rubiás, donde se señala entre otras partidas la posesión de una parcela dedicada a monte bajo y prado de 1,5 ferrados de extensión, otro pedazo de labradío y prado de 0,5 ferrados, una tierra también de labradío y prado de 1,5 cuartos, etc. Fondo de Protocolos Notariales, Notario José González Carrera, caja 1293, año 1769, f. 3-9v. AHPOU.

cálculo de los porcentajes de representación que alcanzan las tres especies de tierra que conforman el inculto privatizado en la comarca celanovesa. Pese a ello, Catastro de Ensenada, patrimonios eclesiásticos y escrituras notariales coinciden en el diseño de un paisaje marcado por la trascendencia del monte bajo, la notoria presencia de los sotos de castaños y la relativa menor extensión de las dehesas de robles[510].

La importancia del castaño queda además bien atestiguada en la documentación notarial del período 1730-1779 puesto que un 71,1% de las 45 escrituras de inventarios y partijas consultadas revelan su existencia, bien por la mención de sotos castañales en el recuento de bienes raíces, o bien por la inclusión de castañas entre los componentes de la despensa campesina en el caso de escrituras sobre bienes muebles[511].

Vistos los datos arriba expuestos, no sorprende una ocultación de rendimientos en las declaraciones del Catastro de Ensenada de en torno a un 33% si se comparan las cifras medias de productividad estimadas en dicha fuente -16,9 Hl. de castañas verdes recogidas por Ha.-, con las obtenidas a partir de la consulta de patrimonios eclesiásticos, 25,5 Hl./Ha.

En el contexto del viejo complejo agrario gallego el monte representaba la continuación del labradío, "la condición misma de su existencia", de ahí quizá ese evidente interés por reducir de manera acusada su rentabilidad anual[512]. A juicio de A. Bouhier el inculto jugaba un doble papel en el antiguo complejo agrario gallego, como productor del tojo después convertido en abono en los establos campesinos, y como fuente de pastos que actuaban como complemento de los limitados recursos forrajeros disponibles (1979:809). En los Libros de Respuestas Generales del Catastro de Ensenada en la contestación a la pregunta número doce del Interrogatorio, se ofrece información detallada sobre las utilidades estimadas para los montes de uso individual de las tres calidades disponibles en el conjunto de parroquias que conforman el área de estudio[513]. Una vez traducidas a rentabilidades medias anuales por Ha. las cifras aportadas sobre períodos de corte y carros de tojos obtenidos, la media de 8,23 carros de tojo por Ha. y año reflejaría una supuesta ocultación de más de un 55% de los rendimientos declarados en las escrituras de patrimonios (18,52)[514].

Resta por señalar una única cuestión con respecto al aprovechamiento de los montes bajos en la comarca de estudio. En la década de los años 60 del siglo XX, A. Bouhier detectó el uso corriente de "estivadas" en los montes de uso individual de los actuales municipios de Celanova y A Bola calificándolas de prácticas de carácter residual en proceso generalizado de desaparición, consecuencia de un movimiento de larga duración que ya se encontraba

---

[510] A diferencia de lo señalado por J. M. Pérez García para las tierras del Bajo Miño , en la comarca de Celanova la primera vez que se menciona la presencia de pinares es en el año 1832 en el inventario de bienes muebles y raíces de José Pérez vecino de la Jurisdicción de Paizás, quien dispone de una parcela de 1,26 áreas plantada de pinos. AHPOU, Fondo Protocolos Notariales, Notario D. Jacinto Villar de Cue, caja 1431, f. 9-15v.

[511] En algunas regiones francesas el castaño también se encontraba fuertemente implantado durante la Epoca Moderna. Es el caso del reborde de Cevennes donde llegó a convertirse en el siglo XVI en una masa compacta, prácticamente un monocultivo. En estas áreas su desarrollo acompañó el crecimiento demográfico y supuso un remedio para la superpoblación o para compensar la penuria cerealera –caso de Vivarais- (A. Antoine, J. M. Boehler, F. Brumont, 2000:240). P. Saavedra ya ha señalado su especial relevancia en el viejo complejo agrario gallego; una importancia derivada de su elevado valor de uso, al margen de su reducido valor mercantil (1985:154). En páginas sucesivas tendremos ocasión de comprobarlo fehacientemente para la comarca celanovesa.

[512] En palabras de P. Saavedra, es fundamental tener en cuenta el papel múltiple del monte en la economía campesina gallega, porque sólo así puede explicarse no sólo la viabilidad de la pequeña explotación, sino la propia fortaleza de las comunidades rurales. (1996:618)

[513] Véase apéndice estadístico, tabla III.12.

[514] Aunque en páginas posteriores retomaremos esta cuestión, baste señalar que la productividad de los montes celanoveses reducida en el Catastro de Ensenada a 8 carros de tojo por Ha., quedaría a años luz de los 15 carros anuales por Ha. declarados en la mima fuente para la comarca del Bajo Miño (J. M. Pérez García, 2000:86)

en plena fase de desarrollo a mediados del siglo XVIII[515]. En opinión del citado autor a mediados del siglo XVIII el municipio de Celanova juntamente con el de Verea, constituían un importante islote aislado en el que dichas prácticas eran "relativement d'assez grande taille" (1979:884), sin embargo, en el minucioso vaciado que se ha llevado a cabo sobre los Libros de Respuestas Generales de la comarca celanovesa, únicamente se han detectado prácticas de rompimiento en los montes de uso individual de cinco de las treinta parroquias analizadas[516]. Si exceptuamos el caso de la parroquia de San Lorenzo de Cañón, en las restantes cuatro se produce una coincidencia absoluta en las declaraciones al señalar de manera unánime el rompimiento de los montes cada 30 años independientemente de su calidad, estimándose unos rendimientos de 18,63 Hl./Ha. para el cultivo del centeno en los de primera, 14,90 Hl./ Ha. en los de segunda y 9,31 en los de tercera calidad[517].

El rompimiento de las superficies a monte constituye pues una práctica residual en la comarca investigada a mediados del siglo XVIII. En este sentido debemos tener en cuenta el porcentaje de parroquias que declaran su uso y las múltiples informaciones contenidas en los Libros de Respuestas Generales, en las que se expresa la incapacidad de los montes comarcanos para cubrir las crecientes necesidades de "estrumen" para el abono. Así, al igual que ocurre en la parroquia de Santa Maria de Oza en la provincia de Coruña, los campesinos celanoveses también exponen en repetidas ocasiones una de las razones de fondo a las que alude A. Bouhier (1979:886) para explicar la desaparición de esta práctica en el sector occidental y central del solar galaico.

La parroquia de Celanova se incluía entre el reducido número de términos que declaraban el rompimiento de los montes de uso individual a mediados del siglo XVIII. Pues bien, con ocasión de las primeras comprobaciones al Catastro, en la nueva documentación elaborada el día 20 de agosto de 1763, se afirma "que ahora no se rompen los montes sirviendo únicamente para dar estrumen para el abono de tierras"[518]. También en las nuevas operaciones practicadas en la parroquia de Rubiás, los vecinos sostienen con relación a los cereales cultivados en las heredades labradías que "la paja de estas especies sirve para manutención de ganado y abono de tierras, y como no es bastante se busca a larga distancia broza de los montes"[519]. En el término de Vilanova se afirma que "lo que dan dichos montes se refunde en viñas y tierras de labradío a que con larga distancia no llega y se ven precisados a comprarlo en la plaza pública según en ella se vende"[520].

En opinión del profesor P. Saavedra en la Galicia de mediados del siglo XVIII las rozas perduraban allí donde la cantidad y la calidad del monte lo permitían, de ahí que la ausencia de rozas no debe ser identificada con la práctica de una agricultura avanzada sino como consecuencia de la escasez de los montes útiles disponibles[521]. Pese

---

[515] A su juicio y en función de las escasas informaciones de las que dispone al respecto, el retroceso de las estivadas podría haberse iniciado ya a mediados de los siglos XIII o XIV, aunque tampoco se descarta un ritmo de desaparición mucho más rápido marcando entonces un comienzo más tardío, en el tránsito de la Edad Media a la Edad Moderna. (A. Bouhier, 1979:879-887).

[516] Se trata de cinco de las quince feligresías que conforman el actual municipio de Celanova: Amoroce, Barxa, Cañón, Celanova y Rabal.

[517] En el caso de la parroquia de San Lorenzo de Cañón los montes de primera calidad se romperían cada 12 años, los de segunda cada veinte y los de tercera no eran objeto de este tipo de prácticas. Los rendimientos estimados para el centeno en los de primera calidad eran de 12,94 Hl./Ha. y de 7,76 Hl./Ha. en los de segunda.

[518] Nuevo Libro de Respuestas Generales de Celanova, f. 5, Archivo General de Simancas, D.G.R., legajo 1088.

[519] Nuevo Libro de Respuestas Generales de la parroquia de Rubiás, f. 12, AGS, D.G.R., legajo 1130.

[520] Nuevo Libro de Respuestas Generales de la parroquia de Vilanova, f. 12, AGS, D.G.R., legajo 1144.

[521] A mediados del siglo XVIII las rozas constituían una práctica generalizada en la cultura agraria de la antigua provincia de Mondoñedo, constatándose también su presencia en las parroquias de la rasa cantábrica o en el valle de Viveiro, donde se alcanzaban los mayores rendimientos a escala provincial (P. Saavedra, 1985:222).

a los problemas de ocultación que plantea el Catastro de Ensenada para el estudio de las superficies montuosas en la comarca celanovesa, un largo trecho parece separar la cultura del monte practicada en estas tierras de la imperante en otros ámbitos investigados del solar galaico en los que las rozas todavía se encontraban en plena vigencia. Es el caso de las parroquias de la antigua provincia mindoniense próximas al río Eo donde a tenor de las informaciones contenidas en los inventarios, los rompimientos en el monte proporcionaban prácticamente la mitad de la producción de cereal de invierno en los siglos XVII y XVIII (P. Saavedra, 1985:223-224)

III.1.4. La dinámica evolutiva de la cultura agraria celanovesa durante el Antiguo Régimen

Pese a las considerables deficiencias detectadas en la elaboración del Catastro de Ensenada para la comarca de Celanova, el análisis atento de las cifras que nos ofrece y su contraste con otras fuentes nos ha permitido obtener una visión bastante amplia sobre la cultura agraria practicada en estas tierras a mediados del siglo XVIII.

El elevado grado de ocultación en las extensiones de tierra declaradas dificulta sobremanera la obtención de conclusiones certeras sobre algunas cuestiones de especial relevancia tales como el nivel de ocupación del terrazgo o la verdadera importancia de las superficies de monte abierto. No obstante, el esfuerzo desarrollado en la corrección de datos a través de la consulta de fuentes notariales facilitó la comprensión de otras informaciones también de gran valor sobre el funcionamiento de este sistema agrario.

Así, el predominio absoluto del maíz, prácticamente en régimen de monocultivo, sobre un espacio agrario marcado por la notable presencia del regadío no nos ofrece dudas, al tiempo que se confirma el papel casi testimonial que jugaban el resto de los cereales –mijo, centeno y trigo- en las despensas campesinas de la comarca. Evidentemente, también destaca con luz propia entre las características más relevantes de este modelo agrario a mediados del siglo XVIII, su extraordinaria rentabilidad por unidad de superficie reflejada en una media de más de 27 Hl. de producción cerealera por Ha. cultivada. Una altísima rentabilidad que en gran medida era fruto del elevado grado de integración que se constata entre espacio cultivado y espacio inculto, claramente visible a partir de la trascendencia que alcanzan las superficies a monte en las declaraciones de uso individual.

Intentar comprender el proceso evolutivo que a lo largo de los tiempos modernos condujo a esta comarca a la situación anteriormente descrita para mediados del siglo XVIII y analizar en lo posible su evolución partiendo de ese estadio hasta mediados del siglo XIX, constituye el objetivo fundamental que ahora perseguimos. La base de datos conformada por 188 inventarios post-mortem y 22 partijas, a la que ya en páginas anteriores hemos aludido, será nuestra guía en la materia; su pauta en ocasiones problemática y confusa, en otros casos resultará notablemente esclarecedora. En cualquier caso, este asunto constituye una temática especialmente interesante por cuanto se trata de comprender la evolución sobre un área geográficamente integrada en una provincia gallega del interior, de una cultura agraria que a mediados del siglo XVIII presentaba unos caracteres prácticamente idénticos a los de las comarcas más avanzadas de la Galicia Occidental costera.

Desde su introducción a fines de los años 20 del siglo XVII a ambos lados de la Península del Salnés (J. M. Pérez García, 1981:132), el maíz es sin lugar a duda el elemento paradigmático que define el comportamiento del ecosistema agrario de esa Galicia Occidental durante los tiempos modernos.

Esta gramínea traída a Europa por Cristóbal Colón al regreso de su primer viaje tiene una presencia acreditada en el área mediterránea desde las primeras décadas del siglo XVI, aunque su cultivo masivo para la alimentación humana no se produjo hasta fines de la expresada centuria[522]. En España para el siglo XVI también se conoce la temprana presencia del maíz en Andalucía, Levante y Cataluña, sin embargo, en esas áreas su introducción no implicó cambios sustanciales en el sistema agrario[523], al contrario de lo que ocurrió en el norte peninsular. En Galicia, Asturias, Cataluña, P. Vasco y Navarra, el maíz sólo anunció su presencia en el siglo XVII, pero en un plazo relativamente corto de tiempo se convirtió en el cereal más importante (A. Eiras Roel, 1998:45)[524].

Su presencia mayoritaria en tierras de Celanova a mediados del siglo XVIII no nos ofrece duda alguna a juzgar por los porcentajes de representación obtenidos a partir de los pagos diezmales y en función de la consulta de la documentación notarial. Como vimos anteriormente, ambas fuentes matizaban en gran medida los datos catastrales reduciendo notablemente el papel que en la práctica jugaban el resto de los cereales mencionados en la fuente fiscal. ¿Cuándo y cómo se produce su difusión en la comarca analizada? ¿Cuál es la cultura agraria previa a su introducción?

En su emblemático estudio sobre la penetración del maíz en la Galicia Occidental, el profesor J. M. Pérez García concluyó la importancia de la altitud y la climatología como factores determinantes que condicionaron su expansión geográfica. Su adecuación fue rápida y plena en las tierras que no rebasaban los 300 metros de altitud –en el litoral del Salnés en los años 30 del siglo XVII ya representaba la mitad del granero–, a partir de aquí cada escalón de 200 metros a través de los grandes cursos de agua suponía un retraso cronológico de unos 25 años y una pérdida progresiva de intensidad de penetración. No obstante, no era tanto la distancia a la costa la que marcaba la cronología de su expansión, sino "la capacidad de cada cuenca de llevar las condiciones climáticas de las Rías Bajas hacia el interior y de desarrollar amplias vegas"[525].

El espacio objeto de nuestro análisis discurre sobre una de las plataformas que bordean el curso medio del río Arnoia en el suroeste de la provincia ourensana y su altitud media ronda los 550-600 metros. Confluyen pues en su descripción varias características en principio escasamente propicias de cara a la introducción del maíz, una altitud considerable y un clima de carácter continental marcado por una amplia oscilación térmica anual y una acusada aridez estival, obviamente como consecuencia de su ubicación geográfica en el sector oriental de la dorsal galaica, lejos ya del influjo oceánico. Únicamente concurre a su favor la presencia de una importante red fluvial vertebrada a partir del río Arnoia y sus dos afluentes, el Tuño y el Sorga, que estructura el territorio dividiéndolo en los dos valles ya anteriormente señalados.

La tabla 22 pretende dar respuesta a los interrogantes que se plantean sobre el proceso de penetración del maíz y su posterior expansión en este marco geográfico.

---

[522] El área del Véneto en la península italiana y el Baixo Montego portugués son las cunas admitidas para el inicio del cultivo popular del maíz en ambos países (A. Eiras Roel, 1998:40-43).

[523] En el País Valenciano el maíz vino a sustituir el cultivo del sorgo que practicaban los musulmanes andalusíes. Según se desprende de las informaciones de Cavanilles, a comienzos del siglo XVIII su papel complementario ya resultaba clave en los años de carestía. En esta área su cultivo también se concentró en las llanuras litorales y en algunas zonas regadías del interior (M. Ardit, 1993 v. II:286).

[524] A fines del siglo XVI y comienzos del XVII el maíz también empieza a aparecer en el País Vasco francés y en Bearn. Hacia 1635-45 se menciona en Lauragais reemplazando la zona del cultivo del pastel. Desde este punto avanzó hacia el sur (Pamiens, 1655), Este (Beziers, 1678) y Norte (Montauban, 1691). La crisis de 1694 favoreció su implantación en Quercy (A. Antoine, J. M. Boehler, F. Brumont, 2000:246).

[525] El citado autor descarta su entrada por vía terrestre a través de Portugal, apuntando a la vía marítima a través de las relaciones culturales con el Sur como foco fundamental de su introducción. Su primera aparición en las Rías Bajas centrales de Arousa y Pontevedra sería una prueba evidente de ello. (J. M. Pérez García, 1981:157).

AÑOS	N° ESCR.	PRESENCIA CEREALES	HL. GRANO	MIJO (%)	MAÍZ (%)	CENTENO (%)	TRIGO (%)
TABLA 22 • EVOLUCIÓN DE LA DESPENSA CAMPESINA EN LA COMARCA DE CELANOVA (1638–1854).							

TABLA 22 • EVOLUCIÓN DE LA DESPENSA CAMPESINA EN LA COMARCA DE CELANOVA (1638–1854).

AÑOS	N° ESCR.	PRESENCIA CEREALES	HL. GRANO	MIJO (%)	MAÍZ (%)	CENTENO (%)	TRIGO (%)
1638–59	23	15	57,14	51,36	0,00	47,54	1,10
1660–79	11	9	68,75	37,00	24,36	28,45	10,19
1680–99	18	15	164,86	18,56	59,57	20,16	1,71
1700–19	3*	1*	–	–	–	–	–
1720–39	3*	2*	–	–	–	–	–
1740–59	12	11	132,96	3,38	86,86	3,75	6,02
1760–79	21	16	254,40	1,22	94,35	2,03	2,40
1780–99	43	33	524,65	0,00	88,73	9,29	1,99
1800–19	15	4	22,32	0,00	97,89	2,11	0,00
1820–39	24	12	214,25	0,00	93,01	4,07	2,92
1840–54	13	5	146,92	0,00	97,23	2,77	0,00
TOTAL	186	123	1586,24	5,86	81,95	9,59	2,60

La importancia historiográfica de los inventarios post-mortem y su potencialidad de cara al estudio de una determinada cultura agraria es indudable. En esta ocasión nos centramos en el análisis de las despensas campesinas descritas al óbito de uno de los miembros de la unidad familiar. Voces más autorizadas que la nuestra y en un número ya ciertamente importante de trabajos han mostrado sus posibilidades en este sentido, aunque sí parece pertinente redundar sobre los inconvenientes que plantea la fuente en la medida en que éstos afectan también a la documentación consultada[526].

Si bien las variaciones geográficas en la medida del ferrado de capacidad son importantes en el área de estudio, la conversión a hectolitros en base a una tabla de equivalencias elaborada para cada una de las parroquias restó

---

[526] La utilización de los inventarios post-mortem va indisolublemente unida a la historiografía francesa y de manera muy particular a las investigaciones de P. Goubert sobre el Beauvais. En su interés por los documentos de primera mano, de tirada masiva y de naturaleza económica o marcadamente social (1982:23), P. Goubert hizo uso de ellos para "hilar más fino" superando la imagen de conjunto que ofrecen las fuentes catastrales y fiscales (1982:152). En el ámbito de los estudios gallegos, el profesor A. Eiras Roel definió los inventarios post-mortem como una de las escrituras reinas de la historia social, capaces de resolver problemas casi irresolubles en el ámbito de la historia rural, la historia urbana o la historia de las mentalidades (1981:28). Para la temática que nos ocupa, el expresado autor y R. Villares Paz los manejaron para mostrar la temprana importancia del maíz en el área rural compostelana (1975), posteriormente gracias a su consulta J. M. Pérez García (1981) estableció la cronología de la penetración del maíz en la Galicia Occidental y a su vez P. Saavedra (1984) hizo lo suyo

trascendencia a esta cuestión. Tampoco se plantearon problemas respecto a la posible confusión entre los términos mijo y maíz puesto que como ya se ha constatado en anteriores ocasiones (J. M. Pérez García, 1981:123), los protocolos celanoveses también ofrecen denominaciones claramente diferenciadas para cada uno de los dos cereales. En cambio, la presencia de un tercio de escrituras en las que no se incluye declaración alguna sobre el granero familiar nos alerta sobre la "frecuente insinceridad" de la fuente. Aunque, como bien afirma el profesor J. M. Pérez García, el hecho de que incida por igual sobre la totalidad del granero, no pone en peligro la distribución interna de las distintas especies[527].

Una vez planteadas todas estas cuestiones previas volvamos de nuevo sobre las cifras de la tabla 22. El maíz hace efectiva su presencia en los protocolos celanoveses a finales de los años 60 del siglo XVII. Concretamente, es en el mes de diciembre del año de 1667 tras la defunción de María Méndez vecina de la parroquia de San Munio de Veiga, cuando se incluyen entre las reservas de la despensa familiar además de trigo, castañas y alubias, 608,7 litros de maíz[528]. Esta es la primera referencia constatada de la que disponemos para fechar su cultivo en estas tierras. Su introducción se produce ya en la segunda mitad del siglo XVII, en clara consonancia con los datos de los que se dispone para otras áreas investigadas de la Galicia Occidental integradas en la denominada "zona de transición al interior"[529].

Se constata por lo tanto un retraso lógico en su introducción con respecto a las comarcas litorales de la Galicia Occidental y Cantábrica[530], aunque como ya apuntó en su día el profesor Pérez García, el desarrollo de la cultura del maíz en el norte peninsular no está marcado por la continuidad geográfica[531]. Resulta sorprendente la rapidez de

en el ámbito de la Galicia Cantábrica. En época ya más reciente, un buen número de autores también utilizó los inventarios post-mortem en sus estudios monográficos sobre diferentes comarcas gallegas con la finalidad anteriormente descrita, véase sino el trabajo de G. Quiroga Barro sobre la comarca de Viana do Bolo (1992), los de H. Sobrado Correa centrados en las tierras del interior lucense (1992) (2001), o el de A. Presedo Garazo relativo a tierras de Arzúa (1997).

[527] El expresado autor también señala otros factores al margen de la insinceridad de la fuente que explican las menguadas reservas campesinas. El hecho excepcional que representa la muerte, frecuentemente acompañada de gastos –pitanzas en los entierros, honras del séptimo día y ofrendas– , hace que en la mayoría de los casos las reservas de grano presentes en los inventarios se encuentren ya bastante debilitadas (1981:122-126).

[528] Archivo Parroquial de San Munio de Veiga. Inventario de bienes muebles de María Méndez. Notario Alonso Pérez, año 1667, s. f.

[529] En el término de Cerdedo en el valle del Lerez su presencia, aunque no su generalización, parece remontarse a los años cincuenta del siglo, sin embargo el endurecimiento del clima y el aumento notable de altitud retrasan su penetración en tierras de la penillanura coruñesa hasta los años 60 y 70 (J. M. Pérez García, 1981:137). Por su parte, B. Barreiro Mallón, tampoco localiza noticias seguras con respecto a su introducción en la cubeta de Xallas con anterioridad a la década de los 60 –año 1662- (1973:347).

[530] A finales de los años 20 del siglo XVII se produjo su introducción en la Galicia Occidental, constatándose su presencia a ambos lados de la Península del Salnés (J. M Pérez García, 1981:132). En tierras del Morrazo concretamente su primera aparición data del año 1618 (H. M. Rodríguez Ferreiro, 2003 v. II:73). Según se desprende de los datos del profesor P. Saavedra, el maíz también se cultivaría a fines de la década de los años 30 en la Mariña y en el valle de Viveiro, diez años después su presencia se extiende a los valles costeros más interiores y en la década de los 60 su expansión alcanzaría hasta los sectores más desfavorecidos de la costa cantábrica gallega (1984:322-325) (1985:177).

[531] Asturias y Cantabria fuertemente tocadas por la crisis finisecular fueron sus primeras tierras de adopción en el Norte Peninsular. En la costa asturiana, en el entorno de Avilés el maíz ya estaba presente a fines del siglo XVI, aunque en cantidades muy reducidas. Su introducción en profundidad se produjo en las primeras décadas del siglo XVII (B. Barreiro, 1984:298). En Cantabria su difusión por la Marina y los valles del interior también debió ser inmediata tras las crisis de subsistencias de 1598-1602, 1605 y sobre todo 1607. Su aceptación fue tan rápida que ya en 1611 se exportaron por los Riberos de la ría de Santander 50 fanegas, que ascendieron a 830 en 1612 (R. Lanza García, 1991:162). A ambos lados de esta área, en el País Vasco y en las Rías centrales de la Galicia Occidental su acogida fu más tardía coincidiendo con el período de crisis comprendido entre 1626-44, después se sumaron la Galicia Cantábrica y las tierras litorales fronterizas con Portugal (J. M. Pérez García, 1990:86-87). En la Navarra húmeda del N.O. el maíz se conocía y cultivaba desde mediados del siglo XVII. En el valle de Baztan ya existen noticias de su cultivo a partir de los años 40, produciéndose también aquí una rápida generalización, acorde con el fuerte crecimiento poblacional que experimenta el valle entre 1646 y 1678 (A. Arizcun Cela, 1988:211). En el año 1700 se fecha el primer precio de tasa del maíz en este territorio de acuerdo con una petición que elevaron varios valles de la Merindad de Pamplona, lo que implica que en este período ya había alcanzado una importancia destacada en la Navarra húmeda. Como en el caso gallego, el área navarra su cultivo se detuvo en la barrera bioclimática de Urbasa-Andía,

su expansión en la cultura agraria de esta comarca de la Galicia Interior. En las dos últimas décadas del siglo y pocos años después de su introducción, el maíz ocupaba ya el primer puesto en el granero comarcal representando casi el 60% de las reservas de cereal acumulado en las despensas campesinas[532]. La extraordinaria rapidez de su difusión y su primacía a fines del siglo XVII en esta cultura agraria contrasta de manera evidente con el papel secundario que por aquel entonces seguía desempeñando en las tierras de transición a la Galicia Interior o incluso en la rasa cantábrica, pese a su temprana presencia en este último marco geográfico[533].

A nuestro juicio su rápida expansión en tierras de Celanova se explica en gran medida a partir de la notable importancia que adquiría el cultivo del mijo en la cultura agraria de la primera mitad del siglo XVII. Cuando menos desde la década de 1630 y hasta la introducción del maíz, el mijo suponía en la práctica más de la mitad de la cosecha anual cerealera. Lamentablemente carecemos de referencias sobre los trazos agrarios de la comarca con anterioridad a los años 30 del siglo XVII puesto que la consulta de los Expedientes de Hacienda, tan provechosa para el análisis del hábitat y poblamiento celanoveses de fines del siglo XVI, resultó absolutamente infructuosa en esta ocasión al no localizarse ni una sola relación de cosechas entre los legajos examinados[534]. Sin embargo, la lectura de los datos contenidos en la tabla para el período comprendido entre 1638 y 1659 parece bastante clara, constatándose el predominio de una cultura agraria previa a la introducción del maíz marcada por la importancia del binomio mijo-centeno y la escasa presencia del trigo.

La difusión del mijo menudo constituyó la novedad más destacada del sistema agrario gallego en el siglo XVI (C. Fernández Cortizo, 1998:352)[535]. Conocido ya desde la Baja Edad Media, vivió una importante expansión a lo largo de esta centuria que lo convirtió a ojos de la historiografía modernista gallega en el principal responsable de los notables contrastes comarcales visibles ya en las postrimerías del siglo y en los años iniciales del siglo XVII[536].

A juzgar por los datos disponibles, su importancia era indudable en las comarcas litorales de la Galicia Occidental y en los valles prelitorales. En estas áreas a comienzos del siglo XVII su participación en la despensa oscilaba entre el 40,4% y el 45%[537], pero su papel decrecía de manera considerable a medida que se avanzaba hacia el interior.

separación del influjo oceánico del mediterráneo -a la Merindad de Estella no llegó hasta mediados del siglo XVIII- (A. Floristán Imízcoz, 1982:·09).

[532] Esta rapidísima expansión parece incluso equiparable a su vertiginosa evolución durante los decenios de 1630 y 1640 en las Rías centrales de la Galicia Occidental (J. M. Pérez García, 11981:133), o en las primeras décadas del siglo XVII en el litoral asturiano (B. Barreiro, 1984:34).

[533] En el último cuarto del siglo XVII en el área de transición al interior –municipios de Cerceda, Pino, Boimorto, Cruces o Cerdedo- el maíz ocupaba el segundo lugar del granero (25%), tras el dominante centeno (J. M. Pérez García, 1981:137). En la Mariña, si exceptuamos el Valle de Viveiro donde también alcanzó un porcentaje mayoritario de la despensa campesina, en el resto de los espacios analizados –O Valadouro, Lourenzá y Cabarcos, parroquias del curso bajo del Eo-, en las dos últimas décadas de la centuria los cereales de invierno seguían manteniendo su primacía en la despensa campesina, con cotas de participación nunca inferiores al 50% (P. Saavedra, 1985:176-178). Las rentas que cobraba el Priorato de Cascas en las Mariñas de Betanzos muestran la lenta progresión del maíz en esta área. De hecho, sólo a fines del siglo XVIII alcanza una presencia mayoritaria en el pago de las rentas (P. Saavedra, 1990:22).

[534] Tras la consulta del Inventario Topográfico General de los Expedientes de Hacienda custodiados en el Archivo General de Simancas, se examinaron los legajos 79, 341 y 376 referidos al área de investigación. En ellos se han localizado abundantes averiguaciones sobre vecindades referidas a las tierras de Celanova, sin embargo, en ningún caso se observó la presencia de informaciones de cariz económico.

[535] El mijo y el panizo proceden de los centros difusores asiáticos. A juicio del profesor A. Eiras Roel, su penetración en Occidente se daría por vía terrestre, al contrario que el arroz o el maíz, considerados productos ultramarinos dada su difusión por vía marítima (1998:34).

[536] Véase al respecto (P. Saavedra, 1991:66-76), (P. Saavedra, 1999:81-82) o (C. Fernández Cortizo, 1998:352-353).

[537] Las rentas que percibía el monasterio de Franqueira en tres parroquias del Bajo Miño constituyen un testimonio elocuente del papel que desempeñó el mijo en algunas áreas de la Galicia Occidental, previa expansión del maíz. En estas parroquias entre 1585 y 1639 el mijo representaba entre el 60 y el 70% de la cosecha cerealera (P. Saavedra, 1999:81). En la península del Morrazo, en los inventarios del período 1600-29, el mijo representaba también la proporción mayoritaria de la cosecha campesina (50,5%) (H. M. Rodríguez Ferreiro, 2003 v. II:73). En la tierra de Santiago, las declaraciones sobre producción realizadas con motivo de las Averiguaciones Alcabalatorias de fines del siglo XVI también convierten al mijo en la cosecha cerealera más importante de la zona -44,5% de la producción- (J. E. Gelabert González, 1982:72).

Prueba de ello es su reducida presencia en la despensa cerealera de las comarcas de transición, 20,4%, (J. M. Pérez García, 1981:131-136), y su práctica desaparición en las tierras del interior de la provincia lucense donde únicamente representaba el 2,6% de los cereales inventariados en la primera mitad del siglo XVII (H. Sobrado Correa, 2001:246). En el litoral cantábrico y en los fructíferos valles de Viveiro, Lourenzá, o Valadouro o Sante, el mijo también suponía a fines del siglo XVI y en la primera mitad del siglo XVII entre el 30 y el 50% del total de cereales producidos (P. Saavedra, 1985:170).

El progresivo descenso del cultivo del mijo en la Galicia del Interior contaría con la salvedad reconocida de ciertas parroquias ourensanas en las que dicho cereal representaba una parte fundamental de la cosecha anual. Según se desprende de las relaciones de cosechas contenidas en los Expedientes de Hacienda, en el municipio de Bestearía el mijo representaba de dos tercios a tres cuartas partes de la cosecha, en el término de Arnoia el 43,5% y en Ribas de Miño el 28,4%. En su día, el profesor P. Saavedra vinculó estos casos, teóricamente excepcionales en una provincia del interior de la geografía gallega, con el predominio en esas tierras de una cultura vitícola que en cualquier caso relegaba el cultivo de los cereales a un papel complementario (P. Saavedra, 1991:71)

Evidentemente, el diferente grado de expansión del mijo no hace sino reflejar las diferencias existentes en los sistemas de rotaciones practicados en la Galicia de fines del siglo XVI y comienzos del XVII. (C. Fernández Cortizo, 1998:332). Como bien afirma el profesor P. Saavedra dicha desigualdad no ofrece duda alguna, aunque actualmente resulte bastante difícil sino imposible precisar con detalle las rotaciones practicadas en la Galicia del mijo[538]. En el caso de las tierras de Celanova y según se deduce de las despensas de los inventarios, en la primera mitad del siglo XVII la rotación de un cereal de invierno –centeno- y un cereal de primavera –mijo-, parecía dominar largamente la cultura agraria de la comarca, aunque lógicamente desconocemos el peso del barbecho y el posible carácter bienal o trienal de las rotaciones establecidas. No obstante, parece bastante lógico el predominio de un sistema agrario marcado por un cierto grado de intensificación, de lo contrario resultaría del todo imposible explicar la presencia ya a fines del siglo XVI –más de medio siglo antes del triunfo de la cultura del maíz-, de una elevada ocupación del espacio probablemente superior incluso a los 40 hab./Km^2 [539].

Los datos expuestos en la tabla 22 aportan indicios interesantes sobre la difusión de la nueva cultura del maíz en el marco de nuestra investigación. Su rápida expansión se produjo a costa del progresivo y paralelo declive de los dos cereales que conformaban el binomio productivo básico en estas tierras. De ahí que, en las décadas finales del siglo XVII, la presencia del mijo y centeno en las despensas campesinas de la comarca había sufrido una profunda caída, del orden del 60% con respecto al período inicial de análisis. Lamentablemente, el escaso número de escrituras disponibles para el período 1700-1739 obliga a prescindir de su uso para evitar cifras aberrantes, no obstante, resulta evidente la marcha evolutiva hacia un modelo agrario centrado en el laboreo del maíz prácticamente en régimen de monocultivo.

---

[538] En opinión del citado autor, podrían darse diferentes variantes, desde combinaciones de ritmo trienal a base de cereal de invierno-mijo-descanso, hasta combinados bienales con cereal de invierno-mijo, o incluso con la recolección de tres cosechas en dos años introduciendo de manera intercalar los nabos o el alcacén. Incluso existirían otras posibilidades dando entrada también al lino. A su juicio, sean cuales fueren las rotaciones practicadas, hacia 1600 el barbecho largo habría desaparecido de la Galicia del mijo (1991:75) (1999:80-81).

[539] Intensificación agrícola, que en cualquier caso no entraría en contradicción con una importante componente silvo-pastoril. Como afirmó el profesor P. Saavedra para el ámbito de la Galicia Occidental, dicha componente todavía jugaba un papel muy destacado en la economía campesina en los años 40-80 del siglo XVII en claro contraste con la realidad de mediados del siglo XVIII (P. Saavedra, 1999:82). Prueba evidente de ello es la profunda transformación del paisaje agrario de la Galicia Occidental desde fines del siglo XVI a mediados del XVIII (C. Fernández Cortizo, 1994:211-225), como vimos también claramente patente en el caso celanovés.

Como se aprecia en la tabla, en el marco de esta nueva cultura del maíz ya plenamente vigente a mediados del siglo XVIII[540], el centeno nunca dejó de cultivarse en el espacio geográfico analizado prolongando a lo largo de los tiempos modernos su pírrica representación en las despensas campesinas, seguramente debido a su frecuente utilización para el pago de las rentas forales. El mijo en cambio desaparece de la documentación notarial en los años 80 del siglo XVIII, convertido en una reliquia del pasado su cultivo no tenía sentido ante el dominio absoluto del maíz, más productivo y de mejor paladar que su antecesor en la cultura agraria celanovesa de la temprana edad moderna.

Las informaciones contenidas en el Libro de Granería y Encabezado de Rentas del Monasterio de San Salvador de Celanova para el período 1828-35[541], resultan ciertamente elocuentes al respecto de los cambios acaecidos en este sistema agrario durante el Antiguo Régimen y las "problemáticas" derivadas del triunfo de una cultura agraria centrada en la siembra del maíz en régimen de monocultivo. Dada su notoria claridad nos limitamos a transcribir los párrafos siguientes:

"Por asunto de renta que tienen los foros suele ser generalmente con la pensión de pagar centeno y que por falta de este grano acostumbran los colonos a pagar maiz, cuia medida es mayor por darse colmada o acugulada, no obstante que ellos lo hacen libre y espontáneamente… y por su propia conveniencia, interés y utilidad se les debe hacer presente que no tienen más obligación que la de pagar sus foros en la especie o grano de centeno o su valor según las valías de los meses de maio y junio y asi mismo advierten los graneros que el recibir maiz por centeno aun siendo mayor el valor de aquel, constituie al Monasterio en la obligación de tomárselo, aunque algún año o años valga más el centeno, porque así lo pide la equidad y justicia de un contrato tácito y solo hecho, fundado en el principio vulgar pero cierto "qui sentit commodum, debet sentire incommodum".

Hay algunos foros o patronatos que ademas de la renta de trigo, centeno o cebada, traen algunas fanegas o tegas de menudo: esto es millo menudo. Quando se hicieron dichos foros era común este grano y se pagaba en su propia especie por la tega del maiz o la del centeno acugulada. Hace ia años que se ha desterrado esta semilla de este partido. Desde entonces comenzó a alterarse la paga o cobranza de este fruto pues unos a falta de menudo pagaban centeno por su propia medida rasa, y otros pagaban y pagan maiz como llaman vulgarmente "millo grosso" por su medida, esto es acugulada, y otros pagan en maiz por la medida rasa del centeno; y esta es la que parece paga mas equitativa porque el menudo ni vale tanto como el maiz medida por medida ni vale tan poco como la media medida del maiz, como quieren algunos fundados en que el menudo es medio fruto o medio precio del maíz.

Los cabezaleros sin escrúpulo alguno obligan a pagar a los colonos la renta del menudo por medida llena y entera, si es de centeno raso y si es de maiz acugulado. Si después le falta alguna renta para completar su foros (que siempre procuran que les falte), dicen a los graneros que son de menudo porque no se lo pagaron y pide que se los cobre a medio precio…Para evitar estos inconvenientes los graneros deben prever a los cabezaleros para que adviertan a los conforeros para que paguen la renta del menudo en su especie comprándolo en las inmediaciones pues lo hay en la parroquia de Espinoso, Puente Deva y otras, y a los propios graneros y al Monasterio les tendrá mucha quenta este grano para las gallinas y palomas, o que si no quieren tomarse la molestia de buscar y comprar menudo, en tal caso lo paguen o en centeno por su medida, o en maiz con medida rasa". Libro de Granería y Encabezado de Rentas del Monasterio de San Salvador de Celanova para el período 1828-35, f. 4[542].

---

[540] La vigencia de esta nueva cultura agraria del maíz a mediados del siglo XVIII ya hemos tenido ocasión de analizarla en páginas anteriores. Véase al respecto el capítulo dedicado al estudio de las rotaciones y rendimientos en la cultura agraria de mediados del siglo XVIII.

[541] AHPOU, Sección Clero, Libro de Granería y Encabezado de Rentas del Monasterio de Celanova, 1828-35, sig. 234.

[542] En Galicia, los grandes perceptores de rentas, en particular los monasterios benedictinos y del Cister parecen haberse guiado en la administración de su riqueza por las pautas de la llamada "economía moral", aspirando más a perpetuarse en su situación hegemónica en el tiempo largo, que a ganar lo más posible en los malos años (P. Saavedra, 2003:195).

Las recomendaciones del Monasterio a sus cabezaleros para garantizar el adecuado cobro de las rentas forales confirman algunos de los trazos más relevantes que marcan la evolución de esta cultura agraria a lo largo de los tiempos modernos, desde la desaparición del mijo y el radical derrumbe del centeno hasta la imposición absoluta del maíz. Su cultivo sin intermisión en las tierras de labradío acabó provocando incluso su necesaria utilización para el cumplimiento de las cargas forales campesinas ante la práctica eliminación de los cereales de invierno de las heredades celanovesas. Estas recomendaciones también nos introducen en el análisis de determinadas temáticas de cariz social vinculadas a las transformaciones agrarias anteriormente descritas. Particularmente centra nuestra atención la evolución en el tiempo del porcentaje de declarantes de las distintas especies de grano, por cuanto constituye el único indicador del que disponemos sobre la trascendencia social de los cambios acaecidos en la cultura agraria celanovesa. Véase al respecto la tabla 23.

TABLA 23 • PRESENCIA DE LAS DISTINTAS ESPECIES DE GRANO EN LOS HOGARES									
AÑOS	% ESC. CON GRANO	MIJO		MAÍZ		CENTENO		TRIGO	
		A	B	A	B	A	B	A	B
1638–59	65,22	43,48	66,67	0,00	0,00	34,78	53,33	8,70	13,33
1660–79	81,82	45,45	55,56	27,27	33,33	27,27	33,33	36,36	44,44
1680–99	83,33	50,00	60,00	77,78	93,33	38,89	46,67	11,11	13,33
1700–19									
1720–39									
1740–59	91,67	25,00	27,27	83,33	90,91	33,33	36,36	16,67	18,18
1760–79	76,19	4,76	6,25	76,19	100,00	23,81	31,25	9,52	12,50
1780–99	76,74	0,00	0,00	69,77	90,91	30,23	39,39	11,63	15,15
1800–19	26,67	0,00	0,00	20,00	75,00	6,67	25,00	0,00	0,00
1820–39	50,00	0,00	0,00	50,00	100,00	12,50	25,00	4,17	8,33
1840–54	38,46	0,00	0,00	38,46	100,00	15,38	40,00	0,00	0,00
TOTAL	66,13	15,05	22,76	51,08	77,24	25,27	38,21	10,22	15,45

A:% con respecto al nº total de escrituras con presencia bienes muebles.
B:% con respecto al grupo de los que incluyen reservas cerealeras.

En el período previo a la expansión del maíz, el mijo no sólo representaba una parte importante del granero, sino que también era el cereal de mayor proyección social entre los hogares inventariados. En las décadas finales del siglo XVII, pocos años después de su introducción a fines de los años 60, el maíz ya suponía una proporción mayoritaria de las reservas cerealeras de la comarca. El cuadro precedente nos informa de que esta fase coincide también con un rápido proceso de generalización de su cultivo entre un sector mayoritario del campesinado celanovés, más de un 77% del vecindario recogido en esta muestra para las dos últimas décadas del siglo. Además, se confirma también para tierras celanovesas la vinculación del conjunto de la comunidad campesina con el proceso introductor del maíz, en la medida en que entre las 17 familias "pioneras" localizadas en la segunda mitad del XVII, se encuentran representados los tres sectores en los que se estructuró la sociedad campesina celanovesa del momento[543]. Así, un 41,17% de las mismas se incluye en las cotas inferiores del campesinado, un porcentaje idéntico formaba parte de las capas intermedias de la sociedad y un 17,64% lo conformaban hogares de ricos campesinos[544].

Pese a la rapidísima propagación social del maíz, un sector importante de la comunidad campesina debió seguir reservando unos ferrados de su explotación para la siembra de los dos cereales predominantes en la antigua cultura agraria celanovesa. De ahí que mijo y centeno sigan formando parte de la despensa cerealera de una significativa proporción de los hogares inventariados, aunque el volumen de grano recogido en los mismos implique un drástico descenso de su cuota de participación en la despensa campesina, síntoma evidente del paulatino repliegue de su cultivo en las tierras de la comarca.

Lamentablemente, la práctica inexistencia de fuentes para las cuatro primeras décadas de la centuria ilustrada dificulta el posible trazado de una línea evolutiva que marque el retroceso del cultivo del mijo en la sociedad celanovesa hasta su drástica desaparición en la segunda mitad del siglo. Sin embargo, no parece difícil presuponer su lento declive durante la primera mitad del siglo XVIII, limitándose su presencia a una proporción cada vez más reducida de la muestra manejada. En el caso del centeno, su vinculación con el pago de las rentas forales favorece su pervivencia en una proporción todavía significativa de los hogares inventariados para la segunda mitad del siglo XVIII, en torno a un tercio del total. A la vista de los porcentajes recogidos en el cuadro precedente, no resultan extrañas las recomendaciones de los graneros del Monasterio Celanovense sobre la necesidad de admitir los pagos de los foreros en maíz ante la falta de centeno. En la primera mitad del siglo XIX menos de la sexta parte de los hogares inventariados declaran existencias de este cereal.

El rotundo triunfo que significó a la postre la introducción del cultivo del maíz en el marco de nuestra investigación y su liderazgo en la cultura agraria de los tiempos modernos no ofrece duda alguna a tenor de los datos analizados hasta el presente. Su progresiva imposición en régimen de monocultivo durante la segunda mitad del siglo XVIII es la razón de fondo que explica la mediocre presencia de la patata en las heredades labradías de la comarca durante la primera mitad del siglo XIX. En la tabla 24 se incluyen las cantidades de este fruto que se declaran en la documentación notarial y la proporción que representan con respecto a la cosecha de cereal.

TABLA 24 • LAS PATATAS EN LA CULTURA AGRARIA CELANOVESA						
AÑOS	TOTAL CEREAL (HL.)	PATATAS (HL.)	%	N° ESCRIT. CON PRESENCIA DE GRANO	ESCRITURAS DECLARAN PATATAS	%
1790–1809	368,79	3,26	0,88	21	1	4,76
1810–29	153,51	12,63	8,23	8	4	50,00
1830–50	214,52	11,81	8,04	10	2	20,00
TOTAL	736,82	27,70	3,76	39	7	17,95

[543] Se trata de una clasificación social desarrollada en base al establecimiento de un índice sobre el nivel de vida familiar a partir de las declaraciones de bienes muebles. Véase al respecto sobre su confección (D. Rodríguez Fernández, 1999b:193-201).

[544] Similares conclusiones obtiene J. M. Pérez García en su estudio sobre la penetración del maíz en la Galicia Occidental. Los pequeños y medianos campesinos fueron los que primero iniciaron su cultivo puesto que su introducción estuvo siempre más ligada a la autosuficiencia campesina que a la búsqueda de excedentes comercializables por parte de los ricos labradores (1990:88-90).

En el proceso de introducción del cultivo de la patata se plantearía un desfase entre los primeros documentos que atestiguan su presencia en suelo gallego a fines del siglo XVI, y la posterior "generalización" de su cultivo dos siglos después, en las décadas finales del siglo XVIII. En opinión de A. Bouhier, las Memorias del Cardenal Jerónimo del Hoyo incluyen la primera referencia conocida sobre el cultivo de la patata en suelo gallego[545]. Más recientemente el profesor A. Eiras Roel sostiene que el cultivo de la patata no está probado para la España peninsular en el siglo XVI, situándose las primeras noticias sobre su cultivo en Europa en el archipiélago canario. A su juicio la propagación partiría de un foco de difusión andaluz en sentido sur a norte (1998:60-65)[546].

A. Bouhier (1979:790) también hace referencia al hecho de que, en el Catastro de Ensenada, en las declaraciones de algunas parroquias de las Jurisdicciones de Celanova, Vilanova y Celme se incluyen "castañas de indias", un término con el que probablemente se designaba a las patatas, dada su similitud con la denominación portuguesa del tubérculo "castanha de indias". Según el mismo autor especifica, se trata de feligresías pertenecientes al actual municipio de Verea, limítrofe con el ayuntamiento de Celanova aunque no integrado en el marco de esta investigación, donde no se localiza mención alguna sobre su cultivo a mediados del XVIII[547]. En el caso que nos ocupa será necesario esperar hasta el mes de febrero del año 1793, fecha en la que se data el recuento de bienes muebles de Don Fernando González Díaz eclesiástico de San Munio de Veiga, para fijar la primera referencia documental sobre la presencia de patatas en la comarca de Celanova[548].

Tupinambos o patatas, para mediados del siglo XVIII el Catastro subraya su cultivo sin intermisión en las tierras de regadío de inferior calidad de algunas parroquias del actual municipio de Verea, colindante con el marco geográfico en el que se desenvuelve esta investigación. Parece lógico pensar entonces, que los campesinos de la comarca conocían la existencia de este fruto y los posibles beneficios derivados de su siembra con anterioridad a la última década del siglo XVIII. Es probable que su tardía presencia en los inventarios post-mortem se deba a la falta de almacenamiento en los primeros años de su cultivo, cuando el campesino las iba arrancando de la tierra a medida que lo exigía la alimentación familiar (P. Saavedra, 1991:269). No obstante, su reducidísima presencia en la despensa campesina de la comarca durante la primera mitad del siglo XIX, periodo en el que ni siquiera llegan a suponer un 10% de las reservas de grano acumuladas, y su limitada proyección social, son razones suficientes para admitir el escaso papel renovador que jugó este fruto en la economía celanovense de finales de la Edad Moderna.

Baste señalar a título comparativo los porcentajes de participación en las despensas campesinas localizados en aquellas comarcas investigadas de la Galicia Interior en las que la patata alcanzó un destacado arraigo. Es el caso de las tierras del interior de la provincia lucense donde a partir de los años 90 del siglo XVIII suponen ya más del 50% de la producción de centeno[549]. En la parroquia mindoniense de Muras su progresión en los primeros años

---

[545] En ellas se hace mención a la siembra del tubérculo en la huerta de los frailes de Herbón en torno a 1574-1581 por mandato del Arzobispo de Santiago Don Francisco Blanco (1979: 790).

[546] Véase al respecto sobre la difusión de su cultivo por el Occidente europeo (A. Eiras Roel, 1998:66-70); (A. Antoine, J. M. Boehler, F. Brumont, 2000:247-248, 396-397); (C. Brunell, F. Daelemans, M. Dorban, C. Vandenbroeke, 1987:308-309).

[547] En opinión del profesor A. Eiras Roel, los tubérculos que aparecen en la primera mitad del siglo XVIII con el nombre de "castañas mariñas, batatas o patacas" en el curso alto de los ríos Limia y Támega, podrían ser referencias no a la patata andina sino al tupinambo de Brasil. De lo contrario resultaría paradójica su difusión en esta área con anterioridad a su aparición en el norte de Portugal (1998:66).

[548] AHPOU, Sección Protocolos Notariales, Notario Benito Antonio Álvarez, Caja 1178, f. 6-13v.

[549] H. Sobrado Correa defiende la tesis de su introducción generalizada con ocasión de la crisis agraria de 1768-69. En las décadas de los años 70 y 80 las existencias de patatas no representaban más que el 5% de las provisiones de centeno, pero a partir de este momento se produciría una rápida progresión en su cultivo, prueba evidente del destacado arraigo que alcanzó entre los labradores lucenses (2001:255).

del siglo XIX es evidente hasta imponerse sin discusión como principal cultivo de primavera[550], registrándose una situación similar en las tierras de Viana do Bolo donde también se observa un importante cambio en el ecosistema agrario en el período 1800-1819, cuando se redujo a la mitad el peso relativo de los cereales en las reservas campesinas debido a la generalización de su cultivo (G. Quiroga Barro, 1992:45)[551].

En los restos fragmentarios que se conservan del Censo de Frutos Civiles (1787) para la provincia ourensana, únicamente se mencionan cosechas de patatas en los municipios de Riós, Muiños, Randín, Maceda, Manzaneda, Laza y Xunqueira de Espadañedo, siendo excepcionales los lugares en los que su producción representaba 1/3 del volumen cerealero –caso de Riós, en el sector suroriental de la provincia-.En definitiva, parece que el rápido avance de las patatas en la provincia de Mondoñedo y en las montañas orientales lucenses se contrapone a su lento progreso en el caso ourensano (P. Saavedra, 1990:25).

Los diccionarios geográficos de S. Miñano y P. Madoz elaborados en la primera mitad del siglo XIX son fuentes de carácter impresionista. En ambas obras, aunque de manera más recurrente en el Diccionario de P. Madoz (1845-50), se localizan frecuentes alusiones sobre la producción agrícola de cada zona, y aunque habitualmente no se añade estimación alguna sobre las cantidades concretas de fruto recogidas en un año-cosecha, la simple descripción detallada de los distintos productos que conforman la cosecha campesina posibilita un ligero acercamiento a la cultura agraria del período. Según se deduce de las informaciones recogidas en el Diccionario Geográfico de P. Madoz, a fines de la década de los años 40 del siglo XIX la patata se cultivaba en 18 de las 30 parroquias que conforman el marco geográfico investigado, un 60% del total. En contadas ocasiones como ocurre en la feligresía de Santiago de Amoroce la producción de patata se incluye en segundo lugar después del maíz y antes de hacer mención al centeno, castañas o legumbres (1989 T. II: 251). Sin embargo, en la mayoría de las parroquias analizadas su mención al final de la lista juntamente con las legumbres y "otros frutos", da buena muestra de su escasa relevancia en la economía comarcal de mediados del XIX. Sirva únicamente a modo de ejemplo la parroquia de Paizás caracterizada de la siguiente manera: "terreno de buena calidad y bastante fértil. Produce poco centeno, mucho maíz, castañas, patatas, legumbres, hortalizas y pastos" (1989 T. XII:515).

Las razones que explican su tímida presencia en la primera mitad del siglo XIX en tierras de Celanova no difieren en gran medida de las ya apuntadas en su día por el profesor J. M. Pérez García con respecto a la comarca del Salnés (1979:181-182). Su expansión en una cultura agraria dominada por el cultivo del maíz y con escasa presencia del barbecho largo solo podría llevarse a cabo a expensas del desplazamiento del maíz en el sistema de rotaciones establecido o, como bien afirma el profesor J. M. Pérez García, en base a un sistema de laboreo intensivo de la tierra que implicaba la introducción del nabo tras la recogida de la patata y una posterior siembra de maíz tras la finalización de la cosecha de nabos. En el marco cronológico en el que se desarrollan nuestras investigaciones, ni los campesinos celanoveses ni los habitantes del Salnés estaban en condiciones de hacer frente a un régimen de abonado capaz de permitir semejante sistema de rotación sin provocar un agotamiento de la tierra.

---

[550] Las cifras de cosechas que aporta el Libro de Fábrica de Muras arroja una producción de 1267,5 fanegas de patatas para el período 1800-1805 frente a 896,3 fanegas de grano (P. Saavedra, 1985:186).

[551] A juicio de G. Quiroga Barro la generalización del cultivo de la patata gracias a sus altos rendimientos por unidad de superficie permitió aumentar considerablemente el volumen de la producción alimenticia, mejorando en gran medida la situación de los habitantes de Viana do Bolo, cuyo número se incrementó considerablemente desde fines del siglo XVIII (1992:45). G. Quiroga Barro como H. Sobrado Correa (2001:250) o P. Saavedra (1991:276-277), otorgan a la patata el papel protagonista en el proceso de renovación que vive la agricultura de la Galicia Interior desde fines del siglo XVIII. Gracias a ellas en muchas comarcas se suprimió el barbecho largo superándose la monotonía del sistema agrícola tradicional basado en el cultivo del centeno en régimen de año y vez.

"El maíz fue la solución de la Galicia litoral, en tanto que la patata lo fue de la interior con mejores aptitudes físicas para recibirla" (J. M. Pérez García, 1979:182)[552]. Cuando menos hasta mediados del siglo XIX, la comarca de Celanova optó claramente por la solución propia de la Galicia litoral y los valles, aunque en épocas más recientes probablemente cuando los nuevos abonos químicos lo permitieron, la patata también entró a formar parte habitual de las rotaciones practicadas en esta comarca ourensana.

El espacio de nuestra investigación no se benefició de forma masiva de las ventajas derivadas de la introducción de la patata en las tierras de la Galicia Interior, pero su ecosistema agrario no da en absoluto muestras de agotamiento en la última fase de expansión característica de la agricultura gallega en el ocaso de la Edad Moderna[553]. Baste simplemente recordar el salto desde una densidad de más de 112 Hab./Km² en el año 1787 hasta los casi 135 Hab./Km² que resultan de la consulta del Censo de 1860 (D. Rodríguez Fernández, 1999:74-75) , un logro casi increíble para una comarca de la Galicia Interior con una economía agraria que no pivotaba sobre el monocultivo vitícola. Dado el elevadísimo nivel de población del que se partía ya a mediados del siglo XVIII (111 Hab./Km²), un incremento porcentual del número de habitantes del orden del 14,9% entre esta fecha y el Censo de 1860 no podría ser posible en el marco de una economía estancada y mucho menos decadente.

En este sentido, aunque nuestra modesta base de datos sobre Patrimonios Eclesiásticos ya anteriormente presentada, no nos permite afinar todo lo que desearíamos en el análisis evolutivo de los rendimientos del maíz, sí nos aporta indicios suficientes para mantener la tesis de un comportamiento alcista durante la primera mitad del siglo XIX. Véase tabla 25.

		TABLA 25 • EVOLUCIÓN RENDIMIENTOS MEDIOS DEL MAÍZ EN TIERRAS DE CELANOVA, 1730–1835		
	Nº ESCRITURAS	EXTENSIÓN CONTROLADA (Has.)	PRODUCCIÓN (Hl.)	RENDIMIENTOS (HL./Ha.)
1730–1793	7	9,11	263,24	28,89
1800–1835	4	4,17	138,86	33,27

El escaso número de escrituras disponible no permite un análisis detallado sobre la evolución de los rendimientos del cultivo del maíz en tierras de Celanova a lo largo de los tiempos modernos. Debemos conformarnos con el planteamiento de una reagrupación de las informaciones patrimoniales en dos grandes períodos que sometemos a contraste. Desde este modesto posicionamiento, los resultados que se ofrecen en el cuadro anterior apuntan claramente la idea de un importante crecimiento en la rentabilidad del cultivo del maíz por unidad de superficie durante la primera mitad del siglo XIX con respecto a los valores propios del siglo XVIII. Si los más de 28 Hl./Ha.

---

[552] Las dificultades que encuentra la patata para su expansión en la Galicia Occidental son extensivas a otras regiones del norte peninsular cuya cultura agraria también pivotaba de manera monolítica en el cultivo del maíz. Es el caso de la provincia guipuzcoana, donde a principios del siglo XIX su cultivo se encontraba "lejos de haberse generalizado". A juicio de J. Urritikoetxea, sólo a principios de los años 40 del siglo XIX empiezan a aparecer referencias a este producto en los Libros de Cuentas del Santo Hospital, como alimento de consumo habitual (1992:340-341). En Cantabria el cultivo de la patata adquirió un impulso notable a comienzos del XIX en las cercanías de la ciudad y sobre todo en Campoo, Liébana y otras comarcas de secano y "año y vez", aunque con lentitud y retraso con respecto a otras regiones del norte peninsular dada "la rigidez del sistema de cultivo, dominado en la mayor parte de la región por el maíz" (R. Lanzá García, 1991:208).

[553] La tendencia continuada al descenso de los índices diezmales de la Galicia Occidental en la segunda mitad del XVIII y primera década del XIX (A. Eiras Roel, 1984b:408-411) (A. Eiras Roel, 1990:149-150), entra en aparente contradicción con la positiva evolución demográfica de esta área en el mismo período. En el fondo del problema se encontraría la oposición campesina a los pagos diezmales (J. M. Pérez García, 1990:100) y la diversificación del sistema agrario con la introducción de nuevos cultivos que escapaban al diezmo (P. Saavedra, 1999:92). Una problemática que en cualquier caso también se extiende a otras regiones peninsulares (M. Ardit, 1993 v. II:98).

que se obtienen para los años centrales del siglo XVIII significaban ya un elevadísimo punto de partida, la media de 33 Hl./Ha alcanzada durante las cuatro primeras décadas de la centuria decimonónica, prácticamente situaría a las tierras interiores de la comarca de Celanova con unos niveles de rentabilidad casi equiparables a los del vergel de la comarca del Bajo Miño en la antigua provincia tudense[554].

La media de 34 a 36 Hl/Ha. que resulta de la consulta de los patrimonios eclesiásticos elaborados en la cuenca del Bajo Miño durante el periodo 1820-1859 (J. M. Pérez García, 1999b:225), representa un valor indudablemente mucho más seguro que la cifra apuntada para la tierra de Celanova, puesto que se apoya sobre una amplia base estadística de la que nosotros carecemos[555]. Dada la prudencia con la que debe ser presentada la media de 33 Hl./ Ha. anteriormente aludida, entendemos que más allá del planteamiento de una cifra concreta, los patrimonios eclesiásticos nos advierten sobre un incremento claro en los rendimientos del maíz por unidad de superficie[556]. Dicho incremento constituye sin lugar a dudas una de las razones de fondo que hizo posible el estirón demográfico que vive la comarca desde la década de los 80 del siglo XVIII hasta los años 30 de la centuria decimonónica.

A juicio del profesor J. M. Pérez García el salto en los rendimientos tudenses de la primera mitad del XIX podría estar vinculado al triunfo de la solución campo de cereal (maíz) y prado temporal (trébol, serradela, raygrass o hierba portuguesa) [557], lo que a la postre significaría una simplificación de las rotaciones gracias a la introducción de las praderías artificiales[558]. Como ya tuvimos ocasión de comprobar en páginas anteriores, a mediados del siglo XVIII las cosechas de nabos y ferraña jugaban un papel predominante en las rotaciones celanovesas dada su presencia mayoritaria como segunda cosecha, una vez recogidos los frutos de maíz o lino en las tierras de regadío (Véase apéndice estadístico, tabla IV.1). En la Mariña cantábrica y en el área litoral de la Galicia Occidental, la presencia de los nabos ya se supone decisiva para fines del siglo XVI (P. Saavedra, 1999:80), antes incluso de que se produjera su generalización en Inglaterra entre mediados del XVII y mediados del XVIII, a imitación de la agricultura holandesa

---

[554] A juzgar por los datos disponibles hasta el presente, los rendimientos del cultivo del maíz en tierras de Celanova en las décadas centrales del siglo XVIII marcarían un punto de partida superior incluso al que se deriva de la consulta de la misma fuente para las comarcas litorales de la Galicia Occidental en la primera mitad del siglo XVIII (20,31 Hl./Ha.), coincidiendo en realidad casi exactamente con el nivel de rentabilidad supuestamente alcanzado en el punto de llegada situado en la primera mitad del siglo XIX, 28,6 Hl./Ha. (J. M. Pérez García, 1983:68). Al margen ya de la ubicación del área de estudio al este de la dorsal galaica, el comportamiento de la comarca celanovense sobre este punto parece contradecir abiertamente la lógica del funcionamiento del sistema agrario gallego, que supone la irradiación de las mejoras desde las tierras litorales más meridionales hacia el interior, lo que implica un progresivo retraso en el proceso de intensificación agrícola conforme nos alejamos de la costa.

[555] El profesor J. M. Pérez García trabaja en ese marco temporal sobre una muestra de 98 casos que suman más de 75 Has. de tierra labradía (1999b:226).

[556] En la Península del Morrazo los patrimonios eclesiásticos también inciden, al igual que en la comarca del Bajo Miño o en tierras celanovesas, en una clara elevación de los rendimientos cerealeros en las décadas finales del siglo XVIII y comienzos del XIX. En este caso el alza sería fortísima puesto que se avanzaría desde los 25,2 Hl./Ha. del período 1722/1758 a 37,64 Hl./Ha. entre 1784 y 1805 (H. M. Rodríguez Ferreiro, 2003 v. II:114).

[557] Dicha solución parece confirmarse a través de la datación de la presencia de serradela en un documento notarial cuyos hechos se remontan al año 1794 (1999b:225).

[558] El trébol, la lucerna y la esparceta conforman la trilogía de herbáceas más extendida en las praderías artificiales francesas. Allí su difusión estuvo muy marcada por una clara finalidad comercial en el cuadro de las grandes explotaciones agrícolas. Es el caso de las granjas del norte de Ile-de-France, donde progresaron infatigablemente a lo largo del siglo XVIII (documentadas a partir de inventarios de principios de siglo en menos de la mitad de las explotaciones, desde 1750 su mención se extiende a más del 80% del total). Su difusión se hizo esperar en muchas regiones en las que predominaba la "petite culture" por la falta de capitales, pero su expansión no puede considerarse en absoluto exclusiva de las grandes explotaciones (J. M. Moriceau, 1999:124-136). Los progresos de la agricultura flamenca y alsaciana son una buena prueba de ello; el trébol ya se había extendido por Flandes y el País de Waas desde el siglo XVII, en Alost y Furnes se documenta a principios del XVIII y un poco más tardíamente en áreas más tradicionales (Brabante Balón, tierras del Obispado de Lieja, etc.) (A. Antoine, J. M. Boehler, F. Brumont, 2000:393-394). En torno a 1800, en el área flamenca los sembrados de trigo sólo cubrían entre un 30 y un 40% de la superficie cultivable, un 15% se reservaba para plantas industriales como lino y colza y en torno a un 10% para cultivos forrajeros (C. Vandenbroeke, 1987:325).

(J. P. Poussou, 1999:225) [559]. Para el caso celanovés, a falta de información sobre cosechas en los Expedientes de Hacienda de fines del XVI, debemos esperar hasta el año 1695, en el inventario de Antonio García de Espinoso, para localizar la primera referencia sobre su cultivo. El referido Antonio incluía en su despensa 2,71 litros de semilla de nabos[560]. En este caso probablemente se trata ya de una referencia tardía que atestigua la dificultad de reunir informaciones sobre la presencia de este tipo de plantas en la cultura agraria de un determinado territorio.

Aunque la presencia de praderías artificiales no ha podido documentarse para la comarca de Celanova, la pérdida de complejidad de las rotaciones sí parece un hecho constatado ya desde mediados de la centuria ilustrada. El paso de la simplicidad a la complejidad tras la introducción del maíz fue sólo una parte del proceso evolutivo marcado por la presión poblacional. A mediados del siglo XVIII, cuando la presión se volvió muy fuerte, se produjo un nuevo movimiento en las zonas pioneras tendente a la desaparición de cultivos tradicionales –mijo o lino-, y a la reducción de los cereales de invierno a porcentajes insignificantes (J. M. Pérez García, 1990:96) [561]. Esta línea evolutiva concuerda a la perfección con la trayectoria de la cultura agraria celanovesa a lo largo de los tiempos modernos. Las complejas rotaciones descritas en el Catastro en la práctica eran sólo vestigios del pasado porque a mediados del XVIII, la definitiva imposición del maíz y la simplificación de las rotaciones eran ya un hecho[562].

La rápida expansión del cultivo del maíz en estas tierras del interior de la geografía gallega y su progresiva imposición en régimen de monocultivo no es la única novedad que merece ser destacada en el análisis sobre la dinámica agraria celanovense durante el Antiguo Régimen. Al margen de los cultivos cerealeros lógicamente predominantes en la agricultura de la comarca, nos parece también importante reseñar otros asuntos vinculados a labores agrícolas más minoritarias, aunque también relevantes de cara a la obtención de una adecuada imagen sobre la evolución de este ecosistema agrario a lo largo de los tiempos modernos.

La temprana presencia de las leguminosas en tierras de Celanova es una de las conclusiones más interesantes que se obtienen de la consulta de las fuentes notariales. Véase tabla 26.

	TABLA 26 • LA PRESENCIA DE LEGUMINOSAS EN LA CULTURA AGRARIA CELANOVESA.					
AÑOS	TOTAL CEREAL (HL.)	ALUBIAS (HL.)	%	Nº ESCRIT. CON PRESENCIA DE GRANO	ESCRITURAS DECLARAN LEGUMINOSAS	%
1638–59	57,14	4,28	7,49	15	3	20,00
1660–79	68,75	1,01	1,47	9	3	33,33

[559] A juicio de J. M. Boehler, los nabos se cultivaban en el área flamenca y alsaciana desde mediados del siglo XVII (A. Antoine, J. M. Boehler, F. Brumont, 2000:394).

[560] AHPOU, Sección protocolos notariales, Notario Benito Rodríguez Salgado, Caja 1384, f. 100-107.

[561] Los progresos de esta agricultura se basan al igual que ocurre en el modelo alsaciano, en el incansable trabajo sobre la tierra, o lo que es lo mismo, la extensión de las técnicas de la jardinería a los campos de cultivo. Sin embargo, el cultivo del maíz condujo a la Galicia Occidental a una simplificación de su cultura agraria y al monocultivo en la segunda mitad del XVIII, mientras que los campesinos alsacianos optaron por la multiplicación de cultivos en el marco de rotaciones cuatrienales, quinquenales, etc., que simbolizaron el triunfo de la anarquía y el desorden en los campos (J. M. Boehler, 1995:89-90). En ambos casos nos encontramos ante una agricultura mezcla de tradición e innovación destinada a la alimentación de una población pletórica en el cuadro de explotaciones minúsculas.

[562] Los cambios en la organización del espacio agrario de la Galicia Occidental no pueden considerarse exclusivos de esta área. En Cantabria, la expansión del maíz durante el siglo XVII también provocó la disminución del cultivo de cítricos, el retroceso del viñedo –salvo en Liébana y valles de la costa-, y la pérdida de importancia de las cosechas de castañas y manzanas como parte fundamental de la dieta campesina. Allí el maíz también invadió todo el terrazgo cerealero hasta tal punto que el trigo debió ser protegido (R. Lanza García, 1991:163-164).

1680–99	164,86	12,74	7,73	15	8	53,33
1700–19				1	1	
1720–39				2	1	
1740–59	132,96	10,96	8,24	11	9	81,82
1760–79	254,40	6,80	2,67	16	10	62,50
1780–99	524,65	10,87	2,07	33	11	33,33
1800–19	22,32	0,34	1,52	4	1	25,00
1820–39	214,25	0,33	0,15	12	1	8,33
1840–54	146,92	0,41	0,28	5	1	20,00
TOTAL	**1586,24**	**47,74**	**3,01**	**123**	**49**	**39,84**

Como se aprecia en la tabla, el cultivo de las leguminosas ya formaba parte de los usos agrarios vigentes en la comarca de Celanova en los tiempos previos a la introducción del maíz[563]. Además, su importancia no parece desdeñable si nos atenemos al porcentaje que representa la cuantía de alubias declarada con respecto al monto total cerealero (más del 7%). Una proporción no muy inferior a la que se obtiene para mediados del siglo XVIII en el marco de una agricultura marcada por el cultivo del maíz en régimen de casi monocultivo[564]. En el período comprendido entre 1638 y 1659, la posesión de leguminosas se circunscribía a una reducida proporción de los hogares inventariados, generalizándose su presencia en la sociedad celanovesa a partir de las dos últimas décadas del siglo XVII, al compás de la progresiva imposición del maíz en la cultura agraria de la comarca[565].

Como prueba evidente de la importancia que adquirió su cultivo apuntamos las cifras que se registran a mediados de la centuria ilustrada, cuando casi un 82% de las familias que incluyen reservas de grano en sus despensas, añaden también entre sus provisiones más de un hectolitro de alubias. Según se deduce de las declaraciones contenidas en los libros de Respuestas Generales del Catastro de Ensenada ya anteriormente analizadas, en la comarca de estudio el cultivo de la alubia se vinculaba mayoritariamente a las heredades regadías en el marco de una cultura promiscua en la que gramíneas y leguminosas compartían el mismo espacio. Sólo en algunas parroquias se declaraba cultivo independiente en las tierras de regadío de peor calidad entrando a formar parte de rotaciones de carácter bienal con el maíz[566]. Habida cuenta del papel que juegan las leguminosas como reconstituyentes de la fertilidad de la tierra por

---

[563] Las leguminosas ya cubrían el 30-40% de las superficies cultivadas flamencas en el siglo XIII, cuando en Inglaterra ocupaban menos del 5% de los suelos cultivados. Su declive en esta área a lo largo de los tiempos modernos fue relativo, vinculado a la progresiva expansión de la patata, las plantas forrajeras, el sarraceno, etc., (A. Antoine, J. M. Boehler, F. Brumont, 2000:396-397).

[564] Su temprana presencia en la comarca investigada y la importancia de las cantidades recogidas se pone claramente de manifiesto en un análisis comparativo con otros espacios investigados para los que se dispone de información sobre este punto. Así, en tierras de Arzúa los inventarios del período 1720-1771 todavía no mencionan su existencia, pese a que el maíz representaba ya una importante proporción de la despensa cerealera, -54% del total-. En estas tierras las primeras referencias sobre su cultivo se retrasan a la primera mitad del siglo XIX (A. Presedo Garazo, 1997:259-260). En la comarca leonesa de la Bañeza, aunque ya aparecen recogidas en las Comprobaciones del Catastro, su generalización tampoco se produce hasta comienzos del siglo XIX (L. M. Rubio Pérez, 1987:272). Es en la comarca del Salnés, en el ámbito más occidental de la geografía gallega, donde se atestigua también la temprana presencia del cultivo de la habichuela desde el último cuarto del siglo XVII (J. M. Pérez García, 1979:176).

[565] Como puede apreciarse en la tabla, las proporciones no se han calculado sobre el conjunto de escrituras notariales que declaran bienes muebles, sino que únicamente se incluyeron aquellos casos en los que la despensa entra a formar parte de los recuentos.

[566] A juicio del profesor J. M. Pérez García, en la Península del Salnés el definitivo triunfo de esa cultura promiscua de maíz y habichuelas se produciría a

su capacidad de fijación del nitrógeno al suelo, no deja de resultar sorprendente la supuesta pérdida de importancia de su cultivo a partir de mediados del siglo XVIII.

En el marco de un modelo agrario que avanzó a lo largo de los tiempos modernos por el camino de la intensificación ligado a la progresiva imposición del maíz en régimen de monocultivo, ¿Cómo podría explicarse el paulatino abandono de las leguminosas a partir de mediados del siglo XVIII, precisamente cuando la elevada densidad demográfica que soportaban estas tierras demandaba un nuevo esfuerzo productivo? ¿Resultaría viable el incremento de los rendimientos cerealeros que sostenemos para la primera mitad del siglo XIX sin el aporte reconstituyente de las leguminosas en la cultura promiscua maíz/alubias? A nuestro juicio, los datos de la tabla 26 son debidos a un problema de insinceridad en la fuente a partir de la fecha indicada, aunque no disponemos de informaciones complementarias que puedan confirmar nuestra sospecha de fraude sobre este punto. Bien es verdad que la marcha evolutiva de otros productos como es el caso de la castaña, también podría utilizarse como prueba fehaciente de un problema de ocultación en la fuente para la primera mitad del siglo XIX. (Véase tabla 27)

AÑOS	TOTAL CEREAL (HL.)	CASTAÑAS (HL.)	%	Nº ESCRIT. CON PRESENCIA DE GRANO	ESCRITURAS DECLARAN CASTAÑAS	%
TABLA 27 • LA PRESENCIA DE LA CASTAÑA EN LA CULTURA AGRARIA CELANOVESA						
1638–59	57,14	25,44	44,57	15	8	53,33
1660–79	68,75	18,78	27,32	9	6	66,67
1680–99	164,86	26,84	16,28	15	7	46,67
1700–19				1	1	
1720–39				2	1	
1740–69	132,96	12,55	9,41	11	7	63,64
1760–79	254,40	16,19	6,36	16	10	62,50
1780–99	524,65	2,85	0,54	33	4	12,12
1800–19	22,32	–	–	4	–	–
1820–39	214,25	–	–	12	–	–
1840–54	146,92	–	–	5	–	–
TOTAL	**1586,24**	**102,65**	**6,47**	**123**	**42**	**35,00**

Los sotos castañales adquirirían una notable presencia en el espacio agrario celanovés de mediados del siglo XVIII suponiendo más de un 35% del monte declarado de uso individual en el Catastro de Ensenada. A juzgar por las cifras arriba expuestas, la castaña todavía ocupaba en ese momento un lugar significativo en la despensa campesina importando casi una décima parte de las reservas cerealeras disponibles en los hogares inventariados. Aunque en la práctica su importancia en la alimentación humana ya había sufrido un notable descenso desde la primera mitad del siglo XVII, cuando representaba más del 44% del cereal acumulado en las viviendas celanovesas.

---

mediados del siglo XVIII, tras medio siglo de tanteos en el que las leguminosas entraban en rotación con los cereales (1979:176). En el caso de nuestra área de estudio dichas prácticas todavía podrían mantenerse vigentes en algunas parroquias analizadas según se desprende de las declaraciones catastrales.

A. Bouhier definió en su día los grandes rasgos de la geografía del castaño en la Galicia de mediados del siglo XVIII, resultando un mapa bipolar marcado por el evidente declive de los sotos en el ámbito Occidental y por el mantenimiento de su extraordinaria importancia en el sector más oriental (1979:631). La progresiva pérdida de peso de la castaña en la despensa campesina de la comarca de Celanova parece estar en consonancia con el paulatino declive del castaño en el ámbito de la Galicia Occidental, aunque su presencia en el espacio investigado a mediados del siglo XVIII es todavía muy superior a la que se localiza por esas fechas en las tierras del sector más occidental de la geografía gallega. Ahora bien, admitir la tesis de un progresivo deterioro del papel de la castaña en la alimentación humana de la comarca de Celanova a lo largo de los tiempos modernos, no significa aceptar como válida la línea evolutiva que se desprende de la tabla anterior ya que implicaría admitir también, como en el caso de las alubias, su drástica desaparición del espacio investigado en la primera mitad de la centuria decimonónica. Un hecho que no se ve confirmado a partir de la consulta de otras fuentes de carácter complementario.

El Diccionario Geográfico de P. Madoz incluye información pormenorizada sobre la producción agraria de 29 de las 30 parroquias integradas en el marco de esta investigación. En un 72,41% de los casos la castaña forma parte de las especies de frutos que conforman la cosecha agraria de la comarca[567]. Evidentemente, los datos de P. Madoz no permiten plantear ninguna valoración sobre su peso en el ecosistema agrario celanovés de la primera mitad del XIX, pero sí parece comprobarse fehacientemente que la drástica desaparición que presuponía la consulta de la documentación notarial no es en modo alguno verídica.

En realidad, los cambios acontecidos en esta cultura agraria a lo largo de los tiempos modernos no sólo han dejado una huella indeleble en la composición de las despensas campesinas o en los rendimientos del cereal. Las variaciones en el tiempo del tamaño y estructura interna de la explotación media reflejan también con notoria claridad la progresiva transformación de este modelo agrario y su marcha imparable por el camino de la intensificación productiva.

Como hemos tenido ocasión de comprobar anteriormente, a mediados del siglo XVIII el Catastro de Ensenada dibujaba ya con nitidez el dominio de la pequeña explotación campesina en el marco de nuestra investigación. Pese a los evidentes problemas de ocultación detectados en dicha fuente y las consabidas variaciones en el tamaño de la explotación media a escala parroquial en función del nivel de ocultación territorial, la imagen de una cultura agraria marcada por el dominio de la pequeña explotación no nos ofrece duda alguna. Véase al respecto la tabla 28.

TABLA 28 • EXPLOTACIÓN MEDIA A MEDIADOS DEL SIGLO XVIII (CATASTRO DE ENSENADA)			
PARROQUIAS	TIERRA PROP. INDIVIDUAL (Ha.)	Nº VECINOS	EXPLOTACIÓN MEDIA (Ha.)
BOBADELA (Estados D)	92,43	54	1,71
CASARDEITA (Estados D)	134,89	123	1,09
ESCUDEIROS (Tabla L. R.)	46,48	75	0,65
FECHAS (Estados D)	44,62	58	0,77
MOSTEIRO (Estados D)	52,85	72	0,73

[567] Las parroquias del área de estudio en las que no se hace mención expresa a la producción de castañas son Cañón, Escudeiros, Mourillós, Mosteiro, Rubiás, Rabal, San Paio de Veiga y Viveiro. No obstante, los términos utilizados para estipular la producción agrícola de algunas de estas entidades tampoco excluyen de facto su posible participación en la despensa campesina. Es el caso de la parroquia de San Paio de Veiga sobre la que se afirma lo siguiente: "Terreno de buena calidad. Produce maíz, centeno, trigo, patatas, vino y otros frutos". Diccionario Geográfico de P. Madoz,1989 T. 15: 636.

TABLA 28 • EXPLOTACIÓN MEDIA A MEDIADOS DEL SIGLO XVIII (CATASTRO DE ENSENADA)			
PARROQUIAS	TIERRA PROP. INDIVIDUAL (Ha.)	Nº VECINOS	EXPLOTACIÓN MEDIA (Ha.)
MOURILLÓS (Estados D)	110,44	79	1,4
RUBIÁS (Lib. Real)	88,94	164	0,54
VEIGA (Libr. Real)	166,57	143	1,16
VILANOVA (Estados D)	111,57	157	0,71
TOTAL	848,79	925	0,92

La explotación media de 0,92 Ha. por vecino resultado de la combinación de las informaciones obtenidas a partir del vaciado exhaustivo de Libros Reales y en función de la consulta de los Estados D disponibles para la comarca de estudio, no hace sino confirmar nuestras apreciaciones iniciales realizadas en su momento en base a una muestra vecinal de los Libros Reales de San Munio de Veiga y Rubiás (D. Rodríguez Fernández, 1999:50-51). La probada correlación detectada a escala parroquial entre el nivel de ocultación territorial y el tamaño medio de la explotación campesina es una prueba evidente de la intencionada reducción en las extensiones declaradas de uso individual en algunas de las entidades analizadas[568]. De ahí que dichas 0,92 Has. de tierra constituyen en la práctica una media infravalorada. No obstante, como ya habíamos señalado en su momento, la pequeñez de las explotaciones campesinas celanovesas no ofrece duda alguna en contraste con los datos de los que se disponen para otras comarcas investigadas del solar galaico, mostrando una vez más las similitudes que vinculan su cultura agraria con la de las tierras más occidentales beneficiadas por el influjo oceánico.

En las comarcas de la Galicia Interior, la práctica mayoritaria de un barbecho largo que reducía la superficie real cultivada anualmente a la mitad de la extensión arable declarada, y la obtención de unos menores rendimientos cereraleros por unidad de superficie, exigían el disfrute de explotaciones de dimensiones claramente superiores a las que se localizan en la Galicia Costera Occidental marcada por el dominio de la cultura del maíz y la práctica erradicación del barbecho[569].

Tampoco debemos pasar por alto el hecho de que las reducidas dimensiones de las explotaciones medias celanovesas no constituyen un caso excepcional en el ámbito de la Galicia Interior, ya que las investigaciones de Mª. J. López Álvarez han venido a probar también el carácter minifundista de la agricultura practicada en las tierras de Cea en los tiempos en los que se elaboró el Catastro -1,16 Ha. de media por explotación- (1998:55). En ambos casos se trata de comarcas situadas en el sector occidental de la provincia ourensana y con una economía marcadamente cerealera que las diferenciaba de manera evidente de los ribeiros vitícolas ourensanos.

---

[568] El tamaño medio de las explotaciones campesinas se mueve en valores ridículos que a penas superan la media Ha. de tierra en parroquias como Rubiás o Escudeiros en cuyas declaraciones catastrales se pierde más del 80% de la superficie territorial actual.

[569] sí, en las cercanas tierras de la Alta Limia el tamaño medio de la explotación campesina asciende a 3,03 Ha. (R. Ferreiro Pérez, 1981:98), elevándose hasta 3,41 Ha. en Viana do Bolo a partir de la utilización de inventarios post-mortem (G. Quiroga Barro, 1992:29). En las tierras del interior de la provincia lucense los campesinos labraban una explotaciones medias de más de 3,5 Ha. de tierra (H. Sobrado Correa, 2001:204-205)), si bien algunas de las comarcas analizadas en esta provincia no aportan cifras tan elevadas como las anteriormente descritas para el caso ourensano quizás debido a la mayor importancia que allí debió jugar el monte comunal en la alimentación humana a través de la práctica de rozas, aún así en la comarca de Narla se obtienen 2,27 Ha. de media (O. Pédrouzo Vizcaino, 1981:113), 1,75 Ha. en Castroverde (H. Sobrado Correa, 1992:175), descendiendo hasta las 1,36 Ha. en el concejo montañoso de Burón (P. Saavedra, 1979:41). El evidente dominio de la cultura del maíz y la escasa pervivencia del barbecho en el marco de nuestra investigación explican la presencia de una explotación agraria de dimensiones similares a las alcanzadas en las comarcas de la Galicia Occidental: 1,5 Ha de tierra en el Salnés una vez corregida la ocultación de la fuente fiscal (J. M. Pérez García, 1979:228), 1,54 en la Ulla (O. Rey Castelao, 1981:102), 1,1 Ha. en tierras del Morrazo (H.

A la espera de nuevas aportaciones que confirmen los resultados obtenidos hasta el presente, parece plausible sostener la tesis de una mayor imbricación de estas tierras del occidente ourensano con la cultura agraria de la Galicia Occidental que con los rasgos propios de la economía agraria lucense, erigida a menudo como modelo ejemplificador del comportamiento de las tierras del interior de la geografía gallega.

La estructura interna de esta reducida explotación agraria presenta interesantes variaciones a escala parroquial derivadas de la mayor o menor importancia que adquiere el cultivo de la vid y también de manera secundaria en función de la expansión del regadío. En la tabla 29 se presenta de manera detallada a escala parroquial la composición interna de la explotación agraria celanovesa a mediados del siglo XVIII en base a la consulta del Catastro de Ensenada[570].

TABLA 29 • COMPOSICIÓN DE LAS EXPLOTACIONES CELANOVESAS A PARTIR DEL CATASTRO (DATOS EN %)								
	FECHAS	BOBADELA	VILANOVA	MOSTEIRO	ESCUDEIROS	VEIGA	RUBIÁS	TOTAL
LABRD. REG.	9,60	10,26	27,18	29,60	31,16	20,44	24,39	21,27
LABRD. SEC.	32,79	33,05	18,67	18,31	12,35	28,29	25,14	24,44
HUERTA	2,48	1,40	1,28	1,02	2,45	1,74	1,30	1,62
PRADO	3,16	1,69	2,93	4,79	7,86	9,87	5,66	5,60
VIÑA–PARRAL	26,77	9,46	23,26	6,42	0,00	0,21	2,38	8,87
SOTO	15,68	15,41	12,72	9,93	8,01	12,42	13,51	13,5
DEHESA	6,96	11,32	5,96	4,36	9,41	3,79	0,20	5,62
MONTE BAJO	2,57	17,41	8,00	25,57	28,76	23,23	27,41	19,08
TOTAL	100,00	100,00	100,00	100,00	100,00	100,00	100,00	100,00

La extensión cultivada representaba el 61,8% de la tierra declarada de uso individual en las siete parroquias que conforman la muestra utilizada, restando por lo tanto una interesante proporción de más del 38% para el espacio inculto de naturaleza privada. Así pues, sobre una supuesta explotación media de 0,92 Ha. de tierra, se incluían 2000 m² de labradío regadío, 2248 m² de labradío secano, 660 m² dedicados a huerta y pastos, 816 m² de viñedos, 1242 m² plantados de sotos, 517 m² cubiertos de robles y 1755 m² de monte bajo.

El indispensable carácter complementario del monte en la cultura agraria gallega constituye una cuestión fuera de toda duda, señalada en repetidas ocasiones por voces más autorizadas que la nuestra[571]. Su aporte de abono

---

Rodríguez Ferreiro, 1984:443), entre 1,06 y 1,32 Ha. en la Jurisdicción de Montes (C. Fernández Cortizo, 1997:267). La media obtenida para la comarca de Celanova únicamente supera la cifra aportada para la comarca del Bajo Miño, en la antigua provincia de Tuy (0,77 Ha.), un espacio geográfico también caracterizado por un elevadísimo nivel de ocultación territorial que afecta de modo preferente a los actuales municipios del Rosal y A Guardia, donde a juzgar por los datos catastrales la explotación media no superaba las 0,31 Ha. de tierra (J. M. Pérez García, 1999b :157-158).

[570] Juntamente con las parroquias de Rubiás, Veiga y Escudeiros, se incluyen los datos referentes a otras cuatro entidades analizadas a partir de las informaciones contenidas en los Estados D. Se trata de las parroquias de Fechas, Bobadela, Vilanova y Mosteiro ya utilizadas en anteriores ocasiones a lo largo de la presente investigación dada la inexistencia de fuertes coincidencias en las valoraciones ofrecidas sobre las distintas especies de tierras.

[571] Desde las apreciaciones de A. Bouhier en su estudio sobre el antiguo complejo agrario gallego (1979:809), diferentes autores han venido a recalcar la extraordinaria importancia del inculto como soporte de todo el sistema agrario gallego. Pueden verse entre otros (P. Saavedra, 1982:183); (P Saavedra,1999:77-79); (X. Balboa, 1990:23-48) o (J. M. Pérez García, 2000:80).

era fundamental para el buen funcionamiento de la economía agraria, de ahí que el cálculo estimativo de las posibilidades de abonado que permitía una determinada estructura agraria constituye un excelente indicador sobre el grado de equilibrio logrado en el seno de las explotaciones campesinas entre espacio cultivado y espacio inculto[572]. Según se desprende de los datos recogidos en el cuadro precedente, la dedicación a monte de en torno a un 40% de la explotación agraria parece erigirse en norma habitual en la comarca de estudio a mediados del siglo XVIII, aunque las superficies montuosas de explotación individual sufrían una notable merma en aquellas entidades parroquiales en las que las vides cubrían una proporción destacada del espacio agrícola -caso de Fechas y Vilanova-[573].

El Catastro de Ensenada no aporta información alguna sobre el régimen de abonado predominante en la comarca de Celanova, de ahí que optamos por recurrir a las informaciones bibliográficas disponibles que pudieran sernos de utilidad sobre este asunto. En la comarca del Salnés las tierras no se abonaban anualmente sino al comienzo de una rotación trienal recibiendo cada Ha. 64 carros de abono, es decir unos 21 carros anuales, elevándose dicha cifra hasta los 25 carros en tierras del Bajo Miño en el marco de una rotación bienal (J. M. Pérez García, 2000:87-88). Tomando en consideración los elevados rendimientos que genera el cultivo del cereal en la comarca de estudio y el mayor grado de aridez de sus tierras, nos quedamos con la estimación de 25 carros de abono anuales por Ha. que retiene J. M. Pérez García para la comarca del Bajo Miño a partir de las evaluaciones de J. Díaz de Rábago (1883). También conservamos la relación que aplica el citado autor para la comarca del Bajo Miño, estimando necesarios 2 carros de tojo para producir 3 carros de abono.

En base a estos supuestos, para abonar las 0,57 Ha. de tierra labradía que formaban parte de una supuesta explotación agraria media en tiempos del Catastro, se necesitaban más de 14 carros de abono anuales o lo que es lo mismo 9,5 carros de tojo. Los patrimonios eclesiásticos de la comarca cifran unos rendimientos de 18,5 carros de tojo anuales por Ha. Teniendo en cuenta que a mediados del siglo XVIII únicamente se disponía de 0,35 Ha. de tierra inculta por explotación, la producción anual de tojo se reduciría a unos 6,48 carros de media. En la práctica las cargas de "estrumen" disponibles en esta teórica explotación media en poco debían superar los 3,25 carros producto de 1755 m² de monte bajo, puesto que dehesas y sotos castañales no contribuían en la misma medida que el monte bajo para la satisfacción de las necesidades de abonado de la agricultura celanovense. En definitiva, en el peor de los casos a mediados del siglo XVIII, más del 60% del tojo necesario para fertilizar una explotación media debía procurarse en los montes comunales de la comarca, percibiéndose por lo tanto un precario equilibrio en el seno de las explotaciones entre espacio cultivado y espacio inculto.

A la vista de los resultados anteriores no sorprenden declaraciones como las que se recogen en el término de Vilanova con ocasión de las primeras comprobaciones del Catastro y a las que ya anteriormente hemos hecho referencia[574]. De ser ciertas las informaciones que figuran en los libros resumen de la expresada parroquia, el monte bajo de aprovechamiento individual se reducía a 568 m² en el marco de una explotación media de 0,71 Ha; una superficie irrisoria para hacer frente al abonado de más de 5200 m² de tierra labradía y viñedos.

---

[572] El profesor J. M. Pérez García ha ensayado con éxito un cálculo de estas características para la comarca tudense del Bajo Miño (2000:87-90), de ahí que en la medida de nuestras posibilidades pretendemos utilizar su metodología de trabajo para el caso celanovés.

[573] En ambas feligresías de la vega del río Sorga viñedos y parrales integraban más de un 20% de la superficie declarada de uso individual, reduciéndose notablemente la presencia de áreas boscosas que únicamente suponían en torno a un cuarto de la explotación media.

[574] Los parroquianos de Vilanova afirman que lo que producen sus montes se "refunde en viñas y tierras de labradío a que con larga distancia no llega y se ven precisados a comprarlo en la plaza publica según en ella se vende" Nuevo Libro de Respuestas Generales de la parroquia de Vilanova, f.12, AGS, D.G.R., Legajo 1144.

Además, esta probada incapacidad del inculto privatizado para producir el abono necesario para la fertilización del área de cultivo incluso podría verse agravada por el hábito de "estrar" las tierras de labor, frecuente entre los campesinos de la comarca. Aunque desconocemos la antigüedad de esta práctica, en época reciente las parcelas sembradas de maíz recibían un aporte fertilizante secundario con ocasión de la segunda cava, como medida preparatoria de la tierra antes del inicio del período de riega en el mes de junio. Helechos, retamas, zarzas o tojos se utilizaban así para el "tapizado" de las heredades, sobre todo si estas presentaban un terreno en ligera pendiente, para garantizar un mayor aporte de humedad a las plantas durante el cálido verano ourensano que exigía en muchas ocasiones una riega regular cada semana.

En las áreas costeras o fuertemente urbanizadas, las posibles deficiencias en el abonado de los campos podían compensarse con el recurso a otras fuentes complementarias, inexistentes en el marco geográfico de nuestra investigación[575]. En la comarca de Celanova, tojales y matorrales constituían la única materia orgánica para la fertilización de los campos tras su paso por cuadras y estercoleros. De ahí su importancia.

El análisis exhaustivo de las declaraciones individuales de los vecinos de San Munio de Veiga y Rubiás, permite avanzar un paso más en el conocimiento de la explotación campesina de mediados del siglo XVIII una vez planteado su reducido tamaño medio y composición interna. La tabla 30 constituye un primer indicador sobre el grado de parcelación imperante en estas tierras.

TABLA 30 • Nº MEDIO PARCELAS POR EXPLOTACIÓN (Libros Reales Veiga y Rubiás)	
CALIDADES	Nº MEDIO PARC. EXPLOTACIÓN
HUERTA	0,78
LABRADÍO REGADIO	3,42
LABRADÍO SECANO	4,44
VIÑA–PARRAL	0,25
PRADO	1,40
DEHESA	0,16
MONTE BAJO	3,76
SOTO	1,99
PARC. DEDIC. MIXTA	3,08
TOTAL	19,29

[575] El uso de fertilizantes marinos –algas, crustáceos, conchas de moluscos- y arena para la enmienda de los suelos están plenamente documentados para la costa gallega (J. M. Pérez García, 1979:170-171) (H. M. Rodríguez Ferreiro, 2003 v. II:62). Para la provincia guipuzcoana además de la utilización de algas, juncos, helechos, etc., incluso está atestiguada la utilización de cal viva, una práctica cuyo origen se remontaría a 1670/1700 (J. Urrutikoetxea, 1992:329-330). R. Lanza García también sostiene que en la mayor parte de la región Cántabra se utilizaba la cal para enmendar suelos que parecían fríos y húmedos (1991:163). En la agricultura intensiva valenciana, ante la ausencia de una abundante ganadería se utilizaban abonos de origen muy diverso, jugando un papel fundamental los residuos de la ciudad de Valencia (M. Ardit, 1993 v. II:71-72). En Alsacia, la limpieza de las letrinas de Strasburgo también daba lugar a un importante comercio para su utilización como fertilizante. A ello se le unían los lodos y barros de zanjas y fosos además de la utilización de la cal y las margas (A. Antoine, J. M. Boehler, F. Brumont, 2000:391).

Las parroquias de San Munio de Veiga y Santiago de Rubiás sumaban a mediados del siglo XVIII más de 300 vecinos. Su explotación media declarada de 8300 m² era inferior incluso a la media comarcal debido a la elevada ocultación del espacio que se detecta en el término de Rubiás, que como ya vimos anteriormente, afecta de manera directa a la tierra de propiedad individual. Resulta evidente que en la parroquia de Rubiás las dimensiones reales de la explotación media superaban con creces las 0,54 Ha. de tierra que resultan de la consulta de las declaraciones individuales, no obstante, dicha ocultación espacial no es un impedimento para admitir la altísima parcelación del terrazgo celanovés.

Minifundio y microparcelación, los dos grandes rasgos estructurales de la agricultura gallega coexisten ya absolutamente consolidados sobre el terrazgo celanovés a mediados del siglo XVIII, y prueba evidente de ello es la contabilización en la parroquia de Veiga de hasta 23 parcelas diferentes sobre una explotación media de poco más de 1 Ha. de tierra. En la tabla 31 se presentan de manera pormenorizada las ridículas dimensiones que alcanzaban estas reducidas parcelas en las distintas calidades de tierra y en las dos parroquias analizadas.

PARROQUIAS	VEIGA, SAN MUNIO			RUBIÁS			TOTAL		
CALIDADES	N° PARC.	EXT. (Ha.)	PARC. MED. (m2)	N° PARC.	EXT. (Ha.)	PARC. MED.	N° PARC.	EXT. (Ha.)	PARC. MED.
HUERTA	137	1,17	85,40	101	0,68	67,33	238	1,85	77,73
LABRADÍO REG.	598	24,53	410,20	452	12,94	286,28	1050	37,47	356,86
LABRADÍO SEC.	783	35,39	451,98	581	13,99	240,79	1364	49,38	362,02
VIÑA–PARRAL	14	0,19	135,71	64	0,73	114,06	78	0,92	117,95
PRADO	266	8,47	318,42	165	2,06	124,85	431	10,53	244,32
DEHESA	42	3,93	935,71	7	0,09	128,57	49	4,02	820,41
MONTE BAJO	587	26,97	459,45	567	15,84	279,37	1154	42,81	370,97
SOTO	321	13,98	435,51	291	7,73	265,64	612	21,71	354,74
PARC. MIXTA	480	51,95	1082,29	466	34,88	748,50	946	86,83	917,86
TOTAL	3228	166,58	516,05	2694	88,94	330,14	5922	255,52	431,48

TABLA 31 • TAMAÑO MEDIO PARCELAS EN DISTINTAS CALIDADES DE TIERRA SEGÚN CATASTRO

El tamaño medio de las parcelas en las parroquias de Veiga y Rubiás sitúa a la comarca de Celanova en los niveles máximos de parcelación del terrazgo que se conocen para la Galicia de mediados del siglo XVIII, sólo superados por los campesinos del Morrazo cuyas explotaciones de 1,1 Ha. de tierra resultaban de la agregación de una media de 28 fincas de 392,8 m² de extensión media (H. Rodríguez Ferreiro, 1984:443)[576]. Ni siquiera las superpobladas comarcas del Salnés o la Ulla presentaban un grado de parcelación similar al que traducen las cifras celanovesas[577].

[576] En Bueu la parcela media alcanzaba unas dimensiones de 561,6 m², pero en el término de Hio la media se reducía a 372 m² (H. M. Rodríguez Ferreiro, 2003 v. II:32).

[577] Para la comarca del Salnés se establece una parcela de tamaño medio oscilante entre los 800 y los 1108 m², dependiendo del método de muestreo estadístico seleccionado (J. M. Pérez García, 1979:165), ascendiendo hasta los 1328,6 m² en la vega del Ulla (O. Rey Castelao, 1981:102).

En realidad, resulta bastante sorprendente la presencia en estas áreas de la Galicia Occidental de una parcela media de dimensiones superiores a las que se obtienen en las investigaciones llevadas a cabo sobre la Galicia interior y de manera particular en el caso de la provincia lucense, puesto que suponen un desafío a la lógica de las densidades de población e incluso al propio funcionamiento del sistema hereditario gallego[578].

El análisis individualizado de las distintas calidades de tierra también confirma datos ya de sobra conocidos. Las parcelas de inculto con dedicación arbórea o con presencia de monte bajo alcanzan por término medio unas mayores dimensiones que las parcelas cultivadas -377,63 y 316,83 m² respectivamente-. Las heredades de dedicación mixta suponen casi un 16% de las 5922 parcelas analizadas y son las auténticas responsables de la elevación de la media global, ya que sus dimensiones se acercan a los 1000 m². Dicho comportamiento puede generalizarse al ámbito de las dos parroquias analizadas, no obstante, la presentación detallada de los datos a escala parroquial adquiere cierto interés por cuanto permite un cierto acercamiento al modo en que se fraguó la ocultación del espacio en el término de Rubiás.

Como puede apreciarse en la tabla 31, el tamaño medio de una parcela en dicho término es de poco más de 330 m², un 36% inferior al dato resultante para la parroquia de San Munio de Veiga. El análisis detallado de las distintas calidades de tierra nos permite demostrar que, si bien las parcelas de prado y heredades de labradío secano fueron las más afectadas por el supuesto encubrimiento de extensiones, en la práctica los vecinos de Rubiás debieron eliminar de sus declaraciones un porcentaje similar en la totalidad de sus tierras. De hecho, la media de 233,04 m² que se obtiene para sus heredades cultivadas es un 42,5% inferior al dato de Veiga (387,93 m²), un porcentaje de ocultación prácticamente idéntico al que resulta de la comparativa de las parcelas incultas, 42,10% (472,42 m² en Veiga frente a 273,52 m² en Rubiás). En el caso de las parcelas de dedicación mixta dicha diferencia de extensiones se reduce al 30,84%.

Las informaciones que nos aporta el Catastro de Ensenada no admiten posibilidad de comparación alguna en el marco cronológico en el que se desenvuelve esta investigación, debiendo ser planteadas únicamente a modo de marco referencial sobre la situación agraria de mediados del siglo XVIII. Cualquier estudio evolutivo que se pretenda sobre la estructura agraria celanovesa durante el Antiguo Régimen debe apoyarse pues inevitablemente en el análisis de la documentación notarial disponible. Centramos por ello de nuevo nuestra atención sobre la base de datos de inventarios postmortem y partijas, ya anteriormente presentada, no sin antes plantear ciertas cuestiones preliminares.

Del mismo modo que el Catastro de Ensenada plantea importantes problemas de ocultación derivados de su naturaleza fiscal, los inventarios post-mortem y partijas también presentan claros inconvenientes originados fundamentalmente por su escasa presencia entre los protocolos notariales celanoveses. En términos generales, no puede admitirse como válida la idea de que los inventarios post-mortem únicamente representan a las cotas superiores de la sociedad campesina. Como bien afirma el profesor J. M. Pérez García, "el que disponga de una cierta experiencia en la consulta de inventarios habrá podido comprobar que las cotas miserables distan mucho de no estar representadas en ellos" (1982:99). La variedad de situaciones que podría originar un inventario y el régimen sucesorio de particiones que predomina en muchas áreas, son factores claves para garantizar la presencia de los

---

[578] Para la provincia de Ourense, Mª. J. López Álvarez fija en 595,73 m² la extensión media de las parcelas en la comarca de Cea (1998:57), y R. Ferreiro en sus investigaciones sobre la Alta Limia aporta la cifra de 691,9 m² (1981:100). También se obtienen unas reducidas dimensiones medias por parcela en la cubeta de Xallas -580 m²- (B. Barreiro, 1977:519), pero a nuestro juicio los datos que plantean más interrogantes son los aportados para la provincia lucense. ¿cómo se explican los 900 m² de una parcela tipo en el interior de la provincia lucense (H. Sobrado Correa, 2001:207) o los 756,6 m² del Arciprestazgo de Narla (O. Pedrouzo Vizcaino, 1981:118) frente a los más de 1000 m² del Salnés o la Ulla, habida cuenta de las diferentes densidades demográficas y los opuestos sistemas hereditarios vigentes a mediados del siglo XVIII en ambas áreas?

diferentes sectores sociales en las muestras manejadas[579], y buen ejemplo de ello es la notable presencia que adquieren entre las escrituras celanovesas las familias cuyos enseres domésticos denotan un miserable nivel de vida[580].

Aunque las cotas inferiores de la sociedad campesina no se encuentran en absoluto ausentes de la documentación celanovesa, en la práctica el limitado número de escrituras disponible acaba otorgando un protagonismo desmedido a los auténticos caporales de la comarca que con sus importantísimas haciendas elevan artificialmente la extensión media de las explotaciones campesinas. Aunque el inflamiento de las medias debe ser tenido en cuenta en el análisis evolutivo de las estructuras agrarias de la comarca, dicho problema no desvirtúa en absoluto la importancia de las escrituras notariales. De su uso se obtiene una línea de tendencia, que más allá de las cifras concretas, nos permite comprender la dinámica evolutiva de la agricultura celanovense, respondiendo a las cuestiones básicas que se plantean a partir de la consulta del Catastro de Ensenada.

Fundamentalmente, adquiere especial relevancia conocer el origen cronológico del acusado minifundismo que soportaba la comarca a mediados del siglo XVIII y comprender en lo posible su desarrollo evolutivo hasta mediados del XIX. La tabla 32 constituye el primer acercamiento al análisis evolutivo de la explotación media en la comarca de estudio durante el Antiguo Régimen.

		TABLA 32 • EVOLUCIÓN EXPLOTACIÓN MEDIA A TRAVES DE INVENTARIOS Y PARTIJAS (1680-1854)					
PERIODOS	Nº ESCRITURAS	EXT. TOTAL CONTROLADA (Ha.)	Nº PARCELAS	EXPLOT. MEDIA	MEDIANA	PARCELA MEDIA (m2)	PARC/EXPL.
1680–1729	15	33,96	302	2,26	2,25	1124,61	20,13
1730–1779	29	60,07	969	2,07	1,40	619,92	33,41
1780–1809	54	102,09	1719	1,89	1,28	593,89	31,80
1810–1854	33	46,24	1019	1,40	1,05	453,78	30,80
1680–1854	131	242,36	4009	1,85	1,31	604,54	30,60

El volumen de la muestra manejada desaconseja la elaboración de resultados por periodos decenales. En su defecto debemos conformarnos con el análisis de las etapas cronológicas establecidas en base al funcionamiento de la dinámica demográfica de la comarca. Los primeros inventarios post-mortem con presencia de bienes raíces se remontan a la década de los años 80 del siglo XVII, desde ese período hasta mediados del siglo XIX reunimos una base de datos conformada por 138 escrituras (116 inventarios y 22 partijas), aunque se han eliminado del cómputo las correspondientes a los siete mayores hacendados de la muestra con el fin de corregir en la medida de lo posible el excesivo inflamiento de las cifras medias[581].

---

[579] Los inventarios post-mortem no surgen sólo como consecuencia de las desavenencias sucesorias que podrían centrar la información en las cotas superiores de la sociedad, sino también como resultado de las preocupaciones "públicas" por la situación de los menores ante el riesgo de un posible fraude por parte de sus familiares mayores de edad (B. Yun Casalilla, 1997:47-48).

[580] Véase al respecto (D. Rodríguez Fernández, 1999b:193-231).

[581] Se trata de los inventarios post-mortem de Juan Antonio Rodríguez (1758), Pedro Cortés (1773), José Cortés (1809), Don Manuel Azpicueta (1844) y Don Narciso María Feijoo (1846) y las partijas de bienes raíces de Don Pedro Novoa y mujer (1764) y de Don Vicente Arias y mujer (1809). En conjunto representan el 5% de la muestra, pero disfrutan de más de un 25% de las 324,15 Has. sometidas a control, todos ellos disponen de explotaciones superiores a 9 Has. de tierra resultando una media por explotación de 11,68 Has. de tierra.

Pese a ello, en las etapas comprendidas entre 1730 y 1809 todavía persiste una importante distorsión en el tamaño medio de las explotaciones campesinas y prueba de ello es la considerable diferencia que las separa de sus respectivas medianas. Un simple análisis de las informaciones disponibles para el período 1730/79 nos permitirá aclarar convenientemente el funcionamiento de dichas cifras medias. Para estas décadas centrales del siglo XVIII se han retenido 29 de las 32 escrituras existentes y la explotación media al alcance de un 68.9% los casos computados apenas supera la Ha. de extensión (1,04 Ha. de media), controlando únicamente 20,9 Has. de tierra, una superficie prácticamente idéntica a la disfrutada por Miguel Rodríguez, Sebastián Gil y Juán García (20,87 Ha.), cuyas explotaciones alcanzan la media de 6,95 Has. La mediana fijada en 1,4 Ha. constituye un valor bastante más representativo del comportamiento de la mayoría de las familias recogidas en la muestra que la media de 2,07 Ha.

El análisis evolutivo de la mediana no ofrece duda alguna a cerca del progresivo desarrollo a lo largo de los tiempos modernos de los procesos de minifundio y microparcelación, ya plenamente establecidos en la estructura agraria de la comarca en los tiempos en los que se elaboró el Catastro de Ensenada[582]. Desde el punto de partida situado en los años 80 del siglo XVII hasta el punto de llegada a mediados del siglo XIX, la superficie de las explotaciones agrarias celanovesas se habría reducido a menos de la mitad pasando de 2,25 Ha. a 1,05 Ha., constatándose incluso un descenso superior en las dimensiones de la parcela media que perdió en el mismo período casi un 60% de su tamaño originario al retroceder de 1124,61 m^2 a 453,78 m^2. Los valores establecidos para la mediana y parcela media coinciden asimismo en presentarnos como fecha clave para el avance del minifundismo y la mircroparcelación los años 30 del siglo XVIII, ya que es en las décadas centrales del siglo XVIII cuando se registra la caída más pronunciada en el tamaño de las explotaciones (-37,77%) y parcelas (-44,87%), con respecto a la fase previa.

Dado que carecemos de informaciones referidas a las décadas previas a la introducción masiva del maíz en la comarca, desconocemos sus posibles efectos inmediatos sobre las cifras del período 1680-1729. Aun así, resulta evidente que el fortísimo crecimiento demográfico que experimentaron estas tierras durante esos años tuvo consecuencias funestas sobre la estructura agrícola comarcal, provocando una importante caída de las explotaciones medias y un hundimiento incluso superior en el tamaño de las parcelas. A partir de los años 80 del siglo XVIII las tierras de Celanova vivieron una nueva fase de alza demográfica y de nuevo sus efectos resultan patentes sobre los dos parámetros analizados, caída de casi un 18% en el tamaño de las explotaciones en la etapa comprendida entre 1810 y 1854, y pérdida de casi un 24% en las dimensiones de las parcelas.

En base a los datos expuestos resulta evidente el modelo de crecimiento adoptado en la comarca y su proximidad con las tierras de la Galicia Occidental. El estudio llevado a cabo sobre más de 3000 escrituras notariales elaboradas en la comarca del Salnés entre 1600 y 1850, ha permitido demostrar con notoria claridad el creciente deterioro del tamaño de las parcelas que pasarían de 2600-2300 m^2 en la segunda mitad del XVII a 1000 m^2 en la primera mitad del XIX, con un claro dominio de las parcelas de 500 m^2. Un avance imparable de la parcelación, que como en el caso celanovés, fue acompañado de un creciente minifundio. Además, tanto en Celanova como en el Salnés, la caída del tamaño de las parcelas fue mucho más acusada durante la fase expansiva del siglo XVIII que en la primera mitad del XIX[583]. Los datos de la península del Morrazo son asimismo muy elocuentes. En esta comarca, la superficie por

---

[582] Aunque en páginas anteriores ya se ha planteado la comparativa entre las informaciones catastrales y los inventarios post-mortem, sirva recordar que la media de 0,92 Ha. de tierra por explotación que se obtiene de la consulta del Catastro de Ensenada supone una ocultación del 34,28% con respecto a la mediana (1,4 Ha.) resultante del vaciado de las escrituras notariales. Asimismo, la dimensión media de las parcelas en las parroquias de San Munio de Veiga y Rubiás fijada en 431,48 m^2 representa una ocultación del 30.39% con respecto a la cifra que extrae de la documentación notarial, 619,92 m^2.

[583] En base a las escrituras de patrimonios eclesiásticos, el tamaño medio de las explotaciones del Salnés pasaría de 3,5 Has. en la primera mitad del XVIII a 2-2,3 Has. en la primera mitad del XIX (J. M. Pérez García, 1990b:62-63).

explotación analizada a través de los inventarios post-mortem descendió desde las 1,32 Has. de la primera mitad del XVII a 0,7 Has. en la segunda mitad del XVII y primera mitad del XVIII[584].

A partir de los datos disponibles sobre la evolución de la cultura agraria en el ámbito de la Galicia Occidental, el profesor J. M. Pérez García ha puesto de relieve las importantísimas diferencias que separaban el modelo de crecimiento gallego con el adoptado en otros ámbitos peninsulares caracterizados también por un fuerte dinamismo a lo largo de los tiempos modernos, como es el caso de la Horta valenciana[585]. La evolución del modelo agrario celanovés, en lo referente a la estructura del parcelario y al tamaño de las explotaciones campesinas, guarda en cambio una similitud evidente con otras regiones de la Europa del Antiguo Régimen, cuyo dinamismo demográfico y económico se inscribe también en el marco de la "petite culture". La multiplicación de las pequeñas explotaciones y la pulverización del parcelario en los campos alsacianos como consecuencia del crecimiento demográfico que experimentan estas tierras a lo largo del siglo XVIII, constituye un claro ejemplo de ello[586]. La "proletarización" de la región flamenca en ese mismo período es una muestra más de los resultados que puede provocar la presión demográfica sobre un territorio saturado[587].

Ahora bien, la pulverización que sufren las explotaciones campesinas en el Salnés, el Morrazo o en Celanova no puede ser presentada como ejemplo paradigmático del comportamiento de la agricultura gallega durante el Antiguo Régimen. Otras investigaciones desarrolladas sobre suelo gallego no confirman un avance minifundista de dimensiones similares a las descritas para estos ámbitos geográficos. Es el caso de las tierras interiores de Viana do Bolo, donde apenas se constata una disminución del tamaño de las explotaciones entre 1600 y 1800[588], o las zonas del litoral y valle de la provincia mindoniense que sólo habrían perdido un tercio de su extensión desde fines del siglo XVI a fines del siglo XVIII (P. Saavedra, 1985:218-219)[589]. Para las tierras del interior de la provincia lucense H. Sobrado Correa también señala un mantenimiento del tamaño de las explotaciones en la segunda mitad del siglo XVII y primera mitad del siglo XVIII, sufriendo una gradual disminución en la segunda mitad del siglo XVIII y primera del XIX pareja al desarrollo de las transformaciones agrarias[590].

---

[584] En este caso el fuerte incremento del monte de uso individual permitió un leve ascenso en la superficie media por explotación en la segunda mitad del XVIII (0,96 Has. de media) (H. M. Rodríguez Ferreiro, 2003 v. II:26).

[585] A diferencia de la comarca del Salnés, en la Horta valenciana el dinamismo demográfico del siglo XVIII no hizo mella en el tamaño de la explotación campesina, repitiéndose la media de 5 Has. de tierra característica de principios del siglo XVIII una centuria más tarde, a comienzos del XIX. En 1833/45 la Horta Valenciana había superado ya claramente las densidades del Salnés, pero las explotaciones medias todavía se mantenían en 4 Ha. de tierra. En este caso, el crecimiento de los efectivos humanos no condujo a un proceso de minifundio y microparcelación similar al que se atestigua en las comarcas de la Galicia Occidental o en tierras de Celanova (J. M. Pérez García, 1990c:227-231).

[586] En el siglo XVIII la explotación campesina se sitúa entre 1 y 2 Has. La superficie media por parcela ha descendido de 20-25 áreas en la segunda mitad del siglo XVII a 15 áreas, incrementándose el número de parcelas por explotación de un 20 a un 50%. Aquí el parcelamiento más intenso se produce a partir de 1760/65, coincidiendo con el rápido crecimiento demográfico y la disminución de las posibles roturaciones (J. M. Boehler, 1995:83-84).

[587] Las explotaciones de menos de 1,5 Has. viven un aumento importantísimo en el área flamenca a lo largo del siglo XVIII. Su presencia únicamente sigue siendo minoritaria en la zona costera, donde se produjo un importante proceso de concentración de la tierra en el siglo XVI como consecuencia de los costosos trabajos de desecación (A. Antoine, J. M. Boehler, F. Brumont, 2000:350-351).

[588] Eliminando de la muestra de escrituras notariales los casos extremos de grandes explotaciones, G. Quiroga Barro obtiene una media de 3,65 Ha. para comienzos del siglo XVII, 3,41 a mediados del siglo XVIII y 3,69 a principios de la centuria decimonónica (1992:31).

[589] A juicio del profesor P. Saavedra el esfuerzo roturador que debió llevarse a cabo en la Galicia Cantábrica para hacer frente al crecimiento demográfico, y la menor importancia de los cambios operados en la economía agrícola con respecto a las tierras de la Galicia Occidental, explican esta menor reducción de las explotaciones agrícolas (1984:328).

[590] La caída se cifraría aquí en torno a un 20 o 25%, prueba evidente de que el crecimiento demográfico de estas tierras en la segunda mitad del XVIII no generó un proceso de pauperización similar al generado en la Galicia Occidental. Incluso podría hablarse de un retroceso en la parcelación desde mediados del XVIII (extensión media parcelas de 956,4 m²) hasta la primera mitad del XIX (1060 m2) (2001:271-272).

El avance del minifundio y la microparcelación en el ámbito de la comarca celnovense a lo largo de los tiempos modernos, también se vio acompañado de interesantes cambios en la composición interna de la explotación agraria, como se observa en la tabla 33

TABLA 33 • COMPOSICIÓN DE LAS EXPLOTACIONES Y SU EVOLUCIÓN EN EL TIEMPO (Ha.)											
	ESPACIO CULTIVADO			ESPACIO INCULTO			ESPACIO MIXTO			TOTAL
PERIODOS	EXT.	MEDIA EXPL.	%	EXT.	MEDIA EXPL.	%	EXT.	MEDIA EXPL.	%	EXT.
1680–1729	19,52	1,30	57,48	6,39	0,42	18,82	8,05	0,54	23,70	33,96
1730–1779	28,05	0,97	46,69	15,83	0,54	26,35	16,19	0,56	26,95	60,07
1780–1809	46,72	0,87	45,76	34,30	0,64	33,60	21,08	0,39	20,64	102,09
1810–1854	20,39	0,62	44,10	17,06	0,52	36,89	8,79	0,27	19,01	46,24
1680–1854	114,6	0,88	47,32	73,58	0,56	30,36	54,11	0,41	22,32	242,37

*Cifras corregidas.

La significativa presencia de parcelas de dedicación mixta se plantea como un serio problema a la hora de analizar los cambios acontecidos en la distribución interna de la explotación campesina. El vaciado de los Libros Reales correspondientes a las entidades de Veiga y Rubiás ya nos había permitido constatar la importancia que adquieren este tipo de heredades en la comarca de estudio, puesto que aglutinaban un tercio de la extensión de tierra declarada de propiedad individual y englobaban casi un 16% del parcelario. Al contrario de lo que ocurre en esta fuente, en la que se especifica detalladamente la extensión de tierra que ocupa cada una de las utilidades declaradas en una parcela de dedicación mixta, en la documentación notarial consultada nada se afirma al respecto. Dado que casi un cuarto de las 242 Ha. de tierra controladas a través de inventarios y partijas se corresponden con este tipo de parcelas, resulta obvio que sale de control una proporción importante de la explotación campesina. Sin embargo, creemos que su comportamiento a lo largo de los tiempos modernos no tiene por qué entrar en contradicción con el de las parcelas de dedicación única. A nuestro juicio, dichas heredades muestran con absoluta nitidez el progresivo avance de la agricultura celanovesa desde fines del siglo XVII a mediados del XIX por el camino de la intensificación agrícola.

En el período cronológico investigado, el espacio inculto de uso individual va adquiriendo gradualmente una mayor importancia en el marco de una explotación agrícola de dimensiones cada vez más reducidas. El espacio inculto pasó de suponer un porcentaje mínimo del 18,82% del total a fines del siglo XVII y comienzos del XVIII, a representar el 36,89% en la primera mitad del siglo XIX. Habida cuenta del elevado déficit de abono que resulta de los cálculos efectuados sobre la hipotética explotación media en tiempos del Catastro, es evidente la extraordinaria importancia que adquiere el aumento de la superficie a monte en las explotaciones agrícolas celanovesas, jugando un papel clave en el avance de los rendimientos cerealeros detectado para la primera mitad del siglo XIX[591].

El análisis de las posibilidades de abonado de las explotaciones agrarias celanovesas elaborado a partir de la documentación notarial presenta carencias por esa elevada presencia de parcelas de dedicación mixta que alcanzan

[591] Tal y como afirma el profesor J. M. Pérez García a raíz del análisis evolutivo de la distribución interna de los patrimonios eclesiásticos en la comarca del Bajo Miño, "parece como si nuestros labriegos se adelantaran a las llamadas de nuestros intelectuales de los siglos XVIII y XIX hacia un mejor acoplamiento entre ambos bloques (espacio inculto y espacio cultivado) en aras de un mejor abonado" (2000:83).

más del 22% de la superficie total controlada. Pese a ello ensayamos su cálculo a partir de las extensiones declaradas en las heredades de dedicación única. Véase al respecto la tabla 34.

TABLA 34 • POSIBILIDADES ABONADO A PARTIR EXTENSIONES DE PARCELAS DE DEDICACIÓN ÚNICA						
PERIODOS	ESP. CULTIV. (Has.)	CARROS TOJO NECESARIOS	A. PRODUCCIÓN ESTIMADA ESP. INCULTO	B. PRODUCCIÓN ESTIMADA M. BAJO	DEFICIT A. (%)	DEFICIT B. (%)
1680–1729	1,3	21,66	7,77	4,07	64,12	81,2
1730–1779	0,97	16,16	9,99	7,11	38,18	56
1780–1809	0,87	14,5	11,84	8,76	18,34	39,58
1810–1854	0,62	10,33	9,63	7,58	6,77	26,62

En base a las estimaciones ya anteriormente planteadas a partir de la documentación catastral, en las décadas finales del siglo XVII y a comienzos del siglo XVIII se necesitarían 21,66 carros de tojo para abonar una media de 1,3 Ha. de superficie cultivada. Dado que la extensión media inculta declarada en las parcelas de dedicación única sólo alcanzaba las 0,42 Ha. de tierra, un 64,1% de los carros de tojo necesarios para el abonado anual deberían procurarse en los montes de uso común. Para ser más exactos, si utilizamos únicamente los espacios declarados de monte bajo, el déficit alcanzaría a más del 81% del total. Con los mismos presupuestos de partida en la primera mitad del siglo XIX sólo el 6,77% de los carros de tojo se cortaban en los espacios de propiedad colectiva o si se prefiere haciendo uso exclusivo del monte bajo, un 26,62% del total.

Las necesidades de abonado en las décadas finales del XVII probablemente fueran inferiores a las que exigía el terrazgo celanovés en la primera mitad del siglo XIX, y los 25 carros de abono estimados por Ha. quizás fueran excesivos para el período inicial de análisis. No obstante, parece fuera de toda duda la marcha imparable desde un modelo agrario más extensivo, que conservaba importantes tintes colectivistas hacia una agricultura cada vez más intensiva y de carácter individualista[592]. Así pues, como ya ha señalado el profesor J. M. Pérez García para la comarca del Bajo Miño, el proceso de apropiación del espacio inculto en estas áreas tan densamente pobladas no se corresponde sólo con una respuesta de carácter extensivo por parte del campesinado, sino que encierra también una búsqueda evidente de la intensificación[593].

Considerando una posible distribución del espacio en las parcelas de dedicación mixta que respetara para cada uno de los períodos establecidos los porcentajes de representación que alcanzan espacios cultivados e incultos en las parcelas de dedicación única, el terrazgo inculto pudo pasar de representar el 24,33% de las explotaciones

---

[592] A pesar de la reducción de los efectivos ganaderos y del descenso del tamaño de las explotaciones como consecuencia de la cultura del maíz, los campesinos gallegos disponían de un stock más importante de abono, consecuencia del proceso de estabulación y mejora de la alimentación del ganado y también como resultado de la marcha privatizadora de los montes comunales, que permitió una explotación más intensiva del espacio inculto. En la Galicia Cantábrica dicha mejora se concreta en el aumento de un 15% del abono disponible por explotación en el plazo de un siglo (P. Saavedra, 1999:88).

[593] En la comarca del Bajo Miño entre 1636 y 1749 un 44,44% del esquilmo necesario para el abonado de las heredades labradías debía cortarse en los espacios comunales, reduciéndose dicho porcentaje hasta el 22,22% en la primera mitad del XIX (2000:88-89).

campesinas celanovesas en la etapa 1680-1729, a suponer el 45,71% en la primera mitad del siglo XIX. El porcentaje de partida constituye ya una cifra bastante respetable reflejo en buena medida de la actividad apropiadora del monte que debió llevarse a cabo a lo largo del siglo XVII[594]. Pero el paulatino crecimiento de las extensiones declaradas de inculto privatizado en las etapas comprendidas entre 1730 y 1809 en el marco de una significativa reducción de la explotación media, constituye una prueba evidente de la importancia del proceso apropiador desarrollado en la comarca de estudio durante la centuria ilustrada[595].

Con el objetivo de seguir profundizando en el análisis de los cambios ocurridos en la estructura agraria desde fines del siglo XVII a mediados del siglo XIX, presentamos en la tabla 35 la evolución individualizada de las distintas calidades de tierra que conformaban el espacio cultivado e inculto dentro de la explotación campesina.

TABLA 35 • ANÁLISIS DE LAS DISTINTAS CALIDADES DE TIERRA Y SU EVOLUCIÓN (Datos en Ha.)										
PERIODOS	1680–1729		1730–79		1780–1809		1810–54		1680–1854	
CALIDADES	EXT.	%	EXT.	%	EXT.	%	EXT.	%	EXT.	%
LABRADÍO	1,00	44,23	0,79	38,05	0,64	33,99	0,49	35,14	0,68	36,65
HUERTA	0,03	1,25	0,01	0,53	0,02	0,96	0,01	0,79	0,02	0,86
PRADO	0,06	2,53	0,08	3,75	0,07	3,95	0,05	3,74	0,07	3,66
VIÑA–PARRA	0,21	9,47	0,09	4,38	0,13	6,86	0,06	4,43	0,11	6,15
MIXTO	0,54	23,70	0,56	26,96	0,39	20,64	0,27	19,01	0,41	22,32
SOTOS	0,20	8,77	0,14	6,71	0,11	5,67	0,07	4,78	0,11	6,19
ROBLEDAL	0,01	0,24	0,02	0,83	0,05	2,90	0,03	2,49	0,04	1,94
M. BAJO	0,22	9,81	0,39	18,80	0,47	25,03	0,42	29,62	0,41	22,23
TOTAL	2,2	100,0	2,0	100,0	1,89	100,0	1,40	100,0	1,85	100,0

Se observa así la coexistencia de comportamientos diferenciados entre las distintas calidades de tierra que conforman cada una de las dos categorías analizadas. La pérdida de importancia porcentual del espacio cultivado en el seno de las explotaciones se apoya de manera evidente en el derrumbe de las heredades labradías, viñas y huertas, que desde fines del siglo XVII a mediados del XIX vieron reducida a menos de la mitad su presencia media por explotación (de 1,24 a 0,56 Ha). En el caso concreto de las viñas, la caída fue particularmente brusca a lo largo del período estudiado (71%). En el marco del espacio cultivado, sólo las superficies dedicadas a prado mantuvieron su presencia porcentual en las explotaciones celanovesas.

Las praderías nunca representaron en la comarca de estudio una proporción mayoritaria del espacio cultivado, no obstante, se observa un esfuerzo importante a lo largo de los tiempos modernos por mantener su presencia en el seno de unas explotaciones agrícolas cada vez más reducidas. De ahí que en la práctica a mediados del siglo XIX su

---

[594] Recuérdense al respecto los testimonios impresionistas que ofrece el pleito ante la Chancillería de Valladolid emprendido por los concejos del Valle de Celanova contra el Monasterio. AHPOU, Sección Clero, Libro 224.

[595] En la península del Morrazo también se observa un proceso similar de apropiación de los espacios colectivos. De hecho, en la primera mitad del XVII el monte de uso individual únicamente representaba el 4% de la superficie en las explotaciones campesinas ascendiendo hasta el 37% en la segunda mitad del siglo XVIII (H. M. Rodríguez Ferreiro, 2003 v. II:27).

importancia porcentual había crecido sensiblemente con respecto a los valores que se obtienen para la etapa inicial de análisis. En cualquier caso, el crecimiento porcentual que experimentan las praderías en la comarca, no parece equiparable en términos comparativos con el importantísimo avance que viven estas heredades a partir de la segunda mitad del siglo XVIII en otras áreas del norte peninsular volcadas en un proceso de especialización ganadera.

Es el caso de la provincia lucense. Allí, el minucioso análisis llevado a cabo por J. Mª. Cardesín sobre las transformaciones agrarias de la parroquia de San Martiño desde mediados del siglo XVIII hasta fines del siglo XIX, y posteriormente el estudio más amplio de H. Sobrado Correa sobre un importante número de parroquias del interior de la provincia, han venido a demostrar la creciente importancia que van adquiriendo los pastos en el paisaje provincial durante la segunda mitad del siglo XVIII y primera mitad del siglo XIX, acorde con un proceso de reorientación productiva basado en una incipiente especialización en la ganadería vacuna (J. Mª. Cardesín,1992 :169) [596].

En Cantabria a lo largo del siglo XVIII, en muchas parroquias los prados también fueron ganando terreno con respecto al viñedo y a las tierras de pan llevar, a medida que los abertales convertidos en cierros pasaron a uso privado[597]. En la Navarra húmeda del norte, en el valle de Baztán entre 1817 y 1850 se produjo un aumento en el porcentaje de ocupación del suelo del orden del 29%. La mayor parte del nuevo suelo ocupado se utilizará para la creación de pastos para el ganado (A. Arizcun Cela, 1988: 262). Los valles montañeses de la Merindad de Estella también vivieron un proceso de especialización ganadera a lo largo de los tiempos modernos, dadas sus escasas posibilidades de incrementar la superficie cultivable. Aquí, el incremento de la cría de ganado vacuno cubría las demandas de carne de los valles más ribereños, donde se había producido una fuerte expansión agrícola (A. Floristán Imízcoz, 1982:277)[598].

Con respecto al espacio inculto, la duplicación de su presencia porcentual desde fines del siglo XVII a mediados del siglo XIX se produce a partir del desigual comportamiento de las tres calidades de tierra implicadas. Los sotos de castaños dibujan una tendencia claramente descendente durante el período de análisis en consonancia con la progresiva pérdida de peso de la castaña en las despensas campesinas de la comarca. En las décadas finales del siglo XVII los sotos castañales ocupaban un 46,63% del espacio inculto declarado en las parcelas de dedicación única, dicho porcentaje sufrió una paulatina disminución a lo largo de los tiempos modernos hasta representar únicamente el 12,95% del total en la primera mitad del siglo XIX[599].

---

[596] En las tierras del interior de la provincia lucense en 1753 los pastos sólo suponían el 13% de la superficie cultivada. Las partijas de fines del siglo XVIII y primera mitad del XIX muestran en cambio la existencia de explotaciones agrícolas en las que el prado fue ganando terreno a costa de montes y tierras labradías hasta representar el 32% de la superficie total (H. Sobrado Correa, 2001:264). Su crecimiento fue paralelo a un proceso de "acortiñamiento" llevado a cabo sobre terrenos que a mediados del siglo XVIII la documentación catastral localizaba fuera de las "agras". Su finalidad era obtener un mayor volumen de alimentos para una población en aumento y más forrajes para una creciente cabaña vacuna, sin poner en entredicho las formas tradicionales de ganadería extensiva claramente dependientes del mantenimiento de la derrota de mieses sobre las tradicionales agras (J. Mª. Cardesín, 1992:167-169). Algunos autores de mediados del siglo XIX critican incluso esta práctica dadas las crecientes necesidades de abono que se derivaban de la misma y la supuesta peligrosidad que representaba para el mantenimiento del equilibrio entre espacios cultivados y espacios incultos (P. Saavedra, 1999:94).

[597] Aquí la demanda urbana encontró fácil respuesta a causa de la elevada rentabilidad de las praderías y por la liberación de recursos, que facilitaba a la postre la emigración estacional y temporal. Así, a través de los cierros las praderías aumentaron de extensión en Campóo, Iguña, Reocín, Liébana y en general en toda la provincia de Nueve Valles, donde el clero trató de introducir en 1764 el diezmo de la hierba (R. Lanza García, 1991:189).

[598] En Francia, el surgimiento de importantes áreas de especialización ganadera para abastecer la demanda de carne procedente de los crecientes mercados urbanos es un hecho bien conocido. Regiones geográficamente próximas a grandes mercados como Lyon o París –Charolais, Brionnais, Bassin o el Pays d'Auge- vivieron un fuerte desarrollo de las praderías, lo que provocó un crecimiento paralelo de la producción cerealera en regiones limítrofes. En el caso del Pays d'Auge, de 1600 a 1830 se habría producido una duplicación de estas superficies, aumentando paralelamente la producción de granos en el entorno de Caen y Lisieux (J. M. Moriceau, 1999:117-118)

[599] Como se recordará de páginas anteriores la castaña representaba en la primera mitad del siglo XVII más del 44% de las reservas de grano acumuladas en

Las dehesas de robles siempre representaron una porción mínima del inculto privatizado, aunque lo cierto es que el análisis desarrollado sobre las parcelas de dedicación única en los inventarios post-mortem reduce todavía más su importancia en la comarca, dada su habitual ubicación en parcelas de tipo mixto[600]. No obstante, durante el marco cronológico en el que se desenvuelve esta investigación se aprecia una paulatina mayor presencia relativa de las parcelas plantadas de robles en las explotaciones campesinas celanovesas. Un comportamiento que entra en clara contradicción con las informaciones de las que se dispone para algunas comarcas de la Galicia Occidental en las que las dehesas fueron retrocediendo a partir de las últimas décadas del siglo XVIII ante la creciente pujanza de las plantaciones de pinos, un árbol cuya presencia testimonial en el marco de esta investigación se retrasa hasta los años 30 del siglo XIX[601].

La duplicación del porcentaje relativo de representación del espacio inculto en las explotaciones campesinas de la primera mitad del siglo XIX con respecto a las décadas finales del siglo XVII se produjo gracias a la creciente importancia de las heredades de monte bajo. Estas pasaron de suponer menos del 10% del espacio declarado en una explotación media de 2,2 Ha. de tierra, a reunir casi un 30% del mismo en una explotación media de 1,4 Ha. Aunque su crecimiento fue imparable a lo largo de la centuria ilustrada, la duplicación de su presencia relativa en los inventarios post-mortem redactados durante el período 1730-1779 nos pone sobre aviso de la importante actividad apropiadora que debió llevarse a cabo durante las décadas centrales del siglo. Una prueba indirecta de esa importante actividad apropiadora puede obtenerse a partir de la evolución del tamaño medio de las parcelas cuyos resultados presentamos en la tabla 36.

TABLA 36 • EVOLUCIÓN TAMAÑO MEDIO DE LAS PARCELAS EN COMARCA DE CELANOVA (m²)								
	ESPACIO CULT.		ESPACIO INC.		ESPACIO MIXTO		TOTAL	
PERIODOS	N° PARC.	EXT. MEDIA	N° PARC.	EXT. MEDIA	N° PARC.	EXT. MEDIA	N° PARC.	EXT. MEDIA
1680–1729	190	1027,49	86	743,10	26	3096,19	302	1124,61
1730–1779	582	481,95	305	519,01	82	1974,39	969	619,91
1780–1809	992	470,94	593	578,44	134	1572,78	1719	593,89
1810–1854	533	382,56	417	409,08	69	1273,97	1019	453,78
1680–1854	2297	499,26	1401	525,19	311	1739,87	4009	604,56

*(Cifras corregidas, en m²)

los hogares celanoveses pasando a suponer a mediados del siglo XVIII menos del 10% del total. Su supuesta desaparición de las despensas campesinas en la primera mitad del siglo XIX ya fue puesta en entredicho en su momento en base a las informaciones contenidas en el Diccionario Geográfico de P. Madoz,, ahora es la propia documentación notarial la que corrobora también el mantenimiento de la presencia de sotos castañales en la comarca de estudio durante la primera mitad del siglo XIX.

[600] A mediados del siglo XVIII, en la documentación catastral las dehesas de robles suponen el 14,71% del espacio inculto privatizado, un porcentaje prácticamente idéntico al resultante de la consulta de las escrituras de patrimonios eclesiásticos durante el período 1718-1790, 12,01%. En ambas ocasiones como se recordará las parcelas de dedicación mixta no plantean problemas para su clasificación según calidades de tierra.

[601] Así, en tierras del Bajo Miño a partir de la segunda mitad del siglo XVIII las superficies plantadas de robles y pinos viven precisos movimientos invertidos siendo el pino el gran vencedor por su mejor adecuación a las necesidades productivas de la comarca, que sacrificó la calidad de la madera por la cantidad y la celeridad de su crecimiento (J. M. Pérez García, 2000:94).

La pulverización de las dimensiones medias de las heredades a partir de los años 30 del siglo XVIII constituye una de las consecuencias más evidentes del importante crecimiento demográfico que atraviesa la comarca a partir de los años 70-80 del siglo XVII. Sin embargo, el deterioro del tamaño de las parcelas no afectó de manera similar al terrazgo cultivado y a los espacios incultos. En los años 30 del siglo XVIII las tierras de labor ya habían sufrido una reducción de más del 53% de su superficie mientras que las parcelas de inculto habían perdido un 30,1% de su extensión media con respecto a la etapa anterior. En las décadas finales del siglo XVIII y durante la primera mitad del XIX las parcelas de espacio cultivado y espacio inculto parecen experimentar caídas paralelas en sus dimensiones medias, por lo que podría deducirse que las diferencias apreciadas para el período 1730-1779 se deben únicamente a posibles distorsiones derivadas de la menor superficie de análisis con la que contamos para la fase inicial de estudio. Sin descartar del todo esa posibilidad, a nuestro juicio dicho comportamiento desigual se explicaría en gran medida a partir de la importante actividad apropiadora de los espacios comunales que debió llevarse a cabo en este período con fines no sólo extensivos sino también con una evidente finalidad intensiva.

Así pues, el rasgo que mejor define la evolución interna de las explotaciones agrícolas celanovenses desde fines del siglo XVII a mediados del siglo XIX es el rápido crecimiento durante el siglo XVIII de las extensiones sembradas de monte bajo y su práctica estabilización durante la primera mitad del siglo XIX, pese al derrumbe del tamaño medio de las haciendas campesinas. La pérdida de importancia relativa del espacio cultivado y también de los sotos castañales, acaban por definir un panorama evolutivo marcado por el avance imparable del minifundio y la microparcelación.

III.2. La riqueza ganadera en los tiempos del Catastro de Ensenada y su desarrollo evolutivo a lo largo de los tiempos modernos

III.2.1. Las actividades ganaderas en la cultura agraria de mediados del siglo XVIII. Composición y distribución de la cabaña

Los cálculos en su día realizados sobre una muestra de 152 vecinos pertenecientes a las parroquias de Rubiás y San Munio de Veiga nos permitieron un primer acercamiento a la estructura y composición de la cabaña ganadera en la comarca de Celanova a mediados del siglo XVIII (D. Rodríguez Fernández, 1999:47-50), cuyas conclusiones se ven plenamente confirmadas en la actualidad a partir de una base de datos más amplia. Así una vez más, las características que definen la riqueza ganadera de la comarca, su grado de imbricación con la agricultura, composición interna de la cabaña, distribución social e incluso estado de la propiedad, dibujan un cuadro plenamente coincidente con el panorama característico de las tierras occidentales, que se aleja de manera evidente del comportamiento propio de las comarcas del interior de la geografía gallega[602].

El grado de participación del producto bruto ganadero en el conjunto del producto agropecuario nos aporta un primer indicador de cara a la valoración de la importancia de la riqueza ganadera en la comarca de estudio. Véase tabla 37.

---

[602] La obra de A. Bouhier ofrece una interesante visión sobre la ganadería gallega de mediados del siglo XVIII y su evolución posterior, en la que se ponen de manifiesto las importantes diferencias detectables a escala interprovincial e incluso a nivel comarcal, que definen el comportamiento de las actividades ganaderas en el conjunto del solar galaico. Falta de dicha visión global la provincia ourensana, cuyos estados generales de legos no pudieron ser analizados por el autor (1979:1200-1233). A. Eiras Roel (1984:121-149), también ha contribuido de manera clara al conocimiento de la ganadería gallega de mediados del siglo XVIII, estableciendo los trazos que diferenciaban el comportamiento de las "tierras bajas" gallegas con respecto a las "tierras altas" del interior.

TABLA 37 • RELACIÓN ENTRE PRODUCTO AGRARIO Y PRODUCTO GANADERO EN LA COMARCA. 1752				
	PRODUCTO AGRARIO	PRODUCTO GANADERO	TOTAL PRODUCTO AGROPEC.	% PRODUCTO GANADERO
FECHAS	11060,34	3551,5	14611,84	24,31
BOBADELA	16104,59	3655	19759,59	18,49
VILANOVA	52018,53	5556	57574,53	9,65
MOSTEIRO	17965,59	4160	22125,59	18,80
ESCUDEIROS	8671,45	3075,5	11746,95	26,18
RUBIÁS	27430,09	12577	40007,09	31,44
TOTAL	133250,59	32575	165825,59	19,64

*Valoracion en reales

Al margen de los posibles problemas de ocultación, el cálculo efectuado sobre la composición interna del producto agropecuario plantea ciertos inconvenientes derivados de las importantes variaciones detectadas a escala parroquial en las estimaciones sobre el valor anual de las distintas especies de ganado[603]. Dichas desviaciones junto con los problemas ya anteriormente reseñados de cara a la valoración de los rendimientos agrícolas inciden de manera directa sobre el porcentaje de representación que alcanza el producto ganadero declarado sobre el valor de la producción agropecuaria, constatándose efectivamente notables diferencias entre las entidades parroquiales referenciadas en la tabla. No obstante, pese a las variaciones detectadas a escala parroquial, los porcentajes de participación del producto ganadero en el producto agropecuario total no sobrepasan los valores de referencia propios de las tierras bajas gallegas. Prueba evidente de la menor importancia relativa que jugaba esta actividad en la economía campesina de un sector de la geografía gallega, en comparación con las tierras del interior, sobre todo en el caso de las montañas de la provincia lucense, donde en muchas ocasiones la ganadería aportaba más de la mitad del producto bruto agropecuario anual estimado a mediados del siglo XVIII[604].

La composición de la cabaña ganadera constituye otro interesante indicador que permite seguir profundizando sobre el papel de la ganadería en la economía campesina de mediados del siglo XVIII. Véase al respecto la tabla 38[605].

---

[603] Véase sino a modo de ejemplo la diferencia que separa la valoración de uno de los componentes importantes de la cabaña ganadera en el conjunto de las parroquias analizadas. En la parroquia de Fechas el producto del "esquilmo y granjería" de los cerdos se estima en 10 reales anuales obteniendo idéntica tasación en Bobadela y Vilanova das Infantes, en los términos de Mosteiro y Rubiás su valoración anual asciende en cambio a 20 reales, mientras que en Escudeiros no se le asigna tasación alguna.

[604] En las llamadas tierras bajas, en el litoral y valles, el producto ganadero oscilaba entre el 10 y el 25% del total, dicha proporción se situaba por encima de la barrera del 30% en las tierras del interior, donde en algunas ocasiones representaba una proporción mayoritaria del producto agropecuario anual, superior incluso al 60%, como constata P. Saavedra en las parroquias del municipio de Cervantes, en la montaña lucense (P. Saavedra, 1991:246). En nuestro caso, el porcentaje superior al 30% obtenido en el término de Rubiás está en estrecha relación con la ocultación de superficies en las declaraciones individuales de la expresada parroquia.

[605] Se incluyen en la misma las cifras extraídas de la consulta de los Libros de Respuestas Particulares de las parroquias de Rubiás y San Munio de Veiga, así como las obtenidas en los libros H de los Estados Generales de los términos de Bobadela, Fechas, Freixo –Jurisd. Paizás-, Mourillós, Orga, Vilanova, Casardeita, Mosteiro, Escudeiros y San Salvador de Penosiños , todos ellos conservados en el AHPOU, Sección Catastro. Se ha preferido recurrir a las fuentes originales antes que utilizar los datos contenidos en la obra que publicó el INE en 1996 a partir de los referidos Estados H, el denominado *Censo Ganadero*

TABLA 38 • COMPOSICIÓN CABAÑA GANADERA EN COMARCA CELANOVA, 1752.		
ESPECIES	**TOTAL**	**%**
BUEYES	386	4,80
VACAS	907	11,28
JUVENCOS/AS	285	3,54
TERNEROS/AS	462	5,74
TOTAL BOVINO	2040	25,36
OVEJAS	2973	36,96
CARNEROS	112	1,39
CORDEROS	415	5,16
CABRAS	37	0,46
TOTAL OVINO/CAP.	3537	43,98
CERDOS	1591	19,78
PUERCAS CRIA	86	1,07
CRIAS	150	1,86
TOTAL PORCINO	1827	22,72
CABALLOS/MULAS	17	0,21
COLMENAS	622	7,73
TOTAL	**8043**	**100,00**

Los porcentajes de representación que alcanzan las distintas especies de ganado sobre una población de 1206 vecinos confirman plenamente los resultados obtenidos a partir de una pequeña muestra del vecindario de Rubiás y San Munio de Veiga (D. Rodríguez Fernández, 1999:48). Como ya habíamos tenido ocasión de comprobar en su día, la importancia de las reses bovinas que suponen más de un 25% del total y la notoria presencia del ganado de cerda (22,72%), reducen ostensiblemente el peso de los ovinos en la cabaña celanovesa de mediados del siglo XVIII. La especie caprina y el ganado equino tenían un papel meramente testimonial. Dichos caracteres definidores de la cabaña ganadera celanovesa quedan claramente de manifiesto a partir del análisis a escala comparativa de

---

de la Corona de Castilla, 1752, aunque su consulta nos ha permitido detectar desviaciones de escasa importancia en algunas de las entidades aludidas y graves errores en el caso concreto de la parroquia de Mosteiro en el municipio de Ramirás, donde debió haberse producido alguna confusión en la transcripción de sus datos en absoluto coincidentes con los registrados en la fuente original.

los porcentajes anteriormente expuestos. De hecho, el papel que jugaban las especies ovina-caprina en el reparto porcentual del ganado nunca desciende por debajo del 55% en ninguno de los espacios investigados de la Galicia Interior de cuyos datos tenemos constancia[606], corroborando así una vez más las similitudes de esta comarca con las tierras más occidentales del solar galaico[607].

Sin embargo, aunque a mediados del siglo XVIII las reses vacunas adquirían en términos absolutos una notable presencia en el conjunto de la cabaña ganadera en las tierras del litoral y en los valles gallegos densamente poblados, en la práctica su importancia era muy superior en las comarcas del interior donde se alcanzaba un elevado número de cabezas por vecino y donde el producto ganadero constituía una proporción mayoritaria del producto agropecuario anual (P. Saavedra, 1991:244)[608]. En este sentido la comarca de Celanova constituye un ejemplo paradigmático puesto que, a mediados del siglo XVIII, el producto ganadero declarado sólo representaba el 19,64% del producto agropecuario total y las cifras medias por vecino que resultan del cuadro arriba expuesto son realmente pobres, 6,1 cabezas de media distribuidas de la siguiente manera: 1,69 reses de ganado bovino, 2,93 reses ovinas y 1,51 reses porcinas -6,67 de incluir también a las colmenas de abejas-[609].

En definitiva, el Catastro de Ensenada nos aporta la imagen de una débil cabaña por unidad de explotación, marcada por el importante peso que alcanzaba dentro del conjunto el ganado bovino, compuesto en su mayoría por vacas (44,46%) y reses jóvenes que facilitaban su renovación temporal (36,62%) y con escasa presencia de bueyes (18,92% del total). Dados los altos rendimientos atribuidos a las tierras celanovesas, se plantea además de manera lógica la existencia de un elevado grado de integración entre las actividades agrícolas y ganaderas en la comarca de estudio, que hace aconsejable no sólo el conocimiento de la media de reses por vecino sino también su relación con la superficie cultivada[610]. En la tabla 39 se ofrecen los resultados obtenidos en este sentido.

---

[606] Así, en las cercanas tierras de Cea ovejas y cabras suponen prácticamente el 60% del total de la cabaña registrada a mediados del siglo XVIII (Mª J. López Álvarez, 1998:46); en la comarca de la Alta Limia, también en la provincia ourensana, su proporción alcanzaba el 55,01% mientras que el ganado vacuno sólo suponía el 19,52% del conjunto (R. Ferreiro Pérez, 1981:122); cifras en cualquier caso muy similares a las aportadas en las investigaciones llevadas a cabo sobre la provincia lucense, caso del 55% resultante para la veintena de parroquias del interior lucense sobre las que trabaja H. Sobrado Correa (2001:210-211), el 56,9% al que alude el expresado autor de manera específica para la tierra de Castroverde (1992:207), o el 62% propio del Arciprestazgo de Narla (O. Pedrouzo Vizcaino,, 1981:136).

[607] En la comarca de la Ulla, las especies porcina y bovina sumaban más del 45% del total de la cabaña ganadera registrada, un porcentaje muy similar al detectado en la comarca de Celanova (48,08) (O. Rey Castelao, 1981:118). A juicio del profesor J. M. Pérez García, su importancia porcentual se explica en función del proceso estabulador que vive la ganadería de la Galicia Occidental como consecuencia de los cambios ocurridos en la cultura agraria a partir de la masiva introducción del maíz (J. M. Pérez García, 1982:129-130).

[608] En palabras del profesor A. Eiras Roel, aunque en las tierras bajas gallegas se daban concentraciones máximas de ganado por ha. , en las tierras altas su importancia era indudable desde el punto de vista social, por su contribución a la autosubsistencia campesina y también por su aportación económica a la economía de mercado. Por eso en las tierras altas del interior se observa una clara superioridad del producto de la ganadería por unidad de explotación con respecto a las tierras bajas costeras y también en lo que concierne al número de cabezas por hogar (1984:132).

[609] Una cabaña ganadera que como ya señalamos en su momento concuerda plenamente con los datos del Salnés -7,7 cabezas por vecino-, la Ulla -6,5- o la Península del Morrazo -5,71- (J. M. Pérez García, 1979: tabla 6-1); (O. Rey Castelao, 1981:119); (H. M. Rodríguez Ferreiro, 2003 v. II:151), alejándose incluso de las cifras resultantes para otras comarcas investigadas de la provincia ourensana, caso de las tierras de Cea -10,31- (Mª. J. López Álvarez, 1998:46), la Alta Limia -15- (R. Ferreiro Pérez, 1981:122) y Viana do Bolo -17- (G. Quiroga Barro, 1992:53), y de áreas de transición como Tierra de Montes -18- (C. Fernández Cortizo, 1979:13). Evidentemente, nuestros datos en ningún caso son comparables con las cifras que se barajan para la provincia lucense donde se localizan cabañas tan importantes como las descritas por H. Sobrado Correa para las tierras del interior -28,7 cabezas por vecino- (2001:210-211), superadas incluso por los datos de Narla -38,6- (O. Pedrouzo Vizcaino, 1981:136), o las montañosas tierras del concejo de Burón -31,4- (P. Saavedra, 1979:49). Muy lejos quedan también las medias que se obtienen por estas mismas fechas en la limítrofe provincia leonesa como prueba evidente de su pujanza ganadera: 26,7 cabezas/vecino en la montaña noroccidental (Mª. J. Pérez Álvarez, 1996:171); 28,2 en tierras de la Bañeza (L. M. Rubio Pérez, 1987:284), y medias próximas a las 20 cabezas en el valle del Esla (J. M. Pérez García, 1998b:44).

[610] La ganadería jugaba un papel clave en el marco de la economía campesina gallega de Antiguo Régimen desempeñando diversidad de funciones dentro de la misma: fuerza de trabajo en la explotación familiar, elemento indispensable para la producción de estiércol, activa colaborada en la alimentación humana y

TABLA 39 • ANÁLISIS DE RELACIONES ENTRE AGRICULTURA Y GANADERÍA. 1752					
PARROQUIAS	HA.CULT./ VECINO	BOV. ADULT./ VECINO	BOV. TOT./ VECINO	BOV. ADULT./ LAB.–PRAD.	BOV. TOT./ LAB.–PRAD.
BOBADELA	0,96	0,81	1,52	1,03	1,91
ESCUDEIROS	0,33	1,15	1,83	3,44	5,48
FECHAS	0,59	0,98	1,77	2,61	4,71
MOSTEIRO	0,45	1,20	1,59	2,96	3,91
RUBIÁS	0,30	1,46	2,06	5,10	7,18
VEIGA, San Munio	0,66	1,35	2,34	2,08	3,60
VILANOVA	0,52	0,43	0,87	1,20	2,44
TOTAL	0,51	1,07	1,72	2,46	3,95

La muestra parroquial manejada comprende un total de 721 vecinos que declaran 590,86 Has. de tierra de propiedad individual, de las cuales más de un 62% se corresponde con parcelas de cultivo, labradíos, prados, huertas y viñedos incluidos[611]. Como ya habíamos tenido ocasión de comprobar a partir del análisis desarrollado sobre la muestra vecinal de Rubiás y San Munio de Veiga, nos encontramos ante unas reducidísimas explotaciones medias de poco más de 0,8 Has. de extensión en las que la superficie cultivada apenas superaba la ½ Ha. de tierra[612]. Por lo tanto, no resulta sorprendente la exigua media de 1,7 reses de ganado bovino por vecino, un valor situado muy por debajo de la media provincial de 2,67 rumiantes/vecino que obtiene P. Saavedra (1991:241), aunque en la práctica el número medio de cabezas por Ha. cultivada de labradío y prado -3,95-, nos sitúa ante una importante concentración espacial de reses vacunas, consecuencia del hormiguero humano en el que se había convertido el espacio investigado a mediados del siglo XVIII[613].

Dicha concentración espacial representa un valor de referencia interesante que no debe obviarse a la hora de valorar los elevados rendimientos cerealeros de la comarca[614]. De hecho, la coincidencia constatada en los términos

también generadora de un cierto peculio monetario (J. M. Pérez García, 1979:212):

[611] En el caso de las parroquias de Veiga y Rubiás sus cifras proceden del vaciado íntegro de los Libros de Respuestas Particulares, mientras que en las restantes parroquias representadas en el cuadro se trata de datos elaborados a partir de los Libros de Estados D y H, también conservados en el AHPOU. La muestra parroquial comprende el conjunto de entidades integradas en el espacio investigado cuyos Estados D y H se conservan actualmente en el citado Archivo.

[612] Dado que en esta ocasión se han eliminado de los cálculos parroquias como Casardeita o Mourillós cuyos Estados H no se conservan en la actualidad en el Archivo Histórico Provincial de Ourense, el tamaño medio de la explotación agraria ha caído de 0,92 a 0,82 Ha. de tierra.

[613] Como era de esperar, la media de 1,7 reses bovinas por vecino se sitúa entre los valores de referencia propios de las "tierras bajas" costeras (máx. 3,13-mín. 1,32), donde se producía una importante concentración de cabezas por ha. A mediados del siglo XVIII, el régimen agrario de estas tierras centrado en la cultura del maíz estaba concebido para obtener la subsistencia de una densa población de hombres y bóvidos, mostrando así la complementariedad que se había logrado entre agricultura y ganadería (A. Eiras Roel, 1984:129). Obsérvese también a modo de referencia puesto que se trata de escalas espaciales diferentes, la similitud existente entre las cifras expuestas para la comarca de Celanova -1,7 reses vacunas/vecino y 3,95 reses vacunas/Ha. labradío y prado- y las resultantes para la antigua provincia tudense -1,71 y 3,77 respectivamente-, según se desprende de los cálculos efectuados por el profesor P. Saavedra (1991:241).

[614] Lógicamente, los parámetros que miden la concentración espacial del ganado en tierras celanovesas -2,46 bovinos adultos/Ha. labradío y prado y 3,95

de Rubiás y Veiga entre los poseedores de las mayores explotaciones agrícolas y los máximos detentadores de ganado constituye un rasgo evidente del alto grado de integración de ambas actividades en la economía celanovesa de mediados del siglo XVIII[615].

Como se desprende de las informaciones recogidas en el apéndice estadístico, seis de las diez familias detentadoras de las mayores explotaciones de tierra en la parroquia de Veiga se destacaban también entre las once mejores fortunas ganaderas de la comunidad parroquial, además María Fernández y Domingo Pousa con dieciocho cabezas de ganado cada uno compartían junto con otras cuatro familias una interesante posición entre los veinte primeros puestos del ranking ganadero. En realidad, solo se confundían entre la masa por su riqueza ganadera el prior parroquial Don Domingo Rodríguez de Robles y Francisco Corbillón, un hacendado labrador del término de Outeiro. En el caso de la parroquia de Rubiás, cinco de las familias analizadas ocupaban también una posición relevante entre los máximos poseedores de ganado, aunque en esta ocasión parece producirse un mayor descolgamiento entre riqueza agrícola y riqueza ganadera. No obstante, en nuestra opinión quizás las diferencias no fueran tan acusadas como la tabla en cuestión parece transmitirnos[616].

En cualquier caso, en la comarca de estudio no se plantean situaciones en modo alguno comparables a las descritas para la parroquia lucense de San Martiño donde J. Mª. Cardesín constata la presencia de vecinos titulares de las mayores fortunas ganaderas que apenas disponían de tierras mientras que entre los principales poseedores de tierra algunos apenas disfrutaban de ganado. A juicio del autor de esta investigación, la clave explicativa de dicho comportamiento sería la presencia en la zona de una importante cabaña ovina-caprina que se alimentaba en gran medida del monte comunal, verificándose una correlación mucho más estrecha entre ganado mayor y riqueza agrícola (J. Mª. Cardesín, 1992:248-249)[617]. No obstante, al margen del papel desempeñado por el ganado ovino, la escasa integración entre las actividades agrícolas y ganaderas parece plantearse como una característica propia de las tierras del interior gallego y de manera muy particular en el caso de las comarcas más montañosas. Sólo así se explicaría la coexistencia de unos rendimientos agrarios muy mediocres con una elevadísima proporción de reses bovinas por Ha. cultivada[618].

La distribución interna de las distintas especies de ganado en la sociedad celanovesa de mediados del siglo XVIII tampoco aporta sorpresa alguna con respecto a los datos en su día ofrecidos a partir de la muestra manejada de los vecindarios de Rubiás y San Munio de Veiga (1999:48). Véase al respecto la tabla 40[619].

---

cabezas bovinas/Ha. labradío y prado-, son claramente superiores a los valores medios establecidos para la provincia ourensana -1,17 y 1,95 respectivamente- (P. Saavedra, 1999:73). Los caracteres de la agricultura celanovesa no son extensivos al conjunto provincial y una agricultura con un cierto grado de intensificación no podría sostenerse sin una ganadería relativamente intensiva.

[615] Véase apéndice estadístico, tablas III.13.

[616] Es muy probable que la elevada ocultación territorial detectada en los datos catastrales de Rubiás constituya una razón de fondo capaz de explicar la inferior correlación entre fortunas agrícolas y ganaderas en la expresada comunidad con respecto al caso de Veiga. En esta parroquia, no faltan indicios sobre una posible ocultación de tierras que alcanzaría notables proporciones en algunas de las declaraciones vecinales.

[617] H. Sobrado Correa también establece una relación directa entre el índice de reses ovinas y la superficie forestal disponible en las parroquias del interior lucense (2001:215). Como ya había afirmado en su día el profesor A. Eiras Roel, a mediados del siglo XVIII, el ganado ovino gallego no estaba integrado en el proceso agrícola como consumidor de forrajes y apenas formaba parte de este como proveedor de abono (1984:130).

[618] Se trataba evidentemente de una cabaña ganadera que aportaba poco estiércol y poca leche a la economía campesina puesto que se criaba con miras a su posterior venta y en un buen número de parroquias de la montaña mindoniense o ourensana vivía mayoritariamente libre en los montes (P. Saavedra, 1991:246). En el caso concreto de las montañas mindonienses, el citado autor establece una media en torno a 15 cabezas de ganado vacuno por vecino (1985:146).

[619] Para calcular la distribución interna de las distintas especies de ganado debemos limitarnos a los datos que nos ofrecen las parroquias de Veiga y Rubiás, de ahí que se introduzcan pequeñas variaciones en las cifras medias con respecto a los valores anteriores ofrecidos a partir de una base de datos más amplia.

TABLA 40 • ANÁLISIS DISTRIBUCIÓN DE LAS DISTINTAS ESPECIES DE GANADO, 1752			
	BOVINO	**PORCINO**	**OVINO**
SUMA	675	511	1052
% SOBRE TOTAL	25,07	18,98	39,08
VECINOS DECLARAN	71,75	72,4	30,19
MED./VEC.	2,19	1,66	3,42
MEDIANA	2	1	0
MODA	0	1	0
DESV.EST.	1,88	1,89	6,84
COEF. VAR.	85,84	113,86	200

Las reses bovinas y porcinas no constituyen sólo los componentes fundamentales de la exigua cabaña ganadera de la comarca, sino que son también las especies más extendidas socialmente entre el campesinado celanovés de mediados del siglo XVIII. Ambas prácticamente en igualdad de condiciones se encuentran en pequeño número en más de un 70% de los hogares analizados, aunque puede afirmarse que el ganado porcino constituía también aquí el animal popular por excelencia puesto que los análisis realizados traducen un reparto social más equitativo –media, mediana y moda concuerdan en valores en torno a la unidad–. Además, debe tenerse en cuenta que la confección de los Libros de Respuestas Particulares en los meses finales del año 1752 y principios de 1753, coincidiendo con la estacionalidad de la matanza, podría generar ciertas desviaciones[620].

Prueba evidente de ese equitativo reparto social es el disfrute por parte de un 59% del vecindario analizado de un 55,18% del ganado porcino contabilizado[621]. Además, tampoco debe olvidarse que los parámetros incluidos en el cuadro anterior únicamente recogen las cabezas de ganado disfrutadas por los campesinos celanovenses en base a sus declaraciones individuales. Como más adelante tendremos ocasión de comprobar, en el caso de las reses vacunas sus cuidadores no siempre se corresponden con sus verdaderos propietarios. Así, si analizamos la propiedad del ganado, constatamos que los propietarios de ganado porcino seguirían superando el 70% del vecindario controlado, mientras que los poseedores en plena propiedad de cabezas bovinas se reducirían a un 50,81% del total, prueba evidente de su carácter menos democrático.

En el caso de la especie bovina, el valor modal igual a cero nos recuerda la existencia de más de un 28% de familias desprovistas de ganado vacuno[622]. Sin embargo, en la práctica la exigua media de reses bovinas disfrutadas por

---

[620] Véase apéndice estadístico, tabla III.15

[621] Dada la naturaleza democrática que caracteriza la distribución social del ganado porcino en la geografía gallega, no deja de ser sorprendente su menor popularidad en las cercanas tierras de la provincia leonesa. Así, Mª. J. Pérez Alvarez ha destacado su escasa presencia en la montaña noroccidental donde se localiza más de un 35% de familias desposeídas (1996:184); porcentaje idéntico al descrito por L. M. Rubio para la comarca de la Bañeza (1987:300), que alcanza incluso cotas superiores en el valle del Esla donde más de un 40% de las familias carecen de este tipo de reses (J. M. Pérez García, 1998b:46). La importancia del cerdo en la economía asturiana también queda fuera de toda duda a juzgar por las cifras de B. Barreiro (1984:308). Con anterioridad a 1650, solamente en el concejo de Valdés se obtiene una media inferior a 5 cabezas por familia. A fines del siglo XVIII las cifras todavía seguían siendo bastante elevadas: 3,4 en Valdés, 3,4 en Villaviciosa, 2,4 en Gijón y 2,8 en Langreo.

[622] Un porcentaje muy similar a las cifras en torno al 30% que se barajan para las comarcas más representativas de la Galicia Occidental, caso de la Ulla (O. Rey Castelao, 1981:119) o el Salnés (J. M. Pérez García, 1979:213) y claramente superior a los datos aportados en un buen número de trabajos desarrollados sobre las tierras de la Galicia de transición e interior: 16% de desposeídos en Tierra de Montes (C. Fernández Cortizo, 1979:13); 20% en las cercanas tierras

vecino no oculta una abultada desigualdad social puesto que la escasa aparición de cabañas de grandes dimensiones acaba generalizando la presencia de los valores intermedios de la serie –sólo un 4,22% de las familias analizadas dispone de más de 5 reses aglutinando al 12,89% del total de cabezas–[623]. De hecho, un 48% del vecindario de Veiga y Rubiás que detentaba entre 1 y 3 cabezas de ganado mayor a mediados del siglo XVIII, disponía a la postre de un porcentaje prácticamente idéntico del total de reses registradas -48,29%-[624].

La ganadería lanar presentaba una pésima distribución entre la sociedad campesina celanovesa en los tiempos en los que se elaboró el Catastro de Ensenada[625]. Casi un 70% de las familias registradas carecían de esta especie de ganado, otorgándole así una escasa entidad representativa a la media de en torno a 3 cabezas por vecino antes referida. Contabilizamos además un escaso número de reses entre las familias poseedoras: media de 11,31 ovejas por vecino.

El triunfo en estas tierras de una cultura agraria centrada en el cultivo del maíz, prácticamente en régimen de monocultivo, exigía un importante esfuerzo de abonado de cara al mantenimiento de unos elevados rendimientos capaces de sostener una considerable densidad demográfica. En esas condiciones, el monte era un bien escaso que era necesario cuidar y las reses ovinas entraban en completa contradicción con este sistema agrario[626]. Quizá por ello, la posesión de unas cabezas de ganado lanar no se identifica con las capas más desfavorecidas de la sociedad celanovense de mediados del siglo XVIII, sino que son en realidad las familias campesinas más ricas y los miembros de las capas medias de la sociedad quienes monopolizan en gran medida el reducido número de cabezas existente. Baste señalar al respecto que un 60,6% de los ricos propietarios afincados en los términos de Veiga y Rubiás disponían en sus cuadras de alguna res ovina y un 51,7% de las familias medianas se encontaban en la misma situación, sin embargo, sólo un 19,8% de los hogares más miserables declaró alguna cabeza en su haber[627].

La práctica de la apicultura también es una actividad propia de los grupos superiores de la sociedad celanovesa de mediados de la centuria ilustrada. En las parroquias de Veiga y Rubiás se declara la presencia de 82 colmenas y cerca de un 70% del total se encuentra en manos de este sector integrado por el bajo clero rural y las familias campesinas mejor provistas. Su carácter socialmente minoritario queda reflejado en el hecho de que sólo un 7,4% del vecindario

---

de Cea según se desprende de los datos aportados por Mª. J. López Alvarez a partir de la consulta de inventarios post-mortem (1998:50); menos de un 10% en el Arciprestazgo de Narla (O. Pedrouzo Vizcaino, 1981:136); un 15,7% en las parroquias del interior lucense (H. Sobrado Correa, 2001:211); muy lejos por supuesto de las democráticas reses bovinas de las montañas mindonienses aunque incluso en sus valles y litoral el número de desposeídos era inferior al localizado para la comarca de Celanova -21,4%- (P. Saavedra, 1985:235-239). Ni siquiera en las tierras leonesas de la Bañeza donde las reses ovinas suponían una proporción mayoritaria de la cabaña, se constata una proporción tan elevada de casas desprovistas de reses de tiro –entre el 9 y el 11%- (L. M. Rubio Pérez, 1987:295); si bien en la montaña noroccidental leonesa y en el valle del Esla se alcanzan porcentajes muy similares al nuestro -29 y 32%, respectivamente- (Mª. J. Pérez Álvarez, 1996:175) (J. M. Pérez García, 1998b:45).

[623] La inexistencia de cabañas de grandes dimensiones también fue puesta de manifiesto por el profesor J. M. Pérez García en su estudio sobre la comarca del Salnés, donde únicamente se localiza la presencia de un 3% de explotaciones agrarias con más de cinco reses. En esta comarca del litoral gallego como en las tierras de Celanova, las extensiones comunales no debieron jugar un papel importante dada la notable presencia de campesinos mediocres sin reses bovinas, y por otra parte la exigüidad de las explotaciones agrarias tampoco facilitó el mantenimiento de grandes cabañas (J. M. Pérez García, 1979:213):

[624] Véase apéndice estadístico, tabla III.14.

[625] Véase apéndice estadístico, tabla III.16

[626] La especie ovina era la que presentaba una oscilación más fuerte a mediados del siglo XVIII en el territorio gallego. A juicio del profesor A. Eiras Roel, su distribución no dependía ni de la agricultura ni de los forrajes disponibles y en la Galicia del Antiguo Régimen no fueron ni un ganado de tierras llanas y barbecho como en Castilla, ni un ganado de montaña o alta montaña. El clima y el relieve serían los factores condicionantes de su distribución, concentrándose en las colinas templadas y húmedas orientadas hacia el S. y el S.O., con altitud inferior a 800 metros (1984:130).

[627] En la parroquia de Veiga donde se contabilizaron 442 cabezas, un 45,47% de las mismas se vincula al grupo de los ricos campesinos, casi un 35% se encuentra en manos de los medianos y sólo un 19,68% del total se identifica con los hogares más desfavorecidos de la sociedad parroquial.

de los referidos términos se vincula a la práctica de la apicultura; un 24,2% de las familias ubicadas en la cúspide de la pirámide social se incluirían en este grupo, su porcentaje decae hasta el 10,3% en el caso de las capas medias de la sociedad y sólo un 4,1% de los hogares de campesinos insuficientes declaran la posesión de colmenas[628].

III.2.2. La propiedad del ganado a mediados del siglo XVIII. El negocio de la aparcería

La plena propiedad del ganado era un fenómeno mayoritario en tierras de Celanova a mediados del siglo XVIII como en las restantes comarcas gallegas analizadas (D. Rodríguez Fernández, 1999:49). Casi un 85% de las reses contabilizadas en los términos de Veiga y Rubiás eran propiedad de sus cuidadores, siendo el 15% restante declarado en régimen de aparcería. En la tabla 41 se analiza su desigual incidencia sobre la cabaña celanovesa, dado que no todas las especies presentaban igual atractivo para la práctica de la aparcería.

ESPECIES	TOTAL CABAÑA	PLENA PROPIEDAD	APARCERÍA	% RESES EN APARC.
BOVINA	675	461	214	31,70
LANAR	1052	934	118	11,21
PORCINA	511	500	11	2,15
TOTAL	2238	1895	343	15,33

TABLA 41 • LA PROPIEDAD DE LA CABAÑA GANADERA, VEIGA Y RUBIÁS 1752

P. Saavedra definió la aparcería como una forma de inversión de capitales en ramos mercantilizados de la economía, de ahí que se tratara de una actividad centrada fundamentalmente en el ganado vacuno que era la especie más necesaria dentro de la economía campesina (1985:385)[629]. Frente a la plena propiedad mayoritaria de reses porcinas y ovinas, en tierras de Celanova como en los restantes espacios investigados del solar galaico se registra una importante proporción de ganado vacuno en régimen de aparcería[630]. Los bueyes ocupaban un peso muy minoritario dentro del conjunto -11,21%-, tratándose fundamentalmente de vacas con sus crías colocadas a medias en las casas de sus cuidadores tal y como se describe en los Libros de Respuestas Generales de los términos analizados.

---

[628] Nuestros resultados son plenamente coincidentes con los aportados por el profesor J. M. Pérez García para la comarca del Salnés (1979:218).

[629] En palabras de J. M. Moriceau, la aparcería del ganado constituía una fórmula muy atractiva ya que el tomador lograba unas cabezas de ganado sin soltar ni un céntimo, a cambio de velar por su conservación y manutención. En el caso de los arrendadores, sus motivaciones podían ser muy variadas: inversión de ahorros en una actividad que, pese a los posibles riesgos, garantizaba una fuerte rentabilidad, reinversión de capitales ya colocados en ganado, etc. (1999:24-25).

[630] Se trata de un porcentaje claramente inferior a los localizados para la comarca del Salnés -48,9%- (J. M. Pérez García, 1979:219), o la provincia de Mondoñedo -45,4% (P. Saavedra, 1985:385), pero en la tónica de los registrados en las cercanas tierras de la Alta Limia -24,9%- (R. Ferreiro Pérez, 1981:127), o en la montaña lucense de Burón -35,1%- (P. Saavedra, 1979:53). Exceptuando el caso concreto del valle del Ulla en la Galicia occidental -15,7% de reses vacunas declaradas en aparcería- (O. Rey Castelao, 1981:119), la menor incidencia de esta fórmula de negocio parece localizarse en las tierras del interior de la provincia lucense y sus aledaños: 12,3% en parroquias del interior lucense (H. Sobrado Correa, 2001:217), 21,19% en el arciprestazgo de Narla (O. Pedrouzo Vizcaino, 1981:147) y 17,85% en tierras de Oseira (Mª. J. López Álvarez, 1998:53). En la provincia leonesa la incidencia de este negocio parece ser bastante inferior a la detectada a partir de las investigaciones gallegas, cuando menos en la comarca de la Bañeza su papel se restringía a un reducido 5,8% de las reses vacunas registradas (L. M. Rubio Pérez, 1987:303) y aunque en tierras del Bierzo un 22,2% del ganado bovino declarado se explotaba en este régimen, dicha especie sólo representaba el 14,2% del total de la cabaña (J. M. Bartolomé Bartolomé, 1996:119).

En las respuestas de los vecinos de Rubiás y Veiga a la pregunta nº 18 del Interrogatorio se especifica claramente que se trataba de reses puestas a medias. En el caso de las vacas, el valor de las crías se cobraba por mitad entre el propietario y el cuidador, perteneciendo íntegramente al cuidador del animal el resto de los beneficios derivados de la producción de leche y manteca. En el caso de bueyes, con ocasión de su venta o matanza los beneficios y pérdidas también se repartían en igualdad de condiciones entre ambas partes[631]. En las cercanas tierras de Cea y Oseira el negocio a medias también constituía la norma a mediados del siglo XVIII (Mª. J. López Alvarez, 1998:53), sin embargo, en otras áreas de la geografía gallega predominaban en mayor medida los contratos al cuarto[632].

En la comarca leonesa de la Bañeza, la burguesía comercial bañezana y el clero local eran las clases inversoras en el negocio del ganado, una actividad que a juicio de L. Rubio exigía un perfecto conocimiento del mercado y una estrecha vigilancia sobre las reses colocadas, aunque a la postre facilitaba al capitalista una interesante fórmula de inversión y participación en los beneficios de un campesinado situado así bajo su dependencia económica y comercial (1987:312). La concentración del negocio especulador del ganado a mediados del siglo XVIII en manos de las clases intermediarias no tituladas –bajo clero y burguesía rural– también ha sido puesta de manifiesto en la comarca gallega del Salnés (J. M. Pérez García, 1979:220)[633].

En la tabla 42 se exponen los resultados obtenidos en el análisis sobre la propiedad de la cabaña ganadera celanovense.

TABLA 42 • LA APARCERÍA A MEDIADOS DEL SIGLO XVIII. ANALISIS SOCIAL		
	TOTAL	%
CABEZAS GANADO BOVINO	675	100
GANADO BOVINO EN APARCERÍA	214	31,70
RESES CUYOS PROPIETARIOS HAN SIDO IDENTIFICADOS	153	71,49
RESES PROPIEDAD DE LA HIDALGUÍA	9	5,88
RESES PROPIEDAD DEL CLERO RURAL	44	28,76
RESES PROPIEDAD DEL CAMPESINADO	100	65,39
RESES PROPIEDAD DE RICOS CAMPESINOS	50	32,68
RESES PROPIEDAD DE LAS CAPAS MEDIAS	16	10,46

[631] Libro de Respuestas Generales de la Jurisdicción de Ramirás, (Copia Microfilmada) y Libro de Respuestas Generales del Coto y Jurisdicción de San Munio de Veiga, sig. 1365. AHPOU.

[632] Es el caso de la antigua provincia de Mondoñedo, donde el predominio de este tipo de contratos reducía los beneficios del cuidador a un cuarto de las crías, debiendo correr también en solitario con el riesgo de las posibles pérdidas (P. Saavedra, 1985:387).

[633] En las regiones del centro y suroeste francés jugaban un papel muy destacado los comerciantes instalados en pequeñas ciudades de provincias que se habían convertido en "banquiers de bestiaux", firmando numerosos contratos de aparcería con los campesinos de los campos circundantes. Al margen de este grupo destacado, los señores, el clero rural, los ricos labradores e incluso también importantes artesanos, conformaban el conjunto de los arrendadores (J. M. Moriceau, 1999:25-26).

TABLA 42 • LA APARCERÍA A MEDIADOS DEL SIGLO XVIII. ANALISIS SOCIAL		
	TOTAL	**%**
RESES PROPIEDAD SECTOR INFERIOR CAMPESINADO	34	22,22
FAMILIAS TRABAJAN CON GANADO EN APARCERÍA	109	35,39
CUIDADORES RICOS CAMPESINOS	7	6,42
CUIDADORES DE LAS CAPAS MEDIAS	20	18,35
CUIDADORES SECTOR INFERIOR CAMPESINADO	82	75,23

Hemos conseguido identificar socialmente a los propietarios aparceros de más de un 70% del total de reses bovinas declaradas en aparcería, en el 29% de los casos restantes su ubicación social fue imposible dado que se trataba de individuos afincados en las feligresías colindantes. En realidad, los propietarios especuladores del ganado ajenos al vecindario de las dos parroquias analizadas controlaban en la práctica un total de 74 cabezas vacunas, más de un tercio del total, aunque en algunas ocasiones su catalogación social fue posible puesto que se trataba de miembros de la hidalguía caracterizados por sus títulos de "dones", o bien eran integrantes del clero rural también precedidos por sus respectivos cargos de presbíteros o abades[634].

En la comarca de Celanova como en las cercanas tierras de Cea y la Alta Limia o en el Arciprestazgo de Narla, el campesinado era el grupo social protagonista del negocio especulador del ganado subsidiariamente apoyado por el clero rural, mientras que la hidalguía jugaba un papel escasamente representativo en el conjunto[635].

Josefa Pérez era una mujer viuda vecina de la aldea de Outeiro en la vega del río Sorga y poseedora de una importante explotación agraria que le granjeaba un puesto entre los ricos labradores de la parroquia. Además, Josefa Pérez era propietaria de cinco reses bovinas que tenía cedidas en aparcería a otras tres familias de las aldeas colindantes de Veiga y Rairigo, una de ellas integrantes de las capas medias de la sociedad y las dos restantes incluidas en el sector inferior del campesinado. Nuestra protagonista resulta claramente ilustrativa del comportamiento registrado con mayor frecuencia en la comarca de estudio, puesto que eran las familias más hacendadas y en menor medida las capas medias de la sociedad campesina las que controlaban una parte fundamental del negocio del ganado, más del 43% del total. No obstante, también merece ser reseñada esa proporción de más de un 22% de las reses registradas cuyos propietarios aparceros formarían parte del sector inferior del campesinado. Varias cuestiones deberían ser señaladas al respecto:

• Aunque en la tabla se presentan de manera conjunta los resultados obtenidos en las dos parroquias analizadas, en este caso conviene subrayar que un 79,4% de las cabezas de ganado incluidas en dicha categoría se refieren a la parroquia de Santiago de Rubiás, resultando una situación bastante más excepcional en la feligresía de San

---

[634] No parece reproducirse en esta ocasión el comportamiento de las clases aparceras en el Salnés, que únicamente sobrepasaban el marco parroquial en contadísimas excepciones (J. M. Pérez García, 1979:220).

[635] Véase respectivamente (Mª. J. López Alvarez, 1998:54); (R. Ferreiro Pérez, 1981:128); (O. Pedrouzo Vizcaino, 1981:148).

Munio de Veiga. Baste recordar que el tamaño medio de la explotación campesina en la expresada parroquia de Rubiás presenta el valor más bajo localizado a escala comarcal, 0,5 Ha. de media, coincidiendo con el hallazgo de un altísimo fraude de más del 85% de su superficie territorial. Una ocultación socialmente desigual, que no estamos en condiciones de precisar adecuadamente, podría explicar las irregularidades constatadas en las declaraciones de varios de los supuestos integrantes del sector inferior del campesinado y activos participantes en el negocio de la aparcería[636].

- Sin embargo, la presencia de un posible fraude de considerables dimensiones en las declaraciones de algunos vecinos de la parroquia de Rubiás no resulta incompatible con la hipótesis de la solidaridad y ayuda mutua como trasfondo explicativo de la aparcería del ganado entre el sector inferior del campesinado[637]. Desde este punto de vista, la aparcería no podría ser contemplada exclusivamente como una actividad especulativa y las redes familiares deberían aflorar en las relaciones entre aparceros y cuidadores, habida cuenta del papel jugado por la familia en las sociedades tradicionales como amparo y sostén del conjunto de sus miembros.

Como más adelante tendremos ocasión de comprobar, la reconstrucción genealógica llevada a cabo sobre la totalidad de la parroquia de San Munio de Veiga nos permite conocer el posible grado de parentesco -ascendente, descendente o colateral- que unía a dos unidades residenciales diferentes, unificándolas bajo una misma trayectoria familiar. El análisis llevado a cabo sobre las 55 reses bovinas y las 34 cabezas ovinas cuyos respectivos propietarios aparceros y cuidadores eran vecinos de la mencionada parroquia de Veiga, resulta ciertamente interesante puesto que representa una fuente directa de información sobre el papel que desempeñaban las relaciones familiares en la práctica de la aparcería ganadera en tierras de Celanova a mediados del siglo XVIII.

Veintitrés casas daban cuerpo a la clase de los propietarios aparceros en la parroquia de Veiga: doce familias de ricos campesinos, un 48% del total de unidades familiares que conformaban el grupo de los más pudientes, siete agregados domésticos incluidos en las capas medias de la sociedad, un 18,92% del grupo, y cuatro hogares integrados en el sector inferior del campesinado, un 4,94% del conjunto de casas comprendidas en dicha categoría social. Pues bien, si hacemos mención explícita a las reses vacunas, únicamente en tres ocasiones se detecta la presencia de lazos

---

[636] Podríamos citar entre otras las casuísticas de Nicolás Yáñez vecino de Padrenda o Francisco Vázquez de Rozas. Nicolás Yáñez figura en el Libro Real de Santiago de Rubiás al mando de una reducidísima explotación de 0,31 Ha. de extensión que incluía 0,21 Ha. de tierra labradía. Pese a los elevados rendimientos agrícolas de la comarca, este cabeza de familia casado de 50 años, con dos hijas mayores de 18 años y un hijo menor no podría obtener en año normal más de 5,6 Hl. de grano, visiblemente insuficientes para la alimentación de su unidad familiar. Nicolás Yáñez formaba parte de las capas inferiores del campesinado de la parroquia de Rubiás sin ningún género de dudas, sin embargo, ciertas incoherencias en el registro de sus bienes alimentan la sospecha de fraude en su declaración personal. Sin el recurso a los bienes comunales resulta difícilmente asumible la posesión de tres cabezas de ganado bovino -2 vacas y una cría- con tan menguada explotación de tierra, pero más incomprensible resulta aún su presencia entre el grupo de los especuladores de ganado como propietario aparcero de nada menos que 11 reses bovinas -1 buey, 5 vacas y 5 crías-, cedidas en aparcería a otros miembros de su comunidad. Lamentablemente, el Catastro de Ensenada no incluye referencia alguna a cerca de la propiedad de la tierra en la comarca de Celanova dificultando así el análisis de las rentas forales registradas en los asientos individuales, no obstante, no deja de sorprendernos que nuestro protagonista ocupe el puesto número 31 por orden de mayores pagadores de rentas forales en la parroquia de Rubiás cuando en la práctica la extensión de su explotación lo sitúan entre las familias más desfavorecidas. Francisco Vázquez de Rozas, también un hombre casado de 52 años y padre de 3 hijos figuraba en el libro de asientos particulares de la citada entidad al frente de 0,48 Ha. de tierra arable que le garantizaban una cosecha media anual de 12,9 Hl. de grano, insuficientes también para hacer frente a la alimentación de una unidad familiar de 5 miembros compuesta por la pareja, un hijo y una hija mayores de 18 años y un varón menor. No obstante Francisco Vázquez dispone de tres vacas y dos crías, además tiene cedida en aparcería otra res vacuna. Los 86,5 litros de cereal que paga en concepto de foro al Monasterio de San Paio de Antealtares por sus bienes sitos en Rubiás y Ademourán lo sitúan en el número 23 del ranking de mayores pagadores, sólo dos puestos por debajo de Don Isidro Veloso y Araujo, productor de casi 26 Hl. de grano anuales.

[637] En este sentido, el profesor J. M. Pérez García ya se había preguntado por la posible existencia de un trato amistoso por parte de los contratantes que explicaría la dimensión parroquial del fenómeno de la aparcería en el Salnés (1979:220). A juicio de H. M. Rodríguez Ferreiro, para el campesino era "un trato de favor e rasgo de confianza que un socio capitalista lle deixase os seus animais á ganancia" (2003 v. II:165).

familiares entre los propietarios aparceros y los cuidadores del ganado, afectando a 4 de las 55 cabezas analizadas, un reducido 7,27% del total[638]. La aparcería del ganado ovino constituía una práctica minoritaria en la comarca de estudio y concernía a un reducido número de reses del escaso volumen disponible. En la parroquia de Veiga 22 de las 34 cabezas cedidas en aparcería entre los miembros de la comunidad parroquial, un 64,7% del total, plantean la existencia de relaciones familiares entre las dos partes implicadas[639].

El apoyo familiar no podía encontrarse completamente al margen de esta práctica, no obstante la escasa entidad del porcentaje aludido para la mayoritaria aparcería bovina resta credibilidad a la hipótesis que planteaba la aparcería del ganado como una actividad supuestamente solidaria, cuando menos en el marco de las relaciones intrafamiliares. Aunque no podemos excluir la presencia de solidaridades vecinales al margen de las relaciones sanguíneas, en términos generales cobra auge el planteamiento de la aparcería del ganado como un negocio meramente especulativo e inversor al alcance de un determinado sector de la sociedad. Además, dicha afirmación se ve reforzada por el hecho de que en la práctica sólo un 55,5% de las reses bovinas declaradas en aparcería en la parroquia de Veiga fueron objeto de nuestro análisis, dado que la presencia de dueños aparceros foráneos imposibilitó las pesquisas en la importante proporción que resta de casos. Aunque no puede descartarse la posible existencia de lazos familiares entre las partes implicadas en base a su procedencia de carácter extraparroquial, en términos globales la reducida incidencia de las relaciones familiares en el negocio de la aparcería no plantea duda alguna.

Una vez excluidos los lazos familiares, en algunas ocasiones únicamente las solidaridades vecinales podrían explicar situaciones tan anómalas para nuestros ojos de observadores en la distancia, como las que se constatan entre algunas familias de propietarios aparceros y cuidadores de la parroquia de Veiga[640]. Resulta obvio que las cuestiones económicas no constituían la base única sobre la que se cimentaban las relaciones en las comunidades rurales del pasado, pero en este caso concreto y a tenor de los resultados obtenidos, parecían fundamentar una proporción sustancial de las relaciones familiares surgidas a partir del estudio de la propiedad del ganado.

---

[638] Tomás Basalo estaba al frente de una explotación de más de 5 Ha. de tierra que le permitía formar parte de las familias campesinas mejor provistas de la comunidad de Veiga. A mediados del siglo XVIII su hija Ana María, casada con Manuel Río, también residía en la aldea paterna de San Fiz aunque su explotación no alcanzaban siquiera la media hectárea de tierra de manera que el padre de la novia colaboraba en la economía familiar cediéndoles una vaca en aparcería. Josefa Pérez juntamente con su hijo Juan Francisco Basalo también dirigían una importante explotación agraria desde su residencia sita en la aldea de Cacabelos, además tenían dadas en aparcería 5 cabezas de ganado bovino; dos de ellas –un buey y una vaca- tenían por cuidador a Pedro Rodríguez, un campesino integrante de las capas medias de la sociedad con cuya hija María contraerá nupcias poco tiempo después Manuel Basalo, hijo de la propietaria aparcera (31-3-1754). En último término, Pedro Rivero y Juliana Pousa, vecinos de San Fiz tienen dada una vaca en aparcería a Domingo Pousa y su mujer Juliana Bispo, vecinos de Cerdal de Arriba. Razones de índole familiar deben encontrarse detrás de esta actividad entre hermanos, ambos socialmente bien situados en la comunidad de Veiga.

[639] Francisco Corbillón y su mujer Ana María Feijoo residentes en la aldea de Outeiro y Clemente Araujo y su esposa Serafina González moradores del lugar de San Fiz comparten su pertenencia a mediados del siglo XVIII al grupo de las familias más ricas de Veiga dado que disponen de explotaciones de tamaño superior a 3 Has. de tierra. Además Ana María y Serafina son primas carnales, hijas respectivas de Jacinta Martínez y Micaela Martínez; su relación familiar quizá sea la causa de fondo que explique la cesión de 19 ovejas en aparcería por parte del primer agregado al segundo. Antonio Martínez y Manuela Pérez vecinos de Cirós no disponen de una explotación agraria tan importante como en el caso de las dos familias anteriormente mencionadas, no obstante su pertenencia a las capas medias de la sociedad no ofrece ninguna duda. El matrimonio había entregado en aparcería tres ovejas en casa de sus también primos carnales Melchor Gómez y Manuela Vázquez, miembros del sector inferior del campesinado –Manuela Pérez y Melchor Gómez eran hijos respectivos de Cristina Ortega y María Ortega-.

[640] Véase el caso de Andrés Casal y Marcelo López, vecinos de la aldea de Cacabelos. Andrés Casal era un hombre viudo de 54 años que vivía juntamente con sus tres hijos solteros de los rendimientos de una reducida explotación de 0,55 Ha. de tierra y puesto que únicamente contaba con una vaca propia, un vecino de la parroquia de Sorga le había entregado una cabeza de ganado vacuno en aparcería suponemos que con el fin de completar su yugada. ¿Cómo explicar entonces que Andrés hubiera dado en aparcería una novilla en casa de su convecino Marcelo López, un hombre casado de 37 años con tres hijos menores, también integrante del sector inferior del campesinado, aunque poseedor de una explotación de mayores dimensiones?

III.2.3. El desarrollo evolutivo de la ganadería celanovesa durante el Antiguo Régimen

La documentación catastral nos ha aportado una amplia visión sobre la ganadería en la cultura agraria celanovesa de mediados del siglo XVIII, su nivel de participación en el producto bruto agropecuario, composición de la cabaña, distribución social de las distintas especies de ganado y estado de la propiedad ganadera. Lamentablemente, las informaciones catastrales no admiten comparación alguna en el marco cronológico en el que se desenvuelve esta investigación debiendo ser planteadas únicamente a modo de marco referencial sobre la situación de la ganadería a mediados de la centuria ilustrada. Los inventarios post-mortem constituyen así una vez más la fuente básica a partir de la cual pretendemos llevar a cabo el análisis evolutivo de la ganadería. Aunque su utilización a tal fin no constituye ninguna novedad en el ámbito de los estudios modernistas, convendría recordar ciertas problemáticas que afectan a la naturaleza de las informaciones contenidas en la expresada fuente a la hora de abordar un estudio de estas características.

Juzgamos especialmente relevante en esta ocasión recordar la finalidad para la que estaban concebidas este tipo de escrituras dado que dicho fin condiciona de manera lógica la tipología de los enseres recogidos en los recuentos. La salvaguarda de los bienes para los futuros herederos ante el fallecimiento de uno de los miembros de la pareja hacía innecesaria la enumeración de aquellos elementos cuya propiedad no correspondía al finado o a su cónyuge, de ahí que en los inventarios post-mortem de la comarca celanovesa los bienes semovientes únicamente hacen referencia explícita al ganado de plena propiedad, tanto si se hacía uso del mismo en la explotación familiar como si se tenía cedido en aparcería a otros hogares de la comarca[641].

Según se desprende del estado de la propiedad ganadera a mediados del siglo XVIII, para las especies ovina y porcina apenas se plantean diferencias entre los términos propiedad y disfrute, pero dicha equivalencia no puede hacerse extensiva en el caso de las reses vacunas, que como vimos estaban especialmente afectadas por el fenómeno de la aparcería.

Por lo tanto, también debemos tener presente que, al margen de los "sospechosos silencios" que presentan algunas escrituras y de las mermas que se derivaban de los gastos anejos a la muerte, las informaciones sobre bienes semovientes contenidas en los inventarios post-mortem de la comarca de Celanova transmiten una visión incompleta de la cabaña ganadera. Dicha visión se centra exclusivamente en el grupo de los propietarios y deja de lado a las familias de cuidadores. Los cálculos efectuados a partir del Catastro de Ensenada nos advierten de manera concreta sobre la importante distancia que podía separar a ambos grupos, habida cuenta que a mediados del siglo XVIII más de un 70% de los vecinos de Veiga y Rubiás disponían en sus casas de ganado bovino, pese a que los propietarios de dichas reses no superaban la mitad del vecindario.

Una vez aclaradas estas cuestiones de carácter preliminar, presentamos en la tabla 43 los parámetros que mejor definen la evolución de la cabaña ganadera celanovense a partir de los inventarios post-mortem.

---

[641] Tal y como afirma el profesor J. M. Pérez García, no puede exigírsele al consorte superviviente responsabilidad alguna sobre un grupo de animales de propiedad ajena de los cuales el difunto era un simple usufructuario (1982:93).

TABLA 43 • EVOLUCIÓN CABAÑA GANADERA A TRAVES DE ESCRITURAS NOTARIALES (1640–1854)													
ESPECIES	GANADO BOVINO				GANADO PORCINO				GANADO OVINO				MED. EXP.
%	A	%	B	C	A	%	B	C	A	%	B	C	
1640–1679 (27 ESCR.)	14	51,9	63	2,33	25	92,6	127	4,70	19	70,4	228	8,44	15,48
1680–1729 (22 ESCR.)	10	45,5	42	1,91	17	77,3	72	3,27	13	59,1	157	7,14	12,32
1730–1779 (35 ESCR.)	14	40,0	52	1,49	24	68,6	91	2,60	7	20,0	66	1,89	5,97
1780–1809 (53 ESCR.)	24	45,3	70	1,32	38	71,7	73	1,38	6	11,3	63	1,19	3,89
1810–1854 (42 ESCR.)	14	33,3	27	0,64	20	47,6	45	1,07	1	2,4	4	0,10	1,81

A.-Número de poseedores. B.-Total cabezas ganado. C.-Media por explotación.

El progresivo derrumbe de la cabaña ganadera a lo largo de los tiempos modernos parece haber alcanzado dimensiones catastróficas en base a los datos de la tabla. En la práctica el declive ganadero fue con toda seguridad inferior al que traducen las cifras tomadas de los inventarios post-mortem, puesto que más allá de un descenso real de la cabaña estas escrituras también reflejan en toda su amplitud los cambios acaecidos en la estructura de la propiedad del ganado[642]. No obstante, aunque las dimensiones del proceso se encuentren aquí amplificadas, nótese como las fases álgidas del retroceso en las décadas centrales del siglo XVIII (1730-1779) y durante la primera mitad del siglo XIX (1810-1854), coinciden plenamente con los períodos de máximo avance del minifundio y la microparcelación en las explotaciones agrícolas de la comarca. Al igual que ocurre en otras tierras del noroeste peninsular ganadas por la cultura del maíz, en la comarca de Celanova el proceso de atomización de las explotaciones agrícolas también fue acompañado de una paralela atomización ganadera (J. M. Pérez García, 1982:107)[643].

---

[642] Aunque más adelante volveremos sobre esta cuestión, baste señalar al respecto que para el período 1810-1854 el número real de reses bovinas controladas a partir de los 14 inventarios que declaran bienes semovientes asciende a 140, de ellas 113 se encuentran en aparcería distribuidas en diferentes hogares de la comarca de estudio.

[643] El hundimiento de la ganadería en las comarcas costeras de la Galicia Occidental queda claramente de manifiesto a tenor de los datos de la comarca del Salnés donde se pasaría de una media de 29 cabezas por explotación para el período 1600/69 a menos de 10 cabezas/explotación para mediados del siglo XVIII (7,5 según Catastro de Ensenada y 8,98 según inventarios post-mortem del período). En los valles de la depresión meridiana, los niveles de mediados del siglo XVIII tampoco llegaban al tercio de lo que habían sido en el punto de partida. En las comarcas más interiores de la Galicia Occidental el bajón también había sido la tónica general, aunque el descenso alcanzó proporciones muy inferiores a las detectadas en las áreas más cercanas a la costa (J. M. Pérez García, 1982:117-118). En la península del Morrazo, en la Galicia más occidental, el retroceso también resulta espectacular, desde las 31 cabezas por explotación de la primera mitad del siglo XVII hasta las 3,66 que declaran los inventarios del período 1750/79 (H. M. Rodríguez Ferreiro, 2003 v. II:158). En los concejos asturianos de Avilés y Valdés, también fuertemente marcados por la impronta del maíz, a fines del s. XVI se obtiene una media de 22,4 y 38,8 cabezas por explotación, respectivamente. Un siglo más tarde, a fines del XVII, dichas medias ya habían caído a 13,8 y 12,5. A comienzos del XIX, en Avilés la media se habría reducido a 9,7 cabezas por explotación (B. Barreiro, 1984:308-309). Fuera ya del territorio peninsular, el creciente deterioro del tamaño de las explotaciones campesinas en el área flamenca a lo largo de los siglos XVII y XVIII también fue de la mano de un paralelo retroceso de los efectivos ganaderos, aunque en este caso el hundimiento que se constata entre fines del siglo XVIII y comienzos del XIX (descenso del 40 al 50% de las cabezas bovinas) también

No obstante, la hecatombe ganadera de la Galicia Occidental que también hacemos extensiva a la comarca de Celanova, no puede ser identificada con la dinámica evolutiva de todo el sector noroccidental de la península a lo largo de los tiempos modernos[644].

Incluso en el marco del antiguo complejo agrario gallego, las tierras del interior y de la fachada cantábrica vivieron una reducción mucho menos drástica de los efectivos ganaderos que la experimentada en el sector más occidental. De hecho, entre mediados del siglo XVII y mediados del siglo XIX en los municipios del interior de la provincia lucense el descenso en el número medio de reses por vecino no alcanza siquiera el 25% del total[645], y en las comarcas gallegas que miran al Cantábrico, el número medio de reses vacunas por explotación pasó de 4,5 en la primera mitad del XVII a 3,8 en los decenios finales del siglo XVIII[646]. La evolución de las tierras del interior gallego y de la fachada cantábrica avala los testimonios de los ilustrados gallegos contemporáneos, que coinciden en señalar el aumento de la cría y del comercio de ganados como fenómenos característicos de la economía gallega de fines del Antiguo Régimen[647].

En el caso de Celanova, llama también la atención la diferencia que separa el número medio de reses por explotación que se obtiene para el período previo a la introducción del maíz (15,48 cabezas/explotación), con respecto a las cifras que se barajan para las comarcas de la Galicia occidental o para los concejos asturianos anteriormente aludidos[648]. La media de 2,3 reses vacunas por explotación que se obtiene para la comarca de Celanova resulta

---

está relacionado con epizootias que diezmaron sus efectivos (C. Bruneel, F. Daelemans, M. Dorban, C. Vandenbroeke, 1987:311).

[644] R. Lanza García sostiene la tesis de una tendencia alcista en la producción ganadera de Cantabria durante la segunda mitad del siglo XVIII. Ante el aumento de la demanda de carne y animales de tiro para transporte y labranza, desde 1750 se produciría un incremento inmediato de la cría y venta de ganado, sobre todo vacuno. Los rendimientos fiscales de las ferias mayores de Cudeyo confirman esta tendencia alcista del comercio del ganado en Cantabria (1991:189-190). Los datos que aporta A. Arizcun Cela para el valle de Baztán, en el N.O. de Navarra tampoco dejan margen de dudas. En esta área tras la crisis finisecular propiciada por la epidemia de 1774 y las Guerras, entre 1817 y 1850 se produjo un crecimiento del número de cabezas vacunas del orden del 33,8% y un 54,7% del ganado lanar (1988:272). En los valles montañeses de la Merindad de Estella también se habría producido un claro incremento de la cría de ganado con el objetivo de cubrir la demanda de los valles ribereños, más aptos para el cultivo de la vid y los cereales. La creciente especialización económica del territorio es evidente (A. Floristán Imízcoz, 1982:277). En opinión de J. M. Moriceau, fue el crecimiento de los mercados de consumo urbanos el que activó esta tendencia a la especialización ganadera, que a la postre acabó jugando un papel fundamental en el desarrollo económico de algunas regiones. En territorio francés es bien conocida la especialización ganadera característica del País de Nantes, del área marítima flamenca y de manera muy especial en el caso de las tierras la Baja Normandía, dedicadas al engorde de reses bovinas para su posterior venta en toda la cuenca parisina (1999:66-67).

[645] En las tierras del interior de la provincia de Lugo en el período 1640-1669, la media de reses por vecino era de 30,6, reduciéndose hasta 23,5 en la etapa comprendida entre 1820 y 1849. No obstante, la dinámica ganadera no traduce una evolución lineal constatándose una importante caída en las décadas finales del siglo XVIII y comienzos del siglo XIX concomitante con las importantes transformaciones agrarias del período (H. Sobrado Correa, 2001:276-277).

[646] Evidentemente, el mantenimiento de los valores medios en la segunda mitad de la centuria ilustrada está en consonancia con el creciente protagonismo que adquieren en el área las praderías a partir de este período. A juicio del profesor P. Saavedra, el descenso en la media de cabezas por explotación entre los siglos XVII y XVIII no ha de entenderse en este caso como consecuencia de la reducción de los efectivos globales de la cabaña, sino como resultado de un aumento en el número de explotaciones probablemente superior al descenso en la media de cabezas (1984:331).

[647] Felipe Argenti Leys sostiene que la demanda del mercado era la causa fundamental del incremento de la cría del ganado, si bien a su juicio la venta de reses a Portugal a través de la frontera ourensana constituía un grave quebranto para el país. Según sus cálculos, en la segunda mitad del XVIII por la "raia" ourensana entraban en Portugal hasta 6000 cabezas de ganado mayor y menor al año (1777:197-202). Pedro A. Sanchez también subraya que, pese a las prohibiciones existentes, en las décadas finales del siglo XVIII pasaba un importante número de ganados a Portugal que venían a sumarse a los que salían para los mercados castellanos. Su opinión estaba a favor de la eliminación de las trabas que impedían la venta de ganados en Portugal para "disminuir la gran extracción que los portugueses hacen de nuestra moneda" (1988:395).

[648] En realidad, la nutrida cabaña ganadera de la Galicia Occidental antes de la introducción del maíz -25 reses de media por explotación (J. M. Pérez García, 1982:116), poco o nada tenía que envidiarle a las tierras de la Galicia Interior, cuya media de reses por explotación también parecía rondar las 25-30 cabezas a mediados del siglo XVII. Al menos así se deduce de los resultados obtenidos para el interior de la provincia lucense -30,6- (H. Sobrado Correa, 2001:277), o para el partido judicial de Arzúa -23,37- (A. Presedo Garazo, 1997:264), que confirman la teoría de un posible equilibrio ganadero entre la Galicia Occidental y la Galicia Interior antes del comienzo de las transformaciones agrarias del siglo XVII en la primera de las áreas.

del cómputo exclusivo del ganado declarado en propiedad, desconociéndose la auténtica proyección social que alcanzaban las reses vacunas a partir de la práctica de la aparcería. No obstante, la media global de 15,48 cabezas de ganado por explotación traduce ya una atomización ganadera muy superior a la que se localiza por esas mismas fechas en el ámbito de la Galicia Occidental[649].

Aunque no resulta fácil de explicar una diferencia de tal magnitud, a nuestro juicio, detrás de la elevada atomización ganadera celanovense se encuentra esa elevadísima densidad demográfica claramente superior a los 40 hab./Km a fines del siglo XVI (D. Rodríguez Fernández, 1999:98-99).

Además de un claro derrumbe ganadero, la tabla 43 también nos advierte sobre la presencia de importantes cambios en la composición interna de una cabaña en la que las reses ovinas fueron cediendo gradualmente su protagonismo inicial a favor de las especies bovina y porcina. En las décadas centrales del siglo XVII, antes de la definitiva expansión del maíz por las tierras de Celanova, las reses ovinas no sólo constituían el componente mayoritario de la cabaña, sino que gozaban también de un importante protagonismo social al estar presentes en más de un 70% de los hogares inventariados. La media de 8,44 cabezas por explotación no traduce la existencia de grandes rebaños, pero su papel era indiscutible en el marco de una cabaña que alcanzaba de media 15,48 reses por vecino[650]. El ganado porcino ya era entonces la especie más popular en la comarca de estudio, formaba parte de la realidad cotidiana de la práctica totalidad de los hogares de la muestra alcanzando unas cifras medias por explotación muy considerables. La media de 2,33 reses bovinas en propiedad por vecino acaba por confirmar el positivo comportamiento del conjunto de los componentes de la cabaña ganadera en la etapa previa a la introducción del maíz.

Al margen de los valores globales, ciertas similitudes equiparan el cuadro ganadero de la comarca celanovesa en las décadas centrales del siglo XVII con el que dibujaban las tierras de la Galicia Occidental antes de la penetración del maíz, pero el paralelismo no es absoluto y se plantean importantes matizaciones. En ambos casos el cerdo era un animal muy popular cuya presencia se localizaba en una proporción mayoritaria de los hogares inventariados. Sin embargo, a diferencia de lo que ocurría en el sector occidental de la geografía gallega, donde las reses ovinas alcanzaban una mayor proyección social, en la comarca de Celanova ya antes de la penetración del maíz las reses porcinas ostentaban el papel protagonista en la práctica totalidad de los hogares inventariados, muy por delante del ganado ovino que se encontraba ausente de un 30% de las casas celanovesas[651].

Por lo demás, los cambios en la estructura interna de la ganadería celanovense centrados en la progresiva pérdida de importancia de las reses ovinas que pasaron de representar más del 54% de la cabaña registrada en el período 1640-1679 a suponer un 5,2% en la primera mitad del siglo XIX, y el reforzamiento de las especies vacuna y porcina como consecuencia de un progresivo incremento del ganado estabulado, encajan a la perfección con la dinámica

---

[649] El profesor J. M. Pérez García alude a una media de 27,5 cabezas por explotación en las comarcas litorales de la Galicia Occidental, 20,6 en los valles prelitorales, 31,5 cabezas/explotación en las tierras de transición y 28,7 cabezas en las comarcas más interiores (1982:116):

[650] Véase apéndice estadístico, tabla III.17.

[651] En las comarcas costeras de la Galicia Occidental y en los valles fluviales, en el primer tercio del siglo XVII antes de la penetración del maíz se obtiene una media corregida de 3,1 y 2,6 reses por vecino, localizándose en torno a un 23% de hogares sin presencia porcina. En las comarcas más interiores de la Galicia Occidental las medias en torno a 3 también eran frecuentes antes de la penetración del maíz, aunque aquí la proporción de hogares sin reses porcinas se reduce a un 18% del total. Sin embargo, tanto en las áreas costeras como en las de transición al interior, la ganadería ovina alcanza una mayor proyección social siendo la oveja el animal popular por excelencia. En las áreas costeras su presencia era sensiblemente inferior localizándose entre un 13 y un 15% de hogares sin ganadería ovina frente al 8% característico de las áreas más interiores de la Galicia Occidental, pero en ambos casos se obtienen porcentajes de desposeídos inferiores a los que se barajan para el ganado porcino (J. M. Pérez García, 1982:109-112).

evolutiva de las tierras de la Galicia Occidental[652]. Dichos cambios, una vez más, entran en clara contradicción con el desarrollo evolutivo de la ganadería en las comarcas investigadas de la Galicia Interior, cuya reestructuración ganadera se asienta en un claro fortalecimiento del ganado lanar[653].

El progresivo crecimiento del peso de los tocinos y untos almacenados en las despensas de los campesinos celanoveses constituye un testimonio que viene a reforzar la tesis de una creciente estabulación del ganado. Véanse al respecto las tablas 44 y 45

TABLA 44 • ANÁLISIS EVOLUTIVO PESO DE LOS TOCINOS DECLARADO EN INVENTARIOS POST-MORTEM

PERIODOS	Nº TOCINOS	Nº TOCINOS CON PESO	TOTAL Kg.	MEDIA Kg./TOCINO
1640–1729	70	10	38,66	3,86
1730–1779	44,5	12	74,18	6,18
1780–1809	47	19	174,23	9,17
1810–1854	20	15	184,98	12,33

TABLA 45 • ANÁLISIS EVOLUTIVO PESO DE LOS UNTOS DECLARADO EN INVENTARIOS POST-MORTEM

PERIODOS	Nº UNTOS	Nº UNTOS CON PESO	TOTAL Kg.	MEDIA Kg./UNTO
1640–1729	25	9	10,39	1,15
1730–1779	32,5	14	14,94	1,07
1780–1809	30	17	28,92	1,70
1810–1854	8	6	17,87	2,98

[652] Como afirma el profesor J. M. Pérez García, el paso de los tiempos modernos implicó una acentuación del componente extensivo en las zonas interiores, mientras que en las zonas litorales de cuya realidad se hace partícipe la comarca celanovesa, se fue ganando en calidad lo que se perdió en cantidad gracias al aumento del ganado estabulado (1982:121). Los estudios llevados a cabo sobre tierras asturianas, en el marco de una temprana difusión de la cultura del maíz, también reflejan una evolución similar de los efectivos ganaderos. Las especies vacuna y porcina fueron las que mejor resistieron el proceso de caída de los efectivos ganaderos y en el caso del ganado vacuno, su disminución debe ser entendida como consecuencia del proceso estabulador que desencadenó el cultivo del maíz. Las elevadas cifras de partida se vinculaban a una ganadería extensiva o brava, de gran riesgo y limitada rentabilidad (B. Barreiro, 1984:·09-315).

[653] Las informaciones disponibles para las tierras del interior de la provincia lucense encajarían a la perfección en este cuadro constatándose un progresivo incremento del peso porcentual de las reses ovinas que en el segundo tercio del siglo XIX suponían el 64,8% del conjunto de la cabaña (H. Sobrado Correa, 2001:276) y lo mismo cabría decir para el caso de Viana do Bolo (G. Quiroga Barro, 1992:59). En cualquier caso, el desarrollo evolutivo de la ganadería en las tierras del interior del solar galaico muestra un claro paralelismo con otras áreas investigadas de la España Interior como es el caso de la comarca de la Bañeza o las tierras de montaña de la limítrofe provincia leonesa, donde también se constata un claro incremento del protagonismo de la especie ovina-caprina. Véase al respecto (L. M. Rubio Pérez, 1987:305) (Mª. J. Pérez Álvarez, 1996:195).

Ambos productos constituían los componentes fundamentales de las reservas cárnicas campesinas en un tiempo en el que los chorizos, el jamón o los lacones eran alimentos de consumo minoritario. Lamentablemente su peso no siempre viene reflejado en las escrituras manejadas, pero a la luz de los datos incluidos en las tablas precedentes, su progresivo incremento a lo largo de los tiempos modernos no ofrece duda alguna. Pese a que los poco más de 12 kilogramos por tocino que resultan para la primera mitad del siglo XIX no nos inducen a pensar en la ceba de reses porcinas de grandes dimensiones, no cabe duda de que se trataría de un avance incuestionable partiendo de las minúsculas piezas de menos de 4 kilogramos que se registran en el período inicial de estudio[654].

El análisis de las cifras medias por especie y el porcentaje de los declarantes atestiguan de manera clara esa progresiva pérdida de importancia de las reses ovinas hasta su práctica desaparición de la comarca en la primera mitad del siglo XIX. En realidad, más que de una caída progresiva habría que hablar de un brusco retroceso a partir de los años 30 del siglo XVIII coincidiendo con uno de los momentos álgidos en el avance del minifundio y la microparcelación en la comarca. La caída de más de un 73% en el número medio de reses ovinas por explotación con respecto a la etapa precedente y la reducción de su presencia a un quinto de los hogares inventariados, son muestras evidentes del imposible mantenimiento de una ganadería de carácter extensivo con el definitivo triunfo de un modelo agrario centrado en el cultivo del maíz en régimen intensivo.

En este modelo, el monte en el que deberían alimentarse las reses ovinas, jugaba ahora un papel vital como proveedor de abono. Sin su aporte sería imposible el mantenimiento de unos elevados rendimientos cerealeros, imprescindibles para sostener la importante densidad demográfica de la comarca[655]. La distribución social del ganado ovino no hace sino confirmar los datos anteriores, mostrándonos de manera explícita la importancia que alcanzaron los pequeños rebaños de ovejas entre los campesinos celanoveses en la segunda mitad del siglo XVII y su posterior pérdida de representatividad social a lo largo del siglo XVIII, hasta su práctica desaparición ya en la primera mitad del XIX[656].

Con respecto a la especie porcina, no dejan de resultar sorprendentes los resultados obtenidos para la etapa final de nuestra investigación situada en la primera mitad del siglo XIX, ya que a tenor de los datos reflejados en el cuadro precedente habría de admitirse un notable descalabro en la presencia del cerdo en los hogares de la comarca. Aunque no podría descartarse absolutamente un problema de ocultación en las escrituras manejadas para esta etapa, los datos disponibles para el período 1730-79 encajan bien con las informaciones contenidas en el Catastro de Ensenada y avalan la fiabilidad de la fuente[657]. Por otra parte, tampoco parece probable un repentino auge del negocio de la aparcería en torno a esta especie, dado que no se han localizado reses porcinas en aparcería entre las declaraciones de bienes semovientes de los cinco grandes especuladores del ganado localizadas para esta etapa[658].

---

[654] También existen pruebas evidentes sobre la mejora cualitativa que experimentaron las reses porcinas en algunas regiones francesas a fines del Antiguo Régimen. Los cerdos que se criaban en las tierras de Gascuña en torno a 1790 llegaban a pesar entre 150 y 200 Kgs., consecuencia evidente de un proceso de estabulación y de los beneficios operados en su alimentación por la expansión del maíz y la patata (J. M. Moriceau, 1999:92).

[655] Nótese en cualquier caso la escasa distancia que separa la media de reses ovinas por explotación y el porcentaje de los declarantes obtenidos a partir de las escrituras de inventarios post-mortem del período 1730-1779 con los datos resultantes de la consulta del Catastro de Ensenada: 2,92 cabezas de media por explotación y 30,1% de poseedores en las parroquias de Veiga y Rubiás.

[656] Véase apéndice estadístico, tabla III.17.

[657] Los inventarios post-mortem consultados para la etapa 1730-79 recogen una media de 2,6 reses porcinas por explotación localizándose la presencia de esta especie en casi un 70% de los hogares inventariados. Como se recordará, a mediados del siglo XVIII la consulta del Catastro de Ensenada arroja una media de 1,6 reses porcinas por explotación ascendiendo su presencia hasta el 72% del vecindario de las parroquias de Veiga y Rubiás.

[658] Resulta obvio que un rápido aumento de la aparcería podría generar una importante merma de la presencia de reses porcinas en los inventarios post-mortem celanoveses, habida cuenta de que las declaraciones de bienes de los campesinos únicamente incluyen las reses en plena propiedad.

Despreciadas pues en un principio estas variables como posibles causas del descenso, debemos admitir que la especie porcina pierde su carácter popular durante la primera mitad del siglo XIX dado que sólo la mitad de los hogares de la muestra manejada declaran entre sus pertenencias alguna res viva, o bien incluyen en sus despensas alguna prueba de su anterior matanza[659]. El análisis de la distribución social de las 52 reses declaradas en esta etapa muestra por primera vez a lo largo del período cronológico de estudio, la pérdida de valor representativo de la media cuando mediana y moda coinciden en el valor 0.

Aunque no pretendemos entrar aquí en el debate sobre los cambios en las estructuras sociales de la comarca, baste señalar al respecto que la hecatombe ganadera de la primera mitad del siglo XIX se deja sentir de una manera muy particular sobre la especie porcina, la más popular de todas ellas. El presumible descenso en el número de reses porcinas no constituye sino una prueba más de las dificultades que estaban atravesando los pequeños campesinos celanovenses en la primera mitad del siglo XIX, justamente cuando los grupos superiores de la sociedad rural vivieron una notable mejoría de su nivel de vida, a raíz de la inclusión entre sus bienes muebles de un sinfín de objetos novedosos vinculados a las nuevas prácticas de higiene, alimentación o sociabilidad.

El porcentaje de familias propietarias de ganado vacuno sufrió un rotundo declive a lo largo de los tiempos modernos, sin embargo, su descenso en ningún modo podría identificarse con una caída de dimensiones similares en la cabaña bovina comarcal[660]. Según pudimos comprobar a partir del Catastro de Ensenada, el ganado vacuno cedido en régimen de aparcería constituía una práctica relativamente frecuente que permitía disponer de una o dos reses a los pequeños campesinos de la comarca. Dado que dichas reses nunca quedaron registradas en los inventarios post-mortem, resulta prácticamente imposible conocer la evolución de la cabaña bovina comarcal. No obstante, aunque la fuente manejada no nos permita conocer la evolución del número de explotaciones con presencia efectiva de ganado vacuno en calidad no sólo de propietarios sino también de cuidadores, sí nos aporta indicios suficientes que atestiguan el evidente crecimiento a lo largo de los tiempos modernos del negocio de la aparcería. Véase al respecto la tabla 46.

	TABLA 46 • EL NEGOCIO DE LA APARCERÍA A PARTIR DE INVENTARIOS POST-MORTEM					
PERIODOS	A.- Nº ESCR.	B.- PROP. APARCEROS	C.- TOTAL CAB. GAN. BOVINO	D.- Nº RESES EN APARCERÍA	B/A	D/C
1640-1679	27	2	69	6	7,41	8,70
1680-1729	22	2	52	10	9,09	19,23
1730-1779	35	2	57	5	5,71	8,77
1780-1809	53	4	109	39	7,55	35,78
1810-1854	42	5	140	113	11,90	80,71

---

[659] Véase apéndice estadístico, tabla III.18.

[660] En la tabla III.19 del apéndice estadístico pueden observarse los cambios acaecidos en la distribución social del ganado vacuno a lo largo de los tiempos modernos.

A partir de los años 80 del siglo XVIII y con especial incidencia durante la primera mitad del XIX se observa un inusitado crecimiento de las reses declaradas en aparcería con respecto al volumen total de cabezas de ganado vacuno computadas en los inventarios post-mortem. Su incremento es notablemente superior al ascenso que experimenta en ese mismo período la proporción de propietarios aparceros con respecto a la muestra de hogares analizados, y constituye una prueba fehaciente del florecimiento del negocio de la aparcería en la comarca investigada a fines del Antiguo Régimen[661]. Buena muestra de ello es la proliferación en la sociedad celanovesa de la primera mitad del siglo XIX de figuras como la de José Mosquera, un rico campesino de la parroquia de San Salvador de Penosiños en cuyo inventario de bienes muebles y raíces realizado en el mes de junio del año 1846 se contabilizan además de las reses que obraban en su propiedad (2 bueyes, 1 vaca y 2 cerdos), 44 cabezas más declaradas en aparcería (6 jubencas, 6 bueyes, 24 vacas y 8 terneros)[662]. José Mosquera, juntamente con Don Manuel Azpicueta vecino de Rabal y Baltasar Seoane afincado en Rubiás[663], suman entre los tres una centena de cabezas bovinas puestas en aparcería y representan a un minoritario grupo social que, al margen de cualquier connotación de solidaridad campesina, practican una actividad claramente especulativa cediendo en aparcería un importante número de reses bovinas.

Los datos anteriores atestiguan el fortalecimiento del negocio de la aparcería en las décadas finales del siglo XVIII y durante la primera mitad del siglo XIX. El progresivo descenso del número de propietarios de reses bovinas y el consecuente descalabro de la media de cabezas de ganado bovino por explotación deben ser planteados como el fiel reflejo de los cambios acaecidos en la estructura de la propiedad del ganado, aún sin descartar un descenso real en las dimensiones de la cabaña bovina como consecuencia de un proceso de intensificación ganadera a lo largo del Antiguo Régimen. Los inventarios post mortem celanoveses exageran sin duda el derrumbe ganadero, pero no pueden ocultar el descenso de la media de animales disponibles por unas explotaciones que están también a la baja.

---

[661] Sobre este punto se observa una evolución claramente discordante con la descrita para tierras asturianas, donde se produjo una clara recuperación de la propiedad del ganado vacuno por parte del campesinado. En todos los concejos que analiza B. Barreiro salvo en el caso de Avilés, marcado por la importante presencia de una burguesía comercial y de oficios, se aprecia un claro crecimiento a lo largo de los tiempos modernos del porcentaje de vacas declarado en propiedad (1984:311-312).

[662] AHPOU, Sección Protocolos Notariales, notario José Benito Reza, caja 1367, f. 99-105.

[663] Inventario de bienes de Don Manuel Azpicueta, AHPOU, Sección Protocolos Notariales, notario José María Iglesias, caja 1309, año 1844, f. 193-215. Inventario de bienes de Baltasar Seoane, AHPOU, Sección Protocolos Notariales, notario José González Carrera, caja 1297, año 1811, f. 14-30.

IV. GRUPOS SOCIALES Y NIVELES DE VIDA

LAS TIERRAS DE CELANOVA EN EL CONTEXTO DEL CATASTRO DE ENSENADA Y POSIBLES CLAVES DE SU DESARROLLO EVOLUTIVO A LO LARGO DE LOS TIEMPOS MODERNOS

IV.1. El Catastro de Ensenada como fuente para el estudio de la sociedad

El Catastro de Ensenada constituye una vez más el indudable punto de partida para introducirnos en el estudio de la sociedad celanovesa del Antiguo Régimen. El adecuado tratamiento de sus datos permite la obtención de una radiografía panorámica sobre la sociedad de mediados del siglo XVIII que obviamente no admite comparación alguna en el marco cronológico en el que se desenvuelve esta investigación. Además, cuando menos desde el punto de vista teórico, el cruzamiento de las informaciones recogidas en las diferentes tipologías de libros a los que dieron lugar las averiguaciones catastrales abre un amplio abanico de posibilidades de cara al planteamiento de un análisis social sobre una determinada comunidad. Desde un simple estudio socio-profesional hasta el empleo de criterios clasificatorios más complejos basados en el análisis de las estrategias productivas de cada grupo social, todo parece posible.

Evidentemente, partimos de la idea de que, en el contexto del viejo complejo agrario gallego, la clasificación profesional de los cabezas de familia pocas indicaciones de interés puede aportarnos sobre la estructuración de una sociedad rural marcada por la preeminencia del grupo campesino. De hecho, una vez excluidas del cómputo las villas de Celanova y Vilanova dos Infantes que ejercían una funcionalidad clara como centros administrativos y de intercambio a nivel comarcal[664], entendemos que la ampliación de la base de datos de cerca de 900 vecinos sobre la que elaboramos en su día la clasificación socio-profesional de las familias que habitaban en el rural celanovés pocas conclusiones nuevas podría ofrecernos al respecto[665]. Las actividades vinculadas con la tierra condicionaban de manera directa la vida de más del 88% de los agregados domésticos celanoveses masivamente clasificados como labradores, escasísimos dones (menos del 1%), algunos "profesionales liberales" tales como escribanos, notarios o cirujanos que ejercían sus funciones sobre la población campesina (2,92%) y dos reducidos sectores "secundario" (4,94%) y terciario (3,03%) conformaban el conjunto del entramado social en la comarca investigada[666].

---

[664] En base a las informaciones recogidas en los libros personales del Catastro de Ensenada en la villa de Celanova sólo un 30,86 de los cabezas de familia registrados se vinculaban directamente con el trabajo de la tierra ampliándose dicha proporción hasta un 50,7 % en el caso de Vilanova. Evidentemente dichas informaciones no nos permiten conocer el grado real de desvinculación de la tierra de los artesanos, profesionales liberales (cirujanos, abogados, boticarios, maestros, médicos, notarios, escribanos y profesionales vinculados con la administración), e integrantes del sector terciario (mercaderes, tenderos, estanquilleros, tablajeros, etc.), que residían en dichas villas, pero su carácter de áreas centrales en el ámbito comarcal queda fuera de toda duda. Véase al respecto (D. Rodríguez Fernández, 1999: 175).

[665] Véase al respecto (D. Rodríguez Fernández, 1999:57-59).

[666] Evidentemente la escasa diversificación de la estructura socioprofesional del mundo rural celanovés no difiere en absoluto de la situación descrita en cualquier monografía de las realizadas hasta el presente sobre suelo gallego, bien sea de la Galicia Occidental como es el caso de la comarca de la Ulla (O. Rey Castelao, 1981:125), o forme parte de la Galicia Interior como las tierras de Castroverde sitas en el interior de la provincia lucense (H. Sobrado Correa, 1992:237).

Al margen de la problemática que puedan presentar las fuentes catastrales para el acercamiento a la estructura socio-profesional de una determinada comunidad[667], como afirma F. García González, dicha clasificación únicamente resulta ilustrativa como una primera aproximación al estudio de la sociedad ya que a la hora de comprender su articulación social, resulta mucho más interesante el conocimiento de la base patrimonial de los núcleos familiares (2000:66)[668].

Aunque en apariencia la información disponible en la documentación catastral facilita la elaboración de estudios de gran profundidad sobre la sociedad de mediados de la centuria ilustrada, en la práctica nunca debe olvidarse la clara finalidad fiscal con la que fue concebida esta fuente y los frecuentes problemas de ocultación que pueden derivarse de la misma. La valoración crítica de los datos catastrales se convierte entonces en una tarea ineludible a la hora de plantear un análisis que pretenda un acercamiento certero a la sociedad del momento, de lo contrario la intachable corrección de sencillos o complejos cálculos efectuados sobre unos patrimonios disminuidos en su origen no aportará sino conclusiones erróneas y apartadas de la realidad que se pretende investigar.

En el caso que nos ocupa, en el capítulo precedente ya se ha planteado de manera concreta la importante problemática que en este sentido presenta la documentación celanovesa tanto en lo que atañe a la posible ocultación territorial cuanto en lo relativo a las teóricas rotaciones y rendimientos declarados, objeto de una rotunda revisión a partir de la consulta de otras fuentes complementarias. Baste recordar al respecto las rectificaciones llevadas a cabo:

- Se ha corregido el peso del maíz en la cultura agraria celanovesa de mediados del siglo XVIII, que pasaría de suponer el 57,96% de la cosecha cerealera en base a las declaraciones efectuadas en una muestra de ocho parroquias, a representar más de un 92% a partir de la utilización tanto de las cifras diezmales como de las reservas de cereal contenidas en los inventarios de la época.

- Se han rectificado los rendimientos cerealeros declarados en Catastro en base a la consulta de patrimonios eclesiásticos, detectándose una ocultación del 38% en el rendimiento medio comarcal, que se elevaría desde los 17,16 Hl/Ha. hasta los más de 27 Hl./Ha. de media.

Como tendremos ocasión de comprobar más detalladamente, a la postre dichas correcciones resultaron de especial relevancia a la hora de plantear la clasificación social de los agregados celanoveses por cuanto implicaron una notable rebaja en la superficie mínima establecida para el umbral de la autosubsistencia familiar, el criterio básico empleado para lograr el acercamiento a la estructuración interna de la comunidad campesina. Su utilización parte del convencimiento de que el desigual acceso a la tierra operaba como la principal vía de diferenciación social en base a la que se articulaban las comunidades campesinas que poblaban el valle de Celanova a mediados del siglo XVIII y buena prueba de ello son los análisis efectuados en el capítulo precedente en los que quedaba claramente de manifiesto la importancia de la producción agrícola en el cómputo del producto agrario comarcal[669].

---

[667] Baste recordar que, en el caso de la comarca analizada, desconocemos la ocupación profesional de un 31,89% de los hogares regentados por mujeres, al tiempo que parecen silenciarse de manera generalizada en los Libros Personales las posibles ocupaciones complementarias de los cabezas de familia dedicados a la agricultura. Además, muy probablemente la pluriactividad campesina quedaría mucho mejor reflejada en la fuente si tuviéramos acceso a la ocupación del resto de los integrantes de las unidades familiares sin cuya colaboración en muchos casos el umbral de la subsistencia sería mucho más difícil de alcanzar.

[668] No obstante, coincidimos plenamente con el profesor P. Saavedra en la idea de que ninguna clasificación es capaz de recoger todos los matices de orden cuantitativa y cualitativa que habría que integrar en un estudio en profundidad sobre la sociedad rural de Antiguo Régimen (1991:377).

[669] En este sentido el espacio investigado responde al comportamiento característico de las zonas de valle marcadas por la hegemonía de la producción agrícola frente a las áreas más montañosas donde los ingresos ganaderos jugaban un peso específico notablemente mayor, en gran medida derivado de la menor cuantía de los rendimientos agrícolas. De ahí que a la hora de plantear los posibles criterios de clasificación social en las áreas montañosas, autores como F. García

Sin embargo, tampoco debemos olvidarnos que al margen de las correcciones efectuadas en los apartados de rotaciones y rendimientos, un capítulo importantísimo de las declaraciones relativo a las extensiones de tierra no fue objeto de rectificación alguna, pese a las fundadas sospechas de fraude que de manera muy particular se cernían sobre algunas de las parroquias analizadas como es el caso de Santiago de Rubiás, donde a tenor de los cálculos efectuados podría darse un encubrimiento de más del 85% de la superficie parroquial. La parroquia de Rubiás juntamente con la de San Munio de Veiga fueran seleccionadas en su día como posibles modelos ejemplificadores de la cultura agraria practicada en los valles del Tuño y del Sorga así como sus potenciales similitudes y diferencias, realizándose para ello un muestreo sistemático aleatorio entre los cabezas de familia que conformaban sus respectivas vecindades (Delfina Rodríguez Fernández, 1997:42-47). En la actualidad una vez vaciados en su totalidad los Libros Reales correspondientes a ambas localidades mantenemos la comparación entre ambas, aunque ahora nuestra finalidad no estriba en marcar las supuestas diferencias existentes en la cultura agraria practicada en ambos valles sino en mostrar de manera clara la problemática que realmente plantea la utilización de los datos catastrales sin el sometimiento de los mismos a una crítica previa que avale su fiabilidad.

IV.2. El umbral de la autosubsistencia a partir del producto neto campesino

Siguiendo la metodología de trabajo desarrollada en las monografías que la escuela modernista santiaguesa llevó a cabo sobre suelo gallego calculamos el producto neto que restaba para los campesinos celanoveses una vez satisfecho el pago de las rentas forales y señoriales, detraídas las cantidades estimadas en concepto de diezmo y apartado el cereal necesario para el siguiente año cosecha. La fórmula es suficientemente bien conocida y en realidad ya la hemos aplicado con anterioridad a las dos parroquias objeto de nuestro análisis (D. Rodríguez Fernández, 1999:52-53). Ahora nos interesa mostrar la rectificación que presentamos en los resultados anteriores tras la aplicación de las correcciones efectuadas sobre el verdadero peso del maíz en la cultura agraria del momento y en el cálculo de los rendimientos medios cerealeros.

En la tabla 1 se exponen las operaciones efectuadas para cada una de las dos entidades analizadas.

TABLA 1 • PARROQUIA DE SANTIAGO DE RUBIÁS
Prod. Bruto=791,06 F*7,77 F. (rendimiento medio ponderado)=6146,54 F. (30489,29 Reales).
Prod. Neto= 30489,29–(2591,32 R. rentas +2285 R. diezmo +2137,4 R. simiente)= 23475 R.
Producto Neto por Ha.= 21 Hl./Ha. (76,9% del producto bruto)
PARROQUIA DE SAN MUNIO DE VEIGA
Prod. Bruto= 1946,45 F*6 F. (rendimiento medio ponderado)=11678,7 F. (46252,3 Reales).
P. Neto= 46252,3–(4652,54 R. rentas +4625,23 R. diezmo +1948,28 R. simiente)=35026,25 R
Producto Neto por Ha.= 20,94 Hl./Ha. (75,7% del producto bruto)

González (2000:70-71) o I. C. González Abellás (2002:200) huyen del criterio único de la tierra y optan por considerar la posesión de ganado de labor como un factor clave para definir el status de cada uno en la sociedad.

La multiplicación por cantidades en apariencia diferentes para la obtención del producto bruto cerealero en cada una de las dos localidades analizadas es únicamente el resultado de las diferentes dimensiones que adopta el ferrado como medida de superficie y capacidad en el marco geográfico en el que se desenvuelve esta investigación[670]. En la práctica en ambos casos estamos haciendo uso de un rendimiento medio ponderado de 27,66 Hl./Ha., fruto de la aplicación de los rendimientos obtenidos a partir de las escrituras patrimoniales y su posterior ponderación en base a la proporción de cada especie de cereal que traducen los diezmos y despensas de los inventarios consultados[671].

El resultado de las correcciones efectuadas es la ampliación del producto neto cerealero por unidad de superficie de 13,5 Hl./Ha. a 21 Hl./Ha (D. Rodríguez Fernández, 1999:53). Una consecuencia lógica de la elevación del rendimiento medio ponderado que corrige la ocultación catastral, y de la reducción del peso de la semilla derivada del aumento proporcional del maíz en el montante global de la producción campesina. La ampliación de la diferencia con respecto a los cálculos previos resulta espectacular en el caso de Veiga, donde se produce una duplicación de las cifras anteriormente presentadas, un hecho ciertamente interesante que refleja con notoria claridad la diversificación de las estrategias de fraude adoptadas por los parroquianos celanoveses.

Con toda seguridad tanto en Rubiás como en Veiga los vecinos encuestados redujeron deliberadamente la capacidad productiva de sus tierras y mintieron en las extensiones declaradas, pero como ya indicamos anteriormente, en el caso de Rubiás la ocultación territorial alcanzó cifras espectaculares en torno al 85% de la superficie parroquial, mientras que en el caso de Veiga dicha omisión fue sin lugar a dudas muy inferior (29%) y probablemente afectó de manera preferente a los espacios comunitarios, optando en cambio por una notoria reducción de los rendimientos medios cerealeros. Obsérvese que en ambos casos el producto neto representa ahora más del 75% del producto bruto, cuando en los cálculos anteriores un abismo separaba los resultados obtenidos entre ambas localidades (57% y 71% respectivamente)[672].

Si aceptamos como válidas las rotaciones y rendimientos declarados en las fuentes catastrales, en el término de Veiga la reserva de semilla para la siembra del siguiente año-cosecha absorbería prácticamente el 20% de la producción campesina. Habida cuenta de que tanto los diezmos como las reservas campesinas de los inventarios consultados para el período 1730-1779 traducen una primacía absoluta del maíz (92% de la producción), en la práctica para la siembra de los 1946,45 ferrados de tierra de los que disponen los parroquianos de Veiga se precisarían unos 517 ferrados de grano o lo que es lo mismo 1,09 Hl. de grano por Ha., un 4,21% del producto bruto cerealero recogido en un año cosecha normal. La diferencia es ciertamente ostensible, resultado de la menor inversión de grano que se requiere para la siembra del maíz[673].

---

[670] Haciendo uso de las informaciones contenidas en la respuesta a la pregunta nº 9 del Interrogatorio, el ferrado como medida de superficie equivale a 629 m² en el término de Rubiás y a 436,39 m² en el caso de Veiga (AHPOU, Sección Catastro, Copia microfilmada Simancas rollo 2, Libro de Respuestas Generales Coto de Veiga sig. 1365). En cuanto medida de capacidad, Mª. I. Fernández Justo (1986) estima la equivalencia de un ferrado de maíz en el expresado término de Rubiás en 22,96 litros de grano, siendo la medida de un ferrado de centeno o trigo 14 litros, mientras que en la parroquia de Veiga un ferrado de maíz equivaldría a 20,29 litros de la misma especie y su medida arrasada de centeno o trigo supondría en la actualidad en torno a 15,22 litros.

[671] A tenor de los datos que obran en nuestro poder a mediados del siglo XVIII el maíz representaba más del 90% de la producción cerealera comarcal sin embargo las rentas recogidas en el Catastro se cobraban mayoritariamente en centeno de ahí que para evitar contrariedades optamos por calcular el producto neto a partir de la valoración monetaria de cada uno de los capítulos que componen la fórmula.

[672] Como bien afirma el profesor José Manuel Pérez García tras las correcciones efectuadas para la comarca del Bajo Miño, un producto neto que debería rondar el 75% del producto bruto representa un porcentaje muy positivo que a la postre sigue provocando la insuficiencia de los más al tiempo que favorece la exportación de productos agrarios al exterior (1999b:166).

[673] Según consta en la respuesta a la pregunta número nueve del Interrogatorio en el término de Veiga para la siembra de un ferrado de maíz solo se empleaba un cuarto de la misma especie mientras que la misma superficie sembrada de trigo o centeno requería de un ferrado de grano. (AHPOU, Sección Catastro, Libro de Respuestas Generales sig. 1365).

El peso de la semilla con respecto al producto bruto campesino resulta sensiblemente superior en la feligresía de Santiago de Rubiás (7%) ya que en esta ocasión los parroquianos declaran un método de siembra más denso para el maíz, que a la postre implica un aumento en la cantidad media de grano vertida a la tierra (1,87 Hl./Ha.)[674]. Aunque evidentemente no nos encontramos en condiciones de corroborar las posibles disparidades en los métodos de siembra, a diferencia de lo que ocurría con los cálculos previos las distancias entre ambas parroquias se nos plantean ahora mucho más asumibles[675].

En definitiva, con un interesantísimo producto neto que podría rondar los 20-21 Hl./Ha. de media y haciendo uso una vez más de la estimación que en su día realizó P. Goubert sobre la necesidad de grano para la alimentación de una persona/año, en la comarca de Celanova se precisarían en torno a 0,75 Ha. de tierra sembrada para garantizar la subsistencia de una familia media de 4,1 miembros[676]. Una extensión a nuestro juicio mucho más acorde con las informaciones disponibles sobre la cultura agraria celanovesa de mediados del siglo XVIII, que las 1,21 Ha. inicialmente establecidas a partir de la utilización de las cifras catastrales sin previa corrección. Baste recordar que en virtud de los cálculos anteriores, solamente el 13,8% de las familias celanovesas se encontraban por encima del umbral de la subsistencia (D. Rodríguez Fernández, 1999:53-57).

En la Península del Salnés haciendo uso de la valoración media de los rendimientos que nos ofrece el autor y tras las importantísimas correcciones introducidas en la extensión de superficie cultivada, el producto neto también representaba en torno al 70% del producto bruto campesino[677]. Sin embargo, los porcentajes resultantes para el Salnés o la comarca del Bajo Miño, claramente concordantes con los obtenidos para tierras de Celanova, no pueden hacerse extensivos al conjunto de la geografía gallega puesto que en otras comarcas investigadas de la Galicia Interior el producto neto campesino representaba a duras penas el 50% de la producción bruta cerealera[678]. Aun admitiendo los mayores beneficios que aportaba la cultura del maíz con respecto a la practicada en estas comarcas

---

[674] Si para sembrar de maíz los 436,39 m² a los que equivale un ferrado de superficie en San Munio de Veiga se requerían 3,38 litros de la citada especie (0,77 Hl./Ha.), los vecinos de Rubiás afirman necesitar 7,65 litros de maíz para un ferrado de 629 m² (1,21 Hl./Ha.). En contraste, bien es verdad que la densidad de siembra del centeno y trigo era supuestamente superior en Veiga con respecto a Rubiás (3,48 Hl./Ha. frente a 2,22 Hl./Ha. respectivamente). (AHPOU, Sección Catastro, Copia microfilmada Libro de Respuestas Generales del Coto de Ramirás).

[675] El peso de la semilla con respecto al producto bruto campesino también fue objeto de corrección por parte del profesor José Manuel Pérez García para la comarca del Bajo Miño en virtud de la importancia real de los cereales tradicionales que traducen sus cifras diezmales. En su caso la corrección establecida supuso una disminución en el peso de la semilla del 12,7% al 4,7% del producto bruto campesino con densidades de siembra bastante similares a las referidas para la parroquia de Veiga (J. Manuel Pérez García, 1999b:165-166). Los datos de I. Cesar González Abellás para la comarca de Monterrey también vienen a incidir de manera clara sobre el ahorro que supone la siembra del maíz con respecto a los cereales tradicionales. En las parroquias de montaña de la comarca de Monterrey marcadas por la cultura agraria del centeno, la semilla alcanzaba el 18,5% del producto bruto campesino mientras que en las parroquias de valle donde la importancia del maíz a mediados del siglo XVIII constituye un hecho evidente, el cereal para la siembra absorbía el 13% de dicho producto bruto (2002:214):

[676] P. Goubert realizaba sus cálculos sobre una familia media de 6 miembros que necesitaría para hacer frente a su alimentación, a las cargas diezmales, simiente, talla y demás detracciones en torno a 40 Hl. de grano o lo que es lo mismo 20 Has. de tierra. En la práctica un campesino medio del Beauvais poseía menos de 10 Has. (1982:181 y siguientes).

[677] En la práctica, dicho porcentaje favorecía la existencia de importantes excedentes cerealeros en la comarca del Salnés, excedentes que en el mejor de los casos podrían suponer incluso un tercio del producto neto campesino (J. M. Pérez García, 1979:204 y tabla 5-17).

[678] En el interior de la provincia ourensana, en la comarca de la Alta Limia el producto neto representaba el 50% del producto bruto (R.Ferreiro, 1981:149), un porcentaje idéntico al que localiza O. Pedrouzo Vizcaino para las tierras lucenses de Narla (1981:180) y no muy alejado del 53,2% resultante para la comarca ourensana de Cea (Mª. J. López Alvarez, 1998:63). En la comarca de Monterrey, en el sector más oriental de la provincia ourensana, el producto neto supone de media un 73,4% del producto bruto, en la tónica de los resultados obtenidos para el Salnés, comarca del Bajo Miño o tierras de Celanova, sin embargo en este caso se observa un comportamiento netamente diferenciado entre las parroquias de montaña (57,6% del producto bruto), y las parroquias de valle marcadas por una economía más diversificada y con una notable incidencia del cultivo del maíz (76,3% del producto bruto) (I. C. González Abellás, 2002:215).

del interior gallego mayoritariamente marcadas por el cultivo de los cereales de invierno, también es muy probable que la utilización de las cifras contenidas en las declaraciones catastrales sin una corrección previa colaborase de manera activa en la ampliación de las diferencias.

No sólo para el interior de la geografía gallega se han ofrecido porcentajes de producto neto mucho más reducidos que las cifras celanovesas. Es el caso de los datos que baraja J. Pardo González para el Coto asturiano de Belmonte a partir de la consulta de los libros de cobranza del Monasterio de Belmonte, reduciéndose en este caso el producto neto campesino al 41,2% del producto bruto[679]

IV.2.1. El peso de la renta en la economía campesina

En opinión de P. Saavedra los soportes fundamentales de la sociedad gallega en los dos últimos siglos de la Edad Moderna eran la pequeña explotación campesina y las rentas que generaba (1991:360)[680]. Las rentas que pagaban los campesinos celanoveses en concepto de foro, los censos, las posibles cargas señoriales y el diezmo aparecen recogidos en la fórmula precedente para la evaluación del producto neto campesino y sobre ellos centraremos nuestro análisis.

El diezmo constituía sin lugar a duda una de las cargas más gravosas que soportaban los campesinos del Antiguo Régimen. De utilizar los datos contenidos en los Resúmenes Generales del Catastro de Ensenada el diezmo supondría el 9,7% del producto bruto agrario en Galicia (P. Saavedra, 1991:361), si bien las informaciones catastrales plantean importantes problemas para realizar una evaluación de estas características sobre el peso real del diezmo en la producción cerealera campesina y buena prueba de ello son los resultados obtenidos para la comarca celanovense.

Como ya hemos tenido ocasión de comprobar en el capítulo anterior, en las parroquias en las que fue posible su cálculo y entre las que se incluía Santiago de Rubiás, el diezmo del cereal únicamente constituye una prueba fehaciente más de la insinceridad de las declaraciones catastrales. Recuérdese que en las feligresías de Mosteiro, Escudeiros y Rubiás el diezmo del cereal representaba por término medio un 19,48% de la producción cerealera declarada y eso tras las compensaciones que se producen entre los distintos capítulos que lo componen, puesto que mientras que en el caso del maíz los pagos diezmales supondrían nada menos que el 32% de la producción campesina, para el resto de los cereales no se alcanzaría el 5%. En la parroquia de Rubiás los pagos diezmales absorberían el 19,48% de la producción antes de la corrección efectuada sobre el producto bruto campesino (el diezmo del maíz suponía en la práctica el 24% de la producción mientras que únicamente representaba el 2,87% del trigo, el 1,56% del centeno y un 0,29% del mijo).

Como puede apreciarse en la fórmula anterior, una vez corregidas las declaraciones catastrales sobre rotaciones y rendimientos el peso porcentual del diezmo sobre la producción campesina se situaría ahora en un porcentaje teóricamente asumible del 7,49%, no obstante, no creemos que dicha proporción pueda resultar indicativa del comportamiento del diezmo a nivel comarcal dados los serios problemas de ocultación territorial que plantean los datos catastrales referidos a la citada entidad[681].

---

[679] Los datos del autor hacen referencia al período cronológico comprendido entre 1818 y 1821 (J. Pardo González, 1999:147).

[680] La importancia que el profesor P. Saavedra concede al estudio de la renta para la comprensión de la sociedad gallega de Antiguo Régimen entronca de manera clara con el pensamiento de grandes maestros de la historiografía modernista como P. Goubert quien sostiene que en el marco de una sociedad predominantemente agrícola, la renta era la clave de todo, cualquiera que fuera su forma, su definición jurídica o su contexto psicológico (1984:145).

[681] Pese a las correcciones efectuadas, en la parroquia de Rubiás una parte importante de la producción campesina sigue escapando a nuestro control debido a la elevadísima ocultación territorial que se constata, por ello es probable que los diezmos declarados se encuentren también claramente rebajados, aunque claro está, en menor medida que la producción. En este sentido P. Saavedra ya advirtió sobre los problemas de infravaloración que presentan las cifras diezmales en el Catastro ya que, al ser un impuesto proporcional a la producción, ambos fueron objeto de fraude (1991:361).

En el caso de Veiga las informaciones disponibles en el Libro de Respuestas Generales hacen únicamente referencia a los diezmos que cobraba el Prior del Coto y entre los cuales no se incluían las cantidades pagadas por los vecinos de varias localidades (San Fiz, Cerdal de Arriba y San Simón), que correspondían de manera íntegra al Abad de la colindante parroquia de Sorga. A falta de informaciones más fidedignas, para el cálculo del producto neto campesino se utilizó una simple evaluación teórica sobre el 10% de la producción, un porcentaje muy probablemente superior al real.

A juzgar por los datos anteriormente presentados, la cantidad estimada en concepto de rentas representaría cuando menos desde el punto de vista teórico un porcentaje bastante similar del producto bruto cerealero en los términos de Rubiás y Veiga (8,49% y 10,05%, respectivamente). En la práctica la similitud de comportamiento entre ambas localidades tiene bastante más de aparente que de real dado que las detracciones incluidas en este capítulo no presentan un carácter homogéneo haciéndose por lo tanto necesario un análisis en mayor profundidad al respecto. Así pues, Los Libros Reales elaborados para el Coto de Veiga explicitan con notoria claridad los desembolsos que debía efectuar cada unidad campesina por múltiples conceptos que englobaban desde las rentas forales, los arrendamientos, las cargas señoriales, los réditos de censos, las primicias, el voto al Apóstol Santiago e incluso las cantidades retribuidas para costear las misas de fundación o la cofradía del Santísimo Sacramento, mientras que en el caso de Rubiás las informaciones disponibles hacen únicamente referencia al pago de las rentas forales, las primicias y el voto al Apóstol.

En términos comparativos en la parroquia de Veiga la suma de estos tres capítulos (foros, primicias y voto al Apóstol) alcanzaba al 4,88% del producto bruto campesino, un porcentaje bastante inferior al obtenido en el término de Rubiás (8,49%), que obviamente también se encuentra afectado por la ocultación de producción que todavía persiste pese a las correcciones efectuadas. Evidentemente, las rentas de la tierra representaban una proporción mayoritaria de este conjunto de detracciones sustrayendo en la práctica el 7,44% del producto bruto campesino en la parroquia de Veiga, las rentas señoriales –luctuosa y "fumage"- constituían el segundo capítulo en importancia absorbiendo un 2,08% de la producción, y el resto de las cargas ya minoritarias se distribuían de la siguiente manera: réditos de censos (0,26%), voto y primicias (0,15%) y pagos a la cofradía parroquial (0,12%).

Se incluyen entre las rentas señoriales sufragadas por los campesinos de Veiga los pagos efectuados en concepto de luctuosa y "fumage". Como de sobra es sabido la luctuosa señorial era una carga de raíz feudal que pagaban los vasallos en reconocimiento de señorío, en la parroquia de Veiga según se indica en el Libro Real de Eclesiásticos "cobraba el prior del Coto del cabeza de casa que muere la mejor alhaja que a dicho Prior parezca"[682]. Como afirma el profesor J. M. Pérez García, en la práctica el peso que ejercía sobre la economía campesina no parece tan gravoso como en principio se deduce de su definición ya que en el caso que nos ocupa sobre un conjunto de 143 vecinos se le reguló una utilidad anual de 193 reales. Bastante más lesivo para los intereses económicos campesinos se revela el pago del "fumage", una imposición señorial cuya naturaleza conocemos también a partir de las informaciones recogidas en el Libro Real de Eclesiásticos de Veiga. El "fumage" se concretaba en el cobro por parte del Prior del Coto de 8 reales de vellón anuales a todos aquellos vecinos que cebaban y mataban cerdos, su regulación establecida en 800 reales al año no se aleja mucho de los 772 reales que sumamos a partir de las declaraciones individuales del año 1752, más de un 1,6% del producto bruto cerealero.

El capítulo más importante referido a las rentas de la tierra engloba los pagos efectuados en concepto de renta foral (un 4,73% del producto bruto campesino) así como los desembolsos necesarios para el pago de arrendamientos

[682] AHPOU, Sección Catastro, sig. 1366.

(2,70% del valor de la producción). En el caso de las rentas forales, el porcentaje obtenido para la feligresía de Veiga constituye una cifra extraordinariamente baja en el ámbito de los estudios gallegos que ratifica la moderada presión que en términos comparativos ejercieron los contratos forales sobre la economía campesina[683]. Una simple comparación del porcentaje de producción detraído en concepto de renta foral en la comarca de Celanova (4,73%) con los resultados obtenidos por F. Brumont para las tierras de Castilla La Vieja confirmaría dicha conclusión. Según sus cálculos, a fines del siglo XVI un 17,2% de la producción ceralera escapaba de las manos campesinas para hacer frente al pago de los arrendamientos de la tierra (1993: 65). Evidentemente, se trata de un porcentaje notablemente superior a los anteriormente citados para la comarca celanovesa o para el área de Monterrey, pero no todas las investigaciones concluyen una similar benignidad del régimen foral. En tierras lucenses y asturianas se han detectado valores porcentuales sobre el producto bruto superiores incluso a los obtenidos por F. Brumont a partir de contratos de arrendamiento[684]. Además, debemos tener presente que los datos catastrales analizados para la comarca celanovense no aportan ninguna luz acerca del peso de la plena propiedad campesina y el porcentaje real de tierra explotado en régimen foral, por lo que en la práctica desconocemos la ratio de renta pagada por superficie aforada, si bien es verdad que la ratio que se obtiene en la parroquia de Veiga de 1,15 Hl de renta pagada por Ha. de superficie cultivada (0,32 Ferrados/Ferrado.), nos sitúa una vez más en la órbita de la Galicia Occidental frente a la mayor dureza que adquiría el canon foral en las comarcas de la Galicia Interior (D. Rodríguez Fernández, 1999:67)[685]. A juicio de H. Sobrado Correa el papel que ejercían en la provincia lucense la hidalguía y la nobleza absentista como perceptores de una parte importante de las rentas de la tierra podría encontrarse detrás de esa mayor dureza del canon foral con respecto al ámbito de la Galicia Occidental (1993:201)[686]. En el marco de nuestra investigación solamente un 4,24% de las rentas forales pagadas por los vecinos de Veiga escapan al control del estamento eclesiástico a través de las tres grandes entidades monásticas que actúan a nivel comarcal: El Real Convento de Canónigos de San Marcos de León en el priorato de Veiga, el Monasterio de frailes benedictinos de Celanova y el Monasterio de San Paio de Antealtares de Santiago de Compostela[687].

Además, como afirma el profesor P. Saavedra, aunque las rentas satisfechas en concepto de foro no pueden considerarse a menudo elevadas, a la hora de valorar su peso real sobre la sociedad campesina tampoco debe

---

[683] En las parroquias de valle de la comarca de Monterrey la detracción foral también supone un porcentaje muy reducido del producto bruto campesino, absorbiendo únicamente el 2,2% de la producción cerealera y el 5,2% de la producción vitícola (I. C. González Abellás, 2002:214). En opinión de J. M. Pérez García, si bien el foro afectaba a una proporción muy importante de la tierra usufructuada, en la práctica no suponía una imposición abusiva convirtiéndose en uno de los regímenes más benignos de explotación de la tierra que se daban dentro de la agricultura europea de Antiguo Régimen (1979:302).

[684] R. Villares sostiene para tierras lucenses un porcentaje de detracción de la renta territorial sobre el producto bruto campesino del orden del 36,7% (R. Villares, 1982:41) y J. González Pardo afirma para las tierras asturianas de Somiedo valores del orden del 21% (1999:146).

[685] La ratio de 3,79 Hl. de grano pagados por Ha. de superficie cultivada en el municipio lucense de Castroverde evidencia un peso bastante gravoso de la renta foral (H. Sobrado Correa, 1992:199) que también compartían otras comarcas analizadas de la misma provincia como es el caso de Burón o Narla (0,73 F/F. de superficie aforada en el concejo de Burón y 0,67 F/F. de superficie aforada en Narla) (P. Saavedra, 1979:66) (O. Pedrouzo Vizcaino, 1981:161). Por el contrario, en el ámbito de la Galicia Occidental la renta foral parecía ejercer una presión más moderada sobre la economía campesina como lo prueban las ratios obtenidas para el valle de la Ulla (0,34 F.F. superficie cultivada) (O. Rey Castelao, 1981:116) o la Península del Salnés (0,45 F.F. superficie cultivada) (J. M. Pérez García, 1979:302). En la provincia ourensana, no sólo los datos referidos a la comarca de Celanova, sino también los relativos la Alta Limia (0,5 F.F. sup. cultivada) (R. Ferreiro Pérez, 1981:142), y al área de Cea (0,49 F.F. sup. cult.) (Mª. J. López Alvarez, 1998:58), parecen demostrar un peso de la renta foral inferior al detectado para la provincia lucense.

[686] Conclusión que también comparte J. González Pardo, demostrando con cifras concretas el menor peso que efectivamente ejercían las rentas eclesiásticas con respecto a las cobradas por la nobleza e hidalguía. Así, la renta foral que percibía la Iglesia de Somiedo arroja una ratio de 48 reales/Ha., frente a los 62,7 reales/Ha. de la nobleza e hidalguía (1999:147).

[687] Únicamente una parte de las rentas que pagaban los vecinos de Veiga por sus bienes sitos en la parroquia de Sorga iban a parar a manos de la hidalguía representada en este caso en la figura de Don José Sotelo.

perderse de vista la generalizada presencia de un campesino insuficiente y el carácter gravoso que podía suponer cualquier carga en el marco de una economía familiar ya de por si deficitaria (P. Saavedra, 1996:617). Los cálculos efectuados para la parroquia de Veiga vienen a confirmar el desigual peso que ejercía la renta foral sobre la sociedad campesina al margen incluso de la diferente capacidad de pago de los distintos sectores implicados. Véanse los resultados en la tabla 2.

TABLA 2 • RATIO RENTA FORAL POR Ha. CULT. (VEIGA)			
	EXT. CULT. (Ha.)	HL. RENTA	HL./Ha.
INSUFICIENTES (56,64%)	18,06	24,97	1,38
MEDIANOS (25,87%)	27,34	30,92	1,13
RICOS (17,48%)	38,9	40,85	1,05
TOTAL	84,3	96,74	1,15

Como se desprende de los datos anteriores, en justamente en el contexto de las pequeñas explotaciones campesinas atenazadas por el problema de la insuficiencia de la producción cerealera para hacer frente a la alimentación familiar donde el canon foral adquiría un carácter más gravoso. De hecho, el importante grupo de campesinos insuficientes que reside en la parroquia de Veiga a mediados del siglo XVIII debe pagar en concepto de renta foral hasta un 31% más de producto por Ha. cultivada que sus convecinos mejor posicionados socialmente, si bien es verdad que la falta de datos sobre el papel de la propiedad plena campesina en el conjunto de las explotaciones analizadas imposibilita cualquier valoración a cerca de su posible influjo sobre los resultados obtenidos.

Un 2,7% de la producción de cereales también escapa de manos de los campesinos de Veiga para hacer frente al pago de sus contratos de arrendamiento. A juzgar por los datos catastrales, los arrendamientos no constituían la fórmula de cesión de tierras más practicada en la comarca, pero sí parecen haber sido utilizados de forma masiva por parte de las autoridades religiosas (Prior y teniente cura) a la hora de poner en explotación sus bienes diestrales[688]. Según se desprende de las informaciones recogidas en el Libro Real de Eclesiásticos de Veiga, se trataba de contratos al 50% sobre el alcance de la cosecha cuya duración temporal desconocemos, pero que debieron resultar sumamente gravosos para la economía familiar de un 20% del vecindario parroquial que se encontraba implicado en los mismos a mediados del siglo XVIII[689]. En realidad, las tierras de labradío arrendadas sumaban menos del 5% de la extensión cultivada por parte de los vecinos de Veiga (4,37%) pero su papel no debe ser desdeñado porque en la práctica un importante sector del campesinado conformado por las familias más desfavorecidas obtenía en ellas más de un 11% de su producto bruto cerealero (11,43%), planteándose así una vez más la cuestión de las diferencias sociales en el seno de la comunidad campesina.

---

[688] En la provincia de Mondoñedo el arriendo era la fórmula predominante de locación de la tierra (1985:394-395) y en el caso de Xallas su importancia también parece atestiguada dado que a mediados del siglo XVIII en torno a un 35,5% de los campesinos podría calificarse de arrendatarios (B. Barreiro, 1977:475).

[689] En el caso de Xallas los contratos de arrendamiento eran más frecuentemente al tercio que al 50% y la duración del contrato solo en raras ocasiones superaba los 9 años (B. Barreiro, 1977:475-510). En cualquier caso resulta a todas luces evidente el carácter gravoso que adquiría este sistema de cesión en tierras gallegas a mediados del siglo XVIII cuando según los datos de F. Brumont para los campesinos castellanos del siglo XVII los pagos por arrendamiento se situaban entre los 0,9 Hl./Ha. y los 1,8 Hl./Ha. Aún admitiendo los menores rendimientos de las tierras castellanas y la necesaria práctica del barbecho, a la postre los arrendamientos castellanos consumían de media el 17,2% de la producción de cereales (1993:67).

El análisis del conjunto de las detracciones declaradas confirma de manera evidente el desigual peso que ejercían sobre las economías familiares no sólo las rentas forales sino el conjunto de las cargas adeudadas dependiendo de su ubicación en la escala social comunitaria. Véase al respecto la tabla 3[690].

TABLA 3 • RELACIÓN ENTRE PRODUCCIÓN Y DETRACCIONES DECLARADAS EN VEIGA (Reales)			
	PRODUCTO CEREAL	TOTAL DETRAC.	%
INSUFICIENTES (56,64%)	10965,27	1717,69	15,66
MEDIANOS (25,87%)	14617,35	1193,15	8,16
RICOS (17,48%)	20103,61	1540,16	7,66
TOTAL	45686,23	4451,00	9,74

Una vez sumadas las retribuciones efectuadas en concepto de renta foral, los dispendios por arrendamiento, las cargas señoriales, los réditos de censos así como el pago del voto y las primicias, a la postre más de un 15% del producto bruto cerealero escapa de manos del grupo de los campesinos más desfavorecidos, descendiendo progresivamente el porcentaje de las detracciones a medida que ascendemos en la escala social, de manera que entre los ricos dicha proporción se reduce al 7,66% de la producción.

Pedro López de 56 años juntamente con su mujer y sus tres hijas menores conforman un hogar de tipo nuclear afincado en la aldea de Cacabelos a mediados del siglo XVIII. Con 5 bocas que alimentar parece evidente que los 4,4 Hl. de grano que produce su explotación en año normal resultan a todas luces insuficientes para atender a las necesidades alimenticias de su familia. La valoración monetaria de dicho producto bruto asciende a 87,71 Reales, pero Pedro y su familia todavía deben descontar una vez traducidos a dinero: 3,82 Reales en concepto de foro, 8 reales de fumage y 0,49 reales del voto, en total casi 12 reales que suponen el 13,57% de su producto anual. Por si esto fuera poco, dado que un 44,8% de su producto anual se obtiene en tierras arrendadas al Prior, deben sumarse a los 11,9 reales anteriores 19,7 reales más en concepto de arriendo. En definitiva, un 36% de la insuficiente producción de Pedro y su familia escapa cada año de sus manos. En el otro extremo de la pirámide social se encuentra Francisca Basalo, una mujer viuda de 70 años que dirige un hogar de tipo complejo afincado en la aldea de San Fiz. Francisca y su familia producen en año normal hasta 65 Hl. de grano valorados en más de 1294 reales y se sitúan también entre los mayores pagadores de rentas de la parroquia. En su caso los 64,93 reales detraídos no suponen más que el 5% del valor de su excedentaria producción, en la que en ningún caso se incluyen tierras en arriendo. La ejemplificación de los dos extremos de la balanza en las figuras de Pedro López y Francisca Basalo nos introduce de lleno en el estudio de las diferencias sociales en el seno de la comunidad campesina.

---

[690] La falta de coincidencia con los datos anteriormente presentados se debe a la no inclusión en este caso de los bienes raíces pertenecientes a los "forasteros" con posesiones en la parroquia de Veiga.

IV.3. El desigual reparto de la tierra a mediados del siglo XVIII. El Catastro de Ensenada como expresión de las diferencias reales y símbolo de una distribución social ficticia

En el marco de una sociedad rural en la que la riqueza agrícola aportaba más del 70% del producto bruto agropecuario, el diferente acceso a la tierra se convierte de manera indiscutible en el criterio básico de diferenciación social. Una vez fijado dicho principio, se establecieron bandas de frecuencia a partir del diferente uso y disfrute de las superficies de producción cerealera con el objetivo de facilitar la posterior clasificación social de los agregados domésticos. Las tablas 4 y 5 reflejan los resultados obtenidos en las dos parroquias objeto de análisis.

TABLA 4 • DISTRIBUCIÓN SOCIAL DE LA TIERRA EN PARROQUIA DE VEIGA, 1752										
Ext. Sup. Cultiv.	Nº vec.	%	Total Ext.	%	Cult. Reg.	Cult. Sec.	Prado Reg.	Prado Sec.	Inculto	Exp. Media
Menos 0,25 Has	39	27,27	8,16	4,88	2,03	2,06	0,47	0,51	3,09	0,21
0,25–0,49 Has.	42	29,37	26,04	15,58	5,40	8,62	1,62	0,93	9,47	0,62
0,50–0,74 Has.	21	14,69	26,14	15,64	4,97	8,43	0,81	0,91	11,02	1,24
0,75–0,99 Has.	16	11,19	27,32	16,34	5,62	8,46	1,30	1,21	10,74	1,71
1–1,64 Has.	17	11,89	41,74	24,97	9,87	11,79	1,94	2,09	16,04	2,46
1,65 Has. o más	8	5,594	37,75	22,58	8,17	9,23	3,34	1,31	15,69	4,72
TOTAL	143	100	167,15	100,00	36,06	48,60	9,48	6,97	66,05	1,17

*Datos en Has.

TABLA 5 • DISTRIBUCIÓN SOCIAL DE LA TIERRA EN PARROQUIA DE RUBIÁS, 1752										
Ext. Sup. Cultiv.	Nº vec.	%	Total Ext.	%	Cult. Reg.	Cult. Sec.	Prado Reg.	Prado Sec.	Inculto	Exp. Media
Menos 0,25 Has	108	66,26	18,42	20,70	4,57	5,32	0,80	0,06	7,67	0,17
0,25–0,49 Has.	26	15,95	20,45	22,99	4,35	5,88	1,50	0,15	8,58	0,79
0,50–0,74 Has.	17	10,43	21,30	23,94	4,59	6,24	0,75	0,39	9,33	1,25
0,75–0,99 Has.	4	2,454	6,26	7,032	1,82	1,74	0,27	0,02	2,40	1,56
1–1,64 Has.	5	3,067	13,81	15,53	3,17	3,88	0,77	0,05	5,94	2,76
1,65 Has. o más	3	1,84	8,73	9,81	3,85	1,93	0,20	0,08	2,67	2,91
TOTAL	163	100,00	88,96	100,00	22,36	24,99	4,29	0,75	36,57	0,55

*Datos en Has.

Elaboradas sobre la misma fuente, con idéntica metodología de trabajo y en el mismo contexto cronológico, resulta difícil sin embargo identificar las dos distribuciones sociales resultantes para las parroquias de Veiga y Rubiás como partes integrantes de una misma realidad socioeconómica[691]. Al margen incluso de la notoria distancia que separaba el tamaño de la explotación media en ambas localidades, parece evidente que la abultada ocultación de tierra que se produjo en el término de Rubiás generó además deficiencias insalvables en los datos catastrales de cara a su utilización para el estudio de la sociedad campesina. Sus declaraciones arrojan una distribución social absolutamente ficticia que genera la imagen de una comunidad parroquial compuesta en su inmensa mayoría (más del 82%) por familias de pequeños campesinos iguales en su mediocridad económica y en la que apenas despuntaba un escaso 5% de hogares con sus necesidades alimenticias bien cubiertas.

De hecho, de hacer justicia a los datos catastrales habría de admitirse que más de un 95% de las familias allí residentes a mediados del siglo XVIII únicamente eran capaces de cubrir una parte mínima de sus necesidades alimenticias a partir del trabajo de la tierra (27% de media), a pesar incluso de los elevados rendimientos de sus heredades y de la benignidad de las detracciones que soportaban (sus disponibilidades teóricas se reducirían a unos 649 Hl. de grano una vez descontadas todas las posibles detracciones, estimándose necesarios unos 2400 Hl. para la alimentación anual de 602 individuos).

La distribución social resultante para la parroquia de Veiga no confirma en absoluto una realidad semejante mostrándonos al contrario una comunidad campesina bien articulada y claramente estratificada desde el colectivo inferior de detentadores de una porción mínima del espacio cultivado (27,2%), hasta el grupo de familias beneficiarias de una importante extensión de superficie cultivable (5,59%), con una notoria presencia de agregados domésticos en las posiciones centrales de la tabla (25,88), que accedían a un porción similar del suelo explotado (31,98%). Sobre esta distribución social de la tierra, más realista que la anterior, debemos apoyar nuestro posterior análisis de la sociedad campesina celanovesa de mediados del siglo XVIII prescindiendo completamente de los datos relativos a los 163 vecinos afincados en Rubiás.

El desigual acceso a la tierra, particularmente a la tierra apta para el cultivo del cereal, condiciona de manera lógica la disponibilidad de grano en cada unidad familiar. Atendiendo a la cantidad de cereal que se estima necesario para alcanzar el umbral de la subsistencia familiar, es posible cuantificar el grado de déficit o superávit del conjunto de los agregados domésticos de Veiga clasificados a partir del criterio inicial de acceso a la tierra. Véanse los resultados en la tabla 6.

TABLA 6 • DISTRIBUCIÓN SOCIAL DE LA PRODUCCIÓN DE CEREALES EN VEIGA, 1752							
	N° FAMILIAS	N° HAB.	HAB./ HOGAR	HI. GRANO ESTIMADOS ALIMENTACIÓN	PRODUC. CEREAL (HL. GR.)	PRODUCTO NETO CEREAL	BALANCE (%)
>=0 y <7 HI.	39	113	2,9	452	114,15	80,71	−82,14
>=7 y <14 HI.	42	172	4,1	688	437,2	304,22	−55,78

[691] En ambos casos se optó por completar las explotaciones agrícolas de los vecinos de Veiga y Rubiás con la inclusión de las parcelas que detentaban en calidad de "extranjeros" en las parroquias colindantes. En el caso de Veiga, además de los Libros Reales correspondientes a la citada entidad (AHPOU, Sección Catastro, sig. 130-131-1366) también se analizaron los de Sorga, San Paio de Veiga, Santa Eulalia de Berredo y Ansemil (AHPOU, Sección Catastro, sig. 127, 262, 124, 250, respectivamente). Igualmente, para la parroquia de Rubiás además de sus Libros Reales (AHPOU, Sección Catastro, 747, 2979), se consultaron los relativos a Mosteiro, Vilameá, Milmanda, Acebedo, Alcazar y Ademourán (AHPOU, Sección Catastro, 740, 748, 735, 1, 34, 967).

TABLA 6 • DISTRIBUCIÓN SOCIAL DE LA PRODUCCIÓN DE CEREALES EN VEIGA, 1752							
>=14 y <21Hl.	20	89	4,45	356	342,93	268,99	–24,44
>=21 y <28 Hl.	16	94	5,88	376	386,09	296,9	–21,03
>=28 y <45 Hl.	17	100	5,88	400	602,81	474,46	+18,62
>=45 Hl.	7	46	6,57	184	393,78	303,86	+65,14
TOTAL	141	614	4,35	2456	2276,96	1729,14	–29,59

Pese a los elevados rendimientos agrícolas que producían las tierras celanovesas a mediados del siglo XVIII, las heredades que los campesinos de Veiga dedicaban a la producción de cereales tanto en su término parroquial como en los colindantes se denotan claramente insuficientes para atender a las necesidades alimenticias básicas del conjunto del vecindario[692]. Una exorbitante densidad de población a nivel parroquial de más de 165 Hab./Km^2 explica dicho déficit en el marco de una agricultura con una elevada rentabilidad por unidad de superficie, que dejaba además en manos campesinas un porcentaje muy estimable del conjunto de la producción (más del 75%)[693].

A tenor de los resultados expuestos y una vez excluidas las casas regentadas por eclesiásticos, únicamente un 17% del vecindario de Veiga estaría en condiciones de hacer frente a su alimentación anual generando incluso cantidades excedentarias de grano aptas para su comercialización.

No obstante, valorar únicamente los recursos derivados del cultivo directo de la tierra implicaría menospreciar una parte importante de la economía familiar campesina que también se nutría de los ingresos derivados de otras actividades complementarias desempeñadas por la unidad familiar en la búsqueda de su reproducción económica. Nos hacemos eco así de la definición de campesinado como grupo social que elabora R. Domínguez Martín a propósito de la sociedad tradicional cántabra en la que se incluyen los conceptos de pluriactividad y adaptación económica[694], y sin menospreciar la indudable importancia del acceso a la tierra, planteamos una valoración más completa de las economías familiares de los campesinos de Veiga. Véase tabla 7

---

[692] No se incluyen en el cuadro los datos de producción correspondientes al Prior del Coto, Don Domingo Rodríguez de Robles y al teniente cura, Don Adrián Cid, puesto que como ya indicamos anteriormente ambos tienen arrendada una porción mayoritaria de sus explotaciones de la que se derivan en buena medida una parte importante de sus ingresos, al margen de las rentas forales que perciben de los vecinos del coto. Evidentemente en su caso la escasa producción directa de cereales no condiciona su posición en el entramado social comunitario.

[693] Como tuvimos ocasión de comprobar en el apartado dedicado al estudio de las rentas, en la práctica el producto neto disponible por unidad familiar sufría importantes variaciones a escala parroquial. La suma de las detracciones derivadas del pago de las rentas forales, señoriales, diezmo y semilla marca una gradación perfecta en sentido inverso a la evolución de la producción cerealera en los seis grupos establecidos en la tabla (26,2% del producto bruto en el escalón inferior, 23,6% entre los productores de 7 y 14 Hl. de grano, 21,56% en el siguiente, 20,94% en el grupo de 21 a 28 HL. y 19,59% en los dos últimos grupos). Si sumamos a estos gastos los ocasionados para el pago de los contratos de arrendamiento los resultados son los que se aprecian en la tabla arriba expuesta, evolucionando desde porcentajes cercanos al 30% en los escalones inferiores de la producción hasta cifras en torno al 22% en el otro extremo de la balanza.

[694] A su juicio se entiende por campesinado "aquel grupo social que caracterizado por su modo de vida rural, organizado familiar y comunalmente, estratificado internamente, pero subordinado en su conjunto a poderes externos al grupo y a las fuerzas de mercado, que obtiene sus medios de subsistencia de la producción agropecuaria, así como de otras actividades desempeñadas por la unidad familiar de rentas mixtas a partir de una estrategia multiuso en su relación con el ecosistema, que tiene como correlato la pluriactividad en su relación con el medio económico" (1995:159).

TABLA 7 • PRODUCCIÓN CEREALERA E INGRESOS COMPLEMENTARIOS. DESIGUALDADES SOCIALES. VEIGA, 1752								
	N° FAM.	ESTIM. GRANO (HL.)	PRODUCTO N. CEREAL (HL.)	BENEF. NO AGR. (Reales)	EQUIV. HL. GRANO	DISPON. TOTAL GRANO	CASTAÑAS (HL.)	BALANCE GLOBAL (%)
>=0 y <7 HI.	39	452	80,71	1490	75,58	156,29	35,29	−63,47
>=7 y <14 HI.	42	688	304,22	1125	57,06	361,28	69,13	−44,97
>=14 y <21HI.	20	356	268,99	1245	63,15	332,14	44,27	−3,59
>=21 y <28 HI.	16	376	296,9	1025	51,99	348,89	67,39	−2,73
>=28 y <45 HI.	17	400	474,46	1435	72,79	547,25	112,52	+43,84
>=45 HI.	7	184	303,86	1105	56,05	359,91	62,77	+104,13
TOTAL	141	2456	1729,14	7425	376,62	2105,76	391,37	−10,27

Como ya indicamos en su momento (D. Rodríguez Fernández, 1999:58-59), las declaraciones profesionales que figuran en los Libros Personales del Catastro de Ensenada no constituyen el medio más idóneo para adentrarse en el estudio de la pluriactividad campesina. En sus páginas únicamente encontramos referencias explícitas sobre la profesión del cabeza de familia varón obviando así la posible colaboración del resto de los miembros de la unidad familiar en la obtención de recursos económicos complementarios. Además en el caso de los mayoritarios cabezas de familia varones vinculados a la agricultura apenas se localizan referencias sobre su empleo en otras actividades (1,01% del total de casos analizados). Sin embargo, es posible valorar en cierta medida la importancia del trabajo no agrícola en el cómputo de los ingresos familiares a partir de un uso combinado de las respuestas a la pregunta nº 33 del Interrogatorio y de las informaciones contenidas en los Libros Reales.

Las cifras incluidas en la tabla 7, relativas a la valoración monetaria de las distintas actividades realizadas al margen del trabajo en el seno de la propia explotación agrícola, no recogen en su totalidad el concepto de pluriactividad campesina. Somos conscientes que una parte de los trabajos complementarios que realizaron los campesinos de Veiga, particularmente aquellos que fueron acompañados de una importante movilidad geográfica, no quedaron registrados en los Libros del Catastro de Ensenada. Sin embargo, aun sin visos de exactitud total, las cifras apuntadas en la tabla precedente resultan de sumo interés para comprender mejor la importancia de estos trabajos a la hora de lograr uno de los objetivos básicos de la familia, su subsistencia económica, condición sine qua non para la reproducción familiar[695].

A mediados del siglo XVIII los campesinos celanoveses ya habían puesto en práctica la que R. Domínguez Martín (1996:36-37) considera como primera estrategia adaptativa de los campesinos norteños: el aumento de la intensidad del trabajo de los miembros de la familia dentro de la explotación agraria para maximizar la producción final a partir del uso múltiple de los recursos propios y comunitarios, y buena prueba de ello es la elevada rentabilidad por unidad de superficie que se obtiene para este período[696]. Pero una vez que esta estrategia se agotó −claro

---

[695] P. Saavedra ya llamó la atención sobre la importancia de los "recursos opacos" a la hora de explicar la lógica de la organización y de la reproducción de las familias ourensanas. A su juicio, dicha lógica solo podría explicarse razonando en términos de "patrimonio y actividad" (2002: 143).

[696] El concepto de adaptación incorpora las restricciones que limitan la libertad de elección en el mundo campesino, pero al mismo tiempo subraya las posibilidades de las que disponía en la práctica el campesinado para hacer efectiva su propensión a mejorar sus condiciones de vida (R. Domínguez Martín, 1995:161).

déficit de la producción de cereales para hacer frente a la alimentación familiar-, los campesinos debieron poner en práctica una segunda estrategia adaptativa tendente al desempeño de otras actividades complementarias fuera de la propia explotación agrícola, aún cuando su trabajo pluriactivo podía provocar un descenso en la productividad agrícola que debía ser subsanado con la movilización del conjunto de los componentes de la unidad familiar, incluso ancianos y niños.

Atendiendo a las informaciones catastrales, un porcentaje mínimo del 30,4% de las familias residentes en Veiga a mediados del siglo XVIII pusieron en práctica esta segunda estrategia adaptativa, desarrollando uno o varios miembros de la unidad familiar diferentes trabajos al margen de la explotación campesina cuya valoración monetaria recogemos en la tabla precedente[697]. En un 76,7% de los casos es el varón quien se encarga de aportar recursos complementarios a la unidad familiar[698], pero tampoco debe obviarse el hecho de que en un 41,8% de las ocasiones analizadas la mujer también contribuye a la generación de nuevos ingresos, bien sea en solitario (23,2%), bien en colaboración con el cabeza de familia varón (18,6)[699]. A juicio de R. Domínguez Martín (1993:492) la pluriactividad significaba un ajuste familiar e implicaba un grado de división sexual del trabajo a raíz del cual la mujer debía hacerse cargo de las labores agrícolas amén del desempeño de otras actividades, sin embargo tampoco debe perderse de vista el carácter temporal de la mayoría de las ocupaciones referidas, de modo que sastres, arrieros, zapateros, carpinteros, herreros, capadores, tratantes de cueros e incluso molineros únicamente destinaban una parte del año al desempeño de estas actividades[700].

La importancia proporcional de estos ingresos resulta especialmente elevada para el grupo de los vecinos más desfavorecidos con cuyo aporte monetario estarían en condiciones de comprar una cantidad de grano escasamente inferior a la que obtenían a partir de la explotación directa de sus tierras. Pero ni siquiera haciendo uso de estas entradas monetarias y de su producción de castañas estarían en condiciones de hacer frente a las necesidades alimenticias mínimas de sus respectivas familias, restando todavía un porcentaje muy elevado de grano (más del 63%) para lograr la subsistencia familiar. Una situación que apenas se ve mejorada entre el nutrido grupo de familias que ocupaban el segundo escalón de la tabla. Su importancia proporcional es notablemente inferior para los dos grupos que ocupan las posiciones centrales de la tabla (un 20% de su producción de cereales), pero en la práctica su contribución se revela decisiva a la hora garantizar el cumplimiento de un objetivo básico de la institución familiar, la alimentación del conjunto de sus miembros. La escasa valoración monetaria de las castañas verdes (un real por ferrado) explica la presencia de valores negativos en el balance económico de estos grupos, no obstante, al margen de su limitado valor comercial resulta evidente que la producción de castañas y su utilización como complemento alimentario contribuyó también de manera decisiva al logro real de dicho objetivo. Para los dos grupos situados en el otro extremo de la tabla, la práctica de estrategias pluriactivas aportó un 16,35% de los ingresos que generaba el cultivo del cereal en sus tierras, aumentando así sus posibilidades de obtener unos

---

[697] Evidentemente se trata de un porcentaje mínimo puesto que desconocemos el grado de participación de los varones aquí residentes en los movimientos migratorios estacionales que contaban con un importante arraigo en la comarca de estudio

[698] Mayoritariamente se trata de varones que ejercían el papel de cabezas de familia en el seno de los agregados domésticos analizados, pero en un 12% de los casos son los hijos ya mayores residentes en el hogar paterno quienes juegan este importante papel complementario.

[699] En un 88,8% de los casos las mujeres trabajaban como tejedoras restando una proporción mínima de costureras.

[700] EL libro de Respuestas Generales del Coto de Veiga resalta su carácter de "trabajos a tiempo parcial" y valora en términos monetarios sus respectivos jornales por días de trabajo, pero no siempre indica de manera concreta el número de días al año que invertían los vecinos de Veiga en el desempeño de estas actividades, de ahí que a partir de los casos conocidos se contabilizó un media anual de 50 días de trabajo salvo para los molineros, tratantes de cueros o cirujanos que contaban con indicaciones específicas sobre la rentabilidad anual de su oficio. En cualquier caso, su carácter temporal no resta valía a la elevada participación femenina en el trabajo agrícola, más elevada cuanto mayor fuera el minifundio y la densidad poblacional y menor la extensión de tierra per cápita. (R. Domínguez Martín, 1993:510)

excedentes que se revelan francamente importantes para un 4,9% del conjunto de agregados domésticos analizados (balance global +104,1%).

Así pues, si bien las informaciones recogidas en la tabla 7 no registran con total exactitud los ingresos derivados del ejercicio de las actividades complementarias, sus cifras por defecto sí nos permiten valorar de manera adecuada su elevada contribución a la economía familiar campesina. En la práctica, gracias a la pluriactividad campesina y a la presencia de otros productos que actuaban como complemento de la cosecha cerealera, la comunidad campesina de Veiga parecía estar en condiciones de hacer frente a sus necesidades alimenticias en un año normal. Además, su cómputo a la hora de realizar el balance económico anual nos permite distinguir con notoria claridad la presencia de tres grupos bien determinados en el contexto de la sociedad celanovesa de mediados de la centuria ilustrada. Los dos escalones inferiores de la tabla que agrupaban al 56,64% del campesinado de Veiga comparten una misma estrategia en busca de su propia supervivencia, las familias que ocupaban las posiciones intermedias (un 25,88% del total) se revelan ahora capaces de garantizar el umbral de su subsistencia anual con una situación económica netamente diferenciada tanto del grupo inferior como de los dos peldaños superiores de la tabla (17,48%), marcados por su capacidad para generar excedentes[701].

A la postre, la clasificación social resultante para la comunidad de Veiga no surgió como resultado de la aplicación de un criterio único de diferenciación social basado en el uso y disfrute de la tierra, sino que se fraguó a partir de la valoración de la economía campesina como "una unidad de rentas mixtas" (R. Domínguez Martín, 1995:159). Baste recordar al respecto que 0,8 Has. es la cantidad mínima de tierra cultivable exigible para alcanzar el umbral de la autosubsitencia en la comarca, cuando en la práctica y a juzgar por los datos de la tabla precedente, dicho logro parece al alcance de agregados domésticos que no disponían de más de 0,5 Has. de tierra apta para el cultivo cerealero[702].

IV.4. Una realidad social diferenciada. La comunidad campesina a mediados del siglo XVIII

En opinión del profesor P. Saavedra los caracteres básicos que definen la sociedad gallega de Antiguo Régimen son la elevada presencia de un campesino insuficiente y la escasa importancia numérica de un grupo excedentario que fue esfumándose con el decorrer de los tiempos modernos. A su juicio se trataba de una sociedad desigualitaria, aunque la ausencia de grandes labranzas provocaba la inexistencia de fuertes diferencias internas generando a la postre la imagen de un mundo de pequeños campesinos (1996:613-618).

En nuestro caso, el trabajo clasificatorio previo desarrollado sobre los hogares de Veiga transmite la imagen de una realidad social bien diferenciada. Una sociedad claramente estructurada en tres grupos: un mayoritario sector de campesinos insuficientes (56,6%), un colectivo todavía considerable de campesinos medios (25,8%) y un grupo más minoritario de ricos campesinos en el que se incluían también los miembros de la elite religiosa. A

---

[701] Dichos porcentajes incluyen no sólo el cómputo de los 141 hogares campesinos sino también las dos casas que presidían el Prior de la parroquia y el teniente cura de la misma. En el caso del Prior, los ingresos que recibe en concepto de rentas de la tierra (foros y arriendos) y como perceptor de derechos señoriales lo colocan sin lugar a dudas en el grupo superior mientras que en el caso del teniente cura, Don Adrián Cid, la suma de su producción cerealera propia y las rentas que percibe por las tierras que tiene arrendadas, lo sitúan en el sector intermedio de la pirámide social comunitaria.

[702] Llegados a este punto, quizá resulte conveniente señalar como bien afirmó el profesor P. Saavedra, que en el contexto del viejo complejo agrario gallego, vivir en una comarca fértil no garantizaba un mayor nivel de vida medio para las familias campesinas allí residentes. Su calidad de vida dependía directamente de las posibilidades de disponer de la superficie arable necesaria para garantizar la ocupación de toda la fuerza laboral familiar a lo largo del año (1991:434):

nuestro juicio una importante distancia separaba el tamaño medio de la explotación agrícola en el nivel superior de las élites locales (4,72 Has.) con respecto al eslabón inferior del grupo de los pequeños campesinos (0,21 Ha.), y aunque las diferencias entre los dos extremos de la pirámide social se revelan lógicamente inferiores a las que se obtienen para otros ámbitos del territorio peninsular marcados por la presencia de la gran explotación, tampoco debe obviarse su incidencia real sobre la comunidad campesina claramente manifiesta en el análisis de los niveles de vida[703]. Además, tampoco debe ser despreciada la influencia de unos elevados rendimientos agrícolas por unidad de superficie en el marco de una cultura agraria que prácticamente había abandonado el uso del barbecho.

A primera vista y haciendo uso de un caso extremo, parece evidente que los más ricos entre los ricos campesinos de Veiga con sus explotaciones de 4,72 Has. de media se encontraban muy lejos de los grandes propietarios que habitaban en el mismo contexto cronológico en la Sierra de Alcaraz al frente de sus dilatadas explotaciones latifundistas de 100 Has. de media. Pero a la hora de establecer comparaciones entre ambos grupos sociales no podemos olvidarnos de las diferentes realidades agrarias que subyacían a mediados del siglo XVIII entre una España meridional de secano y latifundista y una España Noroccidental minifundista y con notable incidencia del regadío, de modo que si bien el umbral de la subsistencia familiar en la comarca de Celanova podría situarse en torno a las 0,8 Has. de media sin la concurrencia de actividades complementarias, en la Sierra de Alcaraz se necesitarían entre 15 y 25 Has. de tierra (F. García González, 2000:71). A la postre y en el peor de los casos, estos grandes latifundistas estaban en condiciones de cuadriplicar la producción mínima necesaria para la subsistencia familiar, un resultado no muy distante del que podían obtener los más ricos labradores de Veiga analizados en el cuadro anterior con sus 2,17 Has. de media de tierra cultivada (un 5,59% del total).

Evidentemente la distancia entre ambos grupos seguía siendo importante, pero quizás no tanto como parecían hacernos creer los datos iniciales[704]. Además, las diferencias sociales en el seno de la comunidad campesina celanovesa no sólo se traducían en una marcada desigualdad en el acceso a la tierra, sino que éstas también se veían plasmadas en los diferentes niveles de vida que caracterizaban su existencia cotidiana. En definitiva, si bien coincidimos con el profesor P. Saavedra en que la aplicación del término "burguesía agraria" le viene grande a la élite campesina objeto de nuestro análisis[705], su capacidad de acumular excedentes y su elevado nivel de vida con respecto a la media sí eran fuente de importantes diferencias internas en el seno de la comunidad campesina.

A fin de conocer convenientemente dichas diferencias internas, presentamos en las tablas 8, 9, 10 y 11 el diferente reparto de la tierra y del producto agrícola resultante entre los tres grupos sociales establecidos, así como del ganado y de los demás recursos complementarios.

---

[703] En este sentido, en sus análisis sobre la sociedad cántabra R. Lanzá García también sostiene la pertinencia de la utilización del término "grandes propiedades" para referirse a los estratos superiores de la comunidad campesina, con los matices lógicos que se requieren en el marco de un modelo socioeconómico marcado también por la generalización de la propiedad de la tierra entre la población campesina y el dominio de unas mediocres superficies medias por explotación, como ocurría en algunos concejos de la Marina donde las medias de superficie por explotación eran inferiores a 1 Ha. (R. Lanzá García, 1991:369).

[704] La ganadería representaba un componente fundamental de la riqueza agropecuaria en la Sierra de Alcaraz y este grupo de grandes propietarios concentraba el 63% del ganado menor y el 43% del mayor. Además, el grupo no sólo tenía una importante extensión de tierra en propiedad, sino que se beneficiaba de la cesión de tierra en arrendamiento propiedad de las instituciones eclesiásticas o de la nobleza foránea (F. García González, 2000:80-85).

[705] Tomás Basalo vecino de San Fiz detenta uno de los mejores patrimonios agrícolas declarados en el Catastro con sus 5,03 Has. de tierra de las cuales 2,22 Has. se dedicaban a la producción de cereales. Incluso admitiéndose una posible ligera ocultación del terrazgo, en términos comparativos sus posesiones no son en absoluto comparables con las 16,2 Has. de tierra que disfrutaba de media un rico campesino valenciano con casi 5 Has. de media de huerta. Los enormes patrimonios en tierra que acumulaban estos ricos campesinos sí les hacía a todas luces merecedores del calificativo de "burguesía agraria" dada la enorme capacidad productiva de su cultura agraria, capaz de garantizar la subsistencia anual con dos tercios de Ha. de huerta (J. M. Pérez García, 1998c:62-63).

TABLA 8 • DISTRIBUCIÓN DE LA TIERRA POR GRUPOS SOCIALES, VEIGA, 1752

	INSUFICIENTES (56,64%)		MEDIANOS (25,88%)		RICOS (17,48%)		TOTAL	
	D. brut.	C. Med.	D. brut.	C. Med.	D. brut.	C. Med.	D. brut.	C. Med.
Nº DE FINCAS	989	12,21	1199	32,41	1048	41,92	3323	22,63
Huerta regadío	0,55	0,68	0,58	1,57	0,76	3,04	1,89	1,32
Huerta secano	0,42	0,52	0,42	1,15	0,16	0,62	1,00	0,70
Labradío regad.	6,88	8,49	10,01	27,05	17,28	69,14	34,17	23,90
Labradío secano	10,21	12,61	16,33	44,14	20,70	82,78	47,24	33,04
Prado regadío	2,08	2,57	2,11	5,71	5,28	21,12	9,48	6,63
Prado secano	1,44	1,78	2,12	5,74	3,41	13,63	6,97	4,87
Parrales	0,05	0,07	0,13	0,36	0,17	0,67	0,35	0,25
Sotos	5,12	6,32	5,93	16,03	9,55	38,20	20,60	14,41
Dehesas	0,45	0,56	0,94	2,53	4,86	19,46	6,25	4,37
Monte bajo	6,99	8,63	14,89	40,23	17,32	69,29	39,20	27,41
TOTAL	**34,20**	**42,22**	**53,46**	**144,49**	**79,48**	**317,94**	**167,15**	**116,89**

Datos brut., Has.-Cif. Med., Areas

TABLA 9 • DISTRIBUCIÓN SOCIAL PRODUCTO BRUTO AGRÍCOLA VEIGA, CIFRAS MEDIAS

	Nº FAMILIAS	HL. CEREAL	CARROS TOJO	CARROS LEÑA	CARROS HIERBA	HL. CASTAÑAS
INSUFICIENTES	81	6,81	1,59	0,07	1,00	1,29
MEDIANOS	37	19,86	7,44	0,22	2,03	3,02
RICOS	25	40,43	12,81	1,81	5,24	7,01
TOTAL	**143**	**16,06**	**5,00**	**0,41**	**2,01**	**2,74**

TABLA 10 • DISTRIBUCIÓN DEL GANADO POR GRUPOS SOCIALES, VEIGA, 1752

	VACUNO		PORCINO		OVINO		COLMENAS		TOTAL	
	D. Brut.	C. Med.	D. Brt.	C. Md.	D. Brt.	C. Md.	D. Brt.	C. Md.	D. Brt.	C. Md.
INSUFICIENTES	98	1,21	72	0,89	95	1,17	10	0,12	275	3,40
MEDIANOS	132	3,57	99	2,68	146	3,95	13	0,35	390	10,54
RICOS	108	4,32	84	3,36	193	7,72	18	0,72	403	16,12
TOTAL	**338**	**2,36**	**255**	**1,78**	**434**	**3,03**	**41**	**0,29**	**1068**	**7,47**

TABLA 11 • DISTRIBUCIÓN RIQUEZA POR GRUPOS SOCIALES. VEIGA, DATOS EN REALES						
	N° VECINOS	AGRICOLA	GANADERA	AC. COMPL.	RENTAS	TOTAL
INSUFICIENTES	81	13051,86	2287,79	2615	–	17954,65
MEDIANOS	37	16933,39	3386,89	2270	136,50	22726,78
RICOS	25	23729,34	3557,28	2540	6777,19	36603,81
TOTAL	143	53714,59	9231,96	7425	6913,69	77285,24

A mediados del siglo XVIII un 17,48% de familias ricas controlaba el 47,55% de la tierra declarada y un 37,73% del ganado, un grupo relevante de campesinos medianos (25,88%) detentaban todavía el 31,98% de las tierras y el 36,52% del ganado, mientras que para un importante sector de pequeños campesinos (56,61%) únicamente restaba un 20,46% de la tierra y un 25,74% del ganado.

Aquí no se detecta la presencia de un proletariado agrícola "sin labranzas ni crianzas" como ocurre en las regiones dominadas por la gran explotación[706], ni siquiera se localiza la presencia de un porcentaje mínimo de la población campesina carente de cualquier tipo de propiedad como ocurre en las tierras asturianas de Somiedo[707], pero ello no es óbice para que se diera un reparto tremendamente desigualitario de la tierra que incluso se acrecentaba en el caso de los espacios mejor considerados, las heredades de labradío regadías y las praderías irrigadas, pertenecientes en más de un 50% de su extensión a la élite social comunitaria.

No obstante, los datos obtenidos para la comarca celanovesa traducen un grado de polarización social inferior al constatado para otras comarcas de la Galicia Occidental, marcadas también por la presencia de elevadas densidades de población y una fuerte ocupación del espacio a mediados del siglo XVIII. En el área del Salnés un 10% del campesinado disfrutaba de más de un tercio de las tierras cultivadas mientras que para más de un 65% de las familias analizadas únicamente restaba un cuarto de las tierras (J. M. Pérez García, 1979:159-160); en la comarca de la Ulla la concentración de tierras en manos de unas pocas familias resultaba incluso más evidente dado que un 3,45% de las casas controlaban nada menos que un 25% de la superficie cultivada (O. Rey Castelao, 1981:112).

Dado el modelo de desarrollo económico adoptado, quizás el comienzo más tardío de la expansión demográfica y económica celanovesa con respecto a estas tierras de la Galicia Occidental explique el peso todavía relevante que mantienen las cotas medias de la sociedad campesina a mediados del siglo XVIII y la consecuente presencia de una sociedad menos polarizada[708]. No obstante, ello no es óbice para que se haya detectado la presencia de sociedades tremendamente desigualitarias en tierras del interior gallego como es el caso de la comarca de Monterrey, que

---

[706] Una cuarta parte de los hogares residentes en la Sierra de Alcaraz a mediados del siglo XVIII no poseían siquiera una parcela de tierra o una cabeza de ganado en propiedad. Dentro del grupo se incluían comerciantes o artesanos de la ciudad de Alcaraz, pero también jornaleros y mozos de labor. Además, en el otro extremo de la pirámide social un 4% de grandes propietarios controlaban el 46,8% de la tierra, un 63% del ganado menor y un 43% del ganado mayor (F. García González, 2000:106). Asimismo, en las tierras leonesas de la Maragatería un 21% de las familias no disponían de tierra alguna en contrapartida a las grandes explotaciones que acumulaban los arrieros maragatos (L. M. Rubio Pérez, 1995:33-34).

[707] A mediados del siglo XVIII en Somiedo un 8% de la población campesina carecía de cualquier propiedad aglutinando el grupo de campesinos insuficientes al 50% de las familias analizadas (J. González

[708] De hecho, pese a las diferencias insalvables que separaban sus respectivas culturas agrarias, las cifras de Veiga no resultan muy dispares de las que ofrece H. Sobrado Correa para el interior de la provincia lucense, donde un 44,3% del vecindario disfrutaba de un 20,5% de la tierra mientras que en el otro extremo de la pirámide un 15,8% de las casas controlaba el 50,6% (2001:205-206).

obviamente no encajarían a la perfección en dicho modelo explicativo[709]. En este sentido la complejidad de los fenómenos sociales es un hecho patente a la hora de buscar explicaciones, y dualidades como las constatadas por M. Arbaiza Villalonga en la provincia de Vizcaya a fines del siglo XVIII constituyen una prueba evidente de ello[710].

En el caso que nos ocupa, el análisis de los diferentes niveles de productividad de cada grupo social constituye el ejemplo más palmario de este desigual reparto de la tierra que favorecía la disponibilidad de hasta 6,69 Hl. de grano y 1,16 Hl. de castañas por persona y año entre el grupo de los más pudientes, reduciéndose paulatinamente dichas cifras (3,97 Hl. grano y 0,60 Hl. de castañas en el sector intermedio) hasta unos ridículos 1,93 Hl. de grano y 0,36 Hl. de castañas entre el conjunto mayoritario de campesinos desfavorecidos, constatándose además un comportamiento similar para el resto de los productos.

La ganadería constituye una fuente de recursos complementarios en el ámbito de estudio y su reparto social se revela en principio más igualitario que el de la tierra; de manera particular el grupo de medianos campesinos ha incrementado ostensiblemente su participación en el conjunto, controlando más del 36% de las cabezas declaradas. Sin embargo, en la práctica a la hora de valorar el grado de participación de cada grupo sobre el conjunto ganadero no sólo debe tenerse en cuenta el número de cabezas de las que dispone, sino también el régimen de propiedad en el que éstas se encuentran, y en este sentido las diferencias vuelven a ser de nuevo notorias en el caso de las cabezas de ganado mayor. De partida el sector inferior del campesinado controla un porcentaje del ganado vacuno (28,99%) teóricamente no muy distante del que se encuentra en manos de la élite social comunitaria (31,95%), pero en la práctica las diferencias entre ambos grupos son enormes y no sólo en cuanto a media de cabezas detentada por hogar (1,21 frente a 4,32), sino en lo que se refiere a su régimen de propiedad, puesto que si bien en el primer caso un 53,06% del total se encuentra en régimen de aparcería, dicho porcentaje desciende ostensiblemente a medida que ascendemos en la escala social (28,78% en el sector intermedio y 5,55% en el grupo superior).

Las actividades complementarias constituyen una fuente básica de ingresos para los sectores inferiores del campesinado. Como puede apreciarse en la tabla 11, los beneficios derivados del ejercicio de estas actividades representaban el 14,56% de los ingresos para el grupo de los campesinos insuficientes disminuyendo paulatinamente su participación en el conjunto a medida que ascendemos en la escala social (9,98% grupo intermedio y 6,93% sector superior). En realidad, bajo este epígrafe se agruparon un sinfín de ocupaciones ejercidas en mayor o menor medida a tiempo parcial por los habitantes de Veiga y mayoritariamente relacionadas con la producción artesanal[711]. Las actividades vinculadas con el tejido del lino eran las más extendidas a nivel parroquial afectando a más de un

---

[709] En las parroquias de valle de la comarca de Monterrey se localiza una importantísima concentración de la tierra en muy pocas familias, en torno a un 6,28% del total que controlan más de un 25% de la tierra declarada mientras que en la base de la pirámide social un 41% de pobres campesinos no disfrutaban más que de un 10,5% del total (I. C. González Abellás, 2002:201-204). Asimismo, en la comarca de la Liébana en el interior de la provincia santanderina, y en este caso en base a un régimen de cultivo predominante en "año y vez", se aprecia de nuevo una fuerte polarización social dado que tres cuartas partes de los propietarios analizados para mediados del siglo XVIII no superaban de media 1,5 Has. de tierra cuando según las estimaciones realizadas se podrían precisar en torno a 3 Has. de tierra (2,89) para obtener la consideración de autosuficiencia (R. Lanzá García, 1991:369-372).

[710] En base a los cálculos previos que realiza la autora para la fijación de la autosuficiencia campesina y tras la consulta de las "Estadísticas de Propios y Arbitrios" de 1795-1799, se establece una clara diferenciación en la estructura interna de la sociedad campesina entre las tierras de la Vizcaya Oriental (Duranguesado) y las del sector occidental de la provincia. Así, frente a la pluralidad característica del área del Duranguesado donde el sector de campesinos insuficientes se reduce al 37,8% del total y además se constata la importante presencia de caseríos excedentarios (23,1%), en el sector occidental de la provincia se observa la coexistencia de una abrumadora mayoría de campesinos insuficientes (más del 83%), con un minoritario grupo de excedentarios (5,8%) (M. Arbaiza Vilallonga, 1996:145-151).

[711] El listado estaba configurado de la siguiente manera: sastres, tejedoras y costureras vinculadas con las actividades textiles; zapateros y tratantes de cueros en el ámbito de la industria del cuero; carpinteros y herreros para hacer frente a las necesarias reparaciones, además de molineros, cesteros, arrieros, capadores e incluso algún cirujano.

12% del vecindario[712], aunque los beneficios anuales que se estipulan para las mujeres tejedoras y en igual medida para las costureras, (30 reales) eran bastante inferiores a los que se derivaban del ejercicio del resto de oficios de clara dedicación masculina[713]. No obstante, las mujeres tejedoras no constituyen una realidad exclusiva de las familias más desfavorecidas socialmente, sino que se localizan porcentajes igualmente significativos de esta actividad entre los hogares más pudientes de la comunidad (su presencia se atestigua en un 13,58% de los agregados domésticos del grupo inferior del campesinado, pero también en un 13,51% de los medianos campesinos y en un 12% de los más ricos).

Parecidas conclusiones podrían extraerse para otro oficio también vinculado con la actividad textil, el de sastre, que se revela como la segunda ocupación en importancia por el número de individuos que la ejerce y la primera en cuanto a los recursos monetarios que reporta (1750 reales)[714]. En un 7,4% de los hogares incluidos en el sector inferior del campesinado se declara la práctica de esta actividad, pero también se localiza en un 8,10% de los medianos campesinos y en un 4% de los agregados domésticos que pertenecen al sector más pudiente de la sociedad. Así pues, si bien en términos proporcionales el ejercicio de las actividades complementarias y su contribución monetaria se revela mucho más importante para las economías más desfavorecidas que para los estratos superiores de la sociedad, en términos generales su práctica no se puede considerar únicamente exclusiva del grupo inferior del campesinado, registrándose incluso la presencia de ocupaciones específicas cuya ejecución se encontraba claramente vinculada con las cotas superiores de la comunidad. Es el caso de oficios con una elevada remuneración económica que implicaban una importante inyección monetaria para las arcas familiares valorada en más de 300 reales de media al año, cuando el ingreso medio estipulado por el ejercicio de actividades complementarias a nivel parroquial no alcanzaba los 143 reales (142,7).

Tratantes de cueros, herreros, molineros o cirujanos habrían de incluirse en este último grupo de ocupaciones vinculadas con las cotas superiores de la comunidad campesina[715]. Con respecto a los molineros es verdad que dos de los cuatro molinos disponibles en el término parroquial se encontraban en manos de pequeños campesinos, pero Francisco Rivero y Juan Francisco Álvarez únicamente ejercían su explotación en régimen de arrendamiento a medias con su propietario el Prior del Coto, Don Domingo Rodríguez de Robles, además en ambos casos sus instalaciones sitas en el Río Sorga debían ser de menor entidad que las que utilizaba de manera directa el propio Prior si hemos de hacer justicia a la utilidad declarada para cada uno de ellos (160 y 275 reales respectivamente frente a los 475 reales que reconoce el Prior). El priorato de San Munio controlaba en la práctica tres de los cuatro molinos existentes en el término parroquial, restando el último en manos de un campesino acomodado de la aldea de Cirós que además de su saneada explotación de 1,32 Has., también disponía de los 320 reales anuales de beneficio que se estipulan por el ejercicio de su profesión de molinero.

Los "tratantes de cueros" igualmente ligados a las cotas superiores del campesinado también gozaban de una importante rentabilidad económica (350 reales de media al año). La actividad real de estos "tratantes de cuero"

---

[712] La parroquia de Veiga cuenta cono 140 vecinos legos y en 17 de estos hogares se desarrollaba una cierta actividad textil, muy cerca del porcentaje que J. Carmona estipula como umbral por encima del cual podría considerarse que una parroquia vende excedentes textiles (D. Rodríguez Fernández, 1999:59).

[713] Aun sin salir de una cierta mediocridad y con múltiples oscilaciones, la valoración de este oficio en tierras del interior lucense parecía alcanzar también cuotas superiores a las celanovesas, entre los 40 reales y los 150 reales de utilidad anual (H. Sobrado Correa, 2001:225).

[714] En las declaraciones catastrales a los sastres se les regula una utilidad de 3,5 reales por día de trabajo, considerando 50 días de dedicación anual los beneficios serían de 175 reales al año.

[715] Salvo en el caso de los herreros para quienes se estipula un jornal de 6 reales por día de trabajo (300 reales de media al año), en el resto de los casos las fuentes catastrales ya nos informan sobre los beneficios medios anuales que se derivan de su ejercicio.

tenía una clara vinculación con el oficio de curtidores según se desprende de las indicaciones contenidas en la documentación catastral, puesto que se menciona expresamente la posesión de pelambres para el curtido[716]. Baste recordar al respecto que la comarca de Celanova se encuentra a escasos kilómetros del importante centro de curtidos que X. Carmona localiza para mediados del siglo XVIII en tierras de Allariz (1990:69), de hecho en la práctica los dos individuos así calificados si bien no se encuentran al nivel de los "comerciantes en cueros" de Allariz o Cea que podían disponer de más de 200 cueros en sus pilos[717], tampoco podrían catalogarse en el estrato de los pequeños curtidores independientes que curtían una o dos pieles al año provenientes de sus propias bestias o de algún vecino[718].

En definitiva, sumando no sólo los ingresos derivados de la producción agrícola, sino también los beneficios ganaderos, las entradas monetarias procedentes del ejercicio de otros oficios al margen de la actividad agropecuaria, así como las posibles retribuciones cobradas en concepto de renta[719]; a la postre un sector minoritario de familias (17,48%) concentraba un 47,36% de la riqueza total, un 25,87% de medianos campesinos disponía de un volumen todavía importante de ingresos (29,41% del total), mientras que un grupo mayoritario de campesinos insuficientes (56,64%) debía conformarse con menos de un cuarto del pastel (23,23%). Si se prefiere, sobre una valoración media del producto bruto familiar de 540,45 reales anuales, este sector mayoritario del campesinado veía reducidos sus "ingresos" anuales a 221,66 reales de media, el grupo de campesinos medianos contaba con 614,24 reales de media y ese 17,48% de privilegiados sumaba más de 1464 reales de media. Incluso eliminando del cómputo la máxima jerarquía del clero parroquial representada en este caso en el Prior Don Domingo Rodríguez de Robles, que contaba con unos ingresos medios de 7729,36 reales, el grupo de familias campesinas situadas en la cúspide de la pirámide social comunitaria seguía disponiendo de un elevado volumen de ingresos con respecto a sus convecinos (1203,10 reales de media)[720].

Este grupo de campesinos excedentarios se muestra con unos caracteres bien definidos a partir de las fuentes catastrales. El tamaño de su explotación se acercaba a las 3 Has. de media (2,79 Has. una vez excluido el clero), de las cuales 1,46 Has. se dedicaban al cultivo predominantemente cerealero, 0,28 Has. a prados y el resto, más de 1

---

[716] El pelambre era la lechada de cal en la que se sumergían las pieles para que perdieran su pelo inicial antes de su definitiva conversión en cueros. Nicolás Pérez, un acomodado campesino de la parroquia de Veiga declara poseer dos pelambres con 25 cueros suyos y otros dos propiedad de un vecino de la limítrofe parroquia de Santa Eulalia de Berredo.

[717] Es el caso de Bartolomé da Pousa vecino de la parroquia de Cea, que en el año 1743 cuenta en su haber con 16 pilos de corteza de roble y cal además de 217 cueros valorados en 11.126 reales (Mª. J. López Alvarez, 1998:88).

[718] En opinión de X. Carmona existía un segundo estrato formado por los curtidores rurales que junto a sus cueros trabajaban también a jornal o en aparcería otras pieles cedidas por tratantes rurales o incluso comerciantes urbanos en un régimen que podría ser calificado de putting out (1990:69). Los tratantes de cueros afincados en el término de Veiga podrían vincularse con este segundo nivel de curtidores.

[719] A falta de hidalgos, los únicos perceptores de rentas en la parroquia de Veiga son el Prior y su teniente cura. Una vez transformadas en dinero las rentas pagadas en especie, el Prior de Veiga recibía 2477,5 reales por los diezmos correspondientes a una parte de los vecinos del Coto, 225 reales más del pago de primicias, 772 reales por "fumage", 300 reales de luctuosa, 1890,39 reales de foros y 1112,3 reales por el arrendamiento de una porción mayoritaria de los bienes diestrales. En total más de 6777 reales a los que habría de sumarse la reducida cantidad que cobraba por el arriendo de parte de sus tierras el teniente cura de la citada entidad (136,5 reales). No obstante, en términos comparativos sus ingresos medios eran ligeramente inferiores a los de los párrocos que regentaban parroquias en la comarca de Monterrey -7181 reales de ingresos medios- (I. C. González Abellás, 2002:211); y claramente inferiores a los de las tierras de Xallas donde se han localizado casos como el del párroco de Santa Comba que sólo en concepto de diezmos ingresaba anualmente 6000 reales, aunque en esta demarcación también se constató la presencia de iglesarios más pobres (B. Barreiro, 1977:553).

[720] Dichas cifras medias traducen sin ningún género de duda las consecuencias derivadas del modelo de crecimiento económico adoptado en la comarca. Baste señalar al respecto que, si bien sólo se aprecian ligeras diferencias entre los ingresos medios del clero rural en tierras de Celanova y Monterrey, los ricos campesinos celanoveses se encontraban muy lejos de los 2000 reales de media que disfrutaban las familias más acomodadas del valle de Monterrey (I. C. González Abellás, 2002:211).

Ha., conformaba el espacio inculto privatizado en el que se incluían 0,37 Has. plantadas de castaños. Un 44,39% del espacio cultivado eran tierras regadías y las explotaciones presentaban un elevado grado de parcelación interna -más de 43 parcelas de media-, con una dimensión media de 647,92 m² por parcela. Una producción media anual estimada en 41,52 Hl. de cereal y más de 7 Hl. de castañas verdes constituyen la prueba evidente de su pujanza económica en el seno de una sociedad marcada por una cultura agraria señaladamente minifundista y altamente productiva.

Su cabaña ganadera también alcanzaba dimensiones superiores a la media (16,34 reses) resultando especialmente significativo el elevado número de reses vacunas por familia (4,45 de media), además tampoco debe olvidarse que de este grupo salía una proporción mayoritaria de los especuladores ganaderos. De hecho, cuando menos un 50% de las familias analizadas practicaba la aparcería del ganado, un porcentaje seguramente inferior al real dado que sólo tiene en cuenta las reses vacunas cedidas en aparcería a otras casas de la misma parroquia. En la tabla 12 puede verse detallada la estructura interna de las 10 mejores fortunas del grupo analizadas a partir de los Libros Reales del Catastro de Ensenada.

TABLA 12 • LAS DIEZ MAYORES FORTUNAS DE LA PARROQUIA DE VEIGA, 1752									
VECINOS	HAS. TOTAL	HAS. CULT.	HAS. PRADO	HAS. SOTOS	HAS. INCULTO	PROD. CER. (HL.)	RESES BOV.	TOTAL CAB.	RESES DADAS APARC.
FRANCISCA BASALO	4,86	2,39	0,25	0,39	1,82	65,09	5	26	5
AGUSTÍN RODRÍGUEZ	3,63	2,30	0,46	0,33	0,54	62,66	6	41	5
TOMÁS BASALO	5,03	2,22	0,58	0,64	1,59	60,61	5	20	2
FRANCISCO RIVERO	2,78	2,03	0,31	0,17	0,27	55,36	4	7	–
DOMINGO BLANCO	4,03	1,96	0,31	1,08	0,67	53,30	4	21	–
DOMINGO POUSA	3,29	1,85	0,36	0,38	0,66	50,51	3	17	1
ANTONIO QUINTAIROS	2,97	1,69	0,59	0,28	0,41	46,25	3	10	–
PEDRO BASALO	3,23	1,61	0,43	0,62	0,57	43,98	6	39	–
MARÍA FERNÁNDEZ	3,81	1,61	–	0,63	1,57	43,98	4	18	3
DOMINGO RGEZ ROBLES*	*12,42	3,80	1,83	0,57	6,19	*14,27	2	9	–
TOTAL	46,05	21,46	5,12	5,09	14,29	496,01	42	208	16
TOTAL SIN CLERO	33,63	17,66	3,29	4,52	8,1	481,74	40	199	16

Los más de 53 Hl. de grano que producían de media al año estas nueve familias campesinas son un signo evidente de su economía excedentaria que les otorgaba el papel de elite en un contexto social marcado por las limitaciones y penurias económicas de la mayoría. No obstante, el tamaño medio de sus explotaciones (3,74 Has.) no se acercaba ni de lejos a las extraordinarias dimensiones que alcanzaban los terrenos a disposición del máximo representante del clero a nivel parroquial, que como ya hemos indicado anteriormente tenía cedida en régimen de arrendamiento una parte mayoritaria de sus tierras[721]. Un largo trecho parecía separar todavía a las mejores

---

[721] De las 3,8 Has. de tierra labradía que controla, únicamente explota directamente 0,52 Has. de ahí que su producción se ve reducida a poco más de 14 Hl.

fortunas campesinas de los representantes del clero rural, que además del cobro de rentas gozaban de una mayor capacidad económica derivada del superior tamaño de sus explotaciones agrícolas. Sin embargo, a escala comarcal dicha conclusión no se ve del todo confirmada a partir de la consulta de la documentación notarial, particularmente el análisis llevado a cabo sobre las partijas e inventarios del período 1730-1779 tiende a reducir drásticamente la supuesta distancia que separaba a ambos grupos (élites campesinas excedentarias y miembros del clero rural) en cuanto al tamaño de sus explotaciones se refiere. Véase al respecto la tabla 13

TABLA 13 • CLASIFICACIÓN DE LAS MEJORES FORTUNAS EN INVENTARIOS Y PARTIJAS (1730/1779)										
CABEZA FAMILIA	AÑO	N° PAR.	EXPL. (Has.)	LABR.	PRAD.	VIÑA	MIXTO	SOTOS	DEH.	M. BAJ.
LUIS FERNÁNDEZ (ANSEMIL)	1747	126	3,08	1,76	0,31	–	–	0,18	–	0,83
DON DOMINGO DA CAL, ABAD (RUBIÁS)	1769	38	3,28	1,38	0,03	–	1,04	0,07	–	0,75
ANTONIO MARTÍNEZ (JURISDIC. PAIZÁS)	1772	48	3,47	1,11	0,04	0,25	0,33	0,38	0,28	1,08
PEDRO ÁLVAREZ (SALV. PENOSIÑOS)	1772	28	3,81	2,24	0,09	0,16	0,57	0,09	–	0,66
MIGUEL RODRÍGUEZ (CELANOVA)	1773	129	5,15	2,77	0,47	–	0,31	0,49	0,01	1,10
DON SEBASTIÁN GIL (COTO RAMIRÁS)	1779	27	7,04	3,52	0,15	0,19	0,66	–	0,51	2,01
JUAN GARCÍA (PAIZÁS)	1774	40	8,69	1,11	0,03	0,28	6,23	–	–	1,04
DON PEDRO NOVOA (MOURILLÓS)	1764	44	9,20	6,07	0,13	0,17	1,53	0,42	–	0,87
PEDRO CORTÉS (PAIZÁS)	1773	48	9,85	2,33	0,60	–	3,90	1,43	0,63	0,97
JUAN A. RGUEZ (FREÁS DE EIRAS)	1758	8	12,83	0,63	0,81	–	7,23	0,25	–	3,91
TOTAL		536	66,39	22,92	2,66	1,06	21,79	3,31	1,44	13,23

De las 45 escrituras de inventarios y partijas recogidas para las décadas centrales del siglo XVIII, 32 contienen información sobre los bienes raíces de los finados. En la tabla 13 se incluyeron los datos relativos a las diez mejores fortunas agrarias del período, y al margen de las tres explotaciones pertenecientes a un representante del clero secular y a dos supuestos miembros de la hidalguía local, las siete restantes constituyen el patrimonio de ricos campesinos asentados en la comarca[722]. La presencia de familias campesinas al frente de explotaciones de hasta 5

de grano, a los que habrían de añadirse claro está las cantidades que percibe por el arrendamiento a medias del resto de sus tierras, además de foros, diezmos, y cargas señoriales

[722] Pedro Cortés vecino de Paizás y casado con Josefa Rivera, en ningún momento es objeto de un tratamiento especial por parte del notario de la Jurisdicción de Paizás que actúa "de oficio" pocas horas después de su fallecimiento el día seis de marzo de 1773. Sin embargo, durante la elaboración del inventario se nos indica que es hermano del presbítero "Don Felipe de Cortes" y del jurista "Don Miguel Cortes". AHPOU, Sección Protocolos Notariales, Notario José Domingo Vázquez, caja 1747, año 1773, f. 17-34v.

Has. de tierra ya nos era conocida a partir de la visualización de las 10 mejores fortunas agrarias de la parroquia de Veiga a mediados del siglo XVIII, pero la consulta de la documentación notarial nos permite concluir ahora la presencia a nivel comarcal de explotaciones campesinas cuyas dimensiones nada tenían que envidiar a las detentadas por los miembros del clero rural y la hidalguía.

Lamentablemente desconocemos la valoración monetaria que podrían alcanzar las fortunas agrarias amasadas por estos ricos labradores, habida cuenta del minifundio y la microparcelación reinantes en la comarca de estudio en las décadas centrales del siglo XVIII[723], lo que dificulta el establecimiento de comparaciones con otras élites rurales sometidas a análisis por la bibliografía comparativa. No obstante, en los casos en los que disponemos de información sobre sus patrimonios mobiliarios (5 sobre 10), el elevado índice de nivel de vida resultante de la aplicación de la metodología que en las páginas siguientes presentaremos, constituye una prueba evidente sobre su pujanza económica y social[724]. En la tabla 14 pueden verse reflejados algunos aspectos de dichos patrimonios.

TABLA 14 • CARACTERÍSTICAS DE LAS MAYORES FORTUNAS AGRARIAS EN INVENTARIOS Y PARTIJAS (1730/1779)						
CABEZA FAMILIA	AÑO	VIVIENDA	INSTALACIONES	EXPL. (Has.)	CAB. GAN.	VAC.
ANTONIO MARTÍNEZ	1772	C. DE ALTO	1PAJAR; 1 HORREO DE CINTA	3,47	11	5
PEDRO ÁLVAREZ	1772	C. DE ALTO	1 PAJAR;1 HORREO DE CINTA; 1 HORREO DE VERGA	3,81	11	4
JUAN GARCÍA	1774	C. DE ALTO	1 PAJAR; 1 BODEGA; 1 HORREO DE CINTA	8,69	5	4
PEDRO CORTÉS	1773	C. DE ALTO	1 PAJAR; 1 HORREO DE CINTA; 1 HORREO DE VERGA	9,85	6	4
JUAN A. RODRÍGUEZ	1758	C. DE ALTO	1BODEGA; 1 HORNO; 3 RUEDAS MOLINO; 1 HORREO DE CINTA	12,83	28	4

CABEZA FAMILIA	AÑO	CEREAL (HL.)	CAST. (HL.)	VINO (HL.)	CARR HERR.	CUBAS VINO	UTIL. CAV.	IND. NIV.
ANTONIO MARTÍNEZ	1772	21,54	1,65	6,20	1	2 (10,8 HL.)	4	41,1
PEDRO ÁLVAREZ	1772	35,61	2,06	27,9	1	3 (32,5 HL.)	5	35,3
JUAN GARCÍA	1774	19,62	0,10	9,30	1	3 (17,8 HL.)	6	45,1
PEDRO CORTÉS	1773	36,67	0,41	18,6	1	3 (26,3 HL.)	3	47,3
JUAN A. RODRÍGUEZ	1758	35,43	–	18,6	1	3 (32,7 HL.)	9	*41,6

[723] Los notarios celanoveses no ofrecen valoración monetaria alguna sobre los bienes inventariados, sean estos muebles o raíces. Únicamente se localizaron algunas escrituras valoradas vinculadas con el ejercicio de los notarios Don José María Iglesias y Don José María López de Curros en la década de los años 40 del siglo XIX (AHPOU, Sección Protocolos, Cajas 1310 y 1315, respectivamente).

[724] A falta de valoración monetaria sobre el conjunto de patrimonios inventariados ensayamos la elaboración de un índice para medir el nivel de vida familiar a partir de la tipología y cantidad de los bienes muebles y semovientes declarados. No es nuestra intención entrar ahora en el análisis del nivel de vida de los distintos grupos sociales puesto que esta temática será objeto de un tratamiento más pormenorizado en páginas sucesivas. Baste señalar por el momento el claro posicionamiento por encima de la media -situada en un índice 30- de los cinco casos analizados en el cuadro siguiente, pese a que algunas de las escrituras incluidas en el mismo presentan claros síntomas de infravaloración u ocultación de bienes. Es el caso del inventario de Juan Antonio Rodríguez y de su mujer María Rodríguez, que ve transcurrir un espacio de tiempo suponemos que dilatado desde el fallecimiento de los dos cónyuges hasta su elaboración propiciada por intereses familiares, al quedar uno de los 6 hijos de la pareja fallecida "intruso en los bienes", con los posibles menoscabos que esta tardanza pudo ocasionar en el patrimonio originario. AHPOU, Sección Protocolos Notariales, Notario Benito Rebollo, caja 1362, año 1758, f. 63-66v.

Según se desprende de las escuetas descripciones de los notarios, estos ricos campesinos habitaban en casas de alto y bajo, "tejadas, techadas y enmaderadas"[725]. En el caso de Pedro Cortes distinguimos incluso la presencia de cuatro estancias diferentes en la zona habitable de la vivienda: 2 cuartos contiguos y un corredor abierto que daba acceso a la cocina con una despensa[726]. En definitiva, casas sobradadas con patio al estilo del país y rodeadas de las instalaciones necesarias para poner en marcha explotaciones agrícolas de dimensiones considerables. Formaban parte de su riqueza mobiliaria despensas bien surtidas no sólo de cereales y vino sino también de productos cárnicos[727], y además contaban con los aperos necesarios para el laboreo agrícola en el contexto de una cultura agraria marcada por el estancamiento secular de su utillaje. En cuatro de los casos analizados no se localizan cabañas ganaderas de dimensiones superiores a la media comarcal, aunque si se observa el destacado papel que jugaba el ganado vacuno en sus establos, fundamental para el desarrollo de las labores agrícolas, al tiempo que se constata nuevamente la importante participación de este grupo social en el negocio del ganado -dos de los 5 patrimonios descritos incluyen la existencia de vacas cedidas en aparcería-[728].

Este grupo social de ricos campesinos no sólo participa de manera muy activa en el negocio de la aparcería del ganado, sino que a través de los inventarios post-mortem se nos revela también con un papel determinante en el mercado de la tierra. En cuatro de los cinco casos incluidos en el cuadro anterior se registra la presencia de "papeles" de compra-venta a favor del difunto; cuando esto ocurre en la mayoría de las ocasiones los notarios celanoveses se limitan a recoger su existencia en el recuento de bienes sin entrar en descripción alguna al respecto. Sin embargo, Don José Domingo Vázquez autor de los inventarios de Juan García y Pedro Cortes se toma la molestia de analizarlos pormenorizadamente uno a uno y reproducirnos su contenido[729]. En total suman 92 "instrumentos" que nos permiten reconstruir casi con precisión la frenética actividad compradora de los inventariados desde fines de la década de los años 40 del siglo XVIII hasta el momento de su defunción a comienzos de los 70, y su importancia es capital en el ámbito de nuestro estudio puesto que sólo a partir de "fuentes alternativas" podremos pretender un acercamiento a este "virtual" mercado de la tierra que se movía al margen de la intervención notarial.

Desde el mes de septiembre de 1747 Juan García fue acumulando en el arca de su alcoba 65 escrituras "todos los quales dichos instrumentos son verbales echos a presencia de testigos y algunas partes se hallan firmadas y los vienes que comprenden se hallan en término desta feligresía de San Salvador de Paizás" (f. 21). Juan García a lo

---

[725] Expresión utilizada por el Notario Manuel Pulido en los inventarios de bienes de Antonio Martínez y de Pedro Alvarez, AHPOU, Sección Protocolos notariales, Notario Manuel Pulido, caja 1360, año 1772, f. 25 y f. 35, respectivamente.

[726] El bajo de su vivienda hacía las veces de bodega con un lagar de piedra en una esquina y al frente sobre la pared que cerraba el patio frontal se erguía un viejo hórreo de "verga" y a tres pies un hórreo nuevo de "cinta", tejado y levantado sobre seis pies de piedra de 22 cuartas de largo y con capacidad para 60 Hl. de maíz. Pegada también al muro se encontraba la casa que hacía las veces de pajar y establo. AHPOU, Sección Protocolos Notariales, Notario José Domingo Vázquez, caja 1747, año 1773, f. 20v-21v.

[727] El inventario de bienes de Juan Antonio Rodríguez se redacta en el mes de noviembre del año 1758 y según se recoge en la expresada fuente la cosecha de maíz aún está por recoger. AHPOU, Sección Protocolos Notariales, Notario Benito Rebollo, caja 1362, año 1758, f. 63-66. Los inventarios de Juán García y Pedro Cortes están fechado en el mes de marzo una vez transcurridos varios meses desde la matanza del cerdo, pero en sus despensas se localizan en total 4 tocinos, 4 untos, 2 lacones y hasta 1 cachucha; el resto de las escrituras elaboradas en los meses de noviembre y diciembre presentan una media de 3,33 reses porcinas por familia probablemente listas para el sacrificio.

[728] Antonio Martínez tiene una vaca y un buey cedidas en aparcería en el lugar de Pazo en casa de José Penín. La vaca que al momento del fallecimiento de Antonio tenía un novillo, había costado 16 ducados y para esta cantidad puso el susodicho aparcero 6 ducados. El buey fue apreciado en 13 ducados en el momento en que se entregó al aparcero y al fallecimiento de su propietario se valora en 15 ducados. AHPOU, Sección Prot. Notarial., Notario Manuel Pulido, caja 1360, año 1772, f. 26v.

[729] La localización del inventario de Pedro Cortes ya ha sido indicada anteriormente, en el caso de la escritura de Juan García es la siguiente: AHPOU, Sección Protocolos Notariales, Notario José Domingo Vázquez, caja 1417, año 1774, f. 15-25v.

largo de los últimos 25 años de su vida había concertado hasta 55 escrituras de venta a su favor y diez de trueque y convenio sin haber pasado ni una sola vez delante del notario pese a haber desembolsado para ello 10566 reales. Su convecino Juan Cortes también guardó en un cajón del "bufete" de su cuarto otras 27 escrituras, 25 de ventas a su favor obradas desde el año 1756 hasta 1772 y dos trueques, en total 8600 reales invertidos en compras de tierras, casas y horas de agua, de las cuales solo quedó registrada ante notario una venta por valor de 1122 reales. En la tabla 15 pueden verse detalladas la práctica totalidad de las operaciones de compra-venta registradas[730].

TABLA 15 • ACTIVIDAD COMPRADORA DE JUAN GARCÍA Y PEDRO CORTÉS (1749–1773)						
TIPOL. BIENES	N° PARCELAS	TOTAL EXTENS. (Ha.)	N° PARC. SIN EXT.	PAGADO (REALES)	PAGADO PAR. EXT. CONOC.	MEDIA R./ HA.
LABRADÍO	34	1,66	7	9350	6330,5	3813,55
MONTE	15	0,69	4	1913	1415	2050,72
PRADO	10	0,19	4	1417,5	841,5	4428,95
MIXTO	10	0,71	3	2780,5	2065	2908,45
SOTOS	4	0,32	0	1507	1507	4709,38
VIÑAS	4	0,04	2	792	308	7700,00
CUPOS	11	0,56	8	429	429	
TOTAL	88	4,17	28	18189	12896	3092,57
1/2 HORA AGUA				275		
CASAS	2			262		

Los datos muestran la preeminencia económica y social de estos ricos caporales. Baste señalar al respecto que la suma de las extensiones que ambos cabezas de familia adquieren a lo largo de 24 años representa prácticamente el 70% de la tierra que sale al mercado en el "termino parroquial" de Veiga en el período de tiempo comprendido entre la elaboración de los Libros Reales del Catastro de Ensenada (1752) y sus primeras comprobaciones (1761) -5,95 Ha.-. En este sentido las conclusiones que surgen a partir de la consulta de la documentación notarial son claras y nos advierten sobre la presencia a nivel comarcal de un número, probablemente muy limitado, de familias campesinas que fueron capaces de amasar importantísimas fortunas a juzgar por el tamaño de sus explotaciones y el precio que alcanzaba la tierra en las décadas centrales del siglo XVIII en esta comarca superpoblada del suroeste de la provincia ourensana[731].

---

[730] Se incluyen en el capítulo de "cupos" dos escrituras de venta a favor de Juan García en las que se incluyen diferentes parcelas de labradío, soto, monte y viña -11 total- sin indicar pormenorizadamente la extensión de cada una de ellas y el importe a pagar. Solo se ofrece la extensión total del cupo y la cantidad de dinero desembolsada por el mismo. Para el cómputo total de los 19166 reales que ambos invirtieron en la compra de bienes faltan los 440 reales que Juan García pagó por la herencia de Bárbara Cortes, cuyo contenido desconocemos.

[731] La cifra media de 3092 reales por Ha. no se aleja demasiado de los 3200 reales de media que establece J. M. Pérez García para la parroquia de Samieira a lo largo de todo el siglo XVIII. En dicha feligresía de la Galicia Occidental la alta presión sobre el terrazgo determinó una elevación del precio de la tierra a lo largo de la centuria ilustrada llegando incluso a triplicarse los valores de inicios de siglo (J. M. Pérez García, 2002:59).

Probablemente el término de "burguesía" no se avenga del todo bien para su clasificación sociológica[732], pero su preeminencia social queda patente a partir de su frenética actividad compradora según se deduce de las causas explicitadas para la venta en un número no desdeñable de las operaciones realizadas. El pago de deudas previamente contraídas con los finados o la imposibilidad de hacer frente a los gastos ocasionados por la muerte de familiares, son las razones sistemáticamente aludidas en todas aquellas ocasiones en las que se explicitan las causas de venta. Es decir, las penurias económicas de una mayoría especialmente agravadas en determinadas circunstancias como es el caso de la muerte de familiares servían de base para el enriquecimiento de esta minoría[733].

Evidentemente, no podemos equiparar el comportamiento de estas familias al conjunto de los agregados domésticos calificados como excedentarios en el marco de la comunidad parroquial de estudio, pero su localización a partir de la documentación notarial no deja margen de dudas sobre la existencia de importantísimas diferencias internas en el seno de esta sociedad rural de pequeños campesinos minifundistas. El tamaño de sus explotaciones no tenía nada que envidiarles a los miembros del clero local, pero además su comportamiento tampoco parece muy distante a juzgar por las referencias documentales que les sitúan como prestamistas que incrementaban su patrimonio agrícola a costa de las circunstancias adversas que podía padecer la comunidad campesina. Un papel de prestadores y en consecuencia de controladores del endeudamiento campesino que la documentación notarial atribuye también sin ningún género de ambages al colectivo de los párrocos celanoveses, cuando menos así se deduce del análisis de los libros de Caja de Don Manuel Antonio de la Vega, Abad de la feligresía de Freás de Eiras y de Don Bernardo Araujo, Abad de Santa Cristina de Freixo[734]. En ninguno de los dos casos se registran los bienes raíces de los difuntos, pero al margen incluso del elevado nivel de vida que traducen sus bienes muebles, la sola transcripción de sus libros de caja resulta suficiente para mostrarnos nuevamente la presencia de gigantes en un mundo de enanos[735].

Don Manuel Antonio Abad de la feligresía de Freás de Eiras fallece a comienzos del mes de marzo del año 1770 y con ocasión de su muerte vemos desfilar ante el notario hasta 173 individuos que declaran bajo juramento las deudas previamente contraídas con el difunto. De este nutrido grupo de deudores, 131 son vecinos de la parroquia de Freás y los restantes 42 son moradores de las feligresías colindantes, todas ellas integradas en la jurisdicción de Paizás. Habida cuenta de que en el año 1752 los vecinos residentes en el término

[732] Evidentemente los cerca de 30 Hl. de grano localizados de media en las despensas de las cinco fortunas agrarias analizadas no admiten comparación alguna con los más de 134 Hl. de grano que podían acumular de media los mejores patrimonios agrícolas de la Vega del Esla, y la capacidad media de las cubas celanovesas (24 Hl.) quedaba a años luz de los casi 200 Hl. que sumaban esas élites excedentarias leonesas (J. M. Pérez García, 1998d:132).

[733] El primero de mayo de 1771 Isidoro Martínez vende a su convecino Pedro Cortes "todo el campo y dehesa que tenía al sitio del Vileiral del Medio de un ferrado en simiente …en precio de diez y nuebe ducados y seis reales que le avía emprestado antes de entonces y en que ambos se ajustaran" f. 25. El día doce de agosto de 1756 María Salgado viuda y su hijo Manuel Alonso le vendieron también a Pedro Cortes un pedazo de monte "en precio de quinze dudacos de vellon que les avia entregado en diversas ocasiones"f. 25v. En 11 de enero de 1758 los herederos de Josefa López vendieron a Juan García "un pedazo de tierra labradio al sitio da Airiña de tres cuartos en simiente en precio de 20 ducados para los funerales de dicha Josefa", f. 19. Anotaciones de estas características son frecuentemente aludidas en ambas escrituras y su presencia no implica ninguna sorpresa por cuanto en la parroquia de Samieira las deudas condicionaban casi la tercera parte de las ventas patrimoniales realizadas a lo largo del siglo XVIII y al menos 1 de cada 7 escrituras de venta se derivaban de los gastos que acarreaban entierros y funerales (J. M. Pérez García, 2002:60).

[734] Inventario del Abad de Freas de Eiras, AHPOU, Sección Protocolos Notariales, Notario Don Manuel Pulido, caja 1360, año 1770, f. 11-59v. Inventario del Abad de Santa Cristina de Freixo, AHPOU, Sección protocolos notariales, Notario Don Manuel Pulido, caja 1361, año 1793, f. 17-44v.

[735] En cualquier caso, la imagen de un clero rural bien dotado económicamente, con una importante solvencia económica pareja a una fuerte capacidad especulativa e inversora no constituye ninguna novedad como ya probó en su día en el ámbito de los estudios gallegos el profesor J. M. Pérez García (1979:354-357).

de Freás ascendían a 131, evidentemente salvo posibles excepciones las deudas afectaban a la inmensa mayoría de las casas abiertas en el año 1770. Una situación prácticamente idéntica a la que se constata a partir del inventario de bienes muebles de Don Bernardo Araujo abad de Santa Cristina de Freixo, fallecido a finales del mes de abril del año 1793. En su caso el número total de deudores asciende a 93, 82 vecinos de la referida feligresía de Freixo y los demás residentes en otras parroquias no especificadas de la Jurisdicción de Paizás a la que también pertenece una proporción mayoritaria del término parroquial de Freixo. Santa Cristina de Freixo contaba con 79 vecinos residentes en 1752 por lo que las conclusiones no difieren del caso anterior. En las tablas 16, 17, 18 y 19 se analiza de manera pormenorizada la naturaleza de dichas deudas y las cantidades adeudadas por cada uno de los conceptos especificados.

TABLA 16 • N° DEUDORES Y TOTAL DEUDAS. ABAD DE FREÁS									
PROCEDENCIA GEOGRAFICA	**FREÁS DE EIRAS**		**PAIZÁS**		**PENOSIÑOS (S. Andrés)**		**JURISDICCIÓN PAIZÁS**		**TOTAL**	
DEUDAS ACUMULADAS	**N° VEC.**	**TOTAL**	**N° VEC.**	**TOTAL**	**N° VEC.**	**TOTAL**	**N° VEC.**	**TOTAL**	**N° VEC.**	**TOTAL**
ADEUDAN UN AÑO DIEZMO (HL.MAIZ)	69	122,9	13	2,1	9	4,2	5	3,2	96	132,4
ADEUDAN DOS AÑOS DIEZMO (HL. MAIZ)	49	98,6	2	1,3	5	2,3	5	7,1	61	109,3
ADEUDAN TRES AÑOS DIEZMO (HL. MAIZ)	11	19,3	1	0,7		–	2	6,9	14	26,9
ADEUDAN CUATRO AÑOS DIEZMO (HL. M.)	1	1,8	–	–		–		–	1	1,8
TOTAL ADEUDAN DIEZMOS (HL. MAIZ)	130	242,6	16	4,1	14	6,5	12	17,2	172	270,4
ADEUDAN PASCUAS (N° PASCUAS)	38	87	–	–	–	–	3	7	41	94
ADEUDAN PRÉSTAMOS MONETARIOS (Reales)	10	1105	–	–	–	–	2	90	12	1195
ADEUDAN DERECHOS BECERROS (N° BEC.)	28	28	–	–	–	–	–	–	28	28
ADEUDAN CUARTILLOS MANTECA (N° CUART.)	34	48	–	–	–	–	–	–	34	48

TABLA 17 • DEUDORES Y CANTIDADES ADEUDADAS POR DIEZMO AL ABAD DE FREÁS

PROCEDENCIA	N° VECINOS	DIEZMO 1769		DIEZMO 1768		DIEZMO 1767		OTROS AÑOS	
		N° VECINOS	HL. MAÍZ	N° VECINOS	HL. MAÍZ	N° VECINOS	HL. MAÍZ	N° VECINOS	HL. MAÍZ
FREÁS DE EIRAS	131	129	199,83	60	44,26	38	7,85	6	3,2
PAIZÁS	16	16	2,97	3	0,89	–	–	1	0,31
PENOSIÑOS, (San Andrés)	14	14	5,42	5	1,03	–	–	–	–
JURISDIC. PAIZÁS (sin especificar)	12	12	10,21	6	4,65	2	3,4	1	0,41
TOTAL	173	171	218,43	74	50,83	40	11,25	8	3,92

TABLA 18 • N° DEUDORES Y TOTAL DEUDAS. ABAD DE FREIXO

PROCEDENCIA	FREIXO		JURISDIC.		TOTAL	
DEUDAS ACUMULADAS	N° VEC.	TOTAL	N° VEC.	TOTAL	N° VEC.	TOTAL
ADEUDAN UN AÑO DIEZMO (HL.)	14	9,32	2	0,88	16	10,2
ADEUDAN DOS AÑOS DIEZMO (HL.)	28	37,25	2	2,04	30	39,29
ADEUDAN TRES AÑOS DIEZMO (HL.)	26	33,75	2	1,85	28	35,6
ADEUDAN CUATRO AÑOS DIEZMO (HL.)	14	21,74	1	0,68	15	22,42
TOTAL ADEUDAN DIEZMOS (HL.)	82	102,06	7	5,45	89	107,51
ADEUDAN PRÉSTAMOS MONETARIOS (Reales)	17	750	5	2095	22	2845
ADEUDAN DIEZMO GANADO	6	12 vacas 14 cerdos	–	–	6	12 vacas 14 cerdos

		DIEZMO 1792		DIEZMO 1791		DIEZMO 1790		DIEZMO 1789	
PROCEDENCIA	VECINOS	NÚMERO VECINOS	HL. MAÍZ	NÚMERO VECINOS	HL. MAÍZ	NÚMERO VECINOS	HL. MAÍZ	NÚMERO VECINOS	HL. MAÍZ
FREIXO	82	69	37,97	56	29,97	39	13,96	40	20,16
JURISDIC. PAIZÁS (Sin specificar)	11	7	2,84	3	0,97	5	1,14	1	0,12
TOTAL	93	76	40,81	59	30,94	44	15,1	41	20,28

TABLA 19 • DEUDORES Y CANTIDADES ADEUDADAS POR DIEZMO AL ABAD DE FREIXO

El impago del impuesto diezmal constituye la causa fundamental de morosidad en la comarca celanovesa en la segunda mitad del siglo XVIII, aglutinando a un 98,1% de los vecinos registrados en los libros de caja de ambos párrocos. A finales del mes de marzo del año 1770 más de la mitad de los vecinos morosos (55,81%) adeudaban el pago de una anualidad del citado impuesto -la correspondiente al año anterior de 1769-, alcanzando también una importante representación dentro del grupo las familias con dos años de atrasos (35,46%), de manera que los impagos por más de dos años constituían casos excepcionales tanto por el porcentaje de vecinos implicados (8,73%), como por la proporción de grano adeudada (10,64%). Parece lógico suponer que el origen social de estos morosos reincidentes se encontraba entre las cotas más humildes de la sociedad campesina y el análisis comparativo de la cantidad media de cereal adeudado por vecino y año en función del número de anualidades atrasadas así lo confirma. Así, en la parroquia de Freás la cantidad media de cereal adeudado por vecino y año en el caso de impagos correspondientes a una única anualidad asciende a 1,78 Hl. de maíz, una cantidad que va reduciéndose progresivamente a medida que se incrementa el número de anualidades atrasadas: 1 Hl. de media al año en el caso de dos anualidades, 0,58 Hl. con tres anualidades y 0,45 Hl. con cuatro anualidades.

Menos de un cuarto de siglo separa la elaboración del inventario del Abad de Freixo con respecto al de Freás, sin embargo, se aprecia un ostensible crecimiento del porcentaje de morosidad entre una y otra fecha claramente perceptible a partir del fuerte incremento que experimenta el grupo de vecinos que adeudaban más de dos años en el pago del impuesto diezmal. En la última década del siglo XVIII éstos han dejado de ser un caso excepcional para convertirse en el colectivo mayoritario (48,31%) y la proporción de grano que adeudan representa ahora más del 50% del total (53,9%), si bien es verdad que el grupo sigue asociándose con las capas más humildes de la sociedad campesina a juzgar por el descenso que se constata en la cantidad media de grano adeudada por vecino y año en función de las anualidades atrasadas: 0,63 Hl. de maíz de media (1 anualidad), 0,65 Hl. (2 anualidades), 0,42 Hl. (3 anualidades) y 0,37 Hl. (4 anualidades).

Además del diezmo cerealero, en el libro de caja del Abad de Freás se ofrece cumplida información sobre las deudas correspondientes al diezmo ganadero que afectaba también a un nutrido grupo de vecinos. Los 37 casos contabilizados que demoraban el pago de cuartillos de manteca o derechos de becerros representaban más de un 28% de las casas abiertas a mediados del siglo XVIII en el citado término de Freás, sin embargo, las noticias sobre este tipo de deudas escasean en el inventario elaborado en la última década del siglo, prueba quizá no tanto de su menor incidencia como del abandono de dicha práctica en el ocaso del Antiguo Régimen.

Al contrario de lo que ocurre con el diezmo ganadero, la concesión de préstamos monetarios parece concernir a una proporción cada vez mayor del vecindario parroquial y aunque desconocemos con exactitud el número de casas abiertas en los términos de Freás y Freixo en 1770 y 1793 respectivamente, en el primer caso las deudas impagadas afectaban a un 7,6% del vecindario registrado a mediados del siglo XVIII ascendiendo dicho porcentaje hasta el 21,7% en la parroquia de Freixo. Aun sin perder de vista el crecimiento del número de vecinos que pudo haberse producido desde la elaboración del Catastro de Ensenada, a fines del siglo XVIII una proporción considerable de las familias campesinas celanovesas -probablemente cercana al 20%- podría adeudar prestamos monetarios a sus respectivos párrocos, lo que refuerza su papel de banca en el marco de la sociedad rural de Antiguo Régimen.

Dado que en las operaciones de compraventa de los dos caporales anteriormente analizados a través de la documentación notarial resulta frecuente la alusión al pago de deudas previamente contraídas entre las causas de venta, la frenética actividad compradora que lleva a cabo Don Adrían Cid párroco de San Munio de Veiga entre 1752 y 1761 con la adquisición de 13 parcelas que sumaban 0,61Has. de tierra, podría ser un indicador indirecto sobre el modo en el que también se zanjaban dichas deudas entre párrocos y feligreses[736].

Abandonando ya el mundo de las élites, los otros dos grupos sociales anteriormente definidos se muestran también con unos caracteres bien precisos a partir de la consulta de los datos fiscales de mediados del siglo XVIII. En esta fecha un 25,88% de las familias moradoras en la parroquia de Veiga conformaban el grupo de los campesinos medios, capaces de garantizar su autosubsistencia anual a partir del disfrute de una explotación media de 1,44 Has. de tierra y la interesante contribución de los ingresos provenientes del ejercicio de actividades complementarias, que representaban prácticamente el 10% de sus entradas medias anuales. 0,73 Has. de tierra apta para el cultivo del cereal y 0,41 Has. de prado constituían el grueso del área de cultivo a la que se añadían 0,58 Has. de tierra inculta: 0,40 Has. de monte bajo, 0,16 Has. de sotos y una extensión mínima de robledales. El tamaño medio de sus explotaciones resulta pues notoriamente inferior al del grupo de los campesinos excedentarios, constatándose además una sensible reducción del área regadía con respecto al conjunto del espacio cultivado (40,2%) y una apreciable disminución en el tamaño medio de las parcelas que pasan de 647,9 m² a 445,8 m² de media.

Su cabaña ganadera también sufre una notoria merma con respecto a las cifras anteriormente aludidas para el grupo de campesinos excedentarios (de 16,2 a 10,54 cabezas de media por explotación), no obstante, este sector de la sociedad campesina conserva una interesante participación en el monto de la riqueza ganadera y buena prueba de ello es el disfrute de casi cuatro cabezas de ganado vacuno por familia (3,57). A la postre los 19,8 Hl. de grano y los 3 Hl. de castañas de producción propia constituyen la nota definidora del grupo que los individualiza con respecto al sector de los ricos campesinos marcando al mismo tiempo de manera clara sus diferencias frente al conjunto de los campesinos insuficientes.

Un 56,64% de las familias registradas en la comunidad de Veiga a mediados del siglo XVIII se incluía en el grupo de los campesinos insuficientes. El tamaño medio de su explotación no llega a la media Ha. de tierra (0,42 Has.) y el espacio cultivado ocupa una extensión de 0,27 Has. de las cuales 0,22 Has. constituyen la tierra apta para el cultivo cerealero. Los espacios incultos privatizados componen el resto de la explotación, 0,15 Has. divididas entre las parcelas de monte bajo (0,08 Has.) y las plantaciones de castaños (0,06 Has.), sin apenas presencia de dehesas de robles. Su cabaña ganadera se reduce a 3,4 cabezas de media con el agravante de que un

---

[736] Refuerza dicha hipótesis el hecho de que prácticamente la mitad de la extensión adquirida procediera de unidades familiares que estaban atravesando problemas económicos derivados de las adversas circunstancias en las que se encontraban inmersas. Es el caso de Cristina Gómez originaria de la aldea de Cirós que tras la muerte de su marido se desprende de 0,24 Has. de tierra, un 25% de la explotación que ambos consiguieron reunir después de 25 años de matrimonio, o el de Isabel Pena, que se ve obligada a vender las 8 áreas de tierra de las que dispone tras el fallecimiento de su madre viuda en el mes de diciembre del año 1760.

53% de las reses vacunas que declaran se encuentran en régimen de aparcería. Como ya hemos tenido ocasión de comprobar, ni siquiera el aporte de las actividades complementarias permitía garantizar la subsistencia anual de este nutrido grupo social dada la obtención de unos ridículos 6,8 Hl. de grano de producción propia al año completados con 1,2 Hl. de castañas.

En definitiva, las perspectivas del sector inferior del campesinado analizadas a partir del Catastro de Ensenada no se presentan nada halagüeñas, pero tampoco deben perderse de vista algunas circunstancias relativas a la naturaleza de la fuente que inciden de manera directa sobre los resultados obtenidos. Al tratarse de una clasificación social elaborada a partir de una única fuente fiscal adolece de un marcado carácter estático e inmóvil que minimiza la importancia del factor temporal sobre las trayectorias individuales y en definitiva sobre el ciclo de la vida familiar[737]. No es nuestro objetivo centrarnos ahora sobre este tipo de cuestiones que serán objeto de un análisis pormenorizado en el capítulo dedicado al estudio de la familia celanovesa, pero no queremos concluir el estudio de la comunidad campesina a mediados del siglo XVIII sin destacar la notoria incidencia del factor temporal sobre la clasificación social de los agregados de Veiga.

Baste señalar al respecto la evolución positiva del número de miembros por unidad familiar paralela al crecimiento de la capacidad productiva de los agregados domésticos[738], o si se prefiere el progresivo aumento de la edad media del cabeza de familia[739], claros indicadores del posible carácter iniciático que presentaban las explotaciones de los agregados domésticos ubicados en la base de la pirámide social comunitaria. El estudio del ciclo de la vida familiar vendrá a confirmarnos la cautela con la que deben plantearse algunas de estas míseras explotaciones, que en la práctica no eran más que las primeras parcelas cedidas al comienzo de una nueva vida de pareja y que a la postre se mostraron escasamente representativas de su futura capacidad de acumulación o disgregación de fondos.

IV.5. El mercado fundiario como expresión de las diferencias sociales

Las posibles normas generales que regían el funcionamiento del mercado fundiario en la comarca de estudio no pueden ser analizadas de manera exclusiva a partir de las razones expuestas en algunas de las operaciones de compraventa efectuadas por los dos grandes caporales localizados a través de la documentación notarial. No debe perderse de vista que su comportamiento representa únicamente el proceder de una selecta minoría de familias campesinas, que quizá ni siquiera pueda hacerse extensivo al conjunto de los agregados domésticos catalogados como excedentarios en el marco de cada una de las comunidades parroquiales que conformaban el ámbito geográfico de nuestra investigación.

---

[737] Como bien afirma F. García González, las conclusiones obtenidas a partir de la estratificación de la propiedad censada en una fuente fiscal o en función de la tipología de los hogares apenas si nos describe una pequeña parcela de la realidad cotidiana de las comunidades campesinas en el Antiguo Régimen, dada la importancia de las relaciones de dependencia intergeneracional y de reciprocidad en torno a las parentelas (2000:29).

[738] Tal y como puede observarse en la tabla anteriormente expuesta sobre la distribución de la producción de cereales en Veiga, las dimensiones medias de las familias que disponen de menos de 7 Hl. de grano al año no alcanzan los 3 habitantes por hogar (2,9), ascendiendo paulatinamente al compás del crecimiento de la producción hasta situarse en 6,57 miembros en el caso de los productores de más de 45 Hl. de grano anuales (4,1 miembros para el grupo de 7 a 14, 4,45 miembros en el grupo de 14 a 21 y 5,88 miembros entre 21 y 28 Hl. y entre 28 y 45 Hl.).

[739] La edad media del cabeza de familia en el umbral de los productores de 0 a 7 Hl. de grano al año es de 42 años, 46,8 años entre el grupo de 7 a 14 Hl., 48,7 en el grupo de 14 a 21, 49,9 años entre los productores de 21 a 28, 50,3 años en el grupo de 28 a 45 Hl. y 52,7 años entre los productores de más de 45 Hl.

Contamos sin embargo con una "fuente alternativa" de extraordinaria valía para intentar una aproximación al funcionamiento global del mercado de la tierra al margen de los particularismos que nos brindan las fuentes notariales. En la parroquia de Veiga, los redactores de las primeras comprobaciones del Catastro nos ofrecen una cumplida información sobre los cambios acaecidos en el tamaño de las explotaciones vecinales entre 1752 y 1761, indicando de manera específica en el caso de las parcelas que cambiaron de mano además del nombre del antiguo poseedor, las razones de dicho cambio, bien como consecuencia de traspasos hereditarios o bien como resultado de operaciones de compraventa[740]. Volveremos sobre esta documentación cuando nos centremos en el estudio de la dinámica familiar en la comarca de estudio, pero en esta ocasión la identificación social del conjunto de individuos que formaban parte activa del mercado de la tierra merece ser objeto de un análisis detallado. Véanse los resultados en las tablas 20 y 21

TABLA 20 • EL MERCADO DE LA TIERRA EN VEIGA (1752–1761). VENDEDORES (ext. Has.)										
GRUPO VENDEDORES	Nº FAM.	Nº PARC.	EXT. (Has.)	SEXO FEM.	MUERTE RECIENTE	LAB. RG.	LAB. SC.	PRADO	MONTE	SOTO
FORÁNEOS VENDEN TIERRA EN VEIGA	22	39	1,69	3	–	0,36	0,11	0,03	0,27	0,92
VEC. VEIGA VENDEN TIERRA EN OTRAS PARROQUIAS	8	22	0,98	1	2	0,17	0,37	0,001	0,27	0,16
VEC. VEIGA VENDEN TIERRA EN VEIGA	34	91	3,28	9	11	0,80	1,23	0,25	0,87	0,13
SECTOR INFERIOR	18	52	2,00	8	7	0,27	1,04	0,13	0,55	0,01
SECTOR MEDIO	10	28	0,97	1	2	0,38	0,13	0,11	0,27	0,07
SECTOR SUPERIOR	6	11	0,31	–	2	0,15	0,05	0,01	0,05	0,04
TOTAL	62*	152	5,95	13	13	1,33	1,71	0,28	1,41	1,21

*2 de las familias analizadas venden tierras en Veiga y en las parroquias colindantes.

TABLA 21 • EL MERCADO DE LA TIERRA EN VEIGA (1752–1761). COMPRADORES (ext. Has.)									
GRUPO COMPRADORES	Nº FAM.	Nº PARC.	EXT. (Has.)	SEXO FEM.	LAB. RG.	LAB. SC.	PRADO	MONTE	SOTO
FORÁNEOS COMPRAN TIERRA FUERA VEIGA	16	22	0,98	2	0,17	0,37	0,001	0,27	0,16
FORÁNEOS COMPRAN TIERRA VEIGA	2	4	0,06	–	–	0,06	0,004	0,001	–
VEC. COMPRAN TIERRA VEIGA	48	126	4,91	–	1,16	1,29	0,28	1,14	1,05

[740] "Libro Nuevo de las Operaciones en San Munio de Veiga" AGS, D.G.R.1, Legajo 1139.

TABLA 21 • EL MERCADO DE LA TIERRA EN VEIGA (1752-1761). COMPRADORES (ext. Has.)									
GRUPO COMPRADORES	**Nº FAM.**	**Nº PARC.**	**EXT. (Has.)**	**SEXO FEM.**	**LAB. RG.**	**LAB. SC.**	**PRADO**	**MONTE**	**SOTO**
NUEVOS VECINOS	17	36	1,24	1	0,50	0,36	0,06	0,23	0,09
SECTOR INFERIOR	9	19	0,87	–	0,31	0,03	0,14	0,25	0,13
SECTOR MEDIO	16	54	2,36	–	0,30	0,82	0,08	0,52	0,65
SECTOR SUPERIOR	6	17	0,44	–	0,05	0,08	–	0,14	0,17
TOTAL	**66**	**152**	**5,95**	**3**	**1,33**	**1,71**	**0,28**	**1,41**	**1,21**

En las tablas 20 y 21 también se incluyen las informaciones correspondientes a las parcelas que disfrutaban los vecinos de dicha parroquia en las feligresías colindantes[741]. Un 3,20% del terrazgo declarado en 1752 que representaba un 4,21% del parcelario cambia de manos en el escaso plazo de una década como consecuencia de operaciones de compraventa (se engloban tierras propiedad de los vecinos de Veiga en parroquias limítrofes y tierras que detentaban forasteros en parroquia de Veiga). Las reglas que regían el funcionamiento de este mercado de la tierra en el que se vio implicado más de la mitad del vecindario de Veiga (53,84%) resultan bastante evidentes a raíz de las informaciones contenidas en las tablas:

1. Un 48,38% de las familias implicadas en los procesos de venta y un 44,87% de la tierra que sale al mercado responde básicamente a procesos de reestructuración que buscaban una mayor racionalidad de las explotaciones. El sistema hereditario imperante en la comarca de estudio y la importante movilidad geográfica detectada en el ámbito de las relaciones matrimoniales son las razones de fondo que a nuestro juicio explican la necesidad de una reorganización periódica de las haciendas en aras de su adecuación a las cambiantes circunstancias del ciclo de vida familiar. Resulta a todas luces lógico que familias asentadas en otras parroquias de la comarca celanovesa vendan sus parcelas ubicadas en el término de Veiga, probablemente provenientes del cobro de antiguas herencias, para completar sus explotaciones con la compra de tierras en sus respectivas localidades de asentamiento, mientras que los vecinos de Veiga hacen lo propio con sus posesiones en otras localidades.

2. Al margen de las operaciones de compraventa derivadas de los procesos de reestructuración interna de las explotaciones, las razones de venta aludidas en algunos de los escritos que atesoraban los dos grandes caporales examinados a través de la documentación notarial también afloran a partir del análisis de las circunstancias familiares que rodeaban la vida de los vendedores en el tiempo comprendido entre el Catastro y las Comprobaciones. Así, casi un tercio de las familias de Veiga que concurren al mercado para vender algunas parcelas de tierra situadas en los límites de su misma feligresía de residencia lo hacen tras haber afrontado en ese plazo de tiempo los gastos derivados de la defunción de alguno de los miembros de la unidad conyugal. Nótese además la elevada concurrencia de mujeres entre el colectivo de vendedores (representan un 26,47% del total de vecinos de Veiga que se desprenden de tierras ubicadas en su parroquia de residencia), frente a su práctica desaparición del gremio de los compradores (2,08%).

---

[741] Para ello se consultaron también los Libros de Comprobaciones correspondientes a las parroquias de San Paio de Veiga, Sorga y Santa Eulalia de Berrredo, limítrofes con el término de San Munio de Veiga. AGS, D.G.R.1., Legajos 1139, 1136 y 1081, respectivamente.

En definitiva, habríamos de añadir al 48,38% de familias que concurren al mercado para reordenar sus explotaciones, un 17,74% que lo hace probablemente condicionado por circunstancias familiares adversas vinculadas al reciente fallecimiento de un familiar; sumando ambos grupos se encuentran representados dos tercios de las familias vendedoras[742]. Por otra parte, si analizamos su origen social, resulta obvia su mayoritaria procedencia de las capas inferiores del campesinado que nutren un 29,03% del total de los casos (en la práctica representan el 52,9% de los vecinos de Veiga que se desprenden de tierras en su propia feligresía).

3. En el colectivo de los compradores se observa una interesante participación de los cabezas de familia que han accedido por primera vez a la jefatura de sus hogares en el período de tiempo transcurrido entre el Catastro y las primeras Revisiones. Estos "nuevos vecinos" representan a más de un 35% del grupo de compradores originarios de la parroquia de Veiga, y acaparan en sus manos un cuarto de las tierras que sale a la venta en el término parroquial. Si excluimos del cómputo a las mujeres viudas que han accedido a la jefatura en este período de tiempo tras la defunción de su marido, en la práctica casi la mitad (48,6%) de los 35 "nuevos vecinos" intervienen en el mercado fundiario con la adquisición de alguna parcela de tierra.

Su activa participación nos recuerda una vez más la importancia de los procesos de reestructuración de las explotaciones vinculados a la evolución del ciclo de la vida familiar como impulsores del mercado de la tierra, sin embargo, tampoco debemos concluir a raíz de las informaciones contenidas en el cuadro precedente que el mercado fundiario era la única vía a partir de la cual se forjaban las haciendas de los nuevos vecinos. De facto, como tendremos ocasión de comprobar en el capítulo destinado al estudio del ciclo de la vida familiar, las operaciones de compra únicamente aportaban el 3,78% de los bienes raíces del grupo, un porcentaje absolutamente minoritario con respecto a la primacía absoluta que ejercían en esta fase del ciclo de vida las heredades disfrutadas en concepto de herencia (96,2% del total).

4. La catalogación de estos 17 nuevos vecinos en función del estatus social que detentaban en el momento de redactarse las primeras Revisiones, sin tener en cuenta el nexo de unión que representaba su reciente acceso a la jefatura, hubiese implicado agrandar enormemente el papel que jugaba el sector inferior del campesinado en la compra de tierras, puesto que en el año 1761 un 70,5% de estos nuevos vecinos se vinculaba a las capas inferiores del campesinado. Un porcentaje que se verá drásticamente reducido al final de su ciclo vital (21,43%) a juzgar por las informaciones contenidas en las actas de defunción de los casos controlados (82,3% del total). El ciclo vital de las familias celanovesas y los procesos de movilidad social que les acompañan no son el objetivo central de este capítulo, no obstante el estudio de los diferentes colectivos implicados en el mercado de la tierra en la década central de la centuria ilustrada nos recuerda una vez más "el valor relativo más que totalmente fijo o absoluto" de los bienes sobre los que se apoya una clasificación social basada en el uso y disfrute de la tierra en la medida en la que nosotros la hemos planteado[743]. En el caso que nos ocupa resulta obvio que en el sector

---

[742] Las vivencias de Cristina Gómez ejemplifican bien la notable incidencia que ejercía la muerte sobre la economía familiar, sobre todo en las capas inferiores del campesinado. Cristina Gómez accedió a la jefatura de su hogar en el mes de septiembre de 1757 tras el fallecimiento de su marido Francisco Martínez con quien residía desde hacía 23 años en la aldea de Cirós en compañía de sus cinco hijos. Cristina era originaria del núcleo de Cirós mientras que su marido había crecido en la colindante parroquia de Sorga; a su fallecimiento el día 16 de septiembre de 1757 Francisco no realiza testamento notarial alguno puesto que afirma no tener de que testar y es su mujer quien se encarga de funerarle y rezar 30 misas más por el bien de su alma (Archivo Parroquial de Veiga, Libro II de difuntos). Entre esta fecha y la redacción de las Revisiones Cristina vende 4 parcelas de tierra que suman 0,24 Has., un 25,3% de la superficie total de su modesta explotación. A partir del año 1761 desconocemos su trayectoria, aunque su enterramiento como pobre de solemnidad el 9 de abril de 1790 presupone una vida nada halagüeña.

[743] Como bien afirma F. García González la posición social dentro de una determinada estratificación basada en la propiedad de la tierra puede verse

322

inferior del campesinado se incluye una proporción mayoritaria de los "nuevos vecinos" cuya clasificación social reposa únicamente sobre las escasas parcelas de tierra que éstos disponían para el inicio de su andadura matrimonial, cuando en la práctica sus ingresos reales podrían verse acrecentados con los posibles aportes complementarios de las familias de origen.

5. Además de la interesante participación del colectivo de los "nuevos vecinos" en el mercado fundiario, las cifras recogidas en el cuadro precedente subrayan también de una manera elocuente el dinamismo de las capas medias del campesinado. Un tercio de las familias que compraban tierras a mediados del siglo XVIII en el término de Veiga se nutría de sus filas acaparando casi un 50% de la oferta disponible en el mercado (47,5%). A nuestro juicio esta activa intervención de las capas medias del campesinado en la compra de tierras, que relega a las familias excedentarias a una posición muy secundaria entre el colectivo de los compradores, constituye una de las conclusiones más relevantes y si acaso inesperadas del estudio. Las operaciones de compra-venta en las que participan en calidad de compradores o vendedores afectan a más de la mitad de las parcelas puestas en el mercado en el transcurso de esta década (53,9%).

El saldo netamente positivo a su favor viene a confirmar el acierto de los cálculos anteriormente expuestos sobre la capacidad de supervivencia de cada uno de los grupos sociales establecidos, previa corrección de los rendimientos y rotaciones declarados en el Catastro y con la incorporación de los recursos provenientes del ejercicio de las actividades complementarias. ¿Cómo explicar sino la participación de este sector intermedio del campesinado en el mercado fundiario si era incapaz de autoabastecerse anualmente del grano necesario para la alimentación familiar?[744]

No obstante, las razones de índole estrictamente económica no constituyen el motor único que movilizó el mercado de la tierra en esta comarca de la Galicia Interior a mediados del siglo XVIII. En la medida en que profundizamos en el conocimiento de dicho mercado adentrándonos en el análisis nominativo de los colectivos implicados, las redes familiares afloran a la superficie para mostrarnos una vez más el extraordinario papel que cumplían en aquella sociedad rural de Antiguo Régimen[745]. La tabla 22 da buena cuenta de ello.

TABLA 22 • IMPLICACIONES FAMILIARES EN LA COMPRAVENTA DE TIERRAS EN VEIGA (1752/1761)						
	TOTAL	N° CASOS	COMPRAS ENTRE FAMILIARES	%	COMPRAS EN LA MISMA GENERACIÓN	COMPRAS A LA GENERACIÓN ASCENDENTE
N° OPERACIONES ENTRE VEC. VEIGA	54	45	14	31,11	9	5
N° PARCELAS IMPLICADAS	87	77	34	44,15	23	11
EXTENSION ABARCADA (Has.)	3,22	2,88	1,41	48,95	0,99	0,42

modificada debido a los cambios introducidos a lo largo del tiempo (2000:221-222).

[744] Recuérdese que en las anteriores valoraciones efectuadas sobre la sociedad celanovesa a partir de la utilización de las cifras catastrales sin corrección alguna, únicamente un 13,8% de los agregados domésticos estaba en condiciones de hacer frente a las necesidades básicas de su alimentación anual (D. Rodríguez Fernández, 1999:57).

[745] Dicho análisis nominativo fue posible a partir del conocimiento de las genealogías correspondientes al conjunto de las familias residentes en la parroquia de Veiga a mediados del siglo XVIII.

Como señalamos con anterioridad una proporción importante de la tierra puesta en el mercado en el término parroquial de Veiga acaba en manos de las capas medias del campesinado y de los matrimonios recientemente constituidos (73,32%). Pero es muy importante también tener en cuenta que, cuando menos un 48,95% de la extensión que se intercambian los vecinos de Veiga, en ningún caso abandona el círculo de las redes familiares, mostrándose una especial predilección por la compra de tierras entre individuos de una misma generación[746].

Desconocemos en que medida incidió el grado de parentesco existente entre compradores y vendedores sobre el precio de las transacciones, pero parece poco probable que en el marco de la sociedad gallega de Antiguo Régimen la solidaridad familiar fuera encaminada a ofrecer precios más ventajosos para el vendedor como ocurría en el Piamonte del siglo XVII[747], planteándose con mayor lógica la posibilidad de tarifas más reducidas como ventaja a favor del comprador, sobre todo en el caso de parejas que en el inicio de su andadura compraban bienes raíces a la generación precedente[748]. En este sentido merece especial atención el conocimiento del grado de parentesco que vinculaba a las dos partes implicadas en las operaciones de compraventa, dado que representa una fuente de información indirecta sobre la posible finalidad de dichas operaciones. En la tabla 23 se ofrece cumplida información al respecto.

TABLA 23 • COMPRAVENTAS DE TIERRAS ENTRE FAMILIARES, GRADOS IMPLICADOS. VEIGA (1752/1761)				
GRADOS IMPLICADOS	N° OPERACIONES	N° PARCELAS	EXTE. (Has.)	%
COMPRAS ENTRE HERMANOS	5	16	0,83	58,87
COMPRAS ENTRE PRIMOS PRIMEROS	4	7	0,16	11,35
COMPRAS A ASCENDIENTES DIRECTOS	2	8	0,31	21,99
COMPRAS A ASCENDIENTES COLATERALES	3	3	0,11	7,80
TOTAL	14	34	1,41	100,00

Las operaciones de compraventa entre agregados domésticos unidos por lazos de parentesco horizontal alcanzan una importante representación (70,2%) con respecto a los casos de parentesco vertical (29,8%), y de manera muy particular las transacciones entre hermanos constituyen el capítulo más amplio de la muestra suponiendo prácticamente el 60% del total. Teniendo en cuenta la edad media que alcanzaban en el año 1761 los cabezas de familia que regían estos agregados domésticos de compradores y vendedores unidos por lazos de parentesco horizontal (46,3 y 60,1 respectivamente), su política de compras parece responder en mayor medida a procesos de recomposición de las explotaciones agrícolas que a estrategias de ayuda, a nuestro juicio más acordes con el tráfico

---

[746] A partir del seguimiento efectuado sobre un conjunto limitado de contratos de compraventa realizados en el sur de Italia –Casalnuovo-, en las décadas finales del siglo XVI, G. Delille estima que las tres cuartas partes de las transacciones de tierra se llevaban a cabo entre parientes más o menos alejados. A su juicio, vender y comprar tierra era "un affaire de famille" (1985:148-153).

[747] En opinión de G. Levi, en el Piamonte de fines del siglo XVII el precio de la tierra no era solo fruto del juego entre la oferta y la demanda, sino que estaba determinado por la situación social concreta de compradores y vendedores, generando así la coexistencia de círculos sociales de intercambio de la tierra claramente diferenciados. En el marco de esas relaciones de sociabilidad los precios de la tierra bajaban a medida que las transacciones se hacían entre personas de círculos más distanciados unos de otros, de manera que los precios más elevados se correspondían con las transacciones entre parientes (1990:102-112).

[748] En la parroquia de Samieira y a juzgar por la documentación notarial consultada para el siglo XVIII, los contratos de venta entre familiares alcanzan una proporción notablemente más reducida que en el caso celanovés (17,9% extensión controlada), pero en la medida que cabría esperar el precio de estas transacciones era un 17,4% inferior a la media (J. M. Pérez García, 2002:59).

de tierras entre agregados domésticos fundidos por lazos de parentesco vertical. La media de edades que disfrutan los compradores y vendedores incluidos en este segundo grupo minoritario de casos (39,6 y 60,0 respectivamente) y algunas casuísticas particulares que se esconden detrás de los datos numéricos así parecen atestiguarlo[749].

En definitiva, la primacía estadística de los vínculos horizontales y la dificultad de relacionar incluso ciertos parentescos verticales con una política de solidaridad familiar, convierten a los procesos de recomposición de las explotaciones en el motor principal de estas operaciones de compraventa intrafamiliares[750].

En términos absolutos, dicha conclusión vendría a confirmar la importancia que concede B. Derouet (1997) a los procesos de pre y post-sucesión en las sociedades en las que predominaba un sistema de transmisión de los bienes de tipo igualitario[751]. A su juicio, tras la devolución de los bienes de la generación precedente se abría una larga etapa en la que se tendía a compensar los efectos de aquella a partir de los arreglos intrafamiliares, de modo que las operaciones de compraventa entre herederos constituían una buena parte de las transacciones observables en el mercado de la tierra[752]. En el caso que nos ocupa no nos cabe la menor duda sobre esa búsqueda de adecuación del tamaño de la explotación al ciclo de la vida familiar, una cuestión que trataremos más pormenorizadamente en páginas posteriores, pero de la que constituye una prueba fehaciente la evolución de la edad media del cabeza de familia paralela al crecimiento del tamaño medio de la explotación.

Ahora bien, resulta difícilmente asimilable la existencia de una "intensa circulación de la tierra" a través del mercado fundiario para paliar los desarreglos del sistema hereditario, cuando en la comunidad de Veiga en la década central del siglo XVIII la proporción de tierra que sale a dicho mercado representa estrictamente el 3,2% de la extensión total disfrutada y poco más del 4% del parcelario. Una proporción bastante limitada si tenemos en cuenta que en el mismo periodo temporal los traspasos hereditarios afectaron a 42,6 Has. de tierra repartidas en un total de 913 parcelas (un 22,97% de la extensión total controlada y un 25,29% del conjunto parcelario).

---

[749] En el año 1752 Pedro Rodríguez es un hombre viudo que dirige un hogar de tipo extenso en la aldea de Veiga en el que también residen los cuatro hijos habidos de su matrimonio con Manuela Cal así como su suegro Francisco Cal. Entre esta fecha y la elaboración de las primeras comprobaciones del Catastro asistimos a la desmembración de este hogar con el fallecimiento del suegro y el matrimonio de tres de sus descendientes, Cecilia, María y Carlos Rodríguez. Probablemente las extensión de tierra de la que disponía Pedro Rodríguez a comienzos de la década de los años 50 ya no era necesaria para el sustento de su menguada unidad familiar (2 Has.) y en este contexto cronológico asistimos a la venta de 8 parcelas de tierra que sumaban en total 31,3 áreas de extensión a sus dos yernos Manuel Basalo y José Ramón Veloso, recientemente casados con sus dos descendientes de género femenino, que teóricamente pasan a establecerse en hogares independientes. A partir de las actuaciones de Pedro Rodríguez podría colegirse el deseo de ayuda de un padre bien posicionado económicamente para el establecimiento de sus dos hijas recientemente casadas, no obstante, esta finalidad asistencial ni siquiera es generalizable al conjunto de las transacciones que se incluyen en este segundo grupo, en el que también tienen cabida historias como la de Juan Cal y su mujer Bárbara Oliva que ahora pasamos a relatar. Esta pareja reside en la aldea de Cacabelos bajo la jefatura de Juan Oliva desde el mes de enero de 1740, fecha en la que se celebra su unión matrimonial. El padre de Bárbara Oliva es un rico campesino que fallece en el mes de septiembre de 1754 permitiendo el acceso a la jefatura familiar de Juan Cal, quien juntamente con su mujer compran 2 parcelas de tierra a dos tíos maternos de ésta: Josefa Pérez, de estado soltera y Manuel Vázquez casado con su tía Rosa Pérez. Teniendo en cuenta las casi 2 Has. de tierra que disfrutan en concepto de herencia paterna, es difícil de suponer una estrategia de ayuda en las ventas de la generación precedente, más bien parece tratarse del inicio de un proceso de acumulación o reestructuración de la explotación agrícola.

[750] A juicio de G. Levi en el Piamonte de fines del siglo XVII la lógica de la recomposición de las explotaciones –entendida exclusivamente a partir de la reunificación de parcelas limítrofes-, solamente se vincularía con las operaciones de compraventa realizadas entre vecinos. En el marco de las relaciones familiares, las ventas estaban forzadas por necesidades alimenticias, crisis familiares, etc., respondiendo por lo tanto en mayor media a solidaridades intrafamiliares (1990:112).

[751] En la comarca de Celanova si bien no primaba un reparto de los bienes de tipo estrictamente igualitario entre el conjunto de los herederos, tampoco se producían diferencias ostensibles entre ellos en la medida que acontecía en las sociedades marcadas por el predominio de la familia troncal y las mejoras de tercio y quinto (D. Rodríguez Fernández, 1999:142-146).

[752] En realidad, en opinión de B. Derouet en este tipo de sociedades se producía una intensa circulación de la tierra cuya finalidad no residía únicamente en corregir los efectos negativos del sistema hereditario, sino que se enmarcaba en una estrategia global de búsqueda de la explotación ideal adaptada a cada momento del ciclo familiar, a la fuerza de trabajo disponible y a sus necesidades reales de consumo (1997:77-80).

En definitiva, el análisis nominativo de compradores y vendedores nos ha permitido concluir la importancia de las redes familiares en el desarrollo del mercado fundiario dado que en sus operaciones de compraventa controlaban casi la mitad de la superficie puesta en circulación, además los grados de parentesco implicados, así como las edades de compradores y vendedores parecen incidir más en la búsqueda de la reestructuración de las explotaciones que en cuestiones de solidaridad familiar. Es decir, al tiempo que los "forasteros" vendían sus tierras en Veiga para adquirirlas en sus núcleos de residencia y los vecinos de Veiga hacían lo propio con las suyas sitas en las parroquias limítrofes, como parte de un proceso de reestructuración interna de las explotaciones para su adecuación a las necesidades familiares, las ventas entre familiares representaban simplemente un paso más en esa dinámica de descomposición-recomposición. No obstante, el volumen de tierras comprendido en estas operaciones de compra-venta no permiten concluir a nuestro juicio una intensa circulación de la tierra a través del mercado fundiario, cuando menos parece menos de lo esperado a partir de las apreciaciones de B. Derouet. Además, en esta ocasión no asistimos a las posibles pérdidas derivadas de la escasa protocolización notarial de las escrituras de compra-venta.

IV.6. Grupos sociales y nivel de vida. El planteamiento de una metodología de trabajo

La consulta del Catastro de Ensenada nos ha permitido analizar la sociedad de mediados del siglo XVIII, sin embargo, trazar la evolución de las estructuras sociales celanovesas a lo largo de los tiempos modernos resulta complicado por las características particulares de la documentación notarial celanovesa. Un planteamiento tradicional del tema pasaría por presentar la evolución de dichas estructuras a partir de las extensiones de tierra declaradas en los inventarios post-mortem y partijas, pero en nuestro caso dicha metodología se revela inapropiada por cuanto implicaría prescindir prácticamente de un 40% de los inventarios vaciados (37,1%), que únicamente incluyen informaciones relativas a los bienes muebles de los finados.

Como ya señalamos anteriormente, la elaboración de inventarios post-mortem constituía una práctica poco frecuente entre la población celanovesa del Antiguo Régimen. De hecho, de los 66 escribanos que ejercieron sus funciones sobre el espacio geográfico objeto de estudio y cuya documentación se conserva en el AHPOU y en el Archivo Parroquial de Veiga, solamente en un 54% de los casos se localizó la presencia de este tipo de escrituras con una media de poco más de 5 escrituras por notario. En estas circunstancias prescindir de un porcentaje importante de las escrituras localizadas no parecía la solución más adecuada, sobre todo si tenemos en cuenta los consabidos problemas de representatividad que siempre parecen acechar a esta fuente.

En la práctica, trabajar exclusivamente sobre las escrituras con presencia de bienes raíces provocaba una excesiva representación de los campesinos más ricos tal y como se aprecia en las décadas centrales del siglo XVIII presentadas a modo de ejemplo. Como ya pudimos apreciar con ocasión del estudio de los distintos grupos sociales que conformaban la comunidad campesina a mediados de la centuria ilustrada, las diez mejores fortunas agrícolas localizadas para el período 1730-1779 en la documentación notarial arrojaban unas dimensiones medias de 6,6 Has. por explotación. Dado que para el período 1730-79 únicamente hemos podido reunir 32 escrituras con presencia de bienes raíces, las diez familias anteriormente aludidas sumaban nada menos que el 31% de la muestra manejada.

Evidentemente las explotaciones de dimensiones reducidas también tenían cabida en dicha muestra y en un 43,7% de los casos analizados su tamaño no superaba la media de 0,79 Has., es decir en torno a 0,48 Has. de espacio cultivado por explotación si hacemos uso del porcentaje medio que alcanzan los espacios incultos privatizados en las explotaciones celanovesas declaradas en el Catastro de Ensenada. Para el 25% de los casos restantes una explotación media de 1,8 Has. de tierra garantizaba con holgura su posible ubicación en el grupo de los medianos campesinos. El basculamiento hacia las cotas superiores de la sociedad campesina no admite lugar a dudas y los porcentajes de representación obtenidos para cada uno de los tres grupos sociales establecidos no resisten en modo alguno la comparación ni con los datos catastrales, ni con los derivados del cómputo del número medio de misas solicitadas al fallecimiento de los cabezas de familia.

Dicha metodología resultaba obviamente inapropiada para el estudio evolutivo de la sociedad celanovesa y era necesario ensayar nuevas vías de investigación en base a la especificidad de la documentación existente. Además, los caracteres específicos de las escrituras de inventarios y partijas celanoveses también hacían inviable un planteamiento metodológico centrado en el análisis de las diferencias sociales a partir de la teórica capacidad inversora de cada agregado doméstico estimada en función de las valoraciones monetarias de los bienes poseídos, tanto en cuanto dichas valoraciones eran prácticamente inexistentes[753]. Descartada dicha vía, sólo la disponibilidad o no disponibilidad de bienes muebles podía funcionar como indicativo del grado de bienestar de las familias celanovesas y a este respecto, contábamos con la existencia de un modelo de análisis, el índice de nivel de vida elaborado por M. Baulant[754]. Su planteamiento de partida radica en la necesidad de construir un índice capaz de medir el nivel de vida que se deduce de un inventario post-mortem a partir de la presencia o ausencia de determinadas características previamente seleccionadas.

Su planteamiento resultaba muy atrayente por cuanto se trataba de lograr un acercamiento a la cultura material de una sociedad rural ya desaparecida y a partir de ahí intentar un acercamiento al nivel de vida familiar como base para el establecimiento de las posibles diferencias existentes en el seno de la sociedad campesina. Sin embargo, pese a tratarse de una temática clave a nuestro juicio a la hora de abordar un análisis social, la acogida brindada por la historiografía española ha sido escasa tal y como se ha señalado en los trabajos llevados a cabo sobre este tema[755].

No cabe duda de que la inversión que se requiere en términos de tiempo para el manejo de los inventarios así como los problemas inherentes a la elección de una metodología adecuada para su tratamiento, o cuando menos acorde con la interpretación adoptada del término "nivel de vida", constituyen importantes rémoras a la hora de emprender una investigación de estas características. De hecho, Bartolomé Yun Casalilla ha llegado a preguntarse tanto sobre la validez de la fuente a la hora de abordar nuevas interpretaciones, como sobre las compensaciones que podrían derivarse del ingente trabajo que requiere su utilización en este sentido[756].

En nuestro caso, dados los condicionantes de partida que presentaba la documentación celanovesa asumimos la posibilidad de establecer una relación directa entre civilización material y nivel de vida, una relación que base sus cimientos en la presumible correspondencia entre capacidad de consumo y grado de bienestar social. Aunque en

[753] El trabajo realizado por el profesor J. M. Pérez García sobre tierras leonesas refleja las interesantes conclusiones que pueden alcanzarse con análisis de estas características sobre una documentación especialmente rica en información. (1997:61-92).

[754] Un estudio en detalle a cerca de los condicionantes, los objetivos planteados y en definitiva la filosofía que presidió la creación del índice de nivel de vida, así como la composición interna del mismo y su funcionamiento, puede extaerse de la consulta de M. Baulant (1989:267-302).

[755] Véanse al respecto las reflexiones de B. Yun Casalilla y J. M. Pérez García en sus respectivas comunicaciones a la Sesión sobre los condicionantes de los niveles de vida del campesinado en el marco del VIII Congreso de Historia Agraria. En ambos casos se señala un escaso y reciente interés frente a las contribuciones de la historiografía inglesa o el caso francés que, como apunta el profesor Pérez García, ha desarrollado una metodología específica para su investigación. B. Yun Casalilla (1997:45), J. M. Pérez García (1997:33).

[756] El autor desarrolla una detallada exposición de las ventajas y problemas que supone la utilización de los inventarios post-mortem. Desde su posible uso para el conocimiento de las diferencias sociales en los niveles de vida del ámbito rural entre comienzos del siglo XVII y mediados del XIX, hasta los problemas derivados de su representatividad o las incertidumbres que se plantean en la correlación entre el consumo de productos duraderos y semiduraderos recogidos en la documentación. (1997:47-50).

términos generales entendemos que se trata de un principio correcto sobre el que puede apoyarse el análisis y las posteriores conclusiones, también concordamos plenamente con las matizaciones que B. Yun Casalilla introdujo al respecto (1997:49)[757].

A la hora de afrontar el análisis de la civilización material de la sociedad celanovesa, consecuente punto de partida de esta investigación era necesario establecer un método sistemático para la recogida de la información notarial al tiempo que se imponía la conveniencia de adoptar una metodología adecuada para su tratamiento. A nuestra disposición se encontraba el índice del nivel de vida elaborado por M. Baulant, pero pese a la indudable voluntad comparativa de sus creadores, una simple transposición de los criterios seleccionados para analizar la civilización material de Brie que investiga la autora, a la comarca ourensana de Celanova, implicaba ciertos riesgos. Sobre todo, si tenemos en cuenta que, en las al menos geográficamente más cercanas tierras leonesas, operar sobre la base de las características previamente seleccionadas por M. Baulant en el índice, implicaría prescindir del 95% de los valores medios patrimoniales[758].

Esta primera constatación se convierte ya en un criterio de valoración más que suficiente a la hora de plantear la utilización del índice sin la introducción de previas modificaciones. Sin embargo, existen otras razones no menos importantes que explican nuestra actuación. En primer lugar, consideramos acertada la filosofía que presidió la elaboración de este método de análisis. La posibilidad de sacar una conclusión cuantificable que refleje el nivel de vida de un agregado familiar a partir de la presencia o ausencia de enseres en su universo material cotidiano. Ahora bien, compartimos igualmente la opinión del profesor Pérez García al afirmar la importancia que adquiere en la comprensión del nivel de vida, el conocimiento no sólo de la tipología de los enseres que conformaban la propiedad familiar, sino también de su cantidad, su calidad y su estado de uso.(1997:63).

Ante esta tesitura y dadas las dificultades, quizá irresolubles, que implicaría la tentativa de introducir en los criterios del índice los tres conceptos, optamos por mantener la versión original, pero en ninguna medida renunciamos a recoger en la base de datos diseñada para la introducción de la información, la sistemática referencia a la cantidad, y la no tan sistemática alusión a la calidad a través del material de fabricación. Nuestro objetivo, comprobar en cierta medida la validez del método. Si una vez establecido un índice de nivel de vida familiar a partir de la presencia o ausencia de determinadas características seleccionadas, se produce la lógica y esperada correspondencia directa entre grado de bienestar social y sistemática detentación de un mayor o menor número de objetos de cada tipología, el criterio de análisis se deduce acertado.

En la metodología de M. Baulant, el conjunto de los 86 criterios seleccionados se agrupa en cinco series definidas bajo los epígrafes de bienes de primera necesidad, vida doméstica, confort, lujo y civilización, otorgándole un índice máximo de 20 a cada una de las series. Al margen de las dificultades que pueda entrañar la adscripción de un determinado elemento a una u otra serie, la inclusión de tres apartados que hacen mención expresa a lo superfluo y representan teóricamente el 60% del índice medio del nivel de vida de una unidad familiar[759], constituye quizá

---

[757] En este trabajo hemos podido constatar como una fase de alza en el consumo de un determinado tipo de productos no se corresponde necesariamente con un incremento real en el nivel de vida, sino que puede guardar una mayor relación con el surgimiento de nuevas pautas de comportamiento social.

[758] Debemos tener presente que en el caso leonés se privilegia la utilización de expedientes de partición sobre los inventarios, de manera que, al quedar fuera de un índice calculado sobre los bienes muebles, vivienda y terrazgo cultivado, componentes mayoritarios de las fortunas campesinas en el mundo moderno, las distorsiones son evidentes. No obstante, aun descartando los bienes inmuebles, el autor concluye que un 75% del valor de bienes muebles y semovientes de la comarca leonesa escaparía a los cálculos del citado índice, al quedar fuera capítulos de agrupación tan importantes como la ganadería, la despensa campesina, aperos de labranza o ropas de vestir. (J. M. Pérez García, 1997:63).

[759] En opinión de CH. Desrrureault (1990:188), las series de confort, lujo y civilización introducen con grados y ángulos diversos el mundo de lo superfluo, expresando a través del consumo una búsqueda del bienestar y de la distinción social.

una sobrevaloración inicial de las posibilidades de bienestar de la sociedad, sobre todo si se plantea la aplicación del citado índice a investigaciones cuyo marco de desenvolvimiento sea el mundo rural[760].

Los privilegios que concede la autora al análisis de la introducción de novedades en el marco material fundamentan quizá su decisión (1989:269), en nuestro caso optamos por conservar la división de los bienes inventariados en cinco series, en pro del mantenimiento de las posibilidades comparativas, pero otorgando un mayor peso dentro del conjunto a los bienes que cubrían las necesidades fundamentales de las personas, a juzgar por su grado de extensión en el conjunto de los hogares. De esta manera, buscando una mayor adecuación entre objeto de estudio y método de análisis, en el índice elaborado a partir de los inventarios de la comarca celanovesa, las dos primeras series a las que hemos definido bajo los epígrafes de "bienes de primera necesidad" (25%) y "bienes de uso frecuente" (25%), alcanzan un peso teórico sobre el índice global del 50%, la serie "confort" supone el 20%, y el mundo de los "objetos de lujo" (15%), juntamente con los relacionados con el ámbito de la "cultura y civilización" (15%), ven reducida su representación al 30% del total[761].

La explicación de los criterios utilizados a la hora de seleccionar los bienes integrantes del índice de nivel de vida merecería un capítulo aparte. En este sentido, la necesidad de introducir modificaciones en los componentes de cada una de las series era evidente, no solo por la ya expresada exclusión de importantes capítulos de agrupación en el índice modelo, sino también por las indudables diferencias culturales que nos separan[762].

De facto, la tentativa de establecer comparaciones en el grado de bienestar social entre los campesinos normandos y canadienses ya condujo a J. A. Dickinson (1990:213-224) a la necesidad de introducir modificaciones en el método de análisis para adaptarlo a los diferentes contextos culturales y materiales que investigaba. Ese mismo autor en colaboración con M. Baulant y CH. Dessureault (1992:169-174), ante el limitado número de enseres que componían la cultura material de los campesinos del Quebec, optó por la reducción del número de series del índice, de manera que las dos primeras referidas al universo de lo necesario se fundieron en una única a la que otorgó una proporción del 40% sobre el índice global.

"Gremalleiras", palas para el fuego, tenazas, lámparas, candelabros, ollas, sartenes, lechos, camas, mesas, sillas, sábanas, manteles o servilletas, constituyen entre otros los objetos de primera necesidad en el índice de M. Baulant; objetos seleccionados entre los más extendidos en la región de Brie y repartidos en seis ámbitos temáticos que hacen referencia al hogar entendido como fuego, iluminación, cocción o conservación de alimentos, mobiliario para dormir, ropa de cama, mobiliario al margen del señalado para dormir y ropa de casa. (M. Baulant, 1989:270).

---

[760] La proporción "real" de lo superfluo que obtiene la propia autora tras el análisis de las escrituras recogidas para el entorno de Brie, un 15% del índice medio para el siglo XVII y un 39% en la centuria ilustrada (1989:286). Una mera observación de la imagen general que traducen las escrituras de inventarios conservadas para nuestro ámbito de investigación, o incluso las evidentemente distorsionadas impresiones de los viajeros que recorrieron los caminos gallegos en los siglos XVIII y XIX (R. Domínguez Martín, 1997:66), desaconsejarían a nuestro entender la adjudicación de un idéntico índice igual a veinte para cada una de las cinco series.

[761] Véase en el apéndice estadístico, tabla IV. 1 la composición del índice de nivel de vida elaborado para la comarca de estudio.

[762] M. Baulant (1989:269), justifica la exclusión de los artículos perecederos componentes de la despensa en base a la posible merma que se puede producir en los mismos desde la defunción hasta el momento de realización del inventario. Aunque el escaso tiempo transcurrido entre ambos acontecimientos resulta ser la nota dominante, en opinión de J. M. Pérez García (1981:126), pitanzas, honras del séptimo día u ofrendas, juntamente con el pago de las rentas, podían provocar una disminución en los cereales almacenados. P. Saavedra, también señala las detracciones sobre el patrimonio, básicamente sobre el cereal y las cabezas de ganado, que se producían tras la celebración de los funerales (1984:318-319). En nuestra opinión, estas posibles deducciones sobre las reservas de grano familiares o la influencia del año-cosecha, no justifican la exclusión de este importante capítulo reflejo de la economía familiar, sobre todo porque somos conscientes de los problemas de ocultación que en mayor o menor medida afectan al conjunto de los bienes inventariados. Con respecto al descarte de las ropas de vestir amparado en las incontables variaciones terminológicas que evidentemente se producen, optamos por la introducción de un criterio general que indique la presencia o ausencia de prendas de vestir, considerando después particularmente a algunas de ellas como elementos de distinción social que por lo tanto deben incluirse dentro de los artículos de lujo.

Nuestra primera pauta de selección se basará pues en el conocimiento del grado de difusión alcanzado entre la población muestral celanovesa por cada una de las propiedades reseñadas por los inventariadores, amén de los criterios, indudablemente cargados de una gran dosis de subjetividad, que justifiquen la inclusión de los enseres domésticos en una u otra serie.

En la fase inicial del trabajo se construyó una base de datos en Access donde se introdujeron a través de un formulario todos y cada uno de los bienes muebles, semovientes y raíces que conformaban el patrimonio material de los hogares inventariados, incluyendo en cada caso, además de la cantidad, toda la información disponible en la fuente acerca de su material de fabricación y valoración monetaria. Por supuesto, en el caso de los bienes raíces se indicaba también su extensión.

A lo largo de los poco más de dos siglos que abarca este estudio, el total de casi 16.000 enseres recogidos, con exclusión de los bienes semovientes y raíces, se distribuye entre 257 variantes tipológicas, agrupadas en diferentes ámbitos temáticos que hacen alusión al menaje de cocina, los componentes del mobiliario, aperos, útiles de trabajo e instrumentos para el almacenaje, reservas de la despensa, ropas de casa o vestuario y artículos de uso poco frecuente. Dichas 257 categorías de objetos constituyen la base sobre la que se desarrolló la selección de criterios que engloban las cinco series del índice construido[763]; una selección amparada en los porcentajes de representatividad de cada categoría y en la posibilidad de establecer capítulos de agrupación claramente indicativos de determinados hábitos de consumo, en los que se englobe a familias de objetos poco extendidos entre el conjunto muestral[764].

Finalmente 96 criterios fueron los seleccionados para la composición del índice de nivel de vida, un índice del que no se excluyó ninguno de los enseres cuya aparición superaba el 15% de la muestra, incluyéndose además un número mayoritario de los elementos cuya presencia se restringía a un porcentaje mínimo de las escrituras, a partir de la elaboración de los ya mencionados capítulos de agrupación. De cara a la inclusión de los objetos seleccionados en una u otra serie, se siguieron en la medida de lo posible las pautas que se establecen en los trabajos realizados con base en la metodología de M. Baulant, sin embargo, desearíamos resaltar una vez más las dificultades que indudablemente se plantean en este sentido y la innegable subjetividad de las decisiones adoptadas.

Todos aquellos elementos identificados cuando menos en un 45% de los hogares inventariados merecieron la consideración de bienes de primera necesidad. Su significado en cuanto medios a través de los cuales la sociedad satisfacía las que consideraba sus necesidades básicas, implica también la posibilidad de entrever a partir de ellos las funciones primordiales de la casa, entendida como se puede apreciar en la lectura del índice, como espacio de habitabilidad donde se cocinan y consumen los alimentos, habitáculo para el descanso, centro de almacenaje de la cosecha anual, lugar de resguardo para los indispensables aperos de una población vinculada al trabajo de la tierra y por supuesto para el cobijo de los animales.

La serie definida bajo el epígrafe de bienes de aparición frecuente tiene como finalidad complementar a la anterior, en ella se incluyeron elementos que, si bien presentan una importante difusión entre los hogares celanoveses, su grado de extensión se sitúa por término medio entre el 30 y el 45% de la muestra. El análisis detallado de los inventarios, en aras de un acercamiento a las consecuencias derivadas del transcurrir del tiempo sobre la vida material de esta comarca de la Galicia interior, mostrará la idoneidad de incluir esta segunda serie dentro del ámbito de "lo necesario". En un buen número de casos, el inferior porcentaje de representación de los enseres incluidos con respecto a los bienes calificados de primera necesidad se explica, bien como resultado de su práctica

---

[763] Véase apéndice estadístico, tabla IV.1.

[764] Nada más lejos de la verdad que la imagen de diversidad y riqueza material que parece deducirse de las cifras anteriormente expuestas, cuando en realidad un 60% de las categorías de objetos recogidas limitan su presencia a un restringido 5% de la muestra manejada.

desaparición de los hogares a partir de un determinado momento cronológico, bien como consecuencia de su generalización con posterioridad a los años 30 del siglo XVII, cuando arranca este estudio[765].

Consecuentemente, porcentajes de representación muestral por debajo del 30% -en la inmensa mayoría de las ocasiones apenas se supera el 25%-, se considerarán referidos a enseres que aglutinan el mundo de lo superfluo y por lo tanto de lo prescindible, con seguridad de lo obligadamente prescindible, visto el grado de austeridad que traducen las dos primeras series del índice. M. Baulant (1989:271), introduce como elementos de confort objetos que situándose en torno al 20% de los hogares, permiten hacer más suave la existencia, caso de la butaca o la almohada, otros que mejoran el confort térmico de la casa tales como cortinas, estufa o calentador, además de espejos, cafeteras o planchas. Con el mismo presupuesto de partida, la inclusión de objetos que permitan mejorar las condiciones de existencia y habitabilidad en los hogares, la lista confeccionada a partir de los inventarios de la comarca celanovesa difiere notablemente del ejemplo francés. En nuestro caso, difícilmente se justifica la inclusión de cortinas, estufas (braseros), espejos o planchas entre los elementos de confort, cuando su presencia en los hogares en ningún caso alcanza al 5% de la muestra constituyéndose, en nuestra opinión, en los verdaderos caracterizadores de un género de vida alejado de las mayorías y por supuesto, lujoso.

Si bien en la región de Brie, disponer en el siglo XVIII de objetos específicos para la iluminación del hogar, sillas o taburetes que permitan la disposición de un espacio individualizado para el "descanso", camas y colchones que mejoren las condiciones del sueño o un menaje de cocina diversificado, significaba únicamente satisfacer las "primeras necesidades" de sus habitantes. En cambio, para sus coetáneos gallegos que disfrutaban de estos bienes (en torno al 20-25% del conjunto de hogares de la muestra), detentarlos implicaba disponer de unas viviendas sin duda más confortables que las de la mayoría de la población, cuyas necesidades fundamentales, parecían estar estrictamente vinculadas al concepto de supervivencia.

En opinión de Ch. Dessureault (1990:188), la serie donde se agrupan los objetos de lujo reúne los criterios identificadores de un género de vida más refinado que el de la mayoría de la población, mientras, la serie civilización respondería a las maneras, los ritos y los usos, caracterizadores del modelo cultural de las élites occidentales. Al menos para el caso que nos ocupa, distinguir entre los elementos caracterizadores de un nivel de vida elevado y aquellos otros representativos del modelo cultural vigente entre los detentadores de dicho nivel, nos pareció harto difícil y cuando menos, discutible.

Partiendo de unos porcentajes de representación semejantes, que en la mayoría de los casos no alcanzan al 15% de la muestra, siendo abundantes las cifras entre el 4 y el 10%, reservamos la serie "civilización" para aquellos criterios identificadores de dicho modelo cultural. Un patrón de conducta en el que jugarían un papel importante la detentación de determinados elementos que denotan cierta sensibilidad cultural o por lo menos, conocimiento de la lectura y la escritura, la posesión de objetos vinculados a un mundo de creencias religiosas, no ajenas por supuesto al resto de la población, la búsqueda de la distinción personal a través del lucimiento de adornos e incluso armas, o el progresivo interés por la higiene.

Se observa además la inclusión en la serie de determinados materiales cuya presencia no parece encajar en cuanto definidores de un determinado patrón cultural; es el caso de la cerámica de Talavera, estaño, bronce, hojalata u objetos de procedencia exterior (cerámica china, porcelana inglesa), apenas presentes en un 12% de los hogares de la comarca. Optamos por introducirlos en la quinta serie del índice puesto que el disfrute de objetos fabricados con estos materiales implicaba, salvo excepciones, la necesaria concurrencia al mercado; quizá su adquisición fuera

---

[765] En este sentido nos alejamos de la metodología de M. Baulant en tanto que su búsqueda de la novedad le lleva a eliminar cualquier objeto propio de la civilización material del siglo XVII y después desaparecido de los inventarios en la centuria ilustrada. (1989:269)

posible a través del comercio local, pero en todo caso el conocimiento de su existencia y su compra implicaban, además de una mentalidad suntuaria, una cierta "apertura al exterior".

El carácter discutible de los criterios de clasificación adoptados resulta evidente; si el lucimiento de objetos tales como hebillas, útiles para el pelo, parasoles, alhajas, bastones, etc., se consideró la consecuencia evidente de una búsqueda de la distinción personal dentro de un marco cultural determinado, por otra parte, incluimos la posesión de vestidos, mantillas, medias de seda, basquiñas o zapatos como características representativas de un modelo de vida lujoso. Pese a estos problemas, los cálculos realizados a partir de la obtención de un índice de nivel de vida para cada una de las escrituras vaciadas avalan, en nuestra opinión, la metodología utilizada.

No desearíamos concluir la presentación de nuestro planteamiento metodológico sin señalar una última cuestión al respecto de las características de la documentación consultada, así como la topografía de las escrituras finalmente seleccionadas.

En cuanto a las características específicas de los inventarios post-mortem celanoveses, el vaciado y análisis exhaustivo de los mismos nos mostró que la escasez no era el único rasgo caracterizador de esta tipología documental en la comarca de estudio y si bien B. Yun Casalilla (1997:48) afirmó la habitual inclusión del conjunto de los bienes del hogar en este tipo de documentación, en nuestro caso concreto un gran número de escrituras debieron descartarse puesto que en el memorial de bienes únicamente se recogían las pertenencias del difunto[766].

Importantes deficiencias o, cuando menos, alteraciones manifiestas en el proceder de la justicia pueden observarse en una proporción importante de las escrituras descartadas en las que la actuación del notario se limita exclusivamente a ordenar la comparecencia del cónyuge superviviente, la mujer en todos los casos constatados, quien ante el representante de justicia y bajo juramento, debe declarar los bienes pertenecientes a los menores así como su aceptación o renuncia a la curaduría de los mismos. En estas declaraciones, conservadas a través de los inventarios, únicamente se hace recuento de los bienes que corresponderían a la descendencia por parte del padre muerto, convirtiéndose así en documentos inservibles para nuestro objetivo de estudio, sin necesidad de entrar en otras valoraciones tales como el grado de ocultación en los bienes declarados que podría derivarse del procedimicnto utilizado[767].

Una vez realizados dichos descartes, 188 fueron los inventarios introducidos en nuestra base de datos; en un 37,1% de los mismos solo se incluyen bienes muebles, en un 59,5% de los casos se trata de escrituras de bienes muebles y raíces, mientras que en el 2,6% restante está constituido por inventarios sobre bienes raíces. Dada la notoria escasez de este tipo de escrituras entre los protocolos notariales conservados para la comarca de Celanova, buscamos acrecentar nuestra muestra con el apoyo de partijas que, dependiendo del nivel de información aportado, también podrían ser utilizadas en un estudio de estas características. Lamentablemente, los notarios celanoveses

---

[766] El profesor P. Saavedra (1984:318-319), constata la existencia de una relación directa entre mayor o menor abundancia de inventarios y tamaño de las circunscripciones judiciales. En las grandes jurisdicciones de las tierras mindonienses, donde difícilmente la justicia ordinaria podía enterarse del conjunto de decesos que requerían el levantamiento de inventario, estas escrituras eran menos numerosas que en los pequeños cotos. En las tierras celanovesas, donde también convivían grandes jurisdicciones con cotos de reducido tamaño, no se aprecia la existencia de una relación semejante, sin embargo, quizá la importante presencia de jurisdicciones que a mediados del siglo XVIII superaban el millar o incluso los dos mil vecinos (caso de las jurisdicciones de Celanova y Milmanda, respectivamente), imponía unas normas concretas de actuación a los encargados de la redacción de un inventario.

[767] En otras ocasiones incluso, algunas personas de la vecindad ya han realizado el inventario de la herencia del difunto, limitándose la viuda exclusivamente a comparecer ante el escribano para solicitar o asumir la tutoría que ya viene ejerciendo de facto. Este es el procedimiento utilizado por el notario Jose Araujo Feijoo a la muerte de Manuel Rodríguez, vecino de San Paio, casado con Teresa Del Río y padre de una niña de corta edad: "que por Teresa del Río del lugar de Pazos, fra. De San Paio en este domicilio se le dio parte, como había unos diez dias fallecio Manuel Rez.. su marido, y que de el quedó una niña de tierna hedad llamada Maria Benita, y que respecto en este mismo dia tomó su tutª. trae un asiento de toda la hª. y mas efectos fincables, hecho por dos vecinos de toda entereza" A.H.P.O.U., Notario José Araujo Feijoo, año 1803, caja 1203, f.12.

tampoco demostraron su celo a la hora de redactar las escrituras de partición siendo los bienes muebles los grandes ausentes del repartimiento, frustrando así nuestras expectativas al respecto. Únicamente pudieron añadirse a nuestra base de datos tres partijas que además de los bienes raíces, contemplan el capítulo de bienes muebles. En la tabla 24 se presenta la topografía de las escrituras sobre las que reposan los cálculos del índice de nivel de vida que a continuación se ofrecen.

SEXO	HOMBRE		MUJER		PAREJA CONYUGAL	
ESTADO CIVIL	N° CASOS	%	N° CASOS	%	N° CASOS	%
SOLTERO/A	25	13,4	6	3,2	-	-
CASADO/A	59	31,7	9	4,8	-	-
VIUDO/A	31	16,6	18	9,6	-	-
NO SE ESPECIFICA	11	5,9	0		-	-
TOTAL	126	67,7	33	17,7	27	14,5

TABLA 24 • CLASIFICACIÓN POR SEXO–ESTADO CIVIL DE DEFUNCIONES QUE GENERARON INVENTARIO

Mayoritaria presencia de recuentos realizados tras la muerte de una persona de sexo masculino y aceptable distribución de las escrituras en función del estado civil del difunto, constituyen las características básicas de la muestra seleccionada. La matizada importancia de los inventarios elaborados en hogares quizá próximos a su desaparición a juzgar por el estado de viudedad en el que ya se encontraba el difunto, 26,2% del total, la aparición de hogares regentados por solteros y la importante frecuencia de personas casadas, garantizan una adecuada representación de las diferentes etapas del ciclo de vida familiar en los hogares de la comarca de Celanova, al tiempo que permiten un acercamiento al estudio de la posible influencia del ciclo de vida en el nivel de vida familiar.

La inexistencia de referencias que permitan una primera clasificación sociológica de los inventarios limita por el momento las posibles valoraciones acerca del grado de representatividad social de la muestra. El número de dones y eclesiásticos integrados en este conjunto de escrituras supone el 18,9% del total, consecuencia evidente del escaso número de inventarios realizados en estas tierras, que actúa como agravante del problema fundamental que se presenta en el manejo de documentación notarial, la representatividad social de la muestra manejada.

IV.6.1. El lento transcurso de los tiempos modernos. Evolución del índice de nivel de vida entre 1630–1850

Los campesinos de la región de Meaux en el siglo XVII presentaban un índice medio de nivel de vida de 26,3 (M. Baulant, 1989:275). Un siglo después, la mejora experimentada en sus condiciones de vida se traducía en un índice de 43,6, ascendiendo el indicador del conjunto de la población en esa misma época a 58,9 (M. Baulant, 1990:211). Mientras, los campesinos normandos veían medrar su nivel de vida desde un índice 43,4 representativo de la primera mitad del siglo XVIII hasta el 58,6 de la segunda mitad, indicadores en todo caso muy superiores a los que traducen los hogares de los habitantes canadienses cuyo índice de nivel de vida pasaría de 28,6 entre 1740-60 a 37,0 en 1760-90 (J. A. Dickinson, 1990:218).

La tabla 25 refleja el índice medio de nivel de vida que se desprende de los inventarios de la comarca celanovesa y el porcentaje de representación de cada serie en el conjunto.

TABLA 25 • ÍNDICE MEDIO NIVEL DE VIDA EN LA COMARCA DE CELANOVA (1630–1850)		
SERIES	**ÍNDICE**	**%**
BIENES 1ª NECESIDAD	14,79	48,9
BIENES USO FRECUENTE	8,76	29,0
CONFORT	3,82	12,6
LUJO	1,27	4,2
CIVILIZACIÓN	1,58	5,2
ÍNDICE MEDIO	30,22	100,0

La reducida presencia de enseres lujosos o reveladores de una determinada impronta cultural, sólo accesible a una minoría, puede constatarse a partir de la lectura de las anteriores cifras. Sobre una posible representación teórica del 30% del índice medio, las dos últimas series en conjunto no alcanzan ni el 10% del índice resultante[768]. Por el contrario, casi el 80% de los bienes que conformaban el entorno cotidiano de los hogares analizados, respondía a la necesidad de disponer de un mínimo de condiciones que garantizase la "habitabilidad" y el adecuado funcionamiento de las viviendas-explotaciones.

Sorprenden quizá las diferencias observables entre el índice medio de nivel de vida de esta comarca de la Galicia Interior y las cifras aportadas para las regiones francesas. Sin obviar la cautela necesaria que exige el establecimiento de comparaciones entre contextos históricos notablemente diferentes, tal como se ha revelado en este caso concreto, y aún siendo conscientes de las disparidades que pueden producirse en los índices como consecuencia de los cambios introducidos en la metodología de análisis, la senda de austeridad por la que transcurrían las vidas de los celanoveses surge en cada mirada a los inventarios de la comarca.

La capacidad productiva de sus tierras, en torno a 27 Hl./Ha. según se deduce de los altos rendimientos obtenidos

---

[768] Los estudios llevados a cabo por J. A. Dickinson sobre los hogares de campesinos normandos demuestran la escasa importancia que evidentemente jugaban los objetos lujosos en su entorno material. En este caso concreto la serie de lujo evolucionaría desde un índice de 2,5 a principios de la centuria ilustrada hasta alcanzar el 3,7 en el periodo de 1761-1790 (1990:218). Nótese sin embargo como la presencia de objetos de lujo entre los campesinos normandos supera incluso las cifras que nosotros aportamos para el conjunto de la muestra seleccionada, muestra en la que el 18% del total se corresponde con hogares

a partir del análisis de los Libros Reales del Catastro de Ensenada, permitió garantizar la supervivencia a una media de casi 112 Hab./Km² a mediados del siglo XVIII. La importante presencia de un campesinado dependiente, un 56,5% del total, incapaz de satisfacer su propia subsistencia anual a juzgar por las declaraciones de tierra cultivable en el Catastro, muestra el elevado costo social a pagar por el modelo de desarrollo económico adoptado en la comarca. El bajo índice de nivel de vida resultante se plantea como una consecuencia más de ese modelo.

En el apéndice estadístico, en el gráfico IV. 1 se muestra la evolución del índice de vida a lo largo de los tiempos modernos. La agrupación de los inventarios post-mortem por períodos cronológicos muestra una tendencia clara en el comportamiento global del indicador del nivel de vida[769]. Los años 60 del siglo XVIII marcarían el inicio de una larga etapa de declive, que se continúa en el momento de concluir nuestro análisis a mediados del siglo XIX, y en la que de una manera apenas perceptible al comienzo y con total claridad desde principios del siglo XIX, se van perdiendo las ganancias acumuladas en el nivel de vida medio de la sociedad a lo largo de la segunda mitad del seiscientos y primera mitad del setecientos[770].

El paralelismo que se aprecia entre el comportamiento del índice de nivel de vida comarcal, la curva de desarrollo demográfico y el modelo agrario vigente no ofrece ningún género de dudas. La segunda mitad del siglo XVII y la primera parte del siglo XVIII se han ido conformando a través de las fuentes, no sólo como los momentos del máximo desarrollo demográfico, un desarrollo amparado con seguridad en las transformaciones introducidas en el sistema agrario a comienzos del periodo, sino también como una época floreciente para las economías familiares a juzgar por la capacidad de consumo que traducen los inventarios conservados.

Pero, si bien el comportamiento del índice de nivel de vida incide en una tendencia clara al retroceso en las condiciones de existencia en los dos últimos periodos investigados, el análisis individualizado de las series que integran dicho índice nos alertará sobre la necesidad de establecer matizaciones al respecto. El índice de nivel de vida cae desde un indicador de 32,9 en la primera mitad del XVIII hasta el valor de 29,4 de los primeros 50 años del siglo XIX, sin embargo, el comportamiento de las series no se presenta en absoluto uniforme y si los bienes que integran el universo de lo necesario traducen una caída del 16,83% entre 1700-1750 y 1800-1850, superior a la del índice medio (10,69%), las tres series representativas de lo superfluo avanzarían en un 12,03% en ese mismo periodo.

Analizar las razones que justifican el incremento del consumo medio de bienes no destinados a cubrir las primeras necesidades de la población, al menos teóricamente, en períodos en los que parecemos asistir a un descenso en

---

presumiblemente integrados en los cuadros de las élites locales, eclesiásticos y dones.

[769] El fuerte escalón que se aprecia en el comportamiento del índice entre la primera y segunda mitad del siglo XVII debe ser contemplado con cierta cautela dado el volumen de escrituras sobre el que se elaboraron los datos que en el gráfico se representan. La distribución de escrituras por periodo se presenta de la siguiente manera; se contabilizan 13 inventarios redactados en los años 30 y 40 del siglo XVII, 39 en la segunda mitad del siglo, 18 para el periodo comprendido entre 1700 y 1759, 64 se sitúan en los decenios mejor representados, 1760-1799, y 52 corresponden a la primera mitad del siglo XIX. Pese a la posible incidencia del escaso número de escrituras recogidas para la primera mitad del siglo XVII sobre el índice obtenido, 15,5, la hipótesis de una importante mejora en las condiciones materiales de los hogares celanoveses en la segunda mitad del siglo, índice de 30,9, aunque en grado inferior a la que se refleja en el gráfico, resulta perfectamente coherente y acorde con el comportamiento de otros indicadores económicos, que inciden en una visión positiva del periodo.

[770] La hipótesis de un descenso en el nivel de vida de la sociedad rural ourensana de fines del siglo XVIII y primera mitad del XIX ya ha sido puesta de manifiesto por Mª. J. López Alvarez en sus investigaciones sobre las geográficamente cercanas tierras de Cea. En este caso, la autora constata el paralelismo que se produce entre la reducción de las inversiones familiares en bienes muebles y semovientes y la disminución en la presencia de este tipo de enseres en las viviendas de la comarca (Mª. J. López Álvarez, 1997:185). También se encuentran en declive desde finales de los años 80 del siglo XVIII y a lo largo de los primeros cincuenta años del XIX, los valores medios patrimoniales de las familias leonesas investigadas por J. M. Pérez García, aunque en este caso el autor señala la divergencia de comportamientos internos que se produce entre los diferentes sectores en los que se estructura el patrimonio familiar. (J. M. Pérez García, 1997:64).

el grado de bienestar social, constituye uno de los objetivos fundamentales de este trabajo. La selección de un número limitado, pero especialmente significativo de enseres domésticos incluidos en determinados capítulos de agrupación, nos permitirá superar el nivel de comprensión que permite un indicador numérico, acercándonos de una manera más directa a la cultura material de esta área del suroeste ourensano y las consecuencias derivadas de la evolución que nos trasmiten los índices. Por razones de claridad expositiva, las escrituras se agruparon en tres períodos cronológicos exponentes del comportamiento de la civilización material celanovesa en los siglos XVII-XVIII y primera mitad del XIX[771]. Véase al respecto la tabla 26

TABLA 26 • EVOLUCIÓN MENAJE DE COCINA EN LOS HOGARES DE LA COMARCA												
PERIODOS	1630/1698 (51 casos)				1699/1798 (80 casos)				1799/1854 (55 casos)			
MENAJE COCINA	TOTAL	A	B	C	TOTAL	A	B	C	TOTAL	A	B	C
POTES	3	3,9	0,06	1,5	147	72,5	1,84	2,5	126	80,0	2,29	2,9
CONCAS	248	39,2	4,86	12,4	264	32,5	3,30	10,2	181	45,5	3,29	7,2
SARTENES	5	9,8	0,10	1,0	45	40,0	0,56	1,4	51	58,2	0,93	1,6
TENEDORES	3	3,9	0,06	1,5	52	13,8	0,65	4,7	96	20,0	1,75	8,7
CUCHILLOS	1	2,0	0,02	1,0	23	8,8	0,29	3,3	21	14,5	0,38	2,6

En la tabla se refleja el comportamiento de algunos enseres especialmente significativos dentro del capítulo del menaje de cocina, seleccionados tanto por los porcentajes de representación que alcanzaron en los hogares de la comarca como por su funcionalidad y su posible utilización como reveladores de un cambio cultural en los usos y costumbres de la sociedad. En conjunto, se muestran reveladores de una tendencia generalizada a la mejora en el menaje de cocina de los hogares incluidos en la muestra.

El transcurso de los tiempos modernos marcó su impronta no sólo en un progresivo incremento porcentual del número de familias que disponían de enseres para cocinar y consumir los alimentos, sino también en el ascenso de la media de objetos por hogar, un aspecto importante para explicar la evolución de la civilización material que queda al margen del índice de nivel de vida. Evidentemente, la visible reducción del índice medio en la primera mitad del siglo XIX no se traduce en el ámbito de la cocina, donde además de mejorar los porcentajes de representación de enseres con un importante nivel de difusión en los hogares de la muestra, se observa la progresión que experimentan otros objetos, caso de tenedores y cuchillos, que comienzan a afianzar su presencia a partir de los años 70 del siglo XVIII[772].

[771] El conjunto de los cuadros presenta un idéntico esquema de elaboración. Para cada uno de los tres periodos cronológicos se incluyó el dato referido al total de objetos sobre el que se desarrollan los cálculos, el porcentaje de hogares en los que se menciona su presencia (A), la media de objetos por hogar (B), y la media de objetos entre el grupo de los poseedores (C).

[772] Con anterioridad a esa fecha, únicamente se hace referencia a la presencia de este tipo de utensilios en seis hogares de la muestra, incluyéndose entre los

Pese a esta mejora paulatina en el menaje de cocina, la situación que reflejan las escrituras difiere en gran medida de la descrita por P. Servais en sus estudios sobre el mundo rural belga. En el primer tercio del siglo XVIII, en el entorno rural de la ciudad de Herve, los cuchillos y tenedores figuran ya en un 50% de las actas notariales[773]. Sin embargo, el nivel de difusión que alcanzan estos instrumentos a lo largo del siglo XVIII en la comarca de Celanova supera con creces las cifras ofrecidas para el mundo rural ginebrino de la segunda mitad del siglo XVIII, donde cucharas y cuchillos limitarían su presencia a un reducido 4% de los hogares[774]. En cualquier caso, la imagen de austeridad que se desprende de los datos que figuran en el cuadro resulta patente. En la primera mitad del siglo XIX, salvo una importante presencia de potes, concas o sartenes, la mayoría de las cocinas se encontraban desprovistas de casi todo[775].

Su desnudez formaba parte de un cuadro generalizado de carencias del que da buena muestra la tabla 27 sobre la evolución del mobiliario.

TABLA 27 • EVOLUCIÓN DEL MOBILIARIO EN LOS HOGARES DE LA COMARCA											
PERIODOS	**1630/1698 (51 casos)**				**1699/1798 (80 casos)**				**1799/1854 (55 casos)**		
MOBILIARIO	**TOTAL**	**A**	**B**	**C**	**TOTAL**	**A**	**B**	**C**	**TOTAL**	**A**	**B**	**C**
ARCAS	262	100,0	5,14	5,1	395	96,3	4,94	5,1	224	90,9	4,07	4,5
LECHOS	33	37,3	0,65	1,7	78	45,0	0,98	2,2	101	90,9	1,84	2,0
SILLAS	7	7,8	0,13	1,7	25	12,5	0,31	2,5	65	12,7	1,18	9,2
MESAS	8	9,8	0,16	1,6	8	8,8	0,10	1,1	40	27,3	0,73	2,7
ARMARIOS	5	9,8	0,10	1,0	2	2,5	0,03	1,0	6	9,09	0,11	1,2
ESCRITORIOS	1	2,0	0,02	1,0	6	3,8	0,08	2,0	9	10,9	0,16	1,5
OBJETOS ILUMINACION	21	15,7	0,41	2,6	46	23,8	0,58	2,4	42	29,1	0,76	2,6

mismos los regentados por Francisco González y Bernardo Álvarez, eclesiásticos, y Don Luis Guerrero y doña Clara Temes. A.H.P.O.U., sección protocolos notariales, notarios Francisco Villanueva, Juan Francisco Fernández y Antonio Sotelo.

[773] Multiplicación del número de objetos y diversificación son, a juicio del autor, las características básicas que mejor definen la evolución de los útiles de cocina a lo largo de los siglos XVII y XVIII. En su opinión, la irrupción del barro cocido en el último tercio del siglo XVIII en sustitución del cobre implicaría además el sacrificio de la calidad a favor de la cantidad y diversidad. (P. Servais, 1987:338-339).

[774] En opinión de D. Hiler y L. Wiedmer, autores del estudio, la escasa presencia de cuchillos en las casas del medio rural ginebrino en clara contradicción con su frecuente aparición en el entorno urbano se explica en virtud de un criterio de consumo omnipresente en el mundo rural, la búsqueda de la funcionalidad múltiple; un criterio que cumplirían en mejor medida otro tipo de instrumentos, caso de una simple navaja. Además, cortar los alimentos implica la adopción de una estética culinaria contraria a las formas espontáneas de convivencia de la sociedad campesina. Ambas cuestiones se encontrarían en el trasfondo explicativo del rechazo que, a su juicio, demuestra la sociedad rural hacia pequeños elementos de latón, caso de ralladores, moldes, embudos, etc., que a pesar de su bajo precio no penetran en el campo. (D. Hiler, L. Wiedmer , 1987:137)

[775] No parece creíble la práctica inexistencia de "potes" en los hogares celanoveses del siglo XVII y, el irrisorio porcentaje de presencia obtenido, 3,9%, quizá se encuentre en relación con una omisión sistemática por parte del inventariador, aunque se desconoce la lógica de dicho comportamiento. La sartén, por el contrario, entra de un modo vigoroso en los hogares de la comarca a partir de los años 40 del siglo XVIII y se extiende con cierta rapidez, testimoniando el grado de desarrollo social que adquiere a partir de este momento otros sistemas para el preparado de los alimentos al margen de la tradicional cocción. En la comarca de Monterrei en la segunda mitad del siglo XVIII también se produce su difusión entre un número mayor de hogares campesinos, localizándose en un 38,3% de los mismos (C. I. González Abellás, 2013:59).

Los muebles de los hogares campesinos del entorno de la ciudad de Santiago en el siglo XVII se reducían a algunas arcas, arquillas y huchas, la presencia de algún banco y escasa aparición de sillas, taburetes y mesas. Partiendo de una utilización genérica del término lecho para designar simplemente el lugar destinado para dormir, sin distinción entre camas, catres o tarimas, su aparición se circunscribía al 63,5% de los inventarios, frente a la media de 3,1 que se obtiene en el estricto marco urbano. (Mª. A. Rozados, 1986:78). La austeridad o la más desnuda pobreza, "sin asomo de lujo ni comodidad", se convierten en opinión de B. Barreiro (1981:469), en las características definidoras de los hogares campesinos santiagueses del siglo XVIII, donde en un 25% de los casos no se hacía mención ni a la presencia de una mala cama[776].

Austeridad y pobreza son las marcas caracterizadoras de los hogares campesinos compostelanos, cuyos rasgos generales conocemos para los siglos XVII y XVIII. Sin embargo, en ambos periodos cronológicos, el sintomático dato referido a la proporción de hogares con presencia de lechos supera con creces las cifras de la comarca de Celanova. En el siglo XVIII, pese a los avances con respecto a la centuria precedente, más de la mitad de las familias analizadas carecían de un mueble específico destinado al descanso, la disponibilidad de sillas o mesas era un lujo apenas accesible para una minoría, y los hogares iluminados con otros sistemas al margen de la luz que ofrecía la lumbre, no representaban ni a una cuarta parte del total[777]. Sin embargo, prácticamente en la totalidad de estos se disponía de un importante número de arcas, el elemento más difundido en los hogares de la comarca. Únicamente su múltiple funcionalidad y su vinculación con las reservas cerealeras, básicas para garantizar la satisfacción de la primera necesidad por excelencia, la alimentación familiar, pueden explicar su grado de difusión.

La primera mitad del siglo XIX se convierte a la luz de los datos en un periodo especialmente interesante para el estudio de la cultura material de la comarca. El índice medio de nivel de vida de sus habitantes desciende con respecto a épocas anteriores, sin embargo, los avances que se aprecian en determinados campos son indudables y la evolución del menaje de cocina y mobiliario del hogar son pruebas evidentes de ello. Una proporción mayoritaria de los hogares inventariados disponen de un lecho para el descanso y prácticamente el 30% de la muestra posee mesas y objetos para la iluminación tales como candiles, candeleros, velones o linternas. Otros enseres, caso de armarios o escritorios, ejemplifican la difusión a partir de los años 70 del siglo XVIII de un determinado tipo de mobiliario de restringido acceso para una minoría.

El armario hace su aparición en la comarca de Celanova en la segunda mitad del siglo XVII, contabilizándose 5 escrituras en las que se menciona su presencia. Con posterioridad a esta temprana fecha desaparece cualquier información al respecto hasta el inventario de Inocencio Rodríguez, redactado en 1763, a partir de este año contamos nuevamente con testimonios a cerca de su ubicación en los hogares de la comarca. El importante lapsus de tiempo transcurrido entre el primer y el segundo bloque de informaciones nos advierte quizá sobre la posible utilización de un mismo término para referirse a enseres de distinta forma y quizá incluso funcionalidad. En cualquier caso, la presencia de armarios a fines del siglo XVII también ha sido documentada para una

---

[776] Lujo y refinamiento en cambio, impregnaban los interiores urbanos en los que habitaban no solo los canónigos del Cabildo, sino también el alto clero y la nobleza; en sus casas, sillas y taburetes de moscovia eran muy numerosas, además de la importante presencia de escritorios, bufetes, cuadros, espejos o arcas. (B.Barreiro, 1981:453-454). Entre la "estampa desoladora" que, a juicio de E. Martínez (1984:153), presentaba el campesinado santiagués y el lujo descrito para el mundo de las élites, el artesanado compostelano de mediados del siglo XVIII se movía entre la modestia y la humildad, con un mobiliario limitado a la presencia de un bufete, una mesa, un banco, unos pocos taburetes, una o varias arcas, alguna tarima que hacía las veces de cama o incluso un simple jergón.

[777] En las tierras de Monterrei el panorama en el interior de los hogares se presenta igualmente desolador. En la segunda mitad del siglo, solo en un 26,16% de los hogares se recoge la presencia de un mueble específico destinado para el descanso y las mesas inexistentes en la primera mitad del siglo XVIII se localizan solo en un 8,08% de las escrituras analizadas (C. I. González Abellás, 2013:60).

comunidad rural del Languedoc, Saint Victor de la Coste, donde a diferencia de nuestra área de estudio, pronto se generaliza su utilización en el siglo XVIII, de manera que entre 1716-1750 se contabiliza su aparición en un 25% de las dotes[778].

La tabla 28 nos permite seguir avanzando en el conocimiento de la cultura material celanovesa y su evolución a lo largo de los tiempos modernos a través del estudio de las ropas de casa y prendas de vestir.

TABLA 28 • EVOLUCIÓN DE LAS ROPAS DE CASA Y PRENDAS DE VESTIR												
PERIODOS	1630/1698 (51 casos)				1699/1798 (80 casos)				1799/1854 (55 casos)			
ROPAS	TOTAL	A	B	C	TOTAL	A	B	C	TOTAL	A	B	C
SÁBANAS	111	51,0	2,18	4,3	297	62,5	3,71	5,9	211	61,8	3,84	6,2
MANTA/COBERTOR	150	92,2	2,94	3,2	203	80,0	2,54	3,2	102	61,8	1,85	3,0
ALMOHADAS	57	29,4	1,12	3,8	135	25,0	1,69	6,8	95	32,7	1,73	5,3
MANTELES	62	45,1	1,22	2,7	95	36,3	1,19	3,3	53	32,7	0,96	2,9
ROPA DE VESTIR	107	47,1	2,10	4,5	526	63,8	6,58	10,3	351	65,5	6,38	9,8
PARES DE ZAPATOS	6	7,8	0,12	1,5	8	8,8	0,10	1,1	14	12,7	0,25	2,0

Frente al comportamiento del menaje de cocina y mobiliario de hogar, cuya mejora progresiva a lo largo de los poco más de 200 años que abarca este estudio hemos tenido ocasión de constatar, el capítulo de las ropas de casa es el primero en mostrarnos la incidencia sobre el marco hogareño de la reducción del índice medio de vida en el último periodo analizado. Si bien no se aprecia un descenso generalizado en la proporción de hogares en los que se menciona su presencia y en el número de artículos contabilizados, mantas, manteles o sábanas aparecen con menor frecuencia en los hogares de la comarca, y salvo en el caso de las sábanas, incluso se constata una reducción de su número entre las familias detentadoras. Por el contrario, crece el número de almohadas y prendas de vestir reseñadas

---

[778] E. Pelaquier (1996:365), relaciona su rápido desarrollo con el retroceso que en ese mismo periodo experimentan las arcas, y en su opinión el cambio debe enmarcarse en el conjunto de transformaciones operadas en el siglo XVIII en el interior de los hogares y en el propio concepto de hogar. Al arca, mueble sólido por excelencia y vinculado a un deseo de conservación más que a un uso cotidiano de su contenido, le sustituye el armario, mueble para el uso que permite una colocación interior racional y además cultiva la ostentación. En las tierras celanovesas, como en la cercana comarca de Cea, donde los hogares con 7 o más arcas representan más de la mitad de la muestra entre 1740-85 y descienden su representación al 19% entre 1786-1850 (Mª. J. López Álvarez, 1997:183, la progresiva disminución del número de arcas no sólo se explica a partir de la lenta difusión del armario, sino que juega un papel esencial la rápida extensión del hórreo. La primera fecha para la que tenemos datada su existencia es 1758, a partir de este momento y hasta comienzos del siglo XIX, un 56% de los hogares ya menciona su presencia.

en las escrituras con respecto a los siglos precedentes. Decididamente, el avance que se verificó a lo largo de los tiempos modernos hacia una mayor confortabilidad resultó imparable, al menos para un sector de la población que aumentó el consumo de artículos tendentes a mejorar las condiciones de existencia, incluso en periodos de dificultades para la gran mayoría.

Pese a ello, la comparación de las cifras medias por periodo con los datos que nos aportan las escasas investigaciones llevadas a cabo sobre otras áreas geográficas revela una vez tras otra el limitado nivel de consumo comarcal. Las similitudes con las tierras de Monterrei son evidentes apreciándose incluso una menor capacidad de consumo entre los campesinos verineses[779]. En el marco rural compostelano de la segunda mitad del XVII, la presencia de sábanas o almohadas se extendía al 69,7 y 48,8%, respectivamente, de los hogares analizados (Mª. A. Rozados, 1986:103). Los campesinos pequeño-propietarios, e incluso los campesinos sin tierra del Penedés, disponían en el siglo XVIII de un número de sábanas que supera con creces la cifra resultante para el conjunto de la sociedad representada en los protocolos de nuestra área de estudio[780]. Evidentemente, los datos no admiten ninguna posible comparación con el elevadísimo nivel de vida de las élites urbanas de Santiago en ese mismo periodo (B. Barreiro, 1981:457); la suma de los 80 hogares inventariados en la comarca de Celanova en el siglo XVIII no alcanza sino a igualar el número de almohadas presente en una sola casa propiedad de un representante del alto clero santiagués, 135.

Con respecto a la presencia de prendas de vestir, que evidentemente permitiría el desarrollo de un análisis en mayor profundidad vinculado al mundo de las modas y los cambios en los hábitos del vestido a lo largo del tiempo, quizá resulte necesaria una cierta cautela en la posible valoración de las cifras obtenidas. Presumiblemente, resulta lógico pensar que en un cuadro de carencias generalizado, las únicas prendas disponibles para una proporción importante de la sociedad eran las que diariamente llevaba sobre su cuerpo, prendas que por supuesto no quedaron recogidas en las escrituras notariales. Es en este sentido como debiera interpretarse el avance que se registra en el número de hogares con presencia ropa. Por lo que respecta al reducido número de pares de calzado declarados, su porcentaje de aparición coincide plenamente con las cifras en torno al 10% que aportan tanto Mª. J. López en su estudio sobre las tierras del noroeste ourensano (1997:183), como C. I. González Abellás en su trabajo sobre la comarca de Monterrei (2013: 60). De idéntica manera, Mª. A. Rozados (1986:109) señala las escasas menciones que se conservan para el entorno rural de Santiago en el siglo XVII[781].

Siguiendo la clasificación empleada por J. M. Pérez García en su estudio sobre tierras leonesas (1997:70), exponemos en las tablas 29, 30 y 31 el comportamiento de los tres capítulos que integran el sector productivo de las economías campesinas: despensa, aperos y ganadería.

---

[779] En la segunda mitad del siglo XVIII en el área de Monterrei, las mantas solo aparecen en un 46% de los hogares inventariados y las sábanas en un 22% del total (C. I. González Abellás, 2013: 61).

[780] Según se desprende de los datos aportados por B. Moreno (1997:26-27), una familia de pageses sin tierra disponía de seis sábanas, ascendiendo a nueve las disfrutadas por una familia de campesinos pequeño-propietarios. Mientras, la media que se obtiene en la comarca de Celanova para el mismo periodo, integrando en los cálculos a las élites locales, no llega a alcanzar las cuatro piezas.

[781] La hipótesis de un subregistro con base en las mismas razones que se expresaron con anterioridad es evidentemente tan factible como para el caso de las restantes prendas de vestir, sin embargo, tampoco resulta del todo descartable la posible desnudez o cuasi desnudez de los pies en un sector de la sociedad. De hecho, las notas impresionistas de algunos de los viajeros que recorrieron la Galicia de los siglos XVIII y XIX, caso de Clarke en 1761 o Mellado en 1850, señalan la falta de calzado entre sus habitantes. (R. Domínguez Martín, 1997:66). Por otra parte, tampoco debemos olvidar testimonios como el que nos ofrece el inventario redactado en el mes de noviembre de 1820 a la muerte de Francisco Fernández . El difunto, vecino de Santo Tomé de Barxa, se encontraba casado con Antonia Domínguez de cuyo matrimonio quedaban tres hijos menores de los 12 años. El nivel de vida del matrimonio a juzgar por el índice resultante de la escritura (34,8), se situaba un poco por encima de la media del periodo, sin embargo, tras el recuento de las ropas del difunto, un capote de somonte viejo, una chaqueta vieja, un chaleco viejo y un calzón en idéntico estado de uso, el escribano añade: "de esto se determinará hacer ropa para los niños que están desnudos". A.H.P.O.U., Notario José Camino Recio, caja 1229, año 1820, f. 38v.

TABLA 29 • EVOLUCIÓN DE LOS APEROS AGRÍCOLAS

APEROS	1630/1698 (51 casos)				1699/1798 (80 casos)				1799/1854 (55 casos)			
	TOTAL	A	B	C	TOTAL	A	B	C	TOTAL	A	B	C
CARROS	31	54,9	0,61	1,1	63	71,3	0,79	1,1	34	50,9	0,62	1,2
ARADOS	36	54,9	0,71	1,3	36	38,8	0,45	1,2	29	45,5	0,53	1,2
GRADAS	2	3,9	0,03	1,0	17	21,2	0,21	1,0	8	14,5	0,14	1,0
AZADAS	77	54,9	1,51	2,8	205	86,3	2,56	3,0	122	74,5	2,22	3,0
HOCES	75	62,7	1,47	2,3	86	57,5	1,08	1,9	33	38,2	0,60	1,6
ÚTILES LINO	24	29,4	0,47	1,6	48	33,8	0,60	1,8	23	23,6	0,42	1,8

TABLA 30 • EVOLUCIÓN DE LA DESPENSA

PERIODOS	1630/1698 (51 casos)				1699/1798 (80 casos)				1799/1854 (55 casos)			
DESPENSA	TOTAL	A	B	C	TOTAL	A	B	C	TOTAL	A	B	C
CEREAL(Hl.)	247,1	60,8	4,85	8,0	938,5	76,3	11,73	15,4	394,3	41,8	7,17	17,1
HABAS (Hl.)	18,0	25,5	0,35	1,4	29,2	41,3	0,37	0,9	107,4	5,5	1,95	35,8
VINO(Hl.)	70,9	9,8	1,39	14,2	569,7	42,5	7,12	16,8	97,8	23,6	1,78	7,5
CASTAÑAS(Hl.)	71,0	41,2	1,39	3,4	32,4	28,8	0,41	1,4	0			
TOCINO Unidades	70,0	29,4	1,37	4,7	87,5	41,3	1,09	2,7	19	25,5	0,35	1,4
UNTOS Unidades	25	27,5	0,49	1,8	56,5	35,0	0,71	2,0	10	18,2	0,18	1,0
TEXTILES		68,6				53,8				18,2		

TABLA 31 • EVOLUCIÓN DE LA GANADERÍA

PERIODOS	1630/1698 (51 casos)				1699/1798 (80 casos)				1799/1854 (55 casos)			
GANADO	TOTAL	A	B	C	TOTAL	A	B	C	TOTAL	A	B	C
VACUNO	121	47,1	2,37	5,0	158	45,0	1,98	4,4	148	32,7	2,69	8,2
PORCINO	196	78,4	3,84	4,9	145	58,8	1,81	3,1	48	40,0	0,87	2,2
OVINO	288	60,8	5,65	9,3	144	17,5	1,80	10,3	4	1,8	0,07	4,0
CAPRINO	84	21,6	1,65	7,6	1	1,3	0,01	1,0	0	–	–	–
EQUINO	6	7,8	0,12	1,5	11	11,3	0,14	1,2	13	10,9	0,24	2,2

El grado de difusión de los aperos mayores en la comarca a lo largo del siglo XVII, exceptuando el caso de la grada, concuerda plenamente con los datos aportados por Mª. A. Rozados en su estudio sobre el entorno rural de Santiago. Carros y arados formaban parte del patrimonio de poco más de la mitad de las familias inventariadas en la segunda mitad del siglo y la media por hogar se reducía a 0,6 y 0,5, respectivamente (Mª. A. Rozados, 1986:52). En la comarca de Monterrei los carros figuran en la mitad de los inventarios vaciados para el siglo XVIII y los arados limitan su presencia a un 37,3% de los inventarios disponibles para la segunda mitad del siglo (C. I. González Abellás, 2013: 56).

Cifras más positivas obtiene en cambio J. M. Pérez García en sus investigaciones sobre la Galicia Occidental ya que casi el 90% de las escrituras señalan la presencia de carros y tras la introducción del maíz, los útiles de cava sólo se encuentran ausentes del 4% de los inventarios, siendo la media por hogar de 2,0. La grada figura en un 50% de la muestra y como único dato coincidente, tan solo la mitad de los campesinos trabajaban sus tierras con arados (J. M. Pérez García, 1987:262-264).

En el período comprendido entre 1746-1785, más de un 70% de los hogares de las cercanas tierras de Cea disponían de carros y arados, reduciéndose su presencia a poco más de un 50% de la muestra entre mediados de los años ochenta del siglo XVIII y la década de los cincuenta del siglo XIX (Mª.J. López Álvarez, 1997:181). Aunque el número de arados es notablemente superior al que se obtiene para la comarca de Celanova, probablemente porque su utilización era fundamental en estas tierras para hacer frente a los cuidados que requería la cultura agraria vigente en la zona, la presencia de carros no ofrece grandes diferencias.

Las pequeñas dimensiones de la explotación gallega, la importancia del trabajo humano o el escaso interés por mejorar el sistema de aperos una vez adquirido un equipamiento mínimo, son algunas de las razones indicadas para explicar un hecho ya constatado en las investigaciones llevadas a cabo sobre la evolución del utillaje agrícola en la Galicia de los tiempos modernos[782]. Sin embargo, la imagen de estancamiento en el utillaje agrario no es el elemento que deseamos reseñar en mayor medida tras la observación del cuadro precedente. Sus datos reflejan con total claridad la base sobre la que se asienta la caída del índice de nivel de vida en la primera mitad del siglo XIX: el desplome generalizado del sector productivo de las familias celanovesas.

Los datos resultan suficientemente elocuentes de la evolución del sector a lo largo de los tiempos modernos. Tras un siglo XVIII en el que las despensas se encontraban mejor provistas de reservas cerealeras y productos cárnicos que en la centuria precedente, el vino era accesible para un 42% de los hogares y el equipamiento técnico en aperos mayores y útiles de cava alcanzaba importantes cotas de difusión entre los hogares de la muestra, la primera mitad del siglo XIX significó una reducción drástica del conjunto de hogares en los que se podía disponer de reservas alimenticias, utillaje agrícola o incluso cabezas de ganado, generando un proceso paralelo de disminución en las medias brutas, salvo en los casos en los que se vio frenado o incluso contrarrestado por un incremento relativo entre la minoría de poseedores[783].

---

[782] J. M. Pérez García (1987:265) y P. Saavedra (1987:310), coinciden en señalar el contraste que se produce en el agro gallego entre un sistema agrario dinámico, abierto a la rápida y eficaz introducción de nuevos cultivos, y un utillaje agrícola en fase de estancamiento a lo largo de la Edad Moderna.

[783] Obsérvese como a partir de la utilización de una metodología de análisis completamente diferente a la nuestra, el mismo comportamiento contradictorio de la comarca de Celanova se repite en las tierras leonesas investigadas por el profesor J. M. Pérez García (1997:85). Entre 1820 y 1849, el descenso del valor medio patrimonial asienta su base en un retroceso de los valores medios declarados en tierras, artículos de la despensa, ganadería y utillaje agrícola. Las causas que explican el descenso en cada sector son diversas y en algunos casos se encuentran fuertemente condicionados por el hundimiento de los precios, pero su comportamiento contrasta con el excelente momento que están atravesando los sectores del menaje, mobiliario, ajuar doméstico y vivienda. En opinión del autor "se están rompiendo las cadenas del pasado y el futuro empieza a abrirse".

Determinados componentes de la despensa campesina, caso de las castañas o textiles, y ciertos aperos agrícolas, en concreto los útiles de siega, se encuentran ya en franco retroceso en el siglo XVIII. Por lo que respecta a los textiles, únicamente presentamos el dato referido al porcentaje de aparición entre los hogares de la comarca dada la difícil traducción de los "afusales", libras, haces, madejas, etc., a una misma unidad de cómputo. La evolución de estos elementos, a nuestro juicio, traduce en mayor medida los cambios introducidos en la cultura agraria de la comarca, más que una reducción de la capacidad productiva de los hogares.

Las transformaciones vividas en la cabaña ganadera también deben explicarse en cierta medida a la luz de dichos cambios. Como ya se ha señalado en el capítulo anterior, ganado ovino y caprino difícilmente podrían encajar en un sistema agrario basado en el cultivo intensivo del maíz a través de un sistema de rotaciones en el que el barbecho a mediados del s. XVIII, apenas si existía. El descenso de la proporción de hogares con presencia de vacas y la caída del número medio de reses por explotación en el siglo XVIII concuerda plenamente con los datos que poseemos a cerca de la reducción de la cabaña bovina en la Galicia Occidental y Cantábrica[784], sin olvidar las cuestiones anteriormente aludidas relativas a los cambios en el régimen de la propiedad ganadera –posible aumento del ganado en régimen de aparcería que no queda convenientemente recogido en los inventarios post-mortem-.

Una reflexión se impone a raíz de los datos reflejados en las tablas. De utilizar los mismos criterios que emplea M. Baulant para la construcción de su índice de nivel de vida, ninguno de los tres capítulos integrantes del sector productivo patrimonial formaría parte de nuestros cálculos. Consecuentemente, el índice resultante amparado en la introducción de nuevos objetos ligados a una búsqueda del confort y la suntuosidad, y en las mejoras experimentadas en el menaje de cocina o mobiliario de hogar, mostraría un comportamiento positivo para la primera mitad del siglo XIX. La introducción del sector productivo de las explotaciones responde en cierto modo al planteamiento que desarrolla J. A. Dickinson (1990:219) en sus investigaciones sobre los campesinos normandos y canadienses: la posesión de una marmita no garantiza la calidad de la sopa. En el índice de M. Baulant no existe ningún intento de acercamiento al segundo término.

TABLA 32 • EVOLUCIÓN DE LOS OBJETOS DE LUJO Y CIVILIZACIÓN											
PERIODOS	**1630/1698 (51 casos)**				**1699/1798 (80 casos)**				**1799/1854 (55 casos)**		
OBJETOS LUJO	**TOTAL**	**A**	**B**	**C**	**TOTAL**	**A**	**B**	**C**	**TOTAL**	**A**	**B**	**C**
CORTINAS	0				11	3,7	0,13	3,6	4	3,6	0,07	2,0
OBJETOS HIGIENE	0				7	7,5	0,09	1,2	21	14,5	0,38	2,6
LIBROS	4	3,9	0,08	2,0	428	20,0	5,35	26,8	205	10,9	3,73	34,2
CERÁMICA TALAVERA	67	11,8	1,31	11,2	70	10,0	0,88	8,8	49	16,4	0,89	5,4
CUADROS	11	7,84	0,22	2,8	53	7,5	0,66	8,8	42	14,5	0,76	5,3

[784] En el primer caso, la introducción del maíz en los años 30 del siglo XVII significó la duplicación del número de inventarios sin presencia de vacas (J. M. Pérez García, 1982:106-107), para la Galicia Cantábrica, las cifras aportadas por P. Saavedra (1984:331) señalan el paso de 4,5 cabezas de vacuno de media en la primera mitad del siglo XVII a 3,5 en los años centrales del siglo XVIII. En la comarca ourensana de Monterrei también se aprecia un sensible retroceso en el porcentaje de hogares con presencia de vacas en la segunda mitad del siglo XVIII (45,4% frente a 56% en la primera mitad del siglo) y una caída en la media por explotación que pasó de 1,81 en la primera mitad del siglo a 1,08 en la segunda mitad del siglo (C. I. González Abellás, 2013: 54).

La tabla 32, la última que hace referencia a la evolución de la civilización material en la comarca, refleja los cambios en el mundo de los objetos integrados en las series de lujo y civilización. Exceptuando el mundo del libro, merecedor de un análisis específico, los restantes elementos representados en la tabla reflejan una marcha coincidente a través de los tiempos modernos[785]. La segunda mitad del siglo XVIII marcará el comienzo de una nueva fase en la civilización material de la comarca, caracterizada por una cierta difusión de determinados enseres de consumo minoritario y, sobre todo, por la introducción en un número muy restringido de hogares, de un importante conjunto de novedades[786].

Dichos caracteres no definen un comportamiento específico y diferenciado de la comarca analizada, antes bien, su constatación nos permite creer en el proceso de transformaciones en el dominio de los comportamientos y las mentalidades que en opinión de D. Hiler y L. Wiedmer (1987:133), se produciría en la segunda mitad del siglo XVIII. E. Pelaquier (1996:362), se pregunta si el modo de vida que podrían observar los campesinos de Saint Victor de la Coste en la casa de Jean Domergue, rico burgués muerto en 1714 pudo haber influido en las innovaciones que se introdujeron en las casas de la comunidad a lo largo del siglo XVIII, tales como espejos, armarios, habitaciones para el descanso separadas de la cocina, etc.,

En nuestra opinión, la importancia de los cambios debe ser valorada en su justa medida y la inmensa mayoría de los nuevos enseres que penetraron en la comarca, a mediados del siglo XIX todavía reducían su presencia a los inventarios de personas presumiblemente integradas en el cuadro de las élites locales. Sin embargo, tampoco debemos menospreciar su importancia en la medida en que, tal y como afirma M. Baulant, a la postre supusieron una transformación profunda y de carácter irreversible en las gentes que los acogieron. Una vez que se instauró el hábito de comer sobre una mesa y con tenedores, nunca más se ha vuelto a comer sobre las rodillas y en la punta de una navaja (M. Baulant, 1992:148).

4.6.2. Desigualdades sociales y criterios de consumo diferenciados. Evolución de la sociedad celanovesa a través del índice de nivel de vida

El análisis desarrollado sobre los Libros Reales del Catastro de Ensenada ya dejó claramente de manifiesto el carácter desigualitario de la sociedad celanovesa de mediados del siglo XVIII. El índice medio de nivel de vida establecido para cada periodo a partir de los inventarios post-mortem está ocultando la importante diversidad de comportamientos que se aprecia en un análisis detallado de la muestra de escrituras manejada. Se convierte así en un objetivo prioritario conocer en que medida influyen los factores demográficos ligados al ciclo de vida familiar en el índice resultante para cada escritura. En base al grado de dependencia que se determine entre ciclo de vida y nivel de patrimonio familiar, estaremos en condiciones de utilizar la muestra de inventarios para intentar abordar un análisis social.

---

[785] Únicamente reseñar con respecto a ese mundo del libro, el dato referido al 20% de hogares inventariados en los que se constata la presencia de bibliotecas en el siglo XVIII. Aunque la media de 26 libros por biblioteca en los hogares de poseedores no es muy elevada, su importante difusión permite alcanzar una interesante media bruta para el periodo de 5 libros por hogar. Su descenso en el siglo XIX contrasta con la evolución que describe J. M. Pérez García para tierras leonesas, donde partiendo de una media de un 16% de hogares dotados de bibliotecas en la primera mitad del siglo XVIII, se asciende hasta un 32% en la primera mitad del XIX. (J. M. Pérez García, 1997:76).

[786] Sirva solo a modo de ejemplo la siguiente información al respecto. Cortinas y planchas aparecen por primera vez en un inventario de la comarca de Celanova en el año 1770, ambos enseres forman parte del valioso patrimonio del sacerdote de Freás de Eiras, que merece la máxima valoración del conjunto de escrituras vaciadas, un indice de 84,1. En ese mismo año se redacta también la primera mención a un reloj de pared, las noticias sobre relojes de mano se retrasan en cambio hasta la década de los años 90, concretamente será en el inventario de D. Fernando González Díaz elaborado en 1793 cuando se mencione su presencia. La palangana figuraba ya entre las pertenencias de D. Francisco González, párroco de Vilanova muerto en 1759, sin embargo, otros objetos incluidos en el capítulo de la higiene personal, caso de la navaja de afeitar, debieron tener una introducción más tardía, la primera referencia es de 1795. Sofás, sillones, espejos... el listado sería demasiado amplio.

	HOMBRE			MUJER			PAREJA CONYUGAL		
ESTADO CIVIL	**N° CASOS**	**%**	**IND. MEDIO**	**N° CASOS**	**%**	**IND. MEDIO**	**N° CASOS**	**%**	**IND. MEDIO**
ECLESIÁSTICO	18	9,7	47,38	-	-	-	-	-	-
SOLTERO/A	7	3,8	27,7	6	3,2	23,1	-	-	-
CASADO/A	59	31,7	31,3	9	4,8	30,2	-	-	-
VIUDO/A	31	16,6	26,6	18	9,6	25,1	-	-	-
NO SE ESPECIFICA	11	5,9	31,6	0	-	-	-	-	-
TOTAL	126	67,7	32,3	33	17,7	26,6	27	14,5	25,4

TABLA 33 • CICLO DE VIDA Y NIVEL DE VIDA

La tabla 33 marca la relación existente entre el índice de nivel de vida de una escritura y la fase del ciclo de vida que atraviesa la unidad familiar representada. En esta ocasión nuestro acercamiento al ciclo de vida familiar es indirecto y en modo alguno comparable al minucioso trabajo que desarrolla Ch. Dessureault sobre inventarios canadienses de la primera mitad del siglo XIX, sin embargo, las conclusiones alcanzadas apuntan hacia una misma dirección[787]. En la comarca de Celanova, como en la comunidad de Saint Hyacinthe, el ciclo de vida influye de una manera clara sobre el patrimonio familiar y, si bien no se aprecian diferencias sustanciales derivadas del género de la persona cuya muerte genera la elaboración de un inventario, su estado civil marca en cierta medida el índice de nivel de vida de la escritura.

La tabla muestra una evolución lógica del índice desde los hogares presididos por mujeres solteras hasta los regentados por personas viudas, viéndose reflejadas tanto la fase de acumulación propia del estado matrimonial como el periodo de declive característico de la viudedad, prueba en algunos casos de su correspondencia con hogares en vías de desaparición. Sin embargo, coincidiendo con la opinión de Ch. Dessureault, aunque el ciclo de vida familiar surge como un factor para tener en cuenta a la hora de abordar análisis sociales, su incidencia no sirve para explicar la distribución de los inventarios en la jerarquía de las fortunas[788].

Una vez conocida la relativa importancia de los factores demográficos ligados al ciclo de vida a la hora de determinar la ubicación de un patrimonio en un preciso nivel de riqueza, partimos de la posible utilización del índice de nivel de vida como criterio de diferenciación social en la comarca. De cara a una adecuada distribución del conjunto de escrituras en determinados niveles de riqueza, se establecieron tres categorías cuya delimitación

---

[787] La metodología del autor se basa en la identificación en el registro civil de la fecha de matrimonio de las familias cuyo patrimonio controla a través de los inventarios. De esta manera puede desarrollar una clasificación de los patrimonios en función de los años de convivencia conyugal, que permite un acercamiento minucioso a la influencia del ciclo de vida sobre los patrimonios familiares. (Ch. Dessureault, 1997:73-96)

[788] Entre las diez escrituras mejor valoradas en el índice de nivel de vida elaborado para la comarca de Celanova, solamente en cuatro casos se trata de inventarios realizados tras la muerte de una persona casada, en el resto de las ocasiones su estado civil era la soltería (5), o la viudez (1). Evidentemente, de cara a una adecuada explicación de sus elevados patrimonios, tiene mucho mayor interés señalar la pertenencia unánime de los mismos al grupo de dones y eclesiásticos, que hacer referencia a su estado civil. En la comunidad de Saint-Hyacinthe, la media de activos mobiliarios vive un periodo de crecimiento a medida que aumentan los años de convivencia matrimonial, sin embargo, el análisis de las medianas muestra la coexistencia de familias que ciertamente consiguen un crecimiento de su nivel de fortuna a lo largo del ciclo de vida, con otras que sufren un estancamiento o una regresión de sus haberes (Ch. Dessureault,

se fijó a partir del índice medio resultante para la comarca [789]. No se emprenderá un análisis específico para abordar el comportamiento del importante número de dones y eclesiásticos integrados en la muestra puesto que la clasificación del campesinado en función de los baremos anteriormente expuestos demuestra la existencia de un importante número de familias campesinas cuyo índice de nivel de vida, superior incluso al de los eclesiásticos, les hace merecedores de una inclusión sin reservas en el cuadro de las élites locales. Véase tabla 34.

TABLA 34 • CLASIFICACIÓN SOCIAL DE LAS ESCRITURAS E ÍNDICE DE NIVEL DE VIDA		
	Nº ESCRITURAS	ÍNDICE NIVEL DE VIDA
PEQEÑOS CAMPESINOS	100	18,44
CAMPESINADO MEDIO	37	36,27
GRANDES CAMPESINOS	17	48,77
ECLESIÁSTICOS	18	47,39
DONES	14	53,82
TOTAL	186	30,22

La evolución a lo largo de los tiempos modernos del índice medio obtenido para cada nivel de riqueza y el porcentaje de hogares incluido en cada grupo, se convierten así en testimonios elocuentes de la evolución de la sociedad comarcal, o al menos de la proporción representada en las escrituras notariales[790].

Los cambios acaecidos a lo largo de los más de 200 años abarcados son considerables. Por lo que respecta a la distribución social de la riqueza, el avance hacia una sociedad cada vez más polarizada es la consecuencia evidente de la lectura de los datos del gráfico. El importante porcentaje de representación de los patrimonios medios en la sociedad celanovesa del siglo XVII, un 33,3% del total, no hace sino decrecer a medida que avanzamos en los tiempos modernos, de manera que en la primera mitad del siglo XIX su representatividad se reduce al 18,1% de los hogares inventariados, poco más de la mitad del porcentaje inicial. El descenso no fue homogéneo a lo largo del tiempo y el paso de la centuria ilustrada al siglo XIX provocó una reducción muy importante en los efectivos del grupo, constatándose una caída del 34,1%.

1997:88). Factores sociales o familiares son la clave explicativa del funcionamiento de los patrimonios pese a la incidencia indudable del ciclo familiar.

[789] Partiendo de un índice medio de nivel de vida igual a 30, 2 para el conjunto del periodo cronológico abarcado, se establecieron tres niveles de fortuna. Un primer nivel constituido por el grupo de inventarios situados por debajo de la media, un segundo nivel que gira en torno a las cifras medias y un tercer nivel que actúa como aglutinador de las escrituras que presentan un alto índice de nivel de vida, superior a 45. Si bien se utilizaron estos baremos con carácter general, el índice medio resultante para el periodo 1638-1698, 27,1, obligó a su readecuación para adaptarlos a la realidad de dicha centuria. El ajuste pasó por la ubicación del listón que marca la separación entre el grupo inferior y las fortunas medias en un índice inferior a 28, reduciendo también a 42 la marca diferenciadora con respecto a los grandes patrimonios.

[790] Véase apéndice estadístico, grafico IV. 2.

Pero la reducción de los patrimonios medios no es la única marca definidora del periodo de estudio, y un crecimiento próximo al 20% en el porcentaje de representación de los patrimonios más bajos (pasan de suponer el 51,2% en el siglo XVIII a representar el 60% del total de hogares inventariados para la primera mitad del XIX), incide en esa imagen de una sociedad enormemente polarizada en el último periodo de estudio, cuando más de un 80% de las familias analizadas o bien sobreviven con unos patrimonios mínimos, o bien disfrutan de un importante nivel de vida. La caída de los grupos sociales intermedios no solo redunda en un engrosamiento de las capas inferiores representadas en la muestra. El crecimiento de los grandes patrimonios, que prácticamente duplican su representación entre el siglo XVII y la primera mitad del XIX, es una consecuencia más del fenómeno[791].

La polarización de la sociedad celanovesa surge además en el gráfico como una consecuencia lógica de las diferencias observables en la evolución del índice medio de nivel de vida detentado por cada uno de los tres grupos establecidos. En el siglo de la Ilustración, cuando los patrimonios medios todavía representan una proporción importante de la sociedad y ha descendido el grupo de los más desfavorecidos con respecto a la centuria precedente, el ascenso del nivel de vida medio de la sociedad fundamenta sus raíces en la importante mejora que experimentan en sus condiciones de existencia los hogares integrados en los niveles intermedio y superior de riqueza. Así, mientras el índice del nivel de vida de los patrimonios medios y altos se incrementa en 3,6 y 8,5 puntos, respectivamente, los patrimonios inferiores apenas han mejorado dos puntos con respecto al siglo precedente, creciendo consecuentemente por debajo de la media del conjunto de la sociedad. Cuando en la primera mitad del siglo XIX se produzca un descenso en el grado de "bienestar" de la sociedad como consecuencia del derrumbe del sector productivo de los hogares, los grandes castigados serán los patrimonios integrados en este primer nivel de riqueza, una proporción mayoritaria de la muestra que ve reducido su nivel de vida en tres puntos frente al mantenimiento de las capas medias o el leve descenso de los grandes patrimonios.

En la tabla 35 se reflejan los resultados del análisis de la distribución interna de la muestra, prueba evidente de la progresiva diferenciación de la sociedad celanovesa. El incremento de los coeficientes de variación, reflejo de una inequívoca tendencia hacia la polarización social, concuerda plenamente con los resultados obtenidos por el profesor J. M. Pérez García para tierras leonesas[792].

TABLA 35 • DISTRIBUCIÓN INTERNA DE LA MUESTRA Y EVOLUCIÓN EN EL TIEMPO			
PERIODOS	**ÍNDICE MEDIO**	**DESV. ESTANDAR**	**COEF. VARIAC. %**
S. XVII	27,17	12,62	46,44
S. XVIII	32,96	16,87	51,18
1ª. M. S. XIX	29,09	18,11	62,25

[791] Aunque las comunidades rurales de Cea y Celanova parecen compartir un descenso en el nivel de vida medio del conjunto de la sociedad en la primera mitad del siglo XIX, comportamiento representativo quizá de un amplio sector poblacional de la provincia ourensana enmarcado en su mitad occidental; mientras que en las tierras celanovesas el modelo de desarrollo económico adoptado a lo largo de los tiempos modernos se saldó con un descenso de las capas intermedias de la sociedad, en la comarca de Cea dicha reducción del nivel de vida medio no va acompañada de un paralelo descolgamiento de los grupos intermedios, que en función de los resultados aportados por la autora del estudio, se encontrarían en proceso de crecimiento. (Mª. J. López Álvarez, 1997:184).

[792] Entre 1700 y 1850, ámbito cronológico abarcado en el estudio, la "sociedad de medianos" caracterizadora de las tierras leonesas en la primera mitad del siglo XVIII se va desvaneciendo ante la fuerte progresión del grupo de los miserables, que juntamente con los modestos representan en la primera mitad del siglo XIX un 82% del total. (J. M. Pérez García, 1997:86).

Conocedores de las diferencias que imprimió el paso del tiempo en el grado de bienestar social detentado por cada uno de los tres grupos seleccionados; comprender en que medida evolucionaron sus respectivos patrones de consumo, así como su posible adecuación a los criterios representativos del conjunto de la sociedad ejemplificados en el comportamiento del índice medio, constituye nuestro principal objetivo[793].

El gráfico IV. 3 del apéndice estadístico, constituye un excelente mirador que nos permitirá un adecuado acercamiento al comportamiento de las tres categorías seleccionadas como representativas de la sociedad celanovesa. Las tres series que constituyen el mundo de lo superfluo aparecen escasamente representadas entre los enseres que conformaban el entorno cotidiano de las capas inferiores de la sociedad. Cuando en el siglo XVIII se produce una pequeña mejoría en sus condiciones de existencia, como no podía ser de otra manera dado su bajo nivel de vida, sus inversiones se centraron en el consumo de bienes de primera necesidad o uso frecuente, seguramente con el objetivo de cubrir algunas de sus necesidades básicas que, como puede deducirse de los datos reflejados en los cuadros relativos a la evolución de la cultura material, debieron vincularse a un simple y a la vez complejo deseo de supervivencia. Un crecimiento de 2,5 puntos con respecto a la centuria precedente en los bienes que conforman el entorno de lo necesario tampoco debió significar grandes cambios en el interior de sus hogares. Evidentemente, el fuerte ascenso que experimentan los bienes de confort, lujo y civilización en el siglo XVIII, más de un 40% con respecto al siglo XVII, resulta completamente ajeno al devenir de las vidas de una proporción mayoritaria de la sociedad celanovesa.

En el siglo XVII las capas intermedias de la sociedad ya habían accedido al disfrute de un importante número de enseres integrados en el universo de lo superfluo, de hecho, el 20,3 % de sus patrimonios materiales se componía de este tipo de bienes. Sin embargo, el interés por la satisfacción de unas necesidades básicas sigue justificando una proporción mayoritaria de sus inversiones en el siglo XVIII, cuando su índice de nivel de vida experimenta un importante crecimiento de 3,5 puntos. Así, mientras el conjunto de lo superfluo solo mejora en un 3,1% con respecto a la centuria precedente, el entorno de lo necesario lo hace en un 12,5%.

Las élites de esta sociedad rural partían de un elevado nivel de vida en el siglo XVII, un nivel de vida que, a juzgar por los datos expuestos, todavía mejoró considerablemente en la centuria ilustrada. Sus criterios de consumo en este siglo marcan importantes diferencias con respecto a los dos grupos anteriormente citados y constituyen la base sobre la que se asienta el fortísimo incremento de su índice. Los porcentajes de crecimiento que se constatan en el grupo de bienes que integran el entorno de lo necesario y entre los caracterizadores de las series de confort, lujo y civilización, 4,2 y 47,9% respectivamente, dan buena muestra de la gran distancia que les separaba del conjunto de la sociedad. No debemos olvidar que es en la segunda mitad de este siglo cuando hacen su aparición en la civilización material de estas tierras un importante número de enseres cuya extensión se limita a una proporción mínima de la sociedad celanovesa. Ricos campesinos, eclesiásticos y dones, con sus necesidades básicas bien satisfechas y quizá también con unas renovadas ansias de ostentación y diferenciación social, son sus grandes consumidores[794].

La primera mitad del siglo XIX surge una vez más ante nuestros ojos como un periodo complejo y contradictorio. El considerable descenso del nivel de vida que sufrieron las capas inferiores de la sociedad, cuyo índice se sitúa incluso por debajo del indicador expresado para el siglo XVII, repercutió en una disminución de sus ya exiguos bienes de primera necesidad. A lo largo de los más de dos siglos que abarca este estudio, las ínfimas variaciones que se produjeron en el conjunto de lo superfluo, cuyo índice se sitúa siempre en valores inferiores a 2, atestiguan

---

[793] En opinión de A. Potrineau (1984:269), la jerarquía del consumo refleja con fidelidad la jerarquía de la consideración y de la estima social.

[794] En opinión de J. M. Pérez García (1997:74), no sólo se trataría de una cuestión de captación de novedades, sino de un deseo de cantidad, variedad y calidad.

el carácter meramente testimonial que supone su presencia en los hogares de una proporción mayoritaria de la sociedad celanovesa.

El comportamiento de los grupos medios tampoco presenta diferencias con respecto a la centuria precedente. El escaso número de hogares que logra mantenerse en esta situación en la primera mitad del siglo XIX también consigue un mantenimiento de su nivel de vida, no apreciándose cambios significativos en sus criterios de consumo.

La conducta de las élites locales es sin duda la más interesante del periodo. A diferencia de una proporción importante de las familias campesinas incluidas en el primer nivel de riqueza, que ante el descenso de su capacidad de consumo no les queda más opción que reducir sus inversiones en bienes de primera necesidad, al sector de los privilegiados se le plantea la posibilidad de una elección. Pues bien, el descenso en 2 puntos de su índice medio de nivel de vida no significará una disminución en sus hogares de los objetos de confort, lujo y civilización. De hecho, su presencia se incrementó en 2,8 puntos con respecto al siglo XVIII. Suponemos que, ante el descenso de su capacidad inversora, este grupo opta por una reducción de 4,8 puntos en los bienes integrados en el entorno de lo necesario antes que limitar sus compras de enseres "lujosos", seguramente convertidos en importantes marcas distintivas de su posición social[795].

La tabla 36 no engloba al conjunto de los enseres que componen el índice de nivel de vida elaborado para la comarca celanovesa, sin embargo, resulta especialmente interesante a la hora de mostrar la validez de este índice construido a partir de la presencia o ausencia de determinados objetos como indicador del nivel de vida.

TABLA 36 • ANÁLISIS DE LA DISTRIBUCIÓN SOCIAL DE DETERMINADOS BIENES											
	ÍNDICE NIVEL VIDA <30				ÍNDICE NIVEL VIDA >=30 Y <45				ÍNDICE NIVEL DE VIDA >=45		
	N° UNID.	A	B	C	N° UNID.	A	B	C	N° UNID.	A	B	C
LECHOS	56	39,2	0,55	1,4	61	67,3	1,24	1,8	95	91,4	2,71	3,0
JERGÓN–COLCHÓN	27	19,6	0,26	1,4	76	63,3	1,55	2,5	176	88,6	5,03	5,7
POTES	95	44,1	0,93	2,1	68	55,1	1,39	2,5	113	80,0	3,23	4,0
PLATOS	58	11,8	0,57	4,8	237	51,0	4,84	9,5	607	91,4	17,34	19,0
SÁBANAS	95	35,3	0,93	2,6	148	83,7	3,02	3,6	376	94,3	10,74	11,4
MANTA–COBERTOR	145	61,8	1,42	2,3	140	95,9	2,86	3,0	170	100,0	4,86	4,9
LIBROS	0				208	14,3	4,24	29,7	429	51,4	12,26	23,8

[795] A través de las compras registradas en los Libros del Pazo de Casaldereito en la segunda mitad del siglo XIX, L. Domínguez Castro (1992:166-172) desarrolla un acercamiento a la dieta alimenticia de la familia Pardo. El autor habla de un elevado consumo de pan de trigo, carne (20 Kg. de vaca comprados en el mes de enero) o incluso pescado. Productos como el chocolate, té o café, símbolos de "señorío", tampoco estaban ausentes de su dieta. Las partidas destinadas a la compra de víveres para los jornaleros del pazo a principios del siglo XIX muestran en cambio el absoluto protagonismo del caldo en la alimentación campesina. En esta ocasión es la alimentación la que opera como símbolo de distinción, en cualquier caso, tal como afirma el autor de este estudio, los datos de la familia Pardo muestran que el problema de las comunicaciones no supone un hándicap insuperable para las élites del Ribeiro a la hora de adquirir menaje, mobiliario o ropas, productos que llegaban a estas tierras a través de comerciantes maragatos.

	ÍNDICE NIVEL VIDA <30				ÍNDICE NIVEL VIDA >=30 Y <45				ÍNDICE NIVEL DE VIDA >=45			
TABLA 36 • ANÁLISIS DE LA DISTRIBUCIÓN SOCIAL DE DETERMINADOS BIENES												
	Nº UNID.	A	B	C	Nº UNID.	A	B	C	Nº UNID.	A	B	C
CERÁMICA TALAVERA	0				30	8,2	0,61	7,5	157	54,3	4,49	8,3
CEREAL (HI.)	420,0	51,0	4,12	8,1	504,2	73,5	10,3	14,0	655,5	77,1	18,73	24,3
TOCINOS (Unidades)	36	17,6	0,35	2,0	61	44,9	1,24	2,8	79,5	62,9	2,27	3,6
CARROS	58	53,9	0,57	1,1	36	67,3	0,73	1,1	34	71,4	0,97	1,4
ARADOS	44	38,2	0,43	1,1	33	57,1	0,67	1,2	24	48,6	0,69	1,4
VACUNO	139	27,5	1,36	6,0	136	61,2	2,78	4,5	152	57,1	4,34	7,6
PORCINO	178	20,6	1,75	8,5	192	36,7	3,92	10,7	66	20,0	1,89	9,4

En ella se reflejan los aciertos y también los inconvenientes de la metodología utilizada para el estudio de los niveles de vida. El método de análisis desarrollado en su día por M. Baulant presta una especial atención a factores de índole cultural a la hora de valorar el índice de nivel de vida de una unidad familiar. La introducción del sector productivo de los hogares celanoveses obedeció a nuestro deseo de aunar esa visión "culturalista", sin duda importante de cara a una adecuada comprensión de los niveles de consumo familiares, con un enfoque de carácter más "economicista". Pese a su inclusión, las cifras de la tabla muestran las pequeñas distorsiones que pueden producirse a la hora de correlacionar el supuesto nivel de riqueza familiar deducible de un índice de nivel de vida, con informaciones de carácter cuantitativo relativas al número de enseres disponibles para cada una de las variantes tipológicas seleccionadas[796].

El índice, en nuestra opinión, es de una gran utilidad a la hora de plantear un acercamiento a la cultura material, el grado de bienestar de una sociedad o la evolución de los criterios de consumo. La visión de conjunto que ofrece sobre el nivel de vida de una unidad familiar nos parece muy interesante, sin embargo, admitimos que su efectividad de cara a una clasificación social puede generar ciertas dudas dado el escaso peso relativo que juegan en su composición determinados factores económicos. Debemos recordar que su uso obedece a la necesaria búsqueda de criterios de clasificación social al margen de las tradicionales valoraciones monetarias de los patrimonios mobiliarios e inmobiliarios, prácticamente inexistentes entre la documentación notarial celanovesa.

[796] Observamos así la correlación positiva que se establece entre índice de nivel de vida, porcentaje de aparición de determinados artículos (caso de los lechos, jergones, platos, etc,.) y media de objetos disponibles por unidad familiar; pero también apreciamos en el cuadro la presencia de otro tipo de enseres integrados en el sector productivo de las explotaciones, cuyo comportamiento genera nuestras dudas. Las cifras de aperos o cabezas de ganado muestran la inexistencia de un foso tan profundo, como parecen hacer creer los artículos anteriormente citados, entre los patrimonios de tipo medio y los incluidos en el último nivel de riqueza. De hecho, es probable que una clasificación desarrollada en función de las valoraciones monetarias de los patrimonios introdujera cambios en la composición de cada uno de los grupos, sobre todo en la diferenciación entre patrimonios medios y altos.

V. FAMILIA Y REPRODUCCIÓN SOCIAL EN TIERRAS DE CELANOVA A LO LARGO DE LOS TIEMPOS MODERNOS

Celanova, plaza Mayor años 20.

V.1. Metodología y fuentes

Abordar el estudio de la reproducción social casi resulta un asunto ineludible para cualquier investigación centrada en el campo de la historia de la familia. Cuando menos así lo aconseja la aparición de un número importante de monografías y trabajos que nos han mostrado los fructíferos resultados que aporta esta línea de investigación abierta[797].

La búsqueda de las regularidades que se esconden en las redes de alianza familiares de Saint Jean Trolimon presidió en buena medida la obra de Martine Segalen (1985). A. Collomp (1983) nos mostró la comunidad de Saint Andre les Alpes, sus casas, las redes de alianza o el funcionamiento del mercado matrimonial. En 1985 de la mano de Giovani Levi ven la luz por primera vez las vicisitudes biográficas de los habitantes de Santena, "la política de la vida cotidiana" del mundo campesino piamontés del siglo XVII. Desde la aparición de estas obras hasta "la búsqueda de la unión entre la estadística y la vida" que subyace en la monografía de Francisco García González sobre la Sierra de Alcaraz (2000), la bibliografía se ha ido enriqueciendo con aportaciones muy variadas. Los estudios de Bernard Derouet centrados en el Franco Condado (1992), el trabajo de Eli Pelaquier basado en el seguimiento en la larga duración de las familias de Saint Victor de La Coste (1996), o la reconstrucción que realiza J. Schlumbohm (1998) sobre una comunidad del noroeste alemán merecen ser destacados. Pero también otras obras desarrolladas sobre espacios geográficos más cercanos, caso de los estudios de Laureano Rubio sobre genealogías maragatas (1995), el análisis centrado en la reproducción social de las familias de la Vega Baja del Esla que realiza J. M. Pérez García (1998), las historias familiares de la parroquia lucense de San Martiño que rescata J. Mª. Cardesín (1992), la monografía de A. S. Volpi Scott centrada en la comunidad de Ronfe en el noroeste portugués (1999), las reconstrucciones genealógicas de J. M. Pérez García de las familias de Samieira (2002), sus trabajos más recientes sobre la parroquia tudense de San Martín de Caldelas en los siglos XVII (2009) y XVIII (2013) o el estudio de C. Fernández Cortizo sobre Tierra de Montes (2004).

Obviamente la visión que aportan los autores citados sobre la reproducción social de las comunidades que investigan dista de ser semejante, pero no solo por el hecho de trabajar sobre contextos históricos diferentes, sino también porque la metodología, criterios de búsqueda y en consecuencia las temáticas abordadas no siempre son

---

[797] En el número monográfico que Studia Histórica dedica a la historia de la familia en 1998, Francisco Chacón resalta las enormes posibilidades que ofrece la institución familiar para el estudio de la organización social, pero desde una comprensión de la misma como una red de relaciones conformada por los ascendientes, descendientes, colaterales, aliados y vecinos, que sitúan a la familia en el contexto del parentesco y la vecindad. Un análisis de carácter relacional que adquiere su verdadera dimensión con la metodología de la genealogía social (1998:20). En opinión de Francisco García González si bien el análisis de agregados domésticos constituye un paso previo de carácter obligado, el estudio de la familia debería ir más allá del análisis demográfico o de la simple tipología del hogar para "poner de manifiesto la complejidad y ver el verdadero alcance de la familia como vía para la comprensión del sistema social". Se trataría de avanzar más allá de la unidad de residencia a través de vínculos de parentesco consanguíneo o relaciones de parentesco ficticio (1998:156-157). En la misma línea que los dos autores anteriormente citados, P. Bourdelais y V. Gourdon concluyen el balance sobre la historia de la familia en Francia destacando la pujanza de las investigaciones centradas en la construcción social de genealogías y la búsqueda de redes de parentesco (2000:31).

coincidentes[798]. De hecho, algunos autores ya hace tiempo que han advertido sobre un cierto impase intelectual generado por la fragmentación de experiencias y diversidad de estrategias familiares que sugieren las investigaciones llevadas a cabo (L. Lorenzetti, M. Neven, 2000:89).

Abordar el proceso de reproducción social de una comunidad implica un cruzamiento de informaciones de muy variada índole, desde los datos de carácter estrictamente demográfico, formas de organización doméstica, características económicas de los agregados, hasta el conocimiento del mercado matrimonial o los procesos de herencia y sucesión. Disponer de esa variada gama de informaciones perfectamente estructuradas y cohesionadas entre ellas no solo exige un importante esfuerzo de trabajo, en muchos casos el azar juega un papel nada desdeñable en el proceso y las fuentes ejercen en cierta medida su tiranía sobre el rumbo y la temática de las investigaciones.

La construcción de genealogías que vertebran al conjunto de las historias familiares de la parroquia de San Munio de Veiga desde mediados del siglo XVII hasta 1850 constituye la base sobre la que se desarrolla nuestro trabajo, y su elaboración parte del convencimiento de su utilidad a la hora de desarrollar el cruzamiento de informaciones, en palabras de Francisco Chacón "la dimensión relacional", clave a la hora de lograr una aproximación "a un universo teórico enormemente sugestivo, el concepto de reproducción social" (1998:20).

En 1984 cuando se publica el número monográfico de Annales de Demographie Historique dedicado al estudio de genealogías, Martine Segalen afirma en su colaboración que su uso y tratamiento por ordenador se encontraba tan poco extendido que a la hora de plantear las investigaciones se hacía necesaria una mirada a los estudios de antropólogos sobre sociedades exóticas. El paso del tiempo ha hecho mella en esta afirmación y el bagaje de experiencias que transmiten los trabajos realizados hasta el presente debe ser tenido en cuenta desde el punto de vista metodológico; no obstante, el conocimiento crítico de las fuentes disponibles constituye un aliado inequívoco a la hora de desarrollar una metodología [799].

La elaboración de genealogías descendentes en la comunidad de San Munio de Veiga se realiza de modo automático a través del programa informático "Albero" de autoría de Dario Scott, pero su uso se apoya en un proceso previo de reconstrucción demográfica en el que como ya hemos visto, se combinaron fases de cruzamiento automático de datos con procesos de manipulación manual de la información contenida en los libros parroquiales. Las genealogías resultantes de la aplicación del citado programa permiten el encadenamiento generacional de los individuos pertenecientes a una determinada línea familiar siguiendo la descendencia tanto por vía masculina como por vía femenina, característica fundamental a la hora de pretender un estudio social de la información genealógica dada la flexibilidad del sistema de transmisión imperante en la comunidad de estudio.

La continuidad temporal analizada desde mediados del siglo XVII a mediados del XIX posibilita la existencia de cadenas genealógicas conformadas por hasta siete generaciones, como tendremos ocasión de comprobar en el

---

[798] En opinión de Martine Segalen, la reproducción de los grupos domésticos en una economía rural pasa por un estudio articulado entre parentela, residencia y modo de devolución de los bienes (1984:71). La "Généalogie des Bertrands", un documento de principios del XVIII que hace hincapié para cada generación en tres aspectos básicos, alianzas, compra de bienes e inversiones en la comunidad muestra a juicio de E. Pelaquier los pilares sobre los que se apoyaba una política familiar de las familias "de bien et d'honneur", pilares en los que debería centrarse un estudio sistemático sobre la familia (1996:149). El análisis de J. Mª. Cardesin sobre las historias familiares de una parroquia lucense, subordina la marcha productiva de las explotaciones a la solución del proceso reproductivo. En su opinión en esta área geográfica de predominio de la mejora larga "ni tierra, ni trabajo ni capital son factores necesariamente determinantes de la prosperidad de una explotación y de la casa que la lleva", emergiendo con fuerza en su trabajo las iniciativas personales, la capacidad de gestión y organización (1992:116)

[799] En nuestro caso concreto la aplicación de la metodología que tan buenos resultados aporta a E. Pelaquier en su estudio sobre una comunidad del Languedoc se toparía de frente con un importante problema de fuentes. En su caso la existencia de un único notario que desde 1661 hasta 1799 ejerce sus funciones sobre la comunidad marca el inicio del análisis con la selección de los patronímicos que después seguirá a través de los archivos parroquiales (1996:152-160). Al margen de la orientación que imprime al trabajo con esta metodología que difiere de nuestros objetivos, su uso en tierras de Celanova ralentizaría mucho la elaboración de resultados dada la cantidad numérica de escribanos y notarios en los que depositan su confianza nuestros parroquianos.

siguiente capítulo, si bien obviamente otras historias familiares presentan una duración más corta. Su análisis en la larga duración resulta especialmente interesante para adentrarnos en "el terreno de lo social" a través de las redes de parentesco y alianza, proporcionándonos la malla a partir de la que se estructuraban las relaciones matrimoniales o la selección de padrinos, aspectos en los que centraremos nuestra atención[800].

Sin embargo, el pretendido acercamiento a la reproducción social de la comunidad impone también el estudio de factores explicativos de cariz demográfico tales como la dimensión de las fratrias, la incidencia de la mortalidad infantil, la importancia del rango o el sexo, factores cuyo análisis únicamente cobra sentido en el seno de agregados domésticos que además deben cumplir determinadas condiciones de partida, de ahí que una parte del trabajo se centre en el estudio de lo que en cierta medida podríamos calificar de "genealogías sociales"[801]. En el marco de esta investigación las comparaciones no se desarrollan en el espacio de tres generaciones sino entre los padres y su posible descendencia, realizando un seguimiento exhaustivo sobre 492 hogares que en base a los postulados de L. Henry (1983:112-114) entrarían en la categoría de familias cerradas, si bien su conformación se aparta del concepto de "familia" utilizado por el citado autor dado que adopta las innovaciones propuestas por J. M. Pérez García (1995:146) de cara a lograr la superación de los problemas en su día puestos de manifiesto por J. Dupâquier[802].

Los mismos problemas de representatividad achacados a la metodología de reconstrucción de familias (J. Dupâquier, 1984:105-110), alcanzan una vigencia renovada a la hora de plantear un estudio centrado en la reproducción social de una comunidad[803]. En el caso concreto de la parroquia de San Munio de Veiga en base a los datos ya recogidos en el capítulo II, nos parece fuera de toda duda la representatividad social de un análisis apoyado sobre un 75% del total de uniones matrimoniales instaladas en la comunidad de estudio en algún momento del ciclo vital, cuya huella quedó impresa en los libros de bautismos y/o matrimonios[804]. Nuestros datos concuerdan plenamente con los resultados obtenidos por J. M. Pérez García en las parroquias de Villalonga-Gondar, Dena y Samieira al cerrar cerca de un 85% de las parejas cuyos esponsales se celebraron entre 1750 y 1825, parejas que aglutinan al 86,4% de los niños registrados en el periodo (1995:148).

---

[800] Compartimos pues la afirmación de A. Collomp a cerca de la necesidad de disponer de reconstrucciones sincrónicas, en la misma generación, pero también verticales, sobre varias generaciones, para revelar las reglas del juego de alianza, la elaboración del cerrado tejido en torno a la alianza y la filiación (1983:126-127).

[801] A. Daumard define este tipo de genealogías de la siguiente manera, partiendo de un núcleo central, la pareja de partida, se buscan los ascendientes de los dos cónyuges y el conjunto de los descendientes y colaterales. Su utilización permite comparar la situación social de generaciones sucesivas (1984:12-13). G. Brunet y A. Bideau entiende su uso a la hora de realizar el seguimiento de grupos definidos por una base social y cronológica para analizar el medio de origen y destino de sus descendientes poniendo en evidencia los posibles esquemas de ascensión social (2000:103).

[802] En base al objetivo de reconstruir familias y no parejas conyugales el profesor Pérez García propone que los matrimonios sucesivos de los cónyuges supervivientes se integren en la misma ficha para no romper la dinámica familiar, manteniendo la preferencia de la línea femenina en caso de viudedad de ambos.

[803] Véase acerca de las críticas desarrolladas sobre los problemas de representatividad de los enfoques microanalíticos las reflexiones que realiza D. S. Reher en su análisis sobre la investigación en demografía histórica (2000:32). La necesaria elaboración de los trabajos de reconstrucción de familias a partir del conjunto de parejas sedentarias que conformaban una comunidad plantea el debate a cerca de su posible representatividad a escala social. A juicio D. S. Reher, el problema de la representatividad de este tipo de estudios no presenta una respuesta fácil dada su evidente dependencia del grado de representatividad que alcanzaran las parejas sedentarias en las sociedades del pasado, una cuestión difícilmente resoluble.

[804] Evidentemente, forman parte de ese elevado porcentaje de familias sedentarias las parejas en las que se incluye a parroquianos de Veiga que celebraron sus esponsales en otras feligresías, instalándose inmediatamente después en el territorio parroquial donde criaron a sus hijos y donde ellos mismos finalizaron sus días como miembros de pleno derecho de una comunidad, que solo abandonaron para celebrar su ceremonia nupcial con un cónyuge originario de otra comunidad. La imagen de sedentarismo familiar se refuerza además con el dato referido a la proporción de bautismos cuyo nacimiento tiene lugar en el seno de una familia estable y cerrada, más del 85% del total de niños bautizados a lo largo del periodo estudiado.

En las tierras de Celanova se confirman las afirmaciones de J. P. Poussou acerca del sedentarismo y el enraizamiento en la comunidad de una proporción mayoritaria de la población rural durante la Epoca Moderna (2000:4-8). Sin embargo, reafirmarse en una evidente estabilidad familiar no implica negar la existencia de una importante movilidad personal, tal como hemos podido analizar en el primer capítulo. Movilidad sin la cual, a juicio de J. Dupaquier, las sociedades del pasado no hubieran podido funcionar (2000:2)[805].

De hecho, si valoramos solamente la micromovilidad femenina resultado del mercado matrimonial, observamos que un 32,3% de las mujeres que regentaban hogares estables instalados en la parroquia de Veiga entre 1655 y 1850, provenían del exterior, sumando en total 212[806]. En contrapartida, el número de mujeres casadas nacidas en la comunidad y establecidas fuera una vez celebrado su matrimonio suman 134, pero además habría que añadir los casos incluidos en las familias móviles, en total 10. En conjunto 356 mujeres que en realidad regían casi un 40% del total de hogares analizados, vivieron a lo largo de su ciclo vital un desplazamiento geográfico que implicó un cambio de residencia a escala parroquial, sin embargo a la postre salvo en el caso de las familias móviles, un porcentaje muy minoritario, ello no implicó ninguna consecuencia trascendental a la hora de lograr una importante representatividad del conjunto de hogares que garantizase la fiabilidad de las conclusiones a nivel comunitario.

Si la movilidad postmatrimonial no supuso consecuencias a nivel de representatividad, a la hora de analizar la reproducción social de las familias su incidencia implica sin duda la salida del campo de observación de un número importante de ramas familiares cuyo destino personal desconocemos, al tiempo que cerramos las puertas al conocimiento del uso futuro que en el plano longitudinal pueda realizarse de las alianzas establecidas.

La clasificación social de las familias integradas en la base de datos se basó en la utilización de dos fuentes de naturaleza bien diversa. La documentación emanada de las operaciones del Catastro de Ensenada en 1752 y la Revisión de 1762 permitió la clasificación de un número significativo de hogares, pero disponer de informaciones para el conjunto de los mismos que abarcaran el marco cronológico establecido exigió la necesaria búsqueda de otros recursos al margen de las fuentes fiscales. Las fuentes notariales no constituyeron nunca una opción real de trabajo dado que no presentaban un mínimo carácter sistemático. De hecho, según se desprende de los datos contenidos en las partidas de defunción, solo un 21% de los cabezas de familia fallecidos otorgaron un testamento notarial, la escritura más extendida. El recurso a las informaciones que de manera sistemática figuran en las actas de defunción de los individuos constituyó la solución adoptada, centrándonos básicamente en el análisis del número de misas. Los interesantes resultados obtenidos tras su utilización en anteriores investigaciones (J. M. Pérez García, 1995:145-165) apoyan una decisión asentada en el convencimiento de que la cantidad de misas solicitada por cada moribundo traduce de manera aceptable su nivel social[807]. El dato relativo al número de sacerdotes asistentes a los oficios no se utilizó de modo sistemático sino como segundo criterio a la hora de

---

[805] Desde su punto de vista las migraciones estacionales y temporales no constituyen argumentos contrarios al modelo sedentario, sino que contribuyen a reforzarlo al permitir a una proporción del campesinado con menos recursos unos ingresos complementarios necesarios para mantenerse en sus pueblos de origen. Por otra parte, los desplazamientos hacia otras comunidades limítrofes "en busca de una mujer para casarse que no fuera su prima" no se incluyen en el apartado de migraciones en tanto que no suponen ningún cambio en el horizonte cultural de las personas implicadas y se circunscriben a "un espacio habitual" de extensión variable en función de la edad, profesión y estatuto social de las personas.

[806] Se trata de conclusiones extraídas a partir de la tabla que analiza el conjunto de las parejas establecidas en Veiga entre 1655 y 1850, incluida en el capítulo II.

[807] Siguiendo a M. García Fernández, la posesión de medios económicos para su financiación, criterios de apariencia y prestigio social y mentalidad religiosa popular ante la muerte se entremezclaban en un todo compacto del que surgía el número de misas de salvación solicitadas (1996:241).

establecer una clasificación en aquellos casos en los que el número de misas generaba dudas, caso de la existencia de importantes diferencias entre la cantidad solicitada por los petrucios de una unidad familiar[808].

El criterio seguido a la hora del manejo de la documentación catastral se centró en el cálculo previo de la extensión mínima de tierra cultivable necesaria para alcanzar el sustento familiar, atendiendo al tamaño medio del grupo doméstico en el área de estudio, el nivel de rendimientos, las detracciones sobre el producto bruto campesino y el papel de las actividades complementarias[809]. Como ya hemos tenido ocasión de comprobar, unos elevados rendimientos de 27,7 Hl./Ha. basados en el cultivo intensivo del maíz y un tamaño medio de 4,1 personas/hogar permite hablar de explotaciones excedentarias a partir del disfrute de más de 1 Ha. de tierra cultivable, situándose el grupo inferior del campesinado entre quienes labran como máximo ½ Ha., un 17,4 y un 56,6% respectivamente de la comunidad de vecinos que en el año 1752 se compone de 143 casas.

La clasificación resultante del recuento del número de misas partió de un estudio preliminar sobre su distribución y los cambios observables en el comportamiento medio en el largo periodo de tiempo comprendido desde la segunda mitad del siglo XVII hasta los años que abren paso del siglo XIX al XX, cuando se produce el deceso de las últimas generaciones analizadas. Véase al respecto la tabla 1.

TABLA 1 • EVOLUCIÓN DEL NÚMERO DE MISAS E INTERVALOS CLASIFICATORIOS ESTABLECIDOS					
PERIODOS	**<1700**	**1700–1749**	**1750–1799**	**1800–1849**	**>=1850**
PROMEDIO	26	53,4	63,3	49,6	14,9
MEDIANA	15	25	47,5	33	0
MODA	12	0	0	0	0
NIVEL INFERIOR	<15	<=25	<50	<=40	<=10
NIVEL MEDIO	>=15 Y <=30	>25 Y <=65	>=50 Y <=90	>=40 Y <=80	>10 Y <=40
NIVEL SUPERIOR	>30	>65	>90	>80	>40

No son de extrañar las diferencias que se observan en el número medio de misas y los intervalos establecidos para cada periodo, con respecto a los datos aportados en otras investigaciones, caso del mundo rural vallisoletano estudiado por Máximo García Fernández (1996:269), cuando ya se han detectado considerables diferencias en el comportamiento de parroquias limítrofes analizadas en el mismo periodo cronológico (J. M. Pérez García,

---

[808] El uso secundario que se realizó de esta información se sustenta en el convencimiento de que su utilización no refleja ni mucho menos con la fidelidad de las misas las diferentes categorías sociales del mundo rural, cuando menos en la comunidad objeto de análisis. La explicación resulta evidente, los parroquianos que al momento de su muerte figuran en los libros parroquiales registrados como "pobre" o "pobre de solemnidad", en su inmensa mayoría se entierran sin la concurrencia de misas de salvación salvo en los contados casos en los que se aplica un número muy reducido por limosna, en conjunto mediana y moda se sitúan en el valor de 0 y la media en 0,6. Sin embargo un 45,7% de ese grupo cuenta con la presencia de sacerdotes que asisten de limosna a sus funerales, en media 2,62, una cifra no muy alejada del valor medio que ofrece el análisis del resto de la población, 4,49. Seguramente la religiosidad popular consideraba que si bien en las situaciones de pobreza absoluta la búsqueda de la ansiada salvación debía realizarse sin la ayuda de las misas, la celebración de un funeral habría de garantizarse para el conjunto de la sociedad.

[809] A fin de contrarrestar la infravaloración de datos característica de las fuentes fiscales, los rendimientos cerealeros de la zona se calcularon a partir del empleo de escrituras de patrimonios eclesiásticos y en función de la composición de la despensa campesina que traducen los inventarios postmortem del periodo y el uso del diezmo, tal como se expuso en el capítulo precedente.

1995:158)[810]. No obstante, se confirma la evolución tendente a la reducción generalizada de esa práctica resultado de los cambios operados a nivel de mentalidad religiosa y quizá también en la parroquia de Veiga como consecuencia de un empeoramiento en la situación económica.

Si el trabajo realizado sobre la documentación fiscal de mediados del siglo XVIII traduce la estratificación social anteriormente descrita, la clasificación resultante del número de misas aplicada al padrón de Habitantes para reclutamiento militar de 1831 refleja la ampliación de una base piramidal que abarca ahora al 61,1% de las casas, consecuencia del descenso del grupo superior y en mayor medida de los niveles intermedios del campesinado que reducen su representación del 25,8% al 23%. Sin esperar una coincidencia absoluta en las proporciones obtenidas, los resultados y la tendencia marcada plenamente coincidente con la trayectoria diseñada a partir del estudio de los niveles de vida comarcales, confirman la validez del criterio utilizado[811].

Este buen funcionamiento no debe ocultar la problemática que se deriva de la metodología, tanto en lo que respecta al uso de la fuente fiscal como en el caso del número de misas. De hecho, la propia mecánica de trabajo nos ha ido revelando las dificultades reales que implicaba su uso.

La familia de Francisco Basalo y su mujer Juana Suárez ejemplifican algunas de ellas. En 1752 siete años después de su matrimonio ambos dirigen un hogar de tipo extenso conformado por seis personas, tres hijos menores y la madre de Juana ya viuda, Margarita Bazán. De hecho, su residencia está ubicada en la aldea de Veiga, núcleo de origen de la mujer, desde donde dirigen una explotación de 2,29 Ha que incluye cerca de 1,5 Ha. de terreno cultivado, formando parte del sector superior del campesinado. Margarita Bazán muere en el año 1754 y en las nuevas operaciones realizadas en 1762 Francisco y Juana figuran a la cabeza de un hogar nuclear regentando una explotación de 1,45 Ha., de modo que en esa fecha en función de nuestros cálculos representan una familia integrante del sector medio del campesinado.

La propia documentación catastral explica lo acontecido en la casa, Bernardino Suárez hermano de Juana y Francisco Buiza marido de Gertrudis Suárez y cuñado de Juana aparecen como beneficiarios de 0,43 Ha de tierra cada uno entregadas por Francisco en concepto de herencia. Obviamente, muerta Margarita se procede a un reparto de la mima entre el resto de sus descendientes, herencia que por motivo de compañía antes disfrutaba íntegra su hija Juana. En la década de los setenta Francisco y Juana todavía no habían concluido su ciclo vital y en el año 1781 cuando muere Juana se entierra con 6 sacerdotes y 140 misas, una cantidad que todavía superará el marido en 1785 con un funeral cantado por 7 sacerdotes y 150 misas, destacando claramente ambos sobre la mayoría de sus convecinos. En la base de datos de genealogías el hogar de Francisco Basalo y Juana Suárez –código 383-, se incluye dentro del grupo superior del campesinado dado que el matrimonio de los hijos se realiza en la década de los años 80, y resolvimos utilizar para su clasificación la información más cercana al periodo en el que se concretan las alianzas matrimoniales de los descendientes. Esa fue la solución adoptada en estos casos, pero la situación descrita refleja con claridad el problema que se deriva de inferir una clasificación social en función de la situación que revela una fuente para un momento concreto del ciclo familiar.

La historia de Josefa Pérez y su familia nos ilustrará sobre otra problemática. Josefa Pérez viuda desde la muerte de su marido en el año 1734 dirige un hogar que en 1752 aparece conformado por sus cinco hijos todavía solteros.

---

[810] El profesor J. M. Pérez García sitúa en los niveles superiores del campesinado entre 1800 y 1830 a los parroquianos de Dena enterrados con 50 misas o más, pero en ese mismo grupo se encuentran los fallecidos en Samieira con más de 60 y también los finados en Villalonga/Gondar con 25 o más.

[811] Los inventarios postmortem de la comarca celanovesa describen un proceso de polarización social que se consolida en la primera mitad del siglo XIX a consecuencia de un importante descenso en las capas medias que reducen su representación del 33% del total en el siglo XVII a un 18,1% en la primera mitad de la centuria decimonónica. (D. Rodríguez Fernández, 1999b:221-223)

En 1743 se casó una hija, Cecilia, pero al situar su residencia en la parroquia limítrofe de donde era originario el marido sale de nuestro campo de observación. En 1751 casó su otro hijo, Andrés Basalo, fijando su residencia en la misma aldea de Outeiro donde eran moradores su madre y hermanos. En el libro personal Andrés Basalo figura presidiendo un hogar de tipo nuclear con la mujer y un hijo, anotándose justo inmediatamente después el hogar también nuclear de su madre. La consulta de los libros reales nos revela que Josefa dirige una explotación de 1,66 Ha. de tierra que la sitúan entre las 25 familias mejor dotadas de la comunidad, mientras tanto el hijo labraría una explotación imposible de 0,001 Ha. Andrés Basalo muere joven y en 1762 es su mujer viuda, Bernarda Rodríguez, quien se sitúa a la cabeza del hogar en el que viven sus dos hijos, declarando la misma mísera extensión de tierra. ¿Cuál sería su independencia real?

La problemática que reflejan las situaciones familiares descritas no es nueva, la necesaria revisión de la asimilación mecánica establecida entre los conceptos de residencia neolocal-hogar independiente, o la importancia de la introducción del análisis longitudinal capaz de rescatar el ciclo familiar son cuestiones que ya han sido puestas de manifiesto por la historiografía a la hora de plantear el estudio del hogar[812]. La elaboración de trabajos a nivel micro, caso del que nos ocupa, permite paliar en cierta medida estos problemas gracias al conocimiento casi real que se adquiere de los protagonistas con el paso del tiempo, dicho conocimiento aconseja en determinadas situaciones utilizar con flexibilidad la metodología establecida para adecuarla a la realidad que traducen las fuentes, sin duda mucho más viva y rica en matices[813].

Otras contrariedades resultan en cambio inevitables. Somos conscientes de la dificultad para aislar convenientemente las capas medias de la sociedad a partir de la utilización del criterio único de las disposiciones realizadas en el momento de la muerte, ya que si bien los extremos son fácilmente identificables, realizar la estratificación en los niveles intermedios resulta harto difícil.

V.2. Reproducción familiar y movilidad social en tierras de Celanova a lo largo de los tiempos modernos

L. Lorenzetti y M. Neven han señalado la importancia del análisis demográfico longitudinal a la hora de desarrollar un estudio sobre reproducción familiar (2000:89). La descendencia media familiar, el impacto de la muerte en los primeros años de vida, o la proporción de hijos que acceden al estado matrimonial constituyen factores de vital importancia en el proceso reproductivo y su conocimiento nos transmite otra visión del ciclo de vida, cuyo estudio no tiene por qué estar únicamente ligado a la evolución de las formas residenciales a través del análisis de listas nominativas[814].

---

[812] Véase entre otros: (F. Chacon, 1991:87-88), (E. Garrido Arce, 1995:31-51), (A. Ferreira da Silva, 1995:45-66), (F. García González, 1997:331-344), (X. Roige Ventura, 1997:445-464).

[813] G. Levi afirma al respecto que la lectura de una importante masa de documentos heterogéneos y cotidianos tiene cierta semejanza con la investigación de campo, como si el investigador permaneciera durante 25 años sentado en la plaza del pueblo para escuchar que ocurre en las familias, que en base a la acumulación de informaciones poco a poco van definiendo sus fisonomías e historias particulares (1990:48).

[814] En el apéndice estadístico de nuestra Tesis Doctoral pueden consultarse los cuadros completos en los que se recogen todas las informaciones reunidas sobre el destino de cada uno de los miembros de las unidades domésticas estables y cerradas de la parroquia de Veiga, clasificadas socialmente a partir de los criterios antes expuestos y agrupadas en las cuatro fases cronológicas que establecimos en el capítulo II. A la hora de analizar las descendencias familiares en el último periodo de estudio nos centramos exclusivamente en las familias creadas entre 1810 y 1830 a fin de controlar de manera precisa el conjunto de los descendientes y no introducir desviaciones en los cálculos derivadas de la exclusión de aquellas familias cuya descendencia se prolonga más allá del año 1850, cuando concluye la recogida de actas bautismales..

La distribución de los cerca de 500 hogares analizados de la parroquia de Veiga nos permite disponer de un número de observaciones razonable para cada uno de los periodos establecidos y su clasificación social refleja adecuadamente el proceso de polarización anteriormente mencionado. Véanse al respecto las tablas 2, 3, 4 y 5 en las que se resumen los datos más relevantes de cada etapa.

La calidad de la muestra no se presenta uniforme durante los casi dos siglos abarcados. El importante porcentaje de descendientes de destino desconocido en la primera fase (1655-1729), un 22% del total, se reducirá de forma notable entre 1730 y 1809, incrementándose ligeramente hasta el 13% en la primera mitad del siglo XIX. La calidad del registro de los libros parroquiales explica en gran medida esta notable diferencia entre fases, centrándose la problemática en el deficiente control de la mortalidad en el periodo que va desde 1655 a 1729[815].

La metodología utilizada condicionó además el establecimiento de un límite de edad para el cálculo de la mortalidad a temprana edad, que como bien puede apreciarse en las tablas se situó en los 15 años, dado que el distanciamiento entre las listas no aconsejaba el cálculo ortodoxo de la mortalidad de párvulos[816].

La tabla 2 reúne los datos más relevantes que hemos podido reunir para el primero de los cuatro períodos analizados, de 1655 a 1729. El dinamismo demográfico del primer periodo queda reflejado en la interesante media de 5,24 hijos por familia, pero sobre todo llama la atención la capacidad que demuestran las familias para colocar a sus vástagos en el mercado matrimonial, nada menos que un 42% de los nacidos, la cifra más alta de todo el periodo estudiado con una media de 2,2 hijos casados por familia. Sin embargo, el comportamiento del conjunto de la sociedad no fue uniforme y si los grupos superiores y medios incluso superan con creces esta media, las familias integradas en el nivel inferior del campesinado –un 43,7% del total-, casan tan solo al 34,7% de sus descendientes, con una media de 1,80 hijos casados de media por familia. Así, entre los ricos campesinos celanoveses el porcentaje de hijas casadas asciende al 50% del total frente al 35% que logran los campesinos insuficientes[817].

---

[815] Como ya se indicó anteriormente, para el primer periodo de estudio disponemos de cuatro listas de confirmados (22/5/1661-5/6/1673-5/6/1675-18/11/1695), sin embargo, las dos primeras apenas pudieron ser utilizadas. Por otra parte, como ya indicamos anteriormente, las listas de 1675 y 1695 presentan una calidad inferior a la de las listas elaboradas para el siglo XVIII y XIX, perfectamente organizadas por familias con información relativa a los dos progenitores y a la aldea de residencia. En estos dos siglos se combina además una indudable mayor calidad en las listas con la existencia de otras fuentes que también nos aportan preciosas informaciones, la documentación del Catastro de Ensenada y sus Revisiones para el siglo XVIII, así como los padrones con fines militares elaborados en los años 1825, 1827, 1830 y 1831, este último sin duda el más completo de la serie.

[816] Como ya vimos en el capítulo II, el cruzamiento de las listas de confirmados con las familias previamente reconstruidas nos permitió conocer número y nombre de los niños confirmados. Los niños que no figuran en la lista de confirmados correspondiente o en las siguientes y de los que tampoco poseemos datos en los libros de matrimonios y defunciones, pasarán a engrosar la cifra de los fallecidos. El número de desconocidos se nutre de aquellos cuya presencia detectamos en una lista de confirmados y con posterioridad perdemos el rastro y también de los descendientes de los que carecemos de cualquier información, o bien porque su familia no figuraba entre las que debieran aparecer confirmando hijos, o bien porque ya había transcurrido demasiado tiempo desde su nacimiento hasta la fecha de la confirmación, de modo que aunque en la ceremonia se incluye a otros hermanos menores, en su caso sería arriesgado incluirlos en el grupo de los fallecidos a temprana edad cuando otras hipótesis también resultaban factibles, caso de una posible emigración o una celebración matrimonial fuera del marco de estudio.

[817] Pese a la elevada proporción media de hijos casados que se obtiene para este periodo de auge demográfico, el porcentaje resultante es claramente inferior a la cifra alcanzada en la parroquia pontevedresa de Samieira que en fechas similares está atravesando una fase de auténtica euforia demográfica gracias al establecimiento por vía matrimonial de casi un 50% de los nacidos. (J. M. Pérez García, 2002: 9). En las tierras del Bajo Miño entre 1580 y 1670, las familias de los grupos superiores lograron casar al 55,8% de sus hijas frente al 35% del sector de pequeños campesinos, cifras que traducen un comportamiento social muy dispar al igual que ocurre en tierras celanovesas (2009: 94).

	NIVEL SUPERIOR CAMPESINADO	NIVEL MEDIO CAMPESINADO	NIVEL INFERIOR CAMPESINADO	TOTAL
Nº FAMILIAS	29	52	63	144
MEDIA HIJOS	5,37	5,21	5,20	5,24
HIJOS DESTINO DESC.%	15,38	19,56	28,05	22,38
MEDIA HIJOS CASAN	1,20	1,19	0,98	1,10
MEDIA HIJAS CASAN	1,34	1,30	0,82	1,10
MEDIA TOTAL CASAN	2,55	2,50	1,80	2,20
EDAD MEDIA HIJOS MATR.	29,26	30,14	30,46	29,3/30,4
EDAD MEDIA HIJAS MATR.	26,32	28,08	28,49	26,9/28,8
FALLECIDOS <15 %	25	18,45	18,9	20,00
FALLECIDOS SOLT. %	7,69	17,36	13,33	13,68
FALLECIDAS SOLT. %	16,67	11,02	22,30	17,00
TOTAL FALLECIDOS SOLT.%	12,18	14,39	17,38	15,23

TABLA 2 • REPRODUCCIÓN SOCIAL DE LAS FAMILIAS.1655–1729

La edad media de acceso al matrimonio de los descendientes casados también experimentaba fluctuaciones muy importantes en función del grupo social de pertenencia de los padres, mostrando una vez más la extraordinaria capacidad de adaptación de la variable nupcial. Esta se incrementaba en proporción inversa a la riqueza familiar disponible, afectando muy especialmente a las mujeres: 26,3 años de media entre las hijas de los ricos campesinos y 28,4 años de media entre las familias menos pudientes. Como ya se indicó anteriormente, las cifras del periodo se ven afectadas por las crisis de comienzos del siglo XVIII, que provocan una importante elevación en la edad media de acceso al matrimonio. Por eso en la última columna de la tabla 2 se ofrecen dos cifras diferentes, la primera de ellas relativa a los descendientes nacidos en el siglo XVII y la segunda para los nacidos a partir de 1700; en el caso de las mujeres la diferencia casi ronda los dos años.

Si el porcentaje de hijos casados alcanza su mayor representación en esta etapa, el número de los fallecidos solteros marca su mínimo, el 15,2% del total. También en este caso se aprecian importantes diferencias en el seno de la comunidad campesina marcándose una gradación clara desde los grupos superiores del campesinado hasta los grupos inferiores. Además, el análisis separado por sexos recoge claramente la diferente incidencia de la soltería en hombres y mujeres: un 13,6% de los descendientes de sexo masculino fallecieron solteros tras la celebración de su decimoquinto aniversario, elevándose dicho porcentaje hasta el 17% en el caso de las mujeres. Como ya señalamos en el capítulo II, los niveles de soltería definitiva de esta etapa medidos a partir de las defunciones de individuos de 50 o más años son los más bajos de todo el periodo de estudio -5% en el caso de los hombres y 10,1% para las mujeres-. El porcentaje que suponen los descendientes solteros en cada uno de los tres grupos sociales establecidos corrobora la diferente incidencia social del matrimonio y por ende de los niveles de soltería definitiva.

Obviamente la cifra de fallecidos con menos de 15 años se sitúa en un porcentaje inadmisible del 20% del total. El análisis llevado a cabo a partir de las listas de confirmados de 1675 y 1695 arroja una tasa de mortalidad acumulada hasta los 10 años de vida que oscilaba entre el 31 y el 34% del total de los niños nacidos, de ahí que una proporción importante de los descendientes de destino desconocido formarían parte del grupo de fallecidos a temprana edad, restando todavía un porcentaje reducido de casos, inferior al 5% cuyo futuro desconocemos.

La observación detallada de la distribución social de los descendientes de destino desconocido nos revela la existencia de importantes diferencias en el comportamiento de cada uno de los tres grupos seleccionados, concentrándose el mayor número de estos en los sectores inferiores del campesinado. Además, se constata una mayor presencia de desconocidos de sexo masculino. Esa desigual distribución sexual y también social indica a nuestro juicio la necesaria contemplación de otro tipo de cuestiones al margen del deficiente control de la mortalidad de párvulos para explicar su abultado número.

TABLA 3 • REPRODUCCIÓN SOCIAL DE LAS FAMILIAS. 1730–1769				
	NIVEL SUPERIOR CAMPESINADO	**NIVEL MEDIO CAMPESINADO**	**NIVEL INFERIOR CAMPESINADO**	**TOTAL**
Nº FAMILIAS	28	39	68	135
MEDIA HIJOS	5,78	5,38	4,83	5,19
HIJOS DESTINO DESC.%	7,41	7,14	12,77	9,84
MEDIA HIJOS CASAN	1,5	1,2	0,64	0,98
MEDIA HIJAS CASAN	1,42	1,25	0,73	1,02
MEDIA TOTAL CASAN	2,92	2,46	1,38	2,01
EDAD MEDIA HIJOS MATR.	27,97	28,94	31,09	29,34
EDAD MEDIA HIJAS MATR.	24,69	25,69	28,64	26,49
FALLECIDOS <15 %	29,01*	31,43*	37,69*	33,81*
FALLECIDOS SOLT. %	12,20	16,50	14,38	14,50
FALLECIDAS SOLT. %	13,75	14,95	26,70	20,39
TOT. FALLECIDOS SOLT.%	12,96	15,71	20,97	17,55

El dinámico mercado matrimonial del primer periodo explica en gran medida el visible cambio que se opera en la clasificación social de las familias establecidas en la segunda etapa (Véase tabla 3). Como se aprecia en la tabla entre 1730 y 1769 se amplían de forma evidente los niveles inferiores del campesinado a costa de la caída experimentada por las capas medias de la sociedad que pasan de suponer el 36,11% del total a representar ahora el 28,8%, muy acorde con los datos que aporta la documentación fiscal para los años centrales del siglo.

El ligero descenso en el número de hijos por familia - 5,1 de media- si bien no traduce una caída importante de la descendencia media familiar, ratifica el comportamiento a la defensiva del resto de los parámetros analizados durante este periodo. Su distribución interna, desde los 5,7 hijos de media de las familias superiores a los 4,8 que caracterizan a los grupos inferiores, refleja una marcada gradación social que no quedaba patente de forma tan notoria en el primer periodo analizado.

La caída de más del 7% en la proporción de hijos que acceden al matrimonio se sustenta en el retroceso que experimentan los grupos inferiores del campesinado, capaces de casar únicamente al 28,5% de sus descendientes, poco más de la mitad de la cifra que aportan las familias de mayores recursos[818]. De hecho, si bien el análisis del sector inferior del campesinado arroja una media de 1,38 hijos casados por unidad familiar, los ricos campesinos de la parroquia de Veiga colocaban por término medio a tres de sus descendientes en el mercado matrimonial (2,93), seguidos muy de cerca por las familias de medianos campesinos que aportan una media de 2,46, no constatándose apenas variaciones con respecto a la etapa anterior.

Una vez superadas las dificultades de comienzos de siglo, la edad media de acceso al matrimonio vuelve a situarse en valores muy similares a los que aporta el estudio de los descendientes nacidos en la segunda mitad del siglo XVII, pero al igual que ocurre con la media de hijos por familia, se amplían las distancias entre los distintos sectores del campesinado con respecto a la etapa precedente, prueba evidente de una progresiva diferenciación interna en el seno de la comunidad de estudio que se fue acentuando a lo largo de los tiempos modernos[819].

El descenso en la media de hijos casados está vinculado al aumento en las cotas de soltería que se constata para los tres grupos analizados, alcanzando su máxima expresión entre las hijas de las familias ubicadas en la base de la pirámide social ya que en este periodo más de una cuarta parte de las mismas murieron en estado de soltería.

Tenemos constancia del fallecimiento de un 33,8% del total de los hijos registrados antes del cumplimiento de su 15 aniversario, pero entendemos que dicho porcentaje debe ser corregido al alza a partir de la inclusión en el grupo de los fallecidos a temprana edad de una buena parte del grupo de descendientes de destino desconocido ya que como se recordará, el análisis efectuado a partir de la lista de confirmados de 1765 eleva el porcentaje de las descendientes femeninas desaparecidas antes del cumplimiento de su 10 aniversario hasta el 38,6% del total[820]. Probablemente, una tasa que rondaba el 40% de los niños nacidos en las décadas centrales del siglo XVIII, despareció antes de cumplir 15 años.

Sin embargo, como se aprecia en la tabla, el impacto de la muerte debió ser muy superior entre las familias con menos recursos de la comunidad a quienes arrebata una proporción muy superior de sus descendientes con respecto a las familias mejor provistas económicamente. En base a los datos expuestos, no solo el número medio de hijos por familia, la proporción de los que entran en el mercado matrimonial, la edad a la que contraen nupcias y el número de quienes fallecen solteros refleja con notoria claridad la posición familiar en el entramado económico social comunitario. A juzgar por los datos que nos aporta la tabla precedente, también la mortalidad de menores de 15 años dibuja una incidencia social muy desigual.

La reproducción familiar contó con mayores dificultades en este periodo con respecto a la etapa precedente y así lo atestiguan la mayoría de los parámetros analizados:

---

[818] En la comarca del Bajo Miño, al igual que ocurre en tierras de Celanova, fueron los sectores más humildes del campesinado los primeros que acusaron el cambio de coyuntura. En fechas muy tempranas, entre 1640 y 1670, los pequeños campesinos tudenses lograron casar solo al 27,5% de sus hijas lo que causó el derrumbe de su índice de relevo nupcial (2009:94).

[819] En cuanto a la edad media de acceso al matrimonio, las distancias que separan el comportamiento de los tres grupos establecidos son mucho más amplias que en la comarca del Bajo Miño analizada por el profesor J. M. Pérez García, particularmente entre el género femenino (2013:22).

[820] La anotación de la mortalidad de párvulos en los libros parroquiales de Veiga se inicia en el año 1754 cuando comienza a incluirse el término "murió" al margen de las partidas del libro de Bautizados. Tanto para el periodo anterior como para esta fase, el control de los fallecidos a temprana edad se basa en el análisis efectuado a partir de las listas de confirmados y en el cruzamiento con otras fuentes. Para el periodo de 1730-1769, nos apoyamos de manera especial en los Libros Personales del Catastro de Ensenada de 1753, los nuevos libros confeccionados en las Revisiones de 1762 y la Lista de Confirmados de 1765, por lo que quedan escasamente cubiertas las décadas de 1730 y 1740.

- La bajada de la descendencia media familiar, en consonancia con la reducción operada en el periodo de fecundidad de las parejas completas que cae desde los 14,91 años del primer periodo a los 13,31 años de esta etapa.
- El descenso de la proporción de hijos que entran en el mercado matrimonial.
- El incremento de los fallecidos en estado de soltería, paralelo al crecimiento de los niveles de soltería definitiva que situamos en este periodo en el 9,4% para los hombres fallecidos con más de 50 años y en el 13,59% de las mujeres en el mismo grupo de edad.
- Además, el análisis de las listas de confirmados presentado en el capítulo II también sugiere un incremento de los niveles de mortalidad durante los primeros años de vida con respecto a la etapa anterior.

En cualquier caso, las estrategias de control desarrolladas en el ámbito familiar no inciden de manera similar en el conjunto de las tres categorías sociales establecidas y las restricciones adoptadas con respecto al periodo anterior se concentran en las familias más humildes, por lo que se deduce que fueron las primeras en verse afectadas por la limitación de los recursos en un espacio demográficamente ya muy saturado a mediados del siglo XVIII[821].

El vaciado agregativo de las series parroquiales seleccionadas para las tierras de Celanova nos transmite la imagen de un nuevo periodo expansivo en la demografía comarcal a partir de los años 70 del siglo XVIII. También conocemos la base sobre la que se asienta dicho crecimiento, un espacio ya muy humanizado, tal y como se refleja en la elevada densidad poblacional que se obtiene en el Catastro para mediados del siglo XVIII y en el Censo de Floridablanca para 1787 (111,8 y 112,9 Hb./Km2 respectivamente) (D. Rodríguez Fernández, 1999:74). La presencia de entidades parroquiales que como en el caso de la parroquia de Veiga, superaban con creces dichas cifras explica la mayor o menor intensidad de dicho crecimiento demográfico, así como su duración temporal.

Como ya hemos señalado, San Munio de Veiga se incluye en el grupo de parroquias que presentan un crecimiento moderado, reflejo de una posición intermedia entre el estancamiento propio de algunas parroquias integradas en el valle del Tuño y el fuerte incremento del vecindario que experimentaron otras entidades del sector más oriental del valle del Sorga, que prolongaron su fase expansiva hasta los años 30 del siglo XIX. De ahí que los parámetros analizados en el tercer periodo, entre 1770 y 1809, no traducen en su conjunto un comportamiento positivo, sino que más bien generan la impresión de un crecimiento a la defensiva, mediatizado sin duda por el fuerte incremento de las tasas de soltería. Véase tabla 4.

TABLA 4 • REPRODUCCIÓN SOCIAL DE LAS FAMILIAS. 1770-1809				
	NIVEL SUPERIOR CAMPESINADO	NIVEL MEDIO CAMPESINADO	NIVEL INFERIOR CAMPESINADO	TOTAL
Nº FAMILIAS	21	44	85	150
MEDIA HIJOS	5,85	5,84	5,41	5,6
HIJOS DESTINO DESC.%	8,13	6,61	10,43	8,93

[821] Un análisis comparativo entre el número medio de hijos que logran colocar en el mercado matrimonial los campesinos insuficientes celanoveses en los años centrales del siglo XVIII (1,38) con las cifras medias que obtiene J. M. Pérez García en las familias insuficientes del Bajo Miño entre 1724 y 1814 (2,06), permite valorar con claridad las serias dificultades que ya debía estar pasando este grupo social (2013:22).

TABLA 4 • REPRODUCCIÓN SOCIAL DE LAS FAMILIAS. 1770-1809				
	NIVEL SUPERIOR CAMPESINADO	NIVEL MEDIO CAMPESINADO	NIVEL INFERIOR CAMPESINADO	TOTAL
MEDIA HIJOS CASAN	0,71	1,11	0,72	0,84
MEDIA HIJAS CASAN	1,23	1,13	0,85	0,99
MEDIA TOTAL CASAN	1,95	2,25	1,58	1,83
EDAD MEDIA. HIJOS MATR.	27,65	29,92	30,89	30,14
EDAD MEDIA HIJAS MATR.	27,53	27,80	29,83	28,78
FALLECIDOS <15 %	37,40	35,41	38,70	37,50
FALLECIDOS SOLT. %	19,5	17,29	16,96	17,33
FALLECIDAS SOLT. %	22,37	20,97	25,85	23,85
TOTAL FALLECIDOS SOLT.%	21,14	19,07	21,52	20,71

El ascenso de la descendencia media familiar que experimentan todos los grupos sociales en la tercera etapa de nuestro estudio permite alcanzar la media de 5,6 hijos/familia, el valor más elevado de todo el periodo de estudio. El comportamiento positivo de este parámetro es el resultado del descenso experimentado en la edad media al matrimonio de las mujeres que pasa de 26,77 años en la etapa anterior a 26 años de media en este periodo y el consiguiente incremento del periodo de fertilidad de las parejas que asciende de 13,3 a 14,2 años.

Sin embargo, la media de hijos casados por unidad familiar experimenta un nuevo descenso con respecto a la etapa anterior, de manera que la media cae ahora por debajo de los 2 hijos casados por unidad familiar. Dicha reducción deriva en gran medida de las restricciones puestas en práctica por las familias más ricas de la comunidad campesina que redujeron de manera ostensible el número de hijos colocados en el mercado matrimonial que cae de 2,92 a 1,95 hijos de media por familia. En la etapa anterior las 28 familias analizadas que se situaban en la cúspide social de la comunidad colocaron en el mercado matrimonial a la mitad de sus descendientes, las 21 familias que nuevamente integran el espacio reservado para los más privilegiados entre 1770 y 1809 solo casan a un tercio de los suyos. Las capas intermedias de la sociedad también redujeron el acceso al mercado matrimonial para sus vástagos, pero sin alcanzar la intensidad detectada entre las familias más poderosas. En el caso de las familias ubicadas en la base de la pirámide social, dadas las restricciones impuestas en la etapa anterior, no muestran ahora la necesidad de intensificar las estrategias de control, constatándose incluso una cierta relajación de estas durante este periodo.

La inmensa mayoría de los descendientes de las 150 familias constituidas entre 1770 y 1809 ya accederán al matrimonio en las décadas iniciales del siglo XIX a una edad notablemente más elevada que la de sus progenitores, sobre todo en el caso de las mujeres, cuya edad media asciende desde los 26,49 años de media en la anterior etapa a los 28,78 años. Como se observa en la tabla precedente, los tres grupos sociales analizados retrasan la edad de acceso al matrimonio de todos sus descendientes, pero las estrategias de control se intensifican ahora en el caso de las hijas de las familias integradas en las capas superiores y medias del campesinado. De hecho, entre las familias más ricas, la edad al matrimonio de las hijas se retrasa casi tres años de media con respecto a la etapa anterior.

La tabla 4 también nos permite explicar desde el punto de vista sociológico el fuerte incremento del celibato definitivo ya constatado para esta etapa. Un 23,8% de las hijas y un 17,3% de los hijos concebidos en los matrimonios establecidos en la comunidad de estudio entre 1770 y 1809 murieron solteros cuando ya habían cumplido los 15 años de vida. En el grupo de las familias campesinas con menos recursos no se constatan apenas diferencias con respecto a la etapa anterior, sin embargo, en el caso de las familias más ricas, se pasa de un 12,9% de descendientes fallecidos solteros en la etapa anterior a un 21,1%. En definitiva, los niveles de soltería definitiva de los años centrales del siglo XVIII se nutren fundamentalmente de los descendientes de las familias más humildes de la comunidad campesina, pero el fuerte ascenso de estos a partir de las últimas décadas del siglo XVIII se debe sin duda a la generalización de los controles entre los sectores más pudientes de la comunidad campesina –grupos intermedio y superior-.

En cuanto al comportamiento de la mortalidad a temprana edad, varias cuestiones merecen ser destacadas. A diferencia de lo que ocurre en el periodo comprendido entre 1730 y 1769, el cálculo de la mortalidad infantil-juvenil entre 1770 y 1809 se apoya sobre un registro "más cuidadoso" de la mortalidad en los libros parroquiales que empiezan a incluir a partir de mediados de los años 50 del siglo XVIII el término murió al margen de las actas bautismales.

En base a la lista de confirmados de 1799, cuya fiabilidad ya hemos resaltado anteriormente, fallecieron el 31,2% de los niños bautizados entre 1789 y 1799. La prueba de control aplicada a la totalidad de los bautismos registrados entre 1770 y 1800 sitúa la proporción de los fallecidos hasta los 8 años en torno a un 34,1% del total. En este caso, los cálculos efectuados en el capítulo II concuerdan plenamente con las cifras recogidas en la tabla precedente, que estima la proporción de jóvenes fallecidos hasta los 15 años en un 37,5% de los bautizados. De ahí que, si bien el porcentaje de descendientes de destino desconocido no difiere en gran medida entre una y otra etapa -9,84% entre 1730/1769 y 8,93% para el periodo 1770/1809-, en este caso los párvulos no controlados solo justificarían una parte minoritaria del grupo ya que pensamos que se trata sobre todo de jóvenes que escapan a nuestro control porque abandonaron los estrechos límites del marco parroquial para buscar su futuro. Un matrimonio celebrado en el exterior y su posterior instalación en alguna parroquia del entorno, pero también la emigración, son ahora las claves explicativas que barajamos.

Dado que estimamos la posible desaparición de un 40% de los nacidos en los años centrales del siglo XVIII antes de su decimoquinto cumpleaños, entendemos que las tasas de mortalidad infantil-juvenil se redujeron en esta etapa con respecto al periodo anterior contribuyendo de manera positiva al crecimiento demográfico del periodo. Ahora bien, las diferencias que pudieron haber existido en la etapa precedente en el comportamiento de este parámetro entre los tres grupos sociales establecidos han desaparecido por completo socializándose también el impacto de la muerte.

El número de familias analizadas en el último periodo obliga a plantear un análisis conjunto de algunos parámetros para las familias más ricas y el sector intermedio del campesinado, que de manera conjunta solo representan un tercio del total de las familias analizadas. Su progresivo hundimiento en el tiempo refleja con claridad meridiana las consecuencias que se derivan del modelo de crecimiento adoptado en la comarca a lo largo de los tiempos modernos. Véase tabla 5.

TABLA 5 • REPRODUCCIÓN SOCIAL DE LAS FAMILIAS. 1810–1830				
	NIVEL SUPERIOR CAMPESINADO	NIVEL MEDIO CAMPESINADO	NIVEL INFERIOR CAMPESINADO	TOTAL
N° FAMILIAS	7	15	41	63
MEDIA HIJOS	6,42	4,66	4,68	4,87
HIJOS DESTINO DESC.%	8,88	10	15,10	13,02
MEDIA HIJOS CASAN	1,14	0,4	0,68	0,66
MEDIA HIJAS CASAN	1,28	0,93	0,60	0,76
MEDIA TOTAL CASAN	2,42	1,33	1,28	1,42
EDAD MEDIA HIJOS MATR.	30,54		31,58	31,34
EDAD MEDIA HIJAS MATR.	29,25		29,97	29,71
FALLECIDOS <15 %	40,86		35,42	37,45
FALLECIDOS SOLT. %	18,03		15,84	16,67
FALLECIDAS SOLT. %	16,66		28,57	24,14
TOTAL FALLECIDOS SOLT.%	17,39		21,88	20,20

Pese al incremento de las tasas de fecundidad detectado para este periodo, asistimos al hundimiento de la descendencia media familiar en los hogares de los pequeños y medianos campesinos celanoveses. El minoritario grupo de los ricos campesinos es el único que parece resistir los efectos derivados del notable retraso de la edad de acceso al matrimonio y la lógica reducción del periodo de fecundidad de las parejas, que pasó desde los 14,24 años de media de la etapa precedente hasta los 11,58 años de media para las parejas establecidas a partir de 1810. Todos los parámetros analizados, desde la caída de la descendencia media familiar hasta el incremento de las tasas de soltería, inciden en el derrumbe de dicho modelo al tiempo que resaltan las dificultades que ello suponía para el conjunto de la comunidad campesina pero muy especialmente para el sector inferior del campesinado, para el que se obtiene una pírrica media de 1,28 hijos casados de media por unidad familiar.

Las familias más ricas retrasaron la edad de acceso al matrimonio de sus hijos hasta los 30 años en el caso de los varones y 29,2 años para las mujeres, pero a juzgar por los datos expuestos y pese a su reducido número, no debieron introducir más restricciones a la nupcialidad de las que ya venían aplicando en la etapa precedente. Sin embargo, para la mayoría de las familias campesinas, entre las que se incluye el sector intermedio de la sociedad, la elevación de la edad media de acceso al matrimonio no fue suficiente para garantizar su supervivencia debiendo introducir nuevos ajustes en el mercado matrimonial. Dichos ajustes pasaban por la ampliación de las tasas de soltería definitiva, que a partir de 1810 se situaban por encima del 26% en el caso de las mujeres y en torno al 13% en el caso de los hombres, en concordancia con los datos expuestos en la tabla precedente.

En cuanto al comportamiento de la mortalidad a temprana edad, el porcentaje de niños fallecidos antes del cumplimiento de su quince aniversario no debió sufrir modificaciones de importancia con respecto a la etapa anterior, afectando de manera similar a los tres grupos sociales analizados.

Los casi dos siglos que abarca el estudio nos permiten observar con total nitidez la persistencia de determinados factores de tipo estructural que definen la reproducción familiar analizada desde este punto de vista, al tiempo que se resalta la capacidad de adaptación de las familias de Veiga a la hora de adecuar su comportamiento a la coyuntura vigente. Una descendencia media familiar más numerosa, un mayor número de vástagos colocados en el mercado matrimonial, una edad de acceso al matrimonio más precoz y una mayor duración de los matrimonios con respecto al resto de la sociedad definen a lo largo del tiempo el comportamiento de los hogares mejor provistos de la comunidad.

En la tabla 6 se presenta el análisis de algunos de estos parámetros para el conjunto del periodo estudiado, dado que no consideramos apropiado un estudio fragmentado de los mismos a partir de un número demasiado reducido de observaciones para cada uno de los cuatro periodos establecidos.

TABLA 6 • ANÁLISIS DE PARÁMETROS DE NUPCIALIDAD EN LOS TRES GRUPOS SOCIALES			
	RICOS CAMPESINOS	NIVEL MEDIO	CAMPESINOS INSUFIC.
EDAD MEDIA MATR. HOMBRES	27,8	29,1	29,1
EDAD MEDIA MATR. MUJERES	26,3	26,4	27,3
DURACION MATRIMONIAL (AÑOS)	30,89	25,51	22,41
% MATR. ROTOS ANTES DE 25 AÑOS	26,08	44,44	56,76
% MATR. DE 30 O MAS AÑOS	57,97	42,85	31,95

Como afirma J. M. Pérez García en su estudio llevado a cabo sobre la comarca del Bajo Miño, los ricos campesinos disponían de un tiempo efectivo de potencial procreación más amplio que el resto de la sociedad porque el acceso al matrimonio femenino se adelantaba y su estabilidad matrimonial era mayor. Además, la mortalidad acumulada a 20 años era inferior (2009:93). Todo ello explica la mayor amplitud que alcanza la descendencia media familiar en este grupo con respecto al resto de la sociedad[822].

La imagen de una mayor flexibilidad y capacidad de adaptación a la coyuntura con respecto a las familias más humildes quizá sea el resultado real de disponer de una gama más amplia de recursos a su disposición. Sus actuaciones sobre el plano demográfico no hacen sino confirmar una realidad ya constatada en el estudio evolutivo del índice de nivel de vida comarcal: la escasa incidencia del comportamiento de los hogares regentados por pequeños campesinos a la hora de explicar el ascenso medio del nivel de vida a lo largo del siglo XVIII, y su especial relevancia a la hora de entender la caída experimentada en la primera mitad del siglo XIX[823].

---

[822] En realidad, algunas de estas características no solo definían el comportamiento de las familias campesinas más ricas de la comunidad de Veiga o de la parroquia de San Martín de Caldelas, en el Bajo Miño. Como sostiene Mª. José Vilalta, las clases dominantes de la ciudad de Lleida, articulada en torno a la hegemonía de la producción agrícola en la época moderna, al no verse condicionadas por la necesaria búsqueda de la estabilidad económica contraían nupcias a una edad más temprana y presentaban una mayor longevidad, al estilo de buena parte del patriciado urbano europeo (1999b: 339-340).

[823] Como ya hemos tenido ocasión de comprobar, en el siglo XVIII mientras que el nivel de vida de los ricos campesinos se incrementó en más de siete puntos y el índice representativo de los grupos medios también subió más de tres puntos con respecto al siglo anterior, las casas menos provistas apenas contribuyeron con un avance de dos escasos puntos en la mejora de las condiciones materiales de la sociedad. La primera mitad del siglo XIX refleja una caída del nivel medio

En opinión de G. Bouchard, los arreglos y estrategias que debían poner en práctica las familias campesinas a la hora de lograr su reproducción en base a la restauración del equilibrio generacional entre el número de candidatos a la tierra y el espacio disponible, se repartían de facto en cuatro grandes opciones: intervenciones desde el punto de vista demográfico, a través de los procesos hereditarios a partir a la exclusión de una parte de la descendencia de la herencia y/o sucesión, desarrollando una expansión del patrimonio familiar o con la introducción de disposiciones de carácter social caso de la cohabitación, indivisión, etc. (G. Bouchard, 1993:424).

En el análisis desarrollado hasta el presente sobre las familias de la comunidad de Veiga hemos tenido ocasión de comprobar las intervenciones desarrolladas en el terreno demográfico en busca de ese ansiado equilibrio entre hombres y tierras o como bien afirmara en su día C. Fernández Cortizo en el caso del campesinado galaico, en aras del mantenimiento de la viabilidad de la pequeña explotación familiar, procurando la provisión óptima de fuerza de trabajo, minimizando las futuras amenazas de una división "ad infinitum" del patrimonio y asegurando finalmente las prestaciones de la vejez (C. Fernández Cortizo, 1988:157). A diferencia de la joven región de Saguenay próxima a Quebec que investiga G. Bouchard desde el inicio de su poblamiento en 1840, las tierras celanovesas constituían ya a mediados del siglo XVIII un área densamente poblada en la que las posibilidades de ampliación de la superficie apta para el cultivo eran nulas. Sin embargo, el proceso de reproducción familiar tal como se presenta a partir del análisis desarrollado sobre esas casi 500 familias siguió permitiendo el establecimiento de más de un descendiente por unidad familiar, lo que implicaría su inclusión entre los sistemas "abiertos" de reproducción familiar según la terminología que emplea el citado autor[824].

A su juicio, la presencia de prácticas hereditarias de tendencia igualitaria que facilitaban el establecimiento de más de un descendiente por unidad familiar en áreas geográficas de fuertes densidades de población, como bien podría ser el caso celanovés, relativiza la influencia del grado de saturación del territorio sobre las formas de reproducción familiar (G. Bourchard, 1993:444). En nuestra opinión, al margen de la relevancia que adquieren las desigualdades sociales a la hora de explicar la reproducción de una comunidad, las diferencias de grado merecen una especial atención a la hora de valorar el carácter más "cerrado" o "abierto" de un sistema de reproducción. En tierras celanovesas se permitía el acceso a la tierra a más de un descendiente por unidad familiar, sin embargo en el periodo cronológico de máximo apogeo demográfico, entre 1660 y 1729, solo un 42% de los hijos nacidos en el seno de los agregados domésticos analizados lograba establecerse por vía matrimonial, mientras que las parejas instaladas en el valle del Saguenay entre 1840 y 1851 colocaban a un 78,5% de sus hijos gracias a las posibilidades expansivas que lógicamente se daban en un territorio nuevo y escasamente poblado (1993:429).

---

de vida en tierras celanovesas, pero si bien los grupos medios logran mantener su posición con respecto al siglo XVIII y las fortunas mejor provistas ceden solo 2 puntos, los hogares de pequeños campesinos pierden casi 3,5 puntos en el índice representativo de su nivel de vida, un índice situado ya en el siglo XVIII casi cuarenta puntos por debajo de la curva caracterizadora de las familias situadas en la cúspide de la pirámide social.

[824] A lo largo del período cronológico abarcado el sector superior del campesinado de San Munio de Veiga casó a una media de 2,45 hijos por familia, reduciéndose a 2,31 en el caso de las capas medias y situándose en torno a 1,57 entre las familias de pequeños campesinos. La media global para el conjunto de la sociedad se aproxima a dos descendientes casados por unidad familiar (1,96). Aunque con apreciables diferencias sobre todo en lo que concierne a la superior capacidad que mostraron los ricos campesinos de Samieira a la hora de concertar el matrimonio de sus descendientes en una etapa cronológica prácticamente idéntica, nuestras cifras reflejan un comportamiento muy similar al descrito por José Manuel Pérez García para los campesinos de las Rías Baixas ya que las medias respectivas que aporta se sitúan en 2,95, 2,55 y 1,55 hijos casados por familia (2002: 29-33).

V.2.1. El destino de los casados. Matrimonio y movilidad social

Las tablas 7, 8, 9 y 10 son el resultado del seguimiento desarrollado sobre el destino social de las alianzas matrimoniales establecidas por los descendientes de los cerca de 500 hogares sobre los que hemos centrado hasta el presente nuestro análisis. Veamos los resultados.

TABLA 7 • CLASIFICACIÓN SOCIAL DE LOS DESCENDIENTES CASADOS, 1655-1729										
CLAS. SOCIAL	N° FAM.	HIJOS CASAN	HIJAS CASAN	TOTAL CASAN	CASADOS SALEN	CASADAS SALEN	TOTAL SALEN	NIV. SUP.	NIV. MED.	NIV. INF.
RICOS	29	35	39	74	1	9	10	25	26	13
%					2,86	23,08	13,51	39,06	40,63	20,31
MEDIANOS	52	62	68	130	12	12	24	25	34	47
%					19,35	17,65	18,46	23,58	32,08	44,34
PEQUEÑOS	63	62	52	114	6	19	25	11	21	57
%					9,68	36,54	21,93	12,39	23,59	64,04
TOTAL	144	159	159	318	19	40	59	61	81	117
%					11,95	25,16	18,55	23,55	31,27	45,17

TABLA 8 • CLASIFICACIÓN SOCIAL DE LOS DESCENDIENTES CASADOS, 1730-1769										
CLAS. SOCIAL	N° FAM.	HIJOS CASAN	HIJAS CASAN	TOTAL CASAN	CASADOS SALEN	CASADAS SALEN	TOTAL SALEN	NIV. SUP.	NIV. MED.	NIV. INF.
RICOS	28	42	40	82	3	7	10	16	35	21
%					7,14	17,5	12,2	22,22	48,61	29,17
MEDIANOS	39	47	49	96	7	8	15	14	38	29
%					14,89	16,33	15,62	17,28	46,91	35,8
PEQUEÑOS	68	44	50	94	5	12	17	4	18	55
%					11,36	24	18,09	5,19	23,37	71,43
TOTAL	135	133	139	272	15	27	42	34	91	105
%					11,28	19,42	15,44	14,78	39,56	45,65

TABLA 9 • CLASIFICACIÓN SOCIAL DE LOS DESCENDIENTES CASADOS, 1770-1809

CLAS. SOCIAL	N° FAM.	HIJOS CASAN	HJAS CASAN	TOTAL CASAN	CASADOS SALEN	CASADAS SALEN	TOTAL SALEN	NIV. SUP.	NIV. MED.	NIV. INF.
RICOS	21	15	26	41	4	9	13	9	6	13
%					26,67	34,62	31,71	32,14	21,43	46,43
MEDIANOS	44	49	50	99	9	14	23	7	19	50
%					18,37	28,00	23,23	9,21	25,00	65,79
PEQUEÑOS	85	62	73	135	14	9	23	1	10	101
%					22,58	12,33	17,04	0,89	8,93	90,18
TOTAL	150	126	149	275	27	32	59	17	35	164
%					21,43	21,48	21,45	7,87	16,20	75,93

TABLA 10 • CLASIFICACIÓN SOCIAL DE LOS DESCENDIENTES CASADOS, 1810-1830

CLAS SOCIAL	N° FAM.	HIJOS CASAN	HJAS CASAN	TOTAL CASAN	CASADOS SALEN	CASADAS SALEN	TOTAL SALEN	NIV. SUP.	NIV. MED.	NIV. INF.
RICOS	7	8	9	17	1	0	1	6	5	5
%					12,50	0,00	5,88	37,5	31,25	31,25
MEDIANOS	15	6	14	20	1	3	4	3	3	10
%					16,67	21,43	20,00	18,75	18,75	62,5
PEQUEÑOS	41	28	25	53	3	9	12	1	4	36
%					10,71	36,00	22,64	2,43	9,76	87,80
TOTAL	63	42	48	90	5	12	17	11	11	51
%					11,90	25,00	18,89	15,06	15,06	69,86

Cuando analizamos la clasificación social de los descendientes casados en función de la ubicación en la pirámide social de sus progenitores, la concepción de partida es la existencia de un objetivo que define para cada grupo el sentido deseado de las alianzas establecidas. Si la estrategia reproductiva de las capas superiores de la sociedad pasaba por una deseada homogamia, en el grupo inferior del campesinado el éxito se concretaría en el logro de un ascenso en la escala social, aunque quizá en muchos casos la realidad impondría como objetivo único el mantenimiento de la capacidad de subsistencia de los descendientes. En cualquier caso, el matrimonio de los hijos se plantea como un punto crucial en el análisis de la reproducción familiar.

Una primera mirada a las tablas revela una de las conclusiones básicas de este estudio, la importante movilidad social generada en el transcurso de una única generación a partir de los enlaces matrimoniales establecidos en la comunidad de Veiga. Una movilidad social de sentido mayoritariamente descendente, claramente vinculada a determinados sectores de la sociedad y fuertemente ligada a los procesos coyunturales.

Desconocemos el destino social de 59 de los 318 descendientes casados entre 1655 y1729 dado que una vez concluida su celebración matrimonial abandonan los límites parroquiales. Sin embargo, el análisis de los 259 casos restantes reproduce la imagen de una sociedad abierta capaz de ofrecer posibilidades reales para el crecimiento personal. Al menos eso se deduce de la elevada proporción que alcanzan en esta fase los ascensos en la escala social, afectando a un 22% de los individuos casados de destino conocido, una proporción que con el paso del tiempo fue reduciéndose de manera paulatina hasta integrar únicamente a una proporción cercana al 10% de los descendientes casados a partir de los años 70 del siglo XVIII -15,6% en los años centrales del siglo XVIII-.

El cierre progresivo de las posibilidades de ascenso social se confirma con el dato referido al número de quienes se muestran incapaces de mantener el estatuto social de sus progenitores. Una proporción creciente de los vástagos de los grupos superiores y medios del campesinado que incluye en la primera etapa al 50% del total, asciende en los años centrales del siglo XVIII al 55,5% y finalmente aglutina a más de un 59% de los descendientes de los hogares de medianos y ricos campesinos establecidos en la parroquia a partir de los años 70 del siglo XVIII, superando incluso el 66% del total entre 1770 y 1809.

La tendencia hacia un progresivo cierre de las posibilidades de ascenso social constituye una prueba más del proceso de polarización social que vivió la comunidad de Veiga en el transcurso de la Época Moderna. Desde este punto de vista, las estrategias puestas en práctica por los distintos grupos sociales para asegurar su supervivencia y adaptarse a la coyuntura no habrían logrado los frutos deseados en el terreno social, condenando a buena parte de sus descendientes a una posición menos ventajosa que la que habrían disfrutado en sus hogares de origen. Veamos si dicha afirmación se confirma a partir de un análisis pormenorizado de cada uno de los grupos sociales establecidos.

Las familias integradas en el sector inferior de la sociedad transmitían la imagen de una menor capacidad de adaptación a la coyuntura con respecto al grupo situado en lo más alto de la pirámide social. En el primer periodo, el destino social de sus hijos casados traduce en buena medida un alto nivel de aprovechamiento de los recursos disponibles, al menos así lo atestigua esa proporción de más de un tercio de los descendientes ubicados entre las capas medias e incluso los grupos superiores de la sociedad.

Los hogares constituidos en las décadas centrales del siglo XVIII redujeron en seis puntos la proporción de hijos que accedían al estado matrimonial. Dicha reducción jugó un papel clave a la hora de garantizar el ascenso social a un porcentaje nada despreciable del 28,9% de sus vástagos, sin embargo, la capacidad de adaptación a la coyuntura del sector seguramente alcanzó techo en este periodo, cuando menos de un 30% de sus hijos entraba en el mercado matrimonial, 1,38 hijos casados por unidad familiar. A partir de los años 70 del siglo XVIII un 90% de los descendientes de estos pequeños campesinos conformarán hogares también situados en los sectores más bajos de la sociedad, siendo muy escasos los que consiguen la promoción social al situarse en las capas intermedias de la sociedad. Como se observa en las tablas, a partir de esta fecha las trayectorias vitales que finalizan con una ubicación en las cotas superiores de la sociedad presentan un carácter meramente excepcional.

El máximo logro alcanzado por los sectores superiores fue la homogamia social para un porcentaje en torno al 40% de los descendientes casados. Los riesgos de una posible movilidad social descendente afectan de manera preferencial a este sector, quizá además dicha movilidad se acreciente de modo artificial en los cuadros presentados como consecuencia de la metodología utilizada, pero aun teniendo en cuenta estas cuestiones, las dificultades para lograr la reproducción de la posición social de los padres en la siguiente generación resultan patentes[825].

Su evolución a lo largo de los tiempos modernos viene marcada por el progresivo aumento en el número de los que se desploman hasta integrar sus hogares dentro del sector más desfavorecido de la sociedad. Este grupo representa poco más del 20% en el primer periodo analizado pasando a suponer más del 45% entre 1770 y 1809. Pese a este considerable crecimiento, el férreo control establecido sobre el acceso al mercado matrimonial por parte de las familias de ricos campesinos a partir de 1770 resultó de crucial importancia para explicar una importante recuperación en la proporción de quienes lograban la homogamia social, un porcentaje que osciló entre el 32 y el 37% de los descendientes casados en las dos últimas etapas analizadas.

Los "inciertos límites" de las capas medias de la comunidad hacen siempre más difícil y si cabe arriesgada su caracterización como grupo. A fin de cuentas las tres categorías sociales establecidas no deben entenderse en el sentido de grupos cerrados y homogéneos sino como un resultado del necesario marcaje de delimitaciones para facilitar el desarrollo metodológico, en el marco de una previa gradación social del conjunto de los hogares. Su evolución refleja con total nitidez esa disminución progresiva de las posibilidades de ascenso social, al tiempo que subraya el declive del grupo a partir de los años 70 del siglo XVIII, cuando más de un 60% de sus descendientes viven un proceso de movilidad descendente que los integra en la base de la pirámide social, cada vez más numerosa.

J. Dupâquier afirmó en su día que el método de reconstrucción de familias completado con el recurso a otras fuentes nominativas podría llegar a convertirse en un precioso instrumento de análisis para el campo de la historia social (1988:38). Sin embargo, años después el autor resaltó la incapacidad de las monografías parroquiales para acercarse al estudio de la movilidad social en el marco de "una nueva historia social global". En su opinión, dicha movilidad estaba fuertemente vinculada a la movilidad geográfica, por ello abordar un estudio sobre cambios sociales implicaría renunciar al cuadro territorial de las monografías y seguir las familias en función de sus migraciones introduciendo las técnicas propias de los genealogistas, tal como acontece en el caso de la encuesta de las 3000 familias (1995:296-297).

En nuestra opinión parece ciertamente interesante investigar un nuevo planteamiento metodológico que supere las monografías de base parroquial en aras de una nueva historia social global. Sin embargo a la vista de los resultados obtenidos, resulta difícilmente asumible esa ligazón exclusiva que establece el autor entre movilidad social y desplazamientos geográficos. Por otra parte, nuestras conclusiones no hacen más que concretar para tierras celanovesas la importancia ya otorgada al análisis de la movilidad social en un buen número de trabajos desarrollados sobre otras comunidades rurales de la Europa Moderna.

Es el caso de las investigaciones de J. Schlumbohm sobre la parroquia alemana de Belm durante los siglos XVIII y XIX que resaltan también la fuerte movilidad descendente de las generaciones analizadas antes del desarrollo de

---

[825] Con el objetivo de identificar y aislar adecuadamente los hogares situados en lo más alto de la pirámide comunitaria y a falta de fuentes fiscales, cuando las misas de salvación incluían a uno de los cónyuges en el sector superior y al otro entre los grupos medios, si la información relativa al número de sacerdotes no resultaba clarificadora optamos por clasificar los hogares en las capas medias de la sociedad.

la protoindustrialización y de las posibilidades abiertas por la emigración a ultramar[826]. En base a una metodología radicalmente diferente J. M. Pérez García destaca el dinamismo de las capas medias e incluso de los sectores inferiores de la sociedad leonesa de la Vega Baja del Esla frente al mayor inmovilismo de los hogares más acomodados[827]. Por otra parte, sus investigaciones sobre la parroquia pontevedresa de Samieira con un planteamiento metodológico similar al nuestro también arrojan conclusiones ciertamente coincidentes[828]. A. S. Volpi Scott también nos relata a partir de la historia familiar de Jose Machado y Maria Fernandez, casados en 1710 y residentes en la parroquia portuguesa de Ronfe, las dificultades con las que se encuentran los "propietarios" situados en la cúspide de la pirámide social para conseguir el mantenimiento de su estatuto privilegiado a medida que se suceden las generaciones, surgiendo entre sus nietos y biznietos ramas que se desploman hasta los sectores inferiores de la sociedad[829].

Aunque las comparaciones podrían extenderse a otros casos, la expresión utilizada por los vecinos de la parroquia lucense de San Martiño para explicar la ruina de unas casas y la expansión de otras define con gran clarividencia el fenómeno de la movilidad social: "Morte de uns, vida de outros", dos soluciones alternativas y a la vez complementarias al problema de la reproducción social (J. Mª. Cardesín, 1992:24).

Una vez concretada la importante movilidad intergeneracional presente en la comunidad de Veiga, la cuestión clave a resolver es la influencia que ejercen las razones de índole demográfica y social a la hora de determinar las posibilidades de movilidad de un individuo en la sociedad. Nuestras hipótesis de partida se centran en la posible capacidad explicativa de determinados factores demográficos tales como el número medio de alianzas matrimoniales concertadas por familia y el rango a la hora de contraer matrirmonio. Igualmente consideramos que un estudio del mercado matrimonial nos aportaría informaciones de notable interés para una mejor comprensión del destino social de las uniones.

Las tablas 11, 12 y 13 reflejan la importancia real del número de descendientes casados por familia a la hora de explicar en cada uno de los grupos sociales establecidos el destino social de los nuevos agregados.

---

[826] Sobre la base de los integrantes de cada generación que permanecen en el espacio comunitario, el autor sitúa la proporción de descendientes de grandes propietarios que consiguen mantener el estatuto social de sus padres en un 64%, casi un 25% de los mismos cae en el grupo de los campesinos sin tierras y un 11% se convierte en pequeños propietarios. La situación se complicaría incluso más para los hijos de pequeños propietarios ya que en este caso si bien un 5% asciende al grupo superior, un 42% se situaría entre los campesinos sin tierras. El autor señala además una suerte diversa para los nacidos con sexo masculino o femenino, siendo estos últimos los que inician con mayor facilidad el camino del descenso social. En esta comunidad los casos de ascenso social son raros calificando el autor de excepcionales las ocasiones en las que un hijo de un campesino sin tierras se convierte en propietario de una gran explotación. (J. Schlumbohm, 1998:132-133).

[827] Disponer de un buen número de partijas que ofrecen informaciones precisas sobre los patrimonios aportados al matrimonio, gananciales obtenidos y capitales acumulados, le permite al autor desarrollar un interesante trabajo sobre la dinámica familiar en estas tierras de abundantes bienes comunales a lo largo del siglo XVIII y primera mitad del XIX. Surge así la presencia de un amplio sector de la muestra manejada, un 31,4% del total, que aun presentando unos orígenes muy modestos ya que las aportaciones al matrimonio entre ambos cónyuges no logran alcanzar los 1400 reales, consigue transmitir a sus herederos patrimonios medios superiores a los 8000 reales. En este caso concreto el porcentaje de quienes se mantienen en la posición social de partida después de su respectiva trayectoria vital es de un 58,1%, pero al tratarse de una sociedad en crecimiento se detecta una fuerte incidencia de la movilidad social ascendente que afecta a un 26,7% frente a una reducida movilidad descendente, 15,2% del total (J. M. Pérez García, 1998:97-103).

[828] En la parroquia de Samieira entre mediados del siglo XVII y mediados del XIX, casi un 70% de los descendientes casados de ricos campesinos de destino conocido vivieron un proceso de degradación social, un porcentaje prácticamente idéntico al obtenido en tierras celanovesas para el mismo periodo cronológico, el 68,80%. Las similitudes no solo envuelven el comportamiento de las familias de ricos campesinos, sino del conjunto de una sociedad también caracterizada por la presencia de una fortísima movilidad descendente que garantiza la reproducción del sector social más desfavorecido. Véase al respecto (J. M. Pérez García, 2002: 30-34).

[829] En opinión de la citada autora y pese a las estrategias desarrolladas, el descenso social era el resultado lógico de la aplicación de un sistema de devolución de los bienes que privilegiaba a determinados herederos, condenando a los excluidos a una movilidad social descendente. Ello explicaría la imposibilidad de abordar aisladamente las diferentes formas de organización familiar que trata la autora, puesto que en las genealogías reconstruidas para la comunidad de Ronfe en los siglos XVIII y XIX se entrecruzan las historias de familias legítimas, familias ilegítimas, familias posibles, etc. (A. S. Volpi Scott, 1999: 350-370).

TABLA 11 • FAMILIAS DE RICOS CAMPESINOS. CLASIFICACIÓN SOCIAL DE LOS HIJOS EN FUNCIÓN DEL N° DE MATRIMONIOS

N°. F.	N° CAS./F	TOTAL HIJOS	TOTAL CASAN	%	CASADOS SALEN	%	SUP.	%	MED.	%	INF.	%
11	0	34	0	0,00	0	0	0		0		0	
13	1	51	13	25,49	1	7,69	6	50,00	3	25,00	3	25,00
19	2	105	38	36,19	7	18,42	17	54,84	7	22,58	7	22,58
17	3	98	51	52,04	10	19,61	9	21,95	17	41,46	15	36,59
15	4	125	60	48,00	10	16,67	13	26,00	22	44,00	15	30,00
10	5 o más	73	52	71,23	6	11,54	11	23,91	23	50,00	12	26,09

TABLA 12 • FAMILIAS DEL GRUPO MEDIO. CLASIFICACIÓN SOCIAL DE LOS HIJOS EN FUNCIÓN DEL N° DE MATRIMONIOS

N°. F.	N° CAS./F	TOTAL HIJOS	TOTAL CASAN	%	CASADOS SALEN	%	SUP.	%	MED.	%	INF.	%
19	0	43	0	0,00	0	0	0		0		0	
40	1	155	40	25,81	2	5,00	9	23,68	14	36,84	15	39,47
27	2	147	54	36,73	4	7,41	7	14,00	16	32,00	27	54,00
30	3	197	90	45,69	16	17,78	14	18,92	27	36,49	33	44,59
17	4	115	68	59,13	18	26,47	9	18,00	18	36,00	23	46,00
17	5 o más	151	93	61,59	26	27,96	10	14,93	19	28,36	38	56,72

TABLA 13 • CAMPESINOS CON MENOS RECURSOS. CLASIFICACIÓN SOCIAL DE LOS HIJOS EN FUNCIÓN DEL N° DE MATRIMONIOS,

N°. F.	N° CAS./F	TOTAL HIJOS	TOTAL CASAN	%	CASADOS SALEN	%	SUP.	%	MED.	%	INF.	%
59	0	191	0	0,00	0	0	0		0		0	
83	1	363	83	22,87	11	13,25	3	4,17	19	26,39	50	69,44
66	2	391	132	33,76	27	20,45	3	2,86	15	14,29	87	82,86
28	3	197	84	42,64	15	17,86	6	8,70	6	8,70	57	82,61
10	4	79	40	50,63	9	22,50	3	9,68	8	25,81	20	64,52
11	5 o más	88	57	64,77	15	26,32	2	4,76	5	11,90	35	83,33

Dos conclusiones básicas pueden extraerse a partir de la consulta de los cuadros anteriores. La cifra media de matrimonios celebrados entre los descendientes de una familia, independientemente de su ubicación en la pirámide social, incide de un modo evidente en el número de los que abandonan el espacio geográfico parroquial. En cambio, su influencia sobre la clasificación social de los que permanecen en el marco comunitario se circunscribe a las familias situadas en el sector superior de la sociedad.

El sector inferior del campesinado contribuye en mayor medida que el resto de los grupos sociales analizados a generar esa proporción media de un 18,5% de descendientes casados que traspasan las fronteras de la comunidad analizada; cerca de un 20% de sus vástagos se incluirían en este grupo frente a una proporción del 15,8% entre los hijos del grupo superior. A pesar de estas diferencias sociales, la conducta de base que transmiten los cuadros es similar en los tres grupos, el incremento en el número de miembros de una fratria que accede al matrimonio implica un ascenso paralelo en el contingente de los que se instalan más allá de las fronteras de nuestra área de estudio. Únicamente habría de hacerse una salvedad con el grupo de hogares superiores que casan cinco o más hijos. La inclusión dentro de este grupo de hogares que disponen de importantes recursos, suficientes para casar a un gran número de sus descendientes y lograr su permanencia en territorio parroquial, explica ese reducido porcentaje de salidas, en torno al 11% del total. Sin embargo, no debemos olvidar que se trata de un número muy reducido de familias, en realidad estamos trabajando sobre 10 casos, por lo tanto, su comportamiento es escasamente representativo en el conjunto de la comunidad[830].

Nuestra hipótesis de partida se centraba en la posible influencia del número medio de hijos casados por familia sobre la clasificación social de los mismos. En realidad, la esperada correlación inversa entre ambas variables solo se produce entre los descendientes de las familias mejor provistas de la comunidad, cuyas posibilidades de mantenerse en la cúspide de la sociedad aumentaban considerablemente en el caso de integrantes de fratrias en las que solo se contabilizaban una o dos uniones matrimoniales. De hecho, como bien se aprecia en la tabla, si la mitad de los hogares surgidos de familias en las que se cumple esta condición reproduce la clasificación social de los padres, a partir de tres uniones matrimoniales solo una proporción que se situaría en torno a un cuarto de estos lograría la "homogamia" social.

En las familias integrantes del grupo medio se observa una cierta correlación entre matrimonio único y mayores posibilidades de ascenso al sector superior, pero no se constatan otras diferencias apreciables en el comportamiento de los hogares en función de la aplicación de este parámetro. En la categoría social que conforman los agregados domésticos con menos recursos, el destino social de las nuevas parejas no guarda relación alguna con el número de matrimonios concertados en sus hogares de origen, al menos así se desprende de los datos anteriormente expuestos.

Las conclusiones obtenidas que señalan una relación directa entre el número de matrimonios concertados en los hogares de ricos campesinos celanoveses y el destino social de las nuevas parejas, constituyen también una fuente de información indirecta a cerca del proceso de conformación de los patrimonios en los tres grupos establecidos. En el marco de un sistema de devolución de los bienes de tipo igualitario caracterizado por la presencia de pequeños legados a favor de uno o varios descendientes[831], el predominio de un modelo de reproducción social en el que la clasificación de un agregado descendiente del sector inferior de la sociedad no depende del número de divisiones

---

[830] Marcos do Río y Francisca Gómez dirigen uno de los hogares incluidos en el grupo. Según se desprende de la documentación fiscal, a mediados del siglo XVIII contaban con una explotación de 2,25 Ha. de tierra que los situaba en el sector superior de la sociedad. En el año 1757 se casa en la parroquia de Santa Baia el primero de los nueve hijos del matrimonio, Bentura, pero poco después de la ceremonia se instala en la parroquia de Veiga donde nacerán sus hijos. Desde 1757 hasta 1782 se suceden las alianzas matrimoniales del resto de los descendientes, en total seis de ellos pasan por el altar, todos los que consiguieron llegar a edad adulta. Los seis nuevos matrimonios se instalarán en el espacio geográfico de la comunidad, cuatro de ellos pasarán a formar parte de las capas medias y en dos casos se produce un derrumbe hasta el grupo inferior del campesinado. Pero la historia del hogar de Marcos y Francisca no es en absoluto representativa del conjunto de la sociedad analizada, ni siquiera del grupo superior en el que se incluye, ya que la media de hijos casados por hogar en el periodo 1730-1769 no llega a tres.

[831] Véase al respecto sobre el sistema hereditario predominante en la comarca celanovesa a mediados del siglo XVIII (D. Rodríguez Fernández, 1999:139-146).

practicadas en la herencia familiar, denota una notable incidencia de la capacidad personal a la hora de lograr los recursos familiares.

Una vez comprobada la limitada capacidad explicativa del número de hijos casados por familia, nuestro interés se centró en la posible influencia del rango del matrimonio sobre el destino social de los descendientes. Véanse al respecto las tablas 14, 15 y 16.

TABLA 14 • CLASIFICACIÓN SOCIAL HIJOS DE RICOS CAMPESINOS SEGÚN RANGO DEL MATRIMONIO							
RANGO MATRIMONIO	SUPERIOR	%	MEDIANO	%	INFERIOR	%
1°	24	38,70	23	37,09	15	24,19
2° Y 3°	25	29,41	35	41,17	25	29,41
4° Y SUCESIVOS	7	21,21	14	42,42	12	36,36
TOTAL	56	31,11	72	40,11	52	28,88

TABLA 15 • CLASIFICACIÓN SOCIAL HIJOS CAMPESINOS MEDIANOS SEGÚN RANGO DEL MATRIMONIO							
RANGO MATRIMONIO	SUPERIOR	%	MEDIANO	%	INFERIOR	%
1°	17	15,59	45	41,28	47	43,11
2° Y 3°	26	21,84	35	29,41	58	48,74
4° Y SUCESIVOS	6	11,76	14	27,45	31	60,78
TOTAL	49	17,56	94	33,69	136	48,74

TABLA 16 • CLASIFICACIÓN SOCIAL HIJOS CAMPESINOS CON MENOS RECURSOS SEGÚN RANGO DEL MATRIMONIO							
RANGO MATRIMONIO	SUPERIOR	%	MEDIANO	%	INFERIOR	%
1°	5	3,26	30	19,60	118	77,12
2° Y 3°	10	7,24	21	15,22	107	77,54
4° Y SUCESIVOS	2	7,14	2	7,14	24	85,71
TOTAL	17	5,33	53	16,61	249	78,05

La observación de los datos representados traduce una situación muy similar a la descrita en el análisis del número medio de matrimonios por hogar. En el caso del sector superior de la sociedad, ser el primero de los hermanos en contraer matrimonio permitía disponer de mayores opciones para conservar el estatus social de los padres, mientras que a medida que se retrasa el rango de acceso al matrimonio, se produce un incremento paralelo en el porcentaje de los descendientes que acaban sus días en el sector más desfavorecido de la sociedad. Como se aprecia en la tabla, se incluyen en esta situación el 24,1% de los casados en primer lugar, el 29,4% de los casados en segundo o tercer lugar y un 36,3% de los casados a partir del cuarto rango.

La influencia del rango matrimonial a la hora de explicar el acomodo social de los nuevos matrimonios también se deja sentir entre las capas medias del campesinado, aunque en menor medida que entre los ricos campesinos celanoveses. En este caso, el rango del matrimonio influye de manera clara a la hora de mantener el estatus social de los progenitores determinando también en buena medida el desplome hasta el sector más desfavorecido de la sociedad para los últimos en contraer nupcias. Sin embargo, la movilidad social ascendente no muestra una relación tan clara con el rango de acceso al matrimonio, planteándose más bien como una cuestión de carácter individual derivada de la valía y la iniciativa personal. Una conclusión que podría hacerse extensiva también para el reducido número de descendientes de las familias más desfavorecidas de la sociedad que logran posicionarse entre los niveles superiores del campesinado.

Entre las familias de los campesinos menos provistos solo se aprecia una limitada influencia del rango matrimonial a la hora de explicar las posibilidades de ascenso a las capas medias de la sociedad. Dicho logro estuvo al alcance de casi un 20% de los descendientes que contrajeron matrimonio en primer lugar, mientras que su proporción se redujo hasta el 7,1% entre los que pasaron por el altar en los últimos lugares.

En cualquier caso, debemos concluir que factores demográficos tales como el número medio de casamientos realizados en el seno de un hogar y su orden de celebración, ejercieron una limitada influencia sobre el destino social de los descendientes. Su trascendencia fue sin lugar a duda mayor entre las familias de ricos campesinos, pero por si solos no poseen entidad suficiente para explicar los importantes procesos de movilidad social intergeneracional detectados.

V.2.2. La búsqueda de pareja. Características del mercado matrimonial

Es innecesario abundar en el interés que reviste el estudio del matrimonio desde un punto de vista social para logar un acercamiento a las sociedades rurales de la Europa Moderna. J. Casey definió el matrimonio en la sociedad preindustrial europea como un compromiso de asociación perdurable entre dos familias que exigía una estabilidad inusual. En su opinión la ceremonia no consistía en una transferencia unilateral de novios, sino que representaba rcalmente la unión de dos redes familiares. Aun tratándose de una cuestión de estrategia económica e incluso política en algunos casos, el mundo de las emociones no era ajeno al corazón de los contrayentes (1990:133-137). Y es que como bien afirman P. Richard y C. Sauvain-Dugerdil, si bien las preferencias individuales no son a menudo más que un reflejo de las normas de la sociedad, en ocasiones también pueden testimoniar un cierto margen de libertad individual (1998:41).

Nuestro interés se centra en el estudio del mercado matrimonial a partir de su comprensión como un sistema de alianzas dado que con anterioridad ya se planteó su análisis en función de su consideración como una unidad espacial[832]. Incluimos de nuevo la tabla expuesta en el capítulo II en la que se recoge la procedencia espacial de los cónyuges intervinientes en la totalidad de celebraciones registradas en los libros parroquiales de San Munio de Veiga[833]. Véase tabla 17.

---

[832] Ph. Richard y C. Sauvain-Dugerdil distinguen tres posibles ángulos de estudio de lo que ellos denominan "le cercle des unions": en función de su consideración como una unidad espacial, un sistema de alianzas o una unidad de reproducción. Analizando la población como una unidad espacial a partir de la topografía de las uniones matrimoniales, los individuos que viven en un espacio determinado se consideran como una unidad biológica desde el momento en el que cuando menos un buen número de uniones se realiza preferencialmente entre ellos. No obstante, a juicio de los autores desde este punto de vista se obtiene una definición muy vaga del mercado matrimonial puesto que la unidad espacial considerada puede ser muy diversa, de manera que una tasa de endogamia similar en realidad puede ocultar poblaciones con estructuras matrimoniales muy diferentes (1997:30).

[833] En realidad el vaciado exhaustivo de los libros de casamientos de la parroquia de Veiga se extiende desde 1660 hasta 1850, a partir de dicha fecha se extrajeron unicamente los datos correspondientes a enlaces matrimoniales en los que al menos uno de sus miembros, en función de la edad declarada en la partida, podría incluirse entre los descendientes de los hogares abiertos en las décadas finales de nuestra investigación.

TABLA 17 • PROCEDENCIA GEOGRÁFICA DE LOS NOVIOS EN VEIGA. 1655-1889								
	MUJERES							
HOMBRES	PARROQUIA		FORÁNEAS		ORIGEN DESCONOCIDO		TOTAL	
ORIGEN	N°	%	N°	%	N°	%	N°	%
PARROQUIA	327	42,86	85	11,14	2	0,26	414	54,26
FORÁNEOS	316	41,42	22	2,88	0	0,00	338	44,30
ORIGEN DESCONOCIDO	7	0,917	0	0,00	4	0,52	11	1,44
TOTAL	650	85,19	107	14,02	6	0,79	763	100,00

La significativa movilidad individual que se detecta en estas tierras a lo largo de la Edad Moderna reduce nuestro posible ámbito de trabajo al 43% de los enlaces matrimoniales celebrados, el porcentaje que representan las uniones endogámicas con respecto al total. Debemos aceptar el hándicap que implica establecer conclusiones para el conjunto de la comunidad cuando estamos operando sobre datos que conciernen a menos de la mitad de la muestra manejada, pero no debemos olvidar que nuestra comunidad de estudio solo presenta una extensión de 2,5 Km² en los que se reparten un gran número de núcleos de población.

Compartimos plenamente las afirmaciones de J. Dupâquier ya apuntadas con anterioridad a cerca de la necesaria micromovilidad de estas poblaciones rurales para lograr su subsistencia. De lo contrario, en San Munio de Veiga la búsqueda de un cónyuge que cumpliera la legislación eclesiástica vigente sobre grados de parentesco sin superar los límites geográficos de la parroquia resultaría bastante difícil. Además, el mercado no era homogéneo, sino que estaba fraccionado en círculos más o menos cerrados, dentro de los cuales se desarrollaba preferencialmente el proceso de sociabilidad.

En su obra, A.Collomp se cuestiona sobre las razones de orden político y económico que conducían a las familias aristocráticas de Provenza a concertar un gran número de matrimonios dentro del propio linaje cuando en su opinión en muchas ocasiones las circunstancias demográficas, políticas y económicas no ofrecen respuestas adecuadas. En su opinión la clave era el apego a la tierra, a sus castillos y a sus casas de Aix o Grasse que les encaminaba hacia una política matrimonial endogámica y extremadamente cerrada (1983: 124-126). E. Pelaquier en base al estudio de setenta contratos matrimoniales redactados en la comunidad del Languedoc que investiga, concluye que un 50% de los matrimonios de futuros herederos universales vinculaba a personas de rango social equivalente y en el caso de matrimonios desiguales, las tres cuartas partes concernían a cónyuges venidos de capas sociales superiores a la del heredero, en cualquier caso, no detecta nunca la presencia de grandes distancias sociales[834].

---

[834] En la comunidad de Saint Victor de la Coste, una alianza debería cumplir ciertas reglas para ser socialmente aceptada, pero la principal concernía a la compatibilidad de las dotes y determinaba el encuentro entre dos rangos sociales equivalentes o uno corrido un punto hacia arriba si se trataba de ganar a un heredero universal con la ayuda de una dote. Las reglas sociales eran relativamente estrictas y el número de candidatos restringido, la selección de las familias aunque se sometía a las reglas elementales, conservaba un margen de autonomía suficiente para que las preferencias pudieran decantarse. En opinión del autor, la estrategia matrimonial en esta comunidad se definía con el principio de la búsqueda de la mejor alianza posible dentro de las condiciones óptimas del momento. (E. Pelaquier, 1996:256-258).

En las tierras del interior lucense, igualmente dominadas por la mejora larga, H. Sobrado Correa afirma que la endogamia social formaba parte de la costumbre, adquiriendo también aquí una especial relevancia el casamiento del heredero[835].

La bibliografía nos ofrece informaciones frecuentes sobre la transcendencia de los matrimonios socialmente iguales entre los sectores superiores de sociedades que, aunque geográficamente se encuentran muy alejadas, presentan rasgos muy similares en sus sistemas de transmisión, caracterizados por la búsqueda de un sucesor en el marco de un proceso de devolución de los bienes de fuerte carácter desigualitario. Pero nuestro interés no se centra exclusivamente en el sector superior de la sociedad y en cualquier caso la inexistencia de un único heredero universal en el sistema hereditario predominante en tierras celanovesas nos obliga a centrar la atención sobre el conjunto de la descendencia.

El estudio se vertebra a partir del análisis desarrollado sobre 278 alianzas matrimoniales, un 85% de los matrimonios celebrados entre dos cónyuges cuyo nacimiento se produce en el seno de hogares de la comunidad de Veiga[836]. Los resultados son concluyentes a la hora de afirmar una tendencia claramente predominante a la hora de contraer matrimonio, la búsqueda de consorte se realiza en un círculo preferencial en el que se ubican los descendientes de familias que comparten una similar posición social. Así lo confirma una proporción del 54% de matrimonios homógamos a lo largo de todo el periodo analizado, los 152 enlaces incluidos en el grupo se corresponden con 74 matrimonios del sector inferior, 53 pertenecientes a las capas medias y 25 que incluyen a cónyuges del grupo superior.

La distribución social del resto de uniones nos informa sobre la fuerte diversidad interna existente entre las familias que componían el grupo medio, un grupo que ejerció de auténtico comodín a la hora de establecer alianzas tanto por parte del sector inferior del campesinado como entre las familias mejor provistas de la comunidad. De hecho, de los 126 esponsales restantes, en un 50% de los casos se generó un vínculo entre familias provenientes del sector inferior y grupos medios restando un 36,5% de bodas en las que los enlaces incluían a hogares de ricos campesinos. Solo en 17 ocasiones, un 6,12% del total, la celebración de un desposorio concierne a familias teóricamente situadas en los dos extremos de la pirámide. A semcjanza de la situación descrita por E. Pelaquier para la comunidad del Languedoc que investiga, los datos de la parroquia de Veiga confirman pues que además de la endogamia estricta, existe una endogamia de proximidad social, que refuerza esa imagen de búsqueda de la igualdad (1996:256).

Desde nuestro limitado control de informaciones es prácticamente imposible encontrar una explicación plausible para la celebración de algunas de esas 17 uniones anteriormente señaladas. Es el caso del matrimonio celebrado entre Manuel Basalo y Josefa Río en fecha de 1/3/1756, que, analizado más de dos siglos y medio después, parece ir a contracorriente de la tendencia generalizada en la sociedad de su momento. Manuel Basalo y Josefa Río son ambos naturales de la aldea de San Fiz pero sus familias de origen no parecen tener muchos puntos en común. Manuel es hijo de Ignacio Basalo y Ana González, quienes regentaban en 1752 una explotación familiar de 0,55 Ha., incluyéndose entre las familias más humildes de la comunidad de Veiga, grupo al que

---

[835] La homogamia en el casamiento de los hijos aseguraba el mantenimiento y engrandecimiento de las casas de hidalgos y campesinos acomodados mereciendo una especial atención el matrimonio del heredero, de ahí que muchas mejoras redactadas en el interior lucense llevan implícita una condición que obliga al futuro sucesor del hogar petrucial a casarse con el beneplácito de su progenitor (H. Sobrado Correa, 1997:204-205).

[836] Los 49 casos no incluidos en el estudio se corresponden o bien con matrimonios para los que no disponemos de datos acerca de la clasificación social de al menos una de sus familias de origen (19 casos), o bien aun figurando como originarios de la comunidad de estudio, no hemos conseguido localizar la presencia de sus supuestas familias en los registros parroquiales (30 casos).

también pertenecen en 1762 y en el que morirán a juzgar por los datos que nos ofrecen sus defunciones. Josefa es hija de Rosendo Río y María Fernández. Rosendo falleció antes de la elaboración de la documentación catastral, pero su mujer viuda dirige una hacienda de 3,82 Ha. a mediados del siglo XVIII, situándose entre las familias mejor provistas de la parroquia. Quizá la única explicación posible para el matrimonio de Manuel y Josefa se sitúa en el ámbito de los sentimientos personales, también es probable que carezcamos de informaciones relevantes para su comprensión, lo cierto es que los estudios de microhistoria no siempre están en condiciones de ofrecernos todas las respuestas deseadas.

La unión que sellan el 21 de mayo de 1788 Don Alejandro Buiza y María Álvarez se ubica también en el terreno de las incertidumbres. El novio lleva el título de Don en el momento de su fallecimiento asistiendo a sus funerales siete sacerdotes, pero es declarado pobre y solo se rezan veinte misas por su alma. Según se desprende de los datos que disponemos para mediados del siglo XVIII, su padre Francisco Buiza era cirujano, sin embargo, tras once años de matrimonio contaba exclusivamente con una explotación de 0,11 Ha., ascendiendo su tamaño hasta las 0,67 Ha. en 1762. A pesar de la etapa expansiva que debió vivir la economía familiar en este periodo, el crecimiento no fue suficiente para generar un cambio en su adscripción social y en función de nuestra metodología de trabajo, en 1762 seguía incluyéndose dentro del sector inferior de la sociedad.

Quizá en este caso la metodología no resulte del todo apropiada ya que a mediados del siglo XVIII este hogar contaba además con unos ingresos anuales provenientes del ejercicio de cirujano cifrados en 400 reales de vellón. Con todo, las informaciones siguen siendo contradictorias a la hora de incluir el agregado doméstico en uno u otro grupo. De los diez hijos del cirujano Francisco Buiza Alejandro es el único que entra en el mercado matrimonial y su unión se sella con una familia de ricos campesinos, pero a su muerte este es declarado pobre. Además, su otro hermano Domingo, calificado de presbítero, también muere como pobre, enterrado de limosna con la asistencia de doce sacerdotes porque "no tenía nada suyo, more apostolum".

En base a las características de sus respectivos entierros Alejandro Buiza y María Álvarez se incluyen entre las familias más humildes de la comunidad. Finalmente optamos por incluir su unión entre esos diecisiete casos en los que como ya afirmamos "teóricamente" se tocaban los extremos, no obstante, somos conscientes de que su situación es completamente diferente a la descrita para el matrimonio entre Manuel y Josefa. En este caso los problemas de catalogación derivados de los cambios económicos paralelos al desarrollo del ciclo de vida se dan de la mano con la problemática que se deriva del empleo de una clasificación social basada fundamentalmente en la cantidad de tierra disponible. De ahí que su inclusión en ese reducido grupo de matrimonios transgresores genere bastantes dudas.

Las cerca de 300 alianzas matrimoniales sobre las que se desarrolla el estudio no constituyen una base de datos demasiado amplia, además presentan el problema añadido de una distribución poco homogénea a lo largo de todo el periodo analizado, pese a ello la estructuración de los datos por etapas cronológicas aporta, a nuestro juicio, informaciones suficientemente relevantes sobre la evolución del mercado matrimonial en la comunidad de Veiga que justifican su inclusión. Véase tabla 18.

Pese al escaso número de observaciones sobre el que se asientan las conclusiones obtenidas para los dos primeros periodos analizados, se desprende de los datos incluidos en la tabla la tendencia hacia un incremento progresivo en el tiempo de la tasa de endogamia social. Indudablemente, el cierre gradual de la sociedad celanovesa a lo largo de la Época Moderna se manifiesta de una manera evidente en todos y cada uno de los aspectos analizados. En este caso resulta lógico el repliegue sobre si mismos de los grupos superiores de la sociedad que tienden cada vez en mayor medida a casar entre si a sus descendientes, una estrategia paralela y a la vez complementaria de la drástica reducción que acometen en el número de los que acceden al mercado matrimonial.

TABLA 18 • EVOLUCIÓN DEL MERCADO MATRIMONIAL EN TIERRAS DE CELANOVA

ENLACES	1655–1729 N°	%	1730–1769 N°	%	1770–1829 N°	%	1830–1889 N°	%	1660–1889 N°	%
SUPERIOR–SUPERIOR	0	0,00	6	9,52	16	15,09	3	4,41	25	8,99
MEDIO–MEDIO	15	36,59	12	19,05	21	19,81	5	7,35	53	19,06
INFERIOR–INFERIOR	5	12,20	9	14,29	22	20,75	38	55,88	74	26,62
TOTAL HOMOGAMIA	20	48,78	27	42,86	59	55,66	46	67,65	152	54,68
SUPERIOR–MEDIO	5	12,20	18	28,57	16	15,09	7	10,29	46	16,55
INFERIOR–MEDIO	16	39,02	16	25,40	19	17,92	12	17,65	63	22,66
INFERIOR–SUPERIOR	0	0,00	2	3,17	12	11,32	3	4,41	17	6,12
TOTAL HETEROGAMIA	21	51,22	36	57,14	47	44,34	22	32,35	126	45,32
TOTAL	41	100,00	63	100,00	106	100,00	68	100,00	278	100,00

Nuestra hipótesis de partida incide en la importancia del origen social de los contrayentes a la hora de explicar el destino social de los nuevos matrimonios. La tabla 19 muestra los resultados obtenidos al respecto.

TABLA 19 • DESTINO SOCIAL DE LOS MATRIMONIOS EN FUNCIÓN DEL ORIGEN SOCIAL DE LAS PAREJAS

FAMILIAS CAPAS MEDIAS QUE SITÚAN HIJOS ENTRE GRUPOS SUPERIORES

	N° F.	N° HIJOS	HIJOS CASAN	HIJAS CASAN	TOTAL	DST. SUP	R. MAT.1	R. MAT.2	ORIGEN NOVIOS SUP.	MED.	INF.	EXT.
TOT.	42	266	63	68	131	49	17	17	15	11	6	17
MED.		6,33			3,11							
%					49,2		34,6	34,6	30,6	22,4	12,2	34,6

FAMILIAS SECTOR INFERIOR SITUAN HIJOS EN CAPAS MEDIAS Y SUPERIORES

	N° F.	N° HIJOS	HIJOS CASAN	HIJAS CASAN	TOTAL	DST. MED.–SUP.	R. MAT.1	R. MAT.2	ORIGEN NOVIOS SUP.	MED.	INF.	EXT.
TOT.	57	312	64	66	130	70	34	22	12	20	7	28
MED.		5,47			2,28							
%					41,66		48,5	31,4	17,1	28,5	10,0	40,0

TABLA 19 • DESTINO SOCIAL DE LOS MATRIMONIOS EN FUNCIÓN DEL ORIGEN SOCIAL DE LAS PAREJAS

FAMILIAS CAPAS SUPERIORES QUE LOGRAR MANTENER HIJOS EN MISMO GRUPO

			HIJOS CASAN						ORIGEN NOVIOS			
	N° F.	N° HIJOS	HIJOS CASAN	HIJAS CASAN	TOTAL	DST. SUP.	R. MAT.1	R. MAT.2	SUP.	MED.	INF.	EXT.
TOT.	41	263	56	63	119	56	24	15	17	14	2	23
MED.		6,41			2,90							
%					45,24		42,8	26,7	30,3	25,0	3,6	41,0

FAMILIAS CAPAS SUPERIORES CUYOS HIJOS DESCIENDEN EN ESCALA SOCIAL

			HIJOS CASAN						ORIGEN NOVIOS			
	N° F.	N° HIJOS	HIJOS CASAN	HIJAS CASAN	TOTAL	DST. MED.–INF.	R. MAT.1	R. MAT.2	SUP.	MED.	INF.	EXT.
TOT.	53	333	78	95	173	124	38	31	29	32	17	46
MED.		6,28			3,26							
%					51,95		30,6	25,0	23,3	25,8	13,7	37,0

FAMILIAS SECTORES MEDIOS CUYOS HIJOS DESCIENDEN A GRUPOS INFERIORES

			HIJOS CASAN						ORIGEN NOVIOS			
	N° F.	N° HIJOS	HIJOS CASAN	HIJAS CASAN	TOTAL	DST. INF.	R. MAT.1	R. MAT.2	SUP.	MED.	INF.	EXT.
TOT.	77	478	108	123	231	136	47	37	12	18	37	69
MED.		6,2			3							
%					48,32		34,5	27,2	8,8	13,2	27,2	50,7

En la tabla se combinan la totalidad de los parámetros utilizados hasta el presente a fin de identificar los factores demográficos-sociales responsables de la movilidad social detectada en el análisis intergeneracional.

El estudio de las familias de procedencia de los individuos que emprendieron el camino del ascenso social incide una vez más en la limitada importancia del número de hijos por familia o la media de los que acceden al matrimonio a la hora de explicar la movilidad social ascendente entre los descendientes de los sectores medio e inferior del campesinado. La comparación de los dos cuadros en los que se analiza el comportamiento de los grupos medios resulta elocuente al respecto, dado que los hogares en los que se genera una movilidad social ascendente presentan unas descendencias más amplias y una media de vástagos que accede al matrimonio más elevada que en el caso de los hogares en los que se concentran los casos de descenso social.

Los datos expuestos también confirman el limitado papel que jugó el rango matrimonial en el destino social de los descendientes. Un 69,2% de quienes medraron socialmente provienen de la suma de los dos primeros rangos mientras que su porcentaje de representación se reduce a un 61,7% en el grupo de los caídos en desgracia. Obviamente, en ningún caso podemos afirmar que se trata de una influencia determinante.

Una imagen diferente se extrae del análisis de la procedencia social de los cónyuges. Su peso es relevante a la hora de explicar el futuro social de una pareja recién conformada. En el caso de los individuos procedentes del sector medio del campesinado que ascendieron en la pirámide social, desconocemos el origen social de un 34,6% de sus cónyuges dado que no son originarios de la parroquia de Veiga, sin embargo en un 53% de los casos su inclusión en el grupo de los ricos campesinos se produjo tras contraer matrimonio o bien con individuos del mismo grupo o bien con los descendientes de los hogares más ricos de la comunidad. Esta situación se da en un 30% de los casos. Solamente en un 12,2% del total de ascensos, las nupcias se contrajeron con un vástago del grupo inferior del campesinado[837].

Las conclusiones son radicalmente diferentes para las 136 personas que pasaron a engrosar el grupo de las familias con menos recursos. Su origen social es coincidente con el del grupo que acabamos de describir, pero la procedencia social de los cónyuges limitó sus posibilidades de futuro. En este caso la concurrencia de parejas del sector superior de la sociedad es escasa, no alcanzando ni la décima parte del total, y los provenientes del grupo medio también han reducido su representación. La suma de ambos apartados solo representa ahora al 22% del total. Predominan los cónyuges procedentes de otros hogares con escasos recursos, contabilizándose además un porcentaje muy superior de personas de origen foráneo.

Como ya hemos tenido ocasión de comprobar, el nacimiento dentro de un hogar ubicado en la base de la pirámide social marcaba en gran medida el futuro personal, no obstante, existían posibilidades reales para medrar socialmente, hecho del que dan fe los 70 casos analizados. En esta ocasión, la concurrencia de cónyuges de base social endogámica se redujo al 10% y la presencia de jóvenes nacidos en los sectores medio y superior de la sociedad supera el 45% del total. En realidad, su presencia aumenta considerablemente si analizamos exclusivamente los 17 ascensos al sector superior que se contabilizan a lo largo de todo el periodo, ya que en este grupo desaparece completamente la afluencia de personas integradas en familias de campesinos insuficientes.

El comportamiento de los descendientes de las familias de ricos campesinos guarda similitudes importantes con el resto de los grupos sociales analizados, pero también refleja ciertas diferencias que por otra parte no hacen más que incidir en determinadas cuestiones ya puestas de relieve con anterioridad. Se confirma así la mayor influencia que ejercen sobre su futuro destino social la media de hijos casados por familia y el rango de acceso al matrimonio. Los 2,90 hijos casados por familia entre quienes reproducen el estatus social de los padres frente a una media de 3,26 en el grupo de los futuros perdedores y una diferencia muy sustancial en la proporción que

---

[837] Nuestras conclusiones en este sentido son plenamente coincidentes con los datos que obtiene José Manuel Pérez García en la parroquia de Samieira, donde también se observa el carácter determinante que ejercía sobre el futuro de las nuevas parejas el diseño de una política matrimonial acertada, condicionando en gran medida el ascenso en la escala social la elección de un cónyuge descendiente del nivel superior del campesinado o como mínimo hacerlo con otro joven nacido en las capas medias de la sociedad. (J. M. Pérez García, 2002:37).

representa el primer rango de acceso al matrimonio a favor de los que logran la homogamia, son cifras que así lo demuestran.

La procedencia social de los cónyuges revela una vez más la importancia del mercado matrimonial como factor regulador de la reproducción social de las familias, toda vez que, si bien el destino de los descendientes no queda absolutamente predeterminado durante la celebración de las nupcias, la elección realizada condicionará en gran medida su futuro en la sociedad. De hecho, únicamente un 3,6% de los hijos de familias excedentarias que logran mantener la posición social de la generación precedente celebra un desposorio con una persona cuyo origen se sitúa en el otro extremo de la pirámide social, mientras que dicho porcentaje asciende al 13,7% entre quienes inician el duro camino del descenso.

Los datos de la tabla 19 no sólo subrayan la importancia que adquiere en esta sociedad la elección de cónyuge. La lectura de sus números también reserva un espacio para la actuación personal en el que la iniciativa y la capacidad de trabajo no debieron estar ausentes. Esta esfera reservada para la iniciativa personal es la única capaz de explicar desde nuestra perspectiva actual los casos de movilidad social ascendente detectados entre hijos de campesinos insuficientes casados con personas de idéntica condición social, que aglutinan un 10% de los ascensos del grupo. Pero también podrían incluirse en esta situación los descendientes de las capas medias que acceden al sector superior de la sociedad tras celebrar un matrimonio con cónyuges del mismo estatus o incluso del sector inferior, más de un tercio del total.

Sin embargo, las posibilidades reales que se derivan de esta actuación personal presentan unos lindes claros según se desprende de los datos precedentes, y es que como ya apuntamos con anterioridad, si bien en los casi dos siglos que abarca el estudio siete parejas integradas por dos cónyuges originarios del sector inferior del campesinado lograron ascender hasta las capas medias de la sociedad, en ninguna ocasión un matrimonio conformado por dos individuos nacidos en familias de campesinos insuficientes logró encaramarse en lo más alto de la pirámide social[838].

J. M. Pérez García concluye su trabajo sobre familia y reproducción social en la Vega Baja del Esla entre 1700 y 1850 afirmando que, si bien es verdad que los orígenes sociales de una pareja marcaban bastante su futura trayectoria, el sistema ofrecía más que notables posibilidades para el crecimiento personal, ya que "incluso con modestos comienzos se podían trazar bellas biografías familiares campesinas con ascensos sociales más que estimables"[839]. Sus conclusiones, juntamente con las expuestas por J. Mª. Cardesín acerca de las historias familiares de la parroquia lucense de San Martiño a lo largo del siglo XX, son a nuestro juicio las que más han incidido en el importante papel que también jugó la capacidad personal en las sociedades rurales del pasado[840].

---

[838] La importancia de la capacidad de trabajo y la iniciativa personal como factores explicativos de primer orden a la hora de valorar el éxito de determinadas familias burguesas en la sociedad del Antiguo Régimen parece una cuestión fuera de toda duda. Véanse sino las valoraciones que realiza L. Rubio en su estudio sobre la genealogía maragata de los Botas de Castrillo de los Polvazares, acerca del carácter secundario que representaban para los nuevos matrimonios los vínculos de mayorazgo frente a la importancia de la valía personal a la hora de establecer las posibilidades reproductivas y socioeconómicas de los nuevos agregados (1995:263).

[839] En su opinión, el triunfo estaba al alcance de un amplio sector de la sociedad, pero solo un estimable grupo de audaces lo conseguía. No obstante, el logro resultaba más factible ante la concurrencia de determinados factores no extensibles al conjunto de la sociedad, caso de la presencia de familiares religiosos, posibilidad de estudios o compatibilización de ingresos agrarios con actividades mercantiles o artesanales. (J. M. Pérez García, 1998:109).

[840] Capacidad de autoorganización y de gestión, lo que los paisanos de San Martiño teorizan como "atreverse", son cuestiones clave a la hora de explicar las intensificaciones técnicas acometidas en las explotaciones, cuya prosperidad el autor no vincula de una manera determinante a factores clásicos tales como la cantidad de tierra disponible o el capital acumulado. En cualquier caso, dichas mejoras técnicas se inscriben en un proceso productivo que a juicio del autor siempre queda subordinado a un proyecto reproductivo, sintetizado en la solución que se da en cada casa al traspaso hereditario (J. Mª. Cardesín, 1992:116).

V.3. El ciclo de la vida. Una nueva perspectiva del fenómeno de la reproducción familiar

El método de trabajo utilizado ha resultado de gran valía a la hora de captar la movilidad intergeneracional, sin embargo, el estudio de la reproducción familiar no debe circunscribirse únicamente a esa perspectiva de análisis. El desarrollo del ciclo de la vida familiar también puede ofrecernos informaciones ciertamente interesantes de cara a su comprensión, tal y como se desprende del trabajo anteriormente citado de J. M. Pérez García. No obstante, plantear desde este punto de vista el proceso de reproducción familiar en cualquier sociedad de la Época Moderna se topa con un problema de difícil solución, la falta de fuentes adecuadas para abordar un estudio de estas características.

Si ya son escasos los trabajos en los que se afronta realmente la influencia del paso del tiempo sobre las formas de organización familiar[841], la localización de documentación de características similares a las partijas leonesas en las que una única escritura aporta un balance del ciclo productivo es realmente difícil.

En nuestro caso y a falta de series continuadas de Listas de Cumplimiento Pascual o Padrones Municipales de Habitantes, y ante la carencia de escrituras notariales con la riqueza informativa de las partijas leonesas, pretendemos lograr una nueva perspectiva sobre la reproducción familiar en las tierras de Celanova a partir del manejo comparativo de la documentación fiscal del Catastro de Ensenada fechada en 1752 y las Comprobaciones de 1761. En este sentido, el asunto clave a plantearse coincide plenamente con la cuestión ya formulada por F. García González en su investigación sobre la sociedad serrana de Alcaraz, acerca de la posible lectura que podría realizarse sobre los fenómenos de movilidad social desde el análisis de catastros y padrones de población[842].

V.3.1. Evolución del ciclo de vida familiar y movilidad social

Como ya habíamos tenido ocasión de comprobar en anteriores trabajos apoyados en la consulta de un importante volumen de Libros Personales del Catastro, la forma de organización doméstica predominante en tierras de Celanova a mediados del siglo XVIII era la familia nuclear[843]. Cuando menos esa era la estructura que aglutinaba a casi dos tercios de los agregados inscritos en 1752, que juntamente con una elevada proporción de hogares solitarios y sin estructura, superior al 16%, limitaba la presencia de estructuras complejas a menos del 20% del total[844].

Un primer cruzamiento de las informaciones contenidas en los Libros Personales con las explotaciones detentadas por una pequeña muestra de hogares entre los que se incluían familias de la parroquia de Veiga ya hizo

---

[841] Sin duda merecen ser destacados en este capítulo el análisis de A. Ferreira da Silva sobre las trayectorias familiares de los labradores y jornaleros de la comunidad de Oeiras (1995:45-66), las fusiones y fisiones de los grupos domésticos de Meliana que investiga E. Garrido (1997:399-409) o la atención que presta X. Roige Ventura a los procesos de desarrollo de los cursos domésticos en la comarca del Priorat durante los siglos XIX y XX (1997:445-464)

[842] En su opinión, el estudio del ciclo familiar y las trayectorias vitales de los individuos constituyen un factor clave para comprender como se reproducen los mecanismos de diferenciación social y en este sentido resulta tan importante el conocimiento de la situación existente en un momento dado como la posible duración de dicha situación y las posibilidades de cambio. (F. García González, 2000:209).

[843] Véanse al respecto, (D. Rodríguez Fernández, 1997:275-288), (D. Rodríguez Fernández, 1999:129-152).

[844] El porcentaje de hogares con estructura nuclear que se obtiene para la comarca de Celanova -65,1%- es ligeramente superior a la media que ofrece I. Dubert para el conjunto de Galicia -62,8%- (1992:89), situándose en niveles muy similares a los que resultan para otras comarcas de la provincia ourensana, caso del Ribeiro (66,6%), Allariz (64,5%) (P. Saavedra, 1988: 105) o Monterrei (65%) (I. C. González Abellás, 2010: 135), a excepción de la comarca de Cea (59,4% de hogares nucleares), que dada su cercanía geográfica con las tierras lucenses presenta ya porcentajes claramente superiores de complejidad (25,3%) (Mª. J. López Alvarez, 2007: 199). Obviamente, la proporción de hogares de estructura nuclear en la provincia lucense, donde predomina una ideología de la casa, se sitúa en valores inferiores al 50% del total de agregados domésticos (P. Saavedra, 1988: 105) (H. Sobrado Correa, 1993b: 22).

patente la fuerte conexión que se daba en estas tierras entre niveles de riqueza y formas de organización doméstica, dado que si bien únicamente un 6% de los pequeños campesinos vivían en hogares complejos, más de un 40% de los detentadores de importantes extensiones de tierra compartían esta estructura organizativa (D. Rodríguez Fernández, Mª. J. López Álvarez, R. López Pardo, J. M. Rodríguez Rodríguez, 1999:197).

El seguimiento efectuado sobre los hogares de Veiga nos permite analizar ahora con mayor detenimiento estas conexiones al tiempo que nos revela la presencia influyente de otras variables vinculadas al ciclo de la vida familiar. Véase al respecto la tabla 20.

TABLA 20 • ESTRUCTURA HOGARES DE VEIGA EN FUNCIÓN DE NIVELES DE RIQUEZA. 1752							
	Nº HOGARES	RICOS		MEDIANOS		INSUFICIENTES	
		Nº HOG.	%	Nº HOG.	%	Nº HOG.	%
SOLITARIOS	20	0	0	2	10	18	90
S. ESTRUCT.	6	0	0	1	16,6	5	83,3
NUCLEARES	87	12	13,7	23	26,4	52	59,8
COMPLEJOS	28	12	42,8	10	35,7	6	21,5
TOTAL	141	24	17,0	36	25,5	81	57,4

Como se puede observar en la tabla, un 42,8% de los 28 hogares complejos presentes en la comunidad de Veiga en 1752 se correspondían con familias de ricos campesinos. Su elevada representatividad sumada a la no menos destacada presencia de grupos medios, un 35,7%, limitaba a 1/5 de la muestra la proporción de pequeños campesinos conviviendo en hogares de estas características[845].

---

[845] La estrecha relación que se daba en la Europa rural moderna entre las formas de organización doméstica y los niveles de riqueza ya fue puesta de manifiesto en un buen número de investigaciones llevadas a cabo sobre áreas territoriales bien distintas y con diferentes modelos de organización doméstica. En el contexto gallego I. Dubert a partir del análisis de algunos padrones municipales de la primera mitad del siglo XIX también constata que los grupos domésticos de labradores disponían de una capacidad muy superior al resto de los hogares campesinos –arrendatarios y jornaleros-, para hacerse con mano de obra familiar, sobre todo a partir de los 60 años. Así, un 51% del total de los agregados domésticos dirigidos por labradores de 60 años o más tenían un hijo o una hija casados en casa frente a un 33% de los arrendatarios y un 26,3% de los jornaleros (2008: 115). F. Mikelarena Peña en sus trabajos sobre el área norte y centro de Navarra, a pesar de su argumento culturalista, sostiene que la familia troncal no era el único modelo de familia imperante (1992:39) (1997:215), ya que en 1860 el sector de población carente de tierras se caracterizaba por otras soluciones en cuanto a la estructura de sus hogares. De hecho, en la montaña navarra, más de un 57% de los vecinos propietarios vivían en hogares de estructura compleja, frente a un porcentaje de complejidad del 17,1% entre los vecinos jornaleros (1997:215-217). Los condicionantes económicos y su influencia sobre las estructuras familiares también fueron objeto de análisis por F. García González. En la Sierra de Alcaraz se da un predominio incontestable del hogar nuclear que representa a más del 75% de los hogares censados a mediados del siglo XVIII. Sin embargo, su porcentaje desciende de manera clara conforme se asciende en la escala social en beneficio de los hogares complejos -59,7% de hogares nucleares y 18,1% de complejos entre los más ricos- (2000:17). En la montaña Noroccidental leonesa el tamaño de la explotación agrícola y la tipología familiar también se encuentran estrechamente relacionados, de manera que a mayor capacidad económica, se deriva un mayor predominio de las familias de tipo complejo (Mª. J. Pérez Álvarez, 1996: 337). En la comarca del Priorat antes de la crisis de la filoxera, la complejidad también se incrementaba a medida que se ascendía en la escala social, de modo que los ricos campesinos –benestants- presentaban porcentajes de complejidad del 48%, frente al 28% de los pequeños propietarios o el 18% de los no propietarios (X. Roige Ventura, 1997:451). En la comunidad de Oeiras, en el área de Lisboa, entre 1738 y 1811 se da un predominio absoluto de la familia nuclear, sin embargo, A. Ferreira da Silva también encuentra diferencias notables en el modo de organización del grupo doméstico entre las familias de labradores y las familias de jornaleros. En el caso de los labradores, la presencia de mayores niveles de complejidad no implica un predominio claro de la familia troncal debido a los propios condicionantes del sistema demográfico –el matrimonio tardío del futuro sucesor en más de un 40% de los casos analizados impedía la convivencia de las dos generaciones- (1995: 48-59). En la antigua provincia de Bas Quercy donde dominaba la

Según se deriva de las Comprobaciones, más de un 90% de los 28 hogares de estructura compleja presentes en 1752 permanecía abierto casi una década después, habiéndose producido un traspaso generacional en más del 40% de los casos. Sin embargo, su continuidad entre ambas fuentes no corrió paralela a un mantenimiento de los niveles de complejidad, reduciéndose ahora a poco más de un cuarto del total. Si nos centramos en el análisis de los 15 agregados cuyo cabeza de familia es coincidente en una y otra fecha, nueve años de su ciclo vital fueron suficientes para reducir la complejidad al 46,6% del total ya que 8 de ellos se encuentran ahora dentro de una organización doméstica de tipo nuclear.

La relación establecida entre nivel de riqueza y presencia de estructuras extensas y múltiples nos conduce a la búsqueda de explicaciones en el terreno económico. El cambio apreciado en las formas de organización domésticas de estos 15 hogares no lleva aparejado un derrumbe de dimensiones similares en el nivel económico. De hecho, en un 93,3% de los casos se mantiene su ubicación en la pirámide social comunitaria. La caída experimentada en el nivel de vida de una familia de ricos campesinos que en tan solo nueve años desciende hasta las capas medias nos informa sobre la posible importancia de la movilidad social ligada al desarrollo del ciclo vital de los individuos, pero también nos obliga a reinterpretar las formas de organización doméstica a la luz de otros datos al margen de los exclusivamente económicos.

Planteamos un primer acercamiento a partir de la agrupación por tramos de edad de los cabezas de familia inscritos en una y otra fecha. Las tablas 21 y 22 nos introducen en el estudio de la movilidad social derivada del simple transcurso de la vida.

TABLA 21 • EVOLUCIÓN CICLO DE VIDA FAMILIAR A PARTIR DE LA EDAD DE LOS CABEZAS DE FAMILIA, 1752										
TRAMOS	N° CASOS	% MUJERES	S.	C.	V.	TAM. EXPL.	PERS./HOGAR	PEQ.	MED.	RIC.
20/29	12	33,33	66,67	33,33	0,00	0,54	2,42	75,00	16,67	8,33
30/39	29	10,34	13,79	75,86	10,34	1,06	3,83	62,07	20,69	17,24
40/49	38	18,42	13,16	73,68	13,16	0,88	4,03	63,16	26,32	10,53
50/59	28	25,00	10,71	60,71	28,57	1,07	4,54	57,14	21,43	21,43
60 o más	34	26,47	8,82	44,12	47,06	1,40	4,88	41,18	35,29	23,53

familia troncal, las familias complejas también eran más abundantes entre los propietarios o incluso entre los aparceros que necesitaban de una mano de obra abundante -38,2% y 43,6% respectivamente en el Censo de 1846-, sin embargo, su representación se reducía de forma notable entre los jornaleros -16,5%- (J. C. Sangoi, 1982: 87). Por su parte, G. Delille en su trabajo sobre los comportamientos familiares en la Italia de la Edad Moderna ya señaló la notable influencia que ejercían los contrastes de orden económico y social sobre las formas de organización doméstica. El autor desarrolla un análisis de las formas de organización familiar en una comunidad campesina del valle del Po con fuentes de fines del XVI y del XVII que establecen dos categorías sociales claras: "braccenti" –jornaleros- y massari. Aunque en el norte y el centro del país la familia múltiple es el modelo de organización predominante, entre los "braccenti" se da un predominio absoluto de fórmulas nucleares (80%), mientras que entre los massari las estructuras múltiples representaban a más de la mitad de los hogares. En la Italia del Sur, en Calabria, los massari ocupan un lugar marginal dentro del sistema agrario, pero en los casos en los que se localiza su presencia, estos se organizaban en agregados múltiples pese a que el marco dominante era la familia nuclear (1997:49-58).

TABLA 22 • EVOLUCIÓN CICLO DE VIDA FAMILIAR A PARTIR DE LA EDAD DE LOS CABEZAS DE FAMILIA, 1761										
TRAMOS	N° CASOS	% MUJERES	S.	C.	V.	TAM. EXPL.	PERS./HOGAR	PEQ.	MED.	RIC.
20/29	10	30,00	40,00	60,00	0,00	0,54	2,5	70,00	30,00	0,00
30/39	23	13,04	21,74	65,22	13,04	0,92	3,64	60,87	26,09	13,04
40/49	47	12,77	6,38	72,34	21,28	1,04	4,56	65,96	17,02	17,02
50/59	29	17,24	6,90	68,97	24,14	1,17	4,74	55,17	31,03	13,79
60 o más	35	37,14	11,43	34,29	54,29	1,18	3,88	51,43	25,71	22,86

En las tablas se incluye a la práctica totalidad de los cabezas de familia registrados en ambas fechas en la comunidad de Veiga. Solo se exceptúan de los cálculos siete casos cuya edad desconocemos incluso después del cruzamiento de las informaciones catastrales con los datos que nos ofrece la reconstrucción parroquial[846]. De la lectura de sus cifras se deducen algunas de las características más representativas de los hogares celanoveses, caso de la elevada proporción de mujeres dirigiendo hogares, una proporción que, si bien desciende drásticamente a partir de los 30 años como consecuencia de su entrada en el mercado matrimonial, se mantiene en unos porcentajes muy elevados en los cinco tramos establecidos (21,2% de media)[847]. De hecho, su presencia también va unida a la visible importancia de los hogares cuyo cabeza de familia se encuentra en el estado de soltería. Ambos datos explican la notable representación que adquieren en la comarca en general y en esta parroquia en particular, los hogares unipersonales, que aglutinan a cerca de un 15% del total, juntamente con los conformados por varios individuos no ligados a través de estructuras nucleares, que suman en torno a un 4% del total.

Obviamente, la tardía edad de acceso al matrimonio y la tardía edad de acceso a la jefatura, explican la reducida presencia de cabezas de familia menores de 30 años -8% en 1752 y en torno al 7% en 1761-, así como la importancia que adquieren los mayores de 60 años, más del 24% del total[848]. Como afirmó C. Fernández Cortizo en sus estudios sobre Tierra de Montes, en esta sociedad era realmente la edad la que daba acceso a la autoridad (1982: 253).

---

[846] La distribución de los cabezas de familia por tramos de edades se realizó a partir del cruzamiento de los datos aportados en la documentación catastral con las informaciones presentes en las fichas de familias reconstruidas, otorgándole en caso de diferencias prioridad absoluta a la edad obtenida a partir de la documentación parroquial.

[847] El desigual papel que desempeñaba la mujer en la familia en las provincias de Lugo y Ourense ya fue puesto de manifiesto por el profesor P. Saavedra en sus estudios sobre la Galicia Interior, destacando el carácter excepcional que adquirían en las fuentes lucenses del Antiguo Régimen tanto las mujeres solteras viviendo en soledad como las mujeres viudas al frente de hogares, si contaban con hijos casados (1988:103-104). H. Sobrado Correa establece el porcentaje de hogares dirigidos por mujeres en la provincia lucense en un 10% del total de hogares censados en el Catastro de Ensenada. Las mujeres solteras al frente de sus hogares solo suponían el 1,8% del total y a su juicio constituían un grupo con ciertos tintes de marginalidad ante el resto de la sociedad, claramente atacadas por la justicia local y la Iglesia e identificadas como el paradigma del vicio y la inmoralidad (2001:72-73).

[848] En el territorio ourensano, en 1752 el porcentaje de hogares dirigidos por personas de 60 o más años era del 24,5%. En opinión de I. Dubert, la repetición en distintos ámbitos geográficos de Galicia caracterizados por distintas formas de organización familiar de porcentajes muy similares apunta la importancia social y familiar de los ancianos en la Galicia del Antiguo Régimen, al margen de los sistemas demográficos, las prácticas hereditarias, etc. (2008: 99). Nótese solo a efectos comparativos la distancia que separa este modelo de organización familiar con el que resulta del estudio llevado a cabo por J. M. Pérez García para la Vega Baja del Esla. En las cercanas tierras leonesas, caracterizadas por el dominio aplastante de la familia nuclear, se daba un temprano acceso a la jefatura lo que permitía que casi un 20% de los cabezas de familia fueran menores de 20 años. Además, la menor duración de la vida queda patente en el porcentaje que representaban los cabezas de familia mayores de 60 años, un 10% del total (1998:88).

Sin embargo, nuestro interés actual no se centra tanto en este tipo de cuestiones, ya planteadas en los trabajos anteriormente citados, sino en los cambios que se observan en el tamaño de las explotaciones y en el número de personas que habitaban bajo el mismo techo a medida que asciende la edad media del cabeza de familia. En la comunidad de Veiga, las explotaciones agrarias aumentaban paulatinamente sus dimensiones a medida que iban envejeciendo sus dirigentes y es que de manera general también se puede afirmar que, a mayor edad del cabeza de familia, más familiares se concentraban bajo el mismo techo[849].

Obviamente, el incremento progresivo en el tamaño medio de las explotaciones familiares a medida que asciende la edad del cabeza de familia va paralelo al fuerte descenso que experimenta la presencia de campesinos insuficientes. Este grupo aglutinaba a mediados del siglo XVIII al 75% de los agregados dirigidos por jóvenes de entre 20 y 29 años, mientras que su porcentaje de representación se reducía al 40% entre los adultos que ya habían visto correr 60 o más primaveras. En el primer caso y dada la tardía edad al matrimonio vigente en la zona se integran mayoritariamente personas de estado célibe, pero la comparación sigue siendo válida para los cabezas de familia ubicados en el siguiente tramo de edad, entre 30 y 39 años, cuando tres cuartas partes de estos ya habían celebrado sus esponsales[850].

Con el objetivo de profundizar más en las claves que explican el proceso de reproducción social de los campesinos celanoveses, consideramos conveniente aislar para cada tramo de edad establecido los cabezas de familia que ya habían pasado por la vicaría a fin de analizar su comportamiento específico. En la tabla 23 pueden observarse las conclusiones que resultan de la exclusión de los cabezas de familia solteros y del agrupamiento de las cifras obtenidas en 1752 y 1761 en un solo cuadro a fin de limitar los problemas que puedan derivarse del tamaño de la muestra manejada.

---

[849] Como ya señaló en su día C. Fernández Cortizo, los condicionantes del tamaño familiar son diversos, no dependiendo exclusivamente de rasgos exclusivamente demográficos, sino también de las posibilidades del grupo doméstico como unidad de producción y consumo. De hecho, el aumento del tamaño medio de la explotación media familiar desde la Galicia costera hasta la Galicia interior, conlleva un incremento correlativo del número de personas por agregado doméstico (1988:148-149). Una relación que también fue puesta de manifiesto por otros autores en posteriores investigaciones. H. Sobrado Correa en base a una muestra de más de 300 hogares de mediados del siglo XVIII también observa como en las tierras del interior de la provincia lucense, la media de individuos/hogar va creciendo paulatinamente al incremento de la extensión de tierra detentada -4,2 personas de media en hogares con menos de 25 ferrados de tierra y 6,6 personas de media en los hogares con más de 100 ferrados de tierra disponible- (2001:85). F. García González también subrayó las fuertes variaciones que se daban en el tamaño medio de los hogares en la Sierra de Alcaraz, según se asciende o desciende en la escala social. A juicio del autor, dichas variaciones ponen de manifiesto que el estatus y el tipo de economía doméstica influían en la capacidad de retención de los descendientes, en la capacidad para acaparar parientes, etc. (2000:123). X. Roige Ventura constata un comportamiento idéntico entre los grupos residenciales de los campesinos del Priorat que analiza (1997:451). F. Mikelarena también constata el menor tamaño que presentaban a fines del XVIII los hogares de arrendatarios navarros frente a los hogares de propietarios, en correlación con su inferior capacidad económica y por la escasa presencia que adquirían entre ellos las estructuras familiares complejas (1991:122). Tal como afirma P. Saavedra, las diferencias en el tamaño medio de los hogares y en su composición tienen más que ver con la naturaleza de las economías familiares que con el derecho, que ofrecía un marco tan flexible, que permitía a las familias adoptar una amplia gama de estrategias (2002: 144).

[850] En opinión de P. Saavedra, si bien el predominio de las estructuras nucleares implicaba una inferior jerarquización interna en el seno de la familia, a la postre suponía una mayor estratificación social de la comunidad campesina, dado que quienes fundaban un nuevo hogar, tanto solteros como casados, solían descender en la escala social y constituían una capa de campesinos que debían subsistir gracias al trabajo asalariado durante las intensas faenas agrícolas, con la elaboración y venta de productos artesanales y por el funcionamiento de las redes de solidaridad familiar y vecinal. De ahí la importancia que a su juicio revestían los "recursos opacos" provenientes por ejemplo de la emigración a la hora de explicar la lógica de la organización familiar en la provincia ourensana (2002: 143-144).

TABLA 23 • CICLO DE VIDA FAMILIAR SEGÚN EDAD CABEZAS DE FAMILIA CASADOS O VIUDOS (1752 Y 1761)							
TRAMOS	N° CASOS	TAMAÑO EXPL.	PERSONAS/ HOGAR	AÑOS MATRIMONIO	PEQ.	MED.	RIC.
20/29	10	0,54	4,00	3,44	80,00	10,00	10,00
30/39	43	1,06	4,16	7,32	60,47	20,93	18,60
40/49	77	1,10	4,93	15,29	61,04	23,38	15,58
50/59	52	1,20	4,94	21,09	51,92	28,85	19,23
60 O MAS	62	1,41	4,67	29,55	40,32	33,87	25,81

Como se aprecia en la tabla, las familias campesinas con menos recursos reducen su presencia al 50% si comparamos el primer tramo de edad analizado con el último. De forma paralela, los hogares ubicados en las capas medias de la sociedad y los campesinos acomodados incrementan paulatinamente su representación hasta aglutinar a más de la mitad de los agregados dirigidos por adultos casados o viudos que contaban con 60 o más años. De hecho, más de un tercio del total de los hogares incluidos en el sector superior de la sociedad se concentran en este grupo y casi otro tercio de los sectores intermedios comparten la misma situación[851].

La distribución del conjunto de hogares en los tres grupos establecidos refleja de forma fiel el progresivo crecimiento del tamaño de la explotación media. Sin embargo, dicho crecimiento no se acompaña de un incremento proporcional en el número de familiares que compartía diariamente mesa y manteles. El desarrollo del ciclo vital de los hogares conformados tras una celebración matrimonial implica una triplicación del tamaño medio de sus explotaciones agrarias, en cambio supone un crecimiento inferior al 25% en el número de personas que los conforman, centrándonos en el tramo de edad en el que alcanzan una mayor extensión.

Las cifras medias aportan una imagen definidora del comportamiento comunitario, pero también ensombrecen la diversidad de actuaciones característica de cualquier sociedad. No debemos olvidar que, pese al comportamiento de las cifras medias, más de 20 años de convivencia matrimonial no fue tiempo suficiente para que un 45,9% de los cabezas de familia casados de entre 50 y 59 años consiguiera reunir el capital necesario para salir del sector inferior del campesinado en el que los incluían sus míseras explotaciones de 0,58 Ha. de media.

Como se aprecia en la tabla 24, el incremento progresivo del número medio de personas por hogar en función de la edad del cabeza de familia está estrechamente vinculado con el incremento de estructuras complejas que se registra en los últimos tramos de edad analizados, concretamente entre los cabezas de familia de 60 o más años. En este grupo se concentran más de la mitad de los hogares complejos registrados en Veiga en 1752, superando dicha proporción los dos tercios del total si incluimos los regentados por individuos de entre 50 y 59 años[852]. Creemos

---

[851] En la Sierra de Alcaraz, la propiedad media de los cabezas de familia en función del tramo de edad en el que se sitúan tampoco traduce un empobrecimiento relacionado con la vejez. Al igual que ocurre en la comunidad de Veiga, también se observa un crecimiento progresivo en la extensión media de tierra detentada por unidad doméstica –cabezas de familia de 35 a 55 años : 9,79 Has., cabezas de familia de más de 55 años: 12,74 Has.- (F. García González, 2000: 224). En la Galicia del Antiguo Régimen la edad o la vejez no eran sinónimos de marginalidad y exclusión, sino de un requisito previo para la integración en lo más esencial de la vida familiar y social (I. Dubert, 2008: 98).

[852] Las estructuras complejas aglutinan en la parroquia de Veiga a cerca del 20% del total de hogares registrados en los Libros Personales de 1752, representando

por lo tanto, tal como afirma E. Garrido para la comunidad de Meliana, que el incremento progresivo del tamaño del grupo doméstico conforme va creciendo la edad del cabeza de familia, no se debe tanto a la mayor o menor presencia de hijos sino al proceso de reorganización interna que se lleva a cabo de manera constante dentro del grupo (1995:42)[853].

TABLA 24 • ESTRUCTURA HOGARES VEIGA SEGÚN EDAD CABEZA DE FAMILIA, 1752.				
EDAD CABEZA DE FAMILIA	**SOLITARIOS%**	**SIN ESTRUCTURA %**	**NUCLEARES%**	**COMPLEJOS%**
<30	35,0	16,6	22,9	7,1
30–39	20,0	16,6	22,9	14,3
40–49	20,0	16,6	34,5	10,7
50–59	15,0	16,6	22,9	14,3
60 o MAS	10,0	33,4	17,24	53,6
TOTAL	**14,2**	**4,2**	**61,7**	**19,8**

El número de observaciones incluido en las tablas 21 y 22 sobre la evolución del ciclo de la vida familiar explicaría la obtención de algunos resultados que no concuerdan con las pautas generales de comportamiento que venimos de indicar. Es el caso del descenso observado en el tamaño de las explotaciones regentadas en 1752 por cabezas de familia de entre 40 y 49 años. Sin embargo, en otras situaciones los matices diferenciales entre una y otra fecha, pueden obedecer a cambios reales en las formas de organización doméstica. De hecho, es probable que la reducción que se aprecia en 1761 en la cifra media de personas residentes en hogares dirigidos por hombres y mujeres de 60 o más años sea una consecuencia real del descenso de la complejidad familiar que se aprecia en esta fecha. Este declive se mantendría en el tiempo hasta los años treinta del siglo XIX, según se desprende del análisis de los datos del Padrón de habitantes confeccionado en la parroquia de Veiga en el año 1831[854]. Véanse los resultados en la tabla 25.

---

las formas de organización nucleares a más de un 60% de las familias. Al margen del grupo de edad integrado por los cabezas de familia de menos de 30 años, donde predominan las personas solteras, las estructuras nucleares alcanzan cuotas de representación en torno al 70 %, logrando su máxima presencia en el grupo de 40 a 49 años con un 78%del total, su importancia desciende sustancialmente a partir de los 60 años del cabeza de familia, cuando las formas complejas aglutinan a un 44,12% de los hogares incluidos en este grupo.

[853] En la comunidad de Meliana, al igual que en Veiga, el tamaño medio familiar se incrementa de forma progresiva hasta los 60 años del cabeza de familia, manteniéndose incluso el grupo bien nutrido de miembros cuando el cabeza de familia supera los 60 años (1995:42). En Tierra de Montes también son los hogares dirigidos por cabezas de familia de 70 años o más los que alcanzan mayores dimensiones (C. Fernández Cortizo, 2002: 273). Es una evolución notablemente diferenciada de la que obtiene D. Reher para la provincia de Cuenca, marcada por el predominio de la familia nuclear. En el caso de Cuenca, el descenso es evidente ya a partir del grupo de edades de 40 a 49 años del cabeza de familia (1988: 184). En las tierras de la Vega Baja del Esla, también caracterizadas por el predominio de las estructuras nucleares, el hogar alcanza su dimensión máxima cuando los petrucios se encuentran en la cuarentena, justo cuando concluye el ciclo reproductivo de la pareja (J. M. Pérez García,1998:88-89).

[854] AHPOU. Sección Ayuntamientos. Padrones de la provincia, caja 3.

TABLA 25 • EVOLUCIÓN ESTRUCTURAS DOMESTICAS ENTRE 1752 Y 1831. DATOS EN %			
ESTRUCTURA DOMÉSTICA	1752	1761	1831
SOLITARIOS	13,9	16,2	8,1
SIN ESTRUCTURA	4,2	2,1	7,5
NUCLEARES	60,8	67,6	72,8
EXTENSOS	12,6	6,3	4,6
MÚLTIPLES	6,9	5,6	4,6
FEI III	1,4	2,1	2,3
TOTAL	**100,0**	**100,0**	**100,0**

En las Revisiones del Catastro, la proporción global de familias situadas en una fase compleja de su ciclo vital se reduce al 11,9% -13,04% si excluimos del cómputo a los hogares de eclesiásticos-. Si nos remitimos a la tabla sobre la evolución del ciclo de vida familiar en 1761 en función de la edad del cabeza de familia, observamos que la caída afecta sobre todo al último tramo de edades analizado. En ese grupo las formas extensas y múltiples han experimentado un importante descenso que limita su aparición al 24,24% del total, además se observa un incremento muy importante en el número de solitarios de 60 o más años al frente de una explotación[855].

El padrón militar de 1831 no presenta las mismas garantías de fiabilidad que la documentación catastral, pero una vez realizadas las correcciones oportunas previo cruzamiento de sus datos con las fichas familiares y con otras fuentes de origen militar elaboradas en el mismo periodo, creemos que su uso es perfectamente válido para el conocimiento de la estructura familiar en la primera mitad del siglo XIX. Las conclusiones tras su utilización inciden en una fuerte caída de las formas de organización complejas en la sociedad celanovesa a lo largo del siglo XVIII, restringiendo la influencia de esta estructura al 9,2% de los hogares inscritos ante un incremento evidente de las formas nucleares que abarcan a más del 72% de las familias analizadas.

En función de estos resultados, podemos concluir que el crecimiento demográfico operado entre los años 70 del siglo XVIII y las primeras décadas del XIX se desarrolló sobre la base de un incremento en el número de hogares de estructura nuclear. La comparación efectuada entre los libros Personales del Catastro de 1752, las Revisiones datadas en 1761 y el Padrón de 1831 nos permiten afirmar la progresiva decadencia de los agregados domésticos complejos, cuya presencia en estas tierras está más ligada a cuestiones de orden asistencial que a la prevalencia de

---

[855] En la tabla anterior sobre la evolución de las estructuras domésticas entre 1752 y 1831 se ofrecen datos relativos a la parroquia de Veiga dado que el Padrón de 1831 se refiere exclusivamente a esta entidad parroquial. Sin embargo, las conclusiones pueden extrapolarse al conjunto de la comarca de estudio dado que los porcentajes obtenidos para 1752 y 1761 no presentan diferencias de interés con los que se obtienen a partir de la consulta de un importante número de parroquias. Los porcentajes resultantes proceden del cómputo de los hogares inscritos en 1752 en los Libros Personales del Catastro de Vilanova, Celanova, Veiga San Paio, Veiga San Munio, Bobadela, Barxa, Amoroce, Soutomel, Rubiás, Penosiños San Salvador, Casardeita, Freas de Eiras y Berredo Santa Eulalia, conservados en el AHPOU. Para 1761 se consultaron los nuevos libros elaborados en las parroquias de Celanova, Rubiás, Penosiños San Salvador, Veiga, San Paio, Veiga San Munio, Soutomel, Vilanova, Berredo, Santa Eulalia, conservados en el Archivo General de Simancas.

un modelo de organización familiar de tipo troncal[856]. Así pues, las medidas restrictivas que están adoptando los hogares a la hora de plantear su propia reproducción irían de la mano de una progresiva reducción de los niveles de complejidad familiar entre una y otra fecha. De ahí que en la parroquia de Veiga en 1752 se obtiene una media de 4,3 personas por hogar, dicha cifra se reducía a 4,0 una década después, situándose en 3,9 en 1831[857].

Los Libros Reales del Catastro de Ensenada y sus Revisiones aportan informaciones de interés sobre los movimientos de tierra ocurridos durante los nueve años que separan una y otra fuente. Dichas informaciones constituirán nuestra guía a la hora de esclarecer algunas de las cuestiones planteadas a partir de los cuadros anteriores sobre la reproducción de las familias de la comunidad de Veiga. Conscientes de que no todos los esponsales abrieron las puertas a un largo proceso de acumulación, parece obvia la necesaria delimitación del grupo o grupos sociales en los que se concentran las ganancias, al tiempo que resulta de vital interés la concreción de las vías a partir de las que se obtiene dicha acumulación. La tabla 26 resume los parámetros analizados para el conjunto de los hogares cuya jefatura permanece inalterable en una y otra fecha.

TABLA 26 • CARACTERÍSTICAS DE LOS HOGARES CON LA MISMA JEFATURA EN 1752 Y 1761			
	MOVILIDAD ASCENDENTE	**PERMANENCIAS**	**MOVILIDAD DESCENDENTE**
N° HOGARES	39	47	15
% MUJERES	2,56%	29,78	6,66
EDAD MEDIA CAB. F. 1752	42	46	44
SOLTEROS	5	13	0
CASADOS	31	23	12
VIUDOS	3	11	3

[856] J. M. Pérez García denomina a esta forma de organización doméstica familia nuclear asistencial. A su juicio, en la Galicia del Antiguo Régimen todo apuntaría a que en las fases expansivas y de euforia demográfica, las facilidades de asentamiento facilitaron la multiplicación de los hogares nucleares, como lo probarían los datos del Salnés o Tierra de Montes para comienzos del siglo XVIII. Sin embargo, cuando los ajustes entre la población y los recursos se volvieron más difíciles, "las respuestas denotan una rica y variada gama de matices que reflejan la gran capacidad de adaptación de estos modelos familiares (2008:70). Así en el Salnés entre 1708 y 1752 se produjo el retroceso de los hogares nucleares a favor de los solitarios y de las estructuras complejas. En Tierra de Montes el fuerte crecimiento demográfico vivido entre 1708 y 1753 también implicó la triplicación de las estructuras complejas y la fuerte reducción de los hogares nucleares, que pasaron del 76,7% del total a principios de siglo, a suponer el 56,5% a mediados del mismo (C. Fernández Cortizo, 1982: 25). En el caso de Celanova, la fase de crecimiento a la defensiva que se produjo entre los años 70 del siglo XVIII y las primeras décadas del siglo XIX, se saldaría con el incremento de las fórmulas nucleares probablemente derivado de la pulverización de las dimensiones de las explotaciones campesinas, incapaces para dar cobijo a un número mayor de miembros en los hogares celanoveses. Muy probablemente el incremento de las tasas de celibato definitivo y el retraso de la edad de acceso al matrimonio facilitaban la presencia en el hogar de algún hijo soltero que garantizara la asistencia en el momento de la vejez, y solo en un reducido número de casos el tamaño de las haciendas familiares permitía acoger a algún hijo o hija casados y a su futura descendencia.

[857] Como ya habíamos apuntado en nuestra Memoria de Licenciatura tras la consulta del conjunto de los Libros Personales del Catastro de Ensenada correspondientes al área de estudio, el tamaño medio de los hogares celanoveses a mediados del siglo XVIII era de 4,1 personas/hogar. Un siglo después, según los datos del Censo de 1860, los municipios que engloban el conjunto de las parroquias analizadas registran una media de 3,9 personas/hogar (1999: 130). Esa misma cifra resulta ya del vaciado de los nuevos libros personales que se elaboran a comienzos de los años 60 del siglo XVIII, durante las operaciones de Revisión Catastrales de las parroquias de San Munio de Veiga, San Paio de Veiga, Celanova, Rubiás, San Salvador de Penosiños, Santa Eulalia de Berredo, Soutomel y Vilanova.

TABLA 26 • CARACTERÍSTICAS DE LOS HOGARES CON LA MISMA JEFATURA EN 1752 Y 1761			
PERSONAS/H. 1752	4,5	3,7	5,2
PERSONAS/H. 1762	4,9	3,6	5,1
Ha. CONTROLAN 1752	64,00	33,60	23,80
Ha. CONTROLAN 1762	73,68	33,60	21,06
PEQUEÑOS CAMPESINOS	14	39	5
MEDIANOS CAMPESINOS	17	5	6
RICOS CAMPESINOS	8	3	4

Más del 70% de los cabezas de familia presentes en 1752, nueve años después sigue manteniéndose al frente de sus respectivos hogares[858]. La comparación efectuada sobre las 101 explotaciones que dirigen en una y otra fecha transmite una imagen de estabilidad para un 46,5% del total. Sin embargo, el corto periodo de tiempo transcurrido bastó para que un número de vecinos nada despreciable, un 38,6%, lograra incrementar la extensión de tierra disfrutada en casi un 15%, mientras que para 15 casas, un 14,8% del conjunto, los años transcurridos fueron suficientes para generar un descenso en el tamaño de sus explotaciones[859].

La distribución por sexos de los cabezas de familia integrados en cada uno de los grupos es un buen revelador del comportamiento comunitario. En este sentido, el seguimiento de las 16 mujeres que en 1762 siguen comandando sus agregados domésticos nos revela que solo en dos casos, se habían producido cambios en sus respectivas explotaciones. En base a estos datos nuestra primera conclusión incide en una caracterización de la movilidad social ligada al desarrollo del ciclo vital de los hogares, como un fenómeno claramente vinculado al género masculino y más concretamente a los varones casados. En dicho grupo se concentra cerca del 80% de los movimientos de sentido ascendente o descendente acumulados durante el periodo.

Se observa además un paralelismo evidente entre la evolución del número medio de personas por hogar y la dimensión de las explotaciones agrarias, de manera que los procesos de crecimiento económico se concentran en los hogares cuyo número medio de componentes se encuentra en fase de alza[860]. Como cabía esperar, dado el paulatino incremento en el tamaño de las explotaciones que afecta al conjunto de los tramos de edad establecidos, la edad media de los implicados en los procesos de crecimiento o descenso y su comparación con los casos en los que no se aprecian cambios no aporta informaciones relevantes.

---

[858] Se trata de un porcentaje idéntico al obtenido por C. Fernández Cortizo en sus investigaciones sobre la comarca pontevedresa de Tierra de Montes donde se observa el mantenimiento al frente de sus hogares en 1761 de un 71,46% de los cabezas de familia presentes en 1752 (1982:259).

[859] G. Delille ya puso de manifiesto los estrechos lazos que vinculaban el ciclo de la vida familiar de los pequeños propietarios del Sur de Italia a mediados del siglo XVIII con el ciclo de la tierra. En Palo del Colle, los pequeños propietarios también se encontraban obligados a acumular o a ceder bienes en función de su ciclo de desarrollo familiar (1997: 60).

[860] En opinión de B. Derouet, en las regiones de reparto igualitario los movimientos de la tierra se entienden dentro del conjunto de estrategias puestas en práctica por el grupo doméstico tendentes a constituir una explotación que se adapte a la fuerza de trabajo disponible y a sus necesidades de consumo (1997: 80).

La clasificación social de la centena de hogares analizados contextualiza una proporción mayoritaria de los movimientos tanto entre los grupos superiores como en las capas medias de la sociedad. En uno y otro caso más del 80% de las familias cuya jefatura se mantuvo durante el periodo de tiempo investigado, vivieron inmersas en un proceso de remodelación de su fuente básica de recursos, la tierra. Su capacidad de dinamismo y al mismo tiempo los riesgos de una posible movilidad descendente ya los conocíamos a partir del análisis intergeneracional, pero los datos de la tabla 26 también nos alertan sobre la importancia que poseían los cambios vinculados al desarrollo del ciclo vital de los hogares.

Su lectura también ratifica las interesantes aunque limitadas posibilidades de ascenso del sector inferior del campesinado. El escaso tiempo transcurrido entre las dos fechas analizadas explica que las acumulaciones realizadas únicamente posibilitaron el ascenso en la pirámide comunitaria para cinco familias. Los progresos se concretan en tres cambios del grupo medio al sector superior y dos promociones desde el grupo inferior a las capas medias del campesinado. El balance de los fenómenos de movilidad social en la década central del siglo XVIII se completa con un descenso desde el grupo de hogares más acomodados al sector del campesinado medio.

Una vez plasmados sobre la pirámide social los cambios ocurridos en las explotaciones, constatamos el dinamismo que todavía conserva la sociedad de las tierras celanovesas en este periodo. Dicho dinamismo explica que en el transcurso de una década escasa asistimos al ascenso social de un 10% de las familias de medianos campesinos y de un 3% de los hogares ubicados en la base de la pirámide social[861].

El manejo de la documentación fiscal también nos ofrece respuestas sobre las posibles vías de acumulación o disminución en el tamaño de las explotaciones. La cuidada redacción de las Revisiones ofrece detalladamente las explotaciones detentadas por cada uno de los vecinos de Veiga, desglosando las parcelas que las componen en tres categorías en función de su continuidad con respecto a 1752, su adquisición a través del mercado fundiario o las extensiones provenientes del cobro de herencias o donaciones. En los casos en los que la tierra cambia de manos se incluye el nombre del antiguo poseedor. Organizada la información de esta manera, la comparación entre ambas fechas nos ofrece una panorámica casi perfecta sobre la reproducción familiar a mediados del siglo XVIII. Asistimos así al proceso de formación de los nuevos hogares, comprobamos las consecuencias del acceso a la jefatura en casas ya abiertas, e incluso podemos analizar las aplicaciones individuales del sistema de devolución de bienes. Lamentablemente, carecemos de otras fuentes de similares características que nos permitieran ampliar las comparaciones a un periodo temporal más amplio.

Los 39 hogares que fundamentan los procesos de movilidad ascendente generados en la comunidad de Veiga en la década central del siglo XVIII lograron un incremento patrimonial del 15% gracias a la incorporación de casi 10 Ha. de tierra al conjunto de sus explotaciones. Al margen de 0,5 Ha. que según nos informan los redactores de las Revisiones, ya formaban parte de sus pertenencias en 1752 y no se incluyeron en la documentación Catastral por olvido, un 61,33 % de esta tierra proviene del cobro de herencias familiares y el origen del 38,67% restante se vincula a operaciones de compra-venta[862].

---

[861] Bernardo González y Manuel Fernández, los cabezas de familia que personifican este ascenso, en 1752 se encontraban entre las 25 "mejores fortunas" del grupo de pequeños campesinos.

[862] Resulta ciertamente elocuente reseñar que, en el transcurso de menos de una década, la comparación de la documentación catastral nos permite reconocer la participación del vecindario de Veiga en las operaciones de compraventa de casi 6 Ha. de tierra, una cifra que supone más del 40% de la extensión territorial que logra controlar J. M. Pérez García en la parroquia de Samieira con la suma del conjunto de escrituras notariales de compraventa redactadas ante notario a lo largo del siglo XVIII. Se trata de otro dato que refuerza su opinión acerca de la dificultad de lograr un acercamiento al mercado de la tierra a partir de la consulta de la documentación notarial, cuando un buen número de transacciones se cerraban con la redacción de cédulas simples o incluso con acuerdos

Los resultados obtenidos muestran la importancia que adquiere el sistema de devolución de los bienes a la hora de sentar las bases del desarrollo económico familiar, pero sin desdeñar el papel del mercado a la hora de explicar el origen de las nuevas posesiones[863]. La edad media de los cabezas de familia incluidos en este grupo y el promedio de años de matrimonio, en el caso de los mayoritarios varones casados, son claves a la hora de comprender el escaso tamaño que presentan las explotaciones de los cabezas de familia casados en los primeros tramos de edad y su posterior evolución. La cuantía que presentan las entradas por herencia en hogares cuyos cabezas de familia contaban en 1752 con más de 40 años y después de un promedio de 14 años de matrimonio, únicamente se explica por la falta de coincidencia temporal entre el proceso de colocación de la joven generación y la devolución de los bienes de la casa petrucial[864].

La historia de Bernardo Suárez y su esposa Juana Muñoz rescatada de los "viejos libros" transforma en hechos reales los cálculos efectuados y las conclusiones planteadas. Bernardo y Juana contraen matrimonio el 10 de mayo de 1751 y pasan a residir en la aldea de Veiga, lugar donde registrarán el bautismo de sus hijos. Bernardo es hijo de una familia de campesinos medios cuya casa también se ubicaba en la aldea de Veiga y Juana nace en el seno de unos humildes campesinos afincados en la aldea de Rairigo y en el momento de la celebración de los esponsales solo la madre de Bernardo se encontraba con vida. Un año después descubrimos a la pareja de recién casados viviendo en una casa terrena de la aldea de Veiga y al frente de una mísera explotación de 0,27 Ha., probablemente como resultado de la herencia recibida por Juana de sus padres ya difuntos. Casi una década más tarde nuevamente tenemos noticias de la pareja, ahora su hogar ha crecido con la incorporación de dos vástagos y su fuente básica de ingresos también se ha incrementado, pese a que sus 0,75 Ha. de tierra seguramente seguían siendo escasas para lograr el sustento familiar.

Aunque ubicados en la base de la pirámide social, el balance de la década para ellos no parece haber sido del todo negativo. Una vez fallecida la madre de Bernardo en el año 1754 reciben en concepto de herencia una "casa de alto" y 0,43 Ha. De tierra, además participan en el mercado fundiario comprándole a Salvador Muñoz, hermano de Juana y vecino de Rairigo, una parcela de prado regadío de 4,37 áreas de extensión. Desconocemos buena parte de las vivencias familiares desarrolladas durante los años 60 y 70 del siglo XVIII, pero sabemos que en el momento de sus muertes a principios de los años 80 Bernardo y Juana contaron con seis sacerdotes y 45 misas cada uno para velar por sus almas. Estos datos prácticamente los sitúan en el límite inferior de las capas medias del campesinado comunitario.

La vida de Bernardo González residente en la aldea de Cacabelos fue más azarosa en acontecimientos que la de su tocayo, pero las diferencias no ocultan una tendencia similar. Bernardo, emparejado siempre con mujeres foráneas, casa por primera vez en fecha desconocida en la parroquia de Bande, instalando su residencia en Cacabelos, de donde era originaria su madre, y allí registra a su primer hijo en el mes de diciembre de 1737. Su mujer Micaela Fernández fallecerá a principios de 1750 y en ese mismo año contraerá segundas nupcias con Bibiana Pazo, originaria de Sanguñedo, y en cuya compañía lo encontramos residiendo en la misma aldea de Cacabelos en 1752.

Desde la perspectiva de nuestro protagonista y sus convecinos la parroquia de Bande no debía percibirse como un espacio cercano, pero el padre de Bernardo era originario de este lugar y la familia debió asentarse allí por largos periodos provocando su inclusión dentro de la categoría de familias móviles. En la documentación Catastral

---

verbales, sin la posterior sanción notarial (J. M. Pérez García, 2002:25):

[863] En opinión de B. Derouet, en las regiones en las que predomina un sistema de reparto igualitario, las transferencias verticales derivadas de la transmisión patrimonial y las transferencias horizontales que se generan en el mercado, no son más que dos aspectos diferentes de un mismo proceso (1997: 82).

[864] Se constata así el encabalgamiento de varios ciclos familiares al que alude B. Derouet para explicar los procesos de transmisión propios de las sociedades en las que predomina la pequeña explotación campesina y el sistema de reparto igualitario (1997: 78).

Bernardo y Bibiana cobijan a su hija María y a Bernardino, nacido en la anterior unión del padre, los cuatro sobreviven con una explotación de 0,83 Ha. que los situaría entre el sector inferior del campesinado comunitario. El ciclo familiar se truncó nuevamente tras la muerte de Bibiana apenas 5 años después de la boda y en marzo de 1756 por tercera y última vez, Bernardo contrae nupcias con Francisca Rodríguez, originaria de Verea. Ambos figuran en las Revisiones del Catastro al mando de una familia en la que se integran los tres hijos supervivientes de otras tantas uniones, pero su posición social debió modificarse de modo importante en el transcurso de estos nueve años, al menos eso sugiere el tamaño de una explotación de más de 2 Ha. de tierra, que los introduce de pleno entre las familias de medianos campesinos.

El origen de las tierras que se incorporan a su hacienda es único, las veinte nuevas parcelas que suman un total de 1,23 Ha. provienen de la herencia que reciben a la muerte del padre de Bernardo –Pedro González- a mediados de la década de los cincuenta. Pese a su origen foráneo, Pedro González disfrutó hasta su muerte de una parte mayoritaria de los bienes de su mujer Ana Maria Sotelo, hija única del notario Don Antonio Sotelo, cuyos papeles localizamos en el Archivo Parroquial de Veiga y una de nuestras fuentes privilegiadas para el acercamiento a la vida familiar durante la segunda mitad del siglo XVII.

Aun redoblando nuestros esfuerzos de búsqueda de información, probablemente nunca estemos en disposición de conocer el modo real en el que se articulaban los traspasos de bienes de una a otra generación y es que ciertamente cuesta creer que de facto, la familia de Bernardo González no viniera disfrutando ya de una parte importante de esas tierras con anterioridad a la muerte de su padre y traspaso formal de la herencia, sobre todo cuando según nuestras informaciones es el único posible heredero.

El relato de vida de Antonio Martínez ofrece datos interesantes que explican en buena medida las elevadas dimensiones medias de las explotaciones regentadas por personas de avanzada edad. En los tiempos en los que se redacta el Catastro, Antonio Martínez vecino de Ciros de 67 años acaba de perder a la que fue su compañera desde el mes de enero de 1712, su mujer Manuela Pérez. En ese momento también acaban de contraer nupcias Manuel, Salvador, los últimos en pasar por el altar de sus cinco descendientes. Según se desprende de la documentación catastral, Manuel y Salvador pasaron a vivir con su padre viudo, de modo que en el año 1752 el hogar de Antonio presenta una estructura compleja. Su caso ejemplifica además la relación establecida entre complejidad y nivel económico. Antonio dirige una explotación de 1,33 Ha. que complementa con los beneficios que le revierte el oficio de molinero durante ocho meses del año. Entre sus posesiones se encuentra un molino de dos ruedas en el río Sorga que le genera 16 hanegas de maíz anuales, según regulan los peritos.

Manuel Martínez no hereda de su padre el don de la longevidad y en 1755 pasa al Camposanto Parroquial. Cuando se redactan las Revisiones el hogar que sigue presidiendo Antonio con 76 años se mantiene entre los de estructura compleja dada la convivencia con su hijo Salvador casado con Josefa Arca, hija de una familia de medianos campesinos también residentes en la aldea de Cirós. Maria Pérez y Juan Arca, los padres de Josefa, mueren entre mediados de 1754 y fines del año 1756 tras 44 años de matrimonio y dejando una explotación de 1,61 Ha. de tierra que heredarán sus dos hijos. Bernardo Arca casado en casa recibe 0,96 Ha. y Josefa el 40,5% restante, en total 0,65 Ha. En las Revisiones esas 0,65 Ha. pasarán a engrosar el patrimonio de su suegro Antonio Martínez con quien convive, que ahora regenta una hacienda de casi 2 Ha. de tierra.

Los bienes recibidos en concepto de herencia no explican el incremento total en el tamaño de las explotaciones de los 39 hogares analizados, dado que como ya mencionamos con anterioridad el acceso al mercado de la tierra también jugó un papel destacado. En realidad, en una proporción muy importante de casos, un 48,7% del total, constituyó la base única sobre la que se fraguó el incremento de las explotaciones de estos matrimonios ya consolidados que no siempre pudieron contar con la incorporación de nuevas tierras provenientes del cobro de herencias familiares. No por casualidad, tres cuartas partes de la superficie de tierra que sale a la venta en el término de Veiga en este periodo, acaba en manos de este conjunto de casas. Los pequeños relatos de vida de Juan Rodríguez de Rairigo, Manuel Cal de Veiga, Marcos Río de San Fiz, Marcos Rodríguez de Cerdal Arriba y un largo etcétera se integrarían en este grupo, pero únicamente rescataremos el comportamiento de Don Adrián Cid que a nuestro juicio merece ser destacado.

Don Adrián es el teniente cura del Priorato de San Munio de Veiga. En 1752 vive en su compañía una criada de servicio y cuenta con una explotación de 0,68 Ha. que lo sitúa entre las capas medias de la sociedad, muy lejos de la posición social que ostenta Don Domingo Rodríguez de Robles, Prior de la Iglesia parroquial, propietario de más de 12 Ha. de la mejor tierra y al frente de un hogar en el que conviven cuatro criados, dos hombres y dos mujeres. Sin embargo, la década central del siglo XVIII es un periodo de importante actividad económica en la vida de Adrián Cid, quien se convierte en el segundo máximo comprador de tierra en el mercado comunitario al adquirir 13 nuevas parcelas que elevarán el tamaño de su explotación a 1,29 Ha. en el año 1761. Las transacciones realizadas no fueron suficientes para plasmar un cambio en su ubicación en la estructuración piramidal de la sociedad, pero en nuestra opinión pocos años más le bastaron para lograrlo y la congregación de 12 sacerdotes en su entierro celebrado el 14 de mayo de 1780 juntamente con las 300 misas que mandó decir por su alma son una prueba fehaciente de ello.

V.3.2. El final de un ciclo vital. Los cambios de jefatura y sus implicaciones

Hasta el presente, nuestra atención se centró en los ciclos familiares cuya jefatura se mantuvo inalterable en la década central del siglo XVIII, sin embargo, la comparación entre ambas fuentes también nos posibilita el acercamiento a otras cuestiones igualmente relevantes para el estudio de la reproducción familiar. Las soluciones adoptadas en los hogares que deben afrontar durante este periodo un cambio de jefatura constituyen fuentes de información de primera mano a cerca del sistema sucesoral imperante al tiempo que facilitan una aproximación a la situación social de la mujer. En total 23 hogares servirán de base para nuestros cálculos, siendo 22 el número de casas abiertas en este periodo[865]. Así pues, una vez más y desde una óptica diferente, se confirma la estabilidad que presenta la vida familiar en la comunidad de estudio, donde después de transcurrida casi una década un 87,41 de los 143 hogares registrados en 1752 sigue compartiendo el mismo espacio geográfico.

El fallecimiento del cabeza de familia es la causa única sobre la que se asientan los 23 traspasos de jefatura acaecidos en el periodo, en un 43,4% de las ocasiones la pervivencia de un miembro de la pareja sigue aplazando en el tiempo el traspaso de poderes a la generación descendente, siendo las mujeres los cónyuges supervivientes en el 100% de los casos. Ninguno de los 10 hogares incluidos en este grupo modifica su ubicación en la pirámide social comunitaria, de hecho, un 70% de estas mujeres lograron mantener el mismo tamaño de las explotaciones agrarias que cultivaban en compañía de sus maridos, limitándose las pérdidas al 30% restante.

---

[865] Tras las correcciones realizadas sobre los datos que aportan los nuevos Libros Personales de Legos y Eclesiásticos confeccionados en 1761, 149 casas componen el vecindario de Veiga. Tres de ellas quedan al margen de nuestros cálculos porque no hemos conseguido localizar su origen. Dos casos se incluyen entre el listado de nuevos vecinos, pero en realidad desconocemos si se trata de hogares abiertos de nuevo o accesos a jefatura en familias desmembradas en el periodo. Su residencia ubicada en la aldea de San Simón imposibilita el contraste con la documentación parroquial ya que este núcleo jurisdiccionalmente forma parte del Coto de Veiga pero espiritualmente depende de la parroquia de Sorga. La situación de María Gómez es diferente, su nombre figura al frente de una minúscula explotación en el Real de Legos de 1752, sin embargo, no se incluye en el Personal de ese mismo año y desconocemos cualquier información sobre su posible filiación. En el Libro Personal de 1761 su nombre aparece entre los vecinos que repiten presencia tratándose de una mujer soltera que vive en soledad y en el Libro Real se describe de nuevo su pequeña explotación. Por lo tanto, aunque no se engloba en nuestros cálculos porque realmente no logramos su identificación habría de incluirse entre las permanencias.

A nuestro juicio, los datos inciden en menor medida de lo esperado en un posible retroceso social de la condición de vida femenina en los años inmediatamente posteriores a su acceso a la jefatura en estado de viudedad, aunque la pérdida de más de la mitad de las tierras que sufrieron Catalina Vázquez, Cristina Gómez y sobre todo Manuela Vázquez nos informan sobre las dificultades reales por las que atravesaron las economías del sector inferior del campesinado tras el azote de la muerte. No por acaso Don Adrián Cid juntamente con Mateo Pousa, los dos máximos compradores de tierra de mediados del siglo XVIII, pasarán a engrosar sus patrimonios con más de 1 Ha. de tierra que las tres viudas ponen en venta probablemente para afrontar los importantes gastos que ocasionaba la muerte en aquella sociedad y las posibles deudas pendientes. En este sentido las conclusiones son obvias y de la misma manera que el estudio de la comunidad como un todo indiferenciado constituye una falacia imposible, pensar en la condición de las mujeres como un género homogéneo también implica una problemática similar. Catalina, Cristina y Manuela representan casi al 40% de los hogares de campesinos inferiores incluidos en este grupo, pero su comportamiento no es extrapolable a Maria Rivero y Pascua Fernández, integrantes del grupo de ricos campesinos

Según se deduce de la consulta de la documentación emanada del Catastro y sus Revisiones, Pascua Fernández vecina de la aldea de Veiga conserva en 1761 las 2,07 Ha. de tierra que ya labraba a mediados de siglo su marido Caetano Veloso y dado que en el año 1756 la viuda debió afrontar los esponsales de su hijo José Ramón Veloso es obvio que éste no recibió ningún bien raíz en el momento de su matrimonio. A comienzos de la década de los años 60 el hogar de José Ramón se incluye entre los 22 de nueva creación, también asentado en la aldea de Veiga y supuestamente viviendo de los ingresos que le proporcionaba su oficio de cirujano y 0,13 Ha. de tierra adquiridas tras la compra a un vecino. Por supuesto, la documentación manejada no nos permite conocer los verdaderos límites de la independencia familiar y económica de este hijo, y de facto en la práctica resulta poco creíble pensar que una mujer viuda de más de 50 años con la única compañía de una hija soltera y a punto de contraer nupcias bastaban para poner en marcha una explotación de esas dimensiones en el marco de una agricultura intensiva, mientras su otro descendiente conviviendo en la misma aldea únicamente tendría acceso a 3 parcelas de tierra recientemente adquiridas.

En esta sociedad parece fuera de toda duda el mantenimiento de la capacidad de gestión y organización de los recursos por parte del cónyuge superviviente, sea cual fuere su género, y así nos lo confirma la tipología de las formas de organización complejas recogidas en una y otra fuente. En 1752 solo en 4 hogares de los 28 que registran formas complejas se contabiliza una cesión de la jefatura familiar a la generación descendente, un traspaso de poderes que además debió acompañarse de una entrega simultánea de la correspondiente herencia material, dado que en tres de los cuatro casos no se observan movimientos de tierra por motivos de herencia con posterioridad a la fecha de muerte de la mujer y los dos varones viudos implicados. La situación de Francisco Basalo que figura en 1752 al frente de un hogar del que formaba parte su suegra Margarita Bazán ya la hemos recogido en estas páginas. En este caso creemos que la cesión hereditaria también se había producido, sin embargo circunstancias familiares que obviamente desconocemos debieron precipitar la posterior entrega de una parte de los bienes que ya figuraban a la cabeza de Francisco Basalo a los otros dos descendientes de la expresada Margarita.

El comportamiento familiar a la hora de afrontar la fase final de su ciclo vital organizando formalmente el traspaso de bienes y la cesión de la jefatura constituye un momento crucial para el estudio de la reproducción social de una comunidad. En la parroquia de Veiga el escaso tiempo transcurrido entre la elaboración del Catastro y sus Comprobaciones reduce enormemente la base estadística sobre la que podemos apoyar nuestras afirmaciones.

Al margen de los 10 casos analizados en los que el miembro todavía superviviente de la pareja toma las riendas, únicamente en 13 ocasiones más se detecta la continuidad de un mismo hogar tras un proceso de cambio generacional, centrándose nuestra atención en los 9 casos resultantes de la defunción de los cabezas de familia dirigentes de hogares que en 1752 adoptaban una forma de organización de tipo compleja[866].

La escasez de observaciones constituye un hándicap importante a la hora de plantear conclusiones generalizables sobre el modo en el que se articula el traspaso generacional en las familias que en la fase final de sus vidas comparten el fuego del hogar con un descendiente casado en casa. Sin embargo, a nuestro juicio no debe ser desaprovechada la posibilidad que nos brinda esta documentación para conocer exhaustivamente el destino al que van a parar todos y cada uno de los bienes de la generación precedente, aunque sea en un reducido número de casos.

Fernando Bispo, Juan Oliva e Ignacio Álvarez regentan tres de los 9 hogares aludidos, viudos y mayores de 60 años comparten también una situación familiar similar al momento de su fallecimiento pese a que su ubicación en la pirámide social no es coincidente. Fernando Bispo y Juan Oliva, integrantes del grupo de ricos campesinos, acumularon a lo largo de su dilatada vida cerca de 2 Ha. de tierra cada uno que pasarán íntegramente a sus únicos descendientes con vida y en cuya compañía moraban tras la celebración de sus matrimonios. Esteban Bispo casado con Rosa Rodríguez desde el año 1738 y Juan Cal casado con Bárbara Oliva desde 1740 recibirán 21 y 14 años después de celebrados sus esponsales, la jefatura de los hogares en los que residían y la posesión de unas tierras que de facto ya venían trabajando.

En 1752 Ignacio Álvarez con 72 años se encontraba al frente de una explotación mucho más reducida. Sus 0,66 Ha. de tierra debían alimentar a su hija Pascua, moza soltera, y a su hijo Juan Francisco casado al comienzo de la nueva década y también residente en la casa paterna sita en la aldea de Veiga. Fernando Álvarez, su otro descendiente con vida, moraba en el pueblo de Tourille tras su matrimonio en 1743 con María, una mujer viuda y madre de cuatro hijos, dueña de una explotación de 1,5 Ha. de tierra. El patrimonio que aportaba la mujer al matrimonio y los beneficios obtenidos por Fernando con su oficio de zapatero debieron garantizar un nivel de vida digno a esta pareja que no aportará ningún hijo a la comunidad. Cuando se redactan las Revisiones el panorama familiar había mudado radicalmente. La casa de Tourille se desmembró tras el fallecimiento de María y Fernando provocando el reparto de sus bienes entre los hijos del primer matrimonio de María, salvo un 1% que recaerá en Juan Francisco Álvarez, hermano del expresado Fernando. Este a su vez debió tomar las riendas del hogar de Veiga once años después de su matrimonio y tras el fallecimiento de su padre Ignacio a principios de 1761. Según se desprende de la documentación catastral Juan Francisco se convirtió en heredero absoluto de su padre, su hermana Pascua murió soltera a comienzos de 1769 en la aldea de Veiga y pese a que en el libro Personal confeccionado en las Revisiones no nos informan de su presencia, suponemos que se mantuvo en compañía de su hermano que continuó explotando el conjunto de los bienes paternos al tratarse del único descendiente casado de la antigua casa petrucial. Covertirse en el único heredero posible de la casa paterna en el momento de la transmisión hereditaria debió constituir un buen comienzo para una estrategia de acumulación que le permitió costear a Juan Francisco y a su pareja unos distinguidos funerales con intervención de 8 sacerdotes y más de 100 misas rezadas por el alma de cada uno de ellos. Nunca sabremos en qué medida su trayectoria vital fue el fruto de una estrategia pensada o simplemente fue el resultado de la intervención del azar sobre las circunstancias vitales.

---

[866] Los cuatro casos restantes se corresponden con otras situaciones derivadas de la defunción precoz de los cabezas de familia o el relevo en hogares en los que compartían vivencias personas unidas por otros vínculos familiares al margen del vínculo matrimonial.

Fernando Bispo, Juan Oliva y en cierta medida Ignacio Álvarez no tuvieron opciones a la hora de plantear la transmisión de sus bienes, pero su situación no se repite en los seis casos restantes. Su estudio nos aporta una imagen de la complejidad que encierran las soluciones adoptadas por las familias en su proceso reproductivo al tiempo que nos advierte sobre la problemática que plantean las generalizaciones, muchas veces realizadas en la búsqueda lógica de una caracterización de los comportamientos sociales.

En 1752 Francisca Basalo, Juan Arca, Ignacio Martínez, Antonio Rodríguez, Bernardo Rodríguez y María Conde encabezaban hogares que adoptaban una forma de organización compleja y se encontraban mayoritariamente vinculados al sector medio y superior del campesinado. Tras su muerte el posterior reparto de los bienes nos informa de la diferente filosofía familiar sobre la que se asentaba un comportamiento semejante basado en la cohabitación con uno de sus descendientes casados.

En 1752 Juan Arca y su mujer María Pérez de 68 años convivían con su hijo Bernardo recientemente casado, mientras su otra hija con vida también desposada en la misma vecindad vivía en casa de su suegro. Tras la muerte de los petrucios, en 1761 la explotación de más de 1,5 Ha. de tierra que dirigían aparece dividida entre los dos hijos de manera que Bernardo heredó la casa de habitación paterna y 0,96 Ha., el 59,5% del total, mientras que su hermana Josefa recibió el 40,5% restante, 0,65 Ha y una casa de alto contigua a la de su hermano. Las atenciones prestadas por el hijo durante la convivencia familiar coincidente con la vejez y enfermedad de los petrucios, fue seguramente la causa aducida para justificar la diferencia entre hermanos.

En 1752 también residían en la aldea de Veiga Ignacio Martínez, viudo de 74 años y sus dos hijos casados Andrés y Manuel Martínez. La convivencia generacional reunía diariamente en torno al hogar de la casa de habitación a 10 personas, una cifra ciertamente elevada que se nutría de la descendencia de los dos matrimonios jóvenes y cuya alimentación dependía básicamente de los productos arrancados a una explotación de 2,66 Ha. que incluía cerca de 1,5 Ha. de tierra labradía y huerta. Muerto el petrucio al año siguiente de la elaboración del Catastro, en las Revisiones Manuel figura habitando en la antigua casa familiar al cargo de 1,27 Ha. de tierra, el 51% del total, mientras que su hermano Andrés mora en una casa de alto también propiedad de sus padres al frente del 49% restante de la antigua explotación. En esta ocasión, pese a compartir los dos descendientes la antigua vivienda familiar la igualdad absoluta tampoco se produce y una pequeña gratificación acabará en manos del menor de los dos hijos.

Francisca Basalo es nuestra tercera protagonista, se trata de una mujer viuda y mayor de 70 años que araba en tiempos del Catastro con ayuda de dos de sus hijos casados 2,39 Ha de tierra labradía integradas en una explotación de casi 5 Ha. Poseía por lo tanto una auténtica fortuna agraria en la sociedad de su tiempo ampliada además gracias a las posesiones aportadas por uno de los hijos casados en casa. Dicha fortuna se fraccionó tras la muerte de Francisca entre sus cuatro herederos, tres descendientes de su primer matrimonio y un sobrino del segundo marido no percibiendo ninguno de ellos más del 32% del total, proporción que alcanzan su sobrino soltero Manuel Suárez y Francisco Reza, el hijo casado en la colindante parroquia de Santabaia, justamente las dos personas que no convivían en el entorno familiar.

Aun contemplando la posibilidad de que las parcelas que figuraban en 1752 a nombre de su hijo Domingo formaran parte de un adelanto de herencia que justificaría el porcentaje de tierra recibida por María Reza en 1762 una vez muerto su padre, sólo el 10,2% del total, no se observa en esta ocasión un claro trato de favor hacia los dos hijos que compartieron los últimos días de la mencionada Francisca, quizá porque sus atenciones no lo merecieran. De cualquier manera las actuaciones de Juan, Francisca e Ignacio se alejan notablemente de una filosofía troncal que busca el mantenimiento indiviso de un patrimonio heredado generación tras generación, y al modo de las fisiones y fusiones familiares que adaptaban los hogares de la comunidad de Meliana a la coyuntura (E. Garrido Arce, 1997:399-409), las explotaciones de Veiga viven también un proceso de remodelación que las prepara para afrontar la formas cambiantes que adopta el ciclo de la vida familiar[867].

La lógica que parece presidir la vida familiar en estas tierras durante la Época Moderna se aleja de manera evidente del universo de la troncalidad centralizado en la primacía del heredero universal como garante circunstancial de la continuidad de la casa[868]. La limitada presencia de estructuras complejas entre las formas de organización doméstica y la escasez de mejoras de tercio y quinto entre la documentación notarial consultada constituyen pruebas evidentes de ello.

A lo largo del marco cronológico que abarca esta investigación se realizaron tres catas, para mediados del siglo XVII, mediados del siglo XVIII y mediados del XIX, recogiéndose un total de casi 600 escrituras testamentales -597 en total-, a partir de las cuales analizamos la evolución en el tiempo del sistema hereditario imperante en la comarca[869]. Sin embargo, no debemos perder nunca de vista la limitada proyección social que presentaba esta escritura en la sociedad celanovesa de los tiempos modernos, en virtud de las informaciones recogidas en los libros de difuntos del Archivo Parroquial de Veiga, donde de manera sistemática se anotaba en cada partida de defunción la posible realización de testamento notarial, la existencia de una memoria oral ante testigos o la ausencia de disposiciones formales por parte del difunto. Los datos recogidos en la tabla 27 son buena prueba de ello.

---

[867] A comienzos de la década de los años 90, C. Fernández Cortizo, sin duda uno de los grandes impulsores del estudio de la familia en el ámbito de la historiografía modernista gallega, todavía defendía la presencia de un modelo cultural de organización familiar de tipo troncal en el territorio galaico basándose en la concurrencia de dos factores, el elevado número de grupos domésticos complejos que traducen los censos y el mantenimiento por parte de los petrucios de la jefatura familiar hasta el fin de sus días (C. Fernández Cortizo, 1991). La constatación de la presencia de dichas características entre las familias celanovesas también nos condujo a ratificar la vigencia de dicho modelo ideal basado en la familia troncal en nuestro primer acercamiento a la familia celanovesa, una afirmación que a la luz de los datos de los que disponemos actualmente difícilmente podría sostenerse (D. Rodríguez Fernández, 1997:286).

[868] En el ámbito de la España cantábrica y noratlántica, el predominio de la familia troncal y la tendencia hacia un sistema de transmisión indiviso del patrimonio se extendía por la antigua provincia lucense y por la montaña occidental asturiana donde el aprovechamiento de los recursos agrícolas y pecuarios tenía un carácter extensivo, requería abundante mano de obra, desaconsejaba la partición de los bienes y hacía difícil la vida en soledad. También predominaba en determinadas áreas de Guipúzcoa o Vizcaya amparada por los intereses de los propietarios de no fragmentar sus explotaciones (P. Saavedra, 2002: 144).

[869] En nuestra Memoria de Licenciatura ya se analizó el sistema hereditario vigente en la comarca a partir de una muestra de testamentos redactados entre 1750 y 1760. Véase al respecto D. Rodríguez Fernández, 1999: 139-146). Para el siglo XVII en el Archivo Histórico Provincial de Ourense se conservan pocos protocolos en buen estado de conservación relativos a notarios celanoveses, por eso resultó de gran ayuda la localización en el Archivo Parroquial de Veiga de las escrituras de protocolos de los notarios Alonso Pérez, Antonio Sotelo y Pedro García Alvarado. Se realizó un vaciado sistemático de las escrituras testamentales que se conservan entre sus protocolos notariales juntamente con las redactadas por los notarios Amaro Rodríguez, Bartolomé Santamaría, Bernardo Arias y José Rodríguez Salgado, cuyos legajos se conservan en el Archivo Histórico Provincial de Ourense –cajas 1381, 1398, 1205-06 y 1387 respectivamente- lo que nos permitió reunir un total de 154 testamentos redactados entre 1647 y 1680. Para el siglo XVIII también realizamos un vaciado exhaustivo de todas las escrituras que registraron en las décadas centrales del siglo los siguientes notarios celanoveses cuyos protocolos se conservan en el Archivo Histórico Provincial de Ourense: Antonio Domínguez –cajas 1253-1254, Antonio Fernández de Ulloa –caja 1284-, Benito Fariñas –caja 1265-, Benito Rebollo -1362-, Blas Araujo –caja 1198-, Francisco Villanueva -1428-, José Suárez -1408-1409- y José Carrera y Castro -1237-. Durante ese periodo sumamos más de 200 testamentos. Para las décadas centrales del siglo XIX disponemos de una base de datos formada por 230 escrituras testamentales redactadas por los notarios Francisco Rodríguez –caja 1078-, José Camino Recio –cajas 1231-1232-, José María López de Curros –cajas 1315-1316-1318-1320-, José María Iglesias –cajas 1307-1308-1309-1310-, Manuel Porras -1353-, Pablo Porras -4249- y Ramón Fernández Feijoo -1281-, todos ellos custodiados también en el Archivo Histórico Provincial de Ourense.

TABLA 27 • PROYECCIÓN SOCIAL DEL TESTAMENTO EN LA SOCIEDAD CELANOVESA (%)		2/2 S. XVII	S. XVIII	½ S. XIX	TOTAL
HOMBRES	**% TESTAN ANTE NOTARIO**	33,8	21,2	28,3	25,8
	% HACEN MEMORIA ORAL	21,4	38,2	25,6	30,9
	% NO REALIZAN TESTAMENTO	21,4	37,5	37,9	35,0
	% PARTIDAS SIN INFORMACIÓN	23,4	3,1	8,2	8,3
MUJERES	**% TESTAN ANTE NOTARIO**	22,9	15,5	25,1	20,2
	% HACEN MEMORIA ORAL	24,8	42,3	19,7	31,4
	% NO REALIZAN TESTAMENTO	26,1	39,0	52,3	42,1
	% PARTIDAS SIN INFORMACIÓN	26,2	3,2	2,9	6,2

En la segunda mitad del siglo XVII un abultado número de partidas de defunción carece de datos al respecto, sin embargo, las conclusiones obtenidas para el siglo XVIII y para la primera mitad del XIX se apoyan sobre una proporción mayoritaria de los feligreses de San Munio de Veiga registrados en los libros de difuntos. Como se aprecia en la tabla, a lo largo del periodo de estudio solo un 25,8% de los hombres fallecidos en Veiga y un 20,2% de las mujeres acudieron ante notario para registrar sus últimas voluntades. Más de un 30% de los hombres y mujeres registrados en los libros parroquiales optaron por dejar constancia de sus últimas disposiciones a través de una memoria oral ante testigos y en un buen número de casos, un 35% de los hombres y un 42% de las mujeres, no hicieron ninguna disposición al respecto[870]. Como tendremos ocasión de comprobar a continuación, en la comarca de estudio el acceso al notario para la realización de testamento tenía lugar en los momentos finales de la vida, de ahí que en este último grupo a buen seguro se incluyen individuos que no pudieron testar debido a una muerte repentina o accidental. Sin embargo, los elevados niveles de pobreza de la comarca a los que ya hemos hecho alusión en capítulos anteriores explican también en buena medida la importancia de este grupo.

Teniendo en cuenta las conclusiones que se extraen de la tabla 27, en las tablas 28 y 29 presentamos una primera clasificación de las escrituras testamentales registradas ante notario en función del sexo, estado civil, así como el "estado físico" de los otorgantes.

A lo largo de los tiempos modernos la presencia de testamentos conjuntos marca una clara evolución ascendente. Como se aprecia en las tablas, estos pasan de representar un porcentaje ínfimo de las escrituras datadas en la segunda mitad del siglo XVII -3,1%-, hasta alcanzar casi un cuarto de la muestra en los años centrales del siglo XIX -23%-. Observamos además un aumento paralelo en el número de testamentos redactados por hombres y mujeres solteros. Estos representan el 12,3% del total en el siglo XVII ascendiendo hasta el 20,8% en las décadas centrales del XIX. A lo largo de los tiempos modernos, el aumento del número de escrituras otorgadas de manera conjunta por el

---

[870] En la parroquia de San Martín de Caldelas en el Bajo Miño, las escrituras testamentarias también eran escasas. J. M. Pérez García estima que dichas escrituras solamente cubrirían un 30% de las familias reconstruidas en el siglo XVIII (2013: 20).

matrimonio y el incremento de los redactados por individuos solteros reduce de forma evidente la presencia ante notario de hombres y mujeres que en estado de casados o bien ya como viudos, desean dejar constancia escrita de sus últimas voluntades.

TABLA 28 • TESTAMENTOS CELANOVESES SEGÚN SEXO Y ESTADO CIVIL DE LOS OTORGANTES (%)								
	HOMBRES (%)			MUJERES (%)			CONJUNTO (%)	TOTAL ESCRITURAS
	SOLT.	CAS.	VIUD.	SOLT.	CAS.	VIUD.	MATRIMONIO	
S. XVII	5,8	31,8	17,5	6,5	14,3	20,8	3,2	154
S. XVIII	2,3	20,6	21,1	8,4	12,2	22,5	12,7	213
S. XIX	10,4	18,2	13,5	10,4	8,7	15,6	23,0	230
TOTAL	6,4	22,6	17,3	8,7	11,4	19,4	14,2	597

TABLA 29 • CONDICIÓN FÍSICA DE LOS TESTANTES											
	S. XVII			S. VIII				S. XIX			
	SIN DATOS	SANO	ENFERMO	S. D.	S.	ENF.	EDAD AVANZADA	S. D.	S.	E.	E. AV.
HOMBRES	0,6	1,3	53,2	0,9	5,1	34,3	3,7	2,2	1,7	34,3	3,9
MUJERES	1,3	2,6	37,6	–	0,5	38,9	3,7	0,4	0,4	24,3	9,6
CONJUNTO	–	1,9	1,3	0,5	2,3	4,7	5,2	0,8	1,7	11,3	9,1
TOTAL	1,9	5,8	92,2	1,4	7,9	77,9	12,7	3,5	3,9	70,0	22,6

El claro incremento de la presencia de personas solteras que acude ante notario para redactar sus últimas disposiciones se encuentra estrechamente vinculado con el aumento de los porcentajes de soltería definitiva a lo largo de los tiempos modernos, uno de los mecanismos reguladores más importantes que caracterizan a nuestro modelo demográfico. En cuanto a la presencia de testamentos conjuntos, su incremento durante el periodo de estudio parece indicarnos una tendencia creciente al adelanto en la toma de decisiones por parte de los cabezas de familia que acuden al notario a escriturar sus últimas voluntades.

Como se aprecia en la tabla anterior, un 92,2% de los testantes de la segunda mitad del siglo XVII se encuentra enfermo. Dicha proporción va reduciéndose progresivamente durante los siglos XVIII y XIX, corroborando así la hipótesis anterior. No obstante, pese a la progresiva reducción del número de testantes enfermos, estos todavía suponen el 70% del total en las décadas centrales del siglo XIX. Por otra parte, debemos tener en cuenta que en un 22,6% de las escrituras protocolizadas en el último periodo de estudio, los otorgantes afirman acudir al notario por encontrarse "de avanzada edad". Ambos datos vienen a indicar que a mediados del siglo XIX las disposiciones hereditarias seguían realizándose en la última fase del ciclo vital, aunque los petrucios celanoveses fueron adelantando la redacción de sus últimas voluntades sin esperar a los momentos previos a la muerte[871].

Una vez excluidos los testamentos otorgados por individuos solteros y los correspondientes a personas casadas o viudas con un único descendiente, elaboramos la tabla que a continuación se incluye para analizar las permanencias y los cambios que se detectan en el sistema hereditario celanovés a lo largo de los tiempos modernos. Véase tabla 30

	ESCRITURAS CON MÁS DE UN HIJO	REPARTO IGUALITARIO O CASI IGUALIT.	PRESENCIA LEGADOS	MEJORA TERCIO	MEJORA QUINTO	TERCIO Y QUINTO
S. XVII	106	69,8	23,6	2,8	–	3,7
S. XVIII	142	33,8	58,4	0,7	0,7	6,3
S. XIX	108	40,7	53,7	0,9	2,7	1,8
TOTAL	356	46,6	46,7	1,4	1,1	4,2

TABLA 30 • SISTEMA DE REPARTO DE BIENES EN LOS TESTAMENTOS CELANOVESES (%)

En nuestra Memoria de Licenciatura ya planteamos la dificultad que implicaba la valoración de los testamentos celanoveses de mediados del siglo XVIII en términos de reparto igualitario o reparto desigualitario (1999: 142). En la mayoría de las escrituras analizadas, salvo en los escasos testamentos en los que se opta por una mejora de tercio y quinto, existía un deseo latente de igualdad entre los herederos. Sin embargo en la práctica, en un importante número de ocasiones -58,4% del total-, dicha igualdad se veía imposibilitada por la presencia de legados a favor de uno o varios descendientes, de cuantía indeterminada[872].

Los testamentos redactados en las décadas centrales del siglo XIX reflejan un panorama similar al descrito en su día para mediados del siglo XVIII, si bien los datos de la tabla anterior señalan un retroceso de los repartos preferenciales a favor de las devoluciones estrictamente igualitarias. Un comportamiento que encajaría bien con la reducción de las estructuras complejas que resulta del análisis del Padrón de 1831, como hemos tenido ocasión de comprobar en páginas anteriores.

Sin embargo, en base a los datos incluidos en la tabla 30, dicho panorama no se corresponde con el sistema de reparto hereditario vigente en la comarca en la segunda mitad del siglo XVII. Coincidiendo con la fase álgida de

---

[871] Pese a este posible adelanto a la hora de redactar las últimas voluntades, el cumplimiento de las mismas se retrasaba siempre al momento en el que se producía el fallecimiento de los otorgantes, lo que obviamente reforzaba su control sobre el grupo familiar e institucionalizaba la transmisión hereditaria post-mortem, como ya en su día afirmó C. Fernández Cortizo (1992: 336).

[872] Ya en su momento, las explicaciones provenientes del campo de la antropología nos parecieron acertadas a la hora de definir el sistema hereditario celanovés de mediados del siglo XVIII. Las escrituras celanovesas reflejan con claridad ese carácter fluido de la mejora al que alude J. San Martín, ligado a la presencia de una "mejora débil" que se entiende a partir del complejo juego de las estrategias familiares (1984: 51). En nuestro caso, al igual que en la comunidad de Vilatuxe, que estudió R. Iturra el sistema de reparto hereditario no sigue un esquema preestablecido que se aplica de manera automática, sino que depende del criterio del petrucio que actúa motivado por múltiples razones, desde las estrictamente afectivas hasta las cuestiones de carácter económica (1988:106).

crecimiento demográfico que vive esta comarca por esas fechas, casi un 70% de las escrituras analizadas describen un reparto de bienes igualitario o prácticamente igualitario, reduciéndose a menos de un cuarto de la muestra la presencia de legados a favor de uno o varios descendientes.

Estos datos nos llevan a considerar la importancia de las razones de base cultural y el papel que jugaron las cuestiones de carácter coyuntural vinculadas a la marcha de la economía, a la evolución demográfica, a las propias circunstancias familiares o a otros condicionantes de índole social, a la hora de comprender el funcionamiento del sistema hereditario celanovés[873]. Obviamente, la filosofía de la igualdad y el deseo de no perjudicar a ningún hijo preside las decisiones de los celanoveses en los momentos finales de su vida. En la segunda mitad del XVII cuando el tamaño de las explotaciones y el crecimiento de los rendimientos cerealeros derivado de la introducción del maíz lo permitieron, la mayoría de los testantes que acudieron ante notario optó por un reparto de tipo igualitario que garantizaba la colocación en el mercado matrimonial de un buen número de sus descendientes.

La progresiva reducción del tamaño de sus explotaciones agrícolas derivada en parte de este sistema de devolución de los bienes y las consiguientes dificultades para instalarse en un espacio muy humanizado, provocaron que un sector importante de los petrucios que acudían ante notario para escriturar sus últimas voluntades en las décadas centrales del siglo XVIII optase ya por un sistema de reparto preferencial basado en la concesión de algunos legados a favor de uno o varios de sus descendientes, ayudando así a su instalación, pero sin causar un serio perjuicio a los hijos restantes[874].

En las décadas centrales del siglo XIX el modelo de crecimiento económico adoptado por la comarca durante los tiempos modernos estaba agotado. La sociedad se mostraba fuertemente polarizada y desde el punto de vista demográfico se impuso un modelo muy restrictivo que reforzó los controles sobre la variable nupcial, arrastrando a la soltería definitiva y posteriormente a la emigración a un sector muy importante de los jóvenes. En este contexto, razones de carácter demográfico -caída de la descendencia media familiar, retraso de la edad de acceso al matrimonio- y cuestiones de carácter económico -incapacidad de buena parte de las explotaciones agrarias para alimentar a un número superior de miembros- explican el retroceso que experimentan en el Padrón de 1831 los agregados domésticos complejos, así como el sensible retroceso de los repartos preferenciales frente a los de carácter igualitario[875].

En los testamentos celanoveses en los que se incluye un reparto preferencial de bienes, en un 88% de los casos los descendientes beneficiados son los hijos que todavía residen en el hogar paterno. La lectura de las escrituras testamentales de los siglos XVIII y XIX que optan por un reparto preferencial revela la absoluta falta de normas

---

[873] Como afirma H. Sobrado Correa, parece evidente que las prácticas hereditarias y las estrategias matrimoniales dominantes no dependen tanto de las normas jurídicas existentes sino de la situación social de los grupos familiares, de los recursos materiales disponibles o de su capital simbólico (2001:94).

[874] Tal como afirma G. Augustins, en cada sociedad un principio de legitimidad fundamental da justificación a una regla de actuación que busca un equilibrio entre dos principios fundamentales, el de parentesco y el de residencia (1989: 117). Aunque determinados planteamientos éticos, como por ejemplo el principio de igualdad entre hermanos, se encuentran muy enraizados en determinadas tradiciones culturales, dicho punto de equilibrio no tiene por qué ser estable en el tiempo y la forma que adopta en un momento determinado un sistema de transmisión intergeneracional es el resultado de múltiples factores, caso de las fluctuaciones demográficas, posibles innovaciones técnicas, etc. (1989: 161). En la región minhota, en el norte de Portugal, F. Brandao y R. Rowland constatan como un sistema de herencia de carácter igualitario puede manifestarse en un determinado contexto con un sistema de reparto desigual entre los descendientes, porque la dinámica del proceso productivo lleva a establecer un claro beneficiario entre los herederos, pero la desigualdad generada siempre se acompaña de un mecanismo de compensación que trata de reponer la pretendida igualdad entre ellos (1980: 198-200).

[875] Las investigaciones de H. Sobrado Correa también han demostrado la fuerte mutación que se produjo en el sistema hereditario vigente en la provincia lucense entre 1550 y 1750, pasando de una clara preferencia por un régimen de reparto igualitario en la segunda mitad del siglo XVI -55,4% de las escrituras- hasta el dominio absoluto de un sistema indiviso afianzado en la práctica de la mejora rígida en el siglo XVIII y comienzos del XIX. La segunda mitad del siglo XVII fue el periodo que marcó el punto de inflexión -20,8% repartos igualitarios-, aunque en estas fechas la mejora larga todavía convivía en las escrituras lucenses con otras formas de transmisión desigual (2001:401-412).

que regulen las preferencias en cuanto a la elección del sexo o el estado civil de los descendientes beneficiados, tal como se puede apreciar en la tabla 31.

TABLA 31 • CARACTERÍSTICAS DE LOS BENEFICIARIOS DE LEGADOS Y MEJORAS. SIGLOS XVIII Y XIX (%)			
	HOMBRES	MUJERES	HOMBRES Y MUJRES
HIJOS SOLTEROS/AS	19,0	17,0	-
HIJOS CASADOS/AS	14,3	21,7	-
UNO SOLTERO/A Y UNO CASADO/A	4,1	5,4	-
NIETOS	-	-	3,4
VARIOS HIJOS/AS	-	-	9,5
MUJER	-	3,4	-
HIJO QUE LES ATIENDA	-	-	2,0
TOTAL	37,4	47,6	14,9

Como se desprende de los datos de la tabla, las combinaciones son múltiples y como ya indicamos en nuestra Memoria de Licenciatura, en cada escritura entran en juego los mecanismos de compensación, las lealtades, los sentimientos, los favores…que entretejían la vida cotidiana de las familias celanovesas[876]. Los testamentos no permiten hacer valoraciones en términos cuantitativos sobre la cuantía de los legados establecidos en los repartos preferenciales. Los casos en los que los bienes mencionados parecían muy escasos preferimos incluirlos en el apartado de repartos igualitarios o prácticamente igualitarios, de modo que en más de un 70% de las escrituras catalogadas como repartos preferenciales en los siglos XVII, XVIII y XIX, la casa o una parte de esta forma parte del legado, muchas veces acompañada de algunas cabezas de ganado y el fruto verde y seco que se encuentre a la muerte del otorgante. En otras ocasiones el ganado, algún bien raíz y algunos bienes muebles también se incluyen en el mismo[877].

En un marco cultural que todavía en un pasado no muy remoto seguía defendiendo la estricta igualdad entre los descendientes (C. Lisón Tolosana, 1971), los petrucios celanoveses que hicieron uso de un reparto preferencial juzgaron necesario justificar sus actuaciones ante el notario. De ahí que en un buen número de escrituras se exponen las razones que los llevaron a beneficiar a alguno de sus hijos, al tiempo que amenazaban al resto de la descendencia. Su oposición a la ventaja establecida a favor del hijo o hija elegidos implicaría que este se vería beneficiado con una mejora de tercio y quinto. Véase tabla 32.

---

[876] La partición de la herencia en la fase final de la vida y la concesión de ciertas ventajas a un sucesor no predeterminado otorgaba capacidad de actuación a los petrucios y reforzaba su autoridad sobre los hijos (P. Saavedra, 2002: 145).

[877] Como ya habíamos indicado en nuestra Memoria de Licenciatura, no se observan diferencias sustanciales en cuanto a los bienes concedidos con las prácticas descritas por C. Fernández Cortizo para la zona de Tierra de Montes (1989: 158) o H. M. Rodríguez Ferreiro para el Morrazo (1984: 444), alejándose de manera evidente de las mayoritarias mejoras de tercio y quinto que caracterizaban a los testamentos lucenses investigados por P. Saavedra (1989: 112) o H. Sobrado Correa (1993b: 23) (2001: 96-102).

	Nº ESC. REPARTO PREFERENCIAL	Nº ESCRITURAS CON JUSTIFICACIÓN	AFECTO Y CARIÑO %	JUSTAS CAUSAS%	REMUNERACIÓN ASISTENCIA %
TABLA 32 • RAZONES EXPUESTAS EN REPARTOS PREFERENCIALES (%)					
S. XVII	32	18	33,3	22,2	44,5
S. XVIII	94	83	45,7	7,2	47,0
S. XIX	64	53	24.5	1,8	73,6
TOTAL	190	154	37,0	7,1	55,9

En más de un 80% de los casos, los testantes celanoveses exponen las razones en virtud de las cuales optaron por beneficiar a alguno de sus descendientes a la hora de efectuar el reparto de sus bienes. Como se aprecia en la tabla 32, a lo largo de los tiempos modernos va cayendo en desuso el formulismo legal poco explícito y de uso corriente en el siglo XVII: "por justas causas". Su práctica desaparición en los testamentos del siglo XIX va acompañada también del descenso del número de casos en los que se aducen razones de afecto y cariño. Para una proporción cada vez mayor de los petrucios, el reparto preferencial es una suerte de pago de soldada que se efectúa a favor del descendiente o descendientes que se ocupan de su asistencia en la vejez. Esa es la razón de fondo que justifica la adopción de un reparto preferencial en un marco cultural dominado por la filosofía de la igualdad. Muy probablemente tanto las atenciones por parte de los hijos como las recompensas por parte de los progenitores, ya se habían pactado con anterioridad, dado que también comportaban una ayuda en sentido inverso que organizaba el proceso de instalación de los miembros de la siguiente generación.

En base al sistema de organización familiar imperante en la comarca a mediados del siglo XVIII, la vejez no implicaba la soledad para una proporción mayoritaria de la población celanovense incluida en ese tramo de edad. De hecho, en tiempos del Catastro y sus Revisiones, más de un 40% de los hogares presididos por personas que cuentan con 60 o más años presentan una estructura compleja[878], si a ello le añadimos más de un 44% de estructuras nucleares observamos una escasa presencia de individuos solitarios a esas edades[879]. No obstante, asistimos a lo largo del siglo XVIII y principios del XIX a un incremento paulatino de la soledad a edades adultas y a la progresiva disminución de la cohabitación intergeneracional. Esta fue la consecuencia derivada del empobrecimiento de un sector mayoritario de la sociedad que, pese a las estrategias de control desarrolladas, difícilmente pudo seguir alimentándose de unos recursos que apenas crecían o no lo hacían al ritmo de la reproducción poblacional.

---

[878] Al igual que ocurre en la Huerta de Valencia, en este caso la complejidad residencial no se asocia a una forma de organización familiar que privilegia la troncalidad y busca legitimar la sucesión de la casa, sino que responde en realidad a una cultura de la solidaridad latente en las sociedades campesinas (E. Garrido, 1995: 48).

[879] Las diferencias que separan nuestro modelo de organización familiar con el modelo propio de las tierras leonesas de la Vega Baja del Esla son evidentes. En las tierras leonesas, el ciclo vital reproduce a la perfección las características del hogar nuclear, de modo que a mediados del siglo XVIII los afortunados supervivientes a 70 o más años regían los hogares más reducidos y de estructura solitaria. Como señala J. M. Pérez García, el premio a una larga supervivencia era la soledad (1998: 90).

V.3.3. El surgimiento de nuevos hogares

El asentamiento de nuevos vecinos en la comunidad de Veiga constituye una excelente fuente de información a la hora de conocer los cimientos económicos sobre los que se apoyan los hogares recién conformados.

Veintidós nuevos hogares surgen en este escaso periodo temporal en el que focalizamos nuestras investigaciones. Su origen mayoritario que afecta a un 81,8% de los casos analizados parte de una celebración matrimonial reciente. De hecho, en 1761 el tiempo medio de convivencia conyugal en estos hogares es inferior a cuatro años -3,8 años de media-. A los 18 hogares incluidos en ese grupo han de sumarse el caso concreto y ya conocido de Andrés Martínez que una vez muerto su padre y tras 11 años de matrimonio y compañía familiar se instala en una nueva vivienda; la instalación también en solitario del presbítero don Francisco Casal que abandona el hogar familiar tras la muerte de la madre y el matrimonio del hermano, y dos jóvenes que inician igualmente una nueva etapa de su ciclo vital en soledad, cuando menos teóricamente[880].

El establecimiento de nuevos vecinos en la parroquia de Veiga se compensaba en la práctica con la desaparición de los moradores de antiguos hogares, de ahí que entre 1752 y 1761 el vecindario parroquial solo se incrementó de facto en 6 vecinos. Sin embargo, dada la elevada densidad de ocupación del espacio que se registra por estas fechas en las tierras de Celanova, resulta interesante buscar las bases materiales sobre las que se instalaron estas 22 familias y descubrir así las casas en las que se cobijaron y las tierras de las que obtenían el sustento en sus primeros años de alojamiento independiente.

La documentación del Catastro, tan minuciosa a la hora de describir las calidades de las tierras y su uso o incluso los lindes de cada pequeña parcela, no resulta igual de eficaz para el estudio de las viviendas campesinas. La fuente es muy parca en informaciones sobre su estructura exterior y en la mayoría de los casos solo indica si se trata de construcciones terrenas o "de un alto". En este sentido, la tipología de las casas en las que residían los nuevos vecinos coincide con el predominio que se daba en estas tierras de las construcciones de una altura, representando a más del 70% de los casos integrados en el grupo. Tampoco se aprecian diferencias de importancia entre la valoración media de sus hogares y los del resto de la comunidad campesina, ya que si el valor medio en 1762 se sitúa en torno a los 8 reales, sus viviendas se valoraron en 7,5 reales de media.

Las similitudes en su estructura y valoración son casi obligadas dado el origen común de la mayoría de estas construcciones, anteriormente habitadas cuando menos por la generación precedente. La consulta de los Libros Reales nos permite afirmar que entre 1752 y 1761 no se emprendió la construcción de ninguna vivienda en la comunidad de Veiga, asentándose los nuevos vecinos sobre las viejas piedras de las habitaciones que también ocuparan sus padres en vida. De hecho, sobre las 17 casas para las que disponemos de información, solo en dos ocasiones su origen proviene de una operación de compra, en el resto de los casos la herencia familiar paterna o materna garantiza un resguardo para el nuevo hogar[881].

---

[880] En 1752 Manuel Suárez compartía el hogar paterno sito en la aldea de San Fiz con Nicolas y Juana sus dos hermanos con vida también solteros. Las tensiones familiares quizá expliquen su decisión de instalarse en solitario en la misma aldea tras beneficiarse de 1,25 Ha. provenientes de la herencia de su tío Turibio Suárez muerto sin descendencia. También incluimos en este grupo a María Reza, aunque en realidad desconocemos en gran medida las circunstancias en las que se constituyó su hogar "en solitario". Maria Reza es menor de edad y huérfana tras la prematura muerte de sus padres Domingo Reza y Andrea Fernández y el fallecimiento de la abuela paterna Francisca Basalo en cuya casa residían en 1752 en compañía de otro hermano de Domingo también casado. Hija única, recibe de sus padres y abuela una notable explotación de 1,4 Ha. y en 1761 se registra en soledad en una casa heredada de los padres ya que la casa en la que residía en la anterior fecha pasó por vía de herencia a su tío Juan Reza. En realidad, no parece muy lógico admitir la vivencia en solitario de una niña de 9 años que dispone de una importante cantidad de tierra cuando su tío paterno residente en el mismo núcleo de población únicamente dispone de 1 Ha. de tierra tras el reparto hereditario practicado a la muerte de Francisca Basalo. Obviamente pensamos que en la práctica ambos convivían conjuntamente.

[881] Se excluyen de los cálculos las viviendas que habitan cuatro nuevos vecinos sobre cuyo origen las fuentes no ofrecen ningún dato además de la casa del

Juan González y Miguel Río contrajeron matrimonio en este periodo, en los dos casos ni ellos ni sus respectivos cónyuges pudieron acceder a una vivienda a través del sistema hereditario de ahí que ambos figuran como compradores en las dos únicas operaciones de venta de casas registradas. Juan como adquiridor de una casa terrena sita en la aldea de Tourille cuyo alquiler tasan los peritos en 6 reales de vellón y Miguel como comprador de una casa de alto en Outeiro cuyo alquiler regulan en este caso en 8 reales. Juán es natural de la parroquia de Sorga y casa en 1760 con Bernarda Casal estando presentes en la ceremonia los dos padres de la novia, una mujer viuda que aporta a la sociedad conyugal la herencia paterna de su difunto marido oriundo de la aldea de Tourille, en total 12 parcelas de tierra que sumaban 0,5 Ha., pero ninguna casa. Miguel Río contrajo nupcias en el invierno de 1758 con Constanza Blanco, hijos de dos familias acomodadas cuyos miembros se mantenían todos con vida, en 1761 sus pertenencias se limitaban a los bienes adquiridos a través de compras, dos parcelas de tierra y una casa sita en la aldea de origen de la novia donde fijaron su residencia.

La importancia que adquieren en el grupo de los nuevos vecinos los bienes disfrutados en concepto de herencia no solo se refleja en el origen de sus casas, la procedencia de las tierras que explotan también confirma la limitada afluencia al mercado fundiario de estos hogares recién constituidos. De hecho, más de un 95% de sus explotaciones procedían de los bienes heredados de sus antecesores. Únicamente José Ramón Veloso, Miguel Río, Manuel Basalo y sus cónyuges correspondientes establecieron las bases materiales de su nueva vida a partir de la compra de tierras. El tamaño de sus explotaciones es tan ridículo que ni siquiera alcanza las 20 áreas en ninguno de los tres casos, de ahí que su independencia resulte más teórica que real, sobre todo dada la presencia de sus respectivas familias de origen en los vecindarios de las aldeas de Veiga y Outeiro donde residen. La pervivencia de la generación precedente impidió en estos casos que los nuevos hogares se beneficiaran del recibo de una primera inyección de recursos a partir del cobro de alguna herencia familiar, pero esta situación seguramente se vio compensada a través de la ayuda prestada en la convivencia diaria por parte de unos padres que además se ubican entre las capas medias y el grupo superior del campesinado comunitario[882]. En palabras de F. Chacón "las redes de parentesco y los vínculos familiares y las solidaridades rompen las paredes físicas de la casa o del hogar para adquirir una dimensión mucho más social" (1991: 87)

En 1752 Caetano Veloso preside un hogar de tipo nuclear en compañía de su mujer Pascua Fernández y sus dos hijos con vida, José Ramón y María Benita. Asentados en la aldea de Veiga, la labranza de más de 2 Ha. de tierra les colocaba entre el sector privilegiado de la comunidad, pero en apenas una década el hogar vive un proceso de desmembración tras la muerte del cabeza de familia en el año 1753 y la posterior entrada de los dos hijos en el mercado matrimonial. En 1761 la viuda figura en solitario viviendo en la casa de Veiga al frente de la importante explotación, la hija ha abandonado el espacio comunitario para asentarse en la parroquia del marido y a José Ramón lo localizamos en la misma vecindad, pero al cargo de una mísera explotación de 13 áreas y residente en una casa cuyo origen desconocemos. En ese momento su mujer Cecilia Rodríguez tampoco había podido recibir todavía ninguna herencia porque su padre Pedro Rodríguez también residente en la misma localidad, labrador y comerciante en cueros de 61 años, seguía manteniendo las riendas de su explotación.

---

presbítero Francisco Casal, que ya figuraba entre sus pertenencias en 1752 aunque en aquel momento aparecía deshabitada dado que por aquel tiempo compartía residencia en la casa materna.

[882] F. García González también constata las dificultades que debían afrontar los hogares de reciente creación en la Sierra de Alcaraz. Un 47% de los hogares encabezados por personas casadas de 27 años o menos eran censados como jornaleros y un 36% del total no tenía ni una minúscula parcela, un porcentaje que desciende hasta el 23% en el conjunto de la sociedad. Al igual que ocurre en la comunidad de Veiga, estas dificultades iniciales se iban atenuando con el tiempo, merced a las prácticas hereditarias y al ciclo de desarrollo de los hogares. La penuria de medios de los más jóvenes también allí dificultaría el goce de una autonomía doméstica total de modo que, aun sin corresidencia, también se daba la dependencia familiar de los casados más jóvenes (2000:227-231).

La independencia de José Ramón y Cecilia es sin duda más ficticia que real, pero en cualquier caso resulta interesante comprender que, aunque la tardía edad al matrimonio garantizaba en estas tierras que una proporción importante de las parejas contara en sus primeros años de vida en común con un pequeño aporte de bienes procedente del cobro de alguna herencia, su concurrencia no era estrictamente necesaria porque la cercana vecindad de los progenitores contribuía a garantizar la subsistencia diaria cuando no se compartía una misma unidad residencial. De hecho, a nuestro juicio, la cesión en la práctica de una parte de las tierras no resultaba infrecuente en estos casos en los que se producía una disminución en el número de componentes de los núcleos originarios[883].

El conocimiento previo de la evolución que experimenta el tamaño medio de la explotación familiar en consonancia con el ascenso en la edad del cabeza de familia nos permite comprender el carácter "iniciático" de las 0,68 Ha. de tierra que explotan en media las 18 nuevas parejas conformadas en el periodo e instaladas independientemente. De hecho, en un 55,5% de los casos el desarrollo del ciclo vital de estos hogares debió acompañarse de transformaciones importantes en sus fuentes de recursos que explican un cambio de ubicación en la pirámide social comunitaria en los momentos finales de su existencia.

En 1761 14 de los 18 hogares recién creados se sitúan en la base de la pirámide social comunitaria, pero transcurrido el plazo de una vida, solo 6 de ellos se mantuvieron en la misma categoría social enterrándose sus cabezas de familia al modo de los pequeños campesinos de la época. Cinco ascensos al grupo de los medianos campesinos y 3 escaladas al sector superior del campesinado comunitario demuestran que para una proporción mayoritaria de los mismos situada en torno al 60%, aún faltaban algunas herencias por recibir y operaciones de compraventa por realizar antes de encontrar su lugar en la sociedad del momento. En otras dos ocasiones, las circunstancias vitales no debieron ser tan favorables y el transcurso del tiempo se saldó con un descenso desde el sector superior a las capas medias y una caída desde estas hasta el grupo mayoritario del pequeño campesinado.

Aun disponiendo de una cantidad mínima de información sobre las historias de vida de estas familias asentadas en la comunidad de Veiga a mediados del siglo XVIII, los ascensos y descensos cobran sentido en el análisis de las casuísticas familiares. Miguel Río y Constanza Blanco contraen nupcias en el mes de diciembre de 1758 y en 1761 aparecen residiendo en la aldea de Outeiro en una casa recién adquirida juntamente con dos parcelas que no suman más de 2 áreas de extensión. Miguel es natural de la aldea de San Fiz, donde todavía habita en esa misma fecha su padre viudo al frente de una importante explotación de 2,25 Ha. de tierra y Constanza nació en el seno de una familia de las capas medias residente en la misma aldea de Outeiro donde se establece el nuevo matrimonio. Al igual que en la anterior situación descrita, la supervivencia de los progenitores de ambos cónyuges impide el aporte de tierras en concepto de herencia, pero resulta obvia que su inserción en el sector inferior del campesinado es un hecho circunstancial y las 165 misas de salvación que solicitan entre ambos a su muerte es una prueba evidente de ello. Su inclusión entre las capas medias de la sociedad campesina a partir de los datos aportados en el registro de defunciones entronca claramente con el origen social de la novia y la falta de estrategias de control matrimonial por parte de los padres del novio que, al casar a sus seis descendientes, dificultaron en gran medida la posibilidad de que alguno de ellos lograra mantener el estatuto social de la generación precedente.

---

[883] En sus trabajos sobre la Sierra de Alcaraz, F. García González también concluye que la ayuda mutua, el acceso a los medios de producción paternos sin implicar su propiedad y la propia unidad de residencia que trascendía la separación de la residencia, son factores que cuestionan el concepto de familia nuclear asociado a la idea de familia aislada (1997:340). En este sentido, concordamos plenamente con las reflexiones que realizó en su día A. Collomp sobre la importancia del estudio de los hogares para la historia de la familia. Entre los diferentes valores que adopta el término familia es obvio que se incluye el concepto de hogar, tal como se encuentra descrito en las listas nominativas. Sin embargo, una aproximación histórica a los grupos familiares centrada exclusivamente en el análisis de las estructuras y las dimensiones de los hogares, se arriesga a dejar en la sombra las razones que explican las diversas formas de organización familiar. Así pues, desde una perspectiva histórica, adquiere más importancia el análisis de los sistemas familiares que el estudio de las formas de residencia (1992:14).

En el año 1759 contrajeron nupcias Basilia Pousa de Cerdal de Arriba con un joven foráneo, Andrés Rodríguez, natural de la parroquia de Orille. Por supuesto desconocemos la situación que atraviesa la familia de Andrés, pero en cambio sabemos que el matrimonio se produce tras la muerte de los dos padres de Basilia entre 1754 y 1756. En 1761 Basilia, única hija casada de la difunta pareja ocupa junto a su marido la casa familiar de Cerdal de Arriba, cobijando probablemente también bajo el mismo techo a su hermano Pedro, todavía soltero. En ese momento el joven matrimonio labra en concepto de herencia las 3,29 Ha. de tierra propiedad de los finados padres de Basilia, acrecentadas además con 0,45 Ha. de tierra provenientes del patrimonio de los también difuntos Pedro Rivero y Juliana Pousa, tíos de Basilia residentes en la aldea de Outeiro.

Observamos en esta ocasión la importante acumulación de bienes reunidos en concepto de herencia por parte de un joven matrimonio surgido de las capas superiores de la sociedad campesina. Sin embargo pese a que los comienzos son ciertamente diferentes a los descritos para la anterior pareja, los recursos materiales que explotan en esta fecha también presentan un carácter circunstancial y una radiografía de la explotación agraria de Andrés y Basilia tomada a partir de junio de 1767, fecha del matrimonio del hermano soltero, a buen seguro reduciría probablemente a la mitad, o quizá en menor medida las dimensiones de 1761[884]. Pese a todo, otras circunstancias también debieron contribuir a un importante descenso en la pirámide comunitaria que sitúa a esta pareja entre las capas medias de la sociedad al final de su ciclo vital, desplomándose sus descendientes hasta el sector inferior del campesinado.

El minucioso seguimiento anteriormente desarrollado sobre el comportamiento de 135 hogares constituidos en el periodo comprendido entre 1730-1769 mostró el férreo control que ya ejercían en estas fechas las familias celanovesas sobre el acceso de sus descendientes al mercado matrimonial, quizá porque realmente constituía la estrategia más efectiva a su alcance para poner freno a un crecimiento demográfico que amenazaba el equilibrio del sistema. La estrecha relación existente entre nivel de recursos familiares y número de matrimonios concertados quedó puesta de manifiesto en las respectivas medias de hijos casados por familia para cada uno de los grupos sociales establecidos, de hecho mientras que para un 50% de las familias ubicadas en la base de la pirámide social el acceso al matrimonio se restringía a una media de 1,38 hijos/familia, las capas medias de la sociedad colocaban en el mercado a 2,46 descendientes mientras que el sector superior del campesinado lograba encontrar pareja para casi 3 vástagos por familia.

Un sistema hereditario que vinculaba el traspaso generacional de los bienes a la muerte y definitiva desaparición de los progenitores debió actuar además como factor impulsor del progresivo alargamiento secular de la edad al primer matrimonio[885]. Pese a ello, las jóvenes generaciones celanovesas no debían esperar a la defunción de sus padres para acceder al mercado matrimonial dado que la puesta en práctica de otros recursos asistenciales y la obtención de "recursos opacos" por ejemplo a través de la emigración, garantizaba su subsistencia en los primeros años de vida. En las tablas 33 y 34 pueden observarse los niveles de supervivencia de los progenitores con ocasión del primer matrimonio de sus descendientes.

---

[884] Situaciones similares constatadas en el ciclo vital de otros hogares de la comunidad entre 1752 y 1761 nos hacen presuponer un comportamiento similar. La conducta de Francisco Basalo y Juana Suárez ya fue presentada en anteriores ocasiones, Francisco Corbillón casado en Outeiro con Ana María Feijoo también debe proceder a la entrega de una parte de la explotación disfrutada en 1752 tras el matrimonio de Andrés Feijoo, hermano de la mujer, aunque en este caso desconocemos la proporción que representan las 0,11 Ha. entregadas sobre la herencia paterna ya que a mediados del siglo XVIII los padres de Francisco, originarios de Veiga, también ya habían fallecido por lo que suponemos las más de 3 Ha. de tierra registradas en 1752 resultaban de la suma de ambas líneas hereditarias. En todo caso, en esta ocasión el hermano soltero no parece recibir ni de lejos la mitad de la herencia paterna.

[885] En opinión de P. Saavedra el predominio de las estructuras nucleares no significaba que, por regla general, cada matrimonio diese origen a un nuevo hogar, sino que se deriva en muchos casos de que el acceso tardío a la herencia retrasaba los casamientos (2002: 145).

TABLA 33 • SUPERVIVENCIA DE LOS PROGENITORES ANTE EL 1° MATRIMONIO DE LOS DESCENDIENTES. FAMILIAS NOVIOS

CLASIF. SOCIAL FAMILIAS ORIGEN	RICOS CAMP.	%	MED. CAMP.	%	PEQ. CAMP.	%	DESC.	%	TOTAL	%
AMBOS VIVOS	20	35,1	30	25,0	37	24,5	0	0	87	25,6
AMBOS MUERTOS	10	17,5	40	33,3	46	30,5	5	41,7	101	29,7
UNO VIVO/ UNO MUERTO	26	45,6	49	40,8	57	37,7	3	25,0	135	39,7
ALGÚN CASO DESCONOCIDO	1	1,8	1	0,8	11	7,3	4	33,3	17	5,0
TOTAL	57	100,0	120	100,0	151	100,0	12	100,0	340	100,0

TABLA 34 • SUPERVIVENCIA DE LOS PROGENITORES ANTE EL 1° MATRIMONIO DE LOS DESCENDIENTES. FAMILIAS NOVIAS

CLASIF. SOCIAL FAMILIAS ORIGEN	RICOS CAMP.	%	SECT. MED.	%	PEO. CAMP.	%	DESC.	%	TOTAL	%
AMBOS VIVOS	39	37,1	79	34,1	57	24,7	0	0	175	29,8
AMBOS MUERTOS	22	21,0	42	18,1	70	30,3	3	15,8	137	23,3
UNO VIVO/ UNO MUERTO	40	38,1	109	47,0	87	37,7	2	10,5	238	40,5
ALGÚN CASO DESCONOCIDO	4	3,8	2	0,9	17	7,4	14	73,7	37	6,3
TOTAL	105	100,0	232	100,0	231	100,0	19	100,0	587	100,0

Entre mediados del siglo XVII y mediados del XIX los campesinos insuficientes de la parroquia de Veiga no solo casaban a un número inferior de hijos con respecto a las familias más pudientes. La edad de acceso al matrimonio de sus descendientes también era más tardía que la de sus convecinos. Tampoco debemos olvidar su menor duración matrimonial (22,4 años de media entre los pequeños campesinos frente a 30,8 años de media de los ricos campesinos). De ahí que si bien un 37,1% de las hijas de ricos campesinos tenían a sus dos progenitores con vida en el momento de acceder a su primer matrimonio, dicha proporción se reduce hasta el 24,7% entre los mayoritarios campesinos insuficientes. En la práctica, más de un 30% de sus descendientes de sexo masculino o femenino no contaban ya con ningún progenitor vivo cuando accedieron a sus primeras nupcias, situación en la que se encontraba un porcentaje claramente inferior de los descendientes de las familias mejor dotadas económicamente.

Sin embargo, como también se deduce de los datos expuestos en las tablas anteriores, más de un 70% de los hombres que accedieron a su primer matrimonio en la parroquia de Veiga durante el periodo de estudio contaban por lo menos con uno de sus progenitores con vida, una cifra que se amplía hasta el 76,7% de las mujeres[886]. Por eso, la convivencia generacional mayoritariamente vinculada a los grupos medios y superiores de la comunidad, las ayudas familiares prestadas desde la vecindad y las ganancias derivadas de los desplazamientos estacionales, en otros muchos casos, permitían la supervivencia de las jóvenes parejas que progresivamente iban incrementando sus ridículos patrimonios iniciales a través del cobro de herencias y también con el acceso al mercado fundiario. En este sentido, entendemos que los factores de carácter demográfico condicionaban las posibilidades reales de convivencia intergeneracional en los distintos grupos sociales establecidos, sin embargo, el nivel de recursos económicos disponibles era el factor clave que determinaba la capacidad de un agregado doméstico para acoger en su seno a los matrimonios de sus descendientes recién constituidos.

En cualquier caso, las compraventas de tierras no aparecen vinculadas en la comunidad de Veiga a los primeros años de vida en común de los jóvenes matrimonios, más bien parecen relacionarse con parejas ya consolidadas que invertían los ingresos obtenidos a partir de las migraciones estacionales, o bien que buscaban una reubicación de las explotaciones tras el cobro de las herencias correspondientes y en función de la residencia matrimonial adoptada.

---

[886] Obsérvese la diferencia que separa estas cifras de las que nos ofrece Mª. José Vilalta para la ciudad de Lleida en la segunda mitad del siglo XVI, donde solo la mitad de los padres de los contrayentes estaban presentes en el momento de la celebración de las nupcias. Sin embargo, como explica la autora, el importante protagonismo de la muerte en el entorno urbano no era la única causa de fondo que explica sus datos. También debe ser valorado el carácter abierto que presentaba el mercado matrimonial de la ciudad al que concurrían numerosos inmigrantes cuyos padres habían permanecido en sus lugares de origen (1997: 154).

VI. GENEALOGÍAS FAMILIARES. EL ENFOQUE MICRO APLICADO AL ESTUDIO DE LA FAMILIA EN LA LARGA DURACIÓN

Celanova, antigua calle Real

VI.1. Metodología de trabajo y representatividad de la muestra

La elaboración de genealogías sociales nos ha permitido cuantificar la importancia adquirida por el fenómeno de la movilidad social intergeneracional en la comunidad de estudio y su evolución en el tiempo. Una movilidad también detectada a lo largo del ciclo de vida familiar a partir del seguimiento efectuado sobre un número reducido de hogares entre el Catastro de Ensenada y sus primeras Revisiones. El análisis de la reproducción familiar aportó las primeras luces a la hora de explicar la reproducción social de los campesinos celanoveses, advirtiéndonos de la influencia ejercida por los factores demográficos que escapaban al gobierno de nuestros antepasados, pero señalándonos también la presencia de mecanismos de control por parte de las familias. De ahí que en función del contexto demográfico y socioeconómico y en base a su ubicación en la pirámide social, disponían en mayor o menor medida el casamiento de sus descendientes.

El matrimonio se reveló así como un elemento clave a la hora de abordar la reproducción social comunitaria, sin embargo coincidimos plenamente con las opiniones emitidas hace ya algún tiempo por A. Collomp o M. Segalen al afirmar que el análisis de las estrategias matrimoniales pasa indefectiblemente por el estudio longitudinal de la familia y su seguimiento multigeneracional[887]. Por nuestra parte, la focalización de los esfuerzos en el campo de las alianzas matrimoniales resultaba prácticamente obligado, dado que el predominio incuestionable de un sistema hereditario alejado de la filosofía de la troncalidad y centrado en la búsqueda de una imposible igualdad entre los descendientes, eliminaba en gran medida un importante campo de actuación estratégico de los petrucios.

No se trata de restarle importancia a la transmisión hereditaria, pero en nuestra opinión la preeminencia de una filosofía igualitaria convierte al matrimonio en el eje central de las posibles estrategias familiares una vez que el sistema hereditario vigente apenas permite la presencia de mejoras, salvo los pequeños legados mayoritariamente relacionados con motivos asistenciales. En este sentido, nuestra hipótesis de búsqueda entronca claramente con las afirmaciones de G. Augustins, que entiende que las estrategias matrimoniales eran las preferidas por los campesinos del siglo XIX e incluso de principios del XX para paliar los efectos disgregadores característicos de las sociedades de sucesión segmentaria y herencia igualitaria, al margen de la importancia que también adquiría el mercado fundiario [888].

---

[887] A. Collomp concluye que en la sociedad rural tradicional del Sur de Francia que investiga, el matrimonio supone múltiples implicaciones que no conciernen exclusivamente a los hijos e hijas casaderos sino a todo el grupo familiar. En su opinión "si l'on veut comprendre les règles du jeu de l'alliance, il faut pouvoir regarder toutes les cartes" y para ello serían necesarias reconstrucciones sincrónicas en una misma generación, pero también reconstrucciones verticales sobre varias generaciones que permitieran revelar las líneas de la filiación y de la consanguinidad y los encadenamientos de alianzas (1983b:126-127). A juicio de M. Segalen las actas matrimoniales permiten conocer el área de movilidad matrimonial, la endogamia socioprofesional o la localización de matrimonios cruzados, pero para encontrar las reglas y regularidades que rigen el sistema matrimonial, el recurso a la genealogía resulta clave (1985:118).

[888] Estas estrategias no tendrían como objetivo último impedir la división patrimonial que de facto se produce, sino en el mejor de los casos limitar en lo posible sus efectos. Los matrimonios no se conciben en este sistema como alianzas entre unidades residenciales bien individualizadas sino que "se perçoivent elles-mêmes comme les maillons d'une chaîne se refermant sur elle-même et s'opposant à d'autres chaînes" (G. Augustins, 1989:357).

El ejemplo paradigmático de estudio centrado en el campo de las alianzas matrimoniales es sin duda la obra de M. Segalen sobre la comunidad de Saint Jean Trolimon. La autora también desarrolló sus investigaciones en un contexto social caracterizado por un sistema hereditario estrictamente igualitario que le obligó a desarrollar reconstrucciones genealógicas bilaterales que tuvieran en cuenta para cada generación las líneas materna y paterna, dada la igualdad presente entre hombres y mujeres ante el reparto de bienes[889]. Su metodología se centró en la utilización de un programa informático específico que rastreaba en los 50 árboles genealógicos reconstruidos las conexiones entre un matrimonio y todas las uniones celebradas hasta dos generaciones precedentes y dos generaciones posteriores. Así pudo identificar las regularidades que presidían un sistema de alianzas matrimoniales dominado por la figura de lo que la autora definió como "reencadenamiento de alianza" (M. Segalen, 1985:379-391).

En nuestro caso particular, las genealogías que vertebran las historias familiares de la parroquia de San Munio de Veiga están elaboradas de modo automático a partir de la base de individuos a través del programa informático "Albero". Estas genealogías permiten seguir la descendencia masculina y femenina de una unidad familiar en función de las informaciones presentes en los libros parroquiales y recogidas en nuestra base de datos desde mediados del siglo XVII a mediados del XIX. Sin embargo el encadenamiento familiar intergeneracional no constituye un punto de llegada, en realidad no es más que el necesario punto de arranque a partir del cual debe surgir un planteamiento metodológico capaz de satisfacer nuestras hipótesis de búsqueda.

Partimos de la constatación de importantes diferencias en la reproducción familiar de los tres grupos sociales establecidos, particularmente apreciables en el número de descendientes que acceden al mercado matrimonial. Por ello entendemos que el análisis genealógico debe permitirnos profundizar en el comportamiento de cada uno de los grupos para seguir avanzando en el conocimiento de las posibles analogías y/o diferencias que presidían sus esquemas básicos de reproducción social[890]. Nuestro interés se centró de manera particular en el campo de las estrategias matrimoniales y en este sentido careciendo de un programa específico de búsqueda de redes de alianza, matrimonios consanguíneos, etc., que adaptado a nuestra base de datos nos permitiera extraer conclusiones para el conjunto de la comunidad, optamos por aislar cuatro troncos familiares sobre los que se concentraron todos los esfuerzos.

Un criterio básico utilizado en la selección de las familias representativas de los tres sectores sociales establecidos partió de la necesidad de disponer de una adecuada continuidad generacional que permitiera el cumplimiento de nuestros objetivos iniciales, centrados en el seguimiento familiar en la larga duración. Obviamente no todas las familias afincadas en la comunidad de estudio cumplían esta condición, por ello en la medida en que nuestro criterio de selección restringe el campo de observación, una primera cuestión ligada a la representatividad de la muestra manejada debe ser planteada.

En nuestra opinión, la utilización de una metodología de trabajo centrada en el enfoque micro y vinculada a la reconstrucción genealógica no exime de una necesaria concreción, en la medida de lo posible, del grado de representatividad de los resultados presentados.

---

[889] En realidad nuestras similitudes concluyen en este punto ya que esa sociedad que describe la autora compuesta de familias arrendatarias desplazándose cada 9 años con la finalización de los contratos de arrendamiento de una a otra granja, ajenos al valor de la casa, opuestos a la unión simbólica con un lugar, no guarda relación alguna con las características básicas del entramado social del rural gallego y su universo cultural tradicional (M. Segalen, 1985:20-22).

[890] En este punto creemos que radica una diferencia fundamental con la metodología en su día desarrollada por M. Segalen. La autora opta por centrar su trabajo de reconstrucción en las 50 casas que a partir del censo de 1841 consigue localizar de una manera estable durante 3 generaciones consecutivas en una misma granja. Su muestra supone un 27,9% de los hogares registrados en el censo y su comportamiento se diferencia claramente de una proporción mayoritaria de las familias de la comunidad, obligadas a trasladarse de asentamiento con la finalización de sus contratos de arrendamiento de duración no superior a 9 años (1985: 20-22).

Como ya hemos indicado anteriormente, más de un 75% de las parejas establecidas en el territorio parroquial desde mediados del siglo XVII hasta los años 30 del siglo XIX dejaron impresa una huella de estabilidad en los libros sacramentales que le otorgó un alto grado de representatividad al análisis demográfico, pero ¿qué porcentaje de representación alcanzaban en tierras celanovesas las historias familiares que se prolongaban en la larga duración?

143 hogares se inscribieron en los Libros Personales del Coto de Veiga en 1752. Una vez descartados los vecinos de la aldea de San Simón cuyos destinos espirituales dependen de la parroquia de Sorga y los hogares regidos por eclesiásticos, de origen foráneo, los 126 hogares restantes servirán de base para nuestros cálculos de representatividad. Véanse los resultados obtenidos en la tabla 1

TABLA 1 • REPRESENTATIVIDAD DE LAS GENEALOGÍAS. HISTORIAS FAMILIARES DE HOGARES INSCRITOS EN 1752								
	CAMP. RICOS	%	CAMP. MED.	%	PEQ. CAMP.	%	TOTAL	%
ÁRBOLES DE 7 GENERACIONES	12	54,55	8	25,81	9	12,33	29	23,02
ÁRBOLES DE 6 GENERACIONES	6	27,27	4	12,90	13	17,81	23	18,25
ÁRBOLES DE 5 GENERACIONES	1	4,55	9	29,03	9	12,33	19	15,08
ÁRBOLES DE 4 GENERACIONES	3	13,64	4	12,90	19	26,03	26	20,63
ÁRBOLES DE 3 GENERACIONES	0	0,00	4	12,90	11	15,07	15	11,90
ÁRBOLES DE MENOS DE 3 GENERACIONES	0	0,00	2	6,45	12	16,44	14	11,11
HOGARES ANALIZADOS 1752	22	100,00	31	100,00	73	100,00	126	100,00

La tabla se elaboró a partir de la reconstrucción de las genealogías ascendentes y descendentes correspondientes a cada uno de los 126 hogares inscritos en el Libro Personal de 1752. El objetivo era conocer el porcentaje real de representatividad que alcanzaron las historias familiares perdurables en la sociedad rural celanovesa entre mediados del siglo XVII y los años 30 del siglo XIX.

El alto grado de estabilidad de los núcleos familiares se traduce también de una manera evidente en la duración media de las historias familiares analizadas. Solo una sociedad con un elevado grado de arraigo a la tierra posibilita la presencia de una proporción superior al 40% de los hogares censados, cuyos vínculos de parentesco seguidos a lo largo de seis o siete generaciones cubren todo el periodo cronológico abarcado. Los 52 hogares incluidos en el grupo juntamente con los 19 casos cuyas historias familiares logramos seguir durante cinco generaciones constituyeron la base inicial a partir de la cual desarrollamos el proceso de selección de los cuatro troncos familiares representativos del conjunto de la sociedad. Consecuentemente, más de un 50% de las casas abiertas que conformaban el vecindario de la comunidad de Veiga a mediados del siglo XVIII quedarían representadas a través del comportamiento de la muestra seleccionada, otorgando por tanto un aceptable grado de representatividad a los posibles resultados obtenidos.

La tabla también nos advierte de modo evidente sobre las importantes diferencias perceptibles en la conducta de los tres sectores sociales. Como se deduce de los datos expuestos, más de un 86% de las historias familiares derivadas del seguimiento de los hogares más ricos de la comunidad en 1752 merecerían el calificativo de familias perdurables, la proporción se reduciría a un 67,74% en el caso del sector medio del campesinado, en tanto que únicamente un 42,47% de las genealogías provenientes del grupo de pequeños campesinos se incluiría en el estudio[891].

Resulta conveniente señalar entonces que una importante proporción cercana al 60% de los hogares regentados por pequeños campesinos en el recuento de mediados del siglo XVIII, escapa a esa caracterización de extraordinaria perdurabilidad de los linajes campesinos. En realidad, la vinculación de este sector con líneas genealógicas mayoritariamente rotas tras el transcurso de cuatro generaciones o incluso menos, no es más que la plasmación en el tiempo de la larga duración de las consecuencias derivadas de una política matrimonial tendente al matrimonio de una proporción muy reducida de los descendientes.

No es resultado del azar que la consolidación de las diferencias en la estructura genealógica de los tres grupos sociales delimitados se produzca en la segunda mitad del siglo XVIII y primeras décadas del XIX, tras el férreo control que ya desde los años treinta del siglo XVIII vienen ejerciendo los campesinos insuficientes sobre el matrimonio de sus descendientes. Eso explicaría la presencia de diferencias más matizadas entre los tres sectores sociales a la hora de localizar sus antepasados remotos en el territorio parroquial, "las parejas fundadoras" que habitaban las tierras de Veiga entre los años 50 y 60 del siglo XVII cuando se inició el registro más o menos sistemático de las actas sacramentales. En torno a un 55% de los casales abiertos en 1752 remontan su historia por vía paterna, materna o doble vía a los años en que inicia su andadura el registro parroquial, en tiempos de sus abuelos o bisabuelos. La situación afecta a un 68,2% de los hogares correspondientes al sector más rico del campesinado, pero un 54,8% de las casas relacionadas con el campesinado insuficiente también se incluiría en el grupo, una proporción que supera incluso al porcentaje obtenido entre las capas medias de la sociedad, un 45,2%.

Pese a las diferencias entre los tres sectores sociales, se vislumbra una imagen de estabilidad familiar a partir de la reconstrucción desarrollada sobre los ancestros y descendientes de los hogares censados en 1752 en el coto de San Munio de Veiga. Obviamente las familias de "fermiers" que conforman la comunidad de Saint Jean Trolimon en su día analizada por Martine Segalen, en constante traslado de una granja a otra con sus familias y aperos tras la finalización de los contratos de arrendamiento, no guarda relación alguna con las características del entramado rural gallego. Conscientes de las diferencias que nos separan, únicamente reseñar que de las 179 casas censadas en 1841 en la comunidad de Saint Jean Trolimon, solo 50 presentan características de estabilidad definidas en su caso por la presencia continuada de tres generaciones descendentes. Un 27,9% de las parejas registradas sobre las que apoyará posteriormente la autora su análisis genealógico (M. Segalen, 1985:22). Ese mismo cálculo efectuado sobre los hogares registrados en San Munio de Veiga en 1752, excluyendo los encabezados por personas solteras que murieron en ese estado, incluye a más de la mitad de estos, en torno a un 55% del total.

A fin de garantizar una adecuada representación del conjunto social comunitario, el proceso de selección familiar arranca del momento cronológico en el que se concentra más información de cariz económico-social vinculada a la elaboración de la documentación catastral de 1752 y 1761. Los cuatro troncos familiares seleccionados introducen en el punto de mira los tres grupos sociales establecidos. Sus actuaciones concretas traducen las acciones de familias e

---

[891] La mayor perdurabilidad de las familias mejor dotadas económicamente también fue puesta de manifiesto en otras investigaciones, en base a una metodología diferente a la nuestra. X. Roige Ventura a partir del seguimiento que realiza de los grupos residenciales registrados en los censos en la comarca del Priorat durante el siglo XIX también constató la relación existente entre el nivel económico de los grupos residenciales y su continuidad en el tiempo. Solo un 14% de los pequeños propietarios subsistieron durante más de 10 censos, es decir 50 años como mínimo, mientras que la mayoría de los medianos y ricos propietarios tuvieron una mayor permanencia temporal (82% del total) (1997: 456).

individuos particulares ante situaciones específicas, sin embargo, sirven al mismo tiempo de modelos ejemplificadores del posible comportamiento colectivo adoptado por cada uno de los tres grupos sociales representados, desde el momento en el que podemos establecer generalizaciones a partir de la conducta observable a lo largo de las cinco o seis generaciones analizadas en cada caso.

En la cúspide de la pirámide social surge incuestionablemente en 1752 y 1761 la figura de Don Domingo Rodríguez de Robles Prior del Coto. Este hombre detentador temporal de los bienes ligados al Priorato de Veiga es natural de León y hasta donde llegan nuestras informaciones no guarda parentesco alguno con las restantes familias de la comunidad, alejándose por tanto de nuestro ángulo focal. Aunque a cierta distancia del Prior, cuatro hogares laicos se sitúan en las dos fechas señaladas en el límite superior del campesinado comunitario al detentar cada uno de ellos en torno a 2 Ha. tierra labradía. Agustín Rodríguez, Tomás Basalo y Domingo Blanco encabezan tres de esos hogares presentes en 1752 y 1761. Francisca Basalo, viuda, figura en 1752 a la cabeza del cuarto, desapareciendo este hogar en la segunda fecha tras la defunción de la mencionada Francisca en el mes de abril de 1754. En su lugar en 1761 se incluye en este grupo privilegiado Andrés Rodríguez natural de Orille, tras su matrimonio en diciembre de 1759 con Basilia Pousa, primera hija en contraer nupcias de Domingo Pousa y Juana Bispo, ubicados en quinto lugar del ranking social comunitario en 1752 y fallecidos entre 1754 y 1756.

La falta de descendientes de Francisca Basalo en su segundo matrimonio con Turibio Suárez, quien creemos aportaba realmente una proporción fundamental de las 4,87 Ha. de tierra declaradas en 1752, y el descenso social perceptible a través de las defunciones de los vástagos de Andrés Rodríguez y Basilia Pousa, fueron razones suficientes para descartar estos dos hogares a la hora de seleccionar los árboles genealógicos sobre los que se apoyaría el análisis del sector superior del campesinado comunitario. La búsqueda de una continuidad generacional que permitiera investigar las claves reproductivas de este grupo social y los posibles mecanismos establecidos para lograr su perpetuación, inclinaron finalmente la balanza del lado de Agustín Rodríguez y Domingo Blanco, puntos de arranque para la búsqueda de sus antecesores más remotos en el espacio comunitario a partir de los cuales el programa informático "Albero" construyó los árboles genealógicos completos hasta las últimas informaciones recogidas de los libros parroquiales en el siglo XIX[892].

En base a las informaciones catastrales, el hogar regentado por Hilario Casal y su esposa Juana Suárez disfruta en 1752 de una explotación de 2,61 Ha. entre las que se incluyen 80 áreas de labradío y huerta. Las diferencias económicas que marca la posesión de tierra apta para el cultivo del cereal con respecto al grupo anterior son evidentes. No obstante, el balance de la década central del siglo XVIII visto a través de la documentación catastral de 1761, nos permite pensar en una economía familiar dinámica capaz de afrontar un proceso de compras que amplían el tamaño de la explotación a 2,91 Ha. En total 98 áreas de tierra labradía que ubican al hogar en el primer lugar de las capas medias del campesinado comunitario. Hilario es natural de la parroquia de Orille, pero será a través de los antepasados de Juana y su prolífica descendencia como enfocaremos el análisis del comportamiento de las familias campesinas que comparten el sector intermedio de la pirámide social.

A partir de la estratificación social que marcan las fuentes fiscales del siglo XVIII, el criterio básico utilizado en la selección de los árboles genealógicos representativos de los sectores medio y superior del campesinado celanovés obedece al deseo de aislar convenientemente troncos familiares que cuando menos en un momento cronológico

---

[892] La no inclusión del árbol genealógico del que forma parte a mediados del siglo XVIII el hogar de Tomás Basalo se debe exclusivamente a razones de tipo práctico derivadas de la posible densidad que adquiriría el texto con la multiplicación de ejemplos redundantes. De hecho, el grupo superior del campesinado será el único que se explique a través de dos árboles genealógicos ejemplificadores frente a campesinos medios y sector inferior del campesinado para los que únicamente seleccionamos un árbol por grupo.

preciso, delimitaran claramente las distancias que separaban los tres sectores sociales y así detectar su posible influencia sobre el comportamiento de los individuos implicados. De ahí que en ambos casos los tres árboles genealógicos elegidos no se seleccionaron al azar entre el grupo de las familias perdurables, sino que se corresponden con las mayores fortunas de grupo[893].

Para vertebrar la reconstrucción genealógica representativa del sector inferior del campesinado se eligió a través de un sorteo entre los 31 hogares cuyas líneas ascendientes y descendientes se prolongaban sobre al menos cinco generaciones. La familia de Antonio Sieiro y María Rodríguez se remonta a través de sus ancestros al tiempo en el que se inician las inscripciones parroquiales. En 1762 y en función de la documentación catastral Antonio y María después de 26 años de matrimonio contaban exclusivamente con 34 áreas de tierra para afrontar la alimentación familiar. Una vez realizada la reconstrucción genealógica partiendo de sus antepasados más lejanos, conocemos su vinculación con otros seis hogares de campesinos insuficientes representados en la citada fuente y por supuesto también integrados en el árbol familiar.

Metodológicamente, una vez seleccionados los troncos familiares, la utilización del programa "Albero" solo nos aportó un listado de códigos familiares encadenados a partir del cual debemos completar el proceso de reconstrucción genealógica. En primer lugar, se procedió al diseño de los árboles genealógicos empleando para ello el programa "Genopro". Su selección simplemente obedeció a la sencillez de su manejo unida a la flexibilidad que nos ofrecía a la hora de ordenar sobre el papel, a veces no sin dificultades, los cientos de nombres rescatados del archivo parroquial de Veiga que integraban las sucesivas generaciones familiares. Sin embargo, la representación de los árboles genealógicos en la práctica no satisface nuestras aspiraciones dado que no aporta una imagen de conjunto que facilite la comprensión de las historias familiares, convertidas exclusivamente en material adecuado para el seguimiento de genealogistas.

De acuerdo con nuestros objetivos se elaboraron a partir de los árboles genealógicos reconstrucciones genealógicas codificadas, quizá no tan ortodoxas como las anteriores, pero a nuestro juicio bastante más efectivas[894]:

• Se suprimieron las filiaciones personales sustituidas en su lugar por los códigos de familia correspondientes, recogidos en la base estadística de las familias de Veiga.

• Únicamente se conservaron para cada generación los individuos que accedieron al matrimonio o aquellos otros que sin pasar por el altar también procrearon a sus descendientes, es decir todos aquellos que a través de una pareja solemnemente constituida o en solitario eran susceptibles de continuar la línea familiar. En ambos casos un recuadro numerado en su interior refleja un código de familia a través del cual podemos identificar las personas referenciadas.

• Conscientes de la importante movilidad social presente en esta sociedad, un error a subsanar era la imposible visualización del comportamiento social de las familias estudiadas en la larga duración a partir de la elaboración de árboles genealógicos. Por ello en estas representaciones se optó por colorear los recuadros en función de su posible pertenencia a uno u otro grupo social, facilitando así la obtención de una primera imagen sobre la tendencia definidora del comportamiento familiar.

---

[893] En el caso del sector superior del campesinado, la búsqueda de al menos un tronco familiar que permitiera analizar durante varias generaciones el comportamiento del grupo entronca con el deseo de identificar la posible presencia de estrategias específicas entre las familias que lograron el objetivo de la permanencia en una sociedad caracterizada por una importante movilidad social descendente y su virtual eficacia en la larga duración.

[894] Véanse en el apéndice gráfico-estadístico las cuatro representaciones realizadas.

- La elaboración de árboles genealógicos constituye un paso previo necesario para la identificación de las uniones matrimoniales establecidas en el transcurso de cada generación en una misma rama familiar. Como nuestro interés se centra en el análisis de las estrategias matrimoniales que se derivan de dichas uniones, los árboles genealógicos elaborados no son suficientes para abordar su estudio. Con posterioridad se llevó a cabo un trabajo de identificación de los cónyuges seleccionados, sus hogares de procedencia y las respectivas cadenas genealógicas en las que se integran. Los resultados obtenidos también se incluyen en cada una de las representaciones genealógicas a través de diferentes simbologías en las que se recoge la práctica de matrimonios a trueque, alianzas consanguíneas, o bien uniones preferenciales con otros troncos familiares. En definitiva, las representaciones genealógicas incluyen en realidad además de las genealogías focales otros troncos familiares que aparecen presentados de manera esquemática insertando exclusivamente las líneas de descendencia básicas que posibilitan la comprensión de los enlaces establecidos.

El estudio de las estrategias matrimoniales desarrolladas por los cuatro troncos familiares reconstruidos se abordó con anterioridad a la elaboración de las representaciones genealógicas codificadas. En este sentido, nuestro planteamiento de partida se centraba en una cuestión clave vinculada al proceso de elección matrimonial: ¿A la hora de escoger cónyuge los individuos en particular y las familias en sentido más extenso disponían y aplicaban otras pautas de conducta social al margen de la ya conocida búsqueda de la homogamia social?

Resulta difícil sino imposible establecer un método de trabajo que nos permita medir hasta donde alcanzaba el margen de libertad individual y que capacidad de control real ejercían las estrategias familiares sobre la elección del cónyuge de sus descendientes. Tal y como afirman en su artículo C. Sauvain-Dugerdil y Ph. Richard, las preferencias individuales no son a menudo más que un reflejo de las normas sociales vigentes (1998:40). En la práctica, la homogamia no es una característica que defina en exclusividad el comportamiento frente al matrimonio de las sociedades rurales de Antiguo Régimen. La búsqueda consciente o inconsciente de la igualdad, concebida obviamente desde ángulos diferentes, preside las elecciones matrimoniales incluso en nuestro contexto histórico actual.

Desde este punto de vista, afirmar la tendencia de una sociedad hacia un matrimonio endogámico no implica asumir directamente un papel de control por parte de la familia frente al matrimonio de los descendientes. Demostrar dicho control e incluirlo entre las estrategias de reproducción social de un grupo determinado de individuos exige ir más allá en el estudio de las alianzas matrimoniales.

En nuestro caso, a la hora de abordar dicho estudio carecemos de un programa específico capaz de establecer de manera automática las posibles vinculaciones existentes entre dos o más uniones matrimoniales, pero disponemos en cambio de múltiples informaciones recogidas en soporte informático que facilitaron la tarea manual.

El proceso de reconstrucción de los árboles genealógicos representativos del conjunto de la sociedad celanovesa partió de los cuatro hogares previamente seleccionados en la documentación catastral. Sus árboles genealógicos se inician con sus ascendientes más remotos registrados en los libros parroquiales, de ahí que a la postre, quince núcleos familiares entre los 126 posibles presentes en 1752 se incluirán entre los cuatro troncos familiares reconstruidos. Los cuatro troncos familiares reconstruidos aglutinan a un 11,9% de las casas abiertas en el vecindario a mediados del siglo XVIII[895].

---

[895] Entre las quince casas abiertas en 1752 e integradas en la reconstrucción genealógica se incluyen dos representantes del sector superior del campesinado, seis hogares regentados por medianos campesinos y siete viviendas pertenecientes al grupo de familias insuficientes.

Tal y como puede apreciarse en los cuadros incluidos en el apéndice estadístico[896], el desarrollo de los cuatro árboles genealógicos seleccionados integra en su conjunto a 149 hogares y 207 uniones matrimoniales (182 primeras nupcias y 25 posteriores matrimonios). Consecuentemente, el análisis genealógico comprende un porcentaje nada despreciable de los enlaces matrimoniales celebrados en la iglesia parroquial de Veiga entre 1655 y 1850 que se sitúa en torno a un 27% del total. A nuestro juicio, esta significativa proporción de matrimonios integrados en la muestra constituye una base estadística bastante aceptable que otorga un elevado grado de validez a la metodología de cara al conocimiento de las posibles estrategias de reproducción social desarrolladas en el campo de las alianzas matrimoniales.

Sin embargo, no otorgamos un grado de validez similar a los cálculos de cariz estrictamente demográfico aplicados a cada uno de los troncos familiares, ya que no cabe duda que una media inferior a 40 hogares y en torno a 50 matrimonios por genealogía limita en gran medida su capacidad explicativa. De hecho, la lectura de los datos impresos en los cuadros denota la presencia de valores contradictorios derivados del escaso número de observaciones incluidas, caso de la edad media al primer matrimonio entre los descendientes de una misma generación. Dichos cálculos se presentan con carácter meramente indicativo puesto que los valores medios aplicados a cada grupo social ya han sido establecidos con anterioridad sobre una adecuada base estadística, centrándose ahora nuestro interés en cuestiones de orden social referentes a la actuación familiar.

VI.2. Estrategias sociales en el marco de una cultura de la igualdad. Sistemas de alianza y redes de parentesco

Tal y como afirma A. S. Volpi Scott en referencia a la comunidad miñota de Ronfe que investiga, la imagen de individuos y familias cuyas trayectorias de vida se entrelazan en una compleja tela de relaciones, es la primera conclusión que surge ante la observación de las reconstrucciones genealógicas practicadas en Veiga[897]. Sin embargo, entendemos que en la comunidad de Veiga detrás de esa enmarañada red de relaciones, se escondían diferencias de comportamiento perfectamente apreciables a partir de un simple reagrupamiento de las informaciones genealógicas obtenidas en la larga duración. A nuestro juicio estas diferencias resultan suficientemente significativas para mantener la presencia coetánea de estrategias diversas de organización familiar que establecían una clara línea divisoria entre el proceder general de las familias del sector inferior del campesinado que vivían en los límites de la subsistencia y las maneras propias de las estirpes de campesinos más ricos.

El análisis genealógico no refleja el comportamiento de prototipos sociales puros, quizá porque en la práctica resultaba imposible el mantenimiento de una condición social privilegiada a través de múltiples generaciones. El importante crecimiento demográfico que viven estas tierras a lo largo de la época moderna, la mayoritaria dependencia de los recursos agrarios en el marco de una agricultura "tradicional" y la dominante presencia de un universo cultural centrado en la filosofía de la igualdad, explican en gran medida una elevada movilidad social cuya presencia ya habíamos detectado a partir del estudio de las "genealogías sociales" elaboradas para el conjunto de la comunidad.

---

[896] Véase apéndice estadístico, cuadros resumen VI.1, VI. 2, VI. 3 y VI. 4.

[897] En su opinión, la complejidad de las relaciones familiares impide separar a las familias de la comunidad de Ronfe en categorías estancas que permitieran tratar aisladamente los diferentes tipos de organización familiar que allí convivían: familias legítimas, familias ilegítimas y familias posibles. Ante circunstancias determinadas los habitantes de Ronfe se vieron obligados a adoptar determinadas estrategias para garantizar su reproducción biológica y social, ello provocó la asunción de funciones y formas diferentes por parte de las familias implicadas en clara dependencia de las condiciones del momento (1999:350).

La evolución de las áreas coloreadas en las reconstrucciones genealógicas derivadas de los dos núcleos familiares que encabezan en 1752 la cúspide de la pirámide social aporta una imagen nítida sobre los efectos de dicha movilidad en la larga duración, posibilitando incluso la presencia de individuos identificados como "pobres de solemnidad" entre los biznietos de los detentadores de las mayores fortunas agrarias en tiempos del Catastro de Ensenada. De hecho, es a la luz de esta importante movilidad social como encuentran en parte explicación determinadas estrategias de reproducción social que juzgamos características de las familias campesinas más ricas.

Tal como ya indicamos con anterioridad, los cálculos estrictamente demográficos aplicados de manera individual a los cuatro troncos familiares reconstruidos presentan un carácter meramente indicativo dado el escaso número de observaciones sobre el que se efectúan y la ausencia de homogeneidad social entre el conjunto de núcleos familiares incluidos. Pese a ello, a partir de la lectura de los datos obtenidos se vislumbran algunos de los caracteres estructurales definidores del comportamiento de los tres sectores sociales establecidos. Tal es el caso del dato relativo a la descendencia media familiar, la proporción de hijos que acceden al matrimonio o la edad media a la que celebran las primeras nupcias[898].

Al margen de las lógicas variaciones apreciables a nivel generacional, la media de hijos/familia obtenida para cada árbol genealógico traduce aceptablemente las diferencias ya constatadas entre las descendencias medias familiares características de los grupos sociales mejor provistos y las derivadas del sector inferior del campesinado.

Las reconstrucciones genealógicas traducen también a escala de un reducido número de hogares la relación directa que se establece en estas tierras entre el nivel de recursos de un agregado doméstico y el porcentaje de hijos que accede al matrimonio. Una vez más, contrasta la proporción de un 63,9% de hijos casados entre los 86 descendientes que alcanzan la edad adulta en la genealogía representativa del sector inferior de la sociedad, frente a valores situados en torno a un 72% de media en los dos ejemplos caracterizadores de la conducta propia de campesinos superiores, valores que ascienden incluso hasta al 83,1% del total en el caso de las capas medias.

Muy probablemente la relación directa que en términos generales se establece en esta sociedad entre cantidad de recursos disponibles y número de hijos que acceden al matrimonio, se rompe en la cúspide de la pirámide social. Algunos núcleos familiares detentadores de un importante nivel de riquezas desarrollaron estrategias de reproducción social tendentes a limitar el acceso al matrimonio entre sus vástagos.

El comportamiento de dos de las ramas descendientes del matrimonio entre Domingo Blanco y Maria Suárez (298) que ocupa en 1752 el tercer lugar en el ranking social de las familias laicas según el tamaño de sus explotaciones, resulta indicativo al respecto[899]. María Blanco tras contraer nupcias con Esteban Rodríguez en enero de 1759 se instala en la aldea paterna de Cerdal de Abaixo donde nacen sus seis hijos (349). Para cuatro de ellos tenemos constancia de su acceso a la edad adulta, pero solo sus dos hijas Benita y Serafina Rodríguez contrajeron nupcias. Juan Blanco hermano de María casa en 1767 con Manuela López (587) instalándose en los primeros años de matrimonio en la aldea de San Fiz de donde es originaria su mujer. Entre San Fiz y Cerdal de Abaixo nacieron también sus seis hijos, igualmente cuatro de ellos alcanzaron la edad adulta, pero solo Benito y María Blanco llegaron a introducirse en el mercado matrimonial. El proceder de estas dos parejas contrasta claramente con el comportamiento de Rosendo Blanco, el tercer hermano en discordia también instalado en Cerdal de Abaixo tras su matrimonio celebrado en enero de 1778 (877) dado que Rosendo casa a cuatro de sus siete descendientes, todos los que accedieron a la edad adulta.

---

[898] Véase apéndice estadístico cuadros resumen nº VI.1, VI. 2, VI. 3 y VI.4.

[899] Véase apéndice estadístico, reconstrucción genealógica VI.1

No parece casual que el único desplome hasta el sector inferior del campesinado que se contabiliza entre los nietos de Domingo Blanco y María Suárez se localice en el hogar de Rosendo Blanco y María López, mientras que tres de los cuatro descendientes que acceden al matrimonio en los otros dos núcleos familiares presididos por Esteban Rodríguez y Juan Blanco, logran el mantenimiento de la privilegiada posición social que también ocuparon sus progenitores y abuelos.

Obviamente, la capacidad de control y programación de las familias de Antiguo Régimen era limitada y tal y como veremos en el estudio exhaustivo desarrollado sobre las genealogías reconstruidas, las leyes de la naturaleza también jugaban un papel nada desdeñable, en ocasiones a favor y a veces en contra de las estrategias familiares adoptadas. En este caso concreto que nos ocupa, Benito y María Blanco tras sus respectivos matrimonios (208) (190), contaron con la ayuda de esas leyes que a través del reducido número de nacimientos o la mortalidad infantil, redujeron el número de los posibles herederos y facilitaron la celebración de un número muy limitado de uniones matrimoniales en el transcurso de sucesivas generaciones. Factores claves para explicar el mantenimiento de una privilegiada posición social durante un largo periodo de tiempo que se acerca a los dos siglos de duración.

Más allá de la proporción de hijos casados por unidad familiar, la edad media de los jóvenes celanoveses al contraer primeras nupcias se confirma también como un factor claramente dependiente de la condición social de los progenitores. Tal como se observa en los cuadros incluidos en el apéndice estadístico y teniendo en cuenta una vez más las deficiencias ya apuntadas de la muestra, la edad media al primer matrimonio de los descendientes de los cuatro árboles genealógicos reconstruidos marca una gradación dentro de los elevados parámetros característicos de la zona, disminuyendo en modo inversamente proporcional a la capacidad económica de los agregados de origen[900].

La evolución es particularmente visible en el comportamiento del parámetro femenino ya que si bien las generaciones de mujeres descendientes de la genealogía caracterizadora del comportamiento del sector inferior del campesinado casaron a una media de edad superior a los 28 años, (28,12), ésta ya se reduce a 27,3 entre las jóvenes sucesoras del tronco familiar iniciado por Francisco Suárez y Francisca Vidal, elegido en representación de las capas medias de la sociedad, situándose en valores en torno a 26,4 años de media entre las mujeres de las dos estirpes seleccionadas de ricos campesinos.

Los casi dos años de diferencia que separan el comportamiento medio de las mujeres integradas en las genealogías escogidas en representación de los dos extremos de la sociedad obedecen a nuestro juicio a la posible preeminencia de diferentes estrategias de reproducción social entre los dos grupos seleccionados. Estas a la postre también generaron formas distintas de organización familiar.

Nuestra línea explicativa tiende a relacionar el nivel de recursos económicos de un agregado doméstico y su capacidad para acoger en el seno familiar a los matrimonios recién constituidos. Muy probablemente, la corresidencia estaba lejos del alcance real de un importante sector de la sociedad, cuyos recursos se mostraban incapaces para sostener la alimentación de nuevos miembros. Baste recordar al respecto que únicamente un 21,5% de los hogares de estructura compleja presentes en el vecindario de Veiga en el año 1752 se correspondían con núcleos familiares integrados en el sector inferior del campesinado.

Cuando la corresidencia no era viable, la ayuda familiar seguramente siguió vehiculándose a través de todos los cauces posibles, pero las jóvenes parejas necesitaban disponer de unos fondos mínimos que garantizaran su supervivencia al comienzo de su andadura matrimonial. El análisis efectuado sobre la composición patrimonial de

---

[900] Véase apéndice estadístico, cuadros resumen.

los nuevos matrimonios instalados en territorio parroquial en el año 1761 nos permite saber que dichos fondos provenían mayoritariamente del cobro de herencias, con el apoyo minoritario de pequeñas operaciones de compra en el mercado fundiario. Teniendo en cuenta que el sistema hereditario vigente en la zona retrasaba el traspaso efectivo de los bienes a la desaparición de sus poseedores, parecen aclararse las causas que explican el retraso registrado en la edad media al primer matrimonio de las jóvenes nacidas en las familias integrantes del sector inferior del campesinado.

Nuestra hipótesis de trabajo no pretende reducir solo a móviles de tipo económico los posibles condicionantes del sistema de organización familiar. Resulta evidente que la imprevisibilidad tiñe el mundo de los sentimientos que marcan las relaciones personales, y las familias en el Antiguo Régimen, al igual que ocurre en la actualidad, se constituyen básicamente a partir de relaciones personales. Obviamente, no todos los jóvenes matrimonios provenientes del sector inferior del campesinado se instalaron en solitario tras un matrimonio tardío que esperó para su fundación a la muerte de uno de los progenitores y/o a la reunión de algún peculio, probablemente adquirido lejos de casa en los meses de consecutivas estancias en Castilla y Portugal. Del mismo modo que no todas las parejas constituidas a partir de la unión de núcleos familiares regentados por campesinos ricos, pudieron o tal vez quisieron instalarse bajo el techo de alguna de las familias de origen. Sin embargo, la síntesis de las informaciones obtenidas en las fuentes notariales, parroquiales y catastrales consultadas, inciden en la presencia de una conducta social mayoritariamente encaminada en este sentido[901].

La importancia de la imprevisibilidad en el estudio de las estrategias de conducta familiar no es una cuestión baladí. G. Levi le concedió una importancia tal, que a su juicio la sociedad de Santena en la que transcurren sus investigaciones sobre el Piamonte del siglo XVII es una sociedad compuesta de individuos que, conscientes del margen de imprevisibilidad que les rodea, encaminan todas sus actuaciones hacia una continua búsqueda de seguridad. En ese contexto las relaciones familiares constituyen un elemento estratégico en la creación de esa seguridad, relaciones sugeridas por la consanguinidad o la alianza dentro de un área estratégica que se extiende o cierra dependiendo de las condiciones del momento[902]. Su opinión no constituye un hecho aislado dentro del campo de las investigaciones sobre la familia en el Antiguo Régimen. Aunque habitualmente estamos acostumbrados a un discurso centrado en el predominio absoluto de la "casa", que impone su ley a la familia en las regiones caracterizadas por una vigente filosofía de la troncalidad, no todas las monografías realizadas sobre estos territorios arrojan las mismas conclusiones.

A. Zink relata con notoria claridad en su estudio sobre las costumbres sucesorales del Suroeste francés los principios generales que caracterizaban la ideología familiar predominante en estas regiones. Se defiende así la presencia de una familia sometida a los dictados de la casa y sus deseos de perpetuación en la que cada miembro debe asumir en función de su rango de nacimiento un papel tradicionalmente definido en pro del bien de la casa,

---

[901] Tal como señala E. Garrido en sus estudios sobre la familia en la Huerta Valenciana, no solo las estructuras residenciales de los grupos familiares variaban a lo largo del tiempo y en función de los distintos grupos sociales. También las formas de sucesión y residencia post-matrimonial podían alterarse ya que también estaban ligadas a los distintos niveles que marcaba la escala social (1997: 404).

[902] El autor afirma la dificultad de generalizar en forma de tipologías los comportamientos familiares puesto que en su opinión las formas concretas de organización que se aplican no se definen de antemano más allá de un esquema general de pensamiento. Se trataría a su juicio de formas relativamente elásticas que se adaptan a las situaciones que el ciclo de la vida, los acontecimientos políticos o económicos exteriores y los incidentes más inesperados pueden generar. En su opinión si es precisamente la inseguridad lo que sugiere la creación de normas de conducta que puedan hacer más previsible el comportamiento de los individuos, es esa misma dificultad de previsión la que sugiere la necesidad de normas elásticas y ambiguas que permitan una continua adaptación (G. Levi, 1990:60-62).

cualesquiera que fueran sus inclinaciones individuales[903]. Sus afirmaciones entroncan con los resultados de anteriores investigaciones que sostenían la importancia de la casa pirenaica como un ente moral autónomo, indivisible en bienes y poseedor de derechos[904]. Un ente perdurable puesto que primaba una concepción vertical de la línea de parentesco (B. Derouet, 1989:175).

En realidad se trata de un discurso bastante generalizado entre los autores que analizan las pautas de comportamiento familiar en áreas de predominio de la filosofía troncal. De hecho, los trabajos de P. Saavedra y H. Sobrado Correa para la provincia lucense, el de J. Urrutikoetkea centrado en Irún o el de LL. Ferrer i Alos sobre la Cataluña rural se apoyan sobre un cuerpo teórico similar[905]. Sin embargo, aunque mayoritario, no constituye un discurso único ya que la consulta bibliográfica nos revela también la presencia de opiniones menos proclives a admitir la existencia de reglas estrictas que regulaban el comportamiento de la familia troncal, dictando el sentido de las alianzas matrimoniales y la modalidad de reparto hereditario.

J. Mª. Cardesín observa como efectivamente al menos en la mitad de las casas de la comunidad lucense de San Martiño que investiga, se produce una renovación generacional que descansa sobre la marcha de todos los hermanos menos uno. Sin embargo a su juicio en ningún caso el porvenir de los individuos se subordina a la primacía de la casa. El autor afirma tajantemente a partir de la observación de familias concretas, que en la vida real "las personas no se casan ni reparten los bienes entre sus hijos siguiendo un sistema de pautas rígidas con el único objetivo de preservar la unidad de un patrimonio"[906].

Lo cierto es que resultan tan atractivas las tesis que defienden la presencia en las sociedades rurales de la época Moderna de unas pautas estrictas que regulaban el comportamiento familiar[907], como las teorías centradas en el predominio de formas elásticas de organización familiar resultado de la adaptación del esquema general de pensamiento imperante a las circunstancias familiares concretas. Únicamente la elaboración de trabajos como el

---

[903] El sistema trataría de impedir en este tipo de sociedades una evolución hacia la excisión y para evitarlo cada casa se definiría por la presencia de "una sola habitación, un solo hogar, una sola cocina, una sola explotación agrícola y un solo matrimonio por generación". Los segundones no se sacrificaban en pro del primogénito que era el llamado a ser el heredero, simplemente cada uno asumía el papel que le correspondía dentro de un sistema cuya auténtica fuerza impulsora exterior era la comunidad, necesaria para imponer como natural una ley sucesoria injusta (A. Zink, 1993:137-138).

[904] Así definía E. Le Roy Ladurie el comportamiento de las casas que conformaban la sociabilidad de la aldea occitana de Montaillou en la Edad Media (1988: 60).

[905] P. Saavedra contrapone la concepción vertical de la casa predominante en la provincia de Lugo, entendida como algo perenne, intangible e inamovible, a la filosofía más horizontal característica de la provincia ourensana (1988:119). H. Sobrado entiende que los petrucios lucenses utilizaban las estrategias matrimoniales y hereditarias con el fin de mantener a un único hijo en casa, conservar la autoridad sobre el conjunto del patrimonio el mayor tiempo posible y maximizar los recursos manteniendo indivisos todos los bienes (1997:196). A juicio de J. Urrutikoetkea el cuerpo teórico en el que se fundamenta la familia vasca es la primacía de la casa por encima de cualquier consideración unida a la familia, entendida aquí como un tronco en el que se insertan en el tiempo las sucesivas generaciones (1992: 231). En base a los cálculos efectuados por LL. Ferrer i Alos sobre más de 20 más en el siglo XVIII, el 70% de los hijos segundones permanecían solteros bajo la autoridad del primogénito que heredaba la casa, mientras que el 82,4% de las hijas segundonas se casaban y dejaban el domicilio familiar, siendo muy reducido el número de casos en los que estas entraban en un convento o permanecían solteras en la casa familiar. En las familias campesinas acomodadas catalanas el concepto de casa implicaba el celibato para la mayoría de los hijos segundones, mientras que las hijas contraían un matrimonio que le permitía a la casa tejer una red de relaciones sociales con otras casas (2002: 121-122).

[906] En su opinión, matrimonio y herencia no son más que dos momentos dentro de un proceso de vida a lo largo del cual las personas han de resolver problemas variados a cuya solución se subordinan la elección de cónyuge y el reparto hereditario. La adopción de lo que el autor denomina una "estrategia reproductiva", no solo toma en cuenta el patrimonio, sino también el proceso de trabajo y división de tareas dentro del grupo familiar, y en último término también intervienen "los imprevistos del proceso de vida" (J. Mª. Cardesín, 1992:233).

[907] En opinión de A. Rodríguez Sánchez "en la historia de la familia solo ha de reconocérsele cierta espontaneidad biológica. Lo demás resulta ser un conjunto de evidencias que remite a una dirección calculada". El conjunto de actitudes domésticas muestra una planificación rigurosa que solo fracasa por error natural o por un cálculo equivocado en el destino asignado a uno o a varios hijos. (1991: 150-151).

desarrollado por E. Pêlaquier en la comunidad de Saint-Victor de la Coste permitirá comprobar de manera empírica la validez de ambas hipótesis sobre contextos sociales concretos[908].

En nuestro caso particular las informaciones obtenidas hasta el presente a partir de la elaboración de genealogías sociales, posteriormente materializadas en el comportamiento de los cuatro árboles genealógicos reconstruidos, inciden en el predominio de pautas de conducta familiar socialmente diferenciadas. Para concretar en la medida posible el alcance de estas pautas que parecen centradas en el campo de las estrategias matrimoniales, focalizaremos nuestras investigaciones en el estudio de las alianzas matrimoniales, aplicando la metodología ya referida a las cuatro reconstrucciones genealógicas seleccionadas.

El estudio realizado sobre el mercado matrimonial de la comunidad de Veiga nos mostró la marcada tendencia a la homogamia social que caracterizaba a esta sociedad rural ante la búsqueda de pareja. Una homogamia difícilmente constatable a partir de los datos relativos a la procedencia social de los cónyuges recogidos en los cuadros resumen elaborados para cada uno de los árboles genealógicos reconstruidos. La causa fundamental es la acusada movilidad social característica también de esta sociedad, que posibilita la convivencia en una misma genealogía de casas de ricos campesinos, hogares poseedores de medianas fortunas y núcleos familiares al borde de la subsistencia[909]. Al margen de las dificultades que puedan plantear las reconstrucciones genealógicas sobre esa cuestión, las informaciones derivadas de la procedencia del conjunto de cónyuges seleccionados por un tronco familiar durante un largo periodo temporal, constituyen una fuente básica para lograr un adecuado acercamiento al sistema matrimonial vigente en estas tierras durante la Época Moderna.

VI.2.1. Las estrategias matrimoniales de los ricos campesinos. Las estirpes de Domingo Suárez e Isabel Nogueiras y de Francisco Rodríguez y Juana Rodríguez

El matrimonio integrado por Domingo Suárez e Isabel Nogueiras, socialmente incluido en las capas medias de la sociedad de principios de la centuria ilustrada, constituyó el núcleo fundador de una genealogía claramente vinculada con el sector superior del campesinado comunitario[910]. El mantenimiento de una privilegiada posición social a lo largo de cuatro generaciones por parte de todos los integrantes de una de las ramas familiares, es a nuestro juicio una clara consecuencia del establecimiento de rígidos controles sobre el matrimonio de los descendientes. Las veintidós celebraciones matrimoniales acumuladas en cuatro generaciones constituyen una prueba evidente de este comportamiento.

Solo a partir de la tercera generación controlada se produce la afluencia al tronco familiar de cónyuges provenientes del sector inferior del campesinado. Los cuatro que se contabilizan en la tercera y cuarta generación

---

[908] Este autor lleva a cabo un interesante análisis comparativo sobre las pautas que marcaban el proceso de alfabetización entre los herederos universales y el resto de los descendientes de las casas que conformaban esta comunidad del Midi francés en la Época Moderna. Su estudio le permite detectar la presencia de diferencias de educación en una misma familia entre los herederos universales y sus hermanos, de manera que, si en una generación se producía la muerte del primogénito convirtiéndose entonces en heredero otro de los descendientes, éste aun transcurrido el tiempo suficiente para aprender a pintar su firma, no lo realiza. En base a este comportamiento y a las acusadas diferencias que descubre en las transmisiones onomásticas al monopolizar los primogénitos los nombres provenientes de la rama paterna, el autor concluye la influencia del rango de nacimiento y la educación en el logro de la herencia universal, ya que a partir del mismo instante del nacimiento los primogénitos eran objeto de una larga preparación que los encaminaba hacia la sucesión de la casa (E. Pelaquier, 1996:188-189).

[909] Las tres tipologías sociales establecidas coexisten en tres de los cuatro árboles genealógicos seleccionados, concretamente los elegidos en representación de los sectores medio y superior de la sociedad. Como puede observarse en las elaboraciones genealógicas codificadas integradas en el apéndice estadístico, el tronco familiar característico del sector inferior del campesinado no incluye entre sus miembros a ningún representante de las capas superiores del campesinado, concretándose en este caso la movilidad social en cuatro ascensos a los grupos medios de la sociedad.

[910] Véase apéndice estadístico, reconstrucción genealógica codificada VI. 1 y cuadro resumen VI.1.

suman un 18,1% del total y su aparición coincide con los cambios evidentes que se producen en el destino social de las parejas a partir de los matrimonios concertados en la tercera generación descendente de la pareja fundadora. Tal y como se observa en el cuadro resumen, si bien en la primera y segunda generación el 100% de las uniones, cuatro en total, logra mantenerse en la cúspide de la pirámide social, solo un 50% de los biznietos de Domingo Suárez e Isabel Nogueiras que acceden al matrimonio merecen la clasificación de ricos campesinos. Su representación se reduce al 20% de los tataranietos cuyas celebraciones matrimoniales realizadas entre los años treinta y cuarenta del siglo XIX, cierran el periodo cronológico de nuestra investigación[911].

En un cuadro de elevada movilidad social el éxito de este tronco familiar es evidente ya que más de un 58% de los núcleos familiares de destino conocido que lo integran se incluye en el sector más rico del campesinado, derivando únicamente un 17,6% del total a las capas inferiores de la sociedad[912]. Un 75% de las uniones concertadas con otras familias moradoras en Veiga y pertenecientes a las capas superiores del campesinado comunitario, condujeron a los nuevos matrimonios al mantenimiento de las posiciones sociales de partida, sin embargo la homogamia social vinculada al grupo de ricos campesinos circunscribe su influencia a un 18,1% del total de matrimonios celebrados, ¿existen entonces regularidades que permitan explicar el comportamiento de las genealogías de ricos campesinos ante el matrimonio de sus vástagos?

Según se describe en las actas matrimoniales recogidas en el Archivo Parroquial de Veiga, se requirió la solicitud de una dispensa canónica por cuarto grado de consanguinidad para la celebración de un 18,18% de los enlaces. Otro 9,09% de las alianzas establecidas obedece a la conocida fórmula de matrimonios a trueque, de manera que los seis matrimonios derivados de la suma de ambos conceptos representan un 27,27% del total[913]. Además, en base al conocimiento de los árboles genealógicos en los que se integran todos y cada uno de los cónyuges seleccionados, sabemos que un 36,36% de los enlaces restantes vinculan a los descendientes de Domingo e Isabel con dos troncos familiares concretos, a través del sucesivo intercambio generacional de cónyuges en el mercado matrimonial. De hecho, tres de las cuatro dispensas de consanguinidad solicitadas se integrarían en este proceso de reencadenamiento de alianzas, por lo que obviamente se deduce que, pese a nuestro desconocimiento sobre los antepasados de Domingo e Isabel, los vínculos de parentesco que unían a estas familias se remontaban a los tiempos de un pasado familiar ignoto.

En definitiva, un 50% del escaso número de celebraciones matrimoniales computadas en este árbol genealógico seleccionado en representación del grupo de los ricos campesinos de Veiga, parece obedecer al cumplimiento de una finalidad específica. En realidad, la proporción aludida constituye un mínimo, dado que se descartaron en aras de la claridad expositiva los reencadenamientos de alianza con troncos familiares no preferenciales -catalogados así en función de la localización exclusiva de solo dos uniones matrimoniales-. Además, si bien en alguna ocasión hemos conseguido establecer la relación de dependencia existente entre los progenitores de cónyuges seleccionados en el

---

[911] La proporción en realidad debiera elevarse a un 33,3% del total puesto que en esta generación carecemos ya de datos mínimamente fiables sobre la ubicación social de cuatro de los descendientes casados, en este caso no como consecuencia de su instalación fuera de las fronteras parroquiales, sino como resultado de un deficiente control de informaciones cuya búsqueda debió realizarse fuera del marco cronológico abarcado en el trabajo.

[912] Se trata de un porcentaje prácticamente idéntico al que obtiene J. M. Pérez García a partir del análisis de las élites campesinas de la parroquia de San Martín de Caldelas, en el Bajo Miño, en el siglo XVII. Un 57% de sus descendientes gracias al empleo de dispensas de consanguinidad y matrimonios a trueque lograron mantenerse dentro del grupo de ricos campesinos (2009: 98).

[913] En San Martín de Caldelas ambas estrategias también afectaron a un 23,8% de los matrimonios concertados por las familias de ricos campesinos, siendo mucho menos frecuentes entre las familias más humildes, que solo hicieron uso de estas fórmulas en el 10% de los matrimonios de sus descendientes casados (J. M. Pérez García, 2009: 95).

exterior y los troncos familiares originarios afincados en la parroquia de estudio, evidentemente estamos seguros de la posible pérdida del contacto en otros muchos casos[914].

La celebración de uniones matrimoniales entre cónyuges consanguíneos, el mayoritario recurso a contrayentes afines al árbol familiar, vinculados al mismo a través de anteriores enlaces y en menor medida, la práctica de matrimonios a trueque, constituyen las características básicas del modelo matrimonial de los ricos campesinos asentados en las tierras de Celanova durante la Edad Moderna. Al menos así lo sugiere el comportamiento de los núcleos familiares integrados en este árbol genealógico. Con posterioridad se abordará un estudio en profundidad sobre el significado de estas tres fórmulas de alianza matrimonial, pero su influencia detectada en este caso concreto sobre más de un 50% de los enlaces, demuestra a nuestro juicio la presencia de regularidades que definen el comportamiento de este grupo social, al margen de la innegable influencia de los imprevistos de la vida.

A la vista de los datos, la estrategia matrimonial de este grupo de ricos campesinos parece buscar una limitación del ámbito en el que se entretejían sus relaciones familiares, dado que la aplicación de las tres fórmulas citadas a un buen número de matrimonios circunscribe los vínculos familiares generacionalmente renovables al entorno de un universo familiar conocido. Desde el punto de vista económico, esa utilización estratégica de las alianzas matrimoniales probablemente combinada con otros factores permitió en este caso concreto la obtención de unos resultados positivos que se concretan en el destino social de los núcleos familiares conformados. Las tres familias derivadas de otros tantos matrimonios consanguíneos instaladas en territorio parroquial se incluyen en el sector superior del campesinado, posición que también comparten los dos matrimonios a trueque concertados y cuatro de las ocho uniones preferenciales localizadas[915].

Los retazos que conseguimos reunir sobre las historias de vida de Domingo Blanco y María Suárez y algunos de sus descendientes que conformaron este árbol familiar, constituyen un excelente modelo ejemplificador de las estrategias matrimoniales puestas en práctica por parte de estas familias de ricos campesinos en la comunidad de estudio.

Cuando se elabora la documentación del Catastro de Ensenada en el año 1752, Domingo Blanco natural de la parroquia de Sorga, preside un hogar de estructura extensa del que también forma parte su cuñado soltero de nombre Bartolomé Suárez, quien mantendrá su residencia en la casa familiar de Cerdal de Abaixo hasta su muerte en el año 1758 (298). Domingo Blanco y María Suárez tras 24 años de matrimonio solo conservan con vida a tres de sus diez hijos. En 1752 comparten la casa de Cerdal de Abaixo seis personas al frente de una explotación de 4 Ha. de tierra que la sitúan en el tercer lugar del ranking social de las familias laicas de la comunidad de Veiga según el

---

[914] En esta ocasión, como puede observarse en la reconstrucción genealógica codificada de este árbol, hemos logrado vincular con el tronco familiar originario a los progenitores de Ramón Casal quien tras contraer nupcias con Rosa Blanco previa solicitud de dispensa canónica (código 954), se instalará nuevamente en la parroquia de Sorga de donde es natural. Si Ramón Casal fuera el joven originario de la parroquia de estudio y Rosa la cónyuge foránea, puesto que con toda seguridad el matrimonio se celebraría igualmente en la parroquia de origen de la novia, sería bastante improbable disponer de información relativa a la solicitud de bula por parentesco en cuarto grado. En el supuesto caso de que el padre de Ramón no fuera descendiente en primera generación de un núcleo familiar originario de Veiga, muy difícilmente podríamos integrar este matrimonio entre el grupo de enlaces preferenciales contraídos con el tronco familiar originario. Se trata de simples hipótesis que tratan de demostrar sobre una casuística concreta las posibles pérdidas de información derivadas de la importante movilidad de individuos detectada en esta sociedad, y también por supuesto de nuestra particular metodología de trabajo que, pese a las incursiones realizadas en los archivos parroquiales limítrofes, concentró sus esfuerzos en los Libros Sacramentales de la parroquia investigada.

[915] Dada la integración de tres de los enlaces consanguíneos en el círculo de uniones preferenciales y la inclusión en el citado círculo de matrimonios en segundas nupcias, finalmente diez son los núcleos familiares resultantes del conjunto de estrategias matrimoniales localizadas. En dos casos carecemos de referencias sobre su ubicación en la pirámide social, seis hogares de los ocho restantes se incluyen en el sector superior del campesinado, uno pasará a integrar las capas medias de la sociedad y el último bien es verdad que se hunde hasta la base de la pirámide social comunitaria.

tamaño de sus explotaciones. Sus 2,28 Ha. de tierra labradía entre las que se incluye 1 Ha. de terreno regadío y las cabezas de ganado que se cobijan en los establos: 4 vacas, 13 ovejas y 4 cerdos, dan buena muestra de su capacidad económica.

Pese a la muerte de Bartolomé en el año 1758, la consulta del padrón de habitantes elaborado en 1761 con ocasión de las Revisiones del Catastro nos revela el incremento del tamaño familiar tras el matrimonio de la primogénita. María Blanco contrajo nupcias con Esteban Rodríguez en enero de 1759 (349) instalándose tras el matrimonio en la residencia familiar donde ya se había producido el nacimiento de su primer hijo. Siete personas convivían pues a comienzos de la década de los años 60 en la casa terrena sita en la aldea de Cerdal de Abaixo. El crecimiento del número de comensales se acompañó de un proceso paralelo de ampliación de la explotación agraria gracias a la incorporación de 2.300 m² más adquiridos a través del mercado fundiario.

Cuando fallece el cabeza de familia en el mes de agosto de 1771, Juan Blanco el segundo de los hijos que accediera a la edad adulta ya había contraído nupcias con una joven natural de la aldea de San Fiz, donde se había instalado el joven matrimonio (587), mientras que Rosendo el más joven de los descendientes con vida, todavía permanecía soltero en la residencia familiar juntamente con su hermana casada. Los actos fúnebres de Domingo Blanco corrieron a cargo de siete sacerdotes y 103 misas se celebraron en pro de la salvación de su alma, según había dispuesto en el testamento realizado cinco días antes de su muerte ante el notario celanovés Don José Carrera y Castro[916].

Domingo únicamente legó a su mujer el "fruto verde y seco" existente al momento de su fallecimiento además del usufructo vitalicio de una parcela de 6,55 áreas de tierra. En realidad, María Suárez era la originaria de la parroquia de Veiga y más concretamente de la aldea de Cerdal de Abaixo, heredera única de sus padres y muy probablemente propietaria de una porción considerable de la explotación familiar.

El testamento de Domingo constituye una fuente valiosa a partir de la cual se revela con bastante claridad el modo en el que se produjo la instalación de los descendientes de esta familia de ricos campesinos. Como ya indicamos anteriormente, María Blanco ubicó su residencia postmatrimonial en la casa familiar de Cerdal de Abaixo mientras que su hermano Juan se instaló en la aldea de San Fiz de donde era originaria su mujer, recibiendo "en administración y a fin de que se alimentase algunos bienes raíces bien conocidos, además de una manta de buriel, una sábana, un cuchillo de monte, un azadón y un machado". Desconocemos la extensión de terreno que percibe de sus padres, pero conocemos cuando menos en parte cual fue la base económica del nuevo matrimonio, unos bienes raíces que deben volver a montón o ser tenidos en cuenta en su cupo personal a la hora de realizar el reparto hereditario.

La mentalidad familiar de la comarca queda claramente de manifiesto en el comportamiento de este campesino ubicado en la cúspide de la pirámide social ante su inminente muerte. Domingo Blanco cuenta con una hija casada en casa en el momento de su defunción, pero los beneficios que se derivarán de su posicionamiento familiar no guardan relación alguna con el sentido que adquiriría su papel en áreas de predominio de una filosofía troncal. Domingo señala como bienes propios de la pareja las supuestas compras que la dicha María y su yerno realizaron en los doce años de "compañía familiar", en total "algunos bienes raíces y una casa que se reedificó sita en este lugar", bienes de los que se aparta como padre alejando por lo tanto también a sus otros dos descendientes. En compensación también separa a su yerno e hija de todo el derecho que pudiera corresponderles por razón de compañía en los bienes raíces que él mismo adquirió, las casas que reedificó y en general los bienes comprados

[916] AHPOU, Sección protocolos notariales, notario Don Jose Carrera y Castro, caja 1237, año 1771, f. 78-78v.

durante el período de compañía familiar de manera que, si éstos desean hacer uso de su "derecho de compañía", el padre les amenaza con la cláusula de privación del tercio y quinto de todos sus bienes que recaerían en los otros dos descendientes con vida.

J. De Juana, L. Domínguez Castro y J. Prada Rodríguez en su estudio sobre estrategias de reproducción social y derecho foral en Galicia (1998) recogieron la definición de compañía familiar incluida en la obra de B. Besada, *Práctica legal sobre foros y compañías de Galicia*, publicada en Vigo en 1849. En la citada obra se define a la compañía familiar gallega como una sociedad de consentimiento tácito, entre personas legalmente capacitadas y unidas por lazos de parentesco, asociadas con fines económicos y asistenciales. En esta sociedad hombres y mujeres tendrían los mismos derechos, todos participarían por igual de las ganancias o de las pérdidas independientemente del capital aportado, si bien la dote de la mujer no se podría usar para sufragar débitos[917]. Los autores arriba mencionados también incluyen en su trabajo la definición de compañía familiar aportada por J. Escriche en su *Diccionario razonado de legislación y jurisprudencia*, publicado en Madrid en 1876. En esta obra la voz "Sociedad Gallega" se definiría en los siguientes términos: "es la que se entiende constituida en Galicia por el simple hecho de vivir reunidos los abuelos, padres, hijos y yernos, cultivando todos ellos los bienes de todos, sin hacer distinción alguna; recogiendo los frutos, sin hacer separaciones y atendiendo con ellos a las necesidades mutuas, sin que se tenga en cuenta la mayor o menor cantidad que pertenece a cada uno. Su fundamento causal y motivo, es el amor de familia; el legal, el tácito consentimiento de los socios. No se consigna en escritura ni documento condición alguna, y su objeto es la industria agrícola casi exclusivamente[918].

J. de Juana, L. Domínguez Castro y J. Prada Rodríguez concluyen a partir de las obras que analizan, que la compañía existió más que "como una figura jurídica, tal como sería el ejemplo del contrato foral, como una estrategia de reproducción social que se mantuvo en determinados espacios geográficos en tanto fue eficaz y que fue cayendo en desuso cuando su utilidad mermó" A su juicio existió sin necesidad de sanción legal y por ello nunca la buscó, cuando finalmente la obtuvo con la Compilación de Derecho Especial de Galicia en 1964, su tiempo ya había pasado (1998: 451).

---

[917] H. M. Rodríguez Ferreiro también definió la compañía familiar en términos muy similares en su trabajo sobre los comportamientos familiares de los campesinos del Morrazo. Se trata de una institución jurídica consuetudinaria típica de Galicia que regulaba las relaciones familiares, se formaba por razones económico-asistenciales y en el Morrazo estaba formada habitualmente por los padres ancianos y la hija casada en casa. Se consideraba tácitamente aceptada por todas las partes con la convivencia común bajo un mismo techo y los bienes patrimoniales mantenidos proindiviso. Su disolución se produciría con la muerte de los petrucios o con el abandono por parte de la hija casada del hogar común y aunque los bienes de la compañía formaban un todo común, en realidad estaban separados porque cada uno conocía muy bien los suyos propios y lo único que tenía un destino común era el usufructo de estos. Al disolverse, las ganancias o las pérdidas se repartían a partes iguales entre sus miembros (1984: 453-456).

[918] Según se desprende del trabajo de J. De Juana, L. Domínguez Castro y J. Prada Rodríguez (1998: 439-452), en el contexto de redacción del Código Civil Español se abrió un debate sobre cuál era el mejor sistema hereditario posible y sobre la conveniencia de mantener las singularidades nacidas en el transcurso de los tiempos. En este contexto de fines del siglo XIX, la Compañía Familiar Gallega fue la institución más discutida entre todas las que tenían que ver con las estrategias de reproducción social vinculadas a la sucesión. En dicho contexto, D. José Pérez Porto, el ponente encargado de redactar el Apéndice de Derecho Foral de Galicia, realizó un mapa de vigencia de dicha institución partiendo de un método de encuesta, resultando una distribución geográfica muy amplia, que situaba la compañía familiar tanto en áreas de reparto igualitario, como es el caso de Celanova o Valdeorras en la provincia ourensana, pero también en zonas de predominio del sistema de mejora. En concreto, el informe que remite el notario de Celanova, D. Manuel Lezón, insiste en que la compañía existe tácitamente como instrumento normal de reproducción social y solo cuando se disuelve o no se quiere constituir se recurre a documento escriturado público. La opinión del notario celanovés, que asume J. Pérez Porto en su obra *El derecho foral de Galicia* sería la siguiente: "Esta institución la entienden aquí como un estado de derecho que, sin necesidad de previo convenio entre los que pretenden constituirlo, vive con consecuencias jurídicas y económicas al amparo de la ley y como regulada y protegida por el derecho positivo; de tal modo que está bastante extendida la creencia de que es suficiente el hecho de que dos o más personas, ligadas por vínculos de sangre, o de afinidad, vivan bajo un mismo techo, cuidando del patrimonio de una de ellas, o de los de todas, para que sobreentiendan que por solo este hecho constituyen esa sociedad, que puede dar lugar a pérdidas o ganancias entre ellos…y lo entienden como una presunción juris tantum, que es preciso desvirtuar en alguna manifestación solemne en que se consigne que, no obstante vivir juntos no por ello forman sociedad ni compañía de ninguna especie". Esta definición encaja a la perfección con la realidad que dibuja el testamento de Domingo Blanco arriba expuesto.

A lo largo del marco cronológico que abarca esta investigación, como ya hemos indicado en el capítulo anterior, se realizaron tres catas, para mediados del siglo XVII, mediados del XVIII y mediados del XIX, en las que se vaciaron casi 600 escrituras testamentales redactadas ante los notarios celanoveses. En la tabla 2 se refleja el número de casos en los que se hace referencia a esta institución.

TABLA 2 • LA COMPAÑÍA FAMILIAR EN LOS TESTAMENTOS CELANOVESES (S. XVII–XIX)				
	TOTAL TESTAMENTOS	Nº ESC. CON MÁS DE 1 HIJO	Nº ESC. MENCIONAN "COMPAÑÍA FAMILIAR"	% ESCRITURAS REPARTO IGUALIT. O PRACT. IGUALIT.
S. XVII	154	106	–	74
S. XVIII	213	142	29	48
S. XIX	230	108	16	44
S. XVII–XIX	597	356	45	166

Como se aprecia en la tabla, para el siglo XVII entre los testamentos celanoveses no localizamos ni una sola mención a la "compañía familiar" sin embargo, más de un 20% de los testamentos vaciados en el siglo XVIII cuyos otorgantes contaban con más de un descendiente, hacen referencia a esta institución, reduciéndose sensiblemente su presencia dentro de este grupo en el siglo XIX -14,8% del total-. Las fuentes disponibles no nos permiten conocer la estructura de los hogares celanoveses en el siglo XVII, ahora bien, la reducción en el número de escrituras que menciona su presencia en las décadas centrales del siglo XIX con respecto al siglo XVIII, parece estar estrechamente ligada con la reducción de los niveles de complejidad que traduce el Padrón de 1831, tal como señalamos en el capítulo anterior.

Por otra parte, la nula presencia de la compañía familiar en los testamentos celanoveses del siglo XVII, va pareja además a la mayoritaria presencia de repartos igualitarios o prácticamente igualitarios entre los otorgantes de escrituras que contaban con dos o más descendientes (casi un 70% del total), lo que nos llevaría a plantear a través de fuentes indirectas el predominio absoluto de la familia nuclear en las décadas centrales de este siglo. La etapa de fuerte dinamismo demográfico vinculada a la aparición del maíz implicaría la adopción, sobre todo por parte de las familias campesinas más ricas, de una estrategia reproductiva vinculada a esta institución de consentimiento tácito, que en la práctica derivaba en la conformación de hogares de estructura compleja. Sin embargo, en ningún caso la adopción de esta estrategia de reproducción social implicaría la asunción de una filosofía familiar similar a la que domina en las áreas de familia troncal, tal como vimos en el capítulo anterior[919]. Pese a que la presencia de repartos estrictamente igualitarios o prácticamente igualitarios se reduce de manera

---

[919] En tierras lucenses, en opinión de H. Sobrado Correa, la "familia troncal se articula en torno a la asociación de los padres y el hijo casado, formando una compañía familiar". Esta compañía, también denominada sociedad general de pérdidas y ganancias, sociedad troncal o comunidad familiar, servía a los intereses superiores de la familia, era de constitución tácita y surgía por el mero hecho de la convivencia de dos matrimonios, los padres que instituyen la mejora y el "vinculeiro" que permanecía en casa. A su juicio, la compañía familiar constituía una asociación al servicio de la casa, tratándose de un poderoso instrumento que potenciaba la conservación del patrimonio familiar. Sin embargo, como afirma el autor, en tierras lucenses en realidad la propiedad y el poder real no se repartían entre el conjunto de los miembros de la compañía ya que los bienes correspondían al petrucio, a diferencia de lo que ocurre en la provincia ourensana (2001:117-121).

drástica en las décadas centrales del siglo XVIII con respecto a la etapa anterior, la búsqueda de una imposible igualdad entre sus descendientes sigue presidiendo la toma de decisiones por parte de los petrucios celanoveses en sus escrituras testamentales.

Es el caso del testamento de Domingo Blanco, en el que queda patente esa búsqueda de una imposible igualdad por parte de un padre moribundo. Pese a todo, la igualdad entre los descendientes no es absoluta puesto que, aunque la herencia se reparte en tres partes iguales, María y su marido ya habían construido durante "la compañía familiar" una casa propia al tiempo que habían comprado algunas parcelas de tierra, mientras que su hermano Juan debe incluir en su legítima los bienes en su día entregados en concepto de dote.

La estrategia paterna de cara a la colación de la siguiente generación arranca desde la búsqueda de los cónyuges apropiados para la celebración de sus enlaces matrimoniales. Esteban, el marido de María nació en la aldea de San Fiz en el seno de una familia de ricos campesinos. Su madre casada en segundas nupcias con un hombre foráneo figuraba en 1752 al frente de una explotación de 3,14 Ha. de tierra. Además de socialmente homogámico el matrimonio se realiza en los límites del parentesco consanguíneo regulado por la legislación eclesiástica ya que los jóvenes deben solicitar una dispensa de consanguinidad para la celebración de su enlace matrimonial[920]. Juan Blanco es el segundo hijo en contraer nupcias, su esposa Manuela López natural de la aldea de San Fiz es hija de una familia catalogada a mediados del siglo XVIII en las capas medias de la sociedad a partir del disfrute de una explotación de 1,2 Ha. de tierra, aunque las características de las defunciones de sus progenitores en los años 80 del siglo los incluyen claramente en el sector superior del campesinado comunitario[921]. Once años después del matrimonio de Juan y Manuela y pocos meses antes de la defunción de María Suárez se produjo el matrimonio del tercero de los descendientes. Rosendo Blanco contrajo nupcias con María López, hermana de su cuñada Manuela, instalándose la pareja posteriormente en la aldea de Cerdal de Abaixo.

Lamentablemente María Suárez optó por dejar constancia de sus últimas voluntades a través de una memoria oral, pero la estrategia de instalación de la joven generación resulta evidente. Esta familia de ricos campesinos realiza un matrimonio a trueque de sus dos hijos varones al tiempo que casa a su hija María con un cónyuge consanguíneo, con cuyos parientes colaterales se seguirá practicando el intercambio de partenaires en las generaciones sucesivas. Cuando casa su hermano Juan, Rosendo contaba con 20 años, sin embargo, el matrimonio con María López no se celebró hasta una década después. Desde nuestra perspectiva actual, casi parece del todo imposible que su unión obedezca al cumplimiento de una estrategia concreta previamente diseñada para evitar el pago de dotes. De hecho, sabemos que Juan Blanco aportó bienes raíces para su alimentación en instalación en la aldea de San Fiz. Por el momento, lo único cierto es que los tres descendientes lograron acceder al estado matrimonial conservando el estatuto social de sus progenitores.

Como bien sabemos, María Blanco y Esteban Rodríguez (349) fijaron su residencia en la aldea de Cerdal de Abaixo donde reedificaron una casa en los tiempos en los que todavía vivían los padres de María. Tenemos constancia de que cuatro de los seis hijos habidos en el matrimonio accedieron a la edad adulta sin embargo solo sus dos hijas Benita y Serafina contrajeron nupcias. Según nos indica el párroco, la pérdida de juicio que sufrió

---

[920] Lamentablemente en esta ocasión el párroco Don Adrián Cid no nos indica el grado de parentesco que les unía y nuestro desconocimiento personal de los bisabuelos de la novia nos impide su concreción, aunque muy probablemente como era práctica habitual en tierras de Celanova en estos casos se trataría de dos primos segundos.

[921] Sus actos fúnebres corrieron a cargo de siete sacerdotes, su padre Antonio López solicitó más de 100 misas de salvación mientras que su madre se acercó a las 90, además sus cuerpos fueron enterrados entre las tarimas de los Altares del Santo Cristo y San Ramón que figuran en los laterales de la Iglesia Parroquial de San Munio de Veiga pagando a tal efecto 8 reales de "cobaxe" cada uno.

Esteban en los momentos finales de su vida le imposibilitó para disponer de su herencia y María Rodríguez realizó una memoria oral que nos impide conocer las últimas disposiciones del matrimonio. En todo caso, los seis sacerdotes que ofician sus respectivos funerales y las más de 100 misas que se ofrecen por cada uno de ellos parecen indicarnos el mantenimiento de la privilegiada posición social de sus familias de origen. Una posición que todavía se conserva en la década final del siglo XVIII y durante el primer decenio de la centuria decimonónica según se deduce de las características de las defunciones de sus dos hijos solteros enterrados en idénticas condiciones a las de sus progenitores.

Benita Rodríguez, la hija primogénita de este matrimonio será también la primera en pasar por el altar y lo hará a una edad inusualmente joven, con menos de 20 años. Su matrimonio se celebra un año antes de la defunción de su abuela Manuela Suárez (885). Todas las circunstancias que envuelven su enlace matrimonial requieren una atención especial y la procedencia social del novio es la primera de ellas, puesto que en esta ocasión se constata una ruptura con el modelo matrimonial característico del grupo social al que pertenece la novia. En función del nivel de informaciones que disponemos en la actualidad su matrimonio con Rosendo Rivero escapa a cualquier interpretación ajena al cumplimiento de una voluntad individual. Rosendo es natural de la misma aldea de Cerdal de Abaixo, 12 años mayor que ella y procede de un entorno social que no guarda relación alguna con la familia de la novia, ya que según se desprende de las informaciones recogidas en el Catastro de Ensenada y en las posteriores Revisiones, sus padres únicamente disponen de 425 m² de tierra labradía en el marco de una explotación que ni siquiera alcanza 1 Ha. de extensión.

En la partida matrimonial que da fe de su enlace en el archivo parroquial de Veiga la filiación de la novia figura de forma correcta, heredando por lo tanto según la costumbre habitual el apellido de su padre Esteban Rodríguez sin embargo, su registro en el libro de bautismos presenta interesantes anomalías. Desde la inscripción de la primera partida bautismal correspondiente al hijo primogénito de la pareja en el mes de septiembre de 1779 y hasta la anotación del último de ellos una década después, Benita figura registrada con el apellido "Blanco" perteneciente a su abuelo materno Domingo con quien conviviera junto a sus padres durante la juventud. Descartamos la posibilidad de un error de asiento del párroco desde el momento en que constatamos la anotación en las cinco partidas bautismales de Domingo Blanco y Manuela Suárez como abuelos de los recién nacidos en vez de Esteban Rodríguez y María Blanco. Nuestra hipótesis de trabajo se centra en su posible prohijación por parte de Manuela Suárez con el fin de garantizar su asistencia en los años finales de una larga vida que se prolongó durante 76 primaveras, cuando con toda probabilidad los padres de Benita ya hacía tiempo que abandonaran la residencia familiar para establecerse en la casa que habían reconstruido en tiempos del citado Domingo.

Serafina Rodríguez, la hermana de Benita, también se instaló en la aldea de Cerdal de Abaixo tras su matrimonio con Bernardo Basalo en febrero de 1800 y según todos los indicios reunidos hasta el presente, su residencia se estableció en la vivienda familiar que edificaran sus padres Esteban y María (262). En el mes de enero de 1810 se produjo la defunción de su hermano soltero Antonio Rodríguez; el pago por parte del cuñado de los gastos derivados de las exequias fúnebres constituye una prueba evidente de su convivencia y subsiguiente disfrute de la parte de la herencia paterna que a él pudiera corresponderle. Suponemos que dicha herencia no debió representar una cantidad reducida para poder compensar el pago de seis sacerdotes y 100 misas de salvación, al margen del lugar de enterramiento que en este caso desconocemos. Entre 1801 y 1813 la pareja bautizó a sus cinco descendientes, dos de ellos Dominga y Benito Basalo contrajeron nupcias en los años 20 del siglo XIX con sendos jóvenes de origen geográfico foráneo (815 y 207 respectivamente). Ellos también serán los únicos supervivientes cuando en los años 40 del siglo XIX se produzcan las defunciones de Bernardo y Serafina.

En febrero de 1840 Serafina contaba con 68 años y se encontraba tendida en cama aquejada de una grave enfermedad. Su situación llevó a la pareja a disponer sus últimas voluntades por escrito ante el notario celanovés Don Benito Antonio Alvarez[922]. La escritura testamentaria nos confirma que Benito y Dominga eran sus únicos descendientes con vida, ambos casados y residentes en la misma aldea de Cerdal de Abaixo donde también eran moradores los otorgantes y antes habían sido sus abuelos, sus bisabuelos y sus tatarabuelos hasta donde alcanzan nuestras informaciones. Sin embargo, solo el hijo varón compartía diariamente la residencia paterna. A este hijo "atendiendo a la asistencia y cariño con que nos trata" le entregan Bernardo y Serafina por vía de legado todos los bienes muebles y raíces adquiridos durante la compañía familiar desde su matrimonio en el mes de septiembre de 1824, los frutos y carnes existentes en el año de su fallecimiento y el abono que se halle en las cuadras. En definitiva, los otorgantes se apartan de los gananciales obtenidos durante la compañía alejando así a su otra hija del posible beneficio de estos.

Son pues razones asistenciales las que justifican la presencia de legados que impiden la adopción de un sistema de reparto de la herencia estrictamente igualitario. Como ya habíamos tenido ocasión de comprobar a través de la escritura testamentaria de Domingo Blanco, abuelo de la otorgante, ni siquiera entre las familias de ricos campesinos localizamos la presencia de mejoras que adopten la fórmula de estrategias tendentes a la indivisión del patrimonio familiar. Obviamente desconocemos el valor que poseía en la herencia de Bernardo y Serafina el legado que otorgaron a Benito a cambio de su asistencia, pero bien es verdad que, aunque en el momento de la concesión la otorgante ya se encontraba encamada su muerte por "hidropesia" no sobrevino hasta seis años después. Tiempo suficiente para que el hijo se hiciera justo merecedor del beneficio hereditario concedido.

Juan Blanco y Manuela López bautizaron a seis hijos (587), cuatro de ellos llegaron a la edad adulta pero solo dos contrajeron matrimonio, Benito (208-946-947) y María Blanco (190). En ambos casos el padre debió satisfacer en el mes de junio de 1807 el pago de las respectivas bulas de consanguinidad que hicieron posible sus matrimonios, confirmando así con su comportamiento la tendencia predominante entre las familias de ricos campesinos de la parroquia de Veiga a concertar el matrimonio de sus hijos con primos segundos en aras de la reunificación de los viejos patrimonios familiares. Sus otros dos hermanos Antonia y José murieron en estado de solteros, Antonia convivió con su hermano Benito Blanco en la aldea de Rairigo de donde era originaria su segunda mujer y José Blanco mantuvo su residencia en la aldea de Cerdal de Abaixo, probablemente en compañía de su hermana casada María, aunque no tenemos constancia de ello.

Coincidiendo con la instalación de Benito Blanco en la aldea de Rairigo en el mes de junio de 1807 se celebra también el matrimonio de su hermana María con otro pariente consanguíneo natural de Cerdal de Abaixo donde establecerán su residencia, muy probablemente en la casa familiar de la novia (190). El matrimonio únicamente tuvo a dos descendientes, José y Manuela Rodríguez, accediendo ambos a la edad adulta y al estado matrimonial antes de la defunción de sus progenitores a mediados del siglo XIX (560 y 650 respectivamente). En el mes de enero de 1841 María cayó enferma cuando contaba con 64 años y la pareja decidió dejar constancia de las disposiciones funerarias y establecer el sistema de reparto de su herencia realizando un testamento notarial[923]. Su lectura nos confirma la acertada estrategia de los padres de María, que casando exclusivamente a dos de sus descendientes con parientes consanguíneos y jóvenes vinculados al círculo de sociabilidad familiar, lograron trasladar a ambos la privilegiada posición social que ostentaban en el marco de la comunidad parroquial de Veiga.

---

[922] AHPOU, Sección protocolos notariales. Notario Don Benito Antonio Álvarez, caja 1182, año 1840, f. 76-77.

[923] AHPOU, Sección protocolos notariales, Notario Don Benito Antonio Álvarez, caja 1183, año 1841, f. 2-3v.

Las disposiciones funerarias de Baltasar y María constituyen una buena prueba de su capacidad económica al solicitar que se rezaran 130 misas por el alma de cada uno de ellos y que asistieran a sus respectivos entierros, tercios y cabos de año seis señores sacerdotes. Sin embargo, no sólo las características de los entierros constituyen en este caso una prueba fehaciente de su privilegiada posición social. En enero de 1841 compartían la casa familiar de Cerdal de Abaixo ambos descendientes, José ya había enviudado tras la prematura muerte de su esposa Clara Pérez con quien había contraído nupcias en la parroquia de Santa Baia en febrero de 1834 y Manuela aún no había pasado por el altar. Los petrucios nos informan sobre la adquisición de "algunos bienes raíces" durante la compañía familiar con el hijo casado en casa, sin embargo es su voluntad que éste no tuviera parte en ellos por razón de compañía sino que se partieran y dividieran en partes iguales entre los dos descendientes. La razón básica de su comportamiento se debe al desembolso previo de "algunos miles para liberar del servicio de armas a su hijo José" f. 3[924].

El reparto de bienes de Baltasar y María solo será efectivo al fallecimiento del último de los dos quien cederá "al hijo que le asista hasta el cabo de la vida todo el fruto verde y seco que corresponda en el año del fallecimiento" f. 3. Una vez más la búsqueda de la indivisión patrimonial a través del reparto hereditario no figura entre los objetivos de estas familias que a todas luces formaron parte de la élite social de la comunidad de Veiga, perpetuando durante varias generaciones su privilegiada posición social en base a las restrictivas estrategias matrimoniales puestas en marcha.

Manuela Rodríguez contrajo nupcias en el mes de noviembre de 1842 con Juan Benito Vázquez (650), el segundo y último descendiente de una familia de ricos campesinos afincados en la aldea colindante de Cerdal de Arriba que accede al estado matrimonial y el único de ambos que establece su residencia en la casa paterna. Juan Benito y Manuela comparecieron ante el notario Don Pablo Porras el día 13 de agosto de 1886 cuando ya habían cumplido 67 y 75 primaveras respectivamente para dejar constancia escrita de sus últimas voluntades[925]. Su lectura nos transmite con total nitidez la enorme capacidad económica de la que disponían en la segunda mitad del siglo XIX los descendientes de la rama que fundara un siglo atrás su abuelo Juan Blanco al tiempo que nos recuerda el profundo foso que debía separar su posición social de la que detentaban sus primos segundos descendientes de las otras dos ramas familiares. Veamos los datos concretos.

En primer lugar y a diferencia del resto de los miembros de este linaje que requieren la presencia de un notario para la realización de un testamento escrito, Juan Benito y Manuela no reciben el calificativo de labradores sino la categoría de "propietarios", aunque desconocemos el verdadero sentido de esta expresión. La pareja tuvo a cuatro descendientes, uno de ellos murió a temprana edad y los tres restantes se encontraban casados, aunque solo el hijo varón compartía la residencia paterna tras la celebración matrimonial. Según la declaración testamental, Sebastiana Vázquez recibió en el momento de su matrimonio y con cargo a legítima cuatro casas sitas en la aldea de Cerdal de Abaixo, provenientes por lo tanto de la herencia materna, fincas para producir más de 35 Hl. de maíz (35 fanegas)

---

[924] En esta ocasión el pago de una elevada cantidad de dinero cuya cifra exacta desconocemos permitió liberar del servicio de armas al descendiente varón de esa familia de ricos campesinos. La lectura de la documentación concerniente a las Certificaciones de Libertad solicitadas por los mozos originarios de la comarca de Celanova y conservadas en el Archivo Histórico Diocesano, también aporta testimonios claros sobre este tipo de prácticas al alcance de un reducido sector de la sociedad que, en base a su capacidad económica o simplemente decisoria, impedía la marcha de sus descendientes para el ejercicio de las armas. Benito Álvarez vecino de la feligresía de Santa María de Fechas debe presentar su certificación de libertad ante el Provisor Eclesiástico del Obispado ourensano para contraer nupcias en el mes de enero de 1816 puesto que en el año de 1808 fuera elegido en su parroquia para el ejercicio de las armas y por sus posteriores ausencias del territorio parroquial para "ganarse la vida". El susodicho Benito, cuya declaración ratifican los testigos presentados, afirma que "siendo hijo único de padre sexagenario los nominadores en el año de ocho me eligieron para soldado con notorio agravio porque siendo uno de ellos Salvador González que tenía dos hijos llamado Simón y Diego los dejó libres correspondiendo la elección en uno de ellos primero que en mi". Archivo Diocesano de Ourense, Serie Libertades, caja 10.1.4.

[925] AHPOU, Sección protocolos notariales, notario Don Pablo Porras, caja 4249, 1886, protocolo nº 118.

y patatas en una cantidad no especificada, una vaca valorada en 30 duros, 4 duros para la compra de cerdos y diversos bienes muebles entre los que se incluían un banco de respaldo, tres arcas, dos camas arcadas y un carro nuevo además de un hórreo con cuatro pies de piedra[926]. Por su parte Rosa Vázquez también recibió a cuenta de su legítima una casa "que fue de capellanía con los bienes de la misma" que costaran a los testadores en el momento de su adquisición 16.000 reales, bienes muebles de carácter prácticamente idéntico a los anteriormente citados para la hermana, 40 pesos para la compra de una vaca y 20 duros para un hórreo. Dado que su hijo Domingo comparte la casa paterna con los otorgantes, es voluntad de éstos que se reintegre de otro tanto proporcional a lo recibido por sus otras dos hijas y en "consideración a sus trabajos y asistencia esmerada que en las enfermedades les viene prestando él y su mujer" le entregan a la muerte del último de los otorgantes todos los muebles, ropas y efectos que se encuentren en la casa de Cerdal de Arriba así como las carnes y frutos correspondientes a la cosecha de ese año. El resto de la herencia debe repartirse de manera estrictamente igualitaria entre los tres descendientes teniendo en cuenta los bienes ya recibidos por las dos hermanas. ¿A cuánto podría ascender entonces la fortuna familiar teniendo en cuenta las cantidades a cuenta de legítima entregadas en concepto de dote?

Manuela Rodríguez falleció en diciembre de 1888, su funeral corrió a cargo de 7 sacerdotes y 60 misas de salvación se rezaron por el bien de su alma. Cuando muere su marido en febrero de 1891 el número de sacerdotes se elevó a 12, entrando así en el reducido círculo de vecinos de la parroquia de San Munio de Veiga que a lo largo de los tiempos modernos contaron con tan elevado número clérigos en sus funerales. Se incluyen entre los 24 casos contabilizados algunos priores, párrocos y diáconos fallecidos en territorio parroquial (8 en total) y el escribano Don Antonio Sotelo y Novoa.

Pese a que carecemos de informaciones fidedignas sobre la posición social de José Rodríguez (22/6/1834-560), hermano de la susodicha Manuela, gracias a los testamentos notariales de Francisco Blanco marido de Josefa Blanco y de Juan Benito Vázquez y Manuela Rodríguez, éste último recogido en el párrafo anterior, estamos en disposición de afirmar la prolongación durante al menos cuatro generaciones consecutivas de un poder económico y una preeminencia social indiscutible. Sin embargo, no todas las ramas descendientes del viejo tronco familiar transmiten la imagen de ese mismo comportamiento.

Benito Blanco se unió en el mes de octubre de 1815 con María Basalo, hija de una familia de medianos campesinos también afincada en el territorio parroquial (210). En el padrón de 1827 localizamos a la familia viviendo en la aldea de Cerdal de Abaixo en casa del padre del novio. Tras la muerte de éste a principios de 1830 en el nuevo padrón de habitantes realizado en dicho año el matrimonio ya figura en solitario. Sabemos por lo tanto que el matrimonio de Benito y María surge de la unión de dos importantes familias y que además la pareja se instaló en compañía de la familia paterna durante sus primeros años de vida, de ahí que en base a nuestro limitado control de informaciones resulta ciertamente imposible conocer las razones que justificaron el declive social y económico que según todos los indicios sufrió este agregado doméstico.

El origen social de las parejas de sus tres descendientes que accedieron al estado matrimonial aporta el primer síntoma de dicho declive. Juan Blanco es el primero de ellos que accedió al matrimonio y su enlace en el mes de septiembre de 1844 todavía se realiza con una mujer originaria de una familia integrada en las capas medias de la sociedad (948), sin embargo la unión de Antonia Blanco en junio de 1855 ya se realiza con un vecino de la misma localidad de Cerdal de Abaixo perteneciente al sector inferior del campesinado y lo mismo ocurrirá con el matrimonio

---

[926] Teniendo en cuenta que según se desprende de la consulta de patrimonios eclesiásticos para el periodo comprendido entre 1819 y 1835, los rendimientos medios del cultivo del maíz en la comarca de Celanova se situaban entonces en torno a 33 Hl./Ha., en realidad Sebastiana recibió en concepto de dote más de 1 Ha. de tierra labradía.

que localizamos de Rita Blanco en abril de 1871, que aun no siendo sus primeras nupcias casa en esta ocasión con un hombre viudo natural de la aldea de Folgoso y también nacido en una familia de pequeños campesinos.

Cuando fallece en octubre de 1866 la mujer de Benito Blanco de una "calentura", se enterró con cuatro sacerdotes, pero ninguna misa pudo ofrecerse ya por su alma. Cinco meses después una "hidropesia" puso fin a la existencia de Benito cuando contaba con 71 años; en su caso el sacerdote parroquial nos informa que el difunto no fue funerado, no realizando testamento escrito ni siquiera memoria oral ninguno de los dos cónyuges. Unos 37 años atrás su padre Rosendo Blanco había solicitado más de 100 misas de salvación por el bien de su alma, igual que su esposa María López fallecida unos años antes y con anterioridad sus abuelos también habían demandado una cifra similar. Todos ellos fueron enterrados entre el arco de la capilla mayor -reservada para los Priores- y los altares laterales de la Iglesia Parroquial de San Munio. Ahora desconocemos el lugar de enterramiento de Benito, pero cuando menos sabemos que su inhumación ni siquiera se precedió de una misa de funeral. Desconocemos los acontecimientos concretos que marcaron la vida familiar de Benito provocando su declive social, pero las pinceladas de su vida que llegan a nosotros constituyen una prueba evidente de que el nacimiento no marcaba a fuego el destino de los individuos en esta sociedad rural del Antiguo Régimen.

El análisis desarrollado sobre el conjunto de las escrituras testamentales realizadas por los miembros de este linaje durante cinco generaciones nos permitió corroborar el profundo arraigo que presentaba la filosofía de la igualdad en tierras celanovesas a lo largo de la Época Moderna, cuando ni siquiera los hogares que ocupaban la cúspide de la pirámide social comunitaria recurrían al uso de la mejora para garantizar la indivisión de sus abultados patrimonios y asegurar así el mantenimiento de su privilegiada posición social en el traspaso generacional. Exactamente, un 50% de los hogares que conformaron el linaje de Domingo Suárez e Isabel Nogueiras en las cinco generaciones analizadas acudieron al notario para dejar constancia de sus últimas voluntades, ratificando así una vez más con este elevado porcentaje de asistencia al notario su capacidad económica y las diferencias que les separaban de una proporción mayoritaria de la comunidad de Veiga[927]. El azar permitió en esta ocasión que más de un 80% de las escrituras realizadas llegara a nuestras manos y en ningún caso se esgrimieron otro tipo de razones al margen de las cuestiones de tipo asistencial para otorgar pequeños legados a favor del descendiente casado en casa, por lo que sin lugar a dudas las estrategias puestas en práctica por estas familias de ricos campesinos celanoveses en busca de una perpetuación social no siempre conseguida, se centraron en el campo de las alianzas matrimoniales.

El predominio de un sistema hereditario que potenciaba la división patrimonial de las familias celanovesas llevaba implícito sin embargo un alto grado de arraigo a la tierra. Así se deduce del elevado porcentaje de tataranietos de Domingo e Isabel - un 40% del total- que, una vez celebradas sus nupcias establecieron su residencia en la misma aldea de Cerdal de Abaixo a la que se encontraban ligados los destinos de muchos de sus antepasados. En conjunto, cerca de un 60% de los hogares conformados a lo largo de las cinco generaciones analizadas ubicaron su residencia en este núcleo de población sin que podamos establecer claras diferencias en función del sexo de los descendientes. Como puede apreciarse en el cuadro resumen, si bien más de un 66% de los hijos casados compartían la aldea de residencia paterna, dicho porcentaje se eleva a un 69% en el caso de las mujeres. Los datos presentados hablan por sí solos y sobran comentarios acerca de la estabilidad de las familias celanovesas durante la Época Moderna[928].

---

[927] Véase apéndice estadístico, cuadro resumen VI. 1.

[928] La estabilidad de la familia gallega también fue puesta de manifiesto por C. Fernández Cortizo en sus estudios sobre Tierra de Montes. En las genealogías que investiga el autor, cuando menos un 66,7% de los hijos mantienen la misma aldea de residencia que sus progenitores, llegando en ocasiones a alcanzar el 86,4% del total (2004: 108).

Agustín Rodríguez y su mujer Bernarda Arias natural de la parroquia de Podentes dirigen una de las explotaciones más importantes afincadas en territorio parroquial a mediados del siglo XVIII. Además, a las 3,26 Ha. de tierra de su explotación deben sumarse los 400 reales de vellón anuales que los peritos regulan de utilidad al oficio de "tratante de cueros" que también ejerce el cabeza de familia. Los datos económicos de este agregado doméstico ubicado en la cúspide de la pirámide social fueron el punto de referencia para elaborar el segundo árbol genealógico representativo de las capas superiores de la sociedad analizada[929].

La historia familiar comienza en mayo de 1690 con el matrimonio de Francisco Rodríguez y Juana Rodríguez (455), padres de Agustín (94/1083) y también integrados en el sector superior de la sociedad. Pese a la importante posición económica de partida, una simple mirada a la reconstrucción genealógica codificada del tronco familiar es suficiente para concluir una evolución generacional bastante alejada del comportamiento descrito para el árbol genealógico de los descendientes de Domingo Suárez e Isabel Nogueiras. Elegido en representación del sector superior del campesinado, su evolución a lo largo de cinco generaciones refleja con toda crudeza las consecuencias derivadas de una importante movilidad social sobre el destino familiar en la larga duración.

Al margen de los cinco núcleos familiares que abandonan el territorio parroquial y cuyo futuro por tanto desconocemos (un 12,19%), sólo un 13,88% de los agregados domésticos asentados en el término de San Munio de Veiga logra mantener el nivel social de partida emplazándose en el sector más rico de los hogares comunitarios. Un 50% del total se posicionará entre las capas medias de la sociedad y nada menos que un 36,11% engrosará el grupo de familias económicamente deficitarias, hasta el punto de que un 15,38% de las mismas pasará a formar parte de los más pobres entre los pobres, los declarados pobres de solemnidad.

El progresivo empeoramiento de la condición social de los agregados domésticos implicados resulta perfectamente visible a partir del análisis generacional. Los descendientes en primera generación de Francisco y Juana pasaron a integrar a partes iguales las capas medias y superiores de la sociedad, pero un 75% de los nietos casados ya entraban de lleno en el grupo de los medianos campesinos y un 30,76% de los biznietos incluían por primera vez durante el periodo de estudio a la progenie analizada en el sector inferior del campesinado comunitario. Un 50% de los tataranietos se incluye en el grupo de los pequeños campesinos y en un 11,1% de los casos son declarados pobres de solemnidad al momento de su defunción. En esta última generación objeto de análisis, solo un 5,5% de los tataranietos se incluiría en el grupo de ricos campesinos. A tenor de los datos expuestos y dadas las diferencias que se constatan en el balance generacional con respecto al ejemplo anterior, la primera cuestión a plantear es su causalidad.

En lo que respecta a la procedencia social de los cónyuges en primeras nupcias de los descendientes de Francisco y Juana, se observa una importante reducción en la presencia porcentual de hogares de ricos campesinos que descienden su representación del 18% obtenido en la genealogía anterior al 9,75%. Se mantiene en cambio una frecuencia similar en la concertación de alianzas matrimoniales con familias asentadas fuera del territorio parroquial, que en este caso suponen el 34,15% del total. Por otra parte, se percibe incluso un ascenso de partenaires venidos de las capas medias de la sociedad que representan ahora a un 43,9% del conjunto. Su crecimiento parte de la disminución operada en el grupo superior pero también se nutre de un pequeño descenso en el nivel de representación de las familias menos pudientes. Estas únicamente enlazan con este tronco familiar en un 12,19% de las ocasiones analizadas, aunque su presencia ya se localiza entre los descendientes de la segunda generación.

---

[929] Véase reconstrucción genealógica codificada VI. 2 y cuadro resumen VI.2 en el apéndice estadístico.

En definitiva, teniendo en cuenta las posibles variaciones derivadas del número de observaciones sobre el que se apoya el estudio, se observa una disminución en el número de enlaces establecidos con los agregados domésticos detentadores de un mayor nivel de riqueza en el seno de la comunidad investigada sin embargo, a nuestro juicio la influencia de esta cuestión no es suficiente para justificar las disparidades expresadas.

Resulta especialmente llamativa la desproporción que se observa en las dimensiones horizontales que alcanzan las generaciones analizadas en los dos árboles objeto de estudio. En los dos casos partimos de un único núcleo familiar, pero mientras que 22 descendientes de Domingo Suárez e Isabel Nogueiras accederán al estado matrimonial a lo largo de cuatro generaciones, en un periodo cronológico coincidente, la suma se eleva a 41 entre los sucesores de Francisco y Juana Rodríguez. Factores de índole diversa contribuyeron en el logro de esta incuestionable disparidad de comportamientos:

- En primer lugar, la acción combinada de la naturaleza y una edad media de acceso al matrimonio comparativamente más tardía, permiten la obtención de una descendencia media sensiblemente más baja entre los núcleos integrantes del primer árbol reconstruido (5,33 hijos/familia frente a 5,66).
- La mortalidad infantil-juvenil realizó a posteriori su trabajo reduciendo el número de los descendientes que alcanzaron la edad adulta. Su incidencia también afectó en mayor medida en el primer caso analizado limitando el acceso a la mayoría de edad para un 48,4% de los nacidos, mientras que un 50% de los vástagos de la genealogía familiar de Francisco y Juana lograron el mismo fin.

- Finalmente el ingreso en el mercado matrimonial tampoco implicó a una proporción idéntica de los descendientes de uno y otro árbol de manera que sólo un 31,36% de los hijos habidos entre los sucesores de Domingo Suárez e Isabel Nogueiras contrajeron nupcias, ascendiendo esta proporción al 36,61% del total en la segunda genealogía analizada.

Por lo tanto, factores de índole biológica, demográfica y social contribuyeron al logro de una incuestionable disparidad de comportamientos que implica en el primer caso la obtención de una media de 1,83 hijos casados por familia, frente a los 2,05 resultantes del análisis del segundo tronco familiar[930]. Esta diferencia en la media de hijos casados por hogar contribuyó en gran medida a dibujar el diferente trazado de estas dos historias familiares a lo largo de la Época Moderna, un trazado que a nuestro juicio ejerció una importancia considerable sobre el destino social de los núcleos familiares que las conformaban.

Su importancia se aprecia en mayor medida a través del análisis desarrollado sobre el conjunto de las alianzas matrimoniales concertadas a lo largo de las cuatro generaciones estudiadas. La debacle social que viven los descendientes de Francisco y Juana podría llevarnos a suponer en principio una notable reducción o incluso la desaparición de las estrategias matrimoniales detectadas en la anterior reconstrucción genealógica, sin embargo, lejos de producirse este fenómeno se constata una vitalización de las mismas. En la práctica dichas estrategias se extienden al 100% de los hogares regentados por ricos campesinos y al 70% de los dirigidos por labradores integrados en las capas medias de la sociedad.

---

[930] En realidad, la media de 2,56 hijos casados por familia que se obtiene para este segundo tronco familiar una vez eliminados del cálculo los cuatro hogares que no lograron colocar a ningún descendiente en el mercado matrimonial, parece bastante más ajustada a la realidad que nos transmite la reconstrucción genealógica codificada, donde observamos la presencia de una proporción situada en torno al 40% de los hogares que asegura su relevo generacional con el matrimonio de tres, cuatro y hasta cinco descendientes.

La vigencia que adquieren en este caso las alianzas preferenciales es fácilmente deducible a partir de una simple hojeada al árbol genealógico codificado incluido en el apéndice estadístico. Su conversión en cifras realizada en el cuadro VI. 2 nos permite cuantificar su influencia sobre un porcentaje mínimo del 43,90% de los núcleos familiares establecidos. Nada menos que 18 de los 41 agregados domésticos descendientes de Francisco y Juana surgen de la unión de sus sucesores con miembros de otros tres troncos familiares, pero entre ellos las alianzas se establecen de tal manera que sólo en cuatro ocasiones se transgredieron los grados de parentesco que según la Legislación Eclesiástica del momento implicaban la necesaria solicitud de una dispensa por consanguinidad. Sirva simplemente a modo de ejemplo el comportamiento observado en la primera generación descendiente del núcleo familiar fundador.

Agustín Rodríguez y su mujer Bernarda Arias (94) casan a cuatro de sus doce hijos. Francisco es el primero en pasar por el altar y pese a que sus padres disponen de una privilegiada situación económica según se desprende de la consulta de las fuentes catastrales de mediados de siglo, este contraerá nupcias con Clara Muñoz (448), única hija de un matrimonio de pequeños campesinos moradores en la aldea de Veiga. Manuela Rodríguez, hermana de Francisco, casa pocos años después con Manuel Cal (687), único hijo con vida de Domingo Cal y Rosa Prieto, una familia de campesinos integrados en las capas medias afincados también en la aldea de Veiga y ya fallecidos en la fecha en la que se celebra el matrimonio. Ramón Rodríguez, el más joven de la fratria, será también el último en acceder al estado matrimonial (867), su esposa Mariana Prieto nació en una familia de medianos campesinos de la localidad de Veiga regentada por Francisco Prieto y Ángela Cau. Con anterioridad, su hermano Antonio había celebrado las nupcias en la parroquia de Orille con Marina Pía instalándose posteriormente en la casa paterna (170). Clara Muñoz, Manuel Cal y Mariana Prieto no son desconocidos; Manuel Cal y Mariana Prieto son primos carnales hijos de dos hermanos y Clara Muñoz es prima segunda de los dos anteriores puesto que sus respectivos abuelos eran hermanos. Además, al tiempo que se celebraban sus matrimonios, también casaba una hermana de Mariana con Caetano Muñoz primo carnal de los anteriores (275), hijo de María Rodríguez, la hermana de Agustín casada en la aldea de Tourille (422)[931].

Un simple análisis de las alianzas matrimoniales establecidas nos permite entonces concluir que como mínimo cinco de las ocho uniones concertadas en esta generación, obedecen al cumplimiento de un planteamiento familiar previo que no solo vincula a los individuos implicados en aras de lograr su instalación en la sociedad o en busca quizá de unos beneficios económicos concretos. Sus uniones muy probablemente renovaron antiguas relaciones familiares establecidas en un pasado que nosotros desconocemos, pero también sirvieron de base para posteriores alianzas que puntualmente sellaron sus descendientes a través de sucesivos matrimonios prolongados cuando menos durante dos generaciones más, hasta el límite cronológico de nuestra investigación situado en los años 30/40 del siglo XIX.

En la siguiente generación la única hija de Francisco que accede al matrimonio lo hará tras la solicitud de una dispensa por consanguinidad en tercero y cuarto grado con su futuro marido Juan Basalo (585). Sus padres son en

---

[931] El seguimiento de la red de alianzas matrimoniales puede realizarse de manera más visual a través de la reconstrucción genealógica codificada, utilizando para ello los códigos familiares indicados entre paréntesis. El esquema de presentación señala con una línea morada o anaranjada, dependiendo del sexo masculino o femenino, la llegada de un nuevo cónyuge procedente de los troncos familiares seleccionados como preferenciales al árbol genealógico sobre le que se focalizan las investigaciones. La figura de un rectángulo del que parte el trazado de la línea simboliza el código numérico y clasificación social del hogar de origen del joven seleccionado, mientras que el punto de llegada se corresponde con el agregado doméstico que él mismo conformará como resultado de su unión con un/a descendiente del tronco familiar investigado, simbolizando con su respectivo rectángulo ubicado en la generación precedente a la familia progenitora. La representación codificada de la genealogía focal es completa incluyendo por tanto todas y cada una de las uniones matrimoniales localizadas a lo largo del periodo de tiempo investigado, los esquemas arbóreos que representan en cambio a las familias con las que se desarrollan los cruces preferenciales no están completos, de manera que solo se incluye en los mismos a los agregados de origen de los partenaires elegidos o los de sus ascendientes directos que permiten continuar la línea de filiación familiar.

realidad primos segundos de su madre Clara Muñoz y de sus dos tíos políticos Manuel Cal y Mariana Prieto. En situación similar se encuentra Manuela Rodríguez, hija de Ramón Rodríguez quien también debe solicitar bula por cuarto grado de consanguinidad para casar con Joaquín Cal (657), un joven de la aldea de Veiga nacido en el seno del hogar que conforman Juan Cal y María Corbillón, primos terceros de Manuel Prieto –hermano de Mariana Prieto-, tras su matrimonio con Manuela Muñoz[932].

Tres nuevas alianzas selladas a través de los biznietos de Agustín Rodríguez y una más que vinculaba a una biznieta de María Rodríguez, hermana del susodicho, siguen ampliando a la siguiente generación la compleja trama de relaciones que entrelazaba estos tres troncos familiares. La biznieta de María, Benita González, casa en octubre de 1825 con Domingo Corbillón tras solicitar bula por parentesco en cuarto grado (304). El novio también natural de la aldea de Tourille era biznieto de Diego Muñoz, hermano de Francisco Muñoz el bisabuelo de la novia. En febrero de 1827 Manuel Rodríguez biznieto de Agustín contrajo nupcias con una hermana de Domingo llamada Bernarda Corbillón (723), los jóvenes también eran nietos por vía materna de Manuel Prieto, hermano de Mariana Prieto tía abuela del novio. Antonio Suárez primo segundo de Manuel y por supuesto también nieto de Agustín casa en primeras nupcias el día seis de septiembre de 1830 con Josefa Corbillón (1108), prima carnal de Juaquín Cal casado a su vez en 1804 con Manuela Rodríguez, prima hermana de la madre del novio. Finalmente, José González iniciará la vida en común con María Cal el primer día de diciembre de 1823 (537), y una vez más, renovando la tradición familiar la novia tampoco era una desconocida en el ámbito de sus relaciones. De hecho, era prima segunda de Juan Basalo casado en 1776 con Rosa Rodríguez, prima hermana de la madre del novio.

Solo una previa reconstrucción longitudinal que organice genealógicamente la historia familiar permite obtener un nivel mínimo de información a partir del cual se puede pretender un acercamiento empírico al sistema matrimonial vigente entre las comunidades rurales del pasado. La complejidad del mismo es evidente según se deduce de la lectura de los párrafos anteriores en los que únicamente se presentan los reencadenamientos de alianzas localizados con dos de los tres árboles genealógicos que merecieron el calificativo de "familias preferenciales".

Obviamente, el declive social de los descendientes de Francisco y Juana Rodríguez no se deriva de un progresivo abandono de las estrategias matrimoniales localizadas entre los sucesores del tronco familiar iniciado por Domingo Suárez e Isabel Nogueiras, por lo menos en lo que respecta a la fórmula del reencadenamiento de alianzas. También sigue presenciándose la celebración de matrimonios a trueque que juntamente con las ceremonias precedidas de dispensa de consanguinidad imperan en este caso sobre un 21,94% de los hogares constituidos, un porcentaje sensiblemente inferior al obtenido con la suma de ambos capítulos en el anterior árbol genealógico analizado, dado que en este caso se constata una pequeña reducción porcentual en el apartado de las alianzas consanguíneas.

Durante las cuatro generaciones analizadas los descendientes de Francisco y Juana solicitaron en total cinco dispensas de consanguinidad que afectaron a un 12,19% de los hogares fundados. En realidad, cuatro de ellas se integran en el proceso descrito de reencadenamientos de alianzas mientras que la requerida para constituir el matrimonio en segundas nupcias entre Bernarda Rodríguez y Benito Blanco, parientes en cuarto grado, establece un punto de unión entre las dos genealogías seleccionadas en representación del grupo de ricos campesinos. En este caso ambos contrayentes son biznietos respectivos de Francisco y Juana y de Domingo e Isabel, lo que implica la posible presencia de contactos matrimoniales que se remontan a los tiempos en los que convivían los antepasados de las dos parejas fundadoras.

---

[932] Aunque en este caso concreto desconocemos los cruces de parentesco causantes de la solicitud de dispensa, es evidente que la red de alianzas con este tronco familiar se prolonga hacia atrás en el tiempo, a un pasado en el que no todas las conexiones familiares pueden ser reconstruibles dada la posible movilidad familiar o incluso simplemente por problemas derivados de la calidad de las fuentes parroquiales.

Puesto que dos de los cuatro matrimonios a trueque concertados también se incluyen en la práctica de las alianzas sucesivamente encadenadas, al final el cómputo de los tres conceptos analizados interviene sobre un 51,21% de los núcleos familiares constituidos en las cuatro generaciones examinadas, un porcentaje similar al obtenido para el linaje de Domingo Suárez e Isabel Nogueiras. La totalidad de los matrimonios a trueque contabilizados y dos de las cinco dispensas por consanguinidad solicitadas se circunscriben al ámbito de actuación de los agregados domésticos comprendidos en el grupo de ricos campesinos que conformaban la comunidad de estudio. Sin embargo, la solicitud de bulas y en general la concertación de matrimonios dentro de un reducido círculo de la vecindad no son caracteres específicos del comportamiento de los ricos campesinos, sino que también definen la actuación de los hogares integrados en las capas medias de aquella sociedad rural.

En definitiva, la evidente tendencia al control sobre el origen de los cónyuges incorporados a este tronco familiar no constituyó una estrategia suficiente para evitar el proceso paulatino de declive social que sufrieron los descendientes de Francisco y Juana. Si la finalidad de su aplicación era el logro de la estabilidad social, obviamente entonces su empleo supuso un rotundo fracaso. Sin embargo, aunque en ocasiones se ha constatado el mantenimiento de conductas sociales una vez diluidos los posibles objetivos a conseguir, no parece lógica su pervivencia durante todo el periodo cronológico abarcado si no sirviera para el cumplimiento de un fin más o menos específico en aquella sociedad[933]. Muy probablemente sus metas se extendían más allá del terreno económico, e incluso en ese campo concreto desconocemos en qué medida su uso pudo paliar las consecuencias derivadas de la elevación ya descrita del número medio de uniones matrimoniales por unidad familiar con respecto al árbol genealógico anteriormente reconstruido, sin duda un poderoso factor de disgregación patrimonial en el marco de una dominante filosofía de la igualdad[934].

El azar no fue tan generoso con nosotros en esta ocasión como en la genealogía anteriormente analizada permitiéndonos localizar un 56% de las escrituras testamentales realizadas ante notario por parte de los descendientes de este árbol genealógico. Tal como puede apreciarse en el cuadro VI. 2 incluido en el apéndice estadístico, un 43% de los agregados domésticos que conformaron a lo largo de cinco generaciones la genealogía de Francisco Rodríguez y Juana Rodríguez acudieron al notario para dejar constancia escrita de sus últimas voluntades. Dicho porcentaje resulta sensiblemente inferior al obtenido para la anterior reconstrucción genealógica, pero sigue constituyendo un claro reflejo de la elevada capacidad económica de la que disponían una parte de los agregados domésticos incluidos en este linaje.

En cualquier caso, la consulta de escrituras testamentarias únicamente reafirma las conclusiones ya anteriormente expuestas puesto que en ninguna ocasión las mejoras de tercio y quinto hacen acto de presencia a la hora de organizar el reparto hereditario de las medianas y ricas fortunas campesinas, primando una vez más los pequeños legados post-mortem, a veces de dudosa rentabilidad, como recompensa de la asistencia prestada en vida[935].

---

[933] En las genealogías familiares de Saint Jean Trolimon que reconstruye M. Segalen desde comienzos del siglo XVIII a mediados del XX, la autora constata una disminución en la práctica de los reencadenamientos de alianza a partir de los años 60 del siglo XIX cuando el objetivo a su juicio pretendido, el ajuste entre líneas familiares de la misma condición social pierde su razón de ser en el marco de un empobrecimiento generalizado de las familias. Pese a que las razones económicas ya no pueden amparar su uso, su pervivencia se mantiene en aquellas tierras hasta los años 50 del siglo XX como una manifestación puramente simbólica que marca el deseo de "rester entre soi", renovando los viejos contactos entre líneas familiares ya aliadas (M. Segalen, 1985:154-160).

[934] De hecho, resulta especialmente significativo al respecto observar el comportamiento de determinados agregados domésticos como es el caso del presidido por Manuel Cal y Manuela Rodríguez (687), o el fundado por Juan Basalo y Rosa Rodríguez en noviembre de 1776 tras la solicitud de dispensa por consanguinidad (585). Ambos constituyen los únicos representantes del sector medio de la sociedad comprendidos en el árbol que, a la luz de los datos que disponemos, no conciertan el matrimonio de alguno de sus vástagos en base a las estrategias apuntadas y en ambas ocasiones observamos una debacle social superior a la media.

[935] Rosa Rodríguez, única hija de Francisco Rodríguez que accedió al matrimonio, contrajo nupcias en el mes de noviembre de 1776 con Juan Basalo previa

Cerdal de Abaixo era el núcleo residencial al que se vinculaban los destinos de un buen número de agregados descendientes de la anterior genealogía reconstruida. Rairigo, la aldea donde localizamos a finales del siglo XVII la pareja fundadora, sigue siendo todavía el lugar de asentamiento para casi un 40% de los tataranietos casados en los años 20 y 30 del siglo XIX. Lógicamente, la mayor amplitud de las ramas de este árbol genealógico con respecto al linaje anteriormente reconstruido se ve reflejada en el descenso del número de parejas que mantienen la misma ubicación del núcleo fundador, un 34,5% del total, percibiéndose incluso en esta ocasión una apreciable diferencia en el comportamiento de los descendientes masculinos y femeninos (47,06% y 25% respectivamente).

A nuestro juicio la instalación de un 60,97% de los descendientes casados en el núcleo residencial donde habitaban sus progenitores constituye una prueba evidente del enraizamiento a la tierra y la consecuente estabilidad familiar característica de esta sociedad rural, al tiempo que nos permite comprender la necesaria puesta en práctica de complejas estrategias matrimoniales para lograr el establecimiento de las nuevas generaciones en base a esta concepción familiar[936].

VI.2.2. Las estrategias matrimoniales de las capas intermedias de la sociedad. La estirpe de Francisco Suárez y Francisca Vidal

Francisco Suárez en compañía de Francisca Vidal aparecen en los Libros Parroquiales de San Munio de Veiga a principios del siglo XVIII, ellos constituyen el núcleo fundador de la genealogía seleccionada en representación de las capas medias de la sociedad. Francisco y Francisca son los padres de Juana Suárez, casada con Hilario Casal en enero de 1729, la pareja que al frente de una explotación de 2,90 Ha. de tierra encabeza el grupo de los medianos campesinos de la comunidad de Veiga en los años centrales de la centuria ilustrada.

Como ya indicamos con anterioridad, la media de hijos/hogar y la proporción de descendientes que acceden al mercado matrimonial alcanzan cifras máximas de presencia en esta reconstrucción familiar[937]. Si un primer vistazo

---

solicitud de dispensa de consanguinidad por parentesco en cuarto grado puesto que Clara Vázquez bisabuela de Rosa y Cecilia Vázquez bisabuela del novio eran hermanas (585). Como puede apreciarse en la reconstrucción genealógica codificada correspondiente a este linaje, el matrimonio surge de la unión de dos agregados domésticos pertenecientes a las capas medias y al grupo de ricos campesinos asentados en la comunidad de Veiga, colocando en el mercado matrimonial a cuatro de los diez descendientes nacidos de su unión. El día 8 de enero de 1837, pocos meses antes de su defunción, el matrimonio que se declara enfermo realiza un testamento notarial conjunto ante Don Benito Antonio Álvarez. En este momento sus cuatro hijos con vida, tres mujeres y un hombre, ya habían accedido al matrimonio localizándose el menor de ellos de nombre Ramón en su casa y compañía. Atendiendo "al buen servicio y cariño" con que les trata le legan el fruto verde y seco, carnes vivas y muertas existentes en el año de su fallecimiento y el abono que se halle en las cuadras, mientras que su mujer recibe también por sus buenos servicios el peine de asedar lino. En contrapartida el joven matrimonio debe satisfacer las deudas de los petrucios cuya cuantía desconocemos y pedir a Dios por el descanso de sus almas. (AHPOU, Sección Protocolos Notariales, caja 1182, f. 1-2v). El comportamiento de Rosa y Juan Basalo constituye un nuevo ejemplo acerca del funcionamiento de las prácticas hereditarias en la comarca celanovesa aunque en esta ocasión también pone en tela de juicio las ventajas que representaban en algunas ocasiones estos legados testamentales para sus perceptores. De hecho, la mujer de Ramón de nombre Isabel Fernández, falleció de fiebre en el mes de octubre de 1851 asistiendo a su entierro cinco sacerdotes de limosna tras ser declarada pobre de solemnidad.

[936] Como ya indicamos en su momento, la elevada estabilidad de la institución familiar en tierras celanovesas no está reñida con una importante movilidad personal de cuya existencia no siempre dan adecuado testimonio las fuentes parroquiales. En el marco concreto de este tronco familiar, la certificación de soltería de Felipe Rodríguez, hijo de Ramón Rodríguez e Isabel Fernández (865), para contraer matrimonio con Isabel Cal de San Paio de Veiga, constituye un buen ejemplo de dicha movilidad difícilmente imaginable a partir de los datos que reunimos a partir de la documentación parroquial. Archivo Histórico Diocesano de Ourense, Sección Libertades, caja 10.1.4. Felipe nació en 1782 y en abril de 1817 localizamos su matrimonio en la parroquia de San Paio donde instaló su residencia hasta el momento de su defunción (cuadro en blanco en la reconstrucción genealógica codificada), sin embargo gracias a la certificación de libertad solicitada por Don José Benito Dorado párroco de San Paio sabemos que a este joven le correspondió la suerte de soldado en el mes de septiembre de 1808 manteniéndose alejado de su aldea de origen desde esta fecha hasta el mes de agosto de 1816. Dadas las convulsas fechas en las que le tocó la suerte de soldado a Felipe Rodríguez, el itinerario de sus andanzas es tan extenso que casi resulta inverosímil desde nuestra óptica actual, más apropiado para un relato de aventuras que para la descripción de las vivencias de un paisano celanovés de comienzos del siglo XIX. Desde su establecimiento en el regimiento Buenos Aires instalado en la ciudad de León hasta la obtención de su licencia ocho años después visitó los pueblos de Burgos, Monterrey, Villafranca del Bierzo, A Coruña, Avilés, Astorga, Ponferrada, Valladolid, Irún y la zona fronteriza con Francia, Vizcaya, Victoria y Santander.

[937] Véase apéndice estadístico, cuadro VI.3 y reconstrucción genealógica VI. 3.

a la genealogía de Francisco y Juana Rodríguez ya nos ofrecía una certera impresión de declive social, en este caso la imagen de dinamismo que se obtiene se ve corroborada con el reagrupamiento generacional de informaciones realizado en el cuadro resumen.

Basta saber que un 25% de los 48 núcleos familiares establecidos en territorio parroquial durante las cuatro generaciones analizadas logran el ascenso al sector superior de la sociedad. Su relevante número unido a un 43,75% de los casos que mantiene la posición social de partida, reducen hasta un 31,25% del total el porcentaje de los descendientes de destino conocido que se desploma hasta el sector más desfavorecido del campesinado. Además, la mayoría de dichos descolgamientos, en concreto un 86,66% del total, se localiza entre los tataranietos de Francisco Suárez y Francisca Vidal, coincidiendo una vez más con la incorporación al árbol familiar de cónyuges provenientes del sector inferior del campesinado.

La elevada proporción de hijos por unidad familiar que acceden al estado matrimonial (2,91) se refleja con notoria claridad en la amplitud que alcanza la representación gráfica de este tronco familiar. Su influjo también queda patente sobre el número de descendientes que comparten el núcleo de residencia paterna tras la celebración de sus enlaces matrimoniales, un 56,25% del total, un porcentaje inferior al obtenido en las dos reconstrucciones genealógicas anteriormente analizadas. La diferencia es notoria si comparamos los datos con los del tronco familiar que fundaron Domingo Suárez e Isabel Nogueiras (cuadro resumen VI.1), quienes lograron el establecimiento de más de un 68% de sus descendientes en la aldea de residencia paterna, manteniéndose casi un 60% de los núcleos familiares conformados a lo largo de cuatro generaciones en la aldea referencial de Cerdal de Abaixo. En el caso que ahora nos ocupa dicha proporción se reduce de manera drástica hasta representar únicamente a un 17,18% del total.

Pese a que en este caso se contabiliza un importante volumen de matrimonios, el número de los que son susceptibles de ser utilizados en los cálculos se reduce sobremanera porque un 50% de las uniones en primeras nupcias introduce en el escenario familiar a jóvenes "foráneos" que extienden los vínculos familiares más allá de los reducidos límites parroquiales. En base al grupo de los originarios de la comunidad de estudio deducimos un comportamiento familiar tendente a la selección de cónyuges entre los descendientes de agregados domésticos regentados por medianos y ricos campesinos. De hecho, la suma de ambos capítulos representa un 84,37% del total. Obviamente desconocemos el origen social de los 32 casos provenientes del exterior, pero en base a los datos que poseemos, solo un 15,62% de los partenaires escogidos hunde sus orígenes en el sector inferior del campesinado, concentrándose todos los casos entre los descendientes en cuarta generación de la pareja fundadora. Su entrada en la estirpe familiar es una causa evidente del declive social que sufre esta generación. La inclusión de un 48,15% de sus miembros de destino conocido en el grupo de los campesinos insuficientes obedece también a la propia incapacidad de sus núcleos familiares de origen, de la que en último término constituyen una buena muestra las elecciones matrimoniales establecidas.

Causa y consecuencia a la vez de la evolución económico-social familiar, las alianzas matrimoniales concertadas parecen incidir en la búsqueda consciente de una diferenciación del grupo de pequeños campesinos. En realidad, los cinco compromisos matrimoniales establecidos con este grupo se integran en el ámbito de los reencadenamientos de alianzas con otros troncos familiares, ya conocidos a través de anteriores enlaces, pactados en tiempos de un pasado común más venturoso.

El linaje de Francisco Suárez y Francisca Vidal se convierte así en un excelente modelo ejemplificador del comportamiento de las capas medias de aquella sociedad, en progresivo deterioro a lo largo de los tiempos modernos. Un grupo capaz de promocionar socialmente a una proporción no desdeñable de sus miembros que pasaban a ocupar las vacantes generadas por la movilidad social descendente entre los ricos campesinos, al tiempo que sufría en sus propias carnes las consecuencias de esa misma movilidad que hundía a una parte de sus descendencias entre el grupo de los más desfavorecidos. Pese a la ausencia en estas tierras de un sistema de reparto claramente desigualitario que pretendiera el beneficio de uno o varios descendientes a costa del sacrificio del resto de la fratria[938], desde el momento en el que defendemos la presencia de estrategias familiares que condicionaban la elección matrimonial podemos suponer que los ascensos y descensos, brazos de equilibrio de una misma balanza, dependían en cierta medida de la decisión paterna.

Usado a modo de muestra, el destino social de los vástagos casados de Hilario Casal y su esposa Juana Suárez revela el alcance que adquiría la elección matrimonial sobre la suerte de las nuevas parejas[939]. Hilario y Juana casan a ocho de sus descendientes, todos los que alcanzan la edad adulta en la casa familiar de la aldea de Cerdal de Abaixo, poniendo así de manifiesto la disponibilidad económica de dicho agregado familiar:

- El primogénito de nombre Benito contrae nupcias en enero de 1759 en la parroquia de Sorga con una joven natural de aquella vecindad donde instalará el matrimonio su residencia, apartándose de ese modo de nuestro campo de observación. Un comportamiento que se repite de idéntica manera en el caso de su hermana Ángela (479).

- Bernarda, Francisco y Rosalía realizan matrimonios socialmente homogámicos con jóvenes originarios de la parroquia de Veiga nacidos en familias de medianos campesinos (familias 229, 395 y 360 respectivamente). En las tres ocasiones se constata su posterior inclusión en el mismo sector social del que procedían ambos cónyuges.

- Gertrudis Casal pasó por el altar en septiembre de 1763 uniéndose a un hombre precozmente enviudado, originario de la aldea de Outeiro y heredero junto a su otra hermana casada de una importante explotación familiar que le incluye en el grupo de los ricos campesinos. Él mismo del que formarán parte los integrantes del nuevo matrimonio según se deduce de las características de sus respectivas defunciones (116).

- El 14 de enero de 1767 se celebra en la iglesia parroquial de Sorga el doble matrimonio que enlaza a dos de los descendientes de Hilario y Juana, José y Lorenzo Casal, con dos hermanas naturales de dicha parroquia. A través de la documentación notarial descubrimos la posterior instalación de José en la casa paterna, convirtiéndose así en el único descendiente que así procede en vida de los padres, mientras que Lorenzo fijará su residencia en la parroquia de Sorga, muy probablemente en la casa donde nació su mujer María Ramos. Lamentablemente la esposa de José falleció sin descendencia de manera que desconocemos la suerte que hubiera podido correr esta unidad familiar, sin embargo, los detalles de las respectivas defunciones de José y su segunda mujer también de origen foráneo, ocurridas a principios del siglo XIX, inciden en la degradación social de este agregado doméstico (521).

Se deduce entonces de lo arriba expuesto que la posición social alcanzada por cuatro de los cinco hermanos instalados en la comunidad de Veiga depende de manera evidente de las condiciones económicas de las familias de origen, sin embargo el destino final de José Casal no creemos que encaje a la perfección con el planteamiento inicial

---

[938] La elevada proporción de descendientes de Francisco Suárez y Francisca Vidal que formaron parte del sector superior y de las capas medias de la comunidad de Veiga se da de la mano con el importante porcentaje de hogares que escrituraron sus testamentos ante notario, un 41,17% del total. Casi un 62% de dichas escrituras testamentales obran en nuestro poder y su lectura ofrece suculentas informaciones de cara al seguimiento de la historia familiar, resolviendo en ocasiones la clasificación social de los hogares implicados. Sin embargo, desde el punto de vista de las prácticas hereditarias no hacen sino confirmar las afirmaciones realizadas al respecto, no contabilizándose ni un solo caso de mejora larga, ni siquiera mejoras de tercio o de quinto.

[939] Véase apéndice estadístico, reconstrucción genealógica VI.3, código familia 490.

de los progenitores. Según se especifica en el testamento que realiza su padre antes de morir en el mes de febrero de 1772, José es el único hijo casado en casa tras la realización de un matrimonio a trueque. Participa junto con sus hermanos Lorenzo, Ángela y Rosalía en el reparto de la casa paterna y es declarado heredero exclusivo de un hórreo de cinta fabricado desde su casamiento. Parece evidente que la precoz muerte de su mujer y las posteriores nupcias con una mujer foránea debieron incidir en su posterior declive social[940].

Carecemos de un importante volumen de información, sobre todo la concerniente a la procedencia social de los cónyuges foráneos, que nos permitiría comprender mejor la estrategia desarrollada de cara a la colocación de la numerosa descendencia procreada. Sin embargo, los datos que disponemos para este caso concreto nos permiten concluir la notable influencia que ejercía la selección matrimonial sobre el futuro de la nueva generación, al tiempo que nos invitan a pensar una vez más en el peso de la capacidad individual y la incidencia de los avatares de la vida, que asimismo podían variar el rumbo de las decisiones adoptadas.

La extensión al sector medio de la sociedad de las estrategias matrimoniales localizadas en principio entre las familias de ricos campesinos ya se hizo patente a través de la reconstrucción genealógica de los descendientes de Francisco y Juana Rodríguez. La conducta que se deriva de las actuaciones llevadas a cabo por los continuadores del linaje fundado por Francisco Suárez y Francisca Vidal constituye una prueba evidente del grado de difusión que alcanzaron estas prácticas en las cotas medias y superiores de la sociedad campesina.

Casi un 30% de los 64 núcleos familiares conformados durante las cuatro generaciones descendientes que abarca la investigación, surgen a partir de la renovada fusión de los sucesores de la pareja fundadora con los miembros de otros tres troncos familiares también claramente integrados en los sectores medio y superior de la comunidad. De hecho, un 73,68% de los 19 reencadenamientos localizados se formalizan con agregados domésticos regentados por ricos (31,58%) y medianos campesinos (42,1%). El porcentaje sensiblemente inferior que adquieren estos reencadenamientos con respecto a los árboles anteriores se explica en parte por la importante presencia que alcanzan

---

[940] El testamento de Hilario Casal posee un extraordinario valor para el conocimiento de la estrategia desarrollada de cara a la colocación de esa amplísima prole puesto que expone con bastante precisión las bases materiales sobre las que se fundaran los matrimonios de los seis descendientes que ya habían contraído nupcias antes del fallecimiento del cabeza de familia. A través de su lectura tenemos constancia de que Benito Casal, el primogénito instalado en la parroquia de Sorga, había recibido en el momento de su matrimonio bienes raíces para su administración, ganado mayor y menor y 21 ducados de vellón para la adquisición de una casa. Bernarda Casal también abandonó el domicilio familiar tras su unión matrimonial con Benito Muñoz, un joven natural de la aldea de Tourille hijo de una familia de medianos campesinos con la que siguieron entablándose alianzas matrimoniales en generaciones sucesivas (229). La pareja se instaló en la aldea de Tourille donde ya se había producido el fallecimiento de ambos progenitores aportando para ello a la unidad conyugal bienes raíces, ganado mayor y menor no siendo necesario en esta ocasión la entrega de dinero para adquisición de vivienda. Francisco también estableció un vínculo matrimonial con una familia de medianos campesinos afincados en este caso en la aldea de Cirós (395), aunque la joven pareja no se instaló en ninguna de las dos aldeas de donde eran originarias las familias de origen, sino que se estableció en la localidad de Outeiro. Suponemos que compraron una casa en esa localidad a cuenta de los 21 ducados que al igual que Benito, también recibe Francisco para la adquisición de una vivienda, además de los bienes raíces, ganado mayor y menor que en cantidad indeterminada recibe como sus otros dos hermanos ya especificados. Gertrudis Casal que como sabemos emparentó con una familia de ricos campesinos de la aldea de Outeiro, recibió en el momento de sus nupcias 60 ducados de vellón y ganado mayor y menor, sustituyéndose en este caso por dinero los bienes raíces entregados a sus otros tres hermanos. Por último, en enero de 1767 se celebró el matrimonio a trueque de José y Lorenzo con Rosa y María Ramos naturales de la parroquia de Sorga, instalando posteriormente su residencia en la casa familiar de Cerdal de Abaixo el primero de ellos y el segundo en la de Sorga, no contemplándose en este caso la entrega de bienes tras la celebración matrimonial, confirmándose así en esta ocasión la utilización del matrimonio a trueque como estrategia tendente al ahorro de dotes. Hilario Casal dispone además en su escritura testamentaria que únicamente entrarán en el reparto de la casa familiar las dos hijas todavía solteras que vivían en compañía del otorgante –Ángela y Rosalía- y los dos hijos que habían formado parte del matrimonio a trueque, apartando así a los restantes cuatro descendientes ya establecidos. Dado que los dos varones habían recibido 21 ducados de vellón para la compra de sus viviendas, entrega a sus dos hijas ya instaladas 8 ducados de vellón para resarcirse frente a sus hermanos y evitar así la multivisión de la casa familiar. Teniendo en cuenta que las dotes de estos cuatro descendientes ya incluían cabezas de ganado mayor y menor, la partición del ganado restante a la muerte del otorgante también se reservó para las dos hijas solteras y los mencionados José y Lorenzo. Aunque la casa familiar se dividió entre estos cuatro descendientes, en la siguiente generación únicamente José, el hijo casado en casa en vida de los dos progenitores y Rosalía figuran asentados en la aldea de Cerdal de Abaixo. Sus hermanos Lorenzo y Ángela se establecieron en la colindante parroquia de Sorga. AHPOU, sección protocolos notariales. Notario Don José Carrera y Castro, caja 1237,año 1772, f. 13-14

en esta ocasión los cónyuges venidos del exterior de la comunidad, un 50% del total de contrayentes en primeras nupcias. Si los eliminamos de nuestros cálculos dado que nuestra metodología de trabajo no nos permite conocer el posible grado de vinculación existente entre ellos y con los troncos familiares originarios de la comunidad de estudio, prácticamente un 60% de los enlaces concertados en el marco parroquial se inscriben en complejas cadenas matrimoniales en el interior de las cuales también cobran sentido una vez más los matrimonios a trueque y las alianzas consanguíneas. De facto, tres de las siete dispensas de consanguinidad solicitadas y cuatro de los ocho matrimonios a trueque celebrados se vertebran en la intrincada estructura de los reencadenamientos de alianza.

Como ya tuvimos ocasión de comprobar anteriormente, el funcionamiento de las redes de intercambio de cónyuges en el interior de esas largas cadenas matrimoniales resulta bastante complejo. Su complejidad deriva de la imposible extrapolación de unas normas específicas de conducta puesto que, con toda seguridad, en la práctica individuos y familias se movían en un ámbito específico de libertad en el que se producía la adaptación de los esquemas generales de funcionamiento colectivo a las circunstancias particulares que atravesaban los miembros de cada grupo doméstico. Como ejemplo de esa complejidad rescatamos las relaciones matrimoniales de los descendientes de Francisco Suárez y Francisca Vidal, cuyo comportamiento a veces difícilmente descriptible, esperamos presentar con la mayor claridad posible.

Juana Suárez, nieta de Francisco Suárez y Francisca Vidal, casa el 16 de septiembre de 1757 con Bentura Río natural de la aldea de San Fiz e hijo de una familia de ricos campesinos (251). Su matrimonio juntamente con el de sus dos primas carnales Bernarda y Gertrudis Casal constituyen en función de los datos que disponemos el punto de arranque del proceso de reencadenamiento matrimonial. Bernarda Casal une su destino en primeras nupcias al de Benito Muñoz (229), vecino de la aldea de Tourille e hijo de una familia de medianos campesinos con cuyos descendientes y parientes colaterales se seguirán desarrollando intercambios matrimoniales en generaciones sucesivas. Gertrudis Casal, como ya indicamos anteriormente, casa con Andrés Feijoo (116), miembro de un agregado doméstico de ricos campesinos residente en la aldea de Outeiro y también iniciador de posteriores contactos familiares.

José Freire es nieto de una de esas tres parejas fundadoras, la conformada por Bentura Río y Juana Suárez. Casa en abril de 1841 con una joven nacida en un núcleo familiar de pobres campesinos residentes en la aldea de Tourille (532). Pese a que los progenitores de José se incluyen en el grupo de las capas medias del campesinado comunitario, el declive de esta rama familiar ya se vislumbra de antemano con el establecimiento de esta alianza con un núcleo anclado a la base de la pirámide social, ratificándose después a través de la clasificación social de sus tres descendientes casados. Ante la carencia de medios, en los años cuarenta del siglo XIX la estrategia familiar parece centrarse en un "repliegue interior", dado que en realidad la futura cónyuge de nombre Manuela Río, es sobrina nieta del abuelo del novio, ratificando así su ya lejana unión con Juana Suárez.

Entre ambos matrimonios separados por más de 80 años se insertan además otras celebraciones más cercanas en el tiempo, concretamente las de Dominga y María González ocurridas en 1806 y 1814, respectivamente (99 y 266). Ambas hermanas, nietas de Bernarda Casal y primas terceras del susodicho José Freire, realizaron un matrimonio a trueque con Alejandro y Bernardo Río, hijos de un hermano del indicado Bentura llamado José Río, el abuelo de la joven que unos años después contrajo nupcias con José Freire[941]. Transcurridos unos años desde la celebración

---

[941] También en esta ocasión los vínculos familiares del pasado parecen unir el futuro de dos agregados domésticos cuyas posiciones sociales de partida no son en absoluto coincidentes. Como nota aclaratoria al respecto debemos indicar sin embargo que si bien en la representación genealógica se incluye a los progenitores de los novios (857) en el grupo de pequeños campesinos, su inclusión en ese grupo en el momento cronológico en que el que se concierta el doble enlace no parece del todo correcta dada su probable pertenencia a las capas medias de la sociedad durante buena parte del ciclo familiar.

matrimonial de José Freire y Manuela Río, en junio de 1849 nuevamente dos descendientes de estos dos troncos familiares formalizan su unión: Antonio Casal primo segundo de Dominga y María González se presentó ante el altar de la Iglesia Parroquial con Gabriela González, hija de unos primos terceros de los padres de Alejandro y Bernardo (131).

Según se desprende de los datos expuestos, el enlace de Bentura Río y Juana Suárez a mediados del siglo XVIII no significó únicamente la unión de dos jóvenes nacidos en agregados domésticos bien posicionados en el entramado social comunitario. Su matrimonio implicó también el establecimiento de fuertes vínculos de relación entre dos troncos familiares que se mantuvieron en el tiempo. Casi un siglo después de su celebración matrimonial y cuando algunas de las ramas familiares ya habían perdido la privilegiada posición social de partida, la renovación de dichos vínculos entrelazó nuevamente el futuro de cuatro de sus respectivos descendientes directos y parientes colaterales.

Como ya hemos indicado con anterioridad, el círculo preferencial en el que se desarrollaban las relaciones familiares no se limita a los enlaces matrimoniales celebrados con descendientes de este tronco. El matrimonio de Bernarda Casal y Benito Muñoz en febrero de 1757 supuso también el punto de arranque de una interesante cadena matrimonial en la que las dos mallas se corresponden con el matrimonio de su propio hijo Francisco González y el de su sobrina Juana Casal.

Francisco González es el hijo en segundas nupcias de Bernarda Casal, quien tras la temprana muerte de su primer marido Benito Muñoz, casa de nuevo con un hombre natural de la parroquia de Sorga. Francisco será el primer renovador de los lazos abiertos con la familia del primer marido de su madre al emparejar en febrero de 1786 con Juana Muñoz (412), hija de un hermano del difunto Benito. El matrimonio en los límites de la afinidad se realiza entre dos jóvenes que en realidad vivían en la misma aldea de Tourille y muy probablemente en casas de habitación contiguas surgidas del reparto de la antigua residencia familiar, en la que convivían Benito y Manuel, padre de la novia, y en la que continuó residiendo Bernarda tras su segundo matrimonio. Además de la cercanía y la vecindad quizá también influyera en su unión el hecho de que la herencia de Benito, según se desprende de su escritura testamentaria, quedaría a la muerte de su mujer en manos de los descendientes de sus dos hermanos Manuel y Caetano[942]. Su comportamiento no representa un caso exclusivo, sino que se repite en varias ocasiones en los tres árboles genealógicos analizados hasta el presente. Sin ir más lejos, el 26 de septiembre de 1821 Juan Casal primo carnal de Francisco contraerá nupcias en la parroquia de Sorga con Jacinta Ramos, sobrina de la primera mujer de su padre fallecida pocos años después de la celebración de un matrimonio a trueque.

En el mes de mayo de 1823, 37 años después del matrimonio de Francisco, Juana Casal hermana del expresado Juan contrae nupcias con José Muñoz revalidando de nuevo las viejas alianzas familiares que en su día entablaron Bernarda y Benito (543). El novio, hijo de un primo carnal de Benito Muñoz, es a su vez primo segundo de Juana Muñoz, mujer de Francisco González y por lo tanto prima carnal de la contrayente. Con su unión, se cierran las mallas que vinculan a los descendientes en primera generación de la pareja iniciadora de la cadena matrimonial con este tronco familiar.

---

[942] Benito Muñoz falleció en el mes de enero de 1759 y sus últimas voluntades quedaron recogidas en un testamento escrito realizado ante el notario Don Asensio Salgado el segundo día del mes de diciembre de 1758. En esta fecha según su descripción se encuentra postrado en cama y enfermo de enfermedad natural. Benito y Bernarda residen en la aldea de Tourille, en la casa familiar de Benito, en compañía de sus dos hermanos todavía solteros, Caetano y Manuel. De hecho, Benito declara deberle 33 ducados de vellón derivados de la venta que le hicieron de una parte de la casa de sobrado que había de pagarles según el ajuste de partijas y del préstamo que estos hermanos solteros también le hicieron para comprar el cupo de casa que le correspondió a su otra hermana casada en Sorga. Toda la herencia paterna y materna de Benito se la lega a su mujer Bernarda por los días de su vida, pero a su muerte debía pasar a su único hijo Antonio y en caso de que éste muriera, como así sucedió, a los referidos sus hermanos y a sus respectivos descendientes. AHPOU, sección protocolos notariales, notario Don Asensio Salgado, caja 1392, año 1758, f. 21-22v.

En la siguiente generación, nuevamente un descendiente directo de Bernarda revitalizará los lazos familiares. En esta ocasión será su nieta Benita, hija del susodicho Francisco González. Benita contraerá nupcias en septiembre de 1825 con Domingo Corbillón, vecino de la misma aldea de Tourille y pariente consanguíneo en cuarto grado puesto que su madre Marta Prieto y la madre de la novia, Juana Muñoz, eran hijas de primas carnales (304). En realidad, el novio nacido en una familia de medianos campesinos no solo se vinculaba al entorno familiar por vía materna sino también a través de sus ascendientes por vía paterna. Los lazos de unión se extendían hasta su tío abuelo Andrés Feijoo, que también ejercía de tío abuelo de la contrayente tras su matrimonio con Gertrudis Casal, la unión que marca el inicio de la otra gran saga matrimonial.

En idéntica manera a lo ocurrido en la anterior cadena matrimonial, otros individuos y otros agregados domésticos que dibujaban el trazado generacional de las ramas colaterales del árbol familiar siguieron reinterpretando los viejos vínculos de unión. Así, diez años después del enlace entre Benita González y Domingo Corbillón, Ramón Feijoo primo segundo de la susodicha Benita casa con Benita Fernández natural de la aldea de Veiga e hija de Antonio Fernández y Manuela Muñoz (852). Los padres de la contrayente son primos carnales de Juana Muñoz, quien tras su mencionado matrimonio con Francisco González es a su vez prima hermana de los padres del novio. Benita no será la única hija de este agregado de ricos campesinos que empareje con el tronco familiar de los descendientes de Francisco Suárez y Francisca Vidal. Su otra hermana Nicolasa Fernández contraerá nupcias en diciembre de 1840 con Benito Feijoo, hermano de Ramón, estableciendo así un doble intercambio matrimonial entre estos dos agregados domésticos (216). Siete años después será la hermana más joven, Gertrudis Fernández, la que cerrará con su matrimonio con Francisco Casal (396), primo segundo de los anteriores, la larga cadena de permutas conyugales.

Se deduce de los datos anteriores un evidente reforzamiento de los lazos matrimoniales entre estos dos troncos familiares en las décadas centrales del siglo XIX, dado que en este periodo se concentran en una sola generación cinco de los ocho enlaces implicados en el encadenamiento matrimonial. En realidad, la situación no parece circunscribirse al caso particular arriba expuesto sino que entronca también con el repliegue familiar detectado a través del análisis anteriormente desarrollado sobre la cadena iniciada por Bentura Río y Juana Suárez y en última instancia se refleja en la elevadísima proporción que alcanzan en esta generación las alianzas preferenciales sobre el conjunto de matrimonios concertados con cónyuges naturales de la comunidad de estudio, nada menos que un 72,2% del total. En nuestra opinión, dicho reforzamiento obedece sin duda a una multiplicación de las estrategias familiares de control matrimonial en un contexto histórico de fuerte polarización social provocada en gran medida por un importante declive de las capas medias, que en un buen número de casos pasarán a engrosar en estos años el amplio grupo de campesinos insuficientes[943].

El enlace entre Gertrudis Casal y Andrés Feijoo en septiembre de 1763 da inicio a la tercera gran cadena matrimonial a través de la que se nutren de cónyuges los agregados domésticos que componen el árbol familiar. Su unión se reafirma 28 años después a través del matrimonio de Cecilia Río, hija de una prima hermana de Gertrudis Casal, con Baltasar Nieto, hijo a su vez de una prima carnal del expresado Andrés (187), además esta boda retrotrae las relaciones de intercambio de cónyuges a un periodo anterior puesto que los novios deben solicitar bula por consanguinidad en tercer con cuarto grado. Al igual que ocurría en las dos cadenas anteriormente presentadas, los intercambios matrimoniales se multiplican en la última generación analizada, cuando cuatro sobrinos-nietos de la

---

referida Gertrudis Casal formalizan sus respectivos esponsales con otros tantos descendientes de parientes de los referidos Andrés Feijoo y Baltasar Nieto[944].

A resultas del análisis desarrollado podemos afirmar entonces que cuando menos un 42,18% de los núcleos familiares creados en el periodo cronológico abarcado, desde comienzos del XVIII a mediados del XIX, surgieron en mayor o menor medida en base al cumplimiento de un planteamiento familiar específico, sin que ello signifique la asunción de un plan concreto racionalmente diseñado y asumido generacionalmente en pro de un sentimiento colectivo de pertenencia a un mismo linaje. A nuestro juicio, los intercambios matrimoniales en muchas ocasiones simplemente constituían una fórmula surgida de un amplio proceso de sociabilidad familiar que periódicamente implicaba la presencia simultánea de los jóvenes cuyos ascendientes, parientes y afines unidos por lazos e intereses comunes, compartían trabajos y fiestas colectivas. Por otra parte, y como ya tuvimos ocasión de constatar en anteriores ocasiones, la celebración de una unión matrimonial con un pariente o cuasi pariente tampoco garantizaba el éxito social en la totalidad de las ocasiones. Sin embargo, la inclusión en el sector inferior del campesinado de una cuarta parte de las parejas resultantes de la aplicación de estas formas preferenciales de alianza constituye un resultado francamente positivo teniendo en cuenta la elevada movilidad social descendente característica de esta sociedad.

Se desprende del comportamiento de este linaje y de los dos anteriormente analizados la necesidad de fusionar siempre y en la medida de lo posible el análisis de las formas relevantes que adquirían las prácticas matrimoniales en las sociedades del pasado con el funcionamiento general de los sistemas de alianza. Sirva sino de ejemplo el caso particular que nos ocupa, ya que un 62% de los matrimonios consanguíneos localizados en estos tres linajes y en torno a un 43% de los matrimonios a trueque, implican simplemente la adopción en un momento dado y por razones que obviamente desconocemos, de unas fórmulas concretas de alianza que en realidad cumplían una auténtica función de nexos renovadores de antiguos vínculos familiares, cuya existencia no resulta tan fácilmente identificable sin una previa reconstrucción longitudinal de las redes de parentesco.

Se deduce además del comportamiento de las cadenas matrimoniales descritas un deseo evidente de evitar las celebraciones nupciales dentro de los grados de parentesco necesitados de una solicitud preliminar de dispensa religiosa. De ahí que en la mayoría de las ocasiones se observa una práctica tendente a la renovación de los intercambios a través de las líneas familiares colaterales, sorteando así las interdicciones de las leyes eclesiásticas. De hecho, las propias fuentes consultadas nos advierten de la posible celebración de algunas de estas uniones entre parientes insertas en largas cadenas matrimoniales, sin un previo conocimiento por parte de las familias de que estaban infringiendo las normas de la Iglesia. Es el caso concreto del matrimonio de Francisco Muñoz y María Rodríguez, incluido en el árbol genealógico de los descendientes de Francisco y Juana Rodríguez[945]. Casados el 28 de enero de 1728, su matrimonio se ratificó casi siete años después, el día 3 de noviembre de 1734, puesto que al comprobarse que eran parientes en cuarto grado debieron cumplimentar los trámites de dispensa papal e incluso separarse, según nos informa el párroco en una nota redactada al margen de la partida matrimonial.

En definitiva, los descendientes casados de los hogares de ricos y medianos campesinos analizados en los tres linajes reconstruidos rebasaron en un 12,59% de las ocasiones los grados de parentesco necesitados de obligatoria solicitud de dispensa y en un menor número de casos, en torno al 11,02%, adoptaron la fórmula de matrimonios a trueque. Pero en realidad, la conclusión más importante es la formalización de una importante proporción de sus

---

[944] Aunque obviamos la inclusión en texto de sus nombres y filiaciones concretas, los agregados domésticos a los que dieron lugar sus nupcias se recogen en la reconstrucción genealógica codificada con los números 358-377-537 y 948.

[945] Véase apéndice estadístico, reconstrucción genealógica VI.2, agregado doméstico nº 422.

uniones en un reducido círculo de sociabilidad familiar, generacionalmente renovado con los descendientes directos y en mayor medida con los parientes colaterales de agregados domésticos que ya habían sellado anteriores vínculos matrimoniales. Un 35,43% de los núcleos familiares surgidos a lo largo de las cuatro generaciones estudiadas a partir de las tres parejas fundadoras obedece a este comportamiento, y su porcentaje de representación asciende al 61,64% del total si eliminamos del cómputo los hogares fundados tras una celebración matrimonial con un cónyuge foráneo.

¿Esta conducta se hacía extensiva también a la mayoritaria proporción de familias de campesinos insuficientes que conformaban la comunidad de estudio o se trataba de una estrategia característica del comportamiento de las familias de ricos campesinos?

VI.2.3. El sector más desfavorecido de la sociedad y las estrategias de la supervivencia. La estirpe de Bartolomé Calvino y María Méndez

El acercamiento a las historias de vida de los linajes seleccionados se produjo a través de un proceso de reconstrucción y reagrupamiento de las informaciones recogidas de las fuentes parroquiales, notariales y fiscales, que guarda bastantes similitudes con el montaje de un gran puzle. Sin embargo, en este caso el ensamblaje del conjunto de las piezas localizadas siempre derivó en un cuadro inacabado puesto que como bien afirmaba G. Levi, no solo el azar y las vicisitudes de la historia determinaron las informaciones que han llegado a nuestras manos, también la estratificación de la realidad en la que se movían los protagonistas estableció una primera e ineludible selección (G. Levi, 1990:48).

Acudir al notario para escriturar las decisiones importantes que marcaban el devenir de la vida familiar no estaba al alcance de todas las economías domésticas. Su coste económico en una sociedad caracterizada por el predominio de una cultura de la oralidad relegó su práctica a un limitado grupo de familias mayoritariamente vinculado al sector superior de la comunidad campesina. Ni siquiera en su caso se impuso una norma de conducta tendente a dejar constancia por escrito del conjunto de las actuaciones llevadas a cabo. El escaso grado de protocolización de la vida familiar en la Celanova del Antiguo Régimen llena de lagunas e incertidumbres las historias de los linajes reconstruidos, sobre todo la correspondiente a la estirpe de pequeños campesinos que fundaron a comienzos del siglo XVII Bartolomé Calvino y María Méndez.

Pese a la importancia de las sombras, creemos que las luces que ofrecen los datos que al presente disponemos sobre el proceso de reproducción social de las familias celanovesas justifican sin lugar a duda su inclusión en el texto. Sirva además esta recuperación de pequeños retazos de vida de algunos hogares campesinos asentados en la comunidad de Veiga como homenaje póstumo a los protagonistas anónimos de la historia demográfica y económica de la comarca en los tiempos modernos.

La interesada actuación de los párrocos que prestaron sus servicios en la parroquia de San Munio de Veiga a lo largo de los tiempos modernos con ocasión de la defunción de sus feligreses constituyó una fuente inmejorable para comprender la fuerza que adquiría la palabra en la transmisión de las decisiones familiares y la reducida incidencia social de las escrituras notariales. De hecho, sólo un 23% de los 39 hogares que conforman el árbol genealógico de Bartolomé Calvino y María Méndez a lo largo de las seis generaciones analizadas acudieron al notario para dejar constancia escrita de sus últimas voluntades. El azar en esta ocasión permitió que un 44% de las mismas llegara a nuestras manos[946].

---

[946] Véase apéndice estadístico, reconstrucción genealógica codificada VI. 4 y cuadro resumen VI. 4.

La historia familiar de Bartolomé y María comienza a contarse paralelamente al inicio de los archivos parroquiales de la comunidad de Veiga y tal como puede apreciarse a través de la reconstrucción genealógica codificada incluida en el apéndice estadístico, ambos constituyen el punto de arranque de una larga trayectoria familiar de duración plurisecular a la que dieron forma casi unánimemente individuos y familias integrados en la base de la pirámide social. De hecho, un 91,11% de los 45 agregados domésticos de destino conocido conformados a lo largo de las seis generaciones descendientes analizadas se incluyen en el grupo de pequeños campesinos y un 31,11% de los mismos merecen incluso el calificativo de pobres entre los pobres. Su pobreza "de solemnidad" les convirtió en un buen número de casos en beneficiarios de entierros de limosna. Ya entrado el siglo XIX, algunos miembros de este linaje de la miseria también se enterraron en el Camposanto parroquial sin la previa celebración de un funeral por sus almas, unos simples responsos fueron su única carta de entrada en el Reino Celestial.

Durante el periodo de seguimiento de más de dos siglos de duración, solo en cuatro ocasiones detectamos la presencia de agregados domésticos que alcanzaron las capas medias de la sociedad campesina, pero su permanencia en los escalones inferiores del grupo fue extremadamente fugaz puesto que en ningún caso logra transmitirse la posición alcanzada. Sin duda, la apreciable movilidad social ascendente localizada entre los descendientes del nivel inferior del campesinado a partir de la reconstrucción de "genealogías sociales" no tocó por igual al conjunto de las familias que integraban este amplio sector social, en el interior del cual también se reproducía la diferenciación interna característica del conjunto de la sociedad.

No cabe duda de que después de transcurrido un promedio de 17 años de matrimonio, Juan Domínguez (595), Antonio Sieiro (175) o Miguel Cadavid (755) que a mediados del siglo XVIII se situaban al frente de explotaciones de 40 áreas de tierra de extensión media, difícilmente podrían aspirar diariamente al cumplimiento de cualquier otro objetivo al margen de la alimentación familiar. En su caso, la entrada en el mercado matrimonial de uno e incluso de dos de sus descendientes representó en sí mismo un auténtico logro en el juego diario de la supervivencia. Pero desde su posición social de partida plantear la posibilidad de un ascenso en la escala social implicaba sin duda entrar en el mundo de las utopías, utopías que tal y como apreciamos en la reconstrucción genealógica, en algunas ocasiones llegaron a cumplirse.

Diego Sieiro nació juntamente con su hermano Antonio, arriba aludido, en el seno de una familia claramente integrada en la base de la pirámide social. Su padre Alberto Sieiro se enterró en el mes de diciembre de 1735 tras la celebración de un funeral de limosna por parte de tres sacerdotes (97). En base a la documentación catastral, en el año 1752 Antonio contaba exclusivamente con 34 áreas de tierra para alimentar a los seis miembros que integraban su unidad doméstica. Mientras, su hermano Diego que ya había contraído su tercer matrimonio con una mujer foránea, dirigía una explotación agraria de casi una Ha. de tierra y sus 53 áreas de terreno labradío lo colocaban en el último lugar del ranking social de medianos campesinos. Su situación económica distaba mucho de la posición que ostentaba en aquel momento Hilario Casal, a quien erigimos en representante de las capas medias de la comunidad de Veiga. Sin embargo, para un individuo nacido a principios del siglo XVIII en el seno de una familia declaradamente pobre, disponer de 1 Ha. de tierra y además contribuir a la economía familiar con 4 reales de salario al día cuando ejercía su oficio de carpintero, debió significar un importante éxito social, muy probablemente derivado de sus aptitudes personales para el trabajo de la carpintería.

La situación expuesta en el caso de Diego Sieiro constituye además un excelente modelo de conducta para explicar en buena medida la procedencia social de los jóvenes que durante el largo periodo de análisis fueron integrándose en el árbol familiar tras su unión matrimonial con los descendientes de Bartolomé y María.

Tal como puede apreciarse en el cuadro resumen VI.4 incluido en el apéndice estadístico, se constata una elevadísima presencia de cónyuges foráneos que alcanzan en esta ocasión el porcentaje de representación más alto localizado en los cuatro linajes analizados, un 52,73% en el caso de uniones en primeras nupcias y un 55,73% en su conjunto[947]. Su concurrencia limita mucho la base estadística sobre la que se desarrollan los cálculos de procedencia social del resto de partenaires seleccionados, pero pese al reducido número de observaciones utilizado, una conclusión parece desprenderse con notoria claridad de los resultados obtenidos, la inexistencia de un monopolio absoluto en las relaciones matrimoniales establecidas con otras familias del sector inferior del campesinado. Como cabía esperar, una elevada proporción de los matrimonios concertados con jóvenes naturales de la comunidad de Veiga circunscribe el círculo de sociabilidad familiar al ámbito de relación con otros campesinos insuficientes, representando a más de un 60% de los casos analizados. Sin embargo, en un número no despreciable de ocasiones que se mueve en torno al 35% del total se observa la extensión de los contactos al grupo de los medianos campesinos.

Quizá en un principio resulte sorprendente este hallazgo en función de la misérrima condición social en la que, según las fuentes parroquiales y catastrales consultadas, vivían los miembros de la estirpe analizada. Obviamente, la importante gradación interna que se producía entre los integrantes del grupo de medianos campesinos explica esta apreciable presencia de hogares del sector medio de la sociedad entre los núcleos familiares de procedencia de los cónyuges sucesivamente integrados en el linaje investigado. De hecho, la posible concreción de los datos económicos para dos de estos agregados domésticos a mediados del siglo XVIII demuestra su ubicación en los peldaños inferiores del grupo[948].

Por otra parte, se trata de un comportamiento también compartido por los propios miembros del linaje que en el transcurso de una única generación lograron el ascenso al sector medio de la sociedad, como es el caso ya descrito de Diego Sieiro. Dicho comportamiento no fue continuado por sus descendientes casados, que en ningún caso lograron emparentar con otras familias de las capas medias de la comunidad. No debemos olvidar que el análisis del mercado matrimonial anteriormente desarrollado, ya nos había mostrado la importancia de este tipo de uniones que representaron más del 22% del total de alianzas celebradas en la parroquia de Veiga a lo largo de los tiempos modernos.

A tenor de los datos expuestos hasta el presente, el linaje de Bartolomé Calvino y María Méndez reúne unas características notablemente diferentes con respecto a las tres estirpes familiares anteriormente analizadas. Por lo menos en lo que se refiere a la clasificación social de los agregados domésticos que lo integran y el ámbito de extracción de los cónyuges seleccionados. La realidad que dibuja su trazado engloba a una proporción mayoritaria de las familias que conformaban la comunidad de Veiga, cuya conducta matrimonial hasta el momento sabemos que difería en gran medida de la que protagonizaban los niveles medio y superior del campesinado en dos cuestiones concretas, las relativas al número de uniones concertadas por unidad familiar y edad de acceso a las primeras nupcias. La reconstrucción de este linaje y el análisis de los agregados domésticos conformados en las seis generaciones descendentes que abarca el estudio nos permite ampliar ahora esas diferencias con los otros dos grupos sociales al conjunto de las estrategias de reproducción familiar adoptadas en uno y otro caso.

---

[947] A diferencia de las conclusiones que obtiene P. Saavedra, quien señala que los matrimonios de radio más excéntrico se concentraban entre los privilegiados de la sociedad rural, campesinos acomodados y sobre todo hidalgos (1988: 49-50). En este caso, son los pequeños campesinos los que muestran una mayor exogamia parroquial. El reducido tamaño de las parroquias celanovesas y la falta de estrategias a la hora de concertar los enlaces matrimoniales, serían en nuestro caso, las razones de dicho comportamiento.

[948] En junio de 1735 contrajo nupcias Antonio Sieiro con María Rodríguez (175), una mujer natural de la aldea de A Seara nacida en una familia de medianos campesinos. La consulta de la documentación catastral nos revela la posición que ocupaban Antonio Rodríguez y Magdalena González dentro del grupo de los medianos campesinos ya que en realidad el matrimonio disponía únicamente para su subsistencia de una explotación de 1 Ha. en la que se incluían 64 áreas de tierra labradía. Aunque su posición social debía ser sustancialmente mejor que la de los padres de Antonio, uno de ellos declarado pobre de solemnidad en los meses adyacentes a la boda, en realidad el núcleo familiar se posicionaba en los escalones más bajos de las capas medias de la sociedad a mediados del siglo XVIII.

Tal como se observa con una simple mirada a la reconstrucción genealógica codificada incluida en el apéndice estadístico, matrimonios a trueque y enlaces consanguíneos han desaparecido prácticamente por completo del universo de las relaciones matrimoniales de estos pequeños campesinos, mientras que los reencadenamientos de alianza han reducido enormemente su presencia. En los más de dos siglos de pervivencia familiar una única solicitud de dispensa por consanguinidad en cuarto grado marca el nacimiento de uno de los 55 agregados domésticos surgidos a partir de una celebración matrimonial, y en ningún caso a lo largo de ese mismo periodo de tiempo se observa la práctica de dobles matrimonios. Por otra parte, la aplicación de la misma metodología de trabajo utilizada hasta el presente para la localización de reencadenamientos de alianza, nos permite reconocer en esta ocasión la presencia de una cadena matrimonial en la que también se integra la unión entre los dos parientes consanguíneos.

En definitiva, las tres características claves del comportamiento matrimonial de los medianos y ricos campesinos instalados en las tierras celanovesas a lo largo de la época moderna no definen en ningún modo la conducta de una importante proporción de la sociedad, en claro crecimiento entre mediados del siglo XVIII y mediados del XIX. Al menos así se desprende del porcentaje de agregados domésticos fundados en este linaje como consecuencia de la aplicación de alguna de las prácticas aludidas, un 10,9% del total[949]. ¿Qué caracteres marcan entonces el proceso de reproducción social de las familias de pequeños campesinos al margen de la lógica difusión a reducida escala de las pautas de actuación propias de otros grupos sociales?

En los siglos XVIII y XIX en el marco de un fortísimo ocupamiento poblacional y pese a los elevados rendimientos agrarios derivados del paulatino perfeccionamiento de la cultura del maíz, entre un 50 y un 60% del vecindario de Veiga no lograba alcanzar los límites de la subsistencia diaria y mucho menos plantear el matrimonio de un número elevado de sus descendientes. La media de 1,57 hijos casados por familia que se obtiene para el periodo cronológico en el que se elaboraron las genealogías sociales, representó sin lugar a duda un auténtico hándicap para su reproducción como grupo social, y de hecho la reconstrucción de las historias familiares de los hogares inscritos en el Libro Personal de 1752 mostró sin ambages las consecuencias en la larga duración de semejante política matrimonial.

La larga pervivencia generacional del linaje que iniciaron Bartolomé Calvino y María Méndez no constituye un ejemplo representativo del comportamiento de este amplio sector de la sociedad, que a diferencia de los otros dos niveles sociales se caracterizó por una "precoz" ruptura de las líneas familiares tras el transcurso de cuatro generaciones (26% de los casos) o incluso menos (31,51). En base a estos presupuestos de partida, su reproducción e incluso su crecimiento como grupo a lo largo de los tiempos modernos solamente se explica a partir de la elevada movilidad descendente que sufrieron las familias de ricos y medianos campesinos, que cada vez en mayor medida iban surtiendo con nuevos miembros a un sector de la sociedad incapaz de lograr su propia reproducción.

Pero al margen de esa incuestionable contribución externa y a tenor de las informaciones que nos transmite la estirpe reconstruida de Bartolomé Calvino y María Méndez, también debemos plantear la presencia paralela de estrategias internas que cooperaron activamente en el proceso de reproducción biológica y social de este sector

---

[949] "Las estrategias de la acumulación" propias de los campesinos acomodados catalanes estudiadas por LL. Ferrer Alos tampoco sirven para entender el comportamiento de los pequeños campesinos catalanes y sus "estrategias adaptativas y a corto plazo" ya que como afirma el autor entre ellos "no hay acumulación, hay adaptación a las dificultades". Aunque los pequeños campesinos también hacían uso del sistema de herencia privilegiada, los mecanismos de reproducción social propios del grupo superior de la sociedad no servían para ellos, porque carecían de riquezas para crear beneficios eclesiásticos a favor de alguno de sus hijos, la permanencia de los segundones en la explotación familiar no implicaba el ahorro de una dote sino una fuerte carga para el heredero, etc. Los pequeños campesinos catalanes consumían sus recursos en la subsistencia diaria y muchas veces acababan endeudándose para pagar sus legítimas, por muy pequeñas que fueran. Sus estrategias pasaban por la salida de las explotaciones de los hijos desde muy pequeños para procurarse sus recursos o la colocación de las hijas como trabajadoras asalariadas (LL. Ferrer Alos, 1991: 130).

del campesinado. A la vista de las prácticas desarrolladas por los sucesores de Bartolomé y María, la ilegitimidad se plantea como una estrategia de supervivencia característica de las familias menos provistas de una sociedad agraria al límite de sus posibilidades. El nacimiento de descendientes ilegítimos se localizó también en dos de los linajes anteriormente analizados, pero su carácter circunstancial no guarda ninguna relación con las características que reviste el fenómeno en este caso particular. Un 21% de los 38 hogares conformados a partir de un enlace matrimonial en las seis generaciones analizadas incluye la presencia de descendientes que buscan su reproducción al margen del matrimonio.

José Suárez, hijo de Francisco Suárez y Francisca Vidal, los iniciadores de la estirpe de medianos campesinos antes analizada[950], casó en Santa Baia en junio de 1736 a la edad de 34 años con una mujer natural de aquella vecindad, instalando posteriormente su residencia en la aldea paterna de Cerdal de Abaixo (572). Con anterioridad a esa fecha, en noviembre de 1729, Ángela Conde, hija de una familia de misérrimos campesinos de la misma vecindad declarados pobres de solemnidad en el momento de su defunción, nombra al susodicho José como padre de su hija ilegítima, de nombre Gertrudis.

José Blanco es biznieto de Domingo Suárez e Isabel Nogueiras, la pareja fundadora del primer linaje de ricos campesinos reconstruido[951]. Sus padres Juan Blanco y Manuela López claramente integrados en el sector superior de la sociedad (587), concertaron el matrimonio de dos de los cuatro descendientes que alcanzaron la edad adulta, de manera que José y su hermana Antonia murieron en el estado de soltería. A pesar de ello José parece haber tenido descendencia en una etapa ya avanzada de su vida, al menos así se deduce de la declaración que presta su prima Juaquina Conde en el bautismo de su hijo ilegítimo celebrado en el mes de junio de 1836. En la ceremonia nombra padre del recién nacido al referido José que en aquel momento contaba con 56 años. Juaquina Conde era natural de la parroquia de Seoane donde contrajo nupcias con Agustín Blanco, primo hermano de nuestro protagonista, instalándose posteriormente en la aldea de residencia paterna sita en Cerdal de Abaixo (85), donde nació el primer y único hijo de la pareja en enero de 1832. Agustín murió un mes después del citado nacimiento a la edad de 32 años y su mujer viuda no volvió a casarse de nuevo y cuatro años después de la defunción de su marido tuvo el hijo ilegítimo antes referido.

El comportamiento de José Suárez y José Blanco no parece perseguir los mismos fines que se derivan de la conducta de Leonora Calvino, Margarita Domínguez, Liberata Cadavid, Magdalena Sieiro y otras tantas mujeres descendientes de la estirpe de humildes campesinos que fundaron a mediados del siglo XVII Bartolomé Calvino y María Méndez, más bien parecen representar las dos caras de un mismo problema.

Leonora Calvino todavía permanecía soltera a la edad de 36 años, cuando sus padres ya habían fallecido casi un cuarto de siglo atrás y tres de sus hermanos ya habían accedido al estado matrimonial. Consciente quizá de sus escasas posibilidades de cara a la fundación de una familia según mandaban los cánones eclesiásticos, el 13 de abril de 1692 tuvo a su hijo Benito fruto de las relaciones con un hombre natural de "A Limia" de quien no volvemos a tener noticia. Dos años después del nacimiento ilegítimo y cuando Leonora contaba ya con 38 años, esta mujer contrajo nupcias finalmente con otro hombre foráneo de nombre Mateo Cadavid y natural en este caso de la localidad de Cerdedo (746).

Margarita Domínguez era la hija primogénita de Juan Domínguez y Catalina Pérez (647). De los ocho hijos habidos del matrimonio sabemos con certeza que cuatro alcanzaron la edad adulta pero sólo uno de ellos accedió al estado matrimonial tras la celebración de sus nupcias con una mujer de procedencia foránea. Margarita, como

---

[950] Véase apéndice estadístico, reconstrucción genealógica codificada VI. 3.

[951] Véase apéndice estadístico, reconstrucción genealógica codificada VI. 1.

Leonora, tuvo un hijo ilegítimo con un hombre de la parroquia limítrofe de Santa Eulalia de Berredo, quizá con el objetivo de garantizar un apoyo en su vejez. Cuando nació su hijo contaba con 25 años, pero lamentablemente su muerte le sobrevino en el mes de abril de 1736 a la temprana edad de 29 años (690). En el Libro Personal de 1752, sus otros dos hermanos solteros Carlos y Josefa siguen residiendo en la casa familiar terrena sita en la aldea de Cirós al cargo de su sobrina ilegítima y al frente de una explotación de 47 áreas de tierra. Mientras tanto, el único miembro de la fratria casado sobrevivía con su mujer y tres hijos en otra casa terrena de la aldea colindante de Moreiriñas, labrando las 27 áreas de tierra que componían su mísera hacienda (595).

Liberata repite 80 años después el mismo comportamiento de su abuela Leonora al convertirse a los 29 años en madre soltera de un hombre de oficio capador y residencia inestable (400), reiterándose posteriormente los acontecimientos en el caso de su sobrina Juana y la hija de ésta de nombre Gabriela (28).

Con nombres diferentes y en circunstancias diversas, las historias personales de estas mujeres reflejan una actitud idéntica ante el problema de la propia supervivencia. Una vez descartadas sus posibilidades para formalizar una familia tradicional a través del matrimonio y garantizar así un marco mínimo de seguridad para la futura vejez, la única vía a su alcance para huir de la soledad a la que irremediablemente les condenaba las normas de funcionamiento social, pasaba por la creación de una "familia alternativa" fundada sobre la base de las concepciones ilegítimas[952]. En palabras de P. Saavedra, "criando su hijo, las celibatas albergaban la esperanza de que, cuando rindieran su último suspiro, no faltaría quien les cerrase amorosamente los ojos y llorase por ellas" (P. Saavedra, 1994:270).

A tenor de las circunstancias que refleja el comportamiento del linaje de Bartolomé Calvino y María Méndez, se impone una necesaria precisión acerca del alcance real del fenómeno de la ilegitimidad en la localidad de estudio. La parroquia de Veiga arroja una media de 5,38 nacimientos ilegítimos por cada 100 alumbramientos para todo el periodo cronológico analizado que abarca desde mediados del siglo XVII a mediados de la centuria decimonónica, aunque con notables variaciones en el tiempo que inciden en su relativa proliferación durante la segunda mitad del siglo XVII y primeras décadas del XVIII y sobre todo en los años veinte, treinta y cuarenta del siglo XIX[953].

Los porcentajes alcanzados en sintonía con el resto de las parroquias analizadas, implican una estimable presencia de madres solteras en la sociedad celanovesa de los tiempos modernos, sin embargo no cabe duda que las proporciones señaladas no se acercan ni de lejos a los datos obtenidos en las investigaciones desarrolladas sobre la provincia lucense y las tierras miñotas del norte portugués, para donde se contabiliza ya un considerable volumen de trabajos prestos a señalar la importancia demográfica, económica o social de un fenómeno que afectaba a un 15 o 20% de los nacimientos[954].

---

[952] Se confirman así en tierras celanovesasas las teorías en su día expuestas por J. M. Pérez García en sus investigaciones sobre el Salnés, al considerar la posible presencia entre las madres ilegítimas de mozas solteras que una vez descartadas sus posibilidades reales de contraer nupcias o ante las escasas perspectivas que se abrían ante ellas, buscaron la solución a su vejez en la consecución de un hijo ilegítimo (J. M. Pérez García, 1979: 113). En términos parecidos se expresa A. S. Volpi Scott a la hora de explicar las elevadas tasas de ilegitimidad que se localizan en las parroquias del norte de Portugal, ya que a su juicio, el fuerte desequilibrio entre sexos y las enormes diferencias de carácter socioeconómico que se daban en el seno de la comunidad, restringían las posibilidades de acceso al matrimonio para una parte de las mujeres, para quienes la transgresión de la norma era la única vía posible para garantizar una prole, que aunque bastarda, podía garantizar su supervivencia futura (1999: 303).

[953] Manteniendo la periodización establecida a partir de la evolución de la población a nivel comarcal, entre 1645 y 1729 se obtiene una proporción de 7,31 nacimientos ilegítimos por cada 100 bautismos, su presencia se reduce enormemente en las décadas centrales del siglo XVIII ya que el porcentaje alcanzado entre 1730 y 1769 se sitúa en torno al 2,74%, con posterioridad la curva de los nacimientos ilegítimos marca una tendencia alcista con valores del 4,42% entre 1770 y 1829 que se elevan hasta el 8,97% en los años 30 y 40 del siglo XIX, cuando culmina la investigación.

[954] P. Saavedra entiende que sería imposible explicar el crecimiento poblacional de la provincia lucense en los últimos años del siglo XVIII y durante el siglo XIX sin la contribución de los hijos de soltera. El autor observa como las parroquias analizadas de la provincia inician una curva ascendente a partir de mediados del siglo XVIII que las llevará a alcanzar en ocasiones porcentajes de hasta un 15 o 20% de nacimientos ilegítimos para mediados del siglo XIX (P. Saavedra, 1988:124). Amaro das Neves ofrece datos de ilegitimidad para varias localidades del norte portugués que no bajan nunca del 10% a lo largo de los tiempos

Pina Cabral desarrolló en el año 1977 un interesante estudio de campo de cariz socio antropológico sobre algunas parroquias del Alto Minho que alcanzaban porcentajes de ilegitimidad de entre el 14 y el 22% de los nacimientos durante el periodo comprendido entre 1850 y 1940. El autor comprobó así la elevada relación que se establecía en estas tierras entre ilegitimidad y pobreza, puesto que eran las casas más pobres y en general las parroquias con menos recursos las que aportaban los mayores índices de nacimientos ilegítimos. En su opinión, esta práctica era una consecuencia evidente del desigual reparto de la tierra predominante en aquella sociedad tradicional de "casas" en la que las hijas de los "caseiros", los campesinos sin tierra del norte portugués, y las descendientes de las mujeres solteras, difícilmente encontraban marido[955].

La vinculación que establece Pina Cabral entre el fenómeno de la ilegitimidad y las diferencias en el acceso a la tierra forman parte del corpus teórico que habitualmente esgrimen los investigadores para explicar las elevadas proporciones de nacimientos ilegítimos localizados en ámbitos geográficos de predominio de la filosofía troncal, como es el caso de las dos áreas geográficas arriba aludidas. A. S. Volpi Scott explica así el elevado número de nacimientos ilegítimos de la parroquia de Ronfe en función del restringido acceso a la tierra y al matrimonio característico de la sociedad minhota. Desde ese punto de vista, entiende la ilegitimidad como una práctica tendente a garantizar la supervivencia de las capas sociales más desfavorecidas (1999:235). En opinión de H. Sobrado Correa, las imposiciones sucesorias vigentes en tierras lucenses podrían haber modificado incluso las concepciones morales de la sociedad, ya que a su juicio los aspectos relacionados con las relaciones sexuales prematrimoniales y la bastardía diferían de los que regían en zonas de división igualitaria. (H. Sobrado Correa, 1997:215).

En la parroquia de Veiga el conjunto de nacimientos ilegítimos localizados a lo largo del periodo de estudio se vincula al proceder de 142 mujeres. Lograr un acercamiento a su identidad personal, filiación, estado civil o futuras perspectivas de matrimonio, nos abrirá un interesante camino para comprender el funcionamiento del fenómeno de la ilegitimidad en tierras de claro predominio de un sistema de reparto de tipo igualitario.

La inclusión de más de un 95% de estas mujeres en el grupo de las "mozas solteras" demuestra la correlación existente en estas tierras entre ilegitimidad y soltería. Además de mozas solteras, prácticamente un 70% del total eran originarias de la comunidad de estudio, y si a ello añadimos un 11,98% de los casos en los que se omite cualquier referencia a su procedencia geográfica, en realidad la proporción constatada de foráneas se limitaba a un 18,31%. Las 26 mujeres que integran este grupo muestran a nuestro juicio la existencia de un cierto desarraigo social en el fenómeno de la ilegitimidad que llevaba en algunas ocasiones a las madres de hijos ilegítimos a ocultar su vergüenza lejos del hogar de origen pero las propias cifras manejadas muestran que se trataba de un comportamiento minoritario, frente a una mayoritaria pervivencia en el entorno social de nacimiento[956]. En cualquier caso, ni en

---

modernos, alcanzándose incluso proporciones en torno al 22% entre 1600 y 1670 y del 17,5% entre 1730 y 1760. En su caso, el leve descenso constatado a partir de los años 90 del siglo XIX no obedecería a una reducción real en la frecuencia de los amores ilegítimos, sino que vendría derivado de la fuerte explosión que alcanzó a partir de ese momento el abandono de niños (A. Das Neves, 1995:5-6). Tampoco bajan nunca del 10% las cifras que obtiene N. Amorim en el área de Guimaraes para el periodo cromprendido entre 1620 y 1789 con valores medios situados entre el 11,5% y el 17,8% de hijos naturales (N. Amorim, 1987: 231). Por su parte, A. S. Volpi Scott también aporta una media en torno al 13,5% de nacimientos ilegítimos en la parroquia miñota de Ronfe desde mediados del siglo XVII a mediados del XIX. (A. S. Volpi Scott, 1999:222).

[955] De hecho, a su juicio sería posible aplicar al campesinado sin tierra del Alto Minho el modelo de una "bastardy prone sub-society" que en su día definiera P. Laslett, dado que las mujeres productoras de bastardos se asentaban en las mismas localidades, se relacionaban entre si por lazos de parentesco y desempeñaban una actividad que pervivía durante varias generaciones (J. De Pina Cabral, 1984:97-111).

[956] Sonoros apellidos de jóvenes vinculados a la capital provincial como Doña María Isabel Chamoso Darius y Francisco Javier Valverde Calderón que bautizaron a sus dos hijos ilegítimos en 1813 y 1814, mujeres viudas naturales de otras parroquias de la comarca celanovesa, caso de Gertrudis Rodríguez que también pasó por la pila bautismal en dos ocasiones entre 1819 y 1822 y mozas que asistían como criadas en las casas de la vecindad como ocurre con Clara Seguín, componen el variopinto y minoritario grupo de mujeres foráneas inscritas en los Libros Parroquiales de Veiga con ocasión del bautizo de sus

Veiga ni en ninguno de los archivos parroquiales consultados para la comarca celanovesa se obtiene esa imagen de desenraizamiento familiar que observa N. Amorim a partir de los sobrenombres con los que califica el sacerdote de la parroquia Guimaraense de Creixomil a las madres solteras[957].

Su conducta tiene ciertos visos de ser intencionada ya que en un 83 % de las ocasiones una vez conseguida la finalidad que perseguían con el nacimiento de un hijo, no se reiteraba su presencia en la pila bautismal[958], además sus amores ilegítimos tampoco parecían derivarse de noviazgos no llevados a buen puerto puesto que solo en un 23,94% de las ocasiones se registra la posterior celebración de un enlace matrimonial, que por otra parte no siempre unió a estas mujeres con el supuesto padre del nacimiento ilegítimo.

La determinación de su comportamiento también se percibe a partir del dato referido a la edad media a la que celebraban dicho bautismo, 28,82 años, ya que dicha edad superaba claramente el número de primaveras con el que contraían sus primeras nupcias las jóvenes celanovesas a lo largo de los tiempos modernos, pero no cerraba en absoluto la posibilidad futura de nuevas concepciones.

Mayoritariamente solteras, originarias de la parroquia de estudio y madres por decisión propia en una única ocasión, su procedencia social mostró también su vinculación con el sector más desfavorecido del campesinado comunitario. En base a la filiación de 77 de las 99 madres ilegítimas de las que tenemos constancia que eran originarias de la comunidad de Veiga, sabemos que en un 75,32% de los casos sus familias de origen formaban parte del grupo de campesinos insuficientes que ocupaba la base de la pirámide social, en un 19,48% de las ocasiones su procedencia social las vinculaba con el sector medio de la sociedad y solo un 5,19% del total nacieron en hogares dirigidos por ricos campesinos. De hecho, un 24,36% de los núcleos familiares en los que cuando menos uno de los cabezas de familia fue declarado pobre de solemnidad en el momento de su defunción, incluyó a madres solteras entre sus descendientes en primera generación mientras que dicha proporción únicamente abarcó a un 3,9% de los hogares de ricos campesinos instalados en la comunidad de Veiga.

En definitiva, en clara consonancia con los porcentajes obtenidos en otras investigaciones sobre el solar ourensano, la proporción global de nacimientos ilegítimos localizada para tierras celanovesas no se acerca ni de lejos a las cifras ya aludidas de la provincia lucense. Sin embargo, su incidencia sobre la reproducción social del sector más desfavorecido del campesinado queda fuera de toda duda según se deduce de las proporciones anteriormente señaladas. Dicha incidencia queda plenamente corroborada a partir del comportamiento de los descendientes de Bartolomé Calvino y María Méndez.

Es de justicia reconocer que el recurso al enfoque micro tampoco resolvió en esta ocasión el planteamiento que en su día realizó P. Saavedra en su excelente trabajo sobre la familia de la Galicia Interior durante la época moderna (1988:95-143). Por el momento siguen fuera de nuestro alcance las razones de fondo que explican las altas tasas de ilegitimidad de la provincia lucense donde apenas vivían mujeres solas teóricamente necesitadas de un seguro de vejez, y su menor impacto sobre la sociedad ourensana de los tiempos modernos donde en cambio sí predominaba

descendientes ilegítimos e inmediatamente después desaparecidas de nuestro ámbito de observación.

[957] En su opinión los sobrenombres utilizados tales como "a gorda", "a manca", "a coca" y un largo etcétera inciden en una imagen de desenraizamiento familiar de las madres solteras, un grupo en su opinión mayoritariamente constituido por mujeres foráneas venidas de una vasta área geográfica para trabajar en el servicio doméstico del núcleo de Guimaraes y su entorno inmediato (N. Amorim, 1987:255-256).

[958] Evidentemente resulta difícil precisar esta cuestión en el caso de las mujeres foráneas y las de procedencia desconocida, pero la aplicación exclusiva del cálculo al grupo de jóvenes naturales de la parroquia de estudio tampoco aporta diferencias significativas con respecto al porcentaje global arriba descrito, ya que un 78,79% del total sigue aportando un único bautismo al cómputo de nacimientos ilegítimos, un 11,11% contribuye con dos alumbramientos y el 10,1% restante lo integran diez mujeres que engendraron tres (8,08%) y hasta cuatro hijos bastardos (2,02%).

la presencia de "cabaneiras", que al frente de sus ridículas parcelas de tierra debían enfrentarse al problema de la subsistencia diaria y a la imprevisibilidad de un posible futuro en soledad.

La efectividad del enfoque micro queda ciertamente devaluada a la hora de analizar las claves del proceso de reproducción del sector inferior del campesinado dado el escaso grado de protocolización de la vida familiar que caracterizaba a este grupo social[959]. Ni multiplicando los esfuerzos de búsqueda desarrollados hasta el presente estaríamos en condiciones de explicar por ejemplo, cómo lograron perpetuarse en el tiempo los descendientes de Antonio Sieiro y María Rodríguez (175) a través de alianzas matrimoniales, cuando durante sucesivas generaciones se produce la inclusión de prácticamente la totalidad de los miembros de este linaje de la miseria en el grupo de los pobres de solemnidad, haciéndose evidentemente imposible y a la vez innecesario en su caso cualquier visita al notario[960].

VI.3. Reencadenamientos de alianza, enlaces consanguíneos y matrimonios a trueque. Las estrategias de la diferencia

Hilario Rodríguez Ferreiro afirmaba en sus investigaciones sobre los campesinos del Morrazo que el minifundismo reinante y la pequeñez de las explotaciones eran las razones básicas que exigían la puesta en funcionamiento de estrategias que buscaban el amparo de todos los miembros de la familia y el mantenimiento de la explotación familiar en un ambiente económico de subsistencia (1984:443). El deseo de amparo y protección subyace asimismo en el conjunto de las estrategias reproductivas localizadas entre las familias campesinas de la comunidad de Veiga, sin embargo al margen de eso que G. Levi definió en su día como la búsqueda de seguridad[961], a nuestro juicio

---

[959] Como afirmó en su día LL. Ferrer Alos en su trabajo sobre familia y grupos sociales en Cataluña, estos pequeños campesinos se reprodujeron socialmente y aunque desconocemos en gran media sus mecanismos demográficos, económicos o sociales, estos existieron, y fueron distintos de los utilizados por los campesinos acomodados (1991: 131).

[960] Antonio Sieiro tras su matrimonio en el mes de junio de 1735 con María Rodríguez (175), hija de una familia de medianos campesinos afincados en las casas de A Seara, figura en la documentación catastral juntamente con su mujer y sus tres hijos con vida al frente de una explotación agraria de 34 áreas de tierra que labraban con la ayuda de dos reses vacunas, una de ellas propiedad del referido Antonio y la otra cedida en aparcería por un vecino de la parroquia de Orille. Su situación económica debía ser tan precaria que incluso es difícil establecer con precisión donde se ubicaba la residencia familiar puesto que en las partidas bautismales de los siete hijos habidos en el matrimonio consta su pertenencia a la aldea de A Seara, localidad en la que también se inscriben en el Libro Personal del Catastro elaborado en el año 1752, sin embargo en el Libro Real de Legos figura como casa de habitación una vivienda terrena sita en la aldea de Cirós de donde era originario el novio, colindante además con la de su hermano Diego Siero. De los tres hijos que acceden a la edad adulta, Pedro, Francisca y Magdalena, los dos primeros consiguen acceder al estado matrimonial casando incluso el varón con una joven nacida en una familia de medianos campesinos (832). Magdalena se convirtió a los 32 años de edad en madre soltera, en cuyo estado murió(457). Pedro, Francisca y Magdalena lograron casar en la siguiente generación a otros tres descendientes, entrando una vez más otra joven hija del referido Pedro en el grupo de madres solteras (817). Pedro ya había sido declarado pobre de solemnidad en el momento de su defunción en el mes de agosto de 1788 recibiendo idéntico calificativo su hermana Francisca en el mes de enero de 1820 y poco tiempo atrás el marido de ésta de nombre Domingo. ¿En base a que bienes se asentaron entonces en la siguiente generación sus dos hijos casados y la hija, que además se convierte en madre ilegítima en dos ocasiones? Obviamente cuando se produce el fallecimiento de todos ellos entre las décadas de 1810 y 1840 nuevamente observamos su inclusión en el grupo de los más pobres entre los pobres, y aún así dos nietos del expresado Pedro: María Fernández y José Fernández (698 y 530 respectivamente), entraron nuevamente en el mercado matrimonial. Cuando fallecieron José y María y sus respectivos cónyuges, todos ellos vinculados a la base de la pirámide social comunitaria, ni siquiera pudieron recibir un entierro de limosna, como antes habían "disfrutado" sus padres, sus abuelos y hasta sus tatarabuelos. Un lacónico "no se funeró" aparece inscrito al margen de sus partidas de defunción. Muy probablemente nunca estaremos en condiciones de explicar adecuadamente el logro de su reproducción a lo largo de buena parte del siglo XVIII y durante la primera mitad del siglo XIX.

[961] En opinión de G. Levi la consecución de resultados económicos concretos era importante, pero ante todo las estrategias familiares de los campesinos piamonteses del XVII buscaban reforzar la capacidad de previsión, disminuir el nivel de inseguridad y lograr una vida menos dependiente del ciclo agrícola (1990:84).

otras motivaciones más específicas de cariz socioeconómico también debieron movilizar la actuación de los grupos familiares incidiendo de manera evidente en el surgimiento de importantes diferencias de comportamiento en el seno de una misma sociedad.

La práctica de los reencadenamientos de alianza a la que como ya vimos se vinculaba en gran medida la celebración de matrimonios a trueque y enlaces consanguíneos, no alcanzó el mismo grado de difusión en los tres grupos sociales establecidos en la comunidad de Veiga. De hecho, si extrapolamos al conjunto de la sociedad los resultados obtenidos en los cuatro linajes reconstruidos, una proporción que rondaba como mínimo el 35% de los casamientos concertados por las familias de ricos y medianos campesinos se fraguaba en un reducido círculo de sociabilidad renovado generacionalmente a través de los enlaces practicados entre los miembros de las mismas estirpes, en cambio dicha práctica únicamente concernía a un porcentaje mínimo de los matrimonios realizados en el seno de las familias de pequeños campesinos que conformaban mayoritariamente el vecindario de la comunidad estudiada[962].

Muy probablemente el linaje que iniciaron a comienzos del siglo XVIII Francisco Suárez y Francisca Vidal no simboliza el comportamiento del conjunto de las familias que integraban las capas medias de la sociedad celanovesa de los tiempos modernos, sino que representa a los elementos más dinámicos del grupo que entroncaban con el sector superior del campesinado comunitario. Probablemente los estratos inferiores del grupo se veían mejor reflejados en la conducta propia de los campesinos insuficientes que poblaban la base de la pirámide social, pero al margen de la heterogeneidad de dicho grupo ¿qué razones explican la diversidad de comportamientos aludida?

M. Segalen descubrió en su estudio sobre el País Bigouden la enorme estabilidad de las parentelas y el gran conocimiento que se tenía de las mismas en aquella sociedad de arrendatarios en la que a la hora del matrimonio los jóvenes "n'ont pas souvent leur mot a dire" (1985:168). Su conclusión que sin duda incide en un estricto control familiar sobre los enlaces matrimoniales, deriva de la elevada proporción de matrimonios que localiza asociados entre si a través de reencadenamientos de alianza, nada menos que un 80% del total[963]. A juicio de la autora, dichos matrimonios entre afines y aliados próximos se explicarían en base a razones de carácter económico puesto que su uso permitía un proceso constante de reunificación patrimonial en una sociedad marcada por un estricto sentido de la igualdad. Cuando menos esa sería la clave de su funcionamiento a lo largo del siglo XVIII y hasta los años 60 del siglo XIX, a partir de ese momento y una vez desaparecidas las iniciales motivaciones económicas debido el empobrecimiento generalizado de las líneas familiares, su mantenimiento hasta mediados del siglo XX únicamente obedecería a razones de tipo simbólico que marcaba el deseo tradicional de "rester entre soi" (1985:160).

Por su parte, B. Derouet también resaltó la importancia del fenómeno del reencadenamiento en el análisis que desarrolló sobre las prácticas de alianza predominantes en la región Bourbonnais durante el siglo XVII y primera mitad del XVIII. Los reencadenamientos también constituían en esta región del centro de Francia caracterizada por el predominio de comunidades familiares la fórmula principal que explicaba la organización del campo matrimonial,

---

[962] Nuestros resultados coinciden en gran medida con las conclusiones que obtiene J. M. Pérez García en sus investigaciones sobre la parroquia de Samieira en base al empleo de una metodología de trabajo diferente. En Samieira también se constata la estrecha relación existente entre la posición social familiar y el establecimiento de sucesivas alianzas matrimoniales. Un 29,2% de los matrimonios endógenos reconstruidos para cuatro troncos familiares vinculados a las élites campesinas de Samieira se fraguaron entre los descendientes de dichos troncos mientras que esa proporción se redujo al 12% en los cuatro árboles genealógicos reconstruidos pertenecientes al sector inferior del campesinado (J. M. Pérez García, 2002:51).

[963] En nuestra opinión la magnitud del porcentaje aludido entronca con la clasificación social de las familias que conforman la muestra de trabajo, surgida como ya indicamos a partir del conjunto que conformaban en 1830 las 50 granjas con mayor índice de estabilidad de la comunidad de Saint Jean Trolimon. De hecho, aun sin ofrecer cifras concretas, la propia autora subraya el carácter menos sistemático que presentaba dicha práctica entre los pequeños fermiers o jornaleros cuyos matrimonios no se celebraban en parentelas tan cerradas (M. Segalen, 1985:151).

puesto que cada matrimonio se apoyaba allí sobre la memoria de una unión precedente y la renovaba bajo una forma diferente[964]. A su juicio, en determinados contextos el matrimonio entre la parentela podría ser interpretado como una consecuencia indirecta de la homogamia y la endogamia en el seno de grupos restringidos, sin embargo en esta región entiende que se trataba de una elección consciente y voluntaria (B. Derouet, 1998:248)[965].

En realidad a partir de la publicación y difusión de las investigaciones de M. Segalen sobre la comunidad de Saint Jean Trolimon, diferentes estudios centrados sobre contextos geográficos bien distantes han puesto de manifiesto la vigencia que adquiría el fenómeno del reencadenamiento matrimonial en las sociedades rurales del pasado. Asi M. C. Pingaud resaltó la importancia de su práctica entre los descendientes de una "aristocracia" campesina formada a fines del siglo XVIII en la comunidad de Perche a raíz del desmantelamiento de los dominios señoriales. La autora observa como a partir de los matrimonios de las primeras generaciones descendentes de estas familias se fueron consolidando bloques homógamos de parentesco que sirvieron de centros aprovisionadores de cónyuges para sucesivas alianzas, en muchos casos redobladas, y encadenadas[966].

Su trascendencia también emerge de manera evidente en el trabajo de D. W. Sabean sobre la comunidad de Neckarhausen al que lamentablemente solo podemos acceder a través de las reflexiones de G. Delille[967]. G. Delille resalta entre las conclusiones de este estudio la importancia que adquiría dicha fórmula a la hora de explicar el funcionamiento de los intercambios matrimoniales en el periodo comprendido entre fines del XVII y mediados del siglo XVIII, cuando se observa la presencia de redes de alianza más o menos complejas surgidas de la renovación regular de los enlaces entre varias líneas familiares, sin sobrepasar las prohibiciones de consanguinidad impuestas en los países protestantes[968].

A juzgar por los datos que disponemos, los reencadenamientos se presentan en las investigaciones de D. W. Sabean como el elemento clave estructurador de la red de alianzas familiares en el periodo previo a las grandes transformaciones económicas y sociales, que en esta pequeña comunidad de Wurtemberg se saldaron con una fuerte ruptura de los comportamientos tradicionales. Así, la rápida multiplicación de matrimonios consanguíneos desde mediados del siglo XVIII implicaría una última voluntad de control matrimonial que finalmente se saldó a mediados del siglo XIX con el triunfo definitivo de las uniones exogámicas (G. Delille, 2001:374).

---

[964] El autor entiende que es muy difícil establecer de manera cuantitativa los límites del fenómeno dado que no encuentra una respuesta única al modo en que se producía este juego sutil y complejo en el que los lazos de parentesco se ponían a veces al servicio de los intereses de las comunidades familiares y a veces ocurría a la inversa (B. Derouet, 1998:239-241).

[965] En opinión de J. Bestard, el encadenamiento de alianzas con una parentela limitada es una de las estrategias más importantes puestas en práctica en los sistemas de transmisión igualitaria de la herencia (1998: 136).

[966] Sin embargo, su uso tampoco impidió en esta ocasión la dislocación de los fondos patrimoniales como consecuencia del reparto igualitario de los bienes familiares entre una numerosa progenitura, tal como ya imponía antes del Código Civil el sistema consuetudinario vigente en esta área geográfica. De hecho la autora explica el declive del linaje de los Deniau-Guillemin, campesinos potentados a fines del siglo XVIII, en base al encadenamiento de progresivas generaciones prolíficas. Un comportamiento similar al que observamos en la estirpe que fundaron en tierras celanovesas Francisco Rodríguez y Juana Rodríguez (reconstrucción genealógica VI. 2), aunque a escala diferente (M. C. Pingaud, 1995:17-33).

[967] Se trata de la obra de David Warren Sabean publicada en 1998 en la Cambrigde University Press bajo el título de *Kinship in Neckarhausen, 1700-1870*, reseñada por G. Delille en el año 2001 en el número 2º de la revista de *Annales E., S., C.*

[968] A partir del segundo tercio de la centuria ilustrada se iniciaría en esta comunidad una elevación progresiva de los matrimonios consanguíneos que a mediados del siglo ya representaban a un 8% del total de uniones celebradas, llegando a suponer un 33,7% a mediados del XIX. Siguiendo las reflexiones de Delille, el autor entiende este proceso como el resultado de una contracción progresiva de las relaciones entre líneas familiares derivada de un cambio generalizado y progresivo en los mecanismos tradicionales de intercambio, que en base a los datos que obran en nuestro poder, se produciría en estas tierras del suroeste alemán en un periodo cronológico bastante temprano. La explosión de alianzas consanguíneas constituiría aquí el elemento más llamativo del cambio pero no el único ya que su proceso de desarrollo fue concomitante con la paulatina selección de cónyuges entre familias "extranjeras" situadas al margen de las parentelas tradicionales (G. Delille, 2001, 372-373).

En la parroquia de Veiga los reencadenamientos de alianza se mantuvieron en el tiempo cuando menos hasta mediados de la centuria decimonónica, constatándose incluso, como ya hemos indicado anteriormente, un reforzamiento de dicha práctica en las décadas de 1820-1830 y 1840, cuando culmina esta investigación. Desconocemos por tanto cuando y cómo se produjeron las transformaciones que derivaron en la adopción en tierras celanovesas del sistema de alianzas vigente en la sociedad contemporánea. En este sentido, el análisis futuro de las celebraciones matrimoniales de los descendientes de la última generación recogida en las reconstrucciones genealógicas correspondientes a los medianos y ricos campesinos, posiblemente nos aportará las primeras luces al respecto ya que entonces estaremos en disposición de afirmar o desmentir el mantenimiento de las cadenas matrimoniales una vez que una proporción muy elevada de los sucesores de estas viejas estirpes ya habían perdido el estatus social de sus ancestros, y quizá también la memoria histórica de su antigua pujanza económica.

Por el momento parece fuera de toda duda la vinculación de los reencadenamientos de alianza con los grupos superiores de la comunidad, lo que nos hace pensar en la búsqueda de una finalidad de carácter económico. A nuestro juicio, dicha finalidad se concretaba en que su uso en la larga duración generaba una estimable reducción de las redes de circulación de la tierra. Es decir, limitando los círculos de intercambio matrimonial las familias de ricos y medianos campesinos también circunscribían el proceso de circulación de la tierra a un entorno familiar conocido, en el marco de una sociedad caracterizada por la continua fragmentación de los patrimonios y su posterior dispersión a través de los procesos hereditarios. Casando a los hijos con los parientes colaterales de antiguos vínculos familiares se buscaba un matrimonio entre aliados que surgía de la frecuentación de los mismos ámbitos de sociabilidad familiar y que garantizaba la renovación de los contactos. Su celebración no trataba de impedir una división patrimonial que obviamente tendría lugar a la muerte de los petrucios, pero tal vez como consecuencia de esas mismas reglas del juego de la herencia, se recuperaban viejas parcelas quizá colindantes con las pertenencias del cónyuge y por lo tanto estratégicamente deseables[969]. Sin embargo, su uso no estaba reñido con la utilización del mercado como vía para reparar los efectos disgregadores del sistema hereditario, como vimos en el capítulo anterior.

La escasa difusión de los reencadenamientos de alianza entre las familias de pequeños campesinos quizá responda a la escasa funcionalidad que podían presentar estas estrategias para un amplio sector de la sociedad, que apenas disponía de unas parcelas de tierra y cuyos recursos también dependían en gran medida del desempeño de otro tipo de actividades, particularmente las vinculadas a la emigración estacional. Sin embargo, tampoco debemos olvidar el hecho de que el reducido número de celebraciones matrimoniales por unidad familiar y la consecuente desaparición de un buen número de linajes al cabo de tres generaciones o incluso menos, dificultaban o cuando menos reducían el posible uso que pudiera hacer de esta práctica este grupo social.

Los enlaces matrimoniales celebrados tras la solicitud de una dispensa de consanguinidad constituyen una modalidad específica dentro de los reencadenamientos de alianza al sobrepasar los contrayentes los grados de parentesco que la legislación eclesiástica consideraba prohibidos[970]. Las 42 solicitudes recogidas en los libros

---

[969] Los reencadenamientos de alianza permitirían que un buen número de transferencias se realizaban así dentro de lo que B. Derouet denomina en el interior de un círculo restringido a la parentela. Un círculo sin contornos fijos, una especie de nebulosa de parentesco, dentro de la cual se transferían bienes, prestaciones de trabajo y también alianzas matrimoniales (1997:87).

[970] En opinión de J. Goody, las prohibiciones relativas al matrimonio entre parientes ocuparon un lugar destacado en la vida de la Iglesia puesto que no sólo permitían controlar a la congregación sino que también representaban un beneficio económico con el ofrecimiento de dispensas a los transgresores. Los grados prohibidos cambiaron con el paso del tiempo, como asimismo lo hizo la severidad de las sanciones impuestas a los transgresores y el propio sistema de cálculo de los grados de parentesco. La Iglesia empleó en momentos distintos dos sistemas para calcular los grados de consanguinidad, el romano y el germánico, imponiéndose oficialmente éste último en el siglo XI. El sistema germánico se basaba en la unidad del grupo de hermanos, cuyos miembros

parroquiales de Veiga se enmarcan en un periodo cronológico que va desde principios del siglo XVIII hasta los años 80 del siglo XIX, cuando concluye la recogida documental de partidas de matrimonio. Desconocemos por lo tanto si su ausencia en la segunda mitad del siglo XVII obedece a causas reales o simplemente es el resultado de la falta de anotaciones, pero lo cierto es que el comportamiento netamente diferente que se observa entre la primera y la segunda mitad del siglo XVIII nos hizo pensar en un primer momento en la posibilidad de un subregistro que se mantendría hasta mediados de la centuria ilustrada.

Aun teniendo en cuenta las posibles deficiencias que podría plantear el registro en la primera mitad del XVIII, los enlaces consanguíneos constituyen un 6,38% del total de celebraciones matrimoniales recogidas en la documentación parroquial desde 1700 hasta 1880. En principio no resultaba del todo creíble un cambio tan acusado en el comportamiento familiar como el que traduce la evolución en el tiempo de los porcentajes obtenidos, ya que si en los primeros 50 años del siglo la proporción de dispensas de consanguinidad afectaba únicamente a un reducido 1,7% de los matrimonios, su solicitud incumbía a más de un 11% de las celebraciones realizadas en el periodo comprendido entre 1750 y 1809, para experimentar de nuevo un notable descenso desde la segunda década de la centuria decimonónica hasta la fecha de conclusión del trabajo –media de 4,4 enlaces consanguíneos por cada 100 celebraciones-. Sin embargo, no nos parece un hecho casual que la trayectoria descrita coincida plenamente con la curva evolutiva que presentó I. Dubert para la llamada área de transición a partir de los datos obtenidos por C. Fernández Cortizo en las parroquias de Castrelos y Presqueiras[971].

La vinculación de este movimiento evolutivo con el desarrollo demográfico comarcal resulta evidente, dado el sugerente paralelismo que se constata entre la explosión de los matrimonios consanguíneos y la puesta en práctica por parte de las familias celanovesas de otros mecanismos restrictivos sobre el crecimiento demográfico. No cabe olvidar la problemática que debió generar en tierras celanovesas la presencia a mediados del siglo XVIII de una densidad media superior a los 110 hab./Km², densidad que en determinadas parroquias como es el caso de San Munio de Veiga ya alcanzaba en 1752 increíbles cifras superiores incluso a los 200 hab./Km². En el marco de ese espacio fuertemente humanizado, los matrimonios consanguíneos representaron una solución extrema al alcance de un sector minoritario de la sociedad campesina, que además de restringir el acceso al matrimonio a un número limitado de sus descendientes, también jugó sus cartas en el terreno de las alianzas matrimoniales en pro del mantenimiento de su estatus económico y social.

En el Priorato de San Munio de Veiga, la expedición de un certificado de solicitud de dispensa de consanguinidad costaba 120 reales a mediados del siglo XIX. Una cantidad que no se encontraban al alcance de cualquier economía familiar. De hecho, solo en un 23,81% de las ocasiones se constata la presencia de núcleos familiares regentados por

---

estaban emparentados entre sí en primer grado, los primos carnales constituían el segundo grado, los primos segundos el tercer grado y los primos terceros el cuarto grado y así sucesivamente hasta los primos sextos que representaban el séptimo y último grado en el que resultan efectivas las prohibiciones. Según nos informa J. Goddy, tan extensas prohibiciones implantadas en el siglo XI acabaron por causar demasiados problemas, de hecho, los tres últimos grados fueron descuidados progresivamente hasta que en el año 1215 el cuarto concilio de Letrán limitó las prohibiciones al cuarto grado, reducción justificada mediante la analogía con los cuatro humores. Mucho tiempo después, en el año 1917 dichas prohibiciones se redujeron al segundo grado. (J. Goody, 1986:187-199).

[971] La parroquia de Presqueiras presenta una evolución similar a la descrita para San Munio de Veiga pero en base a un porcentaje medio de dispensas notablemente más alto que el obtenido en tierras celanovesas, 15,5% del total. Sin embargo, en el caso de la feligresía de Castrelos las similitudes no solo afectan al sentido de la curva evolutiva sino también a los porcentajes alcanzados en cada una de las etapas establecidas: 1,3% en la primera mitad del XVIII, 11,9% en la segunda y 5,8% en los primeros cincuenta años del siglo decimonónico (I. Dubert, 1988:191). Los datos de C. Fernández Cortizo sobre las parroquias de Cerdedo, Quireza, Beariz y Presqueiras muestran efectivamente un incremento de los matrimonios consanguíneos a partir de los años centrales del siglo XVIII –a partir de la década de los 40 en Cerdedo y Quireza y desde los años 60 del siglo en Beariz y Presqueiras-, mostrando después un movimiento oscilante durante el siglo XVIII y un ritmo decreciente en la fase inicial del siglo XIX (2004: 93).

pequeños campesinos entre los ascendientes directos de los contrayentes emparentados en tercer o cuarto grado[972].

La tabla 3 refleja el conjunto de las combinaciones familiares localizadas:

TABLA 3 • PROCEDENCIA SOCIAL CONTRAYENTES MATRIMONIOS CONSANGUÍNEOS Y DESTINO SOCIAL ENLACES (1700–1880)						
PROCEDENCIA SOCIAL	N° Enlaces	%	Sector Superior	Sector Medio	Sector Inferior	Exterior
Enlace entre ricos campesinos	5	11,90	3	2		
Enlace entre ricos y medianos campesinos	11	26,19	4	5	2	
Enlace de ricos campesinos con el exterior	3	7,14	1	1		1
Enlace entre medianos campesinos	5	11,90	1	2	2	
Enlace de medianos campesinos con el exterior	7	16,67	2	2	1	2
Enlace de medianos y pequeños campesinos	6	14,29		2	4	
Enlace entre pequeños campesinos	4	9,52			4	
Enlace entre personas procedencia social desc.	1	2,38			1	
TOTAL	42	100,00	11	14	14	3

Como ya había advertido O. Rey Castelao en su estudio sobre la nupcialidad en la Galicia atlántica (1990:255), el matrimonio consanguíneo presenta un evidente componente de endogamia geográfica perfectamente observable a partir del cuadro anterior. Solamente un 23,8% de los enlaces sobrepasa los 2,5 Km^2 de la superficie parroquial, un porcentaje de exogamia geográfica notablemente inferior a la media obtenida a partir del conjunto de las celebraciones matrimoniales ocurridas en el ámbito de la parroquia de Veiga en el mismo periodo cronológico, un 57% del total.

Por otra parte, el análisis sobre la procedencia social del conjunto de contrayentes consanguíneos naturales de la vecindad de Veiga aporta la base empírica sobre la que apoyamos la extensión del comportamiento sugerido a través de las cuatro reconstrucciones genealógicas anteriormente analizadas al conjunto de la sociedad. En más de un 75% de los enlaces consanguíneos celebrados se constata la vinculación de los novios con familias de ricos y medianos

---

[972] Entre el listado de derechos parroquiales que figura al finalizar el libro 5º de bautizados, el párroco Don Manuel López afirma que se percibían 80 reales por las informaciones de una dispensa de consanguinidad y si se expedía certificación de la misma los susodichos 120 reales. Sin embargo al finalizar el recuento de cantidades percibidas por los distintos conceptos aludidos, se incluye en la documentación parroquial una nota posterior del párroco Agustín Diéguez en la que se afirma "que las dispensas iban a San Marcos de León y de aquí parece que procedió el ser muy altas y que estas deben ser objeto de nuevo arancel o de la prudencia de mis sucesores" Folio 60, Libro 5º de Bautizados (1847-1857) del Archivo Parroquial de San Munio de Veiga. La cifra de 120 reales que consta en la documentación parroquial de San Munio de Veiga a mediados del siglo XIX resulta sin embargo bastante inferior a los datos que maneja J. M. Pérez García para la parroquia de Samieira en la segunda mitad del siglo XVIII. En este periodo el precio de las dispensas rondaría los 200 o 300 reales de vellón según las informaciones contenidas en la documentación notarial que maneja el citado autor, reforzándose así la idea de que las dispensas de consanguinidad solo están al alcance de las familias que conformaban los estratos superiores de la sociedad (J. M. Pérez García, 2002:52).

campesinos. En total 24 familias de ricos campesinos, 30 hogares integrados en el sector medio de la sociedad y 14 agregados correspondientes al sector inferior del campesinado constituyen los núcleos familiares de origen de los 72 jóvenes afincados en el vecindario de la parroquia de Veiga que celebraron un enlace matrimonial con un pariente consanguíneo en tercer o cuarto grado.

Teniendo en cuenta que entre 1655 y 1845, marco cronológico en el que se constituyeron los matrimonios de sus progenitores, el número de familias de ricos campesinos asentadas en la comunidad de estudio se eleva a 87, en realidad la práctica de este tipo particular de alianzas concernía a un 27,58% de los hogares incluidos en el sector superior del campesinado comunitario[973]. Su extensión a las capas medias de la sociedad también alcanzaba proporciones estimables ya que un 17,75% de los 169 núcleos familiares de medianos campesinos registrados en el mismo periodo cronológico hicieron uso de dicha práctica, algunos incluso en repetidas ocasiones. Sin embargo, como bien nos sugería la conducta de los descendientes de Bartolomé Calvino y María Méndez, el alcance de su utilización entre el sector inferior del campesinado es mucho menor puesto que los 14 núcleos familiares de pequeños campesinos en los que constatamos su empleo no representan más que a un 4,29% de los 326 hogares de campesinos insuficientes residentes en la parroquia de Veiga en los casi dos siglos que abarca la investigación[974].

La vinculación social de los matrimonios consanguíneos con las familias mejor provistas resulta evidente en la comunidad de Veiga. En cambio, en la provincia lucense donde predominaba una filosofía familiar notablemente diferente, H. Sobrado Correa vincula su práctica con el sector más desfavorecido de la sociedad[975].

Si como indicamos con anterioridad, la finalidad perseguida con la utilización de esta estrategia matrimonial se centraba en la preservación del estatus económico y social familiar, la inclusión de un tercio de los enlaces consanguíneos celebrados en la feligresía de Veiga en el sector inferior del campesinado genera quizás la impresión de una escasa efectividad de su uso, cuando menos en la corta duración. La clasificación cronológica de los resultados que figuran en el cuadro anterior introduce importantes matizaciones sobre esta percepción inicial.

En términos generales podemos admitir que su empleo más o menos generalizado a lo largo del siglo XVIII alcanzó una elevada efectividad. Al margen de que en este periodo temporal se revela como una estrategia casi exclusiva de las familias de ricos y medianos campesinos que monopolizan más del 90% de los enlaces. Solo en un 13% de los 23 matrimonios celebrados se constata la futura inclusión de los contrayentes entre el grupo de campesinos más desprovistos. Los resultados son en cambio netamente diferentes para el caso de las alianzas

---

[973] En opinión de L. M. Rubio Pérez en el siglo XIX en los pueblos de los arrieros maragatos se dio la tasa de matrimonios consanguíneos más alta de España, afectando a más del 66% de las uniones concertadas (1995: 291). Esta elevada presencia de matrimonios consanguíneos se reforzaba a medida que se ascendía en la escala social arriera, hasta tal punto que las familias más ricas llegaron a formar una sociedad cerrada dentro de la propia sociedad maragata, con niveles de consanguinidad superiores al 87% del total (1995b: 60).

[974] El cómputo de los 582 hogares que conformaron el vecindario parroquial en el periodo cronológico aludido no hace referencia al número de parejas conyugales registradas en la documentación parroquial sino al volumen de núcleos familiares residentes. Consecuentemente, como ya fue indicado con anterioridad, los segundos y posteriores matrimonios no se contabilizan como hogares independientes puesto que en la práctica la ruptura matrimonial y las nuevas nupcias del cónyuge superviviente no implicaban un corte radical en la vida familiar. Por otra parte entre esos 582 agregados domésticos no solo se integraron las familias cerradas y estables sino también aquellas otras que aun presentando signos de cierta movilidad no implicaron una marcha definitiva de sus miembros del espacio geográfico de investigación, siendo susceptibles por tanto de la concertación del matrimonio de sus descendientes en el marco parroquial.

[975] A su juicio pese a que alianzas consanguíneas y matrimonios a trueque alcanzaron una escasa importancia porcentual en tierras lucenses, su presencia se vincularía allí a las familias más desfavorecidas que verían en este tipo de uniones un modo de atenuar los gastos derivados de las dotaciones de hijas casaderas. En el caso de los matrimonios a trueque su planteamiento parece acertado puesto que las familias podrían eliminar esos gastos de dotación, sin embargo solo los gastos derivados de una solicitud de dispensa parecen desacreditar la vinculación mayoritaria de las alianzas consanguíneas a las cuotas inferiores del campesinado, cuando además no se indican las posibles razones que evitarían en este caso el pago de la supuesta dote (H. Sobrado Correa, 1997:222).

concertadas en el siglo XIX. La progresiva reducción de su presencia a partir de la segunda década se vio acompañada de una paulatina incorporación de las familias de pequeños campesinos que aparecen ahora representadas en un 42% de los enlaces celebrados -de las 10 uniones en las que se constata su participación, 8 de ellas se concentran en esta etapa cronológica-. La extensión de los matrimonios consanguíneos al sector inferior del campesinado explica en gran medida la posterior integración de un 57,8% de las 19 familias conformadas en este período en dicho grupo social, aunque la movilidad descendente afecta también a las alianzas concertadas entre los grupos de medianos y ricos campesinos.

En el momento de máximo apogeo de los matrimonios consanguíneos, la segunda mitad del siglo XVIII, éstos se convirtieron en una estrategia característica de las familias mejor provistas de la comunidad. Dichas familias, ante la creciente movilidad social descendente que derivaba de la perpetua división del terrazgo entre un número cada vez superior de individuos, utilizaron los casamientos entre primos segundos y terceros para reforzar sus tradicionales redes de alianza matrimonial al tiempo que reunificaban sus viejos patrimonios familiares[976]. En Celanova, al igual que ocurre en otras investigaciones llevadas a cabo sobre suelo gallego (I. Dubert, 1989:187-188) (C. Fernández Cortizo, 2004: 95-96), no es frecuente la celebración de matrimonios entre parientes en grados muy próximos, predominando sobre todo los enlaces entre primos en tercer grado[977].

La capacidad de las relaciones consanguíneas en tercer y cuarto grado para recuperar los primitivos bienes familiares, incrementados incluso con las acumulaciones de sucesivas generaciones, ya fue puesta de manifiesto por L. Rubio en su estudio sobre la burguesía maragata. A juicio del citado autor este grupo social basó el éxito de su actividad económica en su política matrimonial concebida desde la familia y las relaciones familiares[978]. También las alianzas matrimoniales de carácter consanguíneo constituyeron uno de los pilares sobre los que se apoyaba el éxito económico-social de las familias de ricos campesinos afincadas en las poblaciones de la Sierra de Alcaraz que investigó F. García González, demostrando a juicio del autor la imbricación existente entre la lógica del parentesco y la lógica de la reproducción económica y social[979].

---

[976] C. Fernández Cortizo entiende el ascenso de la consanguinidad en la segunda mitad del XVIII como una estrategia destinada a reforzar la cohesión y la reciprocidad en el seno de la vecindad y de la parentela que respondía a tres objetivos básicos: fortalecimiento de lazos de parentesco y vecindad, recomposición de heredades familiares y una tendencia a la homogamia y endogamia geográfica (2004: 97-98). B. Derouet ha subrayado la capacidad de los matrimonios consanguíneos para rectificar los efectos que se derivaban sobre las herencias en los sistemas de reparto igualitario o de carácter preferencial, aunque a su juicio eran sobre todo los enlaces entre primos primeros y primos segundos los que mejor cumplían esta función (1994: 52-53)

[977] G. Delille sostiene en cambio la multiplicación de los enlaces entre los grados más próximos (1º y 2º) a escala europea a partir de los años cuarenta del siglo XVIII (2001:375).

[978] L. Rubio ve a las familias maragatas como plenamente conscientes de los efectos disgregadores emanados del sistema matrimonial y del amplio número de hijos que accede a la herencia paterna pese a la elevada mortalidad infantil. De ahí el establecimiento por parte del grupo de mecanismos de control tendentes a lograr su fortalecimiento económico y social. A partir de las reconstrucciones genealógicas realizadas, la endogamia social se percibe como una constante a lo largo de la Época Moderna pero su incremento resulta perceptible en los periodos de recesión económica y entre los linajes maragatos más importantes, caso de los Salvadores y Los Botas. De hecho, más de un 54% de los enlaces matrimoniales celebrados en el período comprendido entre 1670 y 1800 necesitaron la solicitud de una dispensa de consanguinidad, pero ese porcentaje ascendería al 66% de las uniones concertadas en la segunda mitad del siglo XVIII. En caso de centrarse exclusivamente en los ricos linajes maragatos, dicho porcentaje ascendería nada menos que al 87,5% del total (L. M. Rubio Pérez, 1995:288-291).

[979] La relaciones matrimoniales plurigeneracionales que mantuvieron las familias Valero y Henares de la Villa de Bienservida representan en opinión de Francisco García González una muestra paradigmática sobre el comportamiento endogámico de estas familias de ricos campesinos. En esta ocasión aunque también se describen matrimonios entre parientes en tercer grado, eran sobre todo las uniones entre primos hermanos provenientes de ambos troncos familiares las que permitían alcanzar un alto grado de endogamia patrimonial cuyo colofón se centraba en el control del poder local durante un largo periodo de tiempo, buscando además la concentración del patrimonio familiar en determinados lugares de la Sierra. Al igual que ocurría en tierras celanovesas, los medianos propietarios de la Sierra de Alcaraz también integraban entre sus estrategias de reproducción el establecimiento de enlaces matrimoniales lo más próximamente posible dentro de la línea de parentesco, previa solicitud de dispensas por consanguinidad como ocurrió en el caso de la familia Garvi (F. García Gon zález, 2000:262-279)

El progresivo incremento de los rendimientos del cultivo del maíz, la base económica de la comarca celanovesa, asentó las bases para el crecimiento demográfico de las décadas finales del siglo XVIII y primeros decenios de la centuria decimonónica. Sin embargo, los más de 33 Hl. de grano por Ha. que obtenían los campesinos celanoveses en los años 20 y 30 del siglo XIX, no fueron suficientes para impedir la quiebra de un sistema social que, aun estableciendo sus propios mecanismos de control, seguía promoviendo la instalación de nuevos hogares en base a la fragmentación de unas explotaciones agrarias cuyas dimensiones ya resultaban casi ridículas un siglo atrás. El declive social de las líneas familiares en la primera mitad del siglo XIX convirtió en inservibles las estrategias matrimoniales que desarrollaran las generaciones predecesoras, de ahí la reducción observada en la solicitud de dispensas de consanguinidad y la frecuente aparición en este período de demandantes vinculados al sector inferior del campesinado.

En opinión de O. Rey Castelao, alianzas consanguíneas y matrimonios a trueque son dos prácticas que buscan solucionar un mismo problema. Ambas intentan impedir la división del patrimonio familiar, si bien los enlaces consanguíneos plantean una reunificación de las dos partes de un patrimonio que ya había sido dividido, mientras que los matrimonios a trueque procuran mantener la concentración patrimonial evitando la división de bienes a través del intercambio de personas entre dos familias distintas. A juicio de la autora, dado que ambas estrategias persiguen una misma finalidad, cuando se utilizan con cierta profusión son incompatibles en el espacio y el tiempo, porque probablemente factores de orden cultural incidían en la selección de uno u otro método (1990:250-251).

En tierras de Celanova ninguna de las dos prácticas aludidas alcanzó el grado de frecuencia que traducen las cifras de matrimonios a trueque celebrados en la comarca de la Ulla. En esa comarca entre los años 30 y 60 de la centuria ilustrada se obtienen porcentajes máximos de representatividad situados en torno al 25-28% del total de celebraciones matrimoniales, proporciones que ascienden incluso hasta el 36% en la parroquia de Vedra[980]. Sin embargo, la curva evolutiva que marca la incidencia de ambas estrategias matrimoniales sobre el conjunto de las alianzas concertadas en la feligresia de San Munio de Veiga presenta un paralelismo absoluto, concentrándose en la segunda mitad del siglo XVIII la proporción máxima de enlaces consanguíneos, 11% del total de celebraciones, con la mayor profusión de matrimonios a trueque, 12,12% del total. En definitiva, se constata para tierras celanovesas la utilización simultánea de ambas prácticas en una etapa cronológica en la que parece trasladarse a esta área de la provincia ourensana una problemática similar a la que se planteaba en la comarca occidental de la Ulla unos años atrás.

Un 7,04% de los enlaces concertados en la parroquia de San Munio de Veiga entre 1700 y 1850 obedecen a la fórmula de matrimonios a trueque. El registro único de un doble matrimonio en julio de 1684 y otro más en el mismo mes del año 1868 nos confirma su limitado periodo de vigencia en la etapa cronológica anteriormente aludida. De la misma manera que acontecía con las alianzas consanguíneas, su incidencia fue muy restringida en la primera mitad del siglo XVIII afectando exclusivamente a un 3,59% de las celebraciones nupciales, su explosión se produjo en la segunda mitad del siglo, período en el que obtiene un porcentaje máximo de representación del 12,12% del total y en idéntica forma a lo ocurrido con las celebraciones consanguíneas, su decadencia en la

[980] A partir de su aparición a mediados del siglo XVII, la evolución de esta estrategia matrimonial en tierras del Ulla marca una clara línea ascendente con máximos situados entre los años 30 y 60 del siglo XVIII, momento a partir del cual se observa la reducción de su frecuencia hasta su desaparición en la primera mitad del siglo XIX. (O. Rey Castelao, 1990:251). En Tierra de Montes, los matrimonios a trueque eran más frecuentes en la primera mitad del siglo XVIII que en la segunda, alcanzando en la primera mitad del siglo valores superiores incluso al 15%, con una notable reducción en la segunda mitad del siglo, sobre todo en la parroquia de Beariz (C. Fernández Cortizo, 2004: 101).

primera mitad de la centuria decimonónica resulta evidente a partir del descenso a un nivel de representatividad del 5,91%[981].

Además de una evolución cronológica pareja basada en unos niveles de frecuencia prácticamente coincidentes, ambas estrategias también parecen compartir un ámbito social de implantación idéntico. Cuando menos así se deducía de las reconstrucciones genealógicas anteriormente desarrolladas. Véase al respecto la tabla 4.

TABLA 4 • PROCEDENCIA SOCIAL CONTRAYENTES MATRIMONIOS A TRUEQUE Y DESTINO SOCIAL ENLACES (1700–1850)						
PROCEDENCIA SOCIAL	Nº Enlaces	%	Sector Sup.	Sector Med.	Sector Inferior	Exterior
Enlace entre ricos y medianos campesinos	8	18,18	2	4	2	
Enlace de ricos campesinos con el exterior	6	13,64		3		3
Enlace entre medianos campesinos	6	13,64	1		4	1
Enlace de medianos campesinos con el exterior	12	27,27	1	2	2	7
Enlace entre pequeños campesinos	6	13,64		1	5	
Enlace de pequeños campesinos con el exterior	6	13,64		2		4
TOTAL	44	100,00	4	12	13	15

Como ya había señalado en su día O. Rey Castelao, los matrimonios a trueque no alcanzan el grado de endogamia geográfica que caracterizaba a los matrimonios consanguíneos[982]. En el caso de Celanova, la aparición de cónyuges foráneos en más de un 54,54% de los enlaces celebrados limita enormemente las posibles conclusiones que puedan derivarse de la procedencia social de los contrayentes. Sin embargo, pese a la estrechez de la base de datos sobre la que operamos, como puede observarse en la tabla 4 solo en un 27,27% de los enlaces concertados tenemos constancia de la presencia de campesinos insuficientes entre las familias de los desposados. Dicha proporción, que apenas experimenta variaciones en el caso de concentrar el cálculo sobre los 64 novios originarios de la parroquia de estudio, confirma la mayoritaria vinculación de esta práctica con los sectores medio y superior de la sociedad,

---

[981] En Tierra de Montes, en las décadas centrales del siglo XVIII (1740-59), matrimonios a trueque y consanguíneos alcanzaron notables porcentajes, coincidiendo ambas estrategias en el tiempo, cuando en principio, como afirma C. Fernández Cortizo, presuponemos su incompatibilidad espacial y cronológica (2004: 102).

[982] Sin embargo no se aprecia en estas tierras una evolución similar a la que describe la autora para la comarca santiaguesa, donde se constata una reducción progresiva de la proporción de uniones endogámicas como consecuencia de la necesaria ampliación de las redes de intercambio familiar en busca de partenaires apropiados (O. Rey Castelao, 1990:255):

donde hunden sus raíces más de un 71% de los contrayentes. Ahora bien, a diferencia de las uniones consanguíneas, ligadas en mayor medida al comportamiento de las familias de ricos campesinos, los matrimonios a trueque parecen convertirse en una estrategia más característica de los núcleos familiares de medianos campesinos, de donde surgen la mitad de los jóvenes naturales de la parroquia de Veiga implicados en este tipo de unión.

Durante su periodo cronológico de vigencia, el porcentaje de representatividad que alcanzan los matrimonios a trueque sobre el conjunto de enlaces matrimoniales celebrados es ligeramente superior al obtenido para los enlaces consanguíneos. Sin embargo, dada la elevada presencia de cónyuges foráneos, su incidencia real a nivel familiar es notablemente inferior a la detectada en el caso de la práctica matrimonial anteriormente aludida. De hecho, únicamente se constata su utilización en un 8% de los núcleos familiares de ricos campesinos asentados en el término parroquial entre 1670 y 1820, en el marco cronológico en el que se conformaron las familias de origen de los contrayentes. Aunque se observa un mayor grado de difusión entre los hogares que ocupaban las cuotas medias de la sociedad, su aplicación también se circunscribe a un número limitado de casos, concretamente un 10,66% del total. Dicha proporción se reduce de manera considerable entre las familias de pequeños campesinos, afectando a un 3,93% de las mismas[983]. A pesar de su menor incidencia a escala familiar, las coincidencias que se producen a nivel evolutivo entre ambas estrategias matrimoniales, sobre todo en lo referente a grupos sociales implicados y su grado de efectividad, nos recuerdan una vez más su complementariedad en la búsqueda de soluciones al proceso reproductivo de los medianos y ricos campesinos de la comarca.

Del mismo modo que acontecía con los enlaces consanguíneos, el siglo XIX también implicó una progresiva incorporación del sector inferior del campesinado en la práctica de los matrimonios a trueque. Con anterioridad a esa fecha la intervención de dicho grupo social se circunscribía a un 23,8% de los contrayentes originarios de la parroquia de estudio, mientras que el balance de la primera mitad de la centuria decimonónica engloba a un 36,36% de los mismos[984]. Su creciente participación supuso asimismo una importante colaboración de cara a la integración futura de una elevada proporción de los núcleos familiares constituidos entre el grupo de los campesinos insuficientes, aunque su actuación no constituye una razón suficiente para explicar la menor efectividad social que en términos generales parece caracterizar a este tipo de alianzas en comparación con los resultados obtenidos a partir de los enlaces consanguíneos. De hecho, a lo largo de todo el período de estudio más de un 44% de los hogares conformados a partir de un matrimonio a trueque pasaron engrosar el grupo de campesinos insuficientes y un 61,54% de los mismos incluía entre sus progenitores de origen social conocido a agregados domésticos de ricos y medianos campesinos de Veiga.

---

[983] En cualquier caso la incidencia de esta estrategia matrimonial entendida en el sentido estricto de un doble matrimonio entre hermanos, es muy inferior no sólo a los espectaculares datos que aporta el trabajo de O. Rey Castelao sobre la comarca del Ulla, sino también a los que ofrece J. M. Pérez García para la parroquia de Samieira, donde el matrimonio a trueque surge como una estrategia que aplican con asiduidad las familias de ricos campesinos a la hora de concertar el enlace de sus descendientes. Nada menos que un 27,72% de los núcleos familiares que integraban este sector social la incluyeron entre sus prácticas afectando de hecho a un 23,1% de sus descendientes, constatándose una progresiva reducción de su uso a medida que se desciende en la pirámide social comunitaria de modo que sólo un 4,93% de las familias de pequeños campesinos la pusieron en práctica, implicando exclusivamente a un 6,4% de sus hijos casados (J. M. Pérez García, 2002:29-33).

[984] Una vez más hemos de hacer referencia a la importante presencia de cónyuges foráneos que reduce notablemente el número de observaciones sobre el que reposan los cálculos expuestos. De las 16 parejas de matrimonios a trueque que se contabilizan en el área de estudio hasta comienzos del siglo XIX, sólo conocemos el origen social para 42 de los 64 desposados, vinculándose los casos restantes a familias de origen foráneo. El nivel de control familiar es muy superior para el siglo XIX, pero en esta etapa cronológica dada la menor incidencia de dicha práctica, únicamente se constata la presencia de 6 parejas de matrimonios, siendo originarios de la parroquia 22 de los 24 intervinientes.

La evidente concentración de dicha movilidad social descendente en la primera mitad del siglo XIX nos obliga a establecer importantes matizaciones con respecto a la eficacia de dicha estrategia matrimonial. Pese al carácter reducido de la muestra, la elocuencia de las cifras que a continuación ofrecemos habla por sí misma. De los 24 matrimonios a trueque oficiados durante la segunda mitad del siglo XVIII, doce establecieron su residencia en la parroquia de estudio, tres de ellos se integraron en el grupo de ricos campesinos, siete más se ubicaron entre las capas medias de la sociedad y sólo dos, un 16,6% del total, acabaron nutriendo el sector inferior del campesinado. Dicha proporción es notablemente inferior a la resultante para los primeros cincuenta años del siglo XIX, período en el que un 63,6% de los núcleos familiares instalados en la parroquia de Veiga tras la celebración de un doble matrimonio -siete de once-, pasaron a engrosar la base de la pirámide social comunitaria.

En la comarca de Celanova en ninguna de las etapas cronológicas investigadas detectamos el grado de difusión que alcanzó la práctica de matrimonios a trueque en la comarca de la Ulla. Sin embargo, en nuestra opinión, las diferencias comarcales no son sólo de carácter cuantitativo sino también de tipo cualitativo. O. Rey Castelao definió en su día los matrimonios a trueque como el resultado de un acuerdo entre dos familias con hijos de distinto sexo en edad nupcial, que intentaban evitar las divisiones patrimoniales derivadas de los repartos de herencia casando entre si a cuatro de sus descendientes, y organizando posteriormente el intercambio de los cónyuges de sexo femenino entre las dos casas, de manera que no se produjeran amputaciones presentes o futuras en el patrimonio familiar. El discurso de la autora gira en torno a los beneficios que se derivaban del ahorro de los pagos de dote y en el posterior reparto hereditario, aunque ella misma subraya las alteraciones que se producían en el uso de esta fórmula teórica y su adecuación a las diferentes situaciones familiares (O. Rey Castelao, 1990:248-249).

En nuestra opinión, la falta de simultaneidad temporal que se constata en la parroquia de Veiga en la celebración de las ceremonias nupciales de las parejas implicadas en los casos de dobles matrimonios, pone en tela de juicio la existencia de un acuerdo familiar previo de cara al pago de dotes y posterior reparto hereditario[985]. De hecho, en un 86,36% de las parejas catalogadas como matrimonios a trueque transcurre un período medio de casi seis años de duración entre los dos esponsales de los hermanos implicados. Debemos tener en cuenta además la ausencia de escrituras dotales entre los protocolos notariales celanoveses de los siglos XVIII y XIX[986], e incluso la sensible reducción del número de referencias relativas a su práctica en los testamentos recogidos en la cata realizada en las décadas centrales del siglo XIX, tal como puede apreciarse en la tabla 5.

---

[985] En Tierra de Montes, los matrimonios a trueque también admitían fechas de celebración diferentes en el tiempo, lo que lleva al autor del estudio a presuponer "una estrategia planificada en distintos tiempos para establecer unas relaciones de reciprocidad que en un momento determinado no podían cerrarse de forma conveniente al no ser las situaciones familiares homologables e intercambiables" (C. Fernández Cortizo, 2004: 104).

[986] Para el siglo XVII en el Archivo Histórico Provincial de Ourense se conservan pocos protocolos en buen estado de conservación relativos a notarios celanoveses, por eso resultó de gran ayuda la localización en el Archivo Parroquial de Veiga de las escrituras de protocolos de los notarios Alonso Pérez, Antonio Sotelo y Pedro García Alvarado. El vaciado sistemático de las escrituras de dotes y testamentos que se conservan entre sus protocolos notariales juntamente con las redactadas por los notarios Amaro Rodríguez, Bartolomé Santamaría, Bernardo Arias y José Rodríguez Salgado, cuyos legajos se conservan en el Archivo Histórico Provincial de Ourense –cajas 1381, 1398, 1205-06 y 1387 respectivamente- nos permitió reunir un total de 154 testamentos redactados entre 1647 y 1680 y 99 escrituras de dote. En nuestra Memoria de Licenciatura ya llevamos a cabo un vaciado exhaustivo de todas las escrituras de dotes, donaciones y testamentos que registraron seis notarios celanoveses en los años centrales del siglo XVIII, entre 1750 y 1760. Durante ese periodo sumamos más de 200 testamentos, 109 donaciones y solo 13 escrituras de dote (1999: 140). Para las décadas centrales del siglo XIX disponemos de una base de datos formada por 230 escrituras testamentales redactadas por los notarios Francisco Rodríguez –caja 1078-, José Camino Recio –cajas 1231-1232-, José María López de Curros –cajas 1315-1316-1318-1320-, José María Iglesias –cajas 1307-1308-1309-1310-, Manuel Porras -1353-, Pablo Porras -4249- y Ramón Fernández Feijoo -1281-. Entre sus protocolos, todos ellos custodiados en el Archivo Histórico Provincial de Ourense, las escrituras de dotes juegan un papel meramente testimonial.

TABLA 5 • EVOLUCIÓN DE LAS REFERENCIAS AL PAGO DE DOTES EN TESTAMENTOS		
	N° ESCRITURAS OTORGANTE CASADO O VIUDO	% MENCIONAN DOTES
DÉCADAS CENTRALES S. XVII	133	21,80
DÉCADAS CENTRALES S. XVIII	186	22,04
DÉCADAS CENTRALES XIX	178	17,97
TOTAL	497	20,52

Todo ello nos lleva a pensar en la limitada incidencia social que presentaba la entrega de fondos en concepto de dote en estas tierras. Si a ello añadimos la paulatina disminución de referencias relativas a la entrega de bienes raíces entre los recursos cedidos[987], las razones que explican la práctica de matrimonios a trueque en la comarca de la Ulla parecen no adecuarse convenientemente a la realidad celanovesa[988]. A nuestro juicio, en el caso de Celanova el objetivo de los matrimonios a trueque coincide plenamente con el expuesto por J. M. Pérez García para la parroquia costera de Samieira, donde su finalidad no se centraba tanto en el ahorro de dotes sino en el deseo de renovar las alianzas con un número muy determinado de familias, que generalmente comparten una misma o parecida ubicación en la pirámide social, reduciendo así el campo de afinidad (2002: 81).

En las escrituras dotales de la segunda mitad del siglo XVII, en un 85,8% de los casos la beneficiaria es una descendiente de género femenino, siendo muy escasas las dotes a favor de hombre (4% del total). En el 10,1 % de los casos, se trata de contratos previos a la celebración de matrimonios a trueque que responden a la filosofía familiar predominante en la comarca santiaguesa[989]. Vistas las razones anteriormente expuestas, no creemos que puedan

---

[987] En muchas ocasiones, cuando se hace referencia al pago de dotes en los testamentos celanoveses, se alude a la necesidad de que los descendientes beneficiados deben traer a colación los bienes recibidos en el momento de su matrimonio antes de proceder al reparto definitivo de la herencia, lo que nos impide conocer con exactitud la tipología de los bienes recibidos y su posible evolución en el tiempo. En el siglo XVII, cuando todavía se escrituraban las dotes ante notario, los bienes raíces formaban parte de la inmensa mayoría de los casos analizados. C. Fernández Cortizo, también sostiene para Tierra de Montes que a partir de mediados del siglo XVIII se reduce la importancia de la transmisión de bienes por vía de dote, que además se ve devaluada por la necesidad de reintegrarla a montón para el reparto definitivo de la herencia (1988: 159).

[988] O. Rey Castelao entiende su papel en zonas de predominio de mejora corta, como un mecanismo destinado a preservar el patrimonio familiar (1990: 248-249). En el caso de Tierra de Montes, C. Fernández Cortizo también cree que su finalidad estribaba fundamentalmente en evitar la transferencia de dotes, sobre todo en el caso de los matrimonios cruzados, que implicaban una permuta de posiciones entre los miembros de las familias implicadas (2004:105). Desde este punto de vista, su papel sería similar al que han descrito autores como A. Collomp para las áreas en las que predominaba la familia troncal (1983: 119-123).

[989] Lorenzo Río y Francisco González, ambos naturales de la parroquia de Santa Baia, redactan una escritura conjunta de dote en el mes de enero de 1679 a favor de sus respectivos hijos Francisca Río, Jacinto Río, Rosendo González y Fausta González. Los otorgantes ceden la mitad de sus bienes muebles y raíces a sus hijos varones con la condición de que éstos permanezcan en las casas paternas en compañía de las futuras esposas que pasarán a residir en las moradas de sus suegros sin llevar ni un ápice de sus legítimas. Como bien explicita Francisco a su hijo Rosendo, la dotación se perdería en caso de abandono por parte de la joven pareja del hogar de sus progenitores: "con condición que han de estar todos juntos en una casa y a una mesa y manteles y en caso de que dicho su hijo y dicha su nuera se aparten podrán sacar de un soto seis castaños y no más". Archivo Parroquial de Veiga, Notario Alonso Pérez, caja n° 6, 15-1-1679, f. 2-2v. En similares condiciones se redacta en octubre de 1654 la carta de dote a favor de la futura unión de Domingo Míguez con María Fernández y Pedro Míguez con Dorotea Fernández. En este caso dado que se casan dos hermanos con dos hermanas, el padre de las contrayentes de sexo femenino entregará sus legítimas paterna y materna juntamente con el ganado de su posesión al futuro yerno que se instale en la casa de habitación familiar, mientras que los 533 litros centeno y los 91 litros de habas que también se incluyen entre los bienes donados se dividirán entre los dos nuevos matrimonios. Por su parte, el padre de los dos varones reserva la casa, el mobiliario, ropa de casa y las 52 áreas que suman las cuatro parcelas incluidas en la dotación para el descendiente que comparta la residencia familiar. Archivo Parroquial de Veiga, notario Alonso Pérez, caja n° 3, 19-10-1654, f. 248-249v.

erigirse en modelos ejemplificadores del comportamiento comarcal, y menos en los siglos XVIII y XIX. De hecho, la restringida importancia social del matrimonio a trueque en estas tierras, cuyo uso se circunscribe al sector más rico del campesinado, quizá sea simplemente la consecuencia lógica de su limitada funcionalidad en el marco de un sistema de reproducción social cuya piedra angular no se basaba en la transmisión vía dote de los bienes raíces que conformaban el patrimonio familiar, cuando menos para un sector muy amplio de la sociedad[990].

A nuestro juicio, si bien ninguna de las estrategias matrimoniales descritas alcanzó en tierras celanovesas el grado de difusión que se desprende de las investigaciones aludidas, su uso también delata el deseo de perpetuación y diferenciación social de las familias de ricos y medianos-ricos campesinos celanoveses. En la comarca de Celanova no se daba una protoindustria textil de dimensiones similares a las constatadas para la comarca del Ulla, y el abismo económico que separaba a un hacendado labrador de Veiga de un rico arriero maragato, o de un gran arrendatario del País Bigouden, parece fuera de toda duda. Por ello también resulta lógico pensar que ante un contexto de saturación demográfica y/o económica, aunque los mecanismos de control puestos en práctica por las élites sociales fueron similares, la escala de su aplicación era notoriamente diferente. Por otra parte, la similitud de comportamientos no hace sino corroborar que en la práctica las posibilidades de actuación familiar eran limitadas.

VI.4. Más allá de las alianzas matrimoniales. La extensión de la red de parentesco familiar a través del compadrazgo

En opinión de M. Segalen, los apadrinamientos constituyen una buena muestra de la polivalencia de los usos sociales del parentesco, dado que desempeñaban funciones simbólicas, rituales y a la vez prácticas, en una sociedad caracterizada por la fragilidad derivada del constante azote de la muerte (1985:343).

Desconocemos en qué medida la sociedad gallega del Antiguo Régimen hacía suya la legislación eclesiástica referida a las obligaciones que contraían los padrinos en la ceremonia bautismal de sus ahijados. La consulta oral no parece otorgarle en tierras celanovesas el papel ritual de mediadores ante el más allá que localiza A. Fine en espacios geográficos no muy distantes del solar gallego, caso del País Vasco o en regiones más alejadas de Alemania y Suiza[991].

Sin embargo, nuestro interés a la hora de plantear la utilización de la información referente a las filiaciones de los padrinos contenida en las partidas bautismales, no se centró en la búsqueda de respuestas para cuestiones difícilmente resolubles tales como su posible funcionalidad en la sociedad del momento. Más bien, pensamos en su posible validez de cara al estudio de las redes sociales de alianza familiar desde un ángulo diferente al sugerido por los enlaces matrimoniales. Desde este punto de vista, analizamos la figura de los padrinos seleccionados por los núcleos familiares que conformaron los cuatro árboles genealógicos analizados hasta el presente, centrándonos en dos cuestiones básicas, la posible relación de parentesco que les unía al bautizado y su ubicación en la pirámide social comunitaria.

---

[990] La dote en la comarca de estudio dista mucho de ser el "instrumento esencial de conservación y desarrollo de las casas", característico de las áreas de predominio del sistema de "casa y linaje" como era el caso de la región de Sault. En opinión de A. Fine y C. Leduc, en la región de Sault, la dote era la derivación patrimonial que la casa concedía a los hijos que ponía en circulación, actuando a modo de refuerzo de los poderes paternos sobre los hijos, antes y después del matrimonio (1998: 35-41).

[991] En el País Vasco su ubicación en el cortejo fúnebre detrás del portador de la Cruz pero delante incluso de los padres sería a juicio de la autora un reconocimiento de su función social. Esta también es perceptible en los ritos mortuorios vigentes en territorio alemán, que le otorgaban a la madrina el papel de llevadora del agua bendita al ahijado moribundo mientras que el padrino se ocupaba a posteriori en el transporte de su ataúd hasta el cementerio parroquial (A. Fine, 1994:226-228).

En opinión de A. Fine, a fines de la Edad Media comenzó a difundirse el ideal de pobreza en la búsqueda de padrino como consecuencia de las predicaciones de las Ordenes Mendicantes, de manera que las élites de la Florencia del Quatroccento escogían a humildes, mujeres y religiosos como padrinos de sus descendientes. Este modelo de padrinazgo también lo compartía buena parte de la nobleza y burguesía francesa de los siglos XVI, XVII y XVIII[992]. ¿Era éste también el modelo dominante en la comarca celanovesa a lo largo de los tiempos modernos?

Los datos de la tabla 6 representan un primer acercamiento a la figura de los padrinos en la sociedad celanovesa de Antiguo Régimen. En ella se analiza su pertenencia al entorno familiar del bautizado o su elección al margen de la red de parentesco consanguíneo en los cuatro linajes analizados[993].

TABLA 6 • LOS PADRINOS EN LA SOCIEDAD CELANOVESA DE ANTIGUO REGIMEN					
	LINAJE 1°	**LINAJE 2°**	**LINAJE 3°**	**LINAJE 4°**	**TOTAL**
N° NIÑOS BAUTIZADOS	92	190	237	192	711
N° CASOS PADRINOS CONOCIDOS	76	142	177	120	515
N° CASOS FORÁNEOS O DESCONOCIDOS	16	48	60	72	196
N° CASOS ENTORNO FAMILIAR BAUTIZADO	41	84	124	24	273
N° CASOS AJENOS ENTORNO FAMILIAR	35	58	53	96	242

El análisis del conjunto de los padrinos intervinientes en las más de 711 ceremonias bautismales que suman en su conjunto los cuatro árboles genealógicos reconstruidos refleja una elevada presencia de personas ajenas al entorno familiar entre los casos efectivamente localizados. Su porcentaje de representatividad, en torno al 47% del total, no se encuentra muy lejos de la proporción que suponen los familiares directos de los niños bautizados, un 53% del total[994]. Sin embargo, en esta ocasión las cifras medias no hacen sino ocultar el fuerte contraste que se observa en el comportamiento de los linajes seleccionados en representación de los distintos sectores sociales establecidos.

[992] A. Fine entiende que dicha práctica no sólo se vinculaba a las élites de la sociedad francesa del Antiguo Régimen sino que también se atestigua su presencia en el mundo campesino donde en algunas áreas geográficas los padrinos y madrinas se escogían entre los domésticos y los pobres de la aldea. (A. Fine, 1994:246-247).

[993] Linaje 1°: Linaje fundado por Domingo e Isabel, reconstrucción genealógica. VI.1, Sector Superior Campesinado. Linaje 2°: Linaje fundado por Francisco y Juana, reconstrucción genealógica. VI.2 Sector Superior Campesinado. Linaje 3°: Linaje fundado por Francisco y Francisca, reconstrucción genealógica. VI.3 Capas Medias. Linaje 4°: Linaje fundado por Bartolomé y María, reconstrucción genealógica. VI.4 Pequeños Campesinos.

[994] En la tabla precedente se incluye un número superior de nacimientos por linaje al que se recoge en los cuadros resumen integrados en el apéndice estadístico. La diferencia no obedece a errores de cálculo, sino a la inclusión en este caso de los datos concernientes a los descendientes de los matrimonios conformados en los años 20-30 y hasta 40 del siglo XIX. Nuestros cálculos se concentran en los poco más de 500 casos en los que conseguimos localizar adecuadamente las personas seleccionadas en calidad de padrinos, descartando por lo tanto los 131 casos en los que su procedencia foránea nos impide conocer su posible vinculación al entorno familiar y su clasificación social, así como los 65 restantes en los que los párrocos de San Munio de Veiga no nos ofrecieron informaciones relevantes que permitieran su identificación.

En las genealogías de ricos campesinos la elección de padrinos ajenos al entorno familiar se circunscribe en torno al 42% de los casos conocidos. Su proporción se reduce incluso por debajo del 30% en el dinámico árbol familiar que ejemplifica el comportamiento de un limitado sector de las capas medias, sin embargo, su presencia condiciona un 80% de las preferencias de las familias que conforman el árbol genealógico seleccionado en representación del sector inferior del campesinado.

Algunas de las variaciones que se aprecian en el cuadro precedente pueden deberse a razones de orden aleatorio, caso de los condicionantes que podrían derivarse de la amplitud de las ramas descendentes de los cuatro árboles genealógicos analizados. Sin embargo, a nuestro juicio, los porcentajes anteriormente referidos traducen la presencia de dos actitudes netamente diferenciadas de cara a la elección de los padrinos entre las familias celanovesas de la Epoca Moderna. Los agregados domésticos regentados por pequeños campesinos mostraron una preferencia clara por la elección de personas ajenas a su entorno familiar. Sin embargo, la presencia de familiares directos del bautizado fue mayoritaria entre los hogares integrados en las capas superiores de la sociedad. En la tabla 7 se incluye la clasificación social del conjunto de los individuos seleccionados.

TABLA 7 • PROCEDENCIA SOCIAL DE LOS PADRINOS EN LOS LINAJES SELECCIONADOS								
	PROCEDENCIA SOCIAL FAMILIARES BAUTIZADO.			PROCEDENCIA SOCIAL AJENOS AL ENTORNO FAMILIAR			TOTAL		
	SECT. SUP.	SECT. MED.	SECT. INF.	SECT. SUP.	SECT. MED.	SECT. INF.	SECT. SUP.	SECT. MED.	SECT. INF.
LINAJE 1°	14	22	5	11	20	4	25	42	9
LINAJE 2°	30	46	8	42	11	5	72	57	13
LINAJE 3°	51	43	30	24	20	9	75	63	39
LINAJE 4°	0	5	19	39	38	19	39	43	38
TOTAL	95	116	62	116	89	37	211	205	99

El comportamiento de las familias celanovesas no confirma en absoluto las hipótesis de trabajo de A. Fine anteriormente expuestas y al contrario de lo que la citada autora afirma, el ideal de pobreza no constituyó la clave de búsqueda del mejor padrino. En nuestro ámbito geográfico de investigación, fueron en realidad las familias de mayores recursos económicos las que en un número mayor de ocasiones fueron seleccionadas para el desempeño de dicha función ritual.

En más de un 40% de las ocasiones analizadas, los padrinos elegidos formaban parte del grupo de los ricos campesinos de la parroquia de Veiga. Si a ello añadimos un 39,8% de casos vinculados al grupo de los medianos campesinos, en realidad sólo en un 19,22% del total se incluye a personas integradas en el sector inferior del campesinado comunitario. Dicha proporción se reduce además de manera notable entre el grupo de los seleccionados fuera del ámbito familiar, abarcando únicamente al 15% del total, debido a la importancia que adquieren en este caso las parejas integradas en el grupo de de los ricos campesinos, más de un 47% de los casos analizados. La presencia de individuos socialmente integrados en la base de la pirámide social se explica en un número mayoritario de casos, en torno al 63% del total, por las relaciones de parentesco consanguíneo que les unen a sus futuros ahijados.

Los datos de la tabla también confirman la preferencia mostrada por las familias de ricos campesinos por escoger a sus parientes consanguíneos como compadres, frente a la decantación de las familias de menos recursos económicos por personas ajenas al entorno familiar. Lógicamente, los pequeños campesinos debían establecer redes de parentesco espiritual más allá del entorno familiar si querían incluir a personas acomodadas entre los padrinos de sus vástagos. Podemos concluir así, en base a los resultados obtenidos a partir del análisis del linaje que fundaran a principios del siglo XVII Bartolomé Calvino y María Méndez, que la mayoritaria aparición de compadres ajenos al tronco familiar es la clave explicativa para comprender la reducida presencia de padrinos sin recursos, menos de un tercio del total, entre los parientes espirituales de estos núcleos familiares que vivían al límite de su propia subsistencia.

Los resultados obtenidos son plenamente coincidentes con las conclusiones alcanzadas por J. Schlumbohm en sus investigaciones sobre la parroquia alemana de Belm. El citado autor a partir de la realización de un doble muestreo, coetáneo a los recuentos de 1772 y 1858, concluye la tendencia dominante de los labradores-propietarios a seleccionar los padrinos de sus descendientes entre el grupo de sus iguales. Un 61,8% de los mismos en la primera fecha y un 53,8% en la segunda se incluirían en esta casuística. Solo en algunas ocasiones se observa la intervención de pequeños campesinos y muy raramente surgen los campesinos sin tierra en la segunda fecha (11,5% del total), y al igual que ocurre en tierras celanovesas, en la mayoría de los casos su concurrencia se debe a la relación de parentesco familiar que les une (J. Schlumbohm, 1995: 792). En la comarca de Celanova, a partir de la suma de los datos obtenidos en los dos linajes representativos del sector superior del campesinado comunitario, se cifra la presencia de padrinos originarios del mismo grupo social en un 44,5% de los casos, proporción prácticamente idéntica a la alcanzada por los compadres venidos de las capas medias de la sociedad, 45,41%, limitándose la elección de pequeños campesinos al 10,1% restante[995]

Más allá de las disparidades en las cifras concretas, los resultados obtenidos en ambas áreas parecen reflejar un comportamiento similar no sólo a escala de los grupos superiores, sino también entre las familias que ocupaban la base de la pirámide social. De hecho, los campesinos sin tierra de esta parroquia del noroeste alemán al igual que los pequeños campesinos de San Munio de Veiga, no escogían como padrinos de sus descendientes a los miembros de otras familias que detentaban el mismo estatus social, sino que se decantaban claramente por individuos que formaban parte de la categoría de labradores-propietarios. De ahí que en la parroquia alemana la presencia de

---

[995] La abultada presencia de compadres procedentes de las capas medias probablemente se deba al hecho de que en la práctica en los dos linajes seleccionados en representación del grupo de ricos campesinos conviven un número no despreciable de hogares integrados en las capas medias de la sociedad como consecuencia de la elevada movilidad descendente característica de la comarca.

campesinos sin tierra se limitaba a un 14% en la primera fecha analizada ascendiendo a un 30% en los años previos al recuento de 1858, situándose la proporción de labradores-propietarios en torno al 50% del total[996].

En base a un esquema de organización social diferente, los grupos que ocupaban la base piramidal en ambas comunidades utilizaron la institución del padrinazgo para completar las redes relacionales generadas por el parentesco de sangre o las alianzas matrimoniales, haciendo un uso vertical de esa red de parentesco espiritual. Coincidimos plenamente con el citado autor al afirmar que si bien las fuentes apenas ofrecen testimonios sobre la instrumentalización que pudiera hacerse de las relaciones de padrinazgo, estas debieron tener una importancia considerable dada la selección manifiestamente deseada de los mismos que traducen los resultados obtenidos (J. Schlumbohm, 1995: 793).

---

[996] Resulta ciertamente relevante la obtención de unos resultados tan parejos en el marco de dos investigaciones no sólo separadas geográficamente sino también desde el punto de vista de la organización social predominante en ambas áreas de trabajo. Las actividades agrarias también fueron en la parroquia de Belm al igual que en San Munio de Veiga, la primera fuente de subsistencia, allí la distribución de la propiedad fundiaria también establece tres categorías sociales bien definidas: los labradores, pequeños campesinos y campesinos sin tierras. Estos últimos encontraron un modus vivendi perfectamente visible en las fuentes del siglo XVIII a partir del sistema de "Heuerlinge", presente incluso en la región hasta mediados del s. XX. Sus características básicas se basaban en que el campesino sin tierra alquilaba a un campesino propietario una habitación secundaria y algunas ha. de tierra a cambio del pago de un arrendamiento en especie, Además el matrimonio sin tierra debía trabajar sobre la explotación de su propietario cuando éste lo juzgaba necesario cubriendo así sus necesidades de mano de obra, en contrapartida el propietario ayudaba al Heveling proporcionándole el utillaje para labrar la tierra. A la hora de seleccionar los padrinos de sus descendientes, estos campesinos sin tierra en un buen número de casos escogían al propietario de la hacienda en la que se encontraban ubicados o a su futuro sucesor como padrino de sus descendientes (J. Schlumbohm, 1995: 776-778).

Celanova, calle de Cesáreo Fernández Lirado

VII. CONCLUSIONES

Partiendo de una probable situación de casi vacío demográfico a fines del siglo XV, el siglo XVI se presenta fuertemente expansivo. La tendencia alcista que marcan las fuentes disponibles para la segunda mitad del siglo -Visita 1566-69, Expediente de 1582 y Censo de 1587-, nos lleva a plantear la cifra de 12 vecinos/Km^2 en 1587, casi 50 hab./Km^2 (49,7). En base a las escasas fuentes disponibles para el periodo, a fines del siglo XVI la comarca de Celanova aparece como un espacio ya muy humanizado (11,6 vecinos/Km^2), caracterizado por el predomino de un hábitat y un poblamiento disperso. Un espacio marcado por la presencia de una densa red de asentamientos poblacionales, conformados por un número muy reducido de familias (media de 5,45 vecinos/aldea), detentando un peso específico muy importante dentro del conjunto los caseríos aislados.

En base a las fuentes disponibles, cabe presuponer también que entre fines del siglo XVI y mediados del siglo XVII el crecimiento demográfico se vio seriamente frenado, si bien las cifras de la Visita de 1654-59 no permiten hablar de una fase de retroceso demográfico, sino más bien de estancamiento poblacional (54,5 Hab./Km^2).

Las primeras informaciones de las que disponemos sobre la cultura agraria de la comarca de Celanova están datadas en los años 30 del siglo XVII. En base a los inventarios post-mortem, en el periodo comprendido entre 1630 y 1659 el mijo suponía más de la mitad de la cosecha anual de cereales -51,3%-, el centeno representaba un 47,5% del total y el trigo tenía una representación absolutamente testimonial dentro de la despensa campesina. La historiografía modernista gallega sostiene que la difusión del mijo en el siglo XVI en las comarcas litorales y prelitorales de la Galicia Occidental constituyó la novedad más destacada del sistema agrario gallego en esa centuria, siendo la principal responsable de los contrastes en cuanto a densidades de población que se observan en la Galicia de las postrimerías del siglo.

Con las informaciones de las que nosotros disponemos, entendemos que la rotación de un cereal de invierno –centeno- y un cereal de primavera –mijo-, dominaba la cultura agraria de la comarca en la primera mitad del siglo XVII, aunque desconocemos su proceso de implantación, el papel que jugaba el barbecho o el posible carácter bienal o trienal de las rotaciones practicadas, en las que ya se incluía la presencia de leguminosas. Ahora bien, parece lógico presuponer un cierto grado de intensificación en esta cultura agraria cuya antigüedad debe remontarse al siglo XVI, de lo contrario resultaría de todo punto de vista imposible explicar las fuertes densidades de población obtenidas a partir de las fuentes disponibles para finales del siglo XVI.

Con una base documental mucho más sólida constatamos el inicio de una fase de fuerte dinamismo demográfico a partir de los años 60 del siglo XVII que se prolongó en el tiempo hasta los años 30 del siglo XVIII. El intenso crecimiento demográfico vivido en la comarca entre estas fechas permitió alcanzar una densidad de más de 110 hab./Km^2 –en torno a 28 vec./Km^2- a mediados del siglo XVIII. La tasa de crecimiento anual acumulativo del 7,63‰ que se obtiene de la comparación entre la Visita de 1654/59 y la documentación catastral, si bien parece un poco excesiva, es una prueba evidente del elevado crecimiento de la población comarcal en este periodo. En esta etapa, la evolución decenal de las relaciones de masculinidad en defunciones permite comprobar el paralelismo que se produce entre el crecimiento de la población y el progresivo deterioro de la relación de masculinidad, que alcanzará los valores más bajos de la serie analizada en las décadas centrales del siglo. Además, la documentación notarial consultada refleja ya una corriente migratoria de carácter estacional a los campos de Castilla que se encontraba en funcionamiento, cuando menos desde mediados del siglo XVII.

La moderada intensidad de las crisis de mortalidad en la Galicia del A. R. y su papel relativo como mecanismos autorreguladores de la población quedan de manifiesto a partir de la metodología empleada para el análisis de los registros celanoveses. En esta etapa las crisis de 1666 y la de 1710-11 fueron sin duda los periodos de mortalidad catastrófica de mayor incidencia sobre la población celanovesa. La de 1666 está directa o indirectamente relacionada con la inestabilidad política del momento –Guerra con Portugal-, mientras que la de 1710-11 se enmarca en un contexto de caída de la producción agrícola bien conocido para algunas áreas de la Galicia Occidental. Pese a su reducido número y su escaso papel desde el punto de vista demográfico, hemos de destacar que estas sí tuvieron importantes implicaciones sociales.

Desde mediados del siglo XVII, cuando la reconstrucción de familias llevada a cabo sobre la parroquia de Veiga comienza a generar resultados, observamos la estabilidad que presentan algunas de las características que definen el régimen demográfico vigente en la comarca de estudio a lo largo de los tiempos modernos así como los importantes cambios que sufren otros marcadores, derivados de las circunstancias coyunturales que está atravesando la demografía comarcal durante los dos siglos que abarca esta investigación.

El análisis de las tasas de fecundidad o el estudio de los intervalos no revela cambios de importancia en el comportamiento de las parejas celanovesas a lo largo del periodo de estudio. Igualmente, constituyen rasgos estructurales del régimen nupcial vigente en la comarca celanovesa el reducido peso que alcanzaron los matrimonios endogámicos desde el punto de vista geográfico -42,8% del total-, la presencia de un elevado porcentaje de novios y novias foráneas –estas últimas están presentes en un 15% de las celebraciones matrimoniales registradas en la parroquia a lo largo del periodo de estudio-, o la relativa proliferación de los matrimonios en segundas nupcias, que supusieron hasta un 18,1% del total de los matrimonios celebrados.

Desde mediados del siglo XVII también se observa la presencia de un patrón de matrimonio tardío ya fuertemente asentado en la comarca. En esta etapa los hombres contraían nupcias por primera vez a una edad media de 28,2 años y las mujeres a los 26,3 años, rebajándose así las expectativas de vida en común con respecto a otras zonas de la Galicia costera hasta los 24 años de media. Sin embargo, la generación de mujeres nacidas entre 1650 y 1675, las primeras en beneficiarse de la nueva cultura del maíz, se casaron a los 25,4 años de media, siendo las más precoces en pasar por el altar de todo el período de estudio.

El análisis llevado a cabo sobre el número medio de descendientes casados por unidad familiar, el estudio de los procesos de recomposición matrimonial y el cálculo de los porcentajes de soltería definitiva, nos permiten concluir la presencia de un mercado matrimonial sin duda mucho más abierto que el de las etapas posteriores. Las familias establecidas en la parroquia de Veiga durante esta etapa consiguieron colocar en el mercado matrimonial a un 42% de sus descendientes, la cifra más alta de todo el periodo de estudio, con una media de 2,2 hijos casados por familia. Obviamente esta cifra sufría importantes variaciones en función del nivel de riqueza familiar, desde los 2,55 hijos casados de media que se obtiene para las familias más ricas hasta los 1,80 que resultan para los hogares más desfavorecidos.

Además, la apertura del mercado matrimonial favoreció el acceso de viudos y viudas a las posteriores nupcias de forma que, en esta fase expansiva de la demografía comarcal, los procesos de recomposición matrimonial afectaron a más de un 24% de las parejas estables afincadas en Veiga entre 1655 y 1729, un porcentaje que tampoco logró igualarse en el transcurso de los tiempos modernos. Por otra parte, si el porcentaje de hijos casados alcanza su mayor representación en esta etapa, el cálculo de los porcentajes de celibato definitivo a partir de las defunciones de 50 años o más arroja los valores más bajos de todo el periodo de estudio -10,1% para las mujeres y 5% en el caso de los hombres-.

Se suma al conjunto de valores positivos del periodo el dato relativo a los años efectivos de fecundidad de las parejas completas. Dada la elevada edad media al último parto, el periodo efectivo de fecundidad se prolonga en esta etapa durante más de 14 años resultando en la práctica una descendencia media de 5,2 hijos/familia a partir del reagrupamiento de la descendencia de los sucesivos enlaces matrimoniales de los cónyuges supervivientes. Por otra parte, el análisis llevado a cabo sobre las listas de Confirmados de 1675 y 1695, revela la presencia de un régimen de mortalidad de "párvulos" benigno que implicaba la desaparición durante los primeros 10 años de vida de un porcentaje situado entre el 31 y el 34% de los niños cuyo nacimiento quedó registrado en los libros parroquiales.

La vitalidad de esta fase expansiva hunde sus raíces en los cambios que se están produciendo en la cultura agraria de la comarca. El maíz hace efectiva su presencia en los protocolos celanoveses a fines de los años 60 del siglo XVII, concretamente en el año 1667. A partir de su aparición, resulta sorprendente la rapidez con la que se produce su expansión en esta comarca de la Galicia Interior, solo explicable a partir de la notable importancia que adquiría el mijo en la cultura agraria de la primera mitad de la centuria. De hecho, en las dos últimas décadas del siglo XVII el maíz ocupaba ya el primer puesto en el granero comarcal representando el 60% de las reservas de cereal acumulado en las despensas campesinas. Su difusión es imparable a costa del progresivo y paralelo declive del mijo y del centeno. En los años 40 del siglo XVIII, cuando ya había tocado techo esta larga fase expansiva propiciada por el incremento de los rendimientos cerealeros, el maíz representaba el 86,8% de las reservas campesinas, cultivándose prácticamente en régimen de monocultivo.

El fortísimo crecimiento demográfico que experimentaron estas tierras durante esta etapa como consecuencia de la rápida difusión del cultivo del maíz provocó cambios notables en la estructura agrícola de la comarca. Durante esta etapa se produjo una importante caída del tamaño medio de las explotaciones agrarias y un hundimiento incluso superior en el tamaño medio de las parcelas – en base a inventarios y partijas, la mediana pasa de 2,25 Ha. de tierra por explotación entre 1680 y 1729 a 1,40 Ha. entre 1730 y 1779 y el tamaño de la parcela cae desde los 1124 m^2 en la primera fecha hasta los 619 m^2 de la segunda-. Ambos procesos se acompañan además de un claro retroceso en el número de cabezas de ganado por explotación que pasó de 15,4 cabezas de media en el periodo previo a la introducción del maíz a 6 cabezas de media en los años centrales del siglo XVIII. La brusca caída de la cabaña ganadera es en gran medida consecuencia de la drástica desaparición de las reses ovinas cuya presencia en los montes celanoveses era ahora incompatible con su uso para la producción de abono.

La introducción del maíz en la agricultura celanovesa de la segunda mitad del siglo XVII permitió la elevación de los rendimientos cerealeros por unidad de superficie favoreciendo así el crecimiento demográfico y la reducción paralela de las dimensiones de las explotaciones campesinas. El análisis de la distribución social de la riqueza a través de los inventarios post-mortem refleja también el lento pero progresivo avance hacia una sociedad cada vez más polarizada a partir de la elevada presencia que adquieren las capas medias de la sociedad campesina en el siglo XVII -un 33,3% del total de hogares inventariados-. Ahora bien, la detección de una importante movilidad social de carácter ascendente que afecta a un 22% de los descendientes de destino conocido de los hogares de medianos y pequeños campesinos establecidos en la parroquia de Veiga en este periodo, demuestra que todavía nos encontramos ante una sociedad abierta y permeable en la que todavía era posible el ascenso social.

El modelo hereditario vigente en la comarca en la segunda mitad del siglo XVII contribuyó sin duda de manera positiva al crecimiento demográfico del periodo, pero también favoreció la presencia de una sociedad mucho más abierta que la que nos vamos a encontrar en los siglos XVIII y XIX. El predominio absoluto de un reparto de los bienes de carácter estrictamente igualitario o prácticamente igualitario posibilitó la colocación en el mercado matrimonial de un buen número de los descendientes, beneficiados obviamente por el crecimiento de los rendimientos cerealeros tras la introducción del maíz.

En base a los Libros Sacramentales, también asistimos al comienzo de un periodo de estancamiento demográfico a partir de la década de 1730-39 que se prolonga en el tiempo hasta los años 70 del siglo. El análisis comparativo efectuado entre los Libros Personales del Catastro de Ensenada y el Censo de Floridablanca corrobora el estancamiento de la población celanovesa, obteniéndose en la segunda fecha una densidad de112 hab./Km², muy similar a los más de 110 hab./Km² de los tiempos del Catastro, con una tasa de crecimiento anual acumulativo del 0,28‰.

A mediados del siglo XVIII, a partir de las anotaciones contenidas en los Libros Personales de cuatro parroquias, logramos un primer acercamiento a la estructura poblacional de la comarca. Para esta fecha, observamos todavía la importante presencia de efectivos jóvenes que aseguran una elevada tasa de reemplazo, pero la población celanovesa aparece ya condicionada por un elevado control de la nupcialidad obteniéndose una tasa de nupcialidad del 5,9‰, muy baja incluso comparándola con las tasas gallegas. Los indicadores de emigración muestran la presencia de emigración masculina en los tramos de población adulta -diferencia superior al 17% entre los brazos masculino y femenino en el tramo de edades de 19 a 39 años-. Las relaciones de masculinidad calculadas a partir de los Libros de Difuntos también inciden en señalar las décadas centrales del siglo XVIII como el momento en el que el fenómeno migratorio alcanzó mayor intensidad en la comarca de estudio (pérdida de varones en torno al 25% en las décadas centrales del siglo).

En este periodo, la edad media al primer matrimonio no presenta variaciones sustanciales con respecto a la etapa anterior (28,2 años los hombres y 26,7 las mujeres), si bien la distribución por grupos de edad refleja ya un sensible incremento en la proporción de hombres y mujeres que contraían matrimonio a una edad muy tardía. De hecho, más de un 35% de los novios accedieron al altar con los 30 años cumplidos y casi un 59% de las mujeres lo hizo tras haber celebrado su 25 cumpleaños.

Esta tendencia al incremento de la edad a la que contraen sus primeras nupcias las mujeres celanovesas se ve reflejada en la reducción del número efectivo de años de fecundidad de las parejas completas que pasa de 14,9 a 13,3 años de media. En esta etapa no se constatan modificaciones de interés en el número medio de hijos por familia con respecto a la etapa precedente –media de 5,1-. En cambio, se aprecia una clara ampliación de las distancias que separan el comportamiento de los distintos sectores del campesinado con respecto a la etapa anterior, prueba evidente de una progresiva diferenciación social en el seno de la comunidad campesina, que se fue acentuando a lo largo de los tiempos modernos.

Las dificultades que están atravesando las familias celanovesas en las décadas centrales del siglo XVIII tras el fuerte crecimiento de la fase anterior se reflejan en el conjunto de los parámetros analizados, desde la caída que experimenta el número medio de hijos casados por unidad familiar, el retroceso que sufren los procesos de recomposición matrimonial en este periodo, hasta la elevación de los niveles de soltería definitiva. La caída de más de un 7% en la proporción de hijos que accede al matrimonio con respecto a la etapa anterior, no afectó por igual al conjunto de la sociedad. Las dificultades a la hora de casar a sus vástagos afectaron sobre todo al sector más desfavorecido del campesinado celanovés que en esta etapa ya solo consigue colocar en el mercado matrimonial a un 28,5% de sus descendientes. Además, el progresivo cierre del mercado matrimonial reduce la proporción de parejas estables reconstruidas hasta el 15,4% del total, reduciéndose también ostensiblemente con respecto a la etapa anterior el porcentaje de viudas que consiguen entrar nuevamente en el mercado matrimonial –un 10,4%-. En sentido inverso, constatamos un ligero incremento del celibato definitivo, tanto masculino como femenino, si bien el crecimiento en los niveles de soltería en esta etapa afecta sobre todo a las hijas de las familias situadas en la base de la pirámide social, el grupo que sin duda está sufriendo más dificultades en este periodo.

En cuanto al comportamiento de la mortalidad a temprana edad, los datos corregidos de la lista de Confirmados de 1765 revelan también un empeoramiento de los niveles de supervivencia alcanzados en la etapa precedente, obteniéndose para esta fecha un porcentaje de mortalidad acumulada hasta los 10 años de vida del 38,6%.

La destacada presencia de individuos solteros en la sociedad celanovesa de mediados del siglo XVIII, la tardía edad de acceso al matrimonio y la tardía edad de acceso a la jefatura condicionan de forma evidente la estructura de los hogares celanoveses de mediados de siglo. En un marco caracterizado por el predominio de las estructuras nucleares -65% del total- , los hogares unipersonales llegan a suponer cerca de un 15% del total y los hogares sin estructura en torno al 4%, adquiriendo en ambas fórmulas un destacado protagonismo los cabezas de familia solteros que representan a una importante proporción de los hogares registrados. La tardía edad de acceso al matrimonio y la tardía edad de acceso a la jefatura son las razones de fondo que explican la reducida presencia de cabezas de familia menores de 30 años al frente de los hogares celanoveses -un 8% en 1752 y en torno al 7% en 1761-, así como la importancia que adquieren en el conjunto los mayores de 60 años, más del 24% del total.

El minucioso estudio llevado a cabo a partir de la documentación emanada del Catastro de Ensenada y de sus primeras comprobaciones nos ha permitido obtener una interesante panorámica sobre la reproducción familiar para estas fechas. Los resultados obtenidos muestran la importancia que adquiere el sistema intergeneracional de devolución de bienes a la hora de sentar las bases del desarrollo económico tanto de los agregados domésticos recién constituidos –representan el 95% de sus escasos bienes raíces-, como de los núcleos familiares ya consolidados. En este último grupo, más de un 61% del total de los bienes raíces incorporados a sus explotaciones entre 1752 y 1761 provenían del cobro de herencias familiares, si bien el acceso al mercado fundiario explicaba la procedencia de un porcentaje nada despreciable de los mismos, un 38,6%.

El análisis de las escrituras testamentales de mediados del siglo XVIII refleja cambios importantes en el sistema de devolución de los bienes con respecto a la etapa anterior. La filosofía de la igualdad y el deseo de no perjudicar a ningún descendiente seguían condicionando las decisiones de los petrucios celanoveses que acudieron ante notario en estos años. Sin embargo, la importante reducción del tamaño de sus explotaciones agrícolas y las dificultades que encontraban sus hijos para instalarse en un espacio ya muy humanizado, provocaron que un sector importante de los mismos que rondaba el 60% del total, optase por un sistema de reparto preferencial. Este se basaba en la concesión de legados a favor de uno o varios de sus descendientes con el objetivo de ayudar a su instalación, pero sin causar un serio perjuicio a los hijos restantes.

La proliferación de legados a favor de uno o varios descendientes no es la única novedad que asoma entre los testamentos celanoveses de mediados del siglo XVIII. Un 20% de los documentos vaciados cuyos otorgantes contaban con más de un descendiente, mencionan la presencia de una "compañía familiar" a la hora de organizar el traspaso de sus bienes a la siguiente generación. Desde nuestro punto de vista, tras la etapa anterior de fuerte dinamismo demográfico las familias campesinas más ricas adoptaron una estrategia reproductiva vinculada a esta institución de consentimiento tácito, que en la práctica derivaba en la conformación de hogares de estructura compleja. Nuestra línea explicativa tiende a relacionar el nivel de recursos económicos de un agregado doméstico y su capacidad para acoger en el seno familiar a los matrimonios recién constituidos, de modo que muy probablemente la corresidencia estaba lejos del alcance real de un importante sector de la sociedad, cuyos recursos se mostraban incapaces para sostener la alimentación de nuevos miembros. Sin embargo, en ningún caso la adopción de esta estrategia de reproducción social por parte de un sector del campesinado celanovés implicó la asunción de una filosofía familiar similar a la que domina en las áreas de familia troncal.

La falta de sinceridad que hemos podido comprobar en las declaraciones del Catastro de Ensenada dificulta la obtención de conclusiones certeras sobre el paisaje agrario celanovés de mediados del siglo XVIII tanto en lo que respecta al peso del espacio cultivado sobre el conjunto de la superficie parroquial como en lo relativo a las extensiones de monte comunal. En las parroquias en las que se constata un porcentaje inferior de ocultación territorial se observa un elevado grado de ocupación del terrazgo de manera que el espacio cultivado llegaba a suponer el 37,8% de la superficie parroquial, si bien dicho porcentaje se rebajaba hasta el 17,5% a escala comarcal por la inclusión de parroquias que ocultaron deliberadamente más del 70% de su territorio. En cuanto a las superficies de monte abierto, las superficies declaradas en el Catastro -2,5% de la superficie parroquial- resultan inadmisibles aun considerando la progresiva reducción de los montes comunales como consecuencia de la doble actividad apropiadora llevada a cabo por el Monasterio de Celanova y por el campesinado celanovés.

La insinceridad vecinal en cuanto a rotaciones y rendimientos ha podido ser adecuadamente corregida con el recurso a otras fuentes tales como protocolos notariales y patrimonios eclesiásticos. Resulta así incuestionable el predominio absoluto del maíz en la cultura agraria de la comarca y el papel testimonial que jugaban el resto de los cereales en un espacio agrario marcado por la práctica erradicación del barbecho y por la notable presencia de las tierras de labradío regadío sobre el total del espacio cultivado –en el valle del Tuño labradío regadío y prados de regadío sumaban más de la mitad del espacio cultivado reduciéndose su proporción hasta un 30% del total en el valle del Sorga por la presencia de viñas en algunas de las parroquias analizadas-.

Igualmente debemos destacar entre las características más relevantes de este modelo agrario a mediados del siglo XVIII su extraordinaria rentabilidad por unidad de superficie reflejada en una media de más de 27 Hl. de producción cerealera por Ha. cultivada. Una elevadísima rentabilidad derivada en gran medida del elevado grado de integración que se produce en el seno de las explotaciones campesinas entre espacio cultivado y espacio inculto, como resultado de la intensa actividad apropiadora llevada a cabo por los campesinos celanoveses sobre los espacios comunales.

Esta extraordinaria rentabilidad por unidad de superficie permite explicar la elevadísima densidad de población que se registra en la comarca a mediados del siglo XVIII como consecuencia del crecimiento de la fase anterior. Los elevados rendimientos del cultivo del maíz fueron la base de un modelo de crecimiento económico que llevó hasta sus máximas consecuencias dos de las características más destacadas de la agricultura gallega: el minifundio y la microparcelación. Pese a la insinceridad de las declaraciones catastrales en algunas de las parroquias analizadas, caso de Rubiás, tanto las informaciones de los Libros Reales de la parroquia de San Munio de Veiga donde se detecta un porcentaje mucho más bajo de ocultación territorial – media de 1,1 Ha. de tierra por explotación-, como las provenientes de la base de inventarios y partijas manejada, -mediana de 1,4 Ha. por explotación-, coinciden en señalar la presencia a mediados de la centuria de unas reducidísimas explotaciones medias divididas en múltiples parcelas de ridículas dimensiones –entre 500 y 600 m^2 de media por parcela-, apoyadas en una débil cabaña ganadera por explotación -6 cabezas de media por unidad de explotación-. Pese a situarnos en una comarca de la Galicia interior, la reducida media de 1,7 reses de ganado bovino por vecino se sitúa entre los valores de referencia propios de las tierras bajas costeras de Galicia ganadas por el maíz, donde se daba una exigua media de cabezas de ganado bovino por vecino pese a la presencia de una importante concentración espacial de reses vacunas por espacio cultivado.

Según se desprende de la consulta de la documentación catastral, a mediados del siglo XVIII constatamos la presencia de un campesinado dependiente (56,5% del total), que aun considerando la economía familiar como una "unidad de rentas mixtas" era incapaz de satisfacer su propia subsistencia anual. Este dato juntamente con el bajo índice de nivel de vida que resulta de la consulta de los inventarios post-mortem, demuestra el elevado costo social que debió pagar la comarca por el modelo de desarrollo económico adoptado. Baste recordar al respecto que más de la mitad de las familias celanovesas analizadas a través de los inventarios elaborados en el siglo XVIII carecían de un mueble específico destinado al descanso, la disponibilidad de sillas o mesas era un lujo apenas accesible para una minoría –menos del 13% de los hogares analizados- y los hogares iluminados con otros sistemas al margen de la luz que ofrecía la lumbre, no representaban ni a una cuarta parte del total.

Los registros parroquiales consultados confirman el crecimiento intercensal registrado entre el Censo de 1787 y el recuento de 1852. Una tasa de crecimiento anual acumulativo del 3,63‰ entre ambas fuentes adquiere un carácter muy relevante dadas las elevadas densidades de partida que se obtienen en la comarca. Como consecuencia de dicho crecimiento, en el recuento de 1852 se alcanza el mayor índice de ocupación humana registrado hasta la fecha -144 hab./Km^2 - 36,5 v./Km^2-. El estudio de las fuentes parroquiales revela que dicho auge debió iniciarse en los años setenta del siglo XVIII, pero su intensidad y su duración no fue idéntica en el conjunto de las parroquias que conforman el área de estudio.

En un primer grupo se situarían parroquias como Vilanova, Sorga, Celanova, Podentes o Berredo, todas ellas situadas en el valle del río Sorga, que experimentaron un fuerte crecimiento demográfico que se prolongó hasta los años 20-30 del siglo XIX. En una posición intermedia se encuentran las parroquias de San Munio de Veiga, Paizás, San Salvador de Penosiños, Amoroce, Ansemil o Fechas que, a juzgar por los datos de Veiga, acortan su fase de crecimiento al periodo comprendido entre los años 70 del siglo XVIII y la primera década del siglo XIX, con tasas de crecimiento intercensal inferiores a la media comarcal. Un último grupo está conformado mayoritariamente por las parroquias situadas en el sector más occidental del área de estudio, en el valle del río Tuño, donde ya se habían alcanzado densidades de población muy elevadas a mediados del siglo XVIII. Este último grupo apenas es partícipe de esta última etapa de dinamismo demográfico, manteniéndose en una situación de estancamiento poblacional.

En cualquier caso, un crecimiento porcentual del número de habitantes de la comarca del orden del 14,9% entre el Censo de 1787 y el Censo de 1860 no pudo ser posible en el marco de una economía estancada. El análisis de los rendimientos del maíz a partir de los patrimonios eclesiásticos apunta claramente la idea de un importante crecimiento en su rentabilidad por unidad de superficie durante la primera mitad del siglo XIX, cuando se superarían los más de 30 Hl. de grano por Ha. de cultivo -33,2 Hl./Ha.-. Como hemos podido comprobar a partir del análisis de las escrituras de inventarios y partijas redactadas en esta etapa, dicho crecimiento se saldó con una nueva reducción en el tamaño medio de las explotaciones agrarias y con una pulverización del tamaño de las parcelas.

El progresivo crecimiento de las extensiones de inculto privatizado en el periodo comprendido entre 1730 y 1809 en el marco de una significativa reducción de la explotación media, viene a subrayar la importancia de la mejora del abonado a la hora de explicar este incremento de los rendimientos en una agricultura cada vez más intensiva y de carácter más individualista. Las fuentes notariales tienden a amplificar la hecatombe ganadera al registrar exclusivamente el ganado que disfrutaba el difunto en plena propiedad -3,89 cabezas de media entre 1780 y 1809-, en un momento en el que parece incrementarse el negocio de la aparcería. La mejora de la calidad del abonado también fue posible gracias al aumento del ganado estabulado que "permitió ganar en calidad lo que se perdió en cantidad".

A la hora de explicar esta nueva fase de crecimiento demográfico, el rotundo triunfo que significó el cultivo del maíz y su liderazgo en la cultura agraria celanovesa de la Época Moderna releja a un papel mucho más mediocre la importancia que pudo haber jugado el cultivo de la patata en las heredades celanovesas a partir de la última década del siglo XVIII.

En los dos siglos transcurridos de finales del siglo XVI hasta fines del siglo XVIII el paisaje celanovés había sufrido cambios fundamentales, en paralelismo al fuerte crecimiento experimentado en las densidades de población. Dichos cambios implicaron el paso de un hábitat disperso dentro de un poblamiento disperso a un hábitat de tipo concentrado en el marco de un poblamiento disperso. Durante este tiempo asistimos a la desaparición de los caseríos y a la notable reducción de la presencia de núcleos de población de pequeño tamaño como consecuencia de la concentración de los nuevos vecinos en los numerosos asentamientos de reducido tamaño que salpicaban el paisaje comarcal a fines del siglo XVI. Solo a partir de fines del siglo XVIII se observa el surgimiento de nuevos núcleos de población, cuando algunas familias quizá se vieron obligadas a la búsqueda de nuevos solares para lograr su asentamiento en un espacio ya muy humanizado.

Para este periodo podemos obtener datos sobre la estructura de la población a partir de la consulta del Censo de 1787. En esta fecha seguimos encontrándonos ante una población joven, con una alta tasa de fecundidad que le asegura un elevado índice de reemplazo en consonancia con la nueva fase expansiva que está experimentando la demografía comarcal. Pese a ello, no se han desactivado los mecanismos de control y la nupcialidad sigue revelándose como un factor regulador clave, tanto a través de la tardía edad al matrimonio como a partir de la elevada tasa de soltería, muy por encima de la media gallega (306,5%o frente 294%o). Los indicadores de emigración apuntan hacia un claro descenso en las tendencias migratorias constatadas para mediados del siglo.

Una vez superadas las dificultades de las décadas centrales del siglo, la recuperación de las relaciones de masculinidad en las defunciones coincide con la nueva fase de crecimiento. Sin embargo, la emigración estacional a Castilla se prolongó a lo largo del periodo de estudio como una importante válvula de escape, conviviendo en el tiempo desde fines del siglo XVIII con una emigración de carácter temporal dirigida fundamentalmente a la ciudad de Lisboa y en menor medida orientada a través de auténticos circuitos migratorios entre Castilla y el Norte de Portugal. En esta etapa, la crisis de 1809-10, directamente relacionada con la inestabilidad política del momento, fue el periodo de mortalidad catastrófica de mayor incidencia sobre la población celanovesa.

En la parroquia de Veiga, en el marco de una etapa de crecimiento contenido que alcanzó su límite ya en la primera década del siglo XIX, observamos el comportamiento dispar que presentan los indicadores demográficos analizados. En cuanto a la edad de acceso al primer matrimonio, si bien las cifras medias no ofrecen variaciones de interés con respecto a las etapas precedentes (28,6 años de media para los hombres y 26 años para las mujeres), la distribución porcentual por grupos de edad muestra un claro incremento en el grupo de mujeres que accede al matrimonio con menos de 25 años, más de un 46% del total. Este dato se complementa además con una notable reducción del grupo de mujeres casadas en primeras nupcias con más de 30 años, un 22,3% del total frente al 31,6% que se obtiene para el periodo de estancamiento demográfico que vivió la comarca en los años centrales del siglo. Esta sensible reducción de la edad de acceso al matrimonio femenina favoreció un ligero incremento en la duración de las uniones que pasó de 24,4 años a 25,7 años. Además aumenta el periodo efectivo de fecundidad de las parejas completas que se sitúa de nuevo por encima de los 14 años de media, elevándose hasta 5,6 la media de hijos por familia, la cifra más alta de todo el periodo de estudio.

Se suma al conjunto de datos positivos del periodo el comportamiento de la mortalidad de "párvulos". La lista de Confirmados de 1799 aporta valores muy similares a los que se obtienen para la segunda mitad del XVII, con una tasa de mortalidad del 31,2% para los nacidos en los diez años anteriores al recuento. En los albores del siglo XIX, el carácter benigno de la mortalidad a temprana edad combinado con el buen comportamiento de la mortalidad a edad adulta permite obtener una esperanza de vida al nacer de 36,4 años.

En este periodo también se aprecia una ligera reactivación de los procesos de recomposición matrimonial que asciende hasta el 18,4%, del total de parejas estables afincadas en Veiga, sin embargo, los porcentajes de soltería definitiva obtenidos tanto para hombres -10,4%- como para mujeres -22,1%- muestran las serias dificultades con las que se encontraban los jóvenes celanoveses nacidos entre fines del siglo XVIII y comienzos del XIX a la hora de establecerse y formar un nuevo hogar en un espacio superpoblado. Solo un tercio de estos consiguió acceder al matrimonio, siendo las familias más ricas de la sociedad las principales responsables de la reducción operada en la media que se obtiene para este periodo (1,83 hijos casados/familia) con respecto a la fase anterior (2,01).

Entre 1730 y 1769 las familias más humildes ya habían reducido la presencia de sus vástagos en el mercado matrimonial, incorporándose ahora a las restricciones las familias más ricas así como las integrantes de las capas medias de la sociedad. Sin embargo, los mecanismos de control que pusieron en marcha los petrucios celanoveses no fueron suficientes para evitar la fuerte movilidad social descendente que se registra en esta etapa, cuando más de un 45% de los descendientes casados de las familias de ricos campesinos y más de un 60% de los integrados en las capas medias de la sociedad se desploman hasta formar parte del sector inferior del campesinado, cada vez más numeroso.

El padrón militar de 1831 nos permite obtener nuevamente datos sobre la estructura de los hogares celanoveses. Aunque la fiabilidad de esta fuente es obviamente inferior a la de la documentación catastral de mediados de la centuria anterior, los resultados que se obtienen tras su utilización vienen a indicar que el crecimiento demográfico operado entre los años 70 del siglo XVIII y las primeras décadas del XIX se desarrolló sobre la base de un incremento en el número de hogares de estructura nuclear, que suponen ahora el 72% del total, y la notable reducción de las formas de organización complejas, que restringen su aparición al 9,2% de los hogares registrados. Esta reducción de los niveles de complejidad se vería corroborada por el retroceso que también experimentan durante la primera mitad del XIX los repartos preferenciales a favor de las devoluciones estrictamente igualitarias, así como por el descenso del número de testamentos en los que se menciona la presencia de una "compañía familiar", un 14,8% del total.

El estudio longitudinal y multigeneracional de los linajes aislados en representación de los distintos sectores sociales establecidos en la comunidad campesina de Veiga nos ha permitido identificar el conjunto de las estrategias matrimoniales que pusieron en práctica las familias celanovesas a la hora de garantizar su reproducción social. Una descendencia media familiar más numerosa, un mayor número de vástagos colocados en el mercado matrimonial, una edad de acceso al matrimonio más temprana y una mayor duración de las uniones matrimoniales con respecto al resto de la sociedad, son las características que mejor definen el comportamiento de los ricos campesinos de Veiga a lo largo de los tiempos modernos. La reconstrucción genealógica llevada a cabo de los linajes de Domingo Suárez e Isabel Nogueiras y de Francisco Rodríguez y Juana Rodríguez nos ha permitido detectar también la importancia que jugaron en su proceso reproductivo los reencadenamientos de alianza, las alianzas consanguíneas y los matrimonios a trueque.

En estos linajes, las tres fórmulas mencionadas permiten darle explicación hasta un 50% de los enlaces matrimoniales concertados a lo largo de las generaciones analizadas. En realidad, en la mayoría de los casos, tanto los enlaces consanguíneos como los matrimonios a trueque constituían una modalidad específica dentro de los reencadenamientos de alianza. Tanto las alianzas consanguíneas como los matrimonios a trueque alcanzaron una destacada presencia en las alianzas matrimoniales que concertaron los ricos campesinos de Veiga y en menor medida también las capas medias de la sociedad entre 1750 y 1809. Estos grupos sociales, ante la creciente movilidad descendente que se derivaba de la perpetua división del terrazgo entre un número cada vez superior de individuos, utilizaron los casamientos entre primos segundos y terceros para reforzar sus tradicionales redes de alianza matrimonial al tiempo que buscaban reunificar sus viejos patrimonios familiares. Además, planearon matrimonios a trueque que implicaban el intercambio de personas entre familias que también formaban parte de sus restringidos círculos de sociabilidad, renovando así anteriores vínculos de parentesco.

Sin embargo, todos los mecanismos de control puestos en práctica por estas familias no fueron suficientes para impedir la quiebra de un sistema social que, pese a todo, seguía promoviendo la instalación de nuevos hogares en base a la fragmentación de unas explotaciones agrícolas cuyas dimensiones ya resultaban casi ridículas. El declive social de las líneas familiares de ricos y medianos campesinos en la primera mitad del siglo XIX convirtió en inservibles estas estrategias matrimoniales desarrolladas por las generaciones predecesoras, de ahí la reducción que experimentaron tanto los matrimonios a trueque como las dispensas de consanguinidad a partir de la segunda década del siglo XIX.

La elevada movilidad social descendente que sufrieron las familias de ricos y medianos campesinos celanoveses, que de forma creciente iban surtiendo con nuevos miembros el sector inferior del campesinado, constituye un elemento clave a la hora de explicar el crecimiento de este sector social, incapaz de lograr su propia reproducción, tal y como se aprecia a partir de la menor perdurabilidad de sus linajes.

El estudio de la estirpe de Bartolomé Calvino y María Méndez nos ha permitido comprender un poco mejor las estrategias de la supervivencia que caracterizaron el comportamiento de estos hogares situados en la base de la pirámide social. A la luz de los resultados obtenidos, el análisis del fenómeno de la ilegitimidad en la parroquia de Veiga cobra una nueva dimensión, dado que más de un 20% de los hogares conformados a partir de un enlace matrimonial incluye la presencia de descendientes solteras que, una vez descartadas las posibilidades de formalizar una "familia tradicional", buscan su reproducción al margen del matrimonio. No por acaso, el porcentaje máximo de nacimientos ilegítimos en la parroquia de Veiga (8,9%) se localiza en los años 30 y 40 del siglo XIX.

La curva de medias móviles de bautismos elaborada para la comarca a partir del conjunto que representan un destacado número de registros parroquiales sitúa los valores máximos de la serie en los años centrales de la década de 1830-39, si bien como ya hemos indicado, en algunas parroquias estos ya se habían registrado en el primer decenio del siglo. A partir de esta fecha la demografía comarcal entra en una clara fase de declive en la que la dejamos sumida a mediados del siglo XIX cuando culmina esta investigación.

En el Censo de 1860, obtenemos la imagen de una población en fase de caída, una demografía a la defensiva en sintonía con la fase de declive que atraviesa la comarca. Ya no nos encontramos ante una población joven, sino ante una población madura con algunos signos de envejecimiento. En esta fecha, la nupcialidad sigue ejerciendo su papel como principal mecanismo regulador de la población, apoyada por la caída de la natalidad y por una no despreciable emigración masculina. En cuanto a la mortalidad adulta, no se aprecian cambios de importancia con respecto a fines del XVIII, su intensidad parece moderada y podría complementarse con una reducción de mortalidad juvenil, por lo que no creemos que jugara un papel destacado como variable controladora de la población de la comarca a mediados del XIX.

El descenso de la relación de masculinidad en las defunciones de adultos en la década final de estudio, entre 1840-49, permite vislumbrar ya el incremento de la salida migratoria como anticipo de la desbandada futura. En base a las fuentes consultadas, las dos válvulas de escape que venían funcionando en las etapas anteriores, la emigración temporal portuguesa y la estacional castellana, se mantuvieron en pleno auge durante la primera mitad del XIX. Según consta en las Certificaciones de Soltería, el trabajo a jornal fue la ocupación fundamental de los mozos celanoveses fuera de su tierra, mereciendo una mención especial en el caso de los emigrados a la ciudad de Lisboa su trabajo como aguadores.

En la parroquia de Veiga el cambio de coyuntura se adelantó ya a la segunda década del siglo XIX. Los datos que se obtienen de la reconstrucción de familias reflejan la imposición de un sistema demográfico en el que se intensificaron los frenos reguladores vinculados a la variable nupcial. Se constata así el retraso en la edad al matrimonio que se produjo en este periodo tanto para hombres como para mujeres. Entre 1810 y 1850 los hombres se casaban por primera vez a una edad media de 29,7 años mientras que, en el caso de las mujeres, esta experimentó un fuerte ascenso desde los 26 años de la etapa anterior hasta los 29,1 años de media. Si en la etapa anterior solo un 22% de las mujeres se casaba en primeras nupcias con más de 30 años, en esta etapa las novias maduras que ya habían cumplido 30 años sumaban el 44,6% del total.

El significativo retraso de la edad de acceso al matrimonio provocó a la postre una fuerte reducción de las expectativas de vida en pareja, que descienden hasta los 22,7 años de media, así como el hundimiento del periodo efectivo de fecundidad de las parejas completas que cae hasta los 11,5 años. El resultado de todo ello es el hundimiento de la descendencia familiar que se sitúa ahora en 4,87 hijos de media.

Todos los parámetros analizados, desde la caída de la descendencia media familiar hasta el incremento de las tasas de soltería, inciden en el derrumbe de este modelo demográfico, al tiempo que resaltan las dificultades que ello suponía para el conjunto de la comunidad campesina, pero muy especialmente para las familias que se encontraban en la base de la pirámide social.

El mercado matrimonial sufrió una contracción tal en este periodo que solo un 29,3% de los hijos de las familias establecidas en Veiga entre 1810 y 1830 lograron contraer nupcias, en el caso de las mujeres a una edad media que rondaba ya los 30 años y en el caso de los hombres cuando ya habían cumplido su treinta y un aniversario. Sin embargo, ni la drástica reducción del acceso al mercado matrimonial ni el progresivo reforzamiento en el tiempo de las tasas de endogamia social fueron suficientes para evitar la fuerte movilidad social descendente que afecta a las familias de ricos y medianos campesinos celanoveses. Un 59% de sus descendientes casados se muestran incapaces de mantener el estatus social de sus progenitores. Las reconstrucciones genealógicas derivadas de los dos núcleos familiares que encabezan en 1752 la cúspide de la pirámide social aportan una imagen nítida sobre los efectos de dicha movilidad social en la larga duración, posibilitando incluso la presencia de individuos identificados como pobres de solemnidad entre los biznietos de los detentadores de las mayores fortunas agrarias en tiempos del Catastro de Ensenada. Su movilidad social descendente explica la fuerte polarización de la sociedad celanovesa en la última etapa de estudio.

Además, los procesos de recomposición matrimonial solo afectan ahora a un 13,8% del total de las parejas estables afincadas en Veiga en este periodo, dado que únicamente un 6,3% de las mujeres viudas pudo contraer nuevamente nupcias frente al 16,9% de la etapa expansiva del maíz. Si centramos el análisis de los procesos de recomposición matrimonial en el comportamiento de los matrimonios incompletos, la diferencia con respecto a la primera fase sigue siendo muy abultada dado que, entre 1655 y 1729 un 54,3% de las parejas incompletas se reorganizó a partir de un nuevo matrimonio del cónyuge superviviente, pero entre 1810 y 1850 solo lo logró el 36,4% del total. En realidad, difícilmente podrían encontrar acomodo en el mercado matrimonial los viudos, cuando asistimos también en esta etapa a la explosión de los niveles de soltería definitiva que afectaron a un 26,7% de las mujeres de 50 años o más fallecidas en la parroquia y a un 13,2% de los hombres.

El análisis de las listas de Confirmados de 1824 y 1848 ofrece una tasa de mortalidad acumulada hasta los 10 años del 37,2% y del 31,8% respectivamente. Estos resultados no nos permiten presuponer un incremento sostenido de la mortalidad de "párvulos" para este periodo, aunque si una elevación puntual de la misma relacionada quizás con el impacto de las crisis de mortalidad del periodo 1808-1813.

Obviamente, el modelo de crecimiento económico adoptado había llegado a sus límites. La temprana introducción del maíz en estas tierras de la Galicia interior había favorecido un fortísimo crecimiento de la población, desde una elevada densidad media de partida de en torno a 50 Hab. /Km² a mediados del siglo XVII –Visita de 1654/59- hasta los 144 Hab./Km² de mediados del siglo XIX –Recuento de 1852-. Durante ese largo periodo de tiempo los campesinos celanoveses consiguieron avances notables en la rentabilidad del cultivo del maíz a partir de su incansable laboreo en la tierra en el marco de una agricultura cada vez más intensiva. Pese a sus esfuerzos, en ese periodo de tiempo el tamaño de las explotaciones se había reducido en más de un 53% y el tamaño de las parcelas había sufrido una caída del 60%. El modelo estaba agotado.

La distribución social de la riqueza que resulta del análisis de los inventarios vaciados para la primera mitad del siglo XIX demuestra la presencia de una sociedad mucho más polarizada que en los siglos anteriores. La representatividad de los patrimonios medianos se había reducido de forma drástica, suponiendo ahora solo el 18,1% de los hogares inventariados, frente al 33,3% del siglo XVII. Asistimos también al crecimiento de los hogares con patrimonios más bajos, que engloban a un 60% del total de la muestra manejada. En definitiva, en la primera mitad del siglo XIX tras el derrumbe de los grupos intermedios, más de un 80% de las familias celanovesas analizadas o bien sobrevivían con unos patrimonios mínimos o bien detentaban un importante nivel de vida.

Las serias dificultades que está afrontando la sociedad celanovesa del momento se reflejan con claridad meridiana en la caída del índice medio de nivel de vida que se produce en este periodo. El descenso se debe al derrumbe del sector productivo de los hogares -aperos agrícolas, productos de la despensa campesina y cabezas de ganado por explotación- en el grupo de los patrimonios más bajos. Su caída no se compensó con el notable incremento de bienes de confort, lujo y civilización que se produce entre los patrimonios más ricos a partir de la difusión en la segunda mitad del siglo XVIII de enseres de consumo muy minoritario que marcarán una nueva fase en la civilización material de la comarca.

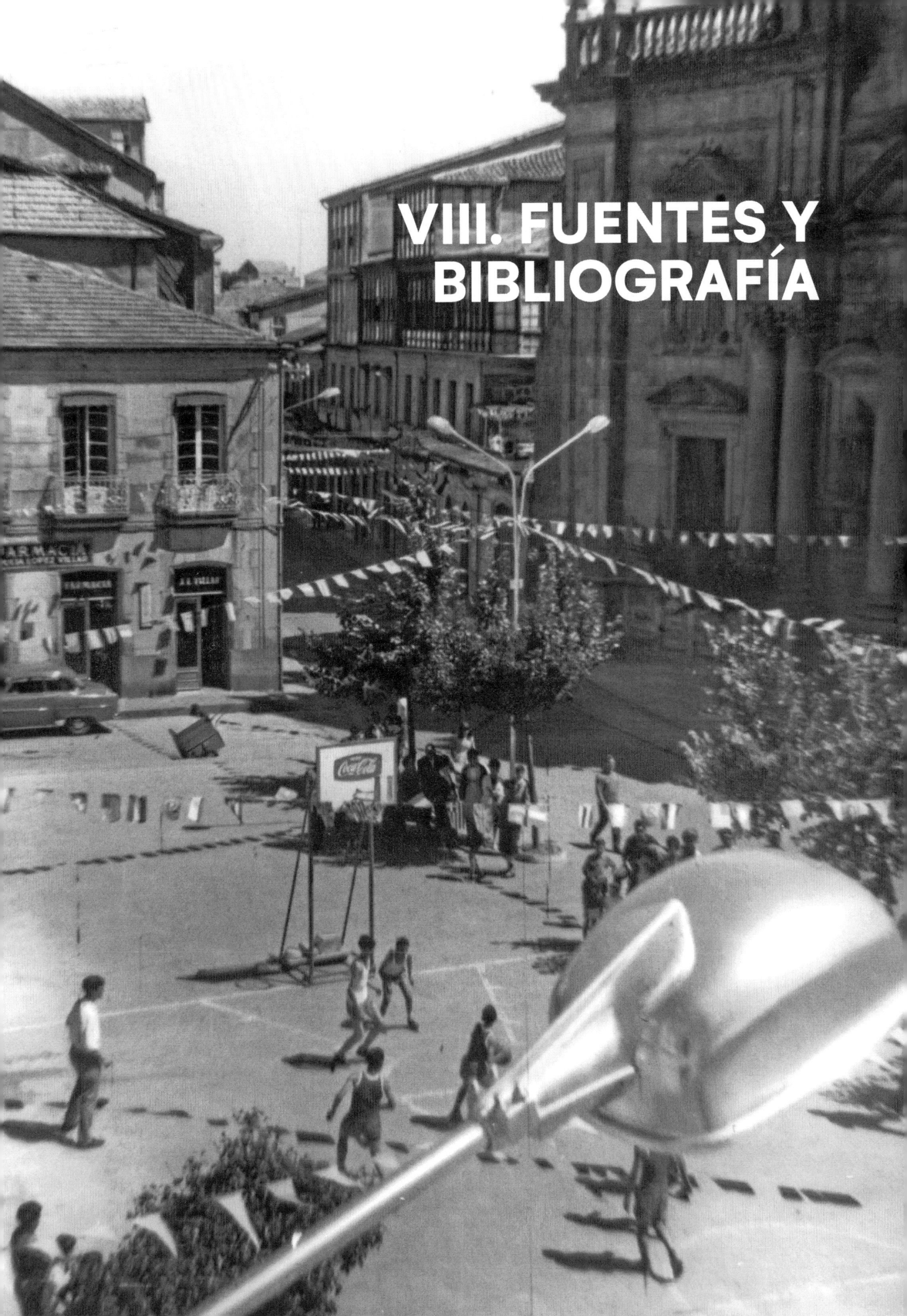

VIII. FUENTES Y BIBLIOGRAFÍA

VIII.1. FUENTES ARCHIVÍSTICAS

ARCHIVO PARROQUIAL DE SANTA LEOCADIA DE SOUTOMEL:
- Libro 1º de bautizados 1640-1759, difuntos 1604-1766 y matrimonios 1604-1766.
- Libro 2º de bautizados, 1759-1805.
- Libro 3º de bautizados, 1808-1853.
- Libro 2º de difuntos, 1766-1853.
- Libro 2º de matrimonios, 1766-1853.

ARCHIVO PARROQUIAL DE SAN MAMED DE SORGA:
- Libro 1º de bautizados 1635-1707, casados 1643-1707 y difuntos 1640-1708.
- Libro 2º de bautizados 1707-1747, casados 1707-1747 y difuntos 1708-1741.
- Libro 3º de bautizados 1747-1802, casados 1747-1806 y difuntos 1741-1804.
- Libro 4º de bautizados 1802-1853.
- Libro 4º de casados 1802-1853.
- Libro 4º de difuntos 1802-1853.

ARCHIVO PARROQUIAL DE VILANOVA:
- Libro 1º de bautizados, casados y difuntos 1624-1675.
- Libro 2º de bautizados 1675-1728, casados 1675-1731 y difuntos 1675-1731.
- Libro 3ºde bautizados 1728-1784.
- Libro 4º de bautizados 1784-1825.
- Libro 5º de bautizados 1825-1852.
- Libro 3º de casados 1731-1803 y difuntos 1731-1787.
- Libro 4º de casados 1803-1851.
- Libro 4º de difuntos 1787-1834.
- Libro 5º de difuntos 1834-1851.

ARCHIVO PARROQUIAL DE SAN MUNIO DE VEIGA:
Libros Parroquiales:
- Libro 1ºde bautizados, casados y difuntos 1646-1699.
- Libro 2º de bautizados 1699-1754.
- Libro 3º de bautizados 1754-1796.
- Libro 4º de bautizados 1796-1846.

- Libro 5º de bautizados 1847-1857.
- Libro 2º de casados 1699-1846.
- Libro 3º de casados 1847-1889.
- Libro 2º de difuntos 1699-1773.
- Libro 3º de difuntos 1773-1847.
- Libro 4º de difuntos 1847-1857.

Fondos Notariales:
- Notario Alonso Pérez
- Notario Antonio Sotelo
- Notario Pedro García Alvarado

ARCHIVO PARROQUIAL DE CELANOVA
- Libro 1º de bautizados 1655-1718, casados 1655-1720 y difuntos 1646-1720.
- Libro 2º de bautizados 1718-1759.
- Libro 3º de bautizados 1759-1817.
- Libro 4º de bautizados 1817-1852.
- Libro 2º de casados 1720-1758.
- Libro 3º de casados 1758-1811.
- Libro 4º de casados 1811-1882.
- Libro 2º de difuntos 1720-1839.
- Libro 3º de difuntos 1839-1877.

ARCHIVO DIOCESANO DE OURENSE:
Fondo Archivos Parroquiales
- *Parroquia de Bobadela:*
- Libro 1º de bautizados 1572-1743, casados 1572-1743 y difuntos 1573-1740, sig. 13.7.1.
- Libro 2º de bautizados 1743-1797, casados 1743-1792 y difuntos 1742-1788, sig. 13.7.2.
- Libro 3º de bautizados 1797-1857, sig. 13.7.3.
- Libro 2º de difuntos 1788-1857, sig. 13.7.4.
- *Parroquia de San Pedro de Mourillós:*
- Libro 1º de bautizados 1654-1759, casados 1659-1742 y difuntos 1659-1765, sig. 13.12.1.
- Libro 2º de casados 1742-1852, sig. 13.12.2.
- Libro 2º de bautizados 1759-1826, sig. 13.12.3.
- Libro 3º de bautizados 1826-1852, sig. 13.12.4.
- Libro 2º de difuntos 1765-1851, sig. 13.12.5.
- *Parroquia de Santiago de Rubiás:*
- Libro 1º de bautizados 1608-1713, casados 1608-1713 y difuntos 1608-1713, sig. 36.17.1.
- Libro 2º de bautizados 1713-1770, sig. 36.17.2.
- Libro 3º de bautizados 1771-1833, sig. 36.17.3.
- Libro 4º de bautizados 1833-1857, sig. 36.17.4.
- Libro 2º de casados 1713-1856, sig. 1713-1856, sig. 36.17.6.
- Libro 2º de difuntos 1714-1781, sig. 36.17.7.

- Libro 3º de difuntos 1781-1850, sig. 36.17.8.
- *Parroquia de San Miguel de Berredo:*
- Libro 2º de bautizados 1673-1732 y casados 1673-1737, sig. 13.5.2.
- Libro 3º de bautizados 1740-1851, casados 1734-1851 y difuntos 1731-1851, sig. 13.5.3.
- *Parroquia de Mosteiro de Ramirás:*
- Libro 1º de bautizados 1721-1818, sig. 36.10.1.
- Libro 2º de bautizados 1818-1854, sig. 36.10.2.
- Libro 1º de difuntos 1731-1818 y casados 1721-1854, sig. 36.10.3.
- Libro 2º de difuntos 1819-1934, sig. 36.10.4.
- *Parroquia de Santa María de Podentes:*
- Libro 1º de bautizados 1660-1710, sig. 13.15.1.
- Libro 2º de bautizados 1710-1845, sig. 13.15.2.
- Libro 3º de bautizados 1846-1946, sig. 13.5.3.
- Libro 1º de casados 1711-1851, sig. 13.15.6.
- Libro 1º de difuntos 1710-1851, sig. 13.5.8.

Fondo Certificaciones de Libertad:
- Cajas de la 10.1.0 a la 10.1.20.

Vecindarios :
- Vecindario de 1769. Sig. 7.5.3.
- Vecindario de 1790. Sig. 7.5.16.
- Vecindario de 1852. Sin catalogar.

Fondo de Capellanías Patrimoniales:
- Cajas 7.10.0 a 7.10.60.

ARQUIVO HISTÓRICO PROVINCIAL DE OURENSE:
Colección Cartográfica:
- Mapa del Coto de Veiga. Carpeta I.

Sección Ayuntamientos:
- Padrones de la provincia. Cajas 3 y 4.

Sección Catastro de Ensenada:
- *Berredo, Santa Eulalia de*
- Interrogatorio. Sig. 1333
- Personal de Legos. Sig. 1334
- Personal de Ecles. Sig. 1335
- Real Legos . T. I.122. T. II. 123
- *Berredo, S. Miguel de*
- Interrogatorio. Sig. 1337
- *Podentes, Jurisd. De*
- Interrogatorio. Sig. 1340

- *Sorga, San Mamed de*
- Interrogatorio. Sig. 1359
- Real Legos. Sig. 127
- *Soutomel, Santa Leocadia*
- Interrogatorio. Sig. 1361
- Personal Legos. Sig. 1362
- Personal Ecles. Sig. 1363
- *Veiga, San Munio de, Coto*
- Interrogatorio. Sig. 1365
- Personal Legos. Sig. 1367
- Personal Ecles. Sig. 1368
- Real Legos. T. I. y T. II. Sig. 130-131
- Real Ecles. Sig. 1366
- *Amoroce, Santiago de*
- Interrogatorio. Sig. 1722
- Personal Legos. Sig. 1723
- Personal Ecles. Sig. 1724
- *Ansemil, Santa María de*
- Interrogatorio. Sig. 1726
- Real Legos. Sig. 250
- *Barxa, Santo Tomé de*
- Interrogatorio. Sig. 1729
- Personal Legos. Sig. 1730
- Personal Ecles. Sig. 1731
- Estados D-E-F. Sig. 3763
- *Bobadela, Santa María de*
- Interrogatorio. Sig. 1733
- Personal Legos. Sig. 1734
- Personal Ecles. Sig. 1735
- Estados D-H. Sig. 3774
- *Cañón, San Lorenzo de*
- Interrogatorio. Sig. 1737
- Castromao, Santa María de
- Interrogatorio. Sig. 1740
- *Celanova, San Breixo,*
- Interrogatorio. Copia microfilmada. Rollo 1.
- Personal Legos. Sig. 1743
- Personal Ecles. Sig. 1744
- *Fechas, Santa María de*
- Interrogatorio. Sig. 1745
- Estados D-H. Sig. 3874
- *Freixo, Santa Cristina de (Jurisdicción de Paizás)*

- Interrogatorio. Sig. 1751
- Estados D-H. Sig. 3885
- *Freixo, Santa Cristina de y Viveiro, San Juan de (Jurisdicción de Vilanova)*
- Interrogatorio. Sig. 1776
- *Mourillós, San Pedro de*
- Interrogatorio. Sig. 3374
- Estados D-H. Sig. 3965
- *Orga, San Miguel de*
- Interrogatorio. Sig. 1760
- Estados D-H. Sig. 3986
- *Rabal, San Salvador de*
- Interrogatorio. Sig. 1764
- *Veiga, San Paio de*
- Interrogatorio. Sig. 1768
- Personal Legos. Sig. 1769
- Personal Ecles. Sig. 1770
- Real Legos. Sig. 262
- *Vilanova dos Infantes, San Salvador de*
- Interrogatorio. Sig. 1772
- Personal Legos. Sig. 1773
- Personal Ecles. Sig. 1774
- Estados D-H. Sig. 4154
- *Paizás, San Salvador de*
- Interrogatorio. Sig. 2960
- *Casardeita, Santiago de*
- Interrogatorio. Sig. 2946
- Personal Legos. Sig. 2947
- Personal Ecles. Sig. 2948
- Estados D-H. Sig. 3806
- *Freás de Eiras, Santa María de*
- Interrogatorio. Sig. 2954
- Personal Legos. Sig. 2955
- *Escudeiros, San Xoan de*
- Interrogatorio. Sig. 2950
- Estados D-E-H. Sig. 3864
- *Ramirás, Mosteiro de S. Pedro de*
- Interrogatorio. Copia microfilmada. Rollo 2.
- Real Legos. Sig. 740
- *Penosiños, San Andrés (Jurisd. De Milmanda)*
- Interrogatorio. Sig. 2968
- Estados E-F-H. Sig. 4017
- *Penosiños, San Andrés (Jurisd. De Paizás)*

- Interrogatorio. Sig. 2972
- *Penosiños, San Salvador*
- Inerrogatorio. Sig. 2975
- Personal Legos. Sig. 2976
- Personal Ecles. Sig. 2977
- Estados D-H. Sig. 4018
- *Rubiás, Santiago de*
- Interrogatorio. Copia microfilmada. Rollo 2
- Personal Legos. Sig. 1439
- Personal Ecles. Sig. 1440
- Real Legos. Sig. 747
- Real Ecles. Sig. 2979
- Estados D-H. Sig. 4076
- *Vilameá, Santa María de*
- Interrogatorio. Copia microfilmada. Rollo 2.
- Real Legos. Sig. 748
- *Milmanda*
- Real Legos. Sig. 735
- *Acebedo*
- Real Legos. Sig. 1
- *Alcazar*
- Real Legos. Sig. 34
- *Ademourán.*
- Real Legos. Sig. 967

Fondo de Protocolos Notariales:

- 1795-1854 Celanova, Álvarez Benito Antonio. Sig. 1178-1184.
- 1819-1835 Celanova, Ponte Castrelo, Álvarez Florencio María. Sig. 1185.
- 1734-1775 Celanova, Araujo Blas de, Sig. 1197-1200.
- 1781-1815 Celanova, Araujo y Feijoo José, Sig. 1201-1204.
- 1658-1679 A Gudiña, Vilanova, Arias Rodríguez Bernardo. Sig. 1205-1206.
- 1813-1842 Celanova, Barreal Tomás. Sig. 1207-1211.
- 1789-1827 Paizás, Bello y Araujo Felipe, Sig. 1216-1219.
- 1777-1817 Vilanova, Celanova, Camino Recio Antonio. Sig.1223-1228.
- 1818-1867 Vilanova, Celanova, Camino Recio José. Sig. 1229-1236.
- 1764-1772 Ramirás, Celanova, Acebedo y Fruime, Carrera y Castro José. Sig.1237.
- 1801-1849 Celanova, Milmanda y Quintela, Cid Manuel. Sig.1244-1247.
- 1729-1763 Ramirás, Rubiás, Domínguez Antonio. Sig.1251-1254.
- 1681-1710 Ramirás, Estévez José. Sig.1255.
- 1832-1855 Milmanda, Celanova, Estévez Manuel. Sig.1256.
- 1704-1744 Celanova, Fariñas Bernardo. Sig.1262-1264   .

- 1746-1793 Celanova, Fariñas Regente Benito. Sig.1265-1268.
- 1754-1793 Ramirás, Acebedo, Feijoo Benito Antonio. Sig.1269-1270 .
- 1740-1768 Vilanova, Fernández Cid Juan Francisco. Sig. 1276-1277.
- 1801-1850 Ramirás, Celanova, Fernández Feijoo Ramón. Sig.1278-1281.
- 1764-1818 Celanova, Bande, Sorga, Berredo, Fernández Ojea Pedro. Sig.1282-1283.
- 1746-1789 Vilanova, Celanova, Fernández Ulloa Antonio. Sig.1284-1286.
- 1744 Mourillós, González, Tomás. Sig.1288.
- 1716-1748 Paizás, González Camiña Juan. Sig.1290-1292.
- 1764-1813 Coto Ramirás, González Carrera José. Sig.1293-1297.
- 1705-1739 Coto Ramirás, Guerrero Julián. Sig.1303.
- 1819-1863 Celanova, Iglesias José María. Sig.1307-1313.
- 1707-1739 Vilanova, Luna Martín de. Sig.1314.
- 1831-1860 Celanova, López de Curros José María. Sig.   1315-1319.
- 1705-1748 Celanova, Montanos Pedro de. Sig. 1331-1332.
- 1833-1853 Acebedo, Celanova, Moreno y Marquina José M. Sig. 1333-1334.
- 1761-1793 Paizás, Mosquera Jacinto. Sig. 1335-1338.
- 1790-1829 Celanova, Moure Manuel. Sig. 1339-1342.
- 1795-1834 Celanova, Porras Manuel. Sig. 1351-1355.
- 1847-1885 Celanova, Porras y Rodríguez Pablo M. Sig. 1356-1357.
- 1765-1800 Paizás y Encomuiña, Pulido Manuel. Sig. 1360-1361.
- 1750-1766 Paizás y Encomuiña, Rebollo Benito. Sig. 1362-1363.
- 1702-1721 Celanova, Recarey Beloso Jerónimo. Sig. 1364-1365.
- 1833-1868 Refoxos, Celanova, Cartelle, Reza José Benito. Sig. 1366-1369.
- 1768-1825 Milmanda, Rodríguez Agustín. Sig.1370-1373.
- 1727-1764 Quintela Leirado, Rodríguez Bello Ventura. Sig. 1378-1380.
- 1672-1691 Celanova, Rodríguez Rivera Amaro. Sig. 1381.
- 1693-1729 Celanova, Rodríguez Rivera Santiago. Sig. 1382-1383.
- 1690-1720 Vilanova, Rodríguez Salgado Benito . Sig. 1384-1385.
- 1660-1679 Celanova, Rodríguez Salgado José. Sig. 1387.
- 1716-1739 Paizás, Salgado Andrés Antonio. Sig. 1388.
- 1676-1710 Paizás, Salgado Jerónimo. Sig. 1389-1390
- 1745-1784 Celanova, Salgado Ribadeneira Asensio. Sig. 1392-1393.
- 1729-1744 Celanova, Salgado Sotomayor Lorenzo. Sig. 1394.
- 1692-1730 Celanova, Salgado Velasco Asensio. Sig.1395-1397.
- 1675-1700 Paizás y Encomuiña, Santamaría Bartolomé. Sig.1398.
- 1760-1807 Celanova, Suárez Benito. Sig.1399-1403.
- 1754-1769 Celanova, Suárez José Ambrosio. Sig.1404.
- 1709-1749 Celanova, Suárez Cid José. Sig.1405-1406.
- 1734-1793 Celanova, Suárez Feijoo José. Sig. 1407-1412.
- 1629-1630 Paizás, Vázquez Felipe. Sig. 9857

- 1797-1836 Paizás y Encomuiña, Vázquez J. Ramón. Sig. 1413-1414
- 1819-1854 Celanova, Vázquez Manuel María. Sig. 1415-1416.
- 1770-1827 Paizás, Vázquez Rapele J. D. Sig. 1417-1420.
- 1794-1806 Fruime, La Merca, Vázquez Rodríguez A. Sig.1421
- 1726-1771 Vilanova, Villanueva Francisco. Sig. 1426-1429.
- 1803-1854 Paizás y Encomuiña, Vilar de Cue Jacinto. Sig. 1430-1432
- 1830-1831 Paizás y Encomuiña, Yáñez y Méndez Manuel. Sig. 3172.
- 1832-1858 Sande y Celanova, Zugazaga Ramón. Sig. 1433-1435

Sección Clero:
- Memorial Ajustado del pleito librado ante la Real Chancillería de Valladolid entre el Monasterio de Celanova y los vecinos del valle de Celanova, 1630-32. Sig. 224
- Libro de Granería y Encabezado de rentas del Monasterio de Celanova, 1828-1835. Sig. 234.

ARCHIVO CATEDRALICIO DE OURENSE:
- Visita de 1487. Tumbo B, sig. C-30.
- Libro de Visitas de este obispado de Orense, año de 1566 a 1569 en que era Obispo el Sr. D. Fernando Tricio de Arenzana, sin catalogar.
- Visitas de 1582 y 1654-59, legajos sin catalogar.

ARCHIVO GENERAL DE SIMANCAS:
Sección Expedientes de Hacienda:
- Padrón de Vecinos 1582. Legajo 341
- Padrón de Vecinos 1583. Legajo 376.

Dirección General de Rentas I:
- *Veiga, San Munio. Legajo1139*:
- Interrogatorio
- Personal de Legos
- Personal de Eclesiásticos
- Libro Nuevo de las Operaciones.
- *Veiga, San Paio de. Legajo 1139*:
- Interrogatorio
- Personal de Legos
- Personal de Eclesiásticos
- Libro Nuevo de las Operaciones.
- *Villa de Celanova. Legajo 1088*
- Interrogatorio
- Personal de Legos
- Personal de E clesiásticos
- *Casstromao, Santa María de. Legajo 1088*

- Interrogatorio
- Personal de Legos
- Personal de E clesiásticos
- *Penosiños, San Salvador. Legajo 1119*
- Interrogatorio
- Personal de Legos
- Personal de E clesiásticos
- *Sorga, San Mamede de. Legajo 1136:*
- Interrogatorio
- Personal de Legos
- Personal de E clesiásticos
- Libro Nuevo de las Operaciones
- *Soutomel, Santa Leocadia. Legajo 1136:*
- Interrogatorio
- Personal de Legos
- Personal de E clesiásticos
- *Vilanova dos Infantes, San Salvador de . Legajo 1144:*
- Interrogatorio
- Personal de Legos
- Personal de E clesiásticos
- *Vilameá, Santa María de. Legajo 1144:*
- Interrogatorio
- Personal de Legos
- Personal de E clesiásticos
- *Rubiás, Santiago de. Legajo 1130:*
- Interrogatorio
- Personal de Legos
- Personal de E clesiásticos
- *Paizás, San Salvador de. Legajo 1117:*
- Interrogatorio
- Personal de Legos
- Personal de E clesiásticos
- *Berredo, Santa Eulalia de. Legajo 1081*:
- Interrogatorio
- Personal de Legos
- Personal de E clesiásticos
- Libro Nuevo de las Operaciones
- *Ansemil, Santa María de. Legajo 1224:*
- Interrogatorio
- Personal de Legos

- Personal de E clesiásticos
- Libro Nuevo de las Operaciones
- *Mourillós, San Pedro de. Legajo 974:*
- Interrogatorio
- Personal de Legos
- Personal de E clesiásticos
- *Orga, San Miguel de. Legajo 974:*
- Interrogatorio
- Personal de Legos
- Personal de E clesiásticos

VIII.2. FUENTES CENSALES

- *Censo General de la población de España en 21 de mayo de 1857.* Dirección General del Instituto Geográfico y estadístico, Madrid.
- *Censo de la población de España en 25 de diciembre de 1860.* Dirección General del Instituto Geográfico y estadístico, Madrid.
- *Censo de la población de España en 31 de diciembre de 1887.* Dirección General del Instituto Geográfico y estadístico, Madrid.
- *Censo de la población de España en 31 de diciembre de 1900.* Dirección General del Instituto Geográfico y estadístico, Madrid.
- *Censo de 1950,* INE, Madrid.
- *Censo de 1991,* INE, Madrid.
- 1982, *Censo de Población de las Provincias y Partidos de la Corona de Castilla en el siglo XVI realizado por Tomás González en 1829,* INE, Madrid.
- 1985, *Censo de la Corona de Castilla de 1591. Vecindarios,* INE, Madrid.
- 1986, *Censo de la Corona de Castilla 1591. Estudio analítico,* INE, Madrid.
- 1990, *Censo de 1787. Floridablanca. Comunidades Autónomas del Norte Atlántico,* INE, Madrid.
- 1991, *Vecindario de Ensenada 1759,* V. II, Centro de Gestión Catastral y Cooperación Tributaria. Ediciones Tabapress, Madrid.
- 1996, *Censo ganadero de la Corona de Castilla, 1752,* INE, Madrid.
- 2001, *Censo del Conde de Aranda. T. I y T. VII,* INE, Madrid.
- 2008, *Censo de Pecheros. Carlos I, 1528.* INE, Madrid.
- Nomenclátor que comprende las poblaciones, grupos, edificios, viviendas, albergues, etc. de la provincia de Orense en 1860. Tomo III. Dirección general del Instituto Geográfio Estadístico.
- *Nomenclátor de las ciudades, villas, lugares, aldeas y demás entidades de población de la provincia de Orense en 1 de enero de 1888.* Cuaderno 33. Dirección General del Instituto Geográfico y estadístico. Madrid.
- 2013, *Nomenclátor. Población del Padrón Continuo por unidad poblacional,* INE.

VIII.3. FUENTES IMPRESAS

- Argenti Leys, F.: *Discursos políticos y económicos sobre el estado actual de España*, Madrid: 1777.
- García Mercadal, J.: *Viajes de extranjeros por España y Portugal*, V, Salamanca: 1999.
- González De Ulloa, P.: *Descripción de los estados de la casa de Monterrey en Galicia*, Santiago: 1950
- Labrada, L.: *Descripción económica del Reino de Galicia*, Vigo: 1971.
- Madoz, P.: *Diccionario geográfico-estadístico-histórico de España y sus posesiones de Ultramar (1845-1850)*, Madrid: 1989
- Miñano, S.: *Diccionario Geográfico y estadístico de España y Portugal (1826-1829)*, Madrid
- Sánchez, P. A.: "Memoria sobre los ganados de Galicia considerados relativamente a la economía política (1802)", en Ll. Argemi D'Abadal (Comp.), *Agricultura e Ilustración*, Madrid: 1988

VIII.4. BIBLIOGRAFÍA

- Amorim, Mª. N.: *Guimaraes 1580-1819. Estudo demográfico*, Lisboa: 1987
- Amorim, Mª. N.: "Una metodología de reconstituçao de parroquias desenvolvida sobre registros portugueses", en *Boletín de la ADEH*, IX, I: 1991, pp. 7-25.
- Amorim, Mª. N.: *Evoluçao demográfica de três paróquias do Sul do Pico, 1680-1980*, Braga: 1992
- Amorim, Mª. N.: "As diferenças de comportamento demográfico no Antigo Regime. O caso de Ronfe (Guimarâes) e Poiares (Freixo)" en *Revista de Guimarâes*, vol. 103: 1993, pp.47-63.
- Amorim, Mª. N.: "Reconstituiçao de paróquias e análise demográfica. Estudo comparativo de geraçoes nascidas em duas paróquias periféricas de Portugal entre 1680 e 1850", en D. Reher (Coord.), *Reconstituiçao de famílias e outros métodos microanalíticos*, Porto: 1995, pp. 35-64.
- Amorim, Mª. N.: "Fecundidade legítima en longa duraçao. Especificidade do comportamento do Baixo Minho (1680-1980)", en *Boletín de la ADEH*, XVI, 1: 1998, pp. 55-77.
- Amorim, Mª. N.: "O Minho: comportamentos demográficos a través da informaçao parroquial", en *Leer Historia*, nº 36: 1999, pp. 9-43.
- Andrade Cernadas, J. M. "Las villae en la Galicia de la mutación feudal: el caso de Celanova", en *III e Cuartas Semanas Galegas de Historia*, Ourense: 1996, pp. 277-290.
- Antoine, A. et. Al.: *L'agriculture en Europe Occidentale à l'époque moderne*, París: 2000.
- Arbaiza Vilallonga, M.: *Familia, trabajo y reproducción social. Una perspectiva microhistórica de la sociedad vizcaina a finales del Antiguo Régimen*, Bilbao: 1996.
- Arbaiza Vilallonga, M.:"El papel de la mujer en la formación del agregado doméstico en la sociedad preindustrial vasca", en M. V. López-Cordón y M. Carbonell, *Historia de la mujer e historia del matrimonio*, Murcia: 1997, pp. 299-315.
- Ardit, M.: *Els homes i la terra del País Valencià (segles XVI-XVIII), v. I-II*, Barcelona: 1993.
- Ardit, M.: "Nupcialidad y fecundidad en el Marquesado de Llombai. Ribera Alta, País Valenciano, 1620-1820", en D. Reher, (Coord.), *Reconstituiçao de famílias e outros métodos microanalíticos*, pp.167-185, Porto: 1995, pp. 167-185.
- Ardit, M.: *Creixement econòmic i conflicto social. La foia de Llombai els segles XIII i XIX*, Barcelona: 2004.

- Arizcun Cela, A.: 1988, *Economía y sociedad en un valle pirenaico del Antiguo Régimen, Baztán 1600-1841*, Pamplona: 1988.

- Augustins, G.: 1989, *Comment se perpétuer. Devenir des lignées et destins des patrimoines dans les paysanneries européennes*, Nanterre: 1989

- Alves, J. Fernandes, 2002, "Imigraçao de galegos no Norte de Portugal (1500-1900). Algumas notas", en A. Eiras y D. L. González Lopo (Coord.), *Movilidad interna y migraciones intraeuropeas en la Península Ibérica*, Santiago de Compostela: 2002, pp. 117-125.

- Bade, K. J.: *Europa en movimiento. Las migraciones desde finales del siglo XVIII hasta nuestros días,* Barcelona:2000.

- Balboa, X.: *O monte en Galicia*, Vigo: 1990.

- Bande Rodríguez, E., y Tain Carril, C.: *Archivo Diocesano de Ourense. Inventario de fondos parroquiales*, Ourense: 2000.

- Barreiro Fernández, X. R.: *Historia política da Galicia Contemporánea. V. I. A transición política (1789-1833)*, A Coruña: 2007.

- Barreiro Mallón, B.: *La Jurisdicción de Xallas en el siglo XVIII. Población, sociedad y economía*, Santiago de Compostela: 1973.

- Barreiro Mallón, B.: "Las clases urbanas de Santiago en el siglo XVIII: definición de un estilo de vida y de pensamiento", en *La historia social de Galicia en sus fuentes de protocolos*, Santiago: 1981, pp.449-494.

- Barreiro Mallón, B.:"La introducción de nuevos cultivos y la evolución de la ganadería asturiana durante la Edad Moderna", en *Congreso de Historia Rural, s. XV al XIX*: 1984, pp.287-318.

- Barreiro Mallón, B.: "Ritmo, causas y consecuencias de la emigración asturiana a América 1700-1850", en A. Eiras Roel, (Ed.), *La emigración española a ultramar, 1492-1914,* Madrid: 1991, pp. 41-57.

- Barreiro Mallón, B., Rey Castelao, O.: *Pobres, Peregrinos y Enfermos. La red asistencial gallega en el Antiguo Régimen*, Santiago de Compostela: 1998.

- Bartolomé Bartolomé, J. M.: *Vino y viticultores en el Bierzo. Sociedad y estructuras económicas durante el siglo XVIII*, León : 1996.

- Baulant, M.: "L'appréciation du niveau de vie. Un problème, une solution", en *Histoire & Mesure*: 1989, pp. 267-302.

- Baulant, M.: "Niveaux de vie et reproduction sociale. Les paysans de la région de Meaux (1751-1790)", en J. Goy et G. Bouchard (Dirs.) : *Famille, économie et société rurale en contexte d'urbanisation (17e-20e siècle)* : 1990, pp.199-212.

- Baulant, M.: "Niveau de vie des familles rurales dans la Brie du XVIIIᵉ siècle", en. R. Bonnain, et al. (Dirs.), *Transmettre, heriter, succeder* : 1992, pp.135-151.

- Baulant, M., et al. : «Niveau de vie comparé des paysans briards et québécois 1700-1804», en R. Bonnain, et al. (Dirs.) : *Transmettre, heriter, succeder* : 1992, pp. 169-174.

- Bernat I Marti, J. S. : "Crecimiento de la población y crisis demográficas en el País Valencia (s. XVII-XIX) ", Tesis Doctoral Inédita. Universidad de Valencia : 1990.

- Bestard, J. : *Parentesco y modernidad,* Barcelona : 1998.

- Bideau, A., et al. : "La mort quantifiée ", en J. Dupâquier (Dir.): *Histoire de la population française. De la Renaissance a 1789. T.2*, París: 1988, pp. 222-243.

- Boehler, J. M. : "Tradition et innovation dans un pays de petite culture au XVIIIᵉ siècle. Du cas alsacien au modèle rhénan", *en Histoire et sociétés Rurales, nº 4* : 1995, pp.69-103.

- Bouchard, G. : "La reproduction familiale en terroirs neufs. Comparaison sur des donnés québécoises et françaises", en *Annales ESC*, nº 2 : 1993, pp. 421-451.
- Bouhier, A.: *La Galice. Essai geographique d'analyse et d'interpretation d'un vieux complexe agraire*, La Roche-sur-Yon: 1979.
- Bourdelais, P.: *L'âge de la vieillesse. Histoire du vieillissement de la population*, Paris: 1997.
- Bourdelais, P., Gourdon, V.: "L'histoire de la famille dans les revues françaises (1960-1995): la prégnance de l'anthropol[i]ogie", en *Annales de Démographie Historique*, nº 2: 2000, pp. 5-48.
- Blum, A. y Bringe, A.: "Mortalité locale et générale en France: 1670-1829", en A. Blum et al. (Edit.): *Modèles de la demographie historique*, pp. 11-43, Paris: 1992, pp.11-43.
- Brandao, F., Rowland, R.: "Historia da propriedade e comunidade rural : questôes de método", en *Análise Social*, vol. XVI: 1980, pp. 173-207.
- Brumont, F.: *Paysans de Vieille-Castille aux XVIe et XVII siècles*, Madrid: 1993.
- Brunell et al. : "Population et subsistances dans l'espace Belge (XVIᶜ-XIXᶜ siècles), en A. Fauve-CHamoux (Ed.): *Evolution agraire et croissance démographique*, Lieja: 1987, pp. 293-324.
- Brunet, G.: "Générations: individu et famille. Les approaches longitudinales en démographie historique", en *Annales de Démographie Historique*, 2: 1998, pp. 7-24.
- Brunet, G., Bideau, A.: "Démographie historique et généalogie", en *Annales de Démographie Historique*, nº 2: 2000, pp. 101-110.
- Bugallo Vidal, E.: "La antigüa Jurisdicción del Caldevergazo : un estudio socioeconómico", Tesis de Licenciatura inédita, Universidad de Santiago, 1981.
- Cabourdin, G., et al.: "Les crises démographiques", en J. Dupâquier (Dir.), *Histoire de la population française. De la Renaissance a 1789. T.2*, París: 1988, pp. 188-219.
- Cardesín, J. Mª.: *Tierra, trabajo y reproducción social en una aldea gallega (s. XVIII-XX). Muerte de unos, vida de otros*, Bilbao: 1992.
- Carmona Badía, J.: *El atraso industrial de Galicia. Auge y liquidación de las manufacturas textiles (1750-1900)*, Barcelona: 1990
- Carreras Y Candi, F., *Geografía general del Reino de Galicia*, A Coruña: 1980.
- Carvalho, E. Mª. Gonçalves: *Basto (Sta. Tecla). Uma leitura geográfica (do século XVI à contemporaneidade)*, Guimaraes: 1999.
- Casey, J.: *Historia de la familia*, Madrid: 1990.
- Castro, M.: "Informe de Campomanes sobre la emigración e industrialización de Galicia", en *Cuadernos de Estudios Gallegos*, T.XIII: 1958, pp. 242-254.
- Collomp, A.: *Famille et village en Haute-Provence aux XVIIᵉ et XVIIIᵉ siècles*, París: 1983.
- Collomp, A.: *La maison du père. Famille et village en Haute-Provence aux XVIIe et XVIIIe siècles*, Paris: 1983 b.
- Collomp, A.: "Les formes de la famille. Approche historique", en F. De Singly, *La famille. L'etat des savoirs*, París: 1992, pp 13-22.
- Costa, M. Ruas Gil: "Os aguadeiros galegos", en X. Leira, *Historia dunha emigración difusa. 500 anos de emigración galega a Lisboa*, Lisboa: 2008, pp. 46-49.
- Chacón, F.: "Nuevas tendencias de la demografía histórica en España: las investigaciones sobre historia de la familia", en *Boletín de A. D. E. H.*, nº 2: 1991, pp. 79-98.
- Chacón, F.: "Presentacion: propuestas teóricas y organización social desde la historia de la familia en la España Moderna" en *Studia Histórica*, 18: 1998, pp. 17-26.

- Charbonneau, H. y Legare, J., 1979, "Utilisation des ordinateurs en démographie historique", en Mª. L. Marcilio y H. CHarbonneau, *Démographie historique*, París: 1979, pp. 109-130.
- Da Silva, A. Vieria: *As freguesías de Lisboa*, Cámara Municipal de Lisboa: 1943.
- Daumard, A.: "Les genealogies sociales: un des fondements de l'histoire sociale comparative et quantitative", en *Annales de Démographie Historique*: 1984, pp. 9-24.
- De Juana, J. et. All.: "Estrategias de reproducción social y Derecho Foral en Galicia: Una polémica fin de siècle", en *Actas del Congreso Los Signifcados del 98, Asociación de Historia Contemporánea*, pp. 439-452, Madrid: 1998, pp. 439-452.
- Delille, G.: *Famille et propriéé dans le Royaume de Naples (XVᵉ-XIXᵉ siècle)*, Paris: 1985.
- Delille, G.: "Dans l'Italie des XVI-XVIII siècles: des comportements familiaux ou des cultures de la famille", en F. CHacón y LL. Ferrer I Alos: *Familia, Casa y Trabajo*, Murcia: 1997, pp. 49-62.
- Delille, G.: "Réflexions sur le "système" européen de la parenté et de l´alliance", en *Annales E., S., C.*, nº 2: 2001, pp. 369-380.
- Derouet, B.: 1989, " Pratiques successorales et rapport a la terre: les sociétés paysannes d'Ancien Regime" en *Annales E. S. C.*: 1989, pp. 173-206.
- Derouet, B.: "La succession et l'héritage masculins en France-Comté:Histoire et logiques d'une mutation" en R. Bonnain et. All. (Dir.): *Transmettre, heriter, succeder*, p. 243-263, Lyon: 1992, pp. 243-263.
- Derouet, B.: "Transmettre la terre: Origines et inflexions récentes d'une problématique de la différence", en *Histoire et Sociétés Rurales*, nº 2: 1994, pp. 33-67.
- Derouet, B.: "La transmission egalitaire du patrimoine dans la France rurale (XVI-XIX siecles): Nouvelles perspectives de recherche" en F. Chacón y LL. Ferrer I Alos (Eds.): *Familia, Casa y Trabajo*, Murcia: 1997, pp. 73-92.
- Derouet, B.: "Pratiques de l'alliance en milieu de communautes familiales (Bourbonnais, 1600-1750)" en A. Bideau (Dir.): *Le choix du conjoint*, Oulins: 1998, pp. 227-251.
- Dessureault, Ch. : «Fortune paysanne et cycle de vie. Le cas de la seigneurie de Saint-Hyacinthe (1795-1844)», en *Histoire et Sociétés Rurales, nº7* : 1997, pp.73-96.
- Díaz López, J. P.: *El valle de Andarax en el siglo XVIII. Propiedad de la tierra y paisaje agrario en el Catastro de Ensenada*, Granada: 1996.
- Dickinson, J. A. : «Niveaux de vie des paysans normands et québécois au XVIIIe siècle», en J. Goy et G. Bouchard (Dirs.) : *Famille, économie et société rurale en contexte d'urbanisation (17e-20e siècle)* : 1990, pp.213-224.
- Domínguez Castro, L.: *Viños, viñas e xentes do Ribeiro. Economía e patrimonio familiar, 1810-1952*: 1992.
- Domínguez Martín, R.: "Campesinos en movimiento. Pluriactividad, ajuste familiar y desplazamientos de los campesinos del norte de España, siglos XVIII-XIX", en A. Eiras Roel y O. Rey Castelao: *Migraciones internas y medium-distance en la Península Ibérica, 1500-1900*, Santiago de Compostela:1994, pp. 587-615.
- Domínguez Martín, R.: "Campesinos racionales con estrategias adaptativas" en R. MONTESINO VAZQUEZ, *Estudios sobre la sociedad tradicional cántabra*, Santander: 1995, pp. 157-179.
- Domínguez Martín, R.: *El campesino adaptativo. Campesinos y mercado en el Norte de España, 1750-1880*, Santander: 1996.
- Domínguez Martín, R.: "Autoconsumo, mercado y niveles de vida campesinos en la España atlántica, 1750-1900", en *Preactas VIII Congreso de Historia Agraria*: 1997, pp.57-72.
- Donézar J. M.: *Riqueza y propiedad en la Castilla del Antiguo Régimen. La provincia de Toledo del siglo XVIII*, Madrid: 1996.

- Dopico, F., Reher, D. S.: *El declive de la mortalidad en España, 1860-1930*, Huesca: 1999.
- Dubert, I.: "Mecanismos asistenciales y mortalidad infantil en la Galicia del Interior: el Hospital de San Pablo de Mondoñedo de 1780 a 1850", en R. Villares (Ed.), *La ciudad y el mundo urbano en la historia de Galicia*, Santiago: 1988, pp. 199-224.
- Dubert, I.: "Estudio histórico del parentesco a través de las dispensas de matrimonio y de los archivos parroquiales en la Galicia del Antiguo Régimen. Primera aproximación", en J. C. Bermejo Barrera (Ed.): *Parentesco, familia y matrimonio en la historia de Galicia*, Santiago de Compostela: 1989, pp. 167-191.
- Dubert, I.: *Historia de la familia en Galicia durante la Edad Moderna*, A Coruña: 1992.
- Dubert, I.: "El espacio y los comportamientos sociales en la Galicia rural de la Epoca Moderna", en VARIOS, *Concepcións espaciais e estratexias territoriais na historia de Galicia*, pp. 139-163, Santiago: 1993, pp.139-163.
- Dubert, I.: "La mortalité en Galice, 1600-1850", en *Annales de Demographie Historique*: 1996, pp. 221-248.
- Dubert, I.: 2008, "Vejez, familia y reproducción social en España, siglos XVIII-XX", *Revista de Demografía Histórica*, XXVII, II: 2008, pp. 87-122.
- Dupaquier, J.: *Pour la démographie historique*, Paris: 1984.
- Dupaquier, J.: "Los orígenes de la demografía histórica: su situacion en Francia" en V. Pérez Moreda y D.-S. Reher Eds.: *Demografía Histórica en España*: 1988, pp. 29-38.
- Dupaquier, J.: "Généalogie et demographie historique", en *Annales de Demographie Historique*: 1993, pp. 391-395.
- Dupaquier, J.: "La microanalyse en démographie historique et histoire sociale. L'enquête des 3000 familles" en D. Reher, (Coord.): *Reconstituiçao de famílias e outros métodos microanalíticos*, Porto: 1995, pp. 295-305.
- Dupaquier, J.: "Mobilité et migrations en France au XIXe siècle", en A. Eiras Roel y D. L. González Lopo (Coord.): *Movilidad y migraciones internas en la Europa Latina*, pp. 101-119, Santiago de Compostela: 2002, pp. 101-119.
- Eiras Roel, A., Villares Paz, R.: "Información serial de inventarios post-mortem. Area Compostelana", en I *Jornadas de Metodología aplicada a las Ciencias Históricas*, Santiago de Compostela: 1975.
- Eiras Roel, A.: "Hambre y peste en Santiago en 1710", en *Cuadernos de Estudios Gallegos*, t. XX,: 1965, pp. 243-255.
- Eiras Roel, A.: "Tipología documental de los protocolos gallegos", en *La Historia Social de Galicia en sus fuentes de protocolos*, pp. 21-113, Santiago de Compostela: 1981, pp. 21-113.
- Eiras Roel, A.: "Hautes terres et basses terres en Galice: la concentration régionale du bétail", en *L'élevage et la vie pastorales dans les montagnes de l'Europe au moyen âge et à l'époque moderne*: 1984, pp. 121-149.
- Eiras Roel, A.: "Producción y precios agrícolas en la Galicia atlántica en los siglos XVII-XVIII. Un intento de aproximación a la coyuntura agraria", en *Congreso de Historia Rural, siglos XV al XIX*, Madrid: 1984b, pp. 393-414.
- Eiras Roel, A.: "Agricultura y población en la Galicia Moderna (s. XVI-XVIII), en J. De Juana e X. Castro (Eds.): *II Xornadas de Historia de Galicia*, Ourense: 1986, pp. 13-41.
- Eiras Roel, A.: "Informe sobre el Censo de 1787 como fuente para el estudio comarcalizado de la emigración gallega", en *Revista da Comisión Galega do Quinto Centenario*: 1989, pp. 157-175.
- Eiras Roel, A.: "Evolución agraria y crecimiento demográfico en España, siglos XVI-XVIII", en *Estudios sobre agricultura y población en la España Moderna*, Santiago de Compostela: 1990, pp. 131-185.
- Eiras Roel, A.: "Mecanismos autorreguladores, evolución demográfica y diversificación intrarregional. El ejemplo de la población de Galicia a fines del siglo XVIII", en *Boletín ADEH*: 1990b, nº 2, pp. 51-72.

- Eiras Roel, A.: 1992, "Para una comarcalización del estudio de la emigración gallega. La diversificación intrarregional a través de los censos de población (1877-1920)", en A. Eiras Roel (Ed.): *Aportaciones al estudio de la emigración gallega. Un enfoque comarcal*, Santiago de Compostela: 1992, pp. 7-32.

- Eiras Roel, A.: "Migraciones internas y medium-distance en España en la Edad Moderna", en A. Eiras Roel y O. Rey Castelao (Eds.): *Migraciones internas y medium-distance en la Península Ibérica, 1500-1900*, Santiago de Compostela: 1994, pp. 37-83.

- Eiras Roel, A.: *La población de Galicia. 1700-1860*, Santiago de Compostela: 1996.

- Eiras Roel, A.: "Los productos alimentarios de ultramar en la agricultura de los países mediterráneos", en *Obradoiro de Historia Moderna*, nº 7: 1998, pp. 27-88.

- Faria, I. Martins De, 1998, *Santo André de Barcelinhos. O difícil equilíbrio de uma populaçao 1606-1910*, Guimaraes: 1998.

- Fariña Tojo, J.: *Los asentamientos rurales en Galicia*, Madrid: 1980.

- Faustino, J. A. Paulo: *Calvao. Uma paróquia rural do Alto Tamega (1670-1870)*, Guimaraes: 1998.

- Fernández Cortizo, C.: "La jurisdicción de Montes en el Antiguo Régimen. Estudio demográfico", Tesis de Licenciatura inédita, Santiago de Compostela: 1979.

- Fernández Cortizo, C.: "A una misma mesa y manteles: la familia de Tierra de Montes en el siglo XVIII", en *Cuadernos de Estudios Gallegos*, nº 98: 1982, pp. 237-276.

- Fernández Cortizo, C.: "En casa y compañía: grupo doméstico y estrategias familiares en la Galicia occidental a mediados del siglo XVIII" en J. C. Bermejo Barrera (Coord.): *Parentesco, familia y matrimonio en la historia de Galicia*, Santiago: 1988.

- Fernández Cortizo, C.: "La población de Galicia en la primera mitad del siglo XVII: los vecindarios de 1631 y 1651", en *Obradoiro de Historia Moderna. Homenaje al profesor A. Eiras Roel en el XXV aniversario de su cátedra*, Santiago: 1990, pp. 103-130.

- Fernández Cortizo, C.: "Emigración peninsular y americana en Tierra de Montes (1700-1914)", en *Revista da Comisión Galega do Quinto Centenario*: 1990b, pp.167-183.

- Fernández Cortizo, C.: "*La población de Galicia*" en *Historia de Galicia*, Vigo: 1991, pp. 537-556.

- Fernández Cortizo, C.: "Trabajar por sus oficios fuera del reino. El éxodo estacional en la tierra de Montes (ss. XVII-XIX)", en A. Eiras Roel (Edit.): *Aportaciones al estudio de la emigración gallega. Un enfoque comarcal*, pp. 45-60, Santiago de Compostela: 1992, pp. 45-60.

- Fernández Cortizo, C.: "Aldeas y caserías a tiro de mano de piedra: los asentamientos rurales en el Arzobispado de Santiago (siglos XVI-XVIII)", en *Espacio, Tiempo y Forma*, serie IV: 1994, t. 7, pp. 211-226.

- Fernández Cortizo, C.: ""Ganando la vida con el oficio de Cantero". Explotación campesina y emigración estacional en la Galicia Occidental del siglo XVIII", en A. Eiras Roel y O. Rey Castelao (Eds.), *Migraciones internas y medium-distance en la Península Ibérica, 1500-1900*, V.II, Santiago de Compostela: 1994b, pp. 427-444.

- Fernández Cortizo, C.: "Emigración estacional, explotación campesina y comportamientos familiares: los canteros de la Galicia Sudoccidental (siglo XVIII)" en F. CHacón y LL. Ferrer (Eds.): *Familia, casa y trabajo*, Murcia: 1997, pp. 261-274.

- Fernández Cortizo, C.: "La Galicia rural en tiempos de Felipe II", en A. Eiras Roel (Coord.): *El reino de Galicia en la Monarquía de Felipe II*: 1998, pp.345-378.

- Fernández Cortizo, C.: "El señorío rural gallego en tiempos de Felipe II", en A. EIRAS ROEL (Coord.), *El reino de Galicia en la Monarquía de Felipe II*: 1989b, pp. 379-408.

- Fernández Cortizo, C.: "La tierra de Montes en la Época Moderna. Permanencias y cambios en una sociedad rural de Antiguo Régimen", en *Obradoiro de Historia Moderna*, nº 11: 2002, pp. 247-288.
- Fernández Cortizo, C.: "Espacios matrimoniales y reproducción social en la Galicia Occidental en el siglo XVIII", en *Revista de Demografía Histórica*, XXII, I: 2004, pp. 77-119.
- Fernández Cortizo, C.: 2005, "¿En Galicia el hambre entra nadando?, en *Semata*, V. 17: 2005, pp. 259-298.
- Fernández Cortizo, C.: ""Ir aos ganhos": a emigración galega ao norte de Portugal (1700-1850)", en J. Hernández Borge y D. L. González Lopo (Coord.): *Pasado e presente do fenómeno migratorio galego en Europa*, Santiago de Compostela: 2007, pp.17-49.
- Fernández Justo, Mª. I.: *La metrología tradicional gallega. Aportación a los estudios sobre el medio rural*, Madrid: 1986.
- Fernández Méndez, M.: "Análisis espacial y evolución cronológica de la emigración lucense a partir de expedientes de soltería (1845-1930)", en A. Eiras Roel (Ed.): *Aportaciones al estudio de la emigración gallega. Un enfoque comarcal*, Santiago de Compostela: 1992, pp. 133-138.
- Fernández Rodríguez, M. A.: "La emigración en la provincia de Ourense a través del estudio de los censos de población: 1860-1920", en *Revista da Comisión Galega do Quinto Centenario*: 1989, pp. 51-73.
- Ferreiro Pérez, R.: "La Alta Limia en los siglos XVII-XVIII. Muestreo parroquial", Tesis de Licenciatura inédita, Santiago de Compostela: 1981.
- Ferrer I Alos, LL.: "Familia y grupos sociales en Cataluña en los siglos XVIII y XIX", en F. CHacón (Ed.): *Familia, grupos sociales y mujer en España (S. XV-XIX)*, Murcia: 1991, pp. 119-135.
- Ferrer I Alos, LL.: "Parentesco y estructura social en la Catalunya rural (siglos XVIII y XIX)", en M. Rodríguez Cancho (Coord.): *Historia y perspectivas de investigación. Estudios en memoria del profesor Angel Rodríguez Sánchez*, Badajoz: 2002, pp. 119-128.
- Fidalgo Santamariña, J. A.: "Campesinos galegos e as segas en Castela", en *Galicia e a sega en Castela ó longo dos tempos*, Santiago de Compostela: 2002, pp. 27-45.
- Fine, A.: *Parrains, marraines. La parenté spirituelle en Europe*, París: 1994.
- Fine, A., Leduc, C.: "La dot, anthropologie et histoire. Cité des Atheniens, Pays de Sault (Pyrénnees audoises), fins XVIII siècle-1940", en *Clio, Histoire, Femmes et Sociétés*, 7 : 1998, pp. 19-50.
- Flinn, W.D.: *El sistema demográfico europeo*, Barcelona: 1989.
- Floristán Imizcoz, A.: *La Merindad de Estella en la Edad Moderna: los hombres y la tierra*, Pamplona: 1982.
- Gallego Domínguez, O.: "La peste en Orense desde el siglo XIV al XIX", en *Boletín Auriense*, T.III: 1973, pp.15-55.
- Gallego Domínguez, O.: *La organización administrativa territorial de la Antigua Provincia de Orense a mediados del siglo XVIII*, Ourense: 1988.
- Gallego Domínguez, O.: *El catastro de Ensenada en la provincia de Orense*, Ourense: 1989.
- García Fernández, M., 1996: *Los castellanos y la muerte. Religiosidad y comportamientos colectivos en el Antiguo Régimen*, Valladolid: 1996.
- García González, F.: "Más allá del padrón: el espejismo de la familia nuclear" en F. CHacón y LL. Ferrer (Edts.): *Familia, Casa y Trabajo*, Murcia: 1997, pp. 331-344.
- García González, F.: "Historia de la familia y campesinado en la España Moderna. Una reflexión desde la historia social", en *Studia Histórica*, nº 18: 1998, pp. 135-178.

- García González, F.: *La Sierra de Alcaraz en el siglo XVIII. Población, familia y estructura agraria*, Albacete: 1998b.
- García González, F.: *Las estrategias de la diferencia. Familia y reproducción social en la Sierra. (Alcaraz, siglo XVIII)*, Madrid: 2000.
- Garrido Arce, E.: "El ciclo familiar y el tiempo de vida en la Huerta de Valencia, 1747-1800", en *Boletín ADEH*, nº 1: 1995, pp. 29-52.
- Garrido Arce, E.: "Nupcialidad, fecundidad y sistema familiar en la Huerta de Valencia. La comunidad de Meliana, 1680-1801", en D. REHER, (Coord.): *Reconstituiçao de famílias e outros métodos microanalíticos*, Porto: 1995b, pp. 187-206.
- Garrido Arce, E.: "Sobre fusiones y fisiones de los grupos domésticos en la Huerta de Valencia (s. XVIII)" en F. CHacón Y LL. Ferrer I Alos, (Eds.): *Familia, casa y trabajo*, Murcia: 1997, pp. 399-409.
- García-Sanz Marcótegui, A.: *Demografía y sociedad en la Barranca de Navarra (1760-1860)*, Pamplona: 1985.
- Gasalla Regueiro, P. L.: "La emigración en la provincia de Lugo (1860-1900). Aproximación a su estudio indirecto a través de los indicadores demográficos", en *Revista da Comisión Galega do Quinto Centenario*, nº 6: 1989, pp. 77-105.
- Gelabert, J. E.: *Santiago y la tierra de Santiago de 1500 a 1640*, A Coruña: 1982.
- Gómez-Cabrero Ortiz A., Fernández De La Iglesia, Mª. J.: "Sociedad, familia y fecundidad en Mocejón (1660-1719). Una reconstrucción de familias", en *Boletín de la ADEH*, IX, 1: 1991, pp. 65-88.
- González Abellás, I. C.: "Aproximación a las tendencias demográficas del valle de Monterrei durante el Antiguo Régimen: finales siglo XV-1900", en *Cuadernos Feijonianos de Historia Moderna I*: 1999, pp. 11-50.
- González Abellás, I. C.: "Valle y montaña: sociedad, grupos sociales y comercio en el valle del Monterrey a mediados del siglo XVIII" en J. M Pérez García y M. López Díaz (Eds.): *Cuadernos Feijonianos de Historia Moderna II*: 2002, pp. 181-219.
- González Abellás, I. C.: "Una demografía de frontera en el siglo XVII: el valle de Monterrei 1580-1699", en en J. M J. M Pérez García y M. López Díaz (Eds.): *Cuadernos Feijonianos de Historia Moderna III*: 2006, pp. 9-29.
- González Abellás, I. C.: *La comarca de Monterrei en el Antiguo Régimen. Economía, demografía y familia*, Santiago de Compostela: 2010.
- González Lopo, D. L.: "Una aproximación a la emigración de la Galicia Occidental entre mediados del siglo XVII y el primer tercio del siglo XX a través de las fuentes de protocolos y archivos parroquiales", en *Revista da Comisión Galega do Quinto Centenario*: 1989, pp. 137-169.
- González Lopo, D. L.: 1993, "La emigración a Portugal desde el suroeste de Galicia en los siglos XVIII al XX", en *Emigraçao/imigraçao em Portugal*, pp.373-391, Lisboa.
- González Lopo, D. L.: 2007, "A presenza de galegos en Lisboa antes do terremoto (1745-1746)", en J. Hernandez Borge y D. L. Gonzalez Lopo (Coord.), *Pasado e presente do fenómeno migratorio galego en Europa*, pp. 51-83, Santiago de Compostela
- González Lopo, D. L.: "As guerras e a paz…" en X. Leira: *Historia dunha emigración difusa.500 anos de emigración galega a Lisboa*, Lisboa: 2008, pp. 38-41.
- Gonález Muñoz, Mª. C.: *Galicia en 1571: población y economía*, A Coruña: 1982.
- González Pardo, J.: *Economía y sociedad en la montaña centro-occidental asturiana en la crisis del Antiguo Régimen*, Oviedo: 1999.
- Goody, J.: *La evolución de la familia y del matrimonio en Europa*, Barcelona: 1986.
- Goubert, P.: *Beauvais et le beauvaisis de 1600 a 1730. Contribution a l'histoire sociale de la France du XVIIᵉ siecle*, Paris: 1982.

- Goubert, P.: *El Antiguo Régimen.1. La Sociedad*, Madrid: 1984.
- Guitián Ojea, F.: *Suelos naturales de la provincia de Orense*: 1982.
- Henry, L.: *Manual de demografía Histórica*, Barcelona: 1983.
- Hiler, D., Wiedmer, L. : «Le rat de ville et le rat des champs. Une approche comparative des interieurs ruraux et urbains a Geneve dans la seconde partie du XVIIIe siecle», en M. Baulant, et al. (eds.): *Inventaires apres-deces et ventes de meubles :* 1987, pp.131-151.
- Iturra, R. : *Antropología económica de la Galicia Rural,* Santiago de Compostela: 1988.
- Lanza García, R.: *La población y el crecimiento económico de Cantabria en el Antiguo Régimen*: Madrid, 1991.
- Lanza García, R.: "El contexto de los movimientos migratorios en Cantabria, siglos XVII-XIX", en A. Eiras Roel (Ed.): *La emigración española a Ultramar 1492-1914*, Madrid: 1991b, pp. 97-113.
- Lebrun, F.: "Les crises demographiques en France", en *Annales, Économies, sociétés, civilisations*, nº 2: 1980, pp. 205-239.
- Lebrun, F., Fave-Chamoux, A.: "Le marriage et la famille", en J. Dupâquier (Dir.): *Histoire de la population française. De la Renaissance a 1789. T.2*, París: 1988, pp. 293-347.
- Le Roy Ladurie, E.: *Montaillou, aldea occitana de 1294 a 1324*, Madrid: 1988.
- Leti, G.: "Problèmes d'échantillonnage statistique dans les enquêtes de démographie historique", en Mª. L. Marcilio y H. Charbonneau: *Démographie historique*, París: 1979, pp. 77-107.
- Levi, G.: *La herencia inmaterial. La historia de un exorcista piamontés del siglo XVII*, Madrid: 1990.
- Lisón Tolosana, C.: *Antropología cultural de Galicia*, Madrid: 1971.
- López Alvarez, Mª. J.: "La progresiva diferenciación social del campesinado en la comunidad rural: el ejemplo del noroeste ourensano 1740-1850" en *Preactas del VIII Congreso de Historia Agraria:* 1997, p.179-187.
- López Alvarez, Mª. J.: "Estudio da poboación nunha comarca cerealeira do occidente ourensán (1550-1850), en *Cuadernos Feijonianos de Historia Moderna I:*1999, pp. 51-85.
- López Alvarez, Mª. J.: *A terra de Cea no Antigo Réxime, (1500-1850)*, Ourense: 2007.
- López Alvarez, Mª. J. et al.: "Aproximación a dinámica evolutiva da poboación ourensá durante o Antigo Réxime: o Ribeiro, a Terra de Cea e a Terra de Celanova (finais s. XVI-mediados s. XIX), *Historia Nova, IV*: 1996, pp. 91-110.
- López Alvarez, Mª. J. et al.: "O comportamento da nupcialidade nas terras de Cea, Celanova e o Ribeiro. Círculos de sociabilidade (s.XVII-XIX)", en *Semata, Espacios rurais e sociedades campesiñas*, vol. 9: 1997, pp. 223-243.
- López Díaz, M.: "Alteraciones en el mapa jurisdiccional gallego durante la edad moderna: las desmembraciones eclesiásticas del siglo XVI", en *Estudios Mindonienses,* 7: 1991, pp. 559-588.
- López Díaz, M.: "Poder urbano y organización municipal en Galicia en la época de Felipe II", en A. Eiras Roel (Coord.): *El reino de Galicia en la monarquía de Felipe II*: 1998, pp. 215-242.
- López Díaz, M.: "Ourense y su provincia al comienzo de los tiempos modernos", en A. Eiras Roel (Coord.), *El reino de Galicia en la época del emperador Carlos V*, Santiago de Compostela: 2000, pp. 505-550.
- López-Pardo, R.: "La agricultura vitícola en una comarca del interior gallego a mediados del s. XVIII: el Ribeiro del Avia", en *Cuadernos Feijonianos de Historia Moderna I*: 1999, pp. 135-151.
- Lorenzetti, L., Neven, M.: "Démographie, famille et reproduction familiale: un diaologue en évolution" en *Annales de Démographie historique,* nº 2: 2000, pp. 89-100.
- Martínez Cerredelo, E.: *Historia de Xinzo de Limia*, Ourense: 2012.
- Martínez Rodríguez, E.: "El artesanado urbano de una ciudad tradicional: Santiago de Compostela a mediados del siglo XVIII", *en La documentación notarial y la historia, V.I:* 1984, pp.141-163.

- Martínez Rodríguez, E.: "La mortalidad infantil y juvenil en la Galicia urbana del Antiguo Régimen: Santiago de Compostela, 1731-1810", *en Obradoiro de Historia Moderna*, nº 1, Santiago de Compostela: 1992, pp. 45-77.

- Martínez Rodríguez, E.: *1998*, "La población en la Galicia de Felipe II", en A. Eiras Roel (Coord.): *El reino de Galicia en la monarquía de Felipe II*, Santiago de Compostela: 1998, pp. 441-472.

- Meijide Pardo, A.: "La emigración gallega intrapeninsular en el siglo XVIII", en *Estudios de Historia Social de España*, T.IV,V. II: 1960, pp. 461-606.

- Meijide Pardo, A.: "El hambre de 1768-1769 en Galicia y la obra asistencial del estamento eclesiástico compostelano", en *Compostellanum*, abril-junio: 1965, pp. 41-84.

- Mikelarena Peña, F.: "Transformaciones económicas y demográficas en el Norte de Navarra en los siglos XVI-XVIII", en *Actas del II Congreso ADEH*, V. III, Alicante: 1991, pp. 115-125

- Mikelarena Peña, F.: "Las estructuras familiares en la España tradicional: geografía y análisis a partir del Censo de 1860", en *Boletín de la ADEH*, nº 3: 1992, pp. 15-61.

- Mikelarena Peña, F.: "La diversidad de variantes de la familia troncal pirenaica española: Una aproximación a través de algunos ejemplos empíricos", en R. Rowland e I. Moll (Eds.), *La demografía y la historia de la familia*, Murcia: 1997, pp. 207-224.

- Miralbés Bedera, R.: (Dir.) *Galicia en su realidad geográfica*, Vigo: 1984.

- Miranda, F. A. S.: "A sobrevivencia de uma populaçao rural numa perspectiva de longa duraçao. O exemplo de uma parroquia minhota: Alvito S. Pedro", en *Boletin de la ADEH*, XIII, 2: 1995, pp. 13-44.

- Molinie-Bertrand, A.: *Au siècle d'or l'Espagne et ses hommees. La population du Royaume de Castille au XVIᵉ siècle*, París: 1985.

- Moreno Claverías, B.: "Desde el Pagès sin tierra al Pagès señor y negociante. Las economías familiares campesinas en el Penedès del siglo XVIII", en *Preactas VIII Congreso de Historia Agraria*: 1997, pp. 23-32.

- Moriceau, J. M. : «Le changement agricole. Transformations culturales et innovation (XII-XIX siècles)», *en Histoire et sociétés rurales, nº1* : 1994, pp. 37-66.

- Moriceau, J. M. : *L'élevage sous l'Ancien Régime (XVIᵉ- XVIIIᵉ siècles)*, París: 1999.

- Neves, A. Almeida Amaro Das: "A ilegitimidade no Minho Antigo: o exemplo do Norte de Guimaraes" en *Actas IV Congreso ADEH*, Bilbao: 1995.

- Ortega Berruguete, A. R., "Matrimonio, fecundidad y familia en el País Vasco a fines de la Edad Moderna", en *Boletín e la ADEH*, VII: 1989, pp. 47-74.

- Otero Pedrayo, R: *Historia de Galiza*. V. III, Buenos Aires: 1962.

- Pallares Méndez, Mª. C., Portela Silva, E.: *Galicia. Historia. Tomo II. Galicia na Época Medieval*, Santiago de Compostela: 1985.

- Pascua Sánchez, Mª. J.: "Migraciones tradicionales: Gallegos y otras gentes del norte en Cádiz durante los siglos XVII y XVIII", en A. Eiras Roel y D. L. González Lopo (Coord.): *Movilidad interna y migraciones intraeuropeas en la Península Ibérica*: 2002, pp. 55-77.

- Pazo Labrador, A. J:, "Notas para el estudio de los asentamientos rurales en Galicia", en *Actas do Simposio Internacional Otero Pedrayo e a Xeografía de Galicia*, A Coruña: 1989, pp. 149-180.

- Pedrouzo Vizcaino, O.: "El Arciprestazgo de Narla en el Antiguo Regimen: un estudio de historia rural", Tesis de Licenciatura inédita, Universidad de Santiago de Compostela: 1981.

- Pelaquier, E.: *De la maison du pere a la maison commune. Saint-Victor-de-la -Coste, en Languedoc Rhodanien (1661-1799)*, Montpellier: 1996.

- Pérez Alvarez, Mª. J.: *La montaña noroccidental leonesa en la Edad Moderna*, León: 1996.

- Pérez García, J. M.: *Un modelo de sociedad rural de Antiguo Régimen en la Galicia costera: la Península del Salnés*, Santiago de Compostela: 1979.
- Pérez García, J. M.: "Aproximación al estudio de la penetración del maíz en Galicia", en A. Eiras Roel, *La historia social de Galicia en sus fuentes de protocolos*, Santiago de Compostela: 1981, pp. 117-159.
- Pérez García, J. M.: "Niveles y transformaciones de la ganadería de Galicia en el siglo XVII", en *Cuadernos de Estudios Gallegos*, nº 98: 1982, pp.87-177.
- Pérez García, J. M.: "La agricultura gallega y sus rendimientos. Un estudio evolutivo (1700-1850)", *Revista de Historia Moderna, Anales de la Universidad de Alicante*: 1983, pp. 63-98.
- Pérez García, J. M.: "La agricultura gallega de mediados del siglo XVIII a través de sus rendimientos. Una respuesta alternativa", en *Congreso de Historia Rural. Siglos XV al XIX*, U.C.M.: 1984, pp. 415-450.
- Pérez García, J. M.: 1986, "Mecanismos autorreguladores das demografías antiguas: o exemplo galego", en J. De Juana e X. Castro (Eds.), *IV Xornadas da Historia de Galicia*: 1986, pp. 53-83.
- Pérez García, J. M.: "Transformaciones agrarias y utillaje agrícola. Analisis de interrelaciones", en M. Baulant et al. (ed.): *Inventaires apres-deces et ventes de meubles:* 1987, p.257-270.
- Pérez García, J. M.: "Estado de los estudios demográficos en Galicia (siglos XVI-XVIII) ", en V. Pérez Moreda y D. S. Reher (Eds.): *Demografía histórica en España*, Madrid: 1988.
- Pérez García, J. M.: "Demografía coyuntural y factores autorreguladores en la Huerta de Valencia. El ejemplo de Benimaclet (1710-1855), en C. Pérez Aparicio (Ed.), *Estudis sobre la población del País Valencià* I, Valencia: 1988b, pp. 397-414
- Pérez García, J. M.: "Las fuentes parroquiales como reveladoras de las migraciones a larga distancia: posibilidades y limitaciones. El ejemplo del Salnés (1660-1899), en *Revista da Comisión Galega do Quinto Centenario*:1989, pp. 57-94.
- Pérez García, J. M.: "Le mais dans le nord-ouest de la Peninsule Iberique durant l'Ancien Regime" , en *Flaran* 12: 1990, pp. 81-102.
- Pérez García, J. M.: "Transformación y consolidación de un paisaje rural: minifundio y parcelación en las Rías Bajas gallegas", en *Paisajes et Sociétés. Melanges géographiques en l'honneur du professeur Abel Bouhier*: 1990b, pp. 59-71.
- Pérez García, J. M.: "Crecimiento agrario y explotaciones campesinas en las Rías Bajas Gallegas y en la Huerta de Valencia: un estudio comparativo" en *Obradoiro de Historia Moderna, Homenaje a Eiras*: 1990c, pp.225-245.
- Pérez García, J. M.: "La demografía española peninsular del siglo XVIII: los modelos periféricos noratlántico y mediterráneo", en *Actas del Coloquio Internacional Carlos III y su siglo*, T. I, Madrid: 1990d, pp. 105-137.
- Pérez García, J. M.: "El modelo de mortalidad de Antiguo Régimen en la Horta de Valencia. Un contraste con las Rías Bajas gallegas", en J. Bernabeu Mestre(Coord.): *El papel de la mortalidad en la evolución de la población valenciana. Actas del II Congreso de la Asociación de Demografía Histórica*, V. 5, Alicante: 1991, pp. 145-156.
- Pérez García, J. M.: "El catastro del Marqués de la Ensenada en tierras de León. Problemas y soluciones para su adecuado uso historiográfico", en *Minius*, I: 1992 pp.167-182.
- Pérez García, J. M.: *Dinámicas demográficas en la Galicia del Antiguo Régimen*, Vigo: 1993.
- Pérez García, J. M.: "Demografía cualitativa y coyuntural en las Rías Bajas gallegas: el ejemplo del Salnés. (1750-1838)" en D. Reher (Coord.): *Reconstituçao de familias e outros métodos microanalíticos para o futuro*, Porto: 1995, pp. 145-165.
- Pérez García, J. M.: «Niveaux de vie et traditions culturelles dans les campagnes du León entre 1700 et 1850», *en Histoire & Sociétés Rurales*, nº : 1997, p.61-92.

- Pérez García, J. M.: "Estructuras familiares, prácticas hereditarias y reproducción social en la Vega Baja del Esla (1700-1850)", en *Un modelo social leonés en crecimiento. La Vega Baja del Esla entre 1700 y 1850*, León: 1998, pp. 85-109.

- Pérez García, J. M.: "Colectivismo agrario y desigualdad social en la Vega Baja del Esla en el siglo XVIII", en *Un modelo social leonés en crecimiento. La Vega Baja del Esla entre 1700 y 1850*, León: 1998b, pp. 35-48

- Pérez García, J. M.: "La burguesía rural del setecientos en la Vega Baja del Esla y en la Huerta de Valencia: un análisis comparado", en *Un modelo social leonés en crecimiento. La Vega Baja del Esla entre 1700 y 1850*, León: 1998c, pp. 49-70.

- Pérez García, J. M.: "Estructuras sociales y élites excedentarias en el contexto de una sociedad rural leonesa a fines del Antiguo Régimen", en *Un modelo social leonés en crecimiento. La Vega Baja del Esla entre 1700 y 1850*, León: 1998d, pp. 111-157.

- Pérez García, J. M.: "En los límites del virtuosismo agrario tradicional: la fertilidad de la comarca del Bajo Miño (1730-1860)", en *Ler Historia*, 36: 1999, pp. 221-245.

- Pérez García, J. M.: "Un chequeo al Catastro del Marqués de la Ensenada en la comarca del Bajo Miño", en *Cuadernos Feijonianos de Historia Moderna I*: 1999b, pp. 153-192.

- Pérez García, J. M.: "Las utilidades del inculto y la lucha por sus aprovechamientos en la Galicia Meridional (1650-1850)", en *Obradoiro de Historia Moderna*, nº 9: 2000, pp. 79-107.

- Pérez García, J. M.: "¿Es necesario privilegiar todavía la reconstrucción de familias en España? Una respuesta a David S. Reher", en *Boletín de la Asociación de Demografía Histórica, XVII*, II: 2000b, pp. 105-122.

- Pérez García, J. M.: "Siete generaciones de gallegos (1650-1850): las claves de la reproducción social y demográfica en las Rías Bajas (Samieira)", en *Cuadernos Feijonianos de Historia Moderna II*: 2002 pp. 31-104.

- Pérez García, J. M.: "Irriguer ou non? La guerre de l'eau en Galice (1600-1850)", en *Histoire et Sociétés Rurales*, nº 20: 2003, pp. 37-52.

- Pérez García, J. M.: "De la escasez a la precoz saturación : el dcsarrollo demográfico de la comarca del Bajo Miño (1550-1850) ", en *Cuadernos Feijonianos de Historia Moderna III*: 2006, pp. 53-102.

- Pérez García, J. M.: "Consecuencias económicas y demográficas de la guerra de la Independencia de Portugal en el Bajo Miño : demografía de frontera en una etapa belicista (1630-1679)", en *Cuadernos Feijonianos de Historia Moderna III*: 2006b, pp. 31-52.

- Pérez García, J. M.: "Familias y hogares en Galicia y en la Cornisa Cantábrica durante el Antiguo Régimen", en F. García González (Coord.): *La historia de la familia en la Península Ibérica (s. XVI-XIX). Balance regional y perspectivas*, Universidad de Castilla-La Mancha: 2008, pp. 57-84.

- Pérez García, J. M.: "Las claves de la euforia demográfica del Bajo Miño a través de San Martín de Caldelas (1580-1680)", en *Revista de Demografía Histórica*, XXVII, II: 2009, pp. 77-110.

- Pérez García, J. M.: "La intensa movilidad de la comarca del Bajo Miño y sus destinos (1600-1850)", en *Minius*, nº 19: 2011, pp. 231-253.

- Pérez García, J. M.: "¿Como salir de situaciones maltusianas de larga duración? Respuestas demográficas en el Bajo Miño (1724-1840)", en *Cuadernos Feijonianos de Historia Moderna*, IV: 2013, pp. 9-45.

- Pérez García, J. M.: "La dinámica de la investigación en demografía gallega desde 1973 a la actualidad", comunicación presentada al VII Coloquio celebrado en Compostela: 2013b.

- Pina-Cabral, J. De: "As mulheres, a maternidade e a posse da terra no alto Minho" en *Análise Social*, vol. 20, (80): 1984, pp. 97-112.

- Pingaud, M.C.: "Partage égalitaire et destins des lignées, en *Annales de Démographie Historique*: 1995, pp. 17-33.
- Portela Silva , E.: *La región del Obispado de Tuy en los siglos XII a XV. Una sociedad en la expansión y en la crisis.* Santiago de Compostela: 1976.
- Poitrineau, A. : 1984, «Niveaux de vie et de fortune d'aprés les minutes notariales. Le cas des ruraux auvergnats», en *La documentación Notarial y la Historia, V. I* : 1984, pp.269-284.
- Poussou, J. P.: *La terre et les paysans en France et en Grande Bretagne aux XVIIᵉ et XVIIIᵉ siècles*, CNED-Sedes: 1999.
- Poussou, J. P.: "Les migrations internes et a moyenne distance en France a l'epoque moderne et au XIXᵉ siècle", en A. Eiras Roel y O. Rey Castelao (Eds.): *Les migrations internes et à moyenne distance en Europe*, 1500-1900: 1994, pp. 1-20.
- Poussou, J. P.: "Les migrations internes dans la France d'autrefois (XVIe-XIXe siècles) ", en A. Eiras Roel y D. L. González Lopo (Coord.): *Movilidad y migraciones internas en la Europa Latina*, Santiago de Compostela: 2002, pp. 15-38.
- Precedeo Ledo, A., Gallego Prieto, M. (Dir.): *Mapa de parroquias de Galicia*: 2001.
- Presedo Garazo, A.: "Estructura, productividade e rendementos agrícolas da explotación campesiña na Galicia Interior: o partido xudicial de Arzúa en 1750-1860", en *Semata, Espacios rurais e sociedades campesiñas*, vol. 9: 1997, pp. 245-277.
- Quiroga Barro, G.: *Evolución dunha estructura agraria na Galicia Interior: a terra de Viana do Bolo, 1600-1820*, Vigo: 1992.
- Rallu, J. L.: "Note sur l'utilisation des généalogies", en A. Blum et al. (Edits.): *Modèles de la démographie historique*, pp. 45-53, París: 1992, pp. 45-53.
- Reher, D. S., Valero Lobo, A.: *Fuentes de información demográfica en España,* Madrid: 1995.
- Reher, D. S.: *Familia, población y sociedad en la provincia de Cuenca, 1700-1970*, Madrid: 1988.
- Reher, D. S.: "Dinámicas demográficas en Castilla la Nueva, 1550-1900: un ensayo de reconstrucción", en *Actas del II Congreso de la ADEH*, Vol. III, Alicante: 1991, pp. 17-75.
- Reher, D. S.: "Microanálisis y demografía histórica: algunas claves para un debate necesario", en D. Reher, (Coord.), *Reconstituiçao de famílias e outros métodos microanalíticos para o futuro*, Porto: 1995, pp. 13-20.
- Reher, D. S.: "La investigación en demografía histórica: pasado, presente y futuro", en *Boletín de la Asociación de Demografía Histórica*, XVIII, II: 2000, pp. 15-78.
- Rey Castelao, O.: *Aproximación a la historia rural en la comarca de la Ulla, siglos XVII y XVIII*, Santiago de Compostela: 1981.
- Rey Castelao, O.: "Mecanismos reguladores de la nupcialidad en la Galicia Atlántica. El matrimonio a trueque", en *Obradoiro de Historia Moderna*, Santiago de Compostela: 1990: pp. 247-268.
- Rey Castelao, O.: "Migraciones internas y medium-distance en Galicia, siglos XVI-XIX", en A. Eiras Roel y O. Rey Castelao (Eds.): *Migraciones internas y medium-distance en la Península Ibérica, 1500-1900*, Santiago de Compostela: 1994, pp. 85-1900.
- Rey Castelao, O.: *Montes y política forestal en la Galicia del Antiguo Régimen*, Santiago de Compostela: 1995.
- Rey Castelao, O., Turnes Mejuto, R.: "La emigración a América en la cuenca media del Ulla: un ejemplo de análisis comarcal", en *Revista da Comisión Galega do Quinto Centenario*, 1989: pp. 177-22.
- Rey Castelao, O., Pérez Rodríguez, F.: "Movimientos migratorios en el municipio de A Cañiza, siglos XVII al XIX", en A. Eiras Roel, (Ed.), *Aportaciones al estudio de la emigración gallega. Un enfoque comarcal*, Santiago de Compostela: 1992, pp. 33-44.

- Rodríguez Fernández, D.: "Población y familia campesina en la Galicia Interior. La comarca de Celanova (s. XVIII)", Memoria de Licenciatura, Universidade de Vigo: 1996.
- Rodríguez Fernández, D.: "Estructura familiar y estrategias hereditarias en una pequeña comunidad campesina de la Galicia Interior.Celanova (s. XVIII), en F. Chacón Y LL. Ferrer I Alos, (Eds.): *Familia, casa y trabajo*, Murcia: 1997, pp. 275-288.
- Rodríguez Fernández, D.: *A terra e as xentes. Nacer, vivir e morrer na comarca de Celanova ó longo da Idade Moderna*, A Coruña: 1999.
- Rodríguez Fernández, D.: "Desigualdades sociales y criterios de consumo diferenciados. Cultura material y nivel de vida en la Galicia Interior", en *Cuadernos Feijonianos de Historia Moderna 1*: 1999b, pp. 193-231.
- Rodríguez Fernández, D.: "Un proyecto entre la reconstrucción de familias y la reconstrucción de parroquias aplicado a la elaboración de genealogías. Problemas y métodos", en LL. Ferrer I Alos y J. M. Pérez García (Coord.)*: Reconstituiçao de familias, fogos e estrategias sociais, V. II, VI Congreso ADEH*, Castelo Branco: 2004, pp. 67-82.
- Rodríguez Fernández, D. et al.: "Matrimonio, familia y explotación campesina en la provincia de Ourense a mediados del siglo XVIII", en R. Rowland y A. Torrents, (Coord.), *Matrimonio y nupcialidad: perspectivas interdisciplinares*, Logroño: 1999.
- Rodríguez Ferreiro, H. M.: "Estructura y comportamiento de la familia rural gallega: los campesinos del Morrazo en el siglo XVIII" en *La documentación notarial y la historia*, V. I, Santiago de Compostela: 1984, pp. 439-458.
- Rodríguez Ferreiro, H. M.: "La emigración del Morrazo a América a través de los archivos parroquiales", en *Revista da Comisión Galega do Quinto Centenario*: 1990, pp. 53-89.
- Rodríguez Ferreiro, H. M.: "La demografía de la Península del Morrazo en los siglos XVII, XVIII y XIX", en *Obradoiro de Historia Moderna*, nº 4: 1995, pp. 21-41.
- Rodríguez Ferreiro, H. M.: *A Xurisdicción do Morrazo. S. XVII-XVIII*, v. I-II, Vigo: 2003.
- Rodríguez Rodríguez, J. M.: "Estudio demográfico del Ribeiro del Avia durante el Antiguo Régimen". Trabajo de investigación inédito. Universidade de Vigo: 1996.
- Rodríguez Rodríguez, J. M.: 1999, "Evolución, estructura y principales caracteres de la población del Ribeiro del Avia durante el Antiguo Régimen", en *Cuadernos Feijonianos de Historia Moderna I*, Santiago de Compostela: 1999, pp. 87-131-
- Rodríguez Rodríguez, J. M.: "Contribución al estudio de la mortalidad en una comarca vitícola gallega: el Ribeiro del Avia 1750-1887", en J. M. Pérez García y M. López Díaz (Edit.), *Cuadernos Feijonianos de Historia Moderna II*, Santiago de Compostela: 2002, pp. 147-177.
- Rodríguez Sánchez, A.: "Métodos de evaluación de las estrategias familiares en el Antiguo Régimen", en *Fuentes y Métodos de la historia local*, Salamanca: 1991, pp. 141-166.
- Roige Ventura, X.: "Residencia, ciclo familiar y estrategias domésticas (El Priorat, ss. XIX y XX)", en F. Chacón y LL. Ferrer (Edts.): *Familia, casa y trabajo*, Murcia: 1997, pp. 445-464.
- Rolley, F.: "Les secondes noces, une affaire de famille. Remariage, structure du menage et mode de succession en Bourgogne du Nord au XVIIIe siècle" en A. Bideau (Dir.): *Le choix du conjoint*, Oulins: 1998, pp. 253-271.
- Rowland, R.: "Sistemas matrimoniales en la Península Ibérica (s. XVI-XIX). Una perspectiva regional" en V. Pérez Moreda Y D.S. Reher (Eds.): *Demografía Histórica en España*, Madrid: 1988, pp. 72-137.
- Rowland, R.: "Microanálise e regimes demográficos", en D. Reher (Coord.): *Reconstituiçao de famílias e outros métodos microanalíticos para o futuro*, Porto: 1995, pp. 23-34.

- Rozados Fernández, Mª. A.: "Campo y ciudad: niveles materiales y mentalidades en el siglo XVII a través de los inventarios post-mortem" Tesis de Licenciatura Inédita, Universidade de Santiago: 1986.
- Rozados Fernández, Mª. A.: "Marco material de la vida familiar en la Galicia de Antiguo Régimen", en J. C. Bermejo (Cor.): *Parentesco, familia y matrimonio en la historia de Galicia*: 1988, pp.79-94.
- Rubio Pérez, L. M.: *La Bañeza y su tierra, 1650-1850. Un modelo de sociedad rural leonesa*, León: 1987.
- Rubio Pérez, L. M.: *La burguesía maragata. Dimensión social, comercio y capital en la Corona de Castilla durante la Edad Moderna*, León: 1995.
- Rubio Pérez, L. M.: *Arrieros maragatos. Poder, negocio, linaje y familia. S. XVI-XIX*, León: 1995b.
- Saavedra, P.: *Economía rural antigua en la montaña lucense. El concejo de Burón*, Santiago de Compostela: 1979.
- Saavedra, P.: "Los montes abiertos y los concejos rurales en Galicia en los siglos XVI-XVIII: aproximación a un problema", en *Cuadernos de Estudios Gallegos*, 98: 1982, pp. 179-236.
- Saavedra, P.: "Evolución de una agricultura de autoconsumo a través de los inventarios post-mortem: la Galicia Cantábrica, 1600-1800", en *La documentación notarial y la historia*, V. I, Santiago de Compostela: 1984, pp. 317-334.
- Saavedra, P.: *Economía, política y sociedad en Galicia: la provincia de Mondoñedo, 1480-1830,* Madrid: 1985.
- Saavedra, P.: «Transformation des cultures, travaux agricoles et stagnation technique dans la Galice cantabrique et interieure (1550-1830), en M. Baulant, A. J. Schumrman y P. Servais (ed.), *Inventaires apres-deces et ventes de meubles* : 1987, pp.303-317.
- Saavedra, P.: "Casa y comunidad en la Galicia interior" en J. C. Bermejo Barrera (Coord.*), Parentesco, familia y matrimonio en la historia de Galicia*, Santiago: 1988, pp. 95-143.
- Saavedra, P.: "Sobre las transformaciones del sistema agrario de la Galicia del Antiguo Régimen", en *Paysages et Sociétés. Melanges géographiques en l'honneur du professeur Abel Bouhier* : 1990, pp. 17-28.
- Saavedra, P.: *Galicia. Historia. A Galicia do Antigo Réxime. Economía e sociedade*, A Coruña: 1991.
- Saavedra, P.: "La economía vitícola en la Galicia del Antiguo Régimen", en *Agricultura y Sociedad*, nº 62: 1992, pp. 111-166.
- Saavedra, P.: "Las grandes tendencias comarcales en la evolución de la población gallega (de comienzos del XVII a mediados del XIX) I, en *Minius I*: 1992b, pp. 211-228.
- Saavedra, P.: "Datos para un estudio comarcal da mortandade de "párvulos" en Galicia (fins do XVII-mediados do XIX)", en *Obradoiro de Historia Moderna*, nº 1: 1992c, pp. 79-95.
- Saavedra, P.: *La vida cotidiana en la Galicia del Antiguo Régimen*, Barcelona: 1994.
- Saavedra, P.: "Las grandes tendencias comarcales en la evolución de la población gallega (de comienzos del XVII a mediados del XIX) II, en *Minius II-III*: 1994b, pp. 101-125.
- Saavedra, P.: "La economía campesina en la Galicia del Antiguo Régimen: una consideración global" en A. Rodríguez Casal (Coord.): *Humanitas, Estudios en Homenaxe ó prof. Dr. Carlos Alonso del Real*, v. II: 1996, pp. 613-632.
- Saavedra, P.: "O hábitat no noroeste peninsular nos ss. XVI-XIX" en *Semata, Espacios rurais e sociedades campesiñas*, vol. 9: 1997, pp. 172-191.
- Saavedra, P.: "Petite exploitation et changement agricole à l'intérieur d'un vieux complexe agraire. Les campagnes de la Galice entre 1550 et 1850", en *Histoire et sociétés Rurales*, nº 12: 1999, pp. 63-108.
- Saavedra, P.: 2002, "Las lógicas de la organización familiar y reproducción social en la España Cantábrica y Noratlántica en el Antiguo Régimen", en M. Rodríguez Cancho (Coord.): *Historia y perspectivas de investigación. Estudios en memoria del profesor Angel Rodríguez Sánchez*, Badajoz: 2002, pp. 141-149.

- Saavedra, P.: *Señoríos y comunidades campesinas. Aportaciones a la historia rural de la España Moderna*, A Coruña: 2003.

- Saavedra, P.: *Demarcacións, topónimos, papeis, memoria. Sobre a división e o control do territorio na Galicia Moderna*, A Coruña: 2013.

- Saavedra, P., et al.: "La red parroquial y el clero rural en la Galicia de los siglos XVI-XIX: resultados de una investigación en curso", en *Obradoiro de Historia Moderna*, nº 22: 2013: pp. 93-128.

- Schofield, R. S., y Reher, D. S.: "El descenso de la mortalidad en Europa" en *Boletín de la Asociación de Demografía Histórica*, XII: 1994, I, pp. 9-32.

- San Martín, J.: "La herencia en Galicia. Un nuevo modelo", en *I Coloquio de Antropología de Galicia*, A Coruña: 1984, pp. 47-56.

- Sánchez Regueiro, A., Fernández Prieto, L.: "El uso de las aguas en el sistema agrario gallego (siglos XIX y XX)", en R. Garrabou y J. M. Naredo (Eds.): *El agua en los sistemas agrarios. Una perspectiva histórica* : 1999, pp.339-364.

- Sangoi, J. C. : 1982, *Histoire démographique de trois communes rurales du Bas-Quercy de 1751 a 1872 : démographie et groupes sociaux dans la paysannerie*, París : 1982.

- Sangoi, J. C. : *Démographie paysanne en Bas-Quercy. 1751-1872. Familles et groupes sociaux*, París : 1985.

- Sangoi, J. C. : «Age au mariage et formes familiales dans le Bas-Quercy (1750-1872)», en A. Bideau (Dir.) : *Le choix du conjoint*, Oulins :1998, pp. 272-383.

- Sauvain-Dugerdil, C., y Richard, P. : «Le cecle des unions: une definition dynamique de la population» en A. Bideau (Dir.) : *Le choix du conjoint* , Oulins: 1998, pp. 27-45.

- Schlumbohm, J.: "Quelques problèmes de micro-histoire d'une société locale. Construction de liens sociaux dans la paroisse de Belm (17e-19e siècles), en *Annales ESC*, nº 4: 1995, pp. 775-802.

- Schlumbohm, J.: "Incertitude et régularité des parcours de vie. Enfance, jeunesse, mariage dans une paroisse rurale allemande, XVII-XIX siècles", en *Annales de Démographie historique*, 2: 1998, pp.115-138.

- Scott, A. S. Volpi: "Reconstituiçao de famílias e reonstituiçao de pároquias. Uma comparaçao metodológica", en D. REHER, (Coord.): *Reconstituiçao de famílias e outros métodos microanalíticos para o futuro*, Porto: 1995, pp. 89-100.

- Scott, A. S. Volpi: *Familias, formas de uniâo e reproduçao social no noroeste português (séculos XVIII e XIX)*, Guimaraes: 1999.

- Segalen, M.: "L'usage de la genealogie dans une recherche sur les structures de l'alliance dans le Pays Bigouden Sud", en *Annales de Démographie Historique*: 1984, pp.71-78.

- Segalen, M.: *Quinze generations de Bas Bretons. Parenté et societé dans le pays bigouden sud*, París: 1985.

- Servais, P. : «Utensiles de cuisine et vaisselle dans les campagnes du pays de Herve aux XVIIe et XVIIIe siecles», en M. Baulant, et al. : *Inventaires apres-deces et ventes de meubles :* 1987, pp. 333-346.

- Silva, A. Ferreira Da, 1995, "A soluçâo dum paradoxo entre duas abordagens da Família: a composição do grupo doméstico e as trajectórias familiares", en *Ler Historia*, 29: 1995, pp. 45-66.

- Sobrado Correa, H.: "La tierra de Castroverde en el Antiguo Régimen: un estudio de historia rural", Tesis de Licenciatura Inédita, Universidad de Santiago: 1992.

- Sobrado Correa, H.: "Algunas reflexiones en torno a la peculiaridad de los factores estructurales de la Galicia Interior en el Antiguo Régimen (1640-1850)", en *Obradoiro de Historia Moderna*, nº 2: 1993, pp.185-206.

- Sobrado Correa, H.: "La familia de la Tierra de Castroverde en el siglo XVIII: estructura y comportamiento", en *Boletín de Estudios Fontán Sarmiento*: 1993b, pp. 18-35.

- Sobrado Correa, H.: "El mercado matrimonial en tierras de mejora. Estrategias nupciales en la Galicia rural de Antiguo Régimen" *en Semata, Espacios rurais e sociedades campesiñas*, vol. 9: 1997, pp. 195-222.
- Sobrado Correa, H.: *Las tierras de Lugo en la Edad Moderna. Economía campesina, familia y herencia, 1550-1860*, A Coruña: 2001.
- Sobrado Correa, H.: *A Galicia do Antigo Réxime (ca. 1480-ca. 1835). Poboación e economía*, A Coruña: 2007.
- Soler Serratosa, J.: "Demografía y sociedad en Castilla la Nueva durante el Antiguo Régimen: la villa de los Molinos, 1620-1730", *Revista de Investigaciones Sociológicas*: 1985, pp. 141-190.
- Souto, X. M.: "Encol do habitat e do poboamento o caso de Galicia", en *Cuadernos de Estudios Gallegos*, Tomo XXXIII, 98: 1982, pp-7-49.
- Souto, X. M.: *Xeografía Humana*, Vigo: 1995.
- Taín, C.: "Apuntes para un estudio de demografía histórica en la tierra de Ambía y Baños de Molgas", manuscrito inédito.
- Torres Luna, Mª. P.(Dir.): *Geografía de Galicia. Volumen II*. A Coruña: 1986.
- Torres Luna, Mª. P. et al.: *Municipios y parroquias de Galicia*, Santiago de Compostela: 1989.
- Urrutikoetkea Lizarraga, J.: *En una mesa y compañía. Caserío y familia campesina en la crisis de la sociedad tradicional. Irún, 1766-1845*, San Sebastián : 1992
- Vallin, J. : " La mortalité en Europe de 1720 à 1914: tendancers à long terme et changements de structure par sexe e par âge", en *Annales de Demographie Historique*: 1989, pp. 31-54.
- Vandenbroeke, C., 1987, "Agriculture flamande et démographie (XVᵉ-XIXᵉ siècles), en A. Fauve-Chamoux (Ed.): *Evolution agraire et croissance démographique*, Lieja: 1987, pp. 325-345.
- Vilalta, Mª. J.: "La familia en la Lleida del siglo XVI. Aspectos demográficos", en F. Chacón y Ll. Ferrer I Alos (Eds.): *Familia, casa y trabajo*, Murcia: 1997, pp. 149-160.
- Vilalta, Mª. J.: "Las migraciones como motor del crecimiento demográfico en la Catalunya interior en los inicios de la modernidad (Lleida 1547-1600)", en *Actas del Congreso Internacional de la población. V Congreso de la ADEH*, V. III, Logroño: 1999, pp. 281-295.
- Vilalta, Mª. J.: "La societat de Lleida a l'època moderna", en C. Martínez Shaw (Ed.): *Historia moderna, historia en construcción*, V. II, Lleida: 1999b.
- Villares, R.: *La propiedad de la tierra en Galicia. 1500-1936*, Madrid: 1982.
- Wrigley, E. A.: "Las perspectivas de la historia de la población en la década de los ochenta" en *Boletín de la Asociación de Demografía Histórica*, 2: 1985, pp. 4-31.
- Yun Casalilla, B., "Inventarios post-mortem, consumo y niveles de vida del campesinado del Antiguo Régimen. (Problemas metodológicos a la luz de la investigación internacional)", *en Preactas VIII Congreso de Historia Agraria*: 1997, pp.45-55.
- Zink, A.: *L'héritier de la maison. Geographie coutumière du Sud-Ouest de la France sous l'Ancien Régime*, París: 1993.

APÉNDICE GRÁFICO

Celanova, Alameda

MAPA I.1
LOCALIZACIÓN COMARCA EN LA PROVINCIA DE OURENSE

Escala 1:1000.000

MAPA I.2
LÍMITES PARROQUIALES

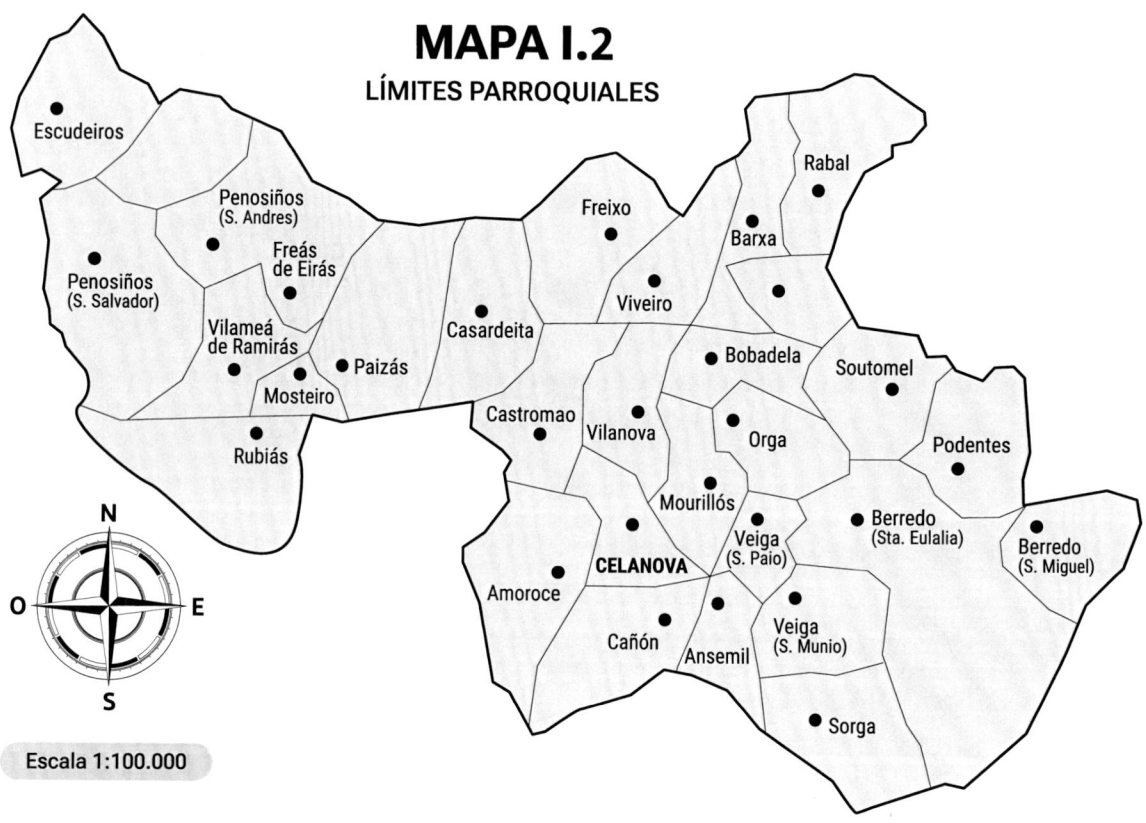

Escudeiros

Penosiños
(S. Andres)

Freás
de Eirás

Penosiños
(S. Salvador)

Vilameá
de Ramirás

Paizás

Mosteiro

Rubiás

Freixo

Barxa

Rabal

Viveiro

Casardeita

Bobadela

Soutomel

Castromao

Vilanova

Orga

Podentes

Mourillós

Berredo
(Sta. Eulalia)

Veiga
(S. Paio)

CELANOVA

Berredo
(S. Miguel)

Amoroce

Cañón

Ansemil

Veiga
(S. Munio)

Sorga

N
O   E
S

Escala 1:100.000

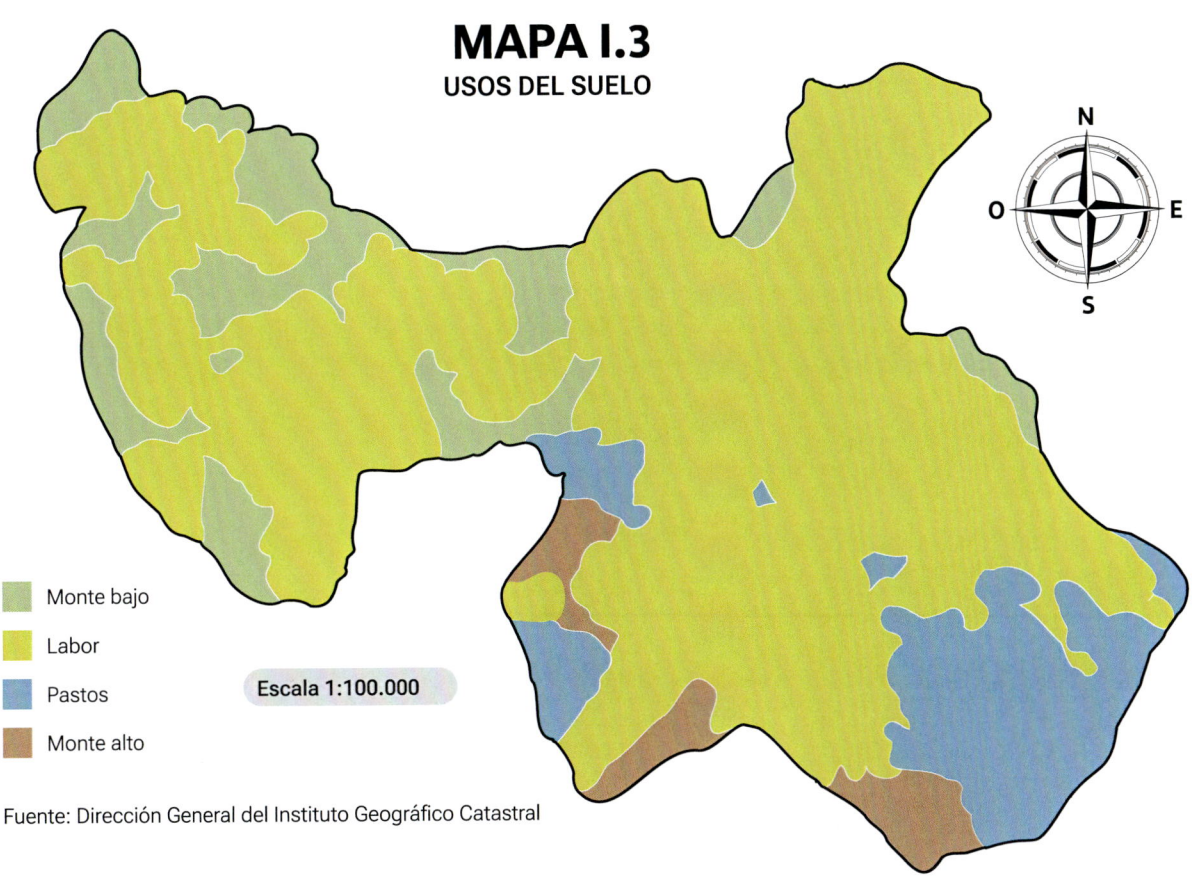

MAPA I.3
USOS DEL SUELO

Monte bajo

Labor

Pastos

Monte alto

Escala 1:100.000

Fuente: Dirección General del Instituto Geográfico Catastral

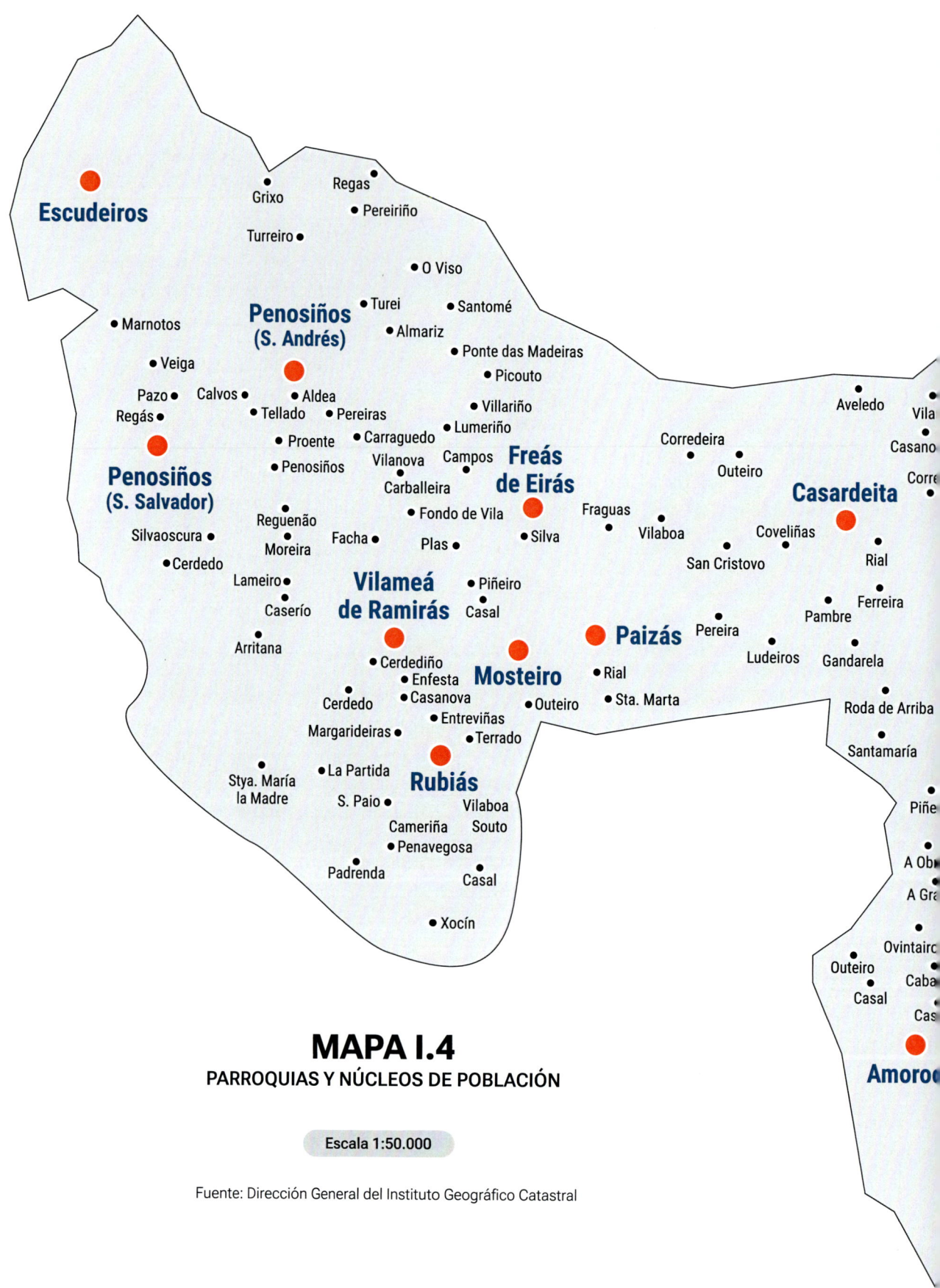

MAPA I.4

PARROQUIAS Y NÚCLEOS DE POBLACIÓN

Escala 1:50.000

Fuente: Dirección General del Instituto Geográfico Catastral

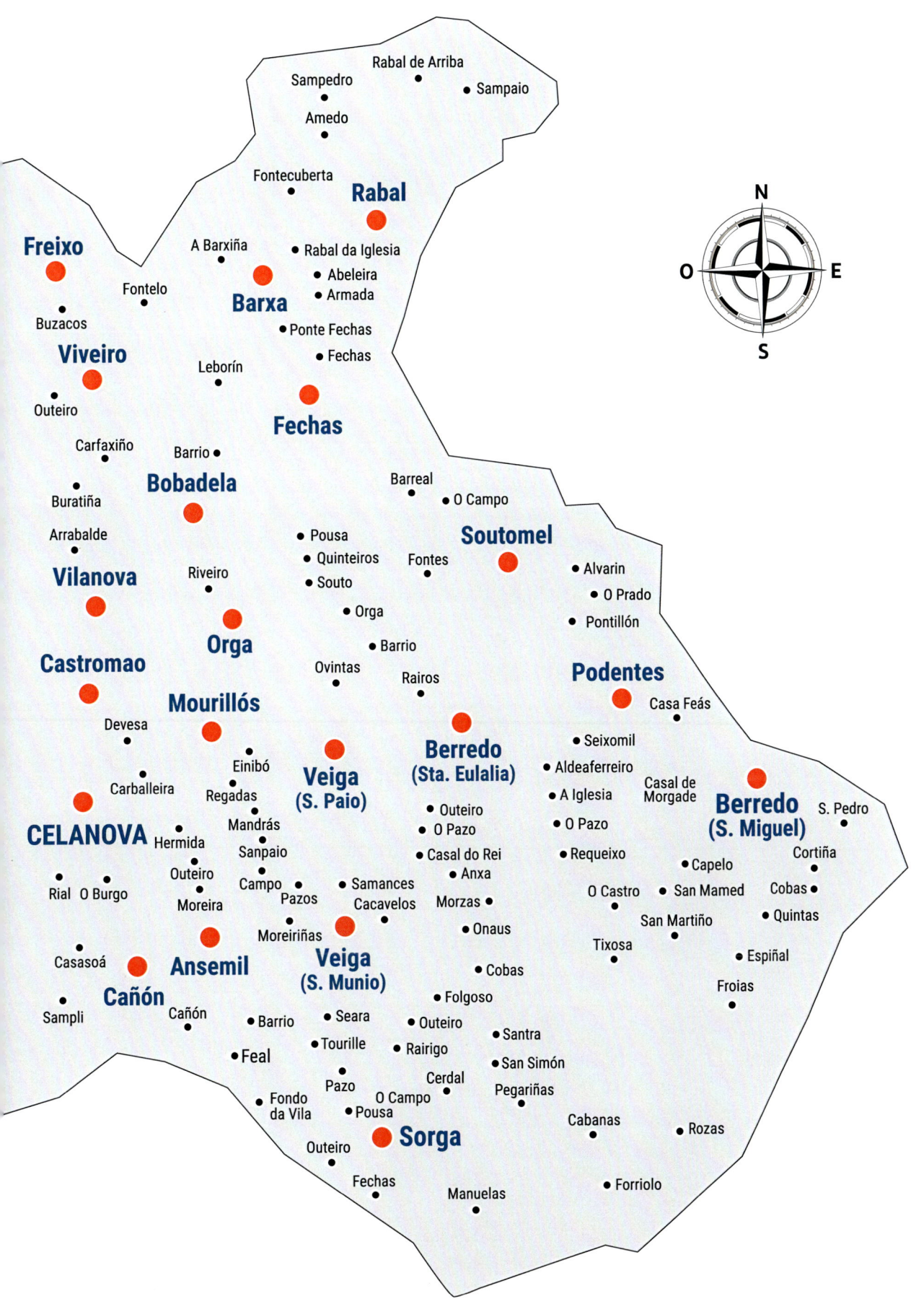

Rabal de Arriba
Sampedro
Sampaio
Amedo

Fontecuberta
Rabal

Freixo ● A Barxiña ● Rabal da Iglesia
Fontelo ● Abeleira
Buzacos **Barxa** ● Armada
● Ponte Fechas
Viveiro Leborín ● Fechas
Outeiro
Carfaxiño Barrio ● **Fechas**
Buratiña Barreal
Arrabalde **Bobadela** ● O Campo
Soutomel
Vilanova Riveiro ● Pousa Fontes ● Alvarin
● Quinteiros ● O Prado
● Souto ● Pontillón
Castromao **Orga** ● Orga
● Barrio
Devesa Ovintas **Podentes**
Rairos Casa Feás
Mourillós ● Berredo ● Seixomil
Einibó **Veiga** **(Sta. Eulalia)** ● Aldeaferreiro Casal de
Carballeira (S. Paio) ● A Iglesia Morgade **Berredo**
Regadas ● Outeiro ● O Pazo **(S. Miguel)** S. Pedro
CELANOVA Hermida Mandrás ● O Pazo ● Requeixo ● Capelo Cortiña
Sanpaio ● Casal do Rei O Castro ● San Mamed Cobas
Outeiro Campo ● Anxa San Martiño ● Quintas
Rial O Burgo Moreira Pazos ● Samances ● Morzas Tixosa Espiñal
Casasoá **Ansemil** Moreiriñas Cacavelos ● Onaus Froias
Cañón **Veiga** ● Cobas
Sampli Cañón Barrio **(S. Munio)** ● Folgoso
● Seara ● Outeiro ● Santra
Feal ● Tourille ● Rairigo ● San Simón
Pazo Cerdal Pegariñas
Fondo O Campo Cabanas Rozas
da Vila ● Pousa **Sorga**
Outeiro
Fechas Manuelas Forriolo

MAPA I.5
MAPA DEL COTO DE VEIGA (S. XVIII)

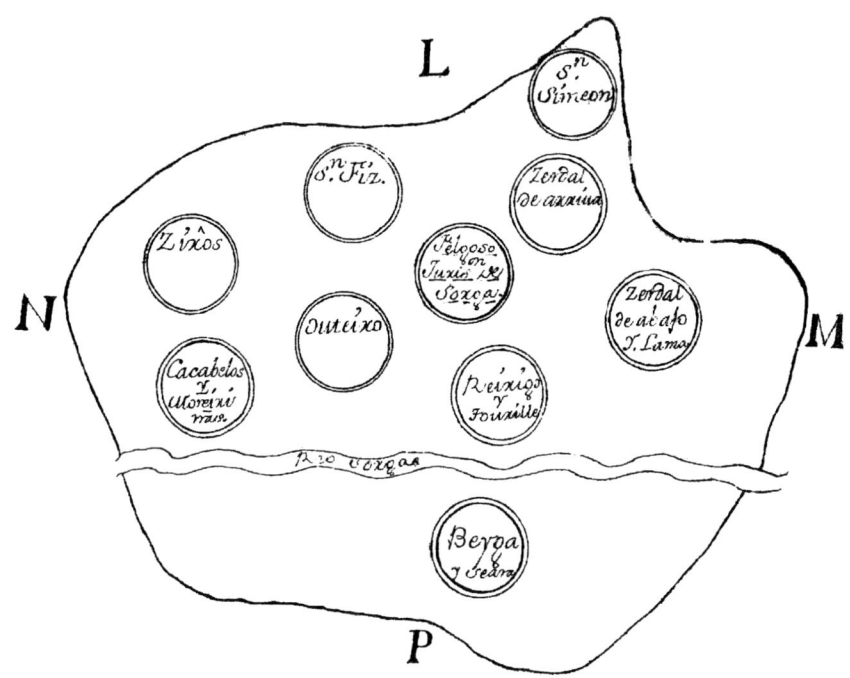

GRÁFICO I.1 • TERMOPLUVIOMÉTRICO, ESTACIÓN DE A GANDARELA (CELANOVA)

GRÁFICO I.2 • EVOLUCIÓN DEL NÚMERO DE VECINOS / Km²

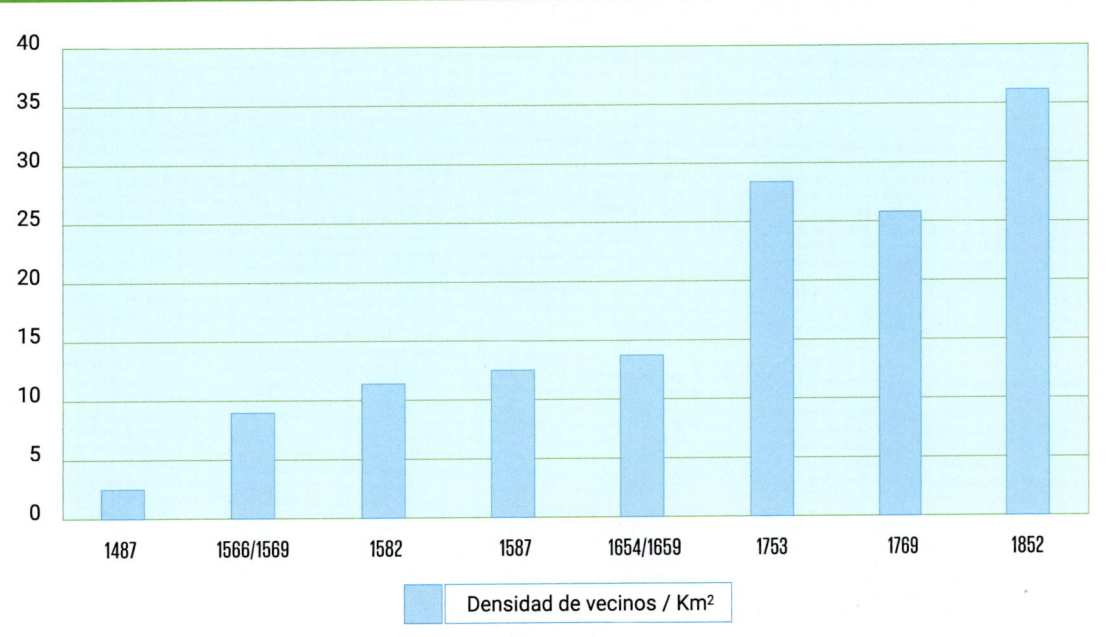

GRÁFICO I.3 • EVOLUCIÓN DENSIDAD DE POBLACIÓN

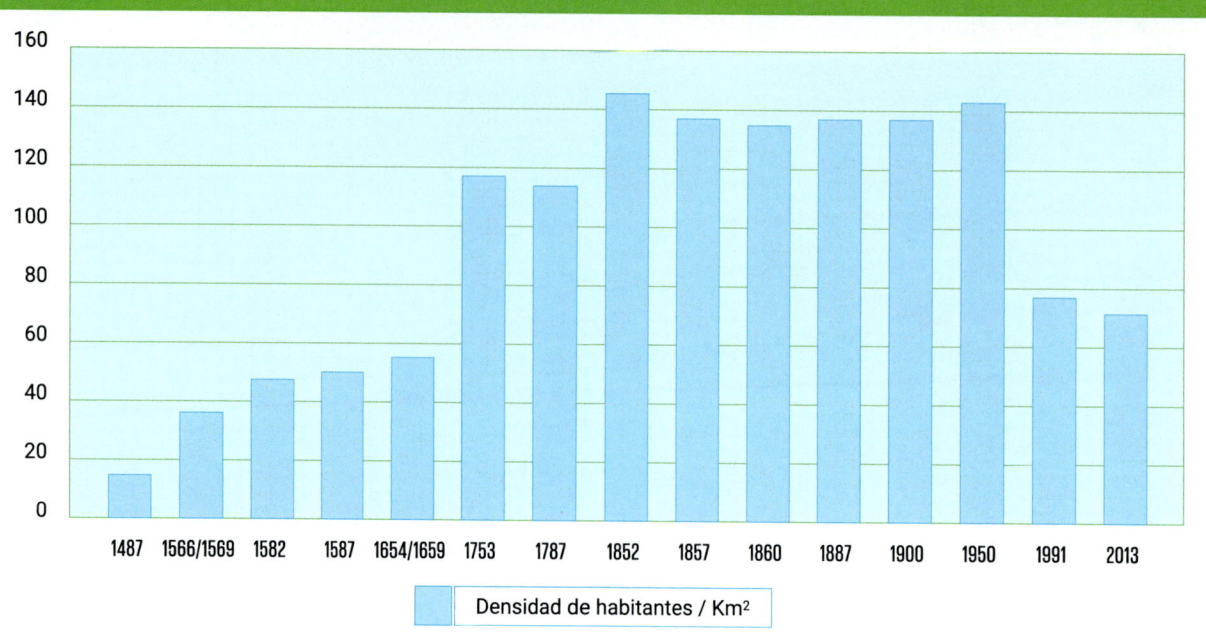

Densidad de habitantes / Km²

GRÁFICO I.4 • EVOLUCIÓN INDICES MEDIOS PONDERADOS EN LAS PARROQUIAS DE LA MUESTRA

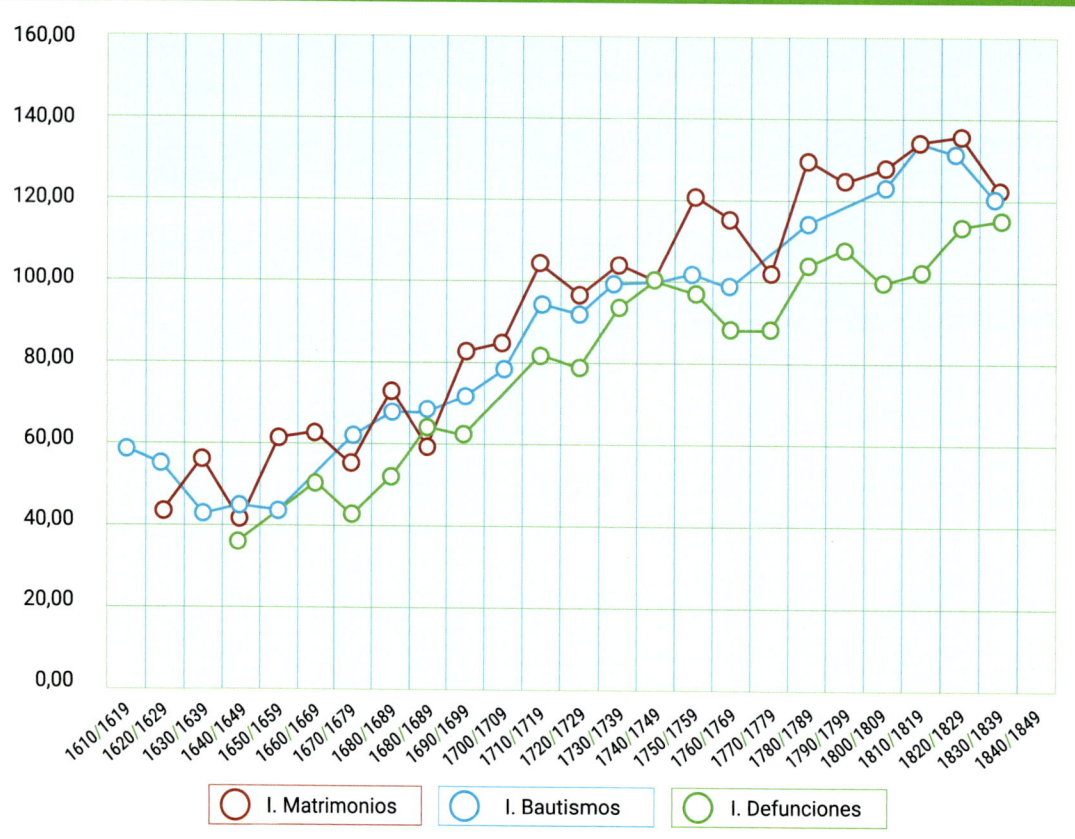

I. Matrimonios · I. Bautismos · I. Defunciones

GRÁFICO I.5 • MEDIAS MÓVILES BAUTIZADOS, DEFUNCIONES Y MATRIMONIOS EN LA COMARCA DE CELANOVA (5, 1, 4)

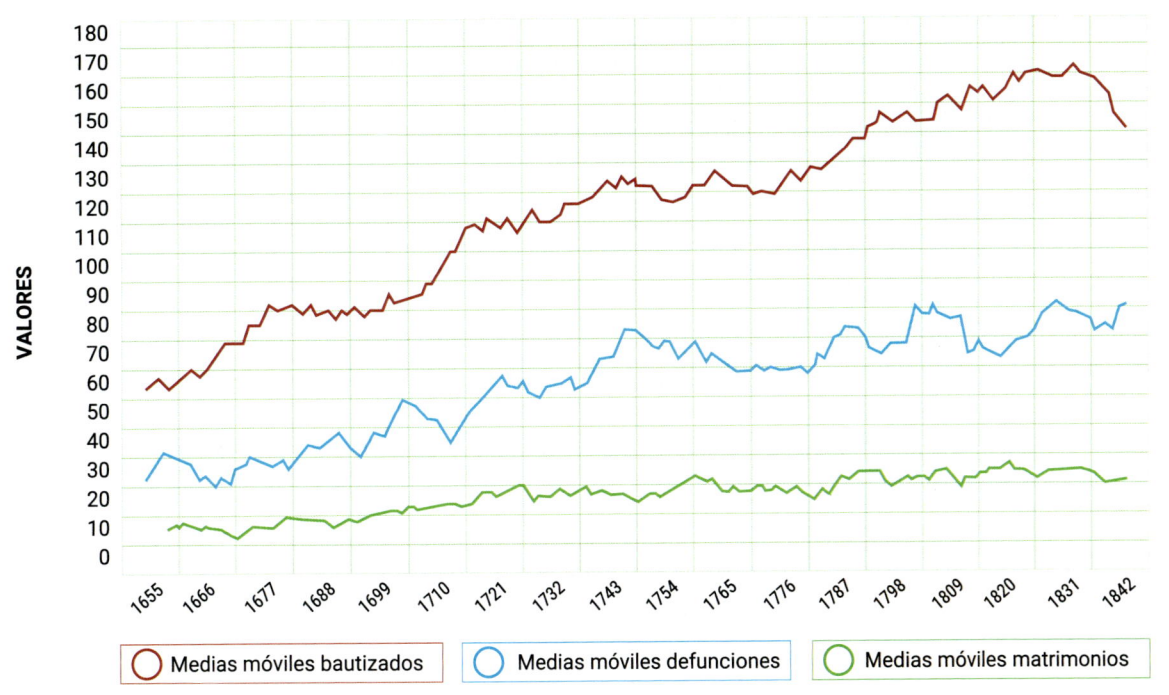

Medias móviles bautizados
Medias móviles defunciones
Medias móviles matrimonios

GRÁFICO II.1 • MOVIMIENTO ESTACIONAL DE MATRIMONIOS (S. XVII-XIX)

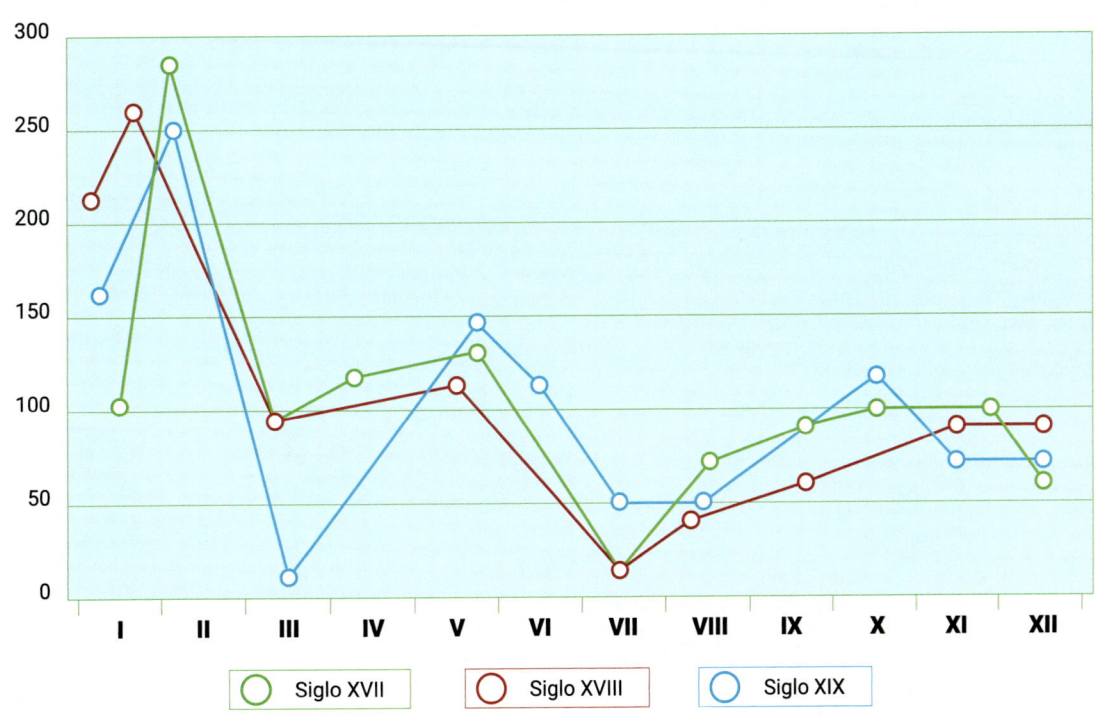

Siglo XVII
Siglo XVIII
Siglo XIX

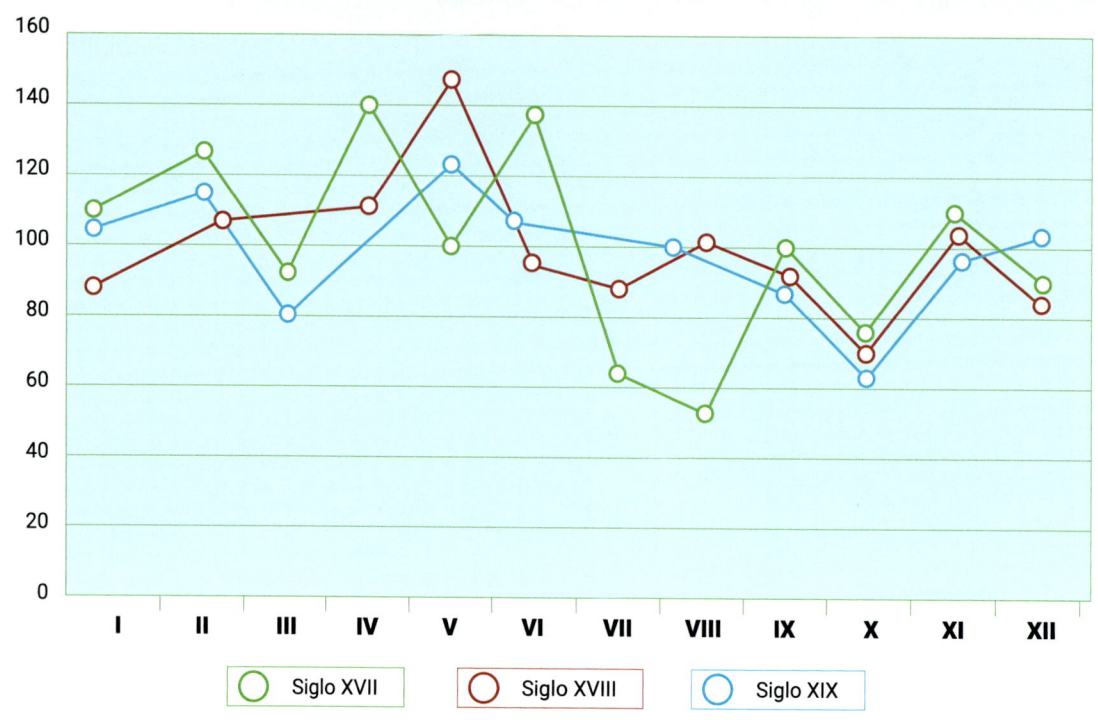

GRÁFICO II.2 • MOVIMIENTO ESTACIONAL DE LAS CONCEPCIONES (S. XVII-XIX)

○ Siglo XVII   ○ Siglo XVIII   ○ Siglo XIX

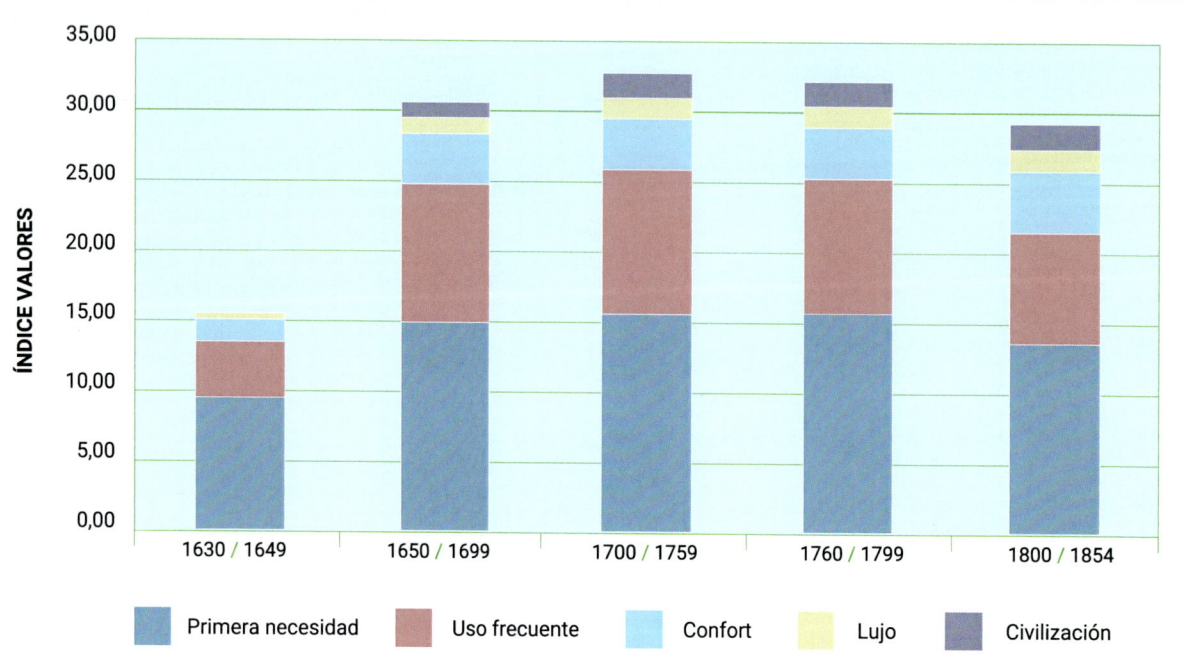

**GRÁFICO IV.1 • EVOLUCIÓN DEL ÍNDICE MEDIO DEL NIVEL DE VIDA
EN LA COMARCA DE CELANOVA (S. XVII-XIX)**

ÍNDICE VALORES

1630 / 1649   1650 / 1699   1700 / 1759   1760 / 1799   1800 / 1854

■ Primera necesidad   ■ Uso frecuente   ■ Confort   ■ Lujo   ■ Civilización

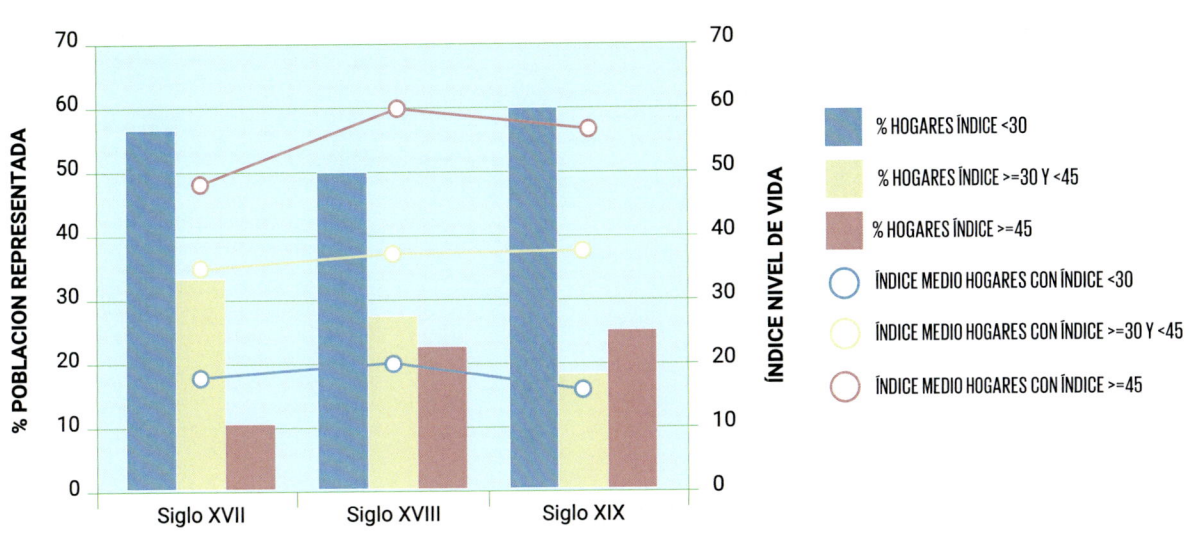

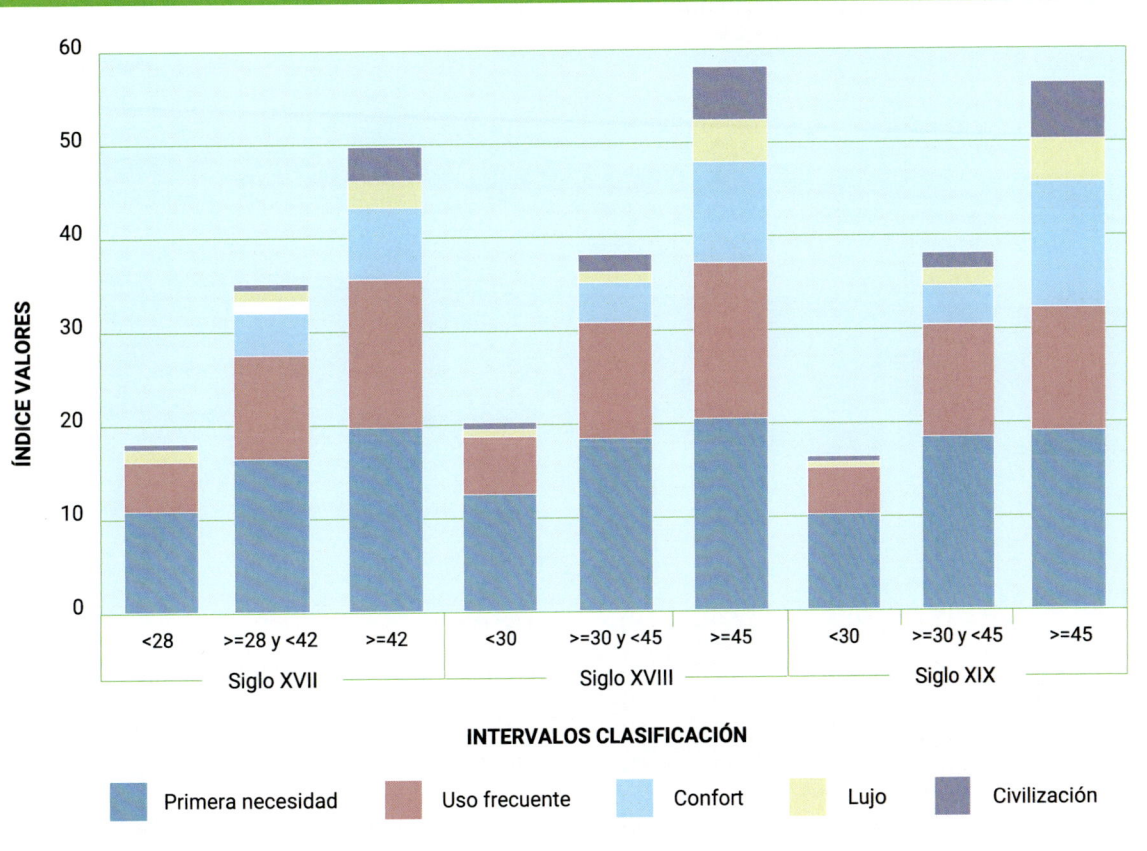

RECONSTRUCCIÓN GENEALÓGICA VI.1
Genealogía de Domingo Suárez e Isabel Nogueiras

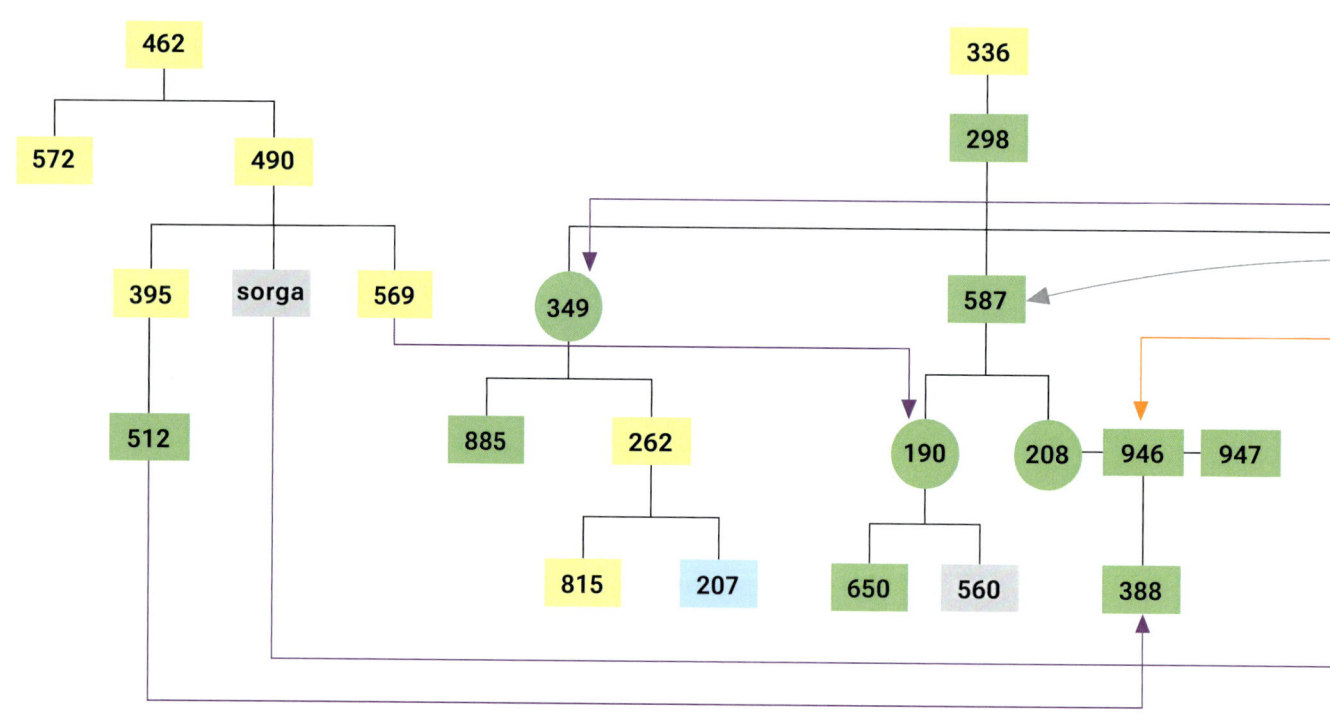

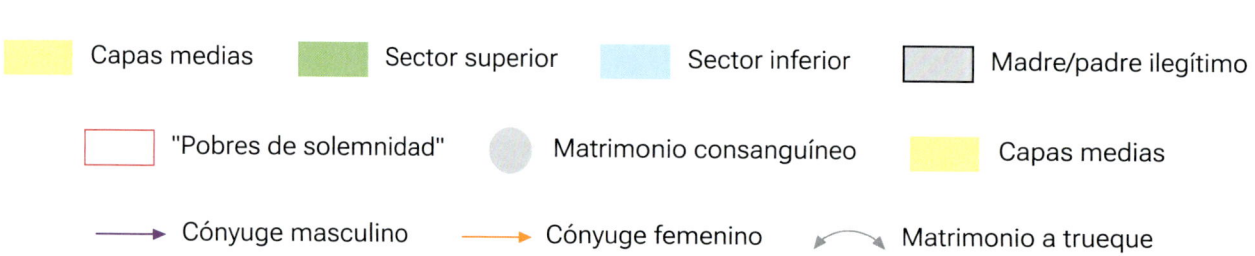

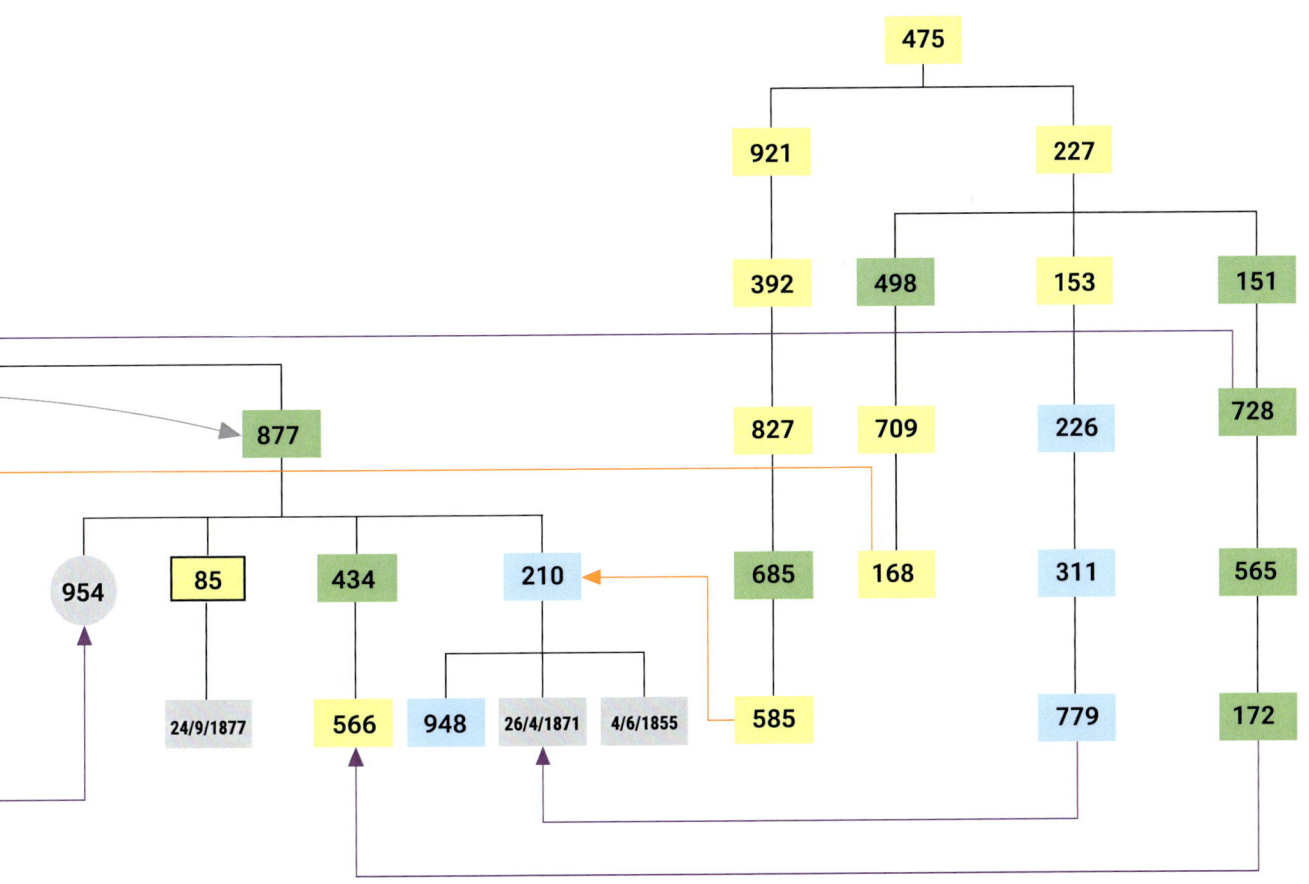

RECONSTRUCCIÓN GENEALÓGICA VI.2

Genealogía de Francisco Rodríguez y Juana Rodríguez

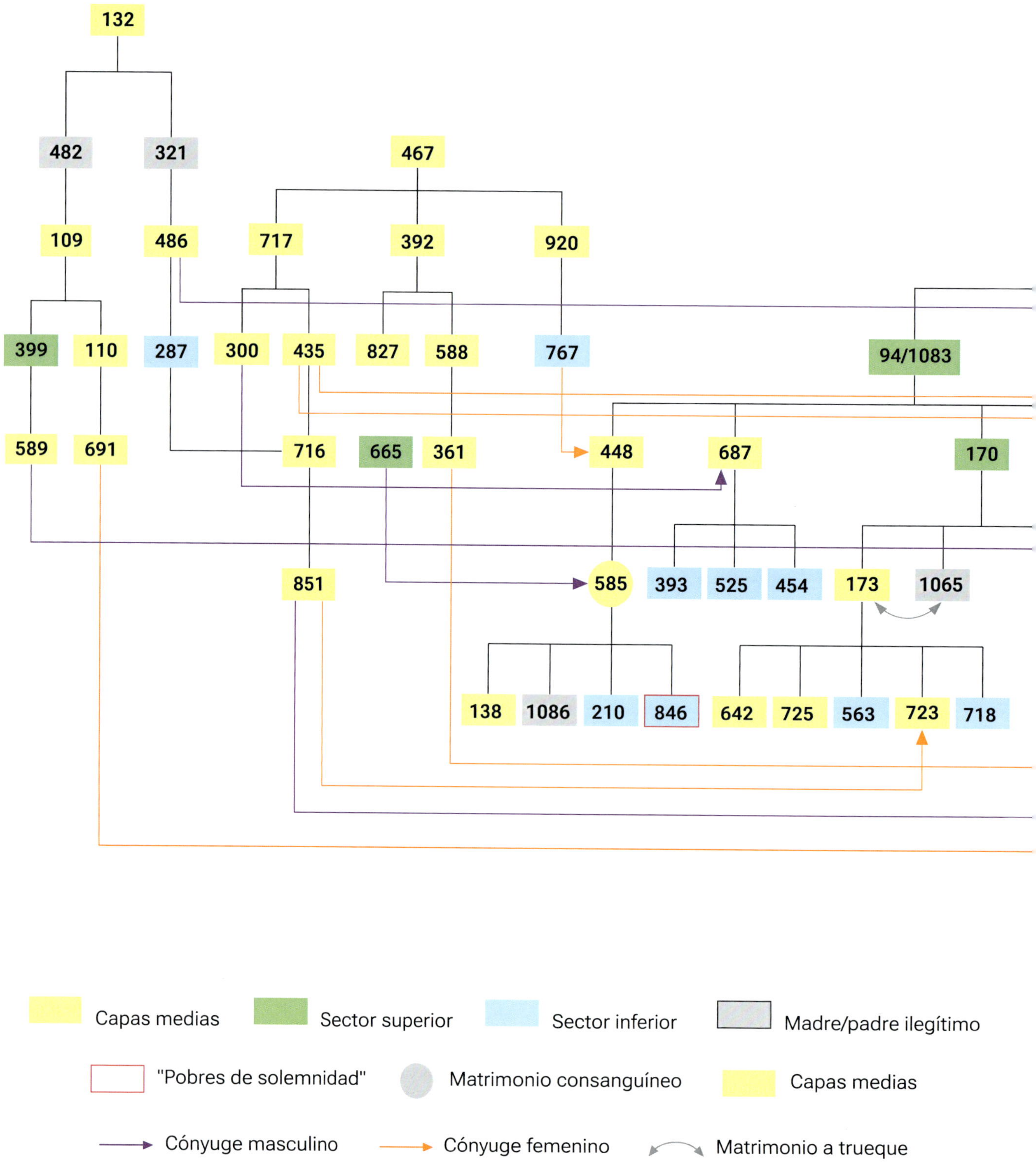

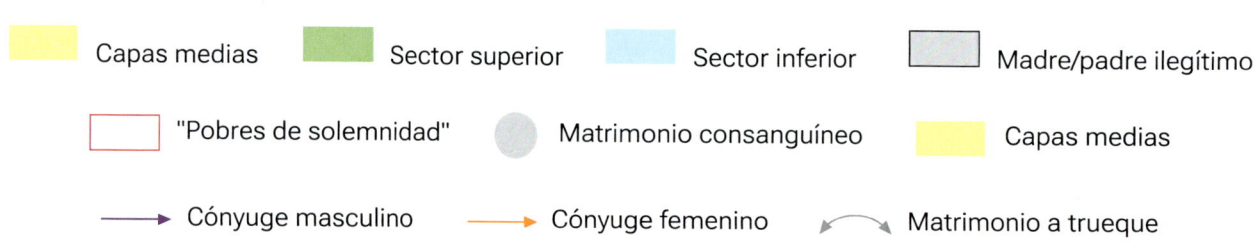

132
482
321
467
109
486
717
392
920
399
110
287
300
435
827
588
767
94/1083
589
691
716
665
361
448
687
170
851
585
393
525
454
173
1065
138
1086
210
846
642
725
563
723
718
Capas medias
Sector superior
Sector inferior
Madre/padre ilegítimo
"Pobres de solemnidad"
Matrimonio consanguíneo
Capas medias
Cónyuge masculino
Cónyuge femenino
Matrimonio a trueque

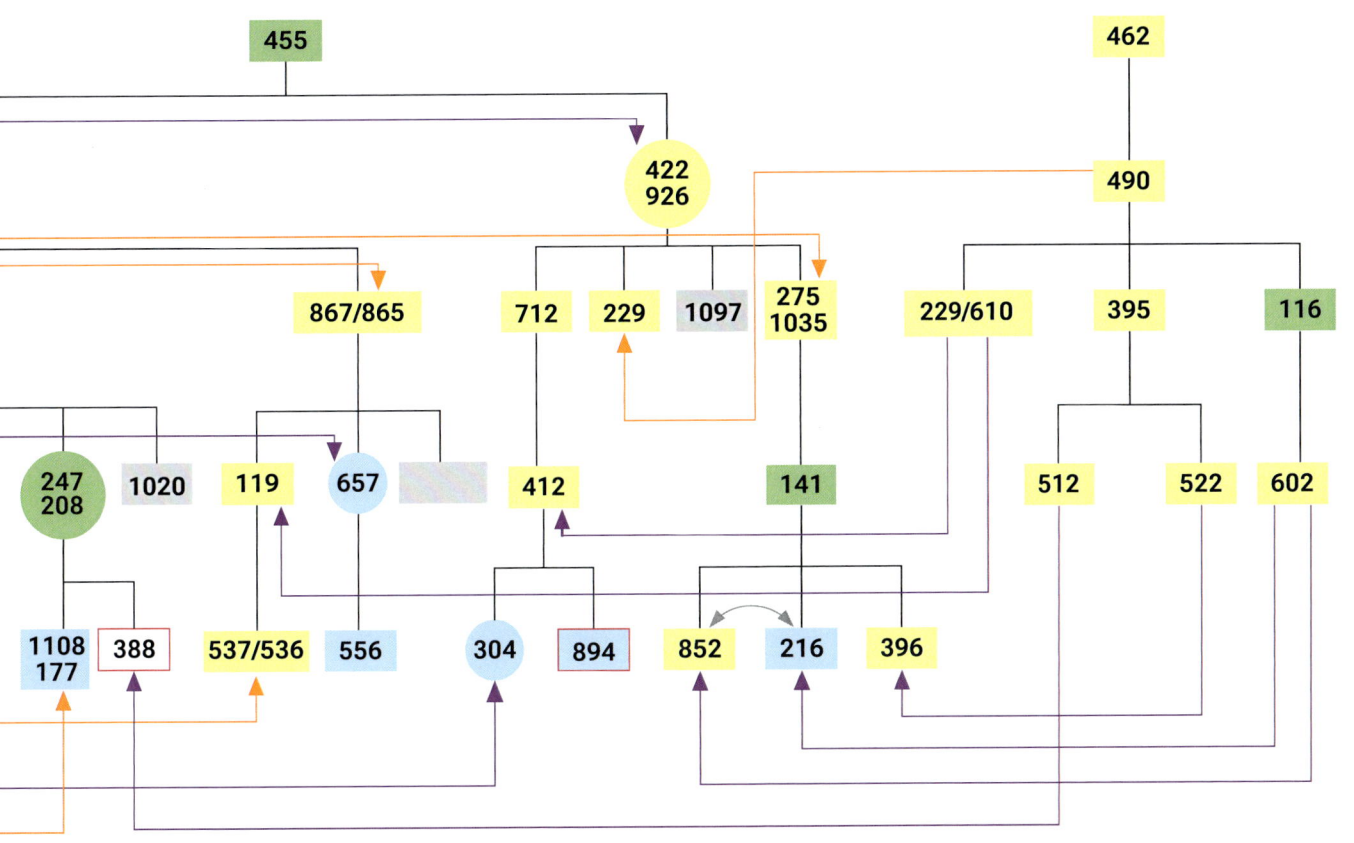

RECONSTRUCCIÓN GENEALÓGICA VI.3

Genealogía de Francisco Suárez y Francisca Vidal

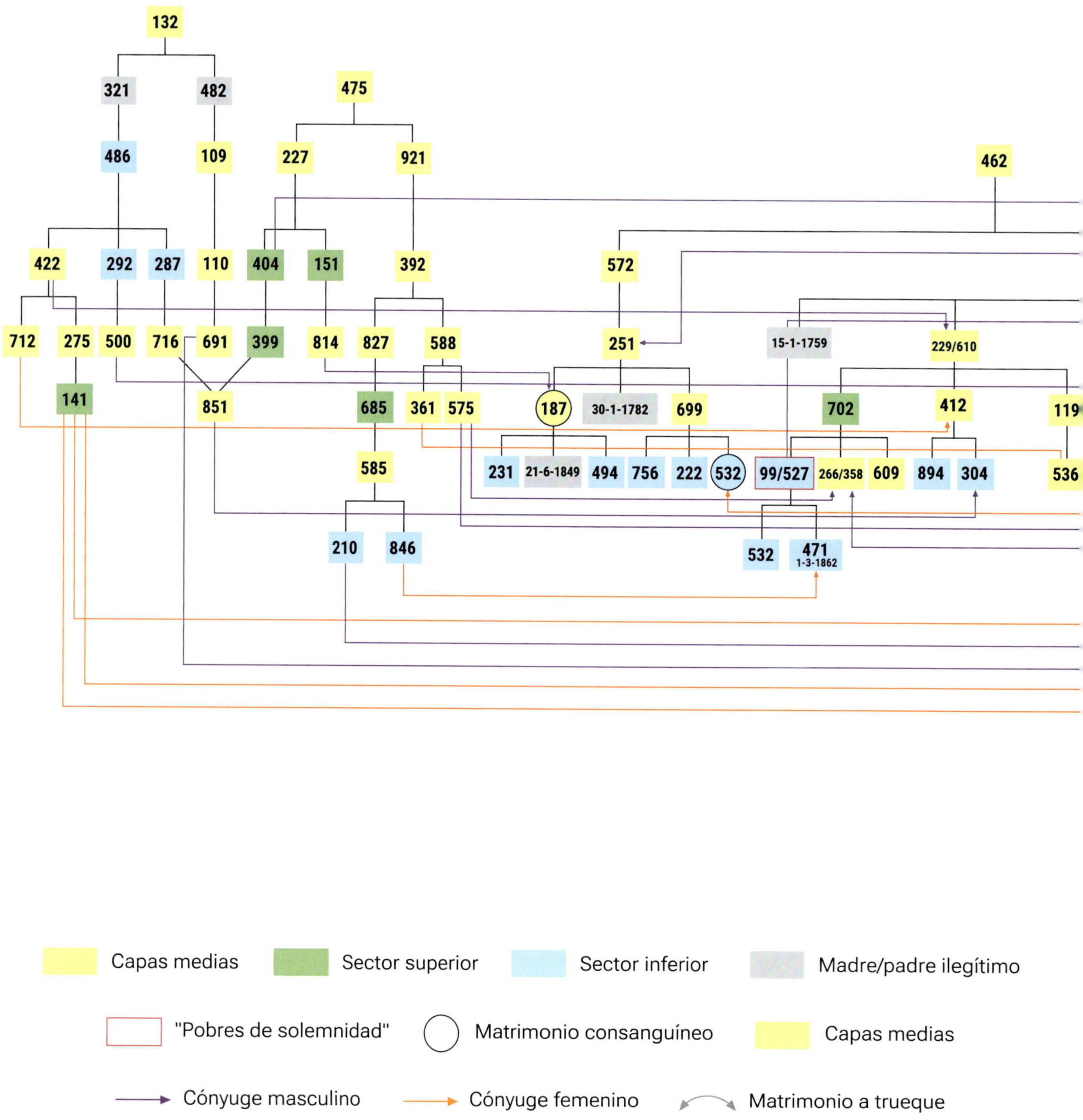

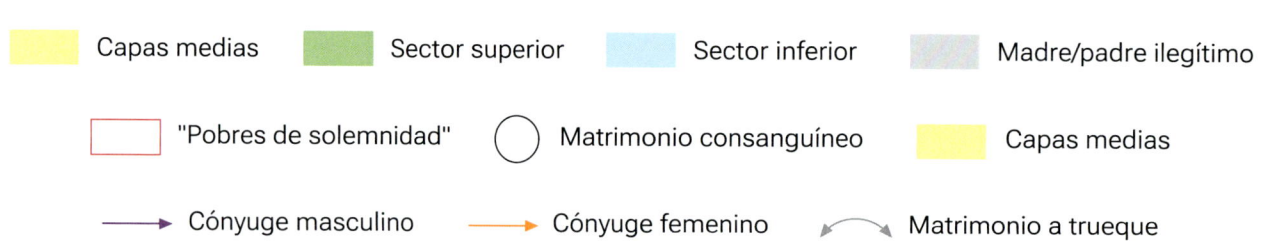

132
321
482
475
486
109
227
921
462
422
292
287
110
404
151
392
572
712
275
500
716
691
399
814
827
588
251
15-1-1759
229/610
141
851
685
361
575
187
30-1-1782
699
702
412
119
585
231
21-6-1849
494
756
222
532
99/527
266/358
609
894
304
536
210
846
532
471
1-3-1862
Capas medias
Sector superior
Sector inferior
Madre/padre ilegítimo
"Pobres de solemnidad"
Matrimonio consanguíneo
Capas medias
Cónyuge masculino
Cónyuge femenino
Matrimonio a trueque

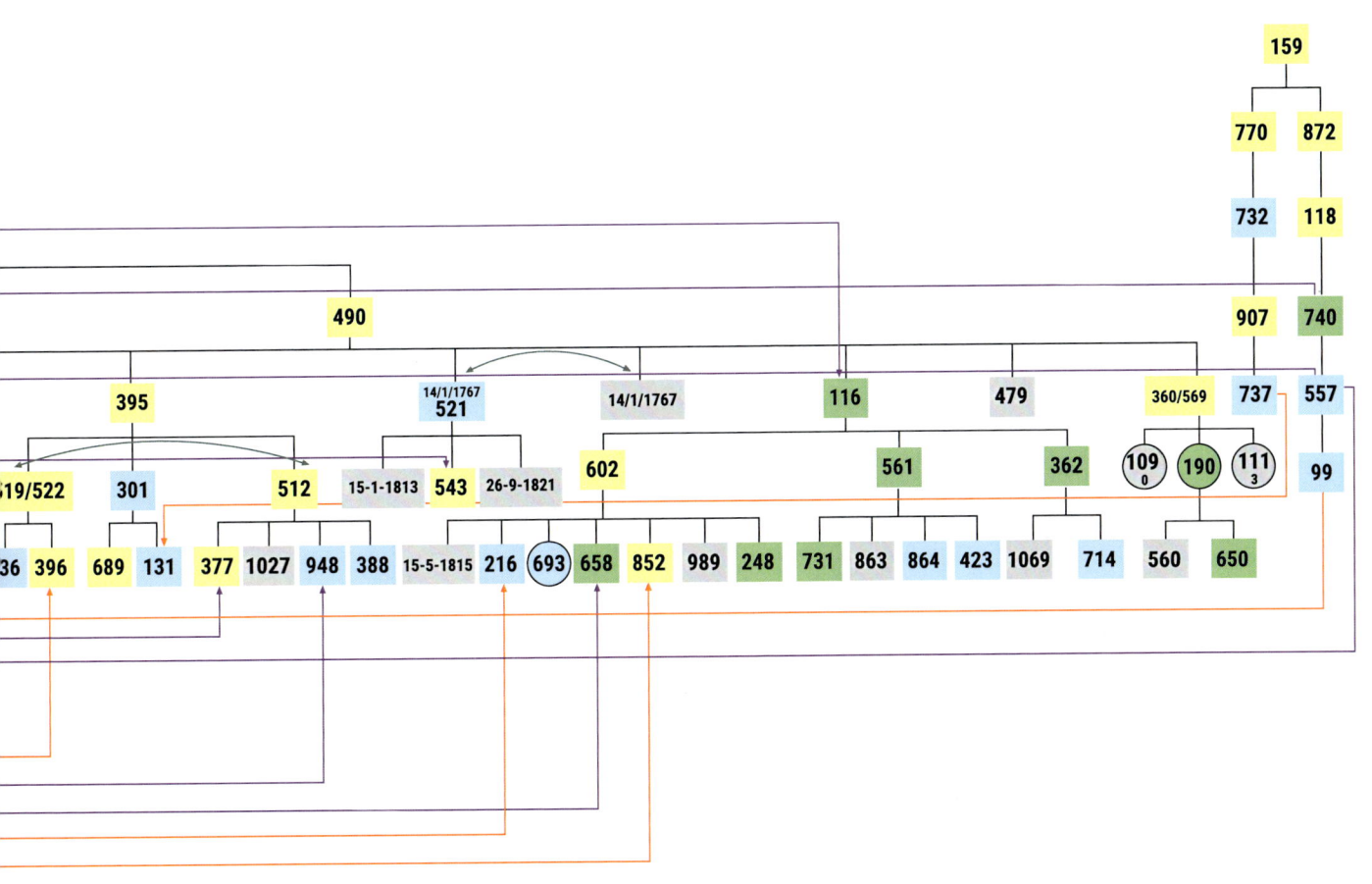

RECONSTRUCCIÓN GENEALÓGICA VI.4

Genealogía de Bartolomé Calvino y María Méndez

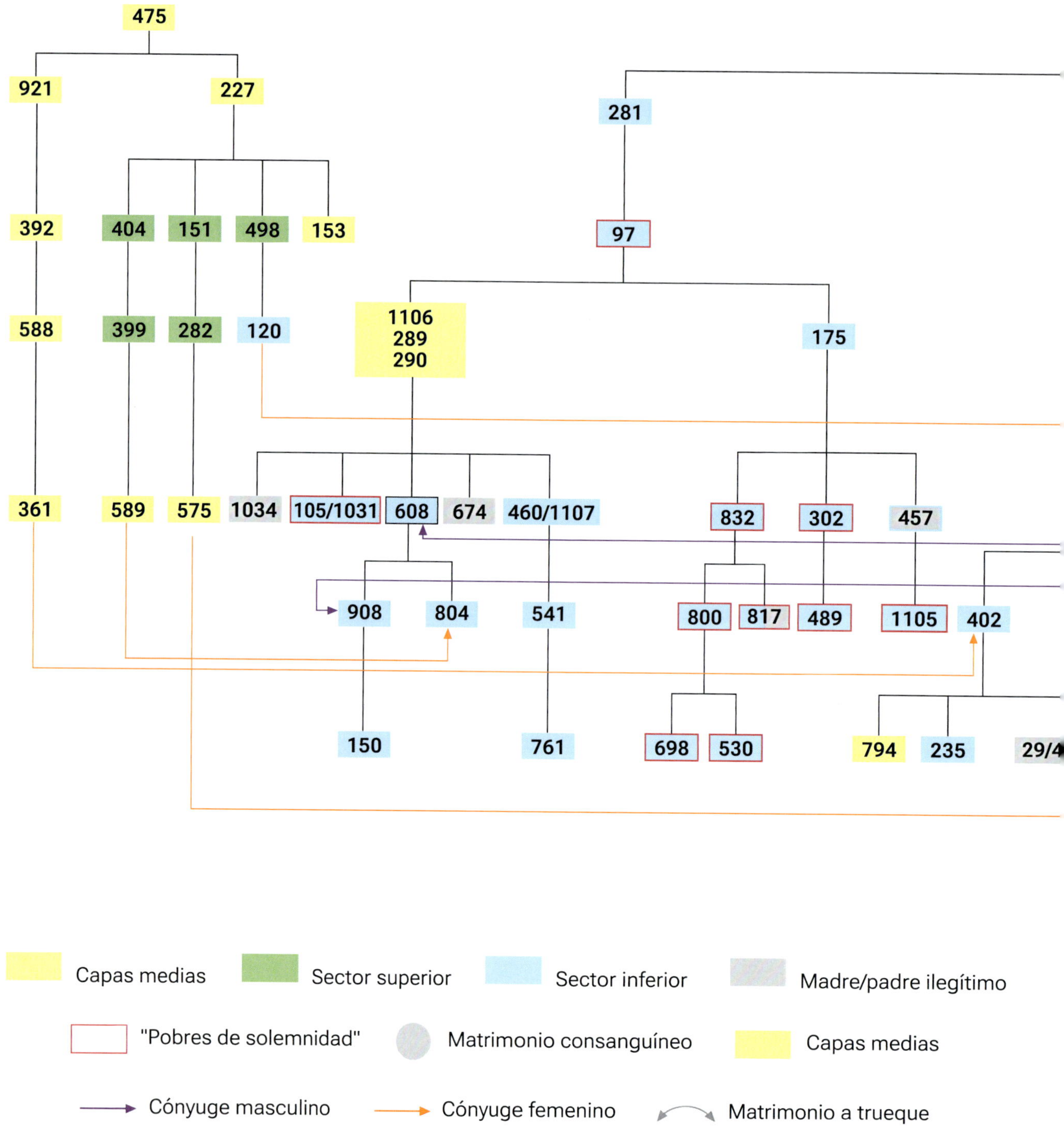

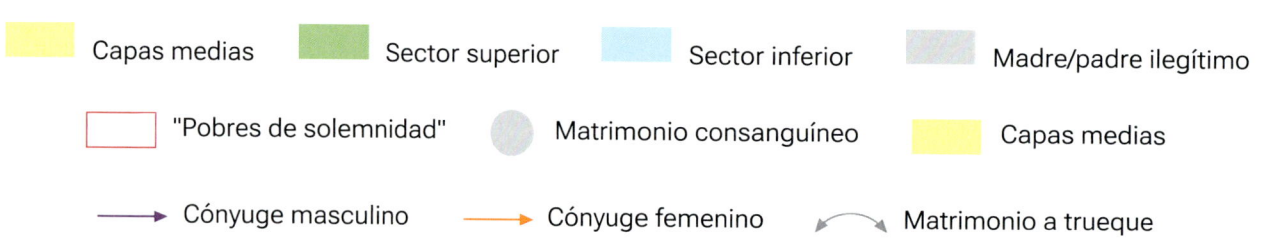

475
921
227
281
392
404
151
498
153
97
588
399
282
120
1106
289
290
175
361
589
575
1034
105/1031
608
674
460/1107
832
302
457
908
804
541
800
817
489
1105
402
150
761
698
530
794
235
29/4
Capas medias
Sector superior
Sector inferior
Madre/padre ilegítimo
"Pobres de solemnidad"
Matrimonio consanguíneo
Capas medias
Cónyuge masculino
Cónyuge femenino
Matrimonio a trueque

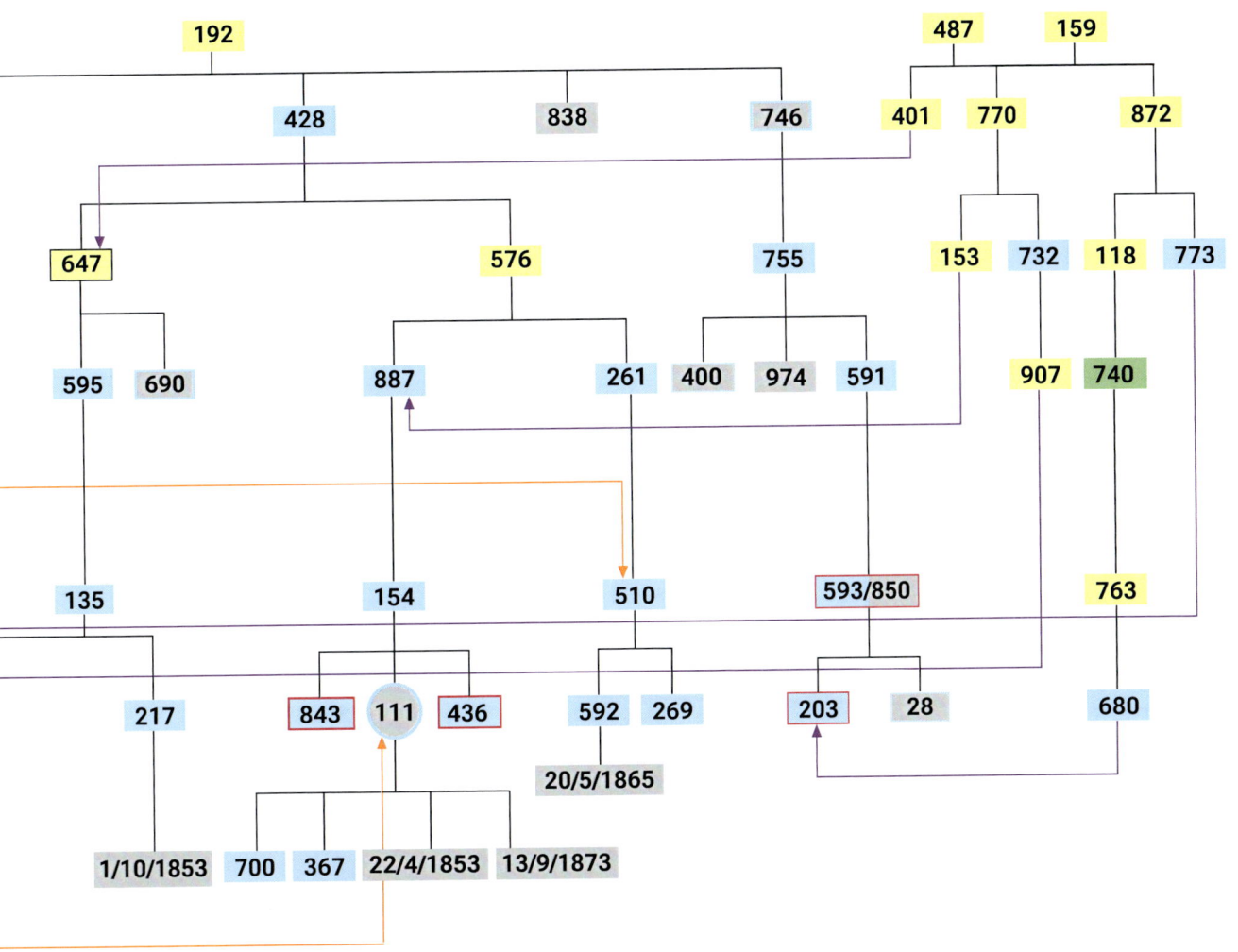

Celanova, plaza Mayor

APÉNDICE
ESTADÍSTICO

TABLA I.1 • RELACIÓN DE MASCULINIDAD EN BAUTIZADOS			
DECENIOS	**NIÑOS BAUTIZADOS**	**NIÑAS BAUTIZADAS**	**RELACIÓN DE MASCULINIDAD**
1570/79	8	18	44,44
1580/89	7	10	70,00
1590/99	11	16	68,75
1600/09	26	38	68,42
1610/19	57	61	93,44
1620/29	109	94	115,96
1630/39	93	71	130,99
1640/49	136	106	128,30
1650/59	212	207	102,42
1660/69	334	312	107,05
1670/79	458	380	120,53
1680/89	536	485	110,52
1690/99	502	492	102,03
1700/09	541	508	106,50
1710/19	586	569	102,99
1720/29	731	710	102,96
1730/39	681	690	98,70
1740/49	812	709	114,53
1750/59	797	744	107,12
1760/69	784	759	103,29
1770/79	739	742	99,60
1780/89	847	777	109,01
1790/99	856	874	97,94
1800/09	928	866	107,16
1810/19	958	900	106,44
1820/29	1042	954	109,22
1830/39	1007	981	102,65
1840/49	870	915	95,08
MEDIA	**14668**	**13988**	**104,86**

TABLA I.2 • EVOLUCIÓN DE LA POBLACIÓN EN EL SIGLO XVI A PARTIR DE LOS RECUENTOS (EN VECINOS)

PARROQUIAS	Ext.	V. 1487	V. 1566-69	C. 1571	V. 1582	EX. 1582	EX. 1583	C. OBISP.
BERREDO, S. Miguel	2,6	8	16	15	20			24
BERREDO, Sta. Eulalia	12,7		80	70	90	83	124	70
PODENTES	3,4	8,5	20	18	20			25
SORGA	3,9	12	20	17				50
SOUTOMEL	3,8	12	20	18	22	31		25
VEIGA, S. Munio	2,5	11						30
CASARDEITA	4,9	14	20	17		48		30
ESCUDEIROS	3,5	6	16	14	20			30
FREÁS DE EIRAS	8,8	20	100	50	60			100
MOSTEIRO	1,2		7	7	7	7		7
PAIZÁS	6,5	20		80		100		200
PENOSIÑOS, S. Andrés	1,8	9	16	13	40			30
PENOSIÑOS, S. Salvador	7,5	12	60	50	70			60
RUBIÁS	6,2	12	20	18	20	36		25
VILAMEÁ	3,2	12	40	35	60	48		50
AMOROCE	3,8	7	15	13	20	28	36	20
ANSEMIL	2,5	12	20	16	15	23	41	25
BARXA	3,8	14	22	18	20	42		30
BOBADELA	2,4	10	20	16	25	48		30
CAÑÓN	3,9	5	12	10	10	26	41	30
CASTROMAO	1,8	15	34	18		32		17
CELANOVA	2,5	20	150	130	60	143	208	160
FECHAS	1,9	8	12	10	12	14		12
FREIXO	3,2	16	40	35		31		40
MOURILLÓS	2,5	10	16	14	20	26	42	30
ORGA	2		15	13	18	31		23
RABAL	5,2		39			51		
VEIGA, S. Paio	2,5		15	13	30	40	32	30
VILANOVA	3,2	11	80	70				120
VIVEIRO	2,4	11	14	10				17
TOTAL VECINOS	116,1	295,5	939	808	659	888	524	1340
DENSIDAD VEC/Km2		3,19	8,77	7,45	7,99	11,61	17,23	12,08
Extensión abarcada, Km2		92,5	107,1	108,4	82,5	76,5	30,4	110,9
N. PARROQUIAS		25	28	28	21	20	7	29

PARROQUIAS	V. 1487	V.1566-69	DIF. VEC.	% CREC.
BERREDO, S. Miguel	8	16	8	100
PODENTES	8,5	20	11,5	135,29
SORGA	12	20	8	66,67
SOUTOMEL	12	20	8	66,67
CASARDEITA	14	20	6	42,86
ESCUDEIROS	6	16	10	166,67
FREÁS DE EIRAS	20	100	80	400,00
PENOSIÑOS, S. Andrés.	9	16	7	77,78
PENOSIÑOS, S. Salvador	12	60	48	400,00
RUBIÁS	12	20	8	66,67
VILAMEÁ	12	40	28	233,33
AMOROCE	7	15	8	114,29
ANSEMIL	12	20	8	66,67
BARXA	14	22	8	57,14
BOBADELA	10	20	10	100,00
CAÑÓN	5	12	7	140,00
CASTROMAO	15	34	19	126,67
CELANOVA	20	150	130	650,00
FECHAS	8	12	4	50,00
FREIXO	16	40	24	150,00
MOURILLÓS	10	16	6	60,00
VILANOVA	11	80	69	627,27
VIVEIRO	11	14	3	27,27
TOTAL	264,5	783	518,5	196,03

TABLAS I.3 • TASAS DE CRECIMIENTO PORCENTUAL EN VECINOS

PARROQUIAS	V. 1566–69	EX. 1582	DIF. VEC.	% CREC.
TABLAS I.3 • TASAS DE CRECIMIENTO PORCENTUAL EN VECINOS				
BERREDO, Sta. Eulalia	80	83	3	3,75
SOUTOMEL	20	31	11	55,00
CASARDEITA	20	48	28	140,00
MOSTEIRO	7	7	0	0,00
RUBIÁS	20	36	16	80,00
VILAMEÁ	40	48	8	20,00
AMOROCE	15	28	13	86,67
ANSEMIL	20	23	3	15,00
BARXA	22	42	20	90,91
BOBADELA	20	48	28	140,00
CAÑÓN	12	26	14	116,67
CASTROMAO	34	32	–2	–5,88
CELANOVA	150	143	–7	–4,67
FECHAS	12	14	2	16,67
FREIXO	40	31	–9	–22,50
MOURILLÓS	16	26	10	62,50
ORGA	15	31	16	106,67
RABAL	39	51	12	30,77
VEIGA, S. Paio	15	40	25	166,67
TOTAL	**597**	**788**	**191**	**31,99**

TABLAS I.3 • TASAS DE CRECIMIENTO PORCENTUAL EN VECINOS			
PARROQUIAS	1566-69	C. 1587	DIF. VEC.	% CREC.
BERREDO, S. Miguel	16	24	8	50,00
BERREDO, Sta. Eulalia	80	70	-10	-12,50
PODENTES	20	25	5	25,00
SORGA	20	50	30	150,00
SOUTOMEL	20	25	5	25,00
CASARDEITA	20	30	10	50,00
ESCUDEIROS	16	30	14	87,50
FREÁS DE EIRAS	100	100	0	0,00
MOSTEIRO	7	7	0	0,00
PENOSIÑOS, S. Andrés	16	30	14	87,50
PENOSIÑOS, S. Salvador	60	60	0	0,00
RUBIÁS	20	25	5	25,00
VILAMEÁ	40	50	10	25,00
AMOROCE	15	20	5	33,33
ANSEMIL	20	25	5	25,00
BARXA	22	30	8	36,36
BOBADELA	20	30	10	50,00
CAÑÓN	12	30	18	150,00
CASTROMAO	34	17	-17	-50,00
CELANOVA	150	160	10	6,67
FECHAS	12	12	0	0,00
FREIXO	40	40	0	0,00
MOURILLÓS	16	30	14	87,50
ORGA	15	23	8	53,33
VEIGA, S. Paio	15	30	15	100,00
VILANOVA	80	120	40	50,00
VIVEIRO	14	17	3	21,43
TOTAL	900	1110	210	23,33

PARROQUIAS	V.1487	C. 1587	DIF. VEC.	% CREC.
TABLAS I.3 • TASAS DE CRECIMIENTO PORCENTUAL EN VECINOS				
BERREDO, S. Miguel	8	24	16	200,00
PODENTES	8,5	25	16,5	194,12
SORGA	12	50	38	316,67
SOUTOMEL	12	25	13	108,33
VEIGA, S. Munio	11	30	19	172,73
CASARDEITA	14	30	16	114,29
ESCUDEIROS	6	30	24	400,00
FREÁS DE EIRAS	20	100	80	400,00
PAIZÁS	20	200	180	900,00
PENOSIÑOS, S. Andrés	9	30	21	233,33
PENOSIÑOS, S. Salvador	12	60	48	400,00
RUBIÁS	12	25	13	108,33
VILAMEÁ	12	50	38	316,67
AMOROCE	7	20	13	185,71
ANSEMIL	12	25	13	108,33
BARXA	14	30	16	114,29
BOBADELA	10	30	20	200,00
CAÑÓN	5	30	25	500,00
CASTROMAO	15	17	2	13,33
CELANOVA	20	160	140	700,00
FECHAS	8	12	4	50,00
FREIXO	16	40	24	150,00
MOURILLÓS	10	30	20	200,00
VILANOVA	11	120	109	990,91
VIVEIRO	11	17	6	54,55
TOTAL	**295,5**	**1210**	**914,5**	**309,48**

PARROQUIAS	C. 1587	1654-59	DIF. VEC.	% CREC.
TABLAS I.3 • TASAS DE CRECIMIENTO PORCENTUAL EN VECINOS				
BERREDO, S. Miguel	24	30	6	25,00
BERREDO, Sta. Eulalia	70	150	80	114,29
PODENTES	25	20	-5	-20,00
SOUTOMEL	25	30	5	20,00
CASARDEITA	30	40	10	33,33
ESCUDEIROS	30	40	10	33,33
FREÁS DE EIRAS	100	100	0	0,00
MOSTEIRO	7	10	3	42,86
PAIZÁS	200	200	0	0,00
PENOSIÑOS, S. Andrés.	30	30	0	0,00
PENOSIÑOS, S. Salvador	60	50	-10	-16,67
RUBIÁS	25	30	5	20,00
VILAMEÁ	50	60	10	20,00
AMOROCE	20	36	16	80,00
ANSEMIL	25	30	5	20,00
BARXA	30	40	10	33,33
BOBADELA	30	40	10	33,33
CAÑÓN	30	30	0	0,00
CASTROMAO	17	40	23	135,29
CELANOVA	160	100	-60	-37,50
FECHAS	12	20	8	66,67
FREIXO	40	80	40	100,00
MOURILLÓS	30	30	0	0,00
ORGA	23	24	1	4,35
VEIGA, S. Paio	30	30	0	0,00
VILANOVA	120	120	0	0,00
VIVEIRO	17	14	-3	-17,65
TOTAL	**1260**	**1424**	**164**	**13,02**

TABLAS I.3 • **TASAS DE CRECIMIENTO PORCENTUAL EN VECINOS**				
PARROQUIAS	**V.1654–59**	**C. 1753**	**DIF. VEC.**	**% CREC.**
BERREDO, S. Miguel	30	45	15	50,00
BERREDO, Sta. Eulalia	150	238	88	58,67
PODENTES	20	55	35	175,00
SOUTOMEL	30	99	69	230,00
CASARDEITA	40	123	83	207,50
ESCUDEIROS	40	75	35	87,50
FREÁS DE EIRAS	100	131	31	31,00
MOSTEIRO	10	72	62	620,00
PAIZÁS	200	271	71	35,50
PENOSIÑOS, S. Andrés	30	97	67	223,33
PENOSIÑOS, S. Salvador	50	188	138	276,00
RUBIÁS	30	163	133	443,33
VILAMEÁ	60	196	136	226,67
AMOROCE	36	91	55	152,78
ANSEMIL	30	77	47	156,67
BARXA	40	102	62	155,00
BOBADELA	40	54	14	35,00
CAÑÓN	30	39	9	30,00
CASTROMAO	40	48	8	20,00
CELANOVA	100	222	122	122,00
FECHAS	20	58	38	190,00
FREIXO	80	79	–1	–1,25
MOURILLÓS	30	79	49	163,33
ORGA	24	62	38	158,33
RABAL	30	74	44	146,67
VEIGA, S. Paio	30	55	25	83,33
VILANOVA	120	157	37	30,83
VIVEIRO	14	63	49	350,00
TOTAL	**1454**	**3013**	**1559**	**107,22**

TABLAS I.3 • **TASAS DE CRECIMIENTO PORCENTUAL EN VECINOS**				
PARROQUIAS	**EX. 1583**	**C.1753**	**DIF. VEC.**	**% CREC.**
BERREDO, Sta. Eulalia	124	238	114	91,94
AMOROCE	36	91	55	152,78
ANSEMIL	41	77	36	87,80
CAÑÓN	41	39	–2	–4,88
CELANOVA	208	222	14	6,73
MOURILLÓS	42	79	37	88,10
VEIGA, S. Paio	32	55	23	71,88
TOTAL	**524**	**801**	**277**	**52,86**

TABLAS I.3 • **TASAS DE CRECIMIENTO PORCENTUAL EN VECINOS**				
PARROQUIAS	**C.1753**	**1769**	**DIF. V.**	**% CREC.**
BERREDO, S. Miguel	45	51	6	13,33
BERREDO, Sta. Eulalia	238	249	11	4,62
PODENTES	55	79	24	43,64
SOUTOMEL	99	117	18	18,18
CASARDEITA	123	73	–50	–40,65
FREÁS DE EIRAS	131	145	14	10,69
MOSTEIRO	72	66	–6	–8,33
PENOSIÑOS, S. Andrés	97	75	–22	–22,68
PENOSIÑOS, S. Salvador	188	205	17	9,04
RUBIÁS	163	150	–13	–7,98
AMOROCE	91	75	–16	–17,58
ANSEMIL	77	73	–4	–5,19
BARXA	102	99	–3	–2,94
BOBADELA	54	45	–9	–16,67
CAÑÓN	39	41	2	5,13

TABLAS I.3 • TASAS DE CRECIMIENTO PORCENTUAL EN VECINOS				
PARROQUIAS	**C.1753**	**1769**	**DIF. V.**	**% CREC.**
CASTROMAO	48	72	24	50,00
CELANOVA	222	250	28	12,61
FECHAS	58	51	−7	−12,07
FREIXO	79	62	−17	−21,52
MOURILLÓS	79	90	11	13,92
ORGA	62	60	−2	−3,23
RABAL	74	68	−6	−8,11
VEIGA, S. Paio	55	51	−4	−7,27
VILANOVA	157	140	−17	−10,83
VIVEIRO	63	71	8	12,70
TOTAL	**2471**	**2458**	**−13**	**−0,53**

TABLAS I.3 • TASAS DE CRECIMIENTO PORCENTUAL EN VECINOS				
PARROQUIAS	**C.1753**	**1790**	**DIF. VEC.**	**% CREC.**
PODENTES	55	49	−6	−10,91
SOUTOMEL	99	108	9	9,09
MOSTEIRO	72	65	−7	−9,72
PAIZÁS	271	221	−50	−18,45
PENOSIÑOS, S. Andrés	97	90	−7	−7,22
RUBIÁS	163	184	21	12,88
FREIXO	79	82	3	3,80
MOURILLÓS	79	43	−36	−45,57
ORGA	62	55	−7	−11,29
RABAL	74	77	3	4,05
VEIGA, S. Paio	55	42	−13	−23,64
VILANOVA	157	172	15	9,55
TOTAL	**1263**	**1188**	**−75**	**−5,94**

TABLAS I.3 • TASAS DE CRECIMIENTO PORCENTUAL EN VECINOS				
PARROQUIAS	C.1753	V. 1852	DIF. VEC.	% CREC.
BERREDO, S. Miguel	45	80	35	77,78
BERREDO, Sta. Eulalia	238	332	94	39,50
PODENTES	55	116	61	110,91
VEIGA, S. Munio	142	203	61	42,96
CASARDEITA	123	126	3	2,44
ESCUDEIROS	75	72	–3	–4,00
FREÁS DE EIRAS	131	193	62	47,33
MOSTEIRO	72	71	–1	–1,39
PAIZÁS	271	320	49	18,08
PENOSIÑOS, S. Andrés	97	100	3	3,09
PENOSIÑOS, S. Salvador	188	212	24	12,77
RUBIÁS	163	154	–9	–5,52
VILAMEÁ	196	202	6	3,06
AMOROCE	91	98	7	7,69
ANSEMIL	77	82	5	6,49
BARXA	102	147	45	44,12
BOBADELA	54	38	–16	–29,63
CAÑÓN	39	62	23	58,97
CASTROMAO	48	90	42	87,50
CELANOVA	222	396	174	78,38
FECHAS	58	69	11	18,97
FREIXO	79	107	28	35,44
MOURILLÓS	79	114	35	44,30
ORGA	62	103	41	66,13
RABAL	74	108	34	45,95
VEIGA, S. Paio	55	82	27	49,09
VILANOVA	157	233	76	48,41
TOTAL	2993	3910	917	30,64

TABLA I.4 • DENSIDAD DE POBLACIÓN A PARTIR DEL PADRÓN DE 2013			
PARROQUIAS	HAB. 2013	EXTENSIÓN (Km²)	Hab./Km²
BERREDO, San Miguel	108	2,6	41,54
BERREDO, Santa Eulalia	346	12,7	27,24
PODENTES	205	3,4	60,29
SORGA	132	3,9	33,85
SOUTOMEL	138	3,8	36,32
VEIGA, San Munio	300	2,5	120,00
AMOROCE	142	3,8	37,37
ANSEMIL	108	2,5	43,20
BARXA	188	3,8	49,47
BOBADELA	45	2,4	18,75
CAÑÓN	107	3,9	27,44
CASTROMAO	176	1,8	97,78
CELANOVA	3449	2,5	1379,60
FECHAS	93	1,9	48,95
FREIXO	119	3,2	37,19
MOURILLÓS	171	2,5	68,40
ORGA	59	2	29,50
RABAL	93	5,2	17,88
VEIGA, San Paio	89	2,5	35,60
VILANOVA	260	3,2	81,25
VIVEIRO	150	2,4	62,50
CASARDEITA	112	4,9	22,86
ESCUDEIROS	58	3,5	16,57
FREÁS DE EIRAS	230	8,8	26,14
MOSTEIRO	99	1,2	82,50
PAIZÁS	263	6,5	40,46
PENOSIÑOS, San Andrés	336	1,8	186,67
PENOSIÑOS, San Salvador	262	7,5	34,93
RUBIÁS	105	6,2	16,94
VILAMEÁ DE RAMIRÁS	152	3,2	47,50
TOTAL	8095	116,1	69,72

AÑOS	BOBAD. I. DEC.	RUBIÁS I. DEC.	VILAN. I. DEC.	SORGA I. DEC.	SOUTOM. I. DEC.	VEIGA I. DEC.	MOUR. I. DEC.	CELAN. I. DEC.	PODENT. I. DEC.	BERRD. I. DEC.	MOST. I. DEC.	I. MEDIO
1570-79	57,14											57,14
1580-89	42,86											42,86
1590-99	48,21											48,21
1600-09	87,50											87,50
1610-19	82,14	50,91										58,73
1620-29	73,21	55,15	50,50									54,56
1630-39	67,86	32,12	31,50	67,39								42,80
1640-49	62,50	26,67	20,00	101,09		47,42						44,48
1650-59	67,86	37,58	25,50	103,26	23,46	43,81	20,49	50,15				43,90
1660-69	64,29	29,70	34,00	85,87	39,51	31,96	32,79	80,73	60,20			52,83
1670-79	44,64	31,52	42,00	67,39	66,67	48,97	58,20	85,63	76,53	68,57		61,63
1680-89	66,07	79,39	78,50	51,09	59,88	58,25	56,56	73,09	73,47	90,00		69,22
1690-99	112,50	63,64	91,50	40,22	62,96	65,98	57,38	64,53	64,29	58,57		67,38
1700-09	105,36	75,15	73,50	52,17	67,28	71,65	69,67	78,90	48,98	85,71		71,93
1710-19	100,00	101,82	65,00	98,91	72,22	61,86	54,92	88,99	56,12	92,86		78,17
1720-29	101,79	110,30	105,00	121,74	77,78	63,92	99,18	84,71	113,27	81,43	129,09	94,61
1730-39	94,64	103,64	92,00	122,83	67,28	97,94	86,07	83,49	74,49	94,29	145,45	92,19
1740-49	89,29	96,97	94,50	107,61	86,42	107,73	76,23	109,79	105,10	90,00	101,82	99,50
1750-59	100,00	100,00	100,00	100,00	100,00	100,00	100,00	100,00	100,00	100,00	100,00	100,00
1760-69	91,07	86,67	93,50	132,61	95,68	110,31	98,36	100,31	112,24	98,57	89,09	101,32
1770-79	108,93	67,27	104,00	175,00	104,94	91,24	81,15	93,88	94,90	88,57	63,64	98,40
1780-89	130,36	80,61	116,50	146,74	107,41	103,61	69,67	107,34	113,27	107,14	96,36	107,18
1790-99	103,57	75,76	112,50	152,17	121,60	106,70	84,43	127,52	115,31	130,00	98,18	114,32
1800-09	83,93	83,03	142,00	138,04	95,06	118,04	109,02	128,13	137,76	130,00	74,55	119,21
1810-19	55,36	92,12	165,50	157,61	106,79	109,28	81,97	124,16	158,16	145,71	81,82	123,95
1820-29	58,93	87,27	170,00	181,52	104,94	101,03	104,92	150,76	158,16	118,57	158,18	133,89
1830-39	94,64	101,82	166,00	147,83	82,72	101,55	109,02	162,39	152,04	142,86	109,09	133,13
1840-49	69,64	93,94	155,50	133,70	70,99	96,39	73,77	151,99	155,10	115,71	63,64	120,10

TABLAS I.5 • ÍNDICE MEDIO PONDERADO DE BAUTIZADOS EN TODAS LAS PARROQUIAS DE LA MUESTRA

TABLAS I.5 • ÍNDICE MEDIO PONDERADO DE MATRIMONIOS EN TODAS LAS PARROQUIAS DE LA MUESTRA SALVO BOBADELA

	RUBIÁS	VILAN.	SORGA	SOUTOM.	VEIGA	MOUR.	CELANOVA	PODENTES	BERREDO	MOST.	
AÑOS	I. DEC.	I. DEC.	I. DEC.	I. DEC.	I. DEC.	I. DEC.	I. DEC.	I. DEC.	I. DEC.	I. DEC.	I. MEDIO
1610-19	32,43										32,43
1620-29	32,43	52,78									43,87
1630-39	45,95	63,89									56,03
1640-49	18,92	41,67	48,28	58,33							41,41
1650-59	29,73	69,44	86,21	54,17	68,57		61,29				61,04
1660-69	32,43	47,22	72,41	41,67	62,86	51,85	95,16				62,35
1670-79	24,32	50,00	51,72	45,83	42,86	29,63	91,94				54,76
1680-89	45,95	108,33	37,93	83,33	77,14	66,67	64,52				71,01
1690-99	64,86	83,33	37,93	50,00	74,29	29,63	59,68				60,04
1700-09	64,86	91,67	34,48	104,17	102,86	103,70	75,81				82,90
1710-19	78,38	102,78	96,55	141,67	77,14	70,37	66,13	56,67	88,89		85,06
1720-29	94,59	119,44	58,62	137,50	120,00	122,22	90,32	60,00	116,67	135,71	103,48
1730-39	113,51	88,89	75,86	141,67	102,86	81,48	93,55	80,00	61,11	121,43	96,54
1740-49	94,59	108,33	72,41	179,17	68,57	96,30	114,52	60,00	122,22	107,14	104,20
1750-59	100,00	100,00	100,00	100,00	100,00	100,00	100,00	100,00	100,00	100,00	100,00
1760-69	121,62	136,11	65,52	179,17	114,29	96,30	133,87	100,00	77,78	121,43	120,39
1770-79	83,78	94,44	93,10	208,33	125,71	74,07	109,68	116,67	127,78	121,43	115,18
1780-89	70,27	116,67	96,55	133,33	100,00	85,19	109,68	93,33	94,44	92,86	102,04
1790-99	108,11	102,78	113,79	141,67	117,14	129,63	166,13	103,33	161,11	107,14	129,30
1800-09	78,38	155,56	96,55	170,83	120,00	103,70	122,58	106,67	188,89	71,43	124,36
1810-19	102,70	138,89	120,69	200,00	114,29	92,59	119,35	113,33	166,67	100,00	127,66
1820-29	105,41	166,67	124,14	133,33	114,29	129,63	145,16	143,33	133,33	100,00	133,84
1830-39	127,03	169,44	106,90	112,50	131,43	107,41	148,39	143,33	172,22	85,71	135,73
1840-49	67,57	175,00	86,21	129,17	102,86	70,37	158,06	120,00	116,67	107,14	122,09

	BOBAD.	RUBIÁS	VILAN.	SORGA	SOUTOM.	VEIGA	MOUR.	CELAN.	PODENT.	BERRD.	MOST.	
AÑOS	I. DEC.	I. DEC.	I. DEC.	I. DEC.	I. DEC.	I. DEC.	I. DEC.	I. DEC.	I. DEC.	I. DEC.	I. DEC.	I. MEDIO
1600–09	56,76											56,76
1610–19	43,24											43,24
1620–29	86,49											86,49
1630–39	70,27											70,27
1640–49	64,86	33,66	24,49	49,35	31,11							36,14
1650–59	75,68	26,73	38,78	71,43	40,00	37,25						43,53
1660–69	64,86	32,67	38,78	70,13	47,78	40,20	39,39	67,79				50,69
1670–79	62,16	33,66	46,94	32,47	48,89	50,00	48,48	37,98				42,99
1680–89	94,59	41,58	55,10	40,26	63,33	55,88	59,09	43,27				51,92
1690–99	102,70	63,37	98,98	38,96	50,00	74,51	46,97	52,88				64,17
1700–09	89,19	55,45	74,49	76,62	64,44	53,92	53,03	54,81				62,14
1710–19	124,32	80,20	77,55	79,22	74,44	70,59	80,30	50,96	68,33			71,97
1720–29	102,70	90,10	86,73	88,31	68,89	61,76	86,36	79,33	96,67			81,78
1730–39	81,08	102,97	84,69	76,62	58,89	85,29	77,27	74,52	55,00	95,24	68,75	78,82
1740–49	75,68	95,05	104,08	81,82	60,00	94,12	122,73	88,94	140,00	78,57	72,92	93,18
1750–59	100,00	100,00	100,00	100,00	100,00	100,00	100,00	100,00	100,00	100,00	100,00	100,00
1760–69	110,81	130,69	114,29	84,42	83,33	95,10	84,85	82,69	121,67	76,19	85,42	97,21
1770–79	113,51	86,14	98,98	123,38	82,22	93,14	60,61	84,13	90,00	64,29	47,92	87,90
1780–89	97,30	100,99	103,06	90,91	92,22	94,12	69,70	70,19	73,33	128,57	66,67	87,97
1790–99	91,89	102,97	96,94	84,42	112,22	131,37	106,06	100,48	105,00	100,00	91,67	103,86
1800–09	70,27	86,14	121,43	71,43	140,00	129,41	107,58	104,33	120,00	104,76	102,08	107,98
1810–19	72,97	98,02	117,35	115,58	74,44	125,49	92,42	91,83	95,00	102,38	75,00	99,70
1820–29	110,81	73,27	139,80	115,58	85,56	118,63	84,85	98,08	95,00	97,62	85,42	102,30
1830–39	72,97	93,07	164,29	125,97	81,11	132,35	115,15	100,96	130,00	123,81	68,75	113,90
1840–49	75,68	102,97	133,67	116,88	94,44	142,16	103,03	115,87	126,67	130,95	66,67	115,27

TABLA I.5 • ÍNDICE MEDIO PONDERADO DE DEFUNCIONES EN TODAS LAS PARROQUIAS DE LA MUESTRA

TABLA I.6 • INDICADORES DEMOGRÁFICOS A PARTIR DE LOS CENSOS DE 1787 Y 1860		
INDICADORES DEMOGRÁFICOS	**CENSO 1787**	**CENSO 1860**
POB. +50/POB. –15	0,41	0,46
POB. 0–15 %	361	314,75
POB. 16–50 %	490,78	540,5
POB. + 50 %	148,23	144,75
POB. 0–7 %	186,99	116,9*
POB. 0–7/pob. +50	1,26	0,81*
POB. 0–7/MUJERES CASADDAS	1,13	0,73*
POB. 0–7/MUJ. CASADAS 16–40	2,23	–
POB. 0–15/MUJERES CASADAS	2,17	1,96
TASA BRUTA NATALIDAD %	33,0	30,1 (1852)
POB. 0–7/POB. 8–15	1,07	0,59*
POB. 41–50/POB. +50	0,81	0,78
POB. –25/POB. +25	1,11	0,98
TASA BRUTA MORTALIDAD AD. %	16,5	16,23 (1852)
MUJERES/HOMBRES 16–25	1,08	1,32
MUJERES/HOMBRES 26–40	1,17	1,16
HOMBRES 16/40 %	174,4	192,05
MUJERES 16/40 %	196,41	234,86
SOLTERAS %	306,56	321,07
CASADAS %	166,17	160,6
VIUDAS %	45,01	51,15
SOLTERAS/SOLTEROS	1,05	1,15
RELACION MASCULINIDAD	1,07	1,14
TASA BRUTA NUPCIALIDAD %	6,4	6,30 (1852)
CELIBATO MUJERES +50	13,75	–
EDAD MEDIA MATRIMONIO HOMBRES	26,77	–
EDAD MEDIA MATRIMONIO MUJERES	25,79	–
HOMBRES +25/Nº HOGARES	–	0,92
MUJERES +25/Nº HOGARES	–	1,08
TAMAÑO FAMILIA	**–**	**3,95**

TABLAS II.1 • CONTROL BAUTIZADOS A PARTIR LISTA DE CONFIRMADOS DE 1675 Y ANTERIORES, MATRIMONIOS Y DEFUNCIONES. NACIMIENTOS DESDE 1655

TIPOLOGÍA FAMILIAS	N° FAM.	BAT. HASTA CONFIRMACIÓN	CONF.	CONF. NO BAT.	REC. MATR.	REC. DEF.	REC. DOBLE FUENTE	TOTAL RECUP.
F. ESTABLES CON HIJOS	30	80	41	4	4	0	2	8
F. INESTABLES CON HIJOS	22	48	42	19	3	0	8	22
MADRES SOLTERAS CON HIJOS	12	12	1	0	0	0	0	0
TOTAL	64	140	84	23	7	0	10	30

TABLAS II.1 • CONTROL BAUTIZADOS A PARTIR LISTA DE CONFIRMADOS DE 1695, MATRIMONIOS Y DEFUNCIONES. NACIMIENTOS DESDE 1675

TIPOLOGÍA FAMILIAS	N° FAM.	BAT. HASTA CONFIRMACIÓN	CONF.	CONF. NO BAT.	REC. MATR.	REC. DEF.	REC. DOBLE FUENTE	TOTAL RECUP.
F. ESTABLES CON HIJOS	59	194	63	4	5	0	0	9
F. INESTABLES CON HIJOS	18	31	3	0	0	0	0	0
MADRES SOLTERAS CON HIJOS	13	13	2	0	0	0	0	0
TOTAL	90	238	68	4	5	0	0	9

TABLAS II.1 • CONTROL BAUTIZADOS A PARTIR LISTA DE CONFIRMADOS DE 1765, MATRIMONIOS Y DEFUNCIONES. NACIM. DESDE 1745

TIPOLOGÍA FAMILIAS	N° FAM.	BAT. HASTA CONFIRMACIÓN	CONF.	CONF. NO BAT.	REC. MATR.	REC. DEF.	REC. DOBLE FUENTE	TOTAL RECUP.
F. ESTABLES CON HIJOS	112	374	149	2	4	0	1	6
F. INESTABLES CON HIJOS	7	14	1	1	0	0	0	1
MADRES SOLTERAS CON HIJOS	6	8	0	0	0	0	0	0
TOTAL	125	396	150	3	4	0	1	7

TABLAS II.1 • CONTROL BAUTIZADOS A PARTIR LISTA DE CONFIRMADOS DE 1799, MATRIMONIOS Y DEFUNCIONES. NACIM. DESDE 1775

TIPOLOGÍA FAMILIAS	N° FAM.	BAT. HASTA CONFIRMACIÓN	CONF.	CONF. NO BAT.	REC. MATR.	REC. DEF.	REC. DOBLE FUENTE	TOTAL RECUP.
F. ESTABLES CON HIJOS	127	453	264	5	0	0	2	5
F. INESTABLES CON HIJOS	9	14	4	0	1	0	0	1
MADRES SOLTERAS CON HIJOS	14	15	10	0	0	0	0	0
TOTAL	150	482	278	5	1	0	2	6

TABLAS II.1 • CONTROL BAUTIZADOS A PARTIR LISTA DE CONFIRMADOS DE 1824, MATRIMONIOS Y DEFUNCIONES. NACIMIENTOS DESDE 1800

TIPOLOGÍA FAMILIAS	N° FAM.	BAT. HASTA CONFIRMACIÓN	CONF.	CONF. NO BAT.	REC. MATR.	REC. DEF.	REC. DOBLE FUENTE	TOTAL RECUP.
F. ESTABLES CON HIJOS	133	495	247	6	1	1	4	8
F. INESTABLES CON HIJOS	15	25	16	9	3	1	2	13
MADRES SOLTERAS CON HIJOS	18	25	12	0	0	0	0	0
TOTAL	166	545	275	15	4	2	6	21

TABLAS II.1 • CONTROL BAUTIZADOS A PARTIR DE LISTA DE CONFIRMADOS DE 1848, MATRIMONIOS Y DEFUNCIONES. BAUTIZADOS DESDE 1825.

TIPOLOGÍA FAMILIAS	N° FAM.	BAT. HASTA CONFIRMACIÓN	CONF.	CONF. NO BAT.	REC. MATR.	REC. DEF.	REC. DOBLE FUENTE	TOTAL RECUP.
F. ESTABLES CON HIJOS	118*	399*	206*	5	1	1	2	7
F. INESTABLES CON HIJOS	9	15	5	1	1	1	1	3
MADRES SOLTERAS CON HIJOS	22	32	11	0	0	1	0	1
TOTAL	149	446	222	6	2	3	3	11

El numero de confirmados en todas tablas incluye tanto a los registrados en el bautismo como a los recuperados (conf. no baut.).

El asterisco en la ultima tabla se debe a la inclusion de familias estables cuya descendencia esta incompleta al termino de la recogida de actas bautismales en 1849 – son 24 de las 118-.

TABLAS II.2 • MOVIMIENTO ESTACIONAL MATRIMONIOS (1634–1889)

	I	II	III	IV	V	VI	VII	VIII	IX	X	XI	XII	TOTAL
CIFRAS BRUTAS	118	164	41	65	84	56	21	32	44	61	57	55	798
MEDIA DIARIA	3,81	5,81	1,32	2,17	2,71	1,87	0,68	1,03	1,47	1,97	1,90	1,77	26,50
M. DIARIA PROP.	172	263	60	98	123	85	31	47	66	89	86	80	1200

TABLAS II.2 • MOVIMIENTO ESTACIONAL MATRIMONIOS SIGLO XVII

	I	II	III	IV	V	VI	VII	VIII	IX	X	XI	XII	TOTAL
CIFRAS BRUTAS	12	30	10	13	15	8	2	7	10	12	11	8	138
MEDIA DIARIA	0,39	1,06	0,32	0,43	0,48	0,27	0,06	0,23	0,33	0,39	0,37	0,26	4,59
M. DIARIA PROP.	101	278	84	113	127	70	17	59	87	101	96	67	1200

TABLAS II.2 • MOVIMIENTO ESTACIONAL MATRIMONIOS SIGLO XVIII

	I	II	III	IV	V	VI	VII	VIII	IX	X	XI	XII	TOTAL
CIFRAS BRUTAS	66	73	27	30	33	21	7	14	16	21	27	27	362
MEDIA DIARIA	2,13	2,58	0,87	1,00	1,06	0,70	0,23	0,45	0,53	0,68	0,90	0,87	12,01
M. DIARIA PROP.	213	258	87	100	106	70	23	45	53	68	90	87	1200

TABLAS II.2 • MOVIMIENTO ESTACIONAL MATRIMONIOS ½ SIGLO XIX

	I	II	III	IV	V	VI	VII	VIII	IX	X	XI	XII	TOTAL
CIFRAS BRUTAS	31	38	2	13	24	23	7	9	9	16	12	17	201
MEDIA DIARIA	1,00	1,35	0,06	0,43	0,77	0,77	0,23	0,29	0,30	0,52	0,40	0,55	6,66
M. DIARIA PROP.	180	242	12	78	139	138	41	52	54	93	72	99	1200

TABLAS II.2 • MOVIMIENTO ESTACIONAL MATRIMONIOS SIGLO XIX

	I	II	III	IV	V	VI	VII	VIII	IX	X	XI	XII	TOTAL
CIFRAS BRUTAS	40	61	4	22	36	27	12	11	18	28	19	20	298
MEDIA DIARIA	1,29	2,16	0,13	0,73	1,16	0,90	0,39	0,35	0,60	0,90	0,63	0,65	9,90
M. DIARIA PROP.	156	262	16	89	141	109	47	43	73	109	77	78	1200

TABLA II.3

PROCEDENCIA DE LOS NOVIOS EN LA PARROQUIA DE VEIGA 1655–1700

	MUJERES							
	PARROQUIA		FORÁNEAS		ORIGEN DESCONOCIDO		TOTAL	
HOMBRES	N°	%	N°	%	N°	%	N°	%
PARROQUIA	41	39,81	7	6,80	0	0,00	48	46,60
FORÁNEOS	44	42,72	4	3,88	0	0,00	48	46,60
ORIGEN DESCONOCIDO	4	3,88	0	0,00	3	0,39	7	6,80
TOTAL	89	86,41	11	10,68	3	0,39	103	100,00

PROCEDENCIA DE LOS NOVIOS EN LA PARROQUIA DE VEIGA 1/2 S. XVIII

	MUJERES							
	PARROQUIA		FORÁNEAS		ORIGEN DESCONOCIDO		TOTAL	
HOMBRES	N°	%	N°	%	N°	%	N°	%
PARROQUIA	55	33,33	17	10,30	2	1,21	74	44,85
FORÁNEOS	79	47,88	8	4,85	0	0,00	87	52,73
ORIGEN DESCONOCIDO	3	1,82	0	0,00	1	0,61	4	2,42
TOTAL	137	83,03	25	15,15	3	1,82	165	100,00

PROCEDENCIA DE LOS NOVIOS EN LA PARROQUIA DE VEIGA 2/2 S. XVIII

	MUJERES							
	PARROQUIA		FORÁNEAS		ORIGEN DESCONOCIDO		TOTAL	
HOMBRES	N°	%	N°	%	N°	%	N°	%
PARROQUIA	97	49,24	32	16,24	0	0,00	129	65,48
FORÁNEOS	65	32,99	3	1,82	0	0,00	68	34,52
ORIGEN DESCONOCIDO	0	0,00	0	0,00	0	0,00	0	0,00
TOTAL	162	82,23	35	17,77	0	0,00	197	100,00

PROCEDENCIA DE LOS NOVIOS EN LA PARROQUIA DE VEIGA 1/2 S. XIX

	MUJERES							
	PARROQUIA		FORÁNEAS		ORIGEN DESCONOCIDO		TOTAL	
HOMBRES	N°	%	N°	%	N°	%	N°	%
PARROQUIA	88	43,78	18	8,96	0	0,00	106	52,74
FORÁNEOS	89	44,28	6	2,99	0	0,00	95	47,26
ORIGEN DESCONOCIDO	0	0,00	0	0,00	3	0,00	0	0,00
TOTAL	177	88,06	24	11,94	0	0,00	201	100,00

PROCEDENCIA DE LOS NOVIOS EN LA PARROQUIA DE VEIGA 2/2 S. XIX								
	MUJERES							
	PARROQUIA		FORÁNEAS		ORIGEN DESCONOCIDO		TOTAL	
HOMBRES	N°	%	N°	%	N°	%	N°	%
PARROQUIA	47	48,45	10	10,31	0	0,00	57	58,76
FORÁNEOS	38	39,18	2	2,06	0	0,00	40	41,24
ORIGEN DESCONOCIDO	0	0,00	0	0,00	3	0,00	0	0,00
TOTAL	85	87,63	12	12,37	0	0,00	97	100,00

TABLAS II. 4

PROCESOS DE RECOMPOSICIÓN MATRIMONIAL. PARROQUIA DE VEIGA (1655–1729)

	PAREJAS COMPLETAS	PAREJAS INCOMPLETAS	RESTO UNIONES (DESC.)	TOTAL
N° CASOS	41	35	65	141
DURACIÓN MATRIMONIAL (AÑOS)	32,01	11,91	25,30	23,92
SUPERVIVIENTES VIUDOS	21	23	38	82
VIUDOS CASAN 2° NUPCIAS	3	10	11	24
SUPERVIVIENTES VIUDAS	20	12	27	59
VIUDAS CASAN 2° NUPCIAS	0	9	1	10
TOTAL PAREJAS RECONSTRUIDAS	3	19	12	34

PROCESOS DE RECOMPOSICIÓN MATRIMONIAL. PARROQUIA DE VEIGA (1730–1769)

	PAREJAS COMPLETAS	PAREJAS INCOMPLETAS	RESTO UNIONES (DESC.)	TOTAL
N° CASOS	56	31	43	130
DURACIÓN MTR. (AÑOS)	31,16	10,52	25,85	24,48
SUPERVIVIENTES VIUDOS	21	16	16	53
VIUDOS CASAN 2° NUPCIAS	3	6	3	12
SUPERVIVIENTES VIUDAS	35	15	27	77
VIUDAS CASAN 2° NUPCIAS	0	6	2	8
TOTAL PAREJAS RECONSTRUIDAS	3	12	5	20

TABLAS II. 4				
PROCESOS DE RECOMPOSICIÓN MATRIMONIAL. PARROQUIA DE VEIGA (1770/1809)				
	PAREJAS COMPLETAS	**PAREJAS INCOMPLETAS**	**RESTO UNIONES (DESC.)**	**TOTAL**
N° CASOS	83	41	23	147
DURACIÓN MATRIMONIAL (AÑOS)	34,23	11,63	19,81	25,67
SUPERVIVIENTES VIUDOS	43	30	12	85
VIUDOS CASAN 2° NUP.	3	13	4	20
SUPERVIVIENTES VIUDAS	40	11	11	62
VIUDAS CASAN 2° NUP.	0	6	1	7
TOTAL PAREJAS RECONSTRUIDAS	3	19	5	27

PROCESOS DE RECOMPOSICION MATRIMONIAL. PARROQUIA DE VEIGA (1810–1850)				
	PAREJAS COMPLETAS	**PAREJAS INCOMPLETAS**	**RESTO UNIONES (DESC.)**	**TOTAL**
N° CASOS	71	33	12	116
DURACIÓN MATRIMONIAL (AÑOS)	30,13	9,03	16,41	22,71
SUPERVIVIENTES VIUDOS	31	18	3	52
VIUDOS CASAN 2° NUPCIAS	3	9	0	12
SUPERVIVIENTES VIUDAS	40	15	9	64
VIUDAS CASAN 2° NUPCIAS	0	3	1	4
TOTAL PAREJAS RECONSTRUIDAS	3	12	1	16

TABLAS II.5

POSIBILIDADES DE 2° NUPCIAS EN FUNCIÓN EDAD VIUDEZ CÓNYUGE SUPERVIVIENTE (1655–1729)

	VIUDAS	RECASADAS		VIUDOS	RECASADOS	
EDAD VIUDEZ	N° CASOS	N° CASOS	%	N° CASOS	N° CASOS	%
<30	2	2	100,00	2	1	0
30–39	3	3	100,00	7	4	85,71
40–49	8	4	50,00	10	4	25,00
50–59	6	0	0,00	10	3	0,00
60–69	12	0	0,00	5	0	0,00
70 O MAS	1	0	0,00	2	0	0,00
E. DESCONOCIDA	27	1	3,70	46	12	26,09
TOTAL	59	10	16,95	82	24	29,27
EDAD MEDIA VIUDEZ	52,06			49,69		

POSIBILIDADES DE 2° NUPCIAS EN FUNCIÓN EDAD VIUDEZ CÓNYUGE SUPERVIVIENTE (1730–1769)

	VIUDAS	RECASADAS		VIUDOS	RECASADOS	
EDAD VIUDEZ	N° CASOS	N° CASOS	%	N° CASOS	N° CASOS	%
<30	5	4	80,00	3	3	100,00
30–39	6	2	33,33	6	3	50,00
40–49	7	0	0,00	8	5	62,5
50–59	18	0	0,00	14	1	7,15
60–69	11	0	0,00	7	0	0,00
70 O MAS	3	0	0,00	5	0	0,00
E. DESCONOCIDA	27	2	7,41	10	0	0,00
TOTAL	77	8	10,39	53	12	22,64
EDAD MEDIA VIUDEZ	51,69			51,19		

TABLAS II.5							
POSIBILIDADES DE 2ª NUPCIAS EN FUNCIÓN EDAD VIUDEZ CÓNYUGE SUPERVIVIENTE (1770-1809)							
	VIUDAS	**RECASADAS**		**VIUDOS**	**RECASADOS**		
EDAD VIUDEZ	**Nº CASOS**	**Nº CASOS**	**%**	**Nº CASOS**	**Nº CASOS**	**%**	
<30	3	3	100,00	2	2	100,00	
30-39	4	2	50,00	10	4	40,00	
40-49	10	1	10,00	19	6	31,58	
50-59	13	0	0,00	15	2	13,33	
60-69	15	0	0,00	15	0	0,00	
70 O MAS	8	0	0,00	11	0	0,00	
EDAD DESCONOCIDA	9	1	11,11	13	6	46,15	
TOTAL	**62**	**7**	**11,29**	**85**	**20**	**23,53**	
EDAD MEDIA VIUDEZ	**54,34**			**54,59**			

POSIBILIDADES DE 2ª NUPCIAS EN FUNCIÓN EDAD VIUDEZ CÓNYUGE SUPERVIVIENTE (1810-1850)							
	VIUDAS	**RECASADAS**		**VIUDOS**	**RECASADOS**		
EDAD VIUDEZ	**Nº CASOS**	**Nº CASOS**	**%**	**Nº CASOS**	**Nº CASOS**	**%**	
<30	1	1	100,00	5	4	80,00	
30-39	8	2	25,00	4	1	25,00	
40-49	13	0	0,00	7	3	42,86	
50-59	19	0	0,00	13	0	0,00	
60-69	9	0	0,00	8	0	0,00	
70 O MAS	5	0	0,00	3	0	0,00	
EDAD DESCONOCIDA	9	1	11,11	12	4	33,33	
TOTAL	**64**	**4**	**6,25**	**52**	**12**	**23,07**	
EDAD MEDIA VIUDEZ	**51,95**			**52,25**			

TABLAS II.6

MOVIMIENTO ESTACIONAL NACIMIENTOS (1630-1850)

MES CONCEPCIÓN	IV	V	VI	VII	VIII	IX	X	XI	XII	I	II	III	TOTAL
MES NACIMIENTO	I	II	III	IV	V	VI	VII	VIII	IX	X	XI	XII	
CIFRAS BRUTAS	330	347	314	244	271	265	202	298	269	283	310	287	3420
MEDIA DIARIA	10,65	12,29	10,13	8,13	8,74	8,83	6,52	9,61	8,97	9,13	10,33	9,26	112,59
M. DIARIA PROP.	113	131	108	87	93	94	69	102	96	97	110	99	1200

MOVIMIENTO ESTACIONAL NACIMIENTOS SIGLO XVII

MES CONCEPCIÓN	IV	V	VI	VII	VIII	IX	X	XI	XII	I	II	III	TOTAL
MES NACIMIENTO	I	II	III	IV	V	VI	VII	VIII	IX	X	XI	XII	
CIFRAS BRUTAS	75	49	73	33	30	52	38	58	49	58	65	52	632
MEDIA DIARIA	2,42	1,74	2,35	1,10	0,97	1,73	1,23	1,87	1,63	1,87	2,17	1,68	20,76
M. DIARIA PROP.	140	100	136	64	56	100	71	108	94	108	125	97	1200

MOVIMIENTO ESTACIONAL NACIMIENTOS SIGLO XVIII

MES CONCEPCIÓN	IV	V	VI	VII	VIII	IX	X	XI	XII	I	II	III	TOTAL
MES NACIMIENTO	I	II	III	IV	V	VI	VII	VIII	IX	X	XI	XII	
CIFRAS BRUTAS	165	201	148	124	154	138	100	158	134	135	152	163	1772
MEDIA DIARIA	5,32	7,12	4,77	4,13	4,97	4,60	3,23	5,10	4,47	4,35	5,07	5,26	58,38
M. DIARIA PROP.	109	146	98	85	102	95	66	105	92	90	104	108	1200

MOVIMIENTO ESTACIONAL NACIMIENTOS SIGLO XIX

MES CONCEPCIÓN	IV	V	VI	VII	VIII	IX	X	XI	XII	I	II	III	TOTAL
MES NACIMIENTO	I	II	III	IV	V	VI	VII	VIII	IX	X	XI	XII	
CIFRAS BRUTAS	90	97	93	87	87	75	64	82	86	90	93	72	1016
MEDIA DIARIA	2,90	3,43	3,00	2,90	2,81	2,50	2,06	2,65	2,87	2,90	3,10	2,32	33,45
M. DIARIA PROP.	104	123	108	104	101	90	74	95	103	104	111	83	1200

TABLAS II.7

TASAS DE FECUNDIDAD POR GRUPOS DE EDAD A PARTIR DE LA EDAD DE LA MADRE AL MATRIMONIO (1655/1729)

GRUPO DE EDAD AL MATRIMONIO	N° CASOS	TASAS DE FECUNDIDAD POR GRUPOS DE EDAD						
		15–19	20–24	25–29	30–34	35–39	40–44	45–49
15–19	11	229	364	411	300	148	182	
20–24	25		385	402	368	346	201	31
25–29	23			409	327	311	100	13
30–34	14				421	372	177	24
35–39	9					222	161	
40–44	8						421	
45–49	0							

TASAS DE FECUNDIDAD POR GRUPOS DE EDAD A PARTIR DE LA EDAD DE LA MADRE AL MATRIMONIO (1730/1769)

GRUPO DE EDAD AL MATRIMONIO	N° CASOS	TASAS DE FECUNDIDAD POR GRUPOS DE EDAD						
		15–19	20–24	25–29	30–34	35–39	40–44	45–49
15–19	11	85	382	468	314	286	136	
20–24	28		400	387	306	277	122	12
25–29	28			337	400	282	151	
30–34	18				444	305	214	
35–39	9					385	311	
40–44	3							
45–49	1							

TASAS DE FECUNDIDAD POR GRUPOS DE EDAD A PARTIR DE LA EDAD DE LA MADRE AL MATRIMONIO (1770–1809)

GRUPO DE EDAD AL MATRIMONIO	N° CASOS	TASAS DE FECUNDIDAD POR GRUPOS DE EDAD						
		15–19	20–24	25–29	30–34	35–39	40–44	45–49
15–19	21	371	400	386	292	267	111	34
20–24	42		471	433	285	279	130	
25–29	45			375	413	318	185	14
30–34	17				301	267	156	42
35–39	9					377	217	27
40–44	4						142	
45–49	2							

TABLAS II.7

TASAS DE FECUNDIDAD POR GRUPOS DE EDAD A PARTIR DE LA EDAD DE LA MADRE AL MATRIMONIO (1810/1850)

GRUPOS DE EDAD AL MATRIMONIO	N° CASOS	TASAS DE FECUNDIDAD POR GRUPOS DE EDAD						
		15-19	20-24	25-29	30-34	35-39	40-44	45-49
15-19	5	154	480	439	359	276	100	
20-24	21		421	404	400	261	160	36
25-29	30			458	350	330	103	16
30-34	30				350	258	146	27
35-39	16					300	133	16
40-44	9						216	
45-49	2							

TABLAS II.8

MEDIA HIJOS/ PAREJA (1655-1729)

N° HIJOS	UNIONES COMPLETAS		UNIONES INCOMPLETAS		TOTAL UNIONES (1-2-5-6)	
	N° CASOS	% ACUM.	N° CASOS	% ACUM.	N° CASOS	% ACUM.
0	7	12,96	1	2,78	22	12,94
1	5	22,22	8	25,00	19	24,12
2	3	27,78	4	36,11	15	32,94
3	4	35,19	7	55,56	20	44,71
4	9	51,85	3	63,89	16	54,12
5	6	62,96	4	75,00	20	65,88
6	5	72,22	3	83,33	17	75,88
7	4	79,63	6	100,00	19	87,06
8	2	83,33	0		7	91,18
9	2	87,04	0		4	93,53
10	5	96,30	0		8	98,24
11	0	96,30	0		0	98,24
12	1	98,15	0		2	99,41
13	1	100,00	0		1	100,00
TOTAL	54		36		170	
MEDIA	4,74		3,58		4,22	

	UNIONES COMPLETAS		UNIONES INCOMPLETAS		TOTAL UNIONES (1-2-5-6)	
	TABLAS II.8					
	MEDIA HIJOS/ PAREJA (1730-1769)					
N° HIJOS	N° CASOS	% ACUM.	N° CASOS	% ACUM.	N° CASOS	% ACUM.
0	6	9,23	2	6,06	11	6,96
1	4	15,38	6	24,24	16	17,09
2	6	24,62	4	36,36	13	25,32
3	7	35,38	8	60,61	20	37,97
4	5	43,08	5	75,76	24	53,16
5	9	56,92	1	78,79	20	65,82
6	8	69,23	4	90,91	19	77,85
7	10	84,62	0	90,91	16	87,97
8	3	89,23	0	90,91	5	91,14
9	4	95,38	1	93,94	8	96,20
10	2	98,46	1	96,97	4	98,73
11	1	100,00	0	96,97	1	99,37
12	0		1	100,00	1	100,00
13	0		0		0	
TOTAL	**65**		**33**		**158**	
MEDIA	**4,78**		**3,58**		**4,42**	

	TABLAS II.8					
	MEDIA HIJOS/ PAREJA (1770/1809)					
	UNIONES COMPLETAS		UNIONES INCOMPLETAS		TOTAL UNIONES (1–2–5–6)	
N° HIJOS	N° CASOS	% ACUM.	N° CASOS	% ACUM.	N° CASOS	% ACUM.
0	6	6,38	3	6,52	13	7,47
1	7	13,83	4	15,22	17	17,24
2	6	20,21	9	34,78	18	27,59
3	5	25,53	5	45,65	13	35,06
4	7	32,98	7	60,87	21	47,13
5	16	50,00	7	76,09	26	62,07
6	10	60,64	2	80,43	14	70,11
7	17	78,72	2	84,78	21	82,18
8	6	85,11	4	93,48	12	89,08
9	6	91,49	2	97,83	9	94,25
10	6	97,87	0	97,83	6	97,70
11	0	97,87	0	97,83	0	97,70
12	1	98,94	1	100,00	3	99,43
13	1	100,00	0		1	100,00
TOTAL	94		46		174	
MEDIA	5,4		4,09		4,73	

	TABLAS II.8					
	MEDIA HIJOS/ PAREJA (1810/1830)					
	UNIONES COMPLETAS		**UNIONES INCOMPLETAS**		**TOTAL UNIONES (1-2-5-6)**	
N° HIJOS	**N° CASOS**	**% ACUM.**	**N° CASOS**	**% ACUM.**	**N° CASOS**	**% ACUM.**
0	9	19,57	3	12,5	14	18,18
1	5	30,43	2	20,83	10	31,17
2	5	41,30	3	33,33	8	41,56
3	2	45,65	4	50,00	6	49,35
4	3	52,17	2	58,33	5	55,84
5	4	60,87	3	70,83	8	66,23
6	6	73,91	3	83,33	9	77,92
7	3	80,43	3	95,83	6	85,71
8	5	91,30	1	100,00	6	93,51
9	2	95,65	0		2	96,10
10	0	95,65	0		0	96,10
11	1	97,83	0		2	98,70
12	1	100,00	0		1	100,00
TOTAL	**46**		**24**		**77**	
MEDIA	**4,15**		**3,75**		**3,9**	

TABLAS II. 9

MOVIMIENTO ESTACIONAL MORTALIDAD ADULTA (S. XVII–1/2 S. XIX)

	I	II	III	IV	V	VI	VII	VIII	IX	X	XI	XII	TOTAL
CIFRAS BRUTAS	220	170	154	162	124	114	112	135	160	175	188	202	1916
MEDIA DIARIA	7,10	6,02	4,97	5,40	4,00	3,80	3,61	4,35	5,33	5,65	6,27	6,52	63,01
M. DIARIA PROP.	135	115	95	103	76	72	69	83	102	108	119	124	1200

MOVIMIENTO ESTACIONAL MORTALIDAD ADULTA (S. XVII)

	I	II	III	IV	V	VI	VII	VIII	IX	X	XI	XII	TOTAL
CIFRAS BRUTAS	22	28	32	31	28	19	19	16	25	26	31	41	318
MEDIA DIARIA	0,71	0,99	1,03	1,03	0,90	0,63	0,61	0,52	0,83	0,84	1,03	1,32	10,46
M. DIARIA PROP.	81	114	118	119	104	73	70	59	96	96	119	152	1200

MOVIMIENTO ESTACIONAL MORTALIDAD ADULTA S. XVIII

	I	II	III	IV	V	VI	VII	VIII	IX	X	XI	XII	TOTAL
CIFRAS BRUTAS	122	88	71	78	48	50	45	68	81	89	86	93	919
MEDIA DIARIA	3,94	3,12	2,29	2,60	1,55	1,67	1,45	2,19	2,70	2,87	2,87	3,00	30,24
M. DIARIA PROP.	156	124	91	103	61	66	58	87	107	114	114	119	1200

MOVIMIENTO ESTACIONAL MORTALIDAD ADULTA 1/2 S. XIX

	I	II	III	IV	V	VI	VII	VIII	IX	X	XI	XII	TOTAL
CIFRAS BRUTAS	76	54	51	53	48	45	48	51	54	60	71	68	679
MEDIA DIARIA	2,45	1,91	1,65	1,77	1,55	1,50	1,55	1,65	1,80	1,94	2,37	2,19	22,31
M. DIARIA PROP.	132	103	88	95	83	81	83	88	97	104	127	118	1200

MOVIMIENTO ESTACIONAL MORTALIDAD ADULTA 2/2 S. XIX

	I	II	III	IV	V	VI	VII	VIII	IX	X	XI	XII	TOTAL
CIFRAS BRUTAS	49	40	41	38	38	22	34	38	32	53	33	61	479
MEDIA DIARIA	1,58	1,42	1,32	1,27	1,23	0,73	1,10	1,23	1,07	1,71	1,10	1,97	15,71
M. DIARIA PROP.	121	108	101	97	94	56	84	94	81	131	84	150	1200

PARROQUIA	1ª CALIDAD			2ª CALIDAD			3ª CALIDAD	
AÑOS	1°	2°	3°	1°	2°	3°	1°	2°
AMOROCE	maíz-habas/ ferraña	lino/nabos	trigo	maíz-habas/ ferraña	lino/nabos	trigo	maíz	
ANSEMIL	maíz/ferraña	lino/nabos o ferraña	trigo/ferraña	maíz/ferraña	lino/nabos o ferraña	trigo/ferraña	maíz	
BARXA	maíz/ferraña	lino/nabos	trigo	maíz/ferraña	lino/nabos	trigo	maíz	
BERREDO, San Miguel	maíz/ferraña	lino/nabos	trigo/nabos	maíz/ferraña	lino/nabos	trigo/nabos	mijo-habas	
BERREDO, Santa Eulalia	maíz/ferraña	lino/nabos	trigo/ferraña	maíz/ferraña	lino/nabos	trigo/ferraña	maíz	
BOBADELA	maíz/ferraña	lino/nabos	trigo	maíz/ferraña	lino/nabos	trigo	maíz-habas	
CAÑÓN	maíz	lino/nabos		maíz	lino/nabos		maíz-habas	habas
CASARDEITA	Maíz-habas	lino/nabos-ferraña		maíz-habas	lino/nabos-ferraña		maíz	
CASTROMAO	maíz/ferraña	lino/nabos	trigo/ferraña	maíz/ferraña	lino/nabos	trigo/ferraña	maíz-habas	
CELANOVA	maíz	lino/nabos	trigo	maíz	lino/nabos	trigo	maíz-habas	mijo
ESCUDEIROS	maíz-habas/ nabos	maíz-habas/ nabos	lino/nabos	maíz-habas/ nabos	maíz-habas/ nabos	lino/nabos	trigo	centeno
FECHAS	maíz/ferraña	lino/nabos	trigo	maíz/ferraña	lino/nabos	trigo	maíz-habas	
FREÁS DE EIRAS	maíz-habas	lino/nabos o ferraña		maíz-habas	lino/nabos-ferraña		maíz	
FREIXO	maíz-habas	lino/nabos o ferraña		maíz-habas	lino/nabos-ferraña		maíz	
MOSTEIRO	maíz-habas/ nabos	maíz-habas/ nabos	lino	maíz-habas/ nabos	maíz-habas/ nabos	lino		
MOURILLÓS	maíz/ferraña	lino/nabos		maíz/ferraña	lino/nabos		maíz/ferraña	
ORGA	maíz-habas/ ferraña	lino/nabos	trigo	maíz-habas/ ferraña	lino/nabos	trigo	maíz	
PAIZÁS	maíz-habas	lino/nabos-ferraña		maíz-habas	lino/nabos-ferraña		maíz-habas	
PENOSIÑOS, San Andrés	maíz-habas	lino/nabos-ferraña		maíz-habas	lino/nabos-ferraña		maíz	
PENOSIÑOS, San Salv.	lino/nabos	maíz/ferraña	maíz/ferraña	lino/nabos	maíz/ferraña	maíz/ferraña	maíz	
PODENTES	maíz-habas	lino/nabos		maíz	lino		maíz	habas
RABAL	maíz/ferraña	lino/nabos		maíz/ferraña	lino/nabos		maíz	
RUBIÁS	maíz-habas/ nabos	maíz-habas/ nabos	lino	maíz-habas/ nabos	maíz-habas/ nabos	lino		
SORGA	maíz/ferraña	lino/ferraña	trigo/nabos	maíz/ferraña	lino/ferraña	trigo/nabos	maíz-habas	mijo
SOUTOMEL	maíz-habas	lino/nabos		maíz	habas/ ferraña		maíz	habas
VEIGA, San Munio	maíz/ferraña	lino/nabos		maíz/ferraña	lino/nabos		maíz-habas	habas
VEIGA, San Paio	maíz-habas/ ferraña	lino/nabos	trigo/ferraña	maíz-habas/ ferraña	lino/nabos	trigo/ferraña	maíz-habas	
VILAMEÁ	maíz-habas/ nabos	maíz-habas/ nabos	lino	maíz-habas/ nabos	maíz-habas/ nabos	lino		
VILANOVA	maíz/ferraña	lino/nabos		maíz/ferraña	lino/nabos		maíz-habas	
VIVEIRO	maíz/ferraña	lino/nabos-ferraña	trigo	maíz/ferraña	lino/nabos-ferraña	trigo	maíz-habas	

TABLA III.1

ROTACIONES DESCRITAS EN EL CATASTRO PARA LAS TIERRAS DE LABRADÍO REGADÍO

TABLA III.2									
ROTACIONES DECLARADAS EN CATASTRO PARA LAS TIERRRAS DE LABRADÍO SECANO									
	1ª CALIDAD			2ª CALIDAD			3ª CALIDAD		
AÑOS	1°	2°	3°	1°	2°	3°	1°	2°	3°
AMOROCE	centeno	mijo		centeno	mijo		centeno	descanso	
ANSEMIL	centeno	maíz		centeno	mijo		centeno	descanso	
BARXA	trigo	centeno		centeno	mijo		centeno	descanso	
BERREDO, SAN Miguel	trigo	centeno		centeno	mijo		centeno	descanso	
BERREDO, Santa Eulalia	centeno	maíz		centeno	mijo		centeno	descanso	
BOBADELA	maíz	centeno		maíz	centeno		centeno	descanso	
CAÑÓN	centeno	mijo		centeno	mijo		centeno	descanso	
CASARDEITA	trigo	centeno		centeno	mijo		centeno	descanso	
CASTROMAO	centeno	maíz		centeno	maíz		centeno	descanso	
CELANOVA	trigo	maíz		centeno	mijo		centeno	descanso	
ESCUDEIROS	centeno	centeno	mijo	centeno	centeno	mijo	centeno	centeno	mijo
FECHAS	maíz	centeno		maíz	centeno		centeno	descanso	
FREÁS DE EIRAS	trigo	centeno		centeno	mijo		centeno	descanso	
FREIXO	trigo	centeno		centeno	mijo		centeno	descanso	
MOSTEIRO	maíz	maíz	trigo	centeno			mijo		
MOURILLÓS	trigo	maíz		centeno	mijo		centeno	descanso	
ORGA	centeno	mijo		centeno	mijo		centeno	descanso	
PAIZÁS	trigo	centeno		centeno	mijo		centeno	descanso	
PENOSIÑOS, S. Andrés	trigo	centeno		centeno	mijo		centeno	descanso	
PENOSIÑOS, San Salv.	trigo	centeno		trigo	centeno		mijo		
PODENTES	maíz	centeno		maíz	centeno		centeno	descanso	
RABAL	centeno	maíz	mijo	centeno	mijo		centeno	descanso	
RUBIÁS	maíz	maíz	trigo	centeno			mijo		
SORGA	maíz	centeno		maíz	centeno		centeno	descanso	
SOUTOMEL	trigo	maíz		centeno	maíz		centeno	descanso	
VEIGA, San Munio	trigo	maíz	centeno	trigo	maíz	centeno	maíz	descanso	centeno
VEIGA, San Paio	centeno	maíz		centeno	maíz		centeno	descanso	
VILAMEÁ	maíz	maíz	trigo	centeno			mijo		
VILANOVA	trigo	maíz		trigo	maíz		centeno	descanso	
VIVEIRO	trigo	maíz	centeno	centeno	trigo	mijo	centeno	descanso	

TABLA III.3

RELACIÓN ENTRE LA PRODUCCIÓN AGRÍCOLA DECLARADA EN REALES Y EL DIEZMO

	ESCUDEIROS		MOSTEIRO		RUBIÁS		TOTAL	
	REALES	%	REALES	%	REALES	%	REALES	%
PRODUCCIÓN CEREALERA	5639,37		11029,74		17321,33		33990,4	
DIEZMO CEREAL	1762	31,24	1671	15,15	2060	11,89	5493	16,16
PRODUCCIÓN VITÍCOLA	–		1525,63		945,93		2471,56	
DIEZMO VINO	–		95,1	6,23	121,5	12,84	216,6	8,76
PRODUCCIÓN CASTAÑAS	644,46		1865,41		3938,62		6448,50	
DIEZMO CASTAÑAS	20	3,10	250	13,40	225	5,71	495	7,67
PRODUCTO BRUTO AGRARIO	6283,80		14420,78		22205,88		42910,46	
PAGOS DIEZMO	1782	28,36	2016,1	13,98	2406,5	10,88	6204,6	14,46

TABLA III.4

RENDIMIENTOS MEDIOS CEREALEROS NO PONDERADOS EN 1752

	LABRADÍO REG.	LABRADÍO SEC.	LABRADÍO REG.	LABRADÍO SEC.
PARROQUIAS	FERR./F	FERR./F	HL/Ha.	HL/Ha.
AMOROCE	5,25	3,62	24,85	14,82
ANSEMIL	3,8	2,83	17,80	12,07
BARXA	5,78	4,13	27,66	16,20
BERREDO, San Miguel	4,83	3,83	19,55	13,94
BERREDO, Santa Eulalia	3,79	3,08	16,03	12,19
BOBADELA	3,84	3,84	18,34	16,57
CAÑÓN	4,41	3	16,03	8,11
CASARDEITA	4,1	3,83	13,47	10,45
CASTROMAO	3,76	2,7	17,61	11,41

TABLA III.4				
CELANOVA	3,98	3,25	18,84	14,31
ESCUDEIROS	5,5	3,61	18,18	9,73
FECHAS	3,84	3,84	17,47	16,38
FREÁS DE EIRAS	4,08	3,83	13,40	9,95
FREIXO, x. PAIZÁS	4,08	3,66	14,83	10,01
MOSTEIRO	6,41	6,05	23,40	18,93
MOURILLÓS	4,18	3,16	21,89	13,44
ORGA	5,25	3,62	24,85	14,82
PAIZÁS	4,13	3,25	13,57	8,43
PENOSIÑOS, San Andrés	4,08	3,83	13,40	9,95
PENOSIÑOS, San Salv.	7,22	4,66	26,35	12,29
PODENTES	4,38	3,08	14,13	8,33
RABAL	4,2	2,5	21,99	10,64
RUBIÁS	6,41	6,05	23,40	18,93
SORGA	5,9	4,06	25,00	15,84
SOUTOMEL	4,58	3,66	14,77	9,88
VEIGA, San Munio	3,91	2,29	18,16	9,26
VEIGA, San Paio	3,82	2,7	17,90	11,41
VILAMEÁ	6,41	6,05	23,40	18,93
VILANOVA	5,88	4,5	26,72	17,35
VIVEIRO, FREIXO, x. Vil.	5,34	3,88	25,32	15,65
VALLE DEL SORGA	4,50	3,41	19,69	12,87
VALLE DEL TUÑO	5,53	4,67	19,39	13,39
MEDIA GLOBAL	4,77	3,75	19,61	13,01

	Lab. Reg. 1ª	Lab. Reg. 2ª	Lab. Reg. 3ª	Lab. Sec. 1ª	Lab. Sec. 2ª	Lab. Sec. 3ª
TABLA III.5 A						
RENDIMIENTOS MAÍZ EN TIERRAS DE CELANOVA A PARTIR DEL CATASTRO, DATOS EN HL./HA.						
AMOROCE	34,02	25,49	18,32			
ANSEMIL	26,17	19,63	10,47	13,08		
BARXA	39,25	29,41	20,93			
BERREDO	27,86	20,89				
BOBADELA	26,17	19,63	10,47	20,93	15,70	
CAÑÓN	21,82	16,36	9,09			
CASARDEITA	18,07	13,14	8,21			
CASTROMAO	26,17	15,70	10,47	15,70	11,78	
CELANOVA	31,40	23,55	10,47	20,93		
ESCUDEIROS	18,25	12,16				
FECHAS	26,17	19,63	10,47	20,93	15,70	
FREÁS DE EIRAS	18,07	13,14	8,21			
FREIXO, Jur. Paizás	20,00	14,54	9,09			
FREIXO, Jur. Vilan. Y VIVEIRO	36,63	27,48	15,70	18,32		
MOSTEIRO	23,73	15,81		21,90		
MOURILLÓS	23,55	17,64	10,47	15,70		
ORGA	34,02	25,49	18,32			
PAIZÁS	18,07	13,14	8,21			
PENOSIÑOS, San Andrés	20,08	14,60	9,13			
PENOSIÑOS, San Salvador	32,85	21,90	18,25			
PODENTES	19,35	12,90	9,68	12,90	8,06	6,45
RABAL	26,17	15,70	10,47	13,08		
RUBIÁS	23,73	15,81		21,90		

TABLA III.5 A

RENDIMIENTOS MAÍZ EN TIERRAS DE CELANOVA A PARTIR DEL CATASTRO, DATOS EN HL./HA.

	Lab. Reg. 1ª	Lab. Reg. 2ª	Lab. Reg. 3ª	Lab. Sec. 1ª	Lab. Sec. 2ª	Lab. Sec. 3ª
SANTA BAIA	23,22	17,41	9,29	11,61		
SORGA	32,50	24,38	16,25	23,22	17,41	
SOUTOMEL	19,35	12,90	8,06	14,52	9,68	
VEIGA, San Munio	23,22	17,41	13,93	18,57	13,93	9,28
VEIGA, San Paio	20,93	15,70	10,47	15,70	11,78	
VILAMEÁ	23,73	15,81		21,90		
VILANOVA	31,80	23,85	15,90	24,98	18,71	
MEDIA	25,54	18,37	12,01	18,10	13,64	7,87

TABLA III.5 B

RENDIMIENTOS PONDERADOS MAÍZ SEGÚN EXTENSIONES Y CALIDADES DE TIERRA DECLARADAS EN ESTADOS D

PARROQUIAS	HL./HA.
BARXA	32,00
BOBADELA	17,58
ESCUDEIROS	14,00
FECHAS	18,25
FREIXO, Jur. Paizás	15,36
MOSTEIRO	19,47
RUBIÁS (Libr. Real)	20,46
VEIGA, San Munio (Libr. Real.)	16,06
VILANOVA	23,13
MEDIA	19,59

TABLA III.6 A

RENDIMIENTOS DEL CENTENO EN TIERRAS DE CELANOVA A PARTIR DEL CATASTRO, HL./Ha.

	Lab. Sec. 1ª	Lab. Sec. 2ª	Lab. Sec. 3ª
AMOROCE	22,35	16,76	11,18
ANSEMIL	14,90	11,18	7,45
BARXA	18,63	14,90	13,04
BERREDO, San Miguel	17,41	13,93	10,45
BERREDO, Santa Eulalia	13,93	10,45	6,97
BOBADELA	18,63	13,97	11,18
CAÑÓN	12,94	9,06	5,18
CASARDEITA	14,96	9,97	6,23
CASTROMAO	14,90	11,18	7,45
CELANOVA		13,04	9,31
ESCUDEIROS	11,13	8,35	5,56
FECHAS	18,63	13,97	11,18
FREÁS DE EIRAS	14,96	9,97	6,23
FREIXO, Jurisd. Paizás	15,53	10,35	5,18
MOSTEIRO		11,13	
MOURILLÓS		13,04	9,31
ORGA	22,35	16,76	11,18
PAIZÁS	12,45	9,96	4,98
PENOSIÑOS, San Salvador	13,35	10,02	
PENSOSIÑOS, San Andrés	13,35	8,90	5,56
PODENTES	12,10	7,26	4,84
RABAL	14,90	11,18	7,45
RUBIÁS		11,13	

TABLA III.6 A

RENDIMIENTOS DEL CENTENO EN TIERRAS DE CELANOVA A PARTIR DEL CATASTRO, HL./Ha.

	Lab. Sec. 1ª	Lab. Sec. 2ª	Lab. Sec. 3ª
SORGA	19,16	14,35	10,45
SOUTOMEL		10,89	4,84
VEIGA, San Munio	8,71	6,51	4,35
VEIGA, San Paio	14,90	11,18	7,45
VILAMEÁ		11,13	
VILANOVA			10,24
VIVEIRO, Freixo, Jurisd. Vil.	18,63	14,90	11,18
MEDIA	15,60	11,57	8,02

TABLA III.6 B

RENDIMIENTO MEDIO PONDERADO CENTENO, Hl./Ha.

	HL./Ha.
BARXA	14,47
BOBADELA	12,74
ESCUDEIROS	7,68
FECHAS	12,72
FREIXO, Jurisd. Paizás	7,41
MOSTEIRO	11,13
RUBIÁS	11,13
VEIGA, San Munio	5,93
VILANOVA	10,24
MEDIA	10,38

	Lab. Reg. 1ª	Lab. Reg. 2ª	Lab. Reg. 3ª	Lab. Sec. 1ª	Lab. Sec. 2ª
AMOROCE	22,35	16,76			
ANSEMIL	14,90	11,18			
BARXA	22,35	16,76		16,76	
BERREDO, San Miguel	17,41	13,06		17,41	
BERREDO, Santa Eulalia	13,93	10,45			
BOBADELA	14,90	11,18			
CAÑÓN					
CASARDEITA				12,46	
CASTROMAO	14,90	11,18			
CELANOVA	16,76	12,55		14,90	
ESCUDEIROS				11,13	
FECHAS	14,90	11,18			
FREÁS DE EIRAS				12,46	
FREIXO, Jurisd. Paizás				12,94	
MOSTEIRO				13,35	
MOURILLÓS				14,90	
ORGA	22,35	16,76			
PAIZÁS				9,96	
PENOSIÑOS, San Salvador			8,90		
PENSOSIÑOS, San Andrés				11,13	
PODENTES		12,10			8,06
RABAL		18,63			
RUBIÁS				13,35	
SORGA	20,90	15,67			
SOUTOMEL				14,52	9,68

TABLA III.7 A

RENDIMIENTOS DEL TRIGO EN TIERRAS DE CELANOVA A PARTIR DEL CATASTRO, HL./Ha.

TABLA III.7 A

RENDIMIENTOS DEL TRIGO EN TIERRAS DE CELANOVA A PARTIR DEL CATASTRO, HL./Ha.

	Lab. Reg. 1ª	Lab. Reg. 2ª	Lab. Reg. 3ª	Lab. Sec. 1ª	Lab. Sec. 2ª
VEIGA, San Munio				8,71	6,51
VEIGA, San Paio	14,90	11,18			
VILAMEÁ				13,35	
VILANOVA				20,49	15,36
VIVEIRO, Freixo, Jurisd. Vil.	22,35	16,76		22,35	14,90
MEDIA	17,92	13,69	8,9	16,01	10,90

TABLA III.7 B

RENDIMIENTO MEDIO PONDERADO TRIGO, HL. /Ha.

	HL./Ha.
BARXA	18,27
BOBADELA	12,37
ESCUDEIROS	11,13
FECHAS	12,81
FREIXO, Jurisd. Paizás	12,94
MOSTEIRO	13,35
RUBIÁS	13,35
VEIGA, San Munio	6,9
VILANOVA	16,1
MEDIA	13,02

	PARRAL			VIÑA			MEDIA P.
CALIDADES	**1ª**	**2ª**	**3ª**	**1ª**	**2ª**	**3ª**	
AMOROCE							
ANSEMIL	26,62						
BARXA	35,49	26,62		26,62	19,97	13,31	*26,41
BERREDO, San Miguel							
BERREDO, Santa Eulalia	26,74						
BOBADELA	31,06	26,62	17,75	26,62	17,75	8,87	*23,18
CAÑÓN							
CASARDEITA	18,49	12,32	9,24				
CASTROMAO	31,06	26,62		35,49	22,18	15,53	
CELANOVA	35,49	26,62					
ESCUDEIROS							
FECHAS	31,06	26,62	17,75	26,62	17,75	8,87	*22,62
FREÁS DE EIRAS	18,49	12,32	9,24				
FREIXO, x. PAIZÁS				18,49	12,32	9,24	13,95
MOSTEIRO	35,89	22,84		27,73	18,30	13,86	26,18
MOURILLÓS	35,49	26,62	17,75	26,62	22,18	17,75	
ORGA	35,49	26,62		26,62	17,75	11,09	
PAIZÁS	18,49	12,32	9,24				
PENOSIÑOS, San Andrés	18,49	12,32	9,24				
PENOSIÑOS, San Salvador	39,15	26,10	19,57				
PODENTES	24,64	18,49	9,24				
RABAL	35,49	26,62		26,62	22,18	13,31	
RUBIÁS	35,89	22,84		27,73	18,30	13,86	26,84
SORGA	35,49	26,62					
SOUTOMEL	24,64	18,49	9,24				
VEIGA, San Munio	70,99	53,24					
VEIGA, San Paio	26,62						
VILAMEÁ	35,89	22,84		27,73	18,30	13,86	
VILANOVA	39,93	26,62		31,06	22,18	13,31	21,96
VIVEIRO, FREIXO, x. Vil.	35,49	26,62		31,06	22,18	13,31	
MEDIA	**32,10**	**21,08**	**12,83**	**23,52**	**16,43**	**11,08**	**23,02**

TABLA III.8

RENDIMIENTOS VID EN HL/HA.

TABLA III.9					
CARROS HIERBA/HA.					
CALIDADES	**1ª**	**2ª**	**3ª**	**M. P.**	

CALIDADES	1ª	2ª	3ª	M. P.
AMOROCE	22,89	17,17		
ANSEMIL	22,89	17,17		
BARXA	22,89	11,45		13,75
BERREDO, San Miguel	22,89	17,17		
BERREDO, Santa Eulalia	11,45	8,47		
BOBADELA	22,89	17,17		20,61
CAÑÓN	15,90	7,95		
CASARDEITA	15,90	7,95		
CASTROMAO	22,89	17,17		
CELANOVA	22,89	17,17		
ESCUDEIROS	21,14	15,90	10,49	17,95
FECHAS	22,89	17,17		18,47
FREÁS DE EIRAS	15,90	7,95		
FREIXO, x. PAIZÁS	15,90	7,95		9,95
MOSTEIRO	31,80	25,44		27,94
MOURILLÓS	22,89	17,17		
ORGA	22,89	17,17		
PAIZÁS	15,90	7,95		
PENOSIÑOS, San Andrés	15,90	7,95		
PENOSIÑOS, San Salvador	42,29	31,80	21,14	
PODENTES	15,90	7,95		
RABAL	22,89	17,17		
RUBIÁS	31,80	25,44		27,87
SORGA	22,89	17,17		
SOUTOMEL	15,90	7,95		
VEIGA, San Munio	22,89	11,45		14,59
VEIGA, San Paio	22,89	17,17		
VILAMEÁ	31,80	25,44		
VILANOVA	22,89	17,17		19,82
VIVEIRO, FREIXO, x. Vil.				
MEDIA	22,10	15,25		19,00

TABLA III.10				
RENDIMIENTOS SOTOS EN HL/HA.				
CALIDADES	1°	2°	3°	M. P.
AMOROCE	29,82	22,36	14,91	
ANSEMIL	22,36	14,91	9,32	
BARXA	29,82	22,36	14,91	22,52
BERREDO, San Miguel	27,87	20,91	13,94	
BERREDO, Santa Eulalia	20,91	13,94	8,71	
BOBADELA	29,82	22,36	14,91	20,09
CAÑÓN	15,53	10,35	5,18	
CASARDEITA	14,96	9,97	7,48	
CASTROMAO	29,82	22,36	14,91	
CELANOVA	18,64	14,91	11,18	
ESCUDEIROS	22,26	14,69	11,13	12,12
FECHAS	29,82	22,36	14,91	19,05
FREÁS DE EIRAS	14,96	9,97	7,48	
FREIXO, x. PAIZÁS	15,53	10,35	7,76	9,06
MOSTEIRO	26,71	17,81	13,35	19,90
MOURILLÓS	29,82	22,36	11,18	
ORGA	29,82	22,36	14,91	
PAIZÁS	14,96	9,97	7,48	
PENOSIÑOS, San Andrés	14,96	9,97	7,48	
PENOSIÑOS, San Salvador	17,81	13,35	8,90	
PODENTES	16,94	12,10	7,26	
RABAL	29,82	22,36	14,91	
RUBIÁS	26,71	17,81	13,35	18,43
SORGA	27,87	20,91	13,94	
SOUTOMEL	16,94	12,10	6,05	
VEIGA, San Munio	17,42	10,45	6,97	10,71
VEIGA, San Paio	22,36	16,77	13,04	
VILAMEÁ	26,71	17,81	13,35	
VILANOVA	27,33	20,49	13,66	19,41
VIVEIRO, FREIXO, x. Vil.	29,82	22,36	14,91	
MEDIA	23,30	16,76	11,35	16,91

TABLA III.11

RENDIMIENTOS DEHESAS CARROS LEÑA/AÑO

CALIDADES	1ª	2ª	3ª	M. P.
AMOROCE	11,45	7,55	5,72	
ANSEMIL	10,07	7,55	5,72	
BARXA	11,45	7,55	5,72	8,50
BERREDO, San Miguel	11,45	8,47		
BERREDO, Santa Eulalia	10,07	7,55	5,72	
BOBADELA	11,45	9,16	7,55	9,40
CAÑÓN	3,97	2,86	2,38	
CASARDEITA	3,97	1,91	0,95	
CASTROMAO	7,55	4,35		
CELANOVA	11,45	9,62	6,87	
ESCUDEIROS	10,49	8,43	7,00	8,95
FECHAS	11,45	9,16	7,55	9,46
FREÁS DE EIRAS	3,18	1,59	0,95	
FREIXO, x. PAIZÁS	3,18	1,59	0,95	1,99
MOSTEIRO	7,95	5,88	3,97	6,94
MOURILLÓS	5,72	4,81	3,66	
ORGA	11,45	7,55	5,72	
PAIZÁS	3,97	1,91	0,95	
PENOSIÑOS, San Andrés	3,18	1,59	0,95	
PENOSIÑOS, San Salvador	12,72	7,95	6,36	
PODENTES	5,88	3,97	1,91	
RABAL	8,47	5,72	2,75	
RUBIÁS	7,95	5,88	3,97	7,04
SORGA	11,45	8,47	6,87	
SOUTOMEL	5,88	3,18	2,07	
VEIGA, San Munio	8,47	6,87	5,72	7,65
VEIGA, San Paio	11,45	7,55	5,72	
VILAMEÁ	7,95	5,88	3,97	
VILANOVA	22,89	14,19	9,16	15,77
VIVEIRO, FREIXO, x. Vil.	15,11	11,45	7,55	
MEDIA	**9,06**	**6,34**	**4,59**	**8,41**

TABLA III.12

RENDIMIENTOS MONTES. CARROS TOJO/AÑO

CALIDADES	1ª	2ª	3ª	M. P.
AMOROCE	15,11	7,55		
ANSEMIL	17,17	11,45		
BARXA	15,11	9,16	5,04	8,12
BERREDO, San Miguel	15,11	9,16		
BERREDO, Santa Eulalia	17,17	11,45		
BOBADELA	11,45	5,72	3,66	4,89
CAÑÓN	7,95	3,97	2,54	
CASARDEITA	7,95	3,97		
CASTROMAO	17,17	11,45		
CELANOVA	11,45	9,16		
ESCUDEIROS	21,14	15,90	12,72	14,34
FECHAS	11,45	5,72	3,66	4,81
FREÁS DE EIRAS	7,95	3,97		
FREIXO, x. PAIZÁS	7,95	3,97		4,52
MOSTEIRO	15,90	10,49	7,95	9,44
MOURILLÓS	11,45	7,55		
ORGA	15,11	7,55		
PAIZÁS	7,95	3,97		
PENOSIÑOS, San Andrés	7,95	3,97		
PENOSIÑOS, San Salvador	15,90	11,92	7,95	
PODENTES	10,49	5,25		
RABAL	11,45	7,55		
RUBIÁS	15,90	10,49	7,95	9,73
SORGA	15,11	9,16	4,58	
SOUTOMEL	10,49	3,97		
VEIGA, San Munio	11,45	7,55		8,47
VEIGA, San Paio	17,17	11,45		
VILAMEÁ	15,90	10,49	7,95	
VILANOVA	15,11	7,55		9,77
VIVEIRO, FREIXO, x. Vil.	15,11	7,55	3,66	
MEDIA	**13,22**	**7,97**	**6,15**	**8,23**

TABLAS III.13

RELACIÓN DE LAS MAYORES FORTUNAS AGRARIAS EN LA PARROQUIA DE VEIGA Y SU RIQUEZA GANADERA, 1752

NOMBRE CABEZA DE FAMILIA	TAMAÑO EXPLOTACIÓN (Ha.)	N° CABEZAS GANADO	N° ORDEN EN CUANTO A POSESIÓN DE GANADO
DOMINGO RODRÍGUEZ DE ROBLES	12,41	9	51
TOMÁS BASALO	5,04	22	9
FRANCISCA BASALO	4,86	31	4
DOMINGO BLANCO	4,03	21	11
MARÍA FERNÁNDEZ	3,82	18	17,5
DOMINGO POUSA	3,29	18	17,5
AGUSTÍN RODRÍGUEZ	3,23	46	1
PEDRO BASALO	3,23	39	2
CLEMENTE ARAUJO	3,14	22	9
FRANCISCO CORBILLÓN	3,10	6	76

RELACIÓN DE LAS MAYORES FORTUNAS AGRARIAS EN LA PARROQUIA DE RUBIÁS Y SU RIQUEZA GANADERA, 1752

NOMBRE CABEZA DE FAMILIA	TAMAÑO EXPLOTACIÓN (Ha.)	N° CABEZAS GANADO	N° ORDEN EN CUANTO A POSESIÓN DE GANADO
GERÓNIMO FEIJOO	3,48	28	13
ANTONIO DOMÍNGUEZ	3,2	51	2
FRANCISCO MÉNDEZ	3,13	16	33
JOSÉ VELOSO	3,11	43	4
JUAN GONZÁLEZ	3,11	7	56
PASCUA FEIJOO	2,29	20	22,5
JUAN ANTONIO FEIJOO	2,27	11	45,5
BENITO ALONSO	2,19	39	5
GREGORIO VÁZQUEZ	2,18	15	35
DON GASPAR GONZÁLEZ	2,14	32	9,5

TABLA III.14			
ANÁLISIS DISTRIBUCIÓN GANADO BOVINO, VEIGA–RUBIÁS, 1752			
N° CABEZAS	**N° VECINOS**	**TOTAL CABEZAS**	**TOTAL ACUMULADO**
0	87	0	0
1	22	22	22
2	74	148	170
3	52	156	326
4	38	152	478
5	22	110	588
6	9	54	642
7	3	21	663
12	1	12	675
TOTAL	**308**	**675**	**675**

TABLA III.15			
ANÁLISIS DISTRIBUCIÓN GANADO PORCINO, VEIGA–RUBIÁS, 1752			
N° CABEZAS	**N° VECINOS**	**TOTAL CABEZAS**	**TOTAL ACUMULADO**
0	85	0	0
1	97	97	97
2	70	140	237
3	15	45	282
4	14	56	338
5	12	60	398
6	6	36	434
7	3	21	455
8	4	32	487
11	1	11	498
13	1	13	511
TOTAL	**308**	**511**	**511**

TABLA III.16			
ANÁLISIS DISTRIBUCIÓN GANADO OVINO, VEIGA–RUBIÁS, 1752			
N° CABEZAS	**N° VECINOS**	**TOTAL CABEZAS**	**TOTAL ACUMULADO**
0	215	0	0
1	4	4	4
2	5	10	14
3	4	12	26
4	8	32	58
5	5	25	83
6	4	24	107
7	6	42	149
8	6	48	197
9	4	36	233
10	8	80	313
12	5	60	373
13	4	52	425
14	4	56	481
15	5	75	556
16	2	32	588
18	2	36	624
19	2	38	662
20	2	40	702
21	1	21	723
22	2	44	767
23	1	23	790
25	1	25	815
26	2	52	867
27	1	27	894
28	2	56	950
32	1	32	982
33	1	33	1015
37	1	37	1052
TOTAL	**308**	**1052**	**1052**

TABLA III.17

DISTRIBUCIÓN GANADO OVINO, SU EVOLUCIÓN A PARTIR DE ESCRITURAS NOTARIALES (1640-1854)

PERIODOS	1640/99		1700/99		1800/54	
N° CABEZAS	N° VECINOS	TOTAL CABEZAS	N° VECINOS	TOTAL CABEZAS	N° VECINOS	TOTAL CABEZAS
0	15	0	67	0	51	0
1	–	–	1	1	–	–
2	1	2	–	–	–	–
3	1	3	1	3	–	–
4	1	4	2	8	1	4
6	2	12	2	12	–	–
7	3	21	1	7	–	–
8	2	16	–	–	–	–
9	2	18	–	–	–	–
10-19	13	186	7	88	–	–
20-29	5	107	1	26	–	–
TOTAL	45	369	82	145	52	4
PROMEDIO	8,2		1,77		0,08	
MEDIANA	7		0		0	
MODA	0		0		0	

TABLA III.18						
DISTRIBUCIÓN GANADO PORCINO, SU EVOLUCIÓN A PARTIR DE ESCRITURAS NOTARIALES (1640–1854)						
PERIODOS	**1640/99**		**1700/99**		**1800/54**	
N° CABEZAS	**N° VECINOS**	**TOTAL CABEZAS**	**N° VECINOS**	**TOTAL CABEZAS**	**N° VECINOS**	**TOTAL CABEZAS**
0	4	0	25	0	26	0
1	5	5	27	27	16	16
2	8	16	15	30	4	8
3	5	15	4	12	1	3
4	2	8	6	24	2	8
5	6	30	1	5	1	5
6	4	24	2	12	2	12
7	1	7	–	–	–	–
8	5	40	1	8	–	–
9	1	9	–	–	–	–
10	2	20	–	–	–	–
11	–	–	–	–	–	–
12	2	24	–	–	–	–
40	–	–	1	40	–	–
TOTAL	45	198	82	158	52	52
PROMEDIO	4,4		1,93		1	
MEDIANA	4		1		0	
MODA	2		1		0	

TABLA III.19						
DISTRIBUCIÓN GANADO BOVINO, SU EVOLUCIÓN A PARTIR DE ESCRITURAS NOTARIALES (1640–1854)						
PERIODOS	1640/99		1700/99		1800/54	
Nº CABEZAS	Nº VECINOS	TOTAL CABEZAS	Nº VECINOS	TOTAL CABEZAS	Nº VECINOS	TOTAL CABEZAS
0	21	0	44	0	37	0
1	5	5	6	6	5	5
2	4	8	10	20	6	12
3	1	3	6	18	3	9
4	5	20	8	32	1	4
5	1	5	5	25	–	–
6	3	18	3	18	–	–
7	2	14	–	–	–	–
8	1	8	–	–	–	–
12	2	24	–	–	–	–
TOTAL	45	105	82	119	52	30
PROMEDIO	2,33		1,45		0,58	
MEDIANA	1		0		0	
MODA	0		0		0	

TABLA IV. 1

COMPOSICIÓN DEL ÍNDICE DE NIVEL DE VIDA EN LA COMARCA DE CELANOVA

BIENES PRIMERA NECESIDAD (16 ELEMENTOS) 25%

"CONCAS"	BANCOS	TEXTILES	HAZADAS
POTES	MANTAS	CARROS	MACHADOS
ARCAS	SÁBANAS	ARADOS	CUBAS
LECHOS	CEREAL	YUGOS	CERDOS

BIENES APARICIÓN FRECUENTE (22 ELEMENTOS) 25%

CUCHARAS	MANTELES	"MASEIROS"	GANADO VACUNO
PLATOS	TOCINOS	"PICAÑAS"	HÓRREO
SARTENES	VINO	LEGONES	ROPA VESTIR
ARTESAS	HABAS	HOCES	"CESTOS"
JERGONES-COLCHONES	CASTAÑAS	ÚTILES TRABAJO LINO	
BUFETES	UNTOS	GANADO LANAR	

BIENES QUE IMPLICAN CONFORT (18 ELEMENTOS) 20%

"CALDEIRAS"	JARROS	"CRIBOS-PENEIRAS"	ALMOHADAS
"CALDEIROS"	ALMIRECES	CAMAS	SERVILLETAS
CAZOS	REVOLVEDERAS	COLCHONES	COLCHAS
ASADORES	ESPUMADERAS	SILLAS-TABURETES	
FUENTES	CHOCOLATERAS	OBJETOS ILUMINACIÓN	

OBJETOS DE LUJO (21ELEMENTOS) 15%

TENEDORES	BAULES	ESPEJOS	ZAPATOS
CUCHILLOS	ESTANTES	BRASEROS	GANADO EQUINO
VASOS VIDRIO	ESCRITORIOS	TOALLAS	
UTENSILIOS ESPECIALES COCINA	SOFÁS	ALFOMBRAS	
MESAS	SILLONES	CORTINAS	
SILLAS	ARMARIOS	CIERTAS PRENDAS DE VESTIR	

BIENES INDICADORES DE CIVILIZACION (19 ELEMENTOS) 15%

CUADROS	RELIGIOSIDAD	INSTRUMENTOS MEDIDA	OBJETOS PLATA-ORO
LIBROS	ARMAS	ELEMENTOS ADORNO PERSONAL	ESTAÑO
PAPELES	RELOJES PARED	ELEMENTOS IMPLICAN ESCRITURA	BRONCE
OBJETOS HIGIENE	RELOJES MANO	ELEMENTOS PROCEDENCIA EXTER.	HOJALATA
DINERO METÁLICO	ESPECIAS	CERÁMICA TALAVERA	

TABLA VI.1						
ESTIRPE DE RICOS CAMPESINOS FUNDADA POR DOMINGO SUÁREZ E ISABEL NOGUEIRAS						
GENERACIONES	**1ª GN.**	**2ª GN.**	**3ª GN.**	**4ª GN.**	**5ª GN.**	**TOTAL**
N° HOGARES	1	1	3	7	10	22
TOTAL HIJOS	2	10	19	33		64
MEDIA HIJOS/HOGAR	2	10	6,33	4,71		5,33
N° HIJOS ACCEDEN EDAD ADULTA	2	3	12	14		31
TOTAL CONTRAEN NUPCIAS	1	3	8	10		22
N° VARONES CONTRAEN NUPCIAS		2	3	4		9
N° MUJERES CONTRAEN NUPCIAS	1	1	5	6		13
N° HIJOS CON DESCENDIENTES NACIDOS FUERA MATRIM.				1		1
EDAD MEDIA AL 1° MATRIMONIO, VARONES		28,1	30	29		29,1
EDAD MEDIA AL 1° MATRIMONIO, MUJERES	24,5	25,5	26,6	27,9		26,8
PROCED. SOCIAL CÓNYUGES 1ª. NUPCIAS GRUPO SUPERIOR		1		3		4
PROCED. SOCIAL CÓNYUGES 1ª. NUPCIAS GRUPO MEDIO		2	3	1		6
PROCED. SOCIAL CÓNYUGES 1ª. NUPCIAS GRUPO INFERIOR			1	3		4
PROCED. SOCIAL CÓNYUGES 1ª. NUPCIAS EXTERIOR	1		4	3		8
PROCED. SOCIAL CÓNYUGES 2ª. NUPCIAS GRUPO SUPERIOR			1	1		2
PROCED. SOCIAL CÓNYUGES 2ª. NUPCIAS GRUPO MEDIO			1			1
PROCED. SOCIAL CÓNYUGES 2ª. NUPCIAS GRUPO INFERIOR			1			1
PROCED. SOCIAL CÓNYUGES 2ª. NUPCIAS EXTERIOR						0
MATRIMONIOS A TRUEQUE		2				2
ALIANZAS CONSANGUINEAS		1	3			4
REENCADENAMIENTOS CON FAMILIAS PREFERENCIALES		1	4	3		8
DESTINO SOCIAL MATRIMONIOS GRUPO SUPERIOR	1	3	4	2		10
DESTINO SOCIAL MATRIMONIOS GRUPO MEDIO			2	2		4
DESTINO SOCIAL MATRIMONIOS GRUPO INFERIOR			1	2		3
DESTINO SOCIAL MATRIMONIOS DESCONOCIDO			1	4		5
PAREJAS RECIBEN CALIFICATIVO DE POBRES EN DEFUNCIÓN						0
PAREJAS COMPARTEN ALDEA RESIDENCIA PATERNA	1	3	5	6		15
HIJOS CASADOS COMPARTEN ALDEA RESIDENCIA PATERNA		2	2	2		6
HIJAS CASADAS COMPARTEN ALDEA RESIDENCIA PATERNA	1	1	3	4		9
PAREJAS COMPARTEN ALDEA RESIDENCIA 1ª GENERACIÓN	1	3	5	4		13
HIJOS CASADOS COMPARTEN ALDEA RESIDENCIA 1ª GENERACIÓN		2	2	2		6
HIJAS CASADAS COMPARTEN ALDEA RESIDENCIA 1ª GENERACIÓN	1	1	3	2		7
HOGARES ESCRITURAN TESTAMENTOS ANTE NOTARIO	1	1	2	5	2	11
ESCRITURAS TESTAMENTOS LOCALIZADAS EN DOC. NOTARIAL	0	1	1	5	2	9

TABLA VI.2

ESTIRPE DE RICOS CAMPESINOS FUNDADA POR FRANCISCO RODRÍGUEZ Y JUANA RODRÍGUEZ

GENERACIONES	1ª GN.	2ª GN.	3ª GN.	4ª GN.	5ª GN.	TOTAL
Nº HOGARES	1	2	7	10	17	37
TOTAL HIJOS	8	16	37	51		112
MEDIA HIJOS/HOGAR	8	8	5,29	5,1		5,6
Nº HIJOS ACCEDEN EDAD ADULTA	3	8	19	26		56
TOTAL CONTRAEN NUPCIAS	2	8	13	18		41
Nº VARONES CONTRAEN NUPCIAS	1	6	3	7		17
Nº MUJERES CONTRAEN NUPCIAS	1	2	10	11		24
Nº HIJOS CON DESCENDIENTES NACIDOS FUERA MATRIMONIO						0
EDAD MEDIA AL 1º MATRIMONIO, VARONES		25,16	24,1	28,6		26,35
EDAD MEDIA AL 1º MATRIMONIO, MUJERES		23,83	24,4	28,1		26,12
PROCED. SOCIAL CONYUGES 1ª. NUPCIAS GRUPO SUPERIOR		1	2	1		4
PROCED. SOCIAL CONYUGES 1ª. NUPCIAS GRUPO MEDIO	1	4	3	10		18
PROCED. SOCIAL CONYUGES 1ª. NUPCIAS GRUPO INFERIOR		1	3	1		5
PROCED. SOCIAL CONYUGES 1ª. NUPIAS EXTERIOR	1	2	5	6		14
PROCED. SOCIAL CONYUGES 2ª. NUPCIAS GRUPO SUPERIOR			1			1
PROCED. SOCIAL CONYUGES 2ª. NUPCIAS GRUPO MEDIO	1					1
PROCED. SOCIAL CONYUGES 2ª. NUPCIAS GRUPO INFERIOR						0
PROCED. SOCIAL CONYUGES 2ª. NUPIAS EXTERIOR	1	2		2		5
MATRIMONIOS A TRUEQUE	0	0	2	2		4
ALIANZAS CONSANGUINEAS	1	0	3	1		5
REENCADENAMIENTOS CON FAMILIAS PREFERENCIALES	1	5	4	8		18
DESTINO SOCIAL MATRIMONIOS GRUPO SUPERIOR	1	1	2	1		5
DESTINO SOCIAL MATRIMONIOS GRUPO MEDIO	1	6	4	7		18
DESTINO SOCIAL MATRIMONIOS GRUPO INFERIOR	0	0	4	9		13
DESTINO SOCIAL MATRIMONIOS DESCONOCIDO	0	1	3	1		5
PAREJAS RECIBEN CALIFICATIVO DE POBRES EN DEFUNCIÓN				2		2
PAREJAS COMPARTEN ALDEA RESIDENCIA PATERNA	1	4	8	12		25
HIJOS CASADOS COMPARTEN ALDEA RESIDENCIA PATERNA	1	4	2	6		13
HIJAS CASADAS COMPARTEN ALDEA RESIDENCIA PATERNA			6	6		12
PAREJAS COMPARTEN ALDEA RESIDENCIA 1ª GENERACIÓN	1	2	4	7		14
HIJOS CASADOS COMPARTEN ALDEA RESIDENCIA 1ª GENERACIÓN	1	2	1	4		8
HIJAS CASADAS COMPARTEN ALDEA RESIDENCIA 1ª GENERACIÓN			3	3		6
HOGARES ESCRITURAN TESTAMENTOS ANTE NOTARIO	0	1	6	7	2	16
ESCRITURAS TESTAMENTOS LOCALIZADAS EN DOC. NOTARIAL	0	0	3	4	2	9

TABLA VI.3

ESTIRPE DE MEDIANOS CAMPESINOS FUNDADA POR FRANCISCO SUÁREZ Y FRANCISCA VIDAL

GENERACIONES	1ª GN.	2ª GN.	3ª GN.	4ª GN.	5ª GN.	TOTAL
Nº HOGARES	1	2	6	13	29	51
TOTAL HIJOS	3	11	35	79		128
MEDIA HIJOS/HOGAR	3,0	5,5	5,8	6,1		5,8
Nº HIJOS ACCEDEN EDAD ADULTA	2	9	21	45		77
TOTAL CONTRAEN NUPCIAS	2	9	18	35		64
Nº VARONES CONTRAEN NUPCIAS	1	4	9	17		31
Nº MUJERES CONTRAEN NUPCIAS	1	5	9	18		33
Nº HIJOS CON DESCENDIENTES NACIDOS FUERA MATRIMONIO	1			1		2
EDAD MEDIA AL 1º MATRIMONIO, VARONES		27,62	27,8	30,3		29,15
EDAD MEDIA AL 1º MATRIMONIO, MUJERES		24,66	25,6	28,8		27,31
PROCED. SOCIAL CONYUGES 1ª. NUPCIAS GRUPO SUPERIOR		2	6	5		13
PROCED. SOCIAL CONYUGES 1ª. NUPCIAS GRUPO MEDIO		3	3	8		14
PROCED. SOCIAL CONYUGES 1ª. NUPCIAS GRUPO INFERIOR				5		5
PROCED. SOCIAL CONYUGES 1ª. NUPCIAS, EXTERIOR	2	4	9	17		32
PROCED. SOCIAL CONYUGES 2ª. NUPCIAS GRUPO SUPERIOR				1		1
PROCED. SOCIAL CONYUGES 2ª. NUPCIAS GRUPO MEDIO				1		1
PROCED. SOCIAL CONYUGES 2ª. NUPCIAS GRUPO INFERIOR						0
PROCED. SOCIAL CONYUGES 2ª. NUPCIAS, EXTERIOR		3	1	2		6
MATRIMONIOS A TRUEQUE		2	2	4		8
ALIANZAS CONSANGUINEAS			4	3		7
REENCADENAMIENTOS CON FAMILIAS PREFERENCIALES		3	3	13		19
DESTINO SOCIAL MATRIMONIOS GRUPO SUPERIOR		1	5	6		12
DESTINO SOCIAL MATRIMONIOS GRUPO MEDIO	2	4	7	8		21
DESTINO SOCIAL MATRIMONIOS GRUPO INFERIOR		1	1	13		15
DESTINO SOCIAL MATRIMONIOS DESCONOCIDO		3	5	8		16
PAREJAS RECIBEN CALIFICATIVO DE POBRES EN DEFUNCIÓN				3		3
PAREJAS COMPARTEN ALDEA RESIDENCIA PATERNA	2	3	11	20		36
HIJOS CASADOS COMPARTEN ALDEA RESIDENCIA PATERNA	1	1	7	9		18
HIJAS CASADAS COMPARTEN ALDEA RESIDENCIA PATERNA	1	2	4	11		18
PAREJAS COMPARTEN ALDEA RESIDENCIA 1ª GENERACIÓN	2	3	3	3		11
HIJOS CASADOS COMPARTEN ALDEA RESIDENCIA 1ª GENERACIÓN	1	1	1	2		5
HIJAS CASADAS COMPARTEN ALDEA RESIDENCIA 1ª GENERACIÓN	1	2	2	1		6
HOGARES ESCRITURAN TESTAMENTOS ANTE NOTARIO	0	1	3	8	9	21
ESCRITURAS TESTAMENTOS LOCALIZADOS EN DOC. NOTARIAL	0	1	3	3	6	13

TABLA VI.4							
ESTIRPE DE PEQUEÑOS CAMPESINOS FUNDADA POR BARTOLOMÉ CALVINO Y MARÍA MÉNDEZ							
GENERACIONES	1ª GN	2ª GN	3ª GN	4ª GN	5ª GN	6ª GN	TOT.
Nº HOGARES	1	4	4	6	10	14	39
TOTAL HIJOS	6	16	25	32	38	55	172
MEDIA HIJOS/HOGAR	6	4	6,25	5,3	3,8	3,9	4,41
Nº HIJOS ACCEDEN EDAD ADULTA	5	7	12	16	21	25	86
TOTAL CONTRAEN NUPCIAS	4	4	7	11	14	15	55
Nº VARONES CONTRAEN NUPCIAS	1	1	4	6	5	7	24
Nº MUJERES CONTRAEN NUPCIAS	3	3	3	5	9	8	31
Nº HIJOS CON DESCENDIENTES NACIDOS FUERA MATRIMONIO	1		2	2	2	1	8
EDAD MEDIA AL 1º MATRIMONIO, VARONES				25,5	29,4	32,61	29,46
EDAD MEDIA AL 1º MATRIMONIO, MUJERES				27	27,6	30,75	28,12
PROCED. SOCIAL CONYUGES 1ª. NUPCIAS GRUPO SUPERIOR					1		1
PROCED. SOCIAL CONYUGES 1ª. NUPCIAS GRUPO MEDIO		2	2	1	4		9
PROCED. SOCIAL CONYUGES 1ª. NUPCIAS GRUPO INFERIOR				3	7	6	16
PROCED. SOCIAL CONYUGES 1ª. NUPCIAS EXTERIOR	4	2	5	7	2	9	29
PROCED. SOCIAL CONYUGES 2ª. NUPCIAS GRUPO SUPERIOR							0
PROCED. SOCIAL CONYUGES 2ª. NUPCIAS GRUPO MEDIO							0
PROCED. SOCIAL CONYUGES 2ª. NUPCIAS GRUPO INFERIOR				1			1
PROCED. SOCIAL CONYUGES 2ª. NUPCIAS EXTERIOR			2	3			5
MATRIMONIOS A TRUEQUE							0
ALIANZAS CONSANGUINEAS					1		1
REENCADENAMIENTOS CON FAMILIAS PREFERENCIALES		1	1	1	3		6
DESTINO SOCIAL MATRIMONIOS GRUPO SUPERIOR							0
DESTINO SOCIAL MATRIMONIOS GRUPO MEDIO		2	1			1	4
DESTINO SOCIAL MATRIMONIOS GRUPO INFERIOR	3	2	5	9	14	8	41
DESTINO SOCIAL MATRIMONIOS DESCONOCIDO	1		1	2		6	10
PAREJAS RECIBEN CALIFICATIVO DE POBRES EN DEFUNCIÓN		1		4	7	2	14
PAREJAS COMPARTEN ALDEA RESIDENCIA PATERNA	4	4	4	8	12	3	35
HIJOS CASADOS COMPARTEN ALDEA RESIDENCIA PATERNA	1	1	2	5	5	2	16
HIJAS CASADAS COMPARTEN ALDEA RESIDENCIA PATERNA	3	3	2	3	7	1	19
PAREJAS COMPARTEN ALDEA RESIDENCIA 1ª GENERACIÓN	4	4	4	5	8	1	26
HIJOS CASADOS COMPARTEN ALDEA RESIDENCIA 1ª GENERACIÓN	1	1	2	3	3	1	11
HIJAS CASADAS COMPARTEN ALDEA RESIDENCIA 1ª GENERACIÓN	3	3	2	2	5	0	15
HOGARES ESCRITURAN TESTAMENTOS ANTE NOTARIO	0	0	1	2	3	3	9
ESCRITURAS TESTAMENTOS LOCALIZADOS EN DOC. NOTARIAL	0	0	0	1	2	1	4